Die neuen Erbschaftsteuerregelungen
Neubewertung des Grundvermögens · neue Steuersätze · neue Freibeträge

Die neuen Erbschaftsteuerregelungen

Neubewertung des Grundvermögens

neue Steuersätze

neue Freibeträge

zusammengestellt und mit einer Einführung versehen von
Ministerialrat Raymond Halaczinsky
und
Oberamtrat Wolfgang Teß,
beide im Bundesministerium der Finanzen

Rechtsstand: Dezember 1996

Bundesanzeiger Verlag

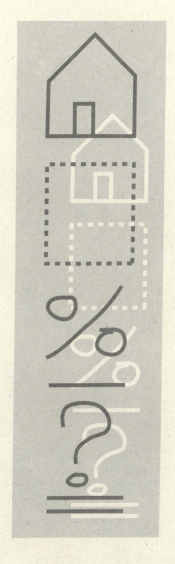

© 1997 Bundesanzeiger Verlagsges. mbH., Köln
Alle Rechte vorbehalten. Auch die fotomechanische Vervielfältigung des Werkes (Fotokopie/Mikrokopie) oder von Teilen daraus bedarf der vorherigen Zustimmung des Verlages.
Satz: Lichtsatz Groß, Euskirchen-Wüschheim
Druck und buchbinderische Verarbeitung: Tagblatt Druckerei KG. A. Wollenweber, Haßfurt
Printed in Germany
ISBN 3-88784-731-8

Inhaltsübersicht

Einführung: Die Regelungen des Jahressteuergesetzes 1997 zum Bewertungsrecht und Erbschaftsteuerrecht
– Darstellung – 7

Jahressteuergesetz (JStG) 1997 – Auszug – 17

Bewertungsgesetz (BewG) 73

Erbschaftsteuer- und Schenkungsteuergesetz (ErbStG) 127

Erbschaftsteuer-Durchführungsverordnung (ErbStDV) 153

Anlagen

1. Beschluß des Bundesverfassungsgerichts vom 22. Juni 1995 – 2 BvL 37/91 – zur Vermögensteuer 167
2. Beschluß des Bundesverfassungsgerichts vom 22. 6. 1995 – 2 BvR 552/91 – zur Erbschaft- und Schenkungsteuer 184
3. Gesetzentwurf der Fraktionen der CDU/CSU und F.D.P.
   – Entwurf eines Jahressteuergesetzes (JStG) 1997 – BT-Drucks. 13/4839
   (entspricht dem Entwurf der Bundesregierung in BR-Drucks. 390/96) 189
4. Gesetzesantrag der Länder Brandenburg, Hamburg, Niedersachsen und Schleswig-Holstein
   – Entwurf eines Gesetzes zur Neuregelung der Vermögensteuer und Erbschaftsteuer – BR-Drucks. 423/96 242
5. Gesetzentwurf der Fraktion BÜNDNIS 90/DIE GRÜNEN
   – Entwurf eines Gesetzes zur Neuregelung der Vermögensteuer und der Erbschaftsteuer – BT-Drucks. 13/4838 292
6. Antrag der Gruppe der PDS „Den Reichtum umverteilen – Für eine gerechte Ausgestaltung der Erbschaftsbesteuerung" – BT-Drucks. 13/4845 326
7. Zweite Beschlußempfehlung des Finanzausschusses (7. Ausschuß) zu dem Gesetzentwurf der Fraktionen der CDU/CSU und F.D.P. –
   BT-Drucks. 13/4839,
   Beschlußempfehlung des Finanzausschusses (7. Ausschuß) 338
   a) ...
   b) ...
   c) zu dem Gesetzentwurf der Fraktion BÜNDNIS 90/DIE GRÜNEN
      – BT-Drucks. 13/4838 – 338

d) zu dem Gesetzentwurf der Fraktion der SPD
  – BT-Drucks. 13/5504 – 338
e) ...
f) zu dem Antrag der Gruppe der PDS – BT-Drucks. 13/4845 – 338
g) ...
h) ...

8. Zweiter Bericht des Finanzausschusses (7. Ausschuß) und Bericht des Finanzausschusses (7. Ausschuß) zu BT-Drucks. 13/5951
  – BT-Drucks. 13/5952 – 396

9. Entschließungsantrag der Fraktion der SPD zum Entwurf eines Jahressteuergesetzes 1997 – BT-Drucks. 13/5975 – 425

10. Gesetzesbeschluß des Deutschen Bundestages Jahressteuergesetz (JStG) 1997 – BR-Drucks. 804/96 – 428

11. Anrufung des Vermittlungsausschusses durch den Bundesrat
  – BR-Drucks. 804/96 – 452

12. Beschlußempfehlung des Vermittlungsausschusses
  – BT-Drucks. 13/6520 – 457

13. Entschließungsantrag der Fraktionen von CDU/CSU und F.D.P. zur Vermögensteuer und Wegfall der Gewerbekapitalsteuer
  – BT-Drucks. 13/6555 – 464

14. Entschließungsantrag der Abgeordneten Schwanitz u. a. und der Fraktion der SPD zur vereinbarten Debatte zu Substanzsteuern
  – BT-Drucks. 13/6521 – 466

15. Entschließungsantrag der Fraktion der SPD zur vereinbarten Debatte zu Substanzsteuern
  – BT-Drucks. 13/6522 – 467

16. Entschließungsantrag der Fraktion BÜNDNIS 90/DIE GRÜNEN zur vereinbarten Debatte zu Substanzsteuern
  – BT-Drucks. 13/6523 – 468

17. Entschließungsantrag der Abgeordneten Dr. Höll u. a. und der Gruppe der PDS zur vereinbarten Debatte zu Substanzsteuern
  – BT-Drucks. 13/6525 – 469

18. Stenographischer Bericht zur 148. Sitzung des Deutschen Bundestages am 12. Dezember 1996 – Plenarprotokoll 13/148 –
  – Auszug – 470

Einführung:
Die Regelungen des Jahressteuergesetzes 1997 zum Bewertungsrecht und Erbschaftsteuerrecht
– Darstellung –

A. Erbschaft- und Schenkungsteuer

1. Rechtsgeschichtliche Entwicklung

Die Erbschafts- und Schenkungsbesteuerung hat eine lange Tradition, die bis ins Altertum zurückreicht. In Deutschland wurden frühere geltende landesrechtliche Erbschaftsteuergesetze auf der Grundlage einer Erbanfallsteuer mit ergänzender Schenkungsbesteuerung im Reichserbschaftsteuergesetz von 1906 vereinheitlicht. Das Aufkommen stand teilweise noch den Einzelstaaten zu. Ab 1919 ging die Erbschaftsteuer ganz auf das Reich über (Erzbergersche Finanzreform). Neben der Erbanfall- und Schenkungsteuer beim Erben und Beschenkten wurde bis 1922 noch eine Nachlaßsteuer „beim Toten" erhoben, die als Zuschlag zur Erbanfallsteuer bis zu 5 v. H. des Nachlaßwerts betragen konnte. Die zusätzliche Nachlaßsteuer wurde wegen ihrer kumulierenden Wirkung wieder aufgegeben. 1925 wurde das 1. Reichserbschaftsteuergesetz gründlich überarbeitet. Es erhielt unter Einbeziehung der Wertbegriffe des neugeschaffenen Reichsbewertungsgesetzes eine verbesserte Neufassung, deren Grundzüge in das heutige Recht eingegangen sind. Seit 1945 wurde das Erbschaftsteueraufkommen wieder den Ländern zugewiesen. Im Zuge der Neubewertung des Grundbesitzes nach den Wertverhältnissen 1964 wurde die Erbschaftsteuer nochmals reformiert (Erbschaftsteuerreformgesetz 1974). An der durch das Reichserbschaftsteuergesetz herrührenden Grundstruktur als Erbanfallsteuer wurde dabei festgehalten.

Die **Reform des Erbschaft- und Schenkungsteuerrechts 1996** steht wiederum im Zusammenhang mit der Bewertung des Grundbesitzes. Das Bundesverfassungsgericht hat mit Beschluß vom 22. Juni 1995 – 2 BvR 552/91 – (BStBl. 1995 II S. 671) entschieden, daß der Ansatz des Grundbesitzes auf der Grundlage von Einheitswerten, die auf den 1. Januar 1964 festgestellt sind, gegen den Grundsatz der Gleichmäßigkeit der Besteuerung verstößt, soweit Grundbesitz und übriges Vermögen mit dem gleichen Steuertarif besteuert werden. Das Bundesverfassungsgericht (BVerfG) hat den Gesetzgeber aufgefordert, im Jahr 1996 das Erbschaft- und Schenkungsteuerrecht mit Wirkung ab 1. Januar 1996 neu zu regeln. Diese Neuregelung des Erbschaft- und Schenkungsteuerrechts wird in Artikel 2 des Jahressteuergesetzes (JStG) 1997 vom 20. Dezember 1996 (BGBl. I S. 2049) vorgenommen. Artikel 1 des JStG 1997 enthält dazu die notwendigen Änderungen der Vorschriften zur Bewertung des Grundbesitzes. In Artikel 3 JStG 1997 wird infolge der vorgenannten Gesetzesänderungen die Erbschaftsteuer-Durchführungsverordnung (ErbStDV) an die neue Rechtslage angepaßt. Das neue Erbschaft- und Schenkungsteuergesetz in Verbindung mit den Neuregelungen der Grundbesitzbewertung im Bewertungsgesetz traten am 21. Dezember 1996 in Kraft. Sie sind erstmals für steuerpflichtige Erwerbe ab dem 1. Januar 1996 anzuwenden.

2. Grundlagen der Erbschafts- und Schenkungsbesteuerung

Ziel der Besteuerung von Erbschaften und Schenkungen ist die Beteiligung des Staates am Wert des unentgeltlichen Erwerbs. Dieses Fiskalinteresse bedarf einer rechtsstaatlichen Rechtfertigung. Die heute existierende Erbanfallsteuer unterwirft das Vermögen, das eine Person im Erbfall oder durch Schenkung erwirbt, nach Maßgabe bestimmter steuerlicher Vorschriften dem Steuerzugriff. Traditionell wird die Erbanfallsteuer mit der erhöhten steuerlichen Leistungsfähigkeit durch den unentgeltlichen Vermögenszuwachs begründet. Die unterschiedliche Leistungsfähigkeit wird durch abgestufte Steuerklassen und Tarife berücksichtigt. Die Erbanfallsteuer fügt sich somit problemlos in das heutige Prinzip der Besteuerung nach Leistungsfähigkeit ein.

Obwohl in den kommenden Jahren Vermögenswerte von 100 bis 250 Mrd. DM auf die nächste Generation übergehen werden, trägt die Erbschaft- und Schenkungsteuer nur in sehr geringem Umfang am Gesamtsteueraufkommen bei. 1996 betrug das Erbschafts- und Schenkungsteueraufkommen etwa 3,7 Mrd. DM = rund 0,5 v. H. des Gesamtsteueraufkommens. Eine Ursache dafür, daß trotz des gewaltigen Zuwachses an steuerlicher Leistungsfähigkeit nur ein geringes Erbschaftsteueraufkommen erreicht werden konnte, waren die von Anfang an zu niedrigen Einheitswerte des Grundbesitzes nach den Wertverhältnissen 1964. Wertsteigerungen seit 1964 blieben unberücksichtigt. Seit 1993 kam hinzu, daß Betriebsvermögen bis zu 500 000 DM völlig freigestellt und darüber hinaus nur noch mit 75 v. H. angesetzt wurde. Außerdem wurde es dann nur noch mit den ertragsteuerlichen Werten (Übernahme der Steuerbilanzwerte) angesetzt.

Im Vorfeld des JStG 1997 wurde diskutiert, wie die Bemessungsgrundlage für die Erbschaft- und Schenkungsteuer verbreitert und dadurch mit niedrigeren Steuersätzen ein größeres Aufkommen erreicht werden könnte. Insbesondere wurde in diesem Zusammenhang die Idee der „Nachlaßsteuer" wieder aufgegriffen. Bisher kam der Vermögensteuer u. a. auch die Wirkung zu, daß sie den am Stichtag vorhandenen potentiellen „Nachlaß" besteuerte. Mit Wegfall der Vermögensteuer entfiele die Steuerkraft des potentiellen Nachlasses. Durch die Verteilung auf die einzelnen Bedachten und die dadurch verbundene Wirkung der individuellen und sachlichen Freistellungen beim einzelnen Erwerber werden Nachlässe dann erbschaft- und schenkungsteuerlich überhaupt nicht mehr oder nur noch zum Teil erfaßt. Mit einer Umgestaltung der Erbschaftsteuer als Nachlaßsteuer, quasi als „letzte Vermögensteuer" des Erblassers, könnte man die steuerliche Zersplitterung des Nachlasses vermeiden und damit die Besteuerungsbasis verbreitern. Weitere Untersuchungen haben aber ergeben, daß wegen der ungleichmäßigen Verteilung des Reichtums mit einer Nachlaßsteuer auch nicht so viel mehr Steuerfälle geschaffen werden könnten, die notwendig wären, um eine wirklich niedrigere Erbschaftsteuer mit breiterer Bemessungsgrundlage zu schaffen. Außerdem gab es rechtliche Schwierigkeiten. Die verfassungsrechtlich gebotene Freistellung innerhalb der Familie und des Betriebsvermögens wäre bei einer Nachlaßsteuer deutlich schwieriger sicherzustellen. Gesellschaftspolitisch wäre eine Nachlaßbesteuerung angreifbar, weil sie durch Einbeziehung kleinerer Steuerfälle und niedrigerer Steuersätze eine Umverteilung der Steuerlast von oben nach unten bewirken würde. Aus diesen Gründen, wie auch aus Gründen der Verwaltungsvereinfachung, hat der Deutsche Bundestag deshalb letztlich entschieden, an der Erbschaft- und Schenkungsteuer in ihrer bekannten Grundstruktur als **Erbanfallsteuer mit ergänzender Schenkungbesteuerung** festzuhalten.

3. Erbschafts- und Schenkungsbesteuerung ab 1996

Das Grundgesetz (GG) und die verfassungsrechtliche Rechtsprechung räumen dem Gesetzgeber grundsätzlich einen weiten Spielraum zur Ausgestaltung einer Steuer ein. Im Erbschaft- und Schenkungsteuerrecht sind dabei folgende Grundsätze zu beachten:

– Die Erbschaft- und Schenkungsteuer muß die Steuerbelastung zwischen den in Frage kommenden Steuerpflichtigen und innerhalb der einzelnen Besteuerungsgrundlagen gerecht verteilen.

Einführung

- Die Erbschafts- und Schenkungsbesteuerung darf nicht enteignend wirken. Eigentums- und Erbrechtschutz ist zu gewährleisten.
- Jedem Nachkommen im engeren Familienkreis muß ein gewisser Vermögensstamm steuerfrei zukommen können, das übliche Familiengebrauchsvermögen muß deshalb steuerfrei bleiben. Bei anderen Erwerbern müssen insbesondere im Interesse des Gemeinwohls bestimmte Erwerbe sachlich befreit bleiben.
- Betriebsvermögen, das die wirtschaftliche Existenz des Erwerbers ausmacht, darf durch die Besteuerung nicht gefährdet werden.

Gemäß diesen aus dem o. g. Beschluß des BVerfG abgeleiteten Grundprinzipien schützt das neue Erbschaftsteuerrecht durch hohe persönliche Freibeträge für Ehegatten und Kinder das Familiengebrauchsvermögen und durch einen hohen sachlichen Freibetrag und den Wertansatz mit 60 v. H. die Fortführung ererbter oder geschenkter Unternehmen. Es stellt eine gleichmäßigere Besteuerung innerhalb der Vermögensarten durch eine gegenwartsnähere Bewertung des Grundbesitzes her.

4. Kurzüberblick über das neue Erbschaft- und Schenkungsteuergesetz

Steuerpflicht und Steuertatbestände

Unbeschränkt erbschaftsteuerpflichtig sind inländische Erwerber und ausländische Erwerber von inländischen Erblassern/Schenkern. Für den Erwerb eines Nichtinländers aus dem Nachlaß eines Nichtinländers bzw. aus Schenkungen von einem Nichtinländer tritt Steuerpflicht ein, soweit der Erwerb aus Inlandsvermögen im Sinne des Bewertungsgesetzes besteht.

Als Erwerb von Todes wegen gelten

- der Erwerb durch Erbanfall,
- der Erwerb durch Vermächtnis und vermächtnisähnliche Erwerbe,
- der Erwerb aufgrund eines geltend gemachten Pflichtteilsanspruchs,
- der Erbersatzanspruch des nichtehelichen Kindes,
- der Erwerb durch Schenkung auf den Todesfall und
- der Erwerb aufgrund eines vom Erblasser geschlossenen Vertrages, insbesondere der Anfall einer Lebensversicherungssumme.

Daneben gibt es noch andere steuerpflichtige Vermögensanfälle (§ 3 Abs. 2, §§ 4 und 6 ErbStG).

Schenkungsteuerpflichtig ist jede freigiebige Zuwendung unter Lebenden.

Besteuerungsgrundlage

Besteuerungsgrundlage ist der unentgeltliche Erwerb, d. h. die Bereicherung des Erwerbers, soweit sie nicht nach dem Erbschaft- und Schenkungsteuergesetz oder anderen Gesetzen steuerfrei ist. Die Bewertung der einzelnen Vermögensgegenstände richtet sich nach dem Bewertungsgesetz. Zu den Vermögensarten im einzelnen:

Land- und forstwirtschaftlicher Grundbesitz wird mit den Grundbesitzwerten nach den §§ 138 bis 144 BewG angesetzt. Der Betriebsteil wird dabei mit einem Ertragswert bewertet, die Gebäude nach demselben Verfahren wie die privaten Grundstücke. Wegen der Besonderheiten, die sich wegen der engen räumlichen Verbindung der Gebäude zum Betrieb ergeben, wird ein besonderer Abschlag von 15 v. H. gewährt.

Private und betriebliche Grundstücke werden im Regelfall nach einem Ertragswertverfahren gem. §§ 138, 145 ff. BewG bewertet. Der Grundstückswert ergibt sich aus dem

12,5fachen der aus den letzten drei Jahren ermittelten durchschnittlichen Jahresnettokaltmiete abzüglich eines Alterswertsabschlags. Mindestens ist der Wert des unbebauten Grund und Bodens anzusetzen.

Unbebaute Grundstücke werden mit 80 v. H. ihres Bodenrichtwerts angesetzt.

Betriebsvermögen wird mit dem Saldo der Aktiva und Passiva angesetzt. Außer den Grundstücken werden die Vermögensgegenstände und Wirtschaftsgüter dabei nach den ertragsteuerlichen Werten (Übernahme der Steuerbilanzwerte) bewertet.

Übrige Vermögensgegenstände und Wirtschaftsgüter werden mit ihrem gemeinen Wert nach Maßgabe der allgemeinen Vorschriften des Bewertungsgesetzes angesetzt.

Beim Erwerb durch Erbanfall sind zur Ermittlung des steuerpflichtigen Erwerbs außer den Erblasserschulden auch die Verbindlichkeiten aus Vermächtnissen, Auflagen, geltend gemachten Pflichtteilen und Ersatzansprüchen abzugsfähig. Zu den abzugsfähigen Nachlaßverbindlichkeiten gehören desweiteren die Bestattungskosten einschließlich Grabdenkmal und Grabpflege sowie die Kosten der Abwicklung, Regelung, Verteilung und Erlangung des Erwerbs, für die ohne Nachweis insgesamt ein Pauschbetrag von 20 000 DM abgezogen werden kann. Bei Schenkungen können übernommene Schulden im allgemeinen nur anteilmäßig berücksichtigt werden. Steuerwert des zugewendeten Vermögensgegenstandes ist der Teil der Schenkung, der der bürgerlich-rechtlichen Bereicherung entspricht. Werden bei Schenkungen Duldungsauflagen übernommen, kann vom Steuerwert der Zuwendung die zu vollziehende Auflage mit ihrem Kapitalwert abgezogen werden, sofern nicht die Nutzungen dem Schenker oder dem Ehegatten des Erblassers zustehen.

Steuertarifsystem
Welcher Freibetrag dem jeweiligen Erwerber zusteht, welcher Steuersatz auf den steuerpflichtigen Erwerb anzuwenden ist, richtet sich nach der Steuerklasse. In dem seit 1996 geltenden Erbschaft- und Schenkungsteuerrecht gibt es drei Steuerklassen:

Steuerklasse I

1. Der Ehegatte,
2. die Kinder und Stiefkinder,
3. die Abkömmlinge der in Nummer 2 genannten Kinder und Stiefkinder,
4. die Eltern und Voreltern bei Erwerben von Todes wegen.

Steuerklasse II

1. Die Eltern und Voreltern, soweit sie nicht zur Steuerklasse I gehören,
2. die Geschwister,
3. die Abkömmlinge ersten Grades von Geschwistern,
4. die Stiefeltern,
5. die Schwiegerkinder,
6. die Schwiegereltern,
7. der geschiedene Ehegatte.

Steuerklasse III

Alle übrigen Erwerber und die Zweckzuwendungen.

Einführung

Die persönlichen Freibeträge (§§ 16 i. V. m. 15 ErbStG)

Ehegatte	600 000 DM
Kinder, Stiefkinder, Kinder verstorbener Kinder oder Stiefkinder	400 000 DM
Enkel(innen), Eltern und Voreltern bei Erwerben von Todes wegen	100 000 DM
Entferntere Verwandte (Steuerklasse III)	20 000 DM
Übrige Erwerber und Zweckzuwendungen	10 000 DM

Sonstige persönliche Freistellung

– unbenannte Zuwendungen unter Ehegatten im Zusammenhang mit selbstgenutztem Familienwohnheim (§ 13 Abs. 4 a ErbStG i. d. F. des JStG 1996),
– Verdoppelung des Versorgungsfreibetrages auf 500 000 DM bei Ehegatten, auf bis zu 100 000 DM bei Kindern (§ 17 ErbStG).

Jedem Erwerber wird ein besonderer Freibetrag für den Erwerb von **Hausrat** gewährt.

Er beträgt

– 80 000 DM für Personen der Steuerklasse I und
– 20 000 DM für Personen der übrigen Steuerklassen.

Daneben wird für Personen der Steuerklasse I noch ein besonderer Freibetrag in Höhe von 20 000 DM für den Erwerb **anderer beweglicher körperlicher Gegenstände** gewährt, der jedoch nicht für Zahlungsmittel, Wertpapiere, Münzen, Edelmetalle, Edelsteine und Perlen gilt.

Entlastungen beim Betriebs- und LuF-Vermögen

Im JStG 1997 sollen die Entlastungen für Betriebsvermögen entsprechend den Vorgaben des BVerfG verbessert werden. Unabhängig vom Verwandtschaftsgrad vom Zuwender zum Erwerber gilt folgendes:

1. Freibetrag von 500 000 DM
    – für inländisches Betriebsvermögen, d. h. gewerbliches/freiberufliches Einzelunternehmen, Anteil an einer gewerblichen/freiberuflichen Personengesellschaft,
    – für inländisches land- und forstwirtschaftliches Vermögen (Wirtschaftsteil),
    – für Anteile an inländischen Kapitalgesellschaften von mehr als 25 v. H.,
    einmal innerhalb von zehn Jahren.
2. Bewertungsabschlag von 40 v. H.
3. Besteuerung von Betriebsvermögen und LuF-Vermögen grundsätzlich nach Steuerklasse I (§ 19 a ErbStG).
4. Entlastungen gelten immer für den Letzterwerber, z. B. Vermächtnisnehmer.

Voraussetzung: Fortführung des Betriebs mehr als fünf Jahre.

Steuersätze (§ 19)

Die für Erwerbe von Todes wegen und Schenkungen unter Lebenden gleichermaßen geltenden **Steuersätze** sind nach der Höhe des Erwerbs und nach der Steuerklasse des Erwerbers abgestuft.

Wert des steuerpflichtigen Erwerbs (§ 10) bis einschließlich Deutsche Mark	Vom-Hundert-Satz in der Steuerklasse		
	I	II	III
100 000	7	12	17
500 000	11	17	23
1 000 000	15	22	29
10 000 000	19	27	35
25 000 000	23	32	41
50 000 000	27	37	47
über 50 000 000	30	40	50

Flankierende Tarifregelungen

- Zusammenrechnung mit früheren Erwerben nach § 14 ErbStG.
- Mehrfache Erwerbe nach § 27 ErbStG.

Bei mehrfachem Erwerb desselben Vermögens innerhalb von 10 Jahren durch Personen der Steuerklasse I oder II wird die Steuer für den letzten Erwerb, soweit sie auf dasselbe Vermögen entfällt, je nach dem Zeitabstand zum vorhergehenden Erwerb um 50 v. H. und 10 v. H. ermäßigt.

Festsetzung und Erhebung

Die Erbschaftsteuer/Schenkungsteuer wird von den Finanzämtern festgesetzt und erhoben. Um eine lückenlose Besteuerung aller Erwerbe zu gewährleisten, sieht das Erbschaftsteuer- und Schenkungsteuergesetz verschiedene Anzeigepflichten vor.

Damit die Freibeträge für einen Zeitraum von 10 Jahren nur einmal in Anspruch genommen werden können, werden alle Zuwendungen, die einer Person von derselben Person anfallen, zum Zwecke der Berechnung der Steuer zusammengerechnet, also im Ergebnis wie eine Zuwendung behandelt.

Beim Erwerb von Betriebsvermögen oder land- und forstwirtschaftlichem Vermögen sieht das Erbschaftsteuer- und Schenkungsteuergesetz einen besonderen Stundungsanspruch für den Erwerber vor. Diesem ist die auf diese Vermögen entfallende Erbschaftsteuer auf Antrag bis zu 10 Jahren insoweit zu stunden, als dies zur Erhaltung des Betriebs notwendig ist. Bei Erwerben von Todes wegen erfolgt diese Stundung ohne Erhebung von Stundungszinsen.

B. Die neue Grundbesitzbewertung

Mit dem Jahressteuergesetz 1997 wird keine Neubewertung (d. h. neue Hauptfeststellung der Einheitswerte des gesamten Grundbesitzes) angeordnet. Die **Einheitswerte 1964/1935** bzw. die Ersatzwirtschaftswerte oder Ersatzbemessungsgrundlage für den Grundbesitz bleiben für die **Grundsteuer** weiterhin gültig. Sie müssen wie bisher fortgeschrieben, ggf. nachträglich festgestellt oder aufgehoben werden.

Auch für die Gewerbesteuer bleibt es bei der Anwendung der Einheitswerte 1964/1935. Der bisherige Ansatz von 140 v. H., der Einheitswerte 1964 bzw. der um die Zuschläge nach § 133 BewG erhöhte Ansatz der Einheitswerte 1935 wird allerdings um 40 v. H. erhöht, soweit es um die Anteilsbewertung nach dem Stuttgarter Verfahren, hier um die Ermittlung des Vermögenswertes, für Zwecke der Feststellung des Gewerbekapitals geht.

Für die Erbschaft- und Schenkungsteuer (auch für die Grunderwerbsteuer) sind die Einheitswerte 1964/1935 nicht mehr anzuwenden. Für Erbschaft- und Schenkungsteuerzwecke ist Grundbesitz nur bei Bedarf, d. h. soweit von steuerlicher Bedeutung, im Einzelfall zu bewerten. In diesen Fällen stellen die örtlichen Bewertungsstellen den Grundbesitzwert durch Feststellungsbescheid fest (§ 138 BewG). Diese Wertfeststellung ist dann für die weitere Erbschaftsteuerveranlagung verbindlich.

Land- und forstwirtschaftliche Betriebe (Betriebsteil) werden mit Ertragswerten nach §§ 140–144 BewG bewertet. Die Betriebswohnungen und die privaten Wohnungen des LuF-Wirts werden mit zusätzlichem 15 v. H.-Abschlag wie andere Grundstücke bewertet.

Unbebaute Grundstücke werden im Regelfall mit 80 v. H. des Bodenrichtwertes bewertet. Der Bodenrichtwert ist von den Gutachterausschüssen bei den Gemeinden festzustellen und kann dort erfragt werden.

Bebaute Grundstücke sind im Regelfall mit den 12,5fachen der Jahresnettokaltmiete abzüglich 0,5 v. H. Alterswertminderung pro Jahr Gebäudealter am Besteuerungszeitpunkt, höchstens insgesamt 25 v. H., anzusetzen (§ 146 BewG). Mindestens ist aber 80 v. H. des Bodenrichtwerts anzusetzen. Industriegrundstücke sind mit 70 v. H. des Bodenrichtwerts zuzüglich des ertragsteuerlichen Gebäudewerts zu bewerten (§ 147 BewG).

Bei unbebauten Grundstücken und Grundstückswerten nach dem Ertragswertverfahren kann der Steuerpflichtige einen niedrigeren Verkehrswert nachweisen (§§ 145 Abs. 3, 146 Abs. 7 BewG).

C. Vermögensteuer

Das Bundesverfassungsgericht hat mit Beschluß vom 22. Juni 1995 (a.a.O.) die Vermögensteuer nach Maßgabe der bis 1996 geltenden Fassung (zuletzt vom 14. November 1990, BGBl. I 1990, S. 2467) für verfassungswidrig erklärt.

Im Regierungs-/Koalitionsentwurf war in Art. 5 die förmliche Aufhebung des Vermögensteuergesetzes sowie eine Sperre für die Länder, eine eigene Vermögensteuer zu erheben, vorgesehen. Dies entsprach dem politischen Willen der CDU/CSU und F.D.P.-Fraktionen. Die dazu gegebene Begründung lautet:

> „Die Besteuerung des Vermögens ist eine der ältesten Arten der Besteuerung überhaupt. Sie war in verschiedenen zahlreichen Ausprägungen bis ins 18. Jahrhundert hinein auch im deutschsprachigen Raum gebräuchlich. Es handelte sich dabei im allgemeinen um echte Substanzbesteuerung, d. h. Eingriff in den Vermögensstamm. Die Erkenntnis, daß eine echte Substanzsteuer auf Dauer die Vernichtung der eigenen Steuerquelle zur Folge hat, eine solche Steuer mithin volkswirtschaftlich schädlich und fiskalisch kontraproduktiv ist, führte zu einem Umdenken. So wurde in Preußen die Vermögensteuer so umgestaltet, daß diese nicht mehr auf die Steuerquelle abstellte, sondern sich auf den Steuermaßstab, das Vermögen, bezog. Die durch das preußische Ergänzungssteuergesetz vom 14. Juli 1883 eingeführte Vermögensteuer wurde als Ergänzung zur Einkommensteuer angesehen. Sie war also gedacht als laufende Vermögensertragsteuer, die auf die in den Vermögenswerten gesicherten sog. fundierten Einkünfte (Sollerträge) abzielte. Bereits 1919 ging das Recht der Vermögensbesteuerung auf das Deutsche Reich über. Schon mit dem ersten Vermögensteuergesetz vom 8. April 1922 des Deutschen Reichs hatte der Reichsgesetzgeber diesen ursprünglichen Ergänzungscharakter aufgegeben. Nach dem Zweiten Weltkrieg wurde das Vermögensteueraufkommen wieder an die Länder zurückgegeben. Der Beibehaltung der Vermögensteuer lag der Gedanke zugrunde, daß allein das Vorhandensein eines beachtlichen Vermögens bzw. die Verfügungsgewalt über dieses die Möglichkeiten und die Effektivität wirtschaftlicher

Betätigungen fördert und somit eine besondere steuerliche Leistungsfähigkeit verkörpert, deren zusätzliche Besteuerung auch aus sozial- und gesellschaftspolitischen Gründen gerechtfertigt und notwendig erscheint.

Die Kritik an der Vermögensteuer im Ganzen und an der Vermögensbesteuerung gewisser Vermögensarten, insbesondere des Betriebsvermögens und des Grundvermögens, hat im Laufe der Zeit im Interesse einer angemessenen wirtschafts- und sozialpolitisch verträglichen Vermögensteuer letztlich zu Verwerfungen in bezug auf eine gleichmäßige Belastung der einzelnen Vermögensarten geführt.

Das Bundesverfassungsgericht hat die Bewertung des Grundbesitzes nach Wertverhältnissen von 1964 als Ursache für die gleichheitswidrige Begünstigung des Grundbesitzes festgestellt. Andererseits belastet die Vermögensteuer besonders betriebliche Vermögen. Innerhalb des Betriebsvermögens wird das Betriebsvermögen von Einzelkaufleuten und Personengesellschaften nur einmal bei den Unternehmern belastet. Bei Kapitalgesellschaften wird zusätzlich der Anteil an der Gesellschaft belastet. Als Konsequenz treten steuerbedingte Wettbewerbsverzerrungen ein. Außerdem gefährdet eine Substanzbesteuerung in ertragsschwachen Zeiten die Betriebe mit Auswirkungen auf die Arbeitsplätze.

Nach dem Beschluß des Bundesverfassungsgerichts wären für die Vermögensteuer umfassende Neuregelungen der Bewertung und der Belastung der einzelnen Vermögensgegenstände erforderlich. Einer solchen umfassenden Reformierung stünden aber gleichzeitig wirtschafts- und sozialpolitische Ziele der Entlastung des unternehmerischen Betriebsvermögens, der land- und forstwirtschaftlichen Betriebe sowie des Grundvermögens entgegen. Außerdem wäre der gesetzliche Handlungsspielraum wegen der Vorgaben des Bundesverfassungsgerichts bezüglich einer künftigen Vermögensbesteuerung erheblich eingeschränkt. Zum einen müßte durch sehr großzügig bemessene Freibeträge ein gewisser Vermögensstamm, insbesondere das Familiengebrauchsvermögen im Werte eines üblichen Einfamilienhauses und Rücklagen zur Altersversorgung, freigestellt werden. Zum anderen wäre im oberen Bereich eine Vermögensbesteuerung dann nicht mehr zulässig, wenn die Vermögensbesteuerung zusammen mit der Ertragsbesteuerung deutlich mehr als die Hälfte der üblichen Sollerträge wegbesteuert.

Für einen verfassungsrechtlich zulässigen Steuereingriff auf der Basis des Vermögens bliebe nur der Bereich des mittleren Vermögens. Dabei wäre es mehr oder weniger zufällig, ob am Stichtag ein mittleres Vermögen vorliegt, z. B. durch günstigen Verkauf eines Vermögensgegenstandes, durch Entschuldung vor dem Stichtag, durch Verschuldung am Stichtag usw. Eine derartige Vermögensbesteuerung dürfte kaum auf Akzeptanz stoßen. Ein Verzicht auf die Vermögensteuer nur für Betriebsvermögen würde zu Abgrenzungsschwierigkeiten führen und neuen Gestaltungen Vorschub leisten. Außerdem bliebe der mit der Vermögensteuer verbundene Verwaltungsaufwand bestehen. Deswegen hat zuletzt auch die Kommission zur Verbesserung der steuerlichen Bedingungen für Investitionen und Arbeitsplätze (sog. Goerdeler-Kommission) die Abschaffung der Vermögensteuer als beste Alternative empfohlen (BMF-Schriftenreihe Heft 46 Seite 92).

Zugleich bedeutet der Wegfall der Vermögensteuer einen wichtigen Schritt zur Steuervereinfachung. Organisationsuntersuchungen unabhängiger Institute, aber auch durch die Finanzverwaltung selbst, haben ergeben, daß die Erhebung einer Vermögensteuer weitaus verwaltungsaufwendiger als die Erhebung der meisten anderen Steuern ist. Zum Beispiel verursacht sie mehr als doppelt so viel Aufwand wie die Erhebung der Einkommensteuer. Die Abschaffung der Vermögensteuer bedeutet also für Steuerbürger und Steuerverwaltung eine erhebliche Entlastung. Insbesonre führt sie dazu, daß nicht mehr für nur relativ wenig Besteuerungsfälle die Einheitswerte des Grundbesitzes vorgehalten und aktualisiert werden müssen. Zugleich wird damit der Weg frei für die Abschaffung der verwaltungsaufwendigen Einheitsbewertung. Für die Grundsteuer können künftig auch einfachere Bemessungsgrundlagen herangezogen werden.

Nach Auffassung der Bundesregierung ist der richtige Weg nach dem schon erfolgten schrittweisen Abbau der Vermögensteuerbelastung einzelner Vermögensarten der Wegfall der Vermögensteuer als solche. Allerdings soll für den Wegfall der Vermögensteuer auf ‚Privatvermögen' in angemessenem Umfang ein Ausgleich über die Erbschaft- und Schenkungsteuer vorgenommen werden (s. Artikel 2). Für die Erhebung einer eigenständigen Vermögensteuer bleibt damit kein Raum mehr. Zusammen mit der Abschaffung der Gewerbekapitalsteuer bedeutet dies einen großen Fortschritt für ein modernes Steuersystem und auch für den Wirtschaftsstandort Deutschland."

Die förmliche Aufhebung konnte wegen des Widerstandes der Opposition nicht verwirklicht werden. Im Ergebnis konnte aber auch die Opposition ihr Ziel, nämlich die Beibehaltung der sog. privaten Vermögensteuer (gemeint ist eine Vermögensteuer für natürliche Personen) nicht durchsetzen. **Die Vermögensteuer kann ab 1. Januar 1997 nicht mehr erhoben werden.**

Der Vermittlungsausschuß hat zur Kompensation des Vermögensteuerausfalls in Höhe von rd. 9,3 Mrd. DM bei den Ländern eine Erhöhung der Erbschaftsteuer von insgesamt etwa 2,1 Mrd. DM, d. h. zusätzlich zum geschätzten Aufkommen von rd. 3,5 Mrd. DM, vorgeschlagen.

Außerdem mußte die **Grunderwerbsteuer** fast verdoppelt werden (Steuersatz ab 1997 3,5 v. H. statt 2 v. H. bisher). Insgesamt müssen Grundstückserwerber ab 1997 rund 5,25 Mrd. DM mehr Steuern zahlen. Daneben sind noch diverse Erhöhungen bei anderen Steuern von insgesamt rd. 1,2 Mrd. DM vorgesehen. Bundestag und Bundesrat haben diese kompensierenden Steuererhöhungen von über 8 Mrd. DM bestätigt. Ob diese Umverteilung der Steuerlasten insgesamt eine Verbesserung der steuerlichen Rahmenbedingungen darstellt, wird die Zukunft zeigen.

Zur Vermögensteuer ab 1. Januar 1997 ist folgende Verwaltungsanweisung ergangen:

Nach dem Beschluß des Bundesverfassungsgerichts vom 22. Juni 1995 – 2 BvL 37/91 – (BStBl II S. 655) ist das Vermögensteuergesetz für Zeiträume nach dem 31. Dezember 1996 nicht mehr anwendbar. Deshalb werden vorläufige oder unter Nachprüfungsvorbehalt stehende Vermögensteuerfestsetzungen für Stichtage nach dem 31. Dezember 1996 sowie Festsetzungen von Vorauszahlungen auf die Vermögensteuer für 1997 und folgende Jahre hiermit aufgehoben.

Jahressteuergesetz (JStG) 1997

vom 20. Dezember 1996
(BGBl. I S. 2049, BStBl. I S. 1523)
– Auszug –

Inhaltsübersicht

Artikel 1 Änderung des Bewertungsgesetzes	17
Artikel 2 Änderung des Erbschaftsteuer- und Schenkungsteuergesetzes	42
Artikel 3 Änderung der Erbschaftsteuer-Durchführungsverordnung.........................	69
Artikel 4 Änderung des Gesetzes zur Reform des Erbschaftsteuer- und Schenkungsteuerrechts...	71
Artikel 5 Änderung des Gesetzes zur Änderung des Hauptfeststellungszeitraums für die wirtschaftlichen Einheiten des Betriebsvermögens sowie des Hauptveranlagungs- zeitraums für die Vermögensteuer	72
Artikel 6 Aufhebung der Durchführungsverordnung zum Bewertungsgesetz..........	72

– Artikel 7 bis 32 hier nicht abgedruckt –

Artikel 1
Änderung des Bewertungsgesetzes

Das Bewertungsgesetz in der Fassung der Bekanntmachung vom 1. Februar 1991 (BGBl. I S. 230), zuletzt geändert durch Artikel 6 des Gesetzes vom 15. Dezember 1995 (BGBl. I S. 1783), wird wie folgt geändert:

Amtliche Begründung – BR-Drucks. 390/96 – [1]

Allgemeines

In Artikel 1 wird die Bewertung des Grundbesitzes für Erbschaftsteuer- und Grunderwerbsteuerzwecke neu geregelt. Die neue Grundbesitzbewertung ist als neuer Vierter Abschnitt in den Zweiten Teil des Bewertungsgesetzes, der die besonderen Bewertungsvorschriften enthält, aufgenommen worden. Die bisherige Einheitsbewertung des Grundbesitzes gilt für die Grundsteuer fort. Zur besseren Gliederung des Bewertungsgesetzes sind die künftig nur noch für die Grundsteuer geltenden Bewertungsvorschriften für die neuen Länder, die an das Gesetz angehangen waren, ebenfalls in den Zweiten Teil des Gesetzes als Dritter Abschnitt eingefügt worden. Damit konnten die Anwendungs- und Schlußvorschriften wieder in einen Dritten Teil an das Ende des Bewertungsgesetzes gesetzt werden.

Die Änderung der Grundbesitzbewertung ist aufgrund der Entscheidungen des Bundesverfassungsgerichts vom 22. Juni 1995, 2 BvL 37/91 und 2 BvR 552/91, BVerfGE 93, S. 121 und 165, notwendig geworden. Das Bundesverfassungsgericht hat zur Erbschaftsteuer entschieden,

---
1 Entspricht der BT-Drucks. 13/4839

daß § 12 Abs. 1 und 2 des ErbStG in Verbindung mit dem I. und II. Teil des Bewertungsgesetzes insofern mit Art. 3 Abs. 1 GG unvereinbar ist, als er bei gleichem Steuertarif als Bemessungsgrundlage der Erbschaftsteuer für Grundbesitz (§ 19 BewG) die auf der Grundlage von zum 1. Januar 1964 festgestellten Einheitswerte, für Kapitalvermögen hingegen Gegenwartswerte bestimmt. Die geforderte Belastungsgleichheit ist im Jahr 1996 mit Wirkung zum 1. Januar 1996 herzustellen. Zur Vermögensteuer gilt entsprechend, daß § 10 Nr. 1 VStG insofern mit Art. 3 Abs. 1 GG unvereinbar ist, als er den einheitswertgebundenen Grundbesitz, dessen Bewertung der Wertentwicklung seit 1964/74 nicht mehr angepaßt worden ist, und das zu Gegenwartswerten erfaßte Vermögen mit demselben Steuersatz belastet.

Grundbesitz und damit ein sehr wichtiger Teil des Volksvermögens überhaupt wurde seit vielen Jahren zu der Erbschaft- und Schenkungsteuer mit Werten herangezogen, die auf der Basis der Wertverhältnisse 1. Januar 1964 bzw. in den neuen Ländern sogar auf der Basis der Wertverhältnisse 1. Januar 1935 ermittelt wurden. Die Ursache dafür war, daß entgegen der ursprünglichen Konzeption des Bewertungsgesetzes (§ 21 BewG) die turnusmäßigen Neubewertungen unterblieben sind. Die Einheitswerte des Grundbesitzes blieben trotz gewisser Zuschläge immer weiter hinter den Verkehrswerten zurück und führten dadurch zu einer immer geringeren Erbschaft- und Schenkungsteuerbelastung im Vergleich zum übrigen Vermögen. Die Hindernisgründe für eine Neubewertung waren vielfältig. Insbesondere haben der Aufbau der neuen Länder infolge des Beitritts der Deutschen Demokratischen Republik zur Bundesrepublik Deutschland und der explosionsartige Anstieg von Personal- und Sachkosten für eine notwendige Neubewertung sowie die steuerpolitische Zielvorstellung zum Abbau der einheitswertabhängigen Steuern eine gegenwartsnähere Bewertung verzögert.

Die Beseitigung der so entstandenen Ungleichheit zwischen der niedrigen Steuerbelastung des Grundbesitzes einerseits und der relativ hohen Belastung aller übrigen steuerbaren Vermögenswerte andererseits ist das Ziel der Änderung des Bewertungsgesetzes. Das anzustrebende Wertniveau der neuen Grundbesitzwerte muß sich in das Gefüge der steuerlichen Werte der anderen Vermögensgegenstände schlüssig einfügen. Wegen der besonderen rechtlichen und wirtschaftlichen Stellung des Grundbesitzes können die Werte nicht mit Werten von Kapitalvermögen verglichen werden. Ebenso wie für Betriebsvermögen, für Anteile an nichtnotierten Kapitalgesellschaften, für Kunstgegenstände und vieles andere mehr muß bei der Ermittlung der Bemessungsgrundlage für Grundbesitz durch einen vorsichtigen Wertansatz berücksichtigt werden, daß nicht bei jedem unentgeltlichen Erwerb von Grundbesitz der theoretisch mögliche Verkehrswert sofort realisiert werden kann. Bewertungsziel ist daher generell nicht der individuelle Verkehrswert im Sinne des § 9 BewG, sondern ein Wert, der typisierend die Bereicherung durch aus Verkehrswerten abgeleiteten durchschnittlichen Besteuerungsgrundlagen abbildet.

Bisherige Einheitsbewertung des Grundvermögens

Die letzte Hauptfeststellung der Einheitswerte für den Grundbesitz ist in den alten Ländern auf den 1. Januar 1964 durchgeführt worden. In den neuen Ländern beruhen die Einheitswerte für das Grundvermögen und für vergleichbare Betriebsgrundstücke auf der Hauptfeststellung zum 1. Januar 1935. Für das land- und forstwirtschaftliche Vermögen werden dort ab 1991 keine Einheitswerte festgestellt; vielmehr ist hier Bemessungsgrundlage der Ersatzwirtschaftswert. Der Wohnteil gehört in den neuen Ländern zum Grundvermögen. Nach dem Hauptfeststellungszeitpunkt wurden lediglich für die bestehenden wirtschaftlichen Einheiten des Grundbesitzes Fortschreibungen und für die neu entstandenen Einheiten Nachfeststellungen von Einheitswerten vorgenommen. Dabei wurden die Wertverhältnisse im Hauptfeststellungszeitpunkt beibehalten.

*In den **alten Ländern** werden Einheitswerte für unbebaute Grundstücke auf der Grundlage durchschnittlicher Bodenwerte zum 1. Januar 1964 ermittelt, wobei den Besonderheiten des zu bewertenden Grundstücks durch Zu- oder Abschläge Rechnung getragen wird. Ein- und*

Zweifamilienhäuser, die weder besonders gestaltet noch besonders ausgestattet sind, Eigentumswohnungen, Mietwohngrundstücke sowie gemischtgenutzte Grundstücke werden regelmäßig im Ertragswertverfahren unter Ansatz der Jahresrohmiete und eines gesetzlich vorgeschriebenen Vervielfältigers bewertet. Auch für Geschäftsgrundstücke gilt das Ertragswertverfahren, wenn für diese Grundstücke zum 1. Januar 1964 eine Jahresrohmiete ermittelt oder eine übliche Miete aus Vergleichsgrundstücken abgeleitet werden konnte. Besonders aufwendig gestaltete oder ausgestattete Ein- und Zweifamilienhäuser sowie Geschäftsgrundstücke, für die weder eine Jahresrohmiete noch eine übliche Miete vorliegt, sind im Sachwertverfahren unter Ansatz des Bodenwerts, des Gebäudewerts und des Werts der Außenanlagen zu bewerten, wobei der Sachwert durch eine Wertzahl an den gemeinen Wert angeglichen wird. Dieses Bewertungsverfahren wird auch bei den sonstigen bebauten Grundstücken angewendet.

In den **neuen Ländern** *werden die Einheitswerte des Grundvermögens nach den Wertverhältnissen vom 1. Januar 1935 ermittelt. Auch hier werden unbebaute Grundstücke mit dem in der betreffenden Gegend aus Kaufpreisen abgeleiteten Bodenwerten vom 1. Januar 1935 unter Berücksichtigung der Besonderheiten des zu bewertenden Grundstücks bewertet. Mietwohngrundstücke und gemischtgenutzte Grundstücke sind mit dem Vielfachen der Jahresrohmiete anzusetzen. Für Einfamilienhäuser, Geschäftsgrundstücke und sonstige bebaute Grundstücke wird der Einheitswert unter Ansatz des Bodenwerts, des Gebäudewerts und des Werts der Außenanlagen ermittelt. Liegen für Einfamilienhäuser und Mietwohngrundstücke keine Einheitswerte 1935 vor, wird die Einheitsbewertung nur dann nachgeholt, wenn dies für Erbschaftsteuerzwecke erforderlich ist (Bedarfsbewertung). Andernfalls ist für die Grundsteuer nur eine Ersatzbemessungsgrundlage heranzuziehen (§ 42 GrStG).*

Durch das Festschreiben der Wertverhältnisse auf den 1. Januar 1935 in den neuen Ländern und auf den 1. Januar 1964 in den alten Ländern wird Grundbesitz erheblich niedriger als Vermögensgegenstände besteuert, die mit gegenwartsnahen Werten erfaßt werden. Daran ändern auch die Zuschläge zu den Einheitswerten, in den alten Länder 40 v. H. und in den neuen Ländern differenziert nach Grundstückshauptgruppen, nichts. Das Ausbleiben einer turnusmäßigen Neubewertung des Grundbesitzes sowie die unterschiedlichen Bewertungsmethoden innerhalb des Grundvermögens führten letztlich dazu, daß die Gleichmäßigkeit der Vermögens- und Erbschaftsbesteuerung nicht mehr gewahrt war (vgl. Beschlüsse des Bundesverfassungsgerichts vom 22. Juni 1995 und auch Jakob, Möglichkeiten einer Vereinfachung der Bewertung des Grundbesitzes sowie Untersuchung einer befristeten Anwendung von differenzierten Zuschlägen zu den Einheitswerten, BMF-Schriftenreihe Heft 48, S. 65 unter Hinweis auf eine von der Finanzverwaltung in 1992 durchgeführte Kaufpreisuntersuchung).

Grundstücksbewertung ab dem 1. Januar 1996

Neue **Grundbesitzwerte** *werden nach Abschnitt IV des II. Teils des Bewertungsgesetzes ab dem 1. Januar 1996 für Zwecke der Erbschaft- und Schenkungsteuer sowie für Zwecke der Grunderwerbsteuer ab 1. Januar 1997 festgestellt. Die neuen Grundbesitzwerte werden nur in den Fällen ermittelt, in denen sie für diese Steuern benötigt werden. Dabei werden die tatsächlichen Verhältnisse vom Besteuerungszeitpunkt und die Wertverhältnisse vom 1. Januar 1996 zugrunde gelegt. Die Wertverhältnisse werden aus Praktikabilitätsgründen für sechs Jahre festgeschrieben.*

Die Beschlüsse des Bundesverfassungsgerichts betreffen auch die Bewertung des **land- und forstwirtschaftlichen Vermögens**, *das nach § 19 Abs. 1 Nr. 1 BewG zum Grundbesitz gehört. Vom System her entspricht die derzeitige Bewertung nach dem Ertragswertverfahren den Anforderungen des Bundesverfassungsgerichts; die unterschiedliche Entwicklung der Ertragsfähigkeit im Verhältnis zu anderen Vermögensarten und innerhalb der Land- und Forstwirtschaft seit 1964 hat jedoch Veränderungen ergeben, die der verfassungsrechtlich gebote-*

nen Gleichbehandlung bei der Besteuerung nicht mehr genügen. Daher sollen land- und forstwirtschaftliche Betriebe im Rahmen der Bedarfsbewertung für Zwecke der Erbschaft- und Schenkungsteuer sowie Grunderwerbsteuer mit aktuellen Ertragswerten bewertet werden.

Das Bewertungsverfahren ist als Übergangslösung bis zu einer allgemeinen Neubewertung des land- und forstwirtschaftlichen Vermögens konzipiert. Es ist gekennzeichnet durch die Anwendung weniger, vorsichtig bemessener, pauschalierter Ertragswerte, die nach den hauptsächlichen ertragsbildenden Kriterien untergliedert sind. Als Alternative ist auf Antrag die Bewertung nach dem Einzelertragswertverfahren vorgesehen.

Die bewertungsrechtliche Behandlung der land- und forstwirtschaftlichen Wohnteile wird beibehalten. Spezifische Besonderheiten der land- und forstwirtschaftlichen Wohnungen werden berücksichtigt.

Zur Erleichterung des Generationenwechsels in der Land- und Forstwirtschaft werden den Betrieben ein Freibetrag von 500 000 DM und ein Bewertungsabschlag von 50 v. H. eingeräumt. Damit ist sichergestellt, daß Kleinbetriebe und bäuerliche Familienbetriebe regelmäßig nicht durch die Erbschaft- und Schenkungsteuer belastet werden und größere Betriebe eine deutliche Reduzierung der Steuerlast erfahren.

Für die Ermittlung der neuen Grundstückswerte des **Grundvermögens** *gilt künftig folgendes:*

... (überholt; hier folgen Ausführungen zur Bewertung nach einem Wohn-/Nutzflächenverfahren. Der Bundestag hat statt dessen die Bewertung nach einem Ertragswertverfahren beschlossen.)

1. § 3 a wird aufgehoben.

Begründung des Finanzausschusses des Deutschen Bundestages – BT-Drucks. 13/5952 –

Der Wegfall der Vorschrift ist Folge der Entscheidung des Bundesverfassungsgerichts zur Vermögensteuer.

2. § 11 wird wie folgt geändert:

a) In Absatz 2 werden die Sätze 3 bis 5 aufgehoben.

b) Es wird folgender Absatz 2 a eingefügt:

„(2 a) Für Zwecke der Gewerbesteuer gilt Absatz 2 Satz 2 mit der Maßgabe, daß bei unbeschränkt steuerpflichtigen Kapitalgesellschaften das Vermögen mit dem Einheitswert des Gewerbebetriebs angesetzt wird, der für den auf den Stichtag (§ 112) folgenden Feststellungszeitpunkt maßgebend ist. Dem Einheitswert sind die Beteiligungen im Sinne des § 102 und die nicht im Einheitswert erfaßten Wirtschaftsgüter des ausländischen Betriebsvermögens hinzuzurechnen; die mit diesen Beteiligungen und den Wirtschaftsgütern des ausländischen Betriebsvermögens in wirtschaftlichem Zusammenhang stehenden Schulden und Lasten sind abzuziehen, soweit sie bei der Ermittlung des Einheitswerts nicht abgezogen worden sind. Der Einheitswert ist um den Geschäfts- oder Firmenwert und die Werte von firmenwertähnlichen Wirtschaftsgütern zu kürzen, soweit sie im Einheitswert enthalten sind. Dem Einheitswert sind 40 vom Hundert der Summe der Werte hinzuzurechnen, mit denen die Betriebsgrundstücke in dem Einheitswert des Gewerbebetriebes enthalten sind."

Erläuterungen

Einheitswerte des Betriebsvermögens werden für Zwecke der Vermögensbesteuerung künftig nicht mehr benötigt. Für die Festsetzung der Gewerbekapitalsteuer und für die Ermittlung des Wert der nichtnotierten Aktien und Anteile ist der Einheitswert des Betriebsvermögens jedoch weiterhin der Ausgangswert für die Berechnungen. Die Streichung der Sätze 3 bis 5 in Absatz 2 trägt dieser Rechtslage Rechnung; der neue Absatz 2 a regelt die Berechnung des Vermögenswerts bei der Bewertung nichtnotierter Aktien und Anteile nach dem Stuttgarter Verfahren für Zwecke der Gewerbesteuer.

3. § 17 wird wie folgt gefaßt:

„**§ 17**
Geltungsbereich

(1) Die besonderen Bewertungsvorschriften sind nach Maßgabe der jeweiligen Einzelsteuergesetze anzuwenden.

(2) Die §§ 18 bis 94, 122 und 125 bis 132 gelten für die Grundsteuer und die §§ 95 bis 109 a, 121 a, 133 und 137 zusätzlich für die Gewerbesteuer.

(3) Soweit sich nicht aus den §§ 19 bis 150 etwas anderes ergibt, finden neben diesen auch die Vorschriften des Ersten Teils dieses Gesetzes (§§ 1 bis 16) Anwendung. § 16 findet auf die Grunderwerbsteuer keine Anwendung."

Amtliche Begründung – BR-Drucks. 390/96 –

Die Änderung des Absatzes 1 ist durch die Neugliederung des Bewertungsgesetzes und wegen des Wegfalls der Vermögensteuer erforderlich geworden. Absatz 2 regelt die Anwendung der Bewertungsvorschriften für die Grundsteuer und soweit erforderlich für die Gewerbesteuer. Die Änderung in Absatz 3 ist redaktioneller Art.

4. In § 18 werden in Nummer 3 am Ende das Komma durch einen Punkt ersetzt und Nummer 4 aufgehoben.

Erläuterung

Die Vorschrift ist der Rechtslage nach Wegfall der Vermögensteuer angepaßt worden.

5. § 23 wird wie folgt geändert:

a) In Absatz 1 werden in Nummer 2 am Ende das Semikolon durch einen Punkt ersetzt und Nummer 3 aufgehoben.

b) Absatz 2 Satz 2 wird wie folgt gefaßt:
„(2) Nachfeststellungszeitpunkt ist in den Fällen des Absatzes 1 Nr. 1 der Beginn des Kalenderjahrs, das auf die Entstehung der wirtschaftlichen Einheit (Untereinheit) folgt, und in den Fällen des Absatzes 1 Nr. 2 der Beginn des Kalenderjahrs, in dem der Einheitswert erstmals der Besteuerung zugrunde gelegt wird."

Erläuterung

Die Vorschrift ist der Rechtslage nach Wegfall der Vermögensteuer angepaßt worden.

6. § 24 wird wie folgt geändert:

a) In Absatz 1 werden in Nummer 2 am Ende das Semikolon durch einen Punkt ersetzt und Nummer 3 aufgehoben.

b) Absatz 2 wird wie folgt gefaßt:
„(2) Aufhebungszeitpunkt ist in den Fällen des Absatzes 1 Nr. 1 der Beginn des Kalenderjahrs, das auf den Wegfall der wirtschaftlichen Einheit (Untereinheit) folgt, und in den Fällen des Absatzes 1 Nr. 2 der Beginn des Kalenderjahrs, in dem der Einheitswert erstmals der Besteuerung nicht mehr zugrunde gelegt wird. § 21 Abs. 3 ist entsprechend anzuwenden."

Erläuterung

Die Vorschrift ist der Rechtslage nach Wegfall der Vermögensteuer angepaßt worden.

7. § 26 wird wie folgt gefaßt:

„**§ 26**
Umfang der wirtschaftlichen Einheit bei Vermögenszusammenrechnung

Die Zurechnung mehrerer Wirtschaftsgüter zu einer wirtschaftlichen Einheit (§ 2) wird beim Grundbesitz im Sinne der §§ 33 bis 94 und 125 bis 133 nicht dadurch ausgeschlossen, daß die Wirtschaftsgüter zum Teil dem einen, zum Teil dem anderen Ehegatten gehören."

Erläuterung

Die Vorschrift ist der Rechtslage nach Wegfall der Vermögensteuer angepaßt worden.

8. In § 28 Abs. 1 wird Satz 2 wie folgt gefaßt:

„Für Erklärungen zur Feststellung des Einheitswerts des Betriebsvermögens gilt dies, wenn das Gewerbekapital im Sinne des § 12 des Gewerbesteuergesetzes den Freibetrag nach § 13 Abs. 1 des Gewerbesteuergesetzes übersteigt."

Erläuterung

Die Vorschrift ist der Rechtslage nach Aufhebung der Vermögensteuer angepaßt worden.

9. § 44 Abs. 1 wird wie folgt gefaßt:

„(1) Zum Geringstland gehören die Betriebsflächen geringster Ertragsfähigkeit, für die nach dem Bodenschätzungsgesetz keine Wertzahlen festzustellen sind;"

Amtliche Begründung – BR-Drucks. 390/96 –

Es handelt sich um eine redaktionelle Anpassung an die Zitierweise des Bodenschätzungsgesetzes in §§ 55 und 60 BewG.

10. § 91 Abs. 2 wird aufgehoben.

Erläuterung

Der Wegfall der Vorschrift ist Folge der Entscheidung des Bundesverfassungsgerichts zur Vermögensteuer.

11. § 97 wird wie folgt geändert:

Nach Absatz 2 wird folgender Absatz 1 a eingefügt:

„(1 a) Der Einheitswert des Betriebsvermögens von Gesellschaften im Sinne des Absatzes 1 Nr. 5 ist wie folgt auf die Gesellschafter aufzuteilen:

1. Wirtschaftsgüter im Sinne des Absatzes 1 Nr. 5 Satz 2 sowie Schulden des Gesellschafters im Sinne des Absatzes 1 Nr. 5 Satz 3 sind dem jeweiligen Gesellschafter vorab mit dem Wert zuzurechnen, mit dem sie im Einheitswert des Betriebsvermögens enthalten sind. Das Kapitalkonto des Gesellschafters aus der Steuerbilanz ist um das auf die ihm vorweg zuzurechnenden Wirtschaftsgüter im Sinne des Satzes 1 entfallende Kapital aus der Sonderbilanz zu bereinigen.
2. Das nach Nummer 1 Satz 2 bereinigte Kapitalkonto ist dem jeweiligen Gesellschafter vorweg zuzurechnen.

3. Der nach Berücksichtigung der Vorwegzurechnungen im Sinne der Nummer 1 Satz 1 und Nummer 2 verbleibende Einheitswert des Betriebsvermögens ist nach dem für die Gesellschaft maßgebenden Gewinnverteilungsschlüssel auf die Gesellschafter aufzuteilen.
4. Für jeden Gesellschafter ergibt die Summe aus den Vorwegzurechnungen im Sinne der Nummer 1 Satz 1 und Nummer 2 und dem anteiligen Unterschiedsbetrag nach Nummer 3 den Anteil am Einheitswert des Betriebsvermögens."

Amtliche Begründung – BR-Drucks. 390/96 –

Die neue Aufteilungsregelung des Betriebsvermögens bei Personengesellschaften (neuer Absatz 1 a) stellt die gesetzliche Normierung eines einfach zu praktizierenden Verfahrens dar, das berücksichtigt, daß beim Betriebsvermögen grundsätzlich die ertragsteuerlichen Bilanzwerte maßgebend sind. Wollte man weiter die zur bisherigen Rechtslage vor dem 1. Januar 1993 ergänzende höchstrichterliche Rechtsprechung anwenden, nach der die Aufteilung entsprechend den Unternehmenswertanteilen der Beteiligten zu erfolgen habe, müßte in diesen Fällen der tatsächliche Wert des Unternehmens einschließlich der stillen Reserven allein für Aufteilungszwecke ermittelt werden. Gerade dies, nämlich eine besondere Wertermittlung, wollte man jedoch aus Vereinfachungsgründen durch die Übernahme der Steuerbilanzwerte vermeiden.

12. § 101 wird wie folgt gefaßt:

„**§ 101**
Nicht zum Betriebsvermögen gehörige Wirtschaftsgüter

Zum Betriebsvermögen gehören nicht:

1. die Wirtschaftsgüter, die nach den Vorschriften anderer Gesetze von der Vermögensteuer befreit sind;
2. a) eigene Erfindungen,
   b) Ansprüche auf Vergütungen für eigene Diensterfindungen und
   c) eigene Urheberrechte sowie Originale urheberrechtlich geschützter Werke.

   Die genannten Wirtschaftsgüter gehören auch dann nicht zum Betriebsvermögen, wenn sie im Falle des Todes des Erfinders oder Urhebers auf seinen Ehegatten oder seine Kinder übergegangen sind und zu deren inländischen Gewerbebetrieb gehören;
3. Ansprüche der in § 111 Nr. 5 bezeichneten Art in der bis zum 31. Dezember 1996 geltenden Fassung des Bewertungsgesetzes;
4. Kunstgegenstände und Handschriften, die nicht zur Veräußerung bestimmt sind und deren Eigentümer gegenüber der von der Landesregierung bestimmten Stelle jeweils für mindestens fünf Jahre unwiderruflich seine Bereitschaft erklärt hat, sie für öffentliche Ausstellungen unentgeltlich zur Verfügung zu stellen, deren Träger eine inländische juristische Person des öffentlichen Rechts oder eine regelmäßig öffentlich geförderte juristische Person des privaten Rechts ist, an den in diesem Zeitraum fallenden Stichtagen. § 115 bleibt unberührt."

Erläuterung

Die Vorschrift wird nur noch bei der Einheitsbewertung des Betriebsvermögens für Zwecke der Gewerbesteuer benötigt.

13. In § 104 werden die Worte „zuletzt geändert durch Artikel 33 des Gesetzes vom 18. Dezember 1989, BGBl. S. 2261" durch die Worte „zuletzt geändert durch Artikel 91 des Gesetzes vom 5. Oktober 1994, BGBl. I S. 2911" ersetzt.

Amtliche Begründung – BR-Drucks. 390/96 –

Es handelt sich um eine redaktionelle Anpassung.

14. a) Die Überschrift vor § 110

„**Zweiter Abschnitt**
Sonstiges Vermögen, Gesamtvermögen und Inlandsvermögen
A. Sonstiges Vermögen"

wird durch die Überschrift

„**Zweiter Abschnitt**
Sondervorschriften und Ermächtigung"

ersetzt.

b) Die Überschrift vor § 114

„**B. Gesamtvermögen**"

wird gestrichen.

c) Die Überschrift vor § 121

„**C. Inlandsvermögen**"

wird gestrichen.

Erläuterung:

Es handelt sich um eine redaktionelle Folgeänderung aufgrund der Entscheidung des Bundesverfassungsgerichts zur Vermögensteuer.

15. § 110 wird aufgehoben.

Erläuterung

Der Wegfall der Vorschrift ist Folge der Entscheidung des Bundesverfassungsgerichts zur Vermögensteuer.

16. § 111 wird aufgehoben.

Erläuterung

Der Wegfall der Vorschrift ist Folge der Entscheidung des Bundesverfassungsgerichts zur Vermögensteuer.

17. § 114 wird aufgehoben.

Erläuterung

Der Wegfall der Vorschrift ist Folge der Entscheidung des Bundesverfassungsgerichts zur Vermögensteuer.

18. In § 115 Abs. 1 werden die Worte „sonstiges Vermögen" durch die Worte „inländischen Betriebsvermögen" ersetzt.

Erläuterung

Es handelt sich um eine Folgeänderung wegen der weiteren Feststellung von Einheitswerten des Betriebsvermögens für Zwecke der Gewerbekapitalsteuer.

19. § 116 wird aufgehoben.

Erläuterung

Der Wegfall der Vorschrift ist Folge der Entscheidung des Bundesverfassungsgerichts zur Vermögensteuer.

20. § 117 wird aufgehoben.

Erläuterung

Der Wegfall der Vorschrift ist Folge der Entscheidung des Bundesverfassungsgerichts zur Vermögensteuer.

21. § 117 a wird aufgehoben.

Erläuterung

Der Wegfall der Vorschrift ist Folge der Entscheidung des Bundesverfassungsgerichts zur Vermögensteuer.

22. § 118 wird aufgehoben.

Erläuterung

Der Wegfall der Vorschrift ist Folge der Entscheidung des Bundesverfassungsgerichts zur Vermögensteuer.

23. § 119 wird aufgehoben.

Erläuterung

Der Wegfall der Vorschrift ist Folge der Entscheidung des Bundesverfassungsgerichts zur Vermögensteuer.

24. § 120 wird aufgehoben.

Erläuterung

Der Wegfall der Vorschrift ist Folge der Entscheidung des Bundesverfassungsgerichts zur Vermögensteuer.

25. § 121 wird wie folgt gefaßt:

„§ 121
Inlandsvermögen

Zum Inlandsvermögen eines beschränkt Steuerpflichtigen gehören:

1. das inländische land- und forstwirtschaftliche Vermögen;
2. das inländische Grundvermögen;
3. das inländische Betriebsvermögen. Als solches gilt das Vermögen, das einem im Inland betriebenen Gewerbe dient, wenn hierfür im Inland eine Betriebsstätte unterhalten wird oder ein ständiger Vertreter bestellt ist;
4. Anteile an einer Kapitalgesellschaft, wenn die Gesellschaft Sitz oder Geschäftsleitung im Inland hat und der Gesellschafter entweder allein oder zusammen mit anderen ihm nahestehenden Personen im Sinne des § 1 Abs. 2 des Außensteuergesetzes

vom 8. September 1972 (BGBl. I S. 1713), zuletzt geändert durch Artikel 12 des Gesetzes vom 20. Dezember 1996 (BGBl. I S. 2049), am Grund- oder Stammkapital der Gesellschaft mindestens zu einem Zehntel unmittelbar oder mittelbar beteiligt ist;

5. nicht unter Nummer 3 fallende Erfindungen, Gebrauchsmuster und Topographien, die in ein inländisches Buch oder Register eingetragen sind;
6. Wirtschaftsgüter, die nicht unter die Nummern 1, 2 und 5 fallen und einem inländischen Gewerbebetrieb überlassen, insbesondere an diesen vermietet oder verpachtet sind;
7. Hypotheken, Grundschulden, Rentenschulden und andere Forderungen oder Rechte, wenn sie durch inländischen Grundbesitz, durch inländische grundstücksgleiche Rechte oder durch Schiffe, die in ein inländisches Schiffsregister eingetragen sind, unmittelbar oder mittelbar gesichert sind. Ausgenommen sind Anleihen und Forderungen, über die Teilschuldverschreibungen ausgegeben sind;
8. Forderungen aus der Beteiligung an einem Handelsgewerbe als stiller Gesellschafter und aus partiarischen Darlehen, wenn der Schuldner Wohnsitz oder gewöhnlichen Aufenthalt, Sitz oder Geschäftsleitung im Inland hat;
9. Nutzungsrechte an einem der in den Nummern 1 bis 8 genannten Vermögensgegenstände."

Erläuterung
Die Vorschrift wird nur noch für die Erbschaftsteuer und Schenkungsteuer benötigt. Die bisherigen Absätze 1 und 3 entfallen.

26. Die Überschrift vor § 121 a

„**Dritter Teil**
Übergangs- und Schlußbestimmungen"

wird gestrichen.

Amtliche Begründung – BR-Drucks. 390/96 –

Der Dritte Teil des Bewertungsgesetzes enthält bisher die Übergangs- und Schlußbestimmungen. Im Vierten Teil folgten die Vorschriften für die Bewertung von Vermögen in den neuen Ländern. Die Schlußbestimmungen werden nunmehr, wie auch in anderen Gesetzen üblich, an den Schluß des Bewertungsgesetzes übernommen.

27. § 121 a wird wie folgt gefaßt:

„**§ 121 a**
Sondervorschrift für die Anwendung der Einheitswerte 1964

Während der Geltungsdauer der auf den Wertverhältnissen am 1. Januar 1964 beruhenden Einheitswerte des Grundbesitzes sind Grundstücke (§ 70) und Betriebsgrundstücke im Sinne des § 99 Abs. 1 Nr. 1 für die Gewerbesteuer mit 140 vom Hundert des Einheitswerts anzusetzen."

Amtliche Begründung – BR-Drucks. 390/96 –

Die Vorschrift hat nur noch für die Gewerbesteuer Bedeutung.

28. § 121 b wird aufgehoben.

Amtliche Begründung – BR-Drucks. 390/96 –

Die Aufhebung erfolgt infolge Zeitablaufs.

29. § 122 wird wie folgt gefaßt:

„**§ 122
Besondere Vorschriften für Berlin (West)**

§ 50 Abs. 1, § 60 Abs. 1 und § 67 gelten nicht für den Grundbesitz in Berlin (West). Bei der Beurteilung der natürlichen Ertragsbedingungen und des Bodenartenverhältnisses ist das Bodenschätzungsgesetz sinngemäß anzuwenden."

Amtliche Begründung – BR-Drucks. 390/96 –

Die bisherigen Absätze 2 bis 5 des § 122 BewG sind infolge Zeitablaufs überholt. Die jetzige Regelung enthält nur die geltenden Bestimmungen sowie eine redaktionelle Anpassung an die Zitierweise des Bodenschätzungsgesetzes in §§ 50 und 60 BewG.

30. § 123 wird wie folgt gefaßt:

„**§ 123
Ermächtigungen**

Die Bundesregierung wird ermächtigt, mit Zustimmung des Bundesrates die in § 12 Abs. 4, § 21 Abs. 1, § 39 Abs. 1, § 51 Abs. 4, § 55 Abs. 3, 4 und 8, den §§ 81 und 90 Abs. 2 und § 113 a vorgesehenen Rechtsverordnungen zu erlassen."

Amtliche Begründung – BR-Drucks. 390/96 –

Die Ermächtigung zum Erlaß von Rechtsverordnungen zu verschiedenen Vorschriften des Bewertungsgesetzes, die bisher in § 123 Abs. 1 enthalten war, bildet nunmehr den einzigen Inhalt des § 123. Die bisher in Absatz 2 enthaltene Ermächtigung zur Neufassung des Bewertungsgesetzes wird als § 158[1] in die Schlußbestimmungen übernommen.

31. § 124 wird aufgehoben.

Amtliche Begründung – BR-Drucks. 390/96 –

Der Anwendungszeitpunkt wird nunmehr in § 159[2] geregelt.

32. Die Überschrift vor § 125 wird wie folgt gefaßt:

„**Dritter Abschnitt
Vorschriften für die Bewertung von Vermögen in dem in Artikel 3 des
Einigungsvertrages genannten Gebiet**"

Amtliche Begründung – BR-Drucks. 390/96 –

Der bisherige Vierte Teil des Bewertungsgesetzes ist künftig Dritter Abschnitt der besonderen Bewertungsvorschriften.

33. § 133 wird wie folgt gefaßt:

„**§ 133
Sondervorschrift für die Anwendung der Einheitswerte 1935**

Die Einheitswerte 1935 der Betriebsgrundstücke sind für die Gewerbesteuer wie folgt anzusetzen:

---

[1] Jetzt § 151 BewG.
[2] Jetzt § 152 BewG.

1. Mietwohngrundstücke mit 100 vom Hundert des Einheitswerts 1935,
2. Geschäftsgrundstücke mit 400 vom Hundert des Einheitswerts 1935,
3. gemischtgenutzte Grundstücke, Einfamilienhäuser und sonstige bebaute Grundstücke mit 250 vom Hundert des Einheitswerts 1935,
4. unbebaute Grundstücke mit 600 vom Hundert des Einheitswerts 1935.

Bei Grundstücken im Zustand der Bebauung bestimmt sich die Grundstückshauptgruppe für den besonderen Einheitswert im Sinne von § 33 a Abs. 3 der weiter anzuwendenden Durchführungsverordnung zum Reichsbewertungsgesetz nach dem tatsächlichen Zustand, der nach Fertigstellung des Gebäudes besteht."

Amtliche Begründung – BR-Drucks. 390/96 –

Die Vorschrift hat nur noch für die Gewerbesteuer Bedeutung.

34. § 135 wird aufgehoben.

Amtliche Begründung – BR-Drucks. 390/96 –

Die Aufhebung erfolgt infolge Zeitablaufs.

35. § 136 wird aufgehoben.

Amtliche Begründung – BR-Drucks. 390/96 –

Wegen des Wegfalls der Vermögensteuer ist die Bestimmung über ihre Aussetzung in den neuen Ländern überholt.

36. Nach § 137 wird der folgende Abschnitt angefügt:

Vierter Abschnitt
Vorschriften für die Bewertung von Grundbesitz für die Erbschaftsteuer
ab 1. Januar 1996 und für die Grunderwerbsteuer ab 1. Januar 1997

Die in dem neuen Vierten Abschnitt enthaltenen §§ 138 bis 150 regeln die Grundbesitzbewertung für die Erbschaft- und Schenkungsteuer ab 1996 sowie für die Grunderwerbsteuer ab 1997.

A. Allgemeines
§ 138
Feststellung von Grundbesitzwerten

(1) Einheitswerte, die für Grundbesitz nach den Wertverhältnissen vom 1. Januar 1935 oder 1. Januar 1964 festgestellt worden sind, sowie Ersatzwirtschaftswerte (§§ 125 und 126) werden bei der Erbschaftsteuer ab 1. Januar 1996 und bei der Grunderwerbsteuer ab 1. Januar 1997 nicht mehr angewendet. Anstelle dieser Einheitswerte und Ersatzwirtschaftswerte werden abweichend von § 19 Abs. 1 und § 126 Abs. 2 land- und forstwirtschaftliche Grundbesitzwerte für das in Absatz 2 und Grundstückswerte für das in Absatz 3 bezeichnete Vermögen unter Berücksichtigung der tatsächlichen Verhältnisse zum Besteuerungszeitpunkt und der Wertverhältnisse zum 1. Januar 1996 festgestellt.

(2) Für die wirtschaftlichen Einheiten des land- und forstwirtschaftlichen Vermögens und für Betriebsgrundstücke im Sinne des § 99 Abs. 1 Nr. 2 sind die land- und forstwirtschaftlichen Grundbesitzwerte unter Anwendung der §§ 139 bis 144 zu ermitteln.

(3) Für die wirtschaftlichen Einheiten des Grundvermögens und für Betriebsgrundstücke im Sinne des § 99 Abs. 1 sind Grundstückswerte abweichend von § 9 mit einem

typisierenden Wert unter Anwendung der §§ 68, 69 und 99 Abs. 2 und der §§ 139 und 145 bis 150 zu ermitteln. § 70 gilt mit der Maßgabe, daß der Anteil des Eigentümers eines Grundstücks an anderem Grundvermögen (z. B. an gemeinschaftlichen Hofflächen oder Garagen) abweichend von Absatz 2 Satz 1 dieser Vorschrift in das Grundstück einzubeziehen ist, wenn der Anteil zusammen mit dem Grundstück genutzt wird. § 20 Satz 2 ist entsprechend anzuwenden.

(4) Die Wertverhältnisse zum 1. Januar 1996 gelten für Feststellungen von Grundbesitzwerten bis zum 31. Dezember 2001.

(5) Die Grundbesitzwerte sind gesondert festzustellen, wenn sie für die Erbschaftsteuer oder Grunderwerbsteuer erforderlich sind (Bedarfsbewertung). In dem Feststellungsbescheid sind auch Feststellungen zu treffen

1. über die Art der wirtschaftlichen Einheit, bei Betriebsgrundstücken, die zu einem Gewerbebetrieb gehören (wirtschaftliche Untereinheit), auch über den Gewerbebetrieb;
2. über die Zurechnung der wirtschaftlichen Einheit und bei mehreren Beteiligten über die Höhe des Anteils, für dessen Besteuerung ein Anteil am Grundbesitzwert erforderlich ist.

Für die Feststellung von Grundbesitzwerten gelten die Vorschriften der Abgabenordnung über die Feststellung von Einheitswerten des Grundbesitzes sinngemäß.

(6) Das für die Feststellung von Grundbesitzwerten zuständige Finanzamt kann von jedem, für dessen Besteuerung eine Bedarfsbewertung erforderlich ist, die Abgabe einer Feststellungserklärung innerhalb einer von ihm zu bestimmenden Frist verlangen. Die Frist muß mindestens einen Monat betragen.

Amtliche Begründung – BR-Drucks. 390/96 –

Zu Abs. 1

Anstelle der Einheitswerte 1935 und Ersatzwirtschaftswerte für die Land- und Forstwirtschaft in den neuen Ländern sowie der Einheitswerte 1964 in den alten Ländern sind bei der Erbschaft- und Schenkungsteuer ab dem 1. Januar 1996 sowie bei der Grunderwerbsteuer ab dem 1. Januar 1997 neue Grundbesitzwerte zu ermitteln und entweder als land- und forstwirtschaftlicher Grundbesitzwert für Betriebe der Land- und Forstwirtschaft und für Betriebsgrundstücke im Sinne des § 99 Abs. 1 Nr. 2 BewG oder als Grundstückswert für die wirtschaftlichen Einheiten des Grundvermögens und für Betriebsgrundstücke im Sinne des § 99 Abs. 1 Nr. 1 BewG anzusetzen. Bei der Feststellung der neuen Grundbesitzwerte sind stets die Verhältnisse vom Besteuerungszeitpunkt – bei der Erbschaftsteuer ist dies der Erwerbszeitpunkt im Sinne von § 9 ErbStG – und die Wertverhältnisse vom 1. Januar 1996 zugrunde zu legen.

Zu Abs. 2

Absatz 2 regelt, nach welchen Vorschriften das land- und forstwirtschaftliche Vermögen zu bewerten ist.

Zu Abs. 3

Absatz 3 regelt, welche Vorschriften für die Ermittlung der neuen Grundstückswerte gelten. § 68 BewG, der das Grundvermögen definiert, sowie die Abgrenzungsgrundsätze des § 69 BewG (Abgrenzung zwischen Grundvermögen und land- und forstwirtschaftlichem Vermögen) sollen auch bei der Ermittlung der neuen Grundstückswerte beachtet werden. § 70 Abs. 2 Satz 1 BewG soll mit der Maßgabe gelten, daß ein Grundstück mit einem anderen Grundstücksteil zusammen bewertet werden kann, wenn das Grundstück oder der Grund-

stücksteil zusammen genutzt werden. Künftig kommt es nicht mehr darauf an, daß alle Anteile an dem gemeinschaftlichen Grundvermögen Eigentümern von Grundstücken gehören, die ihren Anteil jeweils zusammen mit ihrem Grundstück nutzen. Werden z. B. Garagen auf einem an einer Reihenhaussiedlung angrenzenden gesonderten Grundstück errichtet, wird die Garage mit dem Reihenhaus als eine wirtschaftliche Einheit des Grundvermögens bewertet, wenn das Reihenhaus und die Garage von dem Grundstückseigentümer einheitlich, entweder zu eigenen Wohnzwecken, zu Vermietungszwecken oder zu anderen Zwecken genutzt werden. Abweichend von § 70 Abs. 2 Satz 1 BewG wirkt sich der Umstand, daß einzelne Garagen nicht von Eigentümern eines Reihenhauses errichtet und genutzt werden, auf die Zusammenfassung zu einer wirtschaftlichen Einheit bei anderen Grundstückseigentümern nicht mehr schädlich aus. Billigkeitsmaßnahmen sollen bei der Ermittlung der neuen Grundstückswerte nur als Übergangsregelung im Einvernehmen mit den obersten Finanzbehörden aller Länder getroffen werden (Hinweis auf § 20 Satz 2 BewG). Die Vorschriften zur Bewertung von Erbbaurechten und von Gebäuden auf fremdem Grund und Boden (§§ 92 und 94 BewG) gelten sinngemäß weiter. . . .

Zu Abs. 4

Die Wertverhältnisse vom 1. Januar 1996 werden für einen Zeitraum von sechs Jahren festgeschrieben. In diesem Zeitraum dürfte der durchschnittliche Preisanstieg auf dem Grundstücksmarkt nicht so erheblich sein, daß er zu nicht mehr hinnehmbaren Wertverzerrungen innerhalb des Grundbesitzes, aber auch im Vergleich zu anderem Vermögen führt. Andererseits läßt sich gerade durch die Festschreibung der Wertverhältnisse eine deutliche Verwaltungsvereinfachung erreichen. Nach Ablauf des Festschreibungszeitraums müssen aus Gründen der Gleichmäßigkeit der Besteuerung die Bemessungsgrundlagen – bei unbebauten Grundstücken sind dies die Bodenrichtwerte – . . . zumindest überprüft und ggf. den veränderten Verhältnissen auf dem Grundstücksmarkt angepaßt werden. Ebenso sind auch die standardisierten Ertragswerte für die Nutzungen und Nutzungsteile der land- und forstwirtschaftlichen Betriebe zu überprüfen und ggf. an die veränderten Ertragsverhältnisse in der Land- und Forstwirtschaft anzupassen. In die Überprüfung sind auch die Freibeträge und Steuersätze bei der Erbschaft- und Schenkungsteuer einzubeziehen.

Zu Abs. 5

Grundbesitzwerte, also land- und forstwirtschaftliche Grundbesitzwerte und Grundstückswerte, sollen nur in den Fällen festgestellt werden, in denen sie für die Erbschaftsteuer oder die Grunderwerbsteuer benötigt werden. Mit dieser Bedarfsbewertung wird ein ganz erheblicher Verwaltungsaufwand vermieden, der durch eine sonst erforderlich gewordene allgemeine Neubewertung aller 30 Millionen wirtschaftlichen Einheiten entstanden wäre. Die neuen Grundbesitzwerte sollen – wie bisher die Einheitswerte – gesondert festgestellt werden. Aus den Erfahrungen der Vergangenheit hat sich gezeigt, daß die Lagefinanzämter wegen der räumlichen Nähe zum Objekt die Bewertung mit dem geringsten Aufwand durchführen können. Außerdem wird nur so verfahrenstechnisch sichergestellt, daß der neue Grundbesitzwert als Grundlagenfeststellung auch noch dann berücksichtigt werden kann, wenn der Folgesteuerbescheid schon rechtskräftig geworden ist. Letztlich werden Rechtsstreitigkeiten über Grundbesitzwerte nicht in die Erbschaftsteuer- und Grunderwerbsteuerveranlagungsstellen hineingetragen. In dem Feststellungsbescheid ist darauf hinzuweisen, ob es sich um einen land- und forstwirtschaftlichen Betrieb oder um eine wirtschaftliche Einheit des Grundvermögens handelt. Beim Grundvermögen ist zusätzlich die Grundstücksart und die Zugehörigkeit eines Grundstücks zum Gewerbebetrieb anzugeben. Gehört das Grundstück einem Eigentümer, so ist diesem das Grundstück zuzurechnen. Sind mehrere an dem Grundstück beteiligt, ist im Rahmen der Bedarfsbewertung der Grundstückswert zu ermitteln und in dem Feststellungsbescheid der Anteil des Miteigen-

tümers anzugeben, für dessen Besteuerung dieser Anteil benötigt wird. Für die Durchführung des Feststellungsverfahrens gelten die Vorschriften über die Feststellung von Einheitswerten sinngemäß.

Zu Abs. 6

Nach Absatz 6 kann das zuständige Lagefinanzamt unabhängig vom Erbschaftsteuer- und Grunderwerbsteuerveranlagungsamt die erforderliche Feststellungserklärung anfordern. Die behördliche Abgabefrist muß mindestens einen Monat betragen.

§ 139
Abrundung

Die Grundbesitzwerte werden auf volle tausend Deutsche Mark nach unten abgerundet.

Amtliche Begründung – BR-Drucks. 390/96 –

Sowohl die land- und forstwirtschaftlichen Grundbesitzwerte als auch die Grundstückswerte sollen nach unten auf volle tausend Deutsche Mark abgerundet werden. Damit wird den höheren Grundbesitzwerten auch bei der Abrundung im Interesse der Verwaltungsvereinfachung Rechnung getragen. Die Abrundung bewirkt bei Stückländereien im Bereich der Land- und Forstwirtschaft, daß für kleinere Flächen ein Grundbesitzwert unter 1000 DM künftig nicht festgestellt wird.

B. Land- und forstwirtschaftliches Vermögen

§ 140
Wirtschaftliche Einheit und Umfang des land- und forstwirtschaftlichen Vermögens

(1) Der Begriff der wirtschaftlichen Einheit und der Umfang des land- und forstwirtschaftlichen Vermögens richten sich nach § 33. Dazu gehören auch immaterielle Wirtschaftsgüter (z. B. Brennrechte, Milchlieferrechte, Jagdrechte und Zuckerrübenlieferrechte), soweit sie einem Betrieb der Land- und Forstwirtschaft dauernd zu dienen bestimmt sind.

(2) Zu den Geldschulden im Sinne des § 33 Abs. 3 Nr. 2 gehören auch Pensionsverpflichtungen.

Amtliche Begründung – BR-Drucks. 390/96 –

Die Vorschrift stellt die Übernahme der bewährten Definition des land- und forstwirtschaftlichen Vermögens gemäß § 33 BewG sicher.

Begründung des Finanzausschusses des Deutschen Bundestages – BT-Drucks. 13/952 –

Zu Abs. 1

Der besondere Hinweis auf die immateriellen Güter dient wegen derer zunehmenden Bedeutung der Rechtssicherheit. Durch Absatz 2 wird für Zwecke der Bedarfsbewertung die Gleichbehandlung der Pensionsverpflichtung mit Geldschulden sichergestellt, die nicht zum land- und forstwirtschaftlichen Vermögen gehören.

Erläuterungen

Abweichend von den Regelungen für die Einheitsbewertung des land- und forstwirtschaftlichen Vermögens (§ 33 BewG) sind bei der Grundbesitzbewertung (§ 140 BewG) die Pensionsverpflichtungen stets Geldschulden im Sinne von § 33 Abs. 3 Nr. 2 BewG und sind damit nicht bei der Ermittlung des Grundbesitzwerts abgegolten.

§ 141
Umfang des Betriebs der Land- und Forstwirtschaft

(1) Der Betrieb der Land- und Forstwirtschaft umfaßt

1. den Betriebsteil,
2. die Betriebswohnungen,
3. den Wohnteil.

(2) Der Betriebsteil umfaßt den Wirtschaftsteil eines Betriebs der Land- und Forstwirtschaft (§ 34 Abs. 2), jedoch ohne die Betriebswohnungen (Absatz 3). § 34 Abs. 4 bis 7 ist bei der Ermittlung des Betriebsteils anzuwenden.

(3) Betriebswohnungen sind Wohnungen einschließlich des dazugehörigen Grund und Bodens, die einem Betrieb der Land- und Forstwirtschaft zu dienen bestimmt, aber nicht dem Wohnteil zuzurechnen sind.

(4) Der Wohnteil umfaßt die Gebäude und Gebäudeteile im Sinne des § 34 Abs. 3 und den dazugehörigen Grund und Boden.

Amtliche Begründung – BR-Drucks. 390/96 –

Diese Regelung enthält eine Beschreibung des Bewertungsobjekts „Betrieb der Land- und Forstwirtschaft" analog zu § 34 BewG. Die Definition des Betriebsteils deckt sich mit dem bisherigen Begriff „Wirtschaftsteil" mit Ausnahme der Betriebswohnungen (z. B. Landarbeiterwohnungen), die im Wirtschaftsteil bisher nicht gesondert erfaßt worden sind. Aus Gründen der Gleichbehandlung mit dem gewerblichen Betriebsvermögen und entsprechend den ertragsteuerrechtlichen Regelungen sollen die Betriebswohnungen zwar innerhalb des land- und forstwirtschaftlichen Vermögens verbleiben, jedoch dort gesondert bewertet werden.

§ 142
Betriebswert

(1) Der Wert des Betriebsteils (Betriebswert) wird unter sinngemäßer Anwendung der §§ 35 und 36 Abs. 1 und 2, der §§ 42, 43 und 44 Abs. 1 und der §§ 45, 48 a, 49, 51, 51 a, 53, 54, 56, 59 und 62 Abs. 1 ermittelt. Abweichend von § 36 Abs. 2 Satz 3 ist der Ertragswert das 18,6fache des Reinertrags.

(2) Der Betriebswert setzt sich zusammen aus den Einzelertragswerten für die Nebenbetriebe (§ 42), das Abbauland (§ 43), die gemeinschaftliche Tierhaltung (§ 51 a) und die in Nummer 5 nicht genannten Nutzungsteile der sonstigen land- und forstwirtschaftlichen Nutzung sowie den folgenden Ertragswerten:

1. **landwirtschaftliche Nutzung:**
    a) Landwirtschaftliche Nutzung ohne Hopfen und Spargel:
       Der Ertragswert ist auf der Grundlage der Ergebnisse der Bodenschätzung nach dem Bodenschätzungsgesetz zu ermitteln. Er beträgt 0,68 DM je Ertragsmeßzahl;
    b) Nutzungsteil Hopfen . . . . 112 DM je Ar;
    c) Nutzungsteil Spargel . . . . 149 DM je Ar;
2. **forstwirtschaftliche Nutzung:**
    a) Nutzungsgrößen bis zu 10 Hektar,
       Nichtwirtschaftswald,
       Baumartengruppe Kiefer,
       Baumartengruppe Fichte bis zu 60 Jahren,
       Baumartengruppe Buche und sonstiges Laubholz bis zu 100 Jahren
       und Eiche bis zu 140 Jahren . . . . 0,50 DM je Ar;

b) Baumartengruppe Fichte über 60 bis zu 80 Jahren und Plenterwald 15 DM je Ar;
c) Baumartengruppe Fichte über 80 bis zu 100 Jahren. . . . . 30 DM je Ar;
d) Baumartengruppe Fichte über 100 Jahre . . . . 40 DM je Ar;
e) Baumartengruppe Buche und sonstiges Laubholz über 100 Jahre . 10 DM je Ar;
f) Eiche über 140 Jahre. . . . . 20 DM je Ar;

3. **weinbauliche Nutzung:**
   a) Traubenerzeugung und Faßweinausbau:
      aa) in den Weinbaugebieten Ahr, Franken und Württemberg. . . 70 DM je Ar;
      bb) in den übrigen Weinbaugebieten . . . . 35 DM je Ar;
   b) Flaschenweinausbau:
      aa) in den Weinbaugebieten Ahr, Baden, Franken, Rheingau
          und Württemberg . . . . 160 DM je Ar;
      bb) in den übrigen Weinbaugebieten . . . . 70 DM je Ar;

4. **gärtnerische Nutzung:**
   a) Nutzungsteil Gemüse-, Blumen- und Zierpflanzenbau:
      aa) Gemüsebau:
          – Freilandflächen . . . . 110 DM je Ar;
          – Flächen unter Glas und Kunststoffen. . . . . .1000 DM je Ar;
      bb) Blumen- und Zierpflanzenbau:
          Freilandflächen . . . . 360 DM je Ar;
          beheizbare Flächen unter Glas und Kunststoffen . . . . . . .3600 DM je Ar;
          nichtbeheizbare Flächen unter Glas und Kunststoffen . . . .1800 DM je Ar;
   b) Nutzungsteil Obstbau . . . . 40 DM je Ar;
   c) Nutzungsteil Baumschulen:
      – Freilandflächen . . . . 320 DM je Ar;
      – Flächen unter Glas und Kunststoffen . . . . .2600 DM je Ar;

5. **sonstige land- und forstwirtschaftliche Nutzung:**
   a) Nutzungsteil Wanderschäferei . . . . 20 DM je Mutterschaf;
   b) Nutzungsteil Weihnachtsbaumkultur . . . . 260 DM je Ar;

6. **Geringstland:**
   Der Ertragswert für Geringstland (§ 44) beträgt . . . . 0,50 DM je Ar.

(3) Für die nach § 13 a des Erbschaftsteuergesetzes begünstigten Betriebe der Land- und Forstwirtschaft kann beantragt werden, den Betriebswert abweichend von Absatz 2 Nr. 1 bis 6 insgesamt als Einzelertragswert zu ermitteln. Der Antrag ist bei Abgabe der Feststellungserklärung schriftlich zu stellen. Die dafür notwendigen Bewertungsgrundlagen sind vom Steuerpflichtigen nachzuweisen.

Amtliche Begründung – BR-Drucks. 390/96 –

Die Vorschrift regelt die Bewertung des eigentlichen Betriebs (Betriebsteil) der Land- und Forstwirtschaft.

Zu Abs. 1

Durch Satz 1 werden die bei der Einheitsbewertung des land- und forstwirtschaftlichen Vermögens bewährten Grundsätze, Definitionen und Abgrenzungskriterien für die Wertermittlung des Betriebsteils übernommen. Die Anhebung des Kapitalisierungsfaktors auf 18,6 in

Satz 2 ist eine redaktionelle Anpassung an die durch das Zinsabschlagsgesetz vom 9. November 1992 (BGBl. I S. 1853) geänderte Fassung des § 13 Abs. 2 BewG für die Zwecke der Bedarfsbewertung.

Zu Abs. 2

Die Vorschrift beinhaltet im wesentlichen ein stark vereinfachtes Ertragswertverfahren mit standardisierten Werten für die wichtigsten Nutzungen und Nutzungsteile, die nach den maßgeblichen Kriterien für die Bildung des Ertragswerts differenziert sind. Diese Ertragswerte wurden in Zusammenarbeit mit der Finanzverwaltung der Länder nach den bei der Einheitsbewertung geltenden Bewertungsgrundsätzen ermittelt. Grundlage der Ermittlungen waren statistische Unterlagen der Finanzverwaltung und weiteres statistisches Material, wie z. B. die Ergebnisse der Agrarberichte der Bundesregierung. Dabei wurden insbesondere nachhaltige durchschnittliche Ertragsverhältnisse von Vollerwerbsbetrieben bei den jeweiligen Nutzungen und Nutzungsteilen in Deutschland zum 1. Januar 1996 zugrunde gelegt. Zur Vermeidung von Überbewertungen wurden von den errechneten mittleren Ertragswerten Sicherheitsabschläge vorgenommen.

Das in Absatz 2 ebenfalls normierte Einzelertragswertverfahren war schon bisher für die Nebenbetriebe und das Abbauland gesetzlich vorgeschrieben. Wegen der relativ geringen Fallzahlen und der stark voneinander abweichenden Ertragsverhältnisse soll es auch bei gemeinschaftlichen Tierhaltungen und einigen Nutzungsteilen der sonstigen land- und forstwirtschaftlichen Nutzung, wie z. B. der Saatzucht, der Imkerei und der Teichwirtschaft, zum Einsatz kommen.

Zu Abs. 3

Falls im Einzelfall von den durchschnittlichen Verhältnissen erheblich abweichende Ertragsbedingungen vorliegen, können durch diese Vorschrift Benachteiligungen vermieden werden, die bei dem Ansatz standardisierter Ertragswerte entstehen können. Deshalb soll auf Antrag das Einzelertragswertverfahren für die Bewertung des gesamten Betriebsteils zugelassen werden. Dabei ist der Ertragswert nach der Ertragsfähigkeit des Betriebsteils unter Beachtung von § 36 Abs. 2 BewG unmittelbar zu ermitteln.

§ 143
Wert der Betriebswohnungen und des Wohnteils

(1) Der Wert der Betriebswohnungen (§ 141 Abs. 3) und der Wert des Wohnteils (§ 141 Abs. 4) sind nach den Vorschriften zu ermitteln, die beim Grundvermögen für die Bewertung von Wohngrundstücken gelten (§§ 146 bis 150).

(2) In den Fällen des § 146 Absatz 6 ist für die Betriebswohnungen und für den Wohnteil bei Vorliegen der Voraussetzungen des Absatzes 3 jeweils höchstens das Fünffache der bebauten Fläche zugrunde zu legen.

(3) Zur Berücksichtigung von Besonderheiten, die sich im Falle einer engen räumlichen Verbindung der Betriebswohnungen und des Wohnteils mit dem Betrieb ergeben, sind deren Wert (§§ 146 bis 149) jeweils um 15 vom Hundert zu ermäßigen.

Amtliche Begründung – BR-Drucks. 390/96 –

Zu Abs. 1

Absatz 1 stellt sicher, daß grundsätzlich der Wert für Betriebswohnungen und der Wert des Wohnteils nach denselben Verfahren wie beim Grundvermögen und damit wie für andere vergleichbare Wohnungen ermittelt werden.

Erläuterung

Zu Abs. 2

Absatz 2 enthält eine Beschränkung der Wertansätze für Betriebswohnungen und Wohnteile bei Ansatz des Mindestwertes gem. § 146 Abs. 6 BewG.

Amtliche Begründung – BR-Drucks. 390/96 –

Zu Abs. 3

Absatz 3 regelt die Berücksichtigung von Besonderheiten analog zu § 47 Satz 3 BewG durch eine Ermäßigung des Ausgangswerts. Dadurch sollen vor allem die Nachteile, die sich aus der eingeschränkten Verkehrsfähigkeit für die auf der Hofstelle oder in deren unmittelbarer Nähe liegende Wohnungen ergeben, abgegolten werden.

§ 144
Zusammensetzung des land- und forstwirtschaftlichen Grundbesitzwerts

Der Betriebswert, der Wert der Betriebswohnungen und der Wert des Wohnteils bilden zusammen den land- und forstwirtschaftlichen Grundbesitzwert.

Amtliche Begründung – BR-Drucks. 390/96 –

Die Vorschrift entspricht der für die Einheitsbewertung geltenden Regelung in § 48 BewG.

C. Grundvermögen

I. Unbebaute Grundstücke

§ 145
Unbebaute Grundstücke

(1) Unbebaute Grundstücke sind Grundstücke, auf denen sich keine benutzbaren Gebäude befinden oder zur Nutzung vorgesehene Gebäude im Bau befindlich sind. Die Benutzbarkeit beginnt im Zeitpunkt der Bezugsfertigkeit. Gebäude sind als bezugsfertig anzusehen, wenn den zukünftigen Bewohnern oder sonstigen Benutzern zugemutet werden kann, sie zu benutzen: die Abnahme durch die Bauaufsichtsbehörde ist nicht entscheidend. Im Bau befindlich ist ein Gebäude, wenn auf dem Grundstück Abgrabungen begonnen worden sind oder Baustoffe eingebracht worden sind, die zur planmäßigen Errichtung des Gebäudes führen.

(2) Befinden sich auf dem Grundstück Gebäude, die keiner oder nur einer unbedeutenden Nutzung zugeführt werden können, gilt das Grundstück als unbebaut; als unbedeutend gilt eine Nutzung, wenn die hierfür erzielte Jahresmiete (§ 146 Abs. 2) oder die übliche Miete (§ 146 Abs. 3) weniger als 1 vom Hundert des nach Absatz 3 anzusetzenden Werts beträgt. Als unbebautes Grundstück gilt auch ein Grundstück, auf dem infolge der Zerstörung oder des Verfalls der Gebäude auf Dauer benutzbarer Raum nicht mehr vorhanden ist.

(3) Der Wert unbebauter Grundstücke bestimmt sich nach ihrer Fläche und den um 20 vom Hundert ermäßigten Bodenrichtwerten (§ 196 des Baugesetzbuches in der Fassung der Bekanntmachung vom 8. Dezember 1986, BGBl. I S. 2253, das zuletzt durch Artikel 24 des Gesetzes vom 20. Dezember 1996, BGBl. I S. 2049, geändert worden ist). Die Bodenrichtwerte sind von den Gutachterausschüssen nach dem Baugesetzbuch auf den 1. Januar 1996 zu ermitteln und den Finanzämtern mitzuteilen. Weist der Steuerpflichtige nach, daß der gemeine Wert des unbebauten Grundstücks niedriger als der nach Satz 1 ermittelte Wert ist, ist der gemeine Wert festzustellen.

Begründung des Finanzausschusses des Deutschen Bundestages – BT-Drs. 13/5952 –

Zu Abs. 1

Unbebaute Grundstücke erbringen, sieht man von Ausnahmefällen wie Parkplätzen, Lagerplätzen und ähnlichem ab, keinen Ertrag. Ohne Anknüpfung an einen Ertrag ist die Durchführung eines Ertragswertverfahrens nicht möglich. Das Bundesverfassungsgericht hat in seinen Ausführungen zur Besteuerung des Vermögens nach dem Ertrag allerdings nicht auf die Erzielung eines konkreten Ertrags abgestellt, sondern die Möglichkeit der Ertragserzielung, eines „Soll"-Ertrags für ausreichend angesehen. Da Grundstücke nach ihrer Bebauung regelmäßig einen Ertrag abwerfen und unbebaute Grundstücke in aller Regel früher oder später der Bebauung zugeführt werden und ihnen deshalb nach der Verkehrsanschauung ein Wert zugeordnet wird, ist dieser grundsätzlich bei der Erfassung des Vermögens zu berücksichtigen. Mangels anderer Ansatzpunkte ist hierbei von dem Wert, der für vergleichbare Grundstücke erzielt wird, auszugehen.

Für Grundstücke, die sich in Bebauung befinden und sich deshalb die künftigen Ertragsmöglichkeiten bereits abschätzen lassen, soll das Ertragswertverfahren angewandt werden. Sie sind daher entsprechend den bebauten Grundstücken zu behandeln (vgl. § 149 BewG).

Zu Abs. 2

Hier ist ausgeführt, wann ein Grundstück trotz vorhandener Gebäude als unbebaut gilt. In Satz 1 wurde eine an die Ertragsfähigkeit angelehnte Bestimmung unbedeutender Gebäude gewählt.

Zu Abs. 3

Die Bewertung unbebauter Grundstücke erfolgt nach Bodenrichtwerten einschließlich des hierauf vorzunehmenden Abschlags. Der Steuerpflichtige hat die Möglichkeit, einen hiervon abweichenden, niedrigeren gemeinen Wert nachzuweisen.

Amtliche Begründung – BR-Drucks. 390/96 –

Zu Abs. 1

In Absatz 1 wird die bisherige Umschreibung eines unbebauten Grundstücks unverändert aus § 72 Abs. 1 BewG übernommen. Damit gelten die Rechtsprechung und die Verwaltungsanweisungen zur Bezugsfertigkeit fort.

Zu Abs. 3

Absatz 3 entspricht der bisherigen Regelung in § 72 Abs. 3 BewG zu Grundstücken mit Gebäuden, die infolge Zerstörung oder Verfalls auf Dauer nicht mehr benutzbar sind.

II. Bebaute Grundstücke

§ 146
Bebaute Grundstücke

(1) Grundstücke, auf die die in § 145 Abs. 1 genannten Merkmale nicht zutreffen, sind bebaute Grundstücke.

(2) Der Wert eines bebauten Grundstücks ist das 12,5fache der für dieses im Durchschnitt der letzten drei Jahre vor dem Besteuerungszeitpunkt erzielten Jahresmiete, vermindert um die Wertminderung wegen des Alters des Gebäudes (Absatz 4). Jahresmiete ist das Gesamtentgelt, das die Mieter (Pächter) für die Nutzung der bebauten Grundstücke aufgrund vertraglicher Vereinbarungen für den Zeitraum von zwölf Monaten zu

zahlen haben. Betriebskosten (§ 27 Abs. 1 der Zweiten Berechnungsverordnung) sind nicht einzubeziehen; für Grundstücke, die nicht oder nur zum Teil Wohnzwecken dienen, ist diese Vorschrift entsprechend anzuwenden. Ist das Grundstück vor dem Besteuerungszeitpunkt weniger als drei Jahre vermietet worden, ist die Jahresmiete aus dem kürzeren Zeitraum zu ermitteln.

(3) Wurde ein bebautes Grundstück oder Teile hiervon nicht oder vom Eigentümer oder dessen Familie selbst genutzt, anderen unentgeltlich zur Nutzung überlassen oder an Angehörige (§ 15 der Abgabenordnung) oder Arbeitnehmer des Eigentümers vermietet, tritt an die Stelle der Jahresmiete die übliche Miete. Die übliche Miete ist die Miete, die für nach Art, Lage, Größe, Ausstattung und Alter vergleichbare, nicht preisgebundene Grundstücke von fremden Mietern bezahlt wird; Betriebskosten (Absatz 2 Satz 3) sind hierbei nicht einzubeziehen. Ungewöhnliche oder persönliche Verhältnisse bleiben dabei außer Betracht.

(4) Die Wertminderung wegen Alters des Gebäudes beträgt für jedes Jahr, das seit Bezugsfertigkeit des Gebäudes bis zum Besteuerungszeitpunkt vollendet worden ist, 0,5 vom Hundert, höchstens jedoch 25 vom Hundert des Werts nach den Absätzen 2 und 3. Sind nach Bezugsfertigkeit des Gebäudes bauliche Maßnahmen durchgeführt worden, die die gewöhnliche Nutzungsdauer des Gebäudes um mindestens 25 Jahre verlängert haben, ist bei der Wertminderung wegen Alters von einer der Verlängerung der gewöhnlichen Nutzungsdauer entsprechenden Bezugsfertigkeit auszugehen.

(5) Enthält ein bebautes Grundstück, das ausschließlich Wohnzwecken dient, nicht mehr als zwei Wohnungen, ist der nach den Absätzen 1 bis 4 ermittelte Wert um 20 vom Hundert zu erhöhen.

(6) Der für ein bebautes Grundstück nach den Absätzen 2 bis 5 anzusetzende Wert darf nicht geringer sein als der Wert, mit dem der Grund und Boden allein als unbebautes Grundstück nach § 145 Abs. 3 zu bewerten wäre.

(7) Ein niedrigerer Grundstückswert ist festzustellen, wenn der Steuerpflichtige nachweist, daß der gemeine Wert des Grundstücks niedriger als der nach den Absätzen 2 bis 6 ermittelte Wert ist.

(8) Die Vorschriften gelten entsprechend für Wohnungseigentum und Teileigentum.

Begründung des Finanzausschusses des Deutschen Bundestages – BT-Drs. 13/5952 –

Das hier vorgeschlagene Ertragswertverfahren gilt zwingend für alle bebauten Grundstücke einschließlich solcher mit im Bau befindlichen Gebäuden, soweit nicht Sonderfälle im Sinne des § 147 BewG vorliegen. Der Koalitionsentwurf sieht dagegen ein Ertragswertverfahren alternativ zum Wohn-/Nutzflächenverfahren nur für Mietwohngrundstücke vor. Die Beschränkung auf Mietwohngrundstücke ist sachlich nicht gerechtfertigt, da alle Grundstücke, für die eine Miete bezahlt wird oder die grundsätzlich vermietbar sind, nach dem Ertragswertverfahren bewertet werden können, also auch Einfamilienhäuser, Zweifamilienhäuser, Eigentumswohnungen, Gewerbeobjekte und gemischtgenutzte Objekte.

Das Ertragswertverfahren ist zudem anders als im Koalitionsentwurf zur einheitlichen Bewertung von Grund und Boden und Gebäude konzipiert, wie es auch im Bewertungsgesetz 1964 vorgesehen war.

Zu Abs. 1

Die Ermittlung des Ertragswerts von bebauten Grundstücken macht grundsätzlich keine Unterscheidung der Grundstücksarten erforderlich, da die Unterschiede weitgehend bereits durch unterschiedliche Ist-Mieten erfaßt sind. Aus Vereinfachungsgründen wurden in diese Regelung alle bebauten Grundstücke einbezogen.

Zu Abs. 2

Statt der Jahresrohmiete, die für die Einheitsbewertung zum 1. Januar 1964 zugrunde gelegt wurde, wird die jährliche Nettokaltmiete als Grundlage für die Ertragsbewertung vorgesehen, die mietrechtlich allgemeine Bedeutung erlangt hat und etwa auch in den von den Gemeinden aufgestellten Mietspiegeln (§ 2 Abs. 5 des Gesetzes über die Miethöhe vom 18. Dezember 1974) Verwendung findet. Von der Jahresrohmiete unterscheidet sich diese dadurch, daß neben den Heizungskosten die anderen Betriebskosten (z. B. Grundsteuer, Wasserversorgung, Müllabfuhr, Lift, Hausmeister) bei der Ermittlung außer Ansatz bleiben.

Zur Ermittlung des Ertragswerts wird die rechnerisch ermittelte Jahresmiete mit dem Faktor 12 multipliziert.[1]

Ausgangspunkt für die Bestimmung des Vervielfältigers war, welcher Betrag bei anderen Anlageformen angelegt werden müßte, um einen entsprechenden Ertrag zu erhalten. Kauft jemand festverzinsliche Anleihen mit einem Jahreszins von 5 v. H., muß er das 20fache des jährlichen Zinsertrags als Anlagekapital gleichstellen. Da aus der Nettokaltmiete noch die Verwaltungs- und Instandhaltungskosten getragen werden müssen (die Finanzierungskosten werden über den Schuldenabzug ausgeglichen), muß die entsprechend niedrigere Rendite durch einen Abschlag vom Kapitalisierungsfaktor berücksichtigt werden. Zudem werden die Gebäude durch die Nutzung verbraucht; ihre Renditefähigkeit ist im Gegensatz zu Geldvermögen endlich, was bei der Festlegung des Faktors und des Altersabschlags Berücksichtigung finden muß. Hinzu kommt der bei derartigen Annäherungsrechnungen notwendige Abschlag für Bewertungsspannen und -ungenauigkeiten (im Wohn-/Nutzflächenverfahren des Koalitionsentwurfs 30 v. H.) sowie ein Abschlag für die gegenüber dem Kapitalvermögen höhere Gemeinwohlbindung des Grundvermögens. Setzt man für Verwaltungs- und Instandhaltungsaufwand typisierend einen Betrag von 15 v. H. der Nettokaltmiete, für die begrenzte Nutzungsfähigkeit einen Abschlag von 10 v. H., für Bewertungsrisiken von ebenfalls 10 v. H. und für die Gemeinwohlbindung von 5 v. H. an, also insgesamt 40 v. H., gelangt man zu einem Faktor von 12.[1]

Zu Abs. 3

In den Fällen, in denen keine Miete gezahlt wird oder aufgrund der tatsächlichen Umstände darauf geschlossen werden kann, daß die Miete nicht unter marktgerechten Bedingungen vereinbart wurde, ist die übliche Miete als Berechnungsgrundlage heranzuziehen. Die Ermittlung der üblichen Miete stellt für die Finanzämter keine Neuheit dar; vor allem für Einkommensteuerzwecke wurden und werden Vergleichsmieten ermittelt. Die individuelle Ermittlung ermöglicht ein wesentlich genaueres Eingehen auf die individuellen Gegebenheiten des Einzelfalls als die Heranziehung von Mietspiegeln, die für einen größeren Bezirk aufgestellt wurden. So können beispielsweise Vergleichsmieten aus demselben Haus oder derselben Wohnanlage herangezogen werden. Eine Wertermittlung durch „externen" Vergleich, also die Heranziehung objektiv vergleichbarer, jedoch nicht von marktfremden Überlegungen verfälschter Wertvereinbarungen ist ein Standardinstrument der Finanzverwaltung.

Akzeptabel ist das Fehlen der Transparenz in dem Sinne, daß der Bürger nicht von vornherein feststellen kann, welchen Mietwert das Finanzamt bei der Berechnung letztlich zugrunde legen wird. Da der Steuerpflichtige aber durch seine Angaben in der Steuererklärung und durch Anhörung im weiteren Verfahren an der Festlegung der üblichen Miete mitwirken kann und die Berücksichtigung der individuellen Gegebenheiten häufig als gerechter empfunden wird als notwendig gröber kategorisierende typisierende Verfahren, kann dies hingenommen werden.

---

1 Der Faktor ist im Vermittlungsverfahren auf 12,5 erhöht worden.

Auch der Koalitionsentwurf bejaht die Eignung der üblichen Miete als Berechnungsgrundlage für ein Ertragswertverfahren. Anders als dort (Artikel 1 – § 154 Abs. 3 Satz 6 Nr. 2 BewG) wird jedoch nicht an eine prozentuale Abweichung von der üblichen Miete angeknüpft, da dies in jedem Fall Überlegungen zur Höhe der Vergleichsmiete auslösen müßte. Ansatzpunkte für die Ermittlung sollen vielmehr neben dem Fehlen einer Miete überhaupt objektiv feststellbare Verbindungen zwischen Vermieter und Mieter sein, die Einfluß auf die Miethöhe haben könnten.

Zu Abs. 4

Solange die Nutzbarkeit des Gebäudes durch die altersbedingten Abnutzungserscheinungen nicht wesentlich beeinträchtigt ist, sind bei der Miethöhe keine deutlichen Abschläge gegenüber Neubauten festzustellen. Nach dem Mikrozensus 1993 wurden für in der Ausstattung vergleichbare Wohnungen des Baujahrs 1948 und früher im Schnitt nur ca. 10 v. H. niedrigere Mieten bezahlt als für neuere Wohnungen. Im Rahmen des Ertragswertverfahrens muß jedoch Berücksichtigung finden, daß die Ertragsfähigkeit endet, wenn die Gebäude soweit abgenutzt sind, daß ihre Gebrauchsfähigkeit wesentlich beeinträchtigt ist. Dann können in der Regel nur Maßnahmen der Generalsanierung, die häufig ähnliche Kosten wie ein Neubau erfordern, einen nachhaltigen Ertrag sichern.

Im allgemeinen ging man in der Vergangenheit von einer Nutzungsdauer bei Gebäuden von 100 Jahren aus, da das Mauerwerk als aufwendigster und das Gebäude prägender Bestandteil eine längere Haltbarkeit aufweist. Inzwischen sind es jedoch vor allem auch die technischen Einrichtungen, die die Gebrauchsfähigkeit bestimmen, wie Heizung, Sanitäranlagen, Elektrotechnik und Einrichtungen der modernen Nachrichtentechnik. Diese sind nicht nur technisch im allgemeinen in einem kürzeren Zeitraum verbraucht, sie werden vor allem auch durch den fortschreitenden Stand der Technik überholt. Vor allem auch die Notwendigkeit der Anpassung an sparsamere und umweltfreundlichere Techniken verkürzt die Intervalle einer generellen Erneuerung der Gebäude. Aus diesem Grunde wird hier eine durchschnittliche Nutzungsdauer von 50 Jahren angenommen, wobei jedoch nicht der Grundstückswert aus Nettokaltmiete mal Vervielfältiger 12, sondern die Differenz zwischen diesem Grundstückswert und einem Restwert von 50 v. H. des Grundstückswerts auf die Nutzungsdauer von 50 Jahren gleichmäßig zu verteilen ist. Dies führt zu einer Alterswertminderung von 1 v. H. des Grundstückswerts pro Kalenderjahr. Der Restwert ist mit 50 v. H. des Grundstückswerts anzusetzen, da der zugehörige Grund und Boden nicht verbraucht werden kann und für das Gebäude ein angemessener Restwert (entsprechend Artikel 1 Nr. 49 Koalitionsentwurf – § 153 Abs. 3 BewG) zu berücksichtigen ist.[1]

Zu Abs. 5

Einfamilienhäuser und Zweifamilienhäuser werden in der Regel nicht zu Renditezwecken, sondern zum Eigengebrauch errichtet. Werden sie vermietet, so liegt die Miete im Verhältnis zu den ursprünglichen Investitionen meist niedriger als bei von vornherein als Renditeobjekte vorgesehenen Gebäuden. Dies liegt daran, daß die Vermieter bei der Auswahl der Mieter höhere Anforderungen stellen und gegebenenfalls auch Mieteinbußen in Kauf nehmen, aber auch daran, daß die Stellung der Mieter wegen möglicher Eigenbedarfskündigungen weniger langfristig gesichert ist als in Renditeobjekten. Zudem ist der Grundstücksanteil bei Einfamilienhäusern und Zweifamilienhäusern naturgemäß in der Regel höher, ohne daß sich dieser auf die Miete auswirkt. Bei der Ermittlung des Restwerts (Absatz 4) muß dies jedoch berücksichtigt werden. In Annäherung an die 1964 festgestellten Unterschiede wurde hier für Ein- und Zweifamilienhäuser ein Zuschlag von 10 v. H. vorgesehen.[2]

---

1 Die Alterswertminderung wurde im Vermittlungsverfahren auf 0,5 v. H. herabgesetzt, dadurch ergibt sich ein Restwert von 75 v. H. des Grundstückswerts.
2 Der Zuschlag wurde im Vermittlungsverfahren auf 20 v. H. erhöht.

Zu Abs. 6

Für bebaute Grundstücke, die im Ertragswertverfahren bewertet werden, soll als Grundstückswert mindestens der Wert angesetzt werden, der für ein vergleichbares unbebautes Grundstück anzusetzen wäre, wobei anstelle des Abschlags von 30 v. H. ein Abschlag von 50 v. H. zu berücksichtigen ist. Damit sollen sachwidrige Ergebnisse vermieden werden, die sich im Einzelfall aufgrund der typisierenden Wertermittlung ergeben können.

Zu Abs. 7

Wohnungseigentum bzw. Teileigentum weisen keine grundsätzlich unterschiedliche Ausgangslage für die Bewertung nach dem Ertragswertverfahren aus und können deshalb entsprechend berücksichtigt werden.

§ 147
Sonderfälle

(1) Läßt sich für bebaute Grundstücke die übliche Miete (§ 146 Abs. 3) nicht ermitteln, so bestimmt sich der Wert abweichend von § 146 nach der Summe des Werts des Grund und Bodens und des Werts der Gebäude. Dies gilt insbesondere, wenn die Gebäude zur Durchführung bestimmter Fertigungsverfahren, zu Spezialnutzungen oder zur Aufnahme bestimmter technischer Einrichtungen errichtet worden sind und nicht oder nur mit erheblichem Aufwand für andere Zwecke nutzbar gemacht werden können.

(2) Der Wert des Grund und Bodens ist gemäß § 145 mit der Maßgabe zu ermitteln, daß an Stelle des in § 145 Abs. 3 vorgesehenen Abschlags von 20 vom Hundert ein solcher von 30 vom Hundert tritt. Der Wert der Gebäude bestimmt sich nach den ertragsteuerlichen Bewertungsvorschriften; maßgebend ist der Wert im Besteuerungszeitpunkt.

Begründung des Finanzausschusses des Deutschen Bundestages – BT-Drs. 13/5952 –

Fabrikgebäude und Gebäude mit anderer gewerblicher Nutzung entziehen sich wegen der völlig unterschiedlichen Bauweise und Verwendungszwecke jeder sachgerechten Pauschalierung. Jedenfalls für das Gebäude selbst stellt der Steuerbilanzwert einen zutreffenderen Wertansatz dar. Der Bodenwert, der in der Steuerbilanz gesondert erfaßt wird, wird durch den Wert eines unbebauten Grundstücks ersetzt; wegen der Beseitigungskosten der Gebäude wird der pauschale Abschlag nach § 145 BewG von 30 v. H. auf 50 v. H. erhöht.

§ 148
Erbbaurecht und Gebäude auf fremdem Grund und Boden

(1) Ist ein Grundstück mit einem Erbbaurecht belastet, beträgt der Wert des belasteten Grundstücks das 18,6fache des nach den vertraglichen Bestimmungen im Besteuerungszeitpunkt zu zahlenden jährlichen Erbbauzinses. Der Wert des Erbbaurechts ist der nach den § 146 oder § 147 ermittelte Wert des Grundstücks, abzüglich des nach Satz 1 ermittelten Werts des belasteten Grundstücks. Das Recht auf den Erbbauzins ist weder als Bestandteil des Grundstücks noch als gesondertes Recht anzusetzen; dementsprechend ist die Verpflichtung zur Zahlung des Erbbauzinses weder bei der Bewertung des Erbbaurechts noch als gesonderte Verpflichtung abzuziehen.

(2) Absatz 1 ist für Gebäude auf fremdem Grund und Boden entsprechend anzuwenden.

Begründung des Finanzausschusses des Deutschen Bundestages – BT-Drs. 13/5952 –

Der Erbbauzins ist die Rendite des zu Bebauungszwecken überlassenen Grund und Bodens. Aus der Kapitalisierung des Erbbauzinses kann daher umgekehrt auf den Wert des belasteten Grundstücks geschlossen werden. Da Verwaltungskosten und sonstige, durch Abschläge zu berücksichtigende Belastungen bei Erbbaurechten nicht in größerem Umfang vorliegen, wurde ein Kapitalisierungsfaktor von 18,6 gewählt. Durch den Abzug dieses Werts bei der Ermittlung des Werts des Erbbaurechts wird sichergestellt, daß die Werte des belasteten Grundstücks und des Erbbaurechts insgesamt den gleichen Wert erbringen wie ein unbelastetes Grundstück mit entsprechender Bebauung. Typisierend wird angenommen, daß beim Heimfall eine entsprechende Vergütung entrichtet wird (§ 32 ErbbauVO). Eine Berücksichtigung der Restlaufzeit des Erbbaurechts ist daher nicht erforderlich.

§ 149
Grundstücke im Zustand der Bebauung

(1) Sind die Gebäude auf einem Grundstück noch nicht bezugsfertig, ist der Wert entsprechend § 146 unter Zugrundelegung der üblichen Miete zu ermitteln, die nach Bezugsfertigkeit des Gebäudes zu erzielen wäre. Von diesem Wert sind 80 vom Hundert als Gebäudewert anzusetzen. Dem Grundstückswert ohne Berücksichtigung der nicht bezugsfertigen Gebäude oder Gebäudeteile, ermittelt bei unbebauten Grundstücken nach § 145 Abs. 3 und bei bereits bebauten Grundstücken nach § 146, sind die nicht bezugsfertigen Gebäude oder Gebäudeteile mit dem Betrag als Gebäudewert hinzuzurechnen, der dem Verhältnis der bis zum Besteuerungszeitpunkt entstandenen Herstellungskosten entspricht. Dieser Wert darf den Wert des Grundstücks, der nach Bezugsfertigkeit des Gebäudes anzusetzen wäre, nicht übersteigen.

(2) Ist die übliche Miete nicht zu ermitteln, ist der Wert entsprechend § 147 zu ermitteln.

Begründung des Finanzausschusses des Deutschen Bundestages – BT-Drs. 13/5952 –

Die Bewertung auch der Grundstücke mit im Bau befindlichen Gebäuden nach dem Ertragswertverfahren unter Berücksichtigung der nach dem Erbfall entstehenden Aufwendungen soll nicht nur die schwierige Ermittlung des Baufortschritts zum Zeitpunkt des Erbfalls vermeiden helfen, sondern es auch den Erben erleichtern, den begonnenen Bau zu Ende zu führen. Sofern der Bau bis zur Festsetzung der Erbschaftsteuer nicht ohnehin beendet ist, ermöglichen es Kostenvoranschläge und dgl., die entstehenden Aufwendungen abzuschätzen. Waren Beträge bereits im Besteuerungszeitpunkt fällig, dürfen sie nicht doppelt nach § 149 BewG und als Nachlaßverbindlichkeiten berücksichtigt werden.

§ 150
Gebäude und Gebäudeteile für den Zivilschutz

Gebäude, Teile von Gebäuden und Anlagen, die wegen der in § 1 des Zivilschutzgesetzes bezeichneten Zwecke geschaffen worden sind und im Frieden nicht oder nur gelegentlich oder geringfügig für andere Zwecke benutzt werden, bleiben bei der Ermittlung des Grundstückswerts außer Betracht.

Amtliche Begründung – BR-Drucks. 390/96 –

In Fortführung des bisherigen § 71 BewG sollen Gebäude und Gebäudeteile befreit werden, die für den Zivilschutz genutzt werden. Die Vorschrift berücksichtigt die Änderungen, die sich durch den Entwurf des Zivilschutzgesetzes ergeben. Die Befreiung ist wie bisher davon abhängig, daß die Gebäude oder Gebäudeteile im Frieden nicht oder nur gelegentlich oder geringfügig für andere Zwecke benutzt werden. Da die Befreiung bereits bei der Ermittlung des Grundstückswerts zu berücksichtigen ist, wirkt sie sich auf die Erbschaftsteuer und auch auf die Grunderwerbsteuer aus.

37. Nach § 150 wird folgender Teil angefügt:

„**Dritter Teil
Schlußbestimmungen**

**§ 151
Bekanntmachung**

Das Bundesministerium der Finanzen wird ermächtigt, den Wortlaut dieses Gesetzes und der zu diesem Gesetz erlassenen Durchführungsverordnungen in der jeweils geltenden Fassung satzweise numeriert mit neuem Datum und neuer Paragraphenfolge bekanntzumachen und dabei Unstimmigkeiten des Wortlauts zu beseitigen."

Amtliche Begründung – BR-Drs. 390/96 –

Die bisher in § 123 Abs. 2 BewG enthaltene Ermächtigung zur Neubekanntmachung des Bewertungsgesetzes wird als gesonderte Vorschrift in die Schlußbestimmungen übernommen.

„**§ 152
Anwendung des Gesetzes**

Diese Fassung des Gesetzes ist erstmals zum 1. Januar 1997 und für die Erbschaftsteuer erstmals zum 1. Januar 1996 anzuwenden."

Amtliche Begründung – BR-Drs. 390/96 –

Die Vorschrift enthält die bisher in § 124 geregelte zeitliche Anwendungsbestimmung.

Artikel 2
Änderung des Erbschaftsteuer- und Schenkungsteuergesetzes

Das Erbschaftsteuer- und Schenkungsteuergesetz in der Fassung der Bekanntmachung vom 19. Februar 1991 (BGBl. I S. 468), zuletzt geändert durch Artikel 24 des Gesetzes vom 11. Oktober 1995 (BGBl. I S. 1250) wird wie folgt geändert:

Amtliche Begründung – BR-Drs. 390/96 –

Allgemeines

Die Erhebungsform als Erbanfallsteuer hat sich in Deutschland seit Einführung des Reichserbschaftsteuergesetzes bewährt. Der Entwurf beschränkt sich deshalb auf Änderungen im bestehenden System der Erbanfallsteuer. Die Erbschaft- und Schenkungsteuer erfaßt den außerordentlichen Vermögenszugang beim Erwerber. Im Erbfall wird nicht der Nachlaß als solcher, sondern die Bereicherung besteuert, die der einzelne Erwerber von Todes wegen erlangt (Erbanfallsteuer). Entsprechendes gilt für Bereicherungen durch Schenkungen unter Lebenden. Ihre Rechtfertigung findet auch die Erbschaft- und Schenkungsteuer letztendlich in dem Leistungsfähigkeitsprinzip.

Die von verschiedener Seite angeregte Ausgestaltung der Erbschaftsteuer als Nachlaßsteuer wird nicht aufgegriffen, weil sich eine stichhaltige Rechtfertigung dafür nicht finden läßt. Die Beibehaltung einer Erbschaft- und Schenkungsteuer in Form einer Erbanfallsteuer steht auch im Einklang mit dem Steuerrecht der meisten anderen Mitgliedstaaten der Europäischen Union. Eine Nachlaßsteuer unterwirft grundsätzlich den gesamten ungeteilten Nachlaß einem einheitlichen Steuersatz ohne Rücksicht darauf, wie dieses Vermögen verteilt wird und auf wieviele Erwerber es dabei übergeht. Das deutsche Recht kennt im Gegensatz z.B. zu dem anglo-amerikanischen Recht, in dem die Erbschaftsteuer als Nachlaßsteuer erhoben wird, keine rechtliche Verselbständigung des Nachlaßvermögens beispielsweise in der Form eines Trusts, aus dem die Berechtigten erst mit seiner Auflösung das Nachlaßvermögen erhalten. Demgegenüber strebt das deutsche Erbrecht eine möglichst rasche Auflösung von Miterbengemeinschaften und Verteilung des Nachlaßvermögens an. Bei einer Nachlaßbesteuerung ergäben sich Probleme bei der Verteilung des Nettonachlaßvermögens und hinsichtlich der gleichmäßigen Verteilung der Steuerlast auf Erben, Pflichtteilsberechtigte, Vermächtnisnehmer und andere Erwerber. Die verfassungsrechtlich gebotene Berücksichtigung familiärer Aspekte (Freistellungen für Ehegatten und Kinder) würde zwangsläufig zu vergleichbaren Regelungen wie bei der Erbanfallsteuer führen. Zusätzlich müßten auch einzelne Schenkungen und andere steuerpflichtige Erwerbe außerhalb der Erbfolge, z.B. Versicherungsansprüche, erfaßt werden, um Steuerumgehungen zu vermeiden. Eine Vereinfachung des Besteuerungsverfahrens ließe sich insoweit nicht erreichen.

Die Erbschaft- und Schenkungsteuer bemißt sich nach dem Wert der Bereicherung des steuerpflichtigen Erwerbs. Der Wert der Bereicherung besteht zunächst aus der Summe der steuerlichen Werte der Einzelgegenstände. Zur effizienteren und objektiveren Wertbemessung unterteilt das Steuerrecht die Wertgesamtheit in mehrere Vermögensarten und gibt im Bewertungsgesetz Bewertungsmaßstäbe sowie Bewertungsmethoden zur Bestimmung angemessener Werte der Vermögensarten vor. Oberster Wertmaßstab ist dabei grundsätzlich der gemeine Wert (§ 9 BewG), d. h. der erzielbare Verkaufspreis an einem bestimmten Stichtag. Dem untergeordnet kennt das Bewertungsgesetz eine Vielzahl von unterschiedlichen Werten, die mehr oder weniger typisierend den gemeinen Wert wiedergeben sollen. Sofern das erworbene Vermögen aus Geldvermögen oder aus Geldforderungen besteht, ist die Bewertung meist problemlos. Für Besteuerungszwecke wird der Nennwert, der Gegenwartswert, der Kurswert und dgl. herangezogen. Für Wirtschaftsgüter, die nicht in Geld bestehen, muß eine geeignete Methode gefunden werden, mit der das Wirtschaftsgut in eine Geldrechnung einbezogen wird. Dabei sind viele Umstände zu berücksichtigen, insbesondere auch, ob das Wirtschaftsgut jederzeit wie Geld marktfähig ist (sofortige Wertrealisierung), welche wirtschaftliche Ertragskraft das Wirtschaftsgut besitzt und welche Funktion es gesamtwirtschaftlich oder sozialpolitisch erfüllt. In vielen Fällen gibt es für die ererbten oder geschenkten Wirtschaftsgüter keinen eindeutigen, richtigen Wert. Die Wertzumessung muß daher auf wahrscheinliche, geschätzte Bewertungsgrundlagen zurückgreifen, die Schätzmethoden müssen wiederum einfach, nachvollziehbar und praktikabel sein. Es reicht auch nach der ständigen Rechtsprechung des Bundesverfassungsgerichts aus, daß für Substanzsteuerzwecke ein typisierender Wert nach pauschalen Bewertungsverfahren ermittelt wird. Voraussetzung ist, daß ein so ermittelter Wert gegenwartsnah ist und in vertretbarer Relation zu anderen Vermögensgegenständen steht. Ergeben sich für bestimmte Vermögensgegenstände Werte, die deutlich unter dem Wertniveau anderer Vermögensgegenstände liegen, so dürfen diese Werte der Besteuerung nur zugrunde gelegt werden, wenn eine niedrigere Bewertung ausnahmsweise zu einer sachlich gerechtfertigten niedrigeren Steuerbelastung führt. Die Bewertung der Vermögensgegenstände ist im einzelnen im Bewertungsgesetz geregelt.

Familie

Der verfassungsrechtliche Schutz von Ehe und Familie steht im engen Zusammenhang mit dem Erbrecht und der Eigentumsgarantie. Das Privatrecht vollzieht dies in der nach Verwandtschaftsnähe abgestuften gesetzlichen Teilhabe am Vermögen des Rechtsvorgängers. Das Erbschaftsteuerrecht respektiert diese Rechtsordnung durch völlige Freistellung eines gewissen Vermögenserwerbs von Ehegatten und Kindern, durch Abstufung der Steuerbelastung nach Verwandtschaftsnähe sowie durch progressive Steuersätze. Nach bisher geltendem Recht blieb das übliche Familiengebrauchsvermögen bei Erwerben innerhalb der engeren Familie weitestgehend durch die persönlichen Freibeträge von Erbschaft- und Schenkungsteuereingriffen verschont. Die bisherigen persönlichen Freibeträge von 250 000 DM für Ehegatten und 90 000 DM für Kinder korrespondierten mit den Einheitswerten für Grund-

besitz nach den Wertverhältnissen 1. Januar 1964 und bewirkten trotz eines Zuschlags von 40 v. H., daß der unentgeltliche Übergang eines üblichen Familienwohnheims zuzüglich eines gewissen Familiengebrauchsvermögens in der Regel steuerfrei blieb. Etwa 90 v. H. aller Todesfälle lösten bisher keine Erbschaftsteuer aus. Auch in Zukunft soll die Erbschaft- und Schenkungsteuer keine Massensteuer werden, sondern nur bedeutendere unentgeltliche Erwerbe angemessen besteuern. Gleichwohl wäre selbst bei gleichbleibenden Rechtsverhältnissen in den nächsten zehn Jahren mit einem deutlichen Anstieg des Erbschaft- und Schenkungsteueraufkommens zu rechnen gewesen, weil immer größere Vermögen schuldenfrei auf die nächste Generation übergehen werden.

Entsprechend den Vorgaben des Bundesverfassungsgerichts wird zugunsten einer gleichmäßigeren Besteuerung der Erwerbe unabhängig von ihrer Anlageform die einseitige, auch nach der ursprünglichen gesetzgeberischen Konzeption nicht vorgesehene Begünstigung der Erwerbe von Grundbesitz abgebaut. Die gegenwartsnähere Grundbesitzbewertung führt de facto nicht zu einer entsprechenden tatsächlichen Vermögensmehrung bei den Erben und Beschenkten. Wegen der höheren Wertansätze des Grundbesitzes müssen daher zur Schonung des üblichen Familiengebrauchsvermögens sowie eines gewissen kleineren unentgeltlichen Erwerbs die persönlichen Freibeträge deutlich angehoben werden. Der erbschaftsteuerliche Zugriff bei Familienangehörigen im Sinne der Steuerklasse I ist derart zu mäßigen, daß jedem dieser Steuerpflichtigen der jeweils auf ihn überkommende Nachlaß – je nach dessen Größe – zumindest zum deutlich überwiegenden Teil oder, bei kleinerem Vermögen, völlig steuerfrei zugute kommt.

Das neue Freistellungssystem für die engere Familie (Ehegatte und Kinder) geht von folgenden Überlegungen aus: Das Familiengebrauchsvermögen ist unabhängig von seiner Anlageform und von der Anzahl der berechtigten Erwerber freizustellen. Als Kernbereich des üblichen Familiengebrauchsvermögens werden 750 000 DM angesetzt. Der Betrag orientiert sich an dem Wert eines üblichen schuldenfreien Familienwohnheims in der Bundesrepublik Deutschland. Es ist bekannt, daß der Wert des üblichen Familienwohnheims regional sehr unterschiedlich sein kann. Gleichwohl ist die Berücksichtigung regionaler Unterschiede im Rahmen einer typisierenden Besteuerung nicht möglich. Eine sachliche Freistellung des Familienwohnheims unabhängig von seinem Wert scheidet aus. Dies würde letztendlich dazu führen, daß die Erbschaftsteuerbelastung in Relation zu den Verkehrswerten der ererbten Grundstücke gleichheitswidrig wäre. So könnte der Erbe eines Familienwohnheims, das in einem hochpreisigen Ballungsraum liegt, dieses verkaufen und dafür zwei gleichwertige Familienwohnheime in einem Wohnort mit niedrigem Verkehrswertniveau erwerben. Umgekehrt könnte der Erbe eines Familienwohnheims in einem Niedrigpreisgebiet bei Verkauf dieses Objekts nur ein halbes Familienwohnheim in einer Region mit hohem Verkehrswertniveau erwerben. Hinzu kommt, daß die Bestimmung des „Familienwohnheims" von Stichtagszufälligkeiten abhängig ist, die nichts mit dem Wert des Objektes zu tun haben, z.B. der Erblasser hat das Familienwohnheim vermietet, zieht in ein Altenheim und verstirbt oder der Erblasser verstirbt, bevor er das Familienwohnheim vermietet. Aus denselben Gründen scheidet auch eine Regionalisierung des Freibetrags für das übliche Familiengebrauchsvermögen aus.

Wird der Kernbereich des schutzwürdigen Familiengebrauchsvermögens auf 750 000 DM festgelegt, muß ein Erwerber einen persönlichen Freibetrag von mindestens 750 000 DM erhalten, wenn er Alleinerbe ist. Da im Durchschnitt aller Fälle im Erbfall etwa drei Beteiligte vorhanden sind, wäre eine persönliche Freistellung in Höhe von 750 000 DM nicht zwingend erforderlich. Erwerben mehrere Erben gleichzeitig das Familiengebrauchsvermögen, könnte der Freibetrag für das Familiengebrauchsvermögen auf die einzelnen Erwerber verteilt werden. Um aber dem besonderen Schutz von Ehe und Familie Rechnung zu tragen und auch eine verfahrensmäßige Komplizierung durch eine Aufteilung zu vermeiden, wird hierauf verzichtet. Ein Erwerb eines Ehegatten soll bis 1 000 000 DM, der eines Kindes bis 750 000 DM steuerfrei bleiben. Entsprechendes gilt für Schenkungen. Zu berücksichtigen ist in diesem Zusammenhang auch die Freistellung eines bestimmten Vermögensbetrags, der der Hinterbliebenenversorgung dient. Hierbei ist auf die erhöhten besonderen Freibeträge gemäß § 17 ErbStG zu verweisen. Diese Freibeträge kommen vor allem dem überlebenden Ehegatten und Kindern des Erblassers zugute, die ihre Versorgung durch steuerpflichtige Versorgungsbezüge oder anderes steuerpflichtiges Vermögen sicherstellen müssen. Durch diese neue Regelung ist typisierend sichergestellt, daß die Erbschaft- und Schenkungsteuer den Übergang des üblichen Familiengebrauchsvermögens auf den Ehegatten bzw. die Kinder unversteuert läßt.

Ansatz des Betriebsvermögens

Der Erbschaft- und Schenkungsteuer unterliegt auch die Bereicherung durch unentgeltlichen Erwerb von Betriebsvermögen. Betriebsvermögen im bewertungsrechtlichen und damit auch im erbschaftsteuerlichen Sinne ist nicht nur das einzelne gewerbliche oder freiberufliche Unternehmen, sondern alle Teile einer wirtschaftlichen Einheit, die bei der steuerlichen Gewinnermittlung zum Betriebsvermögen gehören, also auch Beteiligungen an Personengesellschaften, einzelne Wirtschaftsgüter des Betriebsvermögens, Betriebsgrundstücke usw.

Nach den Vorgaben des Bundesverfassungsgerichts wäre auch Betriebsvermögen grundsätzlich mit einem Wert zu bewerten, der die Wertrelation des Betriebsvermögens zu den übrigen verschiedenen Wirtschaftsgütern realitätsgerecht abbildet. Theoretisch wäre dies der gemeine Wert, d.h. der Verkehrswert. Es gibt aber keinen eindeutig bestimmbaren Verkehrswert des Betriebsvermögens. Die Auffassung über die zutreffende Verkehrswertermittlung des Betriebsvermögens weichen in Wissenschaft und Praxis sehr stark voneinander ab. Vielfach wird eine Ertragswertbewertung, zum Teil die Liquidationserlösmethode, für zutreffend gehalten; die Substanzwertmethode wird im allgemeinen für weniger geeignet gehalten. Das Bewertungsrecht und das Ertragsteuerrecht sehen dagegen letztlich den Substanzwert des Vermögens als zutreffenden Wert an. Im Ertragsteuerrecht kommt zwar dem Steuerbilanzwert hauptsächlich die Aufgabe zu, die Ergebnisse verschiedener Rechnungsperioden voneinander abzugrenzen. Der nach dem Bewertungsgesetz auf der Basis der Steuerbilanzwerte ermittelte Substanzwert des Betriebsvermögens ist daher durch handelsrechtliche und steuerbilanzielle Regelungen überlagert. Aufgrund der Erfahrungen aus der Vergangenheit hat sich aber gezeigt, daß auch der früher nach eigenständigen Bewertungsvorschriften ermittelte Wert des Betriebsvermögens letztlich keine objektive und stichtagsbezogene Abbildung des tatsächlichen Betriebsvermögens hervorgebracht hat. Zusammenfassend ist festzustellen, daß zur Vermeidung einer sehr aufwendigen und streitanfälligen Einzelbewertung des Betriebsvermögens eine typisierende Bewertung geboten ist. Zur Vereinfachung für Bürger und Verwaltung muß dabei weitestgehend an vorhandene Wertfeststellungen angeknüpft werden. Es bietet sich daher weiterhin an, Betriebsvermögen – wie schon seit 1993 praktiziert – grundsätzlich auf der Basis der Steuerbilanzwerte zu bewerten. Ausgenommen bleiben soll wie bisher der betriebliche Grundbesitz. Zur Begründung siehe „Allgemeiner Teil" der Begründung zu Artikel 1.

Auf die Erbschafts- und Schenkungsbesteuerung des Erwerbs von Betriebsvermögen kann aus Gründen der Gleichmäßigkeit der Besteuerung und zur Vermeidung von Umgehungsmöglichkeiten, komplizierten Gestaltungen usw. nicht völlig verzichtet werden. Eine solche vollständige Befreiung ist von Verfassungs wegen nicht geboten; sie begegnet im Gegenteil verfassungsrechtlichen Bedenken. Letztlich bedeutet jeder unentgeltliche Erwerb unabhängig von der Anlageform der Vermögensgegenstände eine steuerbare Bereicherung. Gleichwohl kann die erbschaft- bzw. schenkungsteuerliche Belastung des Betriebsvermögens gesamtwirtschaftlich nachteilig sein.

Im europäischen Vergleich ist die Erbschaftsteuerbelastung in Deutschland beim Übergang von Unternehmen innerhalb der Familie durch die persönlichen Freibeträge, durch die sach-

liche Freistellung des Betriebsvermögens, und bei weiter entfernt verwandten Erwerbern durch die nach vier Steuerklassen abgestuften Steuersätze, relativ schonend. Insbesondere die Einführung eines speziellen Freibetrags für den Erwerb von Betriebsvermögen in Höhe von 500 000 DM ab 1994 bewirkt, daß der Übergang kleinerer und mittlerer Unternehmen unabhängig von dem Verwandtschaftsgrad von vornherein nicht der Erbschaft- oder Schenkungsteuer unterliegt. Zugleich konnte damit eine bedeutende Verwaltungsvereinfachung erreicht werden, denn mehr als die Hälfte aller Betriebsvermögen liegen unter 500 000 DM und müssen für Erbschaft- und Schenkungsteuerzwecke nicht bewertet werden. Darüber hinausgehendes positives Betriebsvermögen wird grundsätzlich nur mit 75 v. H. angesetzt. Hinzu kommt, daß Betriebsvermögen in Deutschland nur sehr vorsichtig bewertet wird; dies trägt ebenfalls zu einer schonenden Erbschaftsbesteuerung bei. Während bis 1992 der Wert des Betriebsvermögens einschließlich der stillen Reserven nach besonderen Bewertungsvorschriften ermittelt wurde, können für die Bewertung des Betriebsvermögens ab 1. Januar 1993 die Steuerbilanzwerte – mit wenigen Ausnahmen – übernommen werden. Damit kommen den kleinen und mittleren Unternehmen auch die Bilanzierungsvorteile durch Abschreibungsvergünstigungen, Rückstellungsmöglichkeiten usw. zugute. Eine im nationalen Recht geregelte Anrechnungsvorschrift vermeidet in gewissem Umfang auch ohne Doppelbesteuerungsabkommen, daß kleine und mittlere Unternehmen bei grenzüberschreitenden Erbfällen mehrfach mit Steuern belastet werden. Aufgrund der bereits in Kraft getretenen Änderungen durch das JStG 1996 werden mit Wirkung ab 1996 Beteiligungen an kleinen und mittleren Kapitalgesellschaften, die steuerlich im allgemeinen dem Privatvermögen zuzuordnen sind, ebenso wie Betriebsvermögen behandelt.

Mit diesem Gesetzentwurf sollen die bisherigen Regelungen weiter verbessert werden durch eine Erhöhung des Bewertungsabschlags auf 50 v. H. und durch die Einbeziehung von Betrieben der Land- und Forstwirtschaft unter Beibehaltung des bisherigen Freibetrages von 500 000 DM. Damit wird erreicht, daß der Übergang des Betriebsvermögens unabhängig vom Verwandtschaftsverhältnis zwischen Erblasser oder Schenker und Erwerber noch stärker entlastet wird. Den Betrieben brauchen nur in entsprechend gemindertem Umfang liquide Mittel für die Steuerzahlung entnommen zu werden, die statt dessen für notwendige Investitionen und zum Erhalt von Arbeitsplätzen zur Verfügung stehen.

Insgesamt ist festzuhalten, daß das deutsche Erbschaftsteuerrecht so angelegt ist, daß die Erben eines normal rentierlichen Unternehmens die Erbschaftsteuer aus den Erträgen des Unternehmens zahlen können. Es muß dabei auch vorausgesetzt werden, daß ein Unternehmer ebenso wie zur Sicherung der Zahlung anderer Steuern und Abgaben entsprechende Vorkehrungen für die Erbschaft- und Schenkungsteuer trifft. Sollten trotzdem durch die Erbschaftsteuerzahlung Probleme entstehen, die den Erhalt eines Betriebs gefährden, sieht das Erbschaftsteuerrecht speziell für den Erwerb von Betriebsvermögen eine besondere Stundungsmöglichkeit vor. Die auf das Betriebsvermögen entfallende Erbschaftsteuer kann mit Wirkung ab 1996 bis zu zehn Jahre, früher bis zu sieben Jahre, gestundet werden. Im Erbfall erfolgt diese Stundung zinsfrei. Letztlich ermöglicht das allgemeine Verfahrensrecht (Abgabenordnung) den Finanzämtern immer, in Ausnahmefällen den individuellen Belangen unter bestimmten Voraussetzungen durch Stundung, Teilerlaß oder Totalerlaß der Erbschaftsteuer Rechnung zu tragen. In der Summe erfüllen die Begünstigungen das verfassungsrechtlich Gebotene, das steuerrechtlich und fiskalisch Mögliche.

Steuerklassen, Tarif

Die Erbschaft- und Schenkungsteuerbelastung richtet sich nach der Steuerklasse eines Erwerbers und innerhalb der Steuerklasse nach der Höhe des steuerpflichtigen Erwerbs. Damit wird die Steuerbelastung einmal nach Verwandtschaftsnähe und innerhalb der Steuerklasse nach der durch die Höhe des steuerpflichtigen Erwerbs entstandenen besonderen steuerlichen Leistungsfähigkeit abgestuft. Zusätzlich wird die tarifliche Steuerbelastung durch *persönliche und sachliche Freistellungen sachgerecht gemindert. Durch die neuen Wertansätze für Grundbesitz ergäben sich bei der Erbschaftsteuer höhere steuerliche Belastungen, ohne daß eine tatsächliche Vermögensmehrung damit verbunden wäre. Zum Ausgleich bewertungsbedingter Steuererhöhungen wird die Tarifstruktur sowohl hinsichtlich der Steuerklassen als auch des Tarifs selbst neu gestaltet: Die jetzigen Steuerklassen I und II werden zu einer neuen Steuerklasse I zusammengefaßt, zu der jetzt neben dem Ehegatten und den Kindern des Erblassers oder Schenkers auch die Enkel, Urenkel und weiteren Abkömmlinge stets sowie die Eltern und Voreltern bei Erwerben von Todes wegen gehören. Steuersätze bis 70 v. H. lassen sich unter Berücksichtigung der Entscheidung des Bundesverfassungsgerichts nicht mehr aufrecht erhalten. Der neue Höchstsatz beträgt künftig nur noch 50 v. H., die übrigen Steuersätze werden für die verbleibenden Steuerklassen und die verschiedenen Wertstufen neu festgelegt.*

Ausgleich für den Wegfall der Vermögensteuer auf „Privatvermögen"

Die Vermögensteuer soll ab 1. Januar 1997 insgesamt abgeschafft werden (s. Artikel 5).[1] Der Wegfall der Vermögensteuer auf Betriebsvermögen, als einer substanzverzehrenden Steuerbelastung, soll einen wichtigen Impuls für den Wirtschaftsstandort Deutschland bewirken. Von dem Gesamtaufkommen von 8,5 Mrd. DM entfallen unter Einbeziehung der im Privatvermögen gehaltenen Beteiligungswerte rund 58 v. H. oder 5 Mrd. DM auf Betriebsvermögen. Die Entlastungswirkung darf nicht durch Mehrbelastungen an anderer Stelle gefährdet werden. Deshalb soll hierfür ein Ausgleich nicht erfolgen.

Für den Wegfall der Vermögensteuer auf „Privatvermögen" soll in angemessenem Umfang ein Ausgleich vorgenommen werden. Um überhöhte Erhebungskosten zu vermeiden, wird die „private Vermögensteuer" mit der Erbschaftsteuer zusammengefaßt. Da der Wegfall der Vermögensteuer zugleich zu einer erheblichen Einsparung bei den Erhebungs- und Verwaltungskosten führt, wird der tatsächliche Ausgleichsbedarf mit 1,5 Mrd. DM veranschlagt.

1. § 2 Abs. 1 Nr. 3 wird wie folgt gefaßt:

„3. in allen anderen Fällen für den Vermögensanfall, der in Inlandsvermögen im Sinne des § 121 Abs. 2 des Bewertungsgesetzes besteht. Bei Inlandsvermögen im Sinne des § 121 Abs. 2 Nr. 4 des Bewertungsgesetzes ist es ausreichend, wenn der Erblasser zur Zeit seines Todes oder der Schenker zur Zeit der Ausführung der Schenkung entsprechend der Vorschrift am Grund- oder Stammkapital der inländischen Kapitalgesellschaft beteiligt ist. Wird nur ein Teil einer solchen Beteiligung durch Schenkung zugewendet, gelten die weiteren Erwerbe aus der Beteiligung, soweit die Voraussetzungen des § 14 erfüllt sind, auch dann als Erwerb von Inlandsvermögen, wenn im Zeitpunkt ihres Erwerbs die Beteiligung des Erblassers oder Schenkers weniger als ein Zehntel des Grund- oder Stammkapitals der Gesellschaft beträgt."

Amtliche Begründung – BR-Drs. 390/96 –

Es handelt sich um eine redaktionelle Folgeänderung aus der Änderung des § 121 BewG.

2. § 10 wird wie folgt geändert:

a) Absatz 1 wird wie folgt geändert:

aa) Satz 1 wird wie folgt gefaßt:

„Als steuerpflichtiger Erwerb gilt die Bereicherung des Erwerbers, soweit sie nicht steuerfrei ist (§§ 5, 13, 13 a, 16, 17 und 18)."

---

[1] Die Aufhebung des Vermögensteuergesetzes wurde nicht in das JStG 1997 aufgenommen.

bb) Nach Satz 2 wird folgender Satz eingefügt:

„Der unmittelbare oder mittelbare Erwerb einer Beteiligung an einer Personengesellschaft, die nicht nach § 12 Abs. 5 zu bewerten ist, gilt als Erwerb der anteiligen Wirtschaftsgüter."

b) Absatz 6 wird wie folgt geändert:

aa) Satz 4 wird wie folgt gefaßt:

„Schulden und Lasten, die mit dem nach § 13 a befreiten Betriebsvermögen in wirtschaftlichem Zusammenhang stehen, sind in vollem Umfang abzugsfähig."

bb) Folgender Satz wird angefügt:

„Schulden und Lasten, die mit dem nach § 13 a befreiten Vermögen eines Betriebs der Land- und Forstwirtschaft oder mit den nach § 13 a befreiten Anteilen an Kapitalgesellschaften in wirtschaftlichem Zusammenhang stehen, sind nur mit dem Betrag abzugsfähig, der dem Verhältnis des nach Anwendung des § 13 a anzusetzenden Werts dieses Vermögens zu dem Wert vor Anwendung des § 13 a entspricht."

Begründung des Finanzausschusses des Deutschen Bundestages – BT-Drs. 13/5952 –

Zu Abs. 1 Satz 1

Es handelt sich um eine redaktionelle Folgeänderung aufgrund des neuen § 13 a ErbStG.

Zu Abs. 1 Satz 3

Die Gesetzesänderung betrifft die Zuwendung einer Beteiligung an einer vermögensverwaltenden (nicht gewerblichen) Personengesellschaft. Sie ist im Hinblick auf ein Urteil des Bundesfinanzhofs vom 14. Dezember 1995 – II R 79/94 – (BStBl II 1996 S. 546) notwendig geworden. Der Bundesfinanzhof hat entschieden, bei der Schenkung eines Anteils an einer vermögensverwaltenden BGB-Gesellschaft sei Erwerbsgegenstand der Gesellschaftsanteil als solcher. Dieser sei mit dem anteiligen Gesamtsteuerwert des Gesellschaftsvermögens als Saldo aus den Steuerwerten der Besitzposten und der Gesellschaftsschulden zu bewerten.

Nach bisheriger Verwaltungsauffassung war der Erwerb von Beteiligungen an vermögensverwaltenden BGB-Gesellschaften als Erwerb der anteiligen Wirtschaftsgüter zu beurteilen. Die Gesetzesänderung stellt die bisherige Behandlung sicher. Eine vergleichbare Regelung wurde im Rahmen des StMBG in § 23 Abs. 1 EStG getroffen.

Zu Abs. 6 Satz 4

Es handelt sich um eine redaktionelle Folgeänderung aus der Aufhebung des § 13 Abs. 2 a ErbStG, dessen bisheriger Inhalt in den neuen § 13 a ErbStG übernommen wurde.

Zu Abs. 6 Satz 5

Der neue Satz 5 regelt, wie der abzugsfähige Teil von Schulden und Lasten zu ermitteln ist, die in wirtschaftlichem Zusammenhang mit befreitem land- und forstwirtschaftlichem Vermögen im Sinne des § 13 a Abs. 4 Nr. 2 ErbStG oder befreiten Anteilen an Kapitalgesellschaften im Sinne des § 13 a Abs. 4 Nr. 3 ErbStG stehen. Soweit nach Abzug des Freibetrags und Bewertungsabschlags gemäß § 13 a Abs. 1 und 2 ErbStG ein Wert für das land- und forstwirtschaftliche Vermögen oder die Anteile an Kapitalgesellschaften anzusetzen ist, sind die im wirtschaftlichen Zusammenhang stehenden Schulden nach Maßgabe des Gesetzes nur anteilig abzuziehen (vgl. Abs. 6 Satz 3). Verbleibt nach Anwendung des § 13 a ErbStG kein anzusetzender Wert mehr, können nach dem Grundsatz des Absatzes 6 Satz 1 Schulden und Lasten nicht abgezogen werden.

Schulden und Lasten, die nicht in wirtschaftlichem Zusammenhang mit steuerbefreitem land- und forstwirtschaftlichem Vermögen im Sinne des § 13 a Abs. 4 Nr. 2 ErbStG stehen, z.B. mit Vermögen, das nach § 140 i. V. m. § 33 Abs. 3 BewG bewertungsrechtlich nicht in die wirtschaftliche Einheit des land- und forstwirtschaftlichen Vermögens, für die ein Grundbesitzwert festgestellt wird, einbezogen ist, insbesondere Zahlungsmittel und Geldforderungen, oder mit dem Wohnteil des Betriebsinhabers, bleiben wie bisher in vollem Umfang abzugsfähig.

3. § 12 wird wie folgt gefaßt:

„**§ 12**
Bewertung

(1) Die Bewertung richtet sich, soweit nicht in den Absätzen 2 bis 6 etwas anderes bestimmt ist, nach den Vorschriften des Ersten Teils des Bewertungsgesetzes (Allgemeine Bewertungsvorschriften).

(2) Ist der gemeine Wert von Anteilen an einer Kapitalgesellschaft unter Berücksichtigung des Vermögens und der Ertragsaussichten zu schätzen (§ 11 Abs. 2 Satz 2 des Bewertungsgesetzes), wird das Vermögen mit dem Wert im Zeitpunkt der Entstehung der Steuer angesetzt. Der Wert ist nach den Grundsätzen der Absätze 5 und 6 zu ermitteln. Dabei sind der Geschäfts- oder Firmenwert und die Werte von firmenwertähnlichen Wirtschaftsgütern nicht in die Ermittlung einzubeziehen.

(3) Grundbesitz (§ 19 des Bewertungsgesetzes) ist mit dem Grundbesitzwert anzusetzen, der nach dem Vierten Abschnitt des Zweiten Teils des Bewertungsgesetzes (Vorschriften für die Bewertung von Grundbesitz für die Erbschaftsteuer ab 1. Januar 1996 und für die Grunderwerbsteuer ab 1. Januar 1997) auf den Zeitpunkt der Entstehung der Steuer festgestellt wird.

(4) Bodenschätze, die nicht zum Betriebsvermögen gehören, werden angesetzt, wenn für sie Absetzungen für Substanzverringerung bei der Einkunftsermittlung vorzunehmen sind; sie werden mit ihren ertragsteuerlichen Werten angesetzt.

(5) Für den Bestand und die Bewertung von Betriebsvermögen mit Ausnahme der Bewertung der Betriebsgrundstücke (Absatz 3) sind die Verhältnisse zur Zeit der Entstehung der Steuer maßgebend. Die Vorschriften der §§ 95 bis 99, 103, 104 und 109 Abs. 1 und 2 und § 137 des Bewertungsgesetzes sind entsprechend anzuwenden. Zum Betriebsvermögen gehörende Wertpapiere, Anteile und Genußscheine von Kapitalgesellschaften sind vorbehaltlich des Absatzes 2 mit dem nach § 11 oder § 12 des Bewertungsgesetzes ermittelten Wert anzusetzen.

(6) Ausländischer Grundbesitz und ausländisches Betriebsvermögen werden nach § 31 des Bewertungsgesetzes bewertet."

Amtliche Begründung – BR-Drs. 390/96 –

Die Vorschrift stellt die Verbindung zu den Bewertungsregeln des Bewertungsgesetzes her. Nach dem Beschluß des Bundesverfassungsgerichts vom 22. Juni 1995 kommt ihr hinsichtlich der verfassungsrechtlich gebotenen Belastungsgleichheit beim Steuerzugriff zentrale Bedeutung zu. Entscheidet sich der Gesetzgeber für eine gesonderte Bewertung der zu besteuernden Güter, muß er die einmal getroffene Belastungsentscheidung folgerichtig umsetzen und die Steuerpflichtigen – ungeachtet verfassungsrechtlich zulässiger Differenzierungen – gleichmäßig belasten. Erforderlich ist, daß für die einzelnen zur Erbschaft oder Schenkung gehörenden wirtschaftlichen Einheiten und Wirtschaftsgüter Bemessungsgrundlagen gefunden werden, die deren Werte in ihrer Relation realitätsgerecht abbilden.

Zu Abs. 1

Absatz 1 verweist als Grundsatz unverändert auf die Allgemeinen Vorschriften des BewG und entlastet das ErbStG von den Einzelregelungen zur Bewertung.

Zu Abs. 2

Die Vorschrift zur Bewertung von Anteilen an einer Kapitalgesellschaft entspricht weitestgehend dem bisherigen Absatz 1 a.

Zu Abs. 3

Die bisherige Belastung des Grundbesitzes mit Vergangenheitswerten – insbesondere Einheitswerte 1964, bei Grundstücken mit einem Zuschlag von 40 v. H. – und des übrigen Vermögens im wesentlichen mit Gegenwartswerten hatte deutliche Wertverzerrungen und Belastungsungleichheiten zur Folge. Das Bundesverfassungsgericht hat deshalb entschieden, daß § 12 Abs. 1 und 2 ErbStG in Verbindung mit dem Ersten und Zweiten Teil des Bewertungsgesetzes mit Artikel 3 Abs. 1 GG unvereinbar ist. Nach Auffassung des Bundesverfassungsgerichts genügen die erbschaftsteuerlichen Bewertungsmethoden den aus dem Gleichheitssatz folgenden Anforderungen nur dann, wenn sie zum Bewertungsstichtag die jeweiligen Werte wirklichkeitsgerecht wiedergeben. Das Gericht hat in diesem Zusammenhang nicht gefordert, daß Grundbesitz mit dem Verkehrswert anzusetzen sei. Der Gesetzgeber darf sachliche Differenzierungsgesichtspunkte zugunsten des Grundbesitzes im erforderlichen Umfang berücksichtigen. Er hat dabei einen großen Gestaltungsspielraum.

Der bisher in § 12 Abs. 2 bis 4 ErbStG geregelte erbschaftsteuerliche Wertansatz für Grundbesitz auf der Grundlage der Einheitswerte wird ersetzt durch den nach §§ 138 ff. BewG (vgl. Artikel 1 Nummer 49[1]) im Bedarfsfall festzustellenden Grundbesitzwert. Gemäß § 138 Abs. 5 BewG wird ein Grundbesitzwert für ein Grundstück oder einen Betrieb der Land- und Forstwirtschaft gesondert festgestellt, wenn er für die Erbschaftsteuer benötigt wird (Bedarfswert); gehört zum Erwerb nur ein Teil einer wirtschaftlichen Einheit, wird nur der Wert dieses Anteils festgestellt. Die Feststellung erfolgt gemäß § 138 Abs. 2 und 3 BewG in Verbindung mit §§ 9, 11 ErbStG immer unmittelbar auf den Zeitpunkt der Steuerentstehung. Die bisherigen Regelungen in § 12 Abs. 3 und 4 ErbStG für Fälle eines Teilerwerbs einer wirtschaftlichen Einheit bzw. für eine Stichtagsbewertung aus besonderen Gründen sind ebenso entbehrlich wie die ergänzenden Vorschriften für Grundbesitz in den neuen Ländern (vgl. § 37 a Abs. 3 ErbStG, vgl. Nummer 12[2]).

Zu Abs. 4

Die Vorschrift zur Bewertung von Bodenschätzen entspricht dem bisherigen Absatz 4 a.

Zu Abs. 5

Die Vorschrift zur Bewertung von Betriebsvermögen ist redaktionell angepaßt an die neue Absatzfolge. Im übrigen bleibt es bei der nahezu vollständigen Übernahme der ertragsteuerlichen Werte für das Betriebsvermögen. Wesentliche Ausnahme bleiben die Betriebsgrundstücke (§ 99 BewG), für die der im Bedarfsfall festzustellende Grundbesitzwert (vgl. Absatz 3) maßgebend ist.

Zu Abs. 6

Die Vorschrift ist unverändert.

---

1 Jetzt Artikel 1 Nr. 36.
2 Jetzt Nummer 15.

Begründung des Finanzausschusses des Deutschen Bundestages – BT-Drs. 13/5952 –

Es handelt sich um eine redaktionelle Folgeänderung aus der Aufhebung des § 13 Abs. 2 a ErbStG, dessen bisheriger Inhalt in den neuen § 13 a ErbStG übernommen wurde.

4. § 13 wird wie folgt geändert:

a) Absatz 1 wird wie folgt geändert:

aa) Nummer 1 wird wie folgt gefaßt:

„1. a) Hausrat einschließlich Wäsche und Kleidungsstücke beim Erwerb durch Personen der Steuerklasse I, soweit der Wert insgesamt 80 000 Deutsche Mark nicht übersteigt,

b) andere bewegliche körperliche Gegenstände, die nicht nach Nummer 2 befreit sind, beim Erwerb durch Personen der Steuerklasse I, soweit der Wert insgesamt 20 000 Deutsche Mark nicht übersteigt.

c) Hausrat einschließlich Wäsche und Kleidungsstücke und andere bewegliche körperliche Gegenstände, die nicht nach Nummer 2 befreit sind, beim Erwerb durch Personen der Steuerklasse II und III, soweit der Wert insgesamt 20 000 Deutsche Mark nicht übersteigt.

Die Befreiung gilt nicht für Gegenstände, die zum land- und forstwirtschaftlichen Vermögen, zum Grundvermögen oder zum Betriebsvermögen gehören, für Zahlungsmittel, Wertpapiere, Münzen, Edelmetalle, Edelsteine und Perlen;"

bb) Nummer 6 wird wie folgt gefaßt:

„6. ein Erwerb, der Eltern, Adoptiveltern, Stiefeltern oder Großeltern des Erblassers anfällt, sofern der Erwerb zusammen mit dem übrigen Vermögen des Erwerbers 80 000 Deutsche Mark nicht übersteigt und der Erwerber infolge körperlicher oder geistiger Gebrechen und unter Berücksichtigung seiner bisherigen Lebensstellung als erwerbsunfähig anzusehen ist oder durch die Führung eines gemeinsamen Hausstands mit erwerbsunfähigen oder in der Ausbildung befindlichen Abkömmlingen an der Ausübung einer Erwerbstätigkeit gehindert ist. Übersteigt der Wert des Erwerbs zusammen mit dem übrigen Vermögen des Erwerbers den Betrag von 80 000 Deutsche Mark, wird die Steuer nur insoweit erhoben, als sie aus der Hälfte des die Wertgrenze übersteigenden Betrags gedeckt werden kann;"

cc) Nummer 9 wird wie folgt gefaßt:

„9. ein steuerpflichtiger Erwerb bis zu 10 000 Deutsche Mark, der Personen anfällt, die dem Erblasser unentgeltlich oder gegen unzureichendes Entgelt Pflege oder Unterhalt gewährt haben, soweit das Zugewendete als angemessenes Entgelt anzusehen ist;"

dd) Nummer 13 wird wie folgt gefaßt:

„13. Zuwendungen an Pensions- und Unterstützungskassen im Sinne des § 5 Abs. 1 Nr. 3 des Körperschaftsteuergesetzes, wenn sie die für eine Befreiung von der Körperschaftsteuer erforderlichen Voraussetzungen erfüllen. Ist eine Kasse nach § 6 des Körperschaftsteuergesetzes teilweise steuerpflichtig, ist auch die Zuwendung im gleichen Verhältnis steuerpflichtig. Die Befreiung fällt mit Wirkung für die Vergangenheit weg, wenn die Voraussetzungen des § 5 Abs. 1 Nr. 3 des Körperschaftsteuergesetzes innerhalb von zehn Jahren nach der Zuwendung entfallen;"

ee) Nummer 16 Buchstabe c wird wie folgt gefaßt:

„c) an ausländische Religionsgesellschaften, Körperschaften, Personenvereinigungen und Vermögensmassen der in den Buchstaben a und b bezeichneten

Art unter der Voraussetzung, daß der ausländische Staat für Zuwendungen an deutsche Rechtsträger der in den Buchstaben a und b bezeichneten Art eine entsprechende Steuerbefreiung gewährt und das Bundesministerium der Finanzen dies durch förmlichen Austausch entsprechender Erklärungen mit dem ausländischen Staat feststellt;"

b) Absatz 2 a wird aufgehoben.

Amtliche Begründung – BR-Drs. 390/96 –

Zu Abs. 1 Nummer 1
In Nummer 1 ist die Befreiung für Hausrat einschließlich Wäsche und Kleidungsstücke sowie für andere bewegliche körperliche Gegenstände verbessert worden. Die Befreiung bezieht sich nicht auf den Gesamtwert der zu dieser Vermögensgruppe gehörenden Vermögensgegenstände. Sie steht dem jeweiligen Erwerber je nach Steuerklasse bezogen auf seinen persönlichen Erwerb zu.

Erläuterung:
Die Befreiung für Hausrat ist bei Erwerbern der Steuerklasse I – in erster Linie der Ehegatte, die Kinder und weitere Abkömmlinge – auf einen festen Betrag von 80 000 DM je Erwerber begrenzt.

Amtliche Begründung – BR-Drs. 390/96 –

Für andere bewegliche körperliche Gegenstände, dazu zählen künftig auch Kunstgegenstände und Sammlungen, wird der Freibetrag von 5000 DM auf 20 000 DM erhöht. Durch diese Befreiung kann ein wesentlicher Teil des persönlichen Gebrauchsvermögens im Sinn des Beschlusses des Bundesverfassungsgerichts vom 22. Juni 1995 ohne Steuerbelastung auf den begünstigten Erwerberkreis übertragen werden. Im Zusammenwirken mit anderen Befreiungsregelungen, insbesondere mit den persönlichen Freibeträgen in § 16 ErbStG, ist es somit möglich, den erbschaftsteuerlichen Zugriff bei Familienangehörigen der Steuerklasse I so zu beschränken, daß er den verfassungsrechtlich gesetzten Rahmen nicht überschreitet.

Personen der neuen Steuerklassen II und III (vgl. Nummer 6[1]) erhalten für den Erwerb von Hausrat einschließlich Wäsche und Kleidungsstücke sowie anderer beweglicher körperlicher Gegenstände künftig einen zusammengefaßten Freibetrag von 20 000 DM anstelle der bisherigen getrennten Freibeträge von 10 000 DM bzw. 2000 DM. Aufgrund des erhöhten Freibetrags kann auch hier in mehr Fällen als bisher auf eine Bewertung dieser Vermögensgegenstände verzichtet werden.

Zu Abs. 1 Nummer 6
In Nummer 6 wird der Freibetrag für einen Erwerb durch erwerbsunfähige Eltern und Großeltern ebenso auf 80 000 DM verdoppelt wie die für die Befreiung maßgebende Vermögensgrenze einschließlich des Vermögensanfalls.

Begründung des Finanzausschusses des Deutschen Bundestages – BT-Drs. 13/5952 –

Zu Abs. 1 Nummer 9
In Nummer 9 wird der Freibetrag für eine Zuwendung, die als angemessenes „Entgelt" für eine unentgeltliche Pflege- oder Unterhaltsgewährung an den Erblasser oder Schenker anzusehen ist, auf 10 000 DM erhöht. Im übrigen ist das Beibehalten einer Obergrenze notwendig und auch verfassungsgemäß (vgl. Beschluß des Bundesverfassungsgerichts vom 26. März

---
1 Jetzt Nummer 7.

1984, HFR S. 436). Mit ihr lassen sich die Möglichkeiten einer mißbräuchlichen Ausnutzung der Befreiung durch Beantragen überhöhter Beträge für meist nur bedingt nachprüfbare Pflege- oder Unterhaltsleistungen auf ein vernünftiges, akzeptables Maß beschränken.

Amtliche Begründung – BR-Drs. 390/96 –

Zu Abs. 1 Nummer 13

Bei Ergänzung der Nummer 13 handelt es sich um eine Folgeänderung aufgrund der Entscheidung des Bundesverfassungsgerichts zur Vermögensteuer. Der Verweis auf die Vorschriften des KStG ersetzt den bisherigen Verweis auf § 3 VStG.

Zu Abs. 1 Nummer 16

Die Befreiungsmöglichkeit nach § 13 Abs. 1 Nr. 16 Buchst. c ErbStG wurde durch das StÄndG 1992 in das ErbStG eingefügt. Befreit sind Zuwendungen an ausländische Einrichtungen, die den inländischen Religionsgesellschaften oder gemeinnützigen Körperschaften entsprechen, sofern der ausländische Staat Gegenseitigkeit gewährt; das Bundesfinanzministerium stellt fest, ob diese Voraussetzung vorliegt. Die Änderung sollte lediglich eine Rechtsgrundlage schaffen für die Weitergeltung bestehender, z.B. mit einigen Kantonen der Schweiz und mit Dänemark, bzw. die Herbeiführung neuer Gegenseitigkeitsvereinbarungen (vgl. BT-Drucksache 12/1108 S. 78). Das Bundesfinanzministerium sollte solche Gegenseitigkeitsvereinbarungen allgemein durch Austausch entsprechender Erklärungen herbeiführen können, nicht jedoch im steuerlichen Einzelfall zu Feststellungen über eine evtl. bestehende Gegenseitigkeit verpflichtet sein. Eine Steuerbefreiung ohne förmliche Feststellung der Gegenseitigkeit war nicht beabsichtigt.

Abweichend hiervon hat der BFH in einem Beschluß vom 29. November 1995 (BStBl 1996 II S. 102) die Auffassung vertreten, daß die Steuerbefreiung nicht von einer förmlichen Gegenseitigkeitserklärung mit dem ausländischen Staat abhängig sei; maßgebend sei lediglich die Gesetzeslage in dem ausländischen Staat. Um die dadurch eingetretene Rechtsunsicherheit über die Anwendung der Befreiungsvorschrift zu beseitigen und unter Umständen einzelfallbezogen komplizierte Ermittlungen zur Gesetzeslage in einem ausländischen Staat zu vermeiden, wird in § 13 Abs. 1 Nr. 16 Buchst. c ErbStG nunmehr klargestellt, daß eine evtl. bestehende Gegenseitigkeit nur dann zur Steuerbefreiung führt, wenn die Gegenseitigkeit durch förmlichen Austausch entsprechender Erklärungen mit dem ausländischen Staat festgestellt ist. Deutscherseits läßt sich eine Vergünstigung für ausländische Einrichtungen nur dann rechtfertigen, wenn im Umkehrfall deutsche Empfängereinrichtungen in gleicher Weise von ausländischer Erbschaftsteuer befreit werden.

Zu Abs. 2 a

An die Stelle der bisher in Absatz 2 a geregelten Befreiung beim Erwerb von Betriebsvermögen und von Anteilen an Familienkapitalgesellschaften tritt künftig eine entsprechende Regelung in einem neuen § 13 a ErbStG (vgl. Nummer 4[1]).

5. Nach § 13 wird folgender § 13 a eingefügt:

„§ 13 a
Ansatz von Betriebsvermögen, von Betrieben der Land- und Forstwirtschaft und von Anteilen an Kapitalgesellschaften

(1) Betriebsvermögen, land- und forstwirtschaftliches Vermögen und Anteile an Kapitalgesellschaften im Sinne des Absatzes 4 bleiben vorbehaltlich des Satzes 2 insgesamt bis zu einem Wert von 500 000 Deutsche Mark außer Ansatz

---

1 Jetzt Nummer 5.

1. beim Erwerb von Todes wegen; beim Erwerb durch mehrere Erwerber ist für jeden Erwerber ein Teilbetrag von 500 000 Deutsche Mark entsprechend einer vom Erblasser schriftlich verfügten Aufteilung des Freibetrags maßgebend; hat der Erblasser keine Aufteilung verfügt, steht der Freibetrag, wenn nur Erben Vermögen im Sinne des Absatzes 4 erwerben, jedem Erben entsprechend seinem Erbteil und sonst den Erwerbern zu gleichen Teilen zu;
2. beim Erwerb im Wege der vorweggenommenen Erbfolge, wenn der Schenker dem Finanzamt unwiderruflich erklärt, daß der Freibetrag für diese Schenkung in Anspruch genommen wird; dabei hat der Schenker, wenn zum selben Zeitpunkt mehrere Erwerber bedacht werden, den für jeden Bedachten maßgebenden Teilbetrag von 500 000 Deutsche Mark zu bestimmen.

Wird ein Freibetrag nach Satz 1 Nr. 2 gewährt, kann für weiteres, innerhalb von zehn Jahren nach dem Erwerb von derselben Person anfallendes Vermögen im Sinne des Absatzes 4 ein Freibetrag weder vom Bedachten noch von anderen Erwerbern in Anspruch genommen werden.

(2) Der nach Anwendung des Absatzes 1 verbleibende Wert des Vermögens im Sinne des Absatzes 4 ist mit 60 vom Hundert anzusetzen.

(3) Ein Erwerber kann den Freibetrag oder Freibetragsanteil (Absatz 1) und den verminderten Wertansatz (Absatz 2) nicht in Anspruch nehmen, soweit er erworbenes Vermögen im Sinne des Absatzes 4 auf Grund einer letztwilligen Verfügung des Erblassers oder einer rechtsgeschäftlichen Verfügung des Erblassers oder Schenkers auf einen Dritten überträgt. Der bei ihm entfallende Freibetrag oder Freibetragsanteil geht auf den Dritten über, bei mehreren Dritten zu gleichen Teilen.

(4) Der Freibetrag und der verminderte Wertansatz gelten für

1. inländisches Betriebsvermögen (§ 12 Abs. 5) beim Erwerb eines ganzen Gewerbebetriebs, eines Teilbetriebs, eines Anteils an einer Gesellschaft im Sinne des § 15 Abs. 1 Nr. 2 und Abs. 3 oder § 18 Abs. 4 des Einkommensteuergesetzes, eines Anteils eines persönlich haftenden Gesellschafters einer Kommanditgesellschaft auf Aktien oder eines Anteils daran;
2. inländisches land- und forstwirtschaftliches Vermögen im Sinne des § 141 Abs. 1 Nr. 1 und 2 des Bewertungsgesetzes, vermietete Grundstücke, Grundstücke im Sinne des § 69 des Bewertungsgesetzes und die in § 52 Abs. 15 Satz 12 des Einkommensteuergesetzes genannten Gebäude oder Gebäudeteile beim Erwerb eines ganzen Betriebs der Land- und Forstwirtschaft, eines Teilbetriebs, eines Anteils an einem Betrieb der Land- und Forstwirtschaft oder eines Anteils daran, unter der Voraussetzung, daß dieses Vermögen ertragsteuerlich zum Betriebsvermögen eines Betriebs der Land- und Forstwirtschaft gehört;
3. Anteile an einer Kapitalgesellschaft, wenn die Kapitalgesellschaft zur Zeit der Entstehung der Steuer Sitz oder Geschäftsleitung im Inland hat und der Erblasser oder Schenker am Nennkapital dieser Gesellschaft zu mehr als einem Viertel unmittelbar beteiligt war.

(5) Der Freibetrag oder Freibetragsanteil (Absatz 1) und der verminderte Wertansatz (Absatz 2) fallen mit Wirkung für die Vergangenheit weg, soweit der Erwerber innerhalb von fünf Jahren nach dem Erwerb

1. einen Gewerbebetrieb oder einen Teilbetrieb, einen Anteil an einer Gesellschaft im Sinne des § 15 Abs. 1 Nr. 2 und Abs. 3 oder § 18 Abs. 4 des Einkommensteuergesetzes, einen Anteil eines persönlich haftenden Gesellschafters einer Kommanditgesellschaft auf Aktien oder einen Anteil daran veräußert; als Veräußerung gilt auch die Aufgabe des Gewerbebetriebs. Gleiches gilt, wenn wesentliche Betriebsgrundlagen

eines Gewerbebetriebs veräußert oder in das Privatvermögen übergeführt oder anderen betriebsfremden Zwecken zugeführt werden oder wenn Anteile an einer Kapitalgesellschaft veräußert werden, die der Veräußerer durch eine Sacheinlage (§ 20 Abs. 1 des Umwandlungssteuergesetzes) aus dem Betriebsvermögen im Sinne des Absatzes 4 erworben hat, oder ein Anteil an einer Gesellschaft im Sinne des § 15 Abs. 1 Nr. 2 und Abs. 3 oder § 18 Abs. 4 des Einkommensteuergesetzes oder ein Anteil daran veräußert wird, den der Veräußerer durch eine Einbringung von Betriebsvermögen im Sinne des Absatzes 4 in eine Personengesellschaft (§ 24 Abs. 1 des Umwandlungssteuergesetzes) erworben hat;

2. einen Betrieb der Land- und Forstwirtschaft oder einen Teilbetrieb, einen Anteil an einem Betrieb der Land- und Forstwirtschaft oder einen Anteil daran veräußert; als Veräußerung gilt auch die Aufgabe des Betriebs. Nummer 1 Satz 2 gilt entsprechend;

3. als Inhaber eines Gewerbebetriebs, Gesellschafter einer Gesellschaft im Sinne des § 15 Abs. 1 Nr. 2 und Abs. 3 oder § 18 Abs. 4 des Einkommensteuergesetzes oder persönlich haftender Gesellschafter einer Kommanditgesellschaft auf Aktien bis zum Ende des letzten in die Fünfjahresfrist fallenden Wirtschaftsjahres Entnahmen tätigt, die die Summe seiner Einlagen und der ihm zuzurechnenden Gewinne oder Gewinnanteile seit dem Erwerb um mehr als 100 000 Deutsche Mark übersteigen; Verluste bleiben unberücksichtigt. Gleiches gilt für Inhaber eines begünstigten Betriebs der Land- und Forstwirtschaft oder eines Teilbetriebs oder eines Anteils an einem Betrieb der Land- und Forstwirtschaft;

4. Anteile an Kapitalgesellschaften im Sinne des Absatzes 4 ganz oder teilweise veräußert; eine verdeckte Einlage der Anteile in eine Kapitalgesellschaft steht der Veräußerung der Anteile gleich. Gleiches gilt, wenn die Kapitalgesellschaft innerhalb der Frist aufgelöst oder ihr Nennkapital herabgesetzt wird, wenn diese wesentliche Betriebsgrundlagen veräußert und das Vermögen an die Gesellschafter verteilt wird oder wenn Vermögen der Kapitalgesellschaft auf eine Personengesellschaft, eine natürliche Person oder eine andere Körperschaft (§§ 3 bis 16 des Umwandlungssteuergesetzes) übertragen wird.

(6) In den Fällen des Absatzes 4 Nr. 2 und 3 kann der Erwerber der Finanzbehörde bis zur Unanfechtbarkeit der Steuerfestsetzung erklären, daß er auf die Steuerbefreiung verzichtet.

(7) Die Absätze 1 bis 6 gelten in den Fällen des § 1 Abs. 1 Nr. 4 entsprechend."

Amtliche Begründung – BR-Drs. 390/96 –

Bei der Bemessung der Erbschaftsteuer für Betriebsvermögen ist nach dem Beschluß des Bundesverfassungsgerichts vom 22. Juni 1995 zu berücksichtigen, daß Erwerber dieses Vermögens aufgrund der Sozialgebundenheit im Vergleich zu Erwerbern anderen Vermögens vermindert finanziell leistungsfähig sind. Die Erbschaftsteuerlast muß also so bemessen werden, daß die Fortführung des Betriebs nicht gefährdet wird. Die Verpflichtung, eine verminderte finanzielle Leistungsfähigkeit erbschaftsteuerlich zu berücksichtigen, ist unabhängig von der verwandtschaftlichen Nähe zwischen Erblasser und Erwerber. Der Gesetzgeber hat diesen Vorgaben bereits im Standortsicherungsgesetz mit der Einführung eines Freibetrags von 500 000 DM ab 1994 und im Jahressteuergesetz 1996 mit der Einführung eines Bewertungsabschlags von 25 v. H. bei gleichzeitiger Erstreckung dieser Entlastungsmaßnahmen auf Anteile an sogenannten familienbezogenen Kapitalgesellschaften Rechnung getragen.

Die bisher in § 13 Abs. 2 a ErbStG geregelte Steuerentlastung beim Erwerb von Betriebsvermögen und Anteilen an „familienbezogenen" Kapitalgesellschaften wird weiter verbessert und aus Gründen der Übersichtlichkeit in einen eigenen Paragraphen aufgenommen. Die geltende Regelung beschränkte die Entlastung des gewerblichen und freiberuflichen Betriebs-

vermögens auf Fälle des Erbanfalls (§ 1922 BGB) und der vorweggenommenen Erbfolge. Sie wird auf alle steuerpflichtigen Erwerbsfälle von Todes wegen ausgedehnt und soll die bisher unbefriedigenden Ergebnisse vor allem bei Vorausvermächtnissen und Vermächtnissen vermeiden. Die Steuerentlastung wird erweitert auf Erwerbe land- und forstwirtschaftlichen Vermögens und soll auch dort die Generationenfolge erleichtern. Nach der Neuregelung folgen die Steuerentlastungen grundsätzlich dem – vom Erblasser bestimmten – Übergang des Betriebsvermögens auf den Letzterwerber.

Zu Abs. 1

Vor dem Hintergrund des Bundesverfassungsgerichtsbeschlusses und eines höheren Wertansatzes für Betriebsgrundstücke und Betriebe der Land- und Forstwirtschaft ist eine erweiterte Entlastung erforderlich, um den Generationenübergang unabhängig von der Person des Erwerbers zu erleichtern. Die bisher auf den Erwerb durch Erbanfall beschränkten Steuerentlastungen werden auf alle Erwerbe von Todes wegen erweitert. Hauptmangel der bisherigen Regelung war, daß, anders als im Fall der vorweggenommenen Erbfolge, der Erwerber nur entlastet wurde, wenn er zu den gesetzlichen oder gewillkürten Erben gehörte. Dadurch wurde letztlich die Testierfreiheit des Unternehmers beeinträchtigt. Die Neuregelung ermöglicht in Verbindung mit Absatz 3, daß auch beim Erwerb von Todes wegen immer derjenige von der Erbschaftsteuer entlastet wird, dem nach dem Willen des Unternehmers auch außerhalb der Erbfolge das Betriebsvermögen oder anderes Vermögen im Sinne des Absatzes 4 letztendlich zugewendet wird. Damit ist der Erwerb von Betriebsvermögen und anderem Vermögen unabhängig vom Verwandtschaftsgrad und der Rechtsnatur der Zuwendung deutlich entlastet.

Das Gesetz räumt dem Erblasser das Recht ein, selbst zu bestimmen, wie bei mehreren Erwerbern der Freibetrag eingesetzt werden soll. Dafür ist wie bisher seine schriftlich verfügte Aufteilung maßgebend. Fehlt eine schriftliche Verfügung und geht das Vermögen nur durch Erbanfall auf Erben über, erfolgt eine Aufteilung nach Erbteilen (Quoten); in den übrigen Fällen, z.B. bei Vermächtnissen, steht der Freibetrag den Erwerbern zu gleichen Teilen zu.

Das land- und forstwirtschaftliche Vermögen wird in die Freibetrags- und Abschlagsregelung einbezogen, da es ebenso wie das Betriebsvermögen mit aktuellen Werten erfaßt wird. Für land- und forstwirtschaftliche Betriebe, die ertragsteuerlich nicht zum Privatvermögen gehören, wird künftig ebenfalls der Freibetrag von 500 000 DM gewährt. Bäuerliche Familienbetriebe können dadurch regelmäßig ohne Belastung mit Erbschaft- und Schenkungsteuer übergehen. Die wenigen land- und forstwirtschaftlichen Betriebe mit einem höheren Grundbesitzwert werden durch den Abschlag von 50 v. H.[1] nach Absatz 2 zusätzlich entlastet. Die Einbeziehung der land- und forstwirtschaftlichen Betriebe in die Freibetragsregelung führt weiter zu einer erheblichen Verwaltungsvereinfachung. Bei kleinen und mittleren Betrieben kann in der Regel eine Feststellung des Grundbesitzwerts unterbleiben.

Die Steuerentlastung der vorweggenommenen Erbfolge einschließlich Verteilung des Freibetrags bei mehreren Erwerbern (Satz 1 Nr. 2) ist wie bisher geregelt. Inhaltlich unverändert bleibt auch die Regelung über den Verbrauch des Freibetrags (Satz 2).

Zu Abs. 2

Der Bewertungsabschlag auf das den Freibetrag von 500 000 DM übersteigende Vermögen wird auf 50 v. H. erhöht. Vor dem Hintergrund des Bundesverfassungsgerichtsbeschlusses und eines höheren Wertansatzes für Betriebsgrundstücke und Betriebe der Land- und Forstwirtschaft ist diese stärkere Entlastung erforderlich, um den Generationenübergang zu erleichtern.

---

1 Jetzt 40 v. H.

Zu Abs. 3

Absatz 3 regelt die Gewährung des Freibetrages und des Abschlages für die Fälle, in denen ein Erwerber das Vermögen oder Teile davon in Erfüllung einer letztwilligen oder rechtsgeschäftlichen Verfügung des Erblassers oder Schenkers auf einen Dritten überträgt. Der Übergang des Freibetrags und – daran anknüpfend – des Bewertungsabschlags kommt insbesondere zwischen Erben in Betracht, die Teilungsanordnungen (§ 2048 BGB) und Vorausvermächtnisse (§ 2150 BGB) erfüllen. Er kommt weiter in Betracht für Übergänge zwischen Erben und Vermächtnisnehmern, ferner für Übergänge von Erben auf Personen, denen der Erblasser das Vermögen durch ein (noch nicht vollzogenes) Schenkungsversprechen auf den Todesfall zugedacht hat.

Zu Abs. 4

Absatz 4 umschreibt das Vermögen, für das der Freibetrag und der Abschlag zu gewähren sind. Das Betriebsvermögen umfaßt insbesondere das zu einem Gewerbebetrieb gehörende Vermögen (§ 95 BewG), das der Ausübung eines freien Berufes dienende Vermögen (§ 96 BewG) und Betriebsvermögen in Form von Beteiligungen an Personengesellschaften (§ 15 Abs. 1 Nr. 2 und Abs. 3, § 18 Abs. 4 EStG). Einbezogen war bisher auch die Übertragung einzelner Wirtschaftsgüter eines Betriebsvermögens, wenn diese in der Hand des Erwerbers Betriebsvermögen blieben. Dieses ermöglichte Gestaltungen, die nicht mit der Zielsetzung der Regelung (Entlastung im Generationenwechsel, um den Fortbestand der Unternehmen und Arbeitsplätze zu sichern) übereinstimmten. Der Begriff des Betriebsvermögens wird deshalb einschränkend an die vorhandene Behaltensregelung (Absatz 5) angepaßt. Im übrigen können auch bei Übertragung eines selbständigen Teilbetriebs der Freibetrag und der Abschlag gewährt werden. Die Umschreibung der Anteile an Kapitalgesellschaften bleibt gegenüber der durch Art. 24 des Jahressteuergesetzes 1996 (BGBl. I 1995 S. 1250) eingeführten Regelung unverändert. Land- und forstwirtschaftliche Betriebe fallen unter die Freibetrags- und Abschlagsregelung, wenn sie ertragsteuerlich nicht zum Privatvermögen gehören. Von den Entlastungen bleiben dadurch überwiegend die Stückländereien ausgenommen. Die Entlastungen gelten auch für solche land- und forstwirtschaftlich genutzten Flächen und für Grundstücke, die bewertungsrechtlich dem Grundvermögen zugerechnet werden, ertragsteuerlich aber land- und forstwirtschaftliches Betriebsvermögen darstellen. Damit wird eine weitgehende Kongruenz für das Vorliegen von ertragsteuerlichem Betriebsvermögen einerseits und für die Entlastungen bei der Erbschaftsteuer andererseits hergestellt.

Begründung des Finanzausschusses des Deutschen Bundestages – BT-Drs. 13/5952 –

Vermietete Grundstücke, Grundstücke im Sinne des § 69 des BewG und Baudenkmäler im Sinne des § 52 Abs. 15 Satz 12 EStG sollen nur dann in die Freibetrags- und Abschlagsregelung einbezogen sein, wenn sie im Rahmen eines ganzen Betriebs der Land- und Forstwirtschaft, eines Anteils an einem solchen Betrieb oder eines Teilbetriebs übertragen werden. Die Übertragung einzelner Grundstücke soll dagegen nicht begünstigt sein. Damit soll eine mißbräuchliche Inanspruchnahme, die nicht mit der Zielsetzung der Regelung (Entlastung der Betriebsfortführung im Generationswechsel, Erhaltung und Sicherung des Betriebs der Land- und Forstwirtschaft) im Einklang stehen, ausgeschlossen werden.

Amtliche Begründung – BR-Drs. 390/96 –

Zu Abs. 5
Absatz 5 enthält die bisherige Behaltensregelung. Sie wird im Hinblick auf die Betriebe der Land- und Forstwirtschaft ergänzt.

Begründung des Finanzausschusses des Deutschen Bundestages – BT-Drs. 13/5952 –

Zu Abs. 6

Schulden und Lasten, die in wirtschaftlichem Zusammenhang mit steuerfreiem oder teilweise steuerfreiem Vermögen stehen, sind nach § 10 Abs. 6 ErbStG ganz oder teilweise vom Abzug ausgeschlossen. Das gilt auch, soweit land- und forstwirtschaftliches Vermögen und Anteile an Kapitalgesellschaften aufgrund § 13 a ErbStG steuerfrei bleiben. Wenn der Steuerwert der Schulden und Lasten höher ist als der Steuerwert des befreiten Vermögens, verkehrt sich der Vorteil der Steuerbefreiung durch den völligen oder teilweisen Ausschluß des Schuldabzugs in ihr Gegenteil. Da der Steuerpflichtige ohne Befreiung günstiger besteuert würde, soll er die Möglichkeit haben, auf die Befreiung zu verzichten und damit den uneingeschränkten Schuldenabzug zu erhalten.

Zu Abs. 7

Das Vermögen einer Familienstiftung unterliegt gemäß § 1 Abs. 1 Nr. 4 ErbStG in Zeitabständen von je 30 Jahren der Ersatzerbschaftsteuer. Das Gesetz fingiert dazu einen „Erbfall" in einer durchschnittlichen Generationenfolge. Die Änderung dient der Klarstellung, daß die Steuerentlastungen beim Erwerb von Betriebsvermögen, Betrieben der Land- und Forstwirtschaft und Anteilen an Kapitalgesellschaften auch bei der Bemessung der Ersatzerbschaftsteuer anwendbar sind.

6. § 14 wird wie folgt gefaßt:

**„§ 14
Berücksichtigung früherer Erwerbe**

(1) Mehrere innerhalb von zehn Jahren von derselben Person anfallende Vermögensvorteile werden in der Weise zusammengerechnet, daß dem letzten Erwerb die früheren Erwerbe nach ihrem früheren Wert zugerechnet werden. Von der Steuer für den Gesamtbetrag wird die Steuer abgezogen, die für die früheren Erwerbe nach den persönlichen Verhältnissen des Erwerbers und auf der Grundlage der geltenden Vorschriften zur Zeit des letzten Erwerbs zu erheben gewesen wäre. Anstelle der Steuer nach Satz 2 ist die tatsächlich für die in Zusammenrechnung einbezogener früherer Erwerbe zu entrichtende Steuer abzuziehen, wenn diese höher ist. Erwerbe, für die sich nach den steuerlichen Bewertungsgrundsätzen kein positiver Wert ergeben hat, bleiben unberücksichtigt.

(2) Die durch jeden weiteren Erwerb veranlaßte Steuer darf nicht mehr betragen als 50 vom Hundert dieses Erwerbs."

Amtliche Begründung – BR-Drs. 390/96 –

Die Vorschrift bestimmt wie bisher, daß mehrere Erwerbe, die innerhalb von zehn Jahren von derselben Person anfallen, zusammenzurechnen sind. Sie werden im Ergebnis so besteuert, als seien sie als Teil eines einheitlich zu besteuernden Gesamterwerbs an den Empfänger gelangt. Durch die Zusammenrechnung wird gewährleistet, daß die Freibeträge innerhalb des Zusammenrechnungszeitraums nur einmal zur Anwendung kommen und sich für die mehreren Erwerbe gegenüber einer einheitlichen Zuwendung in gleicher Höhe kein Progressionsvorteil ergibt. Den Einzelerwerben selbst wird der Charakter von selbständigen steuerpflichtigen Vorgängen nicht genommen. Ihre Besteuerung wird durch die Berücksichtigung bei dem jeweils letzten Erwerb nicht berührt. Aus der Zusammenfassung mehrerer Erwerbe resultiert nur eine Art Progressionsvorbehalt, der den Letzterwerb auf die Steuerstufe des Gesamterwerbs hebt.

Die Änderungen stellen das ursprüngliche Gesetzeskonzept der Vorschrift wieder her, das der Bundesfinanzhof durch eine unsystematische Interpretation weitgehend aufgegeben hat (vgl. zuletzt Urteil vom 31. Mai 1989, BStBl. II S. 733).

Zu Abs. 1

Der Wert eines früheren Erwerbs bleibt bei der Zusammenrechnung unverändert, da die Vorerwerbe mit ihrem früheren Wert dem Letzterwerb hinzugerechnet werden (Satz 1). Wertänderungen in der Zwischenzeit, auch solche, die auf veränderte Bewertungsregelungen im Bewertungsgesetz zurückzuführen sind, bleiben unbeachtlich. Soweit Zuwendungen von Grundbesitz aus der Zeit vor dem 1. Januar 1996 mit Zuwendungen, die nach diesem Zeitpunkt erfolgen, zusammengerechnet werden, bleiben daher auch die Einheitswerte nach den Wertverhältnissen 1964 (alte Länder) oder 1935 (neue Länder) maßgebend.

Die Steuer für den Letzterwerb wird aus der Steuer für den Gesamterwerb dadurch ermittelt, daß von der Steuer für den Gesamterwerb die Steuer abgezogen wird, die auf die früheren Erwerbe entfällt. Dies verhindert eine doppelte Besteuerung der früheren Erwerbe im Zuge der Zusammenrechnung. Satz 2 stellt hierzu – in Übereinstimmung mit dem bisherigen Wortlaut in Satz 1 – klar, daß die anrechenbare Steuer auf die Vorerwerbe nach den Verhältnissen zur Zeit des Letzterwerbs zu ermitteln ist, d. h. daß die zu diesem Zeitpunkt gültige Steuerklassenzugehörigkeit, die Freibeträge und der Steuertarif maßgebend sind.

Die Steuer, die für die früheren Erwerbe zur Zeit des Letzterwerbs zu erheben gewesen wäre, stimmt bei unveränderter Gesetzeslage mit der Steuer überein, die für die früheren Erwerbe tatsächlich erhoben wurde. Wird das Gesetz in bedeutsamen Punkten neu gefaßt, wie es beim Übergang vom ErbStG 1974 auf das neue Recht der Fall ist, stimmen die seinerzeit erhobene und die jetzt anzurechnende Steuer nicht mehr überein. Dabei können Rechtsänderungen, die den Steuerpflichtigen nach neuem Recht günstiger stellen, z.B. höhere Freibeträge oder niedrigere Steuersätze, dazu führen, daß die anzurechnende Steuer geringer ausfällt, als die seinerzeit erhobene Steuer. Der Steuerpflichtige wird im Rahmen des Anrechnungsverfahrens benachteiligt, wenn, bezogen auf den Letzterwerb, dadurch eine höhere Steuer zu zahlen verbleibt. Ähnliche Folgen beim Übergang vom ErbStG 1959 auf das ErbStG 1974 haben zu einer weitreichenden Gesetzesinterpretation durch den Bundesfinanzhof geführt (vgl. zuletzt Urteil vom 31. Mai 1989, BStBl II S. 733), für die in erster Linie Billigkeitserwägungen maßgebend waren. Eine Übertragung dieser Auslegung auf die jetzigen grundlegenden Veränderungen der Besteuerungsgrößen würde die Anwendung der Vorschrift komplizieren. Um das Anrechnungsverfahren deutlich zu vereinfachen, gleichzeitig aber die als unbillig erachteten nachteiligen Folgen für die Steuerpflichtigen zu vermeiden, bestimmt der neue Satz 3, daß die früher für die Vorerwerbe tatsächlich zu erhebende Steuer anzurechnen ist, wenn diese höher ist, als die fiktiv zu ermittelnde Steuer zur Zeit des Letzterwerbs. Für die Anwendung der Vorschrift besteht damit eine klare Rechtsgrundlage.

Zu Abs. 2

In Absatz 2 wird die dem höchsten Steuersatz entsprechende Höchstgrenze für die zulässige Mehrsteuer von derzeit 70 v. H. entsprechend dem höchsten Steuersatz des neuen Tarifs (vgl. § 19 Abs. 1) auf 50 v. H. herabgesetzt.

7. § 15 wird wie folgt gefaßt:

„**§ 15**
Steuerklassen

(1) Nach dem persönlichen Verhältnis des Erwerbers zum Erblasser oder Schenker werden die folgenden vier Steuerklassen unterschieden:

Steuerklasse I:
1. der Ehegatte,
2. die Kinder und Stiefkinder,
3. die Abkömmlinge der in Nummer 2 genannten Kinder und Stiefkinder,
4. die Eltern und Voreltern bei Erwerben von Todes wegen.

Steuerklasse II:
1. die Eltern und Voreltern, soweit sie nicht zur Steuerklasse I gehören,
2. die Geschwister,
3. die Abkömmlinge ersten Grades von Geschwistern,
4. die Stiefeltern,
5. die Schwiegerkinder,
6. die Schwiegereltern,
7. der geschiedene Ehegatte.

Steuerklasse III:

alle übrigen Erwerber und die Zweckzuwendungen.

(1 a) Die Steuerklassen I und II Nr. 1 bis 3 gelten auch dann, wenn die Verwandtschaft durch Annahme als Kind bürgerlich-rechtlich erloschen ist.

(2) In den Fällen des § 3 Abs. 2 Nr. 1 und des § 7 Abs. 1 Nr. 8 ist der Besteuerung das Verwandtschaftsverhältnis des nach der Stiftungsurkunde entferntest Berechtigten zu dem Erblasser oder Schenker zugrunde zu legen, sofern die Stiftung wesentlich im Interesse einer Familie oder bestimmter Familien im Inland errichtet ist. In den Fällen des § 7 Abs. 1 Nr. 9 gilt als Schenker der Stifter oder derjenige, der das Vermögen auf den Verein übertragen hat. In den Fällen des § 1 Abs. 1 Nr. 4 wird der doppelte Freibetrag nach § 16 Abs. 1 Nr. 2 gewährt; die Steuer ist nach dem Vomhundertsatz der Steuerklasse I zu berechnen, der für die Hälfte des steuerpflichtigen Vermögens gelten würde.

(3) Im Falle des § 2269 des Bürgerlichen Gesetzbuchs und soweit der überlebende Ehegatte an die Verfügung gebunden ist, sind die mit dem verstorbenen Ehegatten näher verwandten Erben und Vermächtnisnehmer als seine Erben anzusehen, soweit sein Vermögen beim Tode des überlebenden Ehegatten noch vorhanden ist. § 6 Abs. 2 Satz 3 bis 5 gilt entsprechend."

Amtliche Begründung – BR-Drs. 390/96 –

Zu Abs. 1

In Absatz 1 sind anstelle der vier Steuerklassen des geltenden Rechts nur noch drei Steuerklassen vorgesehen. Die jetzigen Steuerklassen I und II werden zu einer neuen Steuerklasse I zusammengefaßt, zu der jetzt neben dem Ehegatten und den Kindern des Erblassers oder Schenkers auch die Enkel, Urenkel und weiteren Abkömmlinge stets sowie die Eltern und Voreltern bei Erwerben von Todes wegen gehören. Die bisherige Schlechterstellung der Kinder noch lebender Kinder (Steuerklasse II Nr. 1) gegenüber Kindern verstorbener Kinder (Steuerklasse I Nr. 3) war wenig überzeugend und wird deshalb beseitigt. Eltern und Voreltern sollen nur bei Erwerben von Todes wegen in Steuerklasse I fallen. Die schon im gegenwärtigen Recht vorgesehene Unterscheidung zwischen Erwerben von Todes wegen und Schenkungen unter Lebenden wird beibehalten. Damit ist ausgeschlossen, daß Schenkungen unter Geschwistern (künftig Steuerklasse II Nr. 2) durch Zwischenschaltung der Eltern im Rahmen des höheren Freibetrags der Steuerklasse I schenkungsteuerfrei ausgeführt werden können. In die Steuerklasse II werden die weiter entfernten Verwandten eingeordnet, in die Steuerklasse III die übrigen Erwerber. Eine weitere Zusammenfassung war wegen der verwandtschaftsabhängigen Besteuerung nicht möglich.

Zu Abs. 1 a

Es handelt sich um eine redaktionelle Folgeänderung aus der Zusammenfassung der bisherigen Steuerklassen I und II.

Zu Abs. 2

In Satz 2 wird der zweite Halbsatz gestrichen. Es handelt sich um eine redaktionelle Folgeänderung aus der Zusammenfassung der bisherigen Steuerklassen I und II.

Zu Abs. 3

Die Vorschrift ist unverändert.

8. § 16 Abs. 1 wird wie folgt gefaßt:

„(1)   Steuerfrei bleibt in den Fällen des § 2 Abs. 1 Nr. 1 der Erwerb

1. des Ehegatten in Höhe von 600 000 Deutsche Mark;
2. der Kinder im Sinne der Steuerklasse I Nr. 2 und der Kinder verstorbener Kinder im Sinne der Steuerklasse I Nr. 2 in Höhe von 400 000 Deutsche Mark;
3. der übrigen Personen der Steuerklasse I in Höhe von 100 000 Deutsche Mark;
4. der Personen der Steuerklasse II in Höhe von 20 000 Deutsche Mark;
5. der Personen der Steuerklasse III in Höhe von 10 000 Deutsche Mark."

Amtliche Begründung – BR-Drs. 390/96 –

Die persönlichen Freibeträge sollen wie bisher kleinere Vermögenserwerbe völlig von der Steuer freistellen. Die Anhebung der nach Steuerklassen gegliederten Freibeträge dient gleichzeitig der Steuervereinfachung, da sich die Finanzverwaltung nicht mit einer Vielzahl unbedeutenderer Erwerbsfälle befassen muß. Gegenüber der bisherigen Regelung des geltenden Rechts ist der Freibetrag für den Ehegatten auf 1 000 000 DM[1] und für jedes Kind auf 750 000 DM[2] erhöht worden. Die Anhebung der Freibeträge für diese Personen erfolgt im Hinblick auf die verfassungsrechtlich gebotene Freistellung des Familiengebrauchsvermögens. Den übrigen Personen der neu gefaßten Steuerklasse I (§ 15 Abs. 1 Nr. 3 und 4), im wesentlichen die Enkel, Urenkel und weitere Abkömmlinge des Erblassers oder Schenkers, wird künftig ein Freibetrag von 150 000 DM[3] gewährt; Erwerber der neuen Steuerklasse II erhalten einen Freibetrag von 50 000 DM[4], Erwerber der neuen Steuerklasse III einen Freibetrag von 25 000 DM[5].

Dem Beschluß des Bundesverfassungsgerichts vom 22. Juni 1995 entsprechend wird der erbschaftsteuerliche Zugriff bei Ehegatten, Kindern und – wenn diese verstorben sind – bei deren Kindern (§ 15 Abs. 1 ErbStG) derart gemäßigt, daß jedem dieser Steuerpflichtigen der jeweils auf ihn übergehende Nachlaß zumindest zu einem deutlichen Teil, bei kleineren Vermögen sogar völlig steuerfrei zugute kommt. Da nur bei einem Erwerb von dem Ehegatten oder einem Elternteil Familiengebrauchsvermögen im engeren Sinn direkt übergeht, gilt der erhöhte Freibetrag für Kinder trotz der Zusammenlegung der Steuerklassen I und II (vgl. Nummer 6[6]) nicht für die neu in die Steuerklasse I aufgenommenen Erwerber.

Entsprechend der Vorgabe des Bundesverfassungsgerichts orientiert sich die Freistellung des Familiengebrauchsvermögens am Wert durchschnittlicher Einfamilienhäuser. Nicht ausreichend für die geforderte Freistellung wäre eine sachliche Befreiung des Familienwohnheims. Grundeigentümer und Inhaber anderer Vermögenswerte sind in einem gleichen Individualbedarf steuerlich freizustellen. Wegen der geforderten gleichen Freistellung von Inhabern

---

1 Jetzt 600 000 DM.
2 Jetzt 400 000 DM.
3 Jetzt 100 000 DM.
4 Jetzt   20 000 DM.
5 Jetzt   10 000 DM.
6 Jetzt Nummer 7.

anderer Vermögenswerte ist eine Regionalisierung dieses Freibetrags, um dem unterschiedlichen Immobilienpreisniveau Rechnung zu tragen, nicht möglich. Die Gesamtentlastung ist für den Ehegatten und die Kinder jedoch so bemessen, daß auf jeden Erwerber ein übliches Einfamilienhaus auch in teuren Ballungsgebieten unbelastet übergehen kann.

9. **§ 17 wird wie folgt gefaßt:**

„**§ 17**
Besonderer Versorgungsfreibetrag

(1) Neben dem Freibetrag nach § 16 Abs. 1 Nr. 1 wird dem überlebenden Ehegatten ein besonderer Versorgungsfreibetrag von 500 000 Deutsche Mark gewährt. Der Freibetrag wird bei Ehegatten, denen aus Anlaß des Todes des Erblassers nicht der Erbschaftsteuer unterliegende Versorgungsbezüge zustehen, um den nach § 14 des Bewertungsgesetzes zu ermittelnden Kapitalwert dieser Versorgungsbezüge gekürzt.

(2) Neben dem Freibetrag nach § 16 Abs. 1 Nr. 2 wird Kindern im Sinne der Steuerklasse I Nr. 2 (§ 15 Abs. 1) für Erwerbe von Todes wegen ein besonderer Versorgungsfreibetrag in folgender Höhe gewährt:

1. bei einem Alter bis zu 5 Jahren
   in Höhe von 100 000 Deutsche Mark;

2. bei einem Alter von mehr als 5 bis zu 10 Jahren
   in Höhe von 80 000 Deutsche Mark;

3. bei einem Alter von mehr als 10 bis zu 15 Jahren
   in Höhe von 60 000 Deutsche Mark;

4. bei einem Alter von mehr als 15 bis zu 20 Jahren
   in Höhe von 40 000 Deutsche Mark;

5. bei einem Alter von mehr als 20 Jahren bis zur Vollendung des 27. Lebensjahrs
   in Höhe von 20 000 Deutsche Mark.

Stehen dem Kind aus Anlaß des Todes des Erblassers nicht der Erbschaftsteuer unterliegende Versorgungsbezüge zu, wird der Freibetrag um den nach § 13 Abs. 1 des Bewertungsgesetzes zu ermittelnden Kapitalwert dieser Versorgungsbezüge gekürzt. Bei der Berechnung des Kapitalwerts ist von der nach den Verhältnissen am Stichtag (§ 11) voraussichtlichen Dauer der Bezüge auszugehen."

Amtliche Begründung – BR-Drs. 390/96 –

Die Vorschrift sieht wie bisher für den überlebenden Ehegatten und die Kinder des Erblassers einen besonderen Versorgungsfreibetrag vor, der diesen Personen zusätzlich zu den persönlichen Freibeträgen nach § 16 ErbStG gewährt wird. Mit dieser Regelung soll die unterschiedliche erbschaftsteuerliche Behandlung der auf Gesetz oder Arbeits- oder Dienstverträgen des Erblassers beruhenden Versorgungsbezüge einerseits und der übrigen, auf einem privaten Vertrag begründeten Versorgungsbezüge (vgl. § 3 Abs. 1 Nr. 4 ErbStG) andererseits im Grundsatz beseitigt werden. Gleichzeitig erhalten auch diejenigen Hinterbliebenen einen angemessenen Ausgleich, denen aus Anlaß des Todes des Erblassers keine oder nur geringe Versorgungsbezüge zustehen und die deshalb zu ihrer Versorgung auf anderes erworbenes Vermögen zurückgreifen müssen.

Die unterschiedliche erbschaftsteuerliche Behandlung ergibt sich daraus, daß die auf Gesetz beruhenden Versorgungsbezüge wegen des unmittelbaren Rechtsanspruchs der Hinterbliebenen nicht vom Erblasser „erworben" werden und somit keinen steuerbaren Erwerb darstellen, während die Bezüge der Hinterbliebenen aufgrund eines privaten Anstellungsvertrags, weil sie auf einer rechtsgeschäftlichen Handlung des Erblassers beruhen, wie jeder Vermögensvorteil aufgrund eines vom Erblasser geschlossenen Vertrags nach § 3 Abs. 1 Nr. 4 ErbStG grundsätzlich der Erbschaftsteuer unterliegen. Letztere sind jedoch aufgrund der Rechtsprechung des Bundesfinanzhofs von der Besteuerung ausgenommen, wenn sie auf einem Arbeits- oder Dienstvertrag des Erblassers beruhen und die Tätigkeit, für die die Hinterbliebenenbezüge gezahlt werden, als abhängige Tätigkeit anzusehen ist (vgl. BFH-Urteile vom 13. Dezember 1989, BStBl 1990 II S. 322, 325). Diese Abgrenzung zwischen steuerfreier erdienter Versorgung und steuerpflichtiger Eigenvorsorge ist von Verfassungs wegen nicht zu beanstanden (Beschluß des BVerfG vom 5. Mai 1994, BStBl II S. 547). Die Steuerfreiheit der auf Gesetz oder einem Arbeits- oder Dienstvertrag des Erblassers beruhenden Versorgungsbezüge wird bei der Anwendung des besonderen Versorgungsfreibetrags dadurch berücksichtigt, daß der dem überlebenden Ehegatten und den Kindern des Erblassers zu gewährende Freibetrag um den Kapitalwert der nicht erbschaftsteuerbaren Versorgungsbezüge zu kürzen ist. Dadurch ist sichergestellt, daß der besondere Versorgungsfreibetrag vor allem den Erwerbern steuerpflichtiger Versorgungsbezüge oder anderen steuerpflichtigen Vermögens, das als Versorgungsgrundlage dient, zugute kommt. Eine nicht zu rechtfertigende Doppelbegünstigung ist ausgeschlossen.

Die Beibehaltung der bisherigen Regelung erscheint auch künftig als die geeignetste Lösung des Problems. Im Ergebnis kann dadurch allen Erwerbern eine Versorgungsgrundlage in gleicher Höhe ohne steuerliche Belastung verbleiben.

Zu Abs. 1

Der Freibetrag wird für den überlebenden Ehegatten von gegenwärtig 250 000 DM auf 500 000 DM verdoppelt. Erwirbt ein Ehegatte von Todes wegen steuerpflichtige Versorgungsbezüge, entspricht ein Kapitalwert von 500 000 DM je nach Alter und Geschlecht des Berechtigten etwa folgenden Jahreswerten:

Alter	Frauen	Männer
60	41 500 DM	47 800 DM
65	47 165 DM	55 400 DM
70	55 600 DM	66 500 DM

Zu Abs. 2

Kinder erhalten einen nach Altersstufen gestaffelten unterschiedlich hohen Freibetrag von höchstens 100 000 DM und mindestens 20 000 DM, wobei auch diese Beträge gegenüber dem geltenden Recht verdoppelt wurden. Der Freibetrag steht jedem Kind nach jedem Elternteil zu. Er wird künftig nur noch um den Kapitalwert der nicht erbschaftsteuerbaren Versorgungsbezüge des Kindes gekürzt (Sätze 2 und 3). Auf die bisher ebenfalls vorzunehmende Kürzung, wenn der steuerpflichtige Erwerb unter Berücksichtigung früherer Erwerbe eine bestimmte Erwerbsgrenze überschritt, wird aus Gründen der Verwaltungsvereinfachung verzichtet.

10. § 19 wird wie folgt gefaßt:

„**§ 19**
Steuersätze

(1) Die Erbschaftsteuer wird nach folgenden Vomhundertsätzen erhoben:

Wert des steuerpflichtigen Erwerbs (§ 10) bis einschließlich Deutsche Mark	Vomhundertsatz in der Steuerklasse		
	I	II	III
100 000	7	12	17
500 000	11	17	23
1 000 000	15	22	29
10 000 000	19	27	35
25 000 000	23	32	41
50 000 000	27	37	47
über 50 000 000	30	40	50

(2) Ist im Falle des § 2 Abs. 1 Nr. 1 ein Teil des Vermögens der inländischen Besteuerung auf Grund eines Abkommens zur Vermeidung der Doppelbesteuerung entzogen, ist die Steuer nach dem Steuersatz zu erheben, der für den ganzen Erwerb gelten würde.

(3) Der Unterschied zwischen der Steuer, die sich bei Anwendung des Absatzes 1 ergibt, und der Steuer, die sich berechnen würde, wenn der Erwerb die letztvorhergehende Wertgrenze nicht überstiegen hätte, wird nur insoweit erhoben, als er

a) bei einem Steuersatz bis zu 30 vom Hundert aus der Hälfte,

b) bei einem Steuersatz über 30 vom Hundert aus drei Vierteln,

des die Wertgrenze übersteigenden Betrages gedeckt werden kann."

Amtliche Begründung – BR-Drs. 390/96 –

Zu Abs. 1

Absatz 1 enthält den neuen Erbschaftsteuer- und Schenkungsteuertarif. Dieser stellt entsprechend § 15 Abs. 1 ErbStG (vgl. Nummer 6[1]) nur noch auf drei Steuerklassen ab.

Bei der Bemessung der Erbschaftsteuer muß nach dem Beschluß des Bundesverfassungsgerichts vom 22. Juni 1995 der grundlegende Gehalt der Erbrechtsgarantie gewahrt werden. Sie darf Sinn und Funktion des Erbrechts als Rechtseinrichtung und Individualgrundrecht nicht zunichte oder wertlos machen. Der erbschaftsteuerliche Zugriff bei Ehegatten und Kindern (Steuerklasse I Nr. 1 und 2) ist derart zu mäßigen, daß jedem dieser Erwerber der jeweils auf ihn überkommene Nachlaß – je nach dessen Größe – zumindest zum deutlich überwiegenden Teil oder, bei kleineren Vermögen, völlig steuerfrei zugute kommt. Neben den sachlichen und persönlichen Befreiungen kommt dabei dem im Einzelfall anzuwendenden Steuertarif entscheidende Bedeutung zu. Nach Auffassung der Bundesregierung lassen sich Steuersätze von mehr als 50 v. H.[2] in den bisherigen Steuerklassen III und IV und ein Steuersatz von mehr als 23 v. H. in Steuerklasse I nicht aufrechterhalten. Unter Vereinfachung der bisherigen Tarifstruktur werden die Steuersätze für die verbleibenden Wertstufen nach diesen Höchstgrenzen neu abgestuft. Der Tarif muß im übrigen im Zusammenhang mit den Freibeträgen gesehen werden. Der Entwurf sieht für alle Erwerber deutlich höhere Befreiungen und Freibeträge vor (vgl. Nummer 3, 4, 7 und 8[3]). Dadurch vermindert sich bereits die effektive Steuerbelastung der kleinen und mittleren Vermögensanfälle erheblich.

Zu Abs. 2

Die Vorschrift ist unverändert.

---

1 Jetzt Nummer 7.
2 Jetzt 30 v. H.
3 Jetzt Nr. 5, 6, 9 und 10.

Zu Abs. 3

Da der neue Tarif Steuersätze über 50 v. H. nicht mehr vorsieht, war der bisherige Buchstabe c zu streichen.

11. Nach § 19 wird folgender § 19 a eingefügt:

„**§ 19 a**
Tarifbegrenzung beim Erwerb von Betriebsvermögen, von Betrieben der Land- und Forstwirtschaft und von Anteilen an Kapitalgesellschaften

(1) Sind in dem steuerpflichtigen Erwerb einer natürlichen Person der Steuerklasse II oder III Betriebsvermögen, land- und forstwirtschaftliches Vermögen oder Anteile an Kapitalgesellschaften im Sinne des Absatzes 2 enthalten, ist von der tariflichen Erbschaftsteuer ein Entlastungsbetrag nach Absatz 4 abzuziehen.

(2) Der Entlastungsbetrag gilt für

1. Inländisches Betriebsvermögen (§ 12 Abs. 5) beim Erwerb eines ganzen Gewerbebetriebs, eines Teilbetriebs, eines Anteils an einer Gesellschaft im Sinne des § 15 Abs. 1 Nr. 2 und Abs. 3 oder § 18 Abs. 4 des Einkommensteuergesetzes, eines Anteils eines persönlich haftenden Gesellschafters einer Kommanditgesellschaft auf Aktien oder eines Anteils daran;
2. inländisches land- und forstwirtschaftliches Vermögen im Sinne des § 141 Abs. 1 Nr. 1 und 2 des Bewertungsgesetzes, vermietete Grundstücke, Grundstücke im Sinne des § 69 des Bewertungsgesetzes und die in § 52 Abs. 15 Satz 12 des Einkommensteuergesetzes genannten Gebäude oder Gebäudeteile beim Erwerb eines ganzen Betriebs der Land- und Forstwirtschaft, eines Teilbetriebs, eines Anteils an einem Betrieb der Land- und Forstwirtschaft oder eines Anteils daran unter der Voraussetzung, daß dieses Vermögen ertragsteuerlich zum Betriebsvermögen eines Betriebs der Land- und Forstwirtschaft gehört;
3. Anteile an einer Kapitalgesellschaft, wenn die Kapitalgesellschaft zur Zeit der Entstehung der Steuer Sitz oder Geschäftsleitung im Inland hat und der Erblasser oder Schenker am Nennkapital dieser Gesellschaft zu mehr als einem Viertel unmittelbar beteiligt war.

Ein Erwerber kann den Entlastungsbetrag nicht in Anspruch nehmen, soweit er das Vermögen im Sinne des Satzes 1 auf Grund einer letztwilligen Verfügung des Erblassers oder einer rechtsgeschäftlichen Verfügung des Erblassers oder Schenkers auf einen Dritten überträgt.

(3) Der auf das Vermögen im Sinne des Absatzes 2 entfallende Anteil an der tariflichen Erbschaftsteuer bemißt sich nach dem Verhältnis des Werts dieses Vermögens nach Anwendung des § 13 a zum Wert des gesamten Vermögensanfalls.

(4) Zur Ermittlung des Entlastungsbetrags ist für den steuerpflichtigen Erwerb zunächst die Steuer nach der tatsächlichen Steuerklasse des Erwerbers zu berechnen und nach Maßgabe des Absatzes 3 aufzuteilen. Für den steuerpflichtigen Erwerb ist dann die Steuer nach Steuerklasse I zu berechnen und nach Maßgabe des Absatzes 3 aufzuteilen. Der Entlastungsbetrag ergibt sich als Unterschiedsbetrag zwischen der auf Vermögen im Sinne des Absatzes 2 entfallenden Steuer nach den Sätzen 1 und 2.

(5) Der Entlastungsbetrag fällt mit Wirkung für die Vergangenheit weg, soweit der Erwerber innerhalb von fünf Jahren nach dem Erwerb

1. einen Gewerbebetrieb oder einen Teilbetrieb, einen Anteil an einer Gesellschaft im Sinne des § 15 Abs. 1 Nr. 2 und Abs. 3 oder § 18 Abs. 4 des Einkommensteuergesetzes, einen Anteil eines persönlich haftenden Gesellschafters einer Kommanditgesell-

schaft auf Aktien oder einen Anteil daran veräußert; als Veräußerung gilt auch die Aufgabe des Gewerbebetriebs. Gleiches gilt, wenn wesentliche Betriebsgrundlagen eines Gewerbebetriebs veräußert oder in das Privatvermögen übergeführt oder anderen betriebsfremden Zwecken zugeführt werden oder wenn Anteile an einer Kapitalgesellschaft veräußert werden, die der Veräußerer durch eine Sacheinlage (§ 20 Abs. 1 des Umwandlungssteuergesetzes) aus dem Betriebsvermögen im Sinne des Absatzes 2 erworben hat, oder ein Anteil an einer Gesellschaft im Sinne des § 15 Abs. 1 Nr. 2 und Abs. 3 oder § 18 Abs. 4 des Einkommensteuergesetzes oder ein Anteil daran veräußert wird, den der Veräußerer durch eine Einbringung von Betriebsvermögen im Sinne des Absatzes 2 in eine Personengesellschaft (§ 24 Abs. 1 des Umwandlungssteuergesetzes) erworben hat;

2. einen Betrieb der Land- und Forstwirtschaft oder einen Teilbetrieb, einen Anteil an einem Betrieb der Land- und Forstwirtschaft oder einen Anteil daran veräußert; als Veräußerung gilt auch die Aufgabe des Betriebs. Nummer 1 Satz 2 gilt entsprechend;

3. als Inhaber eines Gewerbebetriebs, Gesellschafter einer Gesellschaft im Sinne des § 15 Abs. 1 Nr. 2 und Abs. 3 oder § 18 Abs. 4 des Einkommensteuergesetzes oder persönlich haftender Gesellschafter einer Kommanditgesellschaft auf Aktien bis zum Ende des letzten in die Fünfjahresfrist fallenden Wirtschaftsjahrs Entnahmen tätigt, die die Summe seiner Einlagen und der ihm zuzurechnenden Gewinne oder Gewinnanteile seit dem Erwerb um mehr als 100 000 Deutsche Mark übersteigen; Verluste bleiben unberücksichtigt. Gleiches gilt für Inhaber eines begünstigten Betriebs der Land- und Forstwirtschaft oder eines Teilbetriebs oder eines Anteils an einem Betrieb der Land- und Forstwirtschaft;

4. Anteile an Kapitalgesellschaften im Sinne des Absatzes 2 ganz oder teilweise veräußert; eine verdeckte Einlage der Anteile in eine Kapitalgesellschaft steht der Veräußerung der Anteile gleich. Gleiches gilt, wenn die Kapitalgesellschaft innerhalb der Frist aufgelöst oder ihr Nennkapital herabgesetzt wird, wenn diese wesentliche Betriebsgrundlagen veräußert und das Vermögen an die Gesellschafter verteilt wird oder wenn Vermögen der Kapitalgesellschaft auf eine Personengesellschaft, eine natürliche Person oder eine andere Körperschaft (§§ 3 bis 16 des Umwandlungssteuergesetzes) übertragen wird."

Begründung des Finanzausschusses des Deutschen Bundestages – BT-Drs. 13/5952 –

Durch die Neuregelung soll erreicht werden, daß das genannte Betriebsvermögen, land- und forstwirtschaftliche Vermögen sowie die genannten Anteile an Kapitalgesellschaften bei allen Erwerbern nur nach dem Tarif der Steuerklasse I besteuert werden. Hierbei muß die Progressionswirkung des Steuertarifs grundsätzlich erhalten bleiben, damit Erwerber der Steuerklasse II und III nicht gegenüber Erwerbern der Steuerklasse I bevorteilt werden. Unerwünschte Kaskadeneffekte werden vermieden, weil nur das Betriebsvermögen, das land- und forstwirtschaftliche Vermögen sowie die Anteile an Kapitalgesellschaften Anteil an der Entlastung haben, wenn der Erwerber selbst dieses Vermögen mindestens fünf Jahre fortführt. Zwischenerwerber werden unverändert nach Steuerklasse II oder III besteuert.

12. § 27 wird wie folgt gefaßt:

„**§ 27**
Mehrfacher Erwerb desselben Vermögens

(1) Fällt Personen der Steuerklasse I von Todes wegen Vermögen an, das in den letzten zehn Jahren vor dem Erwerb bereits von Personen dieser Steuerklassen erworben worden ist und für das nach diesem Gesetz eine Steuer zu erheben war, ermäßigt sich der auf dieses Vermögen entfallende Steuerbetrag vorbehaltlich des Absatzes 3 wie folgt:

um vom Hundert	wenn zwischen den beiden Zeitpunkten der Entstehung der Steuer liegen
50	mehr als 1 Jahr,
45	mehr als 1 Jahr, aber nicht mehr als 2 Jahre,
40	mehr als 2 Jahre, aber nicht mehr als 3 Jahre,
35	mehr als 3 Jahre, aber nicht mehr als 4 Jahre,
30	mehr als 4 Jahre, aber nicht mehr als 5 Jahre,
25	mehr als 5 Jahre, aber nicht mehr als 6 Jahre,
20	mehr als 6 Jahre, aber nicht mehr als 8 Jahre,
10	mehr als 8 Jahre, aber nicht mehr als 10 Jahre.

(2) Zur Ermittlung des Steuerbetrags, der auf das begünstigte Vermögen entfällt, ist die Steuer für den Gesamterwerb in dem Verhältnis aufzuteilen, in dem der Wert des begünstigten Vermögens zu dem Wert des steuerpflichtigen Gesamterwerbs ohne Abzug des dem Erwerber zustehenden Freibetrags steht.

(3) Die Ermäßigung nach Absatz 1 darf den Betrag nicht überschreiten, der sich bei Anwendung der in Absatz 1 genannten Vomhundertsätze auf die Steuer ergibt, die der Vorerwerber für den Erwerb desselben Vermögens entrichtet hat."

Amtliche Begründung – BR-Drs. 390/96 –

Zu Abs. 1

Die Änderung ist eine redaktionelle Folgeänderung aus der Zusammenfassung der bisherigen Steuerklassen I und II nach geltendem Recht zu der neuen Steuerklasse I (vgl. Nummer 6[1]). Der Grundgedanke der Regelung bleibt unverändert, wonach beim mehrmaligen Übergang desselben Vermögens innerhalb von zehn Jahren auf den begünstigten Erwerberkreis die auf dieses Vermögen entfallende Steuer, soweit das Vermögen beim Vorerwerber der Besteuerung unterlag, bis höchstens 50 v. H. ermäßigt werden soll.

Zu Abs. 2

In Absatz 2, der die Ermittlung des Steuerbetrags regelt, auf den der Vomhundertsatz nach Absatz 1 zur Berechnung der Steuerermäßigung anzuwenden ist, werden die Sätze 2 und 3 gestrichen. Dies wirkt sich geringfügig zugunsten des Zweiterwerbers aus und vereinfacht deutlich die praktische Anwendung der Vorschrift. Die bisher gemäß Satz 2 und 3 erforderliche Berücksichtigung des Erwerberfreibetrags ist unnötig kompliziert und verursacht Probleme bei der praktischen Anwendung. Das gilt insbesondere dann, wenn beim Ersterwerb und beim Zweiterwerb unterschiedlich hohe Erwerberfreibeträge gelten, wie es beim Übergang vom ErbStG 1974 auf das neue Recht der Fall ist. Die Streichung der Sätze 2 und 3 macht die Vorschrift transparenter und vereinfacht die Anwendung. Ungerechtfertigte Entlastungen bleiben durch die beibehaltene Ermäßigungshöchstgrenze nach Absatz 3 ausgeschlossen. Geht in den beiden Erwerbsfällen nur dasselbe Vermögen über, ist der Ermäßigungsbetrag nach dem Vomhundertsatz (Absatz 1) des auf das begünstigte Vermögen beim Zweiterwerb entfallenden Steuerbetrags zu bemessen. Geht beim Zweiterwerb dagegen neben dem begünstigten Vermögen noch weiteres Vermögen auf den Erwerber über, ist der Anteil der auf das begünstigte Vermögen entfallenden Steuer an der Gesamtsteuer nur noch in dem Verhältnis zu ermitteln, in dem der Wert des begünstigten Vermögens zum Wert des Gesamterwerbs steht. Die Höhe der den Erwerbern beim Erst- und Zweiterwerb zustehenden Freibeträge bleibt unberücksichtigt.

---

1 Jetzt Nummer 7.

Zu Abs. 3

Die Vorschrift ist unverändert.

13. § 36 Abs. 2 wird wie folgt gefaßt:

„(2) Das Bundesministerium der Finanzen wird ermächtigt, den Wortlaut dieses Gesetzes und der zu diesem Gesetz erlassenen Durchführungsverordnung in der jeweils geltenden Fassung satzweise numeriert mit neuem Datum und neuer Paragraphenfolge bekanntzumachen und dabei Unstimmigkeiten des Wortlauts zu beseitigen."

Begründung des Finanzausschusses des Deutschen Bundestages – BT-Drs. 13/5952 –

Es handelt sich um den Verzicht auf die Einführung neuer Überschriften in der Bekanntmachungsvorschrift und die Ermöglichung einer amtlichen Satznumerierung.

14. § 37 wird wie folgt gefaßt:

„**§ 37**
Anwendung des Gesetzes

(1) Die vorstehende Fassung dieses Gesetzes findet auf Erwerbe Anwendung, für die die Steuer nach dem 31. Dezember 1995 entstanden ist oder entsteht.

(2) In Erbfällen, die vor dem 31. August 1980 eingetreten sind, und für Schenkungen, die vor diesem Zeitpunkt ausgeführt worden sind, ist weiterhin § 25 in der Fassung des Gesetzes vom 17. April 1974 anzuwenden, auch wenn die Steuer infolge Aussetzung der Versteuerung nach § 25 Abs. 1 Buchstabe a erst nach dem 30. August 1980 entstanden ist oder entsteht.

(3) § 13 a Abs. 4 Nr. 3 und § 19 a Abs. 2 Nr. 3 sind auf Erwerbe, für die Steuer nach dem 31. Dezember 1995 und vor dem 1. Januar 1997 entstanden ist oder entsteht, in folgender Fassung anzuwenden:

,3. Anteile an einer Kapitalgesellschaft, wenn die Kapitalgesellschaft zur Zeit der Entstehung der Steuer Sitz oder Geschäftsleitung im Inland hat und der Erblasser oder Schenker am Nennkapital dieser Gesellschaft mindestens zu einem Viertel unmittelbar beteiligt war.' "

Amtliche Begründung – BR-Drs. 390/96 –

Die Vorschrift bestimmt den Anwendungszeitpunkt.

Das Bundesverfassungsgericht hat in seinem Beschluß vom 22. Juni 1995 (BStBl II S. 671) angeordnet, daß das ErbStG 1974 wegen des Verstoßes gegen den Gleichheitssatz mit der Verfassung unvereinbar ist und ab 1. Januar 1996 nur noch gemäß § 165 Abs. 1 Satz 2 Nr. 2 AO vorläufig bis zu einer im Jahr 1996 zu treffenden Neuregelung angewendet werden darf. Aus diesem Grund bestimmt § 37 Abs. 1 ErbStG, daß die geänderte Gesetzesfassung auf alle Erwerbe anzuwenden sind, für die die Steuer nach dem 31. Dezember 1995 entstanden ist oder entsteht.

Für die Abwicklung der vor dem 31. August 1980 eingetretenen Steuerfälle, in denen die Versteuerung nach § 25 Abs. 1 Buchst. a ErbStG in der bis zu diesem Zeitpunkt anzuwendenden Fassung ausgesetzt wurde, gilt weiterhin eine Ausnahme, die bisher bereits § 37 Abs. 1 Satz 3 enthielt. Nach Absatz 2 ist in noch nicht abgeschlossenen Fällen diese Vorschrift weiter anzuwenden, da bei der früher möglichen Wahl einer Aussetzung der Versteuerung die Steuer erst mit dem Erlöschen der Belastung entsteht.

15. In § 37 a werden die Absätze 1 und 3 aufgehoben.

Amtliche Begründung – BR-Drs. 390/96 –

Das geänderte ErbStG gilt einheitlich im gesamten Bundesgebiet. Die Sondervorschriften in Absatz 1 (erstmalige Anwendung des ErbStG in dem in Artikel 3 des Einigungsvertrags genannten Gebiet zum 1. Januar 1991) und Absatz 3 (Wertansatz von Grundbesitz in diesem Gebiet) sind entbehrlich und werden aufgehoben.

16. § 39 wird aufgehoben.

Amtliche Begründung – BR-Drs. 390/96 –

Die Vorschrift zum Inkrafttreten betraf das ErbStG vom 17. April 1974. Sie ist entbehrlich und wird aufgehoben.

Artikel 3
Änderung der Erbschaftsteuer-Durchführungsverordnung

Die Erbschaftsteuer-Durchführungsverordnung in der im Bundesgesetzblatt Teil III, Gliederungsnummer 611-8-1 veröffentlichten bereinigten Fassung, zuletzt geändert durch Anlage 1 Kapitel IV Sachgebiet B Abschnitt II Nr. 29 des Einigungsvertrages vom 31. August 1990 in Verbindung mit Artikel 1 des Gesetzes vom 23. September 1990 (BGBl. I, II S. 885, 986), wird wie folgt geändert:

1. § 5 wird wie folgt geändert:

a) Absatz 1 wird wie folgt gefaßt:

„(1) Wer zur Anzeige über die Verwahrung oder Verwaltung von Vermögen eines Erblassers verpflichtet ist, hat die Anzeige nach § 33 Abs. 1 des Erbschaftsteuer- und Schenkungsteuergesetzes dem nach dem Wohnsitz des Erblassers für die Verwaltung der Erbschaftsteuer zuständigen Finanzamt in der nach Muster 1 vorgesehenen Form zu erstatten."

b) Absatz 4 Nr. 2 wird wie folgt gefaßt:

„2. wenn der Wert der anzuzeigenden Wirtschaftsgüter 2000 Deutsche Mark nicht übersteigt."

Amtliche Begründung – BR-Drs. 390/96

Die Änderungen in Abs. 1 und 4 Nr. 2 dienen der Klarstellung und Rechtsbereinigung. Die Freigrenze von 2000 DM für die Anzeigenerleichterung nach Absatz 4 Nr. 2 galt bisher bereits im Verwaltungsweg aufgrund Tz. 12 der gleichlautenden Erlasse vom 20. Dezember 1974/10. März 1976 (BStBl 1976 I S. 145).

2. In § 6 wird der Einleitungssatz wie folgt gefaßt:

„Wer auf den Namen lautende Aktien oder Schuldverschreibungen ausgegeben hat, hat unverzüglich nach dem Eingang eines Antrags auf Umschreibung der Aktien oder Schuldverschreibungen eines Verstorbenen dem nach dem Wohnsitz des Erblassers für die Verwaltung der Erbschaftsteuer zuständigen Finanzamt unter Hinweis auf § 33 Abs. 2 des Erbschaftsteuer- und Schenkungsteuergesetzes anzuzeigen."

Amtliche Begründung – BR-Drs. 390/96 –

Die Änderungen dienen der Klarstellung und Rechtsbereinigung.

3. § 7 wird wie folgt geändert:

a) In Absatz 1 werden die Worte „§ 187 a Abs. 3 der Reichsabgabenordnung" durch die Worte „§ 33 Abs. 3 des Erbschaftsteuer- und Schenkungsteuergesetzes" ersetzt.

b) Absatz 3 Satz 1 wird wie folgt gefaßt:

„(3) Die Anzeige nach § 33 Abs. 3 des Erbschaftsteuer- und Schenkungsteuergesetzes ist dem nach dem Wohnsitz des Versicherungsnehmers für die Verwaltung der Erbschaftsteuer zuständigen Finanzamt in der nach Muster 2 vorgesehenen Form zu erstatten."

c) Absatz 4 wird wie folgt geändert:

„(4) Die Anzeige darf bei Kapitalversicherungen unterbleiben, wenn der auszuzahlende Betrag 2000 Deutsche Mark nicht übersteigt."

Amtliche Begründung – BR-Drs. 390/96 –

Die Änderungen in Absatz 1, 3 und 4 dienen der Klarstellung und Rechtsbereinigung. Die Freigrenze von 2000 DM für die Anzeigenerleichterung nach Absatz 4 galt bisher bereits im Verwaltungsweg aufgrund Tz. 12 der gleichlautenden Erlasse vom 10. März 1976 (BStBl 1976 I S. 145).

4. § 12 wird wie folgt geändert:

a) Absatz 1 Satz 1 wird wie folgt gefaßt:

„(1) Die Gerichte haben dem nach dem Wohnsitz des Erblassers für die Verwaltung der Erbschaftsteuer zuständigen Finanzamt eine beglaubigte Abschrift der eröffneten Verfügungen von Todes wegen, der Erbscheine, Testamentsvollstreckerzeugnisse und Zeugnisse über die Fortsetzung von Gütergemeinschaften und der Beschlüsse über die Einleitung oder Aufhebung einer Nachlaßpflegschaft und Nachlaßverwaltung mit einem Vordruck nach Muster 5 zu übersenden und die Abwicklung von Erbauseinandersetzungen anzuzeigen."

b) Absatz 4 Nr. 1 wird wie folgt gefaßt:

„1. wenn die Annahme berechtigt ist, daß außer Hausrat (einschließlich Wäsche und Kleidungsstücken) im Wert von nicht mehr als 10 000 Deutsche Mark nur noch anderes Vermögen im reinen Wert von nicht mehr als 10 000 Deutsche Mark vorhanden ist,"

Amtliche Begründung – BR-Drs. 390/96 –

Zu Abs. 1

Die Änderung dient zum einen der Klarstellung. Zum anderen sollen die Gerichte dem zuständigen Finanzamt nicht nur die Einleitung, sondern auch die Aufhebung einer Nachlaßpflegschaft oder Nachlaßverwaltung anzeigen. Das Finanzamt braucht diese Information, um eine Bekanntgabe der Steuerbescheide gemäß § 32 ErbStG prüfen zu können.

Zu Abs. 4

Die Anzeigenerleichterung für Gerichte, Notare und sonstige Urkundspersonen nach Absatz 4 Nr. 1 wird an die erhöhten Freibeträge für Hausrat und andere Gegenstände (§ 13 Abs. 1 ErbStG, vgl. Artikel 2 Nr. 3[1]) angepaßt.

---

[1] Jetzt Nummer 4.

5. § 13 wird wie folgt geändert:

a) In Absatz 1 wird der Klammerzusatz „(§ 3 des Gesetzes)" durch den Klammerzusatz „(§ 7 des Gesetzes)" und der Klammerzusatz „(§ 4 Nr. 2 des Gesetzes)" durch den Klammerzusatz „(§ 8 des Gesetzes) ersetzt".

b) Absatz 2 Satz 1 wird wie folgt gefaßt:

„(2) Die Gerichte haben dem nach dem Wohnsitz des Zuwendenden für die Verwaltung der Erbschaftsteuer zuständigen Finanzamt eine beglaubigte Abschrift der Urkunde über eine Schenkung oder Zweckzuwendung unter Lebenden alsbald nach der Beurkundung zu übersenden und dabei die besonderen Feststellungen (Absatz 1) mitzuteilen."

c) Absatz 4 wird wie folgt gefaßt:

„(4) Unterbleiben darf die Übersendung einer beglaubigten Abschrift von Schenkungs- und Übergabeverträgen in Fällen, in denen Gegenstand der Schenkung nur Hausrat (einschließlich Wäsche und Kleidungsstücke) im Wert von nicht mehr als 10 000 Deutsche Mark und anderes Vermögen im reinen Wert von nicht mehr als 10 000 Deutsche Mark bildet."

Amtliche Begründung – BR-Drs. 390/96 –

Zu Abs. 1 und 2

Die Änderungen in Absatz 1 und 2 dienen der Klarstellung und Rechtsbereinigung.

Zu Abs. 4

Die Anzeigenerleichterung für Gerichte, Notare und sonstige Urkundspersonen nach Absatz 4 wird an die erhöhten Freibeträge für Hausrat und andere Gegenstände (§ 13 Abs. 1 ErbStG, vgl. Artikel 2 Nr. 3[1]) angepaßt.

6. § 15 wird wie folgt gefaßt:

„§ 15
Anwendung der Verordnung

Die vorstehende Fassung der Verordnung findet auf Erwerbe Anwendung, für die die Steuer nach dem 31. Dezember 1995 entstanden ist oder entsteht."

Amtliche Begründung – BR-Drs. 390/96 –

Die Vorschrift bestimmt den Anwendungszeitpunkt.

Artikel 4
Änderung des Gesetzes zur Reform des Erbschaftsteuer- und Schenkungsteuerrechts

Die Artikel 2, 9 und 10 des Gesetzes zur Reform des Erbschaftsteuer- und Schenkungsteuerrechts vom 17. April 1974 (BGBl. I S. 933) werden aufgehoben.

Amtliche Begründung – BR-Drs. 390/96 –

Artikel 2 und 10 des ErbStRG sind entbehrlich, nachdem bei der Erbschaft- und Schenkungsteuer für Grundbesitz ab 1. Januar 1996 nicht mehr die Einheitswerte nach den Wertverhält-

---

[1] Jetzt Nummer 4.

nissen 1964, sondern die nach §§ 138 ff. BewG zu ermittelnden Bedarfswerte anzusetzen sind. Die Erleichterungen für die Anzeigepflichten der Gerichte, Notare und sonstigen Urkundspersonen in Artikel 9 ErbStRG werden in die Erbschaftsteuer-Durchführungsverordnung übernommen (vgl. Artikel 3 Nr. 4 und 5[1]).

Artikel 5
Änderung des Gesetzes zur Änderung des Hauptfeststellungszeitraums für die wirtschaftlichen Einheiten des Betriebsvermögens sowie des Hauptveranlagungszeitraums für die Vermögensteuer

Das Gesetz zur Änderung des Hauptfeststellungszeitraums für die wirtschaftlichen Einheiten des Betriebsvermögens sowie des Hauptveranlagungszeitraums für die Vermögensteuer vom 23. Juni 1993 (BGBl. I S. 944, 973) wird wie folgt gefaßt:

„Gesetz zur Änderung des Hauptfeststellungszeitraums für die wirtschaftlichen Einheiten des Betriebsvermögens

Abweichend von § 21 Abs. 1 des Bewertungsgesetzes findet für die wirtschaftlichen Einheiten des Betriebsvermögens die nächste Hauptfeststellung der Einheitswerte auf den 1. Januar 1999 statt."

Erläuterung:

Die Änderung des Gesetzes ist Folge der Beibehaltung der Gewerbekapitalsteuer.

Artikel 6
Aufhebung der Durchführungsverordnung zum Bewertungsgesetz

Die Durchführungsverordnung zum Bewertungsgesetz in der im Bundesgesetzblatt Teil III, Gliederungsnummer 610-7-1, veröffentlichten bereinigten Fassung, zuletzt geändert durch Artikel 14 des Gesetzes vom 25. Februar 1992 (BGBl. I S. 297), wird aufgehoben.

Erläuterung:

Die Vorschriften der Durchführungsverordnung zum Bewertungsgesetz sind bis auf § 73, der die Behandlung noch nicht fälliger Ansprüche aus Lebensversicherungen beim sonstigen Vermögen regelt, bereits aufgehoben. Nach Wegfall der Vermögensteuer ist diese Vorschrift nicht mehr notwendig.

---

[1] Jetzt Artikel 3 Nr. 5 und 6.

Bewertungsgesetz (BewG)
in der Fassung der Bekanntmachung vom 1. Februar 1991
(BGBl. I S. 230, BStBl I S. 168)
geändert durch

1. Artikel 8 des Steueränderungsgesetzes 1991 vom 24. Juni 1991 (BGBl. I S. 1322, BStBl I S. 665)
2. Artikel 13 des Steueränderungsgesetzes 1992 vom 25. Februar 1992 (BGBl. I S. 297, BStBl I S. 146)
3. Artikel 3 des Zinsabschlaggesetzes vom 9. November 1992 (BGBl. I S. 1853, BStBl I S. 682)
4. Artikel 24 des Gesetzes zur Umsetzung des Föderalen Konsolidierungsprogramms vom 23. Juni 1993 (BGBl. I S. 944, BStBl I S. 510)
5. Artikel 9 des Standortsicherungsgesetzes vom 13. September 1993 (BGBl. I S. 1569, BStBl I S. 774)
6. Artikel 14 des Mißbrauchsbekämpfungs- und Steuerbereinigungsgesetzes vom 21. Dezember 1993 (BGBl. I S. 2310, BStBl I 1994 S. 50)
7. Artikel 28 des Pflegeversicherungs-Gesetzes vom 26. Mai 1994 (BGBl. I S. 1014, BStBl I S. 531)
8. Artikel 26 des Agrarsozialreformgesetzes 1995 vom 29. Juli 1994 (BGBl. I S. 1890, BStBl I S. 543)
9. Artikel 12 Abs. 38 des Postneuordnungsgesetzes vom 14. September 1994 (BGBl. I S. 2325, BStBl 1995 I S. 256)
10. Artikel 6 des Entschädigungs- und Ausgleichsleistungsgesetzes vom 27. September 1994 (BGBl. I S. 2624)
11. Artikel 22 des Jahressteuergesetzes 1996 vom 11. Oktober 1995 (BGBl. I S. 1250, BStBl I S. 438)
12. Artikel 6 des Gesetzes zur Neuregelung der steuerrechtlichen Wohneigentumsförderung vom 15. Dezember 1995 (BGBl. I S. 1783, BStBl I S. 775)
13. Artikel 1 des Jahressteuergesetzes 1997 vom 20. Dezember 1996 (BGBl. I S. 2049)

Erster Teil
Allgemeine Bewertungsvorschriften

§ 1
Geltungsbereich

(1) Die allgemeinen Bewertungsvorschriften (§§ 2 bis 16) gelten für alle öffentlich-rechtlichen Abgaben, die durch Bundesrecht geregelt sind, soweit sie durch Bundesfinanzbehörden oder durch Landesfinanzbehörden verwaltet werden.

(2) Die allgemeinen Bewertungsvorschriften gelten nicht, soweit im Zweiten Teil dieses Gesetzes oder in anderen Steuergesetzen besondere Bewertungsvorschriften enthalten sind.

§ 2
Wirtschaftliche Einheit

(1) Jede wirtschaftliche Einheit ist für sich zu bewerten. Ihr Wert ist im ganzen festzustellen. Was als wirtschaftliche Einheit zu gelten hat, ist nach den Anschauungen des

Verkehrs zu entscheiden. Die örtliche Gewohnheit, die tatsächliche Übung, die Zweckbestimmung und die wirtschaftliche Zusammengehörigkeit der einzelnen Wirtschaftsgüter sind zu berücksichtigen.

(2) Mehrere Wirtschaftsgüter kommen als wirtschaftliche Einheit nur insoweit in Betracht, als sie demselben Eigentümer gehören.

(3) Die Vorschriften der Absätze 1 und 2 gelten nicht, soweit eine Bewertung der einzelnen Wirtschaftsgüter vorgeschrieben ist.

§ 3
Wertermittlung bei mehreren Beteiligten

Steht ein Wirtschaftsgut mehreren Personen zu, so ist sein Wert im ganzen zu ermitteln. Der Wert ist auf die Beteiligten nach dem Verhältnis ihrer Anteile zu verteilen, soweit nicht nach dem maßgebenden Steuergesetz die Gemeinschaft selbständig steuerpflichtig ist.

§ 3 a
Realgemeinden

(weggefallen)

§ 4
Aufschiebend bedingter Erwerb

Wirtschaftsgüter, deren Erwerb vom Eintritt einer aufschiebenden Bedingung abhängt, werden erst berücksichtigt, wenn die Bedingung eingetreten ist.

§ 5
Auflösend bedingter Erwerb

(1) Wirtschaftsgüter, die unter einer auflösenden Bedingung erworben sind, werden wie unbedingt erworbene behandelt. Die Vorschriften über die Berechnung des Kapitalwerts der Nutzungen von unbestimmter Dauer (§ 13 Abs. 2 und 3, § 14, § 15 Abs. 3) bleiben unberührt.

(2) Tritt die Bedingung ein, so ist die Festsetzung der nicht laufend veranlagten Steuern auf Antrag nach dem tatsächlichen Wert des Erwerbs zu berichtigen. Der Antrag ist bis zum Ablauf des Jahres zu stellen, das auf den Eintritt der Bedingung folgt.

§ 6
Aufschiebend bedingte Lasten

(1) Lasten, deren Entstehung vom Eintritt einer aufschiebenden Bedingung abhängt, werden nicht berücksichtigt.

(2) Für den Fall des Eintritts der Bedingung gilt § 5 Abs. 2 entsprechend.

§ 7
Auflösend bedingte Lasten

(1) Lasten, deren Fortdauer auflösend bedingt ist, werden, soweit nicht ihr Kapitalwert nach § 13 Abs. 2 und 3, § 14, § 15 Abs. 3 zu berechnen ist, wie unbedingte abgezogen.

(2) Tritt die Bedingung ein, so ist die Festsetzung der nicht laufend veranlagten Steuern entsprechend zu berichtigen.

§ 8
Befristung auf einen unbestimmten Zeitpunkt

Die §§ 4 bis 7 gelten auch, wenn der Erwerb des Wirtschaftsguts oder die Entstehung oder der Wegfall der Last von einem Ereignis abhängt, bei dem nur der Zeitpunkt ungewiß ist.

§ 9
Bewertungsgrundsatz, gemeiner Wert

(1) Bei Bewertungen ist, soweit nichts anderes vorgeschrieben ist, der gemeine Wert zugrunde zu legen.

(2) Der gemeine Wert wird durch den Preis bestimmt, der im gewöhnlichen Geschäftsverkehr nach der Beschaffenheit des Wirtschaftsgutes bei einer Veräußerung zu erzielen wäre. Dabei sind alle Umstände, die den Preis beeinflussen, zu berücksichtigen. Ungewöhnliche oder persönliche Verhältnisse sind nicht zu berücksichtigen.

(3) Als persönliche Verhältnisse sind auch Verfügungsbeschränkungen anzusehen, die in der Person des Steuerpflichtigen oder eines Rechtsvorgängers begründet sind. Das gilt insbesondere für Verfügungsbeschränkungen, die auf letztwilligen Anordnungen beruhen.

§ 10
Begriff des Teilwerts

Wirtschaftsgüter, die einem Unternehmen dienen, sind, soweit nichts anderes vorgeschrieben ist, mit dem Teilwert anzusetzen. Teilwert ist der Betrag, den ein Erwerber des ganzen Unternehmens im Rahmen des Gesamtkaufpreises für das einzelne Wirtschaftsgut ansetzen würde. Dabei ist davon auszugehen, daß der Erwerber das Unternehmen fortführt.

§ 11
Wertpapiere und Anteile

(1) Wertpapiere und Schuldbuchforderungen, die am Stichtag an einer deutschen Börse zum amtlichen Handel zugelassen sind, werden mit dem niedrigsten am Stichtag für sie im amtlichen Handel notierten Kurs angesetzt. Liegt am Stichtag eine Notierung nicht vor, so ist der letzte innerhalb von 30 Tagen vor dem Stichtag im amtlichen Handel notierte Kurs maßgebend. Entsprechend sind die Wertpapiere zu bewerten, die zum geregelten Markt zugelassen oder in den Freiverkehr einbezogen sind.

(2) Anteile an Kapitalgesellschaften (Aktiengesellschaften, Kommanditgesellschaften auf Aktien, Gesellschaften mit beschränkter Haftung, bergrechtlichen Gewerkschaften), die nicht unter Absatz 1 fallen, sind mit dem gemeinen Wert anzusetzen. Läßt sich der gemeine Wert nicht aus Verkäufen ableiten, die weniger als ein Jahr zurückliegen, so ist er unter Berücksichtigung des Vermögens und der Ertragsaussichten der Kapitalgesellschaft zu schätzen.

(2 a) Für Zwecke der Gewerbesteuer gilt Absatz 2 Satz 2 mit der Maßgabe, daß bei unbeschränkt steuerpflichtigen Kapitalgesellschaften das Vermögen mit dem Einheitswert des Gewerbebetriebs angesetzt wird, der für den auf den Stichtag (§ 112) folgenden Feststellungszeitpunkt maßgebend ist. Dem Einheitswert sind die Beteiligungen im Sinne des § 102 und die nicht im Einheitswert erfaßten Wirtschaftsgüter des ausländischen Betriebsvermögens hinzuzurechnen; die mit diesen Beteiligungen und den Wirtschaftsgütern des ausländischen Betriebsvermögen in wirtschaftlichem Zusammenhang stehenden Schulden und Lasten sind abzuziehen, soweit sie bei der Ermittlung des Einheitswerts nicht abgezogen worden sind. Der Einheitswert ist um den Geschäfts- oder

Firmenwert und die Werte von firmenwertähnlichen Wirtschaftsgütern zu kürzen, soweit sie im Einheitswert enthalten sind. Dem Einheitswert sind 40 vom Hundert der Summe der Werte hinzuzurechnen, mit denen die Betriebsgrundstücke in dem Einheitswert des Gewerbebetriebs enthalten sind.

(3) Ist der gemeine Wert einer Anzahl von Anteilen an einer Kapitalgesellschaft, die einer Person gehören, infolge besonderer Umstände (z. B. weil die Höhe der Beteiligung die Beherrschung der Kapitalgesellschaft ermöglicht) höher als der Wert, der sich auf Grund der Kurswerte (Absatz 1) oder der gemeinen Werte (Absatz 2) für die einzelnen Anteile insgesamt ergibt, so ist der gemeine Wert der Beteiligung maßgebend.

(4) Wertpapiere, die Rechte der Einleger (Anteilinhaber) gegen eine Kapitalanlagegesellschaft oder einen sonstigen Fonds verbriefen (Anteilscheine), sind mit dem Rücknahmepreis anzusetzen.

§ 12
Kapitalforderungen und Schulden

(1) Kapitalforderungen, die nicht im § 11 bezeichnet sind, und Schulden sind mit dem Nennwert anzusetzen, wenn nicht besondere Umstände einen höheren oder geringeren Wert begründen. Liegen die besonderen Umstände in einer hohen, niedrigen oder fehlenden Verzinsung, ist bei der Bewertung vom Mittelwert einer jährlich vorschüssigen und jährlich nachschüssigen Zahlungsweise auszugehen.

(2) Forderungen, die uneinbringlich sind, bleiben außer Ansatz.

(3) Der Wert unverzinslicher Forderungen oder Schulden, deren Laufzeit mehr als ein Jahr beträgt und die zu einem bestimmten Zeitpunkt fällig sind, ist der Betrag, der vom Nennwert nach Abzug von Zwischenzinsen unter Berücksichtigung von Zinseszinsen verbleibt. Dabei ist von einem Zinssatz von 5,5 vom Hundert auszugehen.

(4) Noch nicht fällige Ansprüche aus Lebens-, Kapital- oder Rentenversicherungen werden mit zwei Dritteln der in Deutscher Mark oder in einer ausländischen Währung eingezahlten Prämien oder Kapitalbeiträge bewertet. Weist der Steuerpflichtige den Rückkaufswert nach, so ist dieser maßgebend. Rückkaufswert ist der Betrag, den das Versicherungsunternehmen dem Versicherungsnehmer im Falle der vorzeitigen Aufhebung des Vertragsverhältnisses zu erstatten hat. Die Berechnung des Werts, insbesondere die Berücksichtigung von ausgeschütteten und gutgeschriebenen Gewinnanteilen, kann durch Rechtsverordnung geregelt werden.

§ 13
Kapitalwert von wiederkehrenden Nutzungen und Leistungen

(1) Der Kapitalwert von Nutzungen oder Leistungen, die auf bestimmte Zeit beschränkt sind, ist mit dem aus Anlage 9 a zu entnehmenden Vielfachen des Jahreswerts anzusetzen. Ist die Dauer des Rechts außerdem durch das Leben einer oder mehrerer Personen bedingt, darf der nach § 14 zu berechnende Kapitalwert nicht überschritten werden.

(2) Immerwährende Nutzungen oder Leistungen sind mit dem 18,6fachen des Jahreswerts, Nutzungen oder Leistungen von unbestimmter Dauer vorbehaltlich des § 14 mit dem 9,3fachen des Jahreswerts zu bewerten.

(3) Ist der gemeine Wert der gesamten Nutzungen oder Leistungen nachweislich geringer oder höher, so ist der nachgewiesene gemeine Wert zugrunde zu legen. Der Ansatz eines geringeren oder höheren Werts kann jedoch nicht darauf gestützt werden, daß mit einem anderen Zinssatz als 5,5 vom Hundert oder mit einer anderen als mittelschüssigen Zahlungsweise zu rechnen ist.

§ 14
Lebenslängliche Nutzungen und Leistungen

(1) Lebenslängliche Nutzungen und Leistungen sind mit dem aus Anlage 9 zu entnehmenden Vielfachen des Jahreswertes anzusetzen.

(2) Hat eine nach Absatz 1 bewertete Nutzung oder Leistung bei einem Alter
1. bis zu 30 Jahren nicht mehr als 10 Jahre,
2. von mehr als 30 Jahren bis zu 50 Jahren nicht mehr als 9 Jahre,
3. von mehr als 50 Jahren bis zu 60 Jahren nicht mehr als 8 Jahre,
4. von mehr als 60 Jahren bis zu 65 Jahren nicht mehr als 7 Jahre,
5. von mehr als 65 Jahren bis zu 70 Jahren nicht mehr als 6 Jahre,
6. von mehr als 70 Jahren bis zu 75 Jahren nicht mehr als 5 Jahre,
7. von mehr als 75 Jahren bis zu 80 Jahren nicht mehr als 4 Jahre,
8. von mehr als 80 Jahren bis zu 85 Jahren nicht mehr als 3 Jahre,
9. von mehr als 85 Jahren bis zu 90 Jahren nicht mehr als 2 Jahre,
10. von mehr als 90 Jahren nicht mehr als 1 Jahr

bestanden und beruht der Wegfall auf dem Tod des Berechtigten oder Verpflichteten, so ist die Festsetzung der nicht laufend veranlagten Steuern auf Antrag nach der wirklichen Dauer der Nutzung oder Leistung zu berichtigen. § 5 Abs. 2 Satz 2 gilt entsprechend. Ist eine Last weggefallen, so bedarf die Berichtigung keines Antrags.

(3) Hängt die Dauer der Nutzung oder Leistung von der Lebenszeit mehrerer Personen ab und erlischt das Recht mit dem Tod des zuletzt Sterbenden, so ist das Lebensalter und das Geschlecht derjenigen Person maßgebend, für die sich der höchste Vervielfältiger ergibt; erlischt das Recht mit dem Tod des zuerst Sterbenden, so ist das Lebensalter und Geschlecht derjenigen Person maßgebend, für die sich der niedrigste Vervielfältiger ergibt.

(4) Ist der gemeine Wert der gesamten Nutzungen oder Leistungen nachweislich geringer oder höher als der Wert, der sich nach Absatz 1 ergibt, so ist der nachgewiesene gemeine Wert zugrunde zu legen. Der Ansatz eines geringeren oder höheren Werts kann jedoch nicht darauf gestützt werden, daß mit einer kürzeren oder längeren Lebensdauer, mit einem anderen Zinssatz als 5,5 vom Hundert oder mit einer anderen als mittelschüssigen Zahlungsweise zu rechnen ist.

§ 15
Jahreswert von Nutzungen und Leistungen

(1) Der einjährige Betrag der Nutzung einer Geldsumme ist, wenn kein anderer Wert feststeht, zu 5,5 vom Hundert anzunehmen.

(2) Nutzungen oder Leistungen, die nicht in Geld bestehen (Wohnung, Kost, Waren und sonstige Sachbezüge), sind mit den üblichen Mittelpreisen des Verbrauchsorts anzusetzen.

(3) Bei Nutzungen oder Leistungen, die in ihrem Betrag ungewiß sind oder schwanken, ist als Jahreswert der Betrag zugrunde zu legen, der in Zukunft im Durchschnitt der Jahre voraussichtlich erzielt werden wird.

§ 16
Begrenzung des Jahreswerts von Nutzungen

Bei der Ermittlung des Kapitalwerts der Nutzungen eines Wirtschaftsguts kann der Jahreswert dieser Nutzungen höchstens den Wert betragen, der sich ergibt, wenn der für das genutzte Wirtschaftsgut nach den Vorschriften des Bewertungsgesetzes anzusetzende Wert durch 18,6 geteilt wird.

Zweiter Teil
Besondere Bewertungsvorschriften

§ 17
Geltungsbereich

(1) Die besonderen Bewertungsvorschriften sind nach Maßgabe der jeweiligen Einzelsteuergesetze anzuwenden.

(2) Die §§ 18 bis 94, 122 und 125 bis 132 gelten für die Grundsteuer und die §§ 95 bis 109 a, 121 a, 133 und 137 zusätzlich für die Gewerbesteuer.

(3) Soweit sich nicht aus den §§ 19 bis 150 etwas anderes ergibt, finden neben diesen auch die Vorschriften des Ersten Teils dieses Gesetzes (§§ 1 bis 16) Anwendung. § 16 findet auf die Grunderwerbsteuer keine Anwendung.

§ 18
Vermögensarten

Das Vermögen, das nach den Vorschriften des Zweiten Teils dieses Gesetzes zu bewerten ist, umfaßt die folgenden Vermögensarten:

1. Land- und forstwirtschaftliches Vermögen (§§ 33 bis 67, § 31),
2. Grundvermögen (§§ 68 bis 94, § 31),
3. Betriebsvermögen (§§ 95 bis 109, § 31).

Erster Abschnitt
Einheitsbewertung
A. Allgemeines

§ 19
Feststellung von Einheitswerten

(1) Einheitswerte werden festgestellt (§ 180 Abs. 1 Nr. 1 der Abgabenordnung)

1. für inländischen Grundbesitz, und zwar
   für Betriebe der Land- und Forstwirtschaft (§§ 33, 48 a und 51 a),
   für Grundstücke (§§ 68, 70),
   für Betriebsgrundstücke (§ 99),
2. für inländische Gewerbebetriebe (§ 95).

(2) Erstreckt sich eine der in Absatz 1 genannten wirtschaftlichen Einheiten auch auf das Ausland und gehört auch der ausländische Teil zum Gesamtvermögen, so ist ein zweiter Einheitswert festzustellen, der auch diesen Teil umfaßt. Unterliegt eine wirtschaftliche Einheit den einzelnen einheitswertabhängigen Steuern in verschiedenem Ausmaß, so ist für den jeweils steuerpflichtigen Teil je ein Einheitswert gesondert festzustellen.

(3) In dem Feststellungsbescheid (§ 179 der Abgabenordnung) sind auch Feststellungen zu treffen

1. über die Art der wirtschaftlichen Einheit,
   a) bei Grundstücken auch über die Grundstücksart (§§ 72, 74 und 75),
   b) bei Betriebsgrundstücken, die zu einem Gewerbebetrieb gehören (wirtschaftliche Untereinheiten), auch über den Gewerbebetrieb;

2. über die Zurechnung der wirtschaftlichen Einheit und bei mehreren Beteiligten über die Höhe ihrer Anteile.

(4) Feststellungen nach den Absätzen 1 bis 3 erfolgen nur, wenn und soweit sie für die Besteuerung von Bedeutung sind.

§ 20
Ermittlung des Einheitswerts

Die Einheitswerte werden nach den Vorschriften dieses Abschnitts ermittelt. Bei der Ermittlung der Einheitswerte ist § 163 der Abgabenordnung nicht anzuwenden; dies gilt nicht für Übergangsregelungen, die die oberste Finanzbehörde eines Landes im Einvernehmen mit den obersten Finanzbehörden der übrigen Länder trifft.

§ 21
Hauptfeststellung

(1) Die Einheitswerte werden allgemein festgestellt (Hauptfeststellung):

1. in Zeitabständen von je sechs Jahren für den Grundbesitz (§ 19 Abs. 1 Nr. 1);
2. in Zeitabständen von je drei Jahren für die wirtschaftlichen Einheiten des Betriebsvermögens.

Durch Rechtsverordnung kann der Zeitabstand zwischen einer Hauptfeststellung und der darauf folgenden Hauptfeststellung (Hauptfeststellungszeitraum) bei einer wesentlichen Änderung der für die Bewertung maßgebenden Verhältnisse für den Grundbesitz um höchstens drei Jahre, für die wirtschaftlichen Einheiten des Betriebsvermögens um ein Jahr verkürzt werden. Die Bestimmung kann sich auf einzelne Vermögensarten oder beim Grundbesitz auf Gruppen von Fällen, in denen sich die für die Bewertung maßgebenden Verhältnisse in derselben Weise geändert haben, beschränken.

(2) Der Hauptfeststellung werden die Verhältnisse zu Beginn des Kalenderjahrs (Hauptfeststellungszeitpunkt) zugrunde gelegt. Die Vorschriften in § 35 Abs. 2, §§ 54, 59, 106 und 112 über die Zugrundelegung eines anderen Zeitpunkts bleiben unberührt.

(3) Ist die Feststellungsfrist (§ 181 der Abgabenordnung) bereits abgelaufen, so kann die Hauptfeststellung unter Zugrundelegung der Verhältnisse des Hauptfeststellungszeitpunkts mit Wirkung für einen späteren Feststellungszeitpunkt vorgenommen werden, für den diese Frist noch nicht abgelaufen ist. § 181 Abs. 5 der Abgabenordnung bleibt unberührt.

§ 22
Fortschreibungen

(1) Der Einheitswert wird neu festgestellt (Wertfortschreibung)

1. beim Grundbesitz, wenn der nach § 30 abgerundete Wert, der sich für den Beginn eines Kalenderjahrs ergibt, vom Einheitswert des letzten Feststellungszeitpunkts nach oben um mehr als den zehnten Teil, mindestens aber um 5000 Deutsche Mark, oder um mehr als 100 000 Deutsche Mark, nach unten um mehr als den zehnten Teil, mindestens aber um 500 Deutsche Mark, oder um mehr als 5000 Deutsche Mark abweicht,
2. bei einem Gewerbebetrieb, wenn der nach § 30 abgerundete Wert, der sich für den Beginn eines Kalenderjahrs ergibt, nach oben um mehr als 200 000 Deutsche Mark oder nach unten um mehr als 100 000 Deutsche Mark von dem Einheitswert des letzten Feststellungszeitpunkts abweicht.

(2) Über die Art oder Zurechnung des Gegenstandes (§ 19 Abs. 3 Nr. 1 und 2) wird eine neue Feststellung getroffen (Artfortschreibung oder Zurechnungsfortschreibung), wenn sie von der zuletzt getroffenen Feststellung abweicht und es für die Besteuerung von Bedeutung ist.

(3) Eine Fortschreibung nach Absatz 1 oder Absatz 2 findet auch zur Beseitigung eines Fehlers der letzten Feststellung statt. § 176 der Abgabenordnung ist hierbei entsprechend anzuwenden. Dies gilt jedoch nur für die Feststellungszeitpunkte, die vor der Verkündung der maßgeblichen Entscheidung eines obersten Gerichts des Bundes liegen.

(4) Eine Fortschreibung ist vorzunehmen, wenn dem Finanzamt bekannt wird, daß die Voraussetzungen für sie vorliegen. Der Fortschreibung werden vorbehaltlich des § 27 die Verhältnisse im Fortschreibungszeitpunkt zugrunde gelegt. Fortschreibungszeitpunkt ist

1. bei einer Änderung der tatsächlichen Verhältnisse der Beginn des Kalenderjahrs, das auf die Änderung folgt. § 21 Abs. 3 ist entsprechend anzuwenden;
2. in den Fällen des Absatzes 3 der Beginn des Kalenderjahrs, in dem der Fehler dem Finanzamt bekannt wird, bei einer Erhöhung des Einheitswerts jedoch frühestens der Beginn des Kalenderjahrs, in dem der Feststellungsbescheid erteilt wird.

Die Vorschriften in § 35 Abs. 2, §§ 54, 59, 106 und 112 über die Zugrundelegung eines anderen Zeitpunkts bleiben unberührt.

§ 23
Nachfeststellung

(1) Für wirtschaftliche Einheiten (Untereinheiten), für die ein Einheitswert festzustellen ist, wird der Einheitswert nachträglich festgestellt (Nachfeststellung), wenn nach dem Hauptfeststellungszeitpunkt (§ 21 Abs. 2)

1. die wirtschaftliche Einheit (Untereinheit) neu entsteht;
2. eine bereits bestehende wirtschaftliche Einheit (Untereinheit) erstmals zu einer Steuer herangezogen werden soll.

(2) Der Nachfeststellung werden vorbehaltlich des § 27 die Verhältnisse im Nachfeststellungszeitpunkt zugrunde gelegt. Nachfeststellungszeitpunkt ist in den Fällen des Absatzes 1 Nr. 1 der Beginn des Kalenderjahrs, das auf die Entstehung der wirtschaftlichen Einheit (Untereinheit) folgt, und in den Fällen des Absatzes 1 Nr. 2 der Beginn des Kalenderjahrs, in dem der Einheitswert erstmals der Besteuerung zugrunde gelegt wird. § 21 Abs. 3 ist entsprechend anzuwenden.

§ 24
Aufhebung des Einheitswerts

(1) Der Einheitswert wird aufgehoben, wenn dem Finanzamt bekannt wird, daß

1. die wirtschaftliche Einheit (Untereinheit) wegfällt;
2. der Einheitswert der wirtschaftlichen Einheit (Untereinheit) infolge von Befreiungsgründen der Besteuerung nicht mehr zugrunde gelegt wird.

(2) Aufhebungszeitpunkt ist in den Fällen des Absatzes 1 Nr. 1 der Beginn des Kalenderjahrs, das auf den Wegfall der wirtschaftlichen Einheit (Untereinheit) folgt, und in den Fällen des Absatzes 1 Nr. 2 der Beginn des Kalenderjahrs, in dem der Einheitswert erstmals der Besteuerung nicht mehr zugrunde gelegt wird. § 21 Abs. 3 ist entsprechend anzuwenden.

§ 24 a
Änderung von Feststellungsbescheiden

Bescheide über Fortschreibungen oder Nachfeststellungen von Einheitswerten des Grundbesitzes können schon vor dem maßgebenden Feststellungszeitpunkt erteilt werden. Sie sind zu ändern oder aufzuheben, wenn sich bis zu diesem Zeitpunkt Änderungen ergeben, die zu einer abweichenden Feststellung führen.

§ 25
(weggefallen)

§ 26
Umfang der wirtschaftlichen Einheit bei Vermögenszusammenrechnung

Die Zurechnung mehrerer Wirtschaftsgüter zu einer wirtschaftlichen Einheit (§ 2) wird beim Grundbesitz im Sinne der §§ 33 bis 94 und 125 bis 133 nicht dadurch ausgeschlossen, daß die Wirtschaftsgüter zum Teil dem einen, zum Teil dem anderen Ehegatten gehören.

§ 27
Wertverhältnisse bei Fortschreibungen und Nachfeststellungen

Bei Fortschreibungen und bei Nachfeststellungen der Einheitswerte für Grundbesitz sind die Wertverhältnisse im Hauptfeststellungszeitpunkt zugrunde zu legen.

§ 28
Erklärungspflicht

(1) Erklärungen zur Feststellung des Einheitswerts sind auf jeden Hauptfeststellungszeitpunkt abzugeben. **Für Erklärungen zur Feststellung des Einheitswerts des Betriebsvermögens gilt dies, wenn das Gewerbekapital im Sinne des § 12 des Gewerbesteuergesetzes den Freibetrag nach § 13 Abs. 1 des Gewerbesteuergesetzes übersteigt.**

(2) Die Erklärungen sind innerhalb der Frist abzugeben, die das Bundesministerium der Finanzen im Einvernehmen mit den obersten Finanzbehörden der Länder bestimmt. Die Frist ist im Bundesanzeiger bekanntzumachen. Fordert die Finanzbehörde zur Abgabe einer Erklärung auf einen Hauptfeststellungszeitpunkt oder auf einen anderen Feststellungszeitpunkt besonders auf (§ 149 Abs. 1 Satz 2 der Abgabenordnung), hat sie eine besondere Frist zu bestimmen, die mindestens einen Monat betragen soll.

(3) Erklärungspflichtig ist derjenige, dem Grundbesitz oder Betriebsvermögen zuzurechnen ist. Er hat die Steuererklärung eigenhändig zu unterschreiben.

§ 29
Auskünfte, Erhebungen und Mitteilungen

(1) Die Eigentümer von Grundbesitz haben der Finanzbehörde auf Anforderung alle Angaben zu machen, die sie für die Sammlung der Kauf-, Miet- und Pachtpreise braucht. Bei dieser Erklärung ist zu versichern, daß die Angaben nach bestem Wissen und Gewissen gemacht sind.

(2) Die Finanzbehörden können zur Vorbereitung einer Hauptfeststellung und zur Durchführung von Feststellungen der Einheitswerte des Grundbesitzes örtliche Erhebungen über die Bewertungsgrundlagen anstellen. Das Grundrecht der Unverletzlichkeit der Wohnung (Artikel 13 des Grundgesetzes) wird insoweit eingeschränkt.

(3) Die nach Bundes- oder Landesrecht zuständigen Behörden haben den Finanzbehörden die ihnen im Rahmen ihrer Aufgabenerfüllung bekanntgewordenen rechtlichen und tatsächlichen Umstände mitzuteilen, die für die Feststellung von Einheitswerten des

Grundbesitzes oder für die Grundsteuer von Bedeutung sein können. Den Behörden stehen die Stellen gleich, die für die Sicherung der Zweckbestimmung solcher Wohnungen zuständig sind, die mit Mitteln im Sinne der §§ 6, 87a und 88 des Zweiten Wohnungsbaugesetzes in der Fassung der Bekanntmachung vom 14. August 1990 (BGBl. I S. 1730), geändert durch Anlage I Kapitel XIV Abschnitt II Nr. 5 des Einigungsvertrages vom 31. August 1990 in Verbindung mit Artikel 1 des Gesetzes vom 23. September 1990 (BGBl. 1990 II S. 885, 1126)[1]), oder der §§ 4 oder 38 des Wohnungsbaugesetzes für das Saarland in der Fassung der Bekanntmachung vom 10. September 1985 (Amtsblatt des Saarlandes S. 1185), zuletzt geändert durch Artikel 41 des Gesetzes vom 28. Juni 1990 (BGBl. I S. 1221)[2]), gefördert worden sind.

(4) Die Grundbuchämter teilen den für die Feststellung des Einheitswerts zuständigen Finanzbehörden für die in Absatz 3 bezeichneten Zwecke mit:

1. die Eintragung eines neuen Eigentümers oder Erbbauberechtigten sowie bei einem anderen als rechtsgeschäftlichen Erwerb auch die Anschrift des neuen Eigentümers oder Erbbauberechtigten; dies gilt nicht für die Fälle des Erwerbs nach den Vorschriften des Zuordnungsrechts,
2. die Eintragung der Begründung von Wohnungseigentum oder Teileigentum,
3. die Eintragung der Begründung eines Erbbaurechts, Wohnungserbbaurechts oder Teilerbbaurechts.

In den Fällen der Nummern 2 und 3 ist gleichzeitig der Tag des Eingangs des Eintragungsantrags beim Grundbuchamt mitzuteilen. Bei einer Eintragung aufgrund Erbfolge ist das Jahr anzugeben, in dem der Erblasser verstorben ist. Die Mitteilungen können der Finanzbehörde über die für die Führung des Liegenschaftskatasters zuständige Behörde oder über eine sonstige Behörde, die das amtliche Verzeichnis der Grundstücke (§ 2 Abs. 2 der Grundbuchordnung) führt, zugeleitet werden.

(5) Die mitteilungspflichtige Stelle hat die Betroffenen vom Inhalt der Mitteilung zu unterrichten. Eine Unterrichtung kann unterbleiben, soweit den Finanzbehörden Umstände aus dem Grundbuch, den Grundakten oder aus dem Liegenschaftskataster mitgeteilt werden.

§ 30
Abrundung

Die Einheitswerte werden nach unten abgerundet:
1. beim Grundbesitz auf volle hundert Deutsche Mark,
2. bei Gewerbebetrieben auf volle tausend Deutsche Mark.

§ 31
Bewertung von ausländischem Sachvermögen

(1) Für die Bewertung des ausländischen land- und forstwirtschaftlichen Vermögens, Grundvermögens und Betriebsvermögens gelten die Vorschriften des Ersten Teils dieses Gesetzes, insbesondere § 9 (Gemeiner Wert). Nach diesen Vorschriften sind auch die ausländischen Teile einer wirtschaftlichen Einheit zu bewerten, die sich sowohl auf das Inland als auch auf das Ausland erstreckt.

(2) Bei der Bewertung von ausländischem Grundbesitz sind Bestandteile und Zubehör zu berücksichtigen. Zahlungsmittel, Geldforderungen, Wertpapiere und Geldschulden sind nicht einzubeziehen.

---

1 II. WoBauG, zuletzt geändert durch Artikel 17 des Gesetzes vom 18. 12. 1995 (BGBl. I S. 1995)
2 WoBauG Saarland, zuletzt geändert durch Artikel 18 des Gesetzes vom 18. 12. 1995 (BGBl. I S. 1995)

§ 32
Bewertung von inländischem Sachvermögen

Für die Bewertung des inländischen land- und forstwirtschaftlichen Vermögens, Grundvermögens und Betriebsvermögens gelten die Vorschriften der §§ 33 bis 109 a. Nach diesen Vorschriften sind auch die inländischen Teile einer wirtschaftlichen Einheit zu bewerten, die sich sowohl auf das Inland als auch auf das Ausland erstreckt.

B. Land- und forstwirtschaftliches Vermögen

I. Allgemeines

§ 33
Begriff des land- und forstwirtschaftlichen Vermögens

(1) Zum land- und forstwirtschaftlichen Vermögen gehören alle Wirtschaftsgüter, die einem Betrieb der Land- und Forstwirtschaft dauernd zu dienen bestimmt sind. Betrieb der Land- und Forstwirtschaft ist die wirtschaftliche Einheit des land- und forstwirtschaftlichen Vermögens.

(2) Zu den Wirtschaftsgütern, die einem Betrieb der Land- und Forstwirtschaft dauernd zu dienen bestimmt sind, gehören insbesondere der Grund und Boden, die Wohn- und Wirtschaftsgebäude, die stehenden Betriebsmittel und ein normaler Bestand an umlaufenden Betriebsmitteln; als normaler Bestand gilt ein solcher, der zur gesicherten Fortführung des Betriebes erforderlich ist.

(3) Zum land- und forstwirtschaftlichen Vermögen gehören nicht

1. Zahlungsmittel, Geldforderungen, Geschäftsguthaben und Wertpapiere,
2. Geldschulden,
3. über den normalen Bestand hinausgehende Bestände (Überbestände) an umlaufenden Betriebsmitteln,
4. Tierbestände oder Zweige des Tierbestands und die hiermit zusammenhängenden Wirtschaftsgüter (z. B. Gebäude und abgrenzbare Gebäudeteile mit den dazugehörenden Flächen, Betriebsmittel), wenn die Tiere weder nach § 51 oder § 51 a zur landwirtschaftlichen Nutzung noch nach § 62 zur sonstigen land- und forstwirtschaftlichen Nutzung gehören. Die Zugehörigkeit der landwirtschaftlich genutzten Flächen zum land- und forstwirtschaftlichen Vermögen wird hierdurch nicht berührt.

§ 34
Betrieb der Land- und Forstwirtschaft

(1) Ein Betrieb der Land- und Forstwirtschaft umfaßt

1. den Wirtschaftsteil,
2. den Wohnteil.

(2) Der Wirtschaftsteil eines Betriebs der Land- und Forstwirtschaft umfaßt

1. die land- und forstwirtschaftlichen Nutzungen:
   a) die landwirtschaftliche Nutzung,
   b) die forstwirtschaftliche Nutzung,
   c) die weinbauliche Nutzung,
   d) die gärtnerische Nutzung,
   e) die sonstige land- und forstwirtschaftliche Nutzung;

2. die folgenden nicht zu einer Nutzung nach Nummer 1 gehörenden Wirtschaftsgüter:
   a) Abbauland (§ 43),
   b) Geringstland (§ 44),
   c) Unland (§ 45);
3. die Nebenbetriebe (§ 42).

(3) Der Wohnteil eines Betriebs der Land- und Forstwirtschaft umfaßt die Gebäude und Gebäudeteile, soweit sie dem Inhaber des Betriebs, den zu seinem Haushalt gehörenden Familienangehörigen und den Altenteilern zu Wohnzwecken dienen.

(4) In den Betrieb sind auch dem Eigentümer des Grund und Bodens nicht gehörende Gebäude, die auf dem Grund und Boden des Betriebs stehen, und dem Eigentümer des Grund und Bodens nicht gehörende Betriebsmittel, die der Bewirtschaftung des Betriebs dienen, einzubeziehen.

(5) Ein Anteil des Eigentümers eines Betriebs der Land- und Forstwirtschaft an einem Wirtschaftsgut ist in den Betrieb einzubeziehen, wenn es mit dem Betrieb zusammen genutzt wird.

(6) In einen Betrieb der Land- und Forstwirtschaft, der von einer Gesellschaft oder Gemeinschaft des bürgerlichen Rechts betrieben wird, sind auch die Wirtschaftsgüter einzubeziehen, die einem oder mehreren Beteiligten gehören und dem Betrieb zu dienen bestimmt sind.

(6 a) Einen Betrieb der Land- und Forstwirtschaft bildet auch die gemeinschaftliche Tierhaltung (§ 51 a) einschließlich der hiermit zusammenhängenden Wirtschaftsgüter.

(7) Einen Betrieb der Land- und Forstwirtschaft bilden auch Stückländereien. Stückländereien sind einzelne land- und forstwirtschaftlich genutzte Flächen, bei denen die Wirtschaftsgebäude oder die Betriebsmittel oder beide Arten von Wirtschaftsgütern nicht dem Eigentümer des Grund und Bodens gehören.

§ 35
Bewertungsstichtag

(1) Für die Größe des Betriebs sowie für den Umfang und den Zustand der Gebäude und der stehenden Betriebsmittel sind die Verhältnisse im Feststellungszeitpunkt maßgebend.

(2) Für die umlaufenden Betriebsmittel ist der Stand am Ende des Wirtschaftsjahres maßgebend, das dem Feststellungszeitpunkt vorangegangen ist.

§ 36
Bewertungsgrundsätze

(1) Bei der Bewertung ist unbeschadet der Regelung, die in § 47 für den Wohnungswert getroffen ist, der Ertragswert zugrunde zu legen.

(2) Bei der Ermittlung des Ertragswerts ist von der Ertragsfähigkeit auszugehen. Ertragsfähigkeit ist der bei ordnungsmäßiger und schuldenfreier Bewirtschaftung mit entlohnten fremden Arbeitskräften gemeinhin und nachhaltig erzielbare Reinertrag. Ertragswert ist das Achtzehnfache dieses Reinertrags.

(3) Bei der Beurteilung der Ertragsfähigkeit sind die Ertragsbedingungen zu berücksichtigen, soweit sie nicht unwesentlich sind.

§ 37
Ermittlung des Ertragswerts

(1) Der Ertragswert der Nutzungen wird durch ein vergleichendes Verfahren (§§ 38 bis 41) ermittelt. Das vergleichende Verfahren kann auch auf Nutzungsteile angewendet werden.

(2) Kann ein vergleichendes Verfahren nicht durchgeführt werden, so ist der Ertragswert nach der Ertragsfähigkeit der Nutzung unmittelbar zu ermitteln (Einzelertragswertverfahren).

§ 38
Vergleichszahl, Ertragsbedingungen

(1) Die Unterschiede der Ertragsfähigkeit der gleichen Nutzung in den verschiedenen Betrieben werden durch Vergleich der Ertragsbedingungen beurteilt und vorbehaltlich der §§ 55 und 62 durch Zahlen ausgedrückt, die dem Verhältnis der Reinerträge entsprechen (Vergleichszahlen).

(2) Bei dem Vergleich der Ertragsbedingungen sind zugrunde zu legen

1. die tatsächlichen Verhältnisse für:
   a) die natürlichen Ertragsbedingungen, insbesondere Bodenbeschaffenheit, Geländegestaltung, klimatische Verhältnisse,
   b) die folgenden wirtschaftlichen Ertragsbedingungen:
      aa) innere Verkehrslage (Lage für die Bewirtschaftung der Betriebsfläche),
      bb) äußere Verkehrslage (insbesondere Lage für die Anfuhr der Betriebsmittel und die Abfuhr der Erzeugnisse),
      cc) Betriebsgröße;
2. die in der Gegend als regelmäßig anzusehenden Verhältnisse für die in Nummer 1 Buchstabe b nicht bezeichneten wirtschaftlichen Ertragsbedingungen, insbesondere Preise und Löhne, Betriebsorganisation, Betriebsmittel.

(3) Bei Stückländereien sind die wirtschaftlichen Ertragsbedingungen nach Absatz 2 Nr. 1 Buchstabe b mit den regelmäßigen Verhältnissen der Gegend anzusetzen.

§ 39
Bewertungsstützpunkte

(1) Zur Sicherung der Gleichmäßigkeit der Bewertung werden in einzelnen Betrieben mit gegendüblichen Ertragsbedingungen die Vergleichszahlen von Nutzungen und Nutzungsteilen vorweg ermittelt (Hauptbewertungsstützpunkte). Die Vergleichszahlen der Hauptbewertungsstützpunkte werden vom Bewertungsbeirat (§§ 63 bis 66) vorgeschlagen und durch Rechtsverordnung festgesetzt. Die Vergleichszahlen der Nutzungen und Nutzungsteile in den übrigen Betrieben werden durch Vergleich mit den Vergleichszahlen der Hauptbewertungsstützpunkte ermittelt. § 55 bleibt unberührt.

(2) Die Hauptbewertungsstützpunkte können durch Landes-Bewertungsstützpunkte und Orts-Bewertungsstützpunkte als Bewertungsbeispiele ergänzt werden. Die Vergleichszahlen der Landes-Bewertungsstützpunkte werden vom Gutachterausschuß (§ 67), die Vergleichszahlen der Orts-Bewertungsstützpunkte von den Landesfinanzbehörden ermittelt. Die Vergleichszahlen der Landes-Bewertungsstützpunkte und Orts-Bewertungsstützpunkte können bekanntgegeben werden.

(3) Zugepachtete Flächen, die zusammen mit einem Bewertungsstützpunkt bewirtschaftet werden, können bei der Ermittlung der Vergleichszahlen mit berücksichtigt werden. Bei der Feststellung des Einheitswerts eines Betriebs, der als Bewertungsstützpunkt dient, sind zugepachtete Flächen nicht zu berücksichtigen (§ 2 Abs. 2).

§ 40
Ermittlung des Vergleichswerts

(1) Zum Hauptfeststellungszeitpunkt wird für die landwirtschaftliche, die weinbauliche und die gärtnerische Nutzung oder für deren Teile der 100 Vergleichszahlen entsprechende Ertragswert vorbehaltlich Absatz 2 durch besonderes Gesetz festgestellt. Aus diesem Ertragswert wird der Ertragswert für die einzelne Nutzung oder den Nutzungsteil in den Betrieben mit Hilfe der Vergleichszahlen abgeleitet (Vergleichswert). Der auf einen Hektar bezogene Vergleichswert ist der Hektarwert.

(2) Für die Hauptfeststellung auf den Beginn des Kalenderjahrs 1964 betragen die 100 Vergleichszahlen entsprechenden Ertragswerte bei
der landwirtschaftlichen Nutzung
    ohne Hopfen und Spargel . . . . 37,26 DM
    Hopfen . . . . 254,00 DM
    Spargel . . . . 76,50 DM
der weinbaulichen Nutzung . . . . 200,00 DM
den gärtnerischen Nutzungsteilen
    Gemüse-, Blumen- und Zierpflanzenbau . . . . 108,00 DM
    Obstbau . . . . 72,00 DM
    Baumschulen . . . . 221,40 DM.

(3) Die Hoffläche und die Gebäudefläche des Betriebs sind in die einzelne Nutzung einzubeziehen, soweit sie ihr dienen. Hausgärten bis zur Größe von 10 Ar sind zur Hof- und Gebäudefläche zu rechnen. Wirtschaftswege, Hecken, Gräben, Grenzraine und dergleichen sind in die Nutzung einzubeziehen, zu der sie gehören; dies gilt auch für Wasserflächen, soweit sie nicht Unland sind oder zur sonstigen land- und forstwirtschaftlichen Nutzung (§ 62) gehören.

(4) Das Finanzamt hat bei Vorliegen eines rechtlichen Interesses dem Steuerpflichtigen Bewertungsgrundlagen und Bewertungsergebnisse der Nutzung oder des Nutzungsteils von Bewertungsstützpunkten, die bei der Ermittlung der Vergleichswerte seines Betriebs herangezogen worden sind, anzugeben.

(5) Zur Berücksichtigung der rückläufigen Reinerträge sind die nach den Absätzen 1 und 2 ermittelten Vergleichswerte für Hopfen um 80 vom Hundert, für Spargel um 50 vom Hundert und für Obstbau um 60 vom Hundert zu vermindern; es ist jedoch jeweils mindestens ein Hektarwert von 1200 Deutsche Mark anzusetzen.

§ 41
Abschläge und Zuschläge

(1) Ein Abschlag oder ein Zuschlag am Vergleichswert ist zu machen,

1. soweit die tatsächlichen Verhältnisse bei einer Nutzung oder einem Nutzungsteil von den bei der Bewertung unterstellten regelmäßigen Verhältnissen der Gegend (§ 38 Abs. 2 Nr. 2) um mehr als 20 vom Hundert abweichen und

2. wenn die Abweichung eine Änderung des Vergleichswerts der Nutzung oder des Nutzungsteils um mehr als den fünften Teil, mindestens aber um 1000 Deutsche Mark, oder um mehr als 10 000 Deutsche Mark bewirkt.

(2) Der Abschlag oder der Zuschlag ist nach der durch die Abweichung bedingten Minderung oder Steigerung der Ertragsfähigkeit zu bemessen.

(2 a) Der Zuschlag wegen Abweichung des tatsächlichen Tierbestands von den unterstellten regelmäßigen Verhältnissen der Gegend ist bei Fortschreibungen (§ 22) oder Nachfeststellungen (§ 23) für Feststellungszeitpunkte ab dem 1. Januar 1989 um 50 vom Hundert zu vermindern. Ist der Zuschlag in einem am 1. Januar 1988 maßgebenden

Einheitswert enthalten, steht die Verminderung einer Änderung der tatsächlichen Verhältnisse gleich, die im Kalenderjahr 1988 eingetreten ist. § 27 ist insoweit nicht anzuwenden.

(3) Bei Stückländereien sind weder Abschläge für fehlende Betriebsmittel beim Eigentümer des Grund und Bodens noch Zuschläge für Überbestand an diesen Wirtschaftsgütern bei deren Eigentümern zu machen.

§ 42
Nebenbetriebe

(1) Nebenbetriebe sind Betriebe, die dem Hauptbetrieb zu dienen bestimmt sind und nicht einen selbständigen gewerblichen Betrieb darstellen.

(2) Die Nebenbetriebe sind gesondert mit dem Einzelertragswert zu bewerten.

§ 43
Abbauland

(1) Zum Abbauland gehören die Betriebsflächen, die durch Abbau der Bodensubstanz überwiegend für den Betrieb nutzbar gemacht werden (Sand-, Kies-, Lehmgruben, Steinbrüche, Torfstiche und dergleichen).

(2) Das Abbauland ist gesondert mit dem Einzelertragswert zu bewerten.

§ 44
Geringstland

(1) **Zum Geringstland gehören die Betriebsflächen geringster Ertragsfähigkeit, für die nach dem Bodenschätzungsgesetz keine Wertzahlen festzustellen sind.**

(2) Geringstland ist mit einem Hektarwert von 50 Deutschen Mark zu bewerten.

§ 45
Unland

(1) Zum Unland gehören die Betriebsflächen, die auch bei geordneter Wirtschaftsweise keinen Ertrag abwerfen können.

(2) Unland wird nicht bewertet.

§ 46
Wirtschaftswert

Aus den Vergleichswerten (§ 40 Abs. 1) und den Abschlägen und Zuschlägen (§ 41), aus den Einzelertragswerten sowie aus den Werten der nach den §§ 42 bis 44 gesondert zu bewertenden Wirtschaftsgüter wird der Wert für den Wirtschaftsteil (Wirtschaftswert) gebildet. Für seine Ermittlung gelten außer den Bestimmungen in den §§ 35 bis 45 auch die besonderen Vorschriften in den §§ 50 bis 62.

§ 47
Wohnungswert

Der Wert für den Wohnteil (Wohnungswert) wird nach den Vorschriften ermittelt, die beim Grundvermögen für die Bewertung der Mietwohngrundstücke im Ertragswertverfahren (§§ 71, 78 bis 82 und 91) gelten. Bei der Schätzung der üblichen Miete (§ 79 Abs. 2) sind die Besonderheiten, die sich aus der Lage der Gebäude oder Gebäudeteile im Betrieb ergeben, zu berücksichtigen.

Der ermittelte Betrag ist um 15 vom Hundert zu vermindern.

§ 48
Zusammensetzung des Einheitswerts

Der Wirtschaftswert und der Wohnungswert bilden zusammen den Einheitswert des Betriebs.

§ 48 a
Einheitswert bestimmter intensiv genutzter Flächen

Werden Betriebsflächen durch einen anderen Nutzungsberechtigten als den Eigentümer bewirtschaftet, so ist

1. bei der Sonderkultur Spargel (§ 52),
2. bei den gärtnerischen Nutzungsteilen Gemüse-, Blumen- und Zierpflanzenbau sowie Baumschulen (§ 61),
3. bei der Saatzucht (§ 62 Abs. 1 Nr. 6)

der Unterschiedsbetrag zwischen dem für landwirtschaftliche Nutzung maßgebenden Vergleichswert und dem höheren Vergleichswert, der durch die unter den Nummern 1 bis 3 bezeichneten Nutzungen bedingt ist, bei der Feststellung des Einheitswerts des Eigentümers nicht zu berücksichtigen und für den Nutzungsberechtigten als selbständiger Einheitswert festzustellen. Ist ein Einheitswert für land- und forstwirtschaftliches Vermögen des Nutzungsberechtigten festzustellen, so ist der Unterschiedsbetrag in diesen Einheitswert einzubeziehen.

§ 49
Verteilung des Einheitswerts

(1) In den Fällen des § 34 Abs. 4 ist der Einheitswert nur für die Zwecke anderer Steuern als der Grundsteuer nach § 19 Abs. 3 Nr. 2 zu verteilen. Bei der Verteilung wird für einen anderen Beteiligten als den Eigentümer des Grund und Bodens ein Anteil nicht festgestellt, wenn er weniger als 1000 Deutsche Mark beträgt. Die Verteilung unterbleibt, wenn die Anteile der anderen Beteiligten zusammen weniger als 1000 Deutsche Mark betragen. In den Fällen des § 34 Abs. 6 gelten die Sätze 1 bis 3 entsprechend.

(2) Soweit der Einheitswert des Eigentümers des Grund und Bodens unter Berücksichtigung von § 48 a festgestellt ist, findet in den Fällen des § 34 Abs. 4 eine Verteilung nicht statt.

II. Besondere Vorschriften

a) Landwirtschaftliche Nutzung

§ 50
Ertragsbedingungen

(1) Bei der Beurteilung der natürlichen Ertragsbedingungen (§ 38 Abs. 2 Nr. 1 Buchstabe a) ist von den Ergebnissen der Bodenschätzung nach dem Bodenschätzungsgesetz auszugehen. Dies gilt auch für das Bodenartenverhältnis.

(2) Ist durch die natürlichen Verhältnisse ein anderes als das in der betreffenden Gegend regelmäßige Kulturartenverhältnis bedingt, so ist abweichend von § 38 Abs. 2 Nr. 2 das tatsächliche Kulturartenverhältnis maßgebend.

§ 51
Tierbestände

(1) Tierbestände gehören in vollem Umfang zur landwirtschaftlichen Nutzung, wenn im Wirtschaftsjahr

für die ersten 20 Hektar nicht mehr als   10   Vieheinheiten,
für die nächsten 10 Hektar nicht mehr als   7   Vieheinheiten,
für die nächsten 10 Hektar nicht mehr als   3   Vieheinheiten,
und für die weitere Fläche nicht mehr als   1,5 Vieheinheiten

je Hektar der vom Inhaber des Betriebs regelmäßig landwirtschaftlich genutzten Flächen erzeugt oder gehalten werden. Die Tierbestände sind nach dem Futterbedarf in Vieheinheiten umzurechnen.

(2) Übersteigt die Anzahl der Vieheinheiten nachhaltig die in Absatz 1 bezeichnete Grenze, so gehören nur die Zweige des Tierbestands zur landwirtschaftlichen Nutzung, deren Vieheinheiten zusammen diese Grenze nicht überschreiten. Zunächst sind mehr flächenabhängige Zweige des Tierbestands und danach weniger flächenabhängige Zweige des Tierbestands zur landwirtschaftlichen Nutzung zu rechnen. Innerhalb jeder dieser Gruppen sind zuerst Zweige des Tierbestands mit der geringeren Anzahl von Vieheinheiten und dann Zweige mit der größeren Anzahl von Vieheinheiten zur landwirtschaftlichen Nutzung zu rechnen. Der Tierbestand des einzelnen Zweiges wird nicht aufgeteilt.

(3) Als Zweig des Tierbestands gilt bei jeder Tierart für sich

1. das Zugvieh,
2. das Zuchtvieh,
3. das Mastvieh,
4. das übrige Nutzvieh.

Das Zuchtvieh einer Tierart gilt nur dann als besonderer Zweig des Tierbestands, wenn die erzeugten Jungtiere überwiegend zum Verkauf bestimmt sind. Ist das nicht der Fall, so ist das Zuchtvieh dem Zweig des Tierbestands zuzurechnen, dem es überwiegend dient.

(4) Der Umrechnungsschlüssel für Tierbestände in Vieheinheiten sowie die Gruppen der mehr oder weniger flächenabhängigen Zweige des Tierbestands sind aus den Anlagen 1 und 2 zu entnehmen. Für die Zeit von einem nach dem 1. Januar 1964 liegenden Hauptfeststellungszeitpunkt an können der Umrechnungsschlüssel für Tierbestände in Vieheinheiten sowie die Gruppen der mehr oder weniger flächenabhängigen Zweige des Tierbestands durch Rechtsverordnung Änderungen der wirtschaftlichen Gegebenheiten, auf denen sie beruhen, angepaßt werden.

(5) Die Absätze 1 bis 4 gelten nicht für Pelztiere. Pelztiere gehören nur dann zur landwirtschaftlichen Nutzung, wenn die erforderlichen Futtermittel überwiegend von den vom Inhaber des Betriebs landwirtschaftlich genutzten Flächen gewonnen sind.

§ 51 a
Gemeinschaftliche Tierhaltung

(1) Zur landwirtschaftlichen Nutzung gehört auch die Tierzucht und Tierhaltung von Erwerbs- und Wirtschaftsgenossenschaften (§ 97 Abs. 1 Nr. 2), von Gesellschaften, bei denen die Gesellschafter als Unternehmer (Mitunternehmer) anzusehen sind (§ 97 Abs. Nr. 5), oder von Vereinen (§ 97 Abs. 2), wenn

1. alle Gesellschafter oder Mitglieder
   a) Inhaber eines Betriebs der Land- und Forstwirtschaft mit selbstbewirtschafteten regelmäßig landwirtschaftlich genutzten Flächen sind,
   b) nach dem Gesamtbild der Verhältnisse hauptberuflich Land- und Forstwirte sind,
   c) Landwirte im Sinne des § 1 Abs. 2 des Gesetzes über die Alterssicherung der Landwirte sind und dies durch eine Bescheinigung der zuständigen Alterskasse nachgewiesen wird und

d) die sich nach § 51 Abs. 1 für sie ergebende Möglichkeit zur landwirtschaftlichen Tiererzeugung oder Tierhaltung in Vieheinheiten ganz oder teilweise auf die Genossenschaft, die Gesellschaft oder den Verein übertragen haben;
2. die Anzahl der von der Genossenschaft, der Gesellschaft oder dem Verein im Wirtschaftsjahr erzeugten oder gehaltenen Vieheinheiten keine der nachfolgenden Grenzen nachhaltig überschreitet:
   a) die Summe der sich nach Nummer 1 Buchstabe d ergebenden Vieheinheiten und
   b) die Summe der Vieheinheiten, die sich nach § 51 Abs. 1 auf der Grundlage der Summe der von den Gesellschaftern oder Mitgliedern regelmäßig landwirtschaftlich genutzten Flächen ergibt;
3. die Betriebe der Gesellschafter oder Mitglieder nicht mehr als 40 km von der Produktionsstätte der Genossenschaft, der Gesellschaft oder des Vereins entfernt liegen.

Die Voraussetzungen der Nummer 1 Buchstabe d und der Nummer 2 sind durch besondere, laufend zu führende Verzeichnisse nachzuweisen.

(2) Der Anwendung des Absatzes 1 steht es nicht entgegen, wenn die dort bezeichneten Genossenschaften, Gesellschaften oder Vereine die Tiererzeugung oder Tierhaltung ohne regelmäßig landwirtschaftlich genutzte Flächen betreiben.

(3) Von den in Absatz 1 bezeichneten Genossenschaften, Gesellschaften oder Vereinen regelmäßig landwirtschaftlich genutzte Flächen sind bei der Ermittlung der nach Absatz 1 Nr. 2 maßgebenden Grenzen wie Flächen von Gesellschaftern oder Mitgliedern zu behandeln, die ihre Möglichkeit zur landwirtschaftlichen Tiererzeugung oder Tierhaltung im Sinne des Absatzes 1 Nr. 1 Buchstabe d auf die Genossenschaft, die Gesellschaft oder den Verein übertragen haben.

(4) Bei dem einzelnen Gesellschafter oder Mitglied der in Absatz 1 bezeichneten Genossenschaften, Gesellschaften oder Vereine ist § 51 Abs. 1 mit der Maßgabe anzuwenden, daß die in seinem Betrieb erzeugten oder gehaltenen Vieheinheiten mit den Vieheinheiten zusammenzurechnen sind, die im Rahmen der nach Absatz 1 Nr. 1 Buchstabe d übertragenen Möglichkeiten erzeugt oder gehalten werden.

(5) Die Vorschriften des § 51 Abs. 2 bis 4 sind entsprechend anzuwenden.

§ 52
Sonderkulturen

Hopfen, Spargel und andere Sonderkulturen sind als landwirtschaftliche Nutzungsteile (§ 37 Abs. 1) zu bewerten.

b) Forstwirtschaftliche Nutzung

§ 53
Umlaufende Betriebsmittel

Eingeschlagenes Holz gehört zum normalen Bestand an umlaufenden Betriebsmitteln, soweit es den jährlichen Nutzungssatz nicht übersteigt; bei Betrieben, die nicht jährlich einschlagen (aussetzende Betriebe), tritt an die Stelle des jährlichen Nutzungssatzes ein den Betriebsverhältnissen entsprechender mehrjähriger Nutzungssatz.

§ 54
Bewertungsstichtag

Abweichend von § 35 Abs. 1 sind für den Umfang und den Zustand des Bestandes an nicht eingeschlagenem Holz die Verhältnisse am Ende des Wirtschaftsjahres zugrunde zu legen, das dem Feststellungszeitpunkt vorangegangen ist.

§ 55
Ermittlung des Vergleichswerts

(1) Das vergleichende Verfahren ist auf Hochwald als Nutzungsteil (§ 37 Abs. 1) anzuwenden.

(2) Die Ertragsfähigkeit des Hochwaldes wird vorweg für Nachhaltsbetriebe mit regelmäßigem Alters- oder Vorratsklassenverhältnis ermittelt und durch Normalwerte ausgedrückt.

(3) Normalwert ist der für eine Holzart unter Berücksichtigung des Holzertrags auf einen Hektar bezogene Ertragswert eines Nachhaltsbetriebs mit regelmäßigem Alters- oder Vorratsklassenverhältnis. Die Normalwerte werden für Bewertungsgebiete vom Bewertungsbeirat vorgeschlagen und durch Rechtsverordnung festgesetzt. Der Normalwert beträgt für die Hauptfeststellung auf den Beginn des Kalenderjahres 1964 höchstens 3200 Deutsche Mark (Fichte, Ertragsklasse I A, Bestockungsgrad 1,0).

(4) Die Anteile der einzelnen Alters- oder Vorratsklassen an den Normalwerten werden durch Hundertsätze ausgedrückt. Für jede Alters- oder Vorratsklasse ergibt sich der Hundertsatz aus dem Verhältnis ihres Abtriebswerts zum Abtriebswert des Nachhaltsbetriebs mit regelmäßigem Alters- oder Vorratsklassenverhältnis. Die Hundertsätze werden einheitlich für alle Bewertungsgebiete durch Rechtsverordnung festgesetzt. Sie betragen für die Hauptfeststellung auf den Beginn des Kalenderjahres 1964 höchstens 260 vom Hundert der Normalwerte.

(5) Ausgehend von den nach Absatz 3 festgesetzten Normalwerten wird für die forstwirtschaftliche Nutzung des einzelnen Betriebs der Ertragswert (Vergleichswert) abgeleitet. Dabei werden die Hundertsätze auf die Alters- oder Vorratsklassen angewendet.

(6) Der Wert der einzelnen Alters- oder Vorratsklasse beträgt mindestens 50 Deutsche Mark je Hektar.

(7) Mittelwald und Niederwald sind mit 50 Deutsche Mark je Hektar anzusetzen.

(8) Zur Förderung der Gleichmäßigkeit der Bewertung wird, ausgehend von den Normalwerten des Bewertungsgebiets nach Absatz 3, durch den Bewertungsbeirat (§§ 63 bis 66) für den forstwirtschaftlichen Nutzungsteil Hochwald in einzelnen Betrieben mit gegendüblichen Ertragsbedingungen (Hauptbewertungsstützpunkte) der Vergleichswert vorgeschlagen und durch Rechtsverordnung festgesetzt.

(9) Zur Berücksichtigung der rückläufigen Reinerträge sind die nach Absatz 5 ermittelten Ertragswerte (Vergleichswerte) um 40 vom Hundert zu vermindern; die Absätze 6 und 7 bleiben unberührt.

c) Weinbauliche Nutzung

§ 56
Umlaufende Betriebsmittel

(1) Bei ausbauenden Betrieben zählen die Vorräte an Weinen aus der letzten und der vorletzten Ernte vor dem Bewertungsstichtag zum normalen Bestand an umlaufenden Betriebsmitteln. Für die Weinvorräte aus der vorletzten Ernte vor dem Bewertungsstichtag gilt dies jedoch nur, soweit sie nicht auf Flaschen gefüllt sind.

(2) Für Feststellungszeitpunkte ab dem 1. Januar 1996 zählen bei ausbauenden Betrieben die Vorräte an Weinen aus den Ernten der letzten fünf Jahre vor dem Bewertungsstichtag zum normalen Bestand an umlaufenden Betriebsmitteln. Diese Zuordnung der Weinvorräte steht einer Änderung der tatsächlichen Verhältnisse gleich, die im Kalenderjahr 1995 eingetreten ist; § 27 ist insoweit nicht anzuwenden.

(3) Abschläge für Unterbestand an Vorräten dieser Art sind nicht zu machen.

§ 57
Bewertungsstützpunkte

Als Bewertungsstützpunkte dienen Weinbaulagen oder Teile von Weinbaulagen.

§ 58
Innere Verkehrslage

Bei der Berücksichtigung der inneren Verkehrslage sind abweichend von § 38 Abs. 2 Nr. 1 nicht die tatsächlichen Verhältnisse, sondern die in der Weinbaulage regelmäßigen Verhältnisse zugrunde zu legen; § 41 ist entsprechend anzuwenden.

d) Gärtnerische Nutzung

§ 59
Bewertungsstichtag

(1) Die durch Anbau von Baumschulgewächsen genutzte Betriebsfläche wird abweichend von § 35 Abs. 1 nach den Verhältnissen an dem 15. September bestimmt, der dem Feststellungszeitpunkt vorangegangen ist.

(2) Die durch Anbau von Gemüse, Blumen und Zierpflanzen genutzte Betriebsfläche wird abweichend von § 35 Abs. 1 nach den Verhältnissen an dem 30. Juni bestimmt, der dem Feststellungszeitpunkt vorangegangen ist.

§ 60
Ertragsbedingungen

(1) Bei der Beurteilung der natürlichen Ertragsbedingungen (§ 38 Abs. 2 Nr. 1 Buchstabe a) ist von den Ergebnissen der Bodenschätzung nach dem Bodenschätzungsgesetz auszugehen.

(2) Hinsichtlich der ertragsteigernden Anlagen, insbesondere der überdachten Anbauflächen, sind – abweichend von § 38 Abs. 2 Nr. 2 – die tatsächlichen Verhältnisse des Betriebs zugrunde zu legen.

§ 61
Anwendung des vergleichenden Verfahrens

Das vergleichende Verfahren ist auf Gemüse-, Blumen- und Zierpflanzenbau, auf Obstbau und auf Baumschulen als Nutzungsteile (§ 37 Abs. 1 Satz 2) anzuwenden.

e) Sonstige land- und forstwirtschaftliche Nutzung

§ 62
Arten und Bewertung der sonstigen land- und forstwirtschaftlichen Nutzung

(1) Zur sonstigen land- und forstwirtschaftlichen Nutzung gehören insbesondere

1. die Binnenfischerei,
2. die Teichwirtschaft,
3. die Fischzucht für Binnenfischerei und Teichwirtschaft,
4. die Imkerei,
5. die Wanderschäferei,
6. die Saatzucht.

(2) Für die Arten der sonstigen land- und forstwirtschaftlichen Nutzung werden im vergleichenden Verfahren abweichend von § 38 Abs. 1 keine Vergleichszahlen, sondern unmittelbare Vergleichswerte ermittelt.

III. Bewertungsbeirat, Gutachterausschuß

§ 63
Bewertungsbeirat

(1) Beim Bundesministerium der Finanzen wird ein Bewertungsbeirat gebildet.

(2) Der Bewertungsbeirat gliedert sich in eine landwirtschaftliche Abteilung, eine forstwirtschaftliche Abteilung, eine Weinbauabteilung und eine Gartenbauabteilung. Die Gartenbauabteilung besteht aus den Unterabteilungen für Gemüse-, Blumen- und Zierpflanzenbau, für Obstbau und für Baumschulen.

(3) Der Bewertungsbeirat übernimmt auch die Befugnisse des Reichsschätzungsbeirats nach dem Bodenschätzungsgesetz.

§ 64
Mitglieder

(1) Dem Bewertungsbeirat gehören an:

1. in jeder Abteilung und Unterabteilung:
   a) ein Beamter des Bundesministeriums der Finanzen als Vorsitzender,
   b) ein Beamter des Bundesministeriums für Ernährung, Landwirtschaft und Forsten;
2. in der landwirtschaftlichen Abteilung und in der forstwirtschaftlichen Abteilung je zehn Mitglieder;
3. in der Weinbauabteilung acht Mitglieder;
4. in der Gartenbauabteilung vier Mitglieder mit allgemeiner Sachkunde, zu denen für jede Unterabteilung drei weitere Mitglieder mit besonderer Fachkenntnis hinzutreten.

(2) Nach Bedarf können weitere Mitglieder berufen werden.

(3) Die Mitglieder nach Absatz 1 Nr. 2 bis 4 und nach Absatz 2 werden auf Vorschlag der obersten Finanzbehörden der Länder durch das Bundesministerium der Finanzen im Einvernehmen mit dem Bundesministerium für Ernährung, Landwirtschaft und Forsten berufen. Die Berufung kann mit Zustimmung der obersten Finanzbehörden der Länder zurückgenommen werden. Scheidet eines der nach Absatz 1 Nr. 2 bis 4 berufenen Mitglieder aus, so ist ein neues Mitglied zu berufen. Die Mitglieder müssen sachkundig sein.

(4) Die nach Absatz 3 berufenen Mitglieder haben bei den Verhandlungen des Bewertungsbeirats ohne Rücksicht auf Sonderinteressen nach bestem Wissen und Gewissen zu verfahren. Sie dürfen den Inhalt der Verhandlungen des Bewertungsbeirats sowie die Verhältnisse der Steuerpflichtigen, die ihnen im Zusammenhang mit ihrer Tätigkeit auf Grund dieses Gesetzes bekanntgeworden sind, nicht unbefugt offenbaren und Geheimnisse, insbesondere Betriebs- oder Geschäftsgeheimnisse, nicht unbefugt verwerten. Sie werden bei Beginn ihrer Tätigkeit von dem Vorsitzenden des Bewertungsbeirats durch Handschlag verpflichtet, diese Obliegenheiten gewissenhaft zu erfüllen. Über diese Verpflichtung ist eine Niederschrift aufzunehmen, die von dem Verpflichteten mit unterzeichnet wird. Auf Zuwiderhandlungen sind die Vorschriften über das Steuergeheimnis und die Strafbarkeit seiner Verletzung entsprechend anzuwenden.

§ 65
Aufgaben

Der Bewertungsbeirat hat die Aufgabe, Vorschläge zu machen

1. für die durch besonderes Gesetz festzusetzenden Ertragswerte (§ 40 Abs. 1),
2. für die durch Rechtsverordnung festzusetzenden Vergleichszahlen (§ 39 Abs. 1) und Vergleichswerte (§ 55 Abs. 8) der Hauptbewertungsstützpunkte,
3. für die durch Rechtsverordnung festzusetzenden Normalwerte der forstwirtschaftlichen Nutzung für Bewertungsgebiete (§ 55 Abs. 3).

§ 66
Geschäftsführung

(1) Der Vorsitzende führt die Geschäfte des Bewertungsbeirats und leitet die Verhandlungen. Das Bundesministerium der Finanzen kann eine Geschäftsordnung für den Bewertungsbeirat erlassen.

(2) Die einzelnen Abteilungen und Unterabteilungen des Bewertungsbeirats sind beschlußfähig, wenn mindestens zwei Drittel der Mitglieder anwesend sind. Bei Abstimmung entscheidet die Stimmenmehrheit, bei Stimmengleichheit die Stimme des Vorsitzenden.

(3) Der Bewertungsbeirat hat seinen Sitz am Sitz des Bundesministeriums der Finanzen. Er hat bei Durchführung seiner Aufgaben die Ermittlungsbefugnisse, die den Finanzämtern nach der Abgabenordnung zustehen.

(4) Die Verhandlungen des Bewertungsbeirats sind nicht öffentlich. Der Bewertungsbeirat kann nach seinem Ermessen Sachverständige hören; § 64 Abs. 4 gilt entsprechend.

§ 67
Gutachterausschuß

(1) Zur Förderung der Gleichmäßigkeit der Bewertung des land- und forstwirtschaftlichen Vermögens in den Ländern, insbesondere durch Bewertung von Landes-Bewertungsstützpunkten, wird bei jeder Oberfinanzdirektion ein Gutachterausschuß gebildet. Bei jedem Gutachterausschuß ist eine landwirtschaftliche Abteilung zu bilden. Weitere Abteilungen können nach Bedarf entsprechend der Gliederung des Bewertungsbeirats (§ 63) gebildet werden.

(2) Die landwirtschaftliche Abteilung des Gutachterausschusses übernimmt auch die Befugnisse des Landesschätzungsbeirats nach dem Bodenschätzungsgesetz.

(3) Dem Gutachterausschuß oder jeder seiner Abteilungen gehören an

1. der Oberfinanzpräsident oder ein von ihm beauftragter Angehöriger seiner Behörde als Vorsitzender,
2. ein von der für die Land- und Forstwirtschaft zuständigen obersten Landesbehörde beauftragter Beamter,
3. fünf sachkundige Mitglieder, die durch die für die Finanzverwaltung zuständige oberste Landesbehörde im Einvernehmen mit der für die Land- und Forstwirtschaft zuständigen obersten Landesbehörde berufen werden. Die Berufung kann zurückgenommen werden. § 64 Abs. 2 und 4 gilt entsprechend. Die Landesregierungen werden ermächtigt, durch Rechtsverordnung die zuständigen Behörden abweichend von Satz 1 zu bestimmen. Sie können diese Ermächtigung auf oberste Landesbehörden übertragen.

(4) Der Vorsitzende führt die Geschäfte des Gutachterausschusses und leitet die Verhandlungen. Die Verhandlungen sind nicht öffentlich. Für die Beschlußfähigkeit und die Abstimmung gilt § 66 Abs. 2 entsprechend.

C. Grundvermögen

I. Allgemeines

§ 68
Begriff des Grundvermögens

(1) Zum Grundvermögen gehören

1. der Grund und Boden, die Gebäude, die sonstigen Bestandteile und das Zubehör,
2. das Erbbaurecht,
3. das Wohnungseigentum, Teileigentum, Wohnungserbbaurecht und Teilerbbaurecht nach dem Wohnungseigentumsgesetz,

soweit es sich nicht um land- und forstwirtschaftliches Vermögen (§ 33) oder um Betriebsgrundstücke (§ 99) handelt.

(2) In das Grundvermögen sind nicht einzubeziehen

1. Bodenschätze,
2. die Maschinen und sonstigen Vorrichtungen aller Art, die zu einer Betriebsanlage gehören (Betriebsvorrichtungen), auch wenn sie wesentliche Bestandteile sind.

Einzubeziehen sind jedoch die Verstärkungen von Decken und die nicht ausschließlich zu einer Betriebsanlage gehörenden Stützen und sonstigen Bauteile wie Mauervorlagen und Verstrebungen.

§ 69
Abgrenzung des Grundvermögens vom land- und forstwirtschaftlichen Vermögen

(1) Land- und forstwirtschaftlich genutzte Flächen sind dem Grundvermögen zuzurechnen, wenn nach ihrer Lage, den im Feststellungszeitpunkt bestehenden Verwertungsmöglichkeiten oder den sonstigen Umständen anzunehmen ist, daß sie in absehbarer Zeit anderen als land- und forstwirtschaftlichen Zwecken, insbesondere als Bauland, Industrieland oder Land für Verkehrszwecke, dienen werden.

(2) Bildet ein Betrieb der Land- und Forstwirtschaft die Existenzgrundlage des Betriebsinhabers, so sind dem Betriebsinhaber gehörende Flächen, die von einer Stelle aus ordnungsgemäß nachhaltig bewirtschaftet werden, dem Grundvermögen nur dann zuzurechnen, wenn mit großer Wahrscheinlichkeit anzunehmen ist, daß sie spätestens nach zwei Jahren anderen als land- und forstwirtschaftlichen Zwecken dienen werden.

(3) Flächen sind stets dem Grundvermögen zuzurechnen, wenn sie in einem Bebauungsplan als Bauland festgesetzt sind, ihre sofortige Bebauung möglich ist und die Bebauung innerhalb des Plangebiets in benachbarten Bereichen begonnen hat oder schon durchgeführt ist. Satz 1 gilt nicht für die Hofstelle und für andere Flächen in unmittelbarem räumlichem Zusammenhang mit der Hofstelle bis zu einer Größe von insgesamt einem Hektar.

(4) Absatz 2 findet in den Fällen des § 55 Abs. 5 Satz 1 des Einkommensteuergesetzes keine Anwendung.

§ 70
Grundstück

(1) Jede wirtschaftliche Einheit des Grundvermögens bildet ein Grundstück im Sinne dieses Gesetzes.

(2) Ein Anteil des Eigentümers eines Grundstücks an anderem Grundvermögen (z. B. an gemeinschaftlichen Hofflächen oder Garagen) ist in das Grundstück einzubeziehen,

wenn alle Anteile an dem gemeinschaftlichen Grundvermögen Eigentümern von Grundstücken gehören, die ihren Anteil jeweils zusammen mit ihrem Grundstück nutzen. Das gilt nicht, wenn das gemeinschaftliche Grundvermögen nach den Anschauungen des Verkehrs als selbständige wirtschaftliche Einheit anzusehen ist (§ 2 Abs. 1 Satz 3 und 4).

(3) Als Grundstück im Sinne dieses Gesetzes gilt auch ein Gebäude, das auf fremdem Grund und Boden errichtet oder in sonstigen Fällen einem anderen als dem Eigentümer des Grund und Bodens zuzurechnen ist, selbst wenn es wesentlicher Bestandteil des Grund und Bodens geworden ist.

§ 71
Gebäude und Gebäudeteile für den Bevölkerungsschutz

Gebäude, Teile von Gebäuden und Anlagen, die zum Schutz der Bevölkerung sowie lebens- und verteidigungswichtiger Sachgüter vor der Wirkung von Angriffswaffen geschaffen worden sind, bleiben bei der Ermittlung des Einheitswerts außer Betracht, wenn sie im Frieden nicht oder nur gelegentlich oder geringfügig für andere Zwecke benutzt werden.

II. Unbebaute Grundstücke

§ 72
Begriff

(1) Unbebaute Grundstücke sind Grundstücke, auf denen sich keine benutzbaren Gebäude befinden. Die Benutzbarkeit beginnt im Zeitpunkt der Bezugsfertigkeit. Gebäude sind als bezugsfertig anzusehen, wenn den zukünftigen Bewohnern oder sonstigen Benutzern zugemutet werden kann, sie zu benutzen; die Abnahme durch die Bauaufsichtsbehörde ist nicht entscheidend.

(2) Befinden sich auf einem Grundstück Gebäude, deren Zweckbestimmung und Wert gegenüber der Zweckbestimmung und dem Wert des Grund und Bodens von untergeordneter Bedeutung sind, so gilt das Grundstück als unbebaut.

(3) Als unbebautes Grundstück gilt auch ein Grundstück, auf dem infolge der Zerstörung oder des Verfalls der Gebäude auf die Dauer benutzbarer Raum nicht mehr vorhanden ist.

§ 73
Baureife Grundstücke

(1) Innerhalb der unbebauten Grundstücke bilden die baureifen Grundstücke eine besondere Grundstücksart.

(2) Baureife Grundstücke sind unbebaute Grundstücke, wenn sie in einem Bebauungsplan als Bauland festgesetzt sind, ihre sofortige Bebauung möglich ist und die Bebauung innerhalb des Plangebiets in benachbarten Bereichen begonnen hat oder schon durchgeführt ist. Zu den baureifen Grundstücken gehören nicht Grundstücke, die für den Gemeinbedarf vorgesehen sind.

III. Bebaute Grundstücke

a) Begriff und Bewertung

§ 74
Begriff

Bebaute Grundstücke sind Grundstücke, auf denen sich benutzbare Gebäude befinden, mit Ausnahme der in § 72 Abs. 2 und 3 bezeichneten Grundstücke. Wird ein Gebäude in Bauabschnitten errichtet, so ist der fertiggestellte und bezugsfertige Teil als benutzbares Gebäude anzusehen.

§ 75
Grundstücksarten

(1) Bei der Bewertung bebauter Grundstücke sind die folgenden Grundstücksarten zu unterscheiden:

1. Mietwohngrundstücke,
2. Geschäftsgrundstücke,
3. gemischtgenutzte Grundstücke,
4. Einfamilienhäuser,
5. Zweifamilienhäuser,
6. sonstige bebaute Grundstücke.

(2) Mietwohngrundstücke sind Grundstücke, die zu mehr als 80 vom Hundert, berechnet nach der Jahresrohmiete (§ 79), Wohnzwecken dienen, mit Ausnahme der Einfamilienhäuser und Zweifamilienhäuser (Absätze 5 und 6).

(3) Geschäftsgrundstücke sind Grundstücke, die zu mehr als achtzig vom Hundert, berechnet nach der Jahresrohmiete (§ 79), eigenen oder fremden gewerblichen oder öffentlichen Zwecken dienen.

(4) Gemischtgenutzte Grundstücke sind Grundstücke, die teils Wohnzwecken, teils eigenen oder fremden gewerblichen oder öffentlichen Zwecken dienen und nicht Mietwohngrundstücke, Geschäftsgrundstücke, Einfamilienhäuser oder Zweifamilienhäuser sind.

(5) Einfamilienhäuser sind Wohngrundstücke, die nur eine Wohnung enthalten. Wohnungen des Hauspersonals (Pförtner, Heizer, Gärtner, Kraftwagenführer, Wächter usw.) sind nicht mitzurechnen. Eine zweite Wohnung steht, abgesehen von Satz 2, dem Begriff Einfamilienhaus entgegen, auch wenn sie von untergeordneter Bedeutung ist. Ein Grundstück gilt auch dann als Einfamilienhaus, wenn es zu gewerblichen oder öffentlichen Zwecken mitbenutzt wird und dadurch die Eigenart als Einfamilienhaus nicht wesentlich beeinträchtigt wird.

(6) Zweifamilienhäuser sind Wohngrundstücke, die nur zwei Wohnungen enthalten. Die Sätze 2 bis 4 von Absatz 5 sind entsprechend anzuwenden.

(7) Sonstige bebaute Grundstücke sind solche Grundstücke, die nicht unter die Absätze 2 bis 6 fallen.

§ 76
Bewertung

(1) Der Wert des Grundstücks ist vorbehaltlich des Absatzes 3 im Wege des Ertragswertverfahrens (§§ 78 bis 82) zu ermitteln für

1. Mietwohngrundstücke,
2. Geschäftsgrundstücke,
3. gemischtgenutzte Grundstücke,
4. Einfamilienhäuser,
5. Zweifamilienhäuser.

(2) Für die sonstigen bebauten Grundstücke ist der Wert im Wege des Sachwertverfahrens (§§ 83 bis 90) zu ermitteln.

(3) Das Sachwertverfahren ist abweichend von Absatz 1 anzuwenden

1. bei Einfamilienhäusern und Zweifamilienhäusern, die sich durch besondere Gestaltung oder Ausstattung wesentlich von den nach Absatz 1 zu bewertenden Einfamilienhäusern und Zweifamilienhäusern unterscheiden;
2. bei solchen Gruppen von Geschäftsgrundstücken und in solchen Einzelfällen bebauter Grundstücke der in § 75 Abs. 1 Nr. 1 bis 3 bezeichneten Grundstücksarten, für die weder eine Jahresrohmiete ermittelt noch die übliche Miete nach § 79 Abs. 2 geschätzt werden kann;
3. bei Grundstücken mit Behelfsbauten und bei Grundstücken mit Gebäuden in einer Bauart oder Bauausführung, für die ein Vervielfältiger (§ 80) in den Anlagen 3 bis 8 nicht bestimmt ist.

§ 77
Mindestwert*)

Der für ein bebautes Grundstück anzusetzende Wert darf nicht geringer sein als der Wert, mit dem der Grund und Boden allein als unbebautes Grundstück zu bewerten wäre. Müssen Gebäude oder Gebäudeteile wegen ihres baulichen Zustands abgebrochen werden, so sind die Abbruchkosten zu berücksichtigen.

b) Verfahren

1. Ertragswertverfahren

§ 78
Grundstückswert

Der Grundstückswert umfaßt den Bodenwert, den Gebäudewert und den Wert der Außenanlagen. Er ergibt sich durch Anwendung eines Vervielfältigers (§ 80) auf die Jahresrohmiete (§ 79) unter Berücksichtigung der §§ 81 und 82.

§ 79
Jahresrohmiete

(1) Jahresrohmiete ist das Gesamtentgelt, das die Mieter (Pächter) für die Benutzung des Grundstücks auf Grund vertraglicher Vereinbarungen nach dem Stand im Feststellungszeitpunkt für ein Jahr zu entrichten haben. Umlagen und alle sonstigen Leistungen des Mieters sind einzubeziehen. Zur Jahresrohmiete gehören auch Betriebskosten (z. B. Gebühren der Gemeinde), die durch die Gemeinde von den Mietern unmittelbar erhoben werden. Nicht einzubeziehen sind Untermietzuschläge, Kosten des Betriebs der zen-

---

* Nach Artikel 7 des Steueränderungsgesetzes 1969 vom 18. August 1969 (BGBl. I S. 1211) ist § 77 im Hauptfeststellungszeitraum 1964 in folgender Fassung anzuwenden: Der für ein bebautes Grundstück anzusetzende Wert darf nicht geringer sein als 50 vom Hundert des Werts, mit dem der Grund und Boden allein als unbebautes Grundstück zu bewerten wäre.

tralen Heizungs-, Warmwasserversorgungs- und Brennstoffversorgungsanlage sowie des Fahrstuhls, ferner alle Vergütungen für außergewöhnliche Nebenleistungen des Vermieters, die nicht die Raumnutzung betreffen (z. B. Bereitstellung von Wasserkraft, Dampfkraft, Preßluft, Kraftstrom und dergleichen), sowie Nebenleistungen des Vermieters, die nur einzelnen Mietern zugute kommen.

(2) Statt des Betrags nach Absatz 1 gilt die übliche Miete als Jahresrohmiete für solche Grundstücke oder Grundstücksteile,

1. die eigengenutzt, ungenutzt, zu vorübergehendem Gebrauch oder unentgeltlich überlassen sind,
2. die der Eigentümer dem Mieter zu einer um mehr als 20 vom Hundert von der üblichen Miete abweichenden tatsächlichen Miete überlassen hat.

Die übliche Miete ist in Anlehnung an die Jahresrohmiete zu schätzen, die für Räume gleicher oder ähnlicher Art, Lage und Ausstattung regelmäßig gezahlt wird.

(3) Bei Grundstücken, die

1. (weggefallen),
2. (weggefallen),
3. nach dem Zweiten Wohnungsbaugesetz in der Fassung der Bekanntmachung vom 14. August 1990 (BGBl. I S. 1730), geändert durch Anlage I Kapitel XIV Abschnitt II Nr. 5 des Einigungsvertrages vom 31. August 1990 in Verbindung mit Artikel 1 des Gesetzes vom 23. September 1990 (BGBl. 1990 II S. 885, 1126)[1]),
4. im Saarland nach
    a) (weggefallen),
    b) (weggefallen),
    c) dem Wohnungsbaugesetz für das Saarland in der Fassung der Bekanntmachung vom 10. September 1985 (Amtsblatt des Saarlandes S. 1185), zuletzt geändert durch Artikel 41 des Gesetzes vom 28. Juni 1990 (BGBl. I S. 1221)[2]),

grundsteuerbegünstigt sind, ist die auf das Grundstück oder den steuerbegünstigten Grundstücksteil entfallende Jahresrohmiete um zwölf vom Hundert zu erhöhen.

(4) Werden bei Arbeiterwohnstätten Beihilfen nach § 35 des Grundsteuergesetzes gewährt, so ist die Jahresrohmiete des Grundstücks oder des Grundstücksteils, für den die Beihilfe gewährt wird, um 14 vom Hundert zu erhöhen.

(5) Bei Fortschreibungen und Nachfeststellungen gelten für die Höhe der Miete die Wertverhältnisse im Hauptfeststellungszeitpunkt.

§ 80
Vervielfältiger

(1) Die Zahl, mit der die Jahresrohmiete zu vervielfachen ist (Vervielfältiger), ist aus den Anlagen 3 bis 8 zu entnehmen. Der Vervielfältiger bestimmt sich nach der Grundstücksart, der Bauart und Bauausführung, dem Baujahr des Gebäudes sowie nach der Einwohnerzahl der Belegenheitsgemeinde im Hauptfeststellungszeitpunkt. Erstreckt sich ein Grundstück über mehrere Gemeinden, so ist Belegenheitsgemeinde die Gemeinde, in der der wertvollste Teil des Grundstücks belegen ist. Bei Umgemeindungen nach dem Hauptfeststellungszeitpunkt sind weiterhin die Einwohnerzahlen zugrunde zu legen, die für die betroffenen Gemeinden oder Gemeindeteile im Hauptfeststellungszeitpunkt maßgebend waren.

---

[1] II. WoBauG, zuletzt geändert durch Artikel 17 des Gesetzes vom 18. 12. 1995 (BGBl. I S. 1995)
[2] WoBauG Saarland, zuletzt geändert durch Artikel 18 des Gesetzes vom 18. 12. 1995 (BGBl. I S. 1995)

(2) Die Landesregierungen werden ermächtigt, durch Rechtsverordnung zu bestimmen, daß Gemeinden oder Gemeindeteile in eine andere Gemeindegrößenklasse eingegliedert werden, als es ihrer Einwohnerzahl entspricht, wenn die Vervielfältiger wegen der besonderen wirtschaftlichen Verhältnisse in diesen Gemeinden oder Gemeindeteilen abweichend festgesetzt werden müssen (z. B. in Kurorten und Randgemeinden).

(3) Ist die Lebensdauer eines Gebäudes gegenüber der nach seiner Bauart und Bauausführung in Betracht kommenden Lebensdauer infolge baulicher Maßnahmen wesentlich verlängert oder infolge nicht behebbarer Baumängel und Bauschäden wesentlich verkürzt, so ist der Vervielfältiger nicht nach dem tatsächlichen Baujahr des Gebäudes, sondern nach dem um die entsprechende Zeit späteren oder früheren Baujahr zu ermitteln.

(4) Befinden sich auf einem Grundstück Gebäude oder Gebäudeteile, die eine verschiedene Bauart oder Bauausführung aufweisen oder die in verschiedenen Jahren bezugsfertig geworden sind, so sind für die einzelnen Gebäude oder Gebäudeteile die nach der Bauart und Bauausführung sowie nach dem Baujahr maßgebenden Vervielfältiger anzuwenden. Können die Werte der einzelnen Gebäude oder Gebäudeteile nur schwer ermittelt werden, so kann für das ganze Grundstück ein Vervielfältiger nach einem durchschnittlichen Baujahr angewendet werden.

§ 81
Außergewöhnliche Grundsteuerbelastung

Weicht im Hauptfeststellungszeitpunkt die Grundsteuerbelastung in einer Gemeinde erheblich von der in den Vervielfältigern berücksichtigten Grundsteuerbelastung ab, so sind die Grundstückswerte in diesen Gemeinden mit Ausnahme der in § 79 Abs. 3 und 4 bezeichneten Grundstücke oder Grundstücksteile bis zu 10 vom Hundert zu ermäßigen oder zu erhöhen. Die Hundertsätze werden durch Rechtsverordnung bestimmt.

§ 82
Ermäßigung und Erhöhung

(1) Liegen wertmindernde Umstände vor, die weder in der Höhe der Jahresrohmiete noch in der Höhe des Vervielfältigers berücksichtigt sind, so ist der sich nach den §§ 78 bis 81 ergebende Grundstückswert zu ermäßigen. Als solche Umstände kommen z. B. in Betracht

1. ungewöhnlich starke Beeinträchtigungen durch Lärm, Rauch oder Gerüche,
2. behebbare Baumängel und Bauschäden und
3. die Notwendigkeit baldigen Abbruchs.

(2) Liegen werterhöhende Umstände vor, die in der Höhe der Jahresrohmiete nicht berücksichtigt sind, so ist der sich nach den §§ 78 bis 81 ergebende Grundstückswert zu erhöhen. Als solche Umstände kommen nur in Betracht

1. die Größe der nicht bebauten Fläche, wenn sich auf dem Grundstück keine Hochhäuser befinden; ein Zuschlag unterbleibt, wenn die gesamte Fläche bei Einfamilienhäusern oder Zweifamilienhäusern nicht mehr als 1500 qm, bei den übrigen Grundstücksarten nicht mehr als das Fünffache der bebauten Fläche beträgt,
2. die nachhaltige Ausnutzung des Grundstücks für Reklamezwecke gegen Entgelt.

(3) Die Ermäßigung nach Absatz 1 Nr. 1 und 2 oder die Erhöhung nach Absatz 2 darf insgesamt 30 vom Hundert des Grundstückswerts (§§ 78 bis 81) nicht übersteigen. Treffen die Voraussetzungen für die Ermäßigung nach Absatz 1 Nr. 1 und 2 und für die Erhöhung nach Absatz 2 zusammen, so ist der Höchstsatz nur auf das Ergebnis des Ausgleichs anzuwenden.

2. Sachwertverfahren

§ 83
Grundstückswert

Bei der Ermittlung des Grundstückswertes ist vom Bodenwert (§ 84), vom Gebäudewert (§§ 85 bis 88) und vom Wert der Außenanlagen (§ 89) auszugehen (Ausgangswert). Der Ausgangswert ist an den gemeinen Wert anzugleichen (§ 90).

§ 84
Bodenwert

Der Grund und Boden ist mit dem Wert anzusetzen, der sich ergeben würde, wenn das Grundstück unbebaut wäre.

§ 85
Gebäudewert

Bei der Ermittlung des Gebäudewertes ist zunächst ein Wert auf der Grundlage von durchschnittlichen Herstellungskosten nach den Baupreisverhältnissen des Jahres 1958 zu errechnen. Dieser Wert ist nach den Baupreisverhältnissen im Hauptfeststellungszeitpunkt umzurechnen (Gebäudenormalherstellungswert). Der Gebäudenormalherstellungswert ist wegen des Alters des Gebäudes im Hauptfeststellungszeitpunkt (§ 86) und wegen etwa vorhandener baulicher Mängel und Schäden (§ 87) zu mindern (Gebäudesachwert). Der Gebäudesachwert kann in besonderen Fällen ermäßigt oder erhöht werden (§ 88).

§ 86
Wertminderung wegen Alters

(1) Die Wertminderung wegen Alters bestimmt sich nach dem Alter des Gebäudes im Hauptfeststellungszeitpunkt und der gewöhnlichen Lebensdauer von Gebäuden gleicher Art und Nutzung. Sie ist in einem Hundertsatz des Gebäudenormalherstellungswertes auszudrücken. Dabei ist von einer gleichbleibenden jährlichen Wertminderung auszugehen.

(2) Als Alter des Gebäudes gilt die Zeit zwischen dem Beginn des Jahres, in dem das Gebäude bezugsfertig geworden ist, und dem Hauptfeststellungszeitpunkt.

(3) Als Wertminderung darf insgesamt kein höherer Betrag abgesetzt werden, als sich bei einem Alter von 70 vom Hundert der Lebensdauer ergibt. Dieser Betrag kann nur überschritten werden, wenn eine außergewöhnliche Wertminderung vorliegt.

(4) Ist die restliche Lebensdauer eines Gebäudes infolge baulicher Maßnahmen verlängert, so ist der nach dem tatsächlichen Alter errechnete Hundertsatz entsprechend zu mindern.

§ 87
Wertminderung wegen baulicher Mängel und Schäden

Für bauliche Mängel und Schäden, die weder bei der Ermittlung des Gebäudenormalherstellungswertes noch bei der Wertminderung wegen Alters berücksichtigt worden sind, ist ein Abschlag zu machen. Die Höhe des Abschlags richtet sich nach Bedeutung und Ausmaß der Mängel und Schäden.

§ 88
Ermäßigung und Erhöhung

(1) Der Gebäudesachwert kann ermäßigt oder erhöht werden, wenn Umstände tatsächlicher Art vorliegen, die bei seiner Ermittlung nicht berücksichtigt worden sind.

(2) Eine Ermäßigung kann insbesondere in Betracht kommen, wenn Gebäude wegen der Lage des Grundstücks, wegen unorganischen Aufbaus oder wirtschaftlicher Überalterung in ihrem Wert gemindert sind.

(3) Ein besonderer Zuschlag ist zu machen, wenn ein Grundstück nachhaltig gegen Entgelt für Reklamezwecke genutzt wird.

§ 89
Wert der Außenanlagen

Der Wert der Außenanlagen (z. B. Umzäunungen, Wege- oder Platzbefestigungen) ist aus durchschnittlichen Herstellungskosten nach den Baupreisverhältnissen des Jahres 1958 zu errechnen und nach den Baupreisverhältnissen im Hauptfeststellungszeitpunkt umzurechnen. Dieser Wert ist wegen des Alters der Außenanlagen im Hauptfeststellungszeitpunkt und wegen etwaiger baulicher Mängel und Schäden zu mindern; die Vorschriften der §§ 86 bis 88 gelten sinngemäß.

§ 90
Angleichung an den gemeinen Wert

(1) Der Ausgangswert (§ 83) ist durch Anwendung einer Wertzahl an den gemeinen Wert anzugleichen.

(2) Die Wertzahlen werden durch Rechtsverordnung unter Berücksichtigung der wertbeeinflussenden Umstände, insbesondere der Zweckbestimmung und Verwendbarkeit der Grundstücke innerhalb bestimmter Wirtschaftszweige und der Gemeindegrößen, im Rahmen von 85 bis 50 vom Hundert des Ausgangswertes festgesetzt. Dabei können für einzelne Grundstücksarten oder Grundstücksgruppen oder Untergruppen in bestimmten Gebieten, Gemeinden oder Gemeindeteilen besondere Wertzahlen festgesetzt werden, wenn es die örtlichen Verhältnisse auf dem Grundstücksmarkt erfordern.

IV. Sondervorschriften

§ 91
Grundstücke im Zustand der Bebauung

Bei Grundstücken, die sich am Feststellungszeitpunkt im Zustand der Bebauung befinden, bleiben die nicht bezugsfertigen Gebäude oder Gebäudeteile (z. B. Anbauten oder Zubauten) bei der Ermittlung des Wertes außer Betracht.

§ 92
Erbbaurecht

(1) Ist ein Grundstück mit einem Erbbaurecht belastet, so ist sowohl für die wirtschaftliche Einheit des Erbbaurechts als auch für die wirtschaftliche Einheit des belasteten Grundstücks jeweils ein Einheitswert festzustellen. Bei der Ermittlung der Einheitswerte ist von einem Gesamtwert auszugehen, der für den Grund und Boden einschließlich der Gebäude und Außenanlagen festzustellen wäre, wenn die Belastung nicht bestünde. Wird der Gesamtwert nach den Vorschriften über die Bewertung der bebauten Grundstücke ermittelt, so gilt jede wirtschaftliche Einheit als bebautes Grundstück der Grundstücksart, von der bei der Ermittlung des Gesamtwerts ausgegangen wird.

(2) Beträgt die Dauer des Erbbaurechts in dem für die Bewertung maßgebenden Zeitpunkt noch 50 Jahre oder mehr, so entfällt der Gesamtwert (Absatz 1) allein auf die wirtschaftliche Einheit des Erbbaurechts.

(3) Beträgt die Dauer des Erbbaurechts in dem für die Bewertung maßgebenden Zeitpunkt weniger als 50 Jahre, so ist der Gesamtwert (Absatz 1) entsprechend der restlichen Dauer des Erbbaurechts zu verteilen. Dabei entfallen auf

1. die wirtschaftliche Einheit des Erbbaurechts:
der Gebäudewert und ein Anteil am Bodenwert; dieser beträgt bei einer Dauer des Erbbaurechts

    unter 50 bis zu 40 Jahren   95 vom Hundert,
    unter 40 bis zu 35 Jahren   90 vom Hundert,
    unter 35 bis zu 30 Jahren   85 vom Hundert,
    unter 30 bis zu 25 Jahren   80 vom Hundert,
    unter 25 bis zu 20 Jahren   70 vom Hundert,
    unter 20 bis zu 15 Jahren   60 vom Hundert,
    unter 15 bis zu 10 Jahren   45 vom Hundert,
    unter 10 bis zu 5 Jahren   25 vom Hundert,
    unter 5 Jahren   0 vom Hundert;

2. die wirtschaftliche Einheit des belasteten Grundstücks:
der Anteil am Bodenwert, der nach Abzug des in Nummer 1 genannten Anteils verbleibt.

Abweichend von den Nummern 1 und 2 ist in die wirtschaftliche Einheit des belasteten Grundstücks ein Anteil am Gebäudewert einzubeziehen, wenn besondere Vereinbarungen es rechtfertigen. Das gilt insbesondere, wenn bei Erlöschen des Erbbaurechts durch Zeitablauf der Eigentümer des belasteten Grundstücks keine dem Gebäudewert entsprechende Entschädigung zu leisten hat. Geht das Eigentum an dem Gebäude bei Erlöschen des Erbbaurechts durch Zeitablauf entschädigungslos auf den Eigentümer des belasteten Grundstücks über, so ist der Gebäudewert entsprechend der in den Nummern 1 und 2 vorgesehenen Verteilung des Bodenwertes zu verteilen. Beträgt die Entschädigung für das Gebäude beim Übergang nur einen Teil des Gebäudewertes, so ist der dem Eigentümer des belasteten Grundstücks entschädigungslos zufallende Anteil entsprechend zu verteilen. Eine in der Höhe des Erbbauzinses zum Ausdruck kommende Entschädigung für den Gebäudewert bleibt außer Betracht. Der Wert der Außenanlagen wird wie der Gebäudewert behandelt.

(4) Hat sich der Erbbauberechtigte durch Vertrag mit dem Eigentümer des belasteten Grundstücks zum Abbruch des Gebäudes bei Beendigung des Erbbaurechts verpflichtet, so ist dieser Umstand durch einen entsprechenden Abschlag zu berücksichtigen; der Abschlag unterbleibt, wenn vorauszusehen ist, daß das Gebäude trotz der Verpflichtung nicht abgebrochen werden wird.

(5) Das Recht auf den Erbbauzins ist nicht als Bestandteil des Grundstücks zu berücksichtigen, sondern bei der Ermittlung des sonstigen Vermögens oder des Betriebsvermögens des Eigentümers des belasteten Grundstücks anzusetzen. Dementsprechend ist die Verpflichtung zur Zahlung des Erbbauzinses nicht bei der Bewertung des Erbbaurechts zu berücksichtigen, sondern bei der Ermittlung des Gesamtvermögens (Inlandsvermögens) oder des Betriebsvermögens des Erbbauberechtigten abzuziehen.

(6) Bei Wohnungserbbaurechten oder Teilerbbaurechten ist der Gesamtwert (Absatz 1) in gleicher Weise zu ermitteln, wie wenn es sich um Wohnungseigentum oder um Teileigentum handeln würde. Die Verteilung des Gesamtwertes erfolgt entsprechend Absatz 3.

(7) Wertfortschreibungen für die wirtschaftlichen Einheiten des Erbbaurechts und des belasteten Grundstücks sind abweichend von § 22 Abs. 1 Nr. 1 nur vorzunehmen, wenn der Gesamtwert, der sich für den Beginn eines Kalenderjahres ergibt, vom Gesamtwert

des letzten Feststellungszeitpunkts um das in § 22 Abs. 1 Nr. 1 bezeichnete Ausmaß abweicht. § 30 Nr. 1 ist entsprechend anzuwenden. Bei einer Änderung der Verteilung des Gesamtwerts nach Absatz 3 sind die Einheitswerte für die wirtschaftlichen Einheiten des Erbbaurechts und des belasteten Grundstücks ohne Beachtung von Wertfortschreibungsgrenzen fortzuschreiben.

§ 93
Wohnungseigentum und Teileigentum

(1) Jedes Wohnungseigentum und Teileigentum bildet eine wirtschaftliche Einheit. Für die Bestimmung der Grundstücksart (§ 75) ist die Nutzung des auf das Wohnungseigentum und Teileigentum entfallenden Gebäudeteils maßgebend. Die Vorschriften der §§ 76 bis 91 finden Anwendung, soweit sich nicht aus den Absätzen 2 und 3 etwas anderes ergibt.

(2) Das zu mehr als 80 vom Hundert Wohnzwecken dienende Wohnungseigentum ist im Wege des Ertragswertverfahrens nach den Vorschriften zu bewerten, die für Mietwohngrundstücke maßgebend sind. Wohnungseigentum, das zu nicht mehr als 80 vom Hundert, aber zu nicht weniger als 20 vom Hundert Wohnzwecken dient, ist im Wege des Ertragswertverfahrens nach den Vorschriften zu bewerten, die für gemischtgenutzte Grundstücke maßgebend sind.

(3) Entsprechen die im Grundbuch eingetragenen Miteigentumsanteile an dem gemeinschaftlichen Eigentum nicht dem Verhältnis der Jahresrohmieten zueinander, so kann dies bei der Feststellung des Wertes entsprechend berücksichtigt werden. Sind einzelne Räume, die im gemeinschaftlichen Eigentum stehen, vermietet, so ist ihr Wert nach den im Grundbuch eingetragenen Anteilen zu verteilen und bei den einzelnen wirtschaftlichen Einheiten zu erfassen.

§ 94
Gebäude auf fremdem Grund und Boden

(1) Bei Gebäuden auf fremdem Grund und Boden ist der Bodenwert dem Eigentümer des Grund und Bodens und der Gebäudewert dem wirtschaftlichen Eigentümer des Gebäudes zuzurechnen. Außenanlagen (z. B. Umzäunungen, Wegebefestigungen), auf die sich das wirtschaftliche Eigentum am Gebäude erstreckt, sind unbeschadet der Vorschriften in § 68 Abs. 2 in die wirtschaftliche Einheit des Gebäudes einzubeziehen. Für die Grundstücksart des Gebäudes ist § 75 maßgebend; der Grund und Boden, auf dem das Gebäude errichtet ist, gilt als bebautes Grundstück derselben Grundstücksart.

(2) Für den Grund und Boden ist der Wert nach den für unbebaute Grundstücke geltenden Grundsätzen zu ermitteln; beeinträchtigt die Nutzungsbehinderung, welche sich aus dem Vorhandensein des Gebäudes ergibt, den Wert, so ist dies zu berücksichtigen.

(3) Die Bewertung der Gebäude erfolgt nach § 76. Wird das Gebäude nach dem Ertragswertverfahren bewertet, so ist von dem sich nach den §§ 78 bis 80 ergebenden Wert der auf den Grund und Boden entfallende Anteil abzuziehen. Ist vereinbart, daß das Gebäude nach Ablauf der Miet- oder Pachtzeit abzubrechen ist, so ist dieser Umstand durch einen entsprechenden Abschlag zu berücksichtigen; der Abschlag unterbleibt, wenn vorauszusehen ist, daß das Gebäude trotz der Verpflichtung nicht abgebrochen werden wird.

D. Betriebsvermögen

§ 95
Begriff des Betriebsvermögens

(1) Das Betriebsvermögen umfaßt alle Teile eines Gewerbebetriebs im Sinne des § 15 Abs. 1 und 2 des Einkommensteuergesetzes, die bei der steuerlichen Gewinnermittlung zum Betriebsvermögen gehören; § 92 Abs. 5 und § 99 bleiben unberührt. Ausgleichsposten im Falle der Organschaft sind nicht anzusetzen.

(2) Als Gewerbebetrieb gilt unbeschadet des § 97 nicht die Land- und Forstwirtschaft, wenn sie den Hauptzweck des Unternehmens bildet.

(3) § 20 Satz 2 erster Halbsatz gilt nicht bei der Ermittlung der Einheitswerte des Betriebsvermögens, soweit Billigkeitsmaßnahmen mit Ausnahme der Bildung von Rücklagen bei der steuerlichen Gewinnermittlung berücksichtigt worden sind.

§ 96
Freie Berufe

Dem Gewerbebetrieb steht die Ausübung eines freien Berufs im Sinne des § 18 Abs. 1 Nr. 1 des Einkommensteuergesetzes gleich; dies gilt auch für die Tätigkeit als Einnehmer einer staatlichen Lotterie, soweit die Tätigkeit nicht schon im Rahmen eines Gewerbebetriebs ausgeübt wird.

§ 97
Betriebsvermögen von Körperschaften, Personenvereinigungen und Vermögensmassen

(1) Einen Gewerbebetrieb bilden insbesondere alle Wirtschaftsgüter, die den folgenden Körperschaften, Personenvereinigungen und Vermögensmassen gehören, wenn diese ihre Geschäftsleitung oder ihren Sitz im Inland haben:

1. Kapitalgesellschaften (Aktiengesellschaften, Kommanditgesellschaften auf Aktien, Gesellschaften mit beschränkter Haftung, bergrechtliche Gewerkschaften);
2. Erwerbs- und Wirtschaftsgenossenschaften;
3. Versicherungsvereinen auf Gegenseitigkeit;
4. Kreditanstalten des öffentlichen Rechts;
5. Gesellschaften im Sinne des § 15 Abs. 3 des Einkommensteuergesetzes. Zum Gewerbebetrieb einer solchen Gesellschaft gehören auch die Wirtschaftsgüter, die im Eigentum eines Gesellschafters, mehrerer oder aller Gesellschafter stehen und bei der steuerlichen Gewinnermittlung zum Betriebsvermögen der Gesellschaft gehören (§ 95); diese Zurechnung geht anderen Zurechnungen vor. Forderungen und Schulden zwischen der Gesellschaft und einem Gesellschafter sind nicht anzusetzen, soweit es sich nicht um Forderungen und Schulden aus dem regelmäßigen Geschäftsverkehr zwischen der Gesellschaft und dem Gesellschafter oder aus der kurzfristigen Überlassung von Geldbeträgen an die Gesellschaft oder einen Gesellschafter handelt.

§ 34 Abs. 6 a und § 51 a bleiben unberührt.

(1 a) Der Einheitswert des Betriebsvermögens von Gesellschaften im Sinne des Absatzes 1 Nr. 5 ist wie folgt auf die Gesellschafter aufzuteilen:

1. Wirtschaftsgüter im Sinne des Absatzes 1 Nr. 5 Satz 2 sowie Schulden des Gesellschafters im Sinne des Absatzes 1 Nr. 5 Satz 3 sind dem jeweiligen Gesellschafter vorab mit dem Wert zuzurechnen, mit dem sie im Einheitswert des Betriebsvermögens enthalten sind. Das Kapitalkonto des Gesellschafters aus der Steuerbilanz

ist um das auf die ihm vorweg zuzurechnenden Wirtschaftsgüter im Sinne des Satzes 1 entfallende Kapital aus der Sonderbilanz zu bereinigen.
2. Das nach Nummer 1 Satz 2 bereinigte Kapitalkonto ist dem jeweiligen Gesellschafter vorweg zuzurechnen.
3. Der nach Berücksichtigung der Vorwegzurechnungen im Sinne der Nummer 1 Satz 1 und Nummer 2 verbleibende Einheitswert des Betriebsvermögens ist nach dem für die Gesellschaft maßgebenden Gewinnverteilungsschlüssel auf die Gesellschafter aufzuteilen.
4. Für jeden Gesellschafter ergibt die Summe aus den Vorwegzurechnungen im Sinne der Nummer 1 Satz 1 und Nummer 2 und dem anteiligen Unterschiedsbetrag nach Nummer 3 den Anteil am Einheitswert des Betriebsvermögens.

(2) Einen Gewerbebetrieb bilden auch die Wirtschaftsgüter, die den sonstigen juristischen Personen des privaten Rechts, den nichtrechtsfähigen Vereinen, Anstalten, Stiftungen und anderen Zweckvermögen gehören, soweit sie einem wirtschaftlichen Geschäftsbetrieb (ausgenommen Land- und Forstwirtschaft) dienen.

(3) Bei allen Körperschaften, Personenvereinigungen und Vermögensmassen, die weder ihre Geschäftsleitung noch ihren Sitz im Inland haben, bilden nur die Wirtschaftsgüter einen Gewerbebetrieb, die zum inländischen Betriebsvermögen gehören (§ 121 Abs. 2 Nr. 3).

§ 98
Arbeitsgemeinschaften

§ 97 Abs. 1 Satz 1 Nr. 5 gilt nicht für Arbeitsgemeinschaften, deren alleiniger Zweck in der Erfüllung eines einzigen Werkvertrags oder Werklieferungsvertrags besteht. Die Wirtschaftsgüter, die den Arbeitsgemeinschaften gehören, werden anteilig den Gewerbebetrieben der Beteiligten zugerechnet.

§ 98 a
Bewertungsgrundsätze

Der Einheitswert des Betriebsvermögens wird in der Weise ermittelt, daß die Summe der Werte, die für die zu dem Gewerbebetrieb gehörenden Wirtschaftsgüter und sonstigen aktiven Ansätze (Rohbetriebsvermögen) ermittelt worden sind, um die Summe der Schulden und sonstigen Abzüge (§ 103) gekürzt wird. Die §§ 4 bis 8 sind nicht anzuwenden.

§ 99
Betriebsgrundstücke

(1) Betriebsgrundstück im Sinne dieses Gesetzes ist der zu einem Gewerbebetrieb gehörige Grundbesitz, soweit er, losgelöst von seiner Zugehörigkeit zu dem Gewerbebetrieb,
1. zum Grundvermögen gehören würde oder
2. einen Betrieb der Land- und Forstwirtschaft bilden würde.

(2) Dient das Grundstück, das, losgelöst von dem Gewerbebetrieb, zum Grundvermögen gehören würde, zu mehr als der Hälfte seines Werts dem Gewerbebetrieb, so gilt das ganze Grundstück als Teil des Gewerbebetriebs und als Betriebsgrundstück. Dient das Grundstück nur zur Hälfte seines Werts oder zu einem geringeren Teil dem Gewerbebetrieb, so gehört das ganze Grundstück zum Grundvermögen. Ein Grundstück, an dem neben dem Betriebsinhaber noch andere Personen beteiligt sind, gilt auch hinsichtlich des Anteils des Betriebsinhabers nicht als Betriebsgrundstück. Abweichend von den

Sätzen 1 bis 3 gehört der Grundbesitz der in § 97 Abs. 1 bezeichneten inländischen Körperschaften, Personenvereinigungen und Vermögensmassen stets zu den Betriebsgrundstücken.

(3) Betriebsgrundstücke im Sinne des Absatzes 1 Nr. 1 sind wie Grundvermögen, Betriebsgrundstücke im Sinne des Absatzes 1 Nr. 2 wie land- und forstwirtschaftliches Vermögen zu bewerten.

§ 100
(weggefallen)

§ 101
Nicht zum Betriebsvermögen gehörende Wirtschaftsgüter

Zum Betriebsvermögen gehören nicht:

1. die Wirtschaftsgüter, die nach den Vorschriften anderer Gesetze von der Vermögensteuer befreit sind;
2. a) eigene Erfindungen,
   b) Ansprüche auf Vergütungen für eigene Diensterfindungen und
   c) eigene Urheberrechte sowie Originale urheberrechtlich geschützter Werke.

   Die genannten Wirtschaftsgüter gehören auch dann nicht zum Betriebsvermögen, wenn sie im Falle des Todes des Erfinders oder Urhebers auf seinen Ehegatten oder seine Kinder übergegangen sind und zu deren inländischem Gewerbebetrieb gehören;
3. Ansprüche der in § 111 Nr. 5 bezeichneten Art in der bis zum 31. Dezember 1996 geltenden Fassung des Bewertungsgesetzes;
4. Kunstgegenstände und Handschriften, die nicht zur Veräußerung bestimmt sind und deren Eigentümer gegenüber der von der Landesregierung bestimmten Stelle jeweils für mindestens fünf Jahre unwiderruflich seine Bereitschaft erklärt hat, sie für öffentliche Ausstellungen unentgeltlich zur Verfügung zu stellen, deren Träger eine inländische juristische Person des öffentlichen Rechts oder eine regelmäßig öffentlich geförderte juristische Person des privaten Rechts ist, an den in diesen Zeitraum fallenden Stichtagen. § 115 bleibt unberührt.

§ 102
Vergünstigung für Schachtelgesellschaften

(1) Ist eine inländische Kapitalgesellschaft, eine inländische Kreditanstalt des öffentlichen Rechts, ein inländischer Gewerbebetrieb im Sinne des Gewerbesteuergesetzes von juristischen Personen des öffentlichen Rechts, eine inländische Erwerbs- und Wirtschaftsgenossenschaft, eine unter Staatsaufsicht stehende Sparkasse oder ein inländischer Versicherungsverein auf Gegenseitigkeit an dem Grund- oder Stammkapital einer anderen inländischen Kapitalgesellschaft, einer anderen inländischen Kreditanstalt des öffentlichen Rechts oder an den Geschäftsguthaben einer anderen inländischen Erwerbs- und Wirtschaftsgenossenschaft mindestens zu einem Zehntel unmittelbar beteiligt, so gehört die Beteiligung insoweit nicht zum Gewerbebetrieb, als sie ununterbrochen seit mindestens 12 Monaten vor dem maßgebenden Abschlußzeitpunkt (§ 106) besteht. Ist ein Grund- oder Stammkapital nicht vorhanden, so ist die Beteiligung an dem Vermögen, bei Erwerbs- und Wirtschaftsgenossenschaften die Beteiligung an der Summe der Geschäftsguthaben, maßgebend.

(2) Ist eine inländische Kapitalgesellschaft, eine inländische Kreditanstalt des öffentlichen Rechts, ein inländischer Gewerbebetrieb im Sinne des Gewerbesteuergesetzes von juristischen Personen des öffentlichen Rechts, eine inländische Erwerbs- und Wirt-

schaftsgenossenschaft, eine unter Staatsaufsicht stehende Sparkasse oder ein inländischer Versicherungsverein auf Gegenseitigkeit an dem Nennkapital einer Kapitalgesellschaft mit Geschäftsleitung und Sitz außerhalb des Geltungsbereichs dieses Gesetzes (Tochtergesellschaft), die in dem Wirtschaftsjahr, das mit dem maßgebenden Abschlußzeitpunkt (§ 106) der Muttergesellschaft endet oder ihm vorangeht, ihre Bruttoerträge ausschließlich oder fast ausschließlich aus unter § 8 Abs. 1 Nr. 1 bis 6 des Außensteuergesetzes vom 8. September 1972 (BGBl. I S. 1713), zuletzt geändert durch Artikel 17 des Gesetzes vom 25. Februar 1992 (BGBl. I S. 297)[1], fallenden Tätigkeiten oder aus unter § 8 Abs. 2 des Außensteuergesetzes fallenden Beteiligungen bezieht, mindestens zu einem Zehntel unmittelbar beteiligt, so gehört die Beteiligung auf Antrag insoweit nicht zum Gewerbebetrieb, als sie ununterbrochen seit mindestens 12 Monaten vor dem maßgebenden Abschlußzeitpunkt (§ 106) besteht. Das gleiche gilt auf Antrag der Muttergesellschaft für den Teil des Wertes ihrer Beteiligung an der Tochtergesellschaft, der dem Verhältnis des Wertes der Beteiligung an einer Enkelgesellschaft im Sinne des § 26 Abs. 5 des Körperschaftsteuergesetzes zum gesamten Wert des Betriebsvermögens der Tochtergesellschaft entspricht, wenn die Enkelgesellschaft in dem Wirtschaftsjahr, das mit dem maßgebenden Abschlußzeitpunkt (§ 106) der Muttergesellschaft endet oder ihm vorangeht, ihre Bruttoerträge ausschließlich oder fast ausschließlich aus unter § 8 Abs. 1 Nr. 1 bis 6 des Außensteuergesetzes fallenden Tätigkeiten oder aus unter § 8 Abs. 2 Nr. 1 des Außensteuergesetzes fallenden Beteiligungen bezieht; die Vorschriften des Bewertungsgesetzes sind für die Bewertung der Wirtschaftsgüter der Tochtergesellschaft entsprechend anzuwenden. Die vorstehenden Vorschriften sind nur anzuwenden, wenn der Steuerpflichtige nachweist, daß alle Voraussetzungen erfüllt sind.

(3) Gehören Beteiligungen an einer ausländischen Gesellschaft nach einem Abkommen zur Vermeidung der Doppelbesteuerung unter der Voraussetzung einer Mindestbeteiligung nicht zum Gewerbebetrieb, so gilt dies ungeachtet der im Abkommen vereinbarten Mindestbeteiligung, wenn die Beteiligung mindestens ein Zehntel beträgt.

§ 103
Schulden und sonstige Abzüge

(1) Schulden und sonstige Abzüge, die nach § 95 Abs. 1 zum Betriebsvermögen gehören, werden vorbehaltlich des Absatzes 3 berücksichtigt, soweit sie mit der Gesamtheit oder einzelnen Teilen des Betriebsvermögens im Sinne dieses Gesetzes in wirtschaftlichem Zusammenhang stehen.

(2) Weist ein Gesellschafter in der Steuerbilanz Gewinnansprüche gegen eine von ihm beherrschte Gesellschaft aus, ist bei dieser ein Schuldposten in entsprechender Höhe abzuziehen.

(3) Rücklagen sind nur insoweit abzugsfähig, als ihr Abzug bei der Einheitsbewertung des Betriebsvermögens durch Gesetz ausdrücklich zugelassen ist.

§ 104
Pensionsverpflichtungen

(1) Bei Steuerpflichtigen, die ihren Gewinn nicht nach § 4 Abs. 1 oder § 5 des Einkommensteuergesetzes ermitteln, kann eine Pensionsverpflichtung nach Maßgabe der folgenden Absätze abgezogen werden.

(2) Eine Pensionsverpflichtung darf nur abgezogen werden, wenn
1. der Pensionsberechtigte einen Rechtsanspruch auf einmalige oder laufende Pensionsleistungen hat,

---
[1] AStG, zuletzt geändert durch Artikel 12 des Gesetzes vom 20. 12. 1996 (BGBl. I S. 1523)

2. die Pensionszusage keinen Vorbehalt enthält, daß die Pensionsanwartschaft oder die Pensionsleistung gemindert oder entzogen werden kann, oder ein solcher Vorbehalt sich nur auf Tatbestände erstreckt, bei deren Vorliegen nach allgemeinen Rechtsgrundsätzen unter Beachtung billigen Ermessens eine Minderung oder ein Entzug der Pensionsanwartschaften oder der Pensionsleistung zulässig ist, und

3. die Pensionszusage schriftlich erteilt ist.

(3) Eine Pensionsverpflichtung darf erstmals abgezogen werden

1. vor Eintritt des Versorgungsfalls an dem Bewertungsstichtag, der dem Wirtschaftsjahr folgt, in dem die Pensionszusage erteilt worden ist, frühestens jedoch nach Ablauf des Wirtschaftsjahrs, bis zu dessen Mitte der Pensionsberechtigte das 30. Lebensjahr vollendet hat,

2. nach Eintritt des Versorgungsfalls an dem Bewertungsstichtag, der dem Wirtschaftsjahr folgt, in dem der Versorgungsfall eingetreten ist.

(4) Pensionsverpflichtungen, bei denen der Teilwert der Pensionsverpflichtung als Bemessungsgrundlage für die Beitragszahlung an den Träger der Insolvenzsicherung zu ermitteln ist (§ 10 Abs. 3 Nr. 1 des Gesetzes zur Verbesserung der betrieblichen Altersversorgung vom 19. Dezember 1974, BGBl. I S. 3610, **zuletzt geändert durch Artikel 91 des Gesetzes vom 5. Oktober 1994, BGBl. I S. 2911**), sind höchstens mit dem Teilwert nach § 6 a Abs. 3 des Einkommensteuergesetzes anzusetzen.

(5) Pensionsverpflichtungen, die nicht unter Absatz 4 fallen, sind anzusetzen,

1. wenn der Versorgungsfall noch nicht eingetreten ist (Pensionsanwartschaften), höchstens mit dem Betrag, der nach den folgenden Absätzen zu ermitteln ist,

2. wenn der Versorgungsfall eingetreten ist, mit dem aus Anlage 13 zu entnehmenden Vielfachen der Jahresrente.

(6) Die Anwartschaft auf eine lebenslängliche Altersrente ist mit dem aus Anlage 10, Spalten 2 a und 3 a, zu entnehmenden Vielfachen des Teiles dieser Jahresrente anzusetzen, der dem Verhältnis der bereits zurückliegenden Dienstzeit zur Gesamtdienstzeit entspricht. Dabei ist von der Jahresrente auszugehen, die von dem Pensionsberechtigten bis zur Vollendung seines 63. Lebensjahres nach Maßgabe der Pensionszusage erworben werden kann. § 6 a Abs. 3 Nr. 1 Satz 4 des Einkommensteuergesetzes gilt entsprechend. Als zurückliegende Dienstzeit gilt der Zeitraum vom Beginn des Dienstverhältnisses bis zum Bewertungsstichtag, als Gesamtdienstzeit der Zeitraum vom Beginn des Dienstverhältnisses bis zur Vollendung des 63. Lebensjahres. Als Beginn des Dienstverhältnisses kann frühestens das Kalenderjahr zugrunde gelegt werden, zu dessen Mitte der Pensionsberechtigte das 30. Lebensjahr vollendet hat. Die maßgebende Dienstzeit ist jeweils auf volle Jahre auf- oder abzurunden.

(7) Ist für den Beginn der Pensionszahlung die Vollendung eines anderen als des 63. Lebensjahres vorgesehen, so ist für jedes Jahr der Abweichung nach unten ein Zuschlag von 7 vom Hundert und für jedes Jahr der Abweichung nach oben ein Abschlag von 5 vom Hundert bis zum vollendeten 65. Lebensjahr und von 3 vom Hundert für jedes weitere Lebensjahr vorzunehmen.

(8) Die Anwartschaft auf Altersrente ist bei einem Pensionsberechtigten, der vor Eintritt des Versorgungsfalls ausgeschieden ist, mit dem aus Anlage 11, Spalten 2 a und 3 a, zu entnehmenden Vielfachen der Jahresrente anzusetzen. Absatz 6 Satz 2 und Absatz 7 gelten entsprechend.

(9) Die Anwartschaft auf lebenslängliche Invalidenrente ist wie die Anwartschaft auf Altersrente zu behandeln. Neben einer Anwartschaft auf Altersrente kann eine Anwartschaft auf Invalidenrente nicht berücksichtigt werden.

(10) Die Anwartschaft auf lebenslängliche Hinterbliebenenrente ist

1. bei noch tätigen Pensionsberechtigten mit dem aus Anlage 10, Spalte 2 b oder 3 b, zu entnehmenden Vielfachen des Teiles der Jahresrente anzusetzen, der dem Verhältnis der bereits zurückliegenden Dienstzeit zur Gesamtdienstzeit entspricht,
2. bei vor Eintritt des Versorgungsfalls aus dem Dienstverhältnis ausgeschiedenen Pensionsberechtigten mit dem aus Anlage 11, Spalte 2 b oder 3 b, zu entnehmenden Vielfachen der Jahresrente anzusetzen.

Die Absätze 6 und 7 gelten entsprechend.

(11) Eine neben den laufenden Leistungen bestehende Anwartschaft des Pensionsberechtigten auf eine lebenslängliche Hinterbliebenenrente ist mit dem aus Anlage 12 zu entnehmenden Vielfachen der den Hinterbliebenen des Pensionsberechtigten zustehenden Jahresrente anzusetzen.

(12) Ist als Pensionsleistung eine einmalige Kapitalleistung zugesagt worden, so sind bei der Ermittlung des abzugsfähigen Betrags 10 vom Hundert der Kapitalleistung als Jahresrente anzusetzen. Die Absätze 6 bis 11 gelten entsprechend.

(13) Die Absätze 4 bis 12 gelten entsprechend, wenn der Pensionsberechtigte zu dem Pensionsverpflichteten in einem anderen Rechtsverhältnis als einem Dienstverhältnis steht.

(14) Verpflichtungen aus laufenden Pensionen, die auf Grund einer rechtsähnlichen tatsächlichen Verpflichtung geleistet werden und bei denen nicht sämtliche Voraussetzungen der Absätze 2 und 3 vorliegen, sind abzugsfähig, soweit die Leistungen bereits vor dem 1. Januar 1981 begonnen haben.

§ 105
(weggefallen)

§ 106
Bewertungsstichtag

(1) Für den Bestand und die Bewertung sind die Verhältnisse im Feststellungszeitpunkt (§ 21 Abs. 2, § 22 Abs. 4, § 23 Abs. 2) maßgebend. Für die Bewertung von Wertpapieren, Anteilen und Genußscheinen an Kapitalgesellschaften gilt der Stichtag, der sich nach § 112 ergibt.

(2) Für Betriebe, die regelmäßig jährliche Abschlüsse auf den Schluß des Kalenderjahrs machen, ist dieser Abschlußtag zugrunde zu legen.

(3) Für Betriebe, die regelmäßig jährliche Abschlüsse auf einen anderen Tag machen, kann auf Antrag zugelassen werden, daß der Schluß des Wirtschaftsjahrs zugrunde gelegt wird, das dem Feststellungszeitpunkt vorangeht. An den Antrag bleibt der Betrieb auch für künftige Feststellungen der Einheitswerte insofern gebunden, als stets der Schluß des letzten regelmäßigen Wirtschaftsjahrs zugrunde zu legen ist.

(4) Der auf den Abschlußzeitpunkt (Absätze 2 und 3) ermittelte Einheitswert gilt als Einheitswert vom Feststellungszeitpunkt.

(5) Die Absätze 2 und 3 sind nicht anzuwenden:

1. auf Betriebsgrundstücke (§ 99). Für ihren Bestand und ihre Bewertung bleiben die Verhältnisse im Feststellungszeitpunkt maßgebend. § 35 Abs. 2 bleibt unberührt;
2. auf die Bewertung von Wertpapieren, Anteilen und Genußscheinen an Kapitalgesellschaften. Für die Bewertung bleiben die Verhältnisse des Stichtags maßgebend, der sich nach § 112 ergibt. Für den Bestand ist der Abschlußzeitpunkt (Absätze 2 und 3) maßgebend;

3. auf die Beteiligung an Personengesellschaften. Für die Zurechnung und die Bewertung verbleibt es in diesen Fällen bei den Feststellungen, die bei der gesonderten Feststellung des Einheitswerts der Personengesellschaft getroffen werden.

§ 107
Ausgleich von Vermögensänderungen nach dem Abschlußzeitpunkt

Zum Ausgleich von Verschiebungen, die in der Zeit zwischen dem Abschlußzeitpunkt (§ 106 Abs. 3) und dem Feststellungszeitpunkt (§ 21 Abs. 2, § 22 Abs. 4, § 23 Abs. 2) eingetreten sind, gelten die folgenden Vorschriften:

1. Für Betriebsgrundstücke:
   a) Ist ein Betriebsgrundstück aus dem Gewerbebetrieb ausgeschieden und der Gegenwert dem Gewerbebetrieb zugeführt worden, so wird der Gegenwert dem Betriebsvermögen zugerechnet.
   b) Ist Grundbesitz als Betriebsgrundstück dem Gewerbebetrieb zugeführt und der Gegenwert dem Gewerbebetrieb entnommen worden, so wird der Gegenwert vom Betriebsvermögen abgezogen. Entsprechend werden Aufwendungen abgezogen, die aus Mitteln des Gewerbebetriebs auf Betriebsgrundstücke gemacht worden sind.
2. Für andere Wirtschaftsgüter als Betriebsgrundstücke:
   a) Ist ein derartiges Wirtschaftsgut aus einem Gewerbebetrieb ausgeschieden und dem übrigen Vermögen des Betriebsinhabers zugeführt worden, so wird das Wirtschaftsgut so behandelt, als wenn es im Feststellungszeitpunkt noch zum Gewerbebetrieb gehörte.
   b) Ist ein derartiges Wirtschaftsgut aus dem übrigen Vermögen des Betriebsinhabers ausgeschieden und dem Gewerbebetrieb zugeführt worden, so wird das Wirtschaftsgut so behandelt, als wenn es im Feststellungszeitpunkt noch zum übrigen Vermögen gehörte.
   c) Die Vorschriften zu a) und b) gelten jedoch nicht, wenn mit dem ausgeschiedenen Wirtschaftsgut Grundbesitz erworben worden ist oder Aufwendungen auf Grundbesitz gemacht worden sind. In diesen Fällen ist das Wirtschaftsgut von dem Vermögen, aus dem es ausgeschieden worden ist, abzuziehen.
   d) Ist eine Beteiligung an einer Personengesellschaft aus dem Gewerbebetrieb ausgeschieden, so wird der für sie erhaltene Gegenwert dem Betriebsvermögen zugerechnet. Ist eine Beteiligung an einer Personengesellschaft mit Mitteln des Gewerbebetriebs erworben worden, ist der dafür gegebene Gegenwert vom Betriebsvermögen abzuziehen.
   e) Bestehen Anteile an Kapitalgesellschaften und Wertpapiere im Feststellungszeitpunkt nicht mehr, wird der für sie erhaltene Gegenwert dem Betriebsvermögen zugerechnet.

§ 108
(weggefallen)

§ 109
Bewertung

(1) Die zu einem Gewerbebetrieb gehörenden Wirtschaftsgüter, sonstigen aktiven Ansätze, Schulden und sonstigen passiven Ansätze sind bei Steuerpflichtigen, die ihren Gewinn nach § 4 Abs. 1 oder § 5 des Einkommensteuergesetzes ermitteln, vorbehaltlich der Absätze 3 und 4 mit den Steuerbilanzwerten anzusetzen.

(2) Bei Steuerpflichtigen, die nicht unter Absatz 1 fallen, werden die Wirtschaftsgüter des abnutzbaren Anlagevermögens vorbehaltlich des Absatzes 3 mit den ertragsteuerlichen Werten angesetzt.

(3) Wirtschaftsgüter, für die ein Einheitswert festzustellen ist, sind mit dem Einheitswert anzusetzen. § 115 ist bei Betriebsgrundstücken und sonstigen Wirtschaftsgütern, soweit diese nicht zur Veräußerung bestimmt sind, entsprechend anzuwenden.

(4) Wertpapiere und Anteile an Kapitalgesellschaften sind mit dem nach den §§ 11, 112 und 113 ermittelten Wert anzusetzen. Das Recht auf den Erbbauzins und die Verpflichtung zur Zahlung des Erbbauzinses sind mit dem sich nach §§ 13 bis 15 ergebenden Wert anzusetzen.

§ 109 a
Berichtigung oder Änderung von Steuerbilanzwerten

Werden die Steuerbilanzwerte dem Grunde oder der Höhe nach berichtigt oder geändert, ist der Bescheid über die Feststellung des Einheitswerts zu erlassen, aufzuheben oder zu ändern, soweit sich die Berichtigung oder Änderung der Steuerbilanzwerte auf den Einheitswert auswirkt. Die Frist für die Feststellung des Einheitswerts endet nicht vor Ablauf der Frist, innerhalb der die berichtigten oder geänderten Steuerbilanzwerte der Besteuerung nach dem Einkommen zugrunde gelegt werden können.

Zweiter Abschnitt
Sondervorschriften und Ermächtigungen

§ 110
(weggefallen)

§ 111
(weggefallen)

§ 112
Stichtag für die Bewertung von Wertpapieren und Anteilen

Stichtag für die Bewertung von Wertpapieren und Anteilen an Kapitalgesellschaften ist jeweils der 31. Dezember des Jahres, das dem für die Hauptveranlagung, Neuveranlagung und Nachveranlagung zur Vermögensteuer maßgebenden Zeitpunkt vorangeht.

§ 113
Veröffentlichung der am Stichtag maßgebenden Kurse und Rücknahmepreise

Das Bundesministerium der Finanzen stellt die nach § 11 Abs. 1 maßgebenden Kurse und die nach § 11 Abs. 4 maßgebenden Rücknahmepreise vom Stichtag (§ 112) in einer Liste zusammen und veröffentlicht diese im Bundessteuerblatt.

§ 113 a
Verfahren zur Feststellung der Anteilswerte

Der Wert der in § 11 Abs. 2 bezeichneten Anteile an inländischen Kapitalgesellschaften wird gesondert und einheitlich nach § 179 der Abgabenordnung festgestellt. Die Zuständigkeit, die Einleitung des Verfahrens, die Beteiligung der Gesellschaft und der Gesellschafter am Verfahren sowie die Zulässigkeit von Rechtsbehelfen werden durch Rechtsverordnung geregelt.

§ 114
(weggefallen)

§ 115
Gegenstände, deren Erhaltung im öffentlichen Interesse liegt

(1) Grundbesitz oder Teile von Grundbesitz und solche bewegliche Gegenstände, die zum **inländischen Betriebsvermögen** gehören, sind mit 40 vom Hundert des Werts anzusetzen, wenn ihre Erhaltung wegen ihrer Bedeutung für Kunst, Geschichte oder Wissenschaft im öffentlichen Interesse liegt.

(2) Grundbesitz oder Teile von Grundbesitz, Kunstgegenstände, Kunstsammlungen, wissenschaftliche Sammlungen, Bibliotheken und Archive werden nicht angesetzt, wenn folgende Voraussetzungen erfüllt sind:

1. die Erhaltung der Gegenstände muß wegen ihrer Bedeutung für Kunst, Geschichte oder Wissenschaft im öffentlichen Interesse liegen;
2. die Gegenstände müssen in einem den Verhältnissen entsprechenden Umfang den Zwecken der Forschung oder der Volksbildung nutzbar gemacht werden;
3. der Steuerpflichtige muß bereit sein, die Gegenstände den geltenden Bestimmungen der Denkmalspflege zu unterstellen;
4. die Gegenstände müssen sich, wenn sie älter als 30 Jahre sind, seit mindestens 20 Jahren im Besitz der Familie befinden oder in das Verzeichnis national wertvollen Kulturgutes oder national wertvoller Archive nach dem Gesetz zum Schutz deutschen Kulturgutes gegen Abwanderung in der im Bundesgesetzblatt Teil III, Gliederungsnummer 224-2, veröffentlichten bereinigten Fassung, zuletzt geändert durch Anlage I Kapitel II Sachgebiet B Abschnitt II Nr. 4 des Einigungsvertrages vom 31. August 1990 in Verbindung mit Artikel 1 des Gesetzes vom 23. September 1990 (BGBl. 1990 II S. 885, 914), eingetragen sein.

(3) Grundbesitz oder Teile von Grundbesitz werden nicht angesetzt, wenn sie für Zwecke der Volkswohlfahrt der Allgemeinheit zur Benutzung zugänglich gemacht sind und ihre Erhaltung im öffentlichen Interesse liegt.

(4) Die Absätze 1 bis 3 gelten nur dann, wenn die jährlichen Kosten in der Regel die erzielten Einnahmen übersteigen.

§ 116
(weggefallen)

§ 117
(weggefallen)

§ 117 a
(weggefallen)

§ 118
(weggefallen)

§ 119
(weggefallen)

§ 120
(weggefallen)

§ 121
Inlandsvermögen

Zum Inlandsvermögen gehören:

1. das inländische land- und forstwirtschaftliche Vermögen;
2. das inländische Grundvermögen;
3. das inländische Betriebsvermögen. Als solches gilt das Vermögen, das einem im Inland betriebenen Gewerbe dient, wenn hierfür im Inland eine Betriebsstätte unterhalten wird oder ein ständiger Vertreter bestellt ist;
4. Anteile an einer Kapitalgesellschaft, wenn die Gesellschaft Sitz oder Geschäftsleitung im Inland hat und der Gesellschafter entweder allein oder zusammen mit anderen ihm nahestehenden Personen im Sinne des § 1 Abs. 2 des Außensteuergesetzes vom 8. September 1972 (BGBl. I S. 1713), zuletzt geändert durch Artikel 12 des Gesetzes vom 20. Dezember 1996 (BGBl. I S. 2049), am Grund- oder Stammkapital der Gesellschaft mindestens zu einem Zehntel unmittelbar oder mittelbar beteiligt ist;
5. nicht unter Nummer 3 fallende Erfindungen, Gebrauchsmuster und Topographien, die in ein inländisches Buch oder Register eingetragen sind;
6. Wirtschaftsgüter, die nicht unter die Nummern 1, 2 und 5 fallen und einem inländischen Gewerbebetrieb überlassen, insbesondere an diesen vermietet oder verpachtet sind;
7. Hypotheken, Grundschulden, Rentenschulden und andere Forderungen oder Rechte, wenn sie durch inländischen Grundbesitz, durch inländische grundstücksgleiche Rechte oder durch Schiffe, die in ein inländisches Schiffsregister eingetragen sind, unmittelbar oder mittelbar gesichert sind. Ausgenommen sind Anleihen und Forderungen, über die Teilschuldverschreibungen ausgegeben sind;
8. Forderungen aus der Beteiligung an einem Handelsgewerbe als stiller Gesellschafter und aus partiarischen Darlehen, wenn der Schuldner Wohnsitz oder gewöhnlichen Aufenthalt, Sitz oder Geschäftsleitung im Inland hat;
9. Nutzungsrechte an einem der in den Nummern 1 bis 8 genannten Vermögensgegenstände.

§ 121 a
Sondervorschrift für die Anwendung der Einheitswerte 1964

Während der Geltungsdauer der auf den Wertverhältnissen am 1. Januar 1964 beruhenden Einheitswerte des Grundbesitzes sind Grundstücke (§ 70) und Betriebsgrundstücke im Sinne des § 99 Abs. 1 Nr. 1 für die Gewerbesteuer mit 140 vom Hundert des Einheitswerts anzusetzen.

§ 121 b
(weggefallen)

§ 122
Besondere Vorschriften für Berlin (West)

§ 50 Abs. 1, § 60 Abs. 1 und § 67 gelten nicht für den Grundbesitz in Berlin (West). Bei der Beurteilung der natürlichen Ertragsbedingungen und des Bodenartenverhältnisses ist das Bodenschätzungsgesetz sinngemäß anzuwenden.

§ 123
Ermächtigungen

Die Bundesregierung wird ermächtigt, mit Zustimmung des Bundesrates die in § 12 Abs. 4, § 21 Abs. 1, § 39 Abs. 1, § 51 Abs. 4, § 55 Abs. 3, 4 und 8, den §§ 81 und 90 Abs. 2 und § 113 a vorgesehenen Rechtsverordnungen zu erlassen.

§ 124
(weggefallen)

Dritter Abschnitt
Vorschriften für die Bewertung von Vermögen in dem in Artikel 3 des Einigungsvertrages genannten Gebiet

A. Land- und forstwirtschaftliches Vermögen

§ 125
Land- und forstwirtschaftliches Vermögen

(1) Einheitswerte, die für Betriebe der Land- und Forstwirtschaft nach den Wertverhältnissen vom 1. Januar 1935 festgestellt worden sind, werden ab dem 1. Januar 1991 nicht mehr angewendet.

(2) Anstelle der Einheitswerte für Betriebe der Land- und Forstwirtschaft werden abweichend von § 19 Abs. 1 Nr. 1 Ersatzwirtschaftswerte für das in Absatz 3 bezeichnete Vermögen ermittelt und ab 1. Januar 1991 der Besteuerung zugrunde gelegt. Der Bildung des Ersatzwirtschaftswerts ist abweichend von § 2 und § 34 Abs. 1, 3 bis 6 und 7 eine Nutzungseinheit zugrunde zu legen, in die alle von derselben Person (Nutzer) regelmäßig selbstgenutzten Wirtschaftsgüter des land- und forstwirtschaftlichen Vermögens im Sinne des § 33 Abs. 2 einbezogen werden, auch wenn der Nutzer nicht Eigentümer ist. § 26 ist sinngemäß anzuwenden. Grundbesitz im Sinne des § 3 Abs. 1 Satz 1 Nr. 6 und Satz 2 des Grundsteuergesetzes wird bei der Bildung des Ersatzwirtschaftswerts nicht berücksichtigt.

(3) Zum land- und forstwirtschaftlichen Vermögen gehören abweichend von § 33 Abs. 2 nicht die Wohngebäude einschließlich des dazugehörigen Grund und Bodens. Wohngrundstücke sind dem Grundvermögen zuzurechnen und nach den dafür geltenden Vorschriften zu bewerten.

(4) Der Ersatzwirtschaftswert wird unter sinngemäßer Anwendung der §§ 35, 36, 38, 40, 42 bis 45, 50 bis 54, 56, 59, 60 Abs. 2 und § 62 in einem vereinfachten Verfahren ermittelt. Bei dem Vergleich der Ertragsbedingungen sind abweichend von § 38 Abs. 2 Nr. 1 ausschließlich die in der Gegend als regelmäßig anzusehenden Verhältnisse zugrunde zu legen. § 51 a Abs. 1 Nr. 1 Buchstabe c ist nicht anzuwenden.

(5) Für die Ermittlung des Ersatzwirtschaftswerts sind die Wertverhältnisse maßgebend, die bei der Hauptfeststellung der Einheitswerte des land- und forstwirtschaftlichen Vermögens in der Bundesrepublik Deutschland auf den 1. Januar 1964 zugrunde gelegt worden sind.

(6) Aus den Vergleichszahlen der Nutzungen und Nutzungsteile, ausgenommen die forstwirtschaftliche Nutzung und die sonstige land- und forstwirtschaftliche Nutzung, werden unter Anwendung der Ertragswerte des § 40 die Ersatzvergleichswerte als Bestandteile des Ersatzwirtschaftswerts ermittelt. Für die Nutzungen und Nutzungsteile gelten die folgenden Vergleichszahlen:

1. landwirtschaftliche Nutzung:
   a) Landwirtschaftliche Nutzung ohne Hopfen und Spargel:
      Die landwirtschaftliche Vergleichszahl in 100 je Hektar errechnet sich auf der Grundlage der Ergebnisse der Bodenschätzung unter Berücksichtigung weiterer natürlicher und wirtschaftlicher Ertragsbedingungen;

b) Hopfen:
Hopfenbau-Vergleichszahl je Ar 40;
c) Spargel:
Spargelbau-Vergleichszahl je Ar 70;

2. weinbauliche Nutzung:
Weinbau-Vergleichszahlen je Ar:
   a) Traubenerzeugung (Nichtausbau) 22;
   b) Faßweinausbau 25;
   c) Flaschenweinausbau 30;

3. gärtnerische Nutzung:
Gartenbau-Vergleichszahlen je Ar:
   a) Nutzungsteil Gemüse-, Blumen- und Zierpflanzenbau:
      aa) Gemüsebau 50;
      bb) Blumen- und Zierpflanzenbau 100;
   b) Nutzungsteil Obstbau 50;
   c) Nutzungsteil Baumschulen 60;
   d) Für Nutzungsflächen unter Glas und Kunststoffplatten, ausgenommen Niederglas, erhöhen sich die vorstehenden Vergleichszahlen bei
      aa) Gemüsebau:
         nicht heizbar .... um das 6fache;
         heizbar .... um das 8fache;
      bb) Blumen- und Zierpflanzenbau, Baumschulen:
         nicht heizbar .... um das 4fache;
         heizbar .... um das 8fache.

(7) Für die folgenden Nutzungen werden unmittelbar Ersatzvergleichswerte angesetzt:

1. forstwirtschaftliche Nutzung:
Der Ersatzvergleichswert beträgt 125 Deutsche Mark je Hektar.

2. sonstige land- und forstwirtschaftliche Nutzung:
Der Ersatzvergleichswert beträgt bei

a) Binnenfischerei		2 Deutsche Mark je kg des nachhaltigen Jahresfangs;
b) Teichwirtschaft:		
	aa) Forellenteichwirtschaft	20 000 Deutsche Mark je Hektar;
	bb) übrige Teichwirtschaft	1 000 Deutsche Mark je Hektar;
c) Fischzucht für Binnenfischerei und Teichwirtschaft:		
	aa) für Forellenteichwirtschaft	30 000 Deutsche Mark je Hektar;
	bb) für übrige Binnenfischerei und Teichwirtschaft	1 500 Deutsche Mark je Hektar;
d) Imkerei		10 Deutsche Mark je Bienenkasten;
e) Wanderschäferei		20 Deutsche Mark je Mutterschaf;
f) Saatzucht		15 vom Hundert der nachhaltigen Jahreseinnahmen;
g) Weihnachtsbaumkultur		3000 Deutsche Mark je Hektar;
h) Pilzanbau		25 Deutsche Mark je Quadratmeter;
i) Besamungsstationen		20 vom Hundert der nachhaltigen Jahreseinnahmen.

§ 126
Geltung des Ersatzwirtschaftswerts

(1) Der sich nach § 125 ergebende Ersatzwirtschaftswert gilt für die Grundsteuer; er wird im Steuermeßbetragsverfahren ermittelt. Für eine Neuveranlagung des Grundsteuermeßbetrags wegen Änderung des Ersatzwirtschaftswerts gilt § 22 Abs. 1 Nr. 1 sinngemäß.

(2) Für andere Steuern ist bei demjenigen, dem Wirtschaftsgüter des land- und forstwirtschaftlichen Vermögens zuzurechnen sind, der Ersatzwirtschaftswert oder ein entsprechender Anteil an diesem Wert anzusetzen. Die Eigentumsverhältnisse und der Anteil am Ersatzwirtschaftswert sind im Festsetzungsverfahren der jeweiligen Steuer zu ermitteln.

§ 127
Erklärung zum Ersatzwirtschaftswert

(1) Der Nutzer des land- und forstwirtschaftlichen Vermögens (§ 125 Abs. 2 Satz 2) hat dem Finanzamt, in dessen Bezirk das genutzte Vermögen oder sein wertvollster Teil liegt, eine Erklärung zum Ersatzwirtschaftswert abzugeben. Der Nutzer hat die Steuererklärung eigenhändig zu unterschreiben.

(2) Die Erklärung ist erstmals für das Kalenderjahr 1991 nach den Verhältnissen zum 1. Januar 1991 abzugeben. § 28 Abs. 2 gilt entsprechend.

§ 128
Auskünfte, Erhebungen, Mitteilungen, Abrundung

§ 29 und § 30 Nr. 1 gelten bei der Ermittlung des Ersatzwirtschaftswerts sinngemäß.

B. Grundvermögen

§ 129
Grundvermögen

(1) Für Grundstücke gelten die Einheitswerte, die nach den Wertverhältnissen am 1. Januar 1935 festgestellt sind oder noch festgestellt werden (Einheitswerte 1935).

(2) Vorbehaltlich der §§ 129 a bis 131 werden für die Ermittlung der Einheitswerte 1935 statt der §§ 27, 68 bis 94

1. §§ 10, 11 Abs. 1 und 2 und Abs. 3 Satz 2, §§ 50 bis 53 des Bewertungsgesetzes der Deutschen Demokratischen Republik in der Fassung vom 18. September 1970 (Sonderdruck Nr. 674 des Gesetzblattes),

2. § 3 a Abs. 1, §§ 32 bis 46 der Durchführungsverordnung zum Reichsbewertungsgesetz vom 2. Februar 1935 (RGBl. I S. 81), zuletzt geändert durch die Verordnung zur Änderung der Durchführungsverordnung zum Vermögensteuergesetz, der Durchführungsverordnung zum Reichsbewertungsgesetz und der Aufbringungsumlage-Verordnung vom 8. Dezember 1944 (RGBl. I S. 338), und

3. die Rechtsverordnungen der Präsidenten der Landesfinanzämter über die Bewertung bebauter Grundstücke vom 17. Dezember 1934 (Reichsministerialblatt S. 785 ff.), soweit Teile des in Artikel 3 des Einigungsvertrages genannten Gebietes in ihrem Geltungsbereich liegen,

weiter angewandt.

§ 129 a
Abschläge bei Bewertung mit einem Vielfachen der Jahresrohmiete

(1) Ist eine Ermäßigung wegen des baulichen Zustandes des Gebäudes (§ 37 Abs. 1, 3 und 4 der weiter anzuwendenden Durchführungsverordnung zum Reichsbewertungsgesetz) zu gewähren, tritt der Höchstsatz 50 vom Hundert anstelle des Höchstsatzes von 30 vom Hundert.

(2) Der Wert eines Grundstücks, der sich aus dem Vielfachen der Jahresrohmiete ergibt, ist ohne Begrenzung auf 30 vom Hundert (§ 37 Abs. 3 der weiter anzuwendenden Durchführungsverordnung zum Reichsbewertungsgesetz) zu ermäßigen, wenn die Notwendigkeit baldigen Abbruchs besteht. Gleiches gilt, wenn derjenige, der ein Gebäude auf fremdem Grund und Boden aufgrund eines Erbbaurechts errichtet hat, vertraglich zum vorzeitigen Abbruch verpflichtet ist.

§ 130
Nachkriegsbauten

(1) Nachkriegsbauten sind Grundstücke mit Gebäuden, die nach dem 20. Juni 1948 bezugsfertig geworden sind.

(2) Soweit Nachkriegsbauten mit einem Vielfachen der Jahresrohmiete zu bewerten sind, ist für Wohnraum die ab Bezugsfertigkeit preisrechtlich zulässige Miete als Jahresrohmiete vom 1. Januar 1935 anzusetzen. Sind Nachkriegsbauten nach dem 30. Juni 1990 bezugsfertig geworden, ist die Miete anzusetzen, die bei unverändertem Fortbestand der Mietpreisgesetzgebung ab Bezugsfertigkeit preisrechtlich zulässig gewesen wäre. Enthält die preisrechtlich zulässige Miete Bestandteile, die nicht zur Jahresrohmiete im Sinne von § 34 der weiter anzuwendenden Durchführungsverordnung zum Reichsbewertungsgesetz gehören, sind sie auszuscheiden.

(3) Für Nachkriegsbauten der Mietwohngrundstücke, der gemischtgenutzten Grundstücke und der mit einem Vielfachen der Jahresrohmiete zu bewertenden Geschäftsgrundstücke gilt einheitlich der Vervielfältiger neun.

§ 131
Wohnungseigentum und Teileigentum, Wohnungserbbaurecht und Teilerbbaurecht

(1) Jedes Wohnungseigentum und Teileigentum bildet eine wirtschaftliche Einheit. Für die Bestimmung der Grundstückshauptgruppe ist die Nutzung des auf das Wohnungseigentum und Teileigentum entfallenden Gebäudeteils maßgebend. Die Vorschriften zur Ermittlung der Einheitswerte 1935 bei bebauten Grundstücken finden Anwendung, soweit sich nicht aus den Absätzen 2 und 3 etwas anderes ergibt.

(2) Das zu mehr als 80 vom Hundert Wohnzwecken dienende Wohnungseigentum ist mit dem Vielfachen der Jahresrohmiete nach den Vorschriften zu bewerten, die für Mietwohngrundstücke maßgebend sind. Wohnungseigentum, das zu nicht mehr als 80 vom Hundert, aber zu nicht weniger als 20 vom Hundert Wohnzwecken dient, ist mit dem Vielfachen der Jahresrohmiete nach den Vorschriften zu bewerten, die für gemischtgenutzte Grundstücke maßgebend sind.

(3) Entsprechen die im Grundbuch eingetragenen Miteigentumsanteile an dem gemeinschaftlichen Eigentum nicht dem Verhältnis der Jahresrohmieten zueinander, so kann dies bei der Feststellung des Wertes entsprechend berücksichtigt werden. Sind einzelne Räume, die im gemeinschaftlichen Eigentum stehen, vermietet, so ist ihr Wert nach den im Grundbuch eingetragenen Anteilen zu verteilen und bei den einzelnen wirtschaftlichen Einheiten zu erfassen.

(4) Bei Wohnungserbbaurechten oder Teilerbbaurechten gilt § 46 der weiter anzuwendenden Durchführungsverordnung zum Reichsbewertungsgesetz sinngemäß. Der Gesamtwert ist in gleicher Weise zu ermitteln, wie wenn es sich um Wohnungseigentum oder um Teileigentum handelte. Er ist auf den Wohnungserbbauberechtigten und den Bodeneigentümer entsprechend zu verteilen.

§ 132
Fortschreibung und Nachfeststellung der Einheitswerte 1935

(1) Fortschreibungen und Nachfeststellungen der Einheitswerte 1935 werden erstmals auf den 1. Januar 1991 vorgenommen, soweit sich aus den Absätzen 2 bis 4 nichts Abweichendes ergibt.

(2) Für Mietwohngrundstücke und Einfamilienhäuser im Sinne des § 32 der weiter anzuwendenden Durchführungsverordnung zum Reichsbewertungsgesetz unterbleibt eine Feststellung des Einheitswerts auf den 1. Januar 1991, wenn eine ab diesem Zeitpunkt wirksame Feststellung des Einheitswerts für die wirtschaftliche Einheit nicht vorliegt und der Einheitswert nur für die Festsetzung der Grundsteuer erforderlich wäre. Der Einheitswert für Mietwohngrundstücke und Einfamilienhäuser wird nachträglich auf einen späteren Feststellungszeitpunkt festgestellt, zu dem der Einheitswert erstmals für die Festsetzung anderer Steuern als der Grundsteuer erforderlich ist.

(3) Wird für Grundstücke im Sinne des Absatzes 2 ein Einheitswert festgestellt, gilt er für die Grundsteuer von dem Kalenderjahr an, das der Bekanntgabe des Feststellungsbescheids folgt.

(4) Änderungen der tatsächlichen Verhältnisse, die sich nur auf den Wert des Grundstücks auswirken, werden erst durch Fortschreibung auf den 1. Januar 1994 berücksichtigt, es sei denn, daß eine Feststellung des Einheitswerts zu einem früheren Zeitpunkt für die Festsetzung anderer Steuern als der Grundsteuer erforderlich ist.

§ 133
Sondervorschrift für die Anwendung der Einheitswerte 1935

Die Einheitswerte 1935 der Betriebsgrundstücke sind für die Gewerbesteuer wie folgt anzusetzen:

1. Mietwohngrundstücke mit 100 vom Hundert des Einheitswerts 1935,
2. Geschäftsgrundstücke mit 400 vom Hundert des Einheitswerts 1935,
3. gemischtgenutzte Grundstücke, Einfamilienhäuser und sonstige bebaute Grundstücke mit 250 vom Hundert des Einheitswerts 1935,
4. unbebaute Grundstücke mit 600 vom Hundert des Einheitswerts 1935.

Bei Grundstücken im Zustand der Bebauung bestimmt sich die Grundstückshauptgruppe für den besonderen Einheitswert im Sinne von § 33 a Abs. 3 der weiter anzuwendenden Durchführungsverordnung zum Reichsbewertungsgesetz nach dem tatsächlichen Zustand, der nach Fertigstellung des Gebäudes besteht.

C. Betriebsvermögen

§ 134
(weggefallen)

§ 135
(weggefallen)

§ 136
(weggefallen)

§ 137
Bilanzposten nach dem D-Mark-Bilanzgesetz

Nicht zum Betriebsvermögen gehören folgende Bilanzposten nach dem D-Mark-Bilanzgesetz:

1. das Sonderverlustkonto,
2. das Kapitalentwertungskonto und
3. das Beteiligungsentwertungskonto.

Vierter Abschnitt
Vorschriften für die Bewertung von Grundbesitz für die Erbschaftsteuer ab 1. Januar 1996 und für die Grunderwerbsteuer ab 1. Januar 1997

A. Allgemeines

§ 138
Feststellung von Grundbesitzwerten

(1) Einheitswerte, die für Grundbesitz nach den Wertverhältnissen vom 1. Januar 1935 oder 1. Januar 1964 festgestellt worden sind, sowie Ersatzwirtschaftswerte (§§ 125 und 126) werden bei der Erbschaftsteuer ab 1. Januar 1996 und bei der Grunderwerbsteuer ab 1. Januar 1997 nicht mehr angewendet. Anstelle dieser Einheitswerte und Ersatzwirtschaftswerte werden abweichend von § 19 Abs. 1 und § 126 Abs. 2 land- und forstwirtschaftliche Grundbesitzwerte für das in Absatz 2 und Grundstückswerte für das in Absatz 3 bezeichnete Vermögen unter Berücksichtigung der tatsächlichen Verhältnisse zum Besteuerungszeitpunkt und der Wertverhältnisse zum 1. Januar 1996 festgestellt.

(2) Für die wirtschaftlichen Einheiten des land- und forstwirtschaftlichen Vermögens und für Betriebsgrundstücke im Sinne des § 99 Abs. 1 Nr. 2 sind die land- und forstwirtschaftlichen Grundbesitzwerte unter Anwendung der §§ 139 bis 144 zu ermitteln.

(3) Für die wirtschaftlichen Einheiten des Grundvermögens und für Betriebsgrundstücke im Sinne des § 99 Abs. 1 Nr. 1 sind Grundstückswerte abweichend von § 9 mit einem typisierenden Wert unter Anwendung der §§ 68, 69 und 99 Abs. 2 und der §§ 139 und 145 bis 150 zu ermitteln. § 70 gilt mit der Maßgabe, daß der Anteil des Eigentümers eines Grundstücks an anderem Grundvermögen (z. B. an gemeinschaftlichen Hofflächen oder Garagen) abweichend von Absatz 2 Satz 1 dieser Vorschrift in das Grundstück einzubeziehen ist, wenn der Anteil zusammen mit dem Grundstück genutzt wird. § 20 Satz 2 ist entsprechend anzuwenden.

(4) Die Wertverhältnisse zum 1. Januar 1996 gelten für Feststellungen von Grundbesitzwerten bis zum 31. Dezember 2001.

(5) Die Grundbesitzwerte sind gesondert festzustellen, wenn sie für die Erbschaftsteuer oder Grunderwerbsteuer erforderlich sind (Bedarfsbewertung). In dem Feststellungsbescheid sind auch Feststellungen zu treffen

1. über die Art der wirtschaftlichen Einheit, bei Betriebsgrundstücken, die zu einem Gewerbebetrieb gehören (wirtschaftliche Untereinheit), auch über den Gewerbebetrieb;

2. über die Zurechnung der wirtschaftlichen Einheit und bei mehreren Beteiligten über die Höhe des Anteils, für dessen Besteuerung ein Anteil am Grundbesitzwert erforderlich ist.

Für die Feststellung von Grundbesitzwerten gelten die Vorschriften der Abgabenordnung über die Feststellung von Einheitswerten des Grundbesitzes sinngemäß.

(6) Das für die Feststellung von Grundbesitzwerten zuständige Finanzamt kann von jedem, für dessen Besteuerung eine Bedarfsbewertung erforderlich ist, die Abgabe einer Feststellungserklärung innerhalb einer von ihm zu bestimmenden Frist verlangen. Die Frist muß mindestens einen Monat betragen.

§ 139
Abrundung

Die Grundbesitzwerte werden auf volle tausend Deutsche Mark nach unten abgerundet.

B. Land- und forstwirtschaftliches Vermögen

§ 140
Wirtschaftliche Einheit und Umfang des land- und forstwirtschaftlichen Vermögens

(1) Der Begriff der wirtschaftlichen Einheit und der Umfang des land- und forstwirtschaftlichen Vermögens richten sich nach § 33. Dazu gehören auch immaterielle Wirtschaftsgüter (z. B. Brennrechte, Milchlieferrechte, Jagdrechte und Zuckerrübenlieferrechte), soweit sie einem Betrieb der Land- und Forstwirtschaft dauernd zu dienen bestimmt sind.

(2) Zu den Geldschulden im Sinne des § 33 Abs. 3 Nr. 2 gehören auch Pensionsverpflichtungen.

§ 141
Umfang des Betriebs der Land- und Forstwirtschaft

(1) Der Betrieb der Land- und Forstwirtschaft umfaßt
1. den Betriebsteil,
2. die Betriebswohnungen,
3. den Wohnteil.

(2) Der Betriebsteil umfaßt den Wirtschaftsteil eines Betriebs der Land- und Forstwirtschaft (§ 34 Abs. 2), jedoch ohne die Betriebswohnungen (Absatz 3). § 34 Abs. 4 bis 7 ist bei der Ermittlung des Umfangs des Betriebsteils anzuwenden.

(3) Betriebswohnungen sind Wohnungen einschließlich des dazugehörigen Grund und Bodens, die einem Betrieb der Land- und Forstwirtschaft zu dienen bestimmt, aber nicht dem Wohnteil zuzurechnen sind.

(4) Der Wohnteil umfaßt die Gebäude und Gebäudeteile im Sinne des § 34 Abs. 3 und den dazugehörigen Grund und Boden.

§ 142
Betriebswert

(1) Der Wert des Betriebsteils (Betriebswert) wird unter sinngemäßer Anwendung der §§ 35 und 36 Abs. 1 und 2, der §§ 42, 43 und 44 Abs. 1 und der §§ 45, 48 a, 49, 51, 51 a, 53, 54, 56, 59 und 62 Abs. 1 ermittelt. Abweichend von § 36 Abs. 2 Satz 3 ist der Ertragswert das 18,6fache des Reinertrags.

(2) Der Betriebswert setzt sich zusammen aus den Einzelertragswerten für die Nebenbetriebe (§ 42), das Abbauland (§ 43), die gemeinschaftliche Tierhaltung (§ 51 a) und

die in Nummer 5 nicht genannten Nutzungsteile der sonstigen land- und forstwirtschaftlichen Nutzung sowie den folgenden Ertragswerten:

1. **landwirtschaftliche Nutzung:**
   a) Landwirtschaftliche Nutzung ohne Hopfen und Spargel:
      Der Ertragswert ist auf der Grundlage der Ergebnisse der Bodenschätzung nach dem Bodenschätzungsgesetz zu ermitteln. Er beträgt 0,68 DM je Ertragsmeßzahl;
   b) Nutzungsteil Hopfen .... 112 DM je Ar;
   c) Nutzungsteil Spargel .... 149 DM je Ar;

2. **forstwirtschaftliche Nutzung:**
   a) Nutzungsgrößen bis zu 10 Hektar,
      Nichtwirtschaftswald,
      Baumartengruppe Kiefer,
      Baumartengruppe Fichte bis zu 60 Jahren,
      Baumartengruppe Buche und sonstiges Laubholz
      bis zu 100 Jahren und Eiche bis zu 140 Jahren .... 0,50 DM je Ar;
   b) Baumartengruppe Fichte über 60 bis zu 80 Jahren und Plenterwald 15 DM je Ar;
   c) Baumartengruppe Fichte über 80 bis zu 100 Jahren .... 30 DM je Ar;
   d) Baumartengruppe Fichte über 100 Jahre .... 40 DM je Ar;
   e) Baumartengruppe Buche und sonstiges Laubholz über 100 Jahre . 10 DM je Ar;
   f) Eiche über 140 Jahre .... 20 DM je Ar;

3. **weinbauliche Nutzung:**
   a) Traubenerzeugung und Faßweinausbau:
      aa) in den Weinbaugebieten Ahr, Franken und Württemberg ... 70 DM je Ar;
      bb) in den übrigen Weinbaugebieten .... 35 DM je Ar;
   b) Flaschenweinausbau:
      aa) in den Weinbaugebieten Ahr, Baden, Franken, Rheingau
          und Württemberg .... 160 DM je Ar;
      bb) in den übrigen Weinbaugebieten .... 70 DM je Ar;

4. **gärtnerische Nutzung:**
   a) Nutzungsteil Gemüse-, Blumen- und Zierpflanzenbau:
      aa) Gemüsebau:
          – Freilandflächen .... 110 DM je Ar;
          – Flächen unter Glas und Kunststoffen .... 1000 DM je Ar;
      bb) Blumen- und Zierpflanzenbau:
          Freilandflächen .... 360 DM je Ar;
          beheizbare Flächen unter Glas und Kunststoffen .... 3600 DM je Ar;
          nichtbeheizbare Flächen unter Glas und Kunststoffen . 1800 DM je Ar;
   b) Nutzungsteil Obstbau .... 40 DM je Ar;
   c) Nutzungsteil Baumschulen:
      – Freilandflächen .... 320 DM je Ar;
      – Flächen unter Glas und Kunststoffen .... 2600 DM je Ar;

5. **sonstige land- und forstwirtschaftliche Nutzung:**
   a) Nutzungsteil Wanderschäferei .... 20 DM je Mutterschaf;
   b) Nutzungsteil Weihnachtsbaumkultur .... 260 DM je Ar;

6. **Geringstland:**
   Der Ertragswert für Geringstland (§ 44) beträgt .... 0,50 DM je Ar.

(3) Für die nach § 13 a des Erbschaftsteuergesetzes begünstigten Betriebe der Land- und Forstwirtschaft kann beantragt werden, den Betriebswert abweichend von Absatz 2 Nr. 1 bis 6 insgesamt als Einzelertragswert zu ermitteln. Der Antrag ist bei Abgabe der Feststellungserklärung schriftlich zu stellen. Die dafür notwendigen Bewertungsgrundlagen sind vom Steuerpflichtigen nachzuweisen.

§ 143
Wert der Betriebswohnungen und des Wohnteils

(1) Der Wert der Betriebswohnungen (§ 141 Abs. 3) und der Wert des Wohnteils (§ 141 Abs. 4) sind nach den Vorschriften zu ermitteln, die beim Grundvermögen für die Bewertung von Wohngrundstücken gelten (§§ 146 bis 150).

(2) In den Fällen des § 146 Abs. 6 ist für die Betriebswohnungen und für den Wohnteil bei Vorliegen der Voraussetzungen des Absatzes 3 jeweils höchstens das Fünffache der bebauten Fläche zugrunde zu legen.

(3) Zur Berücksichtigung von Besonderheiten, die sich im Falle einer engen räumlichen Verbindung der Betriebswohnungen und des Wohnteils mit dem Betrieb ergeben, sind deren Werte (§§ 146 bis 149) jeweils um 15 vom Hundert zu ermäßigen.

§ 144
Zusammensetzung des land- und forstwirtschaftlichen Grundbesitzwerts

Der Betriebswert, der Wert der Betriebswohnungen und der Wert des Wohnteils bilden zusammen den land- und forstwirtschaftlichen Grundbesitzwert.

C. Grundvermögen

I. Unbebaute Grundstücke

§ 145
Unbebaute Grundstücke

(1) Unbebaute Grundstücke sind Grundstücke, auf denen sich keine benutzbaren Gebäude befinden oder zur Nutzung vorgesehene Gebäude im Bau befindlich sind. Die Benutzbarkeit beginnt im Zeitpunkt der Bezugsfertigkeit. Gebäude sind als bezugsfertig anzusehen, wenn den zukünftigen Bewohnern oder sonstigen Benutzern zugemutet werden kann, sie zu benutzen; die Abnahme durch die Bauaufsichtsbehörde ist nicht entscheidend. Im Bau befindlich ist ein Gebäude, wenn auf dem Grundstück Abgrabungen begonnen worden sind oder Baustoffe eingebracht worden sind, die zur planmäßigen Errichtung des Gebäudes führen.

(2) Befinden sich auf dem Grundstück Gebäude, die keiner oder nur einer unbedeutenden Nutzung zugeführt werden können, gilt das Grundstück als unbebaut; als unbedeutend gilt eine Nutzung, wenn die hierfür erzielte Jahresmiete (§ 146 Abs. 2) oder die übliche Miete (§ 146 Abs. 3) weniger als 1 vom Hundert des nach Absatz 3 anzusetzenden Werts beträgt. Als unbebautes Grundstück gilt auch ein Grundstück, auf dem infolge der Zerstörung oder des Verfalls der Gebäude auf Dauer benutzbarer Raum nicht mehr vorhanden ist.

(3) Der Wert unbebauter Grundstücke bestimmt sich nach ihrer Fläche und den um 20 vom Hundert ermäßigten Bodenrichtwerten (§ 196 des Baugesetzbuches in der Fassung der Bekanntmachung vom 8. Dezember 1986, BGBl. I S. 2253, das zuletzt durch Artikel 24 des Gesetzes vom 20. Dezember 1996, BGBl. I S. 2049, geändert worden ist).

Die Bodenrichtwerte sind von den Gutachterausschüssen nach dem Baugesetzbuch auf den 1. Januar 1996 zu ermitteln und den Finanzämtern mitzuteilen. Weist der Steuerpflichtige nach, daß der gemeine Wert des unbebauten Grundstücks niedriger als der nach Satz 1 ermittelte Wert ist, ist der gemeine Wert festzustellen.

II. Bebaute Grundstücke

§ 146
Bebaute Grundstücke

(1) Grundstücke, auf die die in § 145 Abs. 1 genannten Merkmale nicht zutreffen, sind bebaute Grundstücke.

(2) Der Wert eines bebauten Grundstücks ist das 12,5fache der für dieses im Durchschnitt der letzten drei Jahre vor dem Besteuerungszeitpunkt erzielten Jahresmiete, vermindert um die Wertminderung wegen des Alters des Gebäudes (Absatz 4). Jahresmiete ist das Gesamtentgelt, das die Mieter (Pächter) für die Nutzung der bebauten Grundstücke aufgrund vertraglicher Vereinbarungen für den Zeitraum von zwölf Monaten zu zahlen haben. Betriebskosten (§ 27 Abs. 1 der Zweiten Berechnungsverordnung) sind nicht einzubeziehen; für Grundstücke, die nicht oder nur zum Teil Wohnzwecken dienen, ist diese Vorschrift entsprechend anzuwenden. Ist das Grundstück vor dem Besteuerungszeitpunkt weniger als drei Jahre vermietet worden, ist die Jahresmiete aus dem kürzeren Zeitraum zu ermitteln.

(3) Wurde ein bebautes Grundstück oder Teile hiervon nicht oder vom Eigentümer oder dessen Familie selbst genutzt, anderen unentgeltlich zur Nutzung überlassen oder an Angehörige (§ 15 der Abgabenordnung) oder Arbeitnehmer des Eigentümers vermietet, tritt an die Stelle der Jahresmiete die übliche Miete. Die übliche Miete ist die Miete, die für nach Art, Lage, Größe, Ausstattung und Alter vergleichbare, nicht preisgebundene Grundstücke von fremden Mietern bezahlt wird; Betriebskosten (Absatz 2 Satz 3) sind hierbei nicht einzubeziehen. Ungewöhnliche oder persönliche Verhältnisse bleiben dabei außer Betracht.

(4) Die Wertminderung wegen Alters des Gebäudes beträgt für jedes Jahr, das seit Bezugsfertigkeit des Gebäudes bis zum Besteuerungszeitpunkt vollendet worden ist, 0,5 vom Hundert, höchstens jedoch 25 vom Hundert des Werts nach den Absätzen 2 und 3. Sind nach Bezugsfertigkeit des Gebäudes bauliche Maßnahmen durchgeführt worden, die die gewöhnliche Nutzungsdauer des Gebäudes um mindestens 25 Jahre verlängert haben, ist bei der Wertminderung wegen Alters von einer der Verlängerung der gewöhnlichen Nutzungsdauer entsprechenden Bezugsfertigkeit auszugehen.

(5) Enthält ein bebautes Grundstück, das ausschließlich Wohnzwecken dient, nicht mehr als zwei Wohnungen, ist der nach den Absätzen 1 bis 4 ermittelte Wert um 20 vom Hundert zu erhöhen.

(6) Der für ein bebautes Grundstück nach den Absätzen 2 bis 5 anzusetzende Wert darf nicht geringer sein als der Wert, mit dem der Grund und Boden allein als unbebautes Grundstück nach § 145 Abs. 3 zu bewerten wäre.

(7) Ein niedrigerer Grundstückswert ist festzustellen, wenn der Steuerpflichtige nachweist, daß der gemeine Wert des Grundstücks niedriger als der nach den Absätzen 2 bis 6 ermittelte Wert ist.

(8) Die Vorschriften gelten entsprechend für Wohnungseigentum und Teileigentum.

§ 147
Sonderfälle

(1) Läßt sich für bebaute Grundstücke die übliche Miete (§ 146 Abs. 3) nicht ermitteln, bestimmt sich der Wert abweichend von § 146 nach der Summe des Werts des Grund und Bodens und des Werts der Gebäude. Dies gilt insbesondere, wenn die Gebäude zur Durchführung bestimmter Fertigungsverfahren, zu Spezialnutzungen oder zur Aufnahme bestimmter technischer Einrichtungen errichtet worden sind und nicht oder nur mit erheblichem Aufwand für andere Zwecke nutzbar gemacht werden können.

(2) Der Wert des Grund und Bodens ist gemäß § 145 mit der Maßgabe zu ermitteln, daß an Stelle des in § 145 Abs. 3 vorgesehenen Abschlags von 20 vom Hundert ein solcher von 30 vom Hundert tritt. Der Wert der Gebäude bestimmt sich nach den ertragsteuerlichen Bewertungsvorschriften; maßgebend ist der Wert im Besteuerungszeitpunkt.

§ 148
Erbbaurecht und Gebäude auf fremdem Grund und Boden

(1) Ist ein Grundstück mit einem Erbbaurecht belastet, beträgt der Wert des belasteten Grundstücks das 18,6fache des nach den vertraglichen Bestimmungen im Besteuerungszeitpunkt zu zahlenden jährlichen Erbbauzinses. Der Wert des Erbbaurechts ist der nach § 146 oder § 147 ermittelte Wert des Grundstücks abzüglich des nach Satz 1 ermittelten Werts des belasteten Grundstücks. Das Recht auf den Erbbauzins ist weder als Bestandteil des Grundstücks noch als gesondertes Recht anzusetzen; dementsprechend ist die Verpflichtung zur Zahlung des Erbbauzinses weder bei der Bewertung des Erbbaurechts noch als gesonderte Verpflichtung abzuziehen.

(2) Absatz 1 ist für Gebäude auf fremdem Grund und Boden entsprechend anzuwenden.

§ 149
Grundstücke im Zustand der Bebauung

(1) Sind die Gebäude auf einem Grundstück noch nicht bezugsfertig, ist der Wert entsprechend § 146 unter Zugrundelegung der üblichen Miete zu ermitteln, die nach Bezugsfertigkeit des Gebäudes zu erzielen wäre. Von diesem Wert sind 80 vom Hundert als Gebäudewert anzusetzen. Dem Grundstückswert ohne Berücksichtigung der nicht bezugsfertigen Gebäude oder Gebäudeteile, ermittelt bei unbebauten Grundstücken nach § 145 Abs. 3 und bei bereits bebauten Grundstücken nach § 146, sind die nicht bezugsfertigen Gebäude oder Gebäudeteile mit dem Betrag als Gebäudewert hinzuzurechnen, der dem Verhältnis der bis zum Besteuerungszeitpunkt entstandenen Herstellungskosten zu den gesamten Herstellungskosten entspricht. Dieser Wert darf den Wert des Grundstücks, der nach Bezugsfertigkeit des Gebäudes anzusetzen wäre, nicht übersteigen.

(2) Ist die übliche Miete nicht zu ermitteln, ist der Wert entsprechend § 147 zu ermitteln.

§ 150
Gebäude und Gebäudeteile für den Zivilschutz

Gebäude, Teile von Gebäuden und Anlagen, die wegen der in § 1 des Zivilschutzgesetzes bezeichneten Zwecke geschaffen worden sind und im Frieden nicht oder nur gelegentlich oder geringfügig für andere Zwecke benutzt werden, bleiben bei der Ermittlung des Grundstückswerts außer Betracht.

Dritter Teil
Schlußbestimmungen

§ 151
Bekanntmachung

Das Bundesministerium der Finanzen wird ermächtigt, den Wortlaut dieses Gesetzes und der zu diesem Gesetz erlassenen Durchführungsverordnungen in der jeweils geltenden Fassung satzweise numeriert mit neuem Datum und neuer Paragraphenfolge bekanntzumachen und dabei Unstimmigkeiten des Wortlauts zu beseitigen.

§ 152
Anwendung des Gesetzes

Diese Fassung des Gesetzes ist erstmals zum 1. Januar 1997 und für die Erbschaftsteuer erstmals zum 1. Januar 1996 anzuwenden.

Erbschaftsteuer- und Schenkungsteuergesetz (ErbStG)

in der Fassung der Bekanntmachung vom 27. Februar 1997

(BGBl. I S. 378)

I. Steuerpflicht

§ 1
Steuerpflichtige Vorgänge

(1) Der Erbschaftsteuer (Schenkungsteuer) unterliegen

1. der Erwerb von Todes wegen;
2. die Schenkungen unter Lebenden;
3. die Zweckzuwendungen;
4. das Vermögen einer Stiftung, sofern sie wesentlich im Interesse einer Familie oder bestimmter Familien errichtet ist, und eines Vereins, dessen Zweck wesentlich im Interesse einer Familie oder bestimmter Familien auf die Bindung von Vermögen gerichtet ist, in Zeitabständen von je 30 Jahren seit dem in § 9 Abs. 1 Nr. 4 bestimmten Zeitpunkt.

(2) Soweit nichts anderes bestimmt ist, gelten die Vorschriften dieses Gesetzes über die Erwerbe von Todes wegen auch für Schenkungen und Zweckzuwendungen, die Vorschriften über Schenkungen auch für Zweckzuwendungen unter Lebenden.

§ 2
Persönliche Steuerpflicht

(1) Die Steuerpflicht tritt ein

1. in den Fällen des § 1 Abs. 1 Nr. 1 bis 3, wenn der Erblasser zur Zeit seines Todes, der Schenker zur Zeit der Ausführung der Schenkung oder der Erwerber zur Zeit der Entstehung der Steuer (§ 9) ein Inländer ist, für den gesamten Vermögensanfall. Als Inländer gelten

   a) natürliche Personen, die im Inland einen Wohnsitz oder ihren gewöhnlichen Aufenthalt haben,

   b) deutsche Staatsangehörige, die sich nicht länger als fünf Jahre dauernd im Ausland aufgehalten haben, ohne im Inland einen Wohnsitz zu haben,

c) unabhängig von der Fünfjahresfrist nach Buchstabe b) deutsche Staatsangehörige, die

    aa) im Inland weder einen Wohnsitz noch ihren gewöhnlichen Aufenthalt haben und

    bb) zu einer inländischen juristischen Person des öffentlichen Rechts in einem Dienstverhältnis stehen und dafür Arbeitslohn aus einer inländischen öffentlichen Kasse beziehen,

sowie zu ihrem Haushalt gehörende Angehörige, die die deutsche Staatsangehörigkeit besitzen. Dies gilt nur für Personen, deren Nachlaß oder Erwerb in dem Staat, in dem sie ihren Wohnsitz oder ihren gewöhnlichen Aufenthalt haben, lediglich in einem der Steuerpflicht nach Nummer 3 ähnlichen Umfang zu einer Nachlaß- oder Erbanfallsteuer herangezogen wird,

d) Körperschaften, Personenvereinigungen und Vermögensmassen, die ihre Geschäftsleitung oder ihren Sitz im Inland haben;

2. in den Fällen des § 1 Abs. 1 Nr. 4, wenn die Stiftung oder der Verein die Geschäftsleitung oder den Sitz im Inland hat;

3. **in allen anderen Fällen für den Vermögensanfall, der in Inlandsvermögen im Sinne des § 121 des Bewertungsgesetzes besteht. Bei Inlandsvermögen im Sinne des § 121 Nr. 4 des Bewertungsgesetzes ist es ausreichend, wenn der Erblasser zur Zeit seines Todes oder der Schenker zur Zeit der Ausführung der Schenkung entsprechend der Vorschrift am Grund- oder Stammkapital der inländischen Kapitalgesellschaft beteiligt ist. Wird nur ein Teil einer solchen Beteiligung durch Schenkung zugewendet, gelten die weiteren Erwerbe aus der Beteiligung, soweit die Voraussetzungen des § 14 erfüllt sind, auch dann als Erwerb von Inlandsvermögen, wenn im Zeitpunkt ihres Erwerbs die Beteiligung des Erblassers oder Schenkers weniger als ein Zehntel des Grund- oder Stammkapitals der Gesellschaft beträgt.**

(2) Zum Inland im Sinne dieses Gesetzes gehört auch der der Bundesrepublik Deutschland zustehende Anteil am Festlandsockel, soweit dort Naturschätze des Meeresgrundes und des Meeresuntergrundes erforscht oder ausgebeutet werden.

§ 3
Erwerb von Todes wegen

(1) Als Erwerb von Todes wegen gilt

1. der Erwerb durch Erbanfall (§ 1922 des Bürgerlichen Gesetzbuchs), auf Grund Erbersatzanspruchs (§§ 1934 a ff. des Bürgerlichen Gesetzbuchs), durch Vermächtnis (§§ 2147 ff. des Bürgerlichen Gesetzbuchs) oder auf Grund eines geltend gemachten Pflichtteilsanspruchs (§§ 2303 ff. des Bürgerlichen Gesetzbuchs);

2. der Erwerb durch Schenkung auf den Todesfall (§ 2301 des Bürgerlichen Gesetzbuchs). Als Schenkung auf den Todesfall gilt auch der auf einem Gesellschaftsvertrag beruhende Übergang des Anteils oder des Teils eines Anteils eines Gesellschafters bei dessen Tod auf die anderen Gesellschafter oder die Gesellschaft, soweit der Wert, der sich für seinen Anteil zur Zeit seines Todes nach § 12 ergibt, Abfindungsansprüche Dritter übersteigt;

3. die sonstigen Erwerbe, auf die die für Vermächtnisse geltenden Vorschriften des bürgerlichen Rechts Anwendung finden;

4. jeder Vermögensvorteil, der auf Grund eines vom Erblasser geschlossenen Vertrags bei dessen Tode von einem Dritten unmittelbar erworben wird.

(2) Als vom Erblasser zugewendet gilt auch

1. der Übergang von Vermögen auf eine vom Erblasser angeordnete Stiftung;
2. was jemand infolge Vollziehung einer vom Erblasser angeordneten Auflage oder infolge Erfüllung einer vom Erblasser gesetzten Bedingung erwirbt, es sei denn, daß eine einheitliche Zweckzuwendung vorliegt;
3. was jemand dadurch erlangt, daß bei Genehmigung einer Zuwendung des Erblassers Leistungen an andere Personen angeordnet oder zur Erlangung der Genehmigung freiwillig übernommen werden;
4. was als Abfindung für einen Verzicht auf den entstandenen Pflichtteilsanspruch oder für die Ausschlagung einer Erbschaft, eines Erbersatzanspruchs oder eines Vermächtnisses gewährt wird;
5. was als Abfindung für ein aufschiebend bedingtes, betagtes oder befristetes Vermächtnis, für das die Ausschlagungsfrist abgelaufen ist, vor dem Zeitpunkt des Eintritts der Bedingung oder des Ereignisses gewährt wird;
6. was als Entgelt für die Übertragung der Anwartschaft eines Nacherben gewährt wird;
7. was ein Vertragserbe aufgrund beeinträchtigender Schenkungen des Erblassers (§ 2287 des Bürgerlichen Gesetzbuchs) von dem Beschenkten nach den Vorschriften über die ungerechtfertigte Bereicherung erlangt.

§ 4
Fortgesetzte Gütergemeinschaft

(1) Wird die eheliche Gütergemeinschaft beim Tode eines Ehegatten fortgesetzt (§§ 1483 ff. des Bürgerlichen Gesetzbuchs, Artikel 200 des Einführungsgesetzes zum Bürgerlichen Gesetzbuch), wird dessen Anteil am Gesamtgut so behandelt, wie wenn er ausschließlich den anteilsberechtigten Abkömmlingen angefallen wäre.

(2) Beim Tode eines anteilsberechtigten Abkömmlings gehört dessen Anteil am Gesamtgut zu seinem Nachlaß. Als Erwerber des Anteils gelten diejenigen, denen der Anteil nach § 1490 Satz 2 und 3 des Bürgerlichen Gesetzbuchs zufällt.

§ 5
Zugewinngemeinschaft

(1) Wird der Güterstand der Zugewinngemeinschaft (§ 1363 des Bürgerlichen Gesetzbuchs) durch den Tod eines Ehegatten beendet und der Zugewinn nicht nach § 1371 Abs. 2 des Bürgerlichen Gesetzbuchs ausgeglichen, gilt beim überlebenden Ehegatten der Betrag, den er nach Maßgabe des § 1371 Abs. 2 des Bürgerlichen Gesetzbuchs als Ausgleichsforderung geltend machen könnte, nicht als Erwerb im Sinne des § 3. Bei der Berechnung dieses Betrages bleiben von den Vorschriften der §§ 1373 bis 1383 und 1390 des Bürgerlichen Gesetzbuchs abweichende güterrechtliche Vereinbarungen unberücksichtigt. Die Vermutung des § 1377 Abs. 3 des Bürgerlichen Gesetzbuchs findet keine Anwendung. Wird der Güterstand der Zugewinngemeinschaft durch Ehevertrag vereinbart, gilt als Zeitpunkt des Eintritts des Güterstandes (§ 1374 Abs. 1 des Bürgerlichen Gesetzbuchs) der Tag des Vertragsabschlusses. Soweit der Nachlaß des Erblassers bei der Ermittlung des als Ausgleichsforderung steuerfreien Betrages mit einem höheren Wert als dem nach den steuerlichen Bewertungsgrundsätzen maßgebenden Wert angesetzt worden ist, gilt höchstens der dem Steuerwert des Nachlasses entsprechende Betrag nicht als Erwerb im Sinne des § 3.

(2) Wird der Güterstand der Zugewinngemeinschaft in anderer Weise als durch den Tod eines Ehegatten beendet oder wird der Zugewinn nach § 1371 Abs. 2 des Bürgerlichen Gesetzbuchs ausgeglichen, gehört die Ausgleichsforderung (§ 1378 des Bürgerlichen Gesetzbuchs) nicht zum Erwerb im Sinne der §§ 3 und 7.

§ 6
Vor- und Nacherbschaft

(1) Der Vorerbe gilt als Erbe.

(2) Bei Eintritt der Nacherbfolge haben diejenigen, auf die das Vermögen übergeht, den Erwerb als vom Vorerben stammend zu versteuern. Auf Antrag ist der Versteuerung das Verhältnis des Nacherben zum Erblasser zugrunde zu legen. Geht in diesem Fall auch eigenes Vermögen des Vorerben auf den Nacherben über, sind beide Vermögensanfälle hinsichtlich der Steuerklasse getrennt zu behandeln. Für das eigene Vermögen des Vorerben kann ein Freibetrag jedoch nur gewährt werden, soweit der Freibetrag für das der Nacherbfolge unterliegende Vermögen nicht verbraucht ist. Die Steuer ist für jeden Erwerb jeweils nach dem Steuersatz zu erheben, der für den gesamten Erwerb gelten würde.

(3) Tritt die Nacherbfolge nicht durch den Tod des Vorerben ein, gilt die Vorerbfolge als auflösend bedingter, die Nacherbfolge als aufschiebend bedingter Anfall. In diesem Fall ist dem Nacherben die vom Vorerben entrichtete Steuer abzüglich desjenigen Steuerbetrags anzurechnen, welcher der tatsächlichen Bereicherung des Vorerben entspricht.

(4) Nachvermächtnisse und beim Tode des Beschwerten fällige Vermächtnisse stehen den Nacherbschaften gleich.

§ 7
Schenkungen unter Lebenden

(1) Als Schenkungen unter Lebenden gelten

1. jede freigebige Zuwendung unter Lebenden, soweit der Bedachte durch sie auf Kosten des Zuwendenden bereichert wird;
2. was infolge Vollziehung einer von dem Schenker angeordneten Auflage oder infolge Erfüllung einer einem Rechtsgeschäft unter Lebenden beigefügten Bedingung ohne entsprechende Gegenleistung erlangt wird, es sei denn, daß eine einheitliche Zweckzuwendung vorliegt;
3. was jemand dadurch erlangt, daß bei Genehmigung einer Schenkung Leistungen an andere Personen angeordnet oder zur Erlangung der Genehmigung freiwillig übernommen werden;
4. die Bereicherung, die ein Ehegatte bei Vereinbarung der Gütergemeinschaft (§ 1415 des Bürgerlichen Gesetzbuchs) erfährt;
5. was als Abfindung für einen Erbverzicht (§§ 2346 und 2352 des Bürgerlichen Gesetzbuchs) gewährt wird;
6. was durch vorzeitigen Erbausgleich (§ 1934 d des Bürgerlichen Gesetzbuchs) erworben wird;
7. was ein Vorerbe dem Nacherben mit Rücksicht auf die angeordnete Nacherbschaft vor ihrem Eintritt herausgibt;
8. der Übergang von Vermögen auf Grund eines Stiftungsgeschäfts unter Lebenden;
9. was bei Aufhebung einer Stiftung oder bei Auflösung eines Vereins, dessen Zweck auf die Bindung von Vermögen gerichtet ist, erworben wird;

10. was als Abfindung für aufschiebend bedingt, betagt oder befristet erworbene Ansprüche, soweit es sich nicht um einen Fall des § 3 Abs. 2 Nr. 5 handelt, vor dem Zeitpunkt des Eintritts der Bedingung oder des Ereignisses gewährt wird.

(2) Im Falle des Absatzes 1 Nr. 7 ist der Versteuerung auf Antrag das Verhältnis des Nacherben zum Erblasser zugrunde zu legen. § 6 Abs. 2 Satz 3 bis 5 gilt entsprechend.

(3) Gegenleistungen, die nicht in Geld veranschlagt werden können, werden bei der Feststellung, ob eine Bereicherung vorliegt, nicht berücksichtigt.

(4) Die Steuerpflicht einer Schenkung wird nicht dadurch ausgeschlossen, daß sie zur Belohnung oder unter einer Auflage gemacht oder in die Form eines lästigen Vertrags gekleidet wird.

(5) Ist Gegenstand der Schenkung eine Beteiligung an einer Personengesellschaft, in deren Gesellschaftsvertrag bestimmt ist, daß der neue Gesellschafter bei Auflösung der Gesellschaft oder im Fall eines vorherigen Ausscheidens nur den Buchwert seines Kapitalanteils erhält, werden diese Bestimmungen bei der Feststellung der Bereicherung nicht berücksichtigt. Soweit die Bereicherung den Buchwert des Kapitalanteils übersteigt, gilt sie als auflösend bedingt erworben.

(6) Wird eine Beteiligung an einer Personengesellschaft mit einer Gewinnbeteiligung ausgestattet, die insbesondere der Kapitaleinlage, der Arbeits- oder der sonstigen Leistung des Gesellschafters für die Gesellschaft nicht entspricht oder die einem fremden Dritten üblicherweise nicht eingeräumt würde, gilt das Übermaß an Gewinnbeteiligung als selbständige Schenkung.

(7) Als Schenkung gilt auch der auf einem Gesellschaftsvertrag beruhende Übergang des Anteils oder des Teils eines Anteils eines Gesellschafters bei dessen Ausscheiden auf die anderen Gesellschafter oder die Gesellschaft, soweit der Wert, der sich für seinen Anteil zur Zeit seines Ausscheidens nach § 12 ergibt, den Abfindungsanspruch übersteigt.

§ 8
Zweckzuwendungen

Zweckzuwendungen sind Zuwendungen von Todes wegen oder freigebige Zuwendungen unter Lebenden, die mit der Auflage verbunden sind, zugunsten eines bestimmten Zwecks verwendet zu werden, oder die von der Verwendung zugunsten eines bestimmten Zwecks abhängig sind, soweit hierdurch die Bereicherung des Erwerbers gemindert wird.

§ 9
Entstehung der Steuer

(1) Die Steuer entsteht

1. bei Erwerben von Todes wegen mit dem Tode des Erblassers, jedoch
    a) für den Erwerb des unter einer aufschiebenden Bedingung, unter einer Betagung oder Befristung Bedachten sowie für zu einem Erwerb gehörende aufschiebend bedingte, betagte oder befristete Ansprüche mit dem Zeitpunkt des Eintritts der Bedingung oder des Ereignisses,
    b) für den Erwerb eines geltend gemachten Pflichtteilsanspruchs oder Erbersatzanspruchs mit dem Zeitpunkt der Geltendmachung,
    c) im Fall des § 3 Abs. 2 Nr. 1 mit dem Zeitpunkt der Genehmigung der Stiftung,
    d) in den Fällen des § 3 Abs. 2 Nr. 2 mit dem Zeitpunkt der Vollziehung der Auflage oder der Erfüllung der Bedingung,

e) in den Fällen des § 3 Abs. 2 Nr. 3 mit dem Zeitpunkt der Genehmigung,
   f) in den Fällen des § 3 Abs. 2 Nr. 4 mit dem Zeitpunkt des Verzichts oder der Ausschlagung,
   g) im Fall des § 3 Abs. 2 Nr. 5 mit dem Zeitpunkt der Vereinbarung über die Abfindung,
   h) für den Erwerb des Nacherben mit dem Zeitpunkt des Eintritts der Nacherbfolge,
   i) im Fall des § 3 Abs. 2 Nr. 6 mit dem Zeitpunkt der Übertragung der Anwartschaft,
   j) im Fall des § 3 Abs. 2 Nr. 7 mit dem Zeitpunkt der Geltendmachung des Anspruchs;

2. bei Schenkungen unter Lebenden mit dem Zeitpunkt der Ausführung der Zuwendung;
3. bei Zweckzuwendungen mit dem Zeitpunkt des Eintritts der Verpflichtung des Beschwerten;
4. in den Fällen des § 1 Abs. 1 Nr. 4 in Zeitabständen von je 30 Jahren seit dem Zeitpunkt des ersten Übergangs von Vermögen auf die Stiftung oder auf den Verein. Fällt bei Stiftungen oder Vereinen der Zeitpunkt des ersten Übergangs von Vermögen auf den 1. Januar 1954 oder auf einen früheren Zeitpunkt, so entsteht die Steuer erstmals am 1. Januar 1984. Bei Stiftungen und Vereinen, bei denen die Steuer erstmals am 1. Januar 1984 entsteht, richtet sich der Zeitraum von 30 Jahren nach diesem Zeitpunkt.

(2) In den Fällen der Aussetzung der Versteuerung nach § 25 Abs. 1 Buchstabe a gilt die Steuer für den Erwerb des belasteten Vermögens als mit dem Zeitpunkt des Erlöschens der Belastung entstanden.

II. Wertermittlung

§ 10
Steuerpflichtiger Erwerb

(1) **Als steuerpflichtiger Erwerb gilt die Bereicherung des Erwerbers, soweit sie nicht steuerfrei ist (§§ 5, 13, 13 a, 16, 17 und 18).** In den Fällen des § 3 gilt als Bereicherung der Betrag, der sich ergibt, wenn von dem nach § 12 zu ermittelnden Wert des gesamten Vermögensanfalls, soweit er der Besteuerung nach diesem Gesetz unterliegt, die nach den Absätzen 3 bis 9 abzugsfähigen Nachlaßverbindlichkeiten mit ihrem nach § 12 zu ermittelnden Wert abgezogen werden. **Der unmittelbare oder mittelbare Erwerb einer Beteiligung an einer Personengesellschaft, die nicht nach § 12 Abs. 5 zu bewerten ist, gilt als Erwerb der anteiligen Wirtschaftsgüter.** Bei der Zweckzuwendung tritt an die Stelle des Vermögensanfalls die Verpflichtung des Beschwerten. Der steuerpflichtige Erwerb wird auf volle 100 Deutsche Mark nach unten abgerundet. In den Fällen des § Abs. 1 Nr. 4 tritt an die Stelle des Vermögensanfalls das Vermögen der Stiftung oder des Vereins.

(2) Hat der Erblasser die Entrichtung der von dem Erwerber geschuldeten Steuer einem anderen auferlegt oder hat der Schenker die Entrichtung der vom Beschenkten geschuldeten Steuer selbst übernommen oder einem anderen auferlegt, gilt als Erwerb der Betrag, der sich bei einer Zusammenrechnung des Erwerbs nach Absatz 1 mit der aus ihm errechneten Steuer ergibt.

(3) Die infolge des Anfalls durch Vereinigung von Recht und Verbindlichkeit oder von Recht und Belastung erloschenen Rechtsverhältnisse gelten als nicht erloschen.

(4) Die Anwartschaft eines Nacherben gehört nicht zu seinem Nachlaß.

(5) Von dem Erwerb sind, soweit sich nicht aus den Absätzen 6 bis 9 etwas anderes ergibt, als Nachlaßverbindlichkeiten abzugsfähig

1. die vom Erblasser herrührenden Schulden, soweit sie nicht mit einem zum Erwerb gehörenden Gewerbebetrieb oder Anteil an einem Gewerbebetrieb in wirtschaftlichem Zusammenhang stehen und bereits nach § 12 Abs. 5 und 6 berücksichtigt worden sind;
2. Verbindlichkeiten aus Vermächtnissen, Auflagen und geltend gemachten Pflichtteilen und Erbersatzansprüchen;
3. die Kosten der Bestattung des Erblassers, die Kosten für ein angemessenes Grabdenkmal, die Kosten für die übliche Grabpflege mit ihrem Kapitalwert für eine unbestimmte Dauer sowie die Kosten, die dem Erwerber unmittelbar im Zusammenhang mit der Abwicklung, Regelung oder Verteilung des Nachlasses oder mit der Erlangung des Erwerbs entstehen. Für diese Kosten wird insgesamt ein Betrag von 20 000 Deutsche Mark ohne Nachweis abgezogen. Kosten für die Verwaltung des Nachlasses sind nicht abzugsfähig.

(6) Nicht abzugsfähig sind Schulden und Lasten, soweit sie in wirtschaftlichem Zusammenhang mit Vermögensgegenständen stehen, die nicht der Besteuerung nach diesem Gesetz unterliegen. Beschränkt sich die Besteuerung auf einzelne Vermögensgegenstände (§ 2 Abs. 1 Nr. 3, § 19 Abs. 2), sind nur die damit in wirtschaftlichem Zusammenhang stehenden Schulden und Lasten abzugsfähig. Schulden und Lasten, die mit teilweise befreiten Vermögensgegenständen in wirtschaftlichem Zusammenhang stehen, sind nur mit dem Betrag abzugsfähig, der dem steuerpflichtigen Teil entspricht. **Schulden und Lasten, die mit dem nach § 13 a befreiten Betriebsvermögen in wirtschaftlichem Zusammenhang stehen, sind in vollem Umfang abzugsfähig. Schulden und Lasten, die mit dem nach § 13 a befreiten Vermögen eines Betriebs der Land- und Forstwirtschaft oder mit den nach § 13 a befreiten Anteilen an Kapitalgesellschaften in wirtschaftlichem Zusammenhang stehen, sind nur mit dem Betrag abzugsfähig, der dem Verhältnis des nach Anwendung des § 13 a anzusetzenden Werts dieses Vermögens zu dem Wert vor Anwendung des § 13 a entspricht.**

(7) In den Fällen des § 1 Abs. 1 Nr. 4 sind Leistungen an die nach der Stiftungsurkunde oder nach der Vereinssatzung Berechtigten nicht abzugsfähig.

(8) Die von dem Erwerber zu entrichtende eigene Erbschaftsteuer ist nicht abzugsfähig.

(9) Auflagen, die dem Beschwerten selbst zugute kommen, sind nicht abzugsfähig.

§ 11
Bewertungsstichtag

Für die Wertermittlung ist, soweit in diesem Gesetz nichts anderes bestimmt ist, der Zeitpunkt der Entstehung der Steuer maßgebend.

§ 12
Bewertung

(1) Die Bewertung richtet sich, soweit nicht in den Absätzen 2 bis 6 etwas anderes bestimmt ist, nach den Vorschriften des Ersten Teils des Bewertungsgesetzes (Allgemeine Bewertungsvorschriften).

(2) Ist der gemeine Wert von Anteilen an einer Kapitalgesellschaft unter Berücksichtigung des Vermögens und der Ertragsaussichten zu schätzen (§ 11 Abs. 2 Satz 2 des Bewertungsgesetzes), wird das Vermögen mit dem Wert im Zeitpunkt der Entstehung

der Steuer angesetzt. Der Wert ist nach den Grundsätzen der Absätze 5 und 6 zu ermitteln. Dabei sind der Geschäfts- oder Firmenwert und die Werte von firmenwertähnlichen Wirtschaftsgütern nicht in die Ermittlung einzubeziehen.

(3) Grundbesitz (§ 19 des Bewertungsgesetzes) ist mit dem Grundbesitzwert anzusetzen, der nach dem Vierten Abschnitt des Zweiten Teils des Bewertungsgesetzes (Vorschriften für die Bewertung von Grundbesitz für die Erbschaftsteuer ab 1. Januar 1996 und für die Grunderwerbsteuer ab 1. Januar 1997) auf den Zeitpunkt der Entstehung der Steuer festgestellt wird.

(4) Bodenschätze, die nicht zum Betriebsvermögen gehören, werden angesetzt, wenn für sie Absetzungen für Substanzverringerung bei der Einkunftsermittlung vorzunehmen sind; sie werden mit ihren ertragsteuerlichen Werten angesetzt.

(5) Für den Bestand und die Bewertung von Betriebsvermögen mit Ausnahme der Bewertung der Betriebsgrundstücke (Absatz 3) sind die Verhältnisse zur Zeit der Entstehung der Steuer maßgebend. Die §§ 95 bis 99, 103, 104 und 109 Abs. 1 und 2 und § 137 des Bewertungsgesetzes sind entsprechend anzuwenden. Zum Betriebsvermögen gehörende Wertpapiere, Anteile und Genußscheine von Kapitalgesellschaften sind vorbehaltlich des Absatzes 2 mit dem nach § 11 oder § 12 des Bewertungsgesetzes ermittelten Wert anzusetzen.

(6) Ausländischer Grundbesitz und ausländisches Betriebsvermögen werden nach § 31 des Bewertungsgesetzes bewertet.

§ 13
Steuerbefreiungen

(1) Steuerfrei bleiben

1. a) Hausrat einschließlich Wäsche und beim Erwerb durch Personen der Steuerklasse I,
   soweit der Wert insgesamt 80 000 Deutsche Mark nicht übersteigt,
   b) andere bewegliche körperliche Gegenstände, die nicht nach Nummer 2 befreit sind, beim Erwerb durch Personen der Steuerklasse I,
   soweit der Wert insgesamt 20 000 Deutsche Mark nicht übersteigt,
   c) Hausrat einschließlich Wäsche und Kleidungsstücke und andere bewegliche körperliche Gegenstände, die nicht nach Nummer 2 befreit sind, beim Erwerb durch Personen der Steuerklassen II und III,
   soweit der Wert insgesamt 20 000 Deutsche Mark nicht übersteigt.

   Die Befreiung gilt nicht für Gegenstände, die zum land- und forstwirtschaftlichen Vermögen, zum Grundvermögen oder zum Betriebsvermögen gehören, für Zahlungsmittel, Wertpapiere, Münzen, Edelmetalle, Edelsteine und Perlen;

2. Grundbesitz oder Teile von Grundbesitz, Kunstgegenstände, Kunstsammlungen, wissenschaftliche Sammlungen, Bibliotheken und Archive
   a) mit 60 vom Hundert ihres Wertes, wenn die Erhaltung dieser Gegenstände wegen ihrer Bedeutung für Kunst, Geschichte oder Wissenschaft im öffentlichen Interesse liegt, die jährlichen Kosten in der Regel die erzielten Einnahmen übersteigen und die Gegenstände in einem den Verhältnissen entsprechenden Umfang den Zwecken der Forschung oder der Volksbildung nutzbar gemacht sind oder werden,
   b) in vollem Umfang, wenn die Voraussetzungen des Buchstaben a) erfüllt sind und ferner
      aa) der Steuerpflichtige bereit ist, die Gegenstände den geltenden Bestimmungen der Denkmalspflege zu unterstellen,

bb) die Gegenstände sich seit mindestens 20 Jahren im Besitz der Familie befinden oder in dem Verzeichnis national wertvollen Kulturgutes oder national wertvoller Archive nach dem Gesetz zum Schutz deutschen Kulturgutes gegen Abwanderung in der im Bundesgesetzblatt Teil III, Gliederungsnummer 224-2, veröffentlichten bereinigten Fassung, zuletzt geändert durch Anlage I Kapitel II Sachgebiet B Abschnitt II Nr. 4 des Einigungsvertrages vom 31. August 1990 in Verbindung mit Artikel 1 des Gesetzes vom 23. September 1990 (BGBl. 1990 II S. 885, 914), eingetragen sind.

Die Steuerbefreiung fällt mit Wirkung für die Vergangenheit weg, wenn die Gegenstände innerhalb von zehn Jahren nach dem Erwerb veräußert werden oder die Voraussetzungen für die Steuerbefreiung innerhalb dieses Zeitraumes entfallen;

3. Grundbesitz oder Teile von Grundbesitz, der für Zwecke der Volkswohlfahrt der Allgemeinheit ohne gesetzliche Verpflichtung zur Benutzung zugänglich gemacht ist und dessen Erhaltung im öffentlichen Interesse liegt, wenn die jährlichen Kosten in der Regel die erzielten Einnahmen übersteigen. Die Steuerbefreiung fällt mit Wirkung für die Vergangenheit weg, wenn der Grundbesitz oder Teile des Grundbesitzes innerhalb von zehn Jahren nach dem Erwerb veräußert werden oder die Voraussetzungen für die Steuerbefreiung innerhalb dieses Zeitraumes entfallen;

4. ein Erwerb nach § 1969 des Bürgerlichen Gesetzbuchs;

4 a. Zuwendungen unter Lebenden, mit denen ein Ehegatte dem anderen Ehegatten Eigentum oder Miteigentum an einem im Inland belegenen, zu eigenen Wohnzwecken genutzten Haus oder einer im Inland belegenen, zu eigenen Wohnzwecken genutzten Eigentumswohnung (Familienwohnheim) verschafft oder den anderen Ehegatten von eingegangenen Verpflichtungen im Zusammenhang mit der Anschaffung oder der Herstellung des Familienwohnheims freistellt. Entsprechendes gilt, wenn ein Ehegatte nachträglichen Herstellungs- oder Erhaltungsaufwand für ein Familienwohnheim trägt, das im gemeinsamen Eigentum der Ehegatten oder im Eigentum des anderen Ehegatten steht;

5. die Befreiung von einer Schuld gegenüber dem Erblasser, sofern die Schuld durch Gewährung von Mitteln zum Zweck des angemessenen Unterhalts oder zur Ausbildung des Bedachten begründet worden ist oder der Erblasser die Befreiung mit Rücksicht auf die Notlage des Schuldners angeordnet hat und diese auch durch die Zuwendung nicht beseitigt wird. Die Steuerbefreiung entfällt, soweit die Steuer aus der Hälfte einer neben der erlassenen Schuld dem Bedachten anfallenden Zuwendung gedeckt werden kann;

6. **ein Erwerb, der Eltern, Adoptiveltern, Stiefeltern oder Großeltern des Erblassers anfällt, sofern der Erwerb zusammen mit dem übrigen Vermögen des Erwerbers 80 000 Deutsche Mark nicht übersteigt und der Erwerber infolge körperlicher oder geistiger Gebrechen und unter Berücksichtigung seiner bisherigen Lebensstellung als erwerbsunfähig anzusehen ist oder durch die Führung eines gemeinsamen Hausstands mit erwerbsunfähigen oder in der Ausbildung befindlichen Abkömmlingen an der Ausübung einer Erwerbstätigkeit gehindert ist. Übersteigt der Wert des Erwerbs zusammen mit dem übrigen Vermögen des Erwerbers den Betrag von 80 000 Deutsche Mark, wird die Steuer nur insoweit erhoben, als sie aus der Hälfte des die Wertgrenze übersteigenden Betrags gedeckt werden kann;**

7. Ansprüche nach folgenden Gesetzen in der jeweils geltenden Fassung:
   a) Lastenausgleichsgesetz in der Fassung der Bekanntmachung vom 1. Oktober 1969 (BGBl. I S. 1909), zuletzt geändert durch Anlage I Kapitel II Sachgebiet D Abschnitt II Nr. 4 des Einigungsvertrages vom 31. August 1990 in Verbindung mit Artikel 1 des Gesetzes vom 23. September 1990 (BGBl. 1990 II S. 885, 919)[1]

---

1 Jetzt Lastenausgleichsgesetz i. d. F. vom 2. 6. 1993 (BGBl. I S. 845; BGBl. 1995 I S. 248), zuletzt geändert durch Gesetz vom 27. 8. 1995 (BGBl. I S. 1090)

Währungsausgleichsgesetz in der Fassung der Bekanntmachung vom 1. Dezember 1965 (BGBl. I S. 2059), zuletzt geändert durch Artikel 16 des Gesetzes vom 18. März 1975 (BGBl. I S. 705)[1]),

Altsparergesetz in der im Bundesgesetzblatt Teil III, Gliederungsnummer 621-4, veröffentlichten bereinigten Fassung, zuletzt geändert durch Anlage I Kapitel IV Sachgebiet A Abschnitt II Nr. 1 des Einigungsvertrages vom 31. August 1990 in Verbindung mit Artikel 1 des Gesetzes vom 23. September 1990 (BGBl. 1990 II S. 885, 965)[2]),

Flüchtlingshilfegesetz in der Fassung der Bekanntmachung vom 15. Mai 1971 (BGBl. I S. 681), zuletzt geändert durch Artikel 2 des Gesetzes vom 26. Juni 1990 (BGBl. I S. 1142)[3]),

Reparationsschädengesetz vom 12. Februar 1969 (BGBl. I S. 105), zuletzt geändert durch Anlage I Kapitel IV Sachgebiet A Abschnitt II Nr. 3 des Einigungsvertrages vom 31. August 1990 in Verbindung mit Artikel 1 des Gesetzes vom 23. September 1990 (BGBl. 1990 II S. 885, 965)[4]),

b) Allgemeines Kriegsfolgengesetz in der im Bundesgesetzblatt Teil III, Gliederungsnummer 653-1, veröffentlichten bereinigten Fassung, zuletzt geändert durch Anlage I Kapitel IV Sachgebiet A Abschnitt II Nr. 2 des Einigungsvertrages vom 31. August 1990 in Verbindung mit Artikel 1 des Gesetzes vom 23. September 1990 (BGBl. 1990 II S. 885, 965)[5]),

Gesetz zur Regelung der Verbindlichkeiten nationalsozialistischer Einrichtungen und der Rechtsverhältnisse an deren Vermögen vom 17. März 1965 (BGBl. I S. 79), zuletzt geändert durch Artikel 67 des Gesetzes vom 25. Juni 1969 (BGBl. I S. 645)[6]),

c) Häftlingshilfegesetz in der Fassung der Bekanntmachung vom 2. Juni 1993 (BGBl. I S. 838), zuletzt geändert durch Artikel 1 des Gesetzes vom 8. Juni 1994 (BGBl. I S. 1214);

d) Strafrechtliches Rehabilitierungsgesetz vom 29. Oktober 1992 (BGBl. I S. 1814)[7])

e) Bundesvertriebenengesetz in der Fassung der Bekanntmachung vom 2. Juni 1993 (BGBl. I S. 829)[8])

f) Vertriebenenzuwendungsgesetz vom 27. September 1994 (BGBl. I S. 2624, 2635),

g) Verwaltungsrechtliches Rehabilitierungsgesetz vom 23. Juni 1994 (BGBl. I S. 1311)[9]) und Berufliches Rehabilitierungsgesetz vom 23. Juni 1994 (BGBl. I S. 1311)[10]);

8. Ansprüche auf Entschädigungsleistungen nach dem Bundesgesetz zur Entschädigung für Opfer der nationalsozialistischen Verfolgung in der Fassung vom 29. Juni 1956 (BGBl. I S. 559)[11]) und nach dem Gesetz über Entschädigungen für Opfer des Nationalsozialismus im Beitrittsgebiet vom 22. April 1992 (BGBl. I S. 906) in der jeweils geltenden Fassung;

---

1 Währungsausgleichsgesetz, zuletzt geändert durch Artikel 3 d des Gesetzes vom 24. 7. 1992 (BGBl. I S. 1389)
2 Altsparergesetz, zuletzt geändert durch Artikel 65 des Gesetzes vom 5. 10. 1994 (BGBl. I S. 2911)
3 Flüchtlingshilfegesetz, zuletzt geändert durch Artikel 24 des Gesetzes vom 26. 5. 1994 (BGBl. I S. 1014)
4 Reparationsschädengesetz, zuletzt geändert durch Artikel 3 e des Gesetzes vom 24. 7. 1992 (BGBl. I S. 1389)
5 Allgemeines Kriegsfolgengesetz, zuletzt geändert durch Artikel 67 des Gesetzes vom 5. 10. 1994 (BGBl. I S. 2911)
6 Zuletzt geändert durch Artikel 2 Nr. 18 des Gesetzes vom 20. 12. 1991 (BGBl. I S. 2317)
7 Strafrechtl. Rehabilitierungsgesetz, zuletzt geändert durch Artikel 1 des Gesetzes vom 15. 12. 1995 (BGBl. I S. 1782)
8 Bundesvertriebenengesetz, geändert durch Artikel 25 des Gesetzes vom 26. 5. 1994 (BGBl. I S. 1014)
9 Verwaltungsrechtliches Rehabilitierungsgesetz, zuletzt geändert durch Artikel 1 des Gesetzes vom 15. 12. 1995 (BGBl. I S. 1782)
10 Berufliches Rehabilitierungsgesetz, geändert durch Artikel 1 des Gesetzes vom 15. 12. 1995 (BGBl. I S. 1782)
11 Bundesentschädigungsgesetz, zuletzt geändert durch Artikel 3 des Gesetzes vom 28. 10. 1996 (BGBl. I S. 1546)

9. ein steuerpflichtiger Erwerb bis zu 10 000 Deutsche Mark, der Personen anfällt, die dem Erblasser unentgeltlich oder gegen unzureichendes Entgelt Pflege oder Unterhalt gewährt haben, soweit das Zugewendete als angemessenes Entgelt anzusehen ist;

9 a. Geldzuwendungen unter Lebenden, die eine Pflegeperson für Leistungen zur Grundpflege oder hauswirtschaftlichen Versorgung vom Pflegebedürftigen erhält, bis zur Höhe des nach § 37 des Elften Buches Sozialgesetzbuch gewährten Pflegegeldes oder eines entsprechenden Pflegegeldes aus privaten Versicherungsverträgen nach den Vorgaben des Elften Buches Sozialgesetzbuch (private Pflegepflichtversicherung) oder einer Pauschalbeihilfe nach den Beihilfevorschriften für häusliche Pflege;

10. Vermögensgegenstände, die Eltern oder Voreltern ihren Abkömmlingen durch Schenkung oder Übergabevertrag zugewandt hatten und die an diese Personen von Todes wegen zurückfallen;
11. der Verzicht auf die Geltendmachung des Pflichtteilsanspruchs oder des Erbersatzanspruchs;
12. Zuwendungen unter Lebenden zum Zwecke des angemessenen Unterhalts oder zur Ausbildung des Bedachten;
13. Zuwendungen an Pensions- und Unterstützungskassen im Sinne des § 5 Abs. 1 Nr. 3 des Körperschaftsteuergesetzes, wenn sie die für eine Befreiung von der Körperschaftsteuer erforderlichen Voraussetzungen erfüllen. Ist eine Kasse nach § 6 des Körperschaftsteuergesetzes teilweise steuerpflichtig, ist auch die Zuwendung im gleichen Verhältnis steuerpflichtig. Die Befreiung fällt mit Wirkung für die Vergangenheit weg, wenn die Voraussetzungen des § 5 Abs. 1 Nr. 3 des Körperschaftsteuergesetzes innerhalb von zehn Jahren nach der Zuwendung entfallen;
14. die üblichen Gelegenheitsgeschenke;
15. Anfälle an den Bund, ein Land oder eine inländische Gemeinde (Gemeindeverband) sowie solche Anfälle, die ausschließlich Zwecken des Bundes, eines Landes oder einer inländischen Gemeinde (Gemeindeverband) dienen;
16. Zuwendungen
    a) an inländische Religionsgesellschaften des öffentlichen Rechts oder an inländische jüdische Kultusgemeinden,
    b) an inländische Körperschaften, Personenvereinigungen und Vermögensmassen, die nach der Satzung, dem Stiftungsgeschäft oder der sonstigen Verfassung und nach ihrer tatsächlichen Geschäftsführung ausschließlich und unmittelbar kirchlichen, gemeinnützigen oder mildtätigen Zwecken dienen. Die Befreiung fällt mit Wirkung für die Vergangenheit weg, wenn die Voraussetzungen für die Anerkennung der Körperschaft, Personenvereinigung oder Vermögensmasse als kirchliche, gemeinnützige oder mildtätige Institution innerhalb von zehn Jahren nach der Zuwendung entfallen und das Vermögen nicht begünstigten Zwecken zugeführt wird,
    c) an ausländische Religionsgesellschaften, Körperschaften, Personenvereinigungen und Vermögensmassen der in den Buchstaben a) und b) bezeichneten Art unter der Voraussetzung, daß der ausländische Staat für Zuwendungen an deutsche Rechtsträger der in den Buchstaben a) und b) bezeichneten Art eine entsprechende Steuerbefreiung gewährt und das Bundesministerium der Finanzen dies durch förmlichen Austausch entsprechender Erklärungen mit dem ausländischen Staat feststellt;
17. Zuwendungen, die ausschließlich kirchlichen, gemeinnützigen oder mildtätigen Zwecken gewidmet sind, sofern die Verwendung zu dem bestimmten Zweck gesichert ist;

18. Zuwendungen an politische Parteien im Sinne des § 2 des Parteiengesetzes.

(2) Angemessen im Sinne des Absatzes 1 Nr. 5 und 12 ist eine Zuwendung, die den Vermögensverhältnissen und der Lebensstellung des Bedachten entspricht. Eine dieses Maß übersteigende Zuwendung ist in vollem Umfang steuerpflichtig.

(3) Jede Befreiungsvorschrift ist für sich anzuwenden. In den Fällen des Absatzes 1 Nr. 2 und 3 kann der Erwerber der Finanzbehörde bis zur Unanfechtbarkeit der Steuerfestsetzung erklären, daß er auf die Steuerbefreiung verzichtet.

§ 13 a
Ansatz von Betriebsvermögen, von Betrieben der Land- und Forstwirtschaft und von Anteilen an Kapitalgesellschaften

(1) **Betriebsvermögen, land- und forstwirtschaftliches Vermögen und Anteile an Kapitalgesellschaften im Sinne des Absatzes 4 bleiben vorbehaltlich des Satzes 2 insgesamt bis zu einem Wert von 500 000 Deutsche Mark außer Ansatz**

1. beim Erwerb von Todes wegen; beim Erwerb durch mehrere Erwerber ist für jeden Erwerber ein Teilbetrag von 500 000 Deutsche Mark entsprechend einer vom Erblasser schriftlich verfügten Aufteilung des Freibetrags maßgebend; hat der Erblasser keine Aufteilung verfügt, steht der Freibetrag, wenn nur Erben Vermögen im Sinne des Absatzes 4 erwerben, jedem Erben entsprechend seinem Erbteil und sonst den Erwerbern zu gleichen Teilen zu;

2. beim Erwerb im Wege der vorweggenommenen Erbfolge, wenn der Schenker dem Finanzamt unwiderruflich erklärt, daß der Freibetrag für diese Schenkung in Anspruch genommen wird; dabei hat der Schenker, wenn zum selben Zeitpunkt mehrere Erwerber bedacht werden, den für jeden Bedachten maßgebenden Teilbetrag von 500 000 Deutsche Mark zu bestimmen.

Wird ein Freibetrag nach Satz 1 Nr. 2 gewährt, kann für weiteres, innerhalb von zehn Jahren nach dem Erwerb von derselben Person anfallendes Vermögen im Sinne des Absatzes 4 ein Freibetrag weder vom Bedachten noch von anderen Erwerbern in Anspruch genommen werden.

(2) Der nach Anwendung des Absatzes 1 verbleibende Wert des Vermögens im Sinne des Absatzes 4 ist mit 60 vom Hundert anzusetzen.

(3) Ein Erwerber kann den Freibetrag oder Freibetragsanteil (Absatz 1) und den verminderten Wertansatz (Absatz 2) nicht in Anspruch nehmen, soweit er erworbenes Vermögen im Sinne des Absatzes 4 auf Grund einer letztwilligen Verfügung des Erblassers oder einer rechtsgeschäftlichen Verfügung des Erblassers oder Schenkers auf einen Dritten überträgt. Der bei ihm entfallende Freibetrag oder Freibetragsanteil geht auf den Dritten über, bei mehreren Dritten zu gleichen Teilen.

(4) Der Freibetrag und der verminderte Wertansatz gelten für

1. inländisches Betriebsvermögen (§ 12 Abs. 5) beim Erwerb eines ganzen Gewerbebetriebs, eines Teilbetriebs, eines Anteils an einer Gesellschaft im Sinne des § 15 Abs. 1 Nr. 2 und Abs. 3 oder § 18 Abs. 4 des Einkommensteuergesetzes, eines Anteils eines persönlich haftenden Gesellschafters einer Kommanditgesellschaft auf Aktien oder eines Anteils daran;

2. inländisches land- und forstwirtschaftliches Vermögen im Sinne des § 141 Abs. 1 Nr. 1 und 2 des Bewertungsgesetzes, vermietete Grundstücke, Grundstücke im Sinne des § 69 des Bewertungsgesetzes und die in § 52 Abs. 15 Satz 12 des Einkommensteuergesetzes genannten Gebäude oder Gebäudeteile beim Erwerb eines ganzen Betriebs der Land- und Forstwirtschaft, eines Teilbetriebs, eines Anteils an einem Betrieb der

Land- und Forstwirtschaft oder eines Anteils daran, unter der Voraussetzung, daß dieses Vermögen ertragsteuerlich zum Betriebsvermögen eines Betriebs der Land- und Forstwirtschaft gehört;

3. Anteile an einer Kapitalgesellschaft, wenn die Kapitalgesellschaft zur Zeit der Entstehung der Steuer Sitz oder Geschäftsleitung im Inland hat und der Erblasser oder Schenker am Nennkapital dieser Gesellschaft zu mehr als einem Viertel unmittelbar beteiligt war.

(5) Der Freibetrag oder Freibetragsanteil (Absatz 1) und der verminderte Wertansatz (Absatz 2) fallen mit Wirkung für die Vergangenheit weg, soweit der Erwerber innerhalb von fünf Jahren nach dem Erwerb

1. einen Gewerbebetrieb oder einen Teilbetrieb, einen Anteil an einer Gesellschaft im Sinne des § 15 Abs. 1 Nr. 2 und Abs. 3 oder § 18 Abs. 4 des Einkommensteuergesetzes, einen Anteil eines persönlich haftenden Gesellschafters einer Kommanditgesellschaft auf Aktien oder einen Anteil daran veräußert; als Veräußerung gilt auch die Aufgabe des Gewerbebetriebs. Gleiches gilt, wenn wesentliche Betriebsgrundlagen eines Gewerbebetriebs veräußert oder in das Privatvermögen übergeführt oder anderen betriebsfremden Zwecken zugeführt werden oder, wenn Anteile an einer Kapitalgesellschaft veräußert werden, die der Veräußerer durch eine Sacheinlage (§ 20 Abs. 1 des Umwandlungssteuergesetzes) aus dem Betriebsvermögen im Sinne des Absatzes 4 erworben hat oder ein Anteil an einer Gesellschaft im Sinne des § 15 Abs. 1 Nr. 2 und Abs. 3 oder § 18 Abs. 4 des Einkommensteuergesetzes oder ein Anteil daran veräußert wird, den der Veräußerer durch eine Einbringung des Betriebsvermögens im Sinne des Absatzes 4 in eine Personengesellschaft (§ 24 Abs. 1 des Umwandlungssteuergesetzes) erworben hat;

2. einen Betrieb der Land- und Forstwirtschaft oder einen Teilbetrieb, einen Anteil an einem Betrieb der Land- und Forstwirtschaft oder einen Anteil daran veräußert; als Veräußerung gilt auch die Aufgabe des Betriebs. Nummer 1 Satz 2 gilt entsprechend;

3. als Inhaber eines Gewerbebetriebs, Gesellschafter einer Gesellschaft im Sinne des § 15 Abs. 1 Nr. 2 und Abs. 3 oder § 18 Abs. 4 des Einkommensteuergesetzes oder persönlich haftender Gesellschafter einer Kommanditgesellschaft auf Aktien bis zum Ende des letzten in die Fünfjahresfrist fallenden Wirtschaftsjahrs Entnahmen tätigt, die die Summe seiner Einlagen und der ihm zuzurechnenden Gewinne oder Gewinnanteile seit dem Erwerb um mehr als 100 000 Deutsche Mark übersteigen; Verluste bleiben unberücksichtigt. Gleiches gilt für Inhaber eines begünstigten Betriebs der Land- und Forstwirtschaft oder eines Teilbetriebs oder eines Anteils an einem Betrieb der Land- und Forstwirtschaft;

4. Anteile an Kapitalgesellschaften im Sinne des Absatzes 4 ganz oder teilweise veräußert; eine verdeckte Einlage der Anteile in eine Kapitalgesellschaft steht der Veräußerung der Anteile gleich. Gleiches gilt, wenn die Kapitalgesellschaft innerhalb der Frist aufgelöst oder ihr Nennkapital herabgesetzt wird, wenn diese wesentliche Betriebsgrundlagen veräußert und das Vermögen an die Gesellschafter verteilt wird oder wenn Vermögen der Kapitalgesellschaft auf eine Personengesellschaft, eine natürliche Person oder eine andere Körperschaft (§§ 3 bis 16 des Umwandlungssteuergesetzes) übertragen wird.

(6) In den Fällen des Absatzes 4 Nr. 2 und 3 kann der Erwerber der Finanzbehörde bis zur Unanfechtbarkeit der Steuerfestsetzung erklären, daß er auf die Steuerbefreiung verzichtet.

(7) Die Absätze 1 bis 6 gelten in den Fällen des § 1 Abs. 1 Nr. 4 entsprechend.

III. Berechnung der Steuer

§ 14
Berücksichtigung früherer Erwerbe

(1) Mehrere innerhalb von zehn Jahren von derselben Person anfallende Vermögensvorteile werden in der Weise zusammengerechnet, daß dem letzten Erwerb die früheren Erwerbe nach ihrem früheren Wert zugerechnet werden. Von der Steuer für den Gesamtbetrag wird die Steuer abgezogen, die für die früheren Erwerbe nach den persönlichen Verhältnissen des Erwerbers und auf der Grundlage der geltenden Vorschriften zur Zeit des letzten Erwerbs zu erheben gewesen wäre. Anstelle der Steuer nach Satz 2 ist die tatsächlich für die in Zusammenrechnung einbezogener früherer Erwerbe zu entrichtende Steuer abzuziehen, wenn diese höher ist. Erwerbe, für die sich nach den steuerlichen Bewertungsgrundsätzen kein positiver Wert ergeben hat, bleiben unberücksichtigt.

(2) Die durch jeden weiteren Erwerb veranlaßte Steuer darf nicht mehr betragen als 50 vom Hundert dieses Erwerbs.

§ 15
Steuerklassen

(1) Nach dem persönlichen Verhältnis des Erwerbers zum Erblasser oder Schenker werden die folgenden vier Steuerklassen unterschieden:

Steuerklasse I

1. der Ehegatte,
2. die Kinder und Stiefkinder,
3. die Abkömmlinge der in Nummer 2 genannten Kinder und Stiefkinder,
4. die Eltern und Voreltern bei Erwerben von Todes wegen.

Steuerklasse II

1. die Eltern und Voreltern, soweit sie nicht zur Steuerklasse I gehören,
2. die Geschwister,
3. die Abkömmlinge ersten Grades von Geschwistern,
4. die Stiefeltern,
5. die Schwiegerkinder,
6. die Schwiegereltern,
7. der geschiedene Ehegatte.

Steuerklasse III

alle übrigen Erwerber und die Zweckzuwendungen.

(1 a) Die Steuerklassen I und II Nr. 1 bis 3 gelten auch dann, wenn die Verwandtschaft durch Annahme als Kind bürgerlich-rechtlich erloschen ist.

(2) In den Fällen des § 3 Abs. 2 Nr. 1 und des § 7 Abs. 1 Nr. 8 ist der Besteuerung das Verwandtschaftsverhältnis des nach der Stiftungsurkunde entferntest Berechtigten zu dem Erblasser oder Schenker zugrunde zu legen, sofern die Stiftung wesentlich im Interesse einer Familie oder bestimmter Familien im Inland errichtet ist. In den Fällen des § 7 Abs. 1 Nr. 9 gilt als Schenker der Stifter oder derjenige, der das Vermögen auf den Verein übertragen hat. In den Fällen des § 1 Abs. 1 Nr. 4 wird der doppelte Freibetrag nach § 16 Abs. 1 Nr. 2 gewährt; die Steuer ist nach dem Vomhundertsatz der Steuerklasse I zu berechnen, der für die Hälfte des steuerpflichtigen Vermögens gelten würde.

(3) Im Falle des § 2269 des Bürgerlichen Gesetzbuchs und soweit der überlebende Ehegatte an die Verfügung gebunden ist, sind die mit dem verstorbenen Ehegatten näher verwandten Erben und Vermächtnisnehmer als seine Erben anzusehen, soweit sein Vermögen beim Tode des überlebenden Ehegatten noch vorhanden ist. § 6 Abs. 2 Satz 3 bis 5 gilt entsprechend.

§ 16
Freibeträge

(1) Steuerfrei bleibt in den Fällen des § 2 Abs. 1 Nr. 1 der Erwerb

1. des Ehegatten in Höhe von 600 000 Deutsche Mark;
2. der Kinder im Sinne der Steuerklasse I Nr. 2 und der Kinder verstorbener Kinder im Sinne der Steuerklasse I Nr. 2 in Höhe von 400 000 Deutsche Mark;
3. der übrigen Personen der Steuerklasse I in Höhe von 100 000 Deutsche Mark;
4. der Personen der Steuerklasse II in Höhe von 20 000 Deutsche Mark;
5. der Personen der Steuerklasse III in Höhe von 10 000 Deutsche Mark.

(2) An die Stelle des Freibetrags nach Absatz 1 tritt in den Fällen des § 2 Abs. 1 Nr. 3 ein Freibetrag von 2000 Deutsche Mark.

§ 17
Besonderer Versorgungsfreibetrag

(1) Neben dem Freibetrag nach § 16 Abs. 1 Nr. 1 wird dem überlebenden Ehegatten ein besonderer Versorgungsfreibetrag von 500 000 Deutsche Mark gewährt. Der Freibetrag wird bei Ehegatten, denen aus Anlaß des Todes des Erblassers nicht der Erbschaftsteuer unterliegende Versorgungsbezüge zustehen, um den nach § 14 des Bewertungsgesetzes zu ermittelnden Kapitalwert dieser Versorgungsbezüge gekürzt.

(2) Neben dem Freibetrag nach § 16 Abs. 1 Nr. 2 wird Kindern im Sinne der Steuerklasse I Nr. 2 (§ 15 Abs. 1) für Erwerbe von Todes wegen ein besonderer Versorgungsfreibetrag in folgender Höhe gewährt:

1. bei einem Alter bis zu 5 Jahren
   in Höhe von 100 000 Deutsche Mark;
2. bei einem Alter von mehr als 5 bis zu 10 Jahren
   in Höhe von 80 000 Deutsche Mark;
3. bei einem Alter von mehr als 10 bis zu 15 Jahren
   in Höhe von 60 000 Deutsche Mark;
4. bei einem Alter von mehr als 15 bis zu 20 Jahren
   in Höhe von 40 000 Deutsche Mark;
5. bei einem Alter von mehr als 20 Jahren bis zur Vollendung des 27. Lebensjahrs
   in Höhe von 20 000 Deutsche Mark.

Stehen dem Kind aus Anlaß des Todes des Erblassers nicht der Erbschaftsteuer unterliegende Versorgungsbezüge zu, wird der Freibetrag um den nach § 13 Abs. 1 des Bewertungsgesetzes zu ermittelnden Kapitalwert dieser Versorgungsbezüge gekürzt. Bei der Berechnung des Kapitalwerts ist von der nach den Verhältnissen am Stichtag (§ 11) voraussichtlichen Dauer der Bezüge auszugehen.

§ 18
Mitgliederbeiträge

Beiträge an Personenvereinigungen, die nicht lediglich die Förderung ihrer Mitglieder zum Zweck haben, sind steuerfrei, soweit die von einem Mitglied im Kalenderjahr der Vereinigung geleisteten Beiträge 500 Deutsche Mark nicht übersteigen. § 13 Abs. 1 Nr. 16 und 18 bleibt unberührt.

§ 19
Steuersätze

(1) Die Erbschaftsteuer wird nach folgenden Vomhundertsätzen erhoben:

Wert des steuerpflichtigen Erwerbs (§ 10) bis einschließlich Deutsche Mark	Vomhundertsatz in der Steuerklasse		
	I	II	III
100 000	7	12	17
500 000	11	17	23
1 000 000	15	22	29
10 000 000	19	27	35
25 000 000	23	32	41
50 000 000	27	37	47
über 50 000 000	30	40	50

(2) Ist im Falle des § 2 Abs. 1 Nr. 1 ein Teil des Vermögens der inländischen Besteuerung auf Grund eines Abkommens zur Vermeidung der Doppelbesteuerung entzogen, ist die Steuer nach dem Steuersatz zu erheben, der für den ganzen Erwerb gelten würde.

(3) Der Unterschied zwischen der Steuer, die sich bei Anwendung des Absatzes 1 ergibt, und der Steuer, die sich berechnen würde, wenn der Erwerb die letztvorhergehende Wertgrenze nicht überstiegen hätte, wird nur insoweit erhoben, als er

a) bei einem Steuersatz bis zu 30 vom Hundert aus der Hälfte,

b) bei einem Steuersatz über 30 vom Hundert aus drei Vierteln,

des die Wertgrenze übersteigenden Betrages gedeckt werden kann.

§ 19 a
Tarifbegrenzung beim Erwerb von Betriebsvermögen, von Betrieben der Land- und Forstwirtschaft und von Anteilen an Kapitalgesellschaften

(1) Sind in dem steuerpflichtigen Erwerb einer natürlichen Person der Steuerklasse II oder III Betriebsvermögen, land- und forstwirtschaftliches Vermögen oder Anteile an Kapitalgesellschaften im Sinne des Absatzes 2 enthalten, ist von der tariflichen Erbschaftsteuer ein Entlastungsbetrag nach Absatz 4 abzuziehen.

(2) Der Entlastungsbetrag gilt für

1. inländisches Betriebsvermögen (§ 12 Abs. 5) beim Erwerb eines ganzen Gewerbebetriebs, eines Teilbetriebs, eines Anteils an einer Gesellschaft im Sinne des § 15 Abs. 1 Nr. 2 und Abs. 3 oder § 18 Abs. 4 des Einkommensteuergesetzes, eines Anteils eines persönlich haftenden Gesellschafters einer Kommanditgesellschaft auf Aktien oder eines Anteils daran;

2. inländisches land- und forstwirtschaftliches Vermögen im Sinne des § 141 Abs. 1 Nr. 1 und 2 des Bewertungsgesetzes, vermietete Grundstücke, Grundstücke im Sinne des § 69 des Bewertungsgesetzes und die in § 52 Abs. 15 Satz 12 des Einkommensteuergesetzes genannten Gebäude oder Gebäudeteile beim Erwerb eines ganzen Betriebs der Land- und Forstwirtschaft, eines Teilbetriebs, eines Anteils an einem Betrieb der Land- und Forstwirtschaft oder eines Anteils daran, unter der Voraussetzung, daß dieses Vermögen ertragsteuerlich zum Betriebsvermögen eines Betriebs der Land- und Forstwirtschaft gehört;

3. Anteile an einer Kapitalgesellschaft, wenn die Kapitalgesellschaft zur Zeit der Entstehung der Steuer Sitz oder Geschäftsleitung im Inland hat und der Erblasser oder Schenker am Nennkapital dieser Gesellschaft zu mehr als einem Viertel unmittelbar beteiligt war.

Ein Erwerber kann den Entlastungsbetrag nicht in Anspruch nehmen, soweit er das Vermögen im Sinne des Satzes 1 auf Grund einer letztwilligen Verfügung des Erblassers oder einer rechtsgeschäftlichen Verfügung des Erblassers oder Schenkers auf einen Dritten überträgt.

(3) Der auf das Vermögen im Sinne des Absatzes 2 entfallende Anteil an der tariflichen Erbschaftsteuer bemißt sich nach dem Verhältnis des Werts dieses Vermögens nach Anwendung des § 13 a zum Wert des gesamten Vermögensanfalls.

(4) Zur Ermittlung des Entlastungsbetrags ist für den steuerpflichtigen Erwerb zunächst die Steuer nach der tatsächlichen Steuerklasse des Erwerbers zu berechnen und nach Maßgabe des Absatzes 3 aufzuteilen. Für den steuerpflichtigen Erwerb ist dann die Steuer nach Steuerklasse I zu berechnen und nach Maßgabe des Absatzes 3 aufzuteilen. Der Entlastungsbetrag ergibt sich als Unterschiedsbetrag zwischen der auf Vermögen im Sinne des Absatzes 2 entfallenden Steuer nach den Sätzen 1 und 2.

(5) Der Entlastungsbetrag fällt mit Wirkung für die Vergangenheit weg, soweit der Erwerber innerhalb von fünf Jahren nach dem Erwerb

1. einen Gewerbebetrieb oder einen Teilbetrieb, einen Anteil an einer Gesellschaft im Sinne des § 15 Abs. 1 Nr. 2 und Abs. 3 oder § 18 Abs. 4 des Einkommensteuergesetzes, einen Anteil eines persönlich haftenden Gesellschafters einer Kommanditgesellschaft auf Aktien oder einen Anteil daran veräußert; als Veräußerung gilt auch die Aufgabe des Gewerbebetriebs. Gleiches gilt, wenn wesentliche Betriebsgrundlagen eines Gewerbebetriebs veräußert oder in das Privatvermögen übergeführt oder anderen betriebsfremden Zwecken zugeführt werden oder wenn Anteile an einer Kapitalgesellschaft veräußert werden, die der Veräußerer durch eine Sacheinlage (§ 20 Abs. 1 des Umwandlungssteuergesetzes) aus dem Betriebsvermögen im Sinne des Absatzes 2 erworben hat, oder ein Anteil an einer Gesellschaft im Sinne des § 15 Abs. 1 Nr. 2 und Abs. 3 oder § 18 Abs. 4 des Einkommensteuergesetzes oder ein Anteil daran veräußert wird, den der Veräußerer durch eine Einbringung des Betriebsvermögens im Sinne des Absatzes 2 in eine Personengesellschaft (§ 24 Abs. 1 des Umwandlungssteuergesetzes) erworben hat;
2. einen Betrieb der Land- und Forstwirtschaft oder einen Teilbetrieb, einen Anteil an einem Betrieb der Land- und Forstwirtschaft oder einen Anteil daran veräußert; als Veräußerung gilt auch die Aufgabe des Betriebs. Nummer 1 Satz 2 gilt entsprechend;
3. als Inhaber eines Gewerbebetriebs, Gesellschafter einer Gesellschaft im Sinne des § 15 Abs. 1 Nr. 2 und Abs. 3 oder § 18 Abs. 4 des Einkommensteuergesetzes oder persönlich haftender Gesellschafter einer Kommanditgesellschaft auf Aktien bis zum Ende des letzten in die Fünfjahresfrist fallenden Wirtschaftsjahrs Entnahmen tätigt, die die Summe seiner Einlagen und der ihm zuzurechnenden Gewinne oder Gewinnanteile seit dem Erwerb um mehr als 100 000 Deutsche Mark übersteigen; Verluste bleiben unberücksichtigt. Gleiches gilt für Inhaber eines begünstigten Betriebs der Land- und Forstwirtschaft oder eines Teilbetriebs oder eines Anteils an einem Betrieb der Land- und Forstwirtschaft;
4. Anteile an Kapitalgesellschaften im Sinne des Absatzes 2 ganz oder teilweise veräußert; eine verdeckte Einlage der Anteile in eine Kapitalgesellschaft steht der Veräußerung der Anteile gleich. Gleiches gilt, wenn die Kapitalgesellschaft innerhalb der Frist aufgelöst oder ihr Nennkapital herabgesetzt wird, wenn diese wesentliche

Betriebsgrundlagen veräußert und das Vermögen an die Gesellschafter verteilt wird oder wenn Vermögen der Kapitalgesellschaft auf eine Personengesellschaft, eine natürliche Person oder eine andere Körperschaft (§§ 3 bis 16 des Umwandlungssteuergesetzes) übertragen wird.

IV. Steuerfestsetzung und Erhebung

§ 20
Steuerschuldner

(1) Steuerschuldner ist der Erwerber, bei einer Schenkung auch der Schenker, bei einer Zweckzuwendung der mit der Ausführung der Zuwendung Beschwerte und in den Fällen des § 1 Abs. 1 Nr. 4 die Stiftung oder der Verein.

(2) Im Falle des § 4 sind die Abkömmlinge im Verhältnis der auf sie entfallenden Anteile, der überlebende Ehegatte für den gesamten Steuerbetrag Steuerschuldner.

(3) Der Nachlaß haftet bis zur Auseinandersetzung (§ 2042 des Bürgerlichen Gesetzbuchs) für die Steuer der am Erbfall Beteiligten.

(4) Der Vorerbe hat die durch die Vorerbschaft veranlaßte Steuer aus den Mitteln der Vorerbschaft zu entrichten.

(5) Hat der Steuerschuldner den Erwerb oder Teile desselben vor Entrichtung der Erbschaftsteuer einem anderen unentgeltlich zugewendet, haftet der andere in Höhe des Wertes der Zuwendung persönlich für die Steuer.

(6) Versicherungsunternehmen, die vor Entrichtung oder Sicherstellung der Steuer die von ihnen zu zahlende Versicherungssumme oder Leibrente in ein Gebiet außerhalb des Geltungsbereichs dieses Gesetzes zahlen oder außerhalb des Geltungsbereichs dieses Gesetzes wohnhaften Berechtigten zur Verfügung stellen, haften in Höhe des ausgezahlten Betrags für die Steuer. Das gleiche gilt für Personen, in deren Gewahrsam sich Vermögen des Erblassers befindet, soweit sie das Vermögen vorsätzlich oder fahrlässig vor Entrichtung oder Sicherstellung der Steuer in ein Gebiet außerhalb des Geltungsbereichs dieses Gesetzes bringen oder außerhalb des Geltungsbereichs dieses Gesetzes wohnhaften Berechtigten zur Verfügung stellen.

(7) Die Haftung nach Absatz 6 ist nicht geltend zu machen, wenn der in einem Steuerfall in ein Gebiet außerhalb des Geltungsbereichs dieses Gesetzes gezahlte oder außerhalb des Geltungsbereichs dieses Gesetzes wohnhaften Berechtigten zur Verfügung gestellte Betrag 1000 Deutsche Mark nicht übersteigt.

§ 21
Anrechnung ausländischer Erbschaftsteuer

(1) Bei Erwerbern, die in einem ausländischen Staat mit ihrem Auslandsvermögen zu einer der deutschen Erbschaftsteuer entsprechenden Steuer – ausländische Steuer – herangezogen werden, ist in den Fällen des § 2 Abs. 1 Nr. 1, sofern nicht die Vorschriften eines Abkommens zur Vermeidung der Doppelbesteuerung anzuwenden sind, auf Antrag die festgesetzte, auf den Erwerber entfallende, gezahlte und keinem Ermäßigungsanspruch unterliegende ausländische Steuer insoweit auf die deutsche Erbschaftsteuer anzurechnen, als das Auslandsvermögen auch der deutschen Erbschaftsteuer unterliegt. Besteht der Erwerb nur zum Teil aus Auslandsvermögen, ist der darauf entfallende Teilbetrag der deutschen Erbschaftsteuer in der Weise zu ermitteln, daß die für das steuerpflichtige Gesamtvermögen einschließlich des steuerpflichtigen Auslandsvermögens sich ergebende Erbschaftsteuer im Verhältnis des steuerpflichtigen Auslands-

vermögens zum steuerpflichtigen Gesamtvermögen aufgeteilt wird. Ist das Auslandsvermögen in verschiedenen ausländischen Staaten belegen, ist dieser Teil für jeden einzelnen ausländischen Staat gesondert zu berechnen. Die ausländische Steuer ist nur anrechenbar, wenn die deutsche Erbschaftsteuer für das Auslandsvermögen innerhalb von fünf Jahren seit dem Zeitpunkt der Entstehung der ausländischen Erbschaftsteuer entstanden ist.

(2) Als Auslandsvermögen im Sinne des Absatzes 1 gelten,

1. wenn der Erblasser zur Zeit seines Todes Inländer war: alle Vermögensgegenstände der in § 121 des Bewertungsgesetzes genannten Art, die auf einen ausländischen Staat entfallen, sowie alle Nutzungsrechte an diesen Vermögensgegenständen;

2. wenn der Erblasser zur Zeit seines Todes kein Inländer war: alle Vermögensgegenstände mit Ausnahme des Inlandsvermögens im Sinne des § 121 des Bewertungsgesetzes sowie alle Nutzungsrechte an diesen Vermögensgegenständen.

(3) Der Erwerber hat den Nachweis über die Höhe des Auslandsvermögens und über die Festsetzung und Zahlung der ausländischen Steuer durch Vorlage entsprechender Urkunden zu führen. Sind diese Urkunden in einer fremden Sprache abgefaßt, kann eine beglaubigte Übersetzung in die deutsche Sprache verlangt werden.

(4) Ist nach einem Abkommen zur Vermeidung der Doppelbesteuerung die in einem ausländischen Staat erhobene Steuer auf die Erbschaftsteuer anzurechnen, sind die Absätze 1 bis 3 entsprechend anzuwenden.

§ 22
Kleinbetragsgrenze

Von der Festsetzung der Erbschaftsteuer ist abzusehen, wenn die Steuer, die für den einzelnen Steuerfall festzusetzen ist, den Betrag von 50 Deutsche Mark nicht übersteigt.

§ 23
Besteuerung von Renten, Nutzungen und Leistungen

(1) Steuern, die von dem Kapitalwert von Renten oder anderen wiederkehrenden Nutzungen oder Leistungen zu entrichten sind, können nach Wahl des Erwerbers statt vom Kapitalwert jährlich im voraus von dem Jahreswert entrichtet werden. Die Steuer wird in diesem Fall nach dem Steuersatz erhoben, der sich nach § 19 für den gesamten Erwerb einschließlich des Kapitalwerts der Renten oder anderen wiederkehrenden Nutzungen oder Leistungen ergibt.

(2) Der Erwerber hat das Recht, die Jahressteuer zum jeweils nächsten Fälligkeitstermin mit ihrem Kapitalwert abzulösen. Für die Ermittlung des Kapitalwerts im Ablösungszeitpunkt sind die Vorschriften der §§ 13 und 14 des Bewertungsgesetzes anzuwenden. Der Antrag auf Ablösung der Jahressteuer ist spätestens bis zum Beginn des Monats zu stellen, der dem Monat vorausgeht, in dem die nächste Jahressteuer fällig wird.

§ 24
Verrentung der Steuerschuld in den Fällen des § 1 Abs. 1 Nr. 4

In den Fällen des § 1 Abs. 1 Nr. 4 kann der Steuerpflichtige verlangen, daß die Steuer in 30 gleichen jährlichen Teilbeträgen (Jahresbeträgen) zu entrichten ist. Die Summe der Jahresbeträge umfaßt die Tilgung und die Verzinsung der Steuer; dabei ist von einem Zinssatz von 5,5 vom Hundert auszugehen.

§ 25
Besteuerung bei Nutzungs- und Rentenlast

(1) Der Erwerb von Vermögen, dessen Nutzungen dem Schenker oder dem Ehegatten des Erblassers (Schenkers) zustehen oder das mit einer Rentenverpflichtung oder mit der Verpflichtung zu sonstigen wiederkehrenden Leistungen zugunsten dieser Personen belastet ist, wird ohne Berücksichtigung dieser Belastungen besteuert. Die Steuer, die auf den Kapitalwert dieser Belastungen entfällt, ist jedoch bis zu deren Erlöschen zinslos zu stunden. Die gestundete Steuer kann auf Antrag des Erwerbers jederzeit mit ihrem Barwert nach § 12 Abs. 3 des Bewertungsgesetzes abgelöst werden.

(2) Veräußert der Erwerber das belastete Vermögen vor dem Erlöschen der Belastung ganz oder teilweise, endet insoweit die Stundung mit dem Zeitpunkt der Veräußerung.

§ 26
Ermäßigung der Steuer bei Aufhebung einer Familienstiftung oder Auflösung eines Vereins

In den Fällen des § 7 Abs. 1 Nr. 9 ist auf die nach § 15 Abs. 2 Satz 2 zu ermittelnde Steuer die nach § 15 Abs. 2 Satz 3 festgesetzte Steuer anteilsmäßig anzurechnen

a) mit 50 vom Hundert, wenn seit der Entstehung der anrechenbaren Steuer nicht mehr als zwei Jahre,

b) mit 25 vom Hundert, wenn seit der Entstehung der anrechenbaren Steuer mehr als zwei Jahre, aber nicht mehr als vier Jahre vergangen sind.

§ 27
Mehrfacher Erwerb desselben Vermögens

(1) Fällt Personen der Steuerklasse I von Todes wegen Vermögen an, das in den letzten zehn Jahren vor dem Erwerb bereits von Personen dieser Steuerklassen erworben worden ist und für das nach diesem Gesetz eine Steuer zu erheben war, ermäßigt sich der auf dieses Vermögen entfallende Steuerbetrag vorbehaltlich des Absatzes 3 wie folgt:

um vom Hundert	wenn zwischen den beiden Zeitpunkten der Entstehung der Steuer liegen
50	mehr als 1 Jahr,
45	mehr als 1 Jahr, aber nicht mehr als 2 Jahre,
40	mehr als 2 Jahre, aber nicht mehr als 3 Jahre,
35	mehr als 3 Jahre, aber nicht mehr als 4 Jahre,
30	mehr als 4 Jahre, aber nicht mehr als 5 Jahre,
25	mehr als 5 Jahre, aber nicht mehr als 6 Jahre,
20	mehr als 6 Jahre, aber nicht mehr als 8 Jahre,
10	mehr als 8 Jahre, aber nicht mehr als 10 Jahre.

(2) Zur Ermittlung des Steuerbetrags, der auf das begünstigte Vermögen entfällt, ist die Steuer für den Gesamterwerb in dem Verhältnis aufzuteilen, in dem der Wert des begünstigten Vermögens zu dem Wert des steuerpflichtigen Gesamterwerbs ohne Abzug des dem Erwerber zustehenden Freibetrags steht.

(3) Die Ermäßigung nach Absatz 1 darf den Betrag nicht überschreiten, der sich bei Anwendung der in Absatz 1 genannten Vomhundertsätze auf die Steuer ergibt, die der Vorerwerber für den Erwerb desselben Vermögens entrichtet hat.

§ 28
Stundung

(1) Gehört zum Erwerb Betriebsvermögen oder land- und forstwirtschaftliches Vermögen, ist dem Erwerber die darauf entfallende Erbschaftsteuer auf Antrag bis zu zehn Jahren zu stunden, soweit dies zur Erhaltung des Betriebs notwendig ist. Die §§ 234, 238 der Abgabenordnung sind anzuwenden; bei Erwerben von Todes wegen erfolgt diese Stundung zinslos. § 222 der Abgabenordnung bleibt unberührt.

(2) Absatz 1 findet in den Fällen des § 1 Abs. 1 Nr. 4 entsprechende Anwendung.

§ 29
Erlöschen der Steuer in besonderen Fällen

(1) Die Steuer erlischt mit Wirkung für die Vergangenheit,

1. soweit ein Geschenk wegen eines Rückforderungsrechts herausgegeben werden mußte;
2. soweit die Herausgabe gemäß § 528 Abs. 1 Satz 2 des Bürgerlichen Gesetzbuchs abgewendet worden ist;
3. soweit in den Fällen des § 5 Abs. 2 unentgeltliche Zuwendungen auf die Ausgleichsforderung angerechnet worden sind (§ 1380 Abs. 1 des Bürgerlichen Gesetzbuchs);
4. soweit Vermögensgegenstände, die von Todes wegen (§ 3) oder durch Schenkung unter Lebenden (§ 7) erworben worden sind, innerhalb von 24 Monaten nach dem Zeitpunkt der Entstehung der Steuer (§ 9) dem Bund, einem Land, einer inländischen Gemeinde (Gemeindeverband) oder einer inländischen Stiftung zugewendet werden, die nach der Satzung, dem Stiftungsgeschäft oder der sonstigen Verfassung und nach ihrer tatsächlichen Geschäftsführung ausschließlich und unmittelbar als gemeinnützig anzuerkennenden wissenschaftlichen oder kulturellen Zwecken dient. Dies gilt nicht, wenn die Stiftung Leistungen im Sinne des § 58 Nr. 5 der Abgabenordnung an den Erwerber oder seine nächsten Angehörigen zu erbringen hat, oder soweit für die Zuwendung die Vergünstigung nach § 10 b des Einkommensteuergesetzes, § 9 Abs. 1 Nr. 2 des Körperschaftsteuergesetzes oder § 9 Nr. 5 des Gewerbesteuergesetzes in der Fassung der Bekanntmachung vom 21. März 1991 (BGBl. I S. 814), zuletzt geändert durch Artikel 13 des Gesetzes vom 20. Dezember 1996 (BGBl. I S. 2049), in Anspruch genommen wird. Für das Jahr der Zuwendung ist bei der Einkommensteuer oder Körperschaftsteuer und bei der Gewerbesteuer unwiderruflich zu erklären, in welcher Höhe die Zuwendung als Spende zu berücksichtigen ist. Die Erklärung ist für die Festsetzung der Erbschaftsteuer oder Schenkungsteuer bindend.

(2) Der Erwerber ist für den Zeitraum, für den ihm die Nutzungen des zugewendeten Vermögens zugestanden haben, wie ein Nießbraucher zu behandeln.

§ 30
Anzeige des Erwerbs

(1) Jeder der Erbschaftsteuer unterliegende Erwerb (§ 1) ist vom Erwerber, bei einer Zweckzuwendung vom Beschwerten binnen einer Frist von drei Monaten nach erlangter Kenntnis von dem Anfall oder von dem Eintritt der Verpflichtung dem für die Verwaltung der Erbschaftsteuer zuständigen Finanzamt anzuzeigen.

(2) Erfolgt der steuerpflichtige Erwerb durch ein Rechtsgeschäft unter Lebenden, ist zur Anzeige auch derjenige verpflichtet, aus dessen Vermögen der Erwerb stammt.

(3) Einer Anzeige bedarf es nicht, wenn der Erwerb auf einer von einem deutschen Gericht, einem deutschen Notar oder einem deutschen Konsul eröffneten Verfügung

von Todes wegen beruht und sich aus der Verfügung das Verhältnis des Erwerbers zum Erblasser unzweifelhaft ergibt. Das gleiche gilt, wenn eine Schenkung unter Lebenden oder eine Zweckzuwendung gerichtlich oder notariell beurkundet ist.

(4) Die Anzeige soll folgende Angaben enthalten:

1. Vorname und Familienname, Beruf, Wohnung des Erblassers oder Schenkers und des Erwerbers;
2. Todestag und Sterbeort des Erblassers oder Zeitpunkt der Ausführung der Schenkung;
3. Gegenstand und Wert des Erwerbs;
4. Rechtsgrund des Erwerbs wie gesetzliche Erbfolge, Vermächtnis, Ausstattung;
5. persönliches Verhältnis des Erwerbers zum Erblasser oder zum Schenker wie Verwandtschaft, Schwägerschaft, Dienstverhältnis;
6. frühere Zuwendungen des Erblassers oder Schenkers an den Erwerber nach Art, Wert und Zeitpunkt der einzelnen Zuwendung.

§ 31
Steuererklärung

(1) Das Finanzamt kann von jedem an einem Erbfall, an einer Schenkung oder an einer Zweckzuwendung Beteiligten ohne Rücksicht darauf, ob er selbst steuerpflichtig ist, die Abgabe einer Erklärung innerhalb einer von ihm zu bestimmenden Frist verlangen. Die Frist muß mindestens einen Monat betragen.

(2) Die Erklärung hat ein Verzeichnis der zum Nachlaß gehörenden Gegenstände und die sonstigen für die Feststellung des Gegenstandes und des Wertes des Erwerbs erforderlichen Angaben zu enthalten.

(3) In den Fällen der fortgesetzten Gütergemeinschaft kann das Finanzamt die Steuererklärung allein von dem überlebenden Ehegatten verlangen.

(4) Sind mehrere Erben vorhanden, sind sie berechtigt, die Steuererklärung gemeinsam abzugeben. In diesem Fall ist die Steuererklärung von allen Beteiligten zu unterschreiben. Sind an dem Erbfall außer den Erben noch weitere Personen beteiligt, können diese im Einverständnis mit den Erben in die gemeinsame Steuererklärung einbezogen werden.

(5) Ist ein Testamentsvollstrecker oder Nachlaßverwalter vorhanden, ist die Steuererklärung von diesem abzugeben. Das Finanzamt kann verlangen, daß die Steuererklärung auch von einem oder mehreren Erben mitunterschrieben wird.

(6) Ist ein Nachlaßpfleger bestellt, ist dieser zur Abgabe der Steuererklärung verpflichtet.

(7) Das Finanzamt kann verlangen, daß eine Steuererklärung auf einem Vordruck nach amtlich bestimmtem Muster abzugeben ist, in der der Steuerschuldner die Steuer selbst zu berechnen hat. Der Steuerschuldner hat die selbstberechnete Steuer innerhalb eines Monats nach Abgabe der Steuererklärung zu entrichten.

§ 32
Bekanntgabe des Steuerbescheides an Vertreter

(1) In den Fällen des § 31 Abs. 5 ist der Steuerbescheid abweichend von § 122 Abs. 1 Satz 1 der Abgabenordnung dem Testamentsvollstrecker oder Nachlaßverwalter bekanntzugeben. Diese Personen haben für die Bezahlung der Erbschaftsteuer zu sorgen. Auf Verlangen des Finanzamts ist aus dem Nachlaß Sicherheit zu leisten.

(2) In den Fällen des § 31 Abs. 6 ist der Steuerbescheid dem Nachlaßpfleger bekanntzugeben. Absatz 1 Satz 2 und 3 ist entsprechend anzuwenden.

§ 33
Anzeigepflicht der Vermögensverwahrer, Vermögensverwalter und Versicherungsunternehmen

(1) Wer sich geschäftsmäßig mit der Verwahrung oder Verwaltung fremden Vermögens befaßt, hat diejenigen in seinem Gewahrsam befindlichen Vermögensgegenstände und diejenigen gegen ihn gerichteten Forderungen, die beim Tod eines Erblassers zu dessen Vermögen gehörten oder über die dem Erblasser zur Zeit seines Todes die Verfügungsmacht zustand, dem für die Verwaltung der Erbschaftsteuer zuständigen Finanzamt anzuzeigen. Die Anzeige ist zu erstatten:

1. in der Regel: innerhalb eines Monats, seitdem der Todesfall dem Verwahrer oder Verwalter bekanntgeworden ist;
2. wenn der Erblasser zur Zeit seines Todes Angehöriger eines ausländischen Staats war und nach einer Vereinbarung mit diesem Staat der Nachlaß einem konsularischen Vertreter auszuhändigen ist: spätestens bei der Aushändigung des Nachlasses.

(2) Wer auf den Namen lautende Aktien oder Schuldverschreibungen ausgegeben hat, hat dem Finanzamt von dem Antrag, solche Wertpapiere eines Verstorbenen auf den Namen anderer umzuschreiben, vor der Umschreibung Anzeige zu erstatten.

(3) Versicherungsunternehmen haben, bevor sie Versicherungssummen oder Leibrenten einem anderen als dem Versicherungsnehmer auszahlen oder zur Verfügung stellen, hiervon dem Finanzamt Anzeige zu erstatten.

(4) Zuwiderhandlungen gegen diese Pflichten werden als Steuerordnungswidrigkeit mit Geldbuße geahndet.

§ 34
Anzeigepflicht der Gerichte, Behörden, Beamten und Notare

(1) Die Gerichte, Behörden, Beamten und Notare haben dem für die Verwaltung der Erbschaftsteuer zuständigen Finanzamt Anzeige zu erstatten über diejenigen Beurkundungen, Zeugnisse und Anordnungen, die für die Festsetzung einer Erbschaftsteuer von Bedeutung sein können.

(2) Insbesondere haben anzuzeigen:

1. die Standesämter:
   die Sterbefälle;
2. die Gerichte und die Notare:
   die Erteilung von Erbscheinen, Testamentsvollstreckerzeugnissen und Zeugnissen über die Fortsetzung der Gütergemeinschaft, die Beschlüsse über Todeserklärungen sowie die Anordnung von Nachlaßpflegschaften und Nachlaßverwaltungen;
3. die Gerichte, die Notare und die deutschen Konsuln:
   die eröffneten Verfügungen von Todes wegen, die abgewickelten Erbauseinandersetzungen, die beurkundeten Vereinbarungen der Gütergemeinschaft und die beurkundeten Schenkungen und Zweckzuwendungen.

§ 35
Örtliche Zuständigkeit

(1) Örtlich zuständig für die Steuerfestsetzung ist in den Fällen, in denen der Erblasser zur Zeit seines Todes oder der Schenker zur Zeit der Ausführung der Zuwendung ein Inländer war, das Finanzamt, das sich bei sinngemäßer Anwendung des § 19 Abs. 1 und

des § 20 der Abgabenordnung ergibt. Im Fall der Steuerpflicht nach § 2 Abs. 1 Nr. 1 Buchstabe b richtet sich die Zuständigkeit nach dem letzten inländischen Wohnsitz oder gewöhnlichen Aufenthalt des Erblassers oder Schenkers.

(2) Die örtliche Zuständigkeit bestimmt sich nach den Verhältnissen des Erwerbers, bei Zweckzuwendungen nach den Verhältnissen des Beschwerten, zur Zeit des Erwerbs, wenn

1. bei einer Schenkung unter Lebenden der Erwerber, bei einer Zweckzuwendung unter Lebenden der Beschwerte, eine Körperschaft, Personenvereinigung oder Vermögensmasse ist, oder
2. der Erblasser zur Zeit seines Todes oder der Schenker zur Zeit der Ausführung der Zuwendung kein Inländer war. Sind an einem Erbfall mehrere inländische Erwerber mit Wohnsitz oder gewöhnlichem Aufenthalt in verschiedenen Finanzamtsbezirken beteiligt, ist das Finanzamt örtlich zuständig, das zuerst mit der Sache befaßt wird.

(3) Bei Schenkungen und Zweckzuwendungen unter Lebenden von einer Erbengemeinschaft ist das Finanzamt zuständig, das für die Bearbeitung des Erbfalls zuständig ist oder sein würde.

(4) In den Fällen des § 2 Abs. 1 Nr. 3 ist das Finanzamt örtlich zuständig, das sich bei sinngemäßer Anwendung des § 19 Abs. 2 der Abgabenordnung ergibt.

V. Ermächtigungs- und Schlußvorschriften

§ 36
Ermächtigungen

(1) Die Bundesregierung wird ermächtigt, mit Zustimmung des Bundesrates

1. zur Durchführung dieses Gesetzes Rechtsverordnungen zu erlassen, soweit dies zur Wahrung der Gleichmäßigkeit bei der Besteuerung, zur Beseitigung von Unbilligkeiten in Härtefällen oder zur Vereinfachung des Besteuerungsverfahrens erforderlich ist, und zwar über
   a) die Abgrenzung der Steuerpflicht,
   b) die Feststellung und die Bewertung des Erwerbs von Todes wegen, der Schenkungen unter Lebenden und der Zweckzuwendungen, auch soweit es sich um den Inhalt von Schließfächern handelt,
   c) die Steuerfestsetzung, die Anwendung der Tarifvorschriften und die Steuerentrichtung,
   d) die Anzeige- und Erklärungspflicht der Steuerpflichtigen,
   e) die Anzeige-, Mitteilungs- und Übersendungspflichten der Gerichte, Behörden, Beamten und Notare, der Versicherungsunternehmen, der Vereine und Berufsverbände, die mit einem Versicherungsunternehmen die Zahlung einer Versicherungssumme für den Fall des Todes ihrer Mitglieder vereinbart haben, der geschäftsmäßigen Verwahrer und Verwalter fremden Vermögens, auch soweit es sich um in ihrem Gewahrsam befindliche Vermögensgegenstände des Erblassers handelt, sowie derjenigen, die auf den Namen lautende Aktien oder Schuldverschreibungen ausgegeben haben;
2. Vorschriften durch Rechtsverordnung zu erlassen über die sich aus der Aufhebung oder Änderung von Vorschriften dieses Gesetzes ergebenden Rechtsfolgen, soweit dies zur Wahrung der Gleichmäßigkeit der Besteuerung oder zur Beseitigung von Unbilligkeiten in Härtefällen erforderlich ist.

(2) Das Bundesministerium der Finanzen wird ermächtigt, den Wortlaut dieses Gesetzes und der zu diesem Gesetz erlassenen Durchführungsverordnung in der jeweils geltenden Fassung satzweise numeriert mit neuem Datum und Paragraphenfolge bekanntzumachen und dabei Unstimmigkeiten des Wortlauts zu beseitigen.

§ 37
Anwendung des Gesetzes

(1) Die vorstehende Fassung dieses Gesetzes findet auf Erwerbe Anwendung, für die die Steuer nach dem 31. Dezember 1995 entstanden ist oder entsteht.

(2) In Erbfällen, die vor dem 31. August 1980 eingetreten sind, und für Schenkungen, die vor diesem Zeitpunkt ausgeführt worden sind, ist weiterhin § 25 in der Fassung des Gesetzes vom 17. April 1974 anzuwenden, auch wenn die Steuer infolge Aussetzung der Versteuerung nach § 25 Abs. 1 Buchstabe a erst nach dem 30. August 1980 entstanden ist oder entsteht.

(3) § 13 a Abs. 4 Nr. 3 und § 19 a Abs. 2 Nr. 3 sind auf Erwerbe, für die Steuer nach dem 31. Dezember 1995 und vor dem 1. Januar 1997 entstanden ist oder entsteht, in folgender Fassung anzuwenden:

„3. Anteile an einer Kapitalgesellschaft, wenn die Kapitalgesellschaft zur Zeit der Entstehung der Steuer Sitz oder Geschäftsleitung im Inland hat und der Erblasser oder Schenker am Nennkapital dieser Gesellschaft mindestens zu einem Viertel unmittelbar beteiligt war."

§ 37 a
Sondervorschriften aus Anlaß der Herstellung der Einheit Deutschlands

(1) (weggefallen)

(2) Für den Zeitpunkt der Entstehung der Steuerschuld ist § 9 Abs. 1 Nr. 1 auch dann maßgebend, wenn der Erblasser in dem in Artikel 3 des Einigungsvertrages genannten Gebiet vor dem 1. Januar 1991 verstorben ist, es sei denn, daß die Steuer nach dem Erbschaftsteuergesetz der Deutschen Demokratischen Republik vor dem 1. Januar 1991 entstanden ist. § 9 Abs. 2 gilt entsprechend, wenn die Versteuerung nach § 34 des Erbschaftsteuergesetzes (ErbStG) der Deutschen Demokratischen Republik in der Fassung vom 18. September 1970 (Sonderdruck Nr. 678 des Gesetzblattes) ausgesetzt wurde.

(3) (weggefallen)

(4) Als frühere Erwerbe im Sinne des § 14 gelten auch solche, die vor dem 1. Januar 1991 dem Erbschaftsteuerrecht der Deutschen Demokratischen Republik unterlegen haben.

(5) Als frühere Erwerbe desselben Vermögens im Sinne des § 27 gelten auch solche, für die eine Steuer nach dem Erbschaftsteuerrecht der Deutschen Demokratischen Republik erhoben wurde, wenn der Erwerb durch Personen im Sinne des § 15 Abs. 1 Steuerklasse I oder II erfolgte.

(6) § 28 ist auch anzuwenden, wenn eine Steuer nach dem Erbschaftsteuerrecht der Deutschen Demokratischen Republik erhoben wird.

(7) Ist in dem in Artikel 3 des Einigungsvertrages genannten Gebiet eine Steuerfestsetzung nach § 33 des Erbschaftsteuergesetzes der Deutschen Demokratischen Republik in der Weise erfolgt, daß die Steuer jährlich im voraus von dem Jahreswert von Renten, Nutzungen oder Leistungen zu entrichten ist, kann nach Wahl des Erwerbers die Jahressteuer zum jeweils nächsten Fälligkeitstermin mit ihrem Kapitalwert abgelöst werden. § 23 Abs. 2 ist entsprechend anzuwenden.

(8) Wurde in Erbfällen, die vor dem 1. Januar 1991 eingetreten sind, oder für Schenkungen, die vor diesem Zeitpunkt ausgeführt worden sind, die Versteuerung nach § 34 des Erbschaftsteuergesetzes der Deutschen Demokratischen Republik ausgesetzt, ist diese Vorschrift weiterhin anzuwenden, auch wenn die Steuer infolge der Aussetzung der Versteuerung erst nach dem 31. Dezember 1990 entsteht.

§ 38
(weggefallen)

§ 39
(weggefallen)

Erbschaftsteuer-Durchführungsverordnung (ErbStDV)

in der im Bundesgesetzblatt Teil III, Gliederungsnummer 611-8-1, veröffentlichten bereinigten Fassung,

geändert durch

1. Anlage 1 Kapital IV Sachgebiet B Abschnitt II Nr. 29 des Einigungsvertrages vom 31. August 1990 in Verbindung mit Artikel 1 des Gesetzes vom 23. September 1990 (BGBl. 1990 II S. 885, 986)
2. Artikel 3 des Jahressteuergesetzes 1997 vom 20. Dezember 1996 (BGBl. I S. 2049)

§§ 1–4
(weggefallen)

§ 5
Anzeigepflicht der Vermögensverwahrer und der Vermögensverwaltung

(1) Wer zur Anzeige über die Verwahrung oder Verwaltung von Vermögen eines Erblassers verpflichtet ist, hat die Anzeige nach § 33 Abs. 1 des Erbschaftsteuer- und Schenkungsteuergesetzes dem nach dem Wohnsitz des Erblassers für die Verwaltung der Erbschaftsteuer zuständigen Finanzamt in der nach Muster 1 vorgesehenen Form zu erstatten.

(2) Die Anzeigepflicht besteht auch dann, wenn an dem in Verwahrung oder Verwaltung befindlichen Wirtschaftsgut außer dem Erblasser auch noch andere Personen beteiligt sind.

(3) Befinden sich am Todestag des Erblassers bei dem Anzeigepflichtigen Wirtschaftsgüter in Gewahrsam, die vom Erblasser verschlossen oder unter Mitverschluß gehalten wurden (z. B. in Schließfächern), so genügt die Mitteilung, daß ein derartiger Gewahrsam bestand.

(4) Die Anzeige darf nur unterbleiben,
1. wenn es sich um Wirtschaftsgüter handelt, über die der Erblasser nur als Vertreter, Liquidator, Verwalter, Testamentsvollstrecker oder Pfleger die Verfügungsmacht hatte, oder
2. **wenn der Wert der anzuzeigenden Wirtschaftsgüter 2000 Deutsche Mark nicht übersteigt.**

§ 6
Anzeigepflicht derjenigen, die auf den Namen lautende Aktien oder Schuldverschreibungen ausgegeben haben

Wer auf den Namen lautende Aktien oder Schuldverschreibungen ausgegeben hat, hat unverzüglich nach dem Eingang eines Antrags auf Umschreibung der Aktien oder Schuldverschreibungen eines Verstorbenen dem nach dem Wohnsitz des Erblassers für die Verwaltung der Erbschaftsteuer zuständigen Finanzamt unter Hinweis auf § 33 Abs. 2 des Erbschaftsteuer- und Schenkungsteuergesetzes anzuzeigen:

1. den Nennbetrag der Aktien oder Schuldverschreibungen,
2. die letzte Anschrift des Erblassers, auf dessen Namen die Wertpapiere lauten,
3. den Todestag des Erblassers – und wenn dem Anzeigepflichtigen bekannt – das Standesamt, bei dem der Sterbefall beurkundet worden ist,
4. die Anschrift der Person, auf deren Namen die Wertpapiere umgeschrieben werden sollen.

§ 7
Anzeigepflicht der Versicherungsunternehmen

(1) Zu den Versicherungsunternehmen, die Anzeigen nach **§ 33 Abs. 3 des Erbschaftsteuer- und Schenkungsteuergesetzes** zu erstatten haben, gehören auch die Sterbekassen von Berufsverbänden, Vereinen und anderen Anstalten, soweit sie die Lebens-(Sterbegeld-) oder Leibrenten-Versicherung betreiben. Die Anzeigepflicht besteht auch für Vereine und Berufsverbände, die mit einem Versicherungsunternehmen die Zahlung einer Versicherungssumme (eines Sterbegeldes) für den Fall des Todes ihrer Mitglieder vereinbart haben, wenn der Versicherungsbetrag an die Hinterbliebenen der Mitglieder weitergeleitet wird. Ortskrankenkassen gelten nicht als Versicherungsunternehmen im Sinne der genannten Vorschrift.

(2) Anzuzeigen sind alle Versicherungssummen oder Leibrenten, die einem anderen als dem Versicherungsnehmer auszuzahlen oder zur Verfügung zu stellen sind, mit Ausnahme solcher Versicherungssummen, die auf Grund eines von einem Arbeitgeber für seine Arbeitnehmer abgeschlossenen Versicherungsvertrages bereits zu Lebzeiten des Versicherten (Arbeitnehmers) fällig und an diesen ausgezahlt werden. Zu den Versicherungssummen rechnen insbesondere auch Versicherungsbeträge aus Sterbegeld-, Aussteuer- und ähnlichen Versicherungen.

(3) **Die Anzeige nach § 33 Abs. 3 des Erbschaftsteuer- und Schenkungsteuergesetzes ist dem nach dem Wohnsitz des Versicherungsnehmers für die Verwaltung der Erbschaftsteuer zuständigen Finanzamt in der nach Muster 2 vorgesehenen Form zu erstatten.** Ist die Feststellung des zuständigen Finanzamts für das Versicherungsunternehmen mit Schwierigkeiten verbunden, so kann dieses die Anzeige dem für seinen Sitz zuständigen Erbschaftsteuer-Finanzamt übersenden.

(4) **Die Anzeige darf bei Kapitalversicherungen unterbleiben, wenn der auszuzahlende Betrag 2000 Deutsche Mark nicht übersteigt.**

§ 9
Verzeichnis der Standesämter

(1) Die Regierungen der Länder teilen den für ihr Gebiet zuständigen Oberfinanzdirektionen Änderungen des Bestandes oder der Zuständigkeit der Standesämter mit. Von diesen Änderungen geben die Oberfinanzdirektionen den in Betracht kommenden Finanzämtern Kenntnis.

(2) Die Finanzämter geben jedem Standesamt ihres Bezirks eine Ordnungsnummer; diese ist dem Standesamt mitzuteilen.

§ 9
Anzeigepflicht der Standesämter

(1) Die Standesämter haben für jeden Kalendermonat eine Totenliste nach Muster 3 aufzustellen. In die Totenlisten sind einzutragen

1. die Sterbefälle nach der Reihenfolge der Eintragungen in das Sterbebuch,
2. die dem Standesamt sonst bekanntgewordenen Sterbefälle von Personen, die im Ausland verstorben sind und bei ihrem Tode einen Wohnsitz oder ihren gewöhnlichen Aufenthalt oder Vermögen im Bezirk des Standesamtes gehabt haben.

(2) Das Standesamt hat die Totenliste binnen 10 Tagen nach dem Ablauf des Zeitraums, für den sie aufgestellt ist (Absatz 1 Satz 1 und Absatz 3 Nr. 1), nach der in dem Muster vorgeschriebenen Anleitung abzuschließen und dem für die Verwaltung der Erbschaftsteuer zuständigen Finanzamt einzusenden. Dabei ist die Ordnungsnummer anzugeben, die das Finanzamt dem Standesamt zugeteilt hat. Sind in dem vorgeschriebenen

Zeitraum Sterbefälle nicht beurkundet worden oder bekanntgeworden, so hat das Standesamt innerhalb von 10 Tagen nach Ablauf des Zeitraums diesem Finanzamt eine Fehlanzeige nach Muster 4 zu übersenden. In der Fehlanzeige ist auch die Nummer der letzten Eintragung in das Sterbebuch anzugeben.

(3) Die Oberfinanzdirektion kann anordnen,

1. daß die Totenliste von einzelnen Standesämtern für einen längeren oder einen kürzeren Zeitraum als einen Monat aufgestellt wird,
2. daß die Totenliste oder die Fehlanzeige nicht dem für die Verwaltung der Erbschaftsteuer zuständigen Finanzamt, sondern dem Finanzamt eingereicht wird, in dessen Bezirk sich der Sitz des Standesamtes befindet. Dieses Finanzamt hat die Anzeigen an das für die Verwaltung der Erbschaftsteuer zuständige Finanzamt weiterzuleiten,
3. daß die Standesämter statt der Totenlisten die Durchschriften der Eintragungen in das Sterbebuch oder die Durchschriften der Sterbeurkunden an das für die Verwaltung der Erbschaftsteuer zuständige Finanzamt weiterleiten. Dabei ist sicherzustellen, daß diese Urkunden um die Fragen ergänzt werden, die in der Totenliste zusätzlich aufgeführt sind.

§ 10
Anzeigepflicht der Auslandsstellen

Die diplomatischen Vertreter und Konsuln des Bundes haben dem Bundesminister der Finanzen anzuzeigen

1. die von ihnen beurkundeten Sterbefälle von Deutschen,
2. die ihnen sonst bekanntgewordenen Sterbefälle von Deutschen ihres Amtsbezirkes,
3. die ihnen bekanntgewordenen Zuwendungen ausländischer Erblasser oder Schenker an Personen, die im Geltungsbereich dieser Verordnung einen Wohnsitz oder ihren gewöhnlichen Aufenthalt haben.

§ 11
Anzeigepflicht der Gerichte bei Todeserklärungen

(1) Die Gerichte haben dem für die Verwaltung der Erbschaftsteuer zuständigen Finanzamt eine beglaubigte Abschrift der Beschlüsse über die Todeserklärung Verschollener oder über die Feststellung des Todes und der Todeszeit zu übersenden. Wird ein solcher Beschluß angefochten oder eine Aufhebung beantragt, so hat das Gericht dies dem Finanzamt anzuzeigen.

(2) Die Übersendung der in Absatz 1 genannten Abschriften kann bei Erbfällen von Kriegsgefangenen und ihnen gleichgestellten Personen sowie bei Erbfällen von Opfern der nationalsozialistischen Verfolgung unterbleiben, wenn der Zeitpunkt des Todes vor dem 1. Januar 1946 liegt.

§ 12
Anzeigepflicht der Gerichte, Notare und sonstigen Urkundspersonen in Erbfällen

(1) Die Gerichte haben dem nach dem Wohnsitz des Erblassers für die Verwaltung der Erbschaftsteuer zuständigen Finanzamt eine beglaubigte Abschrift der eröffneten Verfügungen von Todes wegen, der Erbscheine, Testamentsvollstreckerzeugnisse und Zeugnisse über die Fortsetzung von Gütergemeinschaften und der Beschlüsse über die Einleitung oder Aufhebung einer Nachlaßpflegschaft und Nachlaßverwaltung mit einem Vordruck nach Muster 5 zu übersenden und die Abwicklung von Erbauseinandersetzungen anzuzeigen. War der Erblasser bei seinem Tode verheiratet, so ist – soweit bekannt – auch der Güterstand mitzuteilen, in dem die Ehegatten gelebt haben.

(2) Ferner haben die Gerichte die Höhe und die Zusammensetzung des Nachlasses mitzuteilen, soweit sie ihnen bekanntgeworden sind.

(3) Jede Mitteilung oder Übersendung soll

1. die Anschrift, den Todestag, den Geburtstag und den Sterbeort des Erblassers,
2. das Standesamt, bei dem der Sterbefall beurkundet worden ist, und die Sterbebuchnummer und
3. die Anschrift der Beteiligten, soweit bekannt, enthalten.

(4) Die Übersendung der in Absatz 1 erwähnten Abschriften und die Erstattung der dort vorgesehenen Anzeigen dürfen unterbleiben,

1. **wenn die Annahme berechtigt ist, daß außer Hausrat (einschließlich Wäsche und Kleidungsstücken) im Wert von nicht mehr als 10 000 Deutsche Mark nur noch anderes Vermögen im reinen Wert von nicht mehr als 10 000 Deutsche Mark vorhanden ist,**
2. bei Erbfällen von Kriegsgefangenen und ihnen gleichgestellten Personen sowie bei Erbfällen von Opfern der nationalsozialistischen Verfolgung, wenn der Zeitpunkt des Todes vor dem 1. Januar 1946 liegt,
3. wenn der Erbschein lediglich zur Geltendmachung von Ansprüchen auf Grund des Lastenausgleichsgesetzes beantragt und dem Ausgleichsamt unmittelbar übersandt worden ist,
4. wenn seit dem Zeitpunkt des Todes des Erblassers mehr als 10 Jahre vergangen sind. Das gilt nicht für Anzeigen über die Abwicklung von Erbauseinandersetzungen.

(5) Die vorstehenden Vorschriften gelten entsprechend für Notare (Bezirksnotare) und sonstige Urkundspersonen, soweit ihnen Geschäfte des Nachlaßgerichtes übertragen sind.

§ 13
Anzeigepflicht der Gerichte, Notare und sonstigen Urkundspersonen bei Schenkungen und Zweckzuwendungen unter Lebenden

(1) Die Gerichte haben bei der Beurkundung von Schenkungen (**§ 7 des Gesetzes**) und Zweckzuwendungen unter Lebenden (**§ 8 des Gesetzes**) die Beteiligten auf die mögliche Steuerpflicht hinzuweisen und über das persönliche Verhältnis (Verwandtschaftsverhältnis) des Erwerbers zum Schenker und über den Wert der Zuwendung zu befragen, wenn die Urkunde Angaben darüber nicht enthält. Bei einer Zuwendung von Grundbesitz ist der zuletzt festgestellte Einheitswert zu erfragen.

(2) **Die Gerichte haben dem nach dem Wohnsitz des Zuwendenden für die Verwaltung der Erbschaftsteuer zuständigen Finanzamt eine beglaubigte Abschrift der Urkunde über eine Schenkung oder Zweckzuwendung unter Lebenden alsbald nach der Beurkundung zu übersenden und dabei die besonderen Feststellungen (Absatz 1) mitzuteilen.** Anzugeben ist auch der der Kostenberechnung zugrunde gelegte Wert, wenn dieser aus der Urkunde nicht zu ersehen ist. Auf der Urschrift der Urkunde ist zu vermerken, wann und an welches Finanzamt die Abschrift übersandt worden ist.

(3) Die Verpflichtungen nach den Absätzen 1 und 2 erstrecken sich auch auf Urkunden über Rechtsgeschäfte, die zum Teil oder der Form nach entgeltlich sind, aber nach den Umständen, die bei der Beurkundung oder sonst bekanntgeworden sind, eine Schenkung oder Zweckzuwendung unter Lebenden enthalten.

(4) **Unterbleiben darf die Übersendung einer beglaubigten Abschrift von Schenkungs- und Übergabeverträgen in Fällen, in denen Gegenstand der Schenkung nur Hausrat**

(einschließlich Wäsche und Kleidungsstücke) im Wert von nicht mehr als 10 000 Deutsche Mark und anderes Vermögen im reinen Wert von nicht mehr als 10 000 Deutsche Mark bildet.

(5) Die vorstehenden Vorschriften gelten entsprechend für Notare (Bezirksnotare) und sonstige Urkundspersonen.

§ 14
Anzeigepflicht der Genehmigungsbehörden

Die Behörden, die Stiftungen oder Zuwendungen von Todes wegen und unter Lebenden an juristische Personen und dergleichen genehmigen, haben der für den Sitz der Behörde zuständigen Oberfinanzdirektion über solche innerhalb eines Kalendervierteljahres erteilten Genehmigungen unmittelbar nach Ablauf des Vierteljahrs eine Nachweisung zu übersenden. Die Verpflichtung erstreckt sich auch auf Rechtsgeschäfte der in § 13 Abs. 3 bezeichneten Art. In der Nachweisung sind bei jedem Genehmigungsfall anzugeben

1. der Tag der Genehmigung,
2. die Anschriften des Erblassers (Schenkers) und des Erwerbers (bei einer Zweckzuwendung die Anschrift des mit der Durchführung der Zweckzuwendung Beschwerten),
3. die Höhe des Erwerbs (der Zweckzuwendung),
4. bei Erwerben von Todes wegen der Todestag und der Sterbeort des Erblassers,
5. bei Genehmigung einer Stiftung der Name, der Sitz (der Ort der Geschäftsleitung), der Zweck der Stiftung und der Wert des ihr gewidmeten Vermögens,
6. wenn bei der Genehmigung dem Erwerber Leistungen an andere Personen oder zu bestimmten Zwecken auferlegt oder wenn von dem Erwerber solche Leistungen zur Erlangung der Genehmigung freiwillig übernommen werden: Art und Weise der Leistungen, die begünstigten Personen oder Zwecke und das persönliche Verhältnis (Verwandtschaftsverhältnis) der begünstigten Personen zum Erblasser (Schenker).

§ 15
Anwendung der Verordnung

Die vorstehende Fassung der Verordnung findet auf Erwerbe Anwendung, für die die Steuer nach dem 31. Dezember 1995 entstanden ist oder entsteht.

ErbStDV

Muster 1
(§ 5 ErbStDV)

(Firma) ...., den ....197.....

Erbschaftsteuer

An
das Finanzamt
– Erbschaftsteuerstelle –
in ....

Anzeige

über die Verwahrung oder Verwaltung fremden Vermögens (§ 187a Abs. 1 der Reichsabgabenordnung[1]) und § 5 der Erbschaftsteuer-Durchführungsverordnung)

1. Erblasser ....
   Name und Vorname ....
   Wohnort und Wohnung ....
   Todestag ....Sterbeort ....

2. **Guthaben und andere Forderungen (auch Gemeinschaftskonten)**

Konto Nr.	Nennbetrag am Todestag		Hat der Konteninhaber mit dem Kreditinstitut vereinbart, daß die Guthaben oder eines derselben mit seinem Tode auf eine bestimmte Person übergehen? Wenn, Name und genaue Anschrift dieser Person	Bemerkungen
	DM	Pf		
1	2		3	4

3. **Wertpapiere, Anteile, Genußscheine und dergleichen, auch solche im Gemeinschaftsdepot**

Nennbetrag	Zinssatz v. H.	Bezeichnung der Wertpapiere usw.	Kurs am Todestag	Kurswert		Bemerkungen
				DM	Pf	
1	2	3	4	5		6
*{						

4. Der Verstorbene hatte – ein kein – **Schließfach**.
5. Bemerkungen (z. B. über Schulden des Erblassers beim Kreditinstitut):
   ....
   ....
   (Unterschrift)

---

*) Soweit der freie Raum nicht ausreicht, ist die Rückseite zu benutzen. – Der Ausfüllung der Spalten 1 bis 6 bedarf es nicht, wenn ein Depotauszug beigefügt wird.

1) Jetzt § 33 Abs. 1 ErbStG.

ErbStDV

Muster 2
(§ 7 ErbStDV)

(Firma) ...., den ....197........

Erbschaftsteuer

An
das Finanzamt
— Erbschaftsteuerstelle —
in ....

Anzeige

über die Auszahlung oder Zurverfügungstellung von Versicherungssummen oder Leibrenten an einen anderen als den Versicherungsnehmer (§ 187a Absatz 3 der Reichsabgabenordnung[1]) und § 7 der Erbschaftsteuer-Durchführungsverordnung).

1. Des **Versicherten**	und des **Versicherungsnehmers**
a) Name und Vorname	(wenn er ein anderer ist als der Versicherte)
b) Beruf	....
c) Wohnort und Wohnung	....
d) Todestag	....
e) Sterbeort	
f) Standesamt und Sterbebuch-Nr.	

2. Versicherungsschein-Nr. ....

3. a) Bei Kapitalversicherung: Auszuzahlender Versicherungsbetrag (einschließlich Dividenden und dergleichen **abzüglich** noch geschuldeter Prämien, vor der Fälligkeit der Versicherungssumme gewährter Darlehen, Vorschüsse und dergleichen .... DM
   b) bei Rentenversicherung:
   Jahresbetrag und Dauer der Rente ....

4. Zahlungsempfänger ist ....
....

*) { a) als Inhaber des Versicherungsscheins
     b) als Bevollmächtigter, gesetzlicher Vertreter des ....
     c) als Begünstigter
     d) aus einem anderen Grund (Abtretung, Verpfändung, gesetzliches Erbrecht, Testament und dergleichen) und welchem? ....

5. Nach der Auszahlungsbestimmung des Versicherungsnehmers, die als Bestandteil des Versicherungsvertrages anzusehen ist, ist–sind–bezugsberechtigt:
....

6. Bemerkungen: ....
....
....

....
(Unterschrift)

_____
*) Nichtzutreffendes ist zu streichen.
1) Jetzt § 33 Abs. 3 ErbStG.

ErbStDV

Muster 3
§ 9 Abs. 1 ErbStDV)

Ordnungsnummer des Standesamts..................

**Erbschaftsteuer
Totenliste**

des Standesamtsbezirks ....
für den Zeitraum vom .... bis...........................einschließlich.
Sitz des Standesamts ....(Post ....).

Anleitung für die Aufstellung und Einsendung der Totenliste

1. Die Totenliste ist für den Zeitraum eines Monats aufzustellen, sofern nicht die Oberfinanzdirektion die Aufstellung für einen kürzeren oder längeren Zeitraum angeordnet hat. Sie ist **beim Beginn des Zeitraums** anzulegen. Die einzelnen Sterbefälle sind darin **sofort nach ihrer Beurkundung** einzutragen.

2. In die Totenliste sind aufzunehmen
    a) alle beurkundeten Sterbefälle nach der Reihenfolge der Eintragungen im Sterbebuch,
    b) die dem Standesamt glaubhaft bekanntgewordenen Sterbefälle im Ausland, und zwar von Deutschen und Ausländern, wenn sie beim Tode einen Wohnsitz oder ihren gewöhnlichen Aufenthalt oder Vermögen im Bezirk des Standesamts hatten.

3. Ausfüllen der Spalten:
    a) Spalte 1 muß **alle Nummern des Sterbebuches** in ununterbrochener Reihenfolge nachweisen. Die Auslassung einzelner Nummern (z. B. bei einer Totgeburt) ist in Spalte 7 zu erläutern. Auch der Sterbefall eines Unbekannten ist in der Totenliste anzugeben.
    b) In den Spalten 5 und 6 ist der Antwort stets der Buchstabe der Frage voranzusetzen, auf die sich die Antwort bezieht.
    c) Fragen, über die das Sterbebuch keine Auskunft gibt, sind zu beantworten, soweit sie der Standesbeamte aus eigenem Wissen oder nach Befragen des Anmeldenden beantworten kann.
    d) Bezugnahmen auf vorhergehende Angaben durch „desgl." oder durch Strichzeichen (") usw. sind zu vermeiden.
    e) Spalte 8 ist nicht auszufüllen.

4. Einlagebogen sind in den Titelbogen einzuheften.

5. Abschluß der Liste:
    a) Die Totenliste ist hinter der letzten Eintragung mit Orts- und Zeitangabe und der Unterschrift des Standesbeamten abzuschließen.
    b) Sind Sterbefälle der unter Nummer 2 Buchstabe b bezeichneten Art nicht bekanntgeworden, so ist folgende Bescheinigung zu unterschreiben:
    Im Ausland eingetretene Sterbefälle von Deutschen und Ausländern, die beim Tode einen Wohnsitz oder ihren gewöhnlichen Aufenthalt oder Vermögen im Bezirk des Standesamtes hatten, sind mir nicht bekanntgeworden.

    ....
    (Standesbeamter)

    c) Binnen **zehn Tagen** nach Ablauf des Zeitraums, für den die Liste aufzustellen ist, ist sie dem Finanzamt einzureichen. Sind in dem Zeitraum Sterbefälle **nicht** anzugeben, so ist dem Finanzamt binnen 10 Tagen nach Ablauf des Zeitraums eine Fehlanzeige nach besonderem Muster zu erstatten.

    An
    das Finanzamt

    in ....

ErbStDV

	(Seite 2)		
Nummer des Sterbebuchs	a) Familienname, bei Frauen auch Mädchenname b) Vornamen c) Beruf (bei Ehefrauen und Witwen, Beruf des Mannes, bei Witwen ggf. auch ihr Beruf, bei minderjährigen Kindern Beruf des Vaters – der Mutter) d) Wohnort (Straße und Hausnummer). Wenn in der Gemeinde nicht heimisch: Wohnsitz, politischer Bezirk, Land	a) Sterbetag b) Geburtstag c) Geburtsort	Familienstand; bei Verheirateten auch Name und Geburtstag des Ehegatten
	des Verstorbenen		
1	2	3	4

(Seite 3)			
Lebten von dem Verstorbenen am Todestag a) Kinder? Wie viele? b) Abkömmlinge von verstorbenen Kindern Wie viele? c) Eltern oder Geschwister? (Nur ausfüllen, wenn a) und b) verneint wird) d) Sonstige Verwandte oder Verschwägerte? (Nur ausfüllen, wenn a) bis c) verneint wird) e) Wer kann Auskunft geben? Zu a) bis e) Name, Beruf und Wohnung angeben	Worin besteht der Nachlaß und welchen Wert hat er? (Kurze Angabe) a) Land- und forstw. Vermögen (bitte auch Größe der bewirtschafteten Fläche angeben) b) Grundvermögen (bei bebauten Grundstücken bitte Anzahl der Wohnungen angeben) c) Betriebsvermögen (bitte die Art des Betriebes angeben, z.B. Einzelhandelsgeschäft, Großhandel, Handwerksbetrieb, Fabrik) d) Sonstiges Vermögen	Bemerkungen	Nummer und Jahrgang der Steuerliste
5	6	7	8

ErbStDV

Muster 4
(§ 9 Abs. 2 ErbStDV)

Ordnungsnummer des Standesamts................

**Erbschaftsteuer
Fehlanzeige**

Im Standesamtsbezirk ....
sind für die Zeit vom ....bis ....einschließlich
Sterbefälle nicht anzugeben.

Der letzte Sterbefall ist beurkundet im Sterbebuch unter Nr............

Im Ausland eingetretene Sterbefälle von Deutschen und von Ausländern, die beim Tode einen Wohnsitz oder ihren gewöhnlichen Aufenthalt oder Vermögen im Bezirk des Standesamtes hatten, sind mir nicht bekanntgeworden.

....den ....197 ....

....
(Standesbeamter)

An das Finanzamt
– Erbschaftsteuerstelle –
i n ....

ErbStDV

Muster 5
(§ 12 ErbStDV)

Amtsgericht ...., den ....197....
Notariat ....

Erbschaftsteuer

Die anliegende.... beglaubigte.... Abschrift.... wird – werden mit folgenden Bemerkungen übersandt:

Erblasser: ....
Beruf: .... Familienstand: ....
Todestag: .... Geburtstag: ....
Wohnung: ....
Sterbeort: .... Standesamt: ....
                                                  Sterbebuch-Nr.: ....

Testament – Erbvertrag vom ....
Tag der Eröffnung: ....
Bei Verheirateten – soweit bekannt – Güterstand: ....

Die Gebühr für die   Errichtung –   Aufbewahrung –   Eröffnung

ist berechnet nach einem }
Wert von   .... DM .... DM .... DM

Veränderungen in der Person der Erben, Vermächtnisnehmer, Testamentsvollstrecker usw. (durch Tod, Eintritt eines Ersatzerben, Erbausschlagung, Amtsniederlegung des Testamentsvollstreckers und dergleichen) und Änderungen in den Verhältnissen dieser Personen (Namens-, Berufs-, Wohnungsänderungen und dergleichen)
....
....
ergibt die beiliegende Abschrift der Eröffnungsverhandlung.

Über die Höhe und die Zusammensetzung des Nachlasses ist dem Gericht – Notariat – folgendes bekanntgeworden: ....
....

An das Finanzamt
– Erbschaftsteuerstelle –

in ....

Anlagen

Anlage 1

Beschluß des Bundesverfassungsgerichts vom 22. Juni 1995 – 2 BvL 37/91 – zur Vermögensteuer

1. Bestimmt der Gesetzgeber für das gesamte steuerpflichtige Vermögen einen einheitlichen Steuersatz, so kann eine gleichmäßige Besteuerung nur in den Bemessungsgrundlagen der je für sich zu bewertenden wirtschaftlichen Einheiten gesichert werden. Die Bemessungsgrundlage muß deshalb auf die Ertragsfähigkeit der wirtschaftlichen Einheiten sachgerecht bezogen sein und deren Werte in ihrer Relation realitätsgerecht abbilden.

2. Die verfassungsrechtlichen Schranken der Besteuerung des Vermögens durch Einkommen- und Vermögensteuer begrenzen den steuerlichen Zugriff auf die Ertragsfähigkeit des Vermögens. An dieser Grenze der Gesamtbelastung des Vermögens haben sich die gleichheitsrechtlich gebotenen Differenzierungen auszurichten.

3. Die Vermögensteuer darf zu den übrigen Steuern auf den Ertrag nur hinzutreten, soweit die steuerliche Gesamtbelastung des Sollertrages bei typisierender Betrachtung von Einnahmen, abziehbaren Aufwendungen und sonstigen Entlastungen in der Nähe einer hälftigen Teilung zwischen privater und öffentlicher Hand verbleibt.

4. Unter Berücksichtigung der steuerlichen Vorbelastung des Vermögens muß der Steuergesetzgeber jedenfalls die wirtschaftliche Grundlage persönlicher Lebensführung gegen eine Sollertragsteuer abschirmen.

5. Soweit Vermögensteuerpflichtige sich innerhalb ihrer Ehe oder Familie auf eine gemeinsame – erhöhte – ökonomische Grundlage individueller Lebensgestaltung einrichten durften, gebietet der Schutz von Ehe und Familie gemäß Art. 6 Abs. 1 GG, daß der Vermögensteuergesetzgeber die Kontinuität dieses Ehe- und Familiengutes achtet.

Beschluß des Zweiten Senats vom 22. Juni 1995 – 2 BvL 37/91 – (BStBl. II S. 655)

Gründe:

A.

Das vorliegende Verfahren betrifft die Frage, ob bei der Vermögensteuer die aus der gegenwärtigen Gesetzeslage folgende unterschiedliche steuerliche Belastung von Grundbesitz und sonstigem Vermögen mit dem Gleichheitssatz (Art. 3 Abs. 1 GG) vereinbar ist.

I.

1. Unbeschränkt Steuerpflichtige unterliegen gemäß § 4 Abs. 1 Nr. 1 des Vermögensteuergesetzes vom 17. April 1974 (BGBl I S. 949) i. d. F. der Bekanntmachung vom 14. November 1990 (BGBl I S. 2467 – VStG –) mit ihrem Gesamtvermögen im Sinne der §§ 114 bis 120 des Bewertungsgesetzes vom 16. Oktober 1934 (RGBl I S. 1035) i. d. F. der Bekanntmachung vom 1. Februar 1991 (BGBl I S. 230 – BewG –) der Vermögensteuer. Das Gesamtvermögen ist gemäß § 118 BewG das um Schulden und sonstige Abzüge geminderte Rohvermögen; steuerpflichtig ist gemäß § 9 Nr. 1 VStG der Vermögensbetrag, der nach Abzug der Freibeträge vom Gesamtvermögen verbleibt. Die Vermögensteuer betrug gemäß § 10 Nr. 1 VStG 1974 in den Jahren 1983 bis 1986 – ab 1. Januar 1985 insoweit in der Fassung der Bekanntmachung vom 14. März 1985 (BGBl I S. 558) – 0,5 v. H. des steuerpflichtigen Vermögens.

§ 10 VStG bemißt die Vermögensteuer nach einem einheitlichen prozentualen Anteil am steuerpflichtigen Vermögen. Hierfür sind die wirtschaftlichen Einheiten und Wirtschaftsgüter, die das Gesamtvermögen bilden, zu bewerten. Dabei sind die wirtschaftlichen Einheiten, für die ein Einheitswert festzustellen ist, gemäß § 114 Abs. 3 BewG mit den festgestellten Einheitswerten anzusetzen. Nach § 19 Abs. 1 Nr. 1 BewG wird für inländischen Grundbesitz ein Einheitswert festgestellt. Der Grundbesitz wird auf der Grundlage der 1964 festgestellten oder auf das Jahr 1964 zurückgerechneten Einheitswerte bewertet und geht bei der Vermögensteuerveranlagung gemäß § 121a BewG mit 140 v. H. seines Einheitswerts in die Summe des Gesamtvermögens ein.

Soweit für wirtschaftliche Einheiten kein Einheitswert festzusetzen ist, sind diese gemäß § 4 Abs. 1 Nr. 1 VStG, § 114 Abs. 1, § 17 Abs. 3, § 1 Abs. 1 und § 9 Abs. 1 BewG grundsätzlich mit dem „gemeinen Wert" zu bewerten. Der „gemeine Wert" bezeichnete ursprünglich den Nutzen, den eine Sache jedem Besitzer gewährt (Teil I, Titel II, § 112 des Allgemeinen Landrechts für die Preußischen Staaten von 1794), diente dann als Kompromißformel für einen Ertrags- und Verkaufswert umfassenden Oberbegriff (vgl. Vogel, DStZ/A 1979, S. 28 ff.); er wird heute durch den Preis bestimmt, der im gewöhnlichen Geschäftsverkehr nach der Beschaffenheit des Wirtschaftsgutes bei einer Veräußerung zu erzielen wäre (§ 9 Abs. 2 BewG). Kapitalforderungen werden gemäß § 12 Abs. 1 BewG grundsätzlich mit ihrem Nennwert bewertet.

2. Gemäß § 9 Abs. 1 BewG ist der gemeine Wert anzuwenden, soweit keine anderen Werte gelten. Als solche anderen Werte kennt das Bewertungsgesetz den Teilwert (§ 10), den Kurswert (§ 11 Abs. 1), den Rücknahmepreis (§ 11 Abs. 4), den Nennwert (§ 12), den Kapitalwert (§§ 13 bis 16); es regelt in seinem Zweiten Teil – Besondere Bewertungsvorschriften (§§ 17 bis 121) – für die Bewertung land- und forstwirtschaftlichen Vermögens den Ertragswert (§ 36) sowie für die Bewertung bebauter Grundstücke das Ertragswert- und das Sachwertverfahren (§§ 78 ff., 83 ff.).

Im einzelnen werden den zu bewertenden Gütern danach folgende Werte zugewiesen:

a) Land- und forstwirtschaftliche Betriebe

Die Bewertung der land- und forstwirtschaftlichen Betriebe erfaßt grundsätzlich den Ertragswert, § 36 BewG. In der Regel wird der Ertrag durch ein Vergleichsverfahren ermittelt, das in knappen Grundsätzen in den §§ 38 bis 40 BewG normiert ist, seine eigentliche Erkenntnisquelle jedoch erst in der allgemeinen Verwaltungsvorschrift über Richtlinien zur Bewertung des land- und forstwirtschaftlichen Vermögens hat (Teile 1 bis 4 und 8, BStBl I 1967 S. 397; Teile 5 bis 7, BStBl I 1968 S. 223). Land- und forstwirtschaftliche Grundstücke werden danach nicht als solche bewertet, sondern gehen nur indirekt über die Unternehmensbewertung des land- und forstwirtschaftlichen Vermögens in den insgesamt nach Gesichtspunkten des Ertragswerts ermittelten Einheitswert ein. Die in § 40 Abs. 2 BewG festgelegten Ertragswerte stützen sich auf einen abgesenkten Reinertrag (vgl. Schriftlichen Bericht des Finanzausschusses des Bundestages, zu BTDrucks IV/3508, S. 3f.; dazu Gürsching/Stenger, Bewertungsgesetz, Vermögensteuergesetz, 9. Aufl., 1992, § 40, Anm. 4 ff.).

b) Grundstücke

Ein Grundstück, die wirtschaftliche Einheit des Grundvermögens (§ 70 Abs. 1 BewG), wird, wenn bebaut, in Abhängigkeit von der Grundstücksart (§ 75 BewG) in der Regel im Ertragswert, in Ausnahmefällen im Sachwert erfaßt; für das unbebaute Grundstück gilt der gemeine Wert.

aa) Unbebaute Grundstücke

Unbebaute Grundstücke (§ 72 BewG) und baureife Grundstücke (§ 73 BewG) werden mangels besonderer Bewertungsvorschriften gemäß §§ 17 Abs. 3, 9 BewG mit dem gemeinen Wert bewertet.

bb) Bebaute Grundstücke

Für bebaute Grundstücke (§§ 74 ff. BewG) sieht das Bewertungsgesetz in Abhängigkeit von der Grundstücksart das Ertragswert- oder das Sachwertverfahren vor. Die Amtliche Begründung zum Bewertungsänderungsgesetz erläutert die verschiedenen Bewertungsmethoden mit der Feststellung, daß die wertbestimmenden Merkmale eines Grundstücks bei den einzelnen Grundstücksarten unterschiedlich seien. Der Wert regelmäßig ertragbringender Grundstücke, wie z. B. Mietwohngrundstücke, richte sich vor allem nach dem Reinertrag. Bei Fabrik- und Geschäftsgrundstücken besonderer Art trete ein Grundstücksertrag hingegen nur unvollkommen oder undeutlich in Erscheinung; deshalb sei in erster Linie ein nach den Herstellungskosten zu errechnender Sachwert maßgeblich (vgl. BTDrucks IV/1488, S. 31). Für bebaute Grundstücke gelte jedoch als Regel das Ertragswertverfahren; das Sachwertverfahren solle nur in den Fällen angewandt werden, in denen es keine vergleichbaren Grundstücke mit Mieteinnahmen gebe (vgl. Schriftlicher Bericht des Finanzausschusses des Deutschen Bundestages, zu BTDrucks IV/3508, S. 3 unter V.).

Gemäß § 76 Abs. 1 BewG gilt das Ertragswertverfahren für Mietwohngrundstücke, Geschäftsgrundstücke, gemischtgenutzte Grundstücke, Einfamilien- und Zweifamilienhäuser. Zu ermitteln ist eine Jahresrohmiete nach dem Stand vom 1. Januar 1964 (§ 79 Abs. 5 BewG), die zur Errechnung des Grundstückswertes gemäß § 80 BewG mit einer weitere wertbestimmende Eigenschaften des Grundstücks ausdrückenden Zahl vervielfältigt wird (vgl. auch BVerfGE 65, 160 [161 ff.][1]).

Das für sonstige bebaute Grundstücke (§ 76 Abs. 2 BewG) und nach Maßgabe des § 76 Abs. 3 BewG für bestimmte Gruppen von Geschäftsgrundstücken und in Ausnahmefällen auch für besonders ausgestattete andere Grundstücke geltende Sachwertverfahren ist die Ausnahme. Danach ist aus Bodenwert, Gebäudewert und Wert der Außenanlagen (§ 83 BewG) ein Ausgangswert zu bilden, der durch Anwendung einer Wertzahl an den gemeinen Wert herangeführt werden soll (§§ 83 Satz 2, 90 Abs. 1 BewG). Grundlage für den Gebäudewert sind die Herstellungskosten des Jahres 1958 (§ 85 Satz 1 BewG); der so ermittelte Gebäudewert ist gemäß § 85 Satz 2 BewG auf den Wert der Baupreisverhältnisse des Hauptfeststellungszeitpunktes, also auf den 1. Januar 1964 umzurechnen. Dieses Sachwertverfahren führt heute nach Feststellungen der Bundesregierung (vgl. dazu Jakob, Möglichkeiten einer Vereinfachung der Bewertung des Grundbesitzes sowie Untersuchung einer befristeten Anwendung von differenzierten Zuschlägen zu den Einheitswerten, Schriftenreihe des Bundesministers der Finanzen, Band 48, 1992, S. 65) teilweise zu Werten, die um mehr als 100 v. H. über den Werten des Ertragswertverfahrens liegen.

c) Betriebsgrundstücke

Betriebsgrundstücke (§ 99 BewG) kennen keine eigene Bewertungsmethode, sondern werden wie land- und forstwirtschaftliches Vermögen oder wie Grundvermögen bewertet (§ 99 Abs. 1 und Abs. 3 BewG). Der so festgestellte Einheitswert des Betriebsgrundstücks geht in den Einheitswert des Gewerbebetriebs ein; das Betriebsgrundstück ist Untereinheit der wirtschaftlichen Einheit Gewerbebetrieb (§ 19 Abs. 3 Nr. 1 Buchst. b BewG).

d) Gewerbebetriebe

Der Einheitswert inländischer Gewerbebetriebe wird ab 1. Januar 1993 gemäß § 109 Abs. 1 BewG auf Grundlage einer an den einkommensteuerlichen Bilanzpositionen anknüpfenden Vermögensaufstellung (vgl. § 28 Abs. 1 BewG) ermittelt; insoweit sind die Grundsätze der Einheitsbewertung durchbrochen. Er wird – im Gegensatz zu den zuletzt auf den 1. Januar 1964 festgestellten Einheitswerten des Grundbesitzes – gegenwartsnah festgestellt (zuletzt auf den 1. Januar 1995 gemäß Art. 25 Nr. 5 § 1 des Gesetzes vom 23. Juni 1993, BGBl I S. 944 [973]). Der in § 109 BewG vorgesehene Bewertungsmaßstab sah bis zum Steueränderungsgesetz 1992 (vom 25. Februar 1992, BGBl I S. 297) grundsätzlich die Bewertung der einzelnen Wirtschaftsgüter mit dem Teilwert (§ 10 BewG) vor; ausgenommen waren gemäß § 109 Abs. 2 BewG die Wirtschaftsgüter, für die schon Einheitswerte festgestellt worden waren, insbesondere also Betriebsgrundstücke. Im Einheitswert des Betriebsvermögens konnten bis zur Änderung des § 109 BewG in Abhängigkeit von dem zu bewertenden Wirtschaftsgut des Betriebsvermögens sämtliche Werte des Bewertungsgesetzes ihren Niederschlag finden.

3. Das geltende Bewertungsrecht geht unmittelbar auf das Bewertungsgesetz des Deutschen Reiches zurück und legt die zum 1. Januar 1964 festgestellten Einheitswerte des Grundbesitzes für Steuerveranlagungen seit 1974 zugrunde.

Das bis 1965 generell anwendbare Bewertungsgesetz vom 16. Oktober 1934 (RGBl I S. 1035) wurde durch das Gesetz zur Änderung des Bewertungsgesetzes vom 13. August 1965 (BGBl I S. 851; = Bewertungsänderungsgesetz [BewÄndG] 1965) grundlegend geändert, um überholte Einheitswerte von 1935 an zeitnahe Werte heranzuführen. Es sah eine neue Hauptfeststellung der Einheitswerte des Grundbesitzes auf den 1. Januar 1964 vor (Art. 2 Abs. 1 Satz 1 BewÄndG 1965).

Art. 1 Abs. 1 Satz 1 des Gesetzes zur Änderung bewertungsrechtlicher und anderer steuerrechtlicher Vorschriften (BewÄndG 1971, BGBl I S. 1157) bestimmte, daß die Einheitswerte des Grundbesitzes, denen die Wertverhältnisse vom 1. Januar 1964 zugrunde liegen, erstmals mit Wirkung ab 1. Januar 1974 anzuwenden seien. Das Vermögensteuerreformgesetz vom 17. April

---
[1] BStBl II 1984 S. 20

1974 (BGBl I S. 949) ergänzte das Bewertungsgesetz u. a. um § 121a, wonach für die Feststellung der Einheitswerte des Betriebsvermögens, für die Vermögensteuer, die Erbschaftsteuer, die Gewerbesteuer, die Ermittlung des Nutzungswerts der selbstgenutzten Wohnung im eigenen Einfamilienhaus und die Grunderwerbsteuer die Einheitswerte des Grundbesitzes mit 140 v. H. des Einheitswertes 1964 anzusetzen sind.

§ 21 Abs. 1 Nr. 1 BewG fordert zur Anpassung der Einheitswerte an die reale Wertentwicklung eine Neubewertung des Grundbesitzes in Zeitabständen von je sechs Jahren. Hauptfeststellungen haben seit 1964 jedoch nicht mehr stattgefunden. Art. 2 Abs. 1 Satz 3 des BewÄndG 1965 in der Fassung des Gesetzes zur Änderung und Ergänzung bewertungsrechtlicher Vorschriften und des Einkommensteuergesetzes vom 22. Juli 1970 (BGBl I S. 1118) legt fest, daß, abweichend von § 21 Abs. 1 Nr. 1 BewG, die auf die Hauptfeststellung 1964 folgende nächste Hauptfeststellung der Einheitswerte des Grundbesitzes durch besonderes Gesetz bestimmt wird. Dieses besondere Gesetz ist allerdings bis heute nicht ergangen. Deshalb stützen sich sämtliche für Grundvermögen festgestellten Einheitswerte auf die Wertverhältnisse des Jahres 1964.

4. Das Bewertungsrecht legt somit der vermögensteuerlichen Bemessungsgrundlage in mehrfacher Hinsicht unterschiedliche Bewertungsmaßstäbe zugrunde. Grundsätzlich bewertet es Wirtschaftsgüter – insbesondere das land- und forstwirtschaftliche Vermögen gemäß § 36 BewG und bebaute Grundstücke gemäß §§ 78 ff. BewG – nach deren Ertragswert; daneben erfaßt es aber bestimmte Wirtschaftsgüter in ihren Verkehrswerten – so insbesondere Wertpapiere und Geldvermögen bei ihrer Bewertung nach dem Kurs- und Nennwert gemäß §§ 11 und 12 BewG –. Zudem gehen einerseits Gegenwartswerte – so die Einheitswerte des Betriebsvermögens oder die Verkehrs-, Veräußerungs- und Nennwerte bei sonstigem Vermögen – in die vermögensteuerliche Bemessungsgrundlage ein, andererseits werden mit den auf den 1. Januar 1964 festgestellten Werten – so die Einheitswerte des Grundbesitzes – Vergangenheitswerte der Besteuerung zugrunde gelegt.

II.

1. a) Bei den Klägern des Ausgangsverfahrens – Eheleuten – wurde der Vermögensteuerveranlagung für die Veranlagungszeiträume 1983 bis 1986 neben Grundvermögen, festverzinslichen Wertpapieren und Zahlungsmitteln auch eine Kapitalforderung gegen den Sohn der Eheleute zugrunde gelegt. Dagegen wenden sich die Eheleute mit der gegen die Vermögensteuerbescheide gerichteten Klage.

b) Das Finanzgericht hat das Verfahren ausgesetzt und dem Bundesverfassungsgericht die Frage vorgelegt, ob § 10 Nr. 1 VStG mit dem Gleichheitssatz des Art. 3 Abs. 1 GG deshalb nicht in Einklang stehe, weil die Vorschrift für die Besteuerung einheitswertgebundenen und nicht einheitswertgebundenen Vermögens einen einheitlichen Steuersatz festlege. Die Entscheidung in der Streitsache hänge stets davon ab, ob § 10 Nr. 1 VStG verfassungsgemäß sei oder nicht. Im Falle der Verfassungswidrigkeit des § 10 Nr. 1 VStG müsse der angegriffene Vermögensteuerbescheid aufgehoben oder zumindest das Verfahren bis zu einer Neuregelung des Vermögensteuersatzes ausgesetzt werden. Wäre demgegenüber § 10 Nr. 1 VStG verfassungsrechtlich nicht zu beanstanden, müsse das Finanzgericht unter Berücksichtigung des dort geregelten Steuersatzes entweder die Klage abweisen oder den Bescheid gemäß § 100 Abs. 2 Satz 1 FGO ändern.

§ 10 Nr. 1 VStG sei verfassungswidrig, soweit der dort vorgesehene Steuersatz einheitlich sowohl auf Grundvermögen anzuwenden sei, das mit dem Einheitswert in die vermögensteuerliche Bemessungsgrundlage eingehe, als auch auf das sonstige Vermögen, das bei der Vermögensteuerveranlagung mit seinem gemeinen Wert berücksichtigt werde. Das Bundesverfassungsgericht habe in seinem Urteil vom 10. Februar 1987 (vgl. BVerfGE 74, 182 [199][2]) angedeutet, daß das Bewertungsrecht den Grundbesitz möglicherweise gegenüber anderen Wirtschaftsgütern privilegiere, und daß die Entscheidung über die Verfassungsmäßigkeit der derzeitigen Einheitswerte auf der Grundlage von Verfassungsbeschwerden oder Richtervorlagen möglich sei, wenn es dort konkret um die unterschiedliche Bewertung von Grundbesitz einerseits und Betriebs- oder sonstigem Vermögen andererseits gehe. Unter Hinweis insbesondere auf Entscheidungen des Bundesfinanzhofs (BFH, BStBl II 1986 S. 782 ff.; BStBl II 1988 S. 1025 ff.) hebt das Gericht hervor, es entspreche inzwischen allgemeiner Ansicht, daß die Einheitswerte in willkürlicher Weise um ein Mehrfaches niedriger als die gemeinen Werte nicht einheitswertgebundenen Vermögens festgestellt würden und daher wegen Verstoßes gegen Art. 3 Abs. 1 GG verfassungswidrig seien. Diese Verfassungswidrigkeit verwirkliche sich erst im Vermögensteuerbescheid, der gegenüber dem Einheitswertbescheid als selbständiger Folgebescheid zu betrachten sei und einen einheitlichen Steuersatz sowohl auf zu niedrig bewertetes Grundvermögen wie auch auf nach dem Verkehrswert bewertetes sonstiges Vermögen anwende. Die Verfassungswidrigkeit könne sowohl durch einen höheren Steuersatz für das einheitswertgebundene Vermögen als auch durch einen niedrigeren Steuersatz für das sonstige Vermögen beseitigt werden. Aus dem Urteil des Bundesverfassungsgerichts vom 27. Juni 1991 (BVerfGE 84, 239 ff.[3]) ergebe sich, daß auf jeder Stufe einer besteuerungserheblichen Normenkette, also auch auf der Stufe des § 10 Nr. 1 VStG, ein Gleichheitsverstoß gerügt werden könne, wenngleich der auslösende Tatbestand der willkürlichen Ungleichbehandlung im zu niedrigen Einheitswert liege.

2. Zur Vorlage haben der Bundesminister der Finanzen namens der Bundesregierung und der Präsident des Bundesfinanzhofs Stellung genommen. Die Bundesregierung hat wiederholt darauf hingewiesen, daß im Falle einer Neuregelung der Vermögensteuer nur eine Besteuerung in der Bemessungsgrundlage der Erträge in Betracht komme.

B.

Die Vorlage ist zulässig.

---
[2]) BStBl II 1987 S. 240
[3]) BStBl II 1991 S. 654

I.

Das Finanzgericht hat in einer den Anforderungen des Art. 100 Abs. 1 GG und des § 80 Abs. 2 Satz 1 BVerfGG genügenden Weise dargelegt, daß es für seine Entscheidung auf die Gültigkeit des § 10 Nr. 1 VStG ankommt.

Ist diese Vorschrift verfassungsgemäß, so müßte das Gericht die Klage, die es als gegen die Steuerbescheide insgesamt gerichtet ansieht, ganz oder – bei Erfolg der Angriffe der Kläger gegen den Ansatz der Kapitalforderung – teilweise abweisen, weil der einheitliche Steuersatz des § 10 Nr. 1 VStG in diesem Fall die vermögensteuerliche Belastung des gesamten steuerpflichtigen Vermögens der Kläger bestimmt.

Wäre § 10 Nr. 1 VStG mit der Verfassung insoweit unvereinbar, als die Vorschrift für die Besteuerung einheitswertgebundenen und nicht einheitswertgebundenen Vermögens einen einheitlichen Steuersatz festlegt, müßte die Klage entweder in vollem Umfang Erfolg haben, weil das Fehlen einer den Vermögensteuersatz festlegenden Regelung eine Veranlagung zur Vermögensteuer nicht zuläßt, oder das Ausgangsverfahren müßte gemäß § 74 FGO ausgesetzt werden, bis der Gesetzgeber den Vermögensteuersatz neu geregelt hat. Auch dies wäre eine andere Entscheidung als im Falle der Gültigkeit des Gesetzes (vgl. BVerfGE 66, 1 [17] m. w. N.). Dabei kann es für die Entscheidungserheblichkeit der Vorlage keine Rolle spielen, daß im Falle einer Unvereinbarkeitserklärung das Bundesverfassungsgericht gemäß § 35 BVerfGG die weitere Anwendung des bisherigen Rechts anordnen kann (vgl. BVerfGE 87, 153 [180][4]).

II.

Das vorlegende Gericht hat auch seine Überzeugung von der Verfassungswidrigkeit des § 10 Nr. 1 VStG hinreichend dargelegt und begründet. Es vertritt die Auffassung, die Vorschrift des § 10 Nr. 1 VStG stehe mit dem Gleichheitssatz des Art. 3 Abs. 1 GG nicht in Einklang: Sie lege für die Besteuerung einheitswertgebundenen und nicht einheitswertgebundenen Vermögens einen einheitlichen Steuersatz fest, obwohl die Einheitswerte des Grundvermögens erheblich unterbewertet seien. Entgegen dem ursprünglichen gesetzgeberischen Konzept seien diese Werte seit 1964 nicht mehr an die realen Wertsteigerungen angepaßt worden. Damit sei gegenüber dem nach Gegenwartswerten zu bewertenden übrigen Vermögen eine Ungleichbehandlung eingetreten, die mangels einleuchtender Gründe willkürlich sei. Nach den vom Bundesverfassungsgericht (vgl. BVerfGE 84, 239 [268][3]) entwickelten Grundsätzen der steuerlichen Belastungsgleichheit müsse die ungleiche Bewertung von Vermögenswerten jedenfalls auf der Stufe der Festlegung des Steuersatzes korrigiert werden, indem das einheitswertgebundene Vermögen mit einem höheren Steuersatz belegt werde als das mit dem gemeinen Wert in die Bemessungsgrundlage eingegangene Vermögen.

Das vorlegende Gericht belegt diese seine Auffassung zwar nicht im einzelnen durch Erörterung etwaiger rechtfertigender Gründe und auch nicht durch Heranziehung statistischer Erhebungen oder sachverständiger Untersuchungen. Es führt zum Beleg für seine Auffassung vielmehr fachgerichtliche Entscheidungen, insbesondere zwei Entscheidungen des Bundesfinanzhofs (BStBl II 1986 S. 782 ff.; II 1988 S. 1025 ff.) an und nimmt auf frühere Entscheidungen des Bundesverfassungsgerichts Bezug. Auch wenn der Begründungszwang des § 80 Abs. 2 BVerfGG es erfordert, daß das vorlegende Gericht den für seine rechtliche Beurteilung wesentlichen Sachverhalt und seine rechtlichen Erwägungen erschöpfend darlegt (vgl. BVerfGE 74, 182 [192 ff.][2]); 89, 329 [337][5]), und diese Ausführungen grundsätzlich nicht durch Hinweis auf Darlegungen eines anderen Gerichts in einem anderen Verfahren ersetzt werden können (vgl. BVerfGE 22, 175 [177]; 90, 145 [167]), führt die dargestellte Bezugnahme durch das vorlegende Gericht hier nicht zur Unzulässigkeit der Vorlage. Die Bezugnahme erklärt sich daraus, daß die Vorlage sich auf eine Einschätzung gründet, die nahezu steuerrechtliches Gemeingut geworden ist. Die durch die Entwicklung von – in Vergangenheitswerten fixierten – Einheitswerten und – zeitgerecht mitschreitenden – gemeinen Werten entstandene Verschiedenheit der Besteuerung von einheitswertgebundenem und nicht einheitswertgebundenem Vermögen hat der Bundesfinanzhof als oberstes Fachgericht in den von dem vorlegenden Gericht angeführten Entscheidungen eingehend belegt; auch das Bundesverfassungsgericht hat sich wiederholt mit dieser Verschiedenheit auseinandergesetzt (vgl. BVerfGE 23, 242 [254 f.][6]); 41, 269 [281][7]); 43, 1 [7][8]); 65, 160 [170][1]); nunmehr auch BVerfGE 89, 329 [339][5]). Sie war ebenso Gegenstand wissenschaftlicher Abhandlungen (vgl. etwa Vogel, DStZ/A 1979, S. 28 ff.; Tipke, Die Steuerrechtsordnung, Band II, 1993, S. 869 ff.; Friauf, StuW 1971, S. 369 ff.), wie der Verhandlungen der Deutschen Steuerjuristischen Gesellschaft (Werte und Wertermittlung im Steuerrecht – DStJG – 1984, S. 1 ff.). Die tatsächlichen Grundlagen der Bewertungsunterschiede werden insbesondere festgestellt durch den Wissenschaftlichen Beirat beim Bundesministerium der Finanzen (vgl. Die Einheitsbewertung in der Bundesrepublik Deutschland – Mängel und Alternativen, 1989, S. 13), den Bundesrechnungshof (vgl. Schreiben an den Vorsitzenden des Finanzausschusses des Deutschen Bundestages vom 25. März 1991, Az.: VIII 3 - 206101 [EW]), die Arbeitsgruppe Steuerreform, „Steuern für die 90er Jahre" (1987, S. 39) sowie in eingehenden Untersuchungen der Finanzverwaltung (vgl. Meyding, DStR 1992, S. 1113 [1115]; Uelner in: Werte und Wertermittlung im Steuerrecht, DStJG, 1984, S. 275 [284]).

Ist die Fehlentwicklung des ursprünglichen gesetzgeberischen Konzepts derart offenbar und drängt sich daher die Frage nach der Wahrung der steuerlichen Belastungsgleichheit für Wissenschaft und Praxis gleichermaßen auf, durfte das vorlegende Gericht davon ausgehen, es könne die eingehende gesetzgeberische Problematik zur Vermeidung von Wiederholungen durch Berufung auf die ausführlichen, in der Fachpresse veröffentlichten Gründe des obersten Fachgerichts der Finanzgerichtsbarkeit ersetzen (vgl. auch BVerfGE 14, 221 [232 f.]; 90, 145 [167]).

---

[4]) BStBl II 1993 S. 413
[5]) BStBl II 1994 S. 133
[6]) BStBl II 1968 S. 549
[7]) BStBl II 1976 S. 311
[8]) BStBl II 1977 S. 190

C.

Innerhalb der Gesamtregelung der Besteuerung des Vermögens ist § 10 Nr. 1 VStG insofern mit dem Grundgesetz unvereinbar, als er das zu Gegenwartswerten erfaßte Vermögen mit demselben Steuersatz wie den Grundbesitz belastet, obwohl dessen Bewertung entgegen dem gesetzlichen Konzept gegenwartsnaher Bewertung seit 1964/74 nicht mehr der Wertentwicklung angepaßt worden ist.

I.

Den Maßstab für die verfassungsrechtliche Prüfung des § 10 Nr. 1 VStG bilden sämtliche Bestimmungen des Grundgesetzes. Das Bundesverfassungsgericht ist im Verfahren der konkreten Normenkontrolle nach Art. 100 Abs. 1 GG nicht darauf beschränkt, die Verfassungsmäßigkeit einer Norm nur vom Blickpunkt des vorlegenden Gerichts und seiner verfassungsrechtlichen Bedenken aus zu erörtern. Vielmehr ist die Norm insoweit, als sie zulässigerweise zur Prüfung gestellt worden ist, unter allen denkbaren verfassungsrechtlichen Gesichtspunkten Gegenstand des Verfahrens (vgl. BVerfGE 26, 44 [58]; 67, 1 [11]).

Eine solche umfassende verfassungsgerichtliche Nachprüfung ist gerade dann veranlaßt, wenn das vorlegende Gericht eine steuerrechtliche Bestimmung darum für verfassungswidrig hält, weil von ihr mit dem Gleichheitssatz unvereinbare Wirkungen auf verschiedene Gruppen von Betroffenen ausgingen. Denn die Schranken, die die Verfassung außerhalb des von Art. 3 Abs. 1 GG erfaßten Bereichs einer bestimmten Steuer zieht, wirken in die Prüfung des Gleichheitssatzes hinein, indem sie darüber Aufschluß geben, ob für eine Ungleichbehandlung verschiedener Gruppen ein sachlicher Grund besteht.

II.

1. Der Gleichheitssatz verlangt für das Steuerrecht, daß die Steuerpflichtigen durch ein Steuergesetz rechtlich und tatsächlich gleichmäßig belastet werden. Das danach – unbeschadet verfassungsrechtlich zulässiger Differenzierungen – gebotene Gleichmaß verwirklicht sich in dem Belastungserfolg, den die Anwendung der Steuergesetze beim einzelnen Steuerpflichtigen erreicht (vgl. BVerfGE 84, 239 [268]³).

a) Der Gleichheitssatz des Art. 3 Abs. 1 GG ist bereichsspezifisch anzuwenden. Im Sachbereich des Steuerrechts gewinnt die Besteuerungsgleichheit allerdings nicht schon aus dem Zweck der Besteuerung, den staatlichen Haushalt mit Finanzmitteln auszustatten, deutliche Konturen, sondern erst aus der Eigenart der Steuer: Die Steuer ist eine Gemeinlast, die alle Inländer je nach ihrem Einkommen, Vermögen und ihrer Nachfragekraft zur Finanzierung der allgemeinen Staatsaufgaben heranzieht. Der steuerliche Eingriff in die Vermögens- und Rechtssphäre des Einzelnen gewinnt seine Rechtfertigung auch und gerade aus der Gleichheit dieser Lastenzuteilung (vgl. BVerfGE 84, 239 [268 f.]³).

b) In der freiheitlichen Ordnung des Grundgesetzes deckt der Staat seinen Finanzbedarf grundsätzlich durch steuerliche Teilhabe am Erfolg privaten Wirtschaftens. Er belastet durch die Besteuerung von Einkommen und Ertrag den privaten Vermögenserwerb und durch die Besteuerung von Umsatz, Verkehrs- und Verbrauchsvorgängen die private Verwendung von Vermögen.

Auch der ruhende Bestand des Vermögens kann Anknüpfungspunkt für eine Steuerbelastung sein, wie dies insbesondere bei der Vermögensteuer und den Realsteuern der Fall ist (vgl. BVerfGE 13, 331 [348]⁹); 43, 1 [7]⁸). Sie werden vom Grundgesetz bei Regelung der Ertragshoheit (Art. 106 Abs. 2 Nr. 1 und Abs. 6 GG) in ihrer historisch gewachsenen Bedeutung aufgenommen und als zulässige Form des Steuerzugriffs anerkannt (vgl. BVerfGE 7, 244 [252]¹⁰); 14, 76 [91]; 16, 306 [317]). Die Gesamtbelastung durch eine Besteuerung des Vermögenserwerbs, des Vermögensbestandes und der Vermögensverwendung ist vom Gesetzgeber so aufeinander abzustimmen, daß das Belastungsgleichmaß gewahrt und eine übermäßige Last vermieden wird. Dabei ist zu beachten, daß auch der Steuergesetzgeber nicht beliebig auf Privatvermögen zugreifen darf, der Berechtigte vielmehr von Verfassungs wegen einen Anspruch darauf hat, daß ihm die Privatnützigkeit des Erworbenen und die Verfügungsbefugnis über geschaffene vermögenswerte Rechtspositionen jedenfalls im Kern erhalten bleiben (vgl. BVerfGE 87, 153 [169]⁴).

Ob und inwieweit die Vermögensteuer unter anderen steuerrechtlichen Rahmenbedingungen auch als Instrument der Umverteilung eingesetzt werden könnte, bedarf hier keiner Entscheidung, da sie jedenfalls im gegenwärtigen Gesamtsteuerrecht keine ins Gewicht fallende Umverteilungswirkung entfaltet; das Gesamtaufkommen der Vermögensteuer in Höhe von rd. 6 Mrd. DM (vgl. Finanzbericht 1993, S. 219) wird im wesentlichen durch Belastung des Unternehmensvermögens erzielt und dort auf die Allgemeinheit der Nachfrager überwälzt (vgl. Tipke, Die Steuerrechtsordnung, Band II, S. 800ff.). Eine etwaige Veränderung des Rechts umverteilender Belastungen und Zuwendungen ist nicht Gegenstand des Vorlageverfahrens.

c) Die Gleichheit aller Menschen vor dem Gesetz (Art. 3 Abs. 1 GG) fordert nicht einen gleichen Beitrag von jedem Inländer zur Finanzierung der Gemeinlasten, sondern verlangt in ihrer bereichsspezifischen Anwendung auf das gegenwärtige Steuerrecht, daß jeder Inländer je nach seiner finanziellen Leistungsfähigkeit gleichmäßig zur Finanzierung der allgemeinen Staatsaufgaben herangezogen wird. Der Gesetzgeber hat die Grundsatzentscheidung getroffen, den Einzelnen nicht in seiner Erwerbsfähigkeit zu belasten, sondern in den Wirtschaftsgütern, die er erworben hat. Wer sein Talent, durch Arbeit Erträge zu erzielen, brachliegen läßt, wird grundsätzlich nicht besteuert. Wer hingegen Vermögen ungenutzt läßt, wird für Zwecke der Besteuerung so behandelt, als habe er Erträge erzielt.

d) Der Gesetzgeber hat zwar bei der Auswahl des Steuergegenstandes und bei der Bestimmung des Steuersatzes einen weitreichenden Entscheidungsspielraum. Nach Regelung dieses Ausgangstatbestandes aber hat

---
⁹) BStBl I 1962 S. 500
¹⁰) BStBl I 1958 S. 403

er die einmal getroffene Belastungsentscheidung folgerichtig im Sinne der Belastungsgleichheit umzusetzen (vgl. BVerfGE 23, 242 [256][6]; 84, 239 [271][3]). In der Regel wird der Steuergegenstand zunächst in der Bemessungsgrundlage verdeutlicht und zählbar gemacht, daß sich die Steuerschuld durch Anwendung des Steuersatzes berechnen läßt. Gelingt diese Umsetzung des Belastungsgrundes in Zahlen nicht, muß der Gesetzgeber die Gleichheit im Belastungserfolg in anderer Weise – insbesondere durch differenzierende Bemessung der Steuersätze – gewährleisten.

2. Bestimmt der Gesetzgeber für das gesamte steuerpflichtige Vermögen einen einheitlichen Steuersatz, so kann eine gleichmäßige Besteuerung nur in den Bemessungsgrundlagen der je für sich zu bewertenden wirtschaftlichen Einheiten gesichert werden. Die Bemessungsgrundlage muß deshalb auf die Ertragsfähigkeit der wirtschaftlichen Einheiten sachgerecht bezogen sein und deren Werte in ihrer Relation realitätsgerecht abbilden (vgl. BVerfGE 23, 242 [257][6]; 25, 216 [226][11]; 30, 129 [143 f.][12]; 41, 269 [280, 282 f.][7]). Haben sich die steuererheblichen Werte für bestimmte Gruppen wirtschaftlicher Einheiten deutlich auseinanderentwickelt, so darf das der Gesetzgeber nicht auf sich beruhen lassen (vgl. BVerfGE 23, 242 [257 f.][6]; 41, 269 [283][7]). Dabei muß der Gesetzgeber auch Wertverschiebungen zwischen den einzelnen Vermögensarten und innerhalb des Grundvermögens beachten (vgl. BVerfGE 23, 242 [252][6]; 65, 160 [170][1]).

3. Die verfassungsrechtlichen Schranken der Besteuerung des Vermögens durch Einkommen- und Vermögensteuer begrenzen den steuerlichen Zugriff auf die Ertragsfähigkeit des Vermögens. An dieser Grenze der Gesamtbelastung des Vermögens haben sich die gleichheitsrechtlich gebotenen Differenzierungen auszurichten. Diese bilden für den Senat, der für die Einkommensteuer und im vorliegenden Verfahren auch für die Vermögensteuer zuständig ist, als tragende Gründe den Maßstab seiner verfassungsrechtlichen Prüfung:

a) Die Vermögensteuer ist als wiederkehrende Steuer auf das ruhende – in der Regel aus bereits versteuertem Einkommen gebildete – Vermögen ausgestaltet. Sie greift in die in der Verfügungsgewalt und Nutzungsbefugnis für eine Vermögen angelegte allgemeine Handlungsfreiheit (Art. 2 Abs. 1 GG) gerade in deren Ausprägung als persönliche Entfaltung im vermögensrechtlichen Bereich ein (Art. 14 GG). Das bedeutet, daß das geschützte Freiheitsrecht nur so weit beschränkt werden darf, daß dem Steuerpflichtigen ein Kernbestand des Erfolges eigener Betätigung im wirtschaftlichen Bereich als Ausdruck der grundsätzlichen Privatnützigkeit des Erworbenen und der grundsätzlichen Verfügungsbefugnis über die geschaffenen vermögenswerten Rechtspositionen erhalten wird (vgl. BVerfGE 87, 153 [169][4]). Die Zuordnung der vermögenswerten Rechtsposition zum Eigentümer und die Substanz des Eigentums müssen gewahrt bleiben (vgl. BVerfGE 42, 263 [295]; 50, 290 [341]).

b) Nach diesen Maßstäben bleibt unter den Bedingungen des gegenwärtigen Steuerrechts, nach denen das Vermögen bereits durch die Steuern auf das Einkommen und den Ertrag, der konkrete Vermögensgegenstand meist auch durch indirekte Steuern vorbelastet ist, für eine ergänzende Besteuerung dieses mehrfach vorbelasteten Vermögens von Verfassungs wegen nur noch ein enger Spielraum. Die Vermögensteuer darf nur so bemessen werden, daß sie in ihrem Zusammenwirken mit den sonstigen Steuerbelastungen die Substanz des Vermögens, den Vermögensstamm, unberührt läßt und aus den üblicherweise zu erwartenden, möglichen Erträgen (Sollerträge) bezahlt werden kann. Andernfalls führte eine Vermögensbesteuerung im Ergebnis zu einer schrittweisen Konfiskation, die den Steuerpflichtigen dadurch übermäßig belasten und seine Vermögensverhältnisse grundlegend beeinträchtigen würde (vgl. BVerfGE 14, 221 [241]; 82, 159 [190]; stRspr).

Dieser Bestandsschutz muß sich auch gegenüber dem derzeitigen Steuerrecht durchsetzen, wonach die Vermögensteuer ihrerseits aus versteuertem Einkommen zu bezahlen ist: Das zur Erfüllung der Vermögensteuerschuld verwendete Einkommen wird weder auf die Einkommensteuer angerechnet noch bei der einkommensteuerlichen Bemessungsgrundlage abgezogen. Auch diese Vorbelastung muß bei der Bemessung der Vermögensteuerlast beachtet werden.

c) Ungeachtet des Bestandsschutzes für den Vermögensstamm nimmt auch der Vermögensertrag am Schutz der vermögenswerten Rechtspositionen als Grundlage individueller Freiheit teil. Nach Art. 14 Abs. 2 GG dient der Eigentumsgebrauch zugleich dem privaten Nutzen und dem Wohl der Allgemeinheit. Deshalb ist der Vermögensertrag einerseits für die steuerliche Gemeinlast zugänglich, andererseits muß dem Berechtigten ein privater Ertragsnutzen verbleiben. Die Vermögensteuer darf deshalb zu den übrigen Steuern auf den Ertrag nur hinzutreten, soweit die steuerliche Gesamtbelastung des Sollertrages bei typisierender Betrachtung von Einnahmen, abziehbaren Aufwendungen und sonstigen Entlastungen in der Nähe einer hälftigen Teilung zwischen privater und öffentlicher Hand verbleibt und dabei insgesamt auch Belastungsergebnisse vermeidet, die einer vom Gleichheitssatz gebotenen Lastenverteilung nach Maßgabe finanzieller Leistungsfähigkeit zuwiderlaufen.

Der Gesetzgeber kann diese Belastungsobergrenze dadurch wahren, daß er die Erträge in der Bemessungsgrundlage um Abzugstatbestände mindert (etwa des existenz- und erwerbssichernden Aufwandes im Einkommensteuerrecht, des Gebrauchsvermögens im Vermögensteuerrecht, dazu näher unter 5.) und sodann den Steuersatz typisierend so bemißt, daß im Zusammenwirken von Abzugstatbeständen und Steuersätzen diese Obergrenze beachtet bleibt. Unterhalb dieser Obergrenze sind die Erträge nach Maßgabe der Gleichheit (vgl. BVerfGE 87, 153 [170][4]) in folgerichtigen Übergängen zu belasten.

d) Unter besonderen Voraussetzungen, etwa in staatlichen Ausnahmelagen, erlaubt die Verfassung auch unter den geltenden steuerrechtlichen Rahmenbedingungen einen Zugriff auf die Vermögenssubstanz. So konnte das Reichsnotopfergesetz vom 31. Dezember 1919 (RGBl II 1919 S. 2189) zur Finanzierung der mit dem Versailler Vertrag auferlegten Lasten Vermögens-

---

[11]) BStBl II 1969 S. 364
[12]) BStBl II 1971 S. 359

substanzen in Anspruch nehmen. Ähnliches gilt für die Steuern nach dem Lastenausgleichsgesetz vom 14. August 1952 (BGBl I S. 446).

4. Das Konzept der geltenden Vermögensteuer (vgl. BVerfGE 40, 109 [119]; 41, 269 [281])[7]; 43, 1 [7])[8]) entspricht diesen Anforderungen.

a) Die Vermögensteuer ist eine laufende Steuer, setzt daher ein Weiterbestehen der am Stichtag festgestellten Vermögensverhältnisse auch im nächsten Veranlagungsjahr voraus (vgl. schon Albert Hensel, Steuerrecht, 3. Aufl., 1933, S. 253). Die geltende Vermögensteuer führt die mit dem Preußischen Ergänzungsteuergesetz geschaffene Konzeption einer ergänzenden Besteuerung des fundierten Einkommens fort. Schon das Preußische Ergänzungsteuergesetz war von dem damals bestimmenden Gedanken einer „ergänzenden Abgabe" (Begründung zum Entwurf eines Ergänzungsteuergesetzes, Preußisches Haus der Abgeordneten, 1892/93, Aktenstück Nr. 6, S. 521) durch Besteuerung des „fundierten Einkommens" geprägt – bei einer allerdings im Vergleich zur Gegenwart wesentlich niedrigeren Besteuerung der Erwerbseinkommen (vgl. Vogel, DStZ/A, 1979, S. 28 [32 f.]; Tipke, Die Steuerrechtsordnung, Band II, 1993, S. 853 f.). Die Begründung zum Preußischen Ergänzungsteuergesetz (a. a. O., S. 521) betonte, daß „die Eigenschaft der Vermögensteuer als einer ergänzenden Abgabe namentlich auch darin bewahrt bleiben müsse", daß sie im Verhältnis zur Hauptsteuer nur eine sehr mäßige Quote der vorausgesetzten Steuerkraft in Anspruch nehmen sollte. Das Reichsvermögensteuergesetz 1922 (Anlage 1 zum Gesetz über Änderungen im Finanzwesen vom 8. April 1922 – RGBl I 1922 S. 335) gestaltete die Steuer ebenfalls als laufende Vermögensteuer, die aus dem Einkommen getragen wird, ihre Begrenzung im Merkmal der Sollertragsteuer, nämlich in dem Erfordernis findet, daß sie aus dem Einkommen zu tragen sei und nicht zu einer „schleichenden Vermögenskonfiskation" führen dürfe (vgl. Verhandlungen des Reichstags, Band 369, Nr. 2862, S. 14). Sie sollte aus dem Vermögensertrag bestritten werden können und nicht zu Eingriffen in die Vermögenssubstanz führen (Hensel, a. a. O., S. 225). Hier begegnen sich das fiskalische Interesse an der Erhaltung der Steuerquelle und das Individualinteresse an der Bewahrung des eigenen Vermögens.

b) Die Vermögensteuer erfaßt ihren Gegenstand zunächst in den einzelnen Wirtschaftsgütern; deren Steuerwürdigkeit und Wert wird – etwa als landwirtschaftliches Vermögen, als Betriebs- oder Grundvermögen – jeweils gesondert erfaßt und sodann zu einer Summe von Einzelwerten, dem Gesamtvermögen, zusammengefügt (Hensel, a. a. O., S. 225). Wenn auf dieser Grundlage ein Gesamtvermögen ermittelt ist, wird nach dem Gedanken der Sollertragsteuer dieses Vermögen nach dem typischerweise möglichen Ertrag – ohne Rücksicht auf den tatsächlich erzielten Gewinn oder Ertrag – besteuert. Der Gesetzgeber darf diese Ertragserwartung typisierend auf das Gesamtvermögen beziehen, mag dieses auch in einzelnen Wirtschaftsgütern nach der konkreten Anlageentscheidung des Eigentümers keine Erträge erbringen.

c) Die nach einem Sollertrag bemessene Besteuerung kann nicht an vorgefundene Ertragssummen anknüpfen, sondern muß für Zwecke der Besteuerung einen erwarteten Ertrag unterstellen. Deshalb ist das die Ertragserwartung begründende Wirtschaftsgut in seiner Ertragsfähigkeit zu bewerten. Die Ermittlung der Sollerträge setzt grundsätzlich am Tatbestand der Ertragsfähigkeit eines Wirtschaftsgutes an, mag aber auch an dessen Verkehrswert anknüpfen, sofern die im Steuersatz bestimmte Belastung gewährleistet, daß die Vermögensteuer lediglich anteilig auf die Erträge zugreift, die aus der in Verkehrswerten erfaßten wirtschaftlichen Einheit typischerweise erwartet werden. Erfaßt die Bemessungsgrundlage nicht den vermuteten Ertrag, sondern den Veräußerungswert eines Wirtschaftsgutes, so kommt dem Steuersatz die Aufgabe zu, anknüpfend an einen aus dem Veräußerungswert abgeleiteten Sollertrag den steuerlichen Zugriff auf diesen angemessen und gleichheitsgerecht zu begrenzen.

5. a) Der steuerliche Zugriff auf das Vermögen belastet auch Wirtschaftsgüter, die der persönlichen Lebensführung des Steuerpflichtigen und seiner Familie dienen. Sie ermöglichen einen Freiheitsraum für die eigenverantwortliche Gestaltung seines persönlichen Lebensbereichs. Dieses Vermögen genießt einen besonderen Schutz (vgl. BVerfGE 24, 367 [389]; 50, 290 [339 f.]; stRspr). Es sichert die persönliche Freiheit des einzelnen in Ergänzung der im wesentlichen durch Arbeitseinkommen und Sozialversicherungsanspruch sowie durch Gewerbe und andere selbständige Tätigkeit gewährten Sicherheit.

Unter Berücksichtigung der steuerlichen Vorbelastung des Vermögens darf der Steuergesetzgeber daher in bestimmten Grenzen das vom Steuerpflichtigen zur Grundlage seiner individuellen Lebensgestaltung bestimmte Vermögen nicht durch weitere Besteuerung mindern. Er muß deshalb jedenfalls die wirtschaftliche Grundlage persönlicher Lebensführung gegen eine Sollertragsteuer abschirmen. Im übrigen gilt das oben zu 3. c) Gesagte.

Diese wirtschaftliche Grundlage persönlicher Lebensführung entwickelt sich je nach den in einer Rechtsgemeinschaft erreichten ökonomischen und kulturellen Standards. Sie ist daran erkennbar, in welcher Breite in der Bevölkerung die Wirtschaftsgüter der persönlichen Lebensgestaltung gewidmet sind. So wurden 1993 etwa von den insgesamt verfügbaren Wohnungen in der Bundesrepublik Deutschland 38,9 % von den Eigentümern und ihren Familien genutzt (vgl. Auskunft des Statistischen Bundesamtes über das vorläufige hochgerechnete Ergebnis der 1 %-Gebäude- und Wohnungsstichprobe 1993). Der Gesetzgeber hat die ökonomische Grundlage individueller Freiheit typisierend zu bemessen und von der Vermögensteuerlast freizustellen. Dabei liegt es nahe, daß er sich – unbeschadet von Regelungen in §§ 110 und 111 BewG – an den Werten durchschnittlicher Einfamilienhäuser orientiert. Er muß freilich Grundeigentümer und Inhaber anderer Vermögenswerte in einem gleichen Individualbedarf steuerlich freistellen.

b) Der verfassungsrechtliche Anspruch auf steuerliche Freistellung des der persönlichen Lebensgestaltung dienenden Vermögens steht grundsätzlich jedem Steuerpflichtigen zu. Jeder Ehegatte hat einen eigenen gleichen Anspruch; aus der Ehe dürfen den Ehegatten keine steuerlichen Nachteile erwachsen (vgl. BVerfGE 6, 55 [76][13]); 69, 188 [205][14]). Bei der typisierenden Festlegung des der individuellen Lebensgestaltung dienenden Vermögensbestandes ist auch zu berücksichtigen, daß Kinder aufgrund ihres Unterhaltsanspruchs gegen ihre Eltern an deren Vermögensverhältnissen und Lebensgestaltung teilhaben und insoweit auch der individuelle Lebenszuschnitt der Familie erweitert wird.

c) In der Lebenswirklichkeit schaffen Ehegatten die wirtschaftliche Grundlage für die individuelle Lebensgestaltung ihrer Familie in der Erwartung, daß sie den individuellen Lebenszuschnitt der Familie auch noch im Alter der Ehegatten prägt und nach dem Ableben eines von ihnen dem Überlebenden zugute kommt. Soweit daher Vermögensteuerpflichtige sich innerhalb ihrer Ehe oder Familie auf eine gemeinsame – erhöhte – ökonomische Grundlage individueller Lebensgestaltung einrichten durften, gebietet der Schutz von Ehe und Familie gemäß Art. 6 Abs. 1 GG, daß der Vermögensteuergesetzgeber die Kontinuität dieses Ehe- und Familiengutes achtet.

6. Bei Vermögenseinheiten, die einer landwirtschaftlichen, gewerblichen oder freiberuflichen Erwerbstätigkeit gewidmet sind, wird der Gesetzgeber mit Blick auf Art. 12 Abs. 1 GG in Verbindung mit Art. 3 Abs. 1 GG die steuerlichen Auswirkungen einer Neubewertung des Grundbesitzes zu bedenken haben.

III.

§ 10 VStG ist mit Art. 3 Abs. 1 GG unvereinbar. Die Vermögensteuer belastet einheitswertgebundenes Vermögen und nicht einheitswertgebundenes Vermögen unterschiedlich. Diese Belastungsunterschiede lassen sich weder aus den in der Vermögensteuer angelegten oder möglichen Differenzierungen (vgl. zu II.) rechtfertigen noch verfassungsgemäß allein dadurch ausräumen, daß das einheitswertgebundene Vermögen nunmehr zu Verkehrswerten belastet würde.

1. a) § 10 VStG belastet das steuerpflichtige Vermögen einheitlich mit einem Steuersatz, der in den zu beurteilenden Veranlagungsjahren 0,5 v. H. betragen hat. Ein solcher einheitlicher Steuersatz setzt voraus, daß dem Gebot der Gleichheit im steuerlichen Belastungserfolg (vgl. BVerfGE 84, 239 [268][3]) bereits in der Bemessungsgrundlage Rechnung getragen und dort jede wirtschaftliche Einheit in gleichmäßiger Weise mit den Werten erfaßt wird, die den steuerlichen Belastungsgrund ausdrücken.

Die Bemessungsgrundlage der Vermögensteuer bestimmt sich gemäß § 4 VStG nach dem Vermögen im Sinne des Bewertungsgesetzes. Dieses Gesetz sucht das Vermögen für den Zweck der Sollertragsbesteuerung dadurch zu erfassen, daß es der Bewertung jeder wirtschaftlichen Einheit deren Wert zugrunde legt, für den dann bei Bemessung des Steuersatzes ein einheitlicher Sollertrag unterstellt wird. Mag auch heute der „gemeine Wert" des § 9 BewG nicht der Regelwert, sondern eher die Ausnahme sein (vgl. Tipke, a. a. O., S. 853), so liegt es in der Konzeption einer Besteuerung nach einem einheitlichen Steuersatz, daß die auf verschiedene steuerliche Anknüpfungspunkte ausgerichteten Werte in ihrer Ausgestaltung einander angenähert werden. Dementsprechend ist es nach der Amtlichen Begründung zur Neufassung des Bewertungsgesetzes 1964 Ziel der Bewertung, „gleichmäßige, den Verkehrswerten nahekommende Einheitswerte als Grundlage für eine gerechte Besteuerung zu finden" (BTDrucks IV/1488, S. 31). Wenn deshalb – unter Zugrundelegung dieser Konzeption des Gesetzes – der Wert eines Grundstücks grundsätzlich, wie es eine Sollertragsteuer nahelegt, im Ertragswertverfahren (§§ 76, 78 ff. BewG) ermittelt, Kapitalvermögen hingegen, soweit es als „sonstiges Vermögen" (§§ 110 ff. BewG) erfaßt wird, in der Regel zum Verkehrswert bewertet wird, wenn das für die Bewertung von Grundstücken als Regel geltende Ertragswertverfahren Ausnahmen erfährt und unbebaute, nicht landwirtschaftlich genutzte Grundstücke (vgl. §§ 72 f., 9 BewG) und besondere, im Sachwertverfahren bewertete bebaute Grundstücke (§§ 76 Abs. 3, 83, 90 Abs. 1 BewG) in Orientierung am gemeinen Wert bewertet werden, so müssen diese Bewertungsmethoden die wirtschaftlichen Einheiten in einem gemeinsamen Annäherungswert erfassen, der eine Anwendung desselben Steuersatzes erlaubt (vgl. BVerfGE 41, 269 [281][7]).

b) Die Einheitswerte bebauter und unbebauter Grundstücke wurden letztmals zum Stichtag 1. Januar 1964 ermittelt. Die durch die Hauptfeststellung nach den Wertverhältnissen zum 1. Januar 1964 festgestellten Einheitswerte sind nach Art. 1 des Bewertungsänderungsgesetzes 1971 erst ab dem 1. Januar 1974 der Besteuerung zugrunde gelegt worden. Zu diesem Zeitpunkt waren die Werte bereits überholt, weil die Preise auf dem damaligen Grundstücksmarkt anhaltend und ständig gestiegen waren. Der Gesetzgeber hat versucht, diese Entwicklung dadurch auszugleichen, daß er die Einheitswerte von Grundstücken und Betriebsgrundstücken für steuerliche Zwecke 1974 um 40 v. H. erhöhte (§ 121 a BewG i. d. F. des Vermögensteuerreformgesetzes 1974). Demgegenüber wird der Wert des nicht einheitswertgebundenen Vermögens nicht in einem Vergangenheitswert fixiert, sondern fortlaufend gegenwartsnah jeweils in dem Wert erfaßt, der einer zeitnahen Bewertung durch den Markt entspricht.

c) Der Gesetzgeber hat eine zeitgerecht mitschreitende Bewertung auch des einheitswertgebundenen Vermögens durch ein Verfahren zur regelmäßigen Neubewertung sicherzustellen versucht. Das Reichsbewertungsgesetz vom 10. August 1925 (RGBl I S. 214) verlangte eine Hauptfeststellung grundsätzlich in Zeitabständen von je einem Jahr (§ 5 Abs. 2). Nach dem Reichsbewertungsgesetz vom 22. Mai 1931 (RGBl I S. 222) wurden die Einheitswerte allgemein für den Grundbesitz in Zeitabständen von je sechs Jahren, für wirtschaftliche Einheiten des Betriebsvermögens in Zeitabschnitten von je drei Jahren festgestellt (Hauptfeststellung, dort § 22 Abs. 2, jetzt § 21 Abs. 1 Satz 1 BewG). Die Hauptfeststellung der Einheitswerte wurde durch Verordnung zur Änderung der Durchführungsbestimmungen zum Reichsbewertungsgesetz und zum Vermögensteuergesetz vom 22. November 1939 (RGBl I S. 2271) ausgesetzt. Das Gesetz über die Vermögensteuerveranlagung für die Zeit ab 1. Januar 1949 und die Vermögensteuer für das zweite Kalenderhalbjahr

---
[13] BStBl I 1957 S. 193
[14] BStBl II 1985 S. 475

1948 vom 3. Juni 1949 (WiGBl S. 83) beließ es für die Bewertung des Grundbesitzes zunächst bei den Einheitswerten, die bei der Hauptfeststellung auf den 1. Januar 1935 oder bei einer Fortschreibung oder Nachfeststellung an einem späteren Zeitpunkt festgestellt worden waren (§ 7 Abs. 2). Das Bewertungsänderungsgesetz 1965 kehrte dann zum System periodischer Hauptfeststellungen zurück. Nach dessen Art. 1 Nr. 8 werden die Einheitswerte für den Grundbesitz in Zeitabständen von je sechs Jahren festgestellt; Art. 2 Abs. 1 bestimmt die nächste Hauptfeststellung für den Grundbesitz auf den Beginn des Kalenderjahres 1964 und die nachfolgende Hauptfeststellung – abweichend von dem nunmehr neu gefaßten § 21 Abs. 1 Nr. 1 BewG – auf den Beginn des Kalenderjahres 1971.

d) Das Gesetz vom 22. Juli 1970 hat dann allerdings Art. 2 Abs. 1 Satz 3 BewÄndG 1965 neu gefaßt und angeordnet, daß der Zeitpunkt der auf die Hauptfeststellung 1964 folgenden nächsten Hauptfeststellung der Einheitswerte des Grundbesitzes abweichend von § 21 Abs. 1 Nr. 1 BewG durch besonderes Gesetz bestimmt werde. Ein solches Gesetz ist bis heute nicht ergangen. Damit ist die notwendige Neubewertung auf unbestimmte Zeit verschoben worden. Den Einheitswerten des Grundbesitzes liegen die Wertverhältnisse des Jahres 1964 zugrunde (§ 27 BewG), die für einzelne einheitswertabhängige Steuern teilweise um 40 v. H. erhöht werden (§ 121a BewG).

Der Gesetzgeber hat unbeschadet dieser Änderung des Bewertungsgesetzes das Konzept der periodischen zeitnahen Neubewertung beibehalten. Er hält am Erfordernis nachfolgender Hauptfeststellungen fest und behält lediglich die Bestimmung des Zeitpunktes einem besonderen Gesetz vor. Damit hat der Gesetzgeber 1970 nicht das Erfordernis zeitgerecht mitschreitender Einheitsbewertung in Frage gestellt, sondern seine Erfüllung vorläufig ausgesetzt. Diese Aussetzung hat indes zur Folge, daß der gegenwärtigen Anwendung des einheitlichen Vermögensteuersatzes bei dem nicht einheitswertgebundenen Vermögen gegenwartsgerechte Werte zugrunde gelegt werden, während die Werte des einheitswertgebundenen Vermögens bei den Feststellungen zum 1. Januar 1964 verharren. Die seit 1964 eingetretene Wertentwicklung beim Grundbesitz wird in der Bemessungsgrundlage der Vermögensteuer nicht aufgenommen, obwohl das Konzept der Vermögensteuer auf eine gegenwartsnahe Bewertung angelegt ist und bei nicht der Einheitsbewertung unterliegenden Vermögensgegenständen auch weiterhin so durchgeführt wird.

2.a) Wenn die Vermögensteuer das einheitswertgebundene Vermögen in den Vergangenheitswerten von 1964 belastet, das nicht einheitswertgebundene Vermögen hingegen in Gegenwartswerten, so ergeben sich schon daraus deutliche Wertverzerrungen und Belastungsungleichheiten. Dies belegen unter anderem ein Gutachten des Wissenschaftlichen Beirats beim Bundesministerium der Finanzen vom Februar 1989 (vgl. Die Einheitsbewertung in der Bundesrepublik Deutschland – Mängel und Alternativen –, S. 13) und ein Schreiben des Bundesrechnungshofs an den Vorsitzenden des Finanzausschusses des Deutschen Bundestages vom 25. März 1991 (Az.: VIII 3 – 206101 [EW]).

Durch die Entwicklung der tatsächlichen Werte des Grundbesitzes sind mithin Belastungsunterschiede eingetreten, die mit dem Erfordernis einer gleichmäßigen steuerlichen Erfassung der wirtschaftlichen Einheiten unvereinbar sind, obwohl der Gesetzgeber das Zusammenwirken von Vermögensteuer- und Bewertungsgesetz auf eine solche Erfassung angelegt hat.

b) Das Auseinanderfallen der Wertrelation von einheitsbewerteten und nicht einheitsbewerteten wirtschaftlichen Einheiten mindert die Vermögensteuerbelastung des Grundbesitzes, ohne daß diese Steuerverschonung tatbestandlich auf das persönliche, der individuellen Lebensgestaltung dienende Gebrauchsvermögen beschränkt wäre. Die Niedrigbewertung des Grundbesitzes entlastet dieses Vermögen auch dann, wenn sein Wert den des gesetzlich zu typisierenden persönlichen Gebrauchsvermögens übersteigt. Außerdem beschränkt sich diese Entlastung auf das einheitswertgebundene Vermögen, verschont also die vermögensrechtliche Grundlage individueller Freiheit nicht, soweit der Berechtigte diese Grundlage ganz oder teilweise in nicht einheitswertgebundenem Vermögen gebildet hat. Auch insoweit ist den Erfordernissen des Gleichheitssatzes nicht genügt.

c) Das dargelegte Mißverhältnis verstößt damit gegen den Gleichheitssatz (Art. 3 Abs. 1 GG). Das Vermögensteuergesetz im Zusammenwirken mit dem Bewertungsgesetz gibt gegenwärtig nicht annähernd gleiche Ausgangswerte für die Ermittlung eines Sollertrages und führt deshalb zu einer ungleichen Belastung. Sie wird nicht durch die Erwägung gerechtfertigt, daß von der bestehenden Rechtslage möglicherweise ein Subventionseffekt ausgeht.

aa) Führt ein Steuergesetz zu einer steuerlichen Verschonung, die einer gleichmäßigen Belastung der jeweiligen Steuergegenstände innerhalb einer Steuerart widerspricht, so kann eine solche Steuerentlastung dennoch vor dem Gleichheitssatz gerechtfertigt sein, wenn der Gesetzgeber dadurch das wirtschaftliche oder sonstige Verhalten des Steuerpflichtigen aus Gründen des Gemeinwohls fördern oder lenken will (vgl. BVerfGE 38, 61 [79 ff.]; 84, 239 [274][3]; stRspr). Eine solche Intervention, die das Steuerrecht in den Dienst außerfiskalischer Verwaltungsziele stellt, setzt aber eine erkennbare Entscheidung des Gesetzgebers voraus, mit dem Instrument der Steuer auch andere als bloße Ertragswirkungen erzielen zu wollen. Würde allein eine tatsächliche Entwicklung ein Steuergesetz in den Dienst auch außerfiskalischer Zwecke stellen können, so würde eine speziell für die Besteuerung vorgesehene Ermächtigung ohne gesetzgeberische Entscheidung tatsächlich auch für nichtsteuerliche Ziele in Anspruch genommen: Faktisch würden über die besondere Gesetzgebungskompetenz zur Besteuerung (Art. 105 GG) Verwaltungsziele geregelt, Vergünstigungen zu Lasten der Ertragshoheit der Länder (Art. 106 Abs. 2 Nr. 1 GG) angeboten und unter Umständen Länderkompetenzen überspielt. Die tatsächlichen Lenkungswirkungen könnten auch Grundrechte berühren. Für die Steuerintervention muß der Gesetzgeber deshalb gesondert prüfen, ob er das Handlungsmittel der Besteuerung für außerfiskalische Zwecke einsetzen darf und will.

Deshalb ist es ausgeschlossen, eine bei gleichbleibender gesetzlicher Regelung allein aufgrund veränderter tatsächlicher Verhältnisse bewirkte steuerliche Ungleichbelastung damit zu rechtfertigen, daß der tatsächlich erreichte, vom Gesetzgeber aber so nicht beschlossene Belastungsunterschied legitime Lenkungsziele erreichen könnte. Gesetzgeberisches Unterlassen verändert nicht die bisherige Konzeption des geltenden Steuergesetzes; es ersetzt nicht die allein dem Gesetzgeber vorbehaltene (vgl. BVerfGE 13, 318 [328][15]); 71, 354 [362f.].) Entscheidung über die Steuerwürdigkeit bestimmter generell bezeichneter Sachverhalte.

bb) Verfolgt ein Steuergesetz zulässigerweise auch Lenkungsziele, so muß der Lenkungszweck mit hinreichender Bestimmtheit tatbestandlich vorgezeichnet und gleichheitsgerecht ausgestaltet sein. Die vermögensteuerliche Förderung des Wohnungsbaus etwa müßte bei den Wohngrundstücken, eine Förderung gewerblicher Betriebe bei dem Betriebsvermögen ansetzen. Hat der Gesetzgeber zudem eine für mehrere Steuern verbindliche einheitliche Bewertung vorgesehen, um für alle von dieser Bewertung abhängigen Steuern einen gleichen Ausgangswert festzustellen, so kann er eine Subvention innerhalb dieser Bewertung nur anbieten, wenn und soweit sie als Verschonung in jeder der einzelnen Steuerarten und ebenso in der dadurch bewirkten Gesamtentlastung gemeinwohlbezogen rechtfertigen läßt; andernfalls verstößt sie gegen den Gleichheitssatz des Art. 3 Abs. 1 GG (vgl. BVerfGE 78, 249 [277f.]).

cc) Der hiernach notwendige gesetzgeberische Akt, der eine unterschiedliche Ertragsfähigkeit realitätsrecht erfaßt, Förderungstatbestände deutlich umgrenzt sowie gemeinwohlbezogen und zweckgebunden bemißt, liegt nicht vor.

3. Der Verstoß gegen den Gleichheitssatz führt zu einer bloßen Unvereinbarkeitserklärung, weil die Gleichheitswidrigkeit nicht zu bestimmten Folgerungen zwingt, der Gesetzgeber vielmehr mehrere Möglichkeiten hat, den verfassungswidrigen Zustand zu beseitigen (vgl. BVerfGE 87, 153 [177ff.][4]). Die Erfordernisse verläßlicher Finanz- und Haushaltsplanung und eines gleichmäßigen Verwaltungsvollzugs für Zeiträume einer weitgehend schon abgeschlossenen Veranlagung rechtfertigen es, die Regelungen zur Vermögensbesteuerung für zurückliegende Kalenderjahre wie bisher weiter anzuwenden. Das vorlegende Finanzgericht kann deshalb seiner Entscheidung für die dort streitbefangenen Veranlagungszeiträume 1983 bis 1986 das damals geltende Vermögen- und Bewertungsteuerrecht zugrunde legen. Um eine stetige Veranlagung der Vermögensteuer zu gewährleisten, darf das bisher geltende Recht auch bis zum 31. Dezember 1996 weiterhin angewendet werden. Entschließt sich der Gesetzgeber zur Neuregelung der Vermögensteuer, so kann er im Rahmen einer dann gegebenenfalls durchzuführenden Neubewertung der vermögensteuerlichen Bemessungsgrundlage für deren Dauer – längstens für fünf Jahre seit der Verkündung des Gesetzes zur Neuregelung der Vermögensteuer – Übergangsregelungen treffen, die die vermögensteuerliche Belastung an die dargelegten verfassungsrechtlichen Maßstäbe annähern; die Übergangsregelungen dürfen eine teilweise Fortgeltung der bisherigen Vorschriften anordnen.

D.

Diese Entscheidung ist im Ergebnis einstimmig ergangen.

Abweichende Meinung

zum Beschluß des Zweiten Senats vom 22. Juni 1995
– 2 BvL 37/91 –

Dem Tenor der Entscheidung, der die Unvereinbarkeit von § 10 Nr. 1 des Vermögensteuergesetzes mit Art. 3 Abs. 1 GG feststellt, und der für diese Unvereinbarkeit gegebenen Begründung (C. II., 1. a., c. bis d., 2. und C. III.) stimme ich zu, mithin alle dem, was dem Senat durch den Vorlagebeschluß zur Entscheidung aufgegeben war. Nicht zu folgen vermag ich dem Senat darin, daß er diese Vorlage zum Anlaß nimmt, maßstäblich dar- und festzulegen, daß eine Vermögensteuer unter den Bedingungen des gegenwärtigen Steuerrechts von Verfassungs wegen nur als Sollertragsteuer verstanden und ausgestaltet werden kann (C. II., 3. bis 5.). Diese Ausführungen sind durch die Vorlage nicht veranlaßt (I.). Darüber hinaus findet die vom Senat vorgenommene Begrenzung der Vermögensteuer auf eine Besteuerung der (Soll-)Erträge in der Verfassung auch sachlich keine Grundlage (II.).

I.

Den Gegenstand der Vorlage des Finanzgerichts Neustadt, über die der Senat zu entscheiden hatte, bestimmt er selbst am Beginn der Entscheidung präzise: „Das vorliegende Verfahren betrifft die Frage, ob bei der Vermögensteuer die aus der gegenwärtigen Gesetzeslage folgende unterschiedliche steuerliche Belastung von Grundbesitz und sonstigem Vermögen mit dem Gleichheitssatz (Art. 3 Abs. 1 GG) vereinbar ist." Alles was der Senat zu Grund, Ausmaß, Bemessungsgrundlagen und rechtlicher Eigenart der Vermögensbesteuerung sagt – es betrifft auch vier der fünf Leitsätze –, ist durch die Vorlagefrage nicht veranlaßt. Entgegen den Ausführungen des Senats wirken die hierbei entwickelten Maßstäbe auch bei der Subsumtion in keiner Weise sachlich in die Prüfung des Gleichheitssatzes hinein und sind insoweit auch als Vorfrage im vorliegenden Verfahren entbehrlich. Die Prüfung der Vermögensteuer am Maßstab des Art. 2 Abs. 1 und Art. 14 Abs. 1 GG und die hieraus gewonnenen Maßgaben dienen vielmehr speziell dazu, die dem Gesetzgeber nunmehr obliegenden Entscheidungen zur Korrektur der Vermögensbesteuerung durch vermögensschützende Vorgaben begrenzend vorzuprägen und teilweise vorwegzunehmen. Ungeachtet der Frage, ob die diesbezüglichen Ausführungen des Senats durch deren Voranstellung als Verfassungsmäßigkeitskontrolle des § 10 VStG im Blick auf Art. 2 Abs. 1 und Art. 14 Abs. 1 GG insoweit überhaupt als entschei-

---

[15]) BStBl I 1962 S. 506

dungserheblich und rechtlich bindend anzusehen sind, ist dies aus mehreren Gründen nicht angängig.

1. Der Senat überschreitet seine Kompetenzen insofern, als er durch die vorwegnehmende Beantwortung von Rechtsfragen, die im vorliegenden Verfahren gar nicht unterbreitet sind und zu deren maßstäblicher Erörterung auch sonst kein Anlaß besteht, in die Zuständigkeit des Ersten Senats übergreift, bei dem die Zuständigkeit für Fragen der Vermögensbesteuerung seit dem 1. Januar 1994 wieder liegt (vgl. Plenarbeschluß vom 15. November 1993, A. I. Ziff. 9 i. V. m. § 14 BVerfGG).

2. Der Senat setzt sich über den Sinn des Äußerungsverfahrens gemäß §§ 82, 77 BVerfGG hinweg. Die Äußerungsberechtigten sahen im vorliegenden Verfahren zu Recht keinen Anlaß, allgemein zu Umfang, inneren Maßgaben und Grenzen der Vermögensteuer aus verfassungsrechtlicher Sicht Stellung zu nehmen und sie wurden hierauf bezogen auch nicht – durch entsprechende Hinweise – gehört. Sie werden nun mit umfänglichen Maßstabsausführungen zu einem Verfassungsrecht der Vermögensteuer überrascht.

3. Vor allem greift der Senat mit seinen breit ausgeführten, durch die Vorlage nicht veranlaßten Darlegungen in den Kompetenzbereich des Gesetzgebers über; er läßt den gebotenen judicial self-restraint außer acht, der dem Verfassungsgericht gegenüber dem Gesetzgeber obliegt und leistet der Veränderung des vom Grundgesetz festgelegten gewaltenteiligen Verhältnisses zwischen Gesetzgeber und Verfassungsgericht weiter Vorschub.

a) Die Bewältigung anstehender Gesetzesvorhaben, einschließlich der Beurteilung und Lösung dabei auftretender Rechtsprobleme, ist auch dann, wenn diese Verfahren als Folge einer verfassungsgerichtlichen Entscheidung hervorgerufen werden, allein Sache des Gesetzgebers. Diesem ordnet die Verfassung die Aufgabe zu, gegebenenfalls erforderliche Innovationen mit politischer Gestaltungskraft zu entwickeln und durchzusetzen sowie sich dabei ergebende Folgewirkungen, auch im Blick auf die Verfassungsmäßigkeit der ins Auge gefaßten Regelung, einzuschätzen und zu verantworten. Dem Bundesverfassungsgericht steht hierbei weder ein Initiativrecht zu noch eine Befugnis begleitender Verfassungskontrolle gesetzgeberischen Handelns. Es ist allein dazu berufen, abgeschlossene und politisch verantwortete Entscheidungen des Gesetzgebers, wenn und soweit sie in einem zulässigen Verfahren vor das Gericht gebracht werden, auf ihre Verfassungsmäßigkeit zu überprüfen. Das Grundgesetz hat, wie Art. 93, 94 GG und in deren Ausführung das Bundesverfassungsgerichtsgesetz ausweisen, die Gewähr der Verfassung durch das Bundesverfassungsgericht bewußt an Gerichtsförmigkeit und Richterlichkeit gebunden, ihr dadurch eine bestimmte Struktur gegeben und sie auch begrenzt. Dazu gehört nicht zuletzt die Beschränkung der Entscheidung auf den jeweils unterbreiteten Fall und seinen – durch das Klage- oder Antragsbegehren umschriebenen – Streitgegenstand. Wird die Entscheidungszuständigkeit dabei auf nicht veranlaßte maßstäbliche Fragen erstreckt, wird der gebotene judicial self-restraint verletzt. Das Gericht begrenzt und bindet dann Entscheidungen des Gesetzgebers im vorhinein in abstrakt ausgreifender Weise, ohne die Anschauung eines konkreten Falls und die Begrenzung auf diesen Fall. Es etabliert sich gegenüber dem Gesetzgeber als autoritativer Praeceptor.

b) Ausgriffe, wie der Senat sie vornimmt, finden auch dann keine Rechtfertigung, wenn sie in favorem des Gesetzgebers erfolgen, um ihn durch verbindliche Orientierungspunkte vor dem Risiko eines späteren Scheiterns zu bewahren. Eine solche vorsorgliche Entscheidungen verschöbe die Verantwortung zwischen Gesetzgeber und Verfassungsgericht in unzulässiger Weise. Das Verfassungsgericht ist nicht als fürsorglicher Praeceptor des Gesetzgebers, sondern als – je nach dem zulässigen Anrufungsbegehren – nachträglich punktuell kontrollierendes Gericht konstituiert und organisiert. Der Gesetzgeber ist selbst und aus sich heraus für die Verfassungsmäßigkeit seiner gesetzgeberischen Entscheidungen verantwortlich. Nimmt er diese Verantwortung nicht hinreichend wahr, fällt das auf ihn zurück und er hat politisch die Folgen zu tragen. Fürsorglichkeit gegenüber dem Gesetzgeber sollte sich das Verfassungsgericht versagen.

II.

1. Die Begrenzung der Vermögensteuer auf eine Besteuerung der (Soll-)Erträge ist durch die Verfassung nicht geboten.

a) Entscheidender Punkt in der Argumentation des Senats ist die verfassungsrechtliche Qualifizierung der Vermögensteuer als (Soll-)Ertragsteuer. Nach Ansicht des Senats ist der steuerliche Zugriff auf die Ertragsfähigkeit des Vermögens beschränkt. Die Ertragsfähigkeit wird dabei nicht lediglich als Plausibilität indizierende Richtschnur für eine Gesamtbeurteilung der Höhe der Vermögensteuer verstanden, sondern als rechtliche Maßgabe, die die Ausgestaltung der Vermögensteuer im einzelnen zu durchdringen und anzuleiten habe. Am potentiellen Ertrag (Sollertrag) des Vermögens müßten sich die Differenzierungen der Vermögensteuer insgesamt ausrichten, und auf ihn müsse insbesondere, wie der Senat wiederholt ausführt, auch die Bemessung des Wertes der einzelnen Vermögensteile bezogen sein (vgl. insbes. Entscheidungsumdruck S. 22, 23 u. 28). Der Senat anerkennt damit als Rechtfertigung und Maß der Vermögensteuer nicht die Leistungsfähigkeit aus der Innehabung des Vermögens als solchem, sondern allein die Steuerkraft von dessen – tatsächlichen oder potentiellen – Erträgen. Eine Vermögensteuer soll sachlich nicht als Besteuerung der Substanz zulässig sein, sondern muß sich „nach dem Gedanken der Sollertragsteuer" (Entscheidungsumdruck S. 28) in ihren gesamten Kriterien her auf die Besteuerung der (fiktiven) Erträge beschränken. Dementsprechend stellt der Senat bei der Bestimmung der Obergrenze der Vermögensteuer – s. hierzu unten, 3. – einerseits nur auf die Erträge aus dem Vermögen, nicht aber auch auf anderes Einkommen ab, bezieht aber andererseits deren Belastung durch andere Steuern mit ein.

Verfassungsrechtlich beruhen diese Ausführungen auf der Grundthese, daß einmal erworbenes und beim Erwerb der Besteuerung unterliegendes Vermögen nicht erneut dem Zugriff des Steuergesetzgebers ausgesetzt sein dürfe. Der Staat dürfe bezogen auf solchermaßen konsolidiertes Vermögen nur noch auf die – tatsächlichen oder potentiellen – Erträge zugreifen. Ungeachtet der vorsichtigen Formulierungen hinsichtlich des verfassungsrechtlichen Maßstabs hierfür liegt dem die Annahme zugrunde, eine Besteuerung solchen Vermögens sei ein unzulässiger Eingriff in die Substanz von Eigentumspositionen (Art. 14 GG).

b) Diese Auffassung ist nach meiner Überzeugung unzutreffend und steht mit der bisherigen Rechtsprechung des Bundesverfassungsgerichts nicht in Einklang. Auch eine Steuer, die ihren Gegenstand in konsolidiertem Vermögen hat, bleibt eine allgemeine Geldleistungspflicht, die den Steuerschuldner nur in seinem Vermögen als Ganzem betrifft. Sie entzieht nicht bestimmte durch Art. 14 Abs. 1 GG geschützte Eigentumspositionen, sondern verpflichtet unspezifisch zur Zahlung eines Geldbetrages, der aus beliebigen Einnahmequellen, etwa auch aus Arbeitseinkommen oder Verkaufserlösen, erbracht werden kann. Gegen solche Eingriffe schützt Art. 14 Abs. 1 GG jedoch nach der ständigen Rechtsprechung des Gerichts nicht. Vielmehr läßt die Auferlegung von Geldleistungspflichten die Eigentumsgarantie des Grundgesetzes grundsätzlich unberührt (vgl. BVerfGE 4, 7 [17]; 78, 249 [277]; 89, 48 [61]; stRspr). Eine Ausnahme hat das Gericht nur für den – bisher noch nicht praktisch gewordenen – Fall anerkannt, daß die Steuerpflicht den Pflichtigen übermäßig belastet und seine Vermögensverhältnisse grundlegend beeinträchtigt (vgl. BVerfGE 14, 221 [241]; 82, 159 [190]; stRspr). Diese Grenze, die für eine Vermögensteuer nur im Wege der Gesamtbetrachtung, auch unter Berücksichtigung sonstiger Einkommensquellen und deren steuerlicher Belastung, ermittelt werden kann, ist bei einem Vermögensteuersatz von 1 v. H., wie das Bundesverfassungsgericht entschieden hat, bei durchschnittlichen Verhältnissen in der Regel nicht überschritten (vgl. BVerfGE 43, 1 [7 f.]⁸)).

c) Von dieser Rechtsprechung verabschiedet sich der Senat grundlegend, indem er nunmehr hinsichtlich bestimmter Vermögensbestandteile – nämlich hinsichtlich des im genannten Sinne konsolidierten Vermögens – einen isolierten eigentumsrechtlichen Substanzschutz gegenüber der Besteuerung anerkennt, in der Weise, daß diese Gegenstände nicht unmittelbarer Gegenstand einer Besteuerung sein dürfen. Dieser Wechsel der Argumentation ist Ausdruck eines prinzipiell neuen Konzepts, das hier zum ersten Mal angewandt wird. Nach diesem Konzept ist die Intensität, in der das Vermögen durch Art. 14 GG gegenüber der Besteuerung geschützt wird, unterschiedlich, je nachdem, ob es sich um die Besteuerung des Vermögenszugangs in der Erwerbsphase (z. B. Einkommen- und Körperschaftsteuer), um die Besteuerung des Vermögensbestandes (innegehabtes Vermögen; z. B. Vermögen- und Realsteuern) oder um die Besteuerung der Vermögensverwendung (z. B. Verkehr- und Verbrauchsteuern) handelt (vgl. Kirchhof, JZ 1979, S. 153 [156]; ders., in: HdWW, Steuern, Bd. 7 [1977], S. 324 [329 f.]; ders., VVDStRL 39 [1981], S. 213 [226 ff.]; hierzu kritisch Tipke, Die Steuerrechtsordnung, Bd. 2, 1993, S. 528–532).

Für ein solches steuerrechtstheoretisches und steuerpolitisches Konzept, das sowohl Grund wie auch Intensität und Grenze der Besteuerung aus einer in sich differenziert interpretierten Eigentumsidee herleitet, gibt die Eigentumsgarantie des Art. 14 GG keine Grundlage ab.

Schon die Unterscheidung zwischen konsolidiertem und anderem Vermögen läßt sich aus Art. 14 GG nicht entnehmen. Sowohl Einkommensforderungen aus vereinbartem Lohn und Gehalt, wie auch Erlösforderungen (aus Kauf oder Miete) wie auch Positionen des „ruhenden" Vermögens sind für sich betrachtet jeweils Eigentum im Sinne des Art. 14 GG. Dafür, daß dieses Eigentum verschiedenartig bewertet und – gegenüber der Besteuerung – verschieden geschützt wird, gibt Art. 14 GG nach Text, Entstehungsgeschichte und Gewährleistungsinhalt nichts her. Er kennt kein von Verfassungs wegen privilegiertes gegenüber weniger privilegiertem Eigentum je nachdem, ob es der Gegenwert für Erwerbstätigkeit ist, als ruhendes Vermögen innegehabt oder bei Vorgängen am Markt eingesetzt wird. Soweit er „Substanz" von Eigentumspositionen schützt, wird die Substanz des konsolidierten Vermögens nicht mehr geschützt als die Substanz etwa von Lohn- oder Gehaltsforderungen.

Der Senat bricht demgegenüber, ohne daß dies verfassungsrechtlich begründet ist, das konsolidierte Vermögen aus dem Gesamtspektrum des besteuerungsfähigen Vermögens heraus und dekretiert hierfür einen (abgesehen von der Ausnahme der Ziffer 3. d., Entscheidungsumdruck S. 26) absoluten Substanzschutz. Dem Steuergesetzgeber wird vom Grundsatz her ein für allemal eine Zugriffsmöglichkeit auf solches Vermögen entzogen, unabhängig davon, welches Potential an Leistungsfähigkeit in ihm zum Ausdruck kommt. Er wird damit auch gegenüber der Eigendynamik kumulierenden Kapitals von vornherein zur Machtlosigkeit verurteilt.

Dabei bleibt der Eventualvorbehalt des Senats, nachdem unter anderen steuerrechtlichen Rahmenbedingungen möglicherweise andere Maßgaben gelten (Entscheidungsumdruck S. 21), inhaltsleer und ohne Überzeugungskraft. Schon vom Kriterium her läßt sich völlig unbestimmt, was die „steuerlichen Rahmenbedingungen" ausmachen und wann sie als „andere" gelten sollen. Erst wenn etwa Einkommensteuer und indirekte Steuern ganz wegfallen oder schon, wenn sie – in welchem Umfang – ermäßigt werden? Quis iudicabit? Vor allem aber fehlt ihm jegliche verfassungsrechtliche Rückbindung. Die „steuerrechtlichen Rahmenbedingungen" beruhen maßgeblich auf Entscheidungen des Gesetzgebers. Mithin soll der Gesetzgeber durch Änderung der Rahmenbedingungen auch die ihm bei der Steuergesetzgebung gesetzten verfassungsrechtlichen Grenzen verschieben können. Dies ist nicht einsichtig; es ist die Folge daraus, daß der Senat verfassungsrechtliche Vorgaben auch für einzelne Steuern bis hin zu deren Ausgestaltung in einem einfachgesetzlich bestimmten steuerrechtlichen Umfeld entwickelt, statt nur für die Steuerbelastung und deren Grenzen im ganzen. Art. 2 Abs. 1 und Art. 14 Abs. 1 GG haben nicht einen verschiedenen Inhalt, je nachdem, welche Rahmenbedingungen der Steuergesetzgeber schafft. Der Vorbehalt erscheint so als ein Versuch, strukturelle Schwächen der Begründung der Entscheidung durch eine salvatorische Klausel zu überdecken.

d) Tatsächlich enthält das Grundgesetz ein Verfassungsrecht der Vermögensteuer nicht. Es beläßt für die Ausgestaltung der Steuerrechtsordnung vielmehr einen prinzipiell weiten Spielraum und legt die Entscheidungen zu Gegenstand, Maßgabe und Ausmaß der Besteuerung weitestgehend in die Hände des Gesetzgebers, der für sie und ihre weitreichenden Auswirkungen die politische Verantwortung trägt. Auch die Frage, ob die Vermögensteuer als Sollertrag- oder als Substanzsteuer auszugestalten ist, ist eine Frage der Steuerpolitik und – soweit es um die Klassifizierung geht – der Steuerrechtswissenschaft, nicht aber der Verfassung. Verfassungsrechtlich stößt es deshalb auch nicht auf Bedenken, wenn der Vermögensertrag und das Vermögen als solches je eigene Steuergegenstände nebeneinander Besteuerungsgrundlage sind. Der Zugriff auf das eine und der Zugriff auf das andere müssen dabei nicht maßstäblich aufeinander bezogen sein. Die Vermögensteuer läßt sich verfassungsrechtlich zulässig als eigenständiger Zugriff auf einen beschränkten Teil des Vermögens begreifen, den der Gesetzgeber nach Maßgabe einer Gesamtbetrachtung des bestehenden Vermögens zusätzlich zu den anderen Steuern vornimmt. Eine Grenze bildet insoweit nur das Verbot übermäßiger Besteuerung (s. o.: a.) sowie Art. 3 Abs. 1 GG.

2. Gleichfalls keinen Anhaltspunkt in Art. 14 Abs. 1 GG oder anderen Vorschriften des Grundgesetzes findet die vom Senat zusätzlich aufgestellte Maßgabe, nach der den Vermögensinhabern auch rund die Hälfte der Erträge zu belassen ist. Auch insoweit verläßt der Senat die bisher geltenden Maßstäbe, nach denen erst eine erdrosselnde Wirkung die Grenze von Geldleistungspflichten bildet (vgl. BVerfGE 70, 219 [230]; 78, 232 [243]; 82, 159 [190]). Statt dessen setzt er eigene, durch die Verfassung nicht ausgewiesene Angemessenheitserwägungen. Unabhängig von der Höhe des Einkommens und somit auch als Maßgabe jeglicher Progression soll insoweit die verfassungsrechtliche Obergrenze umstandslos bei etwa 50 v. H. liegen. Praktisch legt der Senat damit die derzeit für die Einkommensteuer geltenden Höchstsätze allgemein als äußerste Grenze der Gesamtsteuerbelastung fest, und zwar gerade in bezug auf das Einkommen aus Vermögen, welchem als „fundiertem Einkommen" jedenfalls traditionell eine gesteigerte Steuerkraft zuerkannt wird (vgl. Fux, Die Vermögensteuer, Handbuch der Finanzwissenschaft, Bd. 2, 1927, S. 133 [135f.]; vgl. auch BVerfGE 43, 1 [7]⁸)). Einen gewissen Spielraum verschafft dem Gesetzgeber insoweit nur noch die rechnerische Einbeziehung der Erträge, die er als abziehbare Aufwendungen und sonstige Entlastungen unbesteuert lassen will.

In einer solchen Vorgabe liegt eine ungerechtfertigte Begrenzung des Gesetzgebers. Sie verkennt, daß die Festsetzung der Steuersätze fundamental von wirtschaftlichen wie politischen Daten abhängt, die unter geschichtlichen Bedingungen stehen und sich ändern können. In Zahlen nachrechenbare Maßgaben, die diesem Rechnung tragen, sind weder möglich noch in der Verfassung enthalten. Die Verfassung überläßt es vielmehr einer politisch verantworteten Steuerpolitik, hier in Reaktion auf die jeweilige Situation und unter Rückgriff auf wirtschafts- und sozialpolitische Überzeugungen das zuträgliche Maß zu finden. Infolge der Entscheidung des Senats bleibt demgegenüber für eine solche Politik, die den ökonomisch-sozialen Umständen mit verschiedenen Konzepten Rechnung tragen und auch das Maß der staatlicherseits für alle erbrachten, den einzelnen entlastenden Infrastrukturleistungen, wie etwa im Ausbildungs- und Hochschulwesen, berücksichtigen können muß, nur noch enger Raum.

3. Die Vorgaben des Senats sind der Einstieg in eine Verfassungsdogmatik der Besteuerung, die den Gesetzgeber bis hin zu Details wie Bewertungsmethoden anleitet. Dies hat nicht nur eine Fesselung des Gesetzgebers bei der Bewältigung künftiger, heute noch nicht übersehbarer Problemlagen zur Folge. Sie zwingt schon das bestehende System der Vermögensbesteuerung in ein Prokrustesbett.

a) Der Senat kann sich für die Qualifizierung der Vermögensteuer als Sollertragsteuer nicht auf ein allgemein anerkanntes Verständnis der bestehenden Gesetzeslage stützen. Die Frage, ob die derzeitige Vermögensteuer als Sollertragsteuer oder Substanzsteuer zu klassifizieren ist, ist nicht eindeutig zu beantworten, weil sie nicht zuletzt von Vorfragen zur Begrifflichkeit abhängt. Einerseits hat sich die Vermögensteuer aus dem Preußischen Ergänzungsteuergesetz von 1893 entwickelt, das vergleichsweise deutlich auch damit begründet wurde, daß diese Steuer nicht Arbeitseinkommen, sondern fundiertes Einkommen belaste und im Ergebnis aus diesem ohne Rücksicht auf den Vermögensstamm aus erbracht werden könne (vgl. Preuß. Haus der Abgeordneten, 1892/93, Aktenstück Nr. 6, S. 519ff.). Diesen Gedanken nahm gleichfalls die Begründung des Reichsvermögensteuergesetzes von 1922 auf (vgl. Verhandlungen des Reichstags, Bd. 369, Nr. 2862, S. 14f.) und auch in einem Gutachten der Steuerreformkommission 1971 wurde ausgeführt, daß die Vermögensteuer grundsätzlich aus den Erträgen des Vermögens gezahlt werden können soll (vgl. Schriftenreihe des Bundesministeriums der Finanzen, Heft 17, Abschnitt VII, Tz. 52f.), – wobei diese Erwägungen in der Gesetzesbegründung freilich keinen Niederschlag fanden. Andererseits hat sich die Gesetzgebung nie auf den Gedanken der Besteuerung fundierten Einkommens beschränkt und machte ihn auch nicht zum leitenden Maßstab für die nähere Ausgestaltung der Steuer (vgl. Helmert, Der Wert im Vermögensteuerrecht, Diss. Münster 1984, S. 51 ff.). Insbesondere wurde die Vermögensteuer bewußt stets auch auf ertragsunfähige Vermögensteile erstreckt (vgl. nur § 9 Nr. 4, 7, 8 VStG 1922) und orientierte sich schon in Preußen maßgeblich am Kapitalwert des Vermögens im Tauschverkehr (vgl. Preuß. Haus der Abgeordneten, a. a. O., S. 520). Dezidiert sah gerade auch das genannte Gutachten der Steuerreformkommission 1971 die Rechtfertigung der Vermögensteuer in der besonderen steuerlichen „Leistungsfähigkeit, die das Vermögen als solches verkörpert". Während der Nachholfunktion zur Einkommensteuer nur „begrenzte Bedeutung" zuzuerkennen sei, sei der „entscheidende Gesichtspunkt" die „in dem Vermögen selbst unabhängig von seinem Ertrag begründete besondere steuerliche Leistungsfähigkeit" (vgl. a. a. O., Abschnitt VII, Tz. 62 und 70; vgl. auch Tz. 64f., 69). Dementsprechend distanzierte sich der Gesetzgeber von 1974 in der Gesetzesbegründung der heutigen Vermögensteuer ausdrücklich von einer rechtlichen Rückbindung an Erträge und definierte die Vermögensteuer als Besteuerung des Vermögens in seinem Bestand: „Während zunächst die Vermögensteuer als Ergänzung zur Einkommensteuer angesehen wurde . . ., hat sich die Rechtfertigung der Vermögensteuer gewandelt. Der heutigen Vermögensbesteuerung liegt der Gedanke zugrunde, daß das Vermögen an sich . . . bereits eine steuerlich relevante Leistungsfähigkeit des Steuerpflichtigen darstellt . . ." (BTDrucks VI/3418, S. 51).

Obgleich der Senat die derzeitige Form der Vermögensteuer im Ergebnis zu billigen scheint (vgl. Entscheidungsumdruck S. 26), liegt in seiner Entscheidung folglich schon im Blick auf das Grundverständnis der Vermögensteuer eine deutliche Korrektur des Gesetzgebers, dessen Gesetzesbegründung nachträglich für verfassungswidrig erklärt wird. Zugleich verläßt der Senat die bisherige Rechtsprechung. Während in BVerfGE 43, 1 (7)[8]) noch davon ausgegangen wurde, daß „die an Vermögenswerte anknüpfende Vermögensteuer rechtlich nicht als Ertragsteuer angelegt" sei und man die Bezugnahme auf die Erträge als politische Richtlinie zum Ausmaß der Besteuerung verstand, wird jetzt die Vermögensteuer verbindlich und maßstäblich auf das Modell einer Sollertragsteuer festgelegt. Zulässig allein als Besteuerung von Sollerträgen ist sie „Vermögensteuer" nur noch in einem formellen Sinne. Die Möglichkeit echter Vermögensteuern, die am Vermögen selbst Maß nehmen, ist demgegenüber als eine der ältesten Steuerarten abgeschafft; der – auch in Art. 106 Abs. 2 GG verwendete – Ausdruck „Vermögensteuer" wird so im Grunde zur Fehlbezeichnung.

b) Die verfassungsrechtliche Verbindlichkeit, die der Senat für seine Ausführungen in Anspruch nimmt, erhebt dabei die begrifflich klassifikatorische Frage nach dem Charakter der Vermögensteuer zu einer normativmaßstäblichen. Damit aber erweist sich die bestehende Vermögensteuer nicht nur als Fehlbezeichnung, sondern zu weiten Teilen auch als Fehlkonstruktion. Von der Regelungstechnik und damit auch von ihren inneren Maßgaben her ist die Vermögensteuer nämlich darauf angelegt, auf das Vermögen – und nicht den Vermögensertrag – zuzugreifen, auch wenn der Steuersatz so bemessen ist, daß die Steuerlast in der Regel aus dem Ertrag geleistet werden kann. Bemessungsgrundlage ist nicht ein vom Vermögen her ermittelter Sollertrag, sondern das Vermögen als solches (§ 10 VStG). Das Vermögen wird dabei nicht nur insoweit berücksichtigt, als es als Indikator für eine typisierte Ertragsfähigkeit aussagekräftig ist, sondern wird als Gesamtvermögen erfaßt, einschließlich also der Vermögensbestandteile, die auch bei typisierender Betrachtung keine Erträge bringen (§ 114 BewG). Mit den Vorschriften des Bewertungsgesetzes wird das Vermögen dabei nach denselben Kriterien bewertet, die etwa auch für die Erbschaftsteuer, welche überwiegend als Substanzsteuer angesehen wird, gelten und die Verfahren umfassen, die über die Ertragsfähigkeit eines Vermögensgutes nichts aussagen (so etwa das Sachwertverfahren, §§ 83 ff. BewG. Auch soweit das Ertragswertverfahren (§§ 78 ff. BewG) Anwendung findet, wird dadurch nicht der Ertrag zur Besteuerungsgrundlage, sondern ist der Ertrag nur Grundlage für eine Bestimmung des Wertes des Vermögens in seiner Substanz, der mit Hilfe eines Vervielfältigers und Korrekturvorschriften, die das vom Ertragswert nahegelegte Ergebnis gerade verändern (§§ 80–82 BewG), ermittelt wird. Übergreifendes Ziel der Einheitsbewertung von 1964 war dementsprechend, „gleichmäßige, den Verkehrswerten nahekommende Einheitswerte als Grundlage für eine gerechte Besteuerung zu finden" (BTDrucks IV/1488, S. 31). Eine maßstäbliche Orientierung an dem potentiellen Ertrag ist demgegenüber als Grundlage der Vermögensteuer nicht zu erkennen.

Infolge der vom Senat auf den Weg gebrachten Steuerdogmatik ist diese Konzeption in weiten Teilen wenn nicht verfassungswidrig, so zumindest systematisch verfehlt. Mit dem Hinweis, daß die Ermittlung der Sollerträge grundsätzlich am Tatbestand der Ertragsfähigkeit eines Wirtschaftsgutes anzusetzen habe und bei dem Steuermaß auch die Besteuerung der tatsächlichen Erträge, auf die es nach der bestehenden Systematik in keiner Weise ankommt, Berücksichtigung finden müsse, macht dies auch der Senat deutlich.

c) Besondere Folgeprobleme produziert die maßstäbliche Festlegung der Vermögensteuer als Sollertragsteuer in Verbindung mit der bestehenden Besteuerung von tatsächlich erzielten Erträgen.

Nach den Vorgaben des Senats liegt in der Vermögensteuer nur der Zugriff auf den fiktiven Ertrag (Sollertrag), der einem Vermögen zugeschrieben wird. Dann aber ist nicht einsichtig, daß der insoweit besteuerte Ertrag in Form der Einkommensteuer nochmals und zusätzlich besteuert werden kann, wenn er tatsächlich realisiert wird. Die Anforderungen an eine gleichmäßige Besteuerung (Art. 3 Abs. 1 GG) erfordern es dann, diese als abgegolten zu behandeln. Ein sachlicher Grund, den bereits versteuerten Sollertrag nur deshalb noch einmal zu besteuern, weil er auch als Istertrag erwirtschaftet worden ist, ist nicht mehr ersichtlich. Das traditionelle Nebeneinander von Vermögen- und Einkommensteuer, das sowohl für die Preußische Ergänzungsteuer als auch für die Reichsvermögensteuer kennzeichnend war und nur zwischen 1949 und 1974 durch die Möglichkeit, die Vermögensteuer als Sonderabgabe abzuziehen (vgl. § 10 Abs. 1 Nr. 6 EStG 1950), unterbrochen wurde, wird damit zum Verfassungsproblem.

In den Folgen nicht hinnehmbar wirkt die maßstäbliche Begrenzung der Vermögensteuer auf die Sollerträge insbesondere in Verbindung mit der These des Senats, daß – unter Berücksichtigung der Gesamtsteuerbelastung – den Vermögensinhabern auch etwa die Hälfte der Erträge verbleiben müsse. Gerade Inhaber von besonders hohem Vermögen werden dadurch gegenüber weniger Vermögenden privilegiert und müssen bei entsprechender Anlage keine Vermögensteuer mehr zahlen: Ist ihr Vermögen so angelegt, daß es tatsächlich Erträge abwirft, schöpft bei ihnen aufgrund der Steuerprogression bereits die Einkommensteuer das vom Senat vorgegebene Besteuerungspotential aus; bei weniger vermögenden Anlegern hingegen, die angesichts geringerer Erträge nicht in die oberste Progressionsstufe gelangen, kann die Vermögensteuer Zugriff nehmen. De facto wird damit nicht nur die Möglichkeit einer progressiven Vermögensteuer verfassungsrechtlich abgeschnitten, sondern eine Besteuerung mit degressiver Wirkung nahegelegt. Das Kriterium der Leistungsfähigkeit wird durch die Gewährleistung eines spezifischen Eigentumsschutzes für konsolidiertes Vermögen außer Kurs gesetzt; der ungleiche Eigentumsschutz schlägt sich als Privilegierung der (Groß-)Vermögenden nieder.

In der höchsten Progressionsstufe der Einkommensteuer ist neben der geltenden Besteuerung der Isterträge im Ergebnis des Senats eine Vermögensteuer nur möglich, soweit auf Erträge zugegriffen wird, die als abziehbare Aufwendungen und sonstige Entlastungen von der Einkommensteuer unbesteuert blieben. Dies aber ist vom Ansatz der Besteuerung her sinnwidrig: Abziehbare Aufwendungen und sonstige Entlastungen will der Gesetzgeber gerade nicht steuerlich belasten. Ansonsten bleibt die Vermögensteuer hier darauf beschränkt, Vermögensteile zu erfassen, die keine steuerpflichtigen Erträge abwerfen. Damit aber kommt es entweder auf die je individuellen Entscheidungen zur Diversifikation der Anlageformen an, über die sich einheitliche Aussagen auch typisierend kaum treffen lassen, oder aber man verweist auch insoweit auf die Einräumung einer Verrechnungsmöglichkeit von Ist- und Sollertragsteuern. Eine solche aber hatte der Gesetzgeber 1974 als ungerechtfertigte Privilegierung höherer Einkommen bewußt abgeschafft (vgl. BTDrucks VII/1470, S. 215f.).

4. Die Abschaffung echter Vermögensteuern durch deren Umschreibung zu Sollertragsteuern trifft den sozialen Rechtsstaat an einer zentralen Stelle. Sie beschneidet empfindlich das staatliche Potential sozialer Korrekturmöglichkeiten gegenüber der Selbstläufigkeit gesellschaftlicher Entwicklungen.

Die freie Gesellschaftsordnung der Bundesrepublik beruht auf der für den modernen Staat selbstverständlichen Annahme der rechtlichen Freiheit und Gleichheit aller Bürger. Mit dieser durch die Verfassung gewährleisteten Grundlegung des Gemeinwesens in der Freiheit und Besonderheit des Einzelnen werden gesellschaftliche Ordnungsbildung und Entwicklung weitgehend dem freien Spiel der Konkurrenz und sich hierbei bildenden Unterscheidungen überlassen. Die rechtliche Gleichheit verbunden mit der individuellen Handlungs- und Erwerbsfreiheit und der Garantie des Eigentums entbindet eine weitreichende Dynamik und führt unweigerlich zur Entstehung materieller Ungleichheit unter den Bürgern.

Dies ist gewollt und elementarer Inhalt einer freiheitlichen Rechtsordnung. Insoweit bedarf es aber eines Ausgleichs. Wenn Lorenz von Stein schon 1850 formulierte, „das Gesetz, unter dem das Leben Europas begonnen hat, ist das Gesetz, nach welchem die Verteilung der Güter die Gesellschaft und durch sie den Staat beherrscht" (Geschichte der sozialen Bewegung in Frankreich, Bd. 3, Ausgabe Salomon, S. 208), erkannte er diese Notwendigkeit gerade in bezug auf die Eigentumsordnung. Im Eigentum gerinnt die Ungleichheit der freigesetzten Gesellschaft zur Materie und wird Ausgangspunkt neuer Ungleichheiten. Stellt man dieses unter Sicherung von dessen unbegrenzter Akkumulation sakrosankt, besteht die Gefahr, daß sich die Ungleichheit ungezügelt potenzieren kann und sich darüber die freiheitliche Rechtsordnung selbst aufhebt.

Das Grundgesetz hat dem durch die Einführung des Sozialstaatsprinzips Rechnung getragen (Art. 20 Abs. 1 GG). Es verpflichtet den Staat, für einen Ausgleich der sozialen Gegensätze und damit für eine gerechte Sozialordnung zu sorgen (vgl. BVerfGE 22, 180 [204]). Elementares Mittel und unerläßliche Voraussetzung der – vorrangig dem Gesetzgeber obliegenden – Ausgestaltung des sozialen Ausgleichs ist gerade das Steuerrecht (vgl.

Forsthoff, VVDStRL 12 [1954], S. 8 [31 f.]). Erst durch die Erhebung von Steuern wird der Gesetzgeber zu Sozialleistungen befähigt und kann bedrohliche Entwicklungen der Eigentumsverteilung auch umverteilend korrigieren. Dem Gesetzgeber ist hierbei – wie dargelegt (s. o.: II. 1. und 2.) – sowohl für die Einschätzung der sozialen Konfliktlagen als auch für die Mittel, um auf diese zu reagieren, von der Verfassung ein weiter sozialpolitischer Entscheidungsraum zugedacht. Die bisherige Rechtsprechung des Bundesverfassungsgerichts, nach der Art. 14 Abs. 1 GG grundsätzlich nicht vor der Auferlegung von Geldleistungspflichten schützt, hat hier ihren letzten Grund.

Indem der Senat das einmal erworbene und besteuerte Eigentum als unmittelbaren Gegenstand einer Besteuerung ausscheidet und überdies auch noch annähernd die Hälfte von dessen Erträgen garantiert, greift er in diese Verantwortung des Gesetzgebers über. Er nimmt ihn bei der Mittelbeschaffung verfassungsrechtlich an die kurze Leine und schlägt ihm aus der Situation vielleicht wesentliches Mittel für die Bewerkstelligung eines sozialen Ausgleichs aus der Hand. Der Staat kann die Leistungsfähigkeit, die in der Innehabung großer Vermögen liegt, nicht mehr nutzen und wird gegenüber einer möglichen Eigendynamik, die sich aus der Akkumulation von Vermögenswerten ergeben kann, machtlos. Allein auf einen Anteil an den Erträgen verwiesen, ist der Staat insoweit nicht mehr überlegen-ausgleichende Instanz, sondern nur noch stiller Beteiligter einer Eigentümer-Erwerbsgesellschaft.

Dieser disproportionale Schutz der Vermögenden fällt überdies in eine Situation, die hierzu keinen Anlaß gibt. Angesichts einer hohen Arbeitslosigkeit und den großen Belastungen infolge der deutschen Vereinigung besteht ein Ausgleichsbedarf, wie ihn die Geschichte der Bundesrepublik bisher kaum je kannte. Es ist nicht einsichtig, daß angesichts dessen ein gemäßigter Zugriff auf bestehende Vermögensmassen verfassungsrechtlich tabu sein soll. Auch die derzeitige Vermögensverteilung in den alten Bundesländern ist kein Grund, solche Handlungsmöglichkeiten einem Gesetzgeber zu verweigern, der jedenfalls bisher dem Schutz des Vermögens hinreichend Rechnung getragen hat: Immerhin verfügten Ende 1993 5,5 v. H. der privaten Haushalte über 31,7 v. H. bzw. 18,4 v. H. der Haushalte über 60 v. H. des gesamten Nettogeldvermögens, wobei Haushalte mit einem Jahres-Nettoeinkommen von mehr als 420 000 DM – mangels Aussagebereitschaft der Betroffenen – in diesen Zahlen noch nicht berücksichtigt sind. Die Zahlen zum Grundvermögen liegen ähnlich. Auch nimmt diese Konzentration nicht ab, sondern tendenziell eher zu (Nachweise in: Wirtschaft und Statistik, 1985, S. 408 [418]; 1995, S. 391 [398f.]; S. 488 [492f.]).

Das Grundgesetz gibt nicht vor, wie der Gesetzgeber seinen sozialpolitischen Auftrag definiert und welche Steuerpolitik er einschlägt. Insbesondere enthält es keine Vorgaben, die das Vermögen als eigenständigen Steuergegenstand ausscheiden und den Gesetzgeber auf die Maßstäbe einer Sollertragsteuer verpflichtet. Dem Gesetzgeber ist vielmehr gerade im Bereich des Steuerrechts ein großer Handlungsspielraum zu belassen. Nur dann wird der Ausgleich der verschiedenen Interessen in der „sozialen Demokratie", wie ihn erstmals

Lorenz von Stein als notwendige Voraussetzung der modernen Gesellschaft erkannte (a. a. O., S. 207), auch auf Dauer gelingen. Mit seinem vermögensschützenden Einstieg in ein Verfassungsrecht der Vermögensteuer geht der Senat hinter diese Erkenntnis zurück.

Anlage 2

Beschluß des Bundesverfassungsgerichts vom 22. Juni 1995 – 2 BvR 552/91 – zur Erbschaft- und Schenkungsteuer

1. Entscheidet sich der Gesetzgeber bei der Erbschaftsteuer für eine gesonderte Bewertung der zu besteuernden Güter, so muß er die einmal getroffene Belastungsentscheidung folgerichtig umsetzen und die Steuerpflichtigen – ungeachtet verfassungsrechtlich zulässiger Differenzierungen – gleichmäßig belasten.

2. Der Spielraum für den steuerlichen Zugriff auf den Erwerb von Todes wegen findet seine Grenze dort, wo die Steuerpflicht den Erwerber übermäßig belastet und die ihm zugewachsenen Vermögenswerte grundlegend beeinträchtigt.

3. Die Ausgestaltung und Bemessung der Erbschaftsteuer muß den grundlegenden Gehalt der Erbrechtsgarantie wahren, zu dem die Testierfreiheit und das Prinzip des Verwandtenerbrechts gehören; sie darf Sinn und Funktion des Erbrechts als Rechtseinrichtung und Individualgrundrecht nicht zunichte oder wertlos machen.

Beschluß des Zweiten Senats vom 22. Juni 1995 – 2 BvR 552/91 – (BStBl. II S. 671)

Gründe:

A.

Das Verfahren betrifft die Frage, ob bei der Erbschaftsteuer die unterschiedliche Belastung einerseits von Kapitalvermögen in gegenwartsnahen Verkehrswerten, andererseits von Grundbesitz mit 140 v. H. der Einheitswerte des Jahres 1964 mit Art. 3 Abs. 1 GG vereinbar ist.

I.

1. Die Erbschaft- und Schenkungsteuer belastet gemäß §§ 1, 3, 7 und 8 des Erbschaft- und Schenkungsteuergesetzes vom 17. April 1974 (BGBl I S. 933) in der Fassung der Bekanntmachung vom 19. Februar 1991 (BGBl I S. 468) – für das Jahr 1987 insoweit in der Fassung vom 17. April 1974, zuletzt geändert durch den am 1. Januar 1986 in Kraft getretenen Art. 18 des Gesetzes vom 19. Dezember 1985 (BGBl I S. 2436) – Erwerbe von Todes wegen, Schenkungen unter Lebenden, Zweckzuwendungen und Familienstiftungen. Die Erbschaftsteuer ist eine Erbanfallsteuer; sie besteht damit nicht den Nachlaß als solchen, sondern die beim jeweiligen Empfänger mit dem Erbfall eintretende Bereicherung. Als steuerpflichtiger Erwerb gilt die Bereicherung des Erwerbers, soweit sie nicht steuerfrei ist (§ 10 Abs. 1 ErbStG); Nachlaßverbindlichkeiten sind abzugsfähig (§ 10 Abs. 3 bis 5 ErbStG). Der progressive Steuertarif kennt vier nach Verwandtschaftsgraden abgestufte Steuerklassen; insoweit schränkt der Tarif – neben persönlichen Freibeträgen (§§ 16, 17 ErbStG) – das Prinzip der Bereicherungssteuer ein, um Familienvermögen zur Sicherung und Versorgung der hinterbliebenen Familienmitglieder steuerlich zu schonen.

2. Die Vermögenswerte sind gemäß § 12 Abs. 1 ErbStG für 1987 – insoweit in der Fassung der Bekanntmachung vom 30. Mai 1985 (BGBl I S. 845), zuletzt geändert durch den am 1. November 1987 in Kraft getretenen § 24 des Gesetzes vom 22. Oktober 1987 (BGBl I S. 2294) – grundsätzlich nach den Vorschriften des Ersten Teils des Bewertungsgesetzes, jetzt geltend in der Fassung der Bekanntmachung vom 1. Februar 1991 ([BGBl I S. 230], §§ 1–16 BewG), zu bewerten; danach werden festverzinsliche Wertpapiere und Aktien gemäß § 11 BewG mit dem niedrigsten am Stichtag für sie im amtlichen Handel notierten Kurs erfaßt. Inländischer Grundbesitz ist gemäß § 12 Abs. 2 ErbStG mit dem Einheitswert nach den Vorschriften des Zweiten Teils des Bewertungsgesetzes anzusetzen. Dieser ist in der Regel ein Ertragswert. So sieht etwa § 36 BewG für land- und forstwirtschaftliches Vermögen die erbschaftsteuerliche Bewertung zum Ertragswert vor und führt damit den schon mit der ersten Reichserbschaftsteuer (Gesetz vom 3. Juni 1906, RGBl 1906 S. 654) eingeführten Maßstab fort. Dieser wurde – so der Reichsfinanzminister in einer Begründung zum Reichserbschaftsteuergesetz 1919 (Bericht des 10. Ausschusses über den Entwurf eines Erbschaftsteuergesetzes, Drucksachen der Nationalversammlung 1919, Nr. 941, Band 338, S. 895 [898 f., 904]) – an Stelle des Verkehrswertes gewählt, um eine Zerschlagung land- und forstwirtschaftlicher Betriebe zu verhindern.

Die einheitswertgebundenen Werte wurden letztmals zum 1. Januar 1964 festgestellt (Art. 2 Abs. 1 Satz 1 des Gesetzes zur Änderung des Bewertungsgesetzes vom 13. August 1965 [BGBl I S. 851, BewÄndG 1965]), mit diesen Feststellungen erstmals zum 1. Januar 1974 angewandt (Art. 1 Abs. 1 Satz 1 des Gesetzes zur Änderung bewertungsrechtlicher und anderer steuerrechtlicher Vorschriften vom 27. Juli 1971 [BGBl I S. 1157]) und wegen der inzwischen eingetretenen Wertentwicklung mit 140 v. H. des Einheitswertes 1964 angesetzt (§ 121 a BewG i. d. F. des Gesetzes zur Reform des Vermögensteuerrechts und zur Änderung anderer Steuergesetze vom 17. April 1974 [BGBl I S. 949]).

Die in § 21 Abs. 1 Nr. 1 BewG vorgesehene Anpassung der Einheitswerte des Grundbesitzes an die reale Wertentwicklung durch Neubewertung in Zeitabständen von je sechs Jahren wurde durch Art. 2 Abs. 1 Satz 3 BewÄndG 1965 i. d. F. des Gesetzes vom 22. Juli 1970 (BGBl I S. 1118) auf unbestimmte Zeit ausgesetzt. Deshalb stützen sich sämtliche für Grundvermögen festgestellten Einheitswerte auch heute noch auf die Wertverhältnisse des Jahres 1964.

Wenn die Erbschaftsteuer das einheitswertgebundene Vermögen in den Vergangenheitswerten von 1964 belastet, das nicht einheitswertgebundene Vermögen hingegen in Gegenwartswerten erfaßt, so ergeben sich daraus deutliche Wertverzerrungen. Dies belegen ein Gutachten des Wissenschaftlichen Beirats beim Bundesministerium der Finanzen vom Februar 1989 (vgl. Die Einheitsbewertung in der Bundesrepublik Deutschland – Mängel und Alternativen –, S. 13) und Feststellungen des Bundesrechnungshofs (vgl. Schreiben an den

Vorsitzenden des Finanzausschusses des Deutschen Bundestages vom 25. März 1991, Az.: VIII 3 – 206101 [EW]). Daraus ergeben sich gewichtige Bewertungsunterschiede für einheitswertgebundenes und nicht einheitswertgebundenes Vermögen, aber auch erhebliche Abweichungen innerhalb der Grundstücksarten. Sie führen zu einer entsprechend verschiedenen Erbschaftsteuerlast.

II.

1. Die Beschwerdeführerin erhielt 1987 aufgrund eines testamentarischen Vermächtnisses ein Bankdepot mit festverzinslichen Wertpapieren und Aktien zugewendet. Die mit dem Vermächtnis belastete Erbin sperrte dieses Depot zunächst, gab es erst nach mehreren Monaten teilweise und nach fast einem Jahr vollständig frei.

2. Mit Erbschaftsteuerbescheid vom 19. September 1988 wurde gegen die verstorbene Beschwerdeführerin Erbschaftsteuer in Höhe von 440 625 DM festgesetzt. Das Finanzamt legte dabei den Wert des Depots zum Todestag der Erblasserin in Höhe von 938 530 DM zugrunde; im Zeitpunkt der Freigabe des Depots betrug der Wert des unveränderten Depots nur noch 499 200 DM.

3. Die gegen den Bescheid gerichtete Klage wies das Finanzgericht ab. Maßgeblicher Zeitpunkt der Bewertung des Vermächtnisses sei gemäß § 11 i. V. m. § 9 Abs. 1 Nr. 1 ErbStG der Zeitpunkt des Todes der Erblasserin. Die unterschiedliche Behandlung von Grundbesitz und sonstigem Vermögen lasse sich durch die mit der pauschalisierenden Bewertung von Grundstücken verbundene Vereinfachung rechtfertigen.

4. Die vom Finanzgericht zugelassene Revision wurde vom Bundesfinanzhof gemäß Art. 1 Nr. 7 des Gesetzes zur Entlastung des Bundesfinanzhofs vom 8. Juli 1975 (BGBl I S. 1861) ohne Nennung von Gründen als unbegründet zurückgewiesen.

III.

Mit der Verfassungsbeschwerde rügt die Beschwerdeführerin – wie schon im Ausgangsverfahren – die Verletzung ihrer Grundrechte aus Art. 3 Abs. 1 und Art. 14 Abs. 1 GG. Das Erbschaftsteuerrecht sei insoweit verfassungswidrig, als es ausschließlich den Todestag des Erblassers zum Stichtag bestimmt. Außerdem knüpfe das Erbschaftsteuerrecht an verfassungswidrige Bewertungsvorschriften an und verstoße auch aus diesem Grunde gegen das Grundgesetz.

Die Vorschriften des Bewertungsgesetzes über die Bewertung von Grundvermögen einerseits und Wertpapiervermögen andererseits, auf die § 12 ErbStG verweise, seien verfassungswidrig. Wenn Wertpapiere nach dem Verkehrswert und Grundbesitz nach dem wesentlich geringeren Einheitswert besteuert würden, verstoße dies gegen Art. 3 Abs. 1 GG. Diese Ungleichbehandlung müsse nicht durch Annäherung der Werte des Grundbesitzes an die Verkehrswerte ausgeräumt werden, sondern könne auch zu einer verminderten Besteuerung von Wertpapiervermögen oder zu einer Kombinationslösung führen. Im Ergebnis sei jedenfalls nicht ausgeschlossen, daß mit einer Korrektur der Bewertungsvorschriften auch die Vorschriften über die Wertbestimmung für Wertpapiere geändert werden würden.

IV.

Zu der Verfassungsbeschwerde haben der Bundesminister der Finanzen namens der Bundesregierung, das Finanzamt und der II. Senat des Bundesfinanzhofs Stellung genommen.

B.

Die Verfassungsbeschwerde ist zulässig.

1. Der Sohn der Beschwerdeführerin kann als Erbe die Verfassungsbeschwerde fortführen, da im Ausgangsverfahren finanzielle Ansprüche geltend gemacht werden (vgl. BVerfGE 23, 288 [300][1]); 36, 102 [112]; 69, 188 [201][2]); stRspr).

2. Soweit die Verfassungsbeschwerde die Verfassungswidrigkeit der erbschaftsteuerlichen Stichtagsregelung des § 9 Abs. 1 Nr. 1 ErbStG rügt, steht dieser Rüge der in § 90 Abs. 2 Satz 1 BVerfGG zum Ausdruck kommende allgemeine Grundsatz der Subsidiarität der Verfassungsbeschwerde entgegen. Dieser fordert, daß ein Beschwerdeführer alle zur Verfügung stehenden prozessualen Möglichkeiten ergreift, um eine Korrektur der geltend gemachten Grundrechtsverletzung zu erwirken oder eine Grundrechtsverletzung zu verhindern. Der Weg der Verfassungsbeschwerde kann daher grundsätzlich nur beschritten werden, wenn keine anderweitige Möglichkeit besteht oder bestand, dieses Ziel ohne Inanspruchnahme des Bundesverfassungsgerichts zu erreichen (vgl. BVerfGE 74, 102 [113]; 81, 22 [27] m. w. N.).

Eine Entscheidung des Finanzgerichts über die beantragte Billigkeitsmaßnahme steht noch aus. Hierzu ist geltend gemacht, die Anwendung der gesetzlichen Stichtagsregelung führe im konkreten Einzelfall zu einem „gesetzlich ungewollten Überhang" und damit zu einer unbilligen und „erdrosselnd" wirkenden Härte. Sollte dies zutreffen, kommt eine Korrektur durch eine Billigkeitsmaßnahme in Betracht, ohne daß die Verfassungsmäßigkeit des § 9 Abs. 1 Nr. 1 ErbStG durch diese besonderen Auswirkungen in einem atypischen Fall in Frage gestellt würde (vgl. BVerfGE 48, 102 [115f.][3]). Die Verfassungsbeschwerde greift insoweit folgerichtig die gesetzliche Regelung nicht generell an, sondern geht davon aus, daß die Aufrechterhaltung der Stichtagsregelung von der Möglichkeit einer Korrektur im Einzelfall abhänge. Daher ist zunächst die fachgerichtliche Entscheidung über den abgelehnten Billigkeitserlaß abzuwarten.

3. Soweit die Verfassungsbeschwerde die Verfassungswidrigkeit des § 12 ErbStG wegen eines Verstoßes gegen den Gleichheitssatz rügt, ist sie zulässig. Die Rüge wendet sich nicht lediglich gegen die Anwendung einer gesetzlichen Regelung im konkreten Einzelfall, sondern greift mit § 12 ErbStG die rechtliche Grundlage der festgesetzten Erbschaftsteuerschuld an. Für den

---
[1]) BStBl II 1968 S. 636
[2]) BStBl II 1985 S. 475
[3]) BStBl II 1978 S. 441

Fall, daß die in § 12 ErbStG vorgesehene Bewertung vor der Verfassung keinen Bestand hat, ordnet Art. 10 § 3 Erbschaftsteuerreformgesetz 1974 (ErbStRG) an, daß die Rechtsgrundlage für die Erbschaftsbesteuerung entfällt. Damit verdeutlicht der Gesetzgeber, daß die Einheitsbewertung des Grundbesitzes unverzichtbarer Bestandteil des geltenden Erbschaftsteuerrechts insgesamt ist, so daß mit deren Wegfall auch die Erhebung der Erbschaftsteuer auf sonstige Vermögenswerte (hier: Aktien und Wertpapiere) eine neue gesetzliche Grundlage voraussetzt. Mit einer Neuregelung wird auch die Möglichkeit eröffnet, daß auch das der Beschwerdeführerin zugewandte Vermächtnis steuerlich geringer belastet wird.

C.

§ 12 Abs. 1 und 2 ErbStG i. V. m. dem Ersten und Zweiten Teil des Bewertungsgesetzes sind insofern mit Art. 3 Abs. 1 des Grundgesetzes unvereinbar, als sie die Bemessungsgrundlage der Erbschaftsteuer für Grundbesitz (§ 19 BewG) auf der Grundlage von zum 1. Januar 1964 festgestellten Einheitswerten, für Kapitalvermögen hingegen zu Gegenwartswerten ansetzen.

I.

Die verfassungsrechtliche Garantie des Erbrechts (Art. 14 Abs. 1 Satz 1 GG) läßt es zu, daß der Steuergesetzgeber eine Erbschaftsteuer (vgl. Art. 106 Abs. 2 Nr. 2 GG) vorsieht, die den durch den Erbfall beim Erben anfallenden Vermögenszuwachs und die dadurch vermittelte finanzielle Leistungsfähigkeit belastet. Entscheidet sich der Gesetzgeber dabei für eine gesonderte Bewertung der zu besteuernden Güter, so muß er die einmal getroffene Belastungsentscheidung folgerichtig umsetzen und die Steuerpflichtigen – ungeachtet verfassungsrechtlich zulässiger Differenzierungen – gleichmäßig belasten (vgl. BVerfGE 23, 242 [256][4]; 84, 239 [271][5]) – nachfolgend 1. Der Spielraum für den steuerlichen Zugriff auf den Erwerb von Todes wegen findet seine Grenze dort, wo die Steuerpflicht den Erwerber übermäßig belastet und die ihm zugewachsenen Vermögenswerte grundlegend beeinträchtigt (vgl. BVerfGE 63, 312 [327][6]). Die Steuerbelastung darf das Vererben vom Standpunkt eines wirtschaftlich denkenden Eigentümers nicht als ökonomisch sinnlos erscheinen lassen (vgl. Papier, in: Maunz-Dürig, Grundgesetz, Kommentar, Stand Mai 1994, Rn. 297 zu Art. 14) – nachfolgend 2.

1. Der Gesetzgeber verfolgt mit der Erbschaftsteuer in ihrer derzeitigen Ausgestaltung das Ziel, den durch den Erbfall anfallenden Vermögenszuwachs jeweils gemäß seinem Wert – wenn auch in unterschiedlichen Steuersätzen nach Maßgabe des Verwandtschaftsgrades und der Höhe des Erbes (vgl. § 19 i. V. m. § 15 ErbStG) – zu belasten (§ 10 Abs. 1 ErbStG). Die gleichmäßige Belastung der Steuerpflichtigen hängt mithin davon ab, daß für die einzelnen zur Erbschaft gehörenden wirtschaftlichen Einheiten und Wirtschaftsgüter Bemessungsgrundlagen gefunden werden, die deren Werte in ihrer Relation realitätsgerecht abbilden (vgl. BVerfGE 23, 242 [257][4]; 25, 216 [226][7]; 30, 129 [143f.][8]; 41, 269 [280, 282f.][9]). Das Erbschaftsteuergesetz bestimmt in § 12, daß sich die Bewertung, vorbehaltlich der dort vorgesehenen Sonderregelungen, nach den Vorschriften des Bewertungsgesetzes richtet. Die darin festgelegten Bewertungsmethoden genügen dieser Anforderung dann, wenn sie entweder zum Bewertungsstichtag die jeweiligen Werte in ihrer Relation realitätsgerecht ermitteln oder dementsprechend in der Vergangenheit festgestellte Werte entwicklungsbegleitend fortschreiben. Haben sich die steuererheblichen Werte für bestimmte Gruppen wirtschaftlicher Einheiten deutlich auseinanderentwickelt, darf das der Gesetzgeber nicht auf sich beruhen lassen (vgl. BVerfGE 23, 242 [257f.][4]; 41, 269 [283][9]). Dabei muß der Gesetzgeber auch Wertverschiebungen zwischen den einzelnen Vermögensarten und innerhalb des Grundvermögens beachten (vgl. BVerfGE 23, 242 [252][4]; 65, 160 [170][10]).

2. Die Erbschaftsbesteuerung mindert für den Steuerpflichtigen den Wert seines Erbes. Die Ausgestaltung und Bemessung der Erbschaftsteuer muß den grundlegenden Gehalt der Erbrechtsgarantie wahren, zu dem die Testierfreiheit und das Prinzip der Verwandtenerbrechts gehören; sie darf Sinn und Funktion des Erbrechts als Rechtseinrichtung und Individualgrundrecht nicht zunichte oder wertlos machen.

a) aa) Die Erbrechtsgarantie des Art. 14 Abs. 1 Satz 1 GG gewährleistet das Rechtsinstitut der Privaterbfolge. Das Erbrecht hat die Funktion, das Privateigentum als Grundlage der eigenverantwortlichen Lebensgestaltung (vgl. BVerfGE 83, 201 [208]) mit dem Tode des Eigentümers nicht untergehen zu lassen, sondern seinen Fortbestand im Wege der Rechtsnachfolge zu sichern. Die Erbrechtsgarantie ergänzt insoweit die Eigentumsgarantie und bildet zusammen mit dieser die Grundlage für die im Grundgesetz vorgegebene private Vermögensordnung (vgl. Beschluß des Ersten Senats vom 14. Dezember 1994 – 1 BvR 720/90 –, Umdruck S. 18).

bb) Dem Recht des Erblassers zu vererben, das durch seine Testierfreiheit geschützt ist, entspricht das Recht des Erben, kraft Erbfolge zu erwerben. Auch der Erbe genießt den Schutz des Grundrechts und kann ihn – jedenfalls vom Eintritt des Erbfalls an – geltend machen (vgl. BVerfGE 19, 202 [204, 206]; 67, 329 [340]). Andernfalls würde der Grundrechtsschutz mit dem Tod des Erblassers erlöschen und damit weitgehend entwertet werden (vgl. Beschluß des Ersten Senats vom 14. Dezember 1994 – 1 BvR 720/90 –, Umdruck S. 21).

Neben den verfassungsrechtlichen Schutz der Testierfreiheit tritt der Schutz von Ehe und Familie (Art. 6 Abs. 1 GG). Deshalb sieht das bestehende Erbschaftsteuerrecht auch das Familienprinzip als weitere Grenze für das Maß der Steuerbelastung vor.

cc) Art. 14 Abs. 1 Satz 2 GG überläßt es dem Gesetzgeber, Inhalt und Schranken des Erbrechts zu bestimmen (vgl. BVerfG, a. a. O.). Diese Regelungsbefugnis eröffnet auch dem Erbschaftsteuergesetzgeber im Rah-

---

[4] BStBl II 1968 S. 549
[5] BStBl II 1991 S. 654
[6] BStBl II 1983 S. 779
[7] BStBl II 1969 S. 364
[8] BStBl II 1971 S. 359
[9] BStBl II 1976 S. 311
[10] BStBl II 1984 S. 20

men der Garantie des Privaterbrechts eine weitreichende Gestaltungsbefugnis. Wenngleich die Gewährleistung von Eigentum und Erbrecht in einem Zusammenhang stehen, garantiert die Erbrechtsgarantie nicht das (unbedingte) Recht, den gegebenen Eigentumsbestand von Todes wegen ungemindert auf Dritte zu übertragen; die Möglichkeiten des Gesetzgebers zur Einschränkung des Erbrechts sind – weil sie an einen Vermögensübergang anknüpfen – weitergehend als die zur Einschränkung des Eigentums (vgl. Papier, a. a. O., Rn. 291 zu Art. 14).

b) Aus diesen Maßstäben folgt:

aa) Der erbschaftsteuerliche Zugriff bei Familienangehörigen im Sinne der Steuerklasse I (§ 15 Abs. 1 ErbStG) ist derart zu mäßigen, daß jedem dieser Steuerpflichtigen der jeweils auf ihn überkommene Nachlaß – je nach dessen Größe – zumindest zum deutlich überwiegenden Teil oder, bei kleineren Vermögen, völlig steuerfrei zugute kommt. Im geltenden Steuerrecht wird dies – bei den gegenwärtigen Steuersätzen – in typisierender Weise durch die Freibeträge des § 16 ErbStG für Ehegatten und Kinder erreicht, soweit zugleich die Grundstücke nur mit den niedrigen Einheitswerten berücksichtigt werden. Entschließt sich der Gesetzgeber, der Erbschaftsteuer realitätsnahe Gegenwartswerte des Grundbesitzes zugrunde zu legen, so ist es notwendig, den Betrag des Nachlasses, der dem oder den Erben der Steuerklasse I ungeschmälert verbleiben muß, entsprechend freizustellen. Für diesen Nachlaßwert bezeichnet der im Beschluß des Zweiten Senats vom gleichen Tage – 2 BvL 37/91 – zu C.I.5. umrissene Wert des persönlichen Gebrauchsvermögens einen tauglichen Anhalt.

In bezug auf einen darüber hinausgehenden Vermögenszuwachs ist der erbschaftsteuerliche Zugriff so zu beschränken, daß die Erbschaft für den Ehegatten noch Ergebnis der ehelichen Erwerbsgemeinschaft bleibt und auch eine im Erbrecht angelegte Mitberechtigung der Kinder am Familiengut nicht verlorengeht. Im geltenden Recht nimmt der Gesetzgeber diese nach Art. 6 Abs. 1 GG gebotene Abstufung in der Steuerbelastung auf, indem er die Steuersätze, welche für die Erbfolge der dem Erblasser ferner stehenden Steuerpflichtigen gelten, für die Erbfolge der nächsten Familienangehörigen deutlich verringert.

bb) Zudem hat der Gesetzgeber bei der Gestaltung der Steuerlast zu berücksichtigen, daß die Existenz von bestimmten Betrieben – namentlich von mittelständischen Unternehmen – durch zusätzliche finanzielle Belastungen, wie sie durch die Erbschaftsteuer auftreten, gefährdet werden kann. Derartige Betriebe, die durch ihre Widmung für einen konkreten Zweck verselbständigt und als wirtschaftlich zusammengehörige Funktionseinheit organisiert sind, sind in besonderer Weise gemeinwohlgebunden und gemeinwohlverpflichtet: Sie unterliegen als Garant von Produktivität und Arbeitsplätzen insbesondere durch Verpflichtungen gegenüber den Arbeitnehmern, das Betriebsverfassungsrecht, das Wirtschaftsverwaltungsrecht und durch die langfristigen Investitionen einer gesteigerten rechtlichen Bindung. Sie hat zur Folge, daß die durch die Erbschaftsteuer erfaßte finanzielle Leistungsfähigkeit des Erben nicht seinem durch den Erbfall erworbenen Vermögenszuwachs voll entspricht. Die Verfügbarkeit über den Betrieb und einzelne dem Betrieb zugehörige Wirtschaftsgüter ist beschränkter als bei betrieblich ungebundenem Vermögen.

Der Gleichheitssatz (Art. 3 Abs. 1 GG) fordert, diese verminderte Leistungsfähigkeit bei den Erben zu berücksichtigen, die einen solchen Betrieb weiterführen, also den Betrieb weder veräußern noch aufgeben, ihn vielmehr in seiner Sozialgebundenheit aufrechterhalten, ohne daß Vermögen und Ertragskraft des Betriebes durch den Erbfall vermehrt würden. Die Erbschaftsteuerlast muß hier so bemessen werden, daß die Fortführung des Betriebes steuerlich nicht gefährdet wird. Diese Verpflichtung, eine verminderte finanzielle Leistungsfähigkeit erbschaftsteuerrechtlich zu berücksichtigen, ist unabhängig von der verwandtschaftlichen Nähe zwischen Erblasser und Erben.

Das geltende, historisch überlieferte Erbschaftsteuerrecht beachtet dieses Erfordernis betriebsangemessener Belastung etwa bei der Besteuerung der Land- und Forstwirtschaft, wenn es dort gemäß § 36 BewG der Erbschaftsbesteuerung den Ertragswert zugrunde legt, um eine Zerschlagung dieser Wirtschaftseinheiten zu vermeiden.

II.

§ 12 Abs. 1 und Abs. 2 ErbStG ist mit Art. 3 Abs. 1 GG insofern unvereinbar, als er auf die Regeln des Bewertungsgesetzes verweist, die Kapitalvermögen (festverzinsliche Wertpapiere und Aktien) zu Gegenwartswerten ansetzen, obwohl sie den Grundbesitz in den Vergangenheitswerten des zum 1. Januar 1964 festgestellten Einheitswertes erfassen.

1. Der Gesetzgeber verfolgt mit § 12 ErbStG i. V. m. dem Bewertungsgesetz das Ziel, den steuerpflichtigen Erwerb in zeitgerecht mitschreitenden Werten zu erfassen. Soweit das Bewertungsgesetz die Verkehrswerte zugrunde legt, wird der Erwerb von Todes wegen erbschaftsteuerlich in den jeweils gegenwärtigen Marktpreisen erfaßt. Für das einheitswertgebundene Vermögen sieht das Bewertungsgesetz regelmäßige Neubewertungen vor, die für den Grundbesitz in Zeitabständen von je sechs Jahren, für wirtschaftliche Einheiten des Betriebsvermögens in Zeitabschnitten von drei Jahren festgestellt werden sollen. Entgegen dieser Konzeption des Gesetzgebers sind die Werte des einheitswertgebundenen Vermögens jedoch letztmals zum 1. Januar 1964 festgestellt worden (vgl. Beschluß des Bundesverfassungsgerichts vom gleichen Tage – 2 BvL 37/91 – zu C.II.1. c) und d). Das Konzept des Erbschaftsteuergesetzes, der Besteuerung gegenwartsnahe Werte zugrunde zu legen, ist deshalb für das Kapitalvermögen verwirklicht, für den Grundbesitz hingegen unerfüllt geblieben.

Wenn die Erbschaftsteuer das Kapitalvermögen in Gegenwartswerten, das einheitswertgebundene Vermögen hingegen in den Vergangenheitswerten von 1964 belastet, so hat dieses deutliche Wertverzerrungen und Belastungsungleichheiten zur Folge (vgl. im einzelnen BVerfG, a. a. O., zu C.II.2. a). Das Zurückbleiben der Einheitswerte hinter den zeitnahen Werten mindert die Erbschaftsteuerbelastung des Grundbesitzes im Widerspruch zur Konzeption des Erbschaftsteuergesetzes. Insoweit ist den Erfordernissen des Gleichheitssatzes nicht genügt.

2. Bei einer Neuregelung der erbschaftsteuerlichen Bemessungsgrundlage wird der Gesetzgeber zu beachten haben, daß sich die Belastung durch die Erbschaftsteuer aus dem Zusammenwirken von Bemessungsgrundlage und Steuersatz ergibt. Deshalb sind – wie durch Art. 10 § 3 des Erbschaftsteuerreformgesetzes 1974 (BGBl I S. 933 – ErbStRG –) vorgesehen – die auf die derzeit geltende Bemessungsgrundlage anwendbaren Steuersätze (§ 19 ErbStG) an die künftige erbschaftsteuerliche Bemessungsgrundlage anzupassen. Dabei beläßt der Gleichheitssatz dem Steuergesetzgeber eine weitreichende Gestaltungsbefugnis, die ihn insbesondere berechtigt, sich bei seinen Regelungen auch von finanzpolitischen, volkswirtschaftlichen oder sozialpolitischen Erwägungen leiten zu lassen. Seine Gestaltungsbefugnis endet erst dort, wo ein sachlicher Grund für die Gleichbehandlung oder Ungleichbehandlung fehlt (vgl. BVerfGE 74, 182 [200][11]).

3. Nach allem hat die Verfassungsbeschwerde Erfolg, insofern die angegriffenen Entscheidungen auf der in dem aus dem Tenor ersichtlichen Umfang verfassungswidrigen Vorschrift des § 12 Abs. 1 und 2 ErbStG beruhen und dadurch die Beschwerdeführerin in ihrem Grundrecht aus Art. 3 Abs. 1 GG verletzen. Diese Feststellung führt indes nicht zu einer Aufhebung der Entscheidungen der Finanzgerichte.

a) Der Verstoß gegen den Gleichheitssatz führt zu einer bloßen Unvereinbarkeitserklärung, weil die Gleichheitswidrigkeit nicht zu bestimmten Folgerungen zwingt, der Gesetzgeber vielmehr mehrere Möglichkeiten hat, den verfassungswidrigen Zustand zu beseitigen (vgl. BVerfGE 87, 153 [177ff.][12]). Die Neuregelung ist bis zum 31. Dezember 1996 zu treffen. Die Erfordernisse verläßlicher Finanz- und Haushaltsplanung und eines gleichmäßigen Verwaltungsvollzugs für Zeiträume einer weitgehend schon abgeschlossenen Veranlagung rechtfertigen es, die bisherige, mit dem Grundgesetz unvereinbare Erbschaftsbesteuerung von einheitswertgebundenem und nicht einheitswertgebundenem Vermögen für zurückliegende Kalenderjahre weiter anzuwenden.

b) Auch im laufenden Kalenderjahr ist das bisherige Erbschaftsteuerrecht weiter anzuwenden. Diese Anordnung entspricht der Regelung des Art. 10 § 3 ErbStRG, wonach Steuersätze und Freibeträge des Erbschaftsteuergesetzes für den Fall des Entfallens der Bewertung von Grundstücken zum Einheitswert von 140 v. H. nach den Wertverhältnissen vom 1. Januar 1964 nur noch im laufenden Kalenderjahr Geltung beanspruchen sollen. Für die Zeit ab 1. Januar 1996 kann es bei der Regelung des § 165 Abs. 1 Satz 2 Nr. 2 AO verbleiben, die die Finanzverwaltung ermächtigt, im Falle der verfassungsgerichtlichen Feststellung der Unvereinbarkeit eines Steuergesetzes mit dem Grundgesetz die Steuer auf der Grundlage dieses Gesetzes vorläufig festzusetzen. Die Erbschaftsteuer wird nicht wie die Vermögensteuer bei einem Steuerpflichtigen fortlaufend erhoben. Eine nur einmalige, vorläufige Steuerfestsetzung und ihre nachträgliche Korrektur – zum Vor- oder Nachteil des Steuerpflichtigen – ist bei Berücksichtigung der Interessen der Steuerpflichtigen ebenso wie der fiskalischen Belange tragbar und angemessen.

c) Im Falle des Beschwerdeführers obliegt es Finanzgericht und Finanzbehörden zu entscheiden, ob im Rahmen der wegen der Anwendung des Stichtagsprinzips (§ 11 i. V. m. § 9 Abs. 1 Nr. 1 ErbStG) noch ausstehenden Entscheidung über die beantragte Billigkeitsmaßnahme berücksichtigt werden kann, daß die Verfassungsbeschwerde mit den Einwänden gegen die gesetzlichen Regelungen Erfolg gehabt hat.

D.

Die Entscheidung über die Auslagenerstattung folgt aus § 34a Abs. 2 und 3 BVerfGG.

E.

Diese Entscheidung ist im Ergebnis einstimmig ergangen.

---
[11]) BStBl II 1987 S. 240
[12]) BStBl II 1993 S. 413

Anlage 3

Gesetzentwurf
der Fraktionen der CDU/CSU und F.D.P.

– Entwurf eines Jahressteuergesetzes (JStG) 1997 –
BT-Drucks. 13/4839 – Auszug – [1]

A. Problem

Neuregelung der Erbschaft- und Schenkungsteuer sowie der dazugehörigen Bewertung des Grundbesitzes aufgrund der Beschlüsse des Bundesverfassungsgerichts vom 22. Juni 1995.

Wegfall der Vermögensteuer.

Umsetzung steuerrechtlicher Maßnahmen des Aktionsprogramms für Investitionen und Arbeitsplätze der Bundesregierung und des Programms für mehr Wachstum und Beschäftigung der Koalitionsfraktionen (u. a. Senkung des Solidaritätszuschlags; Förderung von Existenzgründern; Verbesserung der Rahmenbedingungen für hauswirtschaftliche Beschäftigungsverhältnisse).

Umsetzung von EU-Recht bei der Umsatzsteuer.

Abbau von Steuervergünstigungen.

Steuervereinfachung.

B. Lösung

Die Erbschaft- und Schenkungsteuer sowie die dazugehörige Bewertung des Grundbesitzes werden neu geregelt. Insbesondere werden die persönlichen Freibeträge für Ehegatten auf 1 Mio. und für Kinder auf 750 000 DM angehoben. Grundbesitz wird nur bei Bedarf gegenwartsnah bewertet. Die Entlastungen für Betriebsvermögen werden weiter verbessert. Die Höchststeuersätze werden abgesenkt.

Das Vermögensteuergesetz wird zum 1. Januar 1997 aufgehoben. Die private Vermögensteuer wird mit der Erbschaft- und Schenkungsteuer zusammengefaßt.

Vereinfachung des Steuerrechts und des Besteuerungsverfahrens durch Abschaffung der Vermögensteuer und Verzicht auf eine allgemeine Neubewertung des Grundbesitzes, durch Schaffung eines einfachen Ertragswertverfahrens bei der Bewertung im Bereich der Land- und Forstwirtschaft, durch eine leicht handhabbare und bürgernahe Grundstücksbewertung sowie durch gezielte Einzelmaßnahmen, z. B. durch Anhebung der 1200-DM-Grenze für die jährliche Anmeldung und Abführung der Lohnsteuer auf 1600 DM.

C. Alternativen

Keine

---

[1] Der Gesetzentwurf entspricht dem Gesetzentwurf der Bundesregierung – BR-Drucks. 390/96 –

Entwurf eines Jahressteuergesetzes (JStG) 1997

Der Bundestag hat mit Zustimmung des Bundesrates das folgende Gesetz beschlossen:

Inhaltsübersicht	Artikel
Änderung des Bewertungsgesetzes	1
Änderung des Erbschaftsteuer- und Schenkungsteuergesetzes	2
Änderung der Erbschaftsteuer-Durchführungsverordnung	3
Änderung des Erbschaftsteuer-Reformgesetzes	4
Aufhebung des Vermögensteuergesetzes	5
Änderung der Anteilsbewertungsverordnung	6
Aufhebung des Gesetzes zur Änderung des Hauptfeststellungszeitraums für die wirtschaftlichen Einheiten des Betriebsvermögens sowie des Hauptveranlagungszeitraums für die Vermögensteuer	7
Aufhebung der Durchführungsverordnung zum Bewertungsgesetz	8

– Artikel 9 ff. –

hier nicht abgedruckt

Artikel 1
Änderung des Bewertungsgesetzes

Das Bewertungsgesetz in der Fassung der Bekanntmachung vom 1. Februar 1991 (BGBl. I S. 230), zuletzt geändert durch Artikel 6 des Gesetzes vom 15. Dezember 1995 (BGBl. I S. 1783), wird wie folgt geändert:

1. § 3a wird aufgehoben.
2. In § 11 Abs. 2 werden die Sätze 3 bis 5 aufgehoben.
3. § 17 wird wie folgt gefaßt:

„§ 17
Geltungsbereich

(1) Die besonderen Bewertungsvorschriften sind nach Maßgabe der jeweiligen Einzelsteuergesetze anzuwenden.

(2) Die §§ 18 bis 94, 122, 125 bis 132 gelten für die Grundsteuer und die §§ 121 a und 133 zusätzlich für die Gewerbesteuer.

(3) Soweit sich nicht aus den §§ 19 bis 157 etwas anderes ergibt, finden neben diesen auch die Vorschriften des Ersten Teils des Gesetzes (§§ 1 bis 16) Anwendung. § 16 findet auf die Grunderwerbsteuer keine Anwendung."

4. § 18 wird wie folgt geändert:
   a) In Nummer 3 wird der Klammerhinweis wie folgt gefaßt: „(§§ 95 bis 109)."
   b) Nummer 4 wird gestrichen.
5. § 19 Abs. 1 wird wie folgt gefaßt:

„(1) Einheitswerte werden für inländischen Grundbesitz, und zwar für Betriebe der Land- und Forstwirtschaft (§§ 33, 48a und 51a), für Grundstücke (§§ 68, 70) und für Betriebsgrundstücke (§ 99) festgestellt (§ 180 Abs. 1 Nr. 1 der Abgabenordnung)."

6. § 21 wird wie folgt gefaßt:

„§ 21
Hauptfeststellung

(1) Die Einheitswerte werden in Zeitabständen von je sechs Jahren allgemein festgestellt (Hauptfeststellung).

(2) Der Hauptfeststellung werden die Verhältnisse zu Beginn des Kalenderjahrs (Hauptfeststellungszeitpunkt) zugrunde gelegt. Die Vorschriften in § 35 Abs. 2, §§ 54 und 59 über die Zugrundelegung eines anderen Zeitpunkts bleiben unberührt."

7. § 22 wird wie folgt geändert:
   a) Absatz 1 wird wie folgt gefaßt:

„(1) Der Einheitswert wird neu festgestellt (Wertfortschreibung), wenn der nach § 30 abgerundete Wert, der sich für den Beginn eines Kalenderjahrs ergibt, vom Einheitswert des letzten Feststellungszeitpunkts nach oben um mehr als den zehnten Teil, mindestens aber um 5 000 Deutsche Mark, oder um mehr als 100 000 Deutsche Mark, nach unten um mehr als den zehnten Teil, mindestens aber um 500 Deutsche Mark, oder um mehr als 5 000 Deutsche Mark abweicht."

b) Absatz 4 wird wie folgt geändert:

aa) In Satz 3 Nr. 1 Satz 1 wird der Punkt durch ein Semikolon ersetzt und der Satz 2 aufgehoben.

bb) Satz 4 wird wie folgt gefaßt:

„Die Vorschriften in § 35 Abs. 2, §§ 54 und 59 über die Zugrundelegung eines anderen Zeitpunkts bleiben unberührt."

8. § 23 wird wie folgt geändert:

a) In Absatz 1 wird in Nummer 2 das Semikolon durch einen Punkt ersetzt und Nummer 3 aufgehoben.

b) Absatz 2 wird wie folgt geändert:

aa) Satz 2 wird wie folgt gefaßt:

„Nachfeststellungszeitpunkt ist in den Fällen des Absatzes 1 Nr. 1 der Beginn des Kalenderjahrs, das auf die Entstehung der wirtschaftlichen Einheit (Untereinheit) folgt, und in den Fällen des Absatzes 1 Nr. 2 der Beginn des Kalenderjahrs, in dem der Einheitswert erstmals der Besteuerung zugrunde gelegt wird."

bb) Satz 3 wird aufgehoben.

cc) Satz 3 wird wie folgt gefaßt:

„Die Vorschriften in § 35 Abs. 2, §§ 54 und 59 über die Zugrundelegung eines anderen Zeitpunkts bleiben unberührt."

9. § 24 wird wie folgt geändert:

a) In Absatz 1 wird in Nummer 2 das Semikolon durch einen Punkt ersetzt und Nummer 3 aufgehoben.

b) Absatz 2 wird wie folgt gefaßt:

„Aufhebungszeitpunkt ist in den Fällen des Absatzes 1 Nr. 1 der Beginn des Kalenderjahrs, das auf den Wegfall der wirtschaftlichen Einheit (Untereinheit) folgt, und in den Fällen des Absatzes 1 Nr. 2 der Beginn des Kalenderjahrs, in dem der Einheitswert erstmals der Besteuerung nicht mehr zugrunde gelegt wird."

10. Nach § 24a wird folgender § 25 eingefügt:

„§ 25
Nachholung einer Feststellung

(1) Ist die Feststellungsfrist (§ 181 der Abgabenordnung) bereits abgelaufen, kann eine Fortschreibung (§ 22) oder Nachfeststellung (§ 23) unter Zugrundelegung der Verhältnisse vom Fortschreibungs- oder Nachfeststellungszeitpunkt mit Wirkung für einen späteren Feststellungszeitpunkt vorgenommen werden, für den diese Frist noch nicht abgelaufen ist. § 181 Abs. 5 der Abgabenordnung bleibt unberührt.

(2) Absatz 1 ist bei der Aufhebung des Einheitswerts (§ 24) entsprechend anzuwenden."

11. § 26 wird wie folgt gefaßt:

„§ 26
Umfang der wirtschaftlichen Einheit
bei Ehegatten

Die Zurechnung mehrerer Wirtschaftsgüter zu einer wirtschaftlichen Einheit (§ 2) wird beim Grundbesitz im Sinne der §§ 33 bis 94 und §§ 125 bis 133 nicht dadurch ausgeschlossen, daß die Wirtschaftsgüter zum Teil dem einen, zum Teil dem anderen Ehegatten gehören."

12. § 28 wird wie folgt geändert:

a) In Absatz 1 wird Satz 2 aufgehoben.

b) In Absatz 3 Satz 1 werden die Worte „oder Betriebsvermögen" gestrichen.

13. § 30 wird wie folgt gefaßt:

„§ 30
Abrundung

Die Einheitswerte werden beim Grundbesitz auf volle hundert Deutsche Mark nach unten abgerundet."

14. § 44 Abs. 1 wird wie folgt gefaßt:

„(1) Zum Geringstland gehören die Betriebsflächen geringster Ertragsfähigkeit, für die nach dem Bodenschätzungsgesetz keine Wertzahlen festzustellen sind."

15. § 91 Abs. 2 wird aufgehoben.

16. § 95 Abs. 3 wird wie folgt gefaßt:

„(3) Bei der Ermittlung des Werts des Betriebsvermögens sind Billigkeitsmaßnahmen, die bei der steuerlichen Gewinnermittlung getroffen worden sind, zu berücksichtigen; ausgenommen ist die Bildung von Rücklagen. Vorbehaltlich Satz 1 gilt § 20 Satz 3 entsprechend."

17. § 97 wird wie folgt geändert:

Nach Abs. 1 wird folgender Absatz 1 a eingefügt:

„(1 a) Der Wert des Betriebsvermögens von Gesellschaften im Sinne des Absatzes 1 Nr. 5 ist wie folgt auf die Gesellschafter aufzuteilen:

1. Wirtschaftsgüter im Sinne des Absatzes 1 Nr. 5 Satz 2 sowie Schulden des Gesellschafters im Sinne des Absatzes 1 Nr. 5 Satz 3 sind dem jeweiligen Gesellschafter vorab mit dem Wert zuzurechnen, mit dem sie im Wert des Betriebsvermögens enthalten sind. Das Kapitalkonto des Gesellschafters aus der Steuerbilanz ist um das auf die ihm vorwegzuzurechnenden Wirtschaftsgüter im Sinne des Satzes 1 entfallende Kapital aus der Sonderbilanz zu bereinigen.

2. Das nach Nummer 1 Satz 2 bereinigte Kapitalkonto ist dem jeweiligen Gesellschafter vorweg zuzurechnen.

3. Der nach Berücksichtigung der Vorwegzurechnungen im Sinne der Nummer 1 Satz 1 und Nummer 2 verbleibende Wert des Betriebsvermögens ist nach dem für die Gesellschaft maßgebenden Gewinnverteilungsschlüssel auf die Gesellschafter aufzuteilen.

4. Für jeden Gesellschafter ergibt die Summe aus den Vorwegzurechnungen im Sinne der Nummer 1 Satz 1 und Nummer 2 und dem anteiligen Unterschiedsbetrag nach Nummer 3 den Anteil am Wert des Betriebsvermögens."

18. § 98a Satz 1 wird wie folgt gefaßt:

„Der Wert des Betriebsvermögens wird in der Weise ermittelt, daß die Summe der Werte, die für die zu dem Gewerbebetrieb gehörenden Wirtschaftsgüter und sonstigen aktiven Ansätze (Rohbetriebsvermögen) ermittelt worden sind, um die Summe der Schulden und sonstigen Abzüge (§ 103) gekürzt wird."

19. § 101 wird aufgehoben.

20. § 102 wird wie folgt geändert:

a) Absatz 1 Satz 1 wird wie folgt gefaßt:

„Ist eine inländische Kapitalgesellschaft, eine inländische Kreditanstalt des öffentlichen Rechts, ein inländischer Gewerbebetrieb im Sinne des Gewerbesteuergesetzes von juristischen Personen des öffentlichen Rechts, eine inländische Erwerbs- und Wirtschaftsgenossenschaft, eine unter Staatsaufsicht stehende Sparkasse oder ein inländischer Versicherungsverein auf Gegenseitigkeit an dem Grund- oder Stammkapital einer anderen inländischen Kapitalgesellschaft, einer anderen inländischen Kreditanstalt des öffentlichen Rechts oder an den Geschäftsguthaben einer anderen inländischen Erwerbs- und Wirtschaftsgenossenschaft mindestens zu einem Zehntel unmittelbar beteiligt, gehört die Beteiligung insoweit nicht zum Gewerbebetrieb, als sie ununterbrochen seit mindestens 12 Monaten vor dem maßgebenden Abschlußzeitpunkt des Wirtschaftsjahrs besteht."

b) Absatz 2 Satz 1 und Satz 2 wird wie folgt gefaßt:

„Ist eine inländische Kapitalgesellschaft, eine inländische Kreditanstalt des öffentlichen Rechts, ein inländischer Gewerbebetrieb im Sinne des Gewerbesteuergesetzes von juristischen Personen des öffentlichen Rechts, eine inländische Erwerbs- und Wirtschaftsgenossenschaft, eine unter Staatsaufsicht stehende Sparkasse oder ein inländischer Versicherungsverein auf Gegenseitigkeit an dem Nennkapital einer Kapitalgesellschaft mit Geschäftsleitung und Sitz außerhalb des Geltungsbereichs dieses Gesetzes (Tochtergesellschaft), die in dem Wirtschaftsjahr, das mit dem maßgebenden Abschlußzeitpunkt des Wirtschaftsjahrs der Muttergesellschaft endet oder ihm vorangeht, ihre Bruttoerträge ausschließlich oder fast ausschließlich aus unter § 8 Abs. 1 Nr. 1 bis 6 des Außensteuergesetzes fallenden Tätigkeiten oder aus unter § 8 Abs. 2 des Außensteuergesetzes fallenden Beteiligungen bezieht, mindestens zu einem Zehntel unmittelbar beteiligt, gehört die Beteiligung auf Antrag insoweit nicht zum Gewerbebetrieb, als sie ununterbrochen seit mindestens 12 Monaten vor dem maßgebenden Abschlußzeitpunkt des Wirtschaftsjahrs besteht. Das gleiche gilt auf Antrag der Muttergesellschaft für den Teil des Wertes ihrer Beteiligung an der Tochtergesellschaft, der dem Verhältnis des Wertes der Beteiligung an einer Enkelgesellschaft im Sinne des § 26 Abs. 5 des Körperschaftsteuergesetzes zum gesamten Wert des Betriebsvermögens der Tochtergesellschaft entspricht, wenn die Enkelgesellschaft in dem Wirtschaftsjahr, das mit dem maßgebenden Abschlußzeitpunkt der Muttergesellschaft endet oder ihm vorangeht, ihre Bruttoerträge ausschließlich oder fast ausschließlich aus unter § 8 Abs. 1 Nr. 1 bis 6 des Außensteuergesetzes fallenden Tätigkeiten oder aus unter § 8 Abs. 2 Nr. 1 des Außensteuergesetzes fallenden Beteiligungen bezieht; die Vorschriften des Bewertungsgesetzes sind für die Bewertung der Wirtschaftsgüter der Tochtergesellschaft entsprechend anzuwenden."

21. In § 104 Abs. 4 werden die Worte „zuletzt geändert durch Artikel 33 des Gesetzes vom 18. Dezember 1989, BGBl. I S. 2261" durch die Worte „zuletzt geändert durch Artikel 91 des Gesetzes vom 5. Oktober 1994, BGBl. I S. 2911" ersetzt.

22. § 106 wird aufgehoben.

23. § 107 wird aufgehoben.

24. In § 109 Absatz 3 wird Satz 2 aufgehoben.

25. § 109a wird aufgehoben.

26. § 110 wird aufgehoben.

27. § 111 wird aufgehoben.

28. § 112 wird aufgehoben.

29. § 113 wird aufgehoben.

30. § 113 a wird aufgehoben.

31. § 114 wird aufgehoben

32. § 115 wird aufgehoben.

33. § 116 wird aufgehoben.

34. § 117 wird aufgehoben.

35. § 117a wird aufgehoben.

36. § 118 wird aufgehoben.

37. § 119 wird aufgehoben.

38. §120 wird aufgehoben.

39. Die Überschrift vor § 121 a

„Dritter Teil
Übergangs- und Schlußbestimmungen"

wird gestrichen.

Gesetzentwurf der Fraktionen der CDU/CSU und F.D.P.

40. § 121 a wird wie folgt gefaßt:

„§ 121 a
Sondervorschrift für die Anwendung
der Einheitswerte 1964

Während der Geltungsdauer der auf den Wertverhältnissen am 1. Januar 1964 beruhenden Einheitswerte des Grundbesitzes sind Grundstücke (§ 70) und Betriebsgrundstücke im Sinne des § 99 Abs. 1 Nr. 1 für die Gewerbesteuer mit 140 vom Hundert des Einheitswerts anzusetzen."

41. § 121 b wird aufgehoben.

42. § 122 wird wie folgt gefaßt:

„§ 122
Besondere Vorschriften für Berlin (West)

§ 50 Abs. 1, § 60 Abs. 1 und § 67 gelten nicht für den Grundbesitz in Berlin (West). Bei der Beurteilung der natürlichen Ertragsbedingungen und des Bodenartenverhältnisses ist das Bodenschätzungsgesetz sinngemäß anzuwenden."

43. § 123 wird wie folgt gefaßt:

„§ 123
Ermächtigungen

Die Bundesregierung wird ermächtigt, mit Zustimmung des Bundesrates die in § 12 Abs. 4, § 39 Abs. 1, § 51 Abs. 4, § 55 Abs. 3, 4 und 8, §§ 81 und 90 Abs. 2 vorgesehenen Rechtsverordnungen zu erlassen."

44. § 124 wird aufgehoben.

45. Die Überschrift vor § 125 wird wie folgt gefaßt:

„Dritter Abschnitt
Vorschriften für die Bewertung von Vermögen
in dem in Artikel 3 des Einigungsvertrages
genannten Gebiet"

46. § 133 wird wie folgt gefaßt:

„§ 133
Sondervorschrift für die Anwendung
der Einheitswerte 1935

Die Einheitswerte 1935 der Betriebsgrundstücke sind für die Gewerbesteuer wie folgt anzusetzen:

1. Mietwohngrundstücke mit 100 vom Hundert des Einheitswerts 1935,
2. Geschäftsgrundstücke mit 400 vom Hundert des Einheitswerts 1935,
3. gemischtgenutzte Grundstücke, Einfamilienhäuser und sonstige bebaute Grundstücke mit 250 vom Hundert des Einheitswerts 1935,
4. unbebaute Grundstücke mit 600 vom Hundert des Einheitswerts 1935.

Bei Grundstücken im Zustand der Bebauung bestimmt sich die Grundstückshauptgruppe für den besonderen Einheitswert im Sinne des § 33 a Abs. 3 der weiter anzuwendenden Durchführungsverordnung zum Reichsbewertungsgesetz nach dem tatsächlichen Zustand, der nach Fertigstellung des Gebäudes besteht."

47. § 135 wird aufgehoben.

48. § 136 wird aufgehoben.

49. Nach § 137 wird der folgende Abschnitt angefügt:

„Vierter Abschnitt
Vorschriften für die Bewertung von Grundbesitz
für die Erbschaftsteuer ab 1. Januar 1996 und für
die Grunderwerbsteuer ab 1. Januar 1997

A. Allgemeines

§ 138
Feststellung von Grundbesitzwerten

(1) Einheitswerte, die für Grundbesitz nach den Wertverhältnissen vom 1. Januar 1935 oder 1. Januar 1964 festgestellt worden sind, sowie Ersatzwirtschaftswerte (§§ 125 und 126) werden bei der Erbschaftsteuer ab 1. Januar 1996 und bei der Grunderwerbsteuer ab dem 1. Januar 1997 nicht mehr angewendet. Anstelle dieser Einheitswerte und Ersatzwirtschaftswerte werden abweichend von § 19 Abs. 1 und § 126 Abs. 2 land- und forstwirtschaftliche Grundbesitzwerte für das in Absatz 2 und Grundstückswerte für das in Absatz 3 bezeichnete Vermögen unter Berücksichtigung der tatsächlichen Verhältnisse zum Besteuerungszeitpunkt und der Wertverhältnisse zum 1. Januar 1996 festgestellt.

(2) Für die wirtschaftlichen Einheiten des land- und forstwirtschaftlichen Vermögens und für Betriebsgrundstücke im Sinne des § 99 Abs. 1 Nr. 2 sind die land- und forstwirtschaftlichen Grundbesitzwerte unter Anwendung der §§ 139 bis 144 zu ermitteln.

(3) Für die wirtschaftlichen Einheiten des Grundvermögens und für Betriebsgrundstücke im Sinne des § 99 Abs. 1 Nr. 1 sind Grundstückswerte abweichend von § 9 mit einem typisierenden Wert unter Anwendung der §§ 68, 69, 99 Abs. 2, §§ 139 und 145 bis 157 zu ermitteln. § 70 gilt mit der Maßgabe, daß der Anteil des Eigentümers eines Grundstücks an anderem Grundvermögen (z. B. an gemeinschaftlichen Hofflächen oder Garagen) abweichend von Absatz 2 Satz 1 dieser Vorschrift in das Grundstück einzubeziehen ist, wenn der Anteil zusammen mit dem Grundstück genutzt wird. § 20 Satz 2 ist entsprechend anzuwenden. §§ 92 und 94 sind vorbehaltlich §§ 139 und 145 bis 157 sinngemäß anzuwenden.

(4) Die Wertverhältnisse zum 1. Januar 1996 gelten für Feststellungen von Grundbesitzwerten bis zum 31. Dezember 2001.

(5) Die Grundbesitzwerte sind gesondert festzustellen, wenn sie für die Erbschaftsteuer oder Grunderwerbsteuer erforderlich sind (Bedarfsbewertung). In dem Feststellungsbescheid sind auch Feststellungen zu treffen

1. über die Art der wirtschaftlichen Einheit, bei Betriebsgrundstücken, die zu einem Gewerbebetrieb gehören (wirtschaftliche Untereinheit), auch über den Gewerbebetrieb;

2. über die Zurechnung der wirtschaftlichen Einheit und bei mehreren Beteiligten über die Höhe des Anteils, für dessen Besteuerung ein Anteil am Grundbesitzwert erforderlich ist.

Für die Feststellung von Grundbesitzwerten gelten die Vorschriften der Abgabenordnung über die Feststellung von Einheitswerten des Grundbesitzes sinngemäß.

(6) Das für die Feststellung von Grundbesitzwerten zuständige Finanzamt kann von jedem, für dessen Besteuerung eine Bedarfsbewertung erforderlich ist, die Abgabe einer Feststellungserklärung innerhalb einer von ihm zu bestimmenden Frist verlangen. Die Frist muß mindestens einen Monat betragen.

§ 139
Abrundung

Die Grundbesitzwerte werden auf volle tausend Deutsche Mark nach unten abgerundet.

B. Land- und forstwirtschaftliches Vermögen

§ 140
Wirtschaftliche Einheit und Umfang des land- und forstwirtschaftlichen Vermögens

Der Begriff der wirtschaftlichen Einheit und der Umfang des land- und forstwirtschaftlichen Vermögens richten sich nach § 33.

§ 141
Umfang des Betriebs der Land- und Forstwirtschaft

(1) Der Betrieb der Land- und Forstwirtschaft umfaßt
1. den Betriebsteil,
2. die Betriebswohnungen,
3. den Wohnteil.

(2) Der Betriebsteil umfaßt den Wirtschaftsteil eines Betriebs der Land- und Forstwirtschaft (§ 34 Abs. 2), jedoch ohne die Betriebswohnungen (Absatz 3). § 34 Abs. 4 bis 7 ist bei der Ermittlung des Umfangs des Betriebsteils anzuwenden.

(3) Betriebswohnungen sind Wohnungen einschließlich des dazugehörigen Grund und Bodens, die einem Betrieb der Land- und Forstwirtschaft zu dienen bestimmt sind, aber nicht dem Wohnteil zuzurechnen sind.

(4) Begriff und Umfang des Wohnteils richten sich nach § 34 Abs. 3.

§ 142
Betriebswert

(1) Der Wert des Betriebsteils (Betriebswert) wird unter sinngemäßer Anwendung der §§ 35, 36 Abs. 1 und 2, §§ 42, 43, 44 Abs. 1, §§ 45, 48a, 49, 51, 51 a, 53, 54, 56, 59 und 62 Abs. 1 ermittelt. Abweichend von § 36 Abs. 2 Satz 3 ist der Ertragswert das 18,6fache des Reinertrags.

(2) Der Betriebswert setzt sich zusammen aus den Einzelertragswerten für die Nebenbetriebe (§ 42), das Abbauland (§ 43), die gemeinschaftliche Tierhaltung (§ 51 a) und die in Nummer 5 nicht genannten Nutzungsteile der sonstigen land- und forstwirtschaftlichen Nutzung sowie den folgenden Ertragswerten:

1. Landwirtschaftliche Nutzung
   a) Landwirtschaftliche Nutzung ohne Hopfen und Spargel

   Der Ertragswert ist auf der Grundlage der Ergebnisse der Bodenschätzung nach dem Bodenschätzungsgesetz zu ermitteln. Er beträgt 0,78 DM je Ertragsmeßzahl.
   b) Nutzungsteil Hopfen   112 DM je Ar
   c) Nutzungsteil Spargel   149 DM je Ar

2. Forstwirtschaftliche Nutzung
   a) Nutzungsgrößen bis zu 10 Hektar, Nichtwirtschaftswald, Baumartengruppe Kiefer, Baumartengruppe Fichte bis zu 60 Jahren, Baumartengruppe Buche und sonstiges Laubholz bis zu 100 Jahren und Eiche bis zu 140 Jahren   1 DM je Ar
   b) Baumartengruppe Fichte über 60 bis zu 80 Jahren und Plenterwald   15 DM je Ar
   c) Baumartengruppe Fichte über 80 bis zu 100 Jahren   30 DM je Ar
   d) Baumartengruppe Fichte über 100 Jahre   40 DM je Ar
   e) Baumartengruppe Buche und sonstiges Laubholz über 100 Jahre   10 DM je Ar
   f) Eiche über 140 Jahre   20 DM je Ar

3. Weinbauliche Nutzung
   a) Traubenerzeugung und Faßweinausbau
      aa) in den Weinbaugebieten Ahr, Franken und Württemberg   70 DM je Ar
      bb) in den übrigen Weinbaugebieten   35 DM je Ar
   b) Flaschenweinausbau
      aa) in den Weinbaugebieten Ahr, Baden, Franken, Rheingau und Württemberg   160 DM je Ar
      bb) in den übrigen Weinbaugebieten   70 DM je Ar

4. Gärtnerische Nutzung
   a) Nutzungsteil Gemüse-, Blumen- und Zierpflanzenbau
      aa) Gemüsebau
         Freilandflächen   110 DM je Ar
         Flächen unter Glas und Kunststoffen   1 000 DM je Ar

bb) Blumen und Zierpflanzenbau

Freilandflächen	360 DM je Ar
beheizbare Flächen unter Glas und Kunststoffen	3 600 DM je Ar
nichtbeheizbare Flächen unter Glas und Kunststoffen	1 800 DM je Ar
b) Nutzungsteil Obstbau	40 DM je Ar
c) Nutzungsteil Baumschulen	
Freilandflächen	320 DM je Ar
Flächen unter Glas und Kunststoffen	2 600 DM je Ar

5. Sonstige land- und forstwirtschaftliche Nutzung

a) Nutzungsteil Wanderschäferei	20 DM je Mutterschaf
b) Nutzungsteil Weihnachtsbaumkultur	260 DM je Ar

6. Geringstland

Der Ertragswert für Geringstland (§ 44) beträgt	1 DM je Ar

(3) Für die nach § 13 a des Erbschaftsteuergesetzes begünstigten Betriebe der Land- und Forstwirtschaft kann beantragt werden, den Betriebswert abweichend von Absatz 2 Nr. 1 bis 6 insgesamt als Einzelertragswert zu ermitteln. Der Antrag ist bei Abgabe der Feststellungserklärung schriftlich zu stellen. Die dafür notwendigen Bewertungsgrundlagen sind vom Steuerpflichtigen nachzuweisen.

§ 143
Wert der Betriebswohnungen und des Wohnteils

(1) Der Wert der Betriebswohnungen (§ 141 Abs. 3) und der Wert des Wohnteils (§ 141 Abs. 4) sind nach den Vorschriften zu ermitteln, die beim Grundvermögen für die Bewertung von Wohngrundstücken gelten (§§ 147 bis 157).

(2) Bei der Ermittlung des Bodenwerts (§ 151) für den Wohnteil ist bei Vorliegen der Voraussetzungen des Absatzes 3 höchstens das Fünffache der jeweiligen bebauten Fläche zugrunde zu legen.

(3) Zur Berücksichtigung von Besonderheiten, die sich im Falle einer engen räumlichen Verbindung der Betriebswohnungen und des Wohnteils mit dem Betrieb ergeben, sind deren Ausgangswerte (§ 150) unbeschadet der Regelungen, die in § 155 getroffen sind, jeweils um 15 vom Hundert zu ermäßigen.

§ 144
Zusammensetzung des land- und forstwirtschaftlichen Grundbesitzwerts

Der Betriebswert, der Wert der Betriebswohnungen und der Wert des Wohnteils bilden zusammen den land- und forstwirtschaftlichen Grundbesitzwert.

C. Grundvermögen

I. Unbebaute Grundstücke

§ 145
Begriff

(1) Unbebaute Grundstücke sind Grundstücke, auf denen sich keine benutzbaren Gebäude befinden. Die Benutzbarkeit beginnt im Zeitpunkt der Bezugsfertigkeit. Gebäude sind als bezugsfertig anzusehen, wenn den zukünftigen Bewohnern oder sonstigen Benutzern zugemutet werden kann, sie zu benutzen; die Abnahme durch die Bauaufsichtsbehörde ist nicht entscheidend.

(2) Befinden sich auf einem Grundstück Gebäude von insgesamt geringem Wert, so gilt das Grundstück als unbebaut. Der Wert der Gebäude bleibt außer Ansatz.

(3) Als unbebautes Grundstück gilt auch ein Grundstück, auf dem infolge der Zerstörung oder des Verfalls der Gebäude auf die Dauer benutzbarer Raum nicht mehr vorhanden ist.

§ 146
Bewertung

Der Wert unbebauter Grundstücke ist auf der Grundlage von Bodenrichtwerten (§ 196 des Baugesetzbuches in der Fassung der Bekanntmachung vom 8. Dezember 1986, BGBl. I S. 2253, zuletzt geändert durch Artikel 2 des Gesetzes vom 23. November 1994, BGBl. I S. 3486) unter Berücksichtigung der möglichen baulichen Nutzung zu schätzen. Die Bodenrichtwerte sind von den Gutachterausschüssen nach dem Baugesetzbuch auf den 1. Januar 1996 zu ermitteln und den Finanzämtern mitzuteilen. Zur Berücksichtigung wertmindernder Umstände ist der Wert nach Satz 1 um einen Abschlag (§ 155 Abs. 1) zu ermäßigen.

II. Bebaute Grundstücke

§ 147
Begriff

Bebaute Grundstücke sind Grundstücke, auf denen sich benutzbare Gebäude befinden, mit Ausnahme der in § 145 Abs. 2 und 3 bezeichneten Grundstücke. Wird ein Gebäude in Bauabschnitten errichtet oder verzögert sich die Benutzbarkeit eines Gebäudes nicht nur vorübergehend, so ist der bezugsfertige Teil als benutzbares Gebäude anzusehen.

§ 148
Gebäude und Gebäudeteile für den Zivilschutz

Gebäude, Teile von Gebäuden und Anlagen, die wegen der in § 1 des Zivilschutzgesetzes vom ... (BGBl. I S. ...) bezeichneten Zwecke geschaffen worden sind und im Frieden nicht oder nur gelegentlich oder geringfügig für andere Zwecke benutzt werden, bleiben bei der Ermittlung des Grundstückswerts außer Betracht.

§ 149
Grundstücksarten

(1) Bei der Bewertung bebauter Grundstücke sind folgende Grundstücksarten zu unterscheiden:

1. Einfamilienhäuser,
2. Zweifamilienhäuser,
3. Wohnungseigentumsgrundstücke,
4. Mietwohngrundstücke,
5. Wohn-/Geschäftsgrundstücke,
6. Gewerbegrundstücke,
7. sonstige bebaute Grundstücke.

(2) Einfamilienhäuser sind Wohngrundstücke, die nur eine Wohnung enthalten. Dies gilt auch, wenn sie zu weniger als 50 vom Hundert, berechnet nach der Wohn-/Nutzfläche, zu gewerblichen oder öffentlichen Zwecken mitbenutzt werden.

(3) Zweifamilienhäuser sind Wohngrundstücke, die nur zwei Wohnungen enthalten. Absatz 2 Satz 2 ist entsprechend anzuwenden.

(4) Wohnungseigentumsgrundstücke sind Grundstücke in Form des Wohnungseigentums nach dem Wohnungseigentumsgesetz. § 70 Abs. 2 und § 138 Abs. 3 Satz 2 bleiben unberührt.

(5) Mietwohngrundstücke sind Grundstücke, die zu mehr als 80 vom Hundert, berechnet nach der Wohn-/Nutzfläche, Wohnzwecken dienen mit Ausnahme der Einfamilienhäuser, Zweifamilienhäuser und Wohnungseigentumsgrundstücke (Absatz 2 bis 4).

(6) Wohn-/Geschäftsgrundstücke sind Grundstücke, die ganz oder teilweise gewerblichen Zwecken oder die teilweise Wohnzwecken dienen mit Ausnahme der Grundstücke im Sinne von Absatz 1 Nr. 1 bis 4 und 6. Die Nutzung zu öffentlichen Zwecken ist der Nutzung zu gewerblichen Zwecken gleichgestellt. Zu den Wohn-/Geschäftsgrundstücken gehören auch Grundstücke in Form des Teileigentums.

(7) Gewerbegrundstücke sind die in der Anlage 14 genannten Grundstücke und vergleichbare Grundstücke, die ganz oder teilweise gewerblichen Zwecken dienen mit Ausnahme der Grundstücke im Sinne von Absatz 1 Nr. 1 bis 4. Absatz 6 Satz 2 und 3 gilt entsprechend.

(8) Sonstige bebaute Grundstücke sind Grundstücke, die nicht unter Absatz 2 bis 7 fallen. Absatz 6 Satz 3 gilt entsprechend.

§ 150
Bewertung

Bei der Ermittlung des Grundstückswerts ist vom Bodenwert (§ 151) und vom Gebäudewert (§§ 152 bis 154) auszugehen (Ausgangswert). Zur Berücksichtigung der geringen Ertragsfähigkeit von Grundvermögen und anderer wertmindernder Umstände ist der Ausgangswert zu ermäßigen (§ 155).

§ 151
Bodenwert

Der Grund und Boden ist mit dem Wert anzusetzen, der sich nach § 146 Satz 1 ergeben würde, wenn das Grundstück unbebaut wäre.

§ 152
Gebäudewert

(1) Bei der Ermittlung des Gebäudewerts von Grundstücken im Sinne des § 149 Abs. 1 Nr. 1 und 2 sowie 4 bis 7 ist von den durchschnittlichen Herstellungskosten nach den Baupreisverhältnissen zum 1. Januar 1996 je Quadratmeter Wohn-/Nutzfläche oder je Kubikmeter umbauten Raumes und bei der Ermittlung des Gebäudewerts von Grundstücken im Sinne des § 149 Abs. 1 Nr. 3 ist von dem aus Kaufpreisen abgeleiteten Preis je Quadratmeter Wohn-/Nutzfläche auszugehen.

(2) Bei Grundstücken im Sinne des § 149 Abs. 1 Nr. 1, 2 und 4 ergibt sich der Gebäudenormalherstellungswert vorbehaltlich Absatz 6 durch Vervielfachung der Anzahl der Quadratmeter Wohn-/Nutzfläche mit einem aus Anlage 15 zu entnehmenden Preis für einen Quadratmeter Wohn-/Nutzfläche (Flächenpreis). Die Ausstattung ist wie folgt zu bestimmen:

1. einfache Ausstattung:

    Außenfassade verputzt oder nicht höherwertiger gestaltet, Bad oder Dusche mit WC sowie Beheizung durch Einzelöfen oder vergleichbarer Heizquellen,

2. durchschnittliche Ausstattung:

    alle Gebäude oder Gebäudeteile, die nicht einfach oder gut ausgestattet sind,

3. gute Ausstattung:

    Außenfassade insgesamt oder zumindest überwiegend verklinkert oder zumindest gleichwertig gestaltet, mehrere Sanitärräume mit Bad oder Dusche – bezogen auf eine Wohnung – sowie zusätzlich zur Sammelheizung weitere Heizquellen, insbesondere ein Kachelofen oder ein offener Kamin, oder aufwendige Heiztechnik.

Bei Mietwohngrundstücken (§ 149 Abs. 1 Nr. 4) kann der Gebäudewert in einem Ertragswertverfahren nach Maßgabe von § 154 ermittelt werden.

(3) Bei Grundstücken im Sinne des § 149 Abs. 1 Nr. 3 ergibt sich der Gebäudewert vorbehaltlich Absatz 6 durch Vervielfachung der Anzahl der Quadratmeter Wohn-/Nutzfläche mit dem aus Anlage 15 für diese Grundstücksart zu entnehmenden Flächenpreis.

(4) Bei Grundstücken im Sinne des § 149 Abs. 1 Nr. 5 wird der Gebäudenormalherstellungswert vorbehaltlich Absatz 6 durch Vervielfachung der Anzahl der Quadratmeter Wohn-/Nutzfläche mit einem Flächenpreis ermittelt, der sich nach der Nutzung und Ausstattung bestimmt. Der Preisrahmen für die Flächenpreise ergibt sich aus Anlage 15.

(5) Bei Grundstücken im Sinne des § 149 Abs. 1 Nr. 6 und 7 wird der Gebäudenormalherstellungswert vorbehaltlich Absatz 6 regelmäßig durch Vervielfachung der Anzahl der Kubikmeter umbauten Raumes mit einem durchschnittlichen Preis für einen Kubikmeter umbauten Raumes (Raummeterpreis) ermittelt, der sich nach der Nutzung und der Ausstattung bestimmt. Der Preisrahmen für die Raummeterpreise ergibt sich aus Anlage 16.

(6) Bei einem unterschiedlich genutzten oder ausgestatteten Gebäude ist der Gebäudenormalherstellungswert für jeden Gebäudeteil unabhängig von der Grundstücksart gesondert zu ermitteln, wenn nach Art der Nutzung und Ausstattung unterschiedliche Preise anzusetzen sind. Bei Gebäudeteilen, deren Anteil am Gesamtgebäude nicht mehr als 10 vom Hundert, berechnet nach der Wohn-/Nutzfläche, beträgt, richtet sich der Flächenpreis oder der Raummeterpreis nach dem Wert für den Gebäudeteil, dessen Wohn-/Nutzfläche mehr als 50 vom Hundert der gesamten Wohn-/Nutzfläche des Gebäudes ausmacht. Ist ein Gebäudeteil mit einer überwiegenden Nutzung nicht vorhanden, ist der Gebäudenormalherstellungswert jedes Gebäudeteils unabhängig von seinem Umfang gesondert zu ermitteln. Bei Tennishallen, Reithallen oder vergleichbaren Hallen sind der Restaurationsteil und der Sozialteil gesondert zu bewerten.

(7) Der Gebäudenormalherstellungswert ist bei Grundstücken im Sinne des § 149 Abs. 1 Nr. 1 und 2 sowie 4 bis 7 wegen des Alters des Gebäudes am 1. Januar 1996 (§ 153) zu mindern (Gebäudewert). Bei Einzelgaragen, Doppelgaragen und Reihengaragen sind die aus Anlage 16 zu entnehmenden Festpreise je Stellplatz ohne Berücksichtigung einer Wertminderung wegen Alters anzusetzen.

§ 153
Wertminderung wegen Alters

(1) Die Wertminderung wegen Alters bestimmt sich nach dem Alter des Gebäudes am 1. Januar 1996 und der gewöhnlichen Lebensdauer von Gebäuden gleicher Art und Nutzung. Als Alter des Gebäudes gilt die Zeit zwischen dem Beginn des Jahres, in dem das Gebäude bezugsfertig geworden ist, und dem 1. Januar 1996. Dabei ist von einer gleichbleibenden jährlichen Wertminderung auszugehen.

(2) Ist im Feststellungszeitpunkt die restliche Lebensdauer eines Gebäudes infolge baulicher Maßnahmen wesentlich verlängert, ist bei der Berechnung der Wertminderung wegen Alters nach Absatz 1 von einem der Verlängerung der gewöhnlichen Lebensdauer entsprechenden späteren Baujahr (fiktives Baujahr) auszugehen.

(3) Die Wertminderung wegen Alters ist in einem Hundertsatz vom Gebäudenormalherstellungswert vorzunehmen. Als Wertminderung darf insgesamt kein höherer Betrag abgesetzt werden, als sich bei einem Alter von 70 vom Hundert der Lebensdauer ergibt.

§ 154
Gebäudewert bei Mietwohngrundstücken

(1) Bei Mietwohngrundstücken (§ 149 Abs. 1 Nr. 4) kann der Gebäudewert abweichend von §§ 152 und 153 in einem Ertragswertverfahren auf der Grundlage des Reinertrags des Gebäudes nach Absatz 2 ermittelt werden; §§ 146, 148 bis 151 und 155 bleiben unberührt. Der Steuerpflichtige hat bei Abgabe der Feststellungserklärung die dafür notwendigen Bewertungsgrundlagen nachzuweisen.

(2) Der Reinertrag des Gebäudes ergibt sich aus der durchschnittlichen Jahresrohmiete im Sinne des Absatzes 3, gemindert um die Bewirtschaftungskosten von 42 DM je Quadratmeter Wohn-/Nutzfläche und um 5 vom Hundert des Bodenwerts. Der Reinertrag ist unter Berücksichtigung der Restnutzungsdauer mit den Vervielfältigern nach Anlage 17 zu vervielfachen. Die Restnutzungsdauer bestimmt sich nach der gewöhnlichen Lebensdauer von Gebäuden gleicher Art und Nutzung abzüglich des Alters des Gebäudes am 1. Januar 1996; § 153 Abs. 1 Satz 2 und Abs. 2 gilt entsprechend. Als Restnutzungsdauer ist mindestens die Zeit in Jahren anzusetzen, die sich bei einem Alter von 30 vom Hundert der Lebensdauer ergibt. Bei einem negativen Reinertrag ist der Gebäudewert mit 0 Deutsche Mark anzusetzen.

(3) Die durchschnittliche Jahresrohmiete ist abweichend von § 138 Abs. 1 Satz 2 regelmäßig aus den Jahresrohmieten der letzten drei Jahre vor dem Besteuerungszeitpunkt herzuleiten. Jahresrohmiete ist das Gesamtentgelt, das der Mieter für die Überlassung des Grundstücks aufgrund vertraglicher Vereinbarungen für ein Jahr zu entrichten hat. Umlagen und alle sonstigen Leistungen des Mieters sind einzubeziehen. Zur Jahresrohmiete gehören auch Betriebskosten (z. B. Gebühren der Gemeinde), die durch die Gemeinde von den Mietern unmittelbar erhoben werden. Nicht einzubeziehen sind die Kosten der Schönheitsreparaturen und des Betriebs der zentralen Heizungs-, Warmwasserversorgungs- und Brennstoffversorgungsanlagen, alle Vergütungen für außergewöhnliche Nebenleistungen des Vermieters, die nicht die Raumnutzung betreffen, sowie Nebenleistungen des Vermieters, die nur einzelnen Mietern zugute kommen. Anstelle der durchschnittlichen Jahresrohmiete nach Satz 1 ist die übliche Miete für solche Grundstücke oder Grundstücksteile anzusetzen, die innerhalb des dreijährigen Zeitraums für die Ermittlung der durchschnittlichen Jahresrohmiete insgesamt oder zeitweise

1. eigengenutzt, ungenutzt, zu vorübergehendem Gebrauch oder unentgeltlich überlassen waren,

2. von dem Eigentümer dem Mieter zu einer um mehr als zwanzig vom Hundert von der üblichen Miete abweichenden tatsächlichen Miete überlassen worden sind.

Die übliche Miete ist in Anlehnung an die Jahresrohmiete für nicht preisgebundene Räume vergleichbarer Art, Lage, Größe, Ausstattung und Baujahre zu schätzen. Mieten, die durch ungewöhnliche oder persönliche Verhältnisse beeinflußt sind, sind dabei außer Betracht zu lassen.

§ 155
Abschlag

(1) Der Wert unbebauter Grundstücke (§ 146 Satz 1) und der Ausgangswert bebauter Grundstücke sind zur Berücksichtigung der geringeren Ertragsfähigkeit von Grundvermögen und aller anderen wertmindernden Umstände um 30 vom Hundert zu ermäßigen. Der Abschlag erhöht sich bei Grundstücken im öffentlich geförderten Wohnungsbau auf 35 vom Hundert, soweit sie im Besteuerungszeitpunkt Mietpreisbindungen oder Belegungsbindungen unterliegen.

(2) Bei Grundstücken im Sinne des § 149 Abs. 1 Nr. 1, 2 und 4 ist der Gebäudewert um einen zusätzlichen Abschlag von 10 vom Hundert zu ermäßigen, wenn es sich um ein Gebäude handelt,

1. das mit einer verbrennungsmotorisch oder thermisch angetriebenen Wärmepumpenanlage mit einer Leistungszahl von mindestens 1,3 oder einer Elektro-Wärmepumpenanlage mit einer Leistungszahl von mindestens 3,5 oder einer Solaranlage oder einer Anlage zur Wärmerückgewinnung beheizt wird,

2. das von Anlagen zur Gewinnung von Gas beheizt wird, welches aus pflanzlichen oder tierischen Abfallstoffen durch Gärung unter Sauerstoffabschluß entsteht (Bio-Gas-Anlage).

§ 156
Grundstücke im Zustand der Bebauung

Bei Grundstücken im Zustand der Bebauung sind die nicht bezugsfertigen Gebäude oder Gebäudeteile zusätzlich mit dem Betrag zu erfassen, der nach dem Grad ihrer Fertigstellung dem Gebäudewertanteil entspricht, mit dem sie im Grundstückswert (§ 150) nach Fertigstellung enthalten sein werden.

§ 157
Abweichender Grundstückswert

Ein niedrigerer Grundstückswert ist festzustellen, wenn der Steuerpflichtige nachweist, daß der tatsächliche Wert des Grundstücks niedriger als der nach §§ 146, 148 bis 156 ermittelte Wert ist."

50. Nach § 157 wird der folgende Teil angefügt:

„Dritter Teil
Schlußbestimmungen

§ 158
Bekanntmachung

Das Bundesministerium der Finanzen wird ermächtigt, den Wortlaut dieses Gesetzes und der zu diesem Gesetz erlassenen Durchführungsverordnungen in der jeweils geltenden Fassung mit neuem Datum, neuer Überschrift und neuer Paragraphenfolge bekanntzumachen und dabei Unstimmigkeiten des Wortlauts zu beseitigen.

§ 159
Anwendung des Gesetzes

Diese Fassung des Gesetzes ist erstmals zum 1. Januar 1997 und für die Erbschaftsteuer erstmals zum 1. Januar 1996 anzuwenden."

51. Folgende Anlagen werden angefügt:

Anlage 14
(zu § 149)

Verzeichnis der Gewerbegrundstücke und der sonstigen bebauten Grundstücke im Sinne des § 149 Abs. 1 Nr. 6 und 7

Altenheime
Baracken
Behelfsbauten
Bootshäuser
Clubhäuser
Container
Fabrikationshallen
Ferienheime
Fitneßstudios
Garagen
Gewächshäuser
Hallenbäder
Hochgaragen
Kindergärten
Kinderheime
Kliniken
Kühlhäuser
Laboratorien
Lagerhallen
Lichtspielhäuser
Markthallen
Mehrzweckhallen
Messehallen
Parkpaletten
Pflegeheime
Pförtnergebäude
Privatschulen
Reithallen ohne Restaurations- und Sozialteil
Restaurations- und Sozialteile von Tennis- und Reithallen
Saalbauten
Sanatorien
Saunastudios
Sozialgebäude
Tankstellengrundstücke (Wasch- und Pflegehallen)
Tennishallen ohne Restaurations- und Sozialteil
Textilbauten
Theater
Tiefgaragen
Überdachungen mit einer überdachten Fläche von mehr als 30 m^2
Vereinshäuser
Verkaufsstände mit einer Nutzfläche bis zu 50 m^2
Werkstatthallen
Zelthallen

Anlage 15
(zu § 152)

Flächenpreise für Grundstücke im Sinne des § 149 Abs. 1

1. Flächenpreise für Grundstücke im Sinne des § 149 Abs. 1 Nr. 1, 2 und 4

Grundstücksart/Nutzung	einfache Ausstattung	durchschnittliche Ausstattung	gute Ausstattung
	DM/m²		
Einfamilienhaus			
I. nicht unterkellert			
1. ausgebautes Dachgeschoß	1 600	1 800	2 000
2. nicht ausgebautes Dachgeschoß	1 800	2 000	2 200
II. unterkellert			
1. ausgebautes Dachgeschoß	2 100	2 300	2 500
2. nicht ausgebautes Dachgeschoß	2 300	2 500	2 700
Zweifamilienhaus			
I. nicht unterkellert	1 500	1 700	1 900
II. unterkellert	1 800	2 000	2 200
Mietwohngrundstück sowie Wohnflächen in den übrigen Grundstücken	1 600	1 800	2 000

2. Flächenpreise für Wohn-/Geschäftsgrundstücke im Sinne des § 149 Abs. 1 Nr. 5 sowie Flächenpreise bei gewerblicher Mitbenutzung von Einfamilienhäusern, Zweifamilienhäusern und Mietwohngrundstücken

Nutzung als	unterer Wert für den Preisrahmen in DM/m²	oberer Wert für den Preisrahmen in DM/m²
	einfache Ausstattung	aufwendige Ausstattung
Verwaltungs- und Bürogebäude, Praxis, Laden	1 200	3 100
Bank-, Hotel- und Versicherungsgebäude	1 400	3 300
Restaurationsgebäude, Gaststätte	1 000	3 200
Warenhaus	1 500	3 300

Liegt der Fußboden mindestens eines Geschosses mehr als 22 Meter über dem Gelände, ist für jeden weiteren vollen Meter zu den Flächenpreisen aller Geschosse (einschließlich Kellergeschoß) ein Zuschlag von 0,5 vom Hundert zu machen. Maßgebend ist der Unterschied zwischen 22 Metern und Oberkante Decke des obersten Vollgeschosses. Der Zuschlag ist nur auf den als Hochhaus errichteten Teil des Gebäudes anzuwenden

3. Flächenpreise für Grundstücke im Sinne des § 149 Abs. 1 Nr. 3

Baujahrsgruppe					
bis einschließlich 1948 DM/m²	von 1949 bis einschließlich 1960 DM/m²	von 1961 bis einschließlich 1970 DM/m²	von 1971 bis einschließlich 1980 DM/m²	von 1981 bis einschließlich 1989 DM/m²	ab 1990 DM/m²
herkömmliche Bauweise					
1 200	1 400	1 600	1 800	2 000	2 200
Plattenbauweise					
1 100	1 200	1 300	1 400	1 500	1 600

Anlage 16
(zu § 152)

Raummeterpreise und Festpreise für Grundstücke im Sinne des § 149 Abs. 1 Nr. 6 und 7

Nutzung als	unterer Wert für den Preisrahmen in DM/m³	oberer Wert für den Preisrahmen in DM/m³
Teil A		
	einfache Ausstattung	sehr gute Ausstattung
Kindergarten, Kinderheim; Ferien-, Alten- oder Pflegeheim; Privatschule	250	560
Verkaufsstand bis 50 m², Verkaufs-, Personal- und Sanitärräume in Tankstellen	450	850
	einfache Ausstattung	aufwendige Ausstattung
Restaurations- und Sozialteil von Tennis- oder Reithallen; Club- oder Vereinshaus; Sauna- oder Fitneßstudio	230	710
Saalbau, Lichtspielhaus, Mehrzweckhalle	200	470
Sozialgebäude, Pförtnergebäude, Laboratorium	250	580
Theater	400	870
Hallenbad	430	810
Klinik, Sanatorium	320	840
Teil B		
	einfache Ausstattung	durchschnittliche Ausstattung
Reithalle ohne Restaurations- und Sozialteil ...	25	53
Behelfsbau (mit Ausnahme von Teil C)	130	260
	einfache Ausstattung	gute Ausstattung
Fabrikations-, Werkstatt- oder Lagerhalle, Kühlhaus bis 4 m*)		
I. eingeschossig		
1. Skelett-, Rahmen- und Fachwerkkonstruktion	80	180
2. Massivbau	110	250
II. mehrgeschossig	180	320
Gewächshaus	50	170
Tankstellengrundstück (Wasch- oder Pflegehalle)	220	470
Baracke, Container	220	360
Tennishalle ohne Restaurations- und Sozialteil .	50	110
	einfache Ausstattung	aufwendige Ausstattung
Markt- oder Messehalle	100	350

*) Die Raummeterpreise von Fabrikations-, Werkstatt- und Lagerhallen sowie Kühlhäusern mit einer Geschoßhöhe von mehr als 4 Metern sind zu ermäßigen.

noch **Anlage 16**
(zu § 152)

Raummeterpreise und Festpreise für Grundstücke im Sinne des § 149 Abs. 1 Nr. 6 und 7

Teil C	
Nutzung als	Festpreise DM/m³
Behelfsbau mit einfachen Wänden	100
Bootshaus aus Holz	74
Hofkeller	220
Textilbau	108
Zelthalle	27
Überdachung über 30 m²	DM/m²
1. leichte Bauausführung	130
2. Holzkonstruktion	300
3. Stahl- oder Stahlbetonkonstruktion	400
Garage oder Parkhaus	DM/Stellplatz
1. Einzel, Doppel-, Reihengarage für Personenkraftwagen	10 000
2. Parkpalette	10 000
3. Hochgarage	16 000
4. Tiefgarage	22 000

Anlage 17
(zu § 152)

Vervielfältigertabelle

Bei einem Zinssatz in Höhe von 5,0 v. H. und einer Restnutzungsdauer von ... Jahren	Vervielfältiger	Bei einem Zinssatz in Höhe von 5,0 v. H. und einer Restnutzungsdauer von ... Jahren	Vervielfältiger
1	0.95	51	18.34
2	1.86	52	18.42
3	2.72	53	18.49
4	3.55	54	18.57
5	4.33	55	18.63
6	5.08	56	18.70
7	5.79	57	18.76
8	6.46	58	18.82
9	7.11	59	18.88
10	7.72	60	18.93
11	8.31	61	18.98
12	8.86	62	19.03
13	9.39	63	19.08
14	9.90	64	19.12
15	10.38	65	19.16
16	10.84	66	19.20
17	11.27	67	19.24
18	11.69	68	19.28
19	12.09	69	19.31
20	12.46	70	19.34
21	12.82	71	19.37
22	13.16	72	19.40
23	13.49	73	19.43
24	13.80	74	19.46
25	14.09	75	19.49
26	14.38	76	19.51
27	14.64	77	19.53
28	14.90	78	19.56
29	15.14	79	19.58
30	15.37	80	19.60
31	15.59	81	19.62
32	15.80	82	19.63
33	16.00	83	19.65
34	16.19	84	19.67
35	16.37	85	19.68
36	16.55	86	19.70
37	16.71	87	19.71
38	16.87	88	19.73
39	17.02	89	19.74
40	17.16	90	19.75
41	17.29	91	19.76
42	17.42	92	19.78
43	17.55	93	19.79
44	17.66	94	19.80
45	17.77	95	19.81
46	17.88	96	19.82
47	17.98	97	19.82
48	18.08	98	19.83
49	18.17	99	19.84
50	18.26	100	19.85

Artikel 2
Änderung des Erbschaftsteuer- und Schenkungsteuergesetzes

Das Erbschaftsteuer- und Schenkungsteuergesetz in der Fassung der Bekanntmachung vom 19. Februar 1991 (BGBl. I S. 468), zuletzt geändert durch Artikel 24 des Gesetzes vom 11. Oktober 1995 (BGBl. I S. 1250), wird wie folgt geändert:

1. In § 10 Abs. 6 Satz 4 wird „§ 13 Abs. 2a" durch „§ 13a" ersetzt.

2. § 12 wird wie folgt gefaßt:

„§ 12
Bewertung

(1) Die Bewertung richtet sich, soweit nicht in den Absätzen 2 bis 6 etwas anderes bestimmt ist, nach den Vorschriften des Ersten Teils des Bewertungsgesetzes (Allgemeine Bewertungsvorschriften).

(2) Ist der gemeine Wert von Anteilen an einer Kapitalgesellschaft unter Berücksichtigung des Vermögens und der Ertragsaussichten zu schätzen (§ 11 Abs. 2 Satz 2 des Bewertungsgesetzes), wird das Vermögen mit dem Wert im Zeitpunkt der Entstehung der Steuer angesetzt. Der Wert ist nach den Grundsätzen der Absätze 5 und 6 zu ermitteln. Dabei sind der Geschäfts- oder Firmenwert und die Werte von firmenwertähnlichen Wirtschaftsgütern nicht in die Ermittlung einzubeziehen.

(3) Grundbesitz (§ 19 des Bewertungsgesetzes) ist mit dem Grundbesitzwert anzusetzen, der nach dem Vierten Abschnitt des Zweiten Teils des Bewertungsgesetzes (Vorschriften für die Bewertung von Grundbesitz für die Erbschaftsteuer ab 1. Januar 1996 und für die Grunderwerbsteuer ab 1. Januar 1997) auf den Zeitpunkt der Entstehung der Steuer festgestellt wird.

(4) Bodenschätze, die nicht zum Betriebsvermögen gehören, werden angesetzt, wenn für sie Absetzungen für Substanzverringerung bei der Einkunftsermittlung vorzunehmen sind; sie werden mit ihren ertragsteuerlichen Werten angesetzt.

(5) Für den Bestand und die Bewertung von Betriebsvermögen mit Ausnahme der Bewertung der Betriebsgrundstücke (Absatz 3) sind die Verhältnisse zur Zeit der Entstehung der Steuer maßgebend. Die §§ 95 bis 99, 103 und 104 sowie 109 Abs. 1, 2 und 4 Satz 2 und § 137 des Bewertungsgesetzes sind entsprechend anzuwenden. Betriebsgrundstücke im Sinne des § 99 Abs. 1 Nr. 1 des Bewertungsgesetzes sind in den Fällen des § 13a Abs. 2 mit 140 vom Hundert des Grundbesitzwerts anzusetzen. Zum Betriebsvermögen gehörende Wertpapiere, Anteile und Genußscheine von Kapitalgesellschaften sind vorbehaltlich des Absatzes 2 mit dem nach § 11 oder 12 des Bewertungsgesetzes ermittelten Wert anzusetzen.

(6) Ausländischer Grundbesitz und ausländisches Betriebsvermögen werden nach § 31 des Bewertungsgesetzes bewertet.

3. § 13 wird wie folgt geändert:

a) Absatz 1 wird wie folgt geändert:

aa) Nummer 1 wird wie folgt gefaßt:

„1. a) Hausrat einschließlich Wäsche und Kleidungsstücke beim Erwerb durch Personen der Steuerklasse I

in vollem Umfang,

b) andere bewegliche körperliche Gegenstände, die nicht nach Nummer 2 befreit sind, beim Erwerb durch Personen der Steuerklasse I,

soweit der Wert insgesamt 20 000 Deutsche Mark nicht übersteigt,

c) Hausrat einschließlich Wäsche und Kleidungsstücke und andere bewegliche körperliche Gegenstände, die nicht nach Nummer 2 befreit sind, beim Erwerb durch Personen der Steuerklassen II und III,

soweit der Wert insgesamt 20 000 Deutsche Mark nicht übersteigt.

Die Befreiung gilt nicht für Gegenstände, die zum land- und forstwirtschaftlichen Vermögen, zum Grundvermögen oder zum Betriebsvermögen gehören, für Zahlungsmittel, Wertpapiere, Münzen, Edelmetalle, Edelsteine und Perlen;"

bb) Nummer 6 wird wie folgt gefaßt:

„6. ein Erwerb, der Eltern, Adoptiveltern, Stiefeltern oder Großeltern des Erblassers anfällt, sofern der Erwerb zusammen mit dem übrigen Vermögen des Erwerbers 80 000 Deutsche Mark nicht übersteigt und der Erwerber infolge körperlicher oder geistiger Gebrechen und unter Berücksichtigung seiner bisherigen Lebensstellung als erwerbsunfähig anzusehen ist oder durch die Führung eines gemeinsamen Hausstands mit erwerbsunfähigen oder in der Ausbildung befindlichen Abkömmlingen an der Ausübung einer Erwerbstätigkeit gehindert ist. Übersteigt der Wert des Erwerbs zusammen mit dem übrigen Vermögen des Erwerbers den Betrag von 80 000 Deutsche Mark, wird die Steuer nur insoweit erhoben, als sie aus der Hälfte des die Wertgrenze übersteigenden Betrags gedeckt werden kann;"

cc) Nummer 9 wird wie folgt gefaßt:

„9. ein steuerpflichtiger Erwerb bis zu 10 000 Deutsche Mark, der Personen anfällt, die dem Erblasser unentgeltlich oder gegen unzureichendes Entgelt Pflege oder Unterhalt gewährt haben, soweit das Zugewendete als angemessenes Entgelt anzusehen ist;"

dd) Nummer 16 Buchstabe c wird wie folgt gefaßt:

„c) an ausländische Religionsgesellschaften, Körperschaften, Personenvereinigungen und Vermögensmassen der in den Buchstaben a und b bezeichneten Art unter der Voraussetzung, daß der ausländische Staat für Zuwendungen an deutsche Rechtsträger der in den Buchstaben a und b bezeichneten Art eine entsprechende Steuerbefreiung gewährt und das Bundesministerium der Finanzen dies durch förmlichen Austausch entsprechender Erklärungen mit dem ausländischen Staat feststellt;"

b) Absatz 2a wird aufgehoben.

4. Nach § 13 wird folgender § 13a eingefügt:

„§ 13a

Ansatz von Betriebsvermögen, von Betrieben der Land- und Forstwirtschaft und von Anteilen an Kapitalgesellschaften

(1) Betriebsvermögen, land- und forstwirtschaftliches Vermögen und Anteile an Kapitalgesellschaften im Sinne des Absatzes 4 bleiben vorbehaltlich des Satzes 2 insgesamt bis zu einem Wert von 500 000 Deutsche Mark außer Ansatz

1. beim Erwerb von Todes wegen; beim Erwerb durch mehrere Erwerber ist für jeden Erwerber ein Teilbetrag von 500 000 Deutsche Mark entsprechend einer vom Erblasser schriftlich verfügten Aufteilung des Freibetrags maßgebend; hat der Erblasser keine Aufteilung verfügt, steht der Freibetrag, wenn nur Erben Vermögen im Sinne des Absatzes 4 erwerben, jedem Erben entsprechend seinem Erbteil und sonst den Erwerbern zu gleichen Teilen zu;

2. beim Erwerb im Weg der vorweggenommenen Erbfolge, wenn der Schenker dem Finanzamt unwiderruflich erklärt, daß der Freibetrag für diese Schenkung in Anspruch genommen wird; dabei hat der Schenker, wenn zum selben Zeitpunkt mehrere Erwerber bedacht werden, den für jeden Bedachten maßgebenden Teilbetrag von 500 000 Deutsche Mark zu bestimmen.

Wird ein Freibetrag nach Satz 1 Nr. 2 gewährt, kann für weiteres, innerhalb von zehn Jahren nach dem Erwerb von derselben Person anfallendes Vermögen im Sinne des Absatzes 4 ein Freibetrag weder vom Bedachten noch von anderen Erwerbern in Anspruch genommen werden.

(2) Der nach Anwendung des Absatzes 1 verbleibende Wert des Vermögens im Sinne des Absatzes 4 ist mit 50 vom Hundert anzusetzen.

(3) Ein Erwerber kann den Freibetrag oder Freibetragsanteil (Absatz 1) und den verminderten Wertansatz (Absatz 2) nicht in Anspruch nehmen, soweit er erworbenes Vermögen im Sinne des Absatzes 4 aufgrund einer letztwilligen Verfügung des Erblassers oder einer rechtsgeschäftlichen Verfügung des Erblassers oder Schenkers auf einen Dritten überträgt. Der bei ihm entfallende Freibetrag oder Freibetragsanteil geht auf den Dritten über, bei mehreren Dritten zu gleichen Teilen.

(4) Der Freibetrag und der verminderte Wertansatz gelten für

1. inländisches Betriebsvermögen (§ 12 Abs. 5) beim Erwerb eines ganzen Gewerbebetriebs, eines Teilbetriebs, eines Anteils an einer Gesellschaft im Sinne des § 15 Abs. 1 Nr. 2 und Abs. 3 oder § 18 Abs. 4 des Einkommensteuergesetzes, eines Anteils eines persönlich haftenden Gesellschafters einer Kommanditgesellschaft auf Aktien oder eines Anteils daran;

2. a) inländisches land- und forstwirtschaftliches Vermögen im Sinne des § 141 Abs. 1 Nr. 1 und 2 des Bewertungsgesetzes beim Erwerb eines ganzen Betriebs der Land- und Forstwirtschaft, eines Teilbetriebs, eines Anteils an einem Betrieb der Land- und Forstwirtschaft oder eines Anteils daran,

b) vermietete Wohngrundstücke, Grundstücke im Sinne des § 69 des Bewertungsgesetzes und die in § 52 Abs. 15 Satz 12 des Einkommensteuergesetzes genannten Gebäude oder Gebäudeteile oder eines Anteils daran,

unter der Voraussetzung, daß dieses Vermögen ertragsteuerlich zum Betriebsvermögen eines Betriebs der Land- und Forstwirtschaft gehört;

3. Anteile an einer Kapitalgesellschaft, wenn die Kapitalgesellschaft zur Zeit der Entstehung der Steuer Sitz oder Geschäftsleitung im Inland hat und der Erblasser oder Schenker am Nennkapital dieser Gesellschaft mindestens zu einem Viertel unmittelbar beteiligt war.

(5) Der Freibetrag oder Freibetragsanteil (Absatz 1) und der verminderte Wertansatz (Absatz 2) fallen mit Wirkung für die Vergangenheit weg, soweit der Erwerber innerhalb von fünf Jahren nach dem Erwerb

1. einen Gewerbebetrieb oder einen Teilbetrieb, einen Anteil an einer Gesellschaft im Sinne des § 15 Abs. 1 Nr. 2 und Abs. 3 oder § 18 Abs. 4 des Einkommensteuergesetzes, einen Anteil eines persönlich haftenden Gesellschafters einer Kommanditgesellschaft auf Aktien oder einen Anteil daran veräußert; als Veräußerung gilt auch die Aufgabe des Gewerbebetriebs. Gleiches gilt, wenn wesentliche Betriebsgrundlagen eines Gewerbebetriebs veräußert oder in das Privatvermögen übergeführt oder anderen betriebsfremden Zwecken zugeführt werden oder, wenn An-

teile an einer Kapitalgesellschaft veräußert werden, die der Veräußerer durch eine Sacheinlage (§ 20 Abs. 1 des Umwandlungssteuergesetzes) aus dem Betriebsvermögen im Sinne des Absatzes 4 erworben hat oder ein Anteil an einer Gesellschaft im Sinne des § 15 Abs. 1 Nr. 2 und Abs. 3 oder § 18 Abs. 4 des Einkommensteuergesetzes oder ein Anteil daran veräußert wird, den der Veräußerer durch eine Einbringung Betriebsvermögens im Sinne des Absatzes 4 in eine Personengesellschaft (§ 24 Abs. 1 des Umwandlungssteuergesetzes) erworben hat;

2. einen Betrieb der Land- und Forstwirtschaft oder einen Teilbetrieb, einen Anteil an einem Betrieb der Land- und Forstwirtschaft oder einen Anteil daran veräußert; als Veräußerung gilt auch die Aufgabe des Betriebs. Nummer 1 Satz 2 gilt entsprechend. Gleiches gilt, wenn Grundstücke im Sinne des Absatzes 4 Nummer 2 Buchstabe b oder ein Anteil daran veräußert oder in das Privatvermögen übergeführt oder anderen betriebsfremden Zwecken zugeführt werden;

3. Anteile an Kapitalgesellschaften im Sinne des Absatzes 4 ganz oder teilweise veräußert; eine verdeckte Einlage der Anteile in eine Kapitalgesellschaft steht der Veräußerung der Anteile gleich. Gleiches gilt, wenn die Kapitalgesellschaft innerhalb der Frist aufgelöst oder ihr Nennkapital herabgesetzt wird, wenn diese wesentliche Betriebsgrundlagen veräußert und das Vermögen an die Gesellschafter verteilt wird oder wenn Vermögen der Kapitalgesellschaft auf eine Personengesellschaft, eine natürliche Person oder eine andere Körperschaft (§§ 3 bis 16 des Umwandlungssteuergesetzes) übertragen wird."

5. § 14 wird wie folgt gefaßt:

„§ 14

Berücksichtigung früherer Erwerbe

(1) Mehrere innerhalb von zehn Jahren von derselben Person anfallende Vermögensvorteile werden in der Weise zusammengerechnet, daß dem letzten Erwerb die früheren Erwerbe nach ihrem früheren Wert zugerechnet werden. Von der Steuer für den Gesamtbetrag wird die Steuer abgezogen, die für die früheren Erwerbe nach den persönlichen Verhältnissen des Erwerbers und auf der Grundlage der geltenden Vorschriften zur Zeit des letzten Erwerbs zu erheben gewesen wäre. Anstelle der Steuer nach Satz 2 ist die tatsächlich für die in die Zusammenrechnung einbezogenen früheren Erwerbe zu entrichtende Steuer abzuziehen, wenn diese höher ist. Erwerbe, für die sich nach den steuerlichen Bewertungsgrundsätzen kein positiver Wert ergeben hat, bleiben unberücksichtigt.

(2) Die durch jeden weiteren Erwerb veranlaßte Steuer darf nicht mehr betragen als 50 vom Hundert dieses Erwerbs."

6. § 15 wird wie folgt gefaßt:

„§ 15

Steuerklassen

(1) Nach dem persönlichen Verhältnis des Erwerbers zum Erblasser oder Schenker werden die folgenden drei Steuerklassen unterschieden:

Steuerklasse I

1. Der Ehegatte,

2. die Kinder und Stiefkinder,

3. die Abkömmlinge der in Nummer 2 genannten Kinder und Stiefkinder,

4. die Eltern und Voreltern bei Erwerben von Todes wegen.

Steuerklasse II

1. Die Eltern und Voreltern, soweit sie nicht zur Steuerklasse I gehören,

2. die Geschwister,

3. die Abkömmlinge ersten Grades von Geschwistern,

4. die Stiefeltern,

5. die Schwiegerkinder,

6. die Schwiegereltern,

7. der geschiedene Ehegatte.

Steuerklasse III

Alle übrigen Erwerber und die Zweckzuwendungen.

(1a) Die Steuerklassen I und II Nr. 1 bis 3 gelten auch dann, wenn die Verwandtschaft durch Annahme als Kind bürgerlich-rechtlich erloschen ist.

(2) In den Fällen des § 3 Abs. 2 Nr. 1 und des § 7 Abs. 1 Nr. 8 ist der Besteuerung das Verwandtschaftsverhältnis des nach der Stiftungsurkunde entferntest Berechtigten zu dem Erblasser oder Schenker zugrunde zu legen, sofern die Stiftung wesentlich im Interesse einer Familie oder bestimmter Familien im Inland errichtet ist. In den Fällen des § 7 Abs. 1 Nr. 9 gilt als Schenker der Stifter oder derjenige, der das Vermögen auf den Verein übertragen hat. In den Fällen des § 1 Abs. 1 Nr. 4 wird der doppelte Freibetrag nach § 16 Abs. 1 Nr. 2 gewährt; die Steuer ist nach dem Vomhundertsatz der Steuerklasse I zu berechnen, der für die Hälfte des steuerpflichtigen Vermögens gelten würde.

(3) Im Falle des § 2269 des Bürgerlichen Gesetzbuchs und soweit der überlebende Ehegatte an die Verfügung gebunden ist, sind die mit dem verstorbenen Ehegatten näher verwandten Erben und Vermächtnisnehmer als seine Erben anzusehen, soweit sein Vermögen beim Tode des überlebenden Ehegatten noch vorhanden ist. § 6 Abs. 2 Satz 3 bis 5 gilt entsprechend."

7. § 16 Abs. 1 wird wie folgt gefaßt:

„(1) Steuerfrei bleibt in den Fällen des § 2 Abs. 1 Nr. 1 der Erwerb

1. des Ehegatten in Höhe von 1 000 000 Deutsche Mark;
2. der Kinder im Sinne der Steuerklasse I Nr. 2 und der Kinder verstorbener Kinder im Sinne der Steuerklasse I Nr. 2 in Höhe von 750 000 Deutsche Mark;
3. der übrigen Personen der Steuerklasse I in Höhe von 150 000 Deutsche Mark;
4. der Personen der Steuerklasse II in Höhe von 50 000 Deutsche Mark;
5. der Personen der Steuerklasse III in Höhe von 25 000 Deutsche Mark."

8. § 17 wird wie folgt gefaßt:

„§ 17
Besonderer Versorgungsfreibetrag

(1) Neben dem Freibetrag nach § 16 Abs. 1 Nr. 1 wird dem überlebenden Ehegatten ein besonderer Versorgungsfreibetrag von 500 000 Deutsche Mark gewährt. Der Freibetrag wird bei Ehegatten, denen aus Anlaß des Todes des Erblassers nicht der Erbschaftsteuer unterliegende Versorgungsbezüge zustehen, um den nach § 14 des Bewertungsgesetzes zu ermittelnden Kapitalwert dieser Versorgungsbezüge gekürzt.

(2) Neben dem Freibetrag nach § 16 Abs. 1 Nr. 2 wird Kindern im Sinne der Steuerklasse I Nr. 2 (§ 15 Abs. 1) für Erwerbe von Todes wegen ein besonderer Versorgungsfreibetrag in folgender Höhe gewährt:

1. bei einem Alter bis zu 5 Jahren in Höhe von 100 000 Deutsche Mark;
2. bei einem Alter von mehr als 5 bis 10 Jahren in Höhe von 80 000 Deutsche Mark;
3. bei einem Alter von mehr als 10 bis 15 Jahren in Höhe von 60 000 Deutsche Mark;
4. bei einem Alter von mehr als 15 bis 20 Jahren in Höhe von 40 000 Deutsche Mark;
5. bei einem Alter von mehr als 20 Jahren bis zur Vollendung des 27. Lebensjahrs in Höhe von 20 000 Deutsche Mark.

Stehen dem Kind aus Anlaß des Todes des Erblassers nicht der Erbschaftsteuer unterliegende Versorgungsbezüge zu, wird der Freibetrag um den nach § 13 Abs. 1 des Bewertungsgesetzes zu ermittelnden Kapitalwert dieser Versorgungsbezüge gekürzt. Bei der Berechnung des Kapitalwerts ist von der nach den Verhältnissen am Stichtag (§ 11) voraussichtlichen Dauer der Bezüge auszugehen."

9. § 19 wird wie folgt gefaßt:

„§ 19
Steuersätze

(1) Die Erbschaftsteuer wird nach folgenden Vomhundertsätzen erhoben:

Wert des steuerpflichtigen Erwerbs (§ 10) bis einschließlich Deutsche Mark	Vomhundertsatz in der Steuerklasse		
	I	II	III
100 000	5	10	15
500 000	10	20	25
1 000 000	15	30	35
10 000 000	20	35	45
über 10 000 000	25	40	50

(2) Ist im Falle des § 2 Abs. 1 Nr. 1 ein Teil des Vermögens der inländischen Besteuerung auf Grund eines Abkommens zur Vermeidung der Doppelbesteuerung entzogen, so ist die Steuer nach dem Steuersatz zu erheben, der für den ganzen Erwerb gelten würde.

(3) Der Unterschied zwischen der Steuer, die sich bei Anwendung des Absatzes 1 ergibt, und der Steuer, die sich berechnen würde, wenn der Erwerb die letztvorhergehende Wertgrenze nicht überstiegen hätte, wird nur insoweit erhoben, als er

a) bei einem Steuersatz bis zu 30 vom Hundert aus der Hälfte,

b) bei einem Steuersatz über 30 vom Hundert aus drei Vierteln

des die Wertgrenze übersteigenden Betrages gedeckt werden kann."

10. § 27 wird wie folgt gefaßt:

„§ 27
Mehrfacher Erwerb desselben Vermögens

(1) Fällt Personen der Steuerklasse I von Todes wegen Vermögen an, das in den letzten zehn Jahren vor dem Erwerb bereits von Personen dieser Steuerklasse erworben worden ist und für das nach diesem Gesetz eine Steuer zu erheben war, so ermäßigt sich der auf dieses Vermögen entfallende Steuerbetrag vorbehaltlich des Absatzes 3 wie folgt:

um vom Hundert	wenn zwischen den beiden Zeitpunkten der Entstehung der Steuer liegen
50	nicht mehr als 1 Jahr
45	mehr als 1 Jahr, aber nicht mehr als 2 Jahre
40	mehr als 2 Jahre, aber nicht mehr als 3 Jahre
35	mehr als 3 Jahre, aber nicht mehr als 4 Jahre
30	mehr als 4 Jahre, aber nicht mehr als 5 Jahre
25	mehr als 5 Jahre, aber nicht mehr als 6 Jahre
20	mehr als 6 Jahre, aber nicht mehr als 8 Jahre
10	mehr als 8 Jahre, aber nicht mehr als 10 Jahre

(2) Zur Ermittlung des Steuerbetrags, der auf das begünstigte Vermögen entfällt, ist die Steuer für den Gesamterwerb in dem Verhältnis aufzuteilen, in dem der Wert des begünstigten Vermögens zu dem Wert des steuerpflichtigen Gesamterwerbs ohne Abzug des dem Erwerber zustehenden Freibetrags steht.

(3) Die Ermäßigung nach Absatz 1 darf den Betrag nicht überschreiten, der sich bei Anwendung der in Absatz 1 genannten Vomhundertsätze auf die Steuer ergibt, die der Vorerwerber für den Erwerb desselben Vermögens entrichtet hat."

11. § 37 wird wie folgt gefaßt:

„§ 37
Anwendung des Gesetzes

(1) Diese Fassung des Gesetzes findet auf Erwerbe Anwendung, für die die Steuer nach dem 31. Dezember 1995 entstanden ist oder entsteht.

(2) In Erbfällen, die vor dem 31. August 1980 eingetreten sind, und für Schenkungen, die vor diesem Zeitpunkt ausgeführt worden sind, ist weiterhin § 25 in der Fassung des Gesetzes vom 17. April 1974 anzuwenden, auch wenn die Steuer infolge Aussetzung der Versteuerung nach § 25 Abs. 1 Buchstabe a erst nach dem 31. Dezember 1995 entstanden ist oder entsteht."

12. In § 37 a werden die Absätze 1 und 3 aufgehoben.

13. § 39 wird aufgehoben.

Artikel 3
Änderung der Erbschaftsteuer-Durchführungsverordnung

Die Erbschaftsteuer-Durchführungsverordnung in der im Bundesgesetzblatt Teil III, Gliederungsnummer 611-8-1, veröffentlichten bereinigten Fassung, zuletzt geändert durch Anlage I Kapitel IV Sachgebiet B Abschnitt II Nr. 29 des Einigungsvertrages vom 31. August 1990 in Verbindung mit Artikel 1 des Gesetzes vom 23. September 1990 (BGBl. 1990 II S. 885, 986), wird wie folgt geändert:

1. § 5 wird wie folgt geändert:

a) Absatz 1 wird wie folgt gefaßt:

„(1) Wer zur Anzeige über die Verwahrung oder die Verwaltung von Vermögen eines Erblassers verpflichtet ist, hat die Anzeige nach § 33 Abs. 1 des Erbschaftsteuer- und Schenkungsteuergesetzes dem nach dem Wohnsitz des Erblassers für die Verwaltung der Erbschaftsteuer zuständigen Finanzamt in der nach Muster 1 vorgesehenen Form zu erstatten."

b) Absatz 4 Nr. 2 wird wie folgt gefaßt:

„2. wenn der Wert der anzuzeigenden Wirtschaftsgüter 2 000 Deutsche Mark nicht übersteigt."

2. In § 6 wird der Einleitungssatz wie folgt gefaßt:

„Wer auf den Namen lautende Aktien oder Schuldverschreibungen ausgegeben hat, hat unverzüglich nach dem Eingang eines Antrags auf Umschreibung der Aktien oder Schuldverschreibungen eines Verstorbenen dem nach dem Wohnsitz des Erblassers für die Verwaltung der Erbschaftsteuer zuständigen Finanzamt unter Hinweis auf § 33 Abs. 2 des Erbschaftsteuer- und Schenkungsteuergesetzes anzuzeigen:"

3. § 7 wird wie folgt geändert:

a) In Absatz 1 werden die Worte „§ 187a Abs. 3 der Reichsabgabenordnung" durch die Worte „§ 33 Abs. 3 des Erbschaftsteuer- und Schenkungsteuergesetzes" ersetzt.

b) Absatz 3 Satz 1 wird wie folgt gefaßt:

„Die Anzeige nach § 33 Abs. 3 des Erbschaftsteuer- und Schenkungsteuergesetzes ist dem nach dem Wohnsitz des Versicherungsnehmers für die Verwaltung der Erbschaftsteuer zuständigen Finanzamt in der nach Muster 2 vorgesehenen Form zu erstatten."

c) Absatz 4 wird wie folgt gefaßt:

„(4) Die Anzeige darf bei Kapitalversicherungen unterbleiben, wenn der auszuzahlende Betrag 2 000 Deutsche Mark nicht übersteigt."

4. § 12 wird wie folgt geändert:

a) Absatz 1 Satz 1 wird wie folgt gefaßt:

„Die Gerichte haben dem nach dem Wohnsitz des Erblassers für die Verwaltung der Erbschaftsteuer zuständigen Finanzamt eine beglaubigte Abschrift der eröffneten Verfügungen von Todes wegen, der Erbscheine, Testamentsvollstreckerzeugnisse und Zeugnisse über die Fortsetzung von Gütergemeinschaften und der Beschlüsse über die Einleitung oder Aufhebung einer Nachlaßpflegschaft und Nachlaßverwaltung mit einem Vordruck nach Muster 5 zu übersenden und die Abwicklung von Erbauseinandersetzungen anzuzeigen."

b) Absatz 4 Nr. 1 wird wie folgt gefaßt:

„1. wenn die Annahme berechtigt ist, daß außer Hausrat (einschließlich Wäsche und Kleidungsstücken) im Wert von nicht mehr als 10 000 Deutsche Mark nur noch anderes Vermögen im reinen Wert von nicht mehr als 10 000 Deutsche Mark vorhanden ist,"

5. § 13 wird wie folgt geändert:

a) In Absatz 1 wird der Klammerzusatz „(§ 3 des Gesetzes)" durch den Klammerzusatz „(§ 7 des Gesetzes)" und der Klammerzusatz „(§ 4 Nr. 2 des Gesetzes)" durch den Klammerzusatz „(§ 8 des Gesetzes)" ersetzt.

b) Absatz 2 Satz 1 wird wie folgt gefaßt:

„Die Gerichte haben dem nach dem Wohnsitz des Zuwendenden für die Verwaltung der Erbschaftsteuer zuständigen Finanzamt eine beglaubigte Abschrift der Urkunde über eine Schenkung oder Zweckzuwendung unter Lebenden alsbald nach der Beurkundung zu übersenden und dabei die besonderen Feststellungen (Absatz 1) mitzuteilen."

c) Absatz 4 wird wie folgt gefaßt:

„(4) Unterbleiben darf die Übersendung einer beglaubigten Abschrift von Schenkungs- und Übergabeverträgen in Fällen, in denen Gegenstand der Schenkung nur Hausrat (einschließlich Wäsche und Kleidungsstücke) im Wert von nicht mehr als 10 000 Deutsche Mark und anderes Vermögen im reinen Wert von nicht mehr als 10 000 Deutsche Mark bildet."

6. § 15 wird wie folgt gefaßt:

„§ 15

Die vorstehende Fassung der Verordnung findet auf Erwerbe Anwendung, für die die Steuer nach dem 31. Dezember 1995 entstanden ist oder entsteht."

Artikel 4
Änderung des Gesetzes zur Reform des Erbschaftsteuer- und Schenkungsteuerrechts

Artikel 2, 9 und 10 des Gesetzes zur Reform des Erbschaftsteuer- und Schenkungsteuerrechts vom 17. April 1974 (BGBl. I S.933) werden aufgehoben.

Artikel 5
Aufhebung des Vermögensteuergesetzes

Das Vermögensteuergesetz in der Fassung der Bekanntmachung vom 14. November 1990 (BGBl. I S. 2467), zuletzt geändert durch Artikel 13 des Gesetzes vom 18. Dezember 1995 (BGBl. I S. 1959), wird mit Wirkung zum 1. Januar 1997 aufgehoben; eine Vermögensteuer (Artikel 106 Abs. 2 Nr. 1 des Grundgesetzes) wird nicht erhoben.

Artikel 6
Aufhebung der Anteilsbewertungsverordnung

Die Anteilsbewertungsverordnung vom 19. Januar 1977 (BGBl. I S. 171), geändert durch Artikel 16 des Gesetzes vom 21. Dezember 1993 (BGBl. I S. 2310), wird mit Wirkung zum 31. Dezember 1996 aufgehoben.

Artikel 7
Aufhebung des Gesetzes zur Änderung des Hauptfeststellungszeitraums für die wirtschaftlichen Einheiten des Betriebsvermögens sowie des Hauptveranlagungszeitraums für die Vermögensteuer

Das Gesetz zur Änderung des Hauptfeststellungszeitraums für die wirtschaftlichen Einheiten des Betriebsvermögens sowie des Hauptveranlagungszeitraums für die Vermögensteuer vom 23. Juni 1993 (BGBl. I S. 944, 973) wird aufgehoben.

Artikel 8
Aufhebung der Durchführungsverordnung zum Bewertungsgesetz

Die Durchführungsverordnung zum Bewertungsgesetz in der im Bundesgesetzblatt Teil III, Gliederungsnummer 610-7-1, veröffentlichten bereinigten Fassung, die zuletzt durch Artikel 14 des Gesetzes vom 25. Februar 1992 (BGBl. I S. 297) geändert worden ist, wird aufgehoben.

Begründung

I. Allgemeiner Teil

Mit diesem Gesetzentwurf sollen zum einen die Konsequenzen aus den Entscheidungen des Bundesverfassungsgerichts vom 22. Juni 1995, 2 BvL 37/91 und 2 BvR 552/91, BVerfGE 93, S. 121 und 165 zur Vermögensteuer/Erbschaft- und Schenkungsteuer gezogen werden. Außerdem sollen insbesondere steuerrechtliche Maßnahmen des Aktionsprogramms für Investitionen und Arbeitsplätze der Bundesregierung vom 30. Januar 1996, das durch das von den Koalitionsfraktionen am 25. April 1996 beschlossene Programm für mehr Wachstum und Beschäftigung konkretisiert und weiterentwickelt wurde, umgesetzt werden. Es gilt, die Produktions-, Investitions- und Beschäftigungsbedingungen am Standort Deutschland durchgreifend zu verbessern, die marktwirtschaftliche Erneuerung voranzubringen.

Das Bundesverfassungsgericht hat zur Erbschaftsteuer entschieden, daß § 12 Abs. 1 und 2 des Erbschaftsteuergesetzes in Verbindung mit dem I. und II. Teil des Bewertungsgesetzes insofern mit Artikel 3 Abs. 1 GG unvereinbar ist, als er bei gleichem Steuertarif als Bemessungsgrundlage der Erbschaftsteuer für Grundbesitz (§ 19 BewG) die auf der Grundlage von zum 1. Januar 1964 festgestellten Einheitswerte, für Kapitalvermögen hingegen Gegenwartswerte bestimmt. Die geforderte Belastungsgleichheit ist im Jahr 1996 mit Wirkung zum 1. Januar 1996 herzustellen. Mit der Neuregelung der Erbschaft- und Schenkungsteuer sowie der dazugehörigen Bewertung des Grundbesitzes soll die ungleichmäßige Erbschaftsbesteuerung mit Wirkung zum 1. Januar 1996 beseitigt werden.

Die Entscheidungen des Bundesverfassungsgerichts sollen auch für einen weiteren Schritt zur Vereinfachung des Steuerrechts und zur Verbesserung der Steuerstruktur genutzt werden.

- Grundbesitz soll entsprechend der Forderung des Bundesverfassungsgerichts, Vermögen gleichmäßig zu belasten, mit Gegenwartswerten erfaßt werden. In Übereinstimmung mit dem Beschluß der Finanzministerkonferenz der Länder vom 21. Dezember 1995 soll keine allgemeine Neubewertung des Grundbesitzes, sondern nur eine Bewertung anläßlich einer Erbschaftsteuerveranlagung (sog. „Bedarfsbewertung") erfolgen. Damit wird zugleich der mit einer allgemeinen Neubewertung verbundene Verwaltungsaufwand auf ein Mindestmaß reduziert.

- Die persönlichen Freibeträge sollen zur Schonung eines üblichen Familiengebrauchsvermögens, insbesondere auch des üblichen Familienwohnheims, angehoben werden, z. B. für Ehegatten von 250 000 auf 1 000 000 DM und für Kinder von 90 000 auf 750 000 DM. Außerdem soll der besondere Versorgungsfreibetrag verdoppelt werden, z. B. für Ehegatten von 250 000 auf 500 000 DM. Die bisherigen 4 Steuerklassen werden zu 3 Steuerklassen zusammengefaßt. Der neue Spitzensteuersatz beträgt künftig 50 v. H. und nicht mehr 70 v. H.

- Der Bewertungsabschlag i. H. v. 25 v. H. für das den Freibetrag von unverändert 500 000 DM übersteigende Betriebsvermögen und für Anteile an sog. Familienkapitalgesellschaften wird auf 50 v. H. angehoben. Der Freibetrag und der Bewertungsabschlag sollen künftig unter Einbeziehung der land- und forstwirtschaftlichen Betriebe bei Schenkung und bei allen Erwerben von Todes wegen gelten. Die Erleichterungen für Betriebsvermögen werden damit im Hinblick auf den Unternehmensübergang nochmals erheblich verbessert.

Die Anwendung des bisherigen Vermögensteuergesetzes soll zum 1. Januar 1997 entfallen.

Der Wegfall der Vermögensteuer auf Betriebsvermögen bedeutet zusammen mit dem gleichfalls angestrebten Wegfall der Gewerbekapitalsteuer einen wichtigen Impuls für den Wirtschaftsstandort Deutschland. Denn die Vermögensteuer muß aus versteuertem Einkommen entrichtet werden, in ertragschwachen oder sogar Verlustjahren aus der Substanz. Durch die Verringerung der Ertrags- sowie der Liquiditätsbasis wird gerade die in der Existenzgründungsphase wichtige Ansammlung von Eigenkapital beeinträchtigt. Eine Steuer, die allein an der Tatsache ansetzt, daß Kapital, z. B. neue und teure Produktionsanlagen in einem Unternehmen, vorhanden ist, wirkt nicht nur technologie- und innovationsfeindlich, sondern gefährdet auch zukunftssichere Arbeitsplätze.

Die Vermögensteuer auf das „Privatvermögen" soll, um überhöhte Erhebungskosten zu vermeiden, mit der Erbschaft- und Schenkungsteuer zusammengefaßt werden.

II. Besonderer Teil

Zu Artikel 1 (Bewertungsgesetz)

Allgemeines

In Artikel 1 wird die Bewertung des Grundbesitzes für Erbschaftsteuer- und Grunderwerbsteuerzwecke neu geregelt. Die neue Grundbesitzbewertung ist als neuer Vierter Abschnitt in den Zweiten Teil des Bewertungsgesetzes, der die besonderen Bewertungsvorschriften enthält, aufgenommen worden. Die bisherige Einheitsbewertung des Grundbesitzes gilt für die Grundsteuer fort. Zur besseren Gliederung des Bewertungsgesetzes sind die künftig nur noch für die Grundsteuer geltenden Bewertungsvorschriften für die neuen Länder, die an das Gesetz angehangen waren, ebenfalls in den Zweiten Teil des Gesetzes als Dritter Abschnitt eingefügt worden. Damit konnten die Anwendungs- und Schlußvorschriften wieder in einen Dritten Teil an das Ende des Bewertungsgesetzes gesetzt werden.

Die Änderung der Grundbesitzbewertung ist aufgrund der Entscheidungen des Bundesverfassungsgerichts vom 22. Juni 1995, 2 BvL 37/91 und 2 BvR 552/91, BVerfGE 93, S. 121 und 165, notwendig geworden. Das Bundesverfassungsgericht hat zur Erbschaftsteuer entschieden, daß § 12 Abs. 1 und 2 ErbStG in Verbindung mit dem I. und II. Teil des Bewertungsgesetzes insofern mit Art. 3 Abs. 1 GG unvereinbar ist, als er bei gleichem Steuertarif als Bemessungsgrundlage der Erbschaftsteuer für Grundbesitz (§ 19 BewG) die auf der Grundlage von zum 1. Januar 1964 festgestellten Einheitswerte, für Kapitalvermögen hingegen Gegenwartswerte bestimmt. Die geforderte Belastungsgleichheit ist im Jahr 1996 mit Wirkung zum 1. Januar 1996 herzustellen. Zur Vermögensteuer gilt entsprechend, daß § 10 Nr. 1 VStG insofern mit Art. 3 Abs. 1 GG unvereinbar ist, als er den einheitswertgebundenen Grundbesitz, dessen Bewertung der Wertentwicklung seit 1964/74 nicht mehr angepaßt worden ist, und das zu Gegenwartswerten erfaßte Vermögen mit demselben Steuersatz belastet.

Grundbesitz und damit ein sehr wichtiger Teil des Volksvermögens überhaupt wurde seit vielen Jahren zu der Erbschaft- und Schenkungsteuer mit Werten herangezogen, die auf der Basis der Wertverhältnisse 1. Januar 1964 bzw. in den neuen Ländern sogar auf der Basis der Wertverhältnisse 1. Januar 1935 ermittelt wurden. Die Ursache dafür war, daß entgegen der ursprünglichen Konzeption des Bewertungsgesetzes (§ 21 BewG) die turnusmäßigen Neubewertungen unterblieben sind. Die Einheitswerte des Grundbesitzes blieben trotz gewisser Zuschläge immer weiter hinter den Verkehrswerten zurück und führten dadurch zu einer immer geringeren Erbschaft- und Schenkungsteuerbelastung im Vergleich zum übrigen Vermögen. Die Hindernisgründe für eine Neubewertung waren vielfältig. Insbesondere haben der Aufbau der neuen Länder infolge des Beitritts der Deutschen Demokratischen Republik zur Bundesrepublik Deutschland und der explosionsartige Anstieg von Personal- und Sachkosten für eine notwendige Neubewertung sowie die steuerpolitische Zielvorstellung zum Abbau der einheitswertabhängigen Steuern eine gegenwartsnähere Bewertung verzögert.

Die Beseitigung der so entstandenen Ungleichheit zwischen der niedrigen Steuerbelastung des Grundbesitzes einerseits und der relativ hohen Belastung aller übrigen steuerbaren Vermögenswerte andererseits ist das Ziel der Änderung des Bewertungsgesetzes. Das anzustrebende Wertniveau der neuen Grundbesitzwerte muß sich in das Gefüge der steuerlichen Werte der anderen Vermögensgegenstände schlüssig einfügen. Wegen der besonderen rechtlichen und wirtschaftlichen Stellung des Grundbesitzes können die Werte nicht mit Werten von Kapitalvermögen verglichen werden. Ebenso wie für Betriebsvermögen, für Anteile an nichtnotierten Kapitalgesellschaften, für Kunstgegenstände und vieles andere mehr muß bei der Ermittlung der Bemessungsgrundlage für Grundbesitz durch einen vorsichtigen Wertansatz berücksichtigt werden, daß nicht bei jedem unentgeltlichen Erwerb von Grundbesitz der theoretisch mögliche Verkehrswert sofort realisiert werden kann. Bewertungsziel ist daher generell nicht der individuelle Verkehrswert im Sinne des § 9 BewG, sondern ein Wert, der typisierend die Bereicherung durch aus Verkehrswerten abgeleiteten durchschnittlichen Besteuerungsgrundlagen abbildet.

Bisherige Einheitsbewertung des Grundvermögens

Die letzte Hauptfeststellung der Einheitswerte für den Grundbesitz ist in den alten Ländern auf den 1. Januar 1964 durchgeführt worden. In den neuen Ländern beruhen die Einheitswerte für das Grundvermögen und für vergleichbare Betriebsgrundstücke auf der Hauptfeststellung 1. Januar 1935. Für das land- und forstwirtschaftliche Vermögen werden dort ab 1991 keine Einheitswerte festgestellt; vielmehr ist hier Bemessungsgrundlage der Ersatzwirtschaftswert. Der Wohnteil gehört in den neuen Ländern zum Grundvermögen. Nach dem Hauptfeststellungszeitpunkt wurden lediglich für die bestehenden wirtschaftlichen Einheiten des Grundbesitzes Fortschreibungen und für die neu entstandenen Einheiten Nachfeststellungen von Einheitswerten vorgenommen. Dabei wurden die Wertverhältnisse im Hauptfeststellungszeitpunkt beibehalten.

In den alten Ländern werden Einheitswerte für unbebaute Grundstücke auf der Grundlage durchschnittlicher Bodenwerte zum 1. Januar 1964 ermittelt, wobei den Besonderheiten des zu bewertenden Grundstücks durch Zu- oder Abschläge Rechnung getragen wird. Ein- und Zweifamilienhäuser, die weder besonders gestaltet noch besonders ausgestattet sind, Eigentumswohnungen, Mietwohngrundstücke sowie gemischtgenutzte Grundstücke werden regelmäßig im Ertragswertverfahren unter Ansatz der Jahresrohmiete und eines gesetzlich vorgeschriebenen Vervielfältigers bewertet. Auch für Geschäftsgrundstücke gilt das Ertragswertverfahren, wenn für diese Grundstücke zum 1. Januar 1964 eine Jahresrohmiete ermittelt oder eine übliche Miete aus Vergleichsgrundstücken abgeleitet werden konnte. Besonders aufwendig gestaltete oder ausgestattete Ein- und Zweifamilienhäuser sowie Geschäftsgrundstücke, für die weder eine Jahresrohmiete noch eine übliche Miete vorliegt, sind im Sachwertverfahren unter Ansatz des Bodenwerts, des Gebäudewerts und des Werts der Außenanlagen zu bewerten, wobei der Sachwert durch eine Wertzahl an den gemeinen Wert angeglichen wird. Dieses Bewertungsverfahren wird auch bei den sonstigen bebauten Grundstücken angewendet.

In den neuen Ländern werden die Einheitswerte des Grundvermögens nach den Wertverhältnissen vom 1. Januar 1935 ermittelt. Auch hier werden unbebaute Grundstücke mit dem in der betreffenden Gegend aus Kaufpreisen abgeleiteten Bodenwerten vom 1. Januar 1935 unter Berücksichtigung der Besonderheiten des zu bewertenden Grundstücks bewertet. Mietwohngrundstücke und gemischtgenutzte Grundstücke sind mit dem Vielfachen der Jahresrohmiete anzusetzen. Für Einfamilienhäuser, Geschäftsgrundstücke und sonstige bebaute Grundstücke wird der Einheitswert unter Ansatz des Bodenwerts, des Gebäudewerts und des Werts der Außenanlagen ermittelt. Liegen für Einfamilienhäuser und Mietwohngrundstücke keine Einheitswerte 1935 vor, wird die Einheitsbewertung nur dann nachgeholt, wenn dies für Erbschaftsteuerzwecke erforderlich ist (Bedarfsbewertung). Andernfalls ist für die Grundsteuer nur eine Ersatzbemessungsgrundlage heranzuziehen (§ 42 GrStG).

Durch das Festschreiben der Wertverhältnisse auf den 1. Januar 1935 in den neuen Ländern und auf den 1. Januar 1964 in den alten Ländern wird Grundbesitz erheblich niedriger als Vermögensgegenstände besteuert, die mit gegenwartsnahen Werten erfaßt werden. Daran ändern auch die Zuschläge zu den Einheitswerten, in den alten Ländern 40 v. H. und in den neuen Ländern differenziert nach Grundstückshauptgruppen, nichts. Das Ausbleiben einer turnusmäßigen Neubewertung des Grundbesitzes sowie die unterschiedlichen Bewertungsmethoden innerhalb des Grundvermögens führten letztlich dazu, daß die Gleichmäßigkeit der Vermögens- und Erbschaftsbesteuerung nicht mehr gewahrt war (vgl. Beschlüsse des Bundesverfassungsgerichts vom 22. Juni 1995 und auch Jakob, Möglichkeiten einer Vereinfachung der Bewertung des Grundbesitzes sowie Untersuchung einer befristeten Anwendung von differenzierten Zuschlägen zu den Einheitswerten, BMF-Schriftenreihe Heft 48, S. 65 unter Hinweis auf eine von der Finanzverwaltung in 1992 durchgeführten Kaufpreisuntersuchung).

Grundstücksbewertung ab dem 1. Januar 1996

Neue Grundbesitzwerte werden nach Abschnitt IV des II. Teils des Bewertungsgesetzes ab dem 1. Januar 1996 für Zwecke der Erbschaft- und Schenkungsteuer sowie für Zwecke der Grunderwerbsteuer ab 1. Januar 1997 festgestellt. Die neuen Grundbesitzwerte werden nur in den Fällen ermittelt, in denen sie für diese Steuern benötigt werden. Dabei werden die tatsächlichen Verhältnisse vom Besteuerungszeitpunkt und die Wertverhältnisse vom 1. Januar 1996 zugrunde gelegt. Die Wertverhältnisse werden aus Praktikabilitätsgründen für sechs Jahre festgeschrieben.

Die Beschlüsse des Bundesverfassungsgerichts betreffen auch die Bewertung des land- und forstwirtschaftlichen Vermögens, das nach § 19 Abs. 1 Nr. 1 BewG zum Grundbesitz gehört. Vom System her entspricht die derzeitige Bewertung nach dem Ertragswertverfahren den Anforderungen des Bundesverfassungsgerichts; die unterschiedliche Entwicklung der Ertragsfähigkeit im Verhältnis zu anderen Vermögensarten und innerhalb der Land- und Forstwirtschaft seit 1964 hat jedoch Veränderungen ergeben, die der verfassungsrechtlich gebotenen Gleichbehandlung bei der Besteuerung nicht mehr genügen. Daher sollen land- und forstwirtschaftliche Betriebe im Rahmen der Bedarfsbewertung für Zwecke der Erbschaft- und Schenkungsteuer sowie Grunderwerbsteuer mit aktuellen Ertragswerten bewertet werden.

Das Bewertungsverfahren ist als Übergangslösung bis zu einer allgemeinen Neubewertung des land- und forstwirtschaftlichen Vermögens konzipiert. Es ist gekennzeichnet durch die Anwendung weniger, vorsichtig bemessener, pauschalierter Ertragswerte, die nach den hauptsächlichen ertragsbildenden Kriterien untergliedert sind. Als Alternative ist auf Antrag die Bewertung nach dem Einzelertragswertverfahren vorgesehen.

Die bewertungsrechtliche Behandlung der land- und forstwirtschaftlichen Wohnteile wird beibehalten. Spezifische Besonderheiten der land- und forstwirtschaftlichen Wohnungen werden berücksichtigt.

Zur Erleichterung des Generationenwechsels in der Land- und Forstwirtschaft werden den Betrieben ein Freibetrag von 500 000 DM und ein Bewertungsabschlag von 50 v. H. eingeräumt. Damit ist sichergestellt, daß Kleinbetriebe und bäuerliche Familienbetriebe regelmäßig nicht durch die Erbschaft- und Schenkungsteuer belastet werden und größere Betriebe eine deutliche Reduzierung der Steuerlast erfahren.

Für die Ermittlung der neuen Grundstückswerte des Grundvermögens gilt künftig folgendes:

Unbebaute Grundstücke werden nach dem Vergleichswertverfahren auf der Grundlage von Bodenrichtwerten bewertet, die von den Gutachterausschüssen ermittelt und bei der Bewertung des einzelnen Grundstücks nur noch an eine abweichende bauliche Nutzung angepaßt werden sollen. Weitere wertbeeinflussende Merkmale sollen – abweichend von der bisherigen Einheitsbewertung – außer Ansatz bleiben bzw. durch einen generellen Abschlag von 30 v. H. abgegolten werden.

Die bebauten Grundstücke werden überwiegend im Wohn-/Nutzflächenverfahren, Industriegrundstücke allerdings weiter nach dem bisherigen Kubikmeterverfahren bewertet. Für Mietwohngrundstücke wird auch die Gebäudewertermittlung nach einem Ertragswertverfahren zugelassen. Beim Wohn-/Nutzflächenverfahren setzt sich der Grundstückswert aus dem Bodenwert und dem Gebäudewert zusammen.

Der Bodenwert bemißt sich nach der Grundstücksgröße und dem für das Grundstück anzusetzenden Flächenpreis pro Quadratmeter. Der Gebäudewert ergibt sich aus der Wohn-/Nutzfläche des Gebäudes und dem Flächenpreis pro Quadratmeter Wohn-/Nutzfläche. Die Höhe des Flächenpreises ist von der Grundstücksart, der Nutzung und der Ausstattungsgüte abhängig. Der so ermittelte Gebäudenormalherstellungswert wird um eine Alterswertminderung gekürzt, deren Höhe sich nach der Bauart und dem Alter des Gebäudes zum 1. Januar 1996 richtet. Die Summe aus Boden- und Gebäudewert ist um einen generellen Abschlag von 30 v. H. zu kürzen. Durch diesen Abschlag soll insbesondere der geringeren Ertragsfähigkeit von Grundstücken im Vergleich zu anderen Vermögensgegenständen angemessen Rechnung getragen werden. Darüber hinaus sollen durch den Abschlag mögliche Ermäßigungen, wie z. B. Lärmbelästigung und Baumängel, abgegolten werden. Bei Mietwohngrundstücken kann der Gebäudewert in einem vereinfachten Ertragswertverfahren unter Ansatz der aus den letzten drei Jahren vor dem Besteuerungszeitpunkt abgeleiteten Jahresrohmiete ermittelt und im Feststellungsverfahren angesetzt werden. Sollte der steuerliche Grundstückswert höher sein als der tatsächliche Wert des Grundstücks, hat der Grundstückseigentümer die Möglichkeit, den niedrigeren tatsächlichen Grundstückswert nachzuweisen; dieser ist dann der Besteuerung zugrunde zu legen.

Das neue Wohn-/Nutzflächenverfahren ersetzt grundsätzlich das bisherige Ertragswertverfahren. Es ist seit vielen Jahren vom Bundesministerium der Finanzen mit den obersten Finanzbehörden der Länder entwickelt worden. Eine Arbeitsgruppe, an der der Bund, die Länder und externe Sachverständige beteiligt waren, hat mehrheitlich eine Kombination der Bewertungsverfahren „Wohn-/Nutzflächenverfahren" und „Kubikmeterverfahren" empfohlen. Nach Auffassung der Arbeitsgruppe löst diese Kombination gegenüber einer Kombination des Rohmietenverfahrens mit dem Kubikmeterverfahren einen geringeren Arbeitsaufwand mit mindestens gleichen Ergebnissen aus.

Auch der Wissenschaftliche Beirat beim Bundesministerium der Finanzen schlägt in seinem Gutachten zur Einheitsbewertung in der Bundesrepublik Deutschland (BMF-Schriftenreihe Heft 41, S. 21/22) für die künftige Bewertung der Ein- und Zweifamilienhäuser sowie der Eigentumswohnungen und kleineren Mietobjekte ein vereinfachtes Verfahren mit einer getrennten Bewertung des Grund und Bodens einerseits und der Gebäude andererseits vor. Das Ertragswertverfahren führe nur bei Mietobjekten mit vier oder mehr Mietwohnungen zu „einigermaßen befriedigenden" Ergebnissen.

Eine Verprobung des Wohn-/Nutzflächenverfahrens durch das Bundesfinanzministerium in Zusammenarbeit mit den Ländern in den Jahren 1994 und 1995 hat gezeigt, daß es insgesamt positiv beurteilt wird. Bei der Ermittlung der neuen Grundstückswerte haben sich keine Schwierigkeiten ergeben. Der Zeitaufwand für die Wertermittlung wird im Vergleich zu den bisherigen Bewertungsverfahren zumeist günstiger eingeschätzt. Die bürgerfreundliche Gestaltung des Verfahrens – die Abfrage der Grundstücksdaten beschränkt sich auf wenige, den Grundstückseigentümern bekannte Merkmale – dürfte zu einer großen Akzeptanz führen. Besonders wichtig ist für die Steuerpflichtigen, daß sie bei der vorgesehenen Bewertung den Grundstückswert ohne großes Fachwissen eigenständig auf der Grundlage der erklärten Grundstücksmerkmale berechnen können. Dies ist beim Wohn-/Nutzflächenverfahren gewährleistet. Nach den Ergebnissen der Verprobung betragen die nach dem Wohn-/Nutzflächenverfahren ermittelten Grundstückswerte im Durchschnitt 61,64 v. H. des Kaufpreises. Nach Grundstücksgruppen unterschieden liegt das durchschnittliche Wertniveau im Bereich von 56,08 v. H. für Teileigentum und 68,14 v. H. für Hotels.

Die von der Konferenz der Finanzminister eingesetzte Arbeitsgruppe zu den Konsequenzen aus den Beschlüssen des Bundesverfassungsgerichts hat in ihrem Abschlußbericht das erarbeitete Wohn-/Nutzflächenverfahren nicht in Frage gestellt. Allerdings soll, so der Beschluß der Finanzministerkonferenz, im Gesetzgebungsverfahren auch ein Ertragswertverfahren geprüft werden.

Unter Abwägung der Vor- und Nachteile des Wohn-/Nutzflächenverfahrens und eines Ertragswertverfahrens sprechen sich die Koalitionsfraktionen bei der Bedarfsbewertung für Zwecke der Erbschaft- und Schenkungsteuer sowie der Grunderwerbsteuer grundsätzlich für die Kombination des Wohn-/Nutzflächenverfahrens mit dem bisherigen Sachwertverfahren für Industriegrundstücke aus. Im Hinblick auf die besondere Bedeutung des Mietwohnungsbaus und auf die übliche Bewertungspraxis im Mietwohnungsbereich wird für Mietwohngrundstücke wahlweise auch eine Bewertung nach dem Gebäudeertrag vorgesehen. Damit soll die Steuerbelastung insoweit mehr an einem vorsichtig geschätzten, realitätsgerechten Gebäudeertrag orientiert werden können, ohne daß der Steuerbürger einen Nachweis erbringen muß, daß der tatsächliche Wert unter dem nach einem Wohn-/Nutzflächenverfahren ermittelten Grundstückswert liegt. Näheres siehe Begründung zu § 154.

Der Grundstückswert typischer Gewerbegrundstücke, die vor allem für den eigenen Betrieb errichtet werden, kann nur in einem Sachwertverfahren bewertet werden. Der Grundstückswert setzt sich hier aus dem getrennt ermittelten Boden- und Gebäudewert zusammen. Dabei wird der Gebäudewert unter Ansatz des umbauten Raums und aktualisierter Raummeterpreise berechnet. Das Alter des Gebäudes zum Bewertungsstichtag wird durch eine Alterswertminderung berücksichtigt, deren Höhe sich nach der Bauart und dem Alter richtet. Auch beim Sachwertverfahren wird der Ausgangswert aus Boden- und Gebäudewert um einen generellen Abschlag von 30 v. H., insbesondere zur Berücksichtigung möglicher Wertminderungen, ermäßigt.

Die Anregung, Betriebsgrundstücke mit ihren Steuerbilanzwerten anzusetzen, wurde nicht übernommen. Die Steuerbilanzwerte von unbebauten Grundstükken beruhen auf den historischen Anschaffungskosten. Wertsteigerungen bleiben unberücksichtigt. Bei bebauten Grundstücken hängt es meist vom Alter der Gebäude und damit von der bereits getätigten Abschreibung ab, ob der Steuerbilanzwert höher oder niedriger als ein nach typisierenden Bewertungsgrundlagen errechneter Wert ist. Die Übernahme der Steuerbilanzwerte würde nicht in jedem Fall zu einer geringeren Steuer führen als der Ansatz typisierender gemeiner Werte. Die steuerliche Belastung wäre damit von einer Bewertung abhängig, die die Wertrelation zu anderem Vermögen – beschränkt man sich nur auf den Wertansatz und nicht auf seine steuerliche Gesamtbelastung – nicht realitätsgerecht abbildet. Die Erbschaftsteuer bei privatem Grundbesitz nach typisierenden Werten des Grundvermögens, bei bilanzierenden Kaufleuten und Freiberuflern dagegen nach ertragsteuerlichen Buchwerten zu berechnen, muß als gleichheitswidrig angesehen werden.

Die Sonderfälle der Bewertung (Grundstück im Zustand der Bebauung, Erbbaurechte sowie Gebäude auf fremdem Grund und Boden) werden künftig ähnlich wie im bisher geltenden Recht behandelt. Dies gilt insbesondere für die bewertungsrechtliche Einordnung der Erbbaurechte in das Grundvermögen, für die Aufteilung des Grundbesitzwerts auf den Grundstückseigentümer und den Gebäudeeigentümer sowie für den gesonderten Ansatz von Erbbauzinsansprüchen und Erbbauzinsverpflichtungen. Das Bundesverfassungsgericht hat die geltenden Regelungen als verfassungsgemäß bestätigt (BVerfG-Beschluß vom 17. Juli 1995 – 1 BvR 892/89 –, BStBl II 1995 S. 810).

Zu den einzelnen Vorschriften

Zu Nummer 1 (§ 3 a BewG)

Die Vorschrift ist wegen Aufhebung der Vermögensteuer nicht mehr erforderlich.

Zu Nummer 2 (§ 11 Abs. 2 BewG)

Wegen des Wegfalls der Vermögensteuer werden Einheitswerte des Betriebsvermögens künftig nicht mehr festgestellt. Die Ermittlung des Vermögenswerts kann deshalb nicht mehr an einen festgestellten Einheitswert des Betriebsvermögens anknüpfen. Bei Berechnung des Werts nichtnotierter Aktien und Anteile ist der Vermögenswert daher selbständig zu ermitteln. Dem wird durch die Streichung der Sätze 3 bis 5 des Absatzes 2 Rechnung getragen. Im übrigen soll das Stuttgarter Verfahren weitergelten.

Zu Nummer 3 (§ 17 BewG)

Die Änderung des Absatzes 1 ist durch die Neugliederung des Bewertungsgesetzes und wegen des Wegfalls der Vermögensteuer erforderlich geworden. Absatz 2 regelt die Anwendung der Bewertungsvorschriften für die Grundsteuer und soweit erforderlich für die Gewerbesteuer. Die Änderung in Absatz 3 ist redaktioneller Art.

Zu Nummern 4 und 5 (§§ 18 und 19 BewG)

Die Vorschriften sind der Rechtslage nach Aufhebung der Vermögensteuer angepaßt worden.

Zu Nummer 6 (§ 21 BewG)

Die Vorschrift enthält nur noch die für den Grundbesitz notwendigen Regelungen. Die bisher in § 21 Abs. 3 BewG enthaltene Bestimmung über die Nachholung einer Hauptfeststellung ist entbehrlich.

Zu Nummern 7 bis 9 (§§ 22 bis 24 BewG)

Die Vorschriften sind der Rechtslage nach Aufhebung der Vermögensteuer angepaßt worden.

Zu Nummer 10 (§ 25 BewG)

Die §§ 22 bis 24 BewG enthielten bisher einen Verweis auf die entsprechende Anwendung der Regelungen des § 21 Abs. 3 BewG über die Nachholung einer Hauptfeststellung nach Ablauf der Feststellungsfrist. Diese Vorschrift ist künftig entbehrlich. In § 25 BewG werden nunmehr diese Verweise in einer eigenen Vorschrift zusammengefaßt.

Zu Nummern 11 bis 13 (§§ 26, 28 und 30 BewG)

Die Vorschriften sind der Rechtslage nach Aufhebung der Vermögensteuer angepaßt worden.

Zu Nummer 14 (§ 44 BewG)

Es handelt sich um eine redaktionelle Anpassung an die Zitierweise des Bodenschätzungsgesetzes in §§ 55 und 60 BewG.

Zu Nummer 15 (§ 91 BewG)

Die Vorschrift des bisherigen Absatzes 2 ist wegen Aufhebung der Vermögensteuer nicht mehr erforderlich.

Zu Nummer 16 (§ 95 BewG)

Es handelt sich um eine redaktionelle Änderung nach Wegfall der Einheitsbewertung für das Betriebsvermögen.

Zu Nummer 17 (§ 97 BewG)

Die neue Aufteilungsregelung des Betriebsvermögens bei Personengesellschaften (neuer Absatz 1a) stellt die gesetzliche Normierung eines einfach zu praktizierenden Verfahrens dar, das berücksichtigt, daß beim Betriebsvermögen grundsätzlich die ertragsteuerlichen Bilanzwerte maßgebend sind. Wollte man weiter die die bisherige Rechtslage vor dem 1. Januar 1993 ergänzende höchstrichterliche Rechtsprechung anwenden, nach der die Aufteilung entsprechend den Unternehmenswertanteilen der Beteiligten zu erfolgen habe, müßte in diesen Fällen der tatsächliche Wert des Unternehmens einschließlich der stillen Reserven allein für Aufteilungszwecke ermittelt werden. Gerade dies, nämlich eine besondere Wertermittlung, wollte man jedoch aus Vereinfachungsgründen durch die Übernahme der Steuerbilanzwerte vermeiden.

Zu Nummer 18 (§ 98a BewG)

Die Vorschrift ist der Rechtslage nach Aufhebung der Vermögensteuer angepaßt worden.

Zu Nummer 19 (§ 101 BewG)

Die Vorschrift ist wegen Aufhebung der Vermögensteuer nicht mehr erforderlich.

Zu Nummer 20 (§ 102 BewG)

Die Vorschrift ist der Rechtslage nach Aufhebung der Vermögensteuer angepaßt worden.

Zu Nummer 21 (§ 104 BewG)

Es handelt sich um eine redaktionelle Anpassung.

Zu Nummer 22 bis 23 (§ 106 und 107 BewG)

Die Vorschriften sind wegen Aufhebung der Vermögensteuer nicht mehr erforderlich.

Zu Nummer 24 (§ 109 BewG)

Die Vorschrift ist der Rechtslage nach Aufhebung der Vermögensteuer angepaßt worden.

Zu Nummern 25 bis 38 (§§ 109a, 110, 111, 112, 113, 113a, 114, 115, 116, 117, 117a, 118, 119, 120 BewG)

Die Vorschriften sind wegen Aufhebung der Vermögensteuer nicht mehr erforderlich.

Zu Nummer 39 (§§ 121a bis 124 BewG)

Der Dritte Teil des Bewertungsgesetzes enthält bisher die Übergangs- und Schlußbestimmungen. Im Vierten Teil folgten die Vorschriften für die Bewertung von Vermögen in den neuen Ländern. Die Schlußbestimmungen werden nunmehr, wie auch in anderen Gesetzen üblich, an den Schluß des Bewertungsgesetzes übernommen.

Zu Nummer 40 (§ 121a BewG)

Die Vorschrift hat nur noch für die Gewerbesteuer Bedeutung.

Zu Nummer 41 (§ 121b BewG)

Die Aufhebung erfolgt infolge Zeitablaufs.

Zu Nummer 42 (§ 122 BewG)

Die bisherigen Absätze 2 bis 5 des § 122 BewG sind infolge Zeitablaufs überholt. Die jetzige Regelung enthält nur die geltenden Bestimmungen sowie eine redaktionelle Anpassung an die Zitierweise des Bodenschätzungsgesetzes in §§ 50 und 60 BewG.

Zu Nummer 43 (§ 123 BewG)

Die Ermächtigung zum Erlaß von Rechtsverordnungen zu verschiedenen Vorschriften des Bewertungsgesetzes, die bisher in § 123 Abs. 1 enthalten war, bildet nunmehr den einzigen Inhalt des § 123. Die bisher in Absatz 2 enthaltene Ermächtigung zur Neufassung des Bewertungsgesetzes wird als § 158 in die Schlußbestimmungen übernommen.

Zu Nummer 44 (§ 124 BewG)

Der Anwendungszeitpunkt wird nunmehr in § 159 geregelt.

Zu Nummer 45 (§ 125 bis 132 BewG)

Der bisherige Vierte Teil des Bewertungsgesetzes ist künftig Dritter Abschnitt der besonderen Bewertungsvorschriften.

Zu Nummer 46 (§ 133 BewG)

Die Vorschrift hat nur noch für die Gewerbesteuer Bedeutung.

Zu Nummer 47 (§ 135 BewG)

Die Aufhebung erfolgt infolge Zeitablaufs.

Zu Nummer 48 (§ 136 BewG)

Wegen des Wegfalls der Vermögensteuer ist die Bestimmung über ihre Aussetzung in den neuen Ländern überholt.

Zu Nummer 49 (§§ 138 bis 156 BewG)

Die in dem neuen Vierten Abschnitt enthaltenen §§ 138 bis 157 regeln die Grundbesitzbewertung für die Erbschaft- und Schenkungsteuer ab 1996 sowie für die Grunderwerbsteuer ab 1997.

Zu den Vorschriften im einzelnen

§ 138 Abs. 1

Anstelle der Einheitswerte 1935 und Ersatzwirtschaftswerte für die Land- und Forstwirtschaft in den neuen Ländern sowie der Einheitswerte 1964 in den alten Ländern sind bei der Erbschaft- und Schenkungsteuer ab dem 1. Januar 1996 sowie bei der Grunderwerbsteuer ab dem 1. Januar 1997 neue Grundbesitzwerte zu ermitteln und entweder als land- und forstwirtschaftlicher Grundbesitzwert für Betriebe der Land- und Forstwirtschaft und für Betriebsgrundstücke im Sinne des § 99 Abs. 1 Nr. 2 BewG oder als Grundstückswert für die wirtschaftlichen Einheiten des Grundvermögens und für Betriebsgrundstücke im Sinne des § 99 Abs. 1 Nr. 1 BewG anzusetzen. Bei der Feststellung der neuen Grundbesitzwerte sind stets die Verhältnisse vom Besteuerungszeitpunkt – bei der Erbschaftsteuer ist dies der Erwerbszeitpunkt im Sinne von § 9 ErbStG – und die Wertverhältnisse vom 1. Januar 1996 zugrunde zu legen.

§ 138 Abs. 2

Absatz 2 regelt, nach welchen Vorschriften das land- und forstwirtschaftliche Vermögen zu bewerten ist.

§ 138 Abs. 3

Absatz 3 regelt, welche Vorschriften für die Ermittlung der neuen Grundstückswerte gelten. § 68

BewG, der das Grundvermögen definiert, sowie die Abgrenzungsgrundsätze des § 69 BewG (Abgrenzung zwischen Grundvermögen und land- und forstwirtschaftlichem Vermögen) sollen auch bei der Ermittlung der neuen Grundstückswerte beachtet werden. § 70 Abs. 2 Satz 1 BewG soll mit der Maßgabe gelten, daß ein Grundstück mit einem anderen Grundstücksteil zusammen bewertet werden kann, wenn das Grundstück oder der Grundstücksteil zusammen genutzt werden. Künftig kommt es nicht mehr darauf an, daß alle Anteile an dem gemeinschaftlichen Grundvermögen Eigentümern von Grundstücken gehören, die ihren Anteil jeweils zusammen mit ihrem Grundstück nutzen. Werden z. B. Garagen auf einem an einer Reihenhaussiedlung angrenzenden gesonderten Grundstück errichtet, wird die Garage mit dem Reihenhaus als eine wirtschaftliche Einheit des Grundvermögens bewertet, wenn das Reihenhaus und die Garage von dem Grundstückseigentümer einheitlich, entweder zu eigenen Wohnzwecken, zu Vermietungszwecken oder zu anderen Zwecken genutzt werden. Abweichend von § 70 Abs. 2 Satz 1 BewG wirkt sich der Umstand, daß einzelne Garagen nicht von Eigentümern eines Reihenhauses errichtet und genutzt werden, auf die Zusammenfassung zu einer wirtschaftlichen Einheit bei anderen Grundstückseigentümern nicht mehr schädlich aus. Billigkeitsmaßnahmen sollen bei der Ermittlung der neuen Grundstückswerte nur als Übergangsregelung im Einvernehmen mit den obersten Finanzbehörden aller Länder getroffen werden (Hinweis auf § 20 Satz 2 BewG). Die Vorschriften zur Bewertung von Erbbaurechten und von Gebäuden auf fremdem Grund und Boden (§§ 92 und 94 BewG) gelten sinngemäß weiter. Bei der Bewertung nach §§ 146, 148 bis 156 BewG sind die Abschläge nach § 92 Abs. 4 und § 94 Abs. 3 Satz 2 BewG durch den Abschlag nach § 155 BewG abgegolten.

§ 138 Abs. 4

Die Wertverhältnisse vom 1. Januar 1996 werden für einen Zeitraum von sechs Jahren festgeschrieben. In diesem Zeitraum dürfte der durchschnittliche Preisanstieg auf dem Grundstücksmarkt nicht so erheblich sein, daß er zu nicht mehr hinnehmbaren Wertverzerrungen innerhalb des Grundbesitzes, aber auch im Vergleich zu anderem Vermögen führt. Andererseits läßt sich gerade durch die Festschreibung der Wertverhältnisse eine deutliche Verwaltungsvereinfachung erreichen. Nach Ablauf des Festschreibungszeitraums müssen aus Gründen der Gleichmäßigkeit der Besteuerung die Bemessungsgrundlagen – bei unbebauten Grundstücken sind dies die Bodenrichtwerte, bei bebauten Grundstücken zusätzlich die Flächen- und Raummeterpreise – zumindest überprüft und ggf. den veränderten Verhältnissen auf dem Grundstücksmarkt angepaßt werden. Ebenso sind auch die standardisierten Ertragswerte für die Nutzungen und Nutzungsteile der land- und forstwirtschaftlichen Betriebe zu überprüfen und ggf. an die veränderten Ertragsverhältnisse in der Land- und Forstwirtschaft anzupassen. In die Überprüfung sind auch die Freibeträge und Steuersätze bei der Erbschaft- und Schenkungsteuer einzubeziehen.

§ 138 Abs. 5

Grundbesitzwerte, also land- und forstwirtschaftliche Grundbesitzwerte und Grundstückswerte, sollen nur in den Fällen festgestellt werden, in denen sie für die Erbschaftsteuer oder die Grunderwerbsteuer benötigt werden. Mit dieser Bedarfsbewertung wird ein ganz erheblicher Verwaltungsaufwand vermieden, der durch eine sonst erforderlich gewordene allgemeine Neubewertung aller 30 Millionen wirtschaftlichen Einheiten entstanden wäre. Die neuen Grundbesitzwerte sollen – wie bisher die Einheitswerte – gesondert festgestellt werden. Aus den Erfahrungen der Vergangenheit hat sich gezeigt, daß die Lagefinanzämter wegen der räumlichen Nähe zum Objekt die Bewertung mit dem geringsten Aufwand durchführen können. Außerdem wird nur so verfahrenstechnisch sichergestellt, daß der neue Grundbesitzwert als Grundlagenfeststellung auch noch dann berücksichtigt werden kann, wenn der Folgesteuerbescheid schon rechtskräftig geworden ist. Letztlich werden Rechtsstreitigkeiten über Grundbesitzwerte nicht in die Erbschaftsteuer- und Grunderwerbsteuerveranlagungsstellen hineingetragen. In dem Feststellungsbescheid ist darauf hinzuweisen, ob es sich um einen land- und forstwirtschaftlichen Betrieb oder um eine wirtschaftliche Einheit des Grundvermögens handelt. Beim Grundvermögen ist zusätzlich die Grundstücksart und die Zugehörigkeit eines Grundstücks zum Gewerbebetrieb anzugeben. Gehört das Grundstück einem Eigentümer, so ist diesem das Grundstück zuzurechnen. Sind mehrere an dem Grundstück beteiligt, ist im Rahmen der Bedarfsbewertung der Grundstückswert zu ermitteln und in dem Feststellungsbescheid der Anteil des Miteigentümers anzugeben, für dessen Besteuerung dieser Anteil benötigt wird. Für die Durchführung des Feststellungsverfahrens gelten die Vorschriften über die Feststellung von Einheitswerten sinngemäß.

§ 138 Abs. 6

Nach Absatz 6 kann das zuständige Lagefinanzamt unabhängig vom Erbschaftsteuer- und Grunderwerbsteuerveranlagungsamt die erforderliche Feststellungserklärung anfordern. Die behördliche Abgabefrist muß mindestens einen Monat betragen.

§ 139

Sowohl die land- und forstwirtschaftlichen Grundbesitzwerte als auch die Grundstückswerte sollen nach unten auf volle tausend Deutsche Mark abgerundet werden. Damit wird den höheren Grundbesitzwerten auch bei der Abrundung im Interesse der Verwaltungsvereinfachung Rechnung getragen. Die Abrundung bewirkt bei Stückländereien im Bereich der Land- und Forstwirtschaft, daß für kleinere Flächen ein Grundbesitzwert unter 1 000 DM künftig nicht festgestellt wird.

§ 140

Die Vorschrift stellt die Übernahme der bewährten Definition des land- und forstwirtschaftlichen Vermögens gemäß § 33 BewG sicher.

§ 141

Diese Regelung enthält eine Beschreibung des Bewertungsobjekts „Betrieb der Land- und Forstwirtschaft" analog zu § 34 BewG. Die Definition des Betriebsteils deckt sich mit dem bisherigen Begriff „Wirtschaftsteil" mit Ausnahme der Betriebswohnungen (z. B. Landarbeiterwohnungen), die im Wirtschaftsteil bisher nicht gesondert erfaßt worden sind. Aus Gründen der Gleichbehandlung mit dem gewerblichen Betriebsvermögen und entsprechend den ertragsteuerrechtlichen Regelungen sollen die Betriebswohnungen zwar innerhalb des land- und forstwirtschaftlichen Vermögens verbleiben, jedoch dort gesondert bewertet werden.

§ 142

Die Vorschrift regelt die Bewertung des eigentlichen Betriebs (Betriebsteil) der Land- und Forstwirtschaft.

§ 142 Abs. 1

Durch Satz 1 werden die bei der Einheitsbewertung des land- und forstwirtschaftlichen Vermögens bewährten Grundsätze, Definitionen und Abgrenzungskriterien für die Wertermittlung des Betriebsteils übernommen. Die Anhebung des Kapitalisierungsfaktors auf 18,6 in Satz 2 ist eine redaktionelle Anpassung an die durch das Zinsabschlagsgesetz vom 9. November 1992 (BGBl. I S. 1853) geänderte Fassung des § 13 Abs. 2 BewG für die Zwecke der Bedarfsbewertung.

§ 142 Abs. 2

Die Vorschrift beinhaltet im wesentlichen ein stark vereinfachtes Ertragswertverfahren mit standardisierten Werten für die wichtigsten Nutzungen und Nutzungsteile, die nach den maßgeblichen Kriterien für die Bildung des Ertragswerts differenziert sind. Diese Ertragswerte wurden in Zusammenarbeit mit der Finanzverwaltung der Länder nach den bei der Einheitsbewertung geltenden Bewertungsgrundsätzen ermittelt. Grundlage der Ermittlungen waren statistische Unterlagen der Finanzverwaltung und weiteres statistisches Material, wie z. B. die Ergebnisse der Agrarberichte der Bundesregierung. Dabei wurden insbesondere nachhaltige durchschnittliche Ertragsverhältnisse von Vollerwerbsbetrieben bei den jeweiligen Nutzungen und Nutzungsteilen in Deutschland zum 1. Januar 1996 zugrunde gelegt. Zur Vermeidung von Überbewertungen wurden von den errechneten mittleren Ertragswerten Sicherheitsabschläge vorgenommen.

Das in Absatz 2 ebenfalls normierte Einzelertragswertverfahren war schon bisher für die Nebenbetriebe und das Abbauland gesetzlich vorgeschrieben. Wegen der relativ geringen Fallzahlen und der stark voneinander abweichenden Ertragsverhältnisse soll es auch bei gemeinschaftlichen Tierhaltungen und einigen Nutzungsteilen der sonstigen land- und forstwirtschaftlichen Nutzung, wie z. B. der Saatzucht, der Imkerei und der Teichwirtschaft, zum Einsatz kommen.

§ 142 Abs. 3

Falls im Einzelfall von den durchschnittlichen Verhältnissen erheblich abweichende Ertragsbedingungen vorliegen, können durch diese Vorschrift Benachteiligungen vermieden werden, die bei dem Ansatz standardisierter Ertragswerte entstehen können. Deshalb soll auf Antrag das Einzelertragswertverfahren für die Bewertung des gesamten Betriebsteils zugelassen werden. Dabei ist der Ertragswert nach der Ertragsfähigkeit des Betriebsteils unter Beachtung von § 36 Abs. 2 BewG unmittelbar zu ermitteln.

Pensionslasten sind als Ertragsbedingung, die nur in seltenen Ausnahmefällen vorkommt, bei den in Absatz 2 genannten Ertragswerten nicht gesondert berücksichtigt. Falls die Ertragsfähigkeit von land- und forstwirtschaftlichen Betrieben durch Pensionslasten beeinträchtigt wird, kann diesem Umstand durch die Anwendung des Einzelertragswertverfahrens Rechnung getragen werden.

§ 143 Abs. 1

Absatz 1 stellt sicher, daß grundsätzlich der Wert für Betriebswohnungen und der Wert des Wohnteils nach denselben Verfahren wie beim Grundvermögen und damit wie für andere vergleichbare Wohnungen ermittelt werden.

§ 143 Abs. 2

Der Wohnteil eines Betriebs der Land- und Forstwirtschaft ist regelmäßig – insbesondere bei sog. Eindachhöfen – eng verzahnt mit den Wirtschaftsgebäuden auf der Hofstelle. Zur Vereinfachung der Ermittlung des Bodenwerts für den Wohnteil sieht die Vorschrift daher eine Beschränkung der zu bewertenden Fläche auf das Fünffache der durch den Wohnteil bebauten Fläche vor.

§ 143 Abs. 3

Absatz 3 regelt die Berücksichtigung von Besonderheiten analog zu § 47 Satz 3 BewG durch eine Ermäßigung des Ausgangswerts. Dadurch sollen vor allem die Nachteile, die sich aus der eingeschränkten Verkehrsfähigkeit für die auf der Hofstelle oder in deren unmittelbarer Nähe liegende Wohnungen ergeben, abgegolten werden. Weitere Besonderheiten, wie z. B. Lärm- oder Geruchsbelästigungen, werden im Rahmen des Wohn-/Nutzflächenverfahrens berücksichtigt (vgl. Erläuterungen zu § 155 BewG).

§ 144

Die Vorschrift entspricht der für die Einheitsbewertung geltenden Regelung in § 48 BewG.

§ 145 Abs. 1

In Absatz 1 wird die bisherige Umschreibung eines unbebauten Grundstücks unverändert aus § 72 Abs. 1 BewG übernommen. Damit gelten die Rechtsprechung und die Verwaltungsanweisungen zur Bezugsfertigkeit fort.

§ 145 Abs. 2

§ 72 BewG stellt bisher bei der Abgrenzung von unbebauten Grundstücken gegenüber bebauten Grundstücken darauf ab, ob sich auf einem Grundstück Gebäude befinden, deren Zweckbestimmung und Wert gegenüber der Zweckbestimmung und dem Wert des Grund und Bodens von untergeordneter Bedeutung sind. Künftig soll für die Annahme eines unbebauten Grundstücks weder auf die Zweckbestimmung noch auf den Vergleich des Gebäudewerts zum Wert des unbebauten Grundstücks abgestellt werden. Für die Bewertung als unbebautes Grundstück soll es allein darauf ankommen, ob die Gebäude, die sich auf dem Grundstück befinden, insgesamt einen geringen Wert haben. Was als geringer Wert anzusehen ist, muß unter Berücksichtigung des Bewertungsniveaus im Verwaltungswege festgelegt werden.

§ 145 Abs. 3

Absatz 3 entspricht der bisherigen Regelung in § 72 Abs. 3 BewG zu Grundstücken mit Gebäuden, die infolge Zerstörung oder Verfalls auf Dauer nicht mehr benutzbar sind.

§ 146

Ausgangsgröße für die Ermittlung der Bodenwerte sind die Bodenrichtwerte, die von den Gutachterausschüssen der Gemeinden aus der von Ihnen zu führenden Kaufpreissammlung abgeleitet werden (§ 193 Abs. 3 i. V. m. § 196 Abs. 1 BauGB). Nach § 196 Abs. 1 Satz 4 BauGB haben die Gutachterausschüsse für Zwecke der steuerlichen Einheitsbewertung des Grundbesitzes Bodenrichtwerte zum jeweiligen Hauptfeststellungszeitpunkt zu ermitteln. Diese Vorschrift gilt auch für die Bedarfsbewertung nach den Wertverhältnissen vom 1. Januar 1996 (vgl. Begründung zu Art. 22 Nr. 2 Buchst. a). Denn auch für die Bedarfsbewertung werden flächendeckend Bodenrichtwerte wie bei einer allgemeinen Hauptfeststellung benötigt.

Die für die Aufsicht über die Gutachterausschüsse zuständigen Ministerien der Länder sind bereits im Vorfeld des Gesetzgebungsverfahrens auf die Notwendigkeit einer Bodenrichtwertermittlung zum 1. Januar 1996 hingewiesen worden. Um eine einheitliche Ermittlung von Bodenrichtwerten sicherzustellen, sind die Gutachterausschüsse aufgefordert worden, folgende Vorgaben zu beachten:

- Die Bodenrichtwerte sollen flächendeckend für das Bauland im gesamten Gemeindegebiet, und zwar sowohl für bebaute als auch für unbebaute Grundstücke, so abgeleitet werden, daß der Bodenwert des einzelnen Grundstücks nicht erheblich vom Bodenrichtwert der zugeordneten Bodenrichtwertzone abweicht. Zumindest sollen die Voraussetzungen geschaffen werden, daß im Bedarfsfall eine den steuerlichen Anforderungen genügende, ergänzende Bodenrichtwertermittlung zum 1. Januar 1996 jederzeit möglich ist.

- Gebiete, in denen kein Grundstücksverkehr stattgefunden hat, sollen von der Bodenrichtwertermittlung grundsätzlich nicht ausgenommen sein.

- Die den ermittelten Bodenrichtwerten zuzuordnenden Bodenrichtwertzonen sollen möglichst homogen sein, insbesondere hinsichtlich der Art und des Maßes der baulichen Nutzung. Sie sollen räumlich abgegrenzt werden.

- In bebauten Gebieten sind nach Maßgabe des § 196 Abs. 1 Satz 2 BauGB die Bodenrichtwerte mit dem Wert zu ermitteln, der sich ergeben würde, wenn das Grundstück unbebaut wäre.

Bei der Bewertung des einzelnen Grundstücks durch das Lagefinanzamt soll der Bodenrichtwert, falls erforderlich, nur noch an eine abweichende bauliche Nutzung angepaßt werden. Für die Umrechnung von Geschoßflächenzahlen sind die bei der Ermittlung der Bodenrichtwerte verwendeten Umrechnungskoeffizienten zugrunde zu legen; die Umrechnungskoeffizienten sind den Bewertungsstellen der Finanzämter zusammen mit den Bodenrichtwerten mitzuteilen. Liegen keine örtlichen Umrechnungskoeffizienten vor, erfolgt die Umrechnung mit Hilfe der in Anlage 23 zu den Wertermittlungs-Richtlinien 1976 vorgegebenen Umrechnungskoeffizienten. Weitere wertbeeinflussende Merkmale, wie z. B. Ecklage, Grundstücksgröße, Zuschnitt, Oberflächenbeschaffenheit und Beschaffenheit des Baugrundes sollen abweichend von der bisherigen Grundstücksbewertung (vgl. zur Einheitsbewertung 1964 Abschnitt 7. Abs. 2 BewRGr) außer Ansatz bleiben bzw. durch den Abschlag nach § 155 Abs. 1 BewG in Höhe von 30 v. H. abgegolten sein. Auch andere wertmindernde Umstände, z. B. Lärm-, Staub- oder Geruchsbelästigung, Belastungen aufgrund des Denkmalschutzgesetzes, Bergschadensgefahren und Altlasten, werden durch den Abschlag von 30 v. H. pauschal abgegolten (vgl. Begründung zu § 155 BewG).

§ 147

Die Begriffsbestimmung der bebauten Grundstücke entspricht weitgehend dem § 74 BewG. Ergänzend zum bisherigen Recht werden bezugsfertige Teile eines Gebäudes auch dann angenommen, wenn sich die Benutzbarkeit des Gebäudes nicht nur vorübergehend verzögert hat. Für eine nicht nur vorübergehende Verzögerung reicht es aus, wenn die Bebauung für einen längeren Zeitraum unterbrochen worden ist. Bei Errichtung eines Zweifamilienhauses ist nach der bisherigen Rechtsprechung und Verwaltungspraxis von einer nicht nur vorübergehenden Verzögerung auszugehen, wenn die zweite Wohnung erst nach Ablauf von zwei Jahren seit Bezugsfertigkeit der ersten Wohnung fertiggestellt wird. Auf die Bauplanung kommt es in diesem Zusammenhang nicht an.

§ 148

In Fortführung des bisherigen § 71 BewG sollen Gebäude und Gebäudeteile befreit werden, die für den Zivilschutz genutzt werden. Die Vorschrift berücksichtigt die Änderungen, die sich durch den Entwurf des Zivilschutzgesetzes ergeben. Die Befreiung ist wie bisher davon abhängig, daß die Gebäude oder Gebäudeteile im Frieden nicht oder nur gelegentlich oder geringfügig für andere Zwecke benutzt werden. Da die Befreiung bereits bei der Ermittlung des Grundstückswerts zu berücksichtigen ist, wirkt sie sich auf die Erbschaftsteuer und auch auf die Grunderwerbsteuer aus.

§ 149 Abs. 1

Die in § 149 BewG aufgeführten Grundstücksarten lassen sich in Wohngrundstücke (§ 149 Abs. 1 Nr. 1 bis 4 BewG) und Nichtwohngrundstücke (§ 149 Abs. 1 Nr. 5 bis 7 BewG) unterteilen.

Bei den Wohngrundstücken wird neben den bisherigen Grundstücksarten Ein- und Zweifamilienhäuser sowie Mietwohngrundstücke eine neue Grundstücksart „Wohnungseigentumsgrundstücke" eingeführt. Dies ist erforderlich, weil der Gebäudewert von Wohnungseigentumsgrundstücken abweichend von den übrigen Wohngrundstücken ermittelt wird. Denn bei den Wohnungseigentumsgrundstücken beinhalten die Flächenpreise – abweichend von den Flächenpreisen für die übrigen Wohngrundstücke – die Alterswertminderung, so daß sich aus der Vervielfachung der Wohn-/Nutzfläche mit dem Flächenpreis bereits der Gebäudewert ergibt (vgl. § 152 Abs. 3 BewG). Im übrigen wurde die bisherige Unterteilung in Einfamilienhäuser, Zweifamilienhäuser und Mietwohngrundstücke beibehalten, weil für jede Grundstücksart gesonderte Flächenpreise vorgesehen sind (vgl. Anlage 15 zu § 152 BewG).

Die Nichtwohngrundstücke werden unterschieden in

- Wohn-/Geschäftsgrundstücke (§ 149 Abs. 1 Nr. 5 und Abs. 6 BewG), die nach dem Wohn/Nutzflächenverfahren bewertet werden, sowie in
- Gewerbegrundstücke (§ 149 Abs. 1 Nr. 6 und Abs. 7 BewG) und
- sonstige bebaute Grundstücke (§ 149 Abs. 1 Nr. 7 und Abs. 8 BewG),

die jeweils nach dem Kubikmeterverfahren (vgl. § 152 Abs. 5 BewG) bewertet werden.

§ 149 Abs. 2

Einfamilienhäuser sind Wohngrundstücke mit nur einer Wohnung. Unter einer Wohnung ist entsprechend der bisherigen Rechtsprechung und Verwaltungsauffassung eine Zusammenfassung von Räumen zu verstehen, die von anderen Wohnungen oder Räumen baulich getrennt ist. Es muß somit ein dauerhafter baulicher Abschluß vorhanden sein, der jedoch nicht in allen Belangen den Anforderungen an die Abgeschlossenheit nach den Bestimmungen zum Wohnungseigentumsgesetz oder nach den DIN-Vorschriften entsprechen muß. Weiter muß ein eigener Zugang bestehen, der nicht durch einen anderen Wohnbereich führt. Diese Voraussetzung ist z. B. erfüllt, wenn ein eigener Zugang unmittelbar von außen vorhanden ist oder wenn jede Wohneinheit in dem Gebäude jeweils durch eine abschließbare Eingangstür gegenüber dem gemeinsamen Treppenhaus oder Vorraum abgetrennt ist. Die zu einer Wohneinheit zusammengefaßten Räume müssen über eine Küche verfügen. Dabei reicht es aus, wenn in dem als Küche vorgesehenen Raum die Anschlüsse für diejenigen Einrichtungs- und Ausstattungsgegenstände vorhanden sind, die für die Führung eines selbständigen Haushalts notwendig sind, insbesondere Stromanschluß für den Elektroherd bzw. Gasanschluß für den Gasherd, Kalt- und ggf. Warmwasserzuleitung und ein Ausguß. Weiter müssen ein Bad mit Wanne oder Dusche und eine Toilette vorhanden sein; ein Waschbecken reicht nicht aus. Die Wohnfläche muß mindestens 23 m² betragen.

Bei gewerblicher oder freiberuflicher Mitbenutzung soll zur Bestimmung der Grundstücksart allein darauf abgestellt werden, ob die Wohnfläche 50 v. H. der gesamten Wohn-/Nutzfläche und mehr ausmacht. Auf das äußere Erscheinungsbild, insbesondere bei einer gewerblichen Mitbenutzung, kommt es nicht mehr an. Demnach liegt bei einer gewerblichen Mitbenutzung ein Einfamilienhaus stets dann vor, wenn die gewerblich genutzte Fläche weniger als 50 v. H. der gesamten Wohn-/Nutzfläche beträgt. Handelt es sich bei dem Grundstück trotz freiberuflicher oder gewerblicher Mitbenutzung um ein Einfamilienhaus, sind für die Wohnzwecken dienende Teilfläche die Flächenpreise für Einfamilienhäuser und für die gewerblich genutzte Teilfläche die Flächenpreise für Wohn-/Geschäftsgrundstücke, unter Umständen auch die Raummeterpreise für Gewerbegrundstücke, abhängig von der Nutzung und Ausstattung, anzusetzen. Verliert das Grundstück aufgrund seiner gewerblichen oder freiberuflichen Mitbenutzung die Eigenschaft als Einfamilienhaus, ist die zu Wohnzwecken genutzte Fläche mit den Flächenpreisen für Mietwohngrundstücke zu bewerten (vgl. Anlage 15 zu § 152 BewG).

§ 149 Abs. 3

Zweifamilienhäuser müssen zwei abgeschlossene Wohnungen enthalten (wegen des Wohnungsbegriffs vgl. die Ausführungen zu Absatz 2). Ein Wohngrundstück mit zwei Wohnungen verliert nur dann seine Eigenschaft als Zweifamilienhaus, wenn es zu gewerblichen oder freiberuflichen Zwecken mitbenutzt wird und diese Mitbenutzung gegenüber der Nutzung zu Wohnzwecken überwiegt.

§ 149 Abs. 4

Bei der neuen Grundstücksart „Wohnungseigentumsgrundstücke" handelt es sich um das Sondereigentum an einer Wohnung in Verbindung mit dem Miteigentumsanteil an dem gemeinschaftlichen Eigentum, zu dem es gehört, nach § 1 Abs. 2 WEG als Wohnungseigentum umschrieben. Abweichend vom bisherigen Recht kommt es für die Abgrenzung der wirtschaftlichen Einheit allein auf das Wohnungseigentum nach den Bestimmungen des Wohnungseigentumsgesetzes an. Die Verkehrsauffassung, insbesondere das Merkmal der selbständigen Veräußerbarkeit, ist daher für die Abgrenzung nicht mehr maßgebend. Demnach handelt es sich bei mehreren Wohnungen, die zu einem Sondereigentum zusammengefaßt sind, und dem Miteigentumsanteil am gemeinschaftlichen Eigentum um eine wirtschaftliche Einheit. Dabei kommt es nicht darauf an, daß die

Wohnungen unmittelbar übereinander oder nebeneinander liegen und somit einen Baukörper darstellen. Werden zunächst jeweils abgeschlossene Wohnungen durch bauliche Maßnahmen zu einer einzigen Wohnung umgestaltet und können sie danach nicht mehr ohne große bauliche Veränderungen getrennt veräußert werden, ist zu prüfen, ob wegen der fehlenden Abgeschlossenheit ein Wohnungseigentumsgrundstück oder mehrere Wohnungseigentumsgrundstücke vorliegen.

Gehört zu dem Wohnungseigentum eine Einzelgarage oder ein Stellplatz in einer Doppel- oder Reihengarage, ist die Garage oder der Anteil daran in die wirtschaftliche Einheit des Wohnungseigentums einzubeziehen. Es ist unerheblich, ob sich die Garage auf dem Grundstück der Wohnungseigentumsanlage oder auf einem Grundstück in der näheren Umgebung befindet (vgl. § 138 Abs. 3 Satz 2 BewG). Die Einzelgarage oder der Stellplatz in der Doppel- oder Reihengarage ist nach Anlage 16 zu § 152 BewG mit einem Festpreis anzusetzen, wobei keine Alterswertminderung zu berücksichtigen ist (vgl. Erläuterungen zu § 152 Abs. 7 BewG). Gehört zu dem Wohnungseigentum ein Stellplatz in einer Parkpalette oder in einer Hoch- oder Tiefgarage, ist auch dieser Stellplatz zusammen mit dem Sondereigentum der Wohnung und dem Miteigentumsanteil an dem gemeinschaftlichen Eigentum mit den in Anlage 16 zu § 152 BewG genannten Festpreisen zu bewerten, wobei diese Festpreise wegen der Alterswertminderung zu ermäßigen sind.

§ 149 Abs. 5

Mietwohngrundstücke sind Wohngrundstücke mit mehr als zwei Wohnungen. Bei der Abgrenzung gegenüber den Wohn-/Geschäftsgrundstücken ist nicht mehr wie im bisherigen Recht die Jahresrohmiete, sondern die Wohn-/Nutzfläche als Abgrenzungskriterium zugrunde zu legen.

§ 149 Abs. 6

Wohn-/Geschäftsgrundstücke sind Grundstücke, die entweder insgesamt oder zumindest teilweise gewerblichen Zwecken dienen, wobei es sich nicht um Ein- und Zweifamilienhäuser, Wohnungseigentumsgrundstücke, Mietwohngrundstücke mit einem geringen gewerblichen Anteil oder Gewerbegrundstücke handeln darf. Zu den Wohn-/Geschäftsgrundstücken gehören Verwaltungs- und Bürogebäude, Praxen, Läden, Bank- und Versicherungsgebäude, Restaurationsgebäude, Gaststätten sowie Warenhäuser. Dient das Wohn-/Geschäftsgrundstück insgesamt solchen gewerblichen Zwecken, ist der Gebäudenormalherstellungswert unter Ansatz der Nutzfläche und eines von der Nutzung und Ausstattung abhängigen Flächenpreises (vgl. Anlage 15 zu § 152 BewG) zu ermitteln und um die Alterswertminderung zu kürzen. Dient ein Wohn-/Geschäftsgrundstück teilweise den vorgenannten gewerblichen Zwecken und teilweise Wohnzwecken, sind die Gebäudenormalherstellungskosten für den Wohnzwecken dienenden Gebäudeteil unter Ansatz der Wohnfläche und des für Mietwohngrundstücke unter Berücksichtigung der Ausstattung maßgebenden Flächenpreises sowie der zu gewerblichen Zwecken dienende Gebäudeteil unter Ansatz der Nutzfläche und des von der Nutzung und Ausstattung abhängigen Flächenpreises zu ermitteln. Wird ein Grundstück zwar insgesamt oder teilweise zu gewerblichen Zwecken genutzt, handelt es sich jedoch hierbei um eine Nutzung, für die der Gebäudewert unter Ansatz von Raummeter- und Festpreisen nach Anlage 16 zu § 152 BewG zu ermitteln ist, so ist das Grundstück nicht den Wohn-/Geschäftsgrundstücken, sondern den Gewerbegrundstücken zuzurechnen.

Dient ein Grundstück insgesamt oder teilweise öffentlichen Zwecken, ist diese Nutzung der Nutzung zu gewerblichen Zwecken gleichgestellt, wenn sie mit den in Anlage 15 zu § 152 BewG genannten Nutzungen vergleichbar ist. Auch Grundstücke in der Rechtsform des Teileigentums gehören zu den Wohn-/Geschäftsgrundstücken, wenn das „Teileigentumsgrundstück" zu den in Anlage 15 zu § 152 BewG genannten Zwecken genutzt wird. Ansonsten handelt es sich um ein Gewerbegrundstück oder um ein sonstiges bebautes Grundstück.

§ 149 Abs. 7

Bei den Gewerbegrundstücken handelt es sich vor allem um solche Grundstücke, deren Gebäude in der Nutzung für einen bestimmten Gewerbebetrieb besonders gestaltet sind. Sie sind in Anlage 14 zu § 149 BewG aufgeführt; die Aufzählung ist nicht abschließend. Diesen Grundstücken vergleichbare Grundstücke rechnen ebenfalls zu den Gewerbegrundstücken. Das Grundstück muß darüber hinaus ganz oder teilweise gewerblichen Zwecken dienen. Eine Nutzung zu öffentlichen Zwecken ist der Nutzung zu gewerblichen Zwecken gleichgestellt, soweit die Nutzung der in Anlage 14 zu § 149 BewG genannten Gebäude vergleichbar ist. Befinden sich auf dem Grundstück mehrere Gebäude und gehört eines dieser Gebäude zu den Gewerbegrundstücken im Sinne der Anlage 14 zu § 149 BewG, handelt es sich vorbehaltlich § 149 Abs. 1 Nr. 1, 2 und 4 BewG bei dem gesamten Grundstück um ein Gewerbegrundstück. Dies gilt auch, wenn ein Gebäudeteil, der nicht von untergeordneter Bedeutung ist (vgl. § 152 Abs. 6 BewG), als Gewerbegrundstück im Sinne der Anlage 14 zu § 149 BewG genutzt wird, es sei denn, bei dem Gebäude handelt es sich um ein Ein- oder Zweifamilienhaus mit gewerblicher Mitbenutzung, oder um ein Mietwohngrundstück mit geringer gewerblicher Mitbenutzung. Zu den Gewerbegrundstücken gehören auch Grundstücke in der Rechtsform des Teileigentums.

§ 149 Abs. 8

Zu den sonstigen bebauten Grundstücken gehören Grundstücke, die weder Wohnzwecken noch gewerblichen oder öffentlichen Zwecken dienen. Hierunter fallen z. B. Bootshäuser, Clubhäuser, Ferienheime, Hallenbäder, Kindergärten, Kinderheime, Mehrzweckhallen und Vereinshäuser. Auch selbständige Garagengrundstücke sind sonstige bebaute Grundstücke, falls sie nicht gewerblich genutzt werden. Ebenfalls zu den sonstigen bebauten Grundstücken rechnen Wochenendhäuser, die nicht Einfamilienhäuser sind.

§ 150

Satz 1 beschreibt den Grundstückswert. Zunächst ist der Ausgangswert zu ermitteln. Er wird als Summe von Bodenwert und Gebäudewert definiert. Der Wert der Außenanlagen soll abweichend vom bisherigen Recht nicht mehr gesondert angesetzt werden; er ist durch den Ansatz des Boden- und des Gebäudewerts abgegolten. Damit wird eine Ungleichbehandlung zu unbebauten Grundstücken vermieden, die ebenfalls mit Außenanlagen, z. B. Parkplatzbefestigungen und Zufahrtswegen, ausgestattet sein können, ohne daß sich diese Außenanlagen wertmäßig auswirken.

In Satz 2 wird auf den Abschlag zur Berücksichtigung der geringeren Ertragsfähigkeit von Grundvermögen im Vergleich zu anderem Vermögen, insbesondere zum Kapitalvermögen, hingewiesen. Durch den Abschlag sollen auch andere wertmindernde Umstände abgegolten sein.

§ 151

Der Bodenwert eines bebauten Grundstücks soll wie bei einem unbebauten Grundstück nach den Bodenrichtwerten der Gutachterausschüsse unter Berücksichtigung der möglichen baulichen Nutzung ermittelt werden. Die Bebauung selbst wird nicht als wertmindernder Umstand angesehen. Durch die Bezugnahme auf § 146 Satz 1 BewG ist sichergestellt, daß der Abschlag von 30 v. H. nach § 155 Abs. 1 BewG nur einmal von der Summe aus Bodenwert und Gebäudewert vorgenommen wird.

§ 152 Abs. 1

Absatz 1 bestimmt, daß bei der Ermittlung des Gebäudewerts mit Ausnahme der Wohnungseigentumsgrundstücke von den durchschnittlichen Herstellungskosten nach den Baupreisverhältnissen zum 1. Januar 1996 auszugehen ist. Die Herstellungskosten sind entweder auf einen Quadratmeter Wohn-/Nutzfläche oder auf einen Kubikmeter umbauten Raumes zu beziehen. Bei Wohnungseigentumsgrundstücken sollen die Flächenpreise aus stichtagsnahen Kauffällen abgeleitet werden, wobei ebenfalls eine Umrechnung auf einen Quadratmeter Wohn-/Nutzfläche vorzunehmen ist.

§ 152 Abs. 2

In Absatz 2 wird die Ermittlung des Gebäudewerts für Wohngrundstücke mit Ausnahme der Wohnungseigentumsgrundstücke nach dem Wohn-/Nutzflächenverfahren dargestellt. Außerdem wird eine Gebäudewertermittlung in einem Ertragswertverfahren zugelassen. Ausgangsgröße im Wohn-/Nutzflächenverfahren ist der Gebäudenormalherstellungswert, der sich durch Vervielfachung der Anzahl der Quadratmeter Wohn-/Nutzfläche mit dem in Betracht kommenden Flächenpreis ergibt. Für die Bestimmung des Flächenpreises sind die Grundstücksart sowie die Nutzung und Ausstattung maßgebend. Die Flächenpreise ergeben sich aus Anlage 15 zu § 152 BewG. Die Wohn-/Nutzfläche ist in Anlehnung an die §§ 42 bis 44 der Zweiten Berechnungsverordnung zu ermitteln. Wohnflächen sind die Grundflächen aller Räume, die Wohnzwecken dienen. Hierzu gehören auch die ausgebauten Räume im Kellergeschoß, die nach dem Bauordnungsrecht zu Wohnzwecken genutzt werden können. Nutzflächen sind die Grundflächen aller Räume, die gewerblichen, freiberuflichen, öffentlichen oder sonstigen Zwecken dienen. Die Wohn-/Nutzfläche entspricht der Grundfläche aller auf dem Grundstück vorhandenen Räume mit Ausnahme folgender Flächen bzw. Räume:

– Treppen mit mehr als drei Steigungen und Treppenpodeste,
– Hausflure in Wohngebäuden mit mehr als einer Wohnung und in Gebäuden auf Grundstücken im Sinne des § 149 Abs. 1 Nr. 5 bis 7 BewG,
– Zubehörräume zur Wohnnutzung; als solche kommen in Betracht: Keller, Waschküchen, Abstellräume außerhalb der Wohnung, Dachböden, Trockenräume, Schuppen (Holzlegen), Garagen und ähnliche Räume,
– Wirtschaftsräume bei der Wohnnutzung; als solche kommen in Betracht: Futterküchen, Vorratsräume, Backstuben, Räucherkammern, Ställe, Scheunen, Abstellräume und ähnliche Räume,
– Räume und Raumteile mit einer lichten Höhe von weniger als 1 Meter.

Nur mit der Hälfte der Grundfläche sind anzusetzen

– Räume und Raumteile mit einer lichten Höhe von mindestens 1 Meter und weniger als 2 Meter sowie Wintergärten, Schwimmbäder und ähnliche, nach allen Seiten geschlossene Räume,
– Balkone, Loggien, Dachgärten oder gedeckte Freisitze.

Rechnen bei Wohngebäuden mit einer Wohnung und einer nichtabgeschlossenen Wohneinheit oder mit zwei nichtabgeschlossenen Wohneinheiten Hausflure mangels Abgeschlossenheit in vollem Umfang zur Wohnfläche, ist die für die nichtabgeschlossene Wohneinheit ermittelte Grundfläche um 10 v. H. zu kürzen.

In die Nutzfläche der gewerblichen, freiberuflichen, öffentlichen oder sonstigen Zwecken dienenden Räume sind die dazugehörigen Nebenräume einzubeziehen. Dies gilt auch, soweit diese im Kellergeschoß belegen sind.

Die Wohn-/Nutzfläche ist auf volle Quadratmeter nach unten abzurunden.

Ausstattung

Die in Absatz 2 Satz 2 genannten Ausstattungsmerkmale beruhen auf den Ergebnissen einer von der Finanzverwaltung durchgeführten Baukostenuntersuchung. Sie betreffen Ein- und Zweifamilienhäuser sowie Mietwohngrundstücke. Es hat sich gezeigt, daß die Flächenpreise dieser Objekte nach wenigen signifikanten Merkmalen bestimmt werden können. Bei einer typisierenden Bewertung kann daher auf eine zeitaufwendige Prüfung der Ausstattung anhand einer Vielzahl von Merkmalen verzichtet werden, ohne daß dadurch die Qualität der Bewertungsergebnisse wesentlich beeinträchtigt würde, wie eine Verprobung im Anschluß an die Baukostenuntersuchung ergeben hat. Eine einfache Ausstattung ist bei Objekten mit normal verputzter Fassade, nur einer Sanitäreinheit sowie Beheizung durch Einzelöfen oder vergleichbare Heizquellen anzunehmen. Die Masse der neueren Objekte hat statt Einzelöfen eine Sammelheizung und im sanitären Bereich zusätzlich ein Gäste-WC. In einer kleinen Zahl von Fällen ist eine gute Ausstattung anzunehmen, weil sich überdurchschnittliche Flächenpreise wegen zusätzlicher aufwendiger Fassadengestaltung, Heiztechnik und sanitärer Ausstattung ergeben haben.

Flächenpreise für Einfamilienhäuser

Bei den Flächenpreisen für Einfamilienhäuser wird danach unterschieden, ob das Einfamilienhaus unterkellert oder nicht unterkellert ist und ob das Dachgeschoß ausgebaut oder nicht ausgebaut ist.

Da der Keller bei Einfamilienhäusern regelmäßig nicht zur Wohnfläche rechnet, führt die Umrechnung der Herstellungskosten auf einen Quadratmeter Wohnfläche bei unterkellerten Gebäuden – bedingt durch die höheren Herstellungskosten – zu höheren Flächenpreisen im Vergleich zu nichtunterkellerten Gebäuden. Durch die fehlende Unterkellerung ergibt sich bei Einfamilienhäusern ein um 500 DM/m² geringerer Flächenpreis. Bei Einfamilienhäusern, die nur zum Teil unterkellert sind, ist der höhere Flächenpreis für ein unterkellertes Gebäude nur dann gerechtfertigt, wenn die Unterkellerung nicht als geringfügig anzusehen ist. Von einer geringfügigen Unterkellerung ist auszugehen, wenn die Grundfläche der Räume im Kellergeschoß nicht über 20 v. H. der Gebäudegrundfläche hinausgeht. Zu den Kellergeschossen rechnen Geschosse, deren Deckenunterkante im Mittel nicht mehr als 1,20 Meter über die Geländeoberfläche hinausragt. Aus der Kellergrundfläche sind auszuscheiden

– Wohn- und Nutzflächen für ausgebaute Räume, die nach dem Bauordnungsrecht zu Wohnzwecken oder zu gewerblichen oder freiberuflichen Zwecken als Praxisräume oder zu vergleichbaren Zwecken genutzt werden können und
– Nutzflächen der sich im Keller befindenden Einstellplätze.

Gebäudegrundfläche ist die Summe der Grundflächen aller Grundrißebenen eines Bauwerks; sie entspricht regelmäßig der bebauten Fläche.

Auch die Nutzfläche des nichtausgebauten Dachgeschosses wird bei der Umrechnung der Herstellungskosten auf einen Quadratmeter Wohnfläche nicht berücksichtigt. Dagegen ist die Wohnfläche des ausgebauten Dachgeschosses bei der Umrechnung zu erfassen. Da sich die durchschnittlichen Herstellungskosten eines Einfamilienhauses mit ausgebautem Dachgeschoß nur geringfügig von den durchschnittlichen Herstellungskosten eines Einfamilienhauses mit nichtausgebautem Dachgeschoß unterscheiden, führt der höhere Divisor „Wohnfläche" bei einem Einfamilienhaus mit ausgebautem Dachgeschoß zu geringeren Flächenpreisen im Vergleich zu Einfamilienhäusern mit nichtausgebautem Dachgeschoß. Der Unterschied der Flächenpreise beträgt nach einer von der Finanzverwaltung durchgeführten Baukostenuntersuchung 200 DM/m². Um diesen Betrag sind die Flächenpreise für Einfamilienhäuser mit nichtausgebautem Dachgeschoß höher anzusetzen. Bei Einfamilienhäusern mit teilweise ausgebautem Dachgeschoß wirkt sich der Dachgeschoßausbau nicht werterhöhend aus, wenn die Wohnfläche des ausgebauten Dachgeschosses nicht mehr als 50 v. H. der Gebäudegrundfläche beträgt. Als Dachgeschoß ist ein Geschoß anzusehen, daß seitlich ganz oder teilweise von den Dachflächen begrenzt wird und über einem Vollgeschoß liegt. Sind jedoch bei einem teilweise von Dachflächen begrenzten Geschoß alle senkrechten Außenwände mindestens 2,50 Meter hoch, handelt es sich um ein Vollgeschoß. Einfamilienhäuser mit Flachdächern sind mit den Flächenpreisen zu bewerten, die bei Einfamilienhäusern mit ausgebautem Dachgeschoß anzusetzen sind.

Nach der o. g. Baukostenuntersuchung läßt sich die Masse der Einfamilienhäuser in einfach, durchschnittlich und gut ausgestattete Gebäude unterteilen. Zwar werden im Fachschrifttum zur Grundstücksschätzung auch Preise für eine sehr gute Ausstattung angegeben. Häufig weisen diese Einfamilienhäuser eine weit über dem Durchschnitt liegende Wohnfläche auf, so daß die Aufwendungen für die sehr gute Ausstattung den Flächenpreis wegen der Größe der Wohnfläche nicht wesentlich beeinflussen. Aus Gründen der Verwaltungsvereinfachung soll auf eine weitere Unterteilung der guten Ausstattung verzichtet werden, dies vor allem vor dem Hintergrund, daß sehr gut ausgestattete Einfamilienhäuser, bei denen sich die Ausstattung nicht bereits durch die Vervielfachung der großen Wohnfläche auf den Flächenpreis ausgewirkt hat, weniger als 1 v. H. des Gesamtbestands an Einfamilienhäusern ausmachen dürften.

Bei einfach ausgestatteten Einfamilienhäusern ist die Außenfassade zumeist verputzt. Sie verfügen im sanitären Bereich nur über ein Bad oder eine Dusche mit WC. Die Beheizung erfolgt durch Einzelöfen oder vergleichbare Heizquellen.

Gut ausgestattete Einfamilienhäuser sind überwiegend verklinkert oder mit Kunststein, Keramikplatten oder Naturstein verkleidet; sie haben mehrere sanitäre Räume mit Bad oder Dusche sowie zusätzlich zur Sammelheizung weitere Heizquellen, wie z. B. Kachelofen oder offenen Kamin, oder eine aufwendige Heiztechnik, wie z. B. eine Solar- oder Wärmerückgewinnungsanlage.

Alle Einfamilienhäuser, die weder einfach noch gut ausgestattet sind, sind der durchschnittlichen Ausstattung zuzurechnen. Hierbei handelt es sich vorwiegend um Einfamilienhäuser, die in den letzten Jahrzehnten errichtet worden sind, aber auch um ältere Einfamilienhäuser, die in den letzten Jahrzehnten durchgreifend renoviert sind.

Der unter Ansatz der Wohn-/Nutzfläche und des Flächenpreises ermittelte Gebäudenormalherstellungswert ist bei Gebäuden, die vor dem 1. Januar 1996 fertiggestellt worden sind, um eine Alterswertminderung zu kürzen (vgl. Erläuterungen zu § 153 BewG). Das Ergebnis stellt den Gebäudewert dar. Bei Einfamilienhäusern, die über eine Einzel- oder Doppelgarage, in Ausnahmefällen sogar über eine Reihengarage verfügen, sind der Gebäudewert und der Festpreis für die Garage, der sich aus Anlage 16 zu § 152 BewG ergibt, zusammenzurechnen. Der Festpreis für Garagen beinhaltet bereits eine Alterswertminderung; er ist daher nicht in die Berechnung nach § 153 BewG einzubeziehen. Der Gebäudewert und der Bodenwert (§ 151 BewG) ergeben zusammen den Ausgangswert, der nach § 155 Abs. 1 BewG um einen Abschlag von 30 v. H. zu ermäßigen ist; das Ergebnis stellt nach Abrundung auf volle 1 000 DM nach unten den neuen Grundstückswert dar.

Beispiel:

Im Jahre 1985 ist auf einem Grundstück von 500 m² ein Einfamilienhaus in Massivbauweise errichtet worden. Das Gebäude ist vollunterkellert; das Dachgeschoß ist nicht ausgebaut. Die Außenfassade des Einfamilienhauses ist verputzt. Es hat neben einem Badezimmer mit Badewanne, Dusche und WC ein separates Gäste-WC. Die Beheizung erfolgt über eine Gaszentralheizung. Die Wohnfläche des Einfamilienhauses beträgt 120 m². Aus der Bodenrichtwertkarte ergibt sich für das Grundstück ein durchschnittlicher Quadratmeterpreis von 100 DM.

Der Grundstückswert für das Einfamilienhaus ist wie folgt zu berechnen:

- Bodenwert
  500 m² x 100 DM/m² :   50 000 DM
- Gebäudewert
  120 m² x 2 500 DM/m² für ein
  unterkellertes Einfamilienhaus
  mit nichtausgebautem Dachgeschoß
  bei durchschnittlicher Ausstattung
  (vgl. Anlage 15
  zu § 152 BewG):   300 000 DM
  Alterswertminderung
  bei Massivbauweise
  (11 Jahre x 1 v. H. =)
  11 v. H. von 300 000 DM: − 33 000 DM
                                                  +267 000 DM
- Ausgangswert: 317 000 DM
- Abschlag (30 v. H. von 317 000 DM):   − 95 100 DM
                                                   221 900 DM
- abgerundet
  (= neuer Grundstückswert):   221 000 DM

Flächenpreise für Zweifamilienhäuser

Bei Zweifamilienhäusern bestimmt sich der Flächenpreis danach, ob das Gebäude unterkellert oder nicht unterkellert ist. Wegen der größeren Zahl von Vollgeschossen ist der Anteil der Herstellungskosten für den Keller bei Zweifamilienhäusern, gemessen an den Gesamtherstellungskosten, geringer als bei Einfamilienhäusern. Daher – dies hat eine Baukostenuntersuchung der Finanzverwaltung bestätigt – ist bei Zweifamilienhäusern wegen fehlender Unterkellerung nur ein Abzug in Höhe von 300 DM/m² vorzunehmen.

Der Umstand, ob das Dachgeschoß ausgebaut oder nicht ausgebaut ist, hat bei Zweifamilienhäusern wegen der im allgemeinen höheren Zahl der Vollgeschosse nicht das Gewicht wie bei Einfamilienhäusern. Die Auswirkungen auf die Flächenpreise dürften – so auch das Ergebnis einer von der Finanzverwaltung durchgeführten Baukostenuntersuchung – unter 10 v. H. liegen. Aus Vereinfachungsgründen soll daher bei Zweifamilienhäusern auf eine Unterscheidung nach ausgebautem und nichtausgebautem Dachgeschoß verzichtet werden.

Die Ausstattung (einfach, durchschnittlich und gut) bestimmt sich wie bei Einfamilienhäusern. Der aus der Wohn-/Nutzfläche und dem Flächenpreis errechnete Gebäudenormalherstellungswert ist bei Gebäuden, die vor dem 1. Januar 1996 fertiggestellt worden sind, um eine Alterswertminderung (vgl. Erläuterung zu § 153 BewG) zu kürzen. Für eine zum Zweifamilienhaus gehörende Garage ist ein Festpreis ohne Berücksichtigung einer Alterswertminderung anzusetzen. Der Gebäudewert des Zweifamilienhauses und der Garage sind mit dem Bodenwert zu einem Ausgangswert zusammenzufassen und um einen Abschlag von 30 v. H. nach § 155 Abs. 1 BewG zu mindern; als Ergebnis erhält man nach Abrundung auf volle 1 000 DM den neuen Grundstückswert.

Gewerbliche oder freiberufliche Mitbenutzung

Wird ein Ein- oder Zweifamilienhaus zu gewerblichen, freiberuflichen, öffentlichen oder sonstigen Zwecken mitbenutzt und geht durch diese Mitbenutzung die Eigenart als Ein- oder Zweifamilienhaus nicht verloren, ist der Wohnzwecken dienende Gebäudeteil mit den Flächenpreisen für Ein- oder Zweifamilienhäuser und der zu anderen Zwecken dienende Gebäudeteil entweder mit den Flächenpreisen für Wohn-/Geschäftsgrundstücke oder mit den Raummeterpreisen für Gewerbegrundstücke oder sonstige bebaute Grundstücke zu bewerten (vgl. Absatz 6).

Flächenpreise für Mietwohngrundstücke

Bei Mietwohngrundstücken ist der Flächenpreis nur nach der Ausstattung unterteilt. Der Umstand, ob ein Mietwohngrundstück unterkellert oder nicht unterkellert ist, wirkt sich regelmäßig wegen der mehrgeschossigen Bauweise nicht auf den Flächenpreis aus. Dies gilt auch für den Umstand, ob das Dachgeschoß eines Mietwohngrundstücks ausgebaut oder nicht ausgebaut ist. Der Flächenpreis, vervielfacht mit der Wohn-/Nutzfläche, ergibt nach Kürzung um die Alterswertminderung den Gebäudewert. Sind auf dem Grundstück Einzel-, Doppel- oder Reihengaragen vorhanden, ist der Gebäudewert mit dem Festpreis für Garagen nach Anlage 16 zu § 152 BewG zusammenzurechnen. Befindet sich auf dem Grundstück eine Hoch- oder Tiefgarage oder wird ein Teil des Kellergeschosses als Tiefgarage genutzt, ist der Gebäudewert um die in Anlage 16 zu § 152 BewG für Hoch- und Tiefgaragen je Stellplatz genannten Festpreise zu erhöhen, wobei diese Festpreise um eine

Alterswertminderung zu kürzen sind. Die Summe aus Boden- und Gebäudewert ist um einen Abschlag von 30 v. H. nach § 155 Abs. 1 BewG zu ermäßigen und ergibt nach Abrundung auf volle 1 000 DM nach unten den neuen Grundstückswert.

Sind die Wohnungen in einem Mietwohngrundstück unterschiedlich ausgestattet, ist diesem Umstand durch Ansatz unterschiedlicher Flächenpreise, bezogen auf die jeweilige Wohn-/Nutzfläche Rechnung zu tragen. Wird ein Mietwohngrundstück geringfügig für gewerbliche, freiberufliche, öffentliche oder sonstige Zwecke mitbenutzt, ist dieser Gebäudeteil, falls er nicht von untergeordneter Bedeutung ist (vgl. Absatz 6), gesondert unter Ansatz der Nutzfläche und des in Betracht kommenden Flächenpreises oder unter Ansatz des umbauten Raumes und des in Betracht kommenden Raummeterpreises zu bewerten. Zur Bewertung von Mietwohngrundstücken auf der Grundlage des Reinertrags des Gebäudes siehe § 154 BewG.

§ 152 Abs. 3

Der Gebäudewert für Wohnungseigentumsgrundstücke wird durch Vervielfachung der Anzahl der Quadratmeter Wohn-/Nutzfläche mit dem aus Anlage 15 zu § 152 BewG für diese Grundstücksart zu entnehmenden Flächenpreis ermittelt. Da der Flächenpreis bereits eine Alterswertminderung beinhaltet, kommt eine solche nach Absatz 7 nicht in Betracht.

Gehört zu dem Wohnungseigentumsgrundstück ein Miteigentumsanteil an einer anderen, nicht im Sondereigentum stehenden Wohnung oder an anderen Räumen (z. B. Hausmeisterwohnung), ist die darauf entfallende Wohn-/Nutzfläche anteilig der Wohn-/Nutzfläche der „Eigentumswohnung" zuzurechnen und mit dieser zusammen zu bewerten. Gehört zu dem Wohnungseigentumsgrundstück eine Einzelgarage oder ein Stellplatz in einer Doppel- oder Reihengarage, sind der Gebäudewert und der Festpreis für die Garage oder den Stellplatz in der Garage ohne Berücksichtigung einer Alterswertminderung zusammenzurechnen (vgl. Anlage 16 zu § 152 BewG). Bei Wohnungseigentumsgrundstücken, zu deren wirtschaftlicher Einheit ein Stellplatz in einer Tief- oder Hochgarage gehört, ist dieser zusätzlich zu dem Gebäudewert mit dem aus Anlage 16 zu § 152 BewG zu entnehmenden Festpreis unter Berücksichtigung der Alterswertminderung anzusetzen.

Der Ausgangswert aus Boden- und Gebäudewert ist um einen Abschlag von 30 v. H. nach § 155 Abs. 1 BewG zu ermäßigen; der danach verbleibende Wert stellt nach Abrundung auf volle 1 000 DM nach unten den neuen Grundstückswert dar.

Eine von der Finanzverwaltung für Wohnungseigentumsgrundstücke durchgeführte Untersuchung hat gezeigt, daß sich bei dieser Grundstücksart der Gebäudewert nicht aus den Gebäudenormalherstellungskosten unter Berücksichtigung der Alterswertminderung ermitteln läßt, sondern daß die für die Ermittlung des Gebäudewerts erforderlichen Flächenpreise aus Kaufpreisen, also im Vergleichswertverfahren, abzuleiten sind, wobei die Alterswertminderung nur pauschal berücksichtigt werden kann. Hierzu sind Baujahrsgruppen gebildet, denen Flächenpreise zugeordnet werden. Um eine gewisse Vergleichbarkeit zu der Bewertung der übrigen Wohngrundstücke herzustellen, wird eine Unterteilung in sechs Baujahrsgruppen vorgenommen. Dem Gesichtspunkt einer linearen Abschreibung wird bei der Festlegung der Flächenpreise für die einzelnen Baujahrsgruppen durch gleichmäßige Wertsprünge Rechnung getragen. Für die Zuordnung zu der einzelnen Baujahrsgruppe ist grundsätzlich das Jahr der Fertigstellung der gesamten Wohnanlage maßgebend. Ist bei einer Eigentumswohnung eine durchgreifende Modernisierung erfolgt, ist auf das Jahr der Modernisierung abzustellen. Die Untersuchung der Finanzverwaltung hat weiter ergeben, daß die für Wohngrundstücke maßgebenden Ausstattungsmerkmale zu einer kaum merklichen Abstufung der Flächenpreise nach der Ausstattungsgüte geführt hätten. Aus Gründen der Verwaltungsvereinfachung soll daher bei der Bildung der Flächenpreise auf die Unterscheidung nach Ausstattungsmerkmalen verzichtet werden.

Zusätzlich zu diesen Flächenpreisen als Berechnungsgrundlage für den Gebäudewert ist die anteilig dem Wohnungseigentumsgrundstück zuzurechnende Grundstücksfläche, regelmäßig bewertet mit dem Bodenrichtwert, anzusetzen. Dadurch soll der Lagefaktor typisierend berücksichtigt werden.

Beispiel:

Eine Eigentumswohnung hat eine Wohnfläche von 70 m². Der Anteil an dem Gesamtgrundstück beträgt nach dem Miteigentumsanteil 80 m². Die Wohnanlage ist 1985 fertiggestellt worden. Aus der Bodenrichtwertkarte ergibt sich für das Grundstück ein durchschnittlicher Quadratmeterpreis von 80 DM.

Der Grundstückswert für die Eigentumswohnung ist als Wohnungseigentumsgrundstück wie folgt zu berechnen:

- Bodenwert
  80 m² x 80 DM/m²: 6 400 DM
- Gebäudewert
  70 m² x 2 000 DM/m²: 140 000 DM
- Ausgangswert: 146 400 DM
- Abschlag (30 v. H. von 146 400 DM): − 43 920 DM
  102 480 DM
- abgerundet
  (= neuer Grundstückswert): 102 000 DM

Die Baukostenuntersuchung hat weiter gezeigt, daß zwischen den in Plattenbauweise und den in herkömmlicher Bauweise errichteten Wohnungseigentumsgrundstücken erhebliche Wertabweichungen bestehen. Diesem Umstand soll in der Weise Rechnung getragen werden, daß für die Ermittlung des Gebäudewerts von Wohnungseigentumsgrundstücken in Plattenbauweise ein um ca. 25 v. H. ermäßigter Flächenpreis im Vergleich zu den Wohnungseigentumsgrundstücken in herkömmlicher Bauweise anzusetzen ist. Die Minderung des Flächenpreises entspricht in etwa dem Abschlag von 20 v. H., der bei der Ermittlung der Grundstückswerte zum 1. Juli 1990 nach den Vorschriften des D-Markbilanzgesetzes für Plattenbauweise gewährt wird.

§ 152 Abs. 4

Bei Wohn-/Geschäftsgrundstücken ist der Gebäudenormalherstellungswert nach dem Wohn-/Nutzflächenverfahren zu ermitteln. Er ergibt sich durch Vervielfachung der Anzahl der Quadratmeter Wohn-/Nutzfläche mit dem von der Nutzung und Ausstattung abhängigen Flächenpreis. In Anlage 15 zu § 152 BewG wird der Preisrahmen für die Flächenpreise vorgegeben, und zwar durch den unteren Wert für die einfache Ausstattung und den oberen Wert regelmäßig für die sehr gute oder aufwendige Ausstattung. Die Flächenpreise sind bei Gebäuden mit einer Höhe von mehr als 22 Meter über dem Gelände um einen Zuschlag zu erhöhen, der sich nach den Vorgaben aus der Einheitsbewertung 1964 richtet. Die in der Anlage genannten Flächenpreise sind aus Raummeterpreisen unter Berücksichtigung einer üblichen Geschoßhöhe und eines daraus abzuleitenden Umrechnungsfaktors ermittelt worden. Der Preisrahmen ist im Verwaltungswege auszufüllen. Dies könnte nach den Vorgaben in den gleichlautenden Erlassen für die neuen Länder zur Ermittlung der Einheitswerte 1935 in der Weise geschehen, daß die Ausstattungsgüte eines Gebäudes durch Ankreuzen vorhandener Ausstattungsmerkmale in einer Ausstattungstabelle bestimmt wird. Für jedes Bau- und Gebäudeteil ist je nach Ausstattung ein Punktewert zu vergeben; für eine einfache Ausstattung 1 Punkt, für eine durchschnittliche 2 Punkte, für eine gute 3 Punkte, für eine sehr gute 4 Punkte und für eine aufwendige 5 Punkte. Die Ausstattung des Gebäudes ergibt sich dann aus der Summe der Punkte für die einzelnen Bau- und Gebäudeteile, dividiert durch die Anzahl der berücksichtigten Bau- und Gebäudeteile. Um nicht für jeden durchschnittlichen Punktewert einen Flächenpreis vorgeben zu müssen, wird die Finanzverwaltung voraussichtlich nach dem Vorbild in den neuen Ländern Punktewerte zu einer Ausstattungsstufe zusammenfassen. Um Wertsprünge bei den Flächenpreisen zu vermeiden, sollen neben der einfachen, durchschnittlichen, guten, sehr guten und aufwendigen Ausstattung auch Zwischenwerte gebildet werden. So könnten z. B. bei der einfachen Ausstattung drei Flächenpreise und bei den anderen Ausstattungen jeweils zwei Flächenpreise vorgegeben werden. Dabei ist für die Bestimmung der Flächenpreise nicht zwingend von einer gleichmäßigen Aufteilung des Preisrahmens auf die einzelnen Ausstattungsstufen auszugehen. In den neuen Ländern können die Lagefinanzämter durch Anlehnung der neuen Grundstücksbewertung an das bisher dort praktizierte Bewertungsverfahren vor allem bei der Ausstattung auf bekannte Größen zurückgreifen, was dort zu einer wesentlichen Arbeitsentlastung führt. Der Gebäudenormalherstellungswert ist auch bei Wohn-/Geschäftsgrundstücken um die Alterswertminderung zu kürzen; Einzel-, Doppel- und Reihengaragen sind mit Festpreisen (Anlage 16 zu § 152 BewG) ohne Alterswertminderung anzusetzen. Der Ausgangswert aus Boden- und Gebäudewert ist um einen Abschlag von 30 v. H. nach § 155 Abs. 1 BewG zu ermäßigen und ergibt dann nach Abrundung auf volle 1 000 DM nach unten den neuen Grundstückswert.

§ 152 Abs. 5

Absatz 5 behandelt die Ermittlung des Gebäudenormalherstellungswerts für Gewerbegrundstücke nach dem Kubikmeterverfahren. Hier wird der umbaute Raum, gemessen in Kubikmetern, mit dem Raummeterpreis vervielfacht. Der umbaute Raum ist dabei wie bisher nach der DIN 277 (1950) zu berechnen. Damit können die Finanzämter, auch in den neuen Ländern, vielfach auf die bereits vorliegenden Angaben in den Bewertungsakten zurückgreifen.

Die Höhe des Raummeterpreises ist von der Nutzung und ggf. von der Ausstattung abhängig. Die Anlage 16 zu § 152 BewG enthält die Preisrahmen für die Raummeterpreise. Dort sind neben den Preisrahmen auch Festpreise für bestimmte Nutzungen, bezogen auf den umbauten Raum, die überdachte Fläche oder den Stellplatz bei Garagen oder Parkhäusern, genannt. Die Raummeterpreise für Fabrikations-, Werkstatt- und Lagerhallen sowie Kühlhäuser sind bei Geschoßhöhen über 4 m stufenweise zu ermäßigen. Das „Ausfüllen" des Preisrahmens soll wie bei den Wohn-/Geschäftsgrundstücken im Verwaltungswege nach den Vorgaben zur Einheitsbewertung 1935 für die neuen Länder geschehen. Hieraus ergibt sich für die neuen Länder eine wesentliche Arbeitsentlastung. Bei der Bestimmung der Ausstattung ist zwischen den einfach gestalteten Gewerbegrundstücken – in Teil B der Anlage 16 zu § 152 BewG aufgeführt – und den aufwendiger gestalteten Gewerbegrundstücken – in Teil A der Anlage 16 zu § 152 BewG aufgeführt – zu unterscheiden. Für Nutzungen nach Teil B soll die Ausstattung durch Abfrage bei sechs Bau- und Gebäudeteilen bestimmt werden. Für Nutzungen nach Teil A ist wie bei den Wohn-/Geschäftsgrundstücken die Ausstattung durch Abfrage bei 11 Bau- und Gebäudeteilen zu bestimmen. Bei der Festlegung der Raummeterpreise innerhalb des Preisrahmens ist nicht zwingend von einer gleichmäßigen Aufteilung auf die einzelnen Ausstattungsstufen auszugehen.

Der so ermittelte Gebäudenormalherstellungswert ist um die Alterswertminderung, die sich nach § 153 BewG bestimmt, zu kürzen. Nur für Einzel-, Doppel- und Reihengaragen sind Festpreise ohne Berücksichtigung einer Alterswertminderung anzusetzen. Der Ausgangswert aus Boden- und Gebäudewert ist um einen Abschlag von 30 v. H. nach § 155 Abs. 1 BewG zu mindern; das Ergebnis stellt nach Abrundung auf volle 1 000 DM nach unten den neuen Grundstückswert dar.

Bei der Bewertung von sonstigen bebauten Grundstücken ist entsprechend vorzugehen.

§ 152 Abs. 6

Absatz 6 behandelt die Fälle, in denen bei einem Gebäude wegen der unterschiedlichen Nutzung bzw. Ausstattung entweder unterschiedliche Flächenpreise, unterschiedliche Raummeterpreise oder Flächenpreise und Raummeterpreise anzusetzen sind.

Hier gilt der Grundsatz: Bei einem solchen „gemischtgenutzten" Gebäude ist jeder Gebäudeteil gesondert zu bewerten. Nur bei Gebäudeteilen, die von ihrem Umfang her von untergeordneter Bedeutung sind – dies sind Gebäudeteile mit nicht mehr als 10 v. H. der gesamten Wohn-/Nutzfläche – wird auf eine gesonderte Bewertung verzichtet, wenn ein Gebäudeteil vorhanden ist, der gemessen an der gesamten Wohn-/Nutzfläche überwiegt. In diesem Fall erhalten die Gebäudeteile von untergeordneter Bedeutung den Preis, der für den Gebäudeteil mit überwiegender Nutzung anzusetzen ist. Ausgenommen von dieser Regelung sind Tennis- und Reithallen sowie vergleichbare Hallen. Hier sind der Restaurationsteil und der Sozialteil (z. B. Duschen und Umkleidekabinen) bereits verfahrensbedingt, und zwar durch den Ansatz gesonderter Raummeterpreise für den Restaurations- und Sozialteil einerseits und für die Halle andererseits, stets gesondert zu bewerten, unabhängig davon, ob sie von untergeordneter Bedeutung sind.

Die Vereinfachungsvorschrift in Satz 2 ist darüber hinaus in den Fällen nicht anzuwenden, in denen ein Gebäudeteil mit einer überwiegenden Nutzung nicht vorhanden ist. In diesen Fällen ist stets jeder Gebäudeteil, unabhängig von seinem Umfang, gesondert zu bewerten, wenn sich die Nutzung bzw. Ausstattung in unterschiedlichen Preisen ausdrücken sollte. Im Verwaltungswege ist noch zu regeln, wie Gebäudeteile, die bei einer Mischnutzung keiner bestimmten Nutzung zugerechnet werden können, wie z. B. das Treppenhaus, bewertet werden sollen. Es dürfte sich anbieten, diese Gebäudeteile zusammen mit dem Gebäudeteil zu bewerten, dessen Nutzung überwiegt.

§ 152 Abs. 7

Absatz 7 definiert den Gebäudewert als Gebäudenormalherstellungswert abzüglich Alterswertminderung. Bei Wohnungseigentumsgrundstücken ist die Alterswertminderung bereits bei der Festlegung der Flächenpreise berücksichtigt; daher beschränkt sich die Vorschrift nur auf Grundstücke im Sinne des § 149 Abs. 1 Nr. 1 und 2 sowie 4 bis 7 BewG. Auch bei der Festlegung des Festpreises für Einzel-, Doppel- und Reihengaragen ist die Alterswertminderung bereits berücksichtigt; er ist daher ebenfalls von einer Alterswertminderung ausgenommen (vgl. Satz 2).

§ 153

Die Vorschrift entspricht weitgehend dem § 86 BewG. Bei der Bemessung der Alterswertminderung kommt es zum einen auf das Alter zum 1. Januar 1996 und zum anderen auf die gewöhnliche Lebensdauer des Gebäudes an. Für die Berechnung des Alters zum 1. Januar 1996 ist auf den 1. Januar des Jahres abzustellen, in dem das Gebäude bezugsfertig geworden ist. Das Gebäude gilt als bezugsfertig, wenn den künftigen Bewohnern oder sonstigen Benutzern zugemutet werden kann, es zu benutzen; auf die Abnahme durch die Bauaufsichtsbehörde kommt es nicht an (vgl. § 147 BewG). Die Lebensdauer ist von der Bauart und Nutzung des Gebäudes abhängig. Sie ist im Verwaltungswege nach allgemeinen Erfahrungssätzen zu bestimmen. Die Alterswertminderung ist stets in einem Hundertsatz des Gebäudenormalherstellungswerts auszudrücken. Dabei darf nur von einer gleichbleibenden jährlichen Wertminderung ausgegangen werden. Die Berechnung der Alterswertminderung sieht demnach wie folgt aus:

$$\text{Alterswertminderung in v. H.} = \frac{\text{Alter am 1. Januar 1996}}{\text{Lebensdauer}}$$

Abweichend vom bisherigen Recht soll die Verlängerung der Lebensdauer infolge baulicher Maßnahmen in der Weise berücksichtigt werden, daß bei der Berechnung der Alterswertminderung von einem fiktiven Baujahr ausgegangen wird. Hat sich z. B. bei einem Gebäude, das 1950 fertiggestellt worden ist, infolge baulicher Maßnahmen die restliche Lebensdauer, die zum 1. Januar 1996 noch 54 Jahre betragen würde, um 20 Jahre verlängert, ist bei der Alterswertminderung nicht von dem tatsächlichen Baujahr 1950, sondern von dem fiktiven Baujahr 1970 auszugehen. Bei der Berechnung der Alterswertminderung würde demnach nicht ein Alter von 46 Jahren, sondern von 26 Jahren berücksichtigt. Die gewöhnliche Lebensdauer des Gebäudes würde sich dadurch nicht ändern.

Bei der Ermittlung des Restwerts in Höhe von 30 v. H. des Gebäudenormalherstellungswerts soll – ebenfalls abweichend vom bisherigen Recht – darauf verzichtet werden, daß dieser Restwert bei einer außergewöhnlichen Wertminderung unterschritten werden kann. Hier bleibt dem Steuerpflichtigen die Möglichkeit, einen insgesamt niedrigeren Wertansatz nachzuweisen (vgl. § 157 BewG).

§ 154 Abs. 1

Bei der Bewertung nach dem Wohn-/Nutzflächenverfahren wird der Ertragsfähigkeit von Gebäuden durch den Abschlag nach § 155 BewG Rechnung getragen. Durch die Höhe des Abschlags wird bei Mietwohngrundstücken die Ausrichtung des Grundstückswerts an der Ertragsfähigkeit nicht in allen Fällen angemessen berücksichtigt. Daher dürfte es bei dieser Grundstücksgruppe über die Öffnungsklausel nach § 157 BewG häufiger zum Nachweis eines niedrigeren Grundstückswerts durch Vorlage eines Gutachtens kommen, in dem der Grundstückswert nach dem Ertragswertverfahren ermittelt wird. Um dem Grundstückseigentümer den Nachweis durch ein Gutachten und die damit verbundenen Kosten zu ersparen, sieht § 154 Abs. 1 BewG die Möglichkeit vor, den Grundstückswert in einem vereinfachten Ertragswertverfahren zu ermitteln.

Das vereinfachte Ertragswertverfahren lehnt sich an das Ertragswertverfahren nach der Wertermittlungs-Verordnung vom 6. Dezember 1988 (BGBl. I S. 2209) an. Dabei werden der Bodenwert und Gebäudewert getrennt berechnet. Der Bodenwert ist nach § 146 BewG auf der Grundlage der Bodenrichtwerte zu ermitteln. Der Gebäudewert wird im Unterschied zum Wohn-/Nutzflächenverfahren nicht als Sachwert, sondern als kapitalisierter Reinertrag berechnet. Wertmindernde Umstände werden durch den generellen Abschlag von 30 v. H. abgegolten.

Das vereinfachte Ertragswertverfahren hat gegenüber dem bisherigen Ertragswertverfahren, bei dem sich der Grundstückswert durch Vervielfachung der Jahresrohmiete mit einem gesetzlich vorgeschriebenen Vervielfältiger ergibt, den Vorteil, daß Grundstückseigentümer nur den Gebäudewert nach dem vereinfachten Ertragswertverfahren mit dem Gebäudewert nach dem Wohn-/Nutzflächenverfahren vergleichen muß, um seine Entscheidung im Rahmen der Öffnungsklausel treffen zu können. Darüber hinaus kann auf eine Mindestbewertung verzichtet werden, die im bisherigen Ertragswertverfahren noch erforderlich war.

Damit das Finanzamt nicht verschiedene Bewertungsmethoden von Amts wegen anwenden muß, hat der Steuerpflichtige die zur Berechnung des Reinertrags des Gebäudes notwendigen Bewertungsgrundlagen, insbesondere die durchschnittliche Jahresrohmiete, nachzuweisen. Im übrigen entsprechen die Angaben zur Ermittlung des Bodenwerts den Angaben, die auch für die Durchführung des Wohn-/Nutzflächenverfahrens erforderlich wären.

§ 154 Abs. 2

Ausgangsgröße für den Reinertrag ist die durchschnittliche Jahresrohmiete. Von diesem Bruttoertrag werden die Bewirtschaftungskosten mit pauschal 42 DM je Quadratmeter Wohn-/Nutzfläche – die Höhe entspricht der durch das Jahressteuergesetz 1996 neu eingeführten Werbungskosten-Pauschale bei den Einkünften aus Vermietung und Verpachtung – berücksichtigt. Um eine doppelte Berücksichtigung des Bodenwerts – einerseits über den Bodenertragsanteil im Reinertrag und andererseits über den gesonderten Wertansatz des Bodenwerts – zu vermeiden, ist der Reinertrag um den Verzinsungsbetrag des Bodenwerts zu kürzen. Bei der Ermittlung des Verzinsungsbetrags ist ein Zinssatz von 5 v. H. zugrunde zu legen. Dies entspricht dem Anhaltswert nach Tz. 3.5.5 der Wertermittlungs-Richtlinien 1991 vom 11. Juni 1991 (BAnz.Nr. 182a). Sowohl die Pauschalierung der Bewirtschaftungskosten als auch die Festschreibung des Liegenschaftszinses tragen dazu bei, daß der Grundstückseigentümer in der Lage ist, den Ertragswert seines Mietwohngrundstücks auf der Grundlage der ihm bekannten Jahresrohmiete selbst ermitteln und mit dem nach dem Wohn-/Nutzflächenverfahren anzusetzenden Gebäudewert vergleichen zu können.

Die für die Kapitalisierung des Reinertrags erforderlichen Vervielfältiger sind einer neuen Anlage 17 zum BewG zu entnehmen; den Vervielfältigern liegt ebenfalls ein Liegenschaftszinssatz von 5 v. H. zugrunde. Die Kapitalisierung des Reinertrags hat wie bei einer Zeitrente unter Berücksichtigung der Restnutzungsdauer des Gebäudes zu erfolgen. Die Restnutzungsdauer bestimmt sich nach der gewöhnlichen Lebensdauer des Gebäudes abzüglich des Alters am 1. Januar 1996. Dabei wird das Jahr der Fertigstellung dem Alter des Gebäudes voll zugerechnet, so daß sich zugunsten des Grundstückseigentümers eine etwas geringere Restnutzungsdauer ergibt. Wie bei der Alterswertminderung ist auch bei der Bestimmung der Restnutzungsdauer ein Mindestzeitraum in Jahren anzusetzen. Dieser Mindestzeitraum ist von der Lebensdauer des Gebäudes abhängig; er beträgt 30 v. H. der Lebensdauer. Bei einem Gebäude mit einer Lebensdauer von 100 Jahren sind somit als Mindestzeitraum für die Kapitalisierung 30 Jahre anzusetzen; bei einer Lebensdauer von 80 Jahren verkürzt sich der Mindestzeitraum auf 24 Jahre (30 v. H. von 80 Jahren). Hat sich infolge baulicher Maßnahmen die Lebensdauer des Gebäudes verlängert, ist bei der Berechnung der Restlebensdauer von einem fiktiven Baujahr auszugehen (vgl. Begründung zu § 153 BewG).

Ergibt sich nach Kürzung der durchschnittlichen Jahresrohmiete um die pauschalen Bewirtschaftungskosten und den Bodenertragsanteil ein negativer Reinertrag, ist für die weiteren Berechnungen ein Gebäudewert von 0 DM zugrunde zu legen. In diesem Fall ergibt sich regelmäßig ein Grundstückswert in Höhe von 70 v. H. des Bodenwerts; dies entspricht dem Wertansatz des Grund und Bodens, wenn er unbebaut wäre (sog. Mindestwert).

§ 154 Abs. 3

Die bei der Ermittlung des Reinertrags anzusetzende Jahresrohmiete ist regelmäßig als Durchschnittsmiete aus den Jahresrohmieten der letzten drei Jahre vor dem Besteuerungszeitpunkt herzuleiten. Der Begriff der Jahresrohmiete als vertraglich vereinbartes Gesamtentgelt für die Grundstücksüberlassung entspricht dabei weitestgehend dem bisherigen Recht (§ 79 Abs. 1 BewG). Zusätzlich einzubeziehen in die Jahresrohmiete werden Untermietzuschläge sowie die Kosten des Fahrstuhls. Untermietzuschläge waren bei der bisherigen Bewertung nach dem Ertragswertverfahren u. a. außer Ansatz geblieben, weil diese Zuschläge hinsichtlich der Zeitdauer und der Höhe unterschiedlich bemessen waren und darüber hinaus nicht genügend nachhaltig erzielt wurden. Diese Überlegungen können bei Ansatz einer Durchschnittsmiete, abgeleitet aus den Ergebnissen der letzten drei Jahre vor dem Besteuerungszeitpunkt, vernachlässigt werden. Aus Gründen der Verwaltungsvereinfachung ist es daher vertretbar, die Untermietzuschläge in die Jahresrohmiete einzubeziehen. Ebenfalls zur Jahresrohmiete rechnen künftig die Kosten des Fahrstuhls, weil diese Aufwendungen durch den Ansatz der pauschalen Bewirtschaftungskosten abgegolten sind. Dies gilt grundsätzlich auch für die Kosten der Schönheitsreparaturen sowie für die Kosten des Betriebs der zentralen Heizungs-, Warmwasserversorgungs- und Brennstoffversorgungsanlagen. Die Kosten für Schönheitsreparaturen werden heute vielfach durch den Mieter getragen. Wollte man diese Aufwendungen bei der Ermittlung der Jahresrohmiete berücksichtigen, so wäre es erforderlich, Zuschläge zur tatsächlich gezahlten Miete vorzunehmen, wenn der Mieter laut Mietvertrag zur Übernahme der Schönheitsreparaturen verpflichtet ist. Der Vermieter würde daher so behandelt, als wenn er die Schönheitsreparaturen getragen hätte. Dem müßte dann durch eine höhere Pauschale für die Bewirtschaftungskosten Rechnung getragen werden. Der höhere Ansatz bei der Jahresrohmiete und der höhere Ansatz bei der Pauschale lassen sich dadurch vermeiden, daß auf die Berücksichtigung von Kosten für Schönheitsreparaturen als Bestandteil der Jahresrohmiete verzichtet wird, wobei aus Vereinfachungsgründen in Kauf genommen werden muß, daß der Vermieter in den wenigen Fällen, in denen er die Schönheitsreparaturen selbst trägt, keinen Ausgleich für seine höheren Grundstückskosten in Form einer höheren Pauschale für Bewirtschaftungskosten erhält. Die Kosten für Heizungs-, Warmwasserversorgungs- und Brennstoffversorgungsanlagen rechnen nicht zur Jahresrohmiete, unabhängig davon, ob sie vom Mieter unmittelbar oder bei zentralen Anlagen über eine Umlage mittelbar getragen werden.

Ist das Mietwohnhaus insgesamt oder teilweise innerhalb des Dreijahreszeitraums nicht oder zu einem wesentlich unter der ortsüblichen Miete liegenden Entgelt vermietet, so ist wie im bisherigen Ertragswertverfahren die übliche Miete anzusetzen. Die übliche Miete ist in Anlehnung an die Jahresrohmiete für vergleichbare Wohnungen und Räume zu schätzen. Dies kann in der Weise geschehen, daß die übliche Miete aus Mieten abgeleitet wird, die für Wohnungen oder Räume in dem zu bewertenden Mietobjekt tatsächlich gezahlt worden sind, wobei die Vergleichsmieten nicht erheblich von der ortsüblichen Miete abweichen dürfen. Stehen solche Vergleichsmieten nicht zur Verfügung, ist die übliche Miete aus den vorliegenden örtlichen Mietspiegeln abzuleiten; ggf. haben die Bewertungsstellen solche Mietspiegel für Zwecke der steuerlichen Grundstücksbewertung im Bedarfsfall aufzustellen.

Bei Wohnungen, die im öffentlich geförderten Wohnungsbau einer Mietpreis- bzw. Belegungsbindung unterliegen, ist die Miete für nicht preisgebundenen Wohnraum anzusetzen. Die Nachteile aus der Mietpreis- bzw. Belegungsbindung werden durch den höheren Abschlag von 35 v. H. angemessen berücksichtigt (vgl. Begründung zu § 155 Abs. 1 BewG).

§ 155 Abs. 1

Mit dem Abschlag von 30 v. H. sollen alle wertmindernden Umstände abgegolten werden. Zu den wertmindernden Umständen gehören allgemein die geringere Ertragsfähigkeit von Grundvermögen im Vergleich zu Kapitalvermögen und anderen, im Wirtschaftsverkehr leichter umsetzbaren Wirtschaftsgütern. Auch alle sonstigen Ermäßigungen, insbesondere wegen Baumängeln und Bauschäden, Lärm-, Geruchs- und Staubbelästigungen, Unterschutzstellung nach dem Denkmalschutzgesetz, Altlasten und Bergschadensgefahren, sollen abgegolten sein. Sollte im Einzelfall, z. B. aufgrund einer Abbruchverpflichtung, ein höherer Abschlag gerechtfertigt sein, kann dies dadurch berücksichtigt werden, daß der Steuerpflichtige gegenüber dem Finanzamt nachweist, der tatsächliche Grundstückswert sei niedriger als der nach den Vorschriften des Bewertungsgesetzes ermittelte Wert (vgl. § 157 BewG).

Die Höhe des Abschlags ist – wie die Wertzahlen im bisherigen Recht – empirisch aus Kauffällen ermittelt worden. Dabei hat sich gezeigt, daß Abschläge, die nach der Nutzung unterteilt sind, im Vergleich zu einem einheitlichen Abschlag nicht zu wesentlich besseren Ergebnissen in bezug auf das durchschnittliche Wertniveau führen. Aus Gründen der Verwaltungsvereinfachung soll daher der Abschlag auf einheitlich 30 v. H. festgelegt werden.

Durch den Abschlag von 30 v. H. ergeben sich Grundstückswerte, die in etwa dem entsprechen, was sich nach bisherigem Recht bei einer durchschnittlichen Wertzahl von

$$\frac{50 \text{ v. H.} + 85 \text{ v. H.}}{2} = 67{,}5 \text{ v. H. ergeben würde.}$$

Nach dem Ergebnis der Verprobung des Wohn-/Nutzflächenverfahrens traten bei einem Abschlag von 30 v. H. nur noch in 3,7 v. H. der untersuchten Fälle Grundstückswerte auf, die über den Kaufpreisen lagen. Dazu ist noch anzumerken, daß in die Verprobung des Wohn-/Nutzflächenverfahrens nur Kauffälle eingeflossen sind, bei denen keine Ermäßigungstatbestände zu berücksichtigen waren. Um auch in den Fällen mit Ermäßigungen in einer größeren Zahl den Einzelnachweis von Grundstückswerten zu vermeiden, ist es erforderlich, den Abschlag großzügig zu bemessen. Damit trägt der Abschlag dazu bei, daß die Finanzverwaltung nur in einer sehr geringen Zahl von Fällen den vom Steuerpflichtigen nachgewiesenen Grundstückswert überprüfen muß. Darüber hinaus ist durch die Abschlagshöhe sichergestellt, daß die bisherige Höchstgrenze von 30 v. H. für die herkömmlichen Ermäßigungstatbestände im Ertragswertverfahren (vgl. § 82 Abs. 3 Satz 1 BewG) gewahrt bleibt.

Der öffentliche geförderte Wohnungsbau unterliegt bestimmten Mietpreis- bzw. Belegungsbindungen. Der Grundstückseigentümer darf keine höhere Miete als die Kostenmiete erheben; er ist bei Überlassung der Wohnung an einen bestimmten Mieterkreis gebunden. Diesen Nachteilen stehen Vorteile aus den Fördermaßnahmen gegenüber, z. B. eine günstige Fremdfinanzierung durch unverzinsliche oder niedrig verzinsliche Darlehen der öffentlichen Hand oder durch Aufwendungsbeihilfen zur Deckung der laufenden Aufwendungen. In der Regel kann zumindest in den ersten Jahren der Vermietung davon ausgegangen werden, daß sich Vor- und Nachteile ausgleichen, so daß durch die Mietpreis- bzw. Belegungsbindungen grundsätzlich keine Auswirkungen auf den Grundstückswert ergeben. Dies kann sich jedoch im Laufe der Zeit durch Entwicklungen auf dem Wohnungs- und Kapitalmarkt ändern. Um dem Rechnung zu tragen, müßte der Nachteil aus der Mietpreisbindung, berechnet als Differenz zwischen ortsüblicher Miete für den nicht preisgebundenen Wohnungsbau und Kostenmiete, gekürzt um den Zinsvorteil oder andere Vorteile aus den Fördermaßnahmen, auf den Zeitraum der Mietpreisbindung kapitalisiert werden. Um diese komplizierten Berechnungen zu vermeiden, sieht § 155 Abs. 1 Satz 2 BewG vor, daß bei Grundstücken, die den Mietpreis- bzw. Belegungsbindungen im öffentlichen Wohnungsbau unterliegen, ein um 5 v. H. höherer Abschlag zu gewähren ist.

Der Abschlag von 30 v. H. soll auch für die Bewertung unbebauter Grundstücke gelten. Hier werden durch den Abschlag insbesondere Altlasten sowie andere Grundstücksbeeinträchtigungen, z. B. durch Lärm, Staub oder Gerüche, abgegolten. Darüber hinaus trägt der einheitliche Abschlag von 30 v. H. dazu bei, daß auf eine Mindestbewertung bei bebauten Grundstücken verzichtet werden kann. Würde nämlich für unbebaute Grundstücke ein geringerer Abschlag als für bebaute Grundstücke angesetzt, könnten bei Grundstücken mit einer geringfügigen Bebauung Fälle auftreten, in denen der Wert für ein bebautes Grundstück geringer wäre als der Wert ohne Berücksichtigung der Bebauung. Darüber hinaus werden durch einen einheitlichen Abschlag Abgrenzungsschwierigkeiten zwischen Bodenwert einerseits sowie Gebäudewert andererseits vermieden.

§ 155 Abs. 2

Eine aufwendige Heiztechnik hat bei Wohngrundstücken, deren Flächenpreise sich nach der Ausstattung bestimmen, zusammen mit der Verklinkerung der Außenfassade und der guten Ausstattung im sanitären Bereich stets einen Flächenpreis zur Folge, der über dem liegt, der für ein Wohngrundstück mit herkömmlicher Heizungsanlage anzusetzen wäre. Die durch die aufwendige Heiztechnik verursachten höheren Herstellungskosten, denen durch den Ansatz höherer Flächenpreise Rechnung getragen wird, führen bei einer Veräußerung nicht zu einem entsprechenden Gegenwert in Form des Kaufpreises. Daher müssen die höheren Herstellungskosten durch einen Abschlag an das Verkehrswertniveau herangeführt werden. Bei der Bemessung des Abschlags ist zu berücksichtigen, daß sich durch die aufwendige Heiztechnik die Ausstattung des Gebäudes von „durchschnittlich" in „gut" ändern kann, was zu einer Erhöhung des Flächenpreises um mehr als 10 v. H. führt. Dies wird durch einen zusätzlichen Abschlag von 10 v. H. – bezogen auf den Gebäudewert – ausgeglichen.

Bei Wohngrundstücken mit aufwendiger Heiztechnik führt das Merkmal „Heizung" stets dazu, daß zumindest eine durchschnittliche Ausstattung vorliegt. Neben dem Abschlag vom Gebäudewert bei guter Ausstattung kann es somit in der Praxis nur noch zu einem Abschlag bei Wohngrundstücken mit durchschnittlicher Ausstattung kommen, nicht jedoch bei Wohngrundstücken mit einfacher Ausstattung. Da die Wohngrundstücke mit durchschnittlicher Ausstattung nur negativ gegenüber den einfach und gut ausgestatteten Wohngrundstücken abgegrenzt werden (vgl. Erläuterungen zu § 152 Abs. 2 BewG), entfällt hier die Umschreibung der Ausstattungsgüte anhand einzelner Ausstattungsmerkmale. Deswegen haben Wohngrundstücke mit herkömmlicher Heizung und normale Wohngrundstücke, die nur zusätzlich mit einer umweltfreundlichen Heiztechnik ausgestattet sind, denselben Flächenpreis. Damit diesen Wohngrundstücken mit umweltfreundlicher Heiztechnik durch die Typisierung keine Nachteile erwachsen, soll der Abschlag von 10 v. H. auch bei durchschnittlich ausgestatteten Objekten gewährt werden.

Die in Nummer 1 genannten Voraussetzungen für den Abschlag entsprechen den bei der Eigenheimzulage für energiesparendes Heizen (Zusatzförderung nach § 9 Abs. 3 EigZulG). Solaranlagen führen nur dann zu einem Abschlag, wenn sie nicht unerheblich zur Beheizung des Gebäudes beitragen. Nummer 2 entspricht der Regelung in § 82 a Abs. 1 Nr. 4 EStDV.

Bei den Wohnungseigentumsgrundstücken wirkt sich die Ausstattung, also auch das Ausstattungsmerkmal „Heizung", nicht auf die Höhe des Flächenpreises aus. Es kann daher bei dieser Grundstücksart nicht zu einer Wertkorrektur in Form des zusätzlichen Abschlags von 10 v. H. kommen. Bei den übrigen Grundstücken wird dem Merkmal „Heizung" für die Bestimmung der Ausstattungsgüte kaum Bedeutung beigemessen. Bei der Heizung handelt es sich nur um eines der 11 bzw. 6 Bau- und Gebäudeteile, die für die Ermittlung der Ausstattung abgefragt werden. Dort führt die aufwendige Heiztechnik nur zu einer Höherstufung des Bau- und Gebäudeteils „Heizung" von sehr gut nach aufwendig. Es wäre demnach, wenn überhaupt, nur eine geringfügige Wertkorrektur erforderlich, die durch den allgemeinen Abschlag von 30 v. H. nach Absatz 1 abgegolten ist.

§ 156

In Anlehnung an § 91 Abs. 2 BewG sollen Gebäudeteile, die bis zum Bewertungsstichtag noch nicht fertiggestellt sind, zusätzlich zu dem Bodenwert und den ggf. bezugsfertigen Gebäudeteilen im neuen Grundstückswert unter Berücksichtigung des Abschlags von 30 v. H. (§ 155 Abs. 1 BewG) erfaßt werden. Der Wert der nichtbezugsfertigen Gebäudeteile ist dabei mit dem Betrag anzusetzen, der nach dem Grad ihrer Fertigstellung dem Gebäudewertanteil entspricht, mit dem sie im Grundstückswert nach Fertigstellung enthalten sein werden. Wie bisher soll auch künftig die Möglichkeit bestehen, diesen Wert entweder im Verhältnis der Herstellungskosten oder im Verhältnis der Bausubstanz zu ermitteln. Auch bei Grundstücken im Zustand der Bebauung hat der Steuerpflichtige die Möglichkeit, einen geringeren als den nach den Bewertungsvorschriften ermittelten Grundstückswert nachzuweisen.

§ 157

Trotz vorsichtiger Wertermittlung lassen sich wegen der angestrebten Vereinfachung des Bewertungsverfahrens Werte, die über den tatsächlichen Grundstückswert hinausgehen, nicht in allen Fällen vermeiden. Damit sich die vereinfachte Grundstücksbewertung für den Steuerpflichtigen, insbesondere bei der Erbschaftsteuer, nicht zu seinem Nachteil auswirkt, kann der Steuerpflichtige gegenüber dem Finanzamt nachweisen, daß der tatsächliche Grundstückswert am 1. Januar 1996 niedriger als der nach den Bewertungsvorschriften ermittelte Grundstückswert ist. In diesem Fall ist der tatsächliche Grundstückswert als steuerlicher Grundstückswert anzusetzen. Der Nachweis wird regelmäßig durch ein Gutachten eines vereidigten Bausachverständigen oder eines Gutachterausschusses erbracht werden können. Auch ein im gewöhnlichen Geschäftsverkehr kurz vor dem Besteuerungszeitpunkt zustande gekommener Kaufvertrag kann unter Berücksichtigung der Wertverhältnisse vom 1. Januar 1996 als Nachweis dienen. Eine Glaubhaftmachung reicht dagegen nicht aus.

Zu Nummer 50 (§§ 158 und 159 BewG)

§ 158 BewG

Die bisher in § 123 Abs. 2 BewG enthaltene Ermächtigung zur Neubekanntmachung des Bewertungsgesetzes wird als gesonderte Vorschrift in die Schlußbestimmungen übernommen.

§ 159 BewG

Die Vorschrift enthält die bisher in § 124 geregelte zeitliche Anwendungsbestimmung.

Zu Nummer 51 (Anlagen 14 bis 17)

In der Anlage 14 sind die Grundstücke genannt, deren Gebäude in der Nutzung für einen bestimmten Gewerbebetrieb besonders gestaltet sind (vgl. auch Erläuterungen zu § 149 Abs. 7 BewG).

Die in Anlagen 15 und 16 zu § 152 BewG genannten Flächen-, Raummeter- und Festpreise sind von der Finanzverwaltung im Rahmen mehrjähriger Baukostenuntersuchungen ermittelt worden. Wegen weiterer Einzelheiten wird auf die Erläuterungen zu § 152 BewG hingewiesen.

Anlage 17 enthält die für ein vereinfachtes Ertragswertverfahren erforderlichen Vervielfältiger unter Berücksichtigung eines Zinssatzes von 5 v. H., gestaffelt nach der Restnutzungsdauer.

Zu Artikel 2 (Erbschaftsteuer- und Schenkungsteuergesetz)

Allgemeines

Die Erhebungsform als Erbanfallsteuer hat sich in Deutschland seit Einführung des Reichserbschaftsteuergesetzes bewährt. Der Entwurf beschränkt sich deshalb auf Änderungen im bestehenden System der Erbanfallsteuer. Die Erbschaft- und Schenkungsteuer erfaßt den außerordentlichen Vermögenszugang beim Erwerber. Im Erbfall wird nicht der Nachlaß als solcher, sondern die Bereicherung besteuert, die der einzelne Erwerber von Todes wegen erlangt (Erbanfallsteuer). Entsprechendes gilt für Bereicherungen durch Schenkungen unter Lebenden. Ihre Rechtfertigung findet auch die Erbschaft- und Schenkungsteuer letztendlich in dem Leistungsfähigkeitsprinzip.

Die von verschiedener Seite angeregte Ausgestaltung der Erbschaftsteuer als Nachlaßsteuer wird nicht aufgegriffen, weil sich eine stichhaltige Rechtfertigung dafür nicht finden läßt. Die Beibehaltung einer Erbschaft- und Schenkungsteuer in Form einer Erbanfallsteuer steht auch Einklang mit dem Steuerrecht der meisten anderen Mitgliedstaaten der Europäischen Union. Eine Nachlaßsteuer unterwirft grundsätzlich den gesamten ungeteilten Nachlaß einem einheitlichen Steuersatz ohne Rücksicht darauf, wie dieses Vermögen verteilt wird und auf wie viele Erwerber es dabei übergeht. Das deutsche Recht kennt im Gegensatz z. B. zu dem angloamerikanischen Recht, in dem die Erbschaftsteuer als Nachlaßsteuer erhoben wird, keine rechtliche Verselbständigung des Nachlaßvermögens beispielsweise in der Form eines Trusts, aus dem die Berechtigten erst mit seiner Auflösung das Nachlaßvermögen erhalten. Demgegenüber strebt das deutsche Erbrecht eine möglichst rasche Auflösung von Miterbengemeinschaften und Verteilung des Nachlaßvermögens an. Bei einer Nachlaßbesteuerung ergäben sich Probleme bei der Verteilung des Nettonachlaßvermögens und hinsichtlich der gleichmäßigen Verteilung der Steuerlast auf Erben, Pflichtteilsberechtigte, Vermächtnisnehmer und andere Erwerber. Die verfassungsrechtlich gebotene Berücksichtigung familiärer Aspekte (Freistellungen für Ehegatten und Kinder) würde zwangsläufig zu vergleichbaren Regelungen wie bei der Erbanfallsteuer führen. Zusätzlich müßten auch einzelne Schenkungen und andere steuerpflichtige Erwerbe außerhalb der Erbfolge, z. B. Versicherungsansprüche, erfaßt werden, um Steuerumgehungen zu vermeiden. Eine Vereinfachung des Besteuerungsverfahrens ließe sich insoweit nicht erreichen.

Die Erbschaft- und Schenkungsteuer bemißt sich nach dem Wert der Bereicherung des steuerpflichtigen Erwerbs. Der Wert der Bereicherung besteht zunächst aus der Summe der steuerlichen Werte der Einzelgegenstände. Zur effizienteren und objektiveren Wertbemessung unterteilt das Steuerrecht die Wertgesamtheit in mehrere Vermögensarten und gibt im Bewertungsgesetz Bewertungsmaßstäbe sowie Bewertungsmethoden zur Bestimmung angemessener Werte der Vermögensarten vor. Oberster Wertmaßstab ist dabei grundsätzlich der gemeine Wert (§ 9 BewG), d. h. der erzielbare Verkaufspreis an einem bestimmten Stichtag. Dem untergeordnet kennt das Bewertungsgesetz eine Vielzahl von unterschiedlichen Werten, die mehr oder weniger typisierend den gemeinen Wert wiedergeben sollen. Sofern das erworbene Vermögen aus Geldvermögen oder aus Geldforderungen besteht, ist die Bewertung meist problemlos. Für Besteuerungszwecke wird der Nennwert, der Gegenwartswert, der Kurswert u. dgl. herangezogen. Für Wirtschaftsgüter, die nicht in Geld bestehen, muß eine geeignete Methode gefunden werden, mit der das Wirtschaftsgut in eine Geldrechnung einbezogen wird. Dabei sind viele Umstände zu berücksichtigen, insbesondere auch, ob das Wirtschaftsgut jederzeit wie Geld marktfähig ist (sofortige Wertrealisierung), welche wirtschaftliche Ertragskraft das Wirtschaftsgut besitzt und welche Funktion es gesamtwirtschaftlich oder sozialpolitisch erfüllt. In vielen Fällen gibt es für die ererbten oder geschenkten Wirtschaftsgüter keinen eindeutigen, richtigen Wert. Die Wertzumessung muß daher auf wahrscheinliche, geschätzte Bewertungsgrundlagen zurückgreifen; die Schätzmethoden müssen wiederum einfach, nachvollziehbar und praktikabel sein. Es reicht auch nach der ständigen Rechtsprechung des Bundesverfassungsgerichts aus, daß für Substanzsteuerzwecke ein typisierender Wert nach pauschalen Bewertungsverfahren ermittelt wird. Voraussetzung ist, daß ein so ermittelter Wert gegenwartsnah ist und in vertretbarer Relation zu anderen Vermögensgegenständen steht. Ergeben sich für bestimmte Vermögensgegenstände Werte, die deutlich unter dem Wertniveau anderer Vermögensgegenstände liegen, so dürfen diese Werte der Besteuerung nur zugrunde gelegt werden, wenn eine niedrigere Bewertung ausnahmsweise zu einer sachlich gerechtfertigten niedrigeren Steuerbelastung führt. Die Bewertung der Vermögensgegenstände ist im einzelnen im Bewertungsgesetz geregelt.

Familie

Der verfassungsrechtliche Schutz von Ehe und Familie steht im engen Zusammenhang mit dem Erbrecht und der Eigentumsgarantie. Das Privatrecht vollzieht dies in der nach Verwandtschaftsnähe abgestuften gesetzlichen Teilhabe am Vermögen des Rechtsvorgängers. Das Erbschaftsteuerrecht respektiert diese Rechtsordnung durch völlige Freistellung eines gewissen Vermögenserwerbs von Ehegatten und Kindern, durch Abstufung der Steuerbelastung nach Verwandtschaftsnähe sowie durch progressive Steuersätze. Nach bisher geltendem Recht blieb das übliche Familiengebrauchsvermögen bei Erwerben innerhalb der engeren Familie weitestgehend durch die persönlichen Freibeträge von Erbschaft- und Schenkungsteuereingriffen verschont. Die bisherigen persönlichen Freibeträge von 250 000 DM für Ehegatten und 90 000 DM für Kinder korrespondierten mit den Einheitswerten für Grundbesitz nach den Wertverhältnissen 1. Januar 1964 und bewirkten trotz eines Zuschlags von 40 v. H., daß der unentgeltliche Übergang eines üblichen Familienwohnheims zuzüglich eines gewissen Familiengebrauchsvermögens in der Regel steuerfrei blieb. Etwa 90 v. H. aller Todesfälle lösten bisher keine Erbschaftsteuer aus. Auch in Zukunft soll die Erbschaft- und Schenkungsteuer keine Massensteuer werden, sondern nur bedeutendere unentgeltliche Erwerbe angemessen besteuern. Gleichwohl wäre selbst bei gleichbleibenden Rechtsverhältnissen in den nächsten zehn Jahren mit einem deutlichen Anstieg des Erbschaft- und Schenkungsteueraufkommens zu rechnen gewesen, weil immer größere Vermögen schuldenfrei auf die nächste Generation übergehen werden.

Entsprechend den Vorgaben des Bundesverfassungsgerichts wird zugunsten einer gleichmäßigeren Besteuerung der Erwerbe unabhängig von ihrer Anlageform die einseitige, auch nach der ursprünglichen gesetzgeberischen Konzeption nicht vorgesehene Begünstigung der Erwerbe von Grundbesitz abgebaut. Die gegenwartsnähere Grundbesitzbewertung führt de facto nicht zu einer entsprechenden tatsächlichen Vermögensmehrung bei den Erben und Beschenkten. Wegen der höheren Wertansätze des Grundbesitzes müssen daher zur Schonung des üblichen Familiengebrauchsvermögens sowie eines gewissen kleineren unentgeltlichen Erwerbs die persönlichen Freibeträge deutlich angehoben werden. Der erbschaftsteuerliche Zugriff bei Familienangehörigen im Sinne der Steuerklasse I ist derart zu mäßigen, daß jedem Steuerpflichtigen der jeweils auf ihn überkommene Nachlaß – je nach dessen Größe – zumindest zum deutlich überwiegenden Teil oder, bei kleinerem Vermögen, völlig steuerfrei zugute kommt.

Das neue Freistellungssystem für die engere Familie (Ehegatte und Kinder) geht von folgenden Überlegungen aus: Das Familiengebrauchsvermögen ist unabhängig von seiner Anlageform und von der Anzahl der berechtigten Erwerber freizustellen. Als Kernbereich des üblichen Familiengebrauchsvermögens werden 750 000 DM angesetzt. Der Betrag orientiert sich an dem Wert eines üblichen schuldenfreien Familienwohnheims in der Bundesrepublik Deutschland. Es ist bekannt, daß der Wert des üblichen Familienwohnheims regional sehr unterschiedlich sein kann. Gleichwohl ist die Berücksichtigung regionaler Unterschiede im Rahmen einer typisierenden Besteuerung nicht möglich. Eine sachliche Freistellung des Familienwohnheims unabhängig von seinem Wert scheidet aus. Dies würde letztendlich dazu führen, daß die Erbschaftsteuerbelastung in Relation zu den Verkehrswerten der ererbten Grundstücke gleichheitswidrig wäre. So könnte der Erbe eines Familienwohnheims, das in einem hochpreisigen Ballungsraum liegt, dieses verkaufen und dafür zwei gleichwertige Familienwohnheime in einem Wohnort mit niedrigem Verkehrswertniveau erwerben. Umgekehrt könnte der Erbe eines Familienwohnheims in einem Niedrigpreisgebiet bei Verkauf dieses Objekts nur ein halbes Familienwohnheim in einer Region mit hohem Verkehrswertniveau erwerben. Hinzu kommt, daß die Bestimmung des „Familienwohnheims" von Stichtagszufälligkeiten abhängig ist, die nichts mit dem Wert des Objektes zu tun haben, z. B. der Erblasser hat das Familienwohnheim vermietet, zieht in ein Altenheim und verstirbt oder der Erblasser verstirbt, bevor er das Familienwohnheim vermietet. Aus denselben Gründen scheidet auch eine Regionalisierung des Freibetrags für das übliche Familiengebrauchsvermögen aus.

Wird der Kernbereich des schutzwürdigen Familiengebrauchsvermögens auf 750 000 DM festgelegt, muß ein Erwerber einen persönlichen Freibetrag von mindestens 750 000 DM erhalten, wenn er Alleinerbe ist. Da im Durchschnitt aller Fälle im Erbfall etwa drei Beteiligte vorhanden sind, wäre eine persönliche Freistellung in Höhe von 750 000 DM nicht zwingend erforderlich. Erwerben mehrere Erben gleichzeitig das Familiengebrauchsvermögen, könnte der Freibetrag für das Familiengebrauchsvermögen auf die einzelnen Erwerber verteilt werden. Um aber dem besonderen Schutz von Ehe und Familie Rechnung zu tragen und auch eine verfahrensmäßige Komplizierung durch eine Aufteilung zu vermeiden, wird hierauf verzichtet. Ein Erwerb eines Ehegatten soll bis 1 000 000 DM, der eines Kindes bis 750 000 DM steuerfrei bleiben. Entsprechendes gilt für Schenkungen. Zu berücksichtigen ist in diesem Zusammenhang auch die Freistellung eines bestimmten Vermögensbetrags, der der Hinterbliebenenversorgung dient. Hierbei ist auf die erhöhten besonderen Freibeträge gemäß § 17 ErbStG zu verweisen. Diese Freibeträge kommen vor allem dem überlebenden Ehegatten und Kindern des Erblassers zugute, die ihre Versorgung durch steuerpflichtige Versorgungsbezüge oder anderes steuerpflichtiges Vermögen sicherstellen müssen. Durch diese neue Regelung ist typisierend sichergestellt, daß die Erbschaft- und Schenkungsteuer den Übergang des üblichen Familiengebrauchsvermögens auf den Ehegatten bzw. die Kinder unversteuert läßt.

Ansatz des Betriebsvermögens

Der Erbschaft und Schenkungsteuer unterliegt auch die Bereicherung durch unentgeltlichen Erwerb von Betriebsvermögen. Betriebsvermögen im bewertungsrechtlichen und damit auch im erbschaftsteuerlichen Sinne ist nicht nur das einzelne gewerbliche oder freiberufliche Unternehmen, sondern alle Teile einer wirtschaftlichen Einheit, die bei der steuerlichen Gewinnermittlung zum Betriebsvermögen gehören, also auch Beteiligungen an Personengesellschaften, einzelne Wirtschaftsgüter des Betriebsvermögens, Betriebsgrundstücke usw.

Nach den Vorgaben des Bundesverfassungsgerichts wäre auch Betriebsvermögen grundsätzlich mit einem Wert zu bewerten, der die Wertrelation des Betriebsvermögens zu den übrigen verschiedenen Wirtschaftsgütern realitätsgerecht abbildet. Theoretisch wäre dies der gemeine Wert, d. h. der Verkehrswert. Es gibt aber keinen eindeutig bestimmbaren Verkehrswert des Betriebsvermögens. Die Auffassungen über die zutreffende Verkehrswertermittlung des Betriebsvermögens weichen in Wissenschaft und Praxis sehr stark voneinander ab. Vielfach wird eine Ertragswertbewertung, zum Teil die Liquidationserlösmethode, für zutreffend gehalten; die Substanzwertmethode wird im allgemeinen für weniger geeignet gehalten. Das Bewertungsrecht und das Ertragsteuerrecht sehen dagegen letztlich den Substanzwert des Vermögens als zutreffenden Wert an. Im Ertragsteuerrecht kommt zwar dem Steuerbilanzwert hauptsächlich die Aufgabe zu, die Ergebnisse verschiedener Rechnungsperioden voneinander abzugrenzen. Der nach dem Bewertungsgesetz auf der Basis der Steuerbilanzwerte ermittelte Substanzwert des Betriebsvermögens ist daher durch handelsrechtliche und steuerbilanzielle Regelungen überlagert. Aufgrund der Erfahrungen aus der Vergangenheit hat sich aber gezeigt, daß auch der früher nach eigenständigen Bewertungsvorschriften ermittelte Wert des Betriebsvermögens letztlich keine objektive und stichtagsbezogene Abbildung des tatsächlichen Betriebsvermögens hervorgebracht hat. Zusammenfassend ist festzustellen, daß zur Vermeidung einer sehr aufwendigen und streitanfälligen Einzelbewertung des Betriebsvermögens eine typisierende Bewertung geboten ist. Zur Vereinfachung für Bürger und Verwaltung muß dabei weitestgehend an vorhandene Wertfeststellungen angeknüpft werden. Es bietet sich daher weiterhin an, Betriebsvermögen – wie schon seit 1993 praktiziert – grundsätzlich auf der Basis der Steuerbilanzwerte zu bewerten. Ausgenommen bleiben soll wie bisher der betriebliche Grundbesitz. Zur Begründung siehe „Allgemeiner Teil" der Begründung zu Artikel 1.

Auf die Erbschaft- und Schenkungsbesteuerung des Erwerbs von Betriebsvermögen kann aus Gründen der Gleichmäßigkeit der Besteuerung und zur Vermeidung von Umgehungsmöglichkeiten, komplizierten Gestaltungen usw. nicht völlig verzichtet werden. Eine solche vollständige Befreiung ist von Verfassungs wegen nicht geboten; sie begegnet im Gegenteil verfassungsrechtlichen Bedenken. Letztlich bedeutet jeder unentgeltliche Erwerb unabhängig von der Anlageform der Vermögensgegenstände eine steuerbare Bereicherung. Gleichwohl kann die erbschaft- bzw. schenkungsteuerliche Belastung des Betriebsvermögens gesamtwirtschaftlich nachteilig sein.

Im europäischen Vergleich ist die Erbschaftsteuerbelastung in Deutschland beim Übergang von Unternehmen innerhalb der Familie durch die persönlichen Freibeträge, durch die sachliche Freistellung des Betriebsvermögens und bei weiter entfernt verwandten Erwerbern durch nach Steuerklassen abgestufte Steuersätze relativ schonend. Insbesondere die Einführung eines speziellen Freibetrags für den Erwerb von Betriebsvermögen in Höhe von 500 000 DM ab 1994 bewirkt, daß der Übergang kleinerer und mittlerer Unternehmen unabhängig von dem Verwandtschaftsgrad von vornherein nicht der Erbschaft- oder Schenkungsteuer unterliegt. Zugleich konnte damit eine bedeutende Verwaltungsvereinfachung erreicht werden, denn mehr als die Hälfte aller Betriebsvermögen liegen unter 500 000 DM und müssen für Erbschaft- und Schenkungsteuerzwecke nicht bewertet werden. Darüber hinausgehendes positives Betriebsvermögen wird grundsätzlich nur mit 75 v. H. angesetzt. Hinzu kommt, daß Betriebsvermögen in Deutschland nur sehr vorsichtig bewertet wird; dies trägt ebenfalls zu einer schonenden Erbschaftsbesteuerung bei. Während bis 1992 der Wert des Betriebsvermögens einschließlich der stillen Reserven nach besonderen Bewertungsvorschriften ermittelt wurde, können für die Bewertung des Betriebsvermögens ab 1. Januar 1993 die Steuerbilanzwerte – mit wenigen Ausnahmen – übernommen werden. Damit kommen auch die Bilanzierungsvorteile durch Abschreibungsvergünstigungen, Rückstellungsmöglichkeiten usw. zugute. Eine im nationalen Recht geregelte Anrechnungsvorschrift vermeidet in gewissem Umfang ohne Doppelbesteuerungsabkommen, daß kleine und mittlere Unternehmen bei grenzüberschreitenden Erbfällen mehrfach mit Steuern belastet werden. Aufgrund der bereits in Kraft getretenen Änderungen durch das JStG 1996 werden mit Wirkung ab 1996 Beteiligungen an kleinen und mittleren Kapitalgesellschaften, die steuerlich im allgemeinen dem Privatvermögen zuzuordnen sind, ebenso wie Betriebsvermögen behandelt.

Mit diesem Gesetzentwurf sollen die bisherigen Regelungen weiter verbessert werden durch eine Erhöhung des Bewertungsabschlags auf 50 v. H. und durch die Einbeziehung von Betrieben der Land- und Forstwirtschaft unter Beibehaltung des bisherigen Freibetrages von 500 000 DM. Damit wird erreicht, daß der Übergang des Betriebsvermögens unabhängig vom Verwandtschaftsverhältnis zwischen Erblasser oder Schenker und Erwerber noch stärker entlastet wird. Den Betrieben brauchen nur in entsprechend gemindertem Umfang liquide Mittel für die Steuerzahlung entnommen zu werden, die statt dessen für notwendige Investitionen und zum Erhalt von Arbeitsplätzen zur Verfügung stehen.

Insgesamt ist festzuhalten, daß das deutsche Erbschaftsteuerrecht so angelegt ist, daß die Erben eines normal rentierlichen Unternehmens die Erbschaftsteuer aus den Erträgen des Unternehmens zahlen können. Es muß dabei auch vorausgesetzt werden, daß ein Unternehmer ebenso wie zur Sicherung der Zahlung anderer Steuern und Abgaben entsprechende Vorkehrungen für die Erbschaft- und Schenkungsteuer trifft. Sollten trotzdem durch die Erbschaftsteuerzahlung Probleme entstehen, die den Erhalt eines Betriebs gefährden, sieht das Erbschaftsteuerrecht speziell für den Erwerb von Betriebsvermögen eine besondere Stundungsmöglichkeit vor. Die auf das Betriebsvermögen entfallende Erbschaftsteuer kann mit Wirkung ab 1996 bis zu 10 Jahre, früher bis zu 7 Jahre, gestundet werden. Im Erbfall erfolgt diese Stundung zinsfrei. Letztlich ermöglicht das allgemeine Verfahrensrecht (Abgabenordnung) den Finanzämtern immer, in Ausnahmefällen den individuellen Belangen unter bestimmten Voraussetzungen durch Stundung, Teilerlaß oder Totalerlaß der Erbschaftsteuer Rechnung zu tragen. In der Summe erfüllen die Begünstigungen das verfassungsrechtlich Gebotene, das steuerrechtlich und fiskalisch Mögliche.

Steuerklassen, Tarif

Die Erbschaft- und Schenkungsteuerbelastung richtet sich nach der Steuerklasse eines Erwerbers und innerhalb der Steuerklasse nach der Höhe des steuerpflichtigen Erwerbs. Damit wird die Steuerbelastung einmal nach Verwandtschaftsnähe und innerhalb der Steuerklasse nach der durch die Höhe des steuerpflichtigen Erwerbs entstandenen besonderen steuerlichen Leistungsfähigkeit abgestuft. Zusätzlich wird die tarifliche Steuerbelastung durch persönliche und sachliche Freistellungen sachgerecht gemindert. Durch die neuen Wertansätze für Grundbesitz ergäben sich bei der Erbschaftsteuer höhere steuerliche Belastungen, ohne daß eine tatsächliche Vermögensmehrung damit verbunden wäre. Zum Ausgleich bewertungsbedingter Steuererhöhungen wird die Tarifstruktur sowohl hinsichtlich der Steuerklassen als auch des Tarifs selbst neu gestaltet: Die jetzigen Steuerklassen I und II werden zu einer neuen Steuerklasse I zusammengefaßt, zu der jetzt neben dem Ehegatten und den Kindern des Erblassers oder Schenkers auch die Enkel, Urenkel und weiteren Abkömmlinge stets sowie die Eltern und Voreltern bei Erwerben von Todes wegen gehören. Steuersätze bis 70 v. H. lassen sich unter Berücksichtigung der Entscheidung des Bundesverfassungsgerichts nicht mehr aufrecht erhalten. Der neue Höchstsatz beträgt künftig nur noch 50 v. H., die übrigen Steuersätze werden für die verbleibenden Steuerklassen und die verschiedenen Wertstufen neu festgelegt.

Ausgleich für den Wegfall der Vermögensteuer auf „Privatvermögen"

Die Vermögensteuer soll ab 1. Januar 1997 insgesamt abgeschafft werden (s. Artikel 5). Der Wegfall der Vermögensteuer auf Betriebsvermögen, als einer substanzverzehrenden Steuerbelastung, soll einen wichtigen Impuls für den Wirtschaftsstandort Deutschland bewirken. Von dem Gesamtaufkommen von 8,5 Mrd. DM entfallen unter Einbeziehung der im Privatvermögen gehaltenen Beteiligungswerte rd. 58 v. H. oder 5 Mrd. DM auf Betriebsvermögen. Die Entlastungswirkung darf nicht durch Mehrbelastungen an anderer Stelle gefährdet werden. Deshalb soll hierfür ein Ausgleich nicht erfolgen.

Für den Wegfall der Vermögensteuer auf „Privatvermögen" soll in angemessenem Umfang ein Ausgleich vorgenommen werden. Um überhöhte Erhebungskosten zu vermeiden, wird die „private Vermögensteuer" mit der Erbschaftsteuer zusammengefaßt. Da der Wegfall der Vermögensteuer zugleich zu einer erheblichen Einsparung bei den Erhebungs- und Verwaltungskosten führt, wird der tatsächliche Ausgleichsbedarf mit 1,5 Mrd. DM veranschlagt.

Zu den einzelnen Vorschriften

Zu Nummer 1 (§ 10 Abs. 6 Satz 4 ErbStG)

Es handelt sich um eine redaktionelle Folgeänderung aus der Aufhebung des § 13 Abs. 2 ErbStG, dessen bisheriger Inhalt in den neuen § 13 a ErbStG übernommen wurde (vgl. Nummer 3 Buchstabe b und Nummer 4).

Zu Nummer 2 (§ 12 ErbStG)

Die Vorschrift stellt die Verbindung zu den Bewertungsregeln des Bewertungsgesetzes her. Nach dem Beschluß des Bundesverfassungsgerichts vom 22. Juni 1995 kommt ihr hinsichtlich der verfassungsrechtlich gebotenen Belastungsgleichheit beim Steuerzugriff zentrale Bedeutung zu. Entscheidet sich der Gesetzgeber für eine gesonderte Bewertung der zu besteuernden Güter, muß er die einmal getroffene Belastungsentscheidung folgerichtig umsetzen und die Steuerpflichtigen – ungeachtet verfassungsrechtlich zulässiger Differenzierungen – gleichmäßig belasten. Erforderlich ist, daß für die einzelnen zur Erbschaft oder Schenkung gehörenden wirtschaftlichen Einheiten und Wirtschaftsgüter Bemessungsgrundlagen gefunden werden, die deren Werte in ihrer Relation realitätsgerecht abbilden.

Zu Absatz 1

Absatz 1 verweist als Grundsatz unverändert auf die Allgemeinen Vorschriften des BewG und entlastet das ErbStG von den Einzelregelungen zur Bewertung.

Zu Absatz 2

Die Vorschrift zur Bewertung von Anteilen an einer Kapitalgesellschaft entspricht weitestgehend dem bisherigen Absatz 1 a.

Zu Absatz 3

Die bisherige Belastung des Grundbesitzes mit Vergangenheitswerten – insbesondere Einheitswerte 1964, bei Grundstücken mit einem Zuschlag von

40 v. H. – und des übrigen Vermögens im wesentlichen mit Gegenwartswerten hatte deutliche Wertverzerrungen und Belastungsungleichheiten zur Folge. Das Bundesverfassungsgericht hat deshalb entschieden, daß § 12 Abs. 1 und 2 ErbStG in Verbindung mit dem Ersten und Zweiten Teil des Bewertungsgesetzes mit Artikel 3 Abs. 1 GG unvereinbar ist. Nach Auffassung des Bundesverfassungsgerichts genügen die erbschaftsteuerlichen Bewertungsmethoden den aus dem Gleichheitssatz folgenden Anforderungen nur dann, wenn sie zum Bewertungsstichtag die jeweiligen Werte wirklichkeitsgerecht wiedergeben. Das Gericht hat in diesem Zusammenhang nicht gefordert, daß Grundbesitz mit dem Verkehrswert anzusetzen sei. Der Gesetzgeber darf sachliche Differenzierungsgesichtspunkte zugunsten des Grundbesitzes im erforderlichen Umfang berücksichtigen. Er hat dabei einen großen Gestaltungsspielraum.

Der bisher in § 12 Abs. 2 bis 4 ErbStG geregelte erbschaftsteuerliche Wertansatz für Grundbesitz auf der Grundlage der Einheitswerte wird ersetzt durch den nach §§ 138 ff. BewG (vgl. Artikel 1 Nummer 49) im Bedarfsfall festzustellenden Grundbesitzwert. Gemäß § 138 Abs. 5 BewG wird ein Grundbesitzwert für ein Grundstück oder einen Betrieb der Land- und Forstwirtschaft gesondert festgestellt, wenn er für die Erbschaftsteuer benötigt wird (Bedarfswert); gehört zum Erwerb nur ein Teil einer wirtschaftlichen Einheit, wird nur der Wert dieses Anteils festgestellt. Die Feststellung erfolgt gemäß § 138 Abs. 2 und 3 BewG in Verbindung mit §§ 9, 11 ErbStG immer unmittelbar auf den Zeitpunkt der Steuerentstehung. Die bisherigen Regelungen in § 12 Abs. 3 und 4 ErbStG für Fälle eines Teilerwerbs einer wirtschaftlichen Einheit bzw. für eine Stichtagsbewertung aus besonderen Gründen sind ebenso entbehrlich wie die ergänzenden Vorschriften für Grundbesitz in den neuen Ländern (vgl. § 37 a Abs. 3 ErbStG, vgl. Nummer 12).

Zu Absatz 4

Die Vorschrift zur Bewertung von Bodenschätzen entspricht dem bisherigen Absatz 4 a.

Zu Absatz 5

Die Vorschrift zur Bewertung von Betriebsvermögen ist redaktionell angepaßt an die neue Absatzfolge. Im übrigen bleibt es bei der nahezu vollständigen Übernahme der ertragsteuerlichen Werte für das Betriebsvermögen. Wesentliche Ausnahme bleiben die Betriebsgrundstücke (§ 99 BewG), für die der im Bedarfsfall festzustellende Grundbesitzwert (vgl. Absatz 3) maßgebend ist.

Der Wertansatz für Betriebsgrundstücke muß im Zusammenhang mit dem Ansatz des Betriebsvermögens gemäß § 13 a ErbStG (vgl. Nummer 4) gesehen werden. Die im Bedarfsfall nach §§ 138 ff. BewG festgestellten Grundbesitzwerte betragen auch bei Betriebsgrundstücken wie bei Grundstücken im Privatvermögen im Durchschnitt 60 v. H. der Verkehrswerte. Aufgrund des Bewertungsabschlags von 50 v. H. nach § 13 a Abs. 2 ErbStG würden Betriebsgrundstücke tatsächlich nur mit 30 v. H. ihres Verkehrswerts der Besteuerung unterliegen. Entsprechendes gilt auch für nichtnotierte Anteile an einer Kapitalgesellschaft im Sinne des § 13 a Abs. 4 Nr. 3 ErbStG, die nach dem sog. Stuttgarter Verfahren bewertet werden. Hierbei würden Betriebsgrundstücke der Kapitalgesellschaft bei der Ermittlung des Vermögenswerts ebenfalls mit ihrem Grundbesitzwert angesetzt, der Anteilswert insgesamt aber nur mit 50 v. H. der Besteuerung unterliegen. Um eine übermäßige Vergünstigung für Betriebsgrundstücke und unerwünschte Mitnahmeeffekte durch Verlagerung von privatem Grundbesitz in den betrieblichen Bereich zu vermeiden, sollen Betriebsgrundstücke immer dann mit 140 v. H. des Grundbesitzwerts angesetzt werden, wenn für das Betriebsvermögen oder für nichtnotierte Anteile an einer Kapitalgesellschaft der Bewertungsabschlag von 50 v. H. vorgenommen wird.

Zu Absatz 6

Die Vorschrift ist unverändert.

Zu Nummer 3 (§ 13 ErbStG)

Zu Buchstabe a

Zu Doppelbuchstabe aa

In Nummer 1 ist die Befreiung für Hausrat einschließlich Wäsche und Kleidungsstücke sowie für andere bewegliche körperliche Gegenstände verbessert worden. Die Befreiung bezieht sich nicht auf den Gesamtwert der zu dieser Vermögensgruppe gehörenden Vermögensgegenstände. Sie steht dem jeweiligen Erwerber je nach Steuerklasse bezogen auf seinen persönlichen Erwerb zu.

Personen aus der zusammengefaßten Steuerklasse I (vgl. Nummer 6), im wesentlichen der Ehegatte, die Kinder und weitere Abkömmlinge, können Hausrat in vollem Umfang steuerfrei erwerben. Schulden und Lasten im Zusammenhang mit diesen Vermögensgegenständen sind allerdings nicht mehr abzugsfähig (vgl. § 10 Abs. 6 Satz 1 ErbStG). Für andere bewegliche körperliche Gegenstände, dazu zählen künftig auch Kunstgegenstände und Sammlungen, wird der Freibetrag von 5 000 DM auf 20 000 DM erhöht. Durch diese Befreiung kann ein wesentlicher Teil des persönlichen Gebrauchsvermögens im Sinn des Beschlusses des Bundesverfassungsgerichts vom 22. Juni 1995 ohne Steuerbelastung auf den begünstigten Erwerberkreis übertragen werden. Im Zusammenwirken mit anderen Befreiungsregelungen, insbesondere mit den persönlichen Freibeträgen in § 16 ErbStG, ist es somit möglich, den erbschaftsteuerlichen Zugriff bei Familienangehörigen der Steuerklasse I so zu beschränken, daß er den verfassungsrechtlich gesetzten Rahmen nicht überschreitet. Die unbegrenzte Befreiung des Erwerbs von Hausrat ist auch ein Beitrag zur Steuervereinfachung, weil eine besondere Bewertung dieser Vermögensgegenstände unterbleiben kann.

Personen der neuen Steuerklassen II und III (vgl. Nummer 6) erhalten für den Erwerb von Hausrat einschließlich Wäsche und Kleidungsstücke sowie anderer beweglicher körperlicher Gegenstände künftig einen zusammengefaßten Freibetrag von 20 000 DM anstelle der bisherigen getrennten Freibeträge von 10 000 DM bzw. 2 000 DM. Aufgrund des erhöhten Freibetrags kann auch hier in mehr Fällen als bisher auf eine Bewertung dieser Vermögensgegenstände verzichtet werden.

Zu Doppelbuchstabe bb

In Nummer 6 wird der Freibetrag für einen Erwerb durch erwerbsunfähige Eltern und Großeltern ebenso auf 80 000 DM verdoppelt wie die für die Befreiung maßgebende Vermögensgrenze einschließlich des Vermögensanfalls.

Zu Doppelbuchstabe cc

In Nummer 9 wird der Freibetrag für eine Zuwendung, die als angemessenes „Entgelt" für eine unentgeltliche Pflege- oder Unterhaltsgewährung an den Erblasser oder Schenker anzusehen ist, auf 10 000 DM erhöht. Im übrigen ist das Beibehalten einer Obergrenze notwendig und auch verfassungsgemäß (vgl. Beschluß des Bundesverfassungsgerichts vom 26. März 1984, HFR S. 436). Mit ihr lassen sich die Möglichkeiten einer mißbräuchlichen Ausnutzung der Befreiung durch Beantragen überhöhter Beträge für meist nur bedingt nachprüfbare Pflege- oder Unterhaltsleistungen auf ein vernünftiges, akzeptables Maß beschränken.

Zu Doppelbuchstabe dd

Die Befreiungsmöglichkeit nach § 13 Abs. 1 Nr. 16 Buchstabe c ErbStG wurde durch das StÄndG 1992 in das ErbStG eingefügt. Befreit sind Zuwendungen an ausländische Einrichtungen, die den inländischen Religionsgesellschaften oder gemeinnützigen Körperschaften entsprechen, sofern der ausländische Staat Gegenseitigkeit gewährt; das Bundesfinanzministerium stellt fest, ob diese Voraussetzung vorliegt. Die Änderung sollte lediglich eine Rechtsgrundlage schaffen für die Weitergeltung bestehender, z. B. mit einigen Kantonen der Schweiz und mit Dänemark, bzw. die Herbeiführung neuer Gegenseitigkeitsvereinbarungen (vgl. BT-Drucksache 12/1108 S. 78). Das Bundesfinanzministerium sollte solche Gegenseitigkeitsvereinbarungen allgemein durch Austausch entsprechender Erklärungen herbeiführen können, nicht jedoch im steuerlichen Einzelfall zu Feststellungen über eine evtl. bestehende Gegenseitigkeit verpflichtet sein. Eine Steuerbefreiung ohne förmliche Feststellung der Gegenseitigkeit war nicht beabsichtigt.

Abweichend hiervon hat der BFH in einem Beschluß vom 29. November 1995 (BStBl 1996 II S. 102) die Auffassung vertreten, daß die Steuerbefreiung nicht von einer förmlichen Gegenseitigkeitserklärung mit dem ausländischen Staat abhängig sei; maßgebend sei lediglich die Gesetzeslage in dem ausländischen Staat. Um die dadurch eingetretene Rechtsunsicherheit über die Anwendung der Befreiungsvorschrift zu beseitigen und unter Umständen einzelfallbezogen komplizierte Ermittlungen zur Gesetzeslage in einem ausländischen Staat zu vermeiden, wird in § 13 Abs. 1 Nr. 16 Buchstabe c ErbStG nunmehr klargestellt, daß eine evtl. bestehende Gegenseitigkeit nur dann zur Steuerbefreiung führt, wenn die Gegenseitigkeit durch förmlichen Austausch entsprechender Erklärungen mit dem ausländischen Staat festgestellt ist. Deutscherseits läßt sich eine Vergünstigung für ausländische Einrichtungen nur dann rechtfertigen, wenn im Umkehrfall deutsche Empfängereinrichtungen in gleicher Weise von ausländischer Erbschaftsteuer befreit werden.

Zu Buchstabe b

An die Stelle der bisher in Absatz 2 a geregelten Befreiung beim Erwerb von Betriebsvermögen und von Anteilen an Familienkapitalgesellschaften tritt künftig eine entsprechende Regelung in einem neuen § 13 a ErbStG (vgl. Nummer 4).

Zu Nummer 4 (§ 13 a ErbStG)

Bei der Bemessung der Erbschaftsteuer für Betriebsvermögen ist nach dem Beschluß des Bundesverfassungsgerichts vom 22. Juni 1995 zu berücksichtigen, daß Erwerber dieses Vermögens aufgrund der Sozialgebundenheit im Vergleich zu Erwerbern anderen Vermögens vermindert finanziell leistungsfähig sind. Die Erbschaftsteuerlast muß also so bemessen werden, daß die Fortführung des Betriebs nicht gefährdet wird. Die Verpflichtung, eine verminderte finanzielle Leistungsfähigkeit erbschaftsteuerlich zu berücksichtigen, ist unabhängig von der verwandtschaftlichen Nähe zwischen Erblasser und Erwerber. Der Gesetzgeber hat diesen Vorgaben bereits im Standortsicherungsgesetz mit der Einführung eines Freibetrags von 500 000 DM ab 1994 und im Jahressteuergesetz 1996 mit der Einführung eines Bewertungsabschlags von 25 v. H. bei gleichzeitiger Erstreckung dieser Entlastungsmaßnahmen auf Anteile an sog. familienbezogenen Kapitalgesellschaften Rechnung getragen.

Die bisher in § 13 Abs. 2 a ErbStG geregelte Steuerentlastung beim Erwerb von Betriebsvermögen und Anteilen an „familienbezogenen" Kapitalgesellschaften wird weiter verbessert und aus Gründen der Übersichtlichkeit in einen eigenen Paragraphen aufgenommen. Die geltende Regelung beschränkte die Entlastung des gewerblichen und freiberuflichen Betriebsvermögens auf Fälle des Erbanfalls (§ 1922 BGB) und der vorweggenommenen Erbfolge. Sie wird auf alle steuerpflichtigen Erwerbsfälle von Todes wegen ausgedehnt und soll die bisher unbefriedigenden Ergebnisse vor allem bei Vorausvermächtnissen und Vermächtnissen vermeiden. Die Steuerentlastung wird erweitert auf Erwerbe land- und forstwirtschaftlichen Vermögens und soll auch dort die Generationenfolge erleichtern. Nach der Neuregelung folgen die Steuerentlastungen grundsätzlich dem – vom Erblasser bestimmten – Übergang des Betriebsvermögens auf den Letzterwerber.

Zu Absatz 1

Vor dem Hintergrund des Bundesverfassungsgerichtsbeschlusses und eines höheren Wertansatzes für Betriebsgrundstücke und Betriebe der Land- und Forstwirtschaft ist eine erweiterte Entlastung erforderlich, um den Generationenübergang unabhängig von der Person des Erwerbers zu erleichtern. Die bisher auf den Erwerb durch Erbanfall beschränkten Steuerentlastungen werden auf alle Erwerbe von Todes wegen erweitert. Hauptmangel der bisherigen Regelung war, daß, anders als im Fall der vorweggenommenen Erbfolge, der Erwerber nur entlastet wurde, wenn er zu den gesetzlichen oder gewillkürten Erben gehörte. Dadurch wurde letztlich die Testierfreiheit des Unternehmers beeinträchtigt. Die Neuregelung ermöglicht in Verbindung mit Absatz 3, daß auch beim Erwerb von Todes wegen immer derjenige von der Erbschaftsteuer entlastet wird, dem nach dem Willen des Unternehmers auch außerhalb der Erbfolge das Betriebsvermögen oder anderes Vermögen im Sinne des Absatzes 4 letztendlich zugewendet wird. Damit ist der Erwerb von Betriebsvermögen und anderem Vermögen unabhängig vom Verwandtschaftsgrad und der Rechtsnatur der Zuwendung deutlich entlastet.

Das Gesetz räumt dem Erblasser das Recht ein, selbst zu bestimmen, wie bei mehreren Erwerbern der Freibetrag eingesetzt werden soll. Dafür ist wie bisher seine schriftlich verfügte Aufteilung maßgebend. Fehlt eine schriftliche Verfügung und geht das Vermögen nur durch Erbanfall auf Erben über, erfolgt eine Aufteilung nach Erbteilen (Quoten); in den übrigen Fällen, z. B. bei Vermächtnissen, steht der Freibetrag den Erwerbern zu gleichen Teilen zu.

Das land- und forstwirtschaftliche Vermögen wird in die Freibetrags- und Abschlagsregelung einbezogen, da es ebenso wie das Betriebsvermögen mit aktuellen Werten erfaßt wird. Für land- und forstwirtschaftliche Betriebe, die ertragsteuerlich nicht zum Privatvermögen gehören, wird künftig ebenfalls der Freibetrag von 500 000 DM gewährt. Bäuerliche Familienbetriebe können dadurch regelmäßig ohne Belastung mit Erbschaft- und Schenkungsteuer übergehen. Die wenigen land- und forstwirtschaftlichen Betriebe mit einem höheren Grundbesitzwert werden durch den Abschlag von 50 v. H. nach Absatz 2 zusätzlich entlastet. Die Einbeziehung der land- und forstwirtschaftlichen Betriebe in die Freibetragsregelung führt weiter zu einer erheblichen Verwaltungsvereinfachung. Bei kleinen und mittleren Betrieben kann in der Regel eine Feststellung des Grundbesitzwerts unterbleiben.

Die Steuerentlastung der vorweggenommenen Erbfolge einschließlich Verteilung des Freibetrags bei mehreren Erwerbern (Satz 1 Nr. 2) ist wie bisher geregelt. Inhaltlich unverändert bleibt auch die Regelung über den Verbrauch des Freibetrags (Satz 2).

Zu Absatz 2

Der Bewertungsabschlag auf das den Freibetrag von 500 000 DM übersteigende Vermögen wird auf 50 v. H. erhöht. Vor dem Hintergrund des Bundesverfassungsgerichtsbeschlusses und eines höheren Wertansatzes für Betriebsgrundstücke und Betriebe der Land- und Forstwirtschaft ist diese stärkere Entlastung erforderlich, um den Generationenübergang zu erleichtern.

Zu Absatz 3

Absatz 3 regelt die Gewährung des Freibetrages und des Abschlages für die Fälle, in denen ein Erwerber das Vermögen oder Teile davon in Erfüllung einer letztwilligen oder rechtsgeschäftlichen Verfügung des Erblassers oder Schenkers auf einen Dritten überträgt. Der Übergang des Freibetrags und – daran anknüpfend – des Bewertungsabschlags kommt insbesondere zwischen Erben in Betracht, die Teilungsanordnungen (§ 2048 BGB) und Vorausvermächtnisse (§ 2150 BGB) erfüllen. Er kommt weiter in Betracht für Übergänge zwischen Erben und Vermächtnisnehmern, ferner für Übergänge von Erben auf Personen, denen der Erblasser das Vermögen durch ein (noch nicht vollzogenes) Schenkungsversprechen auf den Todesfall zugedacht hat.

Zu Absatz 4

Absatz 4 umschreibt das Vermögen, für das der Freibetrag und der Abschlag zu gewähren sind. Das Betriebsvermögen umfaßt insbesondere das zu einem Gewerbebetrieb gehörende Vermögen (§ 95 BewG), das der Ausübung eines freien Berufes dienende Vermögen (§ 96 BewG) und Betriebsvermögen in Form von Beteiligungen an Personengesellschaften (§ 15 Abs. 1 Nr. 2 und Abs. 3, § 18 Abs. 4 EStG). Einbezogen war bisher auch die Übertragung einzelner Wirtschaftsgüter eines Betriebsvermögens, wenn diese in der Hand des Erwerbers Betriebsvermögen blieben. Dieses ermöglichte Gestaltungen, die nicht mit der Zielsetzung der Regelung (Entlastung im Generationenwechsel, um den Fortbestand der Unternehmen und Arbeitsplätze zu sichern) übereinstimmten. Der Begriff des Betriebsvermögens wird deshalb einschränkend an die vorhandene Behaltensregelung (Absatz 5) angepaßt. Im übrigen können auch bei Übertragung eines selbständigen Teilbetriebs der Freibetrag und der Abschlag gewährt werden. Die Umschreibung der Anteile an Kapitalgesellschaften bleibt gegenüber der durch Artikel 24 des Jahressteuergesetzes 1996 (BGBl. 1995 I S. 1250) eingeführten Regelung unverändert. Land- und forstwirtschaftliche Betriebe fallen unter die Freibetrags- und Abschlagsregelung, wenn sie ertragsteuerlich nicht zum Privatvermögen gehören. Von den Entlastungen bleiben dadurch überwiegend die Stückländereien ausgenommen. Die Entlastungen gelten auch für solche land- und forstwirtschaftlich genutzten Flächen und für Grundstücke, die bewertungsrechtlich dem Grundvermögen zugerechnet werden, ertragsteuerlich aber land- und forstwirtschaftliches Betriebsvermögen darstellen. Damit wird eine weitgehende Kongruenz für das Vorliegen von ertragsteuerlichem Betriebsvermögen einerseits und für die Entlastungen bei der Erbschaftsteuer andererseits hergestellt.

Zu Absatz 5

Absatz 5 enthält die bisherige Behaltensregelung. Sie wird im Hinblick auf die Betriebe der Land- und Forstwirtschaft ergänzt.

Zu Nummer 5 (§ 14 ErbStG)

Die Vorschrift bestimmt wie bisher, daß mehrere Erwerbe, die innerhalb von zehn Jahren von derselben Person anfallen, zusammenzurechnen sind. Sie werden im Ergebnis so besteuert, als seien sie als Teil eines einheitlich zu besteuernden Gesamterwerbs an den Empfänger gelangt. Durch die Zusammenrechnung wird gewährleistet, daß die Freibeträge innerhalb des Zusammenrechnungszeitraums nur einmal zur Anwendung kommen und sich für die mehreren Erwerbe gegenüber einer einheitlichen Zuwendung in gleicher Höhe kein Progressionsvorteil ergibt. Den Einzelerwerben selbst wird der Charakter von selbständigen steuerpflichtigen Vorgängen nicht genommen. Ihre Besteuerung wird durch die Berücksichtigung bei dem jeweils letzten Erwerb nicht berührt. Aus der Zusammenfassung mehrerer Erwerbe resultiert nur eine Art Progressionsvorbehalt, der den Letzterwerb auf die Steuerstufe des Gesamterwerbs hebt.

Die Änderungen stellen das ursprüngliche Gesetzeskonzept der Vorschrift wieder her, das der Bundesfinanzhof durch eine unsystematische Interpretation weitgehend aufgegeben hat (vgl. zuletzt Urteil vom 31. Mai 1989, BStBl. II S. 733).

Zu Absatz 1

Der Wert eines früheren Erwerbs bleibt bei der Zusammenrechnung unverändert, da die Vorerwerbe mit ihrem früheren Wert dem Letzterwerb hinzugerechnet werden (Satz 1). Wertänderungen in der Zwischenzeit, auch solche, die auf veränderte Bewertungsregelungen im Bewertungsgesetz zurückzuführen sind, bleiben unbeachtlich. Soweit Zuwendungen von Grundbesitz aus der Zeit vor dem 1. Januar 1996 mit Zuwendungen, die nach diesem Zeitpunkt erfolgen, zusammengerechnet werden, bleiben daher auch die Einheitswerte nach den Wertverhältnissen 1964 (alte Länder) oder 1935 (neue Länder) maßgebend.

Die Steuer für den Letzterwerb wird aus der Steuer für den Gesamterwerb dadurch ermittelt, daß von der Steuer für den Gesamterwerb die Steuer abgezogen wird, die auf die früheren Erwerbe entfällt. Dies verhindert eine doppelte Besteuerung der früheren Erwerbe im Zuge der Zusammenrechnung. Satz 2 stellt hierzu – in Übereinstimmung mit dem bisherigen Wortlaut in Satz 1 – klar, daß die anrechenbare Steuer auf die Vorerwerbe nach den Verhältnissen zur Zeit des Letzterwerbs zu ermitteln ist, d. h. daß die zu diesem Zeitpunkt gültige Steuerklassenzugehörigkeit, die Freibeträge und der Steuertarif maßgebend sind.

Die Steuer, die für die früheren Erwerbe zur Zeit des Letzterwerbs zu erheben gewesen wäre, stimmt bei unveränderter Gesetzeslage mit der Steuer überein, die für die früheren Erwerbe tatsächlich erhoben wurde. Wird das Gesetz in bedeutsamen Punkten neu gefaßt, wie es beim Übergang vom ErbStG 1974 auf das neue Recht der Fall ist, stimmen die seinerzeit erhobene und die jetzt anzurechnende Steuer nicht mehr überein. Dabei können Rechtsänderungen, die den Steuerpflichtigen nach neuem Recht günstiger stellen, z. B. höhere Freibeträge oder niedrigere Steuersätze, dazu führen, daß die anzurechnende Steuer geringer ausfällt, als die seinerzeit erhobene Steuer. Der Steuerpflichtige wird im Rahmen des Anrechnungsverfahrens benachteiligt, wenn, bezogen auf den Letzterwerb, dadurch eine höhere Steuer zu zahlen verbleibt. Ähnliche Folgen beim Übergang vom ErbStG 1959 auf das ErbStG 1974 haben zu einer weitreichenden Gesetzesinterpretation durch den Bundesfinanzhof geführt (vgl. zuletzt Urteil vom 31. Mai 1989, BStBl. II S. 733), für die in erster Linie Billigkeitserwägungen maßgebend waren. Eine Übertragung dieser Auslegung auf die jetzigen grundlegenden Veränderungen der Besteuerungsgrößen würde die Anwendung der Vorschrift komplizieren. Um das Anrechnungsverfahren deutlich zu vereinfachen, gleichzeitig aber die als unbillig erachteten nachteiligen Folgen für die Steuerpflichtigen zu vermeiden, bestimmt der neue Satz 3, daß die früher für die Vorerwerbe tatsächlich zu erhebende Steuer anzurechnen ist, wenn diese höher ist, als die fiktiv zu ermittelnde Steuer zur Zeit des Letzterwerbs. Für die Anwendung der Vorschrift besteht damit eine klare Rechtsgrundlage.

Zu Absatz 2

In Absatz 2 wird die dem höchsten Steuersatz entsprechende Höchstgrenze für die zulässige Mehrsteuer von derzeit 70 v. H. entsprechend dem höchsten Steuersatz des neuen Tarifs (vgl. § 19 Abs. 1) auf 50 v. H. herabgesetzt.

Zu Nummer 6 (§ 15 ErbStG)

Zu Absatz 1

In Absatz 1 sind anstelle der vier Steuerklassen des geltenden Rechts nur noch drei Steuerklassen vorgesehen. Die jetzigen Steuerklassen I und II werden zu einer neuen Steuerklasse I zusammengefaßt, zu der jetzt neben dem Ehegatten und den Kindern des Erblassers oder Schenkers auch die Enkel, Urenkel und weiteren Abkömmlinge stets sowie die Eltern und Voreltern bei Erwerben von Todes wegen gehören. Die bisherige Schlechterstellung der Kinder noch lebender Kinder (Steuerklasse II Nr. 1) gegenüber Kindern verstorbener Kinder (Steuerklasse I Nr. 3) war wenig überzeugend und wird deshalb beseitigt. Eltern und Voreltern sollen nur bei Erwerben von Todes wegen in Steuerklasse I fallen. Die schon im gegenwärtigen Recht vorgesehene Unterscheidung zwischen Erwerben von Todes wegen und Schenkungen unter Lebenden wird beibehalten. Damit ist ausgeschlossen, daß Schenkungen unter Geschwistern (künftig Steuerklasse II Nr. 2) durch Zwischenschaltung der Eltern im Rahmen des höheren Freibetrags der Steuerklasse I schenkungsteuerfrei ausgeführt werden können. In die Steuerklasse II werden die weiter entfernt Verwandten eingeordnet, in die Steuerklasse III die übrigen Erwerber. Eine weitere Zusammenfassung war wegen der verwandtschaftsabhängigen Besteuerung nicht möglich.

Zu Absatz 1 a

Es handelt sich um eine redaktionelle Folgeänderung aus der Zusammenfassung der bisherigen Steuerklassen I und II.

Zu Absatz 2

In Satz 2 wird der zweite Halbsatz gestrichen. Es handelt sich um eine redaktionelle Folgeänderung aus der Zusammenfassung der bisherigen Steuerklassen I und II.

Zu Absatz 3

Die Vorschrift ist unverändert.

Zu Nummer 7 (§ 16 ErbStG)

Die persönlichen Freibeträge sollen wie bisher kleinere Vermögenserwerbe völlig von der Steuer freistellen. Die Anhebung der nach Steuerklassen gegliederten Freibeträge dient gleichzeitig der Steuervereinfachung, da sich die Finanzverwaltung nicht mit einer Vielzahl unbedeutenderer Erwerbsfälle befassen muß. Gegenüber der bisherigen Regelung des geltenden Rechts ist der Freibetrag für den Ehegatten auf 1 000 000 DM und für jedes Kind auf 750 000 DM erhöht worden. Die Anhebung der Freibeträge für diese Personen erfolgte im Hinblick auf die verfassungsrechtlich gebotene Freistellung des Familiengebrauchsvermögens. Den übrigen Personen der neu gefaßten Steuerklasse I (§ 15 Abs. 1 Nr. 3 und 4), im wesentlichen die Enkel, Urenkel und weitere Abkömmlinge des Erblassers oder Schenkers, wird künftig ein Freibetrag von 150 000 DM gewährt; Erwerber der neuen Steuerklasse II erhalten einen Freibetrag von 50 000 DM, Erwerber der neuen Steuerklasse III einen Freibetrag von 25 000 DM.

Dem Beschluß des Bundesverfassungsgerichts vom 22. Juni 1995 entsprechend wird der erbschaftsteuerliche Zugriff bei Ehegatten, Kindern und – wenn diese verstorben sind – bei deren Kindern (§ 15 Abs. 1 ErbStG) derart gemäßigt, daß jedem dieser Steuerpflichtigen der jeweils auf ihn übergehende Nachlaß zumindest zu einem deutlichen Teil oder, bei kleineren Vermögen, sogar völlig steuerfrei zugute kommt. Da nur bei einem Erwerb von dem Ehegatten oder einem Elternteil Familiengebrauchsvermögen im engeren Sinn direkt übergeht, gilt der erhöhte Freibetrag für Kinder trotz der Zusammenlegung der Steuerklassen I und II (vgl. Nummer 6) nicht für die neu in die Steuerklasse I aufgenommenen Erwerber.

Entsprechend der Vorgabe des Bundesverfassungsgerichts orientiert sich die Freistellung des Familiengebrauchsvermögens am Wert durchschnittlicher Einfamilienhäuser. Nicht ausreichend für die geforderte Freistellung wäre eine sachliche Befreiung des Familienwohnheims. Grundeigentümer und Inhaber anderer Vermögenswerte sind in einem gleichen Individualbedarf steuerlich freizustellen. Wegen der geforderten gleichen Freistellung von Inhabern anderer Vermögenswerte ist eine Regionalisierung dieses Freibetrags, um dem unterschiedlichen Immobilienpreisniveau Rechnung zu tragen, nicht möglich. Die Gesamtentlastung ist für den Ehegatten und die Kinder jedoch so zu bemessen, daß auf jeden Erwerber ein übliches Einfamilienhaus auch in teuren Ballungsgebieten unbelastet übergehen kann.

Zu Nummer 8 (§ 17 ErbStG)

Die Vorschrift sieht wie bisher für den überlebenden Ehegatten und die Kinder des Erblassers einen besonderen Versorgungsfreibetrag vor, der diesen Personen zusätzlich zu den persönlichen Freibeträgen nach § 16 ErbStG gewährt wird. Mit dieser Regelung soll die unterschiedliche erbschaftsteuerliche Behandlung der auf Gesetz oder Arbeits- oder Dienstverträgen des Erblassers beruhenden Versorgungsbezüge einerseits und der übrigen, auf einem privaten Vertrag begründeten Versorgungsbezüge (vgl. § 3 Abs. 1 Nr. 4 ErbStG) andererseits im Grundsatz beseitigt werden. Gleichzeitig erhalten auch diejenigen Hinterbliebenen einen angemessenen Ausgleich, denen aus Anlaß des Todes des Erblassers keine oder nur geringe Versorgungsbezüge zustehen und die deshalb zu ihrer Versorgung auf anderes erworbenes Vermögen zurückgreifen müssen.

Die unterschiedliche erbschaftsteuerliche Behandlung ergibt sich daraus, daß die auf Gesetz beruhenden Versorgungsbezüge wegen des unmittelbaren Rechtsanspruchs der Hinterbliebenen nicht vom Erblasser „erworben" werden und somit keinen steuerbaren Erwerb darstellen, während die Bezüge der Hinterbliebenen aufgrund eines privaten Anstellungsvertrags, weil sie auf einer rechtsgeschäftlichen Handlung des Erblassers beruhen, wie jeder Vermögensvorteil aufgrund eines vom Erblasser geschlossenen Vertrags nach § 3 Abs. 1 Nr. 4 ErbStG grundsätzlich der Erbschaftsteuer unterliegen. Letztere sind jedoch aufgrund der Rechtsprechung des Bundesfinanzhofs von der Besteuerung ausgenommen, wenn sie auf einem Arbeits- oder Dienstvertrag des Erblassers beruhen und die Tätigkeit, für die die Hinterbliebenenbezüge gezahlt werden, als abhängige Tätigkeit anzusehen ist (vgl. BFH-Urteile vom 13. Dezember 1989, BStBl. 1990 II S. 322, 325). Diese Abgrenzung zwischen steuerfreier erdienter Versorgung und steuerpflichtiger Eigenvorsorge ist von Verfassungs wegen nicht zu beanstanden (Beschluß des BVerfG vom 5. Mai 1994, BStBl. II S. 547). Die Steuerfreiheit der auf Gesetz oder Arbeits- oder Dienstvertrag des Erblassers beruhenden Versorgungsbezüge wird bei der Anwendung des besonderen Versorgungsfreibetrags dadurch berücksichtigt, daß der dem überlebenden Ehegatten und den Kindern des Erblassers gewährende Freibetrag um den Kapitalwert der nicht erbschaftsteuerbaren Versorgungsbezüge zu kürzen ist. Dadurch ist sichergestellt, daß der besondere Versorgungsfreibetrag vor allem den Erwerbern steuerpflichtiger Versorgungsbezüge oder anderen steuerpflichtigen Vermögens, das als Versorgungsgrundlage dient, zugute kommt. Eine nicht zu rechtfertigende Doppelbegünstigung ist ausgeschlossen.

Die Beibehaltung der bisherigen Regelung erscheint auch künftig als die geeignetste Lösung des Problems. Im Ergebnis kann dadurch allen Erwerbern eine Versorgungsgrundlage in gleicher Höhe ohne steuerliche Belastung verbleiben.

Zu Absatz 1

Der Freibetrag wird für den überlebenden Ehegatten von gegenwärtig 250 000 DM auf 500 000 DM verdoppelt. Erwirbt ein Ehegatte von Todes wegen steuerpflichtige Versorgungsbezüge, entspricht ein Kapitalwert von 500 000 DM je nach Alter und Geschlecht des Berechtigten etwa folgenden Jahreswerten:

Alter	Frauen	Männer
60	41 500 DM	47 800 DM
65	47 165 DM	55 400 DM
70	55 600 DM	66 500 DM

Zu Absatz 2

Kinder erhalten einen nach Altersstufen gestaffelten unterschiedlich hohen Freibetrag von höchstens 100 000 DM und mindestens 20 000 DM, wobei auch diese Beträge gegenüber dem geltenden Recht verdoppelt wurden. Der Freibetrag steht jedem Kind nach jedem Elternteil zu. Er wird künftig nur noch um den Kapitalwert der nicht erbschaftsteuerbaren Versorgungsbezüge des Kindes gekürzt (Sätze 2 und 3). Auf die bisher ebenfalls vorzunehmende Kürzung, wenn der steuerpflichtige Erwerb unter Berücksichtigung früherer Erwerbe eine bestimmte Erwerbsgrenze überschritt, wird aus Gründen der Verwaltungsvereinfachung verzichtet.

Zu Nummer 9 (§ 19 ErbStG)

Zu Absatz 1

Absatz 1 enthält den neuen Erbschaftsteuer- und Schenkungsteuertarif. Dieser stellt entsprechend § 15 Abs. 1 ErbStG (vgl. Nummer 6) nur noch auf drei Steuerklassen ab.

Bei der Bemessung der Erbschaftsteuer muß nach dem Beschluß des Bundesverfassungsgerichts vom 22. Juni 1995 der grundlegende Gehalt der Erbrechtsgarantie gewahrt werden. Sie darf Sinn und Funktion des Erbrechts als Rechtseinrichtung und Individualgrundrecht nicht zunichte oder wertlos machen. Der erbschaftsteuerliche Zugriff bei Ehegatten und Kindern (Steuerklasse I Nr. 1 und 2) ist derart zu mäßigen, daß jedem dieser Erwerber der jeweils auf ihn überkommene Nachlaß – je nach dessen Größe – zumindest zum deutlich überwiegenden Teil oder, bei kleineren Vermögen, völlig steuerfrei zugute kommt. Neben den sachlichen und persönlichen Befreiungen kommt dabei dem im Einzelfall anzuwendenden Steuertarif entscheidende Bedeutung zu. Nach Auffassung der Bundesregierung lassen sich Steuersätze von mehr als 50 v. H. in den bisherigen Steuerklassen III und IV und ein Steuersatz von mehr als 25 v. H. in Steuerklasse I nicht aufrechterhalten. Unter Vereinfachung der bisherigen Tarifstruktur werden die Steuersätze für die verbleibenden Wertstufen unterhalb dieser Höchstgrenzen neu abgestuft. Der Tarif muß im übrigen im Zusammenhang mit den Freibeträgen gesehen werden. Der Entwurf sieht für alle Erwerber deutlich höhere Befreiungen und Freibeträge vor (vgl. Nummer 3, 4, 7 und 8). Dadurch vermindert sich bereits die effektive Steuerbelastung der kleinen und mittleren Vermögensanfälle erheblich.

Zu Absatz 2

Die Vorschrift ist unverändert.

Zu Absatz 3

Da der neue Tarif Steuersätze über 50 v. H. nicht mehr vorsieht, war der bisherige Buchstabe c zu streichen.

Zu Nummer 10 (§ 27 ErbStG)

Zu Absatz 1

Die Änderung ist eine redaktionelle Folgeänderung aus der Zusammenfassung der bisherigen Steuerklassen I und II nach geltendem Recht zu der neuen Steuerklasse I (vgl. Nummer 6). Der Grundgedanke der Regelung bleibt unverändert, wonach beim mehrmaligen Übergang desselben Vermögens innerhalb von zehn Jahren auf den begünstigten Erwerberkreis die auf dieses Vermögen entfallende Steuer, soweit das Vermögen beim Vorerwerber der Besteuerung unterlag, bis höchstens 50 v. H. ermäßigt werden soll.

Zu Absatz 2

In Absatz 2, der die Ermittlung des Steuerbetrags regelt, auf den der Vomhundertsatz nach Absatz 1 zur Berechnung der Steuerermäßigung anzuwenden ist, werden die Sätze 2 und 3 gestrichen. Dies wirkt sich geringfügig zugunsten des Zweiterwerbers aus und vereinfacht deutlich die praktische Anwendung der Vorschrift. Die bisher gemäß Satz 2 und 3 erforderliche Berücksichtigung des Erwerberfreibetrags ist unnötig kompliziert und verursacht Probleme bei der praktischen Anwendung. Das gilt insbesondere dann, wenn beim Ersterwerb und beim Zweiterwerb unterschiedlich hohe Erwerberfreibeträge gelten, wie es beim Übergang vom ErbStG 1974 auf das neue Recht der Fall ist. Die Streichung der Sätze 2 und 3 macht die Vorschrift transparenter und vereinfacht die Anwendung. Ungerechtfertigte Entlastungen bleiben durch die beibehaltene Ermäßigungshöchstgrenze nach Absatz 3 ausgeschlossen. Geht in den beiden Erwerbsfällen nur dasselbe Vermögen über, ist der Ermäßigungsbetrag nach dem Vomhundertsatz (Absatz 1) des auf das begünstigte Vermögen beim Zweiterwerb entfallenden Steuerbetrags zu bemessen. Geht beim Zweiterwerb dagegen neben dem begünstigten Vermögen noch weiteres Vermögen auf den Erwerber über, ist der Anteil der auf das begünstigte Vermögen entfallenden Steuer an der Gesamtsteuer nur noch in dem Verhältnis zu ermitteln, in dem der Wert des begünstigten Vermögens zum Wert des Gesamterwerbs steht. Die Höhe der den Erwerbern beim Erst- und Zweiterwerb zustehenden Freibeträge bleibt unberücksichtigt.

Zu Absatz 3

Die Vorschrift ist unverändert.

Zu Nummer 11 (§ 37 ErbStG)

Die Vorschrift bestimmt den Anwendungszeitpunkt.

Das Bundesverfassungsgericht hat in seinem Beschluß vom 22. Juni 1995 (BStBl. II S. 671) angeordnet, daß das ErbStG 1974 wegen des Verstoßes gegen den Gleichheitssatz mit der Verfassung unvereinbar ist und ab 1. Januar 1996 nur noch gemäß

§ 165 Abs. 1 Satz 2 Nr. 2 AO vorläufig bis zu einer im Jahr 1996 zu treffenden Neuregelung angewendet werden darf. Aus diesem Grund bestimmt § 37 Abs. 1 ErbStG, daß die geänderte Gesetzesfassung auf alle Erwerbe anzuwenden sind, für die die Steuer nach dem 31. Dezember 1995 entstanden ist oder entsteht.

Für die Abwicklung der vor dem 31. August 1980 eingetretenen Steuerfälle, in denen die Versteuerung nach § 25 Abs. 1 Buchstabe a ErbStG in der bis zu diesem Zeitpunkt anzuwendenden Fassung ausgesetzt wurde, gilt weiterhin eine Ausnahme, die bisher bereits § 37 Abs. 1 Satz 3 enthielt. Nach Absatz 2 ist in noch nicht abgeschlossenen Fällen diese Vorschrift weiter anzuwenden, da bei der früher möglichen Wahl einer Aussetzung der Versteuerung die Steuer erst mit dem Erlöschen der Belastung entsteht.

Zu Nummer 12 (§ 37 a ErbStG)

Das geänderte ErbStG gilt einheitlich im gesamten Bundesgebiet. Die Sondervorschriften in Absatz 1 (erstmalige Anwendung des ErbStG in dem in Artikel 3 des Einigungsvertrags genannten Gebiet zum 1. Januar 1991) und Absatz 3 (Wertansatz von Grundbesitz in diesem Gebiet) sind entbehrlich und werden aufgehoben.

Zu Nummer 13 (§ 39 ErbStG)

Die Vorschrift zum Inkrafttreten betraf das ErbStG vom 17. April 1974. Sie ist entbehrlich und wird aufgehoben.

Zu Artikel 3 (Erbschaftsteuer-Durchführungsverordnung)

Zu Nummer 1 (§ 5 ErbStDV)

Die Änderungen in Absatz 1 und 4 Nr. 2 dienen der Klarstellung und Rechtsbereinigung. Die Freigrenze von 2 000 DM für die Anzeigenerleichterung nach Absatz 4 Nr. 2 galt bisher bereits im Verwaltungsweg aufgrund Tz. 12 der gleichlautenden Erlasse vom 20. Dezember 1974/10. März 1976 (BStBl. 1976 I S. 145).

Zu Nummer 2 (§ 6 ErbStDV)

Die Änderungen dienen der Klarstellung und Rechtsbereinigung.

Zu Nummer 3 (§ 7 ErbStDV)

Die Änderungen in Absatz 1, 3 und 4 dienen der Klarstellung und Rechtsbereinigung. Die Freigrenze von 2 000 DM für die Anzeigenerleichterung nach Absatz 4 galt bisher bereits im Verwaltungsweg aufgrund Tz. 12 der gleichlautenden Erlasse vom 10. März 1976 (BStBl. 1976 I S. 145).

Zu Nummer 4 (§ 12 ErbStDV)

Zu Buchstabe a

Die Änderung dient zum einen der Klarstellung. Zum anderen sollen die Gerichte dem zuständigen Finanzamt nicht nur die Einleitung, sondern auch die Aufhebung einer Nachlaßpflegschaft oder Nachlaßverwaltung anzeigen. Das Finanzamt braucht diese Information, um eine Bekanntgabe der Steuerbescheide gemäß § 32 ErbStG prüfen zu können. Die Ergänzung dient der Verfahrensvereinfachung. Rückfragen lassen sich dadurch vermeiden.

Zu Buchstabe b

Die Anzeigenerleichterung für Gerichte, Notare und sonstige Urkundspersonen nach Absatz 4 Nr. 1 wird an die erhöhten Freibeträge für Hausrat und andere Gegenstände (§ 13 Abs. 1 ErbStG, vgl. Artikel 2 Nr. 3) angepaßt.

Zu Nummer 5 (§ 13 ErbStDV)

Zu Buchstabe a und b

Die Änderungen in Absatz 1 und 2 dienen der Klarstellung und Rechtsbereinigung.

Zu Buchstabe c

Die Anzeigenerleichterung für Gerichte, Notare und sonstige Urkundspersonen nach Absatz 4 wird an die erhöhten Freibeträge für Hausrat und andere Gegenstände (§ 13 Abs. 1 ErbStG, vgl. Artikel 2 Nr. 3) angepaßt.

Zu Nummer 6 (§ 15 ErbStDV)

Die Vorschrift bestimmt den Anwendungszeitpunkt.

Zu Artikel 4 (Gesetz zur Reform des Erbschaftsteuer- und Schenkungsteuergesetzes)

Artikel 2 und 10 des ErbStRG sind entbehrlich, nachdem bei der Erbschaft- und Schenkungsteuer für Grundbesitz ab 1. Januar 1996 nicht mehr die Einheitswerte nach den Wertverhältnissen 1964, sondern die nach §§ 138 ff. BewG zu ermittelnden Grundbesitzwerte anzusetzen sind. Die Erleichterungen für die Anzeigepflichten der Gerichte, Notare und sonstigen Urkundspersonen in Artikel 9 ErbStRG werden in die Erbschaftsteuer-Durchführungsverordnung übernommen (vgl. Artikel 3 Nr. 4 und 5).

Zu Artikel 5 (Vermögensteuergesetz)

Wegfall der Vermögensteuer

Die Besteuerung des Vermögens ist eine der ältesten Arten der Besteuerung überhaupt. Sie war in verschiedenen zahlreichen Ausprägungen bis ins 18. Jahrhundert hinein auch im deutschsprachigen Raum gebräuchlich. Es handelte sich dabei im allgemeinen um echte Substanzbesteuerung, d. h. Eingriff in den Vermögensstamm. Die Erkenntnis, daß eine echte Substanzsteuer auf Dauer der Vernichtung der eigenen Steuerquelle zur Folge hat, eine solche Steuer mithin volkswirtschaftlich schädlich und fiskalisch kontraproduktiv ist, führte zu einem Umdenken. So wurde in Preußen die Vermögensteuer so umgestaltet, daß diese nicht mehr auf die Substanz abstellte, sondern sich auf den Steuermaßstab, das Vermögen, bezog. Die durch das preußische Ergänzungssteuergesetz vom 14. Juli 1883 eingeführte Vermögensteuer wurde als Ergänzung zur Einkommensteuer angesehen. Sie war also gedacht als laufende Vermögensertragsteuer, die auf die in den Vermögenswerten gesicherten sog. fundierten Einkünfte (Sollerträge) abzielte. Bereits 1919 ging das Recht der Vermögensbesteuerung auf das Deutsche Reich über. Schon mit dem ersten Vermögensteuergesetz des Deutschen Reichs vom 8. April 1922 hatte der Reichsgesetzgeber diesen ursprünglichen Ergänzungscharakter aufgegeben. Nach dem Zweiten Weltkrieg wurde das Vermögensteueraufkommen wieder an die Länder zurückgegeben. Der Beibehaltung der Vermögensteuer lag der Gedanke zugrunde, daß allein das Vorhandensein eines beachtlichen Vermögens bzw. die Verfügungsgewalt über dieses die Möglichkeiten und die Effektivität wirtschaftlicher Betätigungen fördert und somit eine besondere steuerliche Leistungsfähigkeit verkörpert, deren zusätzliche Besteuerung auch aus sozial- und gesellschaftspolitischen Gründen gerechtfertigt und notwendig erscheint.

Die Kritik an der Vermögensteuer im Ganzen und an der Vermögensbesteuerung gewisser Vermögensarten, insbesondere des Betriebsvermögens und des Grundvermögens, hat im Laufe der Zeit im Interesse einer angemessenen wirtschafts- und sozialpolitisch verträglichen Vermögensteuer letztlich zu Verwerfungen in bezug auf eine gleichmäßige Belastung der einzelnen Vermögensarten geführt.

Das Bundesverfassungsgericht hat die Bewertung des Grundbesitzes nach Wertverhältnissen von 1964 als Ursache für die gleichheitswidrige Begünstigung des Grundbesitzes festgestellt. Andererseits belastet die Vermögensteuer besonders betriebliche Vermögen. Innerhalb des Betriebsvermögens wird das Betriebsvermögen von Einzelkaufleuten und Personengesellschaften nur einmal bei den Unternehmern belastet. Bei Kapitalgesellschaften wird zusätzlich der Anteil an der Gesellschaft belastet. Als Konsequenz treten steuerbedingte Wettbewerbsverzerrungen ein. Außerdem gefährdet eine Substanzbesteuerung in ertragsschwachen Zeiten die Betriebe mit Auswirkungen auf die Arbeitsplätze.

Nach dem Beschluß des Bundesverfassungsgerichts wären für die Vermögensteuer umfassende Neuregelungen der Bewertung und der Belastung der einzelnen Vermögensgegenstände erforderlich. Einer solchen umfassenden Reformierung stünden aber gleichzeitig wirtschafts- und sozialpolitische Ziele der Entlastung des unternehmerischen Betriebsvermögens, der land- und forstwirtschaftlichen Betriebe sowie des Grundvermögens entgegen. Außerdem wäre der gesetzliche Handlungsspielraum wegen der Vorgaben des Bundesverfassungsgerichts bezüglich einer künftigen Vermögensbesteuerung erheblich einschränkt. Zum einen müßte durch sehr großzügig bemessene Freibeträge ein gewisser Vermögensstamm, insbesondere das Familiengebrauchsvermögen im Werte eines üblichen Einfamilienhauses und Rücklagen zur Altersversorgung, freigestellt werden. Zum anderen wäre im oberen Bereich eine Vermögensbesteuerung dann nicht mehr zulässig, wenn die Vermögensbesteuerung zusammen mit der Ertragsbesteuerung deutlich mehr als die Hälfte der üblichen Sollerträge wegbesteuert.

Für einen verfassungsrechtlich zulässigen Steuereingriff auf der Basis des Vermögens bliebe nur der Bereich des mittleren Vermögens. Dabei wäre es mehr oder weniger zufällig, ob am Stichtag ein mittleres Vermögen vorliegt, z. B. durch günstigen Verkauf eines Vermögensgegenstandes, durch Entschuldung vor dem Stichtag, durch Verschuldung am Stichtag usw. Eine derartige Vermögensbesteuerung dürfte kaum auf Akzeptanz stoßen. Ein Verzicht auf die Vermögensteuer nur für Betriebsvermögen würde zu Abgrenzungsschwierigkeiten führen und neuen Gestaltungen Vorschub leisten. Außerdem bliebe der mit der Vermögensteuer verbundene Verwaltungsaufwand bestehen. Deswegen hat zuletzt auch die Kommission zur Verbesserung der steuerlichen Bedingungen für Investitionen und Arbeitsplätze (sog. Goerdeler-Kommission) die Abschaffung der Vermögensteuer als beste Alternative empfohlen (BMF-Schriftenreihe Heft 46 Seite 92).

Zugleich bedeutet der Wegfall der Vermögensteuer einen wichtigen Schritt zur Steuervereinfachung. Organisationsuntersuchungen unabhängiger Institute, aber auch durch die Finanzverwaltung selbst, haben ergeben, daß die Erhebung einer Vermögensteuer weitaus verwaltungsaufwendiger als die Erhebung der meisten anderen Steuern ist. Zum Beispiel verursacht sie mehr als doppelt so viel Aufwand wie die Erhebung der Einkommensteuer. Die Abschaffung der Vermögensteuer bedeutet also für Steuerbürger und Steuerverwaltung eine erhebliche Entlastung. Insbesondere führt sie dazu, daß nicht mehr für nur relativ wenig Besteuerungsfälle die Einheitswerte des Grundbesitzes vorgehalten und aktualisiert werden müssen. Zugleich wird damit der Weg frei für die Abschaffung der verwaltungsaufwendigen Einheitsbewertung. Für die Grundsteuer können künftig auch einfachere Bemessungsgrundlagen herangezogen werden.

Nach Auffassung der Bundesregierung ist der richtige Weg nach dem schon erfolgten schrittweisen Abbau der Vermögensteuerbelastung einzelner Vermögensarten der Wegfall der Vermögensteuer als solche. Allerdings soll für den Wegfall der Vermögensteuer auf „Privatvermögen" in angemessenem Umfang ein Ausgleich über die Erbschaft- und Schenkungsteuer vorgenommen werden (s. Artikel 2). Für die Erhebung einer eigenständigen Vermögensteuer bleibt damit kein Raum mehr. Zusammen mit der Abschaffung der Gewerbekapitalsteuer bedeutet dies einen großen Fortschritt für ein modernes Steuersystem und auch für den Wirtschaftsstandort Deutschland.

Zu Artikel 6 (Änderung der Anteilsbewertungsverordnung)

Nach Aufhebung des Vermögensteuergesetzes entfallen die verfahrensrechtlichen Bestimmungen in der Anteilsbewertungsverordnung mit Wirkung zum 31. Dezember 1996.

Zu Artikel 7 (Gesetz zur Änderung des Hauptfeststellungszeitraums für wirtschaftliche Einheiten des Betriebsvermögens sowie des Hauptveranlagungszeitraums für die Vermögensteuer)

Nach Aufhebung des Vermögensteuergesetzes ist die Bestimmung des nächsten Hauptfeststellungszeitpunkts für die Einheitsbewertung des Betriebsvermögens sowie des nächsten Hauptveranlagungszeitpunkts der Vermögensteuer nicht mehr erforderlich.

Zu Artikel 8 (Durchführungsverordnung zum Bewertungsgesetz)

Die Vorschriften der Durchführungsverordnung zum Bewertungsgesetz sind bis auf § 73, der die Behandlung noch nicht fälliger Ansprüche aus Lebensversicherungen beim sonstigen Vermögen regelt, bereits aufgehoben. Nach Aufhebung des Vermögensteuergesetzes ist diese Vorschrift nicht mehr notwendig.

Anlage 4

Gesetzesantrag
der Länder Brandenburg, Hamburg, Niedersachsen und Schleswig-Holstein

Entwurf eines Gesetzes zur Neuregelung der Vermögensteuer und Erbschaftsteuer

– BR-Drucks. 423/96 –

A. Zielsetzung

Neuregelung der Vermögensteuer und Erbschaft- und Schenkungsteuer unter Beachtung der Beschlüsse des Bundesverfassungsgerichts vom 22. 6. 1995.

B. Lösung

Bewertung

– Nur noch bei Bedarf Neubewertung des Grundbesitzes für Vermögen- und Erbschaftsteuerzwecke (Bedarfsbewertung) in einem je nach Zugehörigkeit zum land- und forstwirtschaftlichen, Grund- oder Betriebsvermögen sachgerechten Verfahren, so daß die verfassungsrechtlich gebotene wertmäßige Vergleichbarkeit mit dem sonstigen Vermögen gewährleistet ist.

Vermögensteuer

– Einführung eines einheitlichen Vermögensteuersatzes von 0,5 v. H. für natürliche und juristische Personen.
– Freistellung des persönlichen Gebrauchsvermögens durch angemessene Erhöhung der Freibeträge für natürliche Personen sowie Wahrung der Kontinuität des Ehe- und Familienguts durch Fortführung des Ehegattenfreibetrags durch den überlebenden Ehegatten.
– Einbeziehung des Wirtschaftsteils des land- und forstwirtschaftlichen Vermögens in die bereits bestehende Freibetrags- und Abschlagsregelung für Betriebsvermögen.

Erbschaftsteuer

– Reduzierung der Anzahl der Steuerklassen von 4 auf 3 und Ersatz des derzeitigen stark differenzierten Stufentarifs durch einen Formeltarif mit linearprogressivem Belastungsanstieg und gegenüber dem bisherigen Recht stark abgesenkten Höchststeuersätzen.
– Im Todesfall Freistellung des Übergangs des persönlichen Gebrauchsvermögens des Erblassers auf Personen der Steuerklasse I in Höhe von 500 000 DM sowie (außer Steuerklasse I), soweit erforderlich, angemessene Anhebung der übrigen sachlichen und persönlichen Freibeträge.
– Einbeziehung der Land- und Forstwirtschaft in die Freibetrags- und Abschlagsregelung für bestimmtes Betriebsvermögen sowie Ausdehnung dieser Regelung auch auf Vermächtnisnehmer und andere Erwerber.

C. Alternativen

Keine

D. Kosten

Die finanziellen Auswirkungen des Gesetzentwurfes lassen sich derzeit nicht gesichert abschätzen. Der Gesetzentwurf ist gegenüber dem geltenden Recht zumindest aufkommensneutral.

DER PRÄSIDENT DES SENATS
DER FREIEN UND HANSESTADT HAMBURG   Hamburg, den 4. Juni 1996

An den
Präsidenten des Bundesrates
Herrn Ministerpräsidenten
Dr. Edmund Stoiber

Sehr geehrter Herr Präsident,

der Senat der Freien und Hansestadt Hamburg und die Landesregierungen von Brandenburg, Niedersachsen und Schleswig-Holstein haben beschlossen, dem Bundesrat den

> Entwurf eines Gesetzes zur Neuregelung
> der Vermögensteuer und Erbschaftsteuer

mit dem Antrag zuzuleiten, seine Einbringung beim Deutschen Bundestag gemäß Artikel 76 Absatz 1 des Grundgesetzes zu beschließen.

Ich bitte Sie, den Gesetzesantrag nach § 36 Absatz 1 der Geschäftsordnung des Bundesrates den zuständigen Ausschüssen zuzuweisen.

Mit freundlichen Grüßen

Dr. Henning Voscherau
Erster Bürgermeister

Anlage

Entwurf
eines Gesetzes zur Neuregelung der Vermögensteuer und Erbschaftsteuer

Der Bundestag hat mit Zustimmung des Bundesrates das folgende Gesetz beschlossen:

Inhaltsübersicht

	Artikel
Änderung des Bewertungsgesetzes	1
Änderung der Durchführungsverordnung zum Bewertungsgesetz	2
Änderung des Vermögensteuergesetzes	3
Änderung des Gesetzes zur Reform des Vermögensteuerrechts und zur Änderung anderer Steuergesetze	4
Änderung des Erbschaftsteuer- und Schenkungsteuergesetzes	5
Änderung der Erbschaftsteuer-Durchführungsverordnung	6
Änderung des Gesetzes zur Reform des Erbschaftsteuer- und Schenkungsteuerrechts	7
Änderung des Gesetzes zur Änderung des Hauptfeststellungszeitraums für die wirtschaftlichen Einheiten des Betriebsvermögens sowie des Hauptveranlagungszeitraums für die Vermögensteuer	8

Artikel 1

Änderung des Bewertungsgesetzes

Das Bewertungsgesetz in der Fassung der Bekanntmachung vom 1. Februar 1991 (BGBl. I S. 230), zuletzt geändert durch Artikel 6 des Gesetzes vom 15. Dezember 1995 (BGBl. I S. 1783), wird wie folgt geändert:

1. § 11 Abs. 2 wird wie folgt gefaßt:

„(2) Anteile an Kapitalgesellschaften (Aktiengesellschaften, Kommanditgesellschaften auf Aktien, Gesellschaften mit beschränkter Haftung), die nicht unter Absatz 1 fallen, sind mit dem gemeinen Wert anzusetzen. Läßt sich der gemeine Wert nicht aus Verkäufen ableiten, die weniger als ein Jahr zurückliegen, so ist er unter Berücksichtigung auch des Vermögens und der Ertragsaussichten der Kapitalgesellschaft zu schätzen."

2. § 12 Abs. 4 wird wie folgt gefaßt:

„(4) Noch nicht fällige Ansprüche aus Lebens-, Kapital- oder Rentenversicherungen werden mit dem Rückkaufswert angesetzt. Rückkaufswert ist der Betrag, den das Versicherungsunternehmen dem Versicherungsnehmer im Falle der vorzeitigen Aufhebung des Vertragsverhältnisses zu erstatten hat. Gutgeschriebene Gewinnanteile u. dgl., über die der Versicherungsnehmer auch vor Eintritt des Versicherungsfalls verfügen kann, sind als laufende Guthaben im Sinne des § 110 Abs. 1 Nr. 2 anzusetzen. Gutgeschriebene Gewinnanteile u. dgl., über die der Versicherungsnehmer nicht vor Eintritt des Versicherungsfalls verfügen kann, sind, soweit sie im Rückkaufswert berücksichtigt sind, nicht besonders anzusetzen, und soweit sie im Rückkaufswert nicht berücksichtigt sind, als Kapitalforderungen im Sinn des § 110 Abs. 1 Nr. 1, die bis zum Eintritt des Versicherungsfalls befristet sind, anzusetzen. Hat der Versicherungsnehmer bei dem Versicherungsunternehmen ein Darlehen (Policedarlehen) aufgenommen oder von dem Unternehmen eine Vorauszahlung erhalten, sind das Policedarlehen oder die Vorauszahlung vom Rückkaufwert nicht abzusetzen; das Darlehen oder die Vorauszahlung ist bei der Ermittlung des Vermögens als Schuld abzuziehen."

3. § 16 wird wie folgt gefaßt:

„§ 16
Begrenzung des Jahreswerts von Nutzungen

Bei der Ermittlung des Kapitalwerts der Nutzungen eines Wirtschaftsguts kann der Jahreswert dieser Nutzungen höchstens den Wert betragen, der sich ergibt, wenn der für das genutzte Wirtschaftsgut nach den §§ 95 bis 121 und §§ 138 bis 155 anzusetzende Wert durch 18,6 geteilt wird."

4. § 17 wird wie folgt gefaßt:

„§ 17
Geltungsbereich

(1) Die §§ 19 bis 94, 122, 125 bis 133 gelten für die Grundsteuer und die Gewerbesteuer.

(2) Die §§ 95 bis 121 und die §§ 137 bis 155 gelten für die Vermögensteuer, und nach näherer Regelung durch die in Betracht kommenden Gesetze auch für die Erbschaftsteuer und die Grunderwerbsteuer.

(3) Soweit sich nicht aus den §§ 95 bis 109 a und § 137 etwas anderes ergibt, finden neben diesen bei der Feststellung von Einheitswerten des Betriebsvermögens auch die Vorschriften des Ersten Teils dieses Gesetzes (§§ 1 bis 16) Anwendung.

(4) § 16 findet auf die Grunderwerbsteuer keine Anwendung."

5. § 18 wird wie folgt gefaßt:

„§ 18
Vermögensarten

Das Vermögen, das nach den Vorschriften des Zweiten Teils dieses Gesetzes zu bewerten ist, umfaßt die folgenden Vermögensarten:
1. Land- und forstwirtschaftliches Vermögen (§§ 33 bis 67, §§ 125 bis 128, §§ 139 bis 143, § 31),
2. Grundvermögen (§§ 68 bis 94, §§ 129 bis 132, §§ 144 bis 155, § 31),
3. Betriebsvermögen (§§ 95 bis 109 a, § 137, § 31);
4. Sonstiges Vermögen (§§ 110 bis 113)."

6. § 23 wird wie folgt gefaßt:

„§ 23
Nachfeststellung

(1) Für wirtschaftliche Einheiten, für die ein Einheitswert festzustellen ist, wird der Einheitswert nachträglich festgestellt (Nachfeststellung), wenn nach dem Hauptfeststellungszeitpunkt (§ 21 Abs. 2)
1. die wirtschaftliche Einheit neu entsteht;
2. eine bereits bestehende wirtschaftliche Einheit erstmals zur Grundsteuer oder Gewerbesteuer herangezogen werden soll.

(2) Der Nachfeststellung werden vorbehaltlich des § 27 die Verhältnisse im Nachfeststellungszeitpunkt zugrunde gelegt. Nachfeststellungszeitpunkt ist in den Fällen des Absatzes 1 Nr. 1 der Beginn des Kalenderjahrs, das auf die Entstehung der wirtschaftlichen Einheit folgt, und in den Fällen des Absatzes 1 Nr. 2 der Beginn des Kalenderjahrs, in dem der Einheitswert erstmals der Grundsteuer oder Gewerbesteuer zugrunde gelegt wird. Die Vorschriften in § 35 Abs. 2, §§ 54, 59, 106 und 112 über die Zugrundelegung eines anderen Zeitpunkts bleiben unberührt."

7. In § 24 wird jeweils der Klammerzusatz „(Untereinheit)" sowie in Absatz 1 die Nr. 3 gestrichen.

8. § 28 wird wie folgt gefaßt:

„§ 28
Erklärungspflicht

(1) Erklärungen zur Feststellung des Einheitswerts des Grundbesitzes oder zum Ersatzwirtschaftswert (§ 125 Abs. 2) sind abzugeben, wenn der Einheitswert für die Festsetzung der Grundsteuer oder Gewerbesteuer benötigt wird.

(2) Erklärungen zur Feststellung des Einheitswerts des Betriebsvermögens sind auf jeden Hauptfeststellungszeitpunkt abzugeben, wenn

1. das Gewerbekapital im Sinne des § 12 des Gewerbesteuergesetzes den Freibetrag nach § 13 Abs. 1 des Gewerbesteuergesetzes übersteigt oder
2. der Betriebsinhaber eine Vermögensteuererklärung abzugeben hat.

(3) Erklärungen zur Feststellung von Grundbesitzwerten sind abzugeben, wenn der Grundbesitzwert für die Besteuerung benötigt wird.

(4) Die Erklärungen sind innerhalb der Frist abzugeben, die das Bundesministerium der Finanzen im Einvernehmen mit den obersten Finanzbehörden der Länder bestimmt. Die Frist ist im Bundesanzeiger bekanntzumachen. Fordert die Finanzbehörde zur Abgabe einer Erklärung auf einen Hauptfeststellungszeitpunkt oder auf einen anderen Feststellungszeitpunkt besonders auf (§ 149 Abs. 1 Satz 2 der Abgabenordnung), hat sie eine besondere Frist zu bestimmen, die mindestens einen Monat betragen soll.

(5) Erklärungspflichtig ist derjenige, dem Grundbesitz oder Betriebsvermögen zuzurechnen ist. Der Nutzer des land- und forstwirtschaftlichen Vermögens (§ 125 Abs. 2 Satz 2) hat dem Finanzamt, in dessen Bezirk das genutzte Vermögen oder sein wertvollster Teil liegt, eine Erklärung zum Ersatzwirtschaftswert abzugeben. Die Steuererklärung ist eigenhändig zu unterschreiben."

9. § 29 wird wie folgt geändert:

a) Absatz 3 wird wie folgt gefaßt:

„(3) Die nach Bundes- oder Landesrecht zuständigen Behörden haben den Finanzbehörden die ihnen im Rahmen ihrer Aufgabenerfüllung bekanntgewordenen rechtlichen und tatsächlichen Umstände mitzuteilen, die für die Feststellung von Einheitswerten des Grundbesitzes, für die Feststellung von Grundbesitzwerten oder für die Grundsteuer von Bedeutung sein können. Den Behörden stehen die Stellen gleich, die für die Sicherung der Zweckbestimmung solcher Wohnungen zuständig sind, die mit Mitteln im Sinne der §§ 6, 87 a und 88 des Zweiten Wohnungsbaugesetzes in der Fassung der Bekanntmachung vom 19. August 1994 (BGBl. I S. 2137), zuletzt geändert durch Artikel 17 des Gesetzes vom 18. Dezember 1995 (BGBl. I S. 1959), oder der §§ 4 oder 38 des Wohnungsbaugesetzes für das Saarland in der Fassung der Bekanntmachung vom 20. November 1990 (Amtsblatt des Saarlandes S. 273), zuletzt geändert durch Artikel 18 des Gesetzes vom 18. Dezember 1995 (BGBl. I S. 1959), gefördert worden sind."

b) Nach Absatz 3 wird folgender neuer Absatz 3 a eingefügt:

„(3 a) Die Absätze 1 und 2 gelten für die Ermittlung von Ersatzwirtschaftswerten und die Feststellung von Grundbesitzwerten sinngemäß."

10. § 30 wird wie folgt gefaßt:

„§ 30
Abrundung

Es werden nach unten abgerundet:

1. die Einheitswerte beim Grundbesitz und die Ersatzwirtschaftswerte auf volle hundert Deutsche Mark,
2. die Einheitswerte bei Gewerbebetrieben und Grundbesitzwerte auf volle tausend Deutsche Mark."

11. § 32 wird wie folgt gefaßt:

„§ 32
Bewertung von inländischem Sachvermögen

Für die Bewertung des inländischen land- und forstwirtschaftlichen Vermögens, Grundvermögens und Betriebsvermögens für Zwecke der Grundsteuer und Gewerbesteuer gelten die Vorschriften der §§ 33 bis 109 a, § 122, §§ 125 bis 132 und § 137. Für die Bewertung des inländischen land- und forstwirtschaftlichen Vermögens, Grundvermögens und Betriebsvermögens für Zwecke der Vermögensteuer, Erbschaftsteuer und Grunderwerbsteuer gelten die Vorschriften der §§ 95 bis 121 und §§ 137 bis 155. Nach diesen Vorschriften sind auch die inländischen Teile einer wirtschaftlichen Einheit zu bewerten, die sich sowohl auf das Inland als auch auf das Ausland erstreckt."

12. § 97 wird wie folgt geändert:

a) Absatz 1 Satz 2 wird wie folgt gefaßt:

„§ 34 Abs. 6 a, § 51 a, § 140 Abs. 2 und § 141 Abs. 1 bleiben unberührt."

b) Nach Absatz 1 wird folgender neuer Absatz 1 a eingefügt:

„(1 a) Der Einheitswert des Betriebsvermögens von Gesellschaften im Sinne des Absatzes 1 Nr. 5 ist wie folgt aufzuteilen:

1. Sonderbetriebsvermögen ist dem jeweiligen Gesellschafter vorab mit dem Wert zuzurechnen, mit dem es im Einheitswert enthalten ist. Außerdem sind Vermögensänderungen nach dem Abschlußzeitpunkt nach § 107 im Rahmen der Aufteilung vorweg abzurechnen beziehungsweise zuzurechnen. Die Kapitalkonten aus der Steuerbilanz sind gegebenenfalls entsprechend den Vorabzurechnungen zu bereinigen.
2. Für die weitere Aufteilung ist von den – gegebenenfalls nach Nr. 1 bereinigten – Kapitalkonten der Gesellschafter aus der Steuerbilanz auszugehen. Die Summe dieser Kapitalkonten ist dem nach Abzug der Vorabzurechnungen nach Nr. 1 verbleibenden Einheitswert gegenüberzustellen; der Unterschiedsbetrag ist nach dem für die Gesellschaft maßgebenden Gewinnverteilungsschlüssel auf die Gesellschafter aufzuteilen.
3. Für jeden Gesellschafter ergibt die Summe aus den Vorabzurechnungen nach Nr. 1, dem bereinigten Kapitalkonto aus der Steuerbilanz und dem anteiligen Unterschiedsbetrag nach Nr. 2 den Anteil am Einheitswert."

13. § 99 Abs. 2 wird wie folgt gefaßt:

„(2) Dient das Grundstück, das, losgelöst von dem Gewerbebetrieb, zum Grundvermögen gehören würde, zu mehr als der Hälfte seines Werts dem Gewerbebetrieb, so gilt das ganze Grundstück als Teil des Gewerbebetriebs und als Betriebsgrundstück. Dient das Grundstück nur zur Hälfte seines Werts oder zu einem geringeren Teil dem Gewerbebetrieb, so gehört das ganze Grundstück zum Grundvermögen. Grundstücke des Ehegatten des Betriebsinhabers, die dem Gewerbebetrieb zu mehr als der Hälfte ihres Wertes dienen, sind Betriebsgrundstücke. Ein Grundstück, an dem neben dem Betriebsinhaber oder seinem Ehegatten noch andere Personen beteiligt sind, gilt auch hinsichtlich des Anteils des Betriebsinhabers oder seines Ehegatten nicht als Betriebsgrundstück. Abweichend von den Sätzen 1 bis 4 gehört der Grundbesitz der in § 97 Abs. 1 bezeichneten inländischen Körperschaften, Personenvereinigungen und Vermögensmassen stets zu den Betriebsgrundstücken."

14. In § 102 Abs. 2 werden die Worte „Artikel 17 des Gesetzes vom 25. Februar 1992 (BGBl. I S. 207)" durch die Worte „Artikel 4 des Gesetzes vom 28. Oktober 1994 (BGBl. I S. 3267)" ersetzt.

15. In § 104 Abs. 4 werden die Worte „Artikel 33 des Gesetzes vom 18. Dezember 1989, BGBl. I S. 2261" durch die Worte „Artikel 91 des Gesetzes vom 5. Oktober 1994, BGBl. I S. 2911" ersetzt.

16. § 109 Abs. 3 wird wie folgt gefaßt:

„(3) Wirtschaftsgüter, für die ein Grundbesitzwert festzustellen ist, sind mit dem nach den §§ 138 bis 155 festgestellten Grundbesitzwert anzusetzen. § 115 ist bei Betriebsgrundstücken und sonstigen Wirtschaftsgütern, soweit diese nicht zur Veräußerung bestimmt sind, entsprechend anzuwenden."

17. § 111 wird wie folgt geändert:

a) Nummer 5 wird wie folgt gefaßt:

„5. Ansprüche nach folgenden Gesetzen in der jeweils geltenden Fassung:

a) Lastenausgleichsgesetz in der Fassung der Bekanntmachung vom 2. Juni 1993 (BGBl. I S. 845), zuletzt geändert durch Gesetz vom 23. Juni 1994 (BGBl. I S. 1311),

Währungsausgleichsgesetz in der Fassung der Bekanntmachung vom 1. Dezember 1965 (BGBl. I S. 2059), zuletzt geändert durch Artikel 3 d des Gesetzes vom 24. Juli 1992 (BGBl. I S. 1389),

Altsparergesetz in der im Bundesgesetzblatt Teil III, Gliederungsnummer 621-4, veröffentlichten bereinigten Fassung, zuletzt geändert durch Artikel 65 des Gesetzes vom 5. Oktober 1994 (BGBl. I S. 2911),

Flüchtlingshilfegesetz in der Fassung der Bekanntmachung vom 15. Mai 1971 (BGBl. I S. 682), zuletzt geändert durch Artikel 24 des Gesetzes vom 26. Mai 1994 (BGBl. I S. 1014),

Reparationsschädengesetz vom 12. Februar 1969 (BGBl. I S. 105), zuletzt geändert durch Artikel 3 e des Gesetzes vom 24. Juli 1992 (BGBl. I S. 1389);

b) Allgemeines Kriegsfolgengesetz in der im Bundesgesetzblatt Teil III, Gliederungsnummer 653-1, veröffentlichten bereinigten Fassung, zuletzt geändert durch Artikel 67 des Gesetzes vom 5. Oktober 1994 (BGBl. I S. 1389),

Gesetz zur Regelung der Verbindlichkeiten nationalsozialistischer Einrichtungen und der Rechtsverhältnisse an deren Vermögen vom 17. März 1965

(BGBl. I S. 79), zuletzt geändert durch Artikel 2 Nr. 18 des Gesetzes vom 20. Dezember 1991 (BGBl. I S. 2317);

c) Häftlingshilfegesetz in der Fassung der Bekanntmachung vom 2. Juni 1993 (BGBl. I S. 838), zuletzt geändert durch Artikel 1 des Gesetzes vom 8. Juni 1994 (BGBl. I S. 1214);

d) Strafrechtliches Rehabilitierungsgesetz vom 29. Oktober 1992 (BGBl. I S. 1814), zuletzt geändert durch Artikel 6 des Gesetzes vom 23. Juni 1994 (BGBl. I S. 1311);

e) Bundesvertriebenengesetz in der Fassung der Bekanntmachung vom 2. Juni 1993 (BGBl. I S. 829);

f) Vertriebenenzuwendungsgesetz vom 27. September 1994 (BGBl. I S. 2624, 2635);

g) Verwaltungsrechtliches Rehabilitierungsgesetz vom 23. Juni 1994 (BGBl. I S. 1311) und Berufliches Rehabilitierungsgesetz vom 23. Juni 1994 (BGBl. I S. 1311);"

b) In Nr. 7 Buchstabe a wird die Zahl „20 000" durch die Zahl „100 000" ersetzt.

18. § 117 a Abs. 1 wird wie folgt gefaßt:

„(1) Ist land- und forstwirtschaftliches Vermögen, soweit es ertragsteuerlich nicht zum Privatvermögen gehört, und für welches ein Grundbesitzwert für Zwecke der Vermögensteuer festgestellt ist, sowie Betriebsvermögen, für das ein Einheitswert für Zwecke der Vermögensteuer festgestellt ist, insgesamt positiv, bleibt es bei der Ermittlung des Gesamtvermögens bis zu einem Betrag von 500 000 Deutsche Mark außer Ansatz. Der übersteigende Teil ist mit 75 vom Hundert anzusetzen."

19. § 118 wird wie folgt geändert:

a) Absatz 1 wird wie folgt geändert:
  aa) Nummer 1 Satz 3 wird gestrichen.
  bb) Nummer 2 Satz 2 wird gestrichen.
  cc) In Nummer 3 wird das Wort „Wirtschaftswert" durch das Wort „Betriebswert" und das Wort „Wirtschaftsteil" durch das Wort „Betriebsteil" ersetzt.

b) In Absatz 3 werden die Zahlen „20 000" und „40 000" jeweils durch die Zahl „100 000" ersetzt.

20. Die Überschrift vor § 121 a

„Dritter Teil
Übergangs- und Schlußbestimmungen"

wird gestrichen.

21. § 121 a wird wie folgt gefaßt:

„§ 121 a
Sondervorschrift für die Anwendung der Einheitswerte 1964

Während der Geltungsdauer der auf den Wertverhältnissen am 1. Januar 1964 beruhenden Einheitswerte des Grundbesitzes sind Grundstücke (§ 70) und Betriebsgrundstücke im Sinne des § 99 Abs. 1 für die Gewerbesteuer mit 140 vom Hundert des Einheitswerts anzusetzen."

22. § 121 b wird aufgehoben.

23. In § 122 entfällt in Absatz 1 die Absatzbezeichnung und werden die Absätze 2 bis 5 aufgehoben.

24. § 123 wird wie folgt gefaßt:

„§ 123
Ermächtigungen

(1) Die Bundesregierung wird ermächtigt, mit Zustimmung des Bundesrates die in § 12 Abs. 4, § 21 Abs. 1, § 39 Abs. 1, § 51 Abs. 4, § 55 Abs. 3, 4 und 8, den §§ 81, 90 Abs. 2 und § 113 a vorgesehenen Rechtsverordnungen zu erlassen."

25. § 124 wird aufgehoben.

26. Die Überschrift vor § 125 wird wie folgt gefaßt:

„Dritter Abschnitt
Vorschriften für die Bewertung von Vermögen in dem in Artikel 3 des Einigungsvertrages genannten Gebiet."

27. § 127 wird aufgehoben.

28. § 128 wird aufgehoben.

29. § 133 wird wie folgt gefaßt:

„§ 133
Sondervorschrift für die Anwendung der Einheitswerte 1935

Die Einheitswerte 1935 der Grundstücke und Betriebsgrundstücke im Sinne des § 99 Abs. 1 sind für die Gewerbesteuer wie folgt anzusetzen:

1. Mietwohngrundstücke mit 100 vom Hundert des Einheitswerts 1935,
2. Geschäftsgrundstücke mit 400 vom Hundert des Einheitswerts 1935,
3. gemischtgenutzte Grundstücke, Einfamilienhäuser und sonstige bebaute Grundstücke mit 250 vom Hundert des Einheitswerts 1935,
4. unbebaute Grundstücke mit 600 vom Hundert des Einheitswerts 1935.

Bei Grundstücken im Zustand der Bebauung bestimmt sich die Grundstückshauptgruppe für den besonderen Einheitswert im Sinne des § 33 a Abs. 3 der weiter anzuwendenden Durchführungsverordnung zum Reichsbewertungsgesetz nach dem tatsächlichen Zustand, der nach Fertigstellung des Gebäudes besteht."

30. § 135 wird aufgehoben.

31. § 136 wird aufgehoben.

32. Nach § 137 wird der folgende Abschnitt eingefügt:

„Vierter Abschnitt:
Vorschriften für die Bewertung von Grundbesitz für die Erbschaftsteuer ab 1. Januar 1996 und für die Vermögensteuer sowie die Grunderwerbsteuer ab 1. Januar 1997

A. Allgemeines
§ 138
Feststellung von Grundbesitzwerten

(1) Einheitswerte, die für Grundbesitz nach den Wertverhältnissen vom 1. Januar 1935 oder 1. Januar 1964 festgestellt worden sind, werden bei der Erbschaftsteuer ab 1. Januar

1996 und bei der Vermögensteuer sowie der Grunderwerbsteuer ab dem 1. Januar 1997 nicht mehr angewendet. Anstelle dieser Einheitswerte und Ersatzwirtschaftswerte werden abweichend von § 19 Abs. 1 Nr. 1 und § 126 Abs. 2 land- und forstwirtschaftliche Grundbesitzwerte für das in Absatz 2 und Grundstückswerte als Grundbesitzwerte für das in Absatz 3 bezeichnete Vermögen unter Berücksichtigung der tatsächlichen Verhältnisse zum Besteuerungszeitpunkt und der Wertverhältnisse zum 1. Januar 1996 festgestellt.

(2) Für die wirtschaftlichen Einheiten des land- und forstwirtschaftlichen Vermögens und für Betriebsgrundstücke im Sinne des § 99 Abs. 1 Nr. 2 sind die land- und forstwirtschaftlichen Grundbesitzwerte unter Anwendung der §§ 30 und 139 bis 143 zu ermitteln.

(3) Für die wirtschaftlichen Einheiten des Grundvermögens und für Betriebsgrundstücke im Sinne des § 99 Abs. 1 Nr. 1 sind Grundbesitzwerte unter Anwendung der §§ 30, 69, 99 Abs. 2 und 144 bis 155 zu ermitteln. § 68 gilt mit der Maßgabe, daß Wohngebäude oder Wohngebäudeteile eines Inhabers eines Betriebs der Land- und Forstwirtschaft einschließlich des dazugehörigen Grund und Bodens stets zum Grundvermögen gehören (§ 139 Abs. 2). § 70 gilt mit der Maßgabe, daß der Anteil des Eigentümers eines Grundstücks an anderem Grundvermögen (z. B. an gemeinschaftlichen Hofflächen oder Garagen) abweichend von Absatz 2 Satz 1 dieser Vorschrift in das Grundstück einzubeziehen ist, wenn der Anteil zusammen mit dem Grundstück genutzt wird. § 20 Satz 2 ist entsprechend anzuwenden. §§ 92 und 94 sind vorbehaltlich § 30 und 144 bis 155 sinngemäß anzuwenden.

(4) Die Wertverhältnisse zum 1. Januar 1996 gelten für Feststellungen von Grundbesitzwerten bis zum 31. Dezember 2001.

(5) Die Grundbesitzwerte sind gesondert festzustellen, wenn sie für die Erbschaftsteuer, Vermögensteuer oder Grunderwerbsteuer erforderlich sind (Bedarfsbewertung). In dem Feststellungsbescheid sind auch Feststellungen zu treffen,

1. über die Art der wirtschaftlichen Einheit,

    a) bei Grundstücken auch über die Grundstücksart (§ 148),

    b) bei Betriebsgrundstücken, die zu einem Gewerbebetrieb gehören (wirtschaftliche Untereinheit), auch über den Gewerbebetrieb;

2. über die Zurechnung der wirtschaftlichen Einheit und bei mehreren Beteiligten über die Höhe des Anteils, für dessen Besteuerung ein Anteil am Grundbesitzwert erforderlich ist.

Für die Feststellung von Grundbesitzwerten gelten die Vorschriften der Abgabenordnung über die Feststellung von Einheitswerten des Grundbesitzes sinngemäß.

B. Land- und forstwirtschaftliches Vermögen

§ 139
Wirtschaftliche Einheit und Umfang des land- und forstwirtschaftlichen Vermögens

(1) Der Begriff der wirtschaftlichen Einheit und der Umfang des land- und forstwirtschaftlichen Vermögens richten sich vorbehaltlich Absatz 2 nach § 33.

(2) Wohngebäude und Wohngebäudeteile einschließlich des dazugehörigen Grund und Bodens, die dem Wohnteil (§ 34 Abs. 3) zuzurechnen sind, gehören abweichend von § 33 Abs. 2 nicht zum land- und forstwirtschaftlichen Vermögen. Sie sind als Wohngrundstücke dem Grundvermögen zuzuordnen und nach den dafür geltenden Vorschriften zu bewerten.

(3) Zur Berücksichtigung von Besonderheiten, die sich im Falle einer engen räumlichen Verbindung der in Absatz 2 genannten Wohngrundstücke mit dem Betrieb ergeben, ist deren Ausgangswert (§ 149) unbeschadet der Regelung in § 153 um 10 v. H. zu ermäßigen.

§ 140
Umfang des Betriebs der Land- und Forstwirtschaft

(1) Der Betrieb der Land- und Forstwirtschaft umfaßt

a) den Betriebsteil,

b) die Betriebswohnungen.

(2) Der Betriebsteil umfaßt den Wirtschaftsteil eines Betriebs der Land- und Forstwirtschaft (§ 34 Abs. 2), jedoch ohne die Betriebswohnungen (Abs. 3). § 34 Abs. 4 bis 7 sind bei der Ermittlung des Umfangs des Betriebsteils anzuwenden.

(3) Betriebswohnungen sind Wohnungen einschließlich des dazugehörigen Grund und Bodens, die einem land- und forstwirtschaftlichen Betrieb zu dienen bestimmt sind, aber nicht dem Wohnteil zuzurechnen sind.

§ 141
Betriebswert

(1) Der Wert des Betriebsteils (Betriebswert) wird unter sinngemäßer Anwendung der §§ 35, 36 Abs. 1 und 2, §§ 42, 43, 44 Abs. 1, §§ 45, 48 a, 49, 51, 51 a, 53, 54, 56, 59 und 62 Abs. 1 ermittelt.

(2) Der Wert des Betriebsteils (Betriebswert) setzt sich zusammen aus den Einzelertragswerten (Abs. 3) für die Nebenbetriebe (§ 42), das Abbauland (§ 43), die gemeinschaftliche Tierhaltung (§ 51 a) und die in Nr. 5 nicht genannten Nutzungsteile der sonstigen land- und forstwirtschaftlichen Nutzung sowie den folgenden Ertragswerten:

1. Landwirtschaftliche Nutzung
   a) Landwirtschaftliche Nutzung ohne Hopfen und Spargel
      Der Ertragswert ist auf der Grundlage der Ergebnisse der Bodenschätzung zu ermitteln.
      Er beträgt: . . . . 0,86 DM je Ertragsmeßzahl.
      Zur landwirtschaftlichen Nutzung gehörende Tierbestände (§ 51) sind in dem Ertragswert bis zu 2 Vieheinheiten je Hektar der vom Inhaber des Betriebs regelmäßig landwirtschaftlich genutzten Fläche abgegolten. Der Ertragswert der darüber hinausgehenden Tierbestände beträgt   711 DM je Vieheinheit.
   b) Nutzungsteil Hopfen . . . . 167 DM je Ar
   c) Nutzungsteil Spargel . . . . 149 DM je Ar
2. Forstwirtschaftliche Nutzung
   a) Nutzungsgrößen bis zu 10 Hektar, Flächen mit einer Geländeneigung über 30 v. H., Nichtwirtschaftswald, Baumartengruppe Kiefer, Baumartengruppe Buche und sonstiges Laubholz bis zu 100 Jahren, Eiche bis zu 140 Jahren . . . . 1 DM je Ar
   b) Baumartengruppe Fichte über 60 bis 80 Jahren . . . . 21 DM je Ar
   c) Baumartengruppe Fichte über 80 bis zu 100 Jahren . . . . 40 DM je Ar
   d) Baumartengruppe Fichte über 100 Jahre . . . . 52 DM je Ar

e) Baumartengruppe Buche und sonstiges Laubholz über
      100 Jahre, Plenterwald .... 15 DM je Ar
   f) Eiche über 140 Jahre .... 25 DM je Ar
3. Weinbauliche Nutzung
   a) Traubenerzeugung und Faßweinausbau
      aa) in den Weinbaugebieten Ahr, Franken und Württemberg .... 80 DM je Ar
      bb) in den übrigen Weinbaugebieten .... 35 DM je Ar
   b) Flaschenweinausbau
      aa) in den Weinbaugebieten Ahr, Baden, Franken, Rheingau und Württemberg .... 160 DM je Ar
      bb) in den übrigen Weinbaugebieten .... 70 DM je Ar
4. Gärtnerische Nutzung
   a) Nutzungsteil Gemüse, Blumen- und Zierpflanzenbau
      aa) Gemüsebau
          Freilandflächen .... 230 DM je Ar
          Flächen unter Glas und Kunststoffen .... 2000 DM je Ar
      bb) Blumen und Zierpflanzenbau
          Freilandflächen .... 700 DM je Ar
          beheizbare Flächen unter Glas und Kunststoffen .... 7000 DM je Ar
          nichtbeheizbare Flächen unter Glas und Kunststoffen ..... 3500 DM je Ar
   b) Nutzungsteil Obstbau .... 60 DM je Ar
   c) Nutzungsteil Baumschulen
      Freilandflächen .... 630 DM je Ar
      Flächen unter Glas und Kunststoffen. .... 5000 DM je Ar
5. Sonstige land- und forstwirtschaftliche Nutzung
   a) Nutzungsteil Wanderschäferei .... 20 DM je Mutterschaf
   b) Nutzungsteil Weihnachtsbaumkultur .... 260 DM je Ar
6. Geringstland
   Der Ertragswert für Geringstland (§ 44) beträgt .... 1 DM je Ar.

(3) Lasten aus laufenden Pensionszahlungen und Pensionsverpflichtungen, die mit einem Betrieb der Land- und Forstwirtschaft in Zusammenhang stehen, sind durch die in Absatz 1 Nr. 1 bis 6 genannten Ertragswerte abgegolten.

(4) Für die nach § 117 a BewG und § 13 a ErbStG begünstigten Betriebe der Land- und Forstwirtschaft kann unwiderruflich beantragt werden, den Betriebswert abweichend von Absatz 2 Nr. 1 bis 6 insgesamt als Einzelertragswert zu ermitteln.

§ 142
Wert der Betriebswohnungen

Der Wert der Betriebswohnungen (§ 140 Abs. 3) ist nach den Vorschriften zu ermitteln, die beim Grundvermögen für die Bewertung von Wohngrundstücken gelten (§§ 146 bis 155).

§ 143
Zusammensetzung des Grundbesitzwerts

Der Betriebswert und der Wert der Betriebswohnungen bilden zusammen den Grundbesitzwert des Betriebs.

C. Grundvermögen

I. Unbebaute Grundstücke

§ 144
Begriff

(1) Unbebaute Grundstücke sind Grundstücke, auf denen sich keine benutzbaren Gebäude befinden. Die Benutzbarkeit beginnt im Zeitpunkt der Bezugsfertigkeit. Gebäude sind als bezugsfertig anzusehen, wenn den zukünftigen Bewohnern oder sonstigen Benutzern zugemutet werden kann, sie zu benutzen; die Abnahme durch die Bauaufsichtsbehörde ist nicht entscheidend.

(2) Befinden sich auf einem Grundstück Gebäude von insgesamt geringem Wert, so gilt das Grundstück als unbebaut. Der Wert der Gebäude bleibt außer Ansatz.

(3) Als unbebautes Grundstück gilt auch ein Grundstück, auf dem infolge der Zerstörung oder des Verfalls der Gebäude auf die Dauer benutzbarer Raum nicht mehr vorhanden ist.

§ 145
Bewertung

Der Wert unbebauter Grundstücke ist auf der Grundlage von Bodenrichtwerten (§ 196 des Baugesetzbuches in der Fassung der Bekanntmachung vom 8. Dezember 1986, BGBl. I S. 2253, zuletzt geändert durch Artikel 2 des Gesetzes vom 23. November 1994, BGBl. I S. 3486) unter Berücksichtigung der möglichen baulichen Nutzung zu schätzen. Die Bodenrichtwerte sind von den Gutachterausschüssen nach dem Baugesetzbuch auf den 1. Januar 1996 zu ermitteln und den Finanzämtern mitzuteilen. Der Wert nach Satz 1 ist um den Abschlag nach § 153 zu ermäßigen.

II. Bebaute Grundstücke

§ 146
Begriff

Bebaute Grundstücke sind Grundstücke, auf denen sich benutzbare Gebäude befinden, mit Ausnahme der in § 144 Abs. 2 und 3 bezeichneten Grundstücke. Wird ein Gebäude in Bauabschnitten errichtet oder verzögert sich die Benutzbarkeit eines Gebäudes nicht nur vorübergehend, ist der bezugsfertige Teil als benutzbares Gebäude anzusehen.

§ 147
Gebäude und Gebäudeteile für den Zivilschutz

Gebäude, Teile von Gebäuden und Anlagen, die wegen der in § 1 des Zivilschutzgesetzes in der Fassung der Bekanntmachung vom 9. August 1976 (BGBl. I S. 2109), zuletzt geändert durch Gesetz vom 14. 9. 1994 (BGBl. I S. 2325) bezeichneten Zwecke geschaffen worden sind und im Frieden nicht oder nur gelegentlich oder geringfügig für andere Zwecke benutzt werden, bleiben bei der Ermittlung des Grundstückswerts außer Betracht.

§ 148
Grundstücksarten

(1) Bei der Bewertung bebauter Grundstücke sind folgende Grundstücksarten zu unterscheiden:

1. Einfamilienhäuser,
2. Zweifamilienhäuser,

3. Wohnungseigentumsgrundstücke,
4. Mietwohngrundstücke,
5. Wohn-/Geschäftsgrundstücke,
6. Gewerbegrundstücke,
7. sonstige bebaute Grundstücke.

(2) Einfamilienhäuser sind Wohngrundstücke, die nur eine Wohnung enthalten. Dies gilt auch, wenn sie zu weniger als 50 vom Hundert, berechnet nach der Wohn- und Nutzfläche, zu gewerblichen oder öffentlichen Zwecken mitbenutzt werden.

(3) Zweifamilienhäuser sind Wohngrundstücke, die nur zwei Wohnungen enthalten. Absatz 2 Satz 2 ist entsprechend anzuwenden.

(4) Wohnungseigentumsgrundstücke sind Grundstücke in Form des Wohnungseigentums nach dem Wohnungseigentumsgesetz. § 70 Abs. 2 und § 138 Abs. 3 Satz 3 bleiben unberührt.

(5) Mietwohngrundstücke sind Grundstücke, die zu mehr als 80 vom Hundert, berechnet nach der Wohn- und Nutzfläche, Wohnzwecken dienen mit Ausnahme der Einfamilienhäuser, Zweifamilienhäuser und Wohnungseigentumsgrundstücke (Absatz 2 bis 4).

(6) Wohn-/Geschäftsgrundstücke sind Grundstücke, die ganz oder teilweise gewerblichen Zwecken oder teilweise Wohnzwecken dienen mit Ausnahme der Grundstücke im Sinne von Absatz 1 Nr. 1 bis 4 und 6. Die Nutzung zu öffentlichen Zwecken ist der Nutzung zu gewerblichen Zwecken gleichgestellt. Zu den Wohn-/Geschäftsgrundstücken gehören auch Grundstücke in Form des Teileigentums.

(7) Gewerbegrundstücke sind die in der Anlage 14 genannten Grundstücke und vergleichbare Grundstücke, die ganz oder teilweise gewerblichen Zwecken dienen mit Ausnahme der Grundstücke im Sinne von Absatz 1 Nr. 1 bis 4. Absatz 6 Satz 2 gilt entsprechend.

(8) Sonstige bebaute Grundstücke sind solche Grundstücke, die nicht unter Absatz 2 bis 7 fallen. Absatz 6 Satz 2 gilt entsprechend.

§ 149
Bewertung

Bei der Ermittlung des Grundstückswerts ist vom Bodenwert (§ 150) und vom Gebäudewert (§§ 151 und 152) auszugehen (Ausgangswert). Bei der Wertermittlung ist der Ausgangswert nach § 153 zu ermäßigen.

§ 150
Bodenwert

Der Grund und Boden ist mit dem Wert anzusetzen, der sich nach § 145 Satz 1 ergeben würde, wenn das Grundstück unbebaut wäre.

§ 151
Gebäudewert

(1) Bei der Ermittlung des Gebäudewerts von Grundstücken im Sinne des § 148 Abs. 1 Nr. 1 und 2 sowie 4 bis 7 ist von den durchschnittlichen Herstellungskosten nach den Baupreisverhältnissen zum 1. Januar 1996 je Quadratmeter Wohn-/Nutzfläche oder je Kubikmeter umbauten Raumes und bei der Ermittlung des Gebäudewerts von Grundstücken im Sinne des § 148 Abs. 1 Nr. 3 von dem aus Kaufpreisen abgeleiteten Preis pro Quadratmeter Wohn-/Nutzfläche auszugehen.

(2) Bei Grundstücken im Sinne des § 148 Abs. 1 Nr. 1, 2 und 4 ergibt sich der Gebäudenormalherstellungswert vorbehaltlich Abs. 6 durch Vervielfachung der Anzahl der Qua-

dratmeter Wohn-/Nutzfläche mit einem aus Anlage 15 zu entnehmenden Preis für einen Quadratmeter Wohn-/Nutzfläche (Flächenpreis). Die Ausstattung ist wie folgt zu bestimmen:

- einfache Ausstattung:
 Außenfassade verputzt, Bad oder Dusche mit WC sowie Beheizung durch Einzelöfen,
- durchschnittliche Ausstattung:
 alle Gebäude oder Gebäudeteile, die nicht einfach oder gut ausgestattet sind,
- gute Ausstattung:
 Außenfassade überwiegend verklinkert, mehrere Sanitärräume mit Bad oder Dusche – bezogen auf eine Wohnung – sowie zusätzlich zur Sammelheizung weitere Heizquellen, insbesondere ein Kachelofen oder ein offener Kamin, oder aufwendige Heiztechnik, mit Ausnahme von Solar- oder Wärmerückgewinnungsanlagen, die nicht ausstattungserhöhend berücksichtigt werden.

(3) Bei Grundstücken im Sinne des § 148 Abs. 1 Nr. 3 ergibt sich der Gebäudewert vorbehaltlich Absatz 6 durch Vervielfachung der Anzahl der Quadratmeter Wohn-/Nutzfläche mit dem aus Anlage 15 für diese Grundstücksart zu entnehmenden Flächenpreis. Absatz 2 Satz 4 gilt entsprechend.

(4) Bei Grundstücken im Sinne des § 148 Abs. 1 Nr. 5 wird der Gebäudenormalherstellungswert vorbehaltlich Absatz 6 durch Vervielfachung der Anzahl der Quadratmeter Wohn-/Nutzfläche mit einem Flächenpreis ermittelt, der sich nach der Nutzung und Ausstattung bestimmt. Der Preisrahmen für die Flächenpreise ergibt sich aus Anlage 15.

(5) Bei Grundstücken im Sinne des § 148 Abs. 1 Nr. 6 und 7 wird der Gebäudenormalherstellungswert vorbehaltlich Absatz 6 regelmäßig durch Vervielfachung der Anzahl der Kubikmeter umbauten Raumes mit einem durchschnittlichen Preis für einen Kubikmeter umbauten Raumes (Raummeterpreis) ermittelt, der sich nach der Nutzung und der Ausstattung bestimmt. Der Preisrahmen für die Raummeterpreise ergibt sich aus Anlage 16.

(6) Bei einem unterschiedlich genutzten oder ausgestatteten Gebäude ist der Gebäudenormalherstellungswert für jeden Gebäudeteil unabhängig von der Grundstücksart gesondert zu ermitteln, wenn nach Art der Nutzung und Ausstattung unterschiedliche Preise anzusetzen sind. Bei Gebäudeteilen, deren Anteil am Gesamtgebäude nicht mehr als 10 vom Hundert, berechnet nach der Wohn- und Nutzfläche, beträgt, richtet sich der Flächenpreis oder der Raummeterpreis nach dem Wert für den Gebäudeteil, dessen Wohn- und Nutzfläche mehr als 50 vom Hundert der gesamten Wohn- und Nutzfläche des Gebäudes ausmacht. Ist ein Gebäudeteil mit einer überwiegenden Nutzung nicht vorhanden, ist der Gebäudenormalherstellungswert jedes Gebäudeteils unabhängig von seinem Umfang gesondert zu ermitteln. Bei Tennishallen oder Reithallen oder vergleichbaren Hallen ist der Sozialteil gesondert zu bewerten.

(7) Der Gebäudenormalherstellungswert ist bei Grundstücken im Sinne des § 148 Abs. 1 Nr. 1, 2 sowie 4 bis 7 wegen des Alters des Gebäudes am 1. Januar 1996 (§ 152) zu mindern (Gebäudewert), während er bei Grundstücken im Sinne des § 148 Abs. 1 Nr. 3 dem Gebäudewert entspricht. Bei Einzelgaragen, Doppelgaragen und Reihengaragen sind die aus Anlage 16 zu entnehmenden Festpreise je Stellplatz ohne Berücksichtigung einer Wertminderung wegen Alters als Gebäudewert anzusetzen.

§ 152
Wertminderung wegen Alters

(1) Die Wertminderung wegen Alters bestimmt sich nach dem Alter des Gebäudes am 1. Januar 1996 und der gewöhnlichen Lebensdauer von Gebäuden gleicher Art und Nut-

zung. Als Alter des Gebäudes gilt die Zeit zwischen dem Beginn des Jahres, in dem das Gebäude bezugsfertig geworden ist, und dem 1. Januar 1996. Dabei ist von einer gleichbleibenden jährlichen Wertminderung auszugehen.

(2) Ist im Feststellungszeitpunkt die restliche Lebensdauer eines Gebäudes infolge baulicher Maßnahmen wesentlich verlängert, ist bei der Berechnung der Wertminderung wegen Alters nach Absatz 1 von einem der Verlängerung der gewöhnlichen Lebensdauer entsprechenden späteren Baujahr (fiktives Baujahr) auszugehen.

(3) Die Wertminderung wegen Alters ist in einem Hundertsatz vom Gebäudenormalherstellungswert vorzunehmen. Als Wertminderung darf insgesamt kein höherer Betrag abgesetzt werden, als sich bei einem Alter von 70 vom Hundert der Lebensdauer ergibt.

§ 153
Abschlag

Der Wert unbebauter Grundstücke (§ 145 Satz 1) und der Ausgangswert bebauter Grundstücke (§ 149) sind um einen Abschlag von 10 vom Hundert zu ermäßigen.

§ 154
Grundstücke im Zustand der Bebauung

Bei Grundstücken im Zustand der Bebauung sind die nicht bezugsfertigen Gebäude oder Gebäudeteile mit dem Betrag zu erfassen, der nach dem Grad ihrer Fertigstellung dem Gebäudewertanteil entspricht, mit dem sie im Grundstückswert nach Fertigstellung enthalten sein werden. Der Wert nach Satz 1 darf den Grundstückswert nach Fertigstellung der Gebäude nicht übersteigen.

§ 155
Ansatz eines abweichenden Grundstückswerts

Ein niedrigerer Grundstückswert ist anzusetzen, wenn der Steuerpflichtige nachweist, daß der tatsächliche Wert des Grundstücks niedriger als der nach §§ 145, 147 bis 154 ermittelte Wert ist."

33. Nach dem neuen § 155 wird folgender Teil eingefügt:

„Dritter Teil
Schlußbestimmungen

§ 156
Bekanntmachung

Der Bundesminister der Finanzen wird ermächtigt, den Wortlaut dieses Gesetzes und der zu diesem Gesetz erlassenen Durchführungsverordnungen in der jeweils geltenden Fassung mit neuem Datum, neuer Überschrift und neuer Paragraphenfolge bekanntzumachen und dabei Unstimmigkeiten des Wortlauts zu beseitigen.

§ 157
Anwendung des Gesetzes

Diese Fassung des Gesetzes ist erstmals zum 1. Januar 1997 und für die Erbschaftsteuer erstmals zum 1. Januar 1996 anzuwenden."

34. Folgende Anlagen werden angefügt:

Anlage 14
(zu § 148)

Verzeichnis der Gewerbegrundstücke und der sonstigen bebauten Grundstücke im Sinne des § 148 Abs. 1 Nr. 6 und 7

Altenheime
Baracken
Behelfsbauten
Bootshäuser
Clubhäuser
Container
Fabrikationshallen
Ferienheime
Fitneßstudios
Garagen
Gewächshäuser
Hallenbäder
Hochgaragen
Kindergärten
Kinderheime
Kliniken
Kühlhäuser
Laboratorien
Lagerhallen
Lichtspielhäuser
Markthallen
Mehrzweckhallen
Messehallen
Parkpaletten
Pflegeheime
Pförtnergebäude
Privatschulen
Reithallen ohne Sozialteil
Restaurations- und Sozialteile von Tennis- und Reithallen
Saalbauten
Sanatorien
Saunastudios
Sozialgebäude
Tankstellengrundstücke (Wasch- und Pflegehallen)
Tennishallen ohne Sozialteil
Textilbauten
Theater
Tiefgaragen
Überdachungen mit einer überdachten Fläche von mehr als 30 m²
Vereinshäuser
Verkaufsstände mit einer Nutzfläche bis zu 50 m²
Werkstatthallen
Zelthallen

Gesetzesantrag der Länder 259

Anlage 15
(zu § 151)

Flächenpreise für Grundstücke im Sinne des § 148 Abs. 1 Nr. 1, 2 und 4

Grundstücksart/Nutzung	einfache Ausstattung DM/m²	durchschnittliche Ausstattung DM/m²	gute Ausstattung DM/m²
Einfamilienhaus			
I. nicht unterkellert			
1. ausgebautes Dachgeschoß	1600	1800	2000
2. nicht ausgebautes Dachgeschoß	1800	2000	2200
II. unterkellert			
1. ausgebautes Dachgeschoß	2100	2300	2500
2. nicht ausgebautes Dachgeschoß	2300	2500	2700
Zweifamilienhaus			
I. nicht unterkellert	1500	1700	1900
II. unterkellert	1800	2000	2200
Mietwohngrundstück sowie Wohnflächen in den übrigen Grundstücken	1600	1800	2000

Flächenpreise für Wohn-/Geschäftsgrundstücke im Sinne des § 148 Abs. 1 Nr. 5

Nutzung als	unterer Wert für den Preisrahmen in DM/m² einfache Ausstattung	oberer Wert für den Preisrahmen in DM/m² aufwendige Ausstattung
Verwaltungs- und Bürogebäude, Praxis, Laden	1200	3100
Bank-, Hotel- und Versicherungsgebäude	1400	3300
Restaurationsgebäude, Gaststätte	1000	3200
Warenhaus	1500	3300

Flächenpreis für Grundstücke im Sinne des § 148 Abs. 1 Nr. 3

Baujahrgruppe						
bis einschl. 1948 DM/m²	von 1949 bis einschl. 1960 DM/m²	von 1961 bis einschl. 1970 DM/m²	von 1971 bis einschl. 1980 DM/m²	von 1981 bis einschl. 1989 DM/m²	ab 1990 DM/m²	
herkömmliche Bauweise						
1200	1400	1600	1800	2000	2200	
Plattenbauweise						
1100	1200	1300	1400	1500	1600	

Anlage 16
(zu § 151)

Raummeterpreise und Festpreise für Grundstücke im Sinne des § 148 Abs. 1 Nr. 6 und 7

Nutzung als	unterer Wert für den Preisrahmen in DM/m³	oberer Wert für den Preisrahmen in DM/m³
Teil A	einfache Ausstattung	sehr gute Ausstattung
Kindergarten, Kinderheim; Ferien-, Alten- oder Pflegeheim; Privatschule	250	560
Verkaufsstand bis 50 m²	450	850
	einfache Ausstattung	aufwendige Ausstattung
Restaurations- und Sozialteil von Tennis- oder Reithallen; Club- oder Vereinshaus; Sauna- oder Fitneßstudio	230	710
Saalbau, Lichtspielhaus, Mehrzweckhalle	200	470
Sozialgebäude, Pförtnergebäude, Laboratorium	250	580
Theater	400	870
Hallenbad	430	810
Klinik, Sanatorium	320	840
Teil B	einfache Ausstattung	durchschnittliche Ausstattung
Reithalle ohne Sozialteil	25	53
Behelfsbau (mit Ausnahme von Teil C)	130	260
	einfache Ausstattung	gute Ausstattung
Fabrikations-, Werkstatt- oder Lagerhalle, Kühlhaus 1. Skelett-, Rahmen- und Fachwerkkonstruktion 2. Massivbau	74 102	166 231
Gewächshaus	50	170
Tankstellengrundstück (Wasch- oder Pflegehalle)	220	470
Baracke, Container	220	360
Tennishalle ohne Sozialteil	50	110
	einfache Ausstattung	aufwendige Ausstattung
Markt- oder Messehalle	100	350

Teil C	Festpreise
Nutzung als	DM/m³
Behelfsbau mit einfachen Wänden	100
Bootshaus aus Holz	74
Textilbau	108
Zelthalle	27
Überdachung über 30 m²	DM/m²
1. leichte Bauausführung	130
2. Holzkonstruktion	300
3. Stahl- oder Stahlbetonkonstruktion	400
Garage oder Parkhaus	DM/Stellplatz
1. Einzel-, Doppel-, Reihengarage für Personenkraftwagen	10 000
2. Parkpalette	10 000
3. Hochgarage	16 000
4. Tiefgarage	22 000

Artikel 2
Änderung der Durchführungsverordnung zum Bewertungsgesetz

§ 73 der Durchführungsverordnung zum Bewertungsgesetz vom 2. Februar 1935 (BGBl. I S. 81), die zuletzt durch Artikel 14 des Gesetzes vom 25. Februar 1992 (BGBl. I S. 297) geändert worden ist, wird aufgehoben.

Artikel 3
Änderung des Vermögensteuergesetzes

Das Vermögensteuergesetz in der Fassung der Bekanntmachung vom 14. November 1990 (BGBl. 1 S. 2467), zuletzt geändert durch Artikel 13 des Gesetzes vom 18. 12. 1995 (BGBl. I S. 1959) wird wie folgt geändert:

1. § 3 Abs. 1 Nr. 1 wird wie folgt gefaßt:

„1. das Bundeseisenbahnvermögen, die Monopolverwaltungen des Bundes, die staatlichen Lotterieunternehmen und der Erdölbevorratungsverband nach § 2 Abs. 1 des Erdölbevorratungsgesetzes in der Fassung der Bekanntmachung vom 8. Dezember 1987 (BGBl. I S. 2510);"

2. § 6 wird wie folgt gefaßt:

„§ 6
Freibeträge für natürliche Personen

(1) Bei der Veranlagung einer unbeschränkt steuerpflichtigen natürlichen Person bleiben 300 000 Deutsche Mark und im Falle der Zusammenveranlagung von Ehegatten 600 000 Deutsche Mark vermögensteuerfrei. Verstirbt ein Ehegatte, bleiben bei der Veranlagung des überlebenden Ehegatten weiterhin 600 000 Deutsche Mark vermögensteuerfrei.

(2) Für jedes Kind, das mit einem Steuerpflichtigen oder mit Ehegatten zusammen veranlagt wird, sind weitere 200 000 Deutsche Mark vermögensteuerfrei. Kinder im

Sinne des Gesetzes sind eheliche Kinder, für ehelich erklärte Kinder, nichteheliche Kinder, Stiefkinder, Adoptivkinder und Pflegekinder.

(3) Weitere 100 000 Deutsche Mark sind steuerfrei, wenn der Steuerpflichtige das 60. Lebensjahr vollendet hat oder voraussichtlich für mindestens drei Jahre behindert im Sinne des Schwerbehindertengesetzes mit einem Grad der Behinderung von 100 ist. Werden mehrere Steuerpflichtige zusammen veranlagt (§ 14 des Vermögensteuergesetzes), wird der Freibetrag mit der Zahl der zusammen veranlagten Steuerpflichtigen, bei denen die Voraussetzungen des Satzes 1 vorliegen, vervielfacht."

3. § 7 wird gestrichen.
4. In § 8 wird jeweils die Zahl „20 000" durch die Zahl „30 000" ersetzt.
5. In § 9 wird jeweils die Zahl „20 000" durch die Zahl „30 000" ersetzt.
6. § 10 wird wie folgt gefaßt:

„§ 10
Steuersatz

Die Vermögensteuer beträgt jährlich 0,5 vom Hundert des steuerpflichtigen Vermögens."

7. § 14 wird wie folgt geändert:
   a) In Absatz 1 wird folgender Satz 2 angefügt:

   „Auf gemeinsamen Antrag der Ehegatten oder auf Antrag der mit Kindern zusammenveranlagten Einzelperson kann die Zusammenveranlagung mit allen oder einzelnen Kindern ausgeschlossen werden; soweit die Kinder nicht in die Zusammenveranlagung einbezogen werden, sind sie getrennt zu veranlagen."

   b) Nach Absatz 1 wird folgender Absatz 1 a eingefügt:

   „(1 a) Ehegatten, die nicht dauernd getrennt leben, werden getrennt veranlagt, wenn ein Ehegatte dies beantragt. Hat ein Ehegatte die getrennte Veranlagung beantragt, können die Ehegatten durch gemeinsamen Antrag bestimmen, mit wem die Kinder zusammen veranlagt werden. Stellen die Ehegatten keinen gemeinsamen Antrag, wird das Vermögen der Kinder sowie der Freibetrag nach § 6 Abs. 2 bei der getrennten Veranlagung der Ehegatten je zur Hälfte berücksichtigt."

   c) In Absatz 2 Nr. 2 wird folgender Satz angefügt:

   „Absatz 1 a gilt entsprechend."

8. § 19 wird wie folgt geändert:
   a) Absatz 2 Nummer 1 wird wie folgt gefaßt:

   „1. natürliche Personen,
      a) die allein veranlagt werden, wenn ihr Gesamtvermögen 300 000 Deutsche Mark übersteigt,
      b) die mit anderen Personen zusammen veranlagt werden (§ 14), wenn das Gesamtvermögen der zusammen veranlagten Personen die Summe der zu gewährenden Freibeträge gemäß § 6 Abs. 1 und 2 übersteigt;"

   b) In Absatz 2 Nummer 2 und in Absatz 3 wird jeweils die Zahl „20 000" durch die Zahl „30 000" ersetzt.

9. § 24 b wird aufgehoben.
10. § 24 c wird aufgehoben.
11. § 25 wird wie folgt gefaßt:

„§ 25
Anwendung des Gesetzes

Die vorstehende Fassung des Gesetzes ist erstmals auf die Vermögensteuer des Kalenderjahres 1997 anzuwenden."

Artikel 4
Änderung des Gesetzes zur Reform des Vermögensteuerrechts und zur Änderung anderer Steuergesetze (Vermögensteuerreformgesetz 1974)

Das Gesetz zur Reform des Vermögensteuerrechts und zur Änderung anderer Steuergesetze vom 17. April 1974 (BGBl. I S. 949) wird wie folgt geändert:

In Artikel 10 § 3 werden die Worte „die Vermögensteuer," und „die Ermittlung des Nutzungswertes der selbstgenutzten Wohnung im eigenen Einfamilienhaus sowie die Grunderwerbsteuer" gestrichen.

Artikel 5
Änderung des Erbschaftsteuer- und Schenkungsteuergesetzes

Das Erbschaftsteuer- und Schenkungsteuergesetz in der Fassung der Bekanntmachung vom 19. Februar 1991 (BGBl. I S. 468), zuletzt geändert durch Artikel 24 des Gesetzes vom 11. Oktober 1995 (BGBl. I S. 1250), wird wie folgt geändert:

1. In § 10 Absatz 1 Satz 4 wird die Zahl „100" durch das Wort „tausend" ersetzt.
2. § 12 wird wie folgt gefaßt:

„§ 12
Bewertung

(1) Die Bewertung richtet sich, soweit nicht in den Absätzen 2 bis 5 etwas anderes bestimmt ist, nach den Vorschriften des Ersten Teils des Bewertungsgesetzes (Allgemeine Bewertungsvorschriften).

(2) Grundbesitz (§ 19 des Bewertungsgesetzes) ist mit dem Grundbesitzwert anzusetzen, der nach dem Vierten Abschnitt des Zweiten Teils des Bewertungsgesetzes (Besondere Bewertungsvorschriften für Grundbesitz – Bedarfsbewertung) auf den Zeitpunkt der Entstehung der Steuer festgestellt wird.

(3) Bodenschätze, die nicht zum Betriebsvermögen gehören, werden angesetzt, wenn für sie Absetzungen für Substanzverringerung bei der Einkunftsermittlung vorzunehmen sind; sie werden mit ihren ertragsteuerlichen Werten angesetzt.

(4) Für den Bestand und die Bewertung von Betriebsvermögen mit Ausnahme der Betriebsgrundstücke (Absatz 2) sind die Verhältnisse zur Zeit der Entstehung der Steuer maßgebend. Die Vorschriften der §§ 95 bis 99, 103 und 104, sowie 109 Abs. 1, 2 und 4 Satz 2 und § 137 des Bewertungsgesetzes sind entsprechend anzuwenden. Zum Betriebsvermögen gehörende Wertpapiere, Anteile und Genußscheine von Kapitalgesellschaften sind mit dem nach § 11 oder 12 des Bewertungsgesetzes ermittelten Wert anzusetzen.

(5) Ausländischer Grundbesitz und ausländisches Betriebsvermögen werden nach § 31 des Bewertungsgesetzes bewertet."

3. § 13 wird wie folgt geändert:
   a) Absatz 1 wird wie folgt geändert:
      aa) Nummer 1 wird wie folgt gefaßt:
         „1. a) Hausrat einschließlich Wäsche und Kleidungsstücke beim Erwerb durch Personen der Steuerklasse I
            soweit der Wert insgesamt 80 000 Deutsche Mark nicht übersteigt,
            b) andere bewegliche körperliche Gegenstände, die nicht nach Nummer 2 befreit sind, beim Erwerb durch Personen der Steuerklasse I
            soweit der Wert insgesamt 20 000 Deutsche Mark nicht übersteigt,

c) Hausrat einschließlich Wäsche und Kleidungsstücke und andere bewegliche körperliche Gegenstände, die nicht nach Nummer 2 befreit sind, beim Erwerb durch Personen der Steuerklassen II und III

soweit der Wert insgesamt 20 000 Deutsche Mark nicht übersteigt.

Die Befreiung gilt nicht für Gegenstände, die zum land- und forstwirtschaftlichen Vermögen, zum Grundvermögen oder zum Betriebsvermögen gehören, für Zahlungsmittel, Wertpapiere, Edelmetalle, Edelsteine und Perlen;"

bb) In Nummer 6 wird die Zahl „40 000" jeweils durch die Zahl „80 000" ersetzt.

cc) Nummer 7 wird wie folgt gefaßt:

„7. Ansprüche nach folgenden Gesetzen in der jeweils geltenden Fassung:

a) Lastenausgleichsgesetz in der Fassung der Bekanntmachung vom 2. Juni 1993 (BGBl. I S. 845), zuletzt geändert durch Gesetz vom 23. Juni 1994 (BGBl. I S. 1311),

Währungsausgleichsgesetz in der Fassung der Bekanntmachung vom 1. Dezember 1965 (BGBl. I S. 2059), zuletzt geändert durch Artikel 3 d des Gesetzes vom 24. Juli 1992 (BGBl. I S. 1389),

Altsparergesetz in der im Bundesgesetzblatt Teil III, Gliederungsnummer 621-4, veröffentlichten bereinigten Fassung, zuletzt geändert durch Artikel 65 des Gesetzes vom 5. Oktober 1994 (BGBl. I S. 2911),

Flüchtlingshilfegesetz in der Fassung der Bekanntmachung vom 15. Mai 1971 (BGBl. I S. 681), zuletzt geändert durch Artikel 24 des Gesetzes vom 26. Mai 1994 (BGBl. I S. 1014),

Reparationsschädengesetz vom 12. Februar 1969 (BGBl. I S. 105), zuletzt geändert durch Artikel 3 e des Gesetzes vom 24. Juli 1992 (BGBl. I S. 1389),

b) Allgemeines Kriegsfolgengesetz in der im Bundesgesetzblatt Teil III, Gliederungsnummer 653-1, veröffentlichten bereinigten Fassung; zuletzt geändert durch Artikel 67 des Gesetzes vom 5. Oktober 1994 (BGBl. I S. 1389),

Gesetz zur Regelung der Verbindlichkeiten nationalsozialistischer Einrichtungen und der Rechtsverhältnisse an deren Vermögen vom 17. März 1965 (BGBl. I S. 79), zuletzt geändert durch Artikel 2 Nr. 18 des Gesetzes vom 20. Dezember 1991 (BGBl. 1 S. 2317),

c) Häftlingshilfegesetz in der Fassung der Bekanntmachung vom 2. Juni 1993 (BGBl. I S. 838), zuletzt geändert durch Artikel 1 des Gesetzes vom 8. Juni 1994 (BGBl. I S. 1214);

d) Strafrechtliches Rehabilitierungsgesetz vom 29. Oktober 1992 (BGBl. I S. 1814), zuletzt geändert durch Artikel 6 des Gesetzes vom 23. Juni 1994 (BGBl I S. 1311);

e) Bundesvertriebenengesetz in der Fassung der Bekanntmachung vom 2. Juni 1993 (BGBl. I S. 829);

f) Vertriebenenzuwendungsgesetz vom 27. September 1994 (BGBl. I S. 2624, 2635);

g) Verwaltungsrechtliches Rehabilitierungsgesetz vom 23. Juni 1994 (BGBl. I S. 1311) und Berufliches Rehabilitierungsgesetz vom 23. Juni 1994 (BGBl. I S. 1311);"

dd) In Nummer 9 wird die Zahl „2000" durch die Zahl „10 000" ersetzt:

ee) Nummer 16 Buchstabe c wird wie folgt gefaßt:
„c) an ausländische Religionsgesellschaften, Körperschaften, Personenvereinigungen und Vermögensmassen der in den Buchstaben a und b bezeichneten Art unter der Voraussetzung, daß der ausländische Staat für Zuwendungen an deutsche Rechtsträger der in den Buchstaben a und b bezeichneten Art eine entsprechende Steuerbefreiung gewährt und das Bundesministerium der Finanzen dies durch förmlichen Austausch entsprechender Erklärungen mit dem ausländischen Staat feststellt;"

b) Absatz 2 a wird aufgehoben.

4. Nach § 13 wird folgender neuer § 13 a eingefügt:

„§ 13 a
Begünstigungen für Betriebsvermögen, für Betriebe der Land- und Forstwirtschaft und Anteile an Kapitalgesellschaften

(1) Begünstigtes Betriebsvermögen, begünstigte Betriebe der Land- und Forstwirtschaft und begünstigte Anteile an Kapitalgesellschaften (im Sinne des Absatzes 4) bleiben vorbehaltlich des Satzes 2 insgesamt bis zu einem Wert von 500 000 Deutsche Mark außer Ansatz

1. beim Erwerb von Todes wegen; beim Erwerb durch mehrere Erwerber ist für jeden Erwerber ein Teilbetrag von 500 000 Deutsche Mark entsprechend einer vom Erblasser schriftlich verfügten Aufteilung des Freibetrags maßgebend; hat der Erblasser keine Aufteilung verfügt, steht der Freibetrag den Erwerbern zu gleichen Teilen zu;

2. beim Erwerb im Weg der vorweggenommenen Erbfolge, wenn der Schenker dem Finanzamt unwiderruflich erklärt, daß der Freibetrag für diese Schenkung in Anspruch genommen wird; dabei hat der Schenker, wenn zum selben Zeitpunkt mehrere Erwerber bedacht werden, den für jeden Bedachten maßgebenden Teilbetrag von 500 000 Deutsche Mark zu bestimmen.

Wird ein Freibetrag nach Satz 1 Nr. 2 gewährt, kann für weiteres, innerhalb von zehn Jahren nach dem Erwerb von derselben Person anfallendes begünstigtes Vermögen ein Freibetrag weder vom Bedachten noch von anderen Erwerbern in Anspruch genommen werden.

(2) Der nach Anwendung des Absatzes 1 verbleibende Wert des begünstigten Betriebsvermögens, der begünstigten Betriebe der Land- und Forstwirtschaft und der begünstigten Anteile an Kapitalgesellschaften ist mit 75 vom Hundert anzusetzen.

(3) Ein Erwerber kann den Freibetrag oder Freibetragsanteil (Absatz 1) und den verminderten Wertansatz (Absatz 2) nicht in Anspruch nehmen, soweit er erworbenes begünstigtes Betriebsvermögen, begünstige Betriebe der Land- und Forstwirtschaft oder erworbene begünstigte Anteile an Kapitalgesellschaften aufgrund einer letztwilligen Verfügung des Erblassers oder einer rechtsgeschäftlichen Verfügung des Erblassers oder Schenkers auf einen Dritten überträgt. Der bei ihm entfallende Freibetrag oder Freibetragsanteil geht auf den Dritten über, bei mehreren Dritten zu gleichen Teilen.

(4) Begünstigt sind

1. inländisches Betriebsvermögen beim Erwerb eines ganzen Gewerbebetriebs, eines Teilbetriebs, eines Anteils an einer Gesellschaft im Sinne des § 15 Abs. 1 Nr. 2 und Abs. 3 oder § 18 Abs. 4 des Einkommensteuergesetzes, eines Anteils eines persönlich haftenden Gesellschafters einer Kommanditgesellschaft auf Aktien oder eines Anteils daran;

2. inländisches land- und forstwirtschaftliches Vermögen mit Ausnahme des Vermögens, das ertragsteuerlich zum Privatvermögen gehört;

3. Anteile an einer Kapitalgesellschaft, wenn die Kapitalgesellschaft zur Zeit der Entstehung der Steuer Sitz oder Geschäftsleitung im Inland hat und der Erblasser oder Schenker am Nennkapital dieser Gesellschaft zu mehr als einem Viertel unmittelbar beteiligt war.

(5) Der Freibetrag oder Freibetragsanteil (Absatz 1) und der verminderte Wertansatz (Absatz 2) fallen mit Wirkung für die Vergangenheit weg, soweit der Erwerber innerhalb von fünf Jahren nach dem Erwerb

1. einen Gewerbebetrieb oder einen Teilbetrieb, einen Anteil an einer Gesellschaft im Sinne des § 15 Abs. 1 Nr. 2 und Abs. 3 oder § 18 Abs. 4 des Einkommensteuergesetzes, einen Anteil eines persönlich haftenden Gesellschafters einer Kommanditgesellschaft auf Aktien oder einen Anteil daran veräußert; als Veräußerung gilt auch die Aufgabe des Gewerbebetriebs. Gleiches gilt, wenn wesentliche Betriebsgrundlagen eines Gewerbebetriebs veräußert oder in das Privatvermögen übergeführt oder anderen betriebsfremden Zwecken zugeführt werden oder, wenn Anteile an einer Kapitalgesellschaft veräußert werden, die der Veräußerer durch eine Sacheinlage (§ 20 Abs. 1 des Umwandlungssteuergesetzes) aus dem begünstigten Betriebsvermögen erworben hat oder ein Anteil an einer Gesellschaft im Sinne des § 15 Abs. 1 Nr. 2 und Abs. 3 oder § 18 Abs. 4 des Einkommensteuergesetzes oder ein Anteil daran veräußert wird, den der Veräußerer durch eine Einbringung begünstigten Betriebsvermögens in eine Personengesellschaft (§ 24 Abs. 1 des Umwandlungssteuergesetzes) erworben hat;

2. einen begünstigten Betrieb der Land- und Forstwirtschaft oder einen Teilbetrieb oder einen Anteil an einem Betrieb der Land- und Forstwirtschaft ganz oder teilweise veräußert; als Veräußerung gilt auch die Aufgabe des Betriebs der Land- und Forstwirtschaft. Nummer 1 Satz 2 gilt entsprechend,

3. begünstigte Anteile an Kapitalgesellschaften ganz oder teilweise veräußert; eine verdeckte Einlage der Anteile in eine Kapitalgesellschaft steht der Veräußerung der Anteile gleich. Gleiches gilt, wenn die Kapitalgesellschaft innerhalb der Frist aufgelöst oder ihr Nennkapital herabgesetzt wird, wenn diese wesentliche Betriebsgrundlagen veräußert und das Vermögen an die Gesellschafter verteilt wird oder wenn Vermögen der Kapitalgesellschaft auf eine Personengesellschaft, eine natürliche Person oder eine andere Körperschaft (§§ 3 bis 16 des Umwandlungssteuergesetzes) übertragen wird."

5. § 14 wird wie folgt gefaßt:

„§ 14
Berücksichtigung früherer Erwerbe

(1) Mehrere innerhalb von zehn Jahren von derselben Person anfallende Vermögensvorteile werden in der Weise zusammengerechnet, daß dem letzten Erwerb die früheren Erwerbe nach ihrem früheren Wert zugerechnet werden. Von der Steuer für den Gesamtbetrag wird die Steuer abgezogen, die für die früheren Erwerbe nach den persönlichen Verhältnissen des Erwerbers und auf der Grundlage der geltenden Vorschriften zur Zeit des letzten Erwerbs zu erheben gewesen wäre. War die für die in die Zusammenrechnung einbezogenen früheren Erwerbe tatsächlich zu entrichtende Steuer höher als die fiktive Steuer zur Zeit des letzten Erwerbs, ist diese abzuziehen. Erwerbe, für die sich nach den steuerlichen Bewertungsgrundsätzen kein positiver Wert ergeben hat, bleiben unberücksichtigt.

(2) Die durch jeden weiteren Erwerb veranlaßte Steuer darf nicht mehr betragen als 46 vom Hundert dieses Erwerbs."

6. § 15 wird wie folgt gefaßt:

„§ 15
Steuerklassen

(1) Nach dem persönlichen Verhältnis des Erwerbers zum Erblasser oder Schenker werden die folgenden drei Steuerklassen unterschieden:

Steuerklasse I

1. Der Ehegatte,
2. die Kinder und Stiefkinder sowie deren Abkömmlinge,
3. die Eltern und Voreltern bei Erwerben von Todes wegen.

Steuerklasse II

1. Die Eltern und Voreltern, soweit sie nicht zur Steuerklasse I gehören,
2. die Geschwister und deren Abkömmlinge ersten Grades,
3. die Stiefeltern,
4. die Schwiegerkinder,
5. die Schwiegereltern,
6. der geschiedene Ehegatte.

Steuerklasse III

Alle übrigen Erwerber und die Zweckzuwendungen.

(2) Die Steuerklassen I und II Nr. 1 und 2 gelten auch dann, wenn die Verwandtschaft durch Annahme als Kind bürgerlich-rechtlich erloschen ist.

(3) In den Fällen des § 3 Abs. 2 Nr. 1 und des § 7 Abs. 1 Nr. 8 ist der Besteuerung das Verwandtschaftsverhältnis des nach der Stiftungsurkunde entferntest Berechtigten zu dem Erblasser oder Schenker zugrunde zu legen, sofern die Stiftung wesentlich im Interesse einer Familie oder bestimmter Familien im Inland errichtet ist. In den Fällen des § 7 Abs. 1 Nr. 9 gilt als Schenker der Stifter oder derjenige, der das Vermögen auf den Verein übertragen hat; der Besteuerung ist mindestens der Vomhundertsatz der Steuerklasse II zugrunde zu legen. In den Fällen des § 1 Abs. 1 Nr. 4 wird der doppelte Freibetrag nach § 16 Abs. 1 Nr. 2 gewährt; die Steuer ist nach dem durchschnittlichen Vomhundertsatz zu berechnen, der sich unter Anwendung des Tarifs für die Steuerklasse I gemäß § 19 Absatz 1 für die Hälfte des steuerpflichtigen Vermögens ergeben würde.

(4) Im Falle des § 2269 des Bürgerlichen Gesetzbuchs und soweit der überlebende Ehegatte an die Verfügung gebunden ist, sind die mit dem verstorbenen Ehegatten näher verwandten Erben und Vermächtnisnehmer als seine Erben anzusehen, soweit sein Vermögen beim Tode des überlebenden Ehegatten noch vorhanden ist. § 6 Abs. 2 Satz 3 bis 5 gilt entsprechend."

7. § 16 wird wie folgt gefaßt:

„§ 16
Freibeträge

(1) Steuerfrei bleibt in den Fällen des § 2 Abs. 1 der Erwerb

1. des Ehegatten in Höhe von 250 000 Deutsche Mark;
2. der übrigen Personen der Steuerklasse I in Höhe von 90 000 Deutsche Mark;
3. der Personen der Steuerklasse II in Höhe von 20 000 Deutsche Mark;
4. der Personen der Steuerklasse III in Höhe von 10 000 Deutsche Mark.

(2) Bei dem Ehegatten und den übrigen Personen der Steuerklasse I bleibt zusätzlich zum Freibetrag nach Absatz 1 Nr. 1 und 2 ein Erwerb von insgesamt 500 000 Deutsche Mark steuerfrei. Bei mehreren Erwerbern ist für jeden Erwerber ein Teilbetrag

von 500 000 Deutsche Mark entsprechend einer vom Erblasser schriftlich verfügten Aufteilung maßgebend; hat der Erblasser keine Aufteilung verfügt, steht der Freibetrag den Erwerbern zu gleichen Teilen zu. Satz 1 und 2 gelten nur bei Erwerben von Todes wegen.

(3) An die Stelle der Freibeträge nach den Absätzen 1 und 2 tritt in den Fällen des § 2 Abs. 1 Nr. 3 ein Freibetrag von 5000 Deutsche Mark."

8. § 17 wird wie folgt gefaßt:

„§ 17
Besonderer Versorgungsfreibetrag

(1) Neben den Freibeträgen nach § 16 Abs. 1 Nr. 1 und § 16 Abs. 2 wird dem überlebenden Ehegatten ein besonderer Versorgungsfreibetrag von 500 000 Deutsche Mark gewährt. Der Freibetrag wird bei Ehegatten, denen aus Anlaß des Todes des Erblassers nicht der Erbschaftsteuer unterliegende Versorgungsbezüge zustehen, um den nach § 14 des Bewertungsgesetzes zu ermittelnden Kapitalwert dieser Versorgungsbezüge gekürzt.

(2) Neben den Freibeträgen nach § 16 Abs. 1 Nr. 2 und § 16 Abs. 2 wird Kindern und Stiefkindern für Erwerbe von Todes wegen ein besonderer Versorgungsfreibetrag in folgender Höhe gewährt:

1. bei einem Alter bis zu 5 Jahren
   in Höhe von 100 000 Deutsche Mark;
2. bei einem Alter von mehr als 5 bis 10 Jahren
   in Höhe von 80 000 Deutsche Mark;
3. bei einem Alter von mehr als 10 bis 15 Jahren
   in Höhe von 60 000 Deutsche Mark;
4. bei einem Alter von mehr als 15 bis 20 Jahren
   in Höhe von 40 000 Deutsche Mark;
5. bei einem Alter von mehr als 20 Jahren bis zur Vollendung des 27. Lebensjahres
   in Höhe von 20 000 Deutsche Mark.

Stehen dem Kind aus Anlaß des Todes des Erblassers nicht der Erbschaftsteuer unterliegende Versorgungsbezüge zu, wird der Freibetrag um den nach § 13 Abs. 1 des Bewertungsgesetzes zu ermittelnden Kapitalwert dieser Versorgungsbezüge gekürzt. Bei der Berechnung des Kapitalwerts ist von der nach den Verhältnissen am Stichtag (§ 11) voraussichtlichen Dauer der Bezüge auszugehen."

9. § 19 wird wie folgt gefaßt:

„§ 19
Tarif

(1) Die tarifliche Erbschaftsteuer bemißt sich nach dem Wert des steuerpflichtigen Erwerbs (§ 10). Sie beträgt bei Erwerben von

1. Personen der Steuerklasse 1 bis 3 000 000 Deutsche Mark:
   $(y \cdot 0{,}035 + 50) \cdot y$ Deutsche Mark
   und ab 3 000 000 Deutsche Mark:
   $y \cdot 260 - 315\,000$ Deutsche Mark.
2. Personen der Steuerklasse II bis 3 000 000 Deutsche Mark:
   $(y \cdot 0{,}035 + 150) \cdot y$ Deutsche Mark
   und ab 3 000 000 Deutsche Mark:
   $y \cdot 360 - 315\,000$ Deutsche Mark.
3. Personen der Steuerklasse III bis 3 000 000 Deutsche Mark:
   $(y \cdot 0{,}035 + 250) \cdot y$ Deutsche Mark
   und ab 3 000 000 Deutsche Mark:
   $y \cdot 460 - 315\,000$ Deutsche Mark.

„y" ist ein Tausendstel des abgerundeten steuerpflichtigen Erwerbs.

(2) Ist im Falle des § 2 Absatz 1 Nummer 1 ein Teil des Vermögens der inländischen Besteuerung auf Grund eines Abkommens zur Vermeidung der Doppelbesteuerung entzogen, so ist die Steuer nach dem Tarif zu erheben, der für den ganzen Erwerb gelten würde.

(3) Die zur Berechnung der tariflichen Erbschaftsteuer erforderlichen Rechenschritte sind in der Reihenfolge auszuführen, die sich nach dem Horner-Schema ergibt. Dabei sind die sich aus den Multiplikationen ergebenden Zwischenergebnisse für jeden weiteren Rechenschritt mit den sich ergebenden drei Dezimalstellen anzusetzen. Der sich ergebende Steuerbetrag ist auf den nächsten vollen Deutsche-Mark-Betrag abzurunden.

(4) Für steuerpflichtige Erwerbe bis 3 000 000 Deutsche Mark ergibt sich die nach den Absätzen 1 bis 3 berechnete tarifliche Erbschaftsteuer aus den diesem Gesetz beigefügten Anlagen 1 bis 3 (Erbschaftsteuertabellen für die Steuerklassen I bis III)."

10. § 27 wird wie folgt geändert:
   a) In Absatz 1 werden die Worte „oder II" gestrichen.
   b) In Absatz 2 werden die Sätze 2 und 3 gestrichen.

11. § 37 wird wie folgt gefaßt:

„§ 37
Anwendung des Gesetzes

(1) Die vorstehende Fassung dieses Gesetzes findet auf Erwerbe Anwendung, für die die Steuer nach dem 31. Dezember 1995 entstandenen ist oder entsteht.

(2) In Erbfällen, die vor dem 31. August 1980 eingetreten sind, und für Schenkungen, die vor diesem Zeitpunkt ausgeführt worden sind, ist weiterhin § 25 in der Fassung des Gesetzes vom 17. April 1974 anzuwenden, auch wenn die Steuer infolge Aussetzung der Versteuerung nach § 25 Abs. 1 Buchstabe a erst nach dem 30. August 1980 entstanden ist oder entsteht."

12. In § 37 a werden die Absätze 1 und 3 aufgehoben.

13. § 39 wird aufgehoben.

14. Folgende Anlagen werden angefügt:
   Auf einen Abdruck der Tabellen wird verzichtet.

Artikel 6
Änderung des Gesetzes zur Reform des Erbschaftsteuer- und Schenkungsteuerrechts

Das Gesetz zur Reform des Erbschaftsteuer- und Schenkungsteuerrechts vom 17. April 1974 (BGBl. I S. 933) wird wie folgt geändert:

Artikel 2, 9 und 10 § 3 werden aufgehoben.

Artikel 7
Änderung der Erbschaftsteuer-Durchführungsverordnung

Die Erbschaftsteuer-Durchführungsverordnung (ErbStDV) in der Fassung der Bekanntmachung vom 19. Januar 1962 (BGBl. I S. 22), zuletzt geändert durch den Einigungsvertrag vom 31. August 1990 (BGBl. I S. 889, 986), wird wie folgt geändert.

1. § 5 wird wie folgt geändert:
   a) In Absatz 1 werden die Worte „§ 187 a Abs. 1 der Reichsabgabenordnung dem im Bezirk der zuständigen Oberfinanzdirektion nächstgelegenen" durch die Worte „§ 33 Abs. 1 des Erbschaftsteuer- und Schenkungsteuergesetzes dem nach dem Wohnort des Erblassers" ersetzt.
   b) In Absatz 4 Nummer 2 wird die Zahl „1000" durch die Zahl „2000" ersetzt.
2. In § 6 werden hinter den Worten „eines Verstorbenen dem" die Worte „nach dem Wohnsitz des Erblassers" eingefügt und die Worte „§ 187 a Abs. 2 der Reichsabgabenordnung" durch die Worte „§ 33 Abs. 2 des Erbschaftsteuer- und Schenkungsteuergesetzes" ersetzt.
3. § 7 wird wie folgt geändert:
   a) In Absatz 1 werden die Worte „§ 187 a Abs. 3 der Reichsabgabenordnung" durch die Worte „§ 33 Abs. 3 des Erbschaftsteuer- und Schenkungsteuergesetzes" ersetzt.
   b) In Absatz 3 werden die Worte „§ 187 a Abs. 3 der Reichsabgabenordnung ist dem" durch die Worte „§ 33 Abs. 3 des Erbschaftsteuer- und Schenkungsteuergesetzes ist dem nach dem Wohnsitz des Versicherungsnehmers" ersetzt.
   c) In Absatz 4 wird die Zahl „1000" durch die Zahl „2000" ersetzt.
4. § 12 wird wie folgt geändert:
   a) In Absatz 1 werden hinter den Worten „Die Gerichte haben dem" die Worte „nach dem Wohnsitz des Erblassers" und hinter den Worten „über die Einleitung" die Worte „oder Aufhebung" eingefügt.
   b) In Absatz 4 Nummer 1 werden die Zahlen „5000" und „1000" jeweils durch die Zahl „10 000" und die Worte „anderer Nachlaß" durch die Worte „anderes Vermögen" ersetzt.
5. § 13 wird wie folgt geändert:
   a) In Absatz 1 wird der Klammerzusatz „(§ 3 des Gesetzes)" durch den Klammerzusatz „(§ 7 des Gesetzes)" und der Klammerzusatz „(§ 4 Nr. 2 des Gesetzes)" durch den Klammerzusatz „(§ 8 des Gesetzes)" ersetzt.
   b) In Absatz 2 werden nach den Worten „Die Gerichte haben dem" die Worte „nach dem Wohnsitz des Übertragenden" eingefügt.
   c) In Absatz 4 werden die Zahlen „5000" und „1000" jeweils durch die Zahl „10 000" ersetzt.
6. § 15 wird wie folgt gefaßt:

„§ 15

Die vorstehende Fassung der Verordnung findet auf Erwerbe Anwendung, für die die Steuer nach dem 31. Dezember 1995 entstanden ist oder entsteht."

Artikel 8
Änderung des Gesetzes zur Änderung des Hauptfeststellungszeitraums für die wirtschaftlichen Einheiten des Betriebsvermögens sowie des Hauptveranlagungszeitraums für die Vermögensteuer

Das Gesetz zur Änderung des Hauptfeststellungszeitraums für die wirtschaftlichen Einheiten des Betriebsvermögens sowie des Hauptveranlagungszeitraums für die Vermögensteuer vom 23. Juni 1993 (BGBl. I S. 944) erhält folgende Fassung:

„Gesetz zur Änderung des Hauptfeststellungszeitraums für die wirtschaftlichen Einheiten des Betriebsvermögens sowie des Hauptveranlagungszeitraums für die Vermögensteuer

§ 1
Änderung des Hauptfeststellungszeitraums für die wirtschaftlichen Einheiten des Betriebsvermögens

Abweichend von § 21 Abs. 1 des Bewertungsgesetzes findet für wirtschaftliche Einheiten des Betriebsvermögens die nächste Hauptfeststellung der Einheitswerte auf den 1. Januar 1997 statt.

§ 2
Änderung des Hauptveranlagungszeitraums für die Vermögensteuer

Abweichend von § 15 Abs. 1 Satz 1 des Vermögensteuergesetzes findet die nächste Hauptveranlagung der Vermögensteuer auf den 1. Januar 1997 statt."

Begründung:

I. Allgemeiner Teil

Ziel des vorliegenden Gesetzentwurfs ist die Schaffung der verfassungsgemäßen rechtlichen Voraussetzungen für die weitere Erhebung der Vermögensteuer und Erbschaft- und Schenkungsteuer.

In seinen Beschlüssen vom 22. Juni 1995 – 2 BvL 37/91 (BStBl 1995 II, 655 ff., 660) und 2 BvR 552/91 (BStBl 1995 II, 671 ff., 674) – hat das Bundesverfassungsgericht die Unvereinbarkeit der bisherigen Vermögens- und Erbschaftsbesteuerung mit dem Grundgesetz insoweit festgestellt, als das zu Gegenwartswerten erfaßte Vermögen mit demselben Steuersatz erfaßt wird wie der Grundbesitz, dessen Bewertung entgegen dem gesetzlichen Konzept gegenwartsnaher Bewertung seit 1964/74 nicht mehr der Wertentwicklung angepaßt worden ist. Das Bundesverfassungsgericht hat dem Gesetzgeber aufgegeben, bis zum 31. 12. 1996 eine Neuregelung für die Vermögensteuer mit Wirkung ab 1. 1. 1997 und für die Erbschaftsteuer mit Wirkung ab 1. 1. 1996 zu schaffen.

Da mit diesem Gesetzentwurf die vom Bundesverfassungsgericht festgestellte Verfassungswidrigkeit durch eine neue Bewertung des Grundbesitzes für Vermögensteuer- und Erbschaftsteuerzwecke beseitigt werden soll, tritt der Fall des Art. 10 § 3 des Vermögensteuerreformgesetzes vom 17. April 1974 ein, so daß das gesamte Vermögensteuergesetz ab Geltung der neuen Bewertungsvorschriften außer Kraft treten würde. Da jedoch das Konzept der derzeitigen Vermögensteuer vom Bundesverfassungsgericht als ergänzender Ertragsteuer anerkannt wurde, wird die derzeit geltende Vermögensteuer grundsätzlich beibehalten und nur in Teilbereichen orientiert an den Entscheidungsgründen des Vermögensteuer-Beschlusses reformiert, insbesondere hinsichtlich der Bewertung des Grundbesitzes und der Freistellung des sogenannten Gebrauchsvermögens und des Steuertarifs. Gleichzeitig wird Art. 10 § 3 des Vermögensteuerreformgesetzes hinsichtlich der Vermögensteuer und Grunderwerbsteuer außer Kraft gesetzt.

Die Vorgaben des Bundesverfassungsgerichts für eine Neuregelung der Erbschaft- und Schenkungsteuer beziehen sich neben der zeitnahen Bewertung des Grundbesitzes ebenfalls auf die Freistellung sogenannten Gebrauchsvermögens bei Erwerbern der Steuerklasse I sowie auf die Garantie des Erbrechts in seinem Kern.

Dies beachtet der vorliegende Gesetzentwurf durch die Neuschaffung eines erblasserbezogenen Gebrauchsvermögensfreibetrags und angemessene Anhebung der sachlichen und persönlichen Freibeträge sowie durch Einführung eines neuen linear-progressiven Steuertarifs unter Absenkung der derzeitigen Höchststeuersätze.

Hinsichtlich der aktiven Land- und Forstwirtschaft wird sowohl bei der Vermögensteuer wie auch bei der Erbschaft- und Schenkungsteuer eine Gleichsetzung mit der gewerblichen und freiberuflichen Erwerbstätigkeit durch Einbeziehung in die für diese bereits bestehenden Freibetrags- und Abschlagsregelungen (§ 117 a BewG, § 13 Abs. 2 a, jetzt § 13 a ErbStG) vorgenommen.

II. Besonderer Teil

Zu Artikel 1 (Bewertungsgesetz):

Vorbemerkung:

Durch beide Beschlüsse des Bundesverfassungsgerichts wurde letztlich die derzeitige Einheitsbewertung des Grundbesitzes, beruhend auf der Wertbasis von 1964 (in den neuen Bundesländern 1935), als nicht genügend gegenwartsnah für Vermögensteuer- und Erbschaftsteuerzwecke verworfen. Da eine neue Einheitsbewertung für sämtliche Einheiten des Grundbesitzes selbst bei vernünftiger Streckung der Arbeiten auf 5 Jahre einen bei der derzeitigen Haushaltssituation nicht zu verantwortenden Personalmehrbedarf von ca. 4500 Arbeitskräften erfordern würde, und verfassungsrechtliche Bedenken gegen eine Weiterverwendung der alten Einheitswerte als Verteilungsmaßstab bei der Grundsteuer nicht bestehen – bei dieser Steuer treten die Werte nicht in Konkurrenz mit anders ermittelten (Gegenwarts-)Werten anderer Vermögensgegenstände, sondern lediglich in Konkurrenz untereinander, wobei unterstellt werden kann, daß die Werte relativ gleichmäßig hinter der zwischenzeitlichen Wertentwicklung zurückgeblieben sind –, geht der Gesetzentwurf von einer Lösung aus, die die alten Einheitswerte für Grundsteuer- und Gewerbesteuerzwecke beibehält, und eine Neubewertung in den Fällen vorsieht, wo sie für Vermögensteuer-, Erbschaftsteuer- und Grunderwerbsteuerzwecke benötigt wird (Bedarfsbewertung). Diese Verfahrensweise reduziert den Personalmehrbedarf von ca. 4500 auf ca. 1000 Arbeitskräfte und läßt die Möglichkeit offen, entweder wieder zu einer Einheitsbewertung zurückzukehren oder aber im Rahmen einer späteren Neuregelung der Grundsteuer die Erhebung dieser Steuer ganz, d. h. einschließlich der Ermittlung der – möglicherweise stark vereinfachten – Bemessungsgrundlage, in die Hände der Gemeinden zu legen, so daß auf der Ebene der Landesverwaltung ein erheblicher Personalabbau und gesamtwirtschaftlich unter Berücksichtigung des möglicherweise gegebenen Personalmehrbedarfs auf Gemeindeebene ein deutlicher Personalabbau möglich wird.

Der Gesetzentwurf geht für die **Land- und Forstwirtschaft** von einem hektarbezogenen Bewertungsverfahren mit 24 festen Ertragswerten (Festwertverfahren) aus. Diese Festwerte wurden auf Bund-Länder-Ebene durch die zuständigen Sachverständigen-Gremien ermittelt und gebilligt.

Für das **übrige Grundvermögen** geht der Gesetzentwurf von einer Bewertung nach der Wohn-/Nutzfläche (Wohn-/Nutzflächenverfahren) bzw. bei Gewerbegrundstücken und sonstigen bebauten Grundstücken nach dem umbauten Raum (Kubikmeterverfahren) aus. Das Wohn-/Nutzflächenverfahren wurde von der sachverständigen Fachebene als das in der Kürze der Zeit am schnellsten realisierbare und aufwandfreundlichste Verfahren empfohlen. Bei ihm werden der Bodenwert und der Gebäudewert getrennt ermittelt und an den gemeinen Wert angeglichen. Der Bodenwert wird nach den vorhandenen gemeindlichen Bodenrichtwerten festgelegt und der Gebäudewert als Flächenwert entsprechend der Nutzung typisierend aus den Raummeterpreisen des Kubikmeterverfahrens abgeleitet, bei den Wohngrundstücken gestaffelt nach 3 Ausstattungsmerkmalen (einfach/gut/sehr gut). Bauart und Alter der Gebäude wird durch eine Alterswertminderung berücksichtigt. Bewertungsziel dieses Verfahrens ist, den Gegenwartswert zu ermitteln, der vom Gehalt und der Höhe her vergleichbar mit dem Wert anderer Vermögensteile (z. B. Kapitalvermögen) ist. Diesen Gegenwartswert als Basis für die Bewertung aller Vermögenswerte hat das Bundesverfassungsgericht ausdrücklich zugelassen. Es hat insoweit keine Empfehlung oder gar Entscheidung für ein Ertragswertverfahren abgegeben.

Auch vom Sinn und Zweck her bezogen auf die von der Bewertung abhängige Vermögensteuer, die nach der Entscheidung des Bundesverfassungsgerichts aus den Erträgen bezahlbar sein muß, ergibt sich nicht die Notwendigkeit der Wertermittlung in einem Ertragswertverfahren. Auch ein solches Verfahren muß nach verfassungsrechtlichem Gebot zu dem mit dem Wert anderer Vermögensgegenstände vergleichbaren Gegenwartswert führen, zu dem das Wohn-/Nutzflächenverfahren ebenfalls führt.

Zu Nummer 1 (§ 11 BewG):

Die Schätzung des gemeinen Werts (§ 9 Abs. 2 BewG) nicht notierter Anteile an Kapitalgesellschaften unter Berücksichtigung des Vermögens und der Ertragsaussichten kann die in den Wirtschaftsgütern des Betriebsvermögens steckenden stillen Reserven nicht außer acht lassen. Gerade dies wird jedoch bei der Ermittlung des Einheitswerts des Betriebsvermögens, der (mit Zu- und Abrechnungen dort [nicht] erfaßter Wirtschaftsgüter) nach § 11 Abs. 2 Sätze 3 bis 5 BewG als Vermögen angesetzt werden soll, durch die Übernahme der ertragsteuerlichen Bilanzansätze getan. Da der zu ermittelnde Wert vergleichbar sein muß mit nach Börsenkursen oder Verkäufen ermittelten Werten von Anteilen an Kapitalgesellschaften, wobei bei diesen Werten in der Regel stille Reserven wertbildend berücksichtigt wurden, ist es schon verfassungsrechtlich unter Gleichbehandlungsgesichtspunkten geboten, auch bei der nach § 11 Abs. 2 Satz 2 gebotenen Schätzung die stillen Reserven zu berücksichtigen. Dies ist jedoch durch die gesetzliche Einschränkung des von der Verwaltung zu entwickelnden Schätzverfahrens nicht möglich. Durch die Streichung der Sätze 3 bis 5 des § 11 Abs. 2 BewG soll dies ermöglicht werden. Darüber hinaus wird klargestellt, daß bei der Schätzung nach § 11 Abs. 2 Satz 2, 2. Alt. BewG neben der Einbeziehung des Vermögens und der Ertragsaussichten ein Rückgriff auch auf frühere oder spätere Verkäufe nicht ausgeschlossen ist. Im übrigen wird hierdurch der Rechtszustand vor 1993 wiederhergestellt.

Zu Nummer 2 (§ 12 BewG):

Da mittlerweile alle Versicherungsunternehmen den Rückkaufswert noch nicht fälliger Ansprüche aus Lebens-, Kapital- oder Rentenversicherungen mitteilen können, ist die bisherige gesetzliche Wertermittlung anhand einer Hilfsberechnung (Zwei-Drittel-Regelung) überholt. Die bisher in § 73 Abs. 1 Nr. 2 Durchführungsverordnung zum Bewertungsgesetz enthaltene Regelung über die Behandlung von Gewinnanteilen aus den Versicherungen wird in das Gesetz übernommen.

Zu Nummer 3 (§ 16 BewG):

Der Bezug auf die Vorschriften des Bewertungsgesetzes muß beschränkt werden, da die Einheitswerte des Grundbesitzes (§§ 33–94) zwar noch weiter wegen ihrer fortgeltenden Bedeutung für die Grundsteuer und Gewerbesteuer im Bewertungsgesetz geregelt bleiben, jedoch für die Beschränkung des Jahreswerts von Nutzungen nicht mehr in Betracht kommen.

Zu Nummer 4 (§ 17 BewG)

Der Geltungsbereich der einzelnen Vorschriften des Bewertungsgesetzes muß neu geregelt werden, da die Einheitswerte nur noch für Grundsteuer- und Gewerbesteuerzwecke und die neuen Grundbesitzwerte für die Vermögensteuer, Erbschaftsteuer und Grunderwerbsteuer Anwendung finden.

Zu Nummer 5 (§ 18 BewG)

Die Angabe der Vorschriften des zweiten Teils des Bewertungsgesetzes, nach denen die einzelnen Vermögensarten zu bewerten sind, wird durch die vorgenommenen Ergänzungen aktualisiert.

Zu Nummern 6 und 7 (§§ 23 und 24 BewG):

Bei den Änderungen bzw. Streichungen handelt es sich um eine Anpassung an die zukünftig nur noch eingeschränkte Bedeutung der Einheitswerte des Grundbesitzes für die Grundsteuer und Gewerbesteuer.

Zu Nummer 8 (§ 28 BewG):

Die Erklärungspflicht hinsichtlich der Einheitswerte des Grundbesitzes wird wegen der begrenzten Bedeutung dieser Werte eingeschränkt (Absatz 1).

Die Erklärungspflicht hinsichtlich der Ersatzwirtschaftswerte (bisheriger § 127 BewG) wird in die allgemeine Vorschrift des § 28 BewG einbezogen (Absatz 1 und Absatz 5 Satz 2).

Die Erklärungspflicht hinsichtlich der Grundbesitzwerte wird in der allgemeinen Vorschrift des § 28 BewG festgeschrieben (Absatz 3).

Zu Nummer 9 (§ 29 BewG):

Die Auskunfts- und Mitteilungspflichten sollen auch für die Ersatzwirtschaftswerte und Grundbesitzwerte gelten. Daher muß die gesetzliche Vorschrift auf diese Werte ausgedehnt werden (Absätze 3 und 4). Im übrigen werden die Gesetzeszitate in Absatz 3 aktualisiert.

Zu Nummer 10 (§ 30 BewG):

Die spezielle Abrundungsvorschrift des § 128 BewG für Ersatzwirtschaftswerte wird in die allgemeine Abrundungsvorschrift übernommen (Ergänzung der Nr. 1) sowie eine Regelung für die Grundbesitzwerte getroffen (Ergänzung der Nr. 2). Angesichts der gegenüber den Einheitswerten erheblich höheren Grundbesitzwerte ist eine Abrundung auf volle tausend Deutsche Mark angemessen und vertretbar. Sie bewirkt aber auch, daß bei Stückländereien im Bereich der Land- und Forstwirtschaft eine Vielzahl dieser Flächen wegen ihres Wertes unter 1000 DM künftig nicht mehr bewertet werden.

Zu Nummer 11 (§ 32 BewG):

Es handelt sich um eine Folgeänderung der eingeschränkten Geltung der Einheitswerte des Grundbesitzes und der Einführung von Grundbesitzwerten für Vermögensteuer-, Erbschaftsteuer und Grunderwerbsteuerzwecke. Im übrigen erfolgt eine Gesetzesänderung durch die Aufnahme der bereits bestehenden Vorschriften für die neuen Länder.

Zu Nummer 12 (§ 97 BewG):

Die Ergänzung des Gesetzeszitats ist eine Folgeänderung aus der Einführung der Grundbesitzwerte.

Die neue Aufteilungsregelung für den Einheitswert des Betriebsvermögens bei Personengesellschaften (neuer Absatz 1 a) stellt die gesetzliche Normierung eines einfach zu praktizierenden Verfahrens dar, das berücksichtigt, daß bei der Feststellung des Einheitswerts des Betriebsvermögens seit 1993 grundsätzlich die ertragsteuerlichen Bilanzwerte maßgebend sind. Wollte man weiter die zur Rechtslage vor dem 1. 1. 1993 ergänzende höchstrichterliche Rechtsprechung anwenden, nach der die Aufteilung entsprechend den Unternehmenswertanteilen der Beteiligten zu erfolgen habe, müßte in diesen Fällen der tatsächliche Wert des Unternehmens einschließlich der stillen Reserven allein für Aufteilungszwecke ermittelt werden. Gerade dies, nämlich eine besondere Wertermittlung, wollte man jedoch aus Vereinfachungsgründen durch die Übernahme der Steuerbilanzwerte vermeiden.

Zu Nummer 13 (§ 99 BewG):

Die Ergänzungen des § 99 Abs. 2 um die Folgen des § 26 dienen der Klarstellung, daß § 26 auch für Betriebsgrundstücke gilt.

Zu Nummern 14 und 15 (§§ 102 und 104 BewG):

Aktualisierung von Gesetzeszitaten.

Zu Nummer 16 (§ 109 BewG):

Betriebsgrundstücke sollen nicht mehr mit dem Einheitswert, sondern mit dem Grundbesitzwert in die Einheitsbewertung des Betriebsvermögens eingehen.

Zu Nummer 17 (§ 111 BewG):

Die Gesetzeszitate in Nummer 5 werden aktualisiert.

Da Kinder im Falle der durch Option möglichen von den Eltern getrennten Vermögensteuerveranlagung statt des Kinderfreibetrages in Höhe von 200 000 DM den vollen persönlichen Freibetrag in Höhe von 300 000 DM erhalten, dafür aber ihren Unterhaltsanspruch als Vermögenswert bis zur Höhe von 100 000 DM ansetzen sollen, muß die Grenze der Steuerfreistellung von Unterhaltsansprüchen entsprechend angehoben werden. Parallel dazu wird auch die Höchstgrenze für den Ansatz der Unterhaltsverpflichtung in § 118 Abs. 3 entsprechend angehoben.

Zu Nummer 18 (§ 117 a BewG):

Durch die Änderung wird auch land- und forstwirtschaftliches Vermögen, soweit es zu einem aktiven Betrieb und ertragsteuerlich nicht zum Privatvermögen gehört, in die Freibetrags- und Abschlagsregelung einbezogen.

Zu Nummer 19 (§ 118 BewG):

Die Änderungen in Absatz 1 sind eine Anpassung an die neue Bewertung der land- und forstwirtschaftlichen Grundbesitzwerte. Gemäß dem neuen § 141 Abs. 3 sind Lasten aus laufenden Pensionszahlungen sowie Pensionsverpflichtungen durch die bei der Ermittlung des Betriebswertes angewendeten festen Hektarertragswerte abgegolten. Im übrigen handelt es sich um eine terminologische Anpassung der Vorschrift.

Die Änderung in Absatz 3 steht im Zusammenhang mit der Änderung in § 111 Nr. 7 Buchstabe a), nach welcher gesetzliche Unterhaltsansprüche bis zu einer Höhe von 100 000 DM steuerpflichtig sind. Entsprechend müssen gesetzliche Unterhaltsverpflichtungen auch in dieser Höhe als Schuld abgesetzt werden können. Da der Berechtigte bei einem einheitlichen Anspruch gegen mehrere Personen (z. B. Kind gegen beide Elternteile) insgesamt nur 100 000 DM als steuerpflichtig behandeln muß, kann auch die entsprechende gemeinsame Unterhaltsverpflichtung nur in dieser Höhe abziehbar sein.

Zu Nummer 20 (Überschrift vor § 121 a BewG):

Es handelt sich um eine Folgeänderung einer systematischen Neuordnung des Bewertungsgesetzes hinsichtlich der Eingliederung der Vorschriften für die Bewertung von Vermögen in den neuen Bundesländern und die Bedarfsbewertung des Grundbesitzes für Erbschaftsteuer-, Vermögensteuer- und Grunderwerbsteuerzwecke ab 1996 bzw. 1997.

Zu Nummer 21 (§ 121 a BewG):

Der Anwendungsbereich des § 121 a wird auf die Gewerbesteuer reduziert. Für die übrigen Steuern hat die Vorschrift ihre Bedeutung verloren.

Zu Nummer 22 (§ 121 b BewG):

Die Bedeutung dieser Vorschrift ist zum 31. 12. 1992 ausgelaufen. Sie kann daher gestrichen werden.

Zu Nummer 23 (§ 122 BewG):

Die Vorschrift wird auf den gegenwärtigen Geltungsbereich reduziert. Die Regelungen in den bisherigen Absätzen 2 bis 5 sind zeitlich ausgelaufen.

Zu Nummer 24 (§ 123 BewG):

Redaktionelle Aktualisierung an die derzeit im Gesetz gegebenen Ermächtigungen. Die Ermächtigung zur Neufassung des Gesetzes wird im Zuge der systematischen Umgliederung in den neuen § 156 übernommen.

Zu Nummer 25 (§ 124 BewG):

Die Anwendungsvorschrift wird aufgehoben und entsprechend der systematischen Umgliederung an den Schluß des Gesetzes (§ 157) gesetzt.

Zu Nummer 26 (Überschrift vor § 125 BewG):

Folgeänderung einer systematischen Neuordnung (vgl. Nr. 20).

Zu Nummer 27 (§ 127 BewG):

Der bisherige Regelungsbereich wird in die allgemeine Vorschrift des § 28 übernommen.

Zu Nummer 28 (§ 128 BewG):

Der bisherige Regelungsbereich wird in die allgemeinen Vorschriften der §§ 29 und 30 übernommen.

Zu Nummer 29 (§ 133 BewG):

Da die Einheitswerte 1935 künftig nur noch für die Gewerbesteuer Bedeutung haben, kann der Regelungsbereich dieser Vorschrift entsprechend eingeschränkt werden.

Zu Nummer 30 (§ 135 BewG):

Diese Regelung hat künftig keine Bedeutung mehr und kann daher aufgehoben werden.

Zu Nummer 31 (§ 136 BewG):

Da die neuen Bundesländer ab 1997 den alten Bundesländern vermögensteuerlich und bewertungsrechtlich gleichgestellt werden sollen, ist die bisherige Sondervorschrift aufzuheben.

Zu Nummer 32 (Vierter Abschnitt):

Vorbemerkung:

Der neue Vierte Abschnitt regelt die Neubewertung des Grundbesitzes für die Erhebung der Erbschaftsteuer ab 1996, der Vermögensteuer und Grunderwerbsteuer ab 1997. Das vorgesehene Konzept entspricht im wesentlichen dem der Bundesregierung, unterscheidet sich jedoch in einzelnen Details. So bleibt nach dem vorgelegten Konzept Maßstab für die Werte des Grundbesitzes nach wie vor der Gegenwartswert (gemeiner Wert, § 9).

Zu § 138:

§ 138 regelt in Absatz 1, daß die bisherigen Einheitswerte 1935 und Ersatzwirtschaftswerte für die Land- und Forstwirtschaft in den neuen Ländern und Einheitswerte 1964 in den alten Ländern bei der Erbschaft- und Schenkungsteuer ab dem 1. Januar 1996 sowie bei der Vermögensteuer und Grunderwerbsteuer ab dem 1. Januar 1997 nicht mehr anzuwenden sind. Anstelle dieser Werte sind neue Grundbesitzwerte zu ermitteln und bei diesen Steuern als Bemessungsgrundlage anzusetzen.

In Absatz 2 ist geregelt, welche Vorschriften für die Bewertung des land- und forstwirtschaftlichen Vermögens anzuwenden sind.

Absatz 3 bestimmt, welche Vorschriften für die Ermittlung der neuen Grundstückswerte gelten. Aus dem „alten" Bewertungsrecht sollen neben den allgemeinen Vorschriften über die wirtschaftliche Einheit, die aufschiebende und auflösende Bedingung sowie Befristung die Abgrenzungsgrundsätze des § 69 in bezug auf die Land- und Forstwirtschaft weiter angewendet werden. § 68, der das Grundvermögen definiert, ist mit der Maßgabe anzuwenden, daß der Wohnteil eines Betriebs der Land- und Forstwirtschaft einschließlich des dazugehörigen Grund und Bodens zum Grundvermögen gehört und dort als Wohngrundstück bewertet wird. § 70 Abs. 2 Satz 1 gilt im neuen Recht mit der Maßgabe, daß ein Grundstück mit einem anderen Grundstücksteil zusammen bewertet werden kann, wenn das Grundstück und der Grundstücksanteil zusammen genutzt werden. Künftig kommt es nicht mehr darauf an, daß alle Anteile an dem gemeinschaftlichen Grundvermögen Eigentümern von Grundstücken gehören, die ihren Anteil jeweils zusammen mit ihrem Grundstück nutzen. Werden z. B. Garagen im Anschluß an eine Reihenhaussiedlung auf einem gesonderten Grundstück errichtet, so wird die Garage mit dem Reihenhaus als eine wirtschaftliche Einheit des Grundvermögens bewertet, wenn beide von dem Grundstückseigentümer einheitlich, entweder zu eigenen Wohnzwecken oder zu Vermietungszwecken, genutzt werden. Dabei wirkt sich der Umstand, daß einzelne Garagen nicht von Eigentümern eines Reihenhauses errichtet und genutzt werden, auf die Zusammenfassung zu einer wirtschaftlichen Einheit bei anderen Grundstückseigentümern nicht schädlich aus. Dies war nach der bisherigen Fassung des § 70 Abs. 2 Satz 1 anders. Billigkeitsmaßnahmen sollen bei der Ermittlung der neuen Grundstückswerte nur als Übergangsregelung im Einvernehmen mit den obersten Finanzbehörden aller Länder getroffen werden können. Die Vorschriften zur Bewertung von Erbbaurechten und von Gebäuden auf fremden Grund und Boden sollen weiterhin sinngemäß gelten.

In Absatz 4 sollen die Wertverhältnisse für einen Zeitraum von sechs Jahren festgeschrieben werden. Nach Ablauf dieses Festschreibungszeitraums müssen die Bemessungsgrundlagen, bei unbebauten Grundstücken sind dies die Bodenrichtwerte und bei bebauten Grundstücken sind dies zusätzlich die Flächen- und Raummeterpreise, zumindest überprüft und ggf. den veränderten Verhältnissen auf dem Grundstücksmarkt angepaßt werden. Maßgebend sind stets die tatsächlichen Verhältnisse vom Besteuerungszeitpunkt und die Wertverhältnisse vom 1. Januar 1996. Feststellungsstichtag ist z. B. bei der Erbschaftsteuer der Erwerbszeitpunkt.

Absatz 5 schreibt vor, daß Grundbesitzwerte nur in den Fällen festgestellt werden, in denen sie für die Vermögensteuer, Erbschaftsteuer oder Grunderwerbsteuer benötigt werden. Darüber hinaus wird in diesem Absatz das Verfahrensrecht geregelt. Die neuen Grundbesitzwerte werden gesondert festgestellt. In dem Feststellungsbescheid ist darauf hinzuweisen, ob es sich um einen land- oder forstwirtschaftlichen Betrieb oder um eine wirtschaftliche Einheit des Grundvermögens handelt. Beim Grundvermögen ist zusätzlich die Grundstücksart und die Zugehörigkeit eines Grundstücks zum Gewerbebetrieb anzugeben. Gehört das Grundstück einem Eigentümer, so ist diesem das Grundstück zuzurechnen. Sind mehrere an dem Grundstück beteiligt, so ist im Rahmen der Bedarfsbewertung der Grundstückswert zu ermitteln und in dem Feststellungsbescheid der Anteil des Miteigentümers anzugeben, für dessen Besteuerung dieser Anteil benötigt wird. Für die Durchführung des Feststellungsverfahrens gelten die Vorschriften der Abgabenordnung sinngemäß.

Zu § 139

Absatz 1 stellt eine weitgehende Übernahme der bewährten Definition des land- und forstwirtschaftlichen Vermögens gemäß § 33 sicher.

In Absatz 2 wird die Zuordnung des Wohnteils eines Betriebs der Land- und Forstwirtschaft neu geregelt. Die Wohnung des Betriebsinhabers und seiner Familienangehörigen sowie die Altenteilwohnung, die bisher als Wohnteil Bestandteil des land- und forstwirtschaftlichen Vermögens waren, werden aus folgenden Gründen dem Grundvermögen zugeordnet:

a) Gleichbehandlung mit anderen Wohnungen,
b) einheitliche Behandlung bei Bewertung und Ertragsteuern,
c) einheitliche Behandlung in alten und neuen Bundesländern.

Durch die einheitliche Behandlung bei Bewertung und Ertragssteuern werden zusätzliche Abgrenzungsarbeiten vermieden. Die im Rahmen der sog. Privatgutlösung erfolgten bzw. bis Ende 1998 noch vorzunehmenden Abgrenzungen können gleichzeitig bei der Bewertung verwendet werden.

Bei sog. Eindachhöfen können die darin belegenen Wohnungen nach dem gleichen Verfahren wie bei den Wohnungen in Wohn-/Geschäftsgrundstücken bewertet werden.

Absatz 3 regelt die Berücksichtigung von Besonderheiten analog zu § 47. Dadurch sollen vor allem die Nachteile, die sich aus dem Konsumzwang für die im oder unmittelbar beim Betrieb belegene Wohnung ergeben, abgegolten werden. Da die weiteren Besonderheiten, wie z. B. Geräusch- oder Geruchsbelästigungen im Rahmen des Wohn-/Nutzflächenverfahrens auch nicht besonders oder nur über die Öffnungsklausel (§ 155) berücksichtigt werden, ist hier insoweit ein geringerer Abschlag als in § 47 gerechtfertigt.

Zu § 140:

§ 140 enthält eine Beschreibung des Bewertungsobjekts „Betrieb der Land- und Forstwirtschaft" analog zu § 34. Die Definition des Betriebsteils deckt sich mit dem Begriff Wirtschaftsteil; Ausnahme Betriebswohnungen (z. B. Landarbeiterwohnungen), die im Wirtschaftsteil bisher nicht gesondert erfaßt wurden. Aus Gründen der Gleichbehandlung mit dem gewerblichen Betriebsvermögen sollen die Betriebswohnungen zwar innerhalb des land- und forstwirtschaftlichen Vermögens verbleiben, jedoch dort gesondert bewertet werden.

Zu § 141:

§ 141 enthält die Bewertungsvorschriften mit Vorschlägen für standardisierte Ertragswerte, die bei den wichtigsten Nutzungen und Nutzungsteilen anzuwenden sind. Diese

Ertragswerte basieren auf den in Deutschland durchschnittlichen Ertragsverhältnissen zum 1. Januar 1996. Die Vorschläge sind nach den in § 36 Abs. 2 genannten Vorschriften in Zusammenarbeit mit der Finanzverwaltung der Länder ermittelt worden.

Das in Absatz 1 genannte Einzelertragswertverfahren war schon bisher für die Nebenbetriebe und das Abbauland gesetzlich vorgeschrieben. Wegen der relativ geringen Fallzahlen und stark voneinander abweichender Ertragsverhältnisse soll es auch bei gemeinschaftlichen Tierhaltungen und einigen Nutzungsteilen der sonstigen land- und forstwirtschaftlichen Nutzung, wie z. B. der Saatzucht, Imkerei und der Teichwirtschaft, zum Einsatz kommen.

Absatz 2 stellt sicher, daß die Grundsätze des Ertragswertverfahrens auch bei der Ermittlung der Einzelertragswerte Anwendung finden.

Absatz 3 vereinfacht die Bewertung erheblich, da ein gesonderter Abzug für Pensionslasten beim übrigen Vermögen zukünftig entfällt. Eine ausdrückliche Berücksichtigung von Pensionslasten ist nur im Rahmen der Einzelertragswerte möglich.

Absatz 4 dient der Vermeidung von Benachteiligungen, die bei dem Ansatz von standardisierten Ertragswerten entstehen könnten, falls im Einzelfall von den durchschnittlichen Verhältnissen erheblich abweichende Ertragsbedingungen vorliegen. Deshalb soll auf Antrag das Einzelertragswertverfahren für die Bewertung des gesamten Betriebs zugelassen werden.

Zu § 142:

§ 142 stellt die wertmäßige Gleichbehandlung der Betriebswohnungen mit anderen Wohnungen sicher.

Zu § 143:

§ 143 entspricht § 48, jedoch mit den für die Bedarfsbewertung geltenden Begriffen.

Zu § 144:

Neu ist in § 144 gegenüber der bisherigen Fassung des § 72 die Begriffsbestimmung von Gebäuden, die gegenüber dem Grundstückswert von untergeordneter Bedeutung sind. Bisher stellt das Bewertungsgesetz bei diesen Gebäuden auf die Zweckbestimmung und den Wert des Gebäudes im Vergleich zur Zweckbestimmung und zum Wert des Grund und Bodens ab. Künftig soll das Merkmal „Zweckbestimmung" und der Vergleich zum Wert des unbebauten Grundstücks wegfallen. Für die Bewertung als unbebautes Grundstück kommt es zukünftig allein darauf an, ob die Gebäude, die sich auf dem Grundstück befinden, insgesamt einen geringen Wert haben. Was als geringer Wert anzusehen ist, muß in den Richtlinien geklärt werden.

Zu § 145:

Ausgangsgröße für die Ermittlung der Bodenwerte sind die Bodenrichtwerte, die von den Gutachterausschüssen der Gemeinden aus der von ihnen zu führenden Kaufpreissammlung abgeleitet werden (§ 193 Abs. 3 i. V. m. § 196 Abs. 1 BauGB). Grundsätzlich sind die Gutachterausschüsse verpflichtet, zum Ende eines jeden Kalenderjahres für das Gemeindegebiet eine Bodenrichtwertkarte zu erstellen. In der Praxis werden die Bodenrichtwertkarten häufig nicht jährlich, sondern zum Ende jedes zweiten Kalenderjahres herausgegeben. Für Zwecke der steuerlichen Grundstücksbewertung sind die Bodenrichtwerte auf jeden Fall zum „Quasi-Hauptfeststellungszeitpunkt" zu ermitteln. Für die Bedarfsbewertung nach den Wertverhältnissen vom 1. Januar 1996 müssen daher die Bodenrichtwerte von allen Gutachterausschüssen zu diesem Stichtag zur Verfügung gestellt werden (§ 196 Abs. 1 Satz 3 BauGB).

Die Bodenrichtwerte werden in der Regel für eine Mehrzahl von Grundstücken mit im wesentlichen gleichen Nutzungs- und Wertverhältnissen (sog. Bodenrichtwertzonen) ermittelt und auf einen Quadratmeter Grundstücksfläche bezogen. Bei den Bodenrichtwerten handelt es sich somit um Durchschnittswerte für gebietstypische Grundstücke.

Die Bodenrichtwerte sollen bei der Bewertung des einzelnen Grundstücks nur noch an eine abweichende bauliche Nutzung angepaßt werden. Dies kann mit Hilfe der Anlage 23 zu den Wertermittlungs-Richtlinien 1976 erfolgen, in der für die Umrechnung von Geschoßflächenzahlen Umrechnungskoeffizienten vorgegeben werden. Weitere wertbeeinflussende Merkmale, wie z. B. Ecklage, Grundstücksgröße, Zuschnitt, Oberflächenbeschaffenheit und Beschaffenheit des Baugrunds sollen abweichend von der bisherigen Grundstücksbewertung (vgl. Abschnitt 7 Abs. 2 BewRGr) außer Ansatz bleiben wie auch weitere wertmindernde Umstände, z. B. Lärm-, Staub- oder Geruchsbelästigung, Bodendenkmal, Bergschadensgefahren und Altlasten. Soweit solche Belastungen nicht bereits auf Grund der zukünftig enger zu ziehenden Bodenrichtwertzonen in den Bodenrichtwert eingeflossen sind, können sie über die Öffnungsklausel (§ 155) vom Steuerpflichtigen über den Nachweis eines tatsächlich niedrigeren Werts des Grundstücks geltend gemacht werden.

Zu § 146:

Die Begriffsbestimmung der bebauten Grundstücke in § 146 entspricht weitgehend dem § 74. Neu aufgenommen wurden bei der Annahme von bezugsfertigen Teilen eines Gebäudes die Fälle, in denen sich die Benutzbarkeit eines Gebäudes nicht nur vorübergehend verzögert hat. In diesen Fällen kommt es nicht darauf an, ob die Planung des Gebäudes in Bauabschnitten erfolgt ist. Vielmehr reicht allein eine „längere" Unterbrechung der Bebauung für die Bewertung eines bezugsfertigen Teils des Gesamtgebäudes aus.

Zu § 147:

§ 147 enthält in Fortführung des bisherigen § 71 eine Befreiung von Gebäuden und Gebäudeteilen, die für den Zivilschutz genutzt werden. Die Befreiung ist wie bisher davon abhängig, daß die Gebäude oder Gebäudeteile im Frieden nicht oder nur gelegentlich oder geringfügig für andere Zwecke benutzt werden. Die Befreiung wirkt sich nicht nur auf die Vermögensteuer und Erbschaftsteuer aus, sondern auch auf die Grunderwerbsteuer.

Zu § 148:

Die Grundstücksarten in § 148 sind in zwei Obergruppen zu unterteilen, und zwar zum einen in die Wohngrundstücke und zum anderen in die Nichtwohngrundstücke. Bei den Wohngrundstücken wird neben den bisherigen Grundstücksarten (Ein- und Zweifamilienhäuser sowie Mietwohngrundstücke) eine neue Grundstücksart „Wohneigentumsgrundstücke" eingeführt. Dies ist erforderlich, weil Wohnungseigentumsgrundstücke in einem besonderen Wohn-/Nutzflächenverfahren bewertet werden. Denn bei dieser Grundstücksart wird nicht ein Gebäudeneuwert ermittelt und im Anschluß daran die Alterswertminderung abgezogen, sondern die Flächenpreise beinhalten bereits die Alterswertminderung, so daß sich aus der Vervielfachung der Wohn-/Nutzfläche und des Flächenpreises der Gebäudewert ergibt (vgl. § 151 Abs. 1 2. Halbsatz). Die bisherige Unterteilung in Einfamilienhäuser, Zweifamilienhäuser und Mietwohngrundstücke wurde beibehalten, weil für jede Grundstücksart gesonderte Flächenpreise vorgesehen sind.

Bei den Nichtwohngrundstücken ist eine Unterteilung in drei Grundstücksarten erfolgt, und zwar in die Wohn-/Geschäftsgrundstücke, die nach dem Wohn-/Nutzflächenverfahren bewertet werden, sowie in die Gewerbegrundstücke und sonstigen bebauten Grundstücke, die beide im Kubikmeterverfahren bewertet werden. Eine Unterscheidung der Gewerbegrundstücke und der sonstigen bebauten Grundstücke wäre zwar nach dem Bewertungsverfahren nicht erforderlich gewesen – beide Grundstücksarten werden unter Ansatz des Bodenwerts und des Gebäudewerts, ermittelt nach dem umbauten Raum und dem Raummeterpreis, bewertet –, jedoch erschien eine Trennung in Anlehnung an die bisherigen Begriffsbestimmungen sinnvoll, um die noch zu erstellenden Raummeterpreistabellen übersichtlicher strukturieren zu können.

Bei der Abgrenzung der Einfamilienhäuser von den Wohn-/Geschäftsgrundstücken wird bei gewerblicher oder freiberuflicher Mitbenutzung allein darauf abgestellt, ob die Wohnfläche überwiegt oder zumindest 50 v. H. der gesamten Wohn- und Nutzfläche ausmacht. Auf das äußere Erscheinungsbild, insbesondere bei einer gewerblichen Mitbenutzung, kommt es demnach nicht mehr an. Auch bei einer gewerblichen Mitbenutzung liegt ein Einfamilienhaus stets dann vor, wenn die gewerblich genutzte Fläche weniger als 50 v. H. der gesamten Wohn- und Nutzfläche beträgt. Liegt ein Einfamilienhaus vor, so sind für die Wohnzwecken dienende Teilfläche die Flächenpreise für Einfamilienhäuser und für die gewerblich genutzte Teilfläche die Flächenpreise für Wohn-/Geschäftsgrundstücke, abhängig von der Nutzung und Ausstattung, anzusetzen. Verliert das Grundstück aufgrund seiner gewerblichen oder beruflichen Mitbenutzung die Eigenschaft als „Einfamilienhaus", so ist die zu Wohnzwecken genutzte Fläche mit den Flächenpreisen für Mietwohngrundstücke anzusetzen.

Bei der Abgrenzung von Mietwohngrundstücken gegenüber Wohn-/Geschäftsgrundstücken ist im Hinblick auf das Wohn-/Nutzflächenverfahren nicht mehr die Jahresrohmiete, sondern die Wohn- und Nutzfläche als Abgrenzungskriterium zugrunde zu legen.

Die Gewerbegrundstücke sind in einer Anlage zum Gesetz typisiert und nicht abschließend aufgezählt.

Zu § 149:

In § 149 wird in Satz 1 der Ausgangswert definiert, und zwar als Summe von Bodenwert und Gebäudewert. In Satz 2 wird auf den Abschlag zur Anpassung der Wertermittlung wegen der starken Typisierung und der großen Wertspanne auf Grund der geringeren Verkehrsfähigkeit von Grundvermögen (§ 153) hingewiesen. Der Wert der Außenanlagen soll nicht mehr gesondert angesetzt werden; er ist durch den Ansatz des Boden- und Gebäudewerts berücksichtigt. Damit würde auch im Vergleich zu unbebauten Grundstücken, die ebenfalls mit Außenanlagen, z. B. Parkplätzen und Zufahrtswegen, ausgestattet sind, eine gewisse „Bewertungsgleichheit" erreicht.

Zu § 150:

Der Bodenwert eines bebauten Grundstücks ist nach den Bodenrichtwerten unter Berücksichtigung der möglichen baulichen Nutzung zu bewerten. Die Bebauung selbst wirkt sich nicht als wertmindernder Umstand aus. Auf den Abschlag, der bei unbebauten Grundstücken vorzunehmen ist, wird in § 150 nicht verwiesen, da ein solcher Abschlag von der Summe aus Bodenwert und Gebäudewert vorzunehmen ist (§ 149).

Zu § 151:

In Absatz 1 wird bestimmt, daß die durchschnittlichen Herstellungskosten nach den Baupreisverhältnissen zum 1. Januar 1996 zu ermitteln und entweder auf den Quadratmeter Wohn-/Nutzfläche oder auf den Kubikmeter umbauten Raums zu beziehen sind. Bei Wohnungseigentumsgrundstücken sind die Flächenpreise aus aktuellen Kauffällen abzuleiten.

In Absatz 2 wird die Ermittlung des Gebäudenormalherstellungswerts für Einfamilienhäuser, Zweifamilienhäuser und Mietwohngrundstücke nach dem Wohn-/Nutzflächenverfahren dargestellt. Hier ergibt sich der Gebäudenormalherstellungswert durch Vervielfachung der Anzahl der Quadratmeter Wohn-/Nutzfläche mit dem Flächenpreis. Für die Bestimmung des Flächenpreises sind die Grundstücksart sowie die Nutzung und Ausstattung von Bedeutung. Allerdings wird aus Gründen der Förderung des Einsatzes alternativer Energiequellen das Vorhandensein von Solar- und Wärmerückgewinnungsanlagen bei der Einordnung in die Ausstattungsgüte nicht als werterhöhend berücksichtigt.

In Absatz 3 wird die Ermittlung des Gebäudenormalherstellungswerts für Wohneigentumsgrundstücke geregelt. Der Wert ergibt sich durch die Vervielfachung der Anzahl der Quadratmeter Wohn-/Nutzfläche mit dem Flächenpreis, der nach Alter und Bauweise gestaffelt ist.

In Absatz 4 wird die Ermittlung des Gebäudenormalherstellungswerts für Wohn-/Geschäftsgrundstücke geregelt. Der Wert ergibt sich durch Vervielfachung der Anzahl der Quadratmeter Wohn-/Nutzfläche, der nach Nutzung und Ausstattung differenziert ist.

Absatz 5 behandelt die Ermittlung des Gebäudenormalherstellungswerts nach dem Kubikmeterverfahren für Gewerbegrundstücke und sonstige bebaute Grundstücke. Hier wird der umbaute Raum, gemessen in Kubikmeter, mit dem Raummeterpreis vervielfacht. Die Höhe des Raummeterpreises ist von der Nutzung und Ausstattung abhängig; die Gebäudeart – ob Gewerbegrundstück oder sonstiges bebautes Grundstück – wirkt sich auf den Raummeterpreis nicht aus. Um eine Ermittlung des Gebäudenormalherstellungswerts nicht allein nach dem umbauten Raum, sondern auch nach anderen Kriterien, z. B. der überdachten Fläche bei Überdachungen, vornehmen zu können, ist in dem Gesetzestext das Wort „regelmäßig" eingefügt worden.

Absatz 6 behandelt die Fälle, in denen bei einem Gebäude wegen der unterschiedlichen Nutzung bzw. Ausstattung entweder unterschiedliche Flächenpreise, unterschiedliche Raummeterpreise oder Flächenpreise und Raummeterpreise anzusetzen sind. Hier gilt der Grundsatz: Bei einem solchen „gemischtgenutzten" Gebäude ist jeder Gebäudeteil gesondert zu bewerten. Nur bei den Gebäudeteilen, die von ihrem Umfang her von untergeordneter Bedeutung sind – dies sind Gebäudeteile mit nicht mehr als 10 v. H. der gesamten Wohn- und Nutzfläche – wird auf eine gesonderte Bewertung verzichtet, vorausgesetzt, es ist ein Gebäudeteil vorhanden, der gemessen an der gesamten Wohn- und Nutzfläche überwiegt. In diesem Fall erhalten die Gebäudeteile von untergeordneter Bedeutung den Preis, der für den Gebäudeteil mit überwiegender Nutzung anzusetzen ist. Ausgenommen von dieser Regelung sind Tennishallen, Reithallen oder vergleichbare Hallen. Hier ist der Sozialteil (z. B. Duschen und Umkleidekabinen) bereits verfahrensbedingt, und zwar durch den Ansatz gesonderter Raummeterpreise für den Sozialteil einerseits und für die Halle andererseits, stets gesondert zu bewerten, unabhängig davon, ob er von untergeordneter Bedeutung ist. Die Vereinfachungsvorschrift in § 151 Abs. 6 Satz 2 ist darüber hinaus in den Fällen nicht anzuwenden, in denen ein Gebäudeteil mit einer überwiegenden Nutzung nicht vorhanden ist. In diesen Fällen ist stets jeder Gebäudeteil, unabhängig von seinem Umfang, gesondert zu bewerten, wenn sich die Nutzung bzw. Ausstattung in unterschiedlichen Preisen ausdrücken sollte.

Absatz 7 definiert den Gebäudewert, und zwar als Gebäudenormalherstellungswert abzüglich Alterswertminderung. Bei Wohnungseigentumsgrundstücken ist die Alterswertminderung bereits bei der Festlegung der Flächenpreise berücksichtigt. Bei Garagen handelt es sich um einen Festpreis ohne Alterswertminderung.

Zu § 152:

§ 152 entspricht weitgehend dem § 86. Neben der redaktionellen Überarbeitung der Vorschrift ist auf zwei Änderungen gegenüber dem bisherigen Recht hinzuweisen:

Bei einer Verlängerung der Lebensdauer infolge baulicher Maßnahmen wird dies künftig in der Weise berücksichtigt, daß bei der Berechnung der Alterswertminderung von einem fiktiven Baujahr ausgegangen wird. Hat sich z. B. bei einem Gebäude, das 1950 fertiggestellt worden ist, infolge baulicher Maßnahmen die restliche Lebensdauer, die zum 1. Januar 1996 noch 54 Jahre betragen würde, um 20 Jahre verlängert, so ist bei der Alterswertminderung nicht von dem tatsächlichen Baujahr 1950, sondern von dem fiktiven Baujahr 1970 auszugehen. Die Alterswertminderung würde demnach nicht mit 46 Jahren, sondern nur mit 26 Jahren berücksichtigt, allerdings bezogen auf die gewöhnliche Lebensdauer von z. B. 100 Jahren bei Massivgebäuden.

Die Umschreibung „wesentliche Verlängerung der restlichen Lebensdauer infolge baulicher Maßnahmen" muß den Richtlinien vorbehalten bleiben. Ihre praktische Durchführbarkeit dürfte, wie in der Vergangenheit, in der Praxis Schwierigkeiten bereiten.

Beim „Restwert" in Höhe von 30 v. H. des Gebäudenormalherstellungswerts ist – abweichend vom bisherigen Recht – darauf verzichtet worden, daß dieser Betrag bei einer außergewöhnlichen Wertminderung unterschritten werden kann. Hier bleibt dem Steuerpflichtigen die Möglichkeit, über die Öffnungsklausel (vgl. § 155) einen insgesamt niedrigeren Wertansatz nachzuweisen.

Zu § 153:

Nach den Vorgaben des Bundesverfassungsgerichts zur Neuregelung der Vermögensteuer und Erbschaftsteuer sind die zu besteuernden Werte in realitätsgerechter Relation abzubilden. Dies bedeutet im Hinblick auf die Bewertung des Kapitalvermögens, daß sich der im standardisierten Verfahren gefundene Wert für den Grundbesitz nicht allzu weit vom Verkehrswertniveau entfernen darf. Dies bedeutet, daß im statistischen Mittel ein wesentliches Unterschreiten des Verkehrswertes verfassungsrechtlich nicht akzeptabel ist. Um dieses Wertniveau nicht zu unterschreiten, wird der bei einem standardisierten Verfahren durchaus zulässige Anpassungsabschlag wegen nicht abschätzbarer Unsicherheiten beim Wohn-/Nutzflächen- und Kubikmeterverfahren auf 10 vom Hundert festgelegt. Eventuell verbleibende Überbewertungen lassen sich durch die Öffnungsklausel (§ 155) beseitigen.

Im Gegensatz zum Konzept der Bundesregierung dient der Abschlag nicht der Abgeltung sämtlicher wertmindernder Umstände, da es verfassungsrechtlich zweifelhaft ist, daß diese Wertminderungen über einen allgemeinen Abschlag, der jedem, also auch demjenigen, der keine wertmindernde Umstände geltend machen kann, zugute kommt. Der vorliegende Gesetzentwurf geht davon aus, daß wertmindernde Umstände lediglich über die Öffnungsklausel (§ 155) durch den Nachweis eines insgesamt niedrigeren als nach den §§ 145, 147 bis 154 ermittelten Wertes berücksichtigt werden können.

Zu § 154:

In Anlehnung an § 91 Abs. 2 bestimmt § 154, daß Gebäudeteile, die bis zum Bewertungsstichtag noch nicht fertiggestellt sind, zusätzlich zu dem Bodenwert und den ggf. bezugsfertigen Gebäudeteilen im neuen Grundstückswert erfaßt werden. Der Wert der nicht bezugsfertigen Gebäudeteile ist dabei mit dem Betrag anzusetzen, der nach dem Grad ihrer Fertigstellung dem Gebäudewertanteil entspricht, mit dem sie im Grundstückswert nach Fertigstellung enthalten sein werden. Wie bisher besteht somit auch künftig die Möglichkeit, diesen Wert entweder im Verhältnis der Herstellungskosten oder im Verhältnis der Bausubstanz zu ermitteln. Die bisherige Obergrenze „Grundstückswert nach Fertigstellung" ist für den neuen Grundstückswert im Zustand der Bebauung beibehalten worden.

Zu § 155:

Sollte der Grundstückseigentümer gegenüber dem Finanzamt nachweisen, daß sein tatsächlicher Grundstückswert zum Stichtag niedriger als der nach den Bewertungsvorschriften ermittelte Grundstückswert ist, so ist der tatsächliche Grundstückswert als steuerlicher Grundstückswert anzusetzen (§ 155). Der Nachweis wird in der Regel durch ein Gutachten eines vereidigten Bausachverständigen oder eines Gutachterausschusses erbracht werden können.

Zu Nummer 33 (Dritter Teil)

Nach der neuen Systematik werden die Schlußbestimmungen in den Dritten Teil im Anschluß an die neuen Abschnitte des Zweiten Teils aufgenommen.

Zu § 156:

Die Ermächtigung zur Neufassung und -bekanntmachung des Gesetzes war bisher in § 123 Abs. 2 geregelt.

Zu § 157:

§ 157 regelt die erstmalige Anwendung des Gesetzes in der vorliegenden Fassung zum 1. 1. 1996 für die Erbschaftsteuer und zum 1. 1. 1997 für die übrigen Steuern.

Zu Nummer 34 (Anlagen):

Es handelt sich um die in §§ 148 und 151 bezogenen Anlagen, aus denen sich die typischen Gewerbegrundstücke (Anlage 14), die Quadratmeterpreise des Wohn-/Nutzflächenverfahrens (Anlage 15) sowie die Raummeterpreise des Kubikmeterverfahrens (Anlage 16) ergeben.

Zu Artikel 2 (Durchführungsverordnung zum Bewertungsgesetz):

Der Wert noch nicht fälliger Ansprüche aus Lebens-, Kapital- oder Rentenversicherungen soll sich nach der neuen Regelung in § 12 Abs. 4 BewG nur noch nach dem Rückkaufswert bemessen. Der Rest-Regelungsbereich des § 73 wird in § 12 Abs. 4 des Bewertungsgesetzes übernommen. Dementsprechend wird § 73 aufgehoben.

Zu Artikel 3 (Vermögensteuergesetz):

Vorbemerkung:

Neben der verfassungsrechtlichen Verwerfung des einheitlichen Steuersatzes auf Wirtschaftsgüter, die mit dem Gegenwartswert erfaßt werden, und auf solche, die mit einem Einheitswert unterbewertet angesetzt werden, hat das Bundesverfassungsgericht in seiner Beschlußbegründung die Vermögensteuer als eine die Ertragsbesteuerung ergänzende Sollertragsteuer qualifiziert und gleichzeitig die Grenze der durch beide Steuern hervorgerufenen Gesamtbelastung in der annähernd hälftigen Teilung des Sollertrags zwischen privater und öffentlicher Hand gesehen. Dies bedeutet allerdings nicht, daß neben der derzeitigen Ertragsbesteuerung kein Raum mehr für die Erhebung einer ergänzenden Vermögensteuer gegeben ist.

Das Bundesverfassungsgericht hat seine frühere Rechtsprechung zur Zulässigkeit der Vermögensbesteuerung als vorbereitende Grundlage seines jetzigen Beschlusses zitiert, ohne sie aufzugeben, und dabei dargelegt, daß es bereits früher einen die Ertragsbesteuerung ergänzenden mäßigen Zugriff auf das Vermögen für grundsätzlich verfassungsmäßig zulässig erachtet hat. Sodann stellt es ausdrücklich fest, daß das Konzept der

Vermögensteuer den von ihm aufgestellten verfassungsrechtlichen Vorgaben entspricht. Allerdings lasse das Gesamtsystem der gegenwärtigen Besteuerung für eine ergänzende Vermögensbesteuerung nur noch einen engen Spielraum.

Da seither die Ertragsbesteuerung von ihrer Spitzenbelastung, z. T. aber auch von ihrer Durchschnittsbelastung her nicht angehoben, sondern sogar abgesenkt worden ist (z. B. Absenkung der Einkommensteuerspitzenbelastung auf gewerbliche Einkünfte auf 47 v. H. und der Körperschaftsteuer auf 45 v. H.) dürfte eine Vermögensbesteuerung, die gegenüber dem damaligen Recht in ihrer Tarifbelastung gleich und im der Steuer zu unterwerfenden Vermögen schmaler ausgestaltet ist, keinen verfassungsrechtlichen Bedenken begegnen.

Daher sieht der Gesetzentwurf einen einheitlichen Vermögensteuersatz von 0,5 v. H. und eine Erhöhung der persönlichen Freibeträge zur Freistellung eines angemessenen persönlichen Gebrauchsvermögens vor. Durch die Vereinheitlichung des Vermögensteuersatzes wird zum einen die teilweise Doppelbelastung des Vermögens in der Hand juristischer Personen durch Besteuerung bei dieser und über den Anteilswert beim Anteilseigner abgebaut. Zum anderen wird durch die Absenkung des Steuersatzes für juristische Personen von 0,6 v. H. auf 0,5 v. H. auch die Mehrbelastung durch die höhere Bewertung des Grundvermögens abgemildert, in der Regel sogar kompensiert.

Mit der Beibehaltung und Neuregelung der Vermögensteuer zum 1. 1. 1997 soll auch eine neue Vermögensteuer-Hauptveranlagung zu diesem Zeitpunkt durchgeführt werden. Dabei soll die Vermögensteuer ab diesem Zeitpunkt auch in den neuen Bundesländern erhoben werden. Bei allgemeiner Beibehaltung der Vermögensteuer, wie sie in diesem Gesetzentwurf vorgesehen ist, ist deren Aussetzung in den neuen Ländern über den 31. 12. 1996 hinaus bereits EG-rechtlich nicht mehr zulässig, könnte aber auch unter dem Gesichtspunkt der Gleichbehandlung zu verfassungsrechtlichen Bedenken führen. Auch die verwaltungstechnischen Defizite, die u. a. für die bisherige Aussetzung der Vermögensteuer angeführt wurden, sind inzwischen weitgehend ausgeglichen worden, so daß einer Erhebung der Vermögensteuer in den neuen Bundesländern ab 1997 nichts mehr entgegenstehen sollte.

Zu Nummer 1 (§ 3 VStG):

Redaktionelle Neufassung des Absatzes 1 Nr. 1, da die Postnachfolgeunternehmen ab 1996 steuerpflichtig sind.

Zu Nummer 2 (§ 6 VStG):

Die Freibeträge für natürliche Personen stellen durch die Schonung kleinerer bis mittlerer Vermögen sicher, daß zumindest das sogenannte Gebrauchsvermögen (werthaltige Wirtschaftsgüter der persönlichen Lebensgestaltung) nicht der Vermögensteuer unterworfen wird. Zum Wert eines solchen Gebrauchsvermögens (abgesehen vom ohnehin freigestellten Hausrat und dgl.) hat das Bundesverfassungsgericht ausgeführt, daß er sich an dem Wert durchschnittlicher Einfamilienhäuser orientieren könne. Da eine sachliche Befreiung von einzelnen Vermögensgegenständen auf Grund der Vielfalt der Gestaltungsmöglichkeiten der ganz persönlichen (Gebrauchs-)Vermögensverhältnisse und angesichts der Tatsache, daß gleiche Gegenstände in einem Fall der persönlichen Lebensgestaltung, im anderen Fall der Vermögensanlage dienen, nicht in Betracht gezogen werden kann, kommt nur eine Freistellung über den persönlichen Freibetrag in Betracht.

Angesichts der Meinungsvielfalt über die Gestaltung und Ausstattung eines durchschnittlichen Einfamilienhauses und dem durchaus vorhandenen regionalen Preisgefälle auf dem Immobiliensektor geht der Gesetzentwurf bei der Bemessung des Freibetrags von einer Typisierung und bundesweiten Durchschnittsbildung aus, wobei unterstellt werden kann, daß ein typisches durchschnittliches Einfamilienhaus nicht von einer Einzelperson, sondern von einer Familie mit 1 bis 2 Kindern bewohnt wird, so daß mit dem Freibetrag für 1 Person der Wohnbedarf einer einzelnen Person gemessen an deren Anteil an einem Einfamilienhaus abgedeckt wird. Der Betrag von 300 000 DM (bei Ehegatten 600 000 DM) ist in diesem Sinne durchaus angemessen und großzügig (Absatz 1). Zum bisherigen Recht (120 000 DM bzw. 240 000 DM) stellt dies mehr als eine Verdoppelung dar.

Zur Wahrung der Kontinuität des Ehe- und Familiengutes, auf welches sich die Ehegatten eingestellt und ihre individuelle Lebensgestaltung ausgerichtet haben, sieht der Gesetzentwurf eine Fortführung des Ehegattenfreibetrags durch den überlebenden Ehegatten vor (Absatz 1 Satz 2).

Bei Kindern, soweit sie mit ihren Eltern zusammen veranlagt werden, kann der Freibetrag geringer als der für ihre Eltern ausfallen, weil ihr Wohnbedarf – zumal bei Eingliederung in den Haushalt der Eltern – geringer ist als der von Erwachsenen. Die im Gesetzentwurf (Absatz 2) vorgesehenen 200 000 DM berücksichtigen den Kinderbedarf in angemessener und ausreichender Weise und stellen darüber hinaus auch eine Verbesserung zum bisherigen Recht (120 000 DM) dar. Im übrigen ist zur Wahrung der Gleichbehandlung mit erwachsenen Steuerpflichtigen eine Optionsmöglichkeit zu einer von den Eltern getrennten Veranlagung (§ 14) vorgesehen.

In Absatz 3 wird der Freibetrag wegen Alters oder Behinderung unter Berücksichtigung der Geldentwertung und der gestiegenen Bedeutung der Alters- und Existenzsicherung auf 100 000 DM angehoben (Verdoppelung gegenüber dem bisherigen Recht).

Zu Nummer 3 (§ 7 VStG):

Erwerbs- und Wirtschaftsgenossenschaften sowie Vereine, die Land- und Forstwirtschaft betreiben, würden durch die Beibehaltung der bisherigen Freibetragsregelung doppelt begünstigt, da land- und forstwirtschaftliche Betriebe in die Freibetrags- und Abschlagsregelung des § 117 a BewG einbezogen werden. Daher muß diese Regelung des alten Rechts entfallen.

Zu Nummer 4 (§ 8 VStG):

Anhebung der Besteuerungsgrenze entsprechend der Wertentwicklung von 20 000 DM auf 30 000 DM.

Zu Nummer 5 (§ 9 VStG):

Folgeänderungen zu § 8.

Zu Nummer 6 (§ 10 VStG):

Wie bereits in der Vorbemerkung dargelegt, wird zur Wahrung eines nur mäßigen Zugriffs auf das Vermögen und zum Ausgleich für die Höherbewertung des Grundvermögens der Steuersatz auf einheitlich 0,5 v. H. festgelegt. Dies bedeutet vor allem für Geld-, Forderungs- und Grundvermögen eine Absenkung (Halbierung) des gegenwärtigen Steuersatzes. Aber auch für einen großen Teil des betrieblichen Vermögens, nämlich soweit es in Kapitalgesellschaften gebunden ist, bedeutet die Vereinheitlichung des Steuersatzes eine Steuersenkung und einen Ausgleich für die Höherbewertung des Grundvermögens.

Zu Nummer 7 (§ 14 VStG):

Grundsätzlich wird an der bisherigen Regelung der Zwangszusammenveranlagung familienrechtlich verbundener, in Haushaltsgemeinschaft lebender Personen festgehalten. Allerdings werden Optionsmöglichkeiten eröffnet, nach denen jeder Beteiligte an der Veranlagungsgemeinschaft die getrennte Veranlagung beantragen kann.

Bei Kindern eröffnet diese Option (Absatz 1 Satz 2) die Möglichkeit, bei vorhandenem eigenem Vermögen die Gewährung des vollen Freibetrags für eine unbeschränkt steuerpflichtige natürliche Person (§ 6 Abs. 1) zu erlangen und somit mit einer solchen gleichgestellt zu werden.

Ehegatten eröffnet die Option (Absatz 1 a) die Möglichkeit, ihre Vermögensverhältnisse nicht gegenseitig offenbaren zu müssen. Dies kann aus den verschiedensten Gründen sinnvoll sein, z. B. im Falle des zwischenzeitlichen Getrenntlebens bei Abgabe der Erklärung für einen früheren Veranlagungszeitpunkt, zu dem noch eine Zusammenveranlagung vorzunehmen wäre.

Zu Nummer 8 (19 VStG):

Redaktionelle Anpassung des bisherigen Rechts an die Neuregelung.

Zu Nummer 9 (§ 24 b VStG):

Die Vorschrift ist zeitlich überholt und wird daher aufgehoben.

Zu Nummer 10 (§ 24 c VStG):

Wie in der Vorbemerkung dargelegt, soll die Vermögensteuer ab 1997 auch in den neuen Bundesländern erhoben werden. Die Befreiung ist daher aufzuheben.

Zu Nummer 11 (§ 25 VStG):

Regelung der Anwendung des neuen Vermögensteuergesetzes ab dem Kalenderjahr 1997.

Zu Artikel 4 (Änderung des Vermögensteuerreformgesetzes):

Da mit Wirksamwerden der Grundbesitzwerte für die Erhebung der Vermögensteuer und Grunderwerbsteuer diese Steuern gemäß Artikel 10 § 3 nicht mehr erhoben werden könnten, muß die Vorschrift insoweit aufgehoben werden.

Zu Artikel 5 (Änderung des Erbschaftsteuer- und Schenkungsteuergesetzes):

Vorbemerkung:

Gemäß Artikel 10 § 3 des Erbschaftsteuerreformgesetzes 1974 treten die Vorschriften über die Bewertung (§ 12), die Freibeträge (§§ 16, 17) und die Steuersätze (§ 19) außer Kraft, sobald die Grundstücke und Betriebsgrundstücke nicht mehr mit 140 v. H. ihres Einheitswertes 1964 anzusetzen sind. Daher müssen diese Vorschriften neu beschlossen werden. Es handelt sich aber auch um Bereiche, für die das Bundesverfassungsgericht in seinem Beschluß vom 22. 6. 1996 Vorgaben für eine Neuregelung gemacht hat. Danach soll das sogenannte Gebrauchsvermögen der Familie belastungsfrei übergehen können und im übrigen der Kern des Erbrechts garantiert, d. h. der größte Teil des Erbes dem Erben belassen bleiben. Das bedeutet neben der Anhebung von Freibeträgen eine erhebliche Absenkung der Steuersätze dort, wo diese nahe oder über 50 v. H. liegen.

Zu Nummer 1 (§ 10 ErbStG):

Die Änderung der Abrundungsvorschrift wird durch die Einführung des Formeltarifs notwendig. Der Formeltarif erfordert im Anhang zum Gesetz die Veröffentlichung von Steuertabellen für den Progressionsbereich. Damit diese vom Umfang her noch einigermaßen handhabbar bleiben, ist eine Begrenzung der jeweiligen Tabelle auf höchstens 3000 Schritte erforderlich.

Zu Nummer 2 (§ 12 ErbStG):

§ 12 muß wie bisher die Verbindung zu den Bewertungsregelungen des BewG herstellen. Für Grundbesitz wird ein Wert nur im Bedarfsfall, bei einem Teilerwerb auch nur der jeweilige Teilbetrag auf den Zeitpunkt der Steuerentstehung benötigt (vgl. § 138 BewG). Die bisherigen Absätze 3 und 4 sind entbehrlich. Der bisherige Absatz 1 a ebenfalls, da in § 11 Abs. 2 BewG wieder der Rechtszustand vor 1993 hergestellt wird.

Zu Nummer 3 (§ 13 ErbStG):

In § 13 Abs. 1 Nr. 1 wird Hausrat bei Erwerbern aus der engen Familie (Steuerklasse I) bis 80 000 DM befreit, andere bewegliche körperliche Gegenstände bis zu einem neuen Höchstbetrag von 20 000 DM. Alle anderen Erwerber erhalten nur einen zusammengefaßten Freibetrag von 20 000 DM.

Die Freibeträge in Nr. 6 und Nr. 9 werden angemessen erhöht.

Die Gesetzeszitate in Nr. 7 werden aktualisiert.

In Nr. 16 Buchst. c wird klargestellt, daß das Bundesministerium der Finanzen die Gegenseitigkeit nicht im Einzelfall, sondern nur allgemein feststellt.

Der bisherige Absatz 2 a wird in einen neuen § 13 a aufgenommen.

Zu Nummer 4 (§ 13 a ErbStG):

Die Vorschrift über die Vergünstigungen für Betriebsvermögen und für Anteile an Kapitalgesellschaften wird aus technischen Gründen anstatt in § 13 Abs. 2 a in einem eigenen Paragraphen 13 a zusammengefaßt.

§ 13 a erweitert die Vergünstigungen auf den Erwerb von LuF-Vermögen und den Kreis der Berechtigten für die Vergünstigungen (Freibetrag und Bewertungsabschlag) bei gleichzeitigem Ausschluß von Mehrfachinanspruchnahme. Die Vergünstigungen folgen dem Erwerb von begünstigtem Vermögen unabhängig vom Erwerbsgrund beim einzelnen Erwerber.

Die Vorschrift ist redaktionell überarbeitet. Sie enthält auch die Angleichung der Vergünstigung beim Erwerb von Betriebsvermögen an die Behaltensregelung; hierüber war im Vermittlungsverfahren zum JStG 1996 grundsätzlich bereits Einigkeit erzielt worden.

Zu Nummer 5 (§ 14 ErbStG):

In § 14 Abs. 1 wird das ursprüngliche Gesetzeskonzept für die Ermittlung der anrechenbaren Steuer, das in der praktischen Anwendung aufgrund der Rechtsprechung des BFH weitgehend aufgegeben wurde, wieder klargestellt: Sie ist auf der Grundlage der im Zeitpunkt des Letzterwerbs geltenden Besteuerungsgrößen, insbesondere des Freibetrags und des Steuersatzes, zu ermitteln. Um auch künftig den vom BFH angestellten Billigkeitserwägungen zu folgen, daß ein Steuerpflichtiger durch die Zusammenrechnung mehrerer Einzelerwerbe unter Anrechnung einer lediglich fiktiv ermittelten Steuer auf die Vorerwerbe nicht insgesamt mit einer höheren Steuer belastet werden dürfe, als wenn nur eine einheitliche Zuwendung vorläge, wird dem durch den neuen Satz 3 Rechnung getragen.

In Abs. 2 wird der Vomhundertsatz an den neuen Spitzensteuersatz in der Steuerklasse III angepaßt.

Zu Nummer 6 (§ 15 ErbStG):

Der § 15 sieht nunmehr nur noch 3 Steuerklassen vor, wobei die bisherigen Steuerklassen I und II in der jetzigen Steuerklasse I zusammengefaßt und die bisherigen Steuerklassen III und IV zu Steuerklassen II und III werden.

Zu Nummer 7 (§ 16 ErbStG):

Die persönlichen Freibeträge für Personen der neuen Steuerklassen II und III (Absatz 1) und der Freibetrag für steuerpflichtige Vermögensanfälle gemäß § 2 Abs. 1 Nr. 3 (Absatz 3) wurden angemessen angehoben.

In Absatz 2 wird ein neuer Freibetrag für das Familiengebrauchsvermögen von 500 000 DM eingeführt. Er soll dieses Vermögen eines Erblassers beim Übergang auf einen Angehörigen der Steuerklasse I (Ehegatte, Kinder und deren Abkömmlinge sowie Eltern) zusätzlich zu den persönlichen Freibeträgen (Absatz 1) freistellen. Beim Erwerb durch mehrere Erwerber erfolgt eine Aufteilung.

Dieser Freibetrag steht den Erwerbern der Steuerklasse I zu, weil nach dem Beschluß des Bundesverfassungsgerichts vom 22. 6. 1995 – 2 BvR 552/91 – der Erwerb eines kleineren Vermögens von Todes wegen durch Familienangehörige der bisherigen Steuerklasse I steuerfrei zu belassen ist.

Zur Bemessung der Größenordnung eines kleineren Vermögens wird als Orientierungsmaßstab auf den in der Entscheidung des Bundesverfassungsgerichts zur Vermögensteuer vom 22. 6. 1995 – 2 BvL 37/91 – gefundenen Begriff des persönlichen Gebrauchsvermögens hingewiesen, das sich wiederum an dem Wert eines durchschnittlichen Einfamilienhauses orientieren soll. Unter Berücksichtigung statistischer Mittelwerte erscheint ein Nachlaßfreibetrag in Höhe von 500 000 Deutsche Mark ausreichend und angemessen.

Mit den weiterhin gewährten persönlichen Freibeträgen verbleiben in einem durchschnittlichen Erbfall dem Ehegatten und zwei Kindern 930 000 Deutsche Mark steuerfrei. Mit einer Freistellung in dieser Größenordnung wird den Vorgaben des Bundesverfassungsgerichts und den Wertsteigerungen durch die Neubewertung des Grundbesitzes angemessen Rechnung getragen. Ergänzend mildern die in den §§ 13, 13a und 17 geregelten Freibeträge und die faktische Freistellung des Zugewinnausgleichs (§ 5) die steuerliche Belastung.

Einer Begünstigung von Schenkungen bedarf es nicht. Das Bundesverfassungsgericht hat eine Freistellung des persönlichen Gebrauchsvermögens nur bei Erwerben von Todes wegen gefordert, was im Hinblick auf die Planbarkeit von Schenkungen gerechtfertigt ist, zumal das persönliche Gebrauchsvermögen üblicherweise nicht verschenkt wird.

Zu Nummer 8 (§ 17 ErbStG):

Die besonderen Versorgungsfreibeträge für Ehegatte und Kinder werden verdoppelt. Dadurch wird einem Ehegatten z. B. ein monatlicher steuerfreier Bezug von ca. 3500 DM gesichert. Auf die bisherige Abschmelzungsregelung bei Kindern kann verzichtet werden, da die auf Grund der erhöhten Versorgungsfreibeträge monatlichen steuerfreien Bezüge nicht überzogen hoch erscheinen.

Zu Nummer 9 (§ 19 ErbStG):

Es wird ein sehr einfacher linear-progressiver Formeltarif eingeführt, bei dem die Eingangssteuersätze unter Berücksichtigung der Einführung des Gebrauchsvermögensfreibetrags, der Verdoppelung des Versorgungsfreibetrags und der z. T. erheblichen Anhebung der persönlichen Freibeträge gegenüber dem bisherigen Recht leicht angehoben werden, die Progressionszone bis 3 Millionen Deutsche Mark reicht und die obere Proportionalzone mit erheblich abgesenkten Endsteuersätzen ausgestaltet ist.

In der Progressionszone bis zu 3 Millionen Deutsche Mark steigt die Grenzsteuerbelastung in den einzelnen Steuerklassen wie folgt:

Steuerklasse I   von 5 vom Hundert bis 26 vom Hundert,
Steuerklasse II von 15 vom Hundert bis 36 vom Hundert
und
Steuerklasse III von 25 vom Hundert bis 46 vom Hundert.

Die Durchschnittssteuerbelastung liegt deutlich niedriger. Sie beträgt bei einem steuerpflichtigen Erwerb von 3 Mio. DM

– in der Steuerklasse I   15,5 vom Hundert,
– in der Steuerklasse II   25,5 vom Hundert
und
– in der Steuerklasse III 35,5 vom Hundert.

In Absatz 3 wird die Berechnung der tariflichen Erbschaftsteuer in ihren einzelnen Schritten und die Rundung des Steuerbetrags festgelegt.

In Absatz 4 wird die Veröffentlichung von Steuertabellen für die einzelnen Steuerklassen zur besseren Handhabbarkeit des Gesetzes für den Steuerpflichtigen festgelegt.

Zu Nummer 10 (§ 27 ErbStG):

Absatz 1 war nach Zusammenlegung der bisherigen Steuerklassen I und II redaktionell anzupassen. In Absatz 2 wird die Berechnung der Steuerermäßigung bei mehrfachem Erwerb desselben Vermögens grundlegend vereinfacht, indem auf die bisherige Berücksichtigung des Erwerberfreibetrags bei der Ermittlung des begünstigten Vermögens verzichtet wird. Die bisherige Regelung ist unnötig kompliziert. Die Streichung wirkt sich geringfügig zugunsten eines Steuerzahlers aus.

Zu Nummer 11 (§ 37 ErbStG):

In Absatz 1 wird die Anwendung der neuen Vorschriften entsprechend dem Beschluß des Bundesverfassungsgerichts auf Erwerbe nach dem 31. 12. 1995 festgeschrieben. Im Hinblick auf noch nicht abgeschlossene Aussetzungsfälle muß die bisher in Abs. 1 Sätze 2 und 3 enthaltene Ausnahmeregelung für Erwerbe vor dem 31. August 1980 fortbestehen (Absatz 2).

Zu Nummer 12 (§ 37 a ErbStG):

Die Sondervorschrift aus Anlaß der Wiedervereinigung ist überholt und wird daher aufgehoben.

Zu Nummer 13 (§ 39 ErbStG):

Die Inkrafttretensvorschrift aus dem Erbschaftsteuerreformgesetz 1974 ist auf Grund der späteren Änderungsgesetze inzwischen überholt.

Zu Nummer 14 (Anlagen):

Es handelt sich um die in § 19 Abs. 4 angesprochenen Steuertabellen für die Steuerklassen I bis III.

Zu Artikel 6 (Erbschaftsteuerreformgesetz 1974)

Der Ersatz der Einheitswerte 1964 durch die Grundbesitzwerte bei der Erbschaftsteuer macht Artikel 2 gegenstandslos.

Artikel 9 ist überholt. Artikel 10 § 3 ebenfalls, da mit diesem Gesetz die dort genannten §§ neu gefaßt werden.

Zu Artikel 7 (Änderung der Erbschaftsteuer-Durchführungsverordnung):

Zu Nummer 1 (§ 5 ErbStDV):

Zur schnelleren Zuordnung der Anzeige zu dem tatsächlich zuständigen Finanzamt sollen die Vermögensverwahrer und -verwalter ihre Anzeige nunmehr direkt diesem erstatten. Die Bestimmung des zuständigen Finanzamtes ist diesem Personenkreis möglich und auch zumutbar.

Die Betragsanpassung in Absatz 4 vollzieht lediglich die derzeitige Anweisungslage.

Zu Nummer 2 (§ 6 ErbStDV):

Änderung hinsichtlich der Zuständigkeit wie in § 5 und redaktionelle Anpassung an die derzeitige Rechtslage.

Zu Nummer 3 (§ 7 ErbStDV):

Hinsichtlich der Zuständigkeit Änderung wie in § 5 und redaktionelle Anpassung an die derzeitige Rechtslage.

Zu Nummer 4 (§ 12 ErbStDV):

Hinsichtlich der Zuständigkeit Änderung wie in § 5, Erweiterung der Anzeigepflicht auch für die Aufhebung einer Nachlaßpflegschaft oder Nachlaßverwaltung (Absatz 1) und betragsmäßige Anpassung an die zwischenzeitliche Wertentwicklung (Absatz 4).

Zu Nummer 5 (§ 13 ErbStDV):

Anpassung der Gesetzeszitate an die derzeitige Rechtslage (Absatz 1). Änderung hinsichtlich der Zuständigkeit wie in § 5 (Absatz 2). Anpassung an die zwischenzeitliche Wertentwicklung (Absatz 4).

Zu Nummer 6 (§ 15 ErbStDV):

Inkrafttreten.

Zu Artikel 8 (Gesetz zur Änderung des Hauptfeststellungszeitraums für die wirtschaftlichen Einheiten des Betriebsvermögens sowie des Hauptveranlagungszeitraums für die Vermögensteuer)

Die bisherige Regelung, nach der die nächste Hauptfeststellung bzw. Hauptveranlagung zum 1. 1. 1999 durchzuführen ist, muß durch die Bestimmung des 1. 1. 1997 als nächster Zeitpunkt ersetzt werden.

Anlage 5

Gesetzentwurf der Fraktion BÜNDNIS 90/DIE GRÜNEN
– Entwurf eines Gesetzes zur Neuregelung der Vermögensteuer und der Erbschaftsteuer –
BT-Drucks. 13/4838

A. Problem

In der Bundesrepublik Deutschland werden seit Jahrzehnten Vermögenswerte ungleich und verfassungswidrig besteuert. Eigentümer von Grund- und Hausbesitz sind gegenüber anderen Steuerpflichtigen mit Kapitalvermögenswerten über die Maßen bevorzugt worden. Die Einheitsbewertung von Grundvermögen nach den Vorschriften des Bewertungsgesetzes basieren auf Wertfeststellungen von 1964 (Westdeutschland) und 1935 (Ostdeutschland). Auch nachträgliche Erhöhungen um 140% (auf die Werte von 1964) und bis zu 600% (auf die Werte von 1935) haben keine Verbesserung bewirkt. Nach wie vor ist Grundbesitz im Verhältnis zu anderen Vermögenswerten zu niedrig bewertet.

Schätzungen besagen, daß sich das Gesamtvermögen in Deutschland auf über 22 Billionen DM beläuft. Dies ist Ausdruck wirtschaftlicher Prosperität der vergangenen Jahrzehnte. Staatliche Maßnahmen und wirtschaftlicher Erfolg haben den Aufbau hoher Vermögenswerte in der Bundesrepublik Deutschland ermöglicht. Aber eine Analyse der Vermögensbestände und -verteilung zeigt außerdem, daß dieser volkswirtschaftliche Wohlstand extrem ungleich verteilt ist. Gut ein Drittel des Privatvermögens in Deutschland konzentriert sich in den Händen von nur 5,5 v. H. aller Haushalte. Darüber hinaus wird die steuerliche Leistungsfähigkeit von Vermögensbesitzern nicht in dem Maße ausgeschöpft, wie es angesichts der anhaltenden Finanzkrise der öffentlichen Haushalte und zur Aufrechterhaltung sozialstaatlicher Errungenschaften in Deutschland erforderlich ist.

Mit den Beschlüssen vom 22. Juni 1995 hat das Bundesverfassungsgericht die Einheitsbewertung von Grundbesitz bei der Veranlagung zur Vermögensteuer und zur Erbschaftsteuer für verfassungswidrig erklärt. Die Festsetzung der Steuer verstößt, soweit die Bewertung des Grundbesitzes nach den Regeln zur Einheitsbewertung im Bewertungsgesetz erfolgt, gegen den Gleichbehandlungsgrundsatz nach Artikel 3 des Grundgesetzes.

Zusätzlich hat das Bundesverfassungsgericht den Handlungsspielraum des Gesetzgebers deutlich eingeschränkt und ihm aufgetragen, bis zum Ende des Jahres 1996 eine Gesetzesnovelle vorzulegen. Die Vermögensteuer darf nur als Sollertragsteuer zu den übrigen Steuern vom Ertrag (d. h. Einkommen- und Körperschaftsteuer) hinzukommen, wenn die steuerliche Gesamtbelastung in der „Nähe der hälftigen Teilung zwischen privater und öffentlicher Hand" bleibt.

Darüber hinaus muß die wirtschaftliche Grundlage persönlicher Lebensführung von der Vermögensbesteuerung frei bleiben. Dieses orientiert sich am Wert eines durchschnittlichen Einfamilienhauses.

Bei der Erbschaftsteuer muß das durchschnittliche Familiengebrauchsvermögen steuerfrei im Kreis der Familie übergehen. Beim Unternehmensübergang durch Generationswechsel darf die Fortführung des Unternehmens nicht durch die Besteuerung gefährdet werden.

Das Bundesverfassungsgericht hat außerdem verbindlich festgelegt, daß die Freiheit des Erblassers, über die Erbfolge zu bestimmen, nicht durch steuerliche Bestimmungen eingeschränkt werden darf.

B. Lösung

1. Neubewertung von Grundbesitz
   - Neubewertung des Grundbesitzes für Vermögen- und Erbschaftsteuerzwecke in einem je nach Zugehörigkeit zum land- und forstwirtschaftlichen, Privat- oder Betriebsvermögen sachgerechten Verfahren, so daß die verfassungsrechtlich gebotene wertmäßige Vergleichbarkeit mit dem sonstigen Vermögen gewährleistet ist.
2. Reform Vermögensteuer
   - Freistellung des persönlichen Gebrauchsvermögens durch angemessene Erhöhung der persönlichen Freibeträge für natürliche Personen auf 350 000 DM und für mitveranlagte Kinder auf 100 000 DM, sowie Schutz des Familiengutes durch Fortführung des Ehegattenfreibetrages im Todesfall durch den überlebenden Ehegatten.
   - Erhöhung des Freibetrages für Betriebsvermögen auf 1 000 000 DM, keine Erhöhung des Bewertungsabschlages für das übrige Betriebsvermögen.
3. Reform der Erbschaftsteuer
   - Genereller Freibetrag auf den Nachlaß in Höhe von 400 000 DM wird für enge Familienangehörige neu eingefügt.
   - Die persönlichen Freibeträge entfallen.
   - Der Versorgungsfreibetrag für Ehegatten und Kinder wird einheitlich auf 100 000 DM festgelegt und auch für Kinder gewährt, die nach dem Tod eines Elternteiles in häuslicher Gemeinschaft mit dem überlebenden Elternteil leben und keinen eigenen Versorgungsfreibetrag in Anspruch nehmen können.
   - Ein zusätzlicher Versorgungsfreibetrag in Höhe von 100 000 DM wird für überlebende Ehegatten ab dem 60. Lebensjahr und Schwerbehinderte eingefügt.
   - Anhebung Freibetrag für Betriebsvermögen auf 1 000 000 DM.
   - Reduktion auf zwei Steuerklassen, die zwischen Familienangehörigen und anderen Erben unterscheiden. Lebensgemeinschaften, uneheliche Kinder, Adoptivkinder und Pflegekinder werden mit ehelichen Partnerschaften und Kindern gleichgestellt.
   - Reduktion der Staffelung im Stufentarif sowie erheblich abgesenkte Steuersätze.

C. Alternativen

Streichen der Vermögensteuer und Senkung der Erbschaftsteuer wie im Gesetzentwurf der Fraktionen CDU/CSU und F.D.P. auf Drucksache 13/4839 vorgesehen.

D. Finanzielle Auswirkungen

Der Gesetzentwurf führt zu Steuermehreinnahmen bei den Ländern in Höhe von insgesamt 11 054 Mio. DM. Das bedeutet eine Verdreifachung der Einnahmen aus der Erbschaftsteuer und insgesamt eine Verdopplung des Steueraufkommens aus Vermögen- sowie Erbschaft- und Schenkungsteuer gegenüber dem geltenden Recht.

Vermögensteuer + 5 005 Mio. DM
Erbschaft- und Schenkungsteuer + 6 049 Mio. DM

Entwurf eines Gesetzes zur Neuregelung der Vermögensteuer und der Erbschaftsteuer

Der Bundestag hat mit Zustimmung des Bundesrates das folgende Gesetz beschlossen:

Inhaltsübersicht	Artikel
Änderung des Bewertungsgesetzes	1
Änderung des Vermögensteuergesetzes	2
Änderung des Erbschaftsteuer- und Schenkungsteuergesetzes	3
Inkrafttreten	4

Artikel 1
Änderung des Bewertungsgesetzes

Das Bewertungsgesetz in der Fassung der Bekanntmachung vom 1. Februar 1991 (BGBl. I S. 230), zuletzt geändert durch Artikel 6 des Gesetzes vom 15. Dezember 1995 (BGBl. I S. 1783), wird wie folgt geändert:

1. § 17 wird wie folgt gefaßt:

„§ 17
Geltungsbereich

(1) Die besonderen Bewertungsvorschriften sind nach Maßgabe der jeweiligen Einzelsteuergesetze anzuwenden.

(2) Die §§ 18 bis 94, 122, 125 bis 132 gelten für die Grundsteuer.

(3) Soweit sich nicht aus den §§ 19 bis 157 etwas anderes ergibt, finden neben diesen auch die Vorschriften des Ersten Teils des Gesetzes (§§ 1 bis 16) Anwendung. § 16 findet auf die Grunderwerbsteuer keine Anwendung."

2. § 18 wird wie folgt geändert:

In Nummer 3 wird der Klammerhinweis wie folgt gefaßt: „(§§ 95 bis 109, 31, 137)".

3. § 19 Abs. 1 wird wie folgt gefaßt:

„(1) Einheitswerte werden für inländischen Grundbesitz, und zwar

für Betriebe der Land- und Forstwirtschaft (§§ 33, 48a und 51a),

für Grundstücke (§§ 68, 70) und

für Betriebsgrundstücke (§ 99)

festgestellt (§ 180 Abs. 1 Nr. 1 der Abgabenordnung)."

4. § 23 wird wie folgt gefaßt:

„§ 23
Nachfeststellung

(1) Für wirtschaftliche Einheiten, für die ein Einheitswert festzustellen ist, wird der Einheitswert nachträglich festgestellt (Nachfeststellung), wenn nach dem Hauptfeststellungszeitpunkt (§ 21 Abs. 2)

1. die wirtschaftliche Einheit neu entsteht;

2. eine bereits bestehende wirtschaftliche Einheit erstmals zur Grundsteuer herangezogen werden soll.

(2) Der Nachfeststellung werden vorbehaltlich des § 27 die Verhältnisse im Nachfeststellungszeitpunkt zugrunde gelegt. Nachfeststellungszeitpunkt ist in den Fällen des Absatzes 1 Nr. 1 der Beginn des Kalenderjahres, das auf die Entstehung der wirtschaftlichen Einheit folgt, und in den Fällen des Absatzes 1 Nr. 2 der Beginn des Kalenderjahres, in dem der Einheitswert erstmals der Grundsteuer zugrunde gelegt wird. Die Vorschriften in § 35 Abs. 2, §§ 54, 59, 106 und 112 über die Zugrundelegung eines anderen Zeitpunktes bleiben unberührt."

5. § 24 wird wie folgt geändert:

a) In Absatz 1 wird in Nummer 2 das Semikolon durch einen Punkt ersetzt und Nummer 3 aufgehoben.

b) Absatz 2 wird wie folgt gefaßt:

„(2) Aufhebungszeitpunkt ist in den Fällen des Absatzes 1 Nr. 1 der Beginn des Kalenderjahres, das auf den Wegfall der wirtschaftlichen Einheit (Untereinheit) folgt, und in den Fällen des Absatzes 1 Nr. 2 der Beginn des Kalenderjahres, in dem der Einheitswert erstmals der Besteuerung nicht mehr zugrunde gelegt wird."

6. § 28 wird wie folgt gefaßt:

„§ 28
Erklärungspflicht

(1) Erklärungen zur Feststellung des Einheitswertes des Grundbesitzes sind abzugeben, wenn der Einheitswert für die Festsetzung der Grundsteuer benötigt wird.

(2) Erklärungen zur Feststellung des Wertes des Betriebsvermögens sind auf jeden Hauptfeststellungszeitpunkt abzugeben, wenn der Betriebsinhaber eine Vermögensteuererklärung abzugeben hat.

(3) Erklärungen zur Feststellung von Grundbesitzwerten sind abzugeben, wenn der Grundbesitzwert für die Besteuerung benötigt wird.

(4) Die Erklärungen sind innerhalb der Frist abzugeben, die das Bundesministerium der Finanzen im Einvernehmen mit den obersten Finanzbehörden der Länder bestimmt. Die Frist ist im Bundesanzeiger bekanntzumachen. Fordert die Finanzbehörde zur Abgabe einer Erklärung auf einen Hauptfeststellungszeitpunkt oder auf einen anderen Feststellungszeitpunkt besonders auf (§ 149 Abs. 1 Satz 2 der Abgabenordnung), hat sie eine besondere Frist zu bestimmen, die mindestens einen Monat betragen soll.

(5) Erklärungspflichtig ist derjenige, dem Grundbesitz oder Betriebsvermögen zuzurechnen ist. Die Steuererklärung ist eigenhändig zu unterschreiben."

7. § 30 wird wie folgt gefaßt:

„§ 30
Abrundung

Die Einheitswerte werden beim Grundbesitz auf volle hundert Deutsche Mark nach unten abgerundet."

8. In § 91 in Abs. 2 wird das Wort „Einheitswert" durch das Wort „Grundbesitzwert" ersetzt.

9. § 95 Abs. 3 wird wie folgt gefaßt:

„(3) Bei der Ermittlung des Wertes des Betriebsvermögens sind Billigkeitsmaßnahmen, die bei der steuerlichen Gewinnermittlung getroffen worden sind, zu berücksichtigen; ausgenommen ist die Bildung von Rücklagen. Vorbehaltlich Satz 1 gilt § 20 Satz 3 entsprechend."

10. § 98a Satz 1 wird wie folgt gefaßt:

„Der Wert des Betriebsvermögens wird in der Weise ermittelt, daß die Summe der Werte, die für die zu dem Gewerbebetrieb gehörenden Wirtschaftsgüter und sonstigen aktiven Ansätze (Rohbetriebsvermögen) ermittelt worden sind, um die Summe der Schulden und sonstigen Abzüge (§ 103) gekürzt wird."

11. § 109 Abs. 3 wird wie folgt gefaßt:

„(3) Wirtschaftsgüter, für die ein Grundbesitzwert festzustellen ist, sind mit dem nach den §§ 138 bis 157 festgestellten Grundbesitzwert anzusetzen. § 115 ist bei Betriebsgrundstücken und sonstigen Wirtschaftsgütern, soweit diese nicht zur Veräußerung bestimmt sind, entsprechend anzuwenden."

12. In § 109a wird das Wort „Einheitswert" durch das Wort „Grundbesitzwert" ersetzt.

13. § 111 wird wie folgt ergänzt:

„g) Verwaltungsrechtliches Rehabilitierungsgesetz vom 23. Juni 1994 (BGBl. I S. 1311) und berufliches Rehabilitierungsgesetz vom 23. Juni 1994 (BGBl. I S. 1311)".

14. In § 114 wird das Wort „Einheitswert" durch das Wort „Grundbesitzwert" ersetzt.

15. In § 116 wird das Wort „Einheitswert" durch das Wort „Grundbesitzwert" ersetzt.

16. In § 117a wird Absatz 1 wie folgt geändert:

„(1) Ist land- und forstwirtschaftliches Vermögen, soweit es ertragsteuerlich nicht zum Privatvermögen gehört, und für welches ein Grundbesitzwert für Zwecke der Vermögensteuer oder der Erbschaft- und Schenkungsteuer festgestellt ist, sowie Betriebsvermögen, für das ein Betriebswert für Zwecke der Vermögensteuer oder der Erbschaft- und Schenkungsteuer festgestellt ist, insgesamt positiv, bleibt es bei der Ermittlung des Gesamtvermögens bis zu einem Betrag von 1 000 000 DM außer Ansatz. Der übersteigende Teil ist mit 75 vom Hundert anzusetzen."

17. In § 118 Abs. 1 Nr. 1 und 2 wird das Wort „Einheitswert" durch das Wort „Betriebswert" ersetzt.

18. Die Überschrift vor § 121a

„Dritter Teil
Übergangs- und Schlußbestimmungen"

wird gestrichen.

19. § 121a wird wie folgt gefaßt:

„§ 121a
Sondervorschrift für die Anwendung
der Einheitswerte 1964

Während der Geltungsdauer der auf den Wertverhältnissen am 1. Januar 1964 beruhenden Einheitswerte des Grundbesitzes sind Grundstücke (§ 70) und Betriebsgrundstücke im Sinne des § 99 Abs. 1 Nr. 1 mit 140 vom Hundert des Einheitswertes anzusetzen."

20. § 121b wird aufgehoben.

21. § 122 wird wie folgt gefaßt:

„§ 122
Besondere Vorschriften für Berlin (West)

§ 50 Abs. 1, § 60 Abs. 1 und § 67 gelten nicht für den Grundbesitz in Berlin (West). Bei der Beurteilung der natürlichen Ertragsbedingungen und des Bodenartenverhältnisses ist das Bodenschätzungsgesetz sinngemäß anzuwenden."

22. § 123 wird wie folgt gefaßt:

„§ 123
Ermächtigungen

Die Bundesregierung wird ermächtigt, mit Zustimmung des Bundesrates die in § 12 Abs. 4, § 21 Abs. 1, § 39 Abs. 1, § 51 Abs. 4, § 55 Abs. 3, 4 und 8, §§ 81, 90 Abs. 2 und § 113a vorgesehenen Rechtsverordnungen zu erlassen."

23. § 124 wird aufgehoben.

24. Die Überschrift vor § 125 wird wie folgt gefaßt:

„Dritter Abschnitt
Vorschriften für die Bewertung von Vermögen in dem in Artikel 3 des Einigungsvertrages genannten Gebiet".

25. § 133 wird wie folgt gefaßt:

„§ 133
Sondervorschrift für die Anwendung
der Einheitswerte 1935

(1) Die Einheitswerte 1935 der Betriebsgrundstücke sind für die Grunderwerbsteuer wie folgt anzusetzen:

1. Mietwohngrundstücke mit 100 vom Hundert des Einheitswertes 1935,
2. Geschäftsgrundstücke mit 400 vom Hundert des Einheitswertes 1935,
3. gemischt genutzte Grundstücke, Einfamilienhäuser und sonstige bebaute Grundstücke mit 250 vom Hundert des Einheitswertes 1935,
4. unbebaute Grundstücke mit 600 vom Hundert des Einheitswertes 1935.

Bei Grundstücken im Zustand der Bebauung bestimmt sich die Grundstückshauptgruppe für den besonderen Einheitswert im Sinne des § 33a Abs. 3 der weiter anzuwendenden Durchführungsverordnung zum Reichsbewertungsgesetz nach dem tatsächlichen Zustand, der nach Fertigstellung des Gebäudes besteht.

(2) Die Regelung des Absatzes 1 tritt zum 1. Januar 1999 außer Kraft."

26. § 135 wird aufgehoben.
27. § 136 wird aufgehoben.
28. Nach § 137 wird der folgende Abschnitt eingefügt:

„Vierter Abschnitt
Vorschriften für die Bewertung von Grundbesitz
für die Erbschaftsteuer ab 1. Januar 1996
und für die Vermögensteuer
sowie die Grunderwerbsteuer ab 1. Januar 1997

A. Allgemeines

§ 138
Feststellung von Grundbesitzwerten

(1) Einheitswerte, die für Grundbesitz nach den Wertverhältnissen vom 1. Januar 1935 oder 1. Januar 1964 festgestellt worden sind, sowie Ersatzwirtschaftswerte (§§ 125 und 126) werden bei der Erbschaftsteuer ab 1. Januar 1996 und bei der Vermögensteuer und Grunderwerbsteuer ab dem 1. Januar 1997 nicht mehr angewendet. Anstelle dieser Einheitswerte und Ersatzwirtschaftswerte werden abweichend von § 19 Abs. 1 und § 126 land- und forstwirtschaftliche Grundbesitzwerte für das in Absatz 2 und Grundstückswerte für das in Absatz 3 bezeichnete Vermögen unter Berücksichtigung der tatsächlichen Verhältnisse zum Besteuerungszeitpunkt und der Werteverhältnisse zum 1. Januar 1996 festgestellt.

(2) Für die wirtschaftlichen Einheiten des land- und forstwirtschaftlichen Vermögens und für Betriebsgrundstücke im Sinne des § 99 Abs. 1 Nr. 2 sind die land- und forstwirtschaftlichen Grundbesitzwerte unter Anwendung der §§ 139 bis 144 zu ermitteln.

(3) Für die wirtschaftlichen Einheiten des Grundvermögens und für Betriebsgrundstücke im Sinne des § 99 Abs. 1 Nr. 1 sind Grundstückswerte unter Anwendung der §§ 30, 68, 69, 99 Abs. 2, §§ 139 und 145 bis 157 zu ermitteln. § 70 gilt mit der Maßgabe, daß der Anteil des Eigentümers eines Grundstücks an anderem Grundvermögen (z. B. an gemeinschaftlichen Hofflächen oder Garagen) abweichend von Absatz 2 Satz 1 dieser Vorschrift in das Grundstück einzubeziehen ist, wenn der Anteil zusammen mit dem Grundstück genutzt wird. § 20 Satz 2 ist entsprechend anzuwenden. Die §§ 92 und 94 sind vorbehaltlich der §§ 139 und 145 bis 157 sinngemäß anzuwenden.

(4) Die Wertverhältnisse zum 1. Januar 1996 gelten für Feststellungen von Grundbesitzwerten bis zum 31. Dezember 2001.

(5) Die Grundbesitzwerte sind gesondert festzustellen, wenn sie für die Erbschaftsteuer oder Grunderwerbsteuer erforderlich sind (Bedarfsbewertung). In dem Feststellungsbescheid sind auch Feststellungen zu treffen

1. über die Art der wirtschaftlichen Einheit, bei Betriebsgrundstücken, die zu einem Gewerbebetrieb gehören (wirtschaftliche Untereinheit), auch über den Gewerbebetrieb;
2. über die Zurechnung der wirtschaftlichen Einheit und bei mehreren Beteiligten über die Höhe des Anteils, für dessen Besteuerung ein Anteil am Grundbesitzwert erforderlich ist.

Für die Feststellung von Grundbesitzwerten gelten die Vorschriften der Abgabenordnung über die Feststellung von Einheitswerten des Grundbesitzes sinngemäß.

(6) Das für die Feststellung von Grundbesitzwerten zuständige Finanzamt kann von jedem, für dessen Besteuerung eine Bedarfsbewertung erforderlich ist, die Abgabe einer Feststellungserklärung innerhalb einer von ihm zu bestimmenden Frist verlangen. Die Frist muß mindestens einen Monat betragen.

§ 139
Abrundung

Die Grundbesitzwerte werden auf volle tausend Deutsche Mark nach unten abgerundet.

B. Land- und forstwirtschaftliches Vermögen

§ 140
Wirtschaftliche Einheit und Umfang
des land- und forstwirtschaftlichen Vermögens

Der Begriff der wirtschaftlichen Einheit und der Umfang des land- und forstwirtschaftlichen Vermögens richten sich nach § 33.

§ 141
Umfang des Betriebes der Land- und Forstwirtschaft

(1) Der Betrieb der Land- und Forstwirtschaft umfaßt
1. den Betriebsteil,
2. die Betriebswohnungen,
3. den Wohnteil.

(2) Der Betriebsteil umfaßt den Wirtschaftsteil eines Betriebes der Land- und Forstwirtschaft (§ 34 Abs. 2), jedoch ohne die Betriebswohnungen (Absatz 3). § 34 Abs. 4 bis 7 ist bei der Ermittlung des Umfangs des Betriebsteils anzuwenden.

(3) Betriebswohnungen sind Wohnungen einschließlich des dazugehörigen Grund und Bodens, die einem Betrieb der Land- und Forstwirtschaft zu dienen bestimmt, aber nicht dem Wohnteil zuzurechnen sind.

(4) Begriff und Umfang des Wohnteils richten sich nach § 34 Abs. 3.

§ 142
Betriebswert

(1) Der Wert des Betriebsteils (Betriebswert) wird unter sinngemäßer Anwendung der §§ 35, 36 Abs. 1 und 2, §§ 42, 43, 44 Abs. 1, §§ 45, 48a, 49, 51, 51a, 53, 54, 56, 59 und 62 Abs. 1 ermittelt. Abweichend von § 36 Abs. 2 Satz 3 ist der Ertragswert das 18,6fache des Reinertrags.

(2) Der Betriebswert setzt sich zusammen aus den Einzelertragswerten für die Nebenbetriebe (§ 42), das Abbauland (§ 43), die gemeinschaftliche Tierhaltung (§ 51a) und die in Nummer 5 nicht genannten Nutzungsteile der sonstigen land- und forstwirtschaftlichen Nutzung sowie den folgenden Ertragswerten:

1. Landwirtschaftliche Nutzung
   a) Landwirtschaftliche Nutzung ohne Hopfen und Spargel;
      der Ertragswert ist auf der Grundlage der Ergebnisse der Bodenschätzung nach dem Bodenschätzungsgesetz zu ermitteln.
      Er beträgt 0,78 DM je Ertragsmeßzahl.
   b) Nutzungsteil Hopfen 112 DM je Ar,
   c) Nutzungsteil Spargel 149 DM je Ar.
2. Forstwirtschaftliche Nutzung
   a) Nutzungsgrößen bis zu 10 Hektar
      Nichtwirtschaftswald,
      Baumartengruppe Kiefer,
      Baumartengruppe Fichte bis zu 60 Jahren,
      Baumartengruppe Buche und sonstiges Laubholz bis zu 100 Jahren,
      Eiche bis zu 140 Jahren 1 DM je Ar,
   b) Baumartengruppe Fichte über 60 bis zu 80 Jahren,
      Plenterwald 15 DM je Ar,
   c) Baumartengruppe Fichte über 80 bis zu 100 Jahren, 30 DM je Ar,
   d) Baumartengruppe Fichte über 100 Jahre 40 DM je Ar,
   e) Baumartengruppe Buche und sonstiges Laubholz über 100 Jahre 10 DM je Ar,
   f) Eiche über 140 Jahre 20 DM je Ar.
3. Weinbauliche Nutzung
   a) Traubenerzeugung und Faßweinausbau
      aa) in den Weinbaugebieten Ahr, Franken und Württemberg 70 DM je Ar,
      bb) in den übrigen Weinbaugebieten 35 DM je Ar.
   b) Flaschenweinausbau
      aa) in den Weinbaugebieten Ahr, Franken, Rheingau und Württemberg 160 DM je Ar,
      bb) in den übrigen Weinbaugebieten 70 DM je Ar.
4. Gärtnerische Nutzung
   a) Nutzungsanteil Gemüse, Blumen- und Zierpflanzenbau
      aa) Gemüsebau
         Freilandflächen 110 DM je Ar,
         Flächen unter Glas und Kunststoffen 1 000 DM je Ar,
      bb) Blumen- und Zierpflanzenbau
         Freilandflächen 360 DM je Ar,
         beheizbare Flächen unter Glas und Kunststoffen 3 600 DM je Ar,
         nichtbeheizbare Flächen unter Glas und Kunststoffen 1 800 DM je Ar,
   b) Nutzungsteil Obstbau 40 DM je Ar,
   c) Nutzungsteil Baumschulen
      Freilandflächen 320 DM je Ar,
      Flächen unter Glas und Kunststoffen 2 600 DM je Ar.
5. Sonstige land- und forstwirtschaftliche Nutzung
   a) Nutzungsteil Wanderschäferei 20 DM je Mutterschaf,
   b) Nutzungsteil Weihnachtsbaumkultur 260 DM je Ar.

(3) Betriebe der Land- und Forstwirtschaft können beantragen, den Betriebswert abweichend von Absatz 2 Nr. 1 bis 6 insgesamt als Einzelertragswert zu ermitteln. Der Antrag ist bei Abgabe der Feststellungserklärung schriftlich zu stellen. Die dafür notwendigen Bewertungsgrundlagen sind vom Steuerpflichtigen nachzuweisen.

§ 143
Wert der Betriebswohnungen und des Wohnteils

(1) Der Wert der Betriebswohnungen (§ 141 Abs. 3) und der Wert des Wohnteils (§ 141 Abs. 4) sind nach den Vorschriften zu ermitteln, die beim Grundvermögen für die Bewertung von Wohngrundstücken gelten (§§ 147 bis 157).

(2) Bei der Ermittlung des Bodenwertes (§ 151) für den Wohnteil ist bei Vorliegen der Voraussetzungen des Absatzes 3 höchstens das Fünffache der jeweiligen bebauten Fläche zugrunde zu legen.

(3) Zur Berücksichtigung von Besonderheiten, die sich im Falle einer engen räumlichen Verbindung der Betriebswohnungen und des Wohnteils mit dem Betrieb ergeben, sind deren Ausgangswerte (§ 150) unbeschadet der Regelungen, die in § 155 getroffen sind, jeweils um 15 vom Hundert zu ermäßigen.

§ 144
Zusammensetzung des land- und forstwirtschaftlichen Grundbesitzwertes

Der Betriebswert, der Wert der Betriebswohnungen und der Wert des Wohnteils bilden zusammen den land- und forstwirtschaftlichen Grundbesitzwert.

C. Grundvermögen

I. Unbebaute Grundstücke

§ 145
Begriff

(1) Unbebaute Grundstücke sind Grundstücke, auf denen sich keine benutzbaren Gebäude befinden. Die Benutzbarkeit beginnt im Zeitpunkt der Bezugsfertigkeit. Gebäude sind als bezugsfertig anzusehen, wenn den zukünftigen Bewohnern oder sonstigen Benutzern zugemutet werden kann, sie zu benutzen; die Abnahme durch die Bauaufsichtsbehörde ist nicht entscheidend.

(2) Befinden sich auf einem Grundstück Gebäude von insgesamt geringem Wert, so gilt das Grundstück als unbebaut. Der Wert der Gebäude bleibt außer Ansatz.

(3) Als unbebautes Grundstück gilt auch ein Grundstück, auf dem infolge der Zerstörung oder des Verfalls der Gebäude auf die Dauer benutzbarer Raum nicht mehr vorhanden ist.

§ 146
Bewertung

Der Wert unbebauter Grundstücke ist auf der Grundlage von Bodenrichtwerten (§ 196 des Baugesetzbuches in der Fassung der Bekanntmachung vom 8. Dezember 1986, BGBl. I S. 2253, zuletzt geändert durch Artikel 2 des Gesetzes vom 23. November 1994, BGBl. I S. 3486) unter Berücksichtigung der möglichen baulichen Nutzung zu schätzen. Die Bodenrichtwerte sind von den Gutachterausschüssen nach dem Baugesetzbuch auf den 1. Januar 1996 zu ermitteln und den Finanzämtern mitzuteilen. Zur Berücksichtigung wertmindernder Umstände ist der Wert nach Satz 1 um einen Abschlag (§ 155) zu ermäßigen.

II. Bebaute Grundstücke

§ 147
Begriff

Bebaute Grundstücke sind Grundstücke, auf denen sich benutzbare Gebäude befinden, mit Ausnahme der in § 145 Abs. 2 und 3 bezeichneten Grundstücke. Wird ein Gebäude in Bauabschnitten errichtet oder verzögert sich die Benutzbarkeit eines Gebäudes nicht nur vorübergehend, so ist der bezugsfertige Teil als benutzbares Gebäude anzusehen.

§ 148
Gebäude und Gebäudeteile für den Zivilschutz

Gebäude, Teile von Gebäuden und Anlagen, die wegen der in § 1 des Zivilschutzgesetzes vom . . . (BGBl I S. . . .) bezeichneten Zwecke geschaffen worden sind und im Frieden nicht oder nur gelegentlich oder geringfügig für andere Zwecke benutzt werden, bleiben bei der Ermittlung des Grundstückswertes außer Betracht.

§ 149
Grundstücksarten

(1) Bei der Bewertung bebauter Grundstücke sind folgende Grundstücksarten zu unterscheiden:

1. Einfamilienhäuser,
2. Zweifamilienhäuser,
3. Wohnungseigentumsgrundstücke,
4. Mietwohngrundstücke,
5. Wohn-/Geschäftsgrundstücke,
6. Gewerbegrundstücke,
7. sonstige bebaute Grundstücke.

(2) Einfamilienhäuser sind Wohngrundstücke, die nur eine Wohnung enthalten. Dies gilt auch, wenn sie zu weniger als 50 vom Hundert, berechnet nach der Wohn-/Nutzfläche, zu gewerblichen oder öffentlichen Zwecken mitbenutzt werden.

(3) Zweifamilienhäuser sind Wohngrundstücke, die nur zwei Wohnungen enthalten. Absatz 2 Satz 2 ist entsprechend anzuwenden.

(4) Wohnungseigentumsgrundstücke sind Grundstücke in Form des Wohnungseigentums nach dem Wohnungseigentumsgesetz. § 70 Abs. 2 und § 138 Abs. 3 Satz 2 bleiben unberührt.

(5) Mietwohngrundstücke sind Grundstücke, die zu mehr als 80 vom Hundert, berechnet nach der Wohn-/Nutzfläche, Wohnzwecken dienen mit Ausnahme der Einfamilienhäuser, Zweifamilienhäuser und Wohnungseigentumsgrundstücke (Absatz 2 bis 4).

(6) Wohn-/Geschäftsgrundstücke sind Grundstücke, die ganz oder teilweise gewerblichen Zwecken oder die teilweise Wohnzwecken dienen mit Ausnahme der Grundstücke im Sinne von Absatz 1 Nr. 1 bis 4 und 6. Die Nutzung zu öffentlichen Zwecken ist der Nutzung zu gewerblichen Zwecken gleichgestellt. Zu den Wohn-/Geschäftsgrundstücken gehören auch Grundstücke in Form des Teileigentums.

(7) Gewerbegrundstücke sind die in der Anlage 14 genannten Grundstücke und vergleichbare Grundstücke, die ganz oder teilweise gewerblichen Zwecken dienen mit Ausnahme der Grundstücke im Sinne von Absatz 1 Nr. 1 bis 4. Absatz 6 Satz 2 und 3 gilt entsprechend.

(8) Sonstige bebaute Grundstücke sind Grundstücke, die nicht unter Absatz 2 bis 7 fallen. Absatz 6 Satz 3 gilt entsprechend.

§ 150
Bewertung

(1) Bei der Ermittlung des Grundstückswertes ist vom Bodenwert (§ 151) und vom Gebäudewert (§§ 152 bis 154) auszugehen (Ausgangswert). Zur Berücksichtigung der geringen Ertragsfähigkeit von Grundvermögen und anderer wertmindernder Umstände ist der Ausgangswert zu ermäßigen (§ 155).

(2) Abweichend von Absatz 1 wird bei der Ermittlung des Grundstückswertes von Mietwohngrundstücken (§ 149, Abs. 1 Nr. 4) bei der Ermittlung des Grundstückswertes der Bodenwert (§ 151) nicht einbezogen.

§ 151
Bodenwert

Der Grund und Boden ist mit dem Wert anzusetzen, der sich nach § 146 Satz 1 ergeben würde, wenn das Grundstück unbebaut wäre.

§ 152
Gebäudewert

(1) Bei der Ermittlung des Gebäudewertes von Grundstücken im Sinne des § 149 Abs. 1 Nr. 1 und 2 sowie 4 bis 7 ist von den durchschnittlichen Herstellungskosten nach den Baupreisverhältnissen zum 1. Januar 1996 je Quadratmeter Wohn-/Nutzfläche oder je Kubikmeter umbauten Raumes und bei der Ermittlung des Gebäudewertes von Grundstücken im Sinne des § 149 Abs. 1 Nr. 3 ist von dem aus Kaufpreisen abgeleiteten Preis je Quadratmeter Wohn-/Nutzfläche auszugehen.

(2) Bei Grundstücken im Sinne des § 149 Abs. 1 Nr. 1, 2 und 4 ergibt sich der Gebäudenormalherstellungswert vorbehaltlich Absatz 6 durch Vervielfachung der Anzahl der Quadratmeter Wohn-/Nutzfläche mit einem aus Anlage 15 zu entnehmenden Preis für einen Quadratmeter Wohn-/Nutzfläche (Flächenpreis). Die Ausstattung ist wie folgt zu bestimmen:

1. einfache Ausstattung: Außenfassade verputzt oder nicht höherwertiger gestaltet, Bad oder Dusche mit WC sowie Beheizung durch Einzelöfen oder vergleichbare Heizquellen,

2. durchschnittliche Ausstattung: alle Gebäude oder Gebäudeteile, die nicht einfach oder gut ausgestattet sind,

3. gute Ausstattung: Außenfassade insgesamt oder zumindest überwiegend verklinkert oder zumindest gleichwertig gestaltet, mehrere Sanitärräume mit Bad oder Dusche – bezogen auf eine Wohnung – sowie zusätzlich zur Sammelheizung weitere Heizquellen, insbesondere ein Kachelofen oder ein offener Kamin, oder aufwendige Heiztechnik.

(3) Bei Grundstücken im Sinne des § 149 Abs. 1 Nr. 3 ergibt sich der Gebäudewert vorbehaltlich Absatz 6 durch Vervielfachung der Anzahl der Quadratmeter Wohn-/Nutzfläche mit dem aus Anlage 15 für diese Grundstücksart zu entnehmenden Flächenpreis.

(4) Bei Mietwohngrundstücken (§ 149 Abs. 1 Nr. 4) ist der Gebäudewert in einem Ertragswertverfahren nach Maßgabe von § 154 zu ermitteln.

(5) Bei Grundstücken im Sinne des § 149 Abs. 1 Nr. 5 wird der Gebäudenormalherstellungswert vorbehaltlich Absatz 6 durch Vervielfachung der Anzahl der Quadratmeter Wohn-/Nutzfläche mit einem Flächenpreis ermittelt, der sich nach der Nutzung und Ausstattung bestimmt. Der Preisrahmen für die Flächenpreise ergibt sich aus Anlage 15.

(6) Bei Grundstücken im Sinne des § 149 Abs. 1 Nr. 6 und 7 wird der Gebäudenormalherstellungswert vorbehaltlich Absatz 6 regelmäßig durch Vervielfachung der Anzahl der Kubikmeter umbauten Raumes mit einem durchschnittlichen Preis für einen Kubikmeter umbauten Raumes (Raummeterpreis) ermittelt, der sich nach der Nutzung und

der Ausstattung bestimmt. Der Preisrahmen für die Raummeterpreise ergibt sich aus Anlage 16.

(7) Bei einem unterschiedlich genutzten oder ausgestatteten Gebäude ist der Gebäudenormalherstellungswert für jeden Gebäudeteil unabhängig von der Grundstücksart gesondert zu ermitteln, wenn nach Art der Nutzung und Ausstattung unterschiedliche Preise anzusetzen sind. Bei Gebäudeteilen, deren Anteil am Gesamtgebäude nicht mehr als 10 vom Hundert, berechnet nach der Wohn-/Nutzfläche, beträgt, richtet sich der Flächenpreis oder der Raummeterpreis nach dem Wert für den Gebäudeteil, dessen Wohn-/Nutzfläche mehr als 50 vom Hundert der gesamten Wohn-/Nutzfläche des Gebäudes ausmacht. Ist ein Gebäudeteil mit einer überwiegenden Nutzung nicht vorhanden, ist der Gebäudenormalherstellungswert jedes Gebäudeteils unabhängig von seinem Umfang gesondert zu ermitteln. Bei Tennishallen, Reithallen oder vergleichbaren Hallen sind der Restaurationsteil und der Sozialteil gesondert zu bewerten.

(8) Der Gebäudenormalherstellungswert ist bei Grundstücken im Sinne des § 149 Abs. 1 Nr. 1 und 2 sowie nach Absatz 4 und 7 wegen des Alters des Gebäudes am 1. Januar 1996 (§ 153) zu mindern (Gebäudewert). Bei Einzelgaragen, Doppelgaragen und Reihengaragen sind die aus Anlage 16 zu entnehmenden Festpreise je Stellplatz ohne Berücksichtigung einer Wertminderung wegen Alters anzusetzen.

§ 153
Wertminderung wegen Alters

(1) Die Wertminderung wegen Alters bestimmt sich nach dem Alter des Gebäudes am 1. Januar 1996 und der gewöhnlichen Lebensdauer von Gebäuden gleicher Art und Nutzung. Als Alter des Gebäudes gilt die Zeit zwischen dem Beginn des Jahres, in dem das Gebäude bezugsfertig geworden ist, und dem 1. Januar 1996. Dabei ist von einer gleichbleibenden jährlichen Wertminderung auszugehen.

(2) Ist im Feststellungszeitpunkt die restliche Lebensdauer eines Gebäudes infolge baulicher Maßnahmen wesentlich verlängert, ist bei der Berechnung der Wertminderung wegen Alters nach Absatz 1 von einem der Verlängerung der gewöhnlichen Lebensdauer entsprechenden späteren Baujahr (fiktives Baujahr) auszugehen.

(3) Die Wertminderung wegen Alters ist in einem Hundertsatz vom Gebäudenormalherstellungswert vorzunehmen. Als Wertminderung darf insgesamt kein höherer Betrag abgesetzt werden, als sich bei einem Alter von 70 vom Hundert der Lebensdauer ergibt.

§ 154
Grundstückswert bei Mietwohngrundstücken

(1) Bei Mietwohngrundstücken (§ 149 Abs. 1 Nr. 4) wird der Grundsückswert abweichend von den §§ 152 und 153 in einem Ertragswertverfahren auf der Grundlage des Reinertrages des Gebäudes nach Absatz 2 ermittelt; die §§ 146, 148 bis 151 bleiben unberührt. Der Steuerpflichtige hat bei Abgabe der Feststellungserklärung die dafür notwendigen Bewertungsgrundlagen nachzuweisen.

(2) Der Reinertrag des Grundstückes ergibt sich aus der durchschnittlichen Jahresrohmiete im Sinne des Absatzes 3, gemindert um die Bewirtschaftungskosten von 42 DM je Quadratmeter Wohn-/Nutzfläche. Der Reinertrag ist unter Berücksichtigung der Restnutzungsdauer mit den Vervielfältigern nach Anlage 17 zu vervielfachen. Die Restnutzungsdauer bestimmt sich nach der gewöhnlichen Lebensdauer von Gebäuden gleicher Art und Nutzung abzüglich des Alters des Gebäudes am 1. Januar 1996; § 153 Abs. 1 Satz 2 und Abs. 2 gilt entsprechend. Als Restnutzungsdauer ist mindestens die Zeit in Jahren anzusetzen, die sich bei einem Alter von 30 vom Hundert der Lebensdauer ergibt. Bei einem negativen Reinertrag ist der Gebäudewert mit 0 Deutsche Mark anzusetzen.

(3) Die durchschnittliche Jahresrohmiete ist abweichend von § 138 Abs. 1 Satz 2 regelmäßig aus den Jahresrohmieten der letzten drei Jahre vor dem Besteuerungszeitpunkt herzuleiten. Jahresrohmiete ist das Gesamtentgelt, das der Mieter für die Überlassung des Grundstückes aufgrund vertraglicher Vereinbarungen für ein Jahr zu entrichten hat. Nicht einzubeziehen sind die Kosten der Schönheitsreparaturen und des Betriebes der zentralen Heizungs-, Warmwasserversorgungs- und Brennstoffversorgungsanlagen, alle Vergütungen für außergewöhnliche Nebenleistungen des Vermieters, die nicht die Raumnutzung betreffen, sowie Nebenleistungen des Vermieters, die nur einzelnen Mietern zugute kommen. Anstelle der durchschnittlichen Jahresrohmiete nach Satz 1 ist die übliche Miete für solche Grundstücke oder Grundstücksteile anzusetzen, die innerhalb des dreijährigen Zeitraums für die Ermittlung der durchschnittlichen Jahresrohmiete insgesamt oder zeitweise

1. eigengenutzt, ungenutzt, zu vorübergehendem Gebrauch oder unentgeltlich überlassen waren,
2. von dem Eigentümer dem Mieter zu einer um mehr als 20 vom Hundert von der üblichen Miete abweichenden tatsächlichen Miete überlassen worden sind.

Die übliche Miete ist in Anlehnung an die Jahresrohmiete für nicht preisgebundene Räume vergleichbarer Art, Lage, Größe, Ausstattung und Baujahre zu schätzen. Mieten, die durch ungewöhnliche oder persönliche Verhältnisse beeinflußt sind, sind dabei außer Betracht zu lassen.

§ 155
Abschlag

(1) Der Wert unbebauter Grundstücke (§ 146 Satz 1) und der Ausgangswert bebauter Grundstücke sind zur Berücksichtigung der geringeren

Ertragsfähigkeit von Grundvermögen und aller anderen wertmindernden Umstände um 20 vom Hundert zu ermäßigen. Der Abschlag erhöht sich bei Grundstücken im öffentlich geförderten Wohnungsbau auf 25 vom Hundert, soweit sie im Besteuerungszeitpunkt Mietpreisbindungen oder Belegungsbindungen unterliegen.

(2) Bei Grundstücken im Sinne des § 149 Abs. 1 Nr. 1, 2 und 4 ist der Gebäudewert um einen zusätzlichen Abschlag von 10 vom Hundert zu ermäßigen, wenn es sich um ein Gebäude handelt,

1. das mit einer verbrennungsmotorisch oder thermisch angetriebenen Wärmepumpenanlage mit einer Leistungszahl von mindestens 1,3 oder einer Elektro-Wärmepumpenanlage mit einer Leistungszahl von mindestens 3,5 oder einer Solaranlage oder einer Anlage zur Wärmerückgewinnung beheizt wird,

2. das von Anlagen zur Gewinnung von Gas beheizt wird, welches aus pflanzlichen oder tierischen Abfallstoffen durch Gärung unter Sauerstoffabschluß entsteht (Bio-Gas-Anlage).

§ 156
Grundstücke im Zustand der Bebauung

Bei Grundstücken im Zustand der Bebauung sind die nicht bezugsfertigen Gebäude oder Gebäudeteile zusätzlich mit dem Betrag zu erfassen, der nach dem Grad ihrer Fertigstellung dem Gebäudewertanteil entspricht, mit dem sie im Grundstückswert (§ 150) nach Fertigstellung enthalten sein werden.

§ 157
Abweichender Grundstückswert

Ein niedrigerer Grundstückswert ist festzustellen, wenn der Steuerpflichtige nachweist, daß der tatsächliche Wert des Grundstücks niedriger als der nach den §§ 146, 148 bis 156 ermittelte Wert ist."

29. Nach § 157 wird der folgende Teil angefügt:

„Dritter Teil
Schlußbestimmungen

§ 158
Bekanntmachung

Das Bundesministerium der Finanzen wird ermächtigt, den Wortlaut dieses Gesetzes und der zu diesem Gesetz erlassenen Durchführungsverordnungen in der jeweils geltenden Fassung mit neuem Datum, neuer Überschrift und neuer Paragraphenfolge bekanntzumachen und dabei Unstimmigkeiten des Wortlauts zu beseitigen.

§ 159
Anwendung des Gesetzes

Diese Fassung des Gesetzes ist erstmals zum 1. Januar 1997 und für die Erbschaftsteuer erstmals zum 1. Januar 1996 anzuwenden."

30. Folgende Anlagen werden angefügt:

Anlage 14

(zu § 149)

Verzeichnis der Gewerbegrundstücke und der sonstigen bebauten Grundstücke im Sinne des § 149 Abs. 1 Nr. 6 und 7

Altenheime
Baracken
Behelfsbauten
Bootshäuser
Clubhäuser
Container
Fabrikationshallen
Ferienheime
Fitneßstudios
Garagen
Gewächshäuser
Hallenbäder
Hochgaragen
Kindergärten
Kinderheime
Kliniken
Kühlhäuser
Laboratorien
Lagerhallen
Lichtspielhäuser
Markthallen
Mehrzweckhallen
Messehallen
Parkpaletten
Pflegeheime
Pförtnergebäude
Privatschulen
Reithallen ohne Restaurations- und Sozialteil
Restaurations- und Sozialteile von Tennis- und Reithallen
Saalbauten
Sanatorien
Saunastudios
Sozialgebäude
Tankstellengrundstücke (Wasch- und Pflegehallen)
Tennishallen ohne Restaurations- und Sozialteil
Textilbauten
Theater
Tiefgaragen
Überdachungen mit einer überdachten Fläche von mehr als 30 m^2
Vereinshäuser
Verkaufsstände mit einer Nutzfläche bis zu 50 m^2
Werkstatthallen
Zelthallen

Anlage 15
(zu § 152)

Flächenpreise für Grundstücke im Sinne des § 149 Abs. 1

1. Flächenpreise für Grundstücke im Sinne des § 149 Abs. 1 Nr. 1, 2 und 4

Grundstücksart/Nutzung	einfache Ausstattung DM/m²	durchschnittliche Ausstattung DM/m²	gute Ausstattung DM/m²
Einfamilienhaus			
I. nicht unterkellert			
1. ausgebautes Dachgeschoß	1 600	1 800	2 000
2. nicht ausgebautes Dachgeschoß	1 800	2 000	2 200
II. unterkellert			
1. ausgebautes Dachgeschoß	2 100	2 300	2 500
2. nicht ausgebautes Dachgeschoß	2 300	2 500	2 700
Zweifamilienhaus			
I. nicht unterkellert	1 500	1 700	1 900
II. unterkellert	1 800	2 000	2 200
Mietwohngrundstück sowie Wohnflächen in den übrigen Grundstücken	1 600	1 800	2 000

2. Flächenpreise für Wohn-/Geschäftsgrundstücke im Sinne des § 149 Abs. 1 Nr. 5 sowie Flächenpreise bei gewerblicher Mitbenutzung von Einfamilienhäusern, Zweifamilienhäusern und Mietwohngrundstücken

Nutzung als	unterer Wert für den Preisrahmen in DM/m² — einfache Ausstattung	oberer Wert für den Preisrahmen in DM/m² — aufwendige Ausstattung
Verwaltungs- und Bürogebäude, Praxis, Laden	1 200	3 100
Bank-, Hotel- und Versicherungsgebäude	1 400	3 300
Restaurationsgebäude, Gaststätte	1 000	3 200
Warenhaus	1 500	3 300

Liegt der Fußboden mindestens eines Geschosses mehr als 22 Meter über dem Gelände, ist für jeden weiteren vollen Meter zu den Flächenpreisen aller Geschosse (einschließlich Kellergeschoß) ein Zuschlag von 0,5 vom Hundert zu machen. Maßgebend ist der Unterschied zwischen 22 Metern und Oberkante Decke des obersten Vollgeschosses. Der Zuschlag ist nur auf den als Hochhaus errichteten Teil des Gebäudes anzuwenden.

3. Flächenpreise für Grundstücke im Sinne des § 149 Abs. 1 Nr. 3

Baujahrgruppe					
bis einschließlich 1948	von 1949 bis einschließlich 1960	von 1961 bis einschließlich 1970	von 1971 bis einschließlich 1980	von 1981 bis einschließlich 1989	ab 1990
DM/m²	DM/m²	DM/m²	DM/m²	DM/m²	DM/m²
herkömmliche Bauweise					
1 200	1 400	1 600	1 800	2 000	2 200
Plattenbauweise					
1 100	1 200	1 300	1 400	1 500	1 600

Gesetzentwurf der Fraktion BÜNDNIS 90/DIE GRÜNEN

Anlage 16
(zu § 152)

Raummeterpreise und Festpreise für Grundstücke im Sinne des § 149 Abs. 1 Nr. 6 und 7

Nutzung als	unterer Wert für den Preisrahmen in DM/m²	oberer Wert für den Preisrahmen in DM/m²
Teil A		
	einfache Ausstattung	sehr gute Ausstattung
Kindergarten, Kinderheim; Ferien-, Alten- oder Pflegeheim; Privatschule	250	560
Verkaufsstand bis 50 m², Verkaufs-, Personal- und Sanitärräume in Tankstellen	450	850
	einfache Ausstattung	aufwendige Ausstattung
Restaurations- und Sozialteil von Tennis- oder Reithallen; Club- oder Vereinshaus; Sauna- oder Fitneßstudio	230	710
Saalbau, Lichtspielhaus, Mehrzweckhalle	200	470
Sozialgebäude, Pförtnergebäude, Laboratorium	250	580
Theater	400	870
Hallenbad	430	810
Klinik, Sanatorium	320	840
Teil B		
	einfache Ausstattung	durchschnittliche Ausstattung
Reithalle ohne Restaurations- und Sozialteil	25	53
Behelfsbau (mit Ausnahme von Teil C)	130	260
Fabrikations-, Werkstatt- oder Lagerhalle, Kühlhaus bis 4 m*)		
I. eingeschossig	80	180
1. Skelett-, Rahmen- und Fachwerkkonstruktion		
2. Massivbau	110	250
II. mehrgeschossig	180	320
Gewächshaus	50	170
Tankstellengrundstück (Wasch- oder Pflegehalle)	220	470
Baracke, Container	220	360
Tennishalle ohne Restaurations- und Sozialteil	50	110
	einfache Ausstattung	aufwendige Ausstattung
Markt- oder Messehalle	100	350

*) Die Raummeterpreise von Fabrikations-, Werkstatt- und Lagerhallen sowie Kühlhäusern mit einer Geschoßhöhe von mehr als 4 Metern sind zu ermäßigen.

noch Anlage 16

Teil C	
Nutzung als	Festpreise
	DM/m²
Behelfsbau mit einfachen Wänden	100
Bootshaus aus Holz	74
Hofkeller	220
Textilbau	108
Zelthalle	27
Überdachung über 30 m²	DM/m²
1. leichte Bauausführung	130
2. Holzkonstruktion	300
3. Stahl- oder Stahlbetonkonstruktion	400
Garage oder Parkhaus	DM/Stellplatz
1. Einzel-, Doppel-, Reihengarage für Personenkraftwagen	10 000
2. Parkpalette	10 000
3. Hochgarage	16 000
4. Tiefgarage	22 000

Anlage 17
(zu § 154)

Vervielfältigertabelle

Bei einem Zinssatz in Höhe von 5,0 v. H. und einer Restnutzungsdauer von ... Jahren	Vervielfältiger	Bei einem Zinssatz in Höhe von 5,0 v. H. und einer Restnutzungsdauer von ... Jahren	Vervielfältiger
1	0.95	51	18.34
2	1.86	52	18.42
3	2.72	53	18.49
4	3.55	54	18.57
5	4.33	55	18.63
6	5.08	56	18.70
7	5.79	57	18.76
8	6.46	58	18.82
9	7.11	59	18.88
10	7.72	60	18.93
11	8.31	61	18.98
12	8.86	62	19.03
13	9.39	63	19.08
14	9.90	64	19.12
15	10.38	65	19.16
16	10.84	66	19.20
17	11.27	67	19.24
18	11.69	68	19.28
19	12.09	69	19.31
20	12.46	70	19.34
21	12.82	71	19.37
22	13.16	72	19.40
23	13.49	73	19.43
24	13.80	74	19.46
25	14.09	75	19.49
26	14.38	76	19.51
27	14.64	77	19.53
28	14.90	78	19.56
29	15.14	79	19.58
30	15.37	80	19.60
31	15.59	81	19.62
32	15.80	82	19.62
33	16.00	83	19.65
34	16.19	84	19.67
35	16.37	85	19.68
36	16.55	86	19.70
37	16.71	87	19.71
38	16.87	88	19.73
39	17.02	89	19.74
40	17.16	90	19.75
41	17.29	91	19.76
42	17.42	92	19.78
43	17.55	93	19.79
44	17.66	94	19.80
45	17.77	95	19.81
46	17.88	96	19.82
47	17.98	97	19.82
48	18.08	98	19.83
49	18.17	99	19.84
50	18.26	100	19.85

Artikel 2
Änderung des Vermögensteuergesetzes

Das Vermögensteuergesetz in der Fassung der Bekanntmachung vom 14. November 1990 (BGBl. I S. 2467), zuletzt geändert durch Artikel 13 des Gesetzes vom 15. Dezember 1995 (BGBl. I S. 1959) wird wie folgt geändert:

1. § 6 wird wie folgt gefaßt:

„§ 6

(1) Bei der Veranlagung einer unbeschränkt steuerpflichtigen natürlichen Person bleiben 350 000 DM und im Falle der Zusammenveranlagung von Ehegatten 800 000 DM vermögensteuerfrei. Verstirbt ein Ehegatte, bleiben bei der Veranlagung des überlebenden Ehegatten weiterhin 350 000 DM vermögensteuerfrei.

(2) Für jedes Kind, das mit einem Steuerpflichtigen oder mit Ehegatten zusammen veranlagt wird, sind weitere 100 000 DM vermögensteuerfrei. Kinder im Sinne des Gesetzes sind eheliche Kinder, für ehelich erklärte Kinder, nichteheliche Kinder, Stiefkinder, Adoptivkinder und Pflegekinder.

(3) Weitere 100 000 DM sind steuerfrei, wenn der Steuerpflichtige das 60. Lebensjahr vollendet hat oder voraussichtlich für mindestens drei Jahre behindert im Sinne des Schwerbehindertengesetzes mit einem Grad der Behinderung von 100 ist. Werden mehrere Steuerpflichtige zusammen veranlagt (§ 14 des Vermögensteuergesetzes), wird der Freibetrag mit der Zahl der zusammen veranlagten Steuerpflichtigen, bei denen die Voraussetzungen des Satzes 1 vorliegen, vervielfacht."

2. § 7 wird gestrichen.

3. § 14 wird wie folgt geändert:

a) In Absatz 1 wird folgender Satz 2 angefügt:

„Auf gemeinsamen Antrag der Ehegatten oder auf Antrag der mit Kindern zusammen veranlagten Einzelperson kann die Zusammenveranlagung mit allen oder einzelnen Kindern ausgeschlossen werden; soweit die Kinder nicht in die Zusammenveranlagung einbezogen werden, sind sie getrennt zu veranlagen."

b) Nach Absatz 1 wird folgender Absatz 2 neu eingefügt:

„Ehegatten, die nicht dauernd getrennt leben, werden getrennt veranlagt, wenn ein Ehegatte dies beantragt. Hat ein Ehegatte die getrennte Veranlagung beantragt, können die Ehegatten durch gemeinsamen Antrag bestimmen, mit wem die Kinder zusammen veranlagt werden. Stellen die Ehegatten keinen gemeinsamen Antrag, wird das Vermögen der Kinder sowie der Freibetrag nach § 6 Abs. 2 bei der getrennten Veranlagung der Ehegatten jeweils zur Hälfte berücksichtigt."

c) Der bisherige Absatz 2 wird Absatz 3.

d) In Absatz 3 Nr. 2 wird folgender Satz angefügt:

„Absatz 2 gilt entsprechend."

4. § 19 wird wie folgt geändert:

Absatz 2 Nr. 1 wird wie folgt gefaßt:

„1. Natürliche Personen,

a) die allein veranlagt werden, wenn ihr Gesamtvermögen 350 000 DM übersteigt,

b) die mit anderen Personen zusammen veranlagt werden (§ 14), wenn das Gesamtvermögen der zusammen veranlagten Personen die Summe der zu gewährenden Freibeträge gemäß § 6 Abs. 1 und 2 übersteigt;".

5. § 24 b wird aufgehoben.

6. § 24 c wird aufgehoben.

7. § 25 wird wie folgt gefaßt:

„§ 25
Anwendung des Gesetzes

Die vorstehende Fassung des Gesetzes ist erstmals auf die Vermögensteuer des Kalenderjahres 1997 anzuwenden."

Artikel 3
Änderung des Erbschaftsteuer- und Schenkungsteuergesetzes

Das Erbschaftsteuer- und Schenkungsteuergesetz in der Fassung der Bekanntmachung vom 19. Februar 1991 (BGBl. I S. 486), zuletzt geändert durch Artikel 24 des Gesetzes vom 11. Oktober 1995 (BGBl. I S. 1250) wird wie folgt geändert:

1. § 12 wird wie folgt geändert:

a) Absatz 2 wird wie folgt geändert:

„(2) Grundbesitz (§ 19 des Bewertungsgesetzes) ist mit dem Grundbesitzwert anzusetzen, der nach dem Vierten Abschnitt des Zweiten Teils des Bewertungsgesetzes (Besondere Bewertungsvorschriften für Grundbesitz – Bedarfsbewertung) auf den Zeitpunkt der Entstehung der Steuer festgestellt wird."

b) Die Absätze 3 und 4 werden aufgehoben

2. § 13 wird wie folgt geändert:

a) Absatz 1 wird wie folgt geändert:

aa) Nummer 1 wird wie folgt gefaßt:

„1. a) Hausrat einschließlich Wäsche und Kleidungsstücke beim Erwerb durch Personen der Steuerklasse I
soweit der Wert insgesamt 80 000 Deutsche Mark nicht übersteigt,

b) andere bewegliche körperliche Gegenstände, die nicht nach Nummer 2

befreit sind, beim Erwerb durch Personen der Steuerklasse I
soweit der Wert insgesamt 20 000 Deutsche Mark nicht übersteigt,

c) Hausrat einschließlich Wäsche und Kleidungsstücke und andere bewegliche körperliche Gegenstände, die nicht nach Nummer 2 befreit sind, beim Erwerb durch Personen der Steuerklasse II
soweit der Wert insgesamt 20 000 Deutsche Mark nicht übersteigt.

Die Befreiung gilt nicht für Gegenstände, die zum land- und forstwirtschaftlichen Vermögen, zum Grundvermögen oder zum Betriebsvermögen gehören, für Zahlungsmittel, Wertpapiere, Edelmetalle, Edelsteine und Perlen;".

bb) In Nummer 6 wird die Zahl "40 000" jeweils durch die Zahl "80 000" ersetzt.

cc) Nummer 7 wird wie folgt ergänzt:

„g) Verwaltungsrechtliches Rehabilitierungsgesetz vom 23. Juni 1994 (BGBl. I S. 1311) und Berufliches Rehabilitierungsgesetz vom 23. Juni 1994 (BGBl. I S. 1311);".

dd) In Nummer 9 wird die Zahl "2 000" durch die Zahl "10 000" ersetzt.

b) Absatz 2a wird wie folgt geändert:

aa) Satz 1 wird wie folgt gefaßt:

„Inländisches Betriebsvermögen (§ 12 Abs. 5) sowie inländisches land- und forstwirtschaftliches Vermögen bleibt vorbehaltlich des Satzes 2 insgesamt bis zu einem Wert von 1 000 000 Deutsche Mark außer Ansatz (§ 117a BewG)

1. beim Erwerb von Todes wegen; beim Erwerb durch mehrere Erwerber ist für jeden Erwerber ein Teilbetrag von 1 000 000 Deutsche Mark entsprechend einer vom Erblasser schriftlich verfügten Aufteilung des Freibetrags maßgebend; hat der Erwerber keine Aufteilung verfügt, steht der Freibetrag den Erwerbern zu gleichen Teilen zu;

2. beim Erwerb im Weg der vorweggenommenen Erbfolge, wenn der Schenker dem Finanzamt unwiderruflich erklärt, daß der Freibetrag für diese Schenkung in Anspruch genommen wird; dabei hat der Schenker, wenn zum selben Zeitpunkt mehrere Erwerber bedacht werden, den für jeden Erwerber maßgebenden Teilbetrag von 1 000 000 Deutsche Mark zu bestimmen."

bb) Satz 2 wird wie folgt gefaßt:

„Der nach Anwendung des Satzes 1 verbleibende Wert des Betriebsvermögens oder des land- und forstwirtschaftlichen Vermögens ist mit 75 vom Hundert anzusetzen."

cc) Die vorherigen Sätze 2 bis 4 werden die Sätze 3 bis 5.

3. § 14 Absatz 2 wird wie folgt gefaßt:

„(2) Die durch jeden weiteren Erwerb veranlaßte Steuer darf nicht mehr betragen als 45 vom Hundert dieses Erwerbs."

4. § 15 wird wie folgt geändert:

a) Absatz 1 wird wie folgt gefaßt:

„(1) Nach dem persönlichen Verhältnis des Erwerbers zum Erblasser oder Schenker werden folgende zwei Steuerklassen unterschieden:

Steuerklasse I

1. Der Ehegatte/die Ehegattin, der Lebenspartner/die Lebenspartnerin,

2. die ehelichen Kinder, für ehelich erklärte Kinder, nichteheliche Kinder, Stiefkinder, Adoptivkinder, Pflegekinder sowie deren Abkömmlinge,

3. die Eltern und Voreltern,

4. die Geschwister und deren Abkömmlinge ersten Grades,

5. die Stiefeltern,

6. die Schwiegereltern,

7. die Schwiegerkinder;

Steuerklasse II

alle übrigen Erwerber und die Zweckzuwendungen.

b) In Absatz 1a werden die Worte "II und III Nr. 1 bis 3" gestrichen.

5. § 16 wird wie folgt gefaßt:

„§ 16
Nachlaßfreibetrag

(1) Bei den Personen der Steuerklasse I Nr. 1, 2 und 3 bleiben vorbehaltlich des Satzes 4 ein Erwerb von insgesamt 400 000 Deutsche Mark steuerfrei. Bei einem Erwerb von Todes wegen durch mehrere Erwerber ist für jeden Erwerber ein Teilbetrag von 400 000 Deutsche Mark maßgebend; hat der Erblasser keine Aufteilung verfügt, steht der Freibetrag den Erwerbern zu gleichen Teilen zu. Bei einem Erwerb durch Schenkungen unter Lebenden ist der Freibetrag zu gewähren, wenn der Schenker dem Finanzamt unwiderruflich er-

klärt, daß der Freibetrag für diese Schenkung in Anspruch genommen wird; werden zum selben Zeitpunkt mehrere Erwerber bedacht, hat der Schenker den für jeden Bedachten maßgebenden Teilbetrag von 400 000 Deutsche Mark zu bestimmen. Wird ein Freibetrag nach Satz 3 gewährt, kann für weiteres, innerhalb von zehn Jahren von derselben Person anfallendes Vermögen der Freibetrag weder vom Bedachten noch von anderen Erwerbern in Anspruch genommen werden.

(2) An die Stelle des Freibetrages nach Absatz 1 tritt in den Fällen des § 2 Abs. 1 Nr. 3 ein Freibetrag von 5 000 Deutsche Mark."

6. § 17 wird wie folgt gefaßt:

„§ 17
Besonderer Versorgungsfreibetrag

(1) Neben dem Freibetrag nach § 16 Abs. 1 wird dem überlebenden Ehegatten/Ehegattin oder Lebenspartner/-Lebenspartnerin ein besonderer Versorgungsfreibetrag von 100 000 Deutsche Mark gewährt. Für jedes Kind im Sinne des § 15 Abs. 1 Nr. 2, das mit dem überlebenden Ehegatten/Ehegattin oder Lebenspartner/-Lebenspartnerin in häuslicher Gemeinschaft verbleibt, wird der Freibetrag nach Satz 1 um weitere 100 000 Deutsche Mark erhöht.

(2) Neben dem Freibetrag nach § 16 Abs. 1 wird für Kinder im Sinne des § 15 Abs. 1 Nr. 2 für Erwerbe von Todes wegen ein besonderer Versorgungsfreibetrag von 100 000 Deutsche Mark gewährt.

(3) Weitere 100 000 Deutsche Mark sind steuerfrei, wenn der Erwerber das 60. Lebensjahr vollendet hat oder behindert im Sinne des Schwerbehindertengesetzes mit einem Grad der Behinderung von 100 ist."

7. § 19 wird wie folgt geändert:

a) Absatz 1 wird wie folgt gefaßt:

„(1) Die Erbschaftsteuer wird nach folgenden Vomhundertsätzen erhoben:

Wert des steuerpflichtigen Erwerbs (§10) bis einschließlich ... Deutsche Mark	Vomhundertsatz in der Steuerklasse	
	I	II
100 000	2	10
500 000	5	15
1 000 000	10	20
5 000 000	20	30
10 000 000	25	35
100 000 000	30	40
ab 100 Mio.	35	45"

b) Absatz 3 wird wie folgt gefaßt:

„(3) Der nächsthöhere Steuersatz, der sich nach Absatz 1 ergibt, wird jeweils auf den Betrag angewandt, der den Erwerb bis zur letztvorhergehenden Wertgrenze übersteigt."

8. § 27 wird wie folgt geändert:

a) In Absatz 1 werden die Worte "oder II" gestrichen.

b) In Absatz 2 werden die Sätze 2 und 3 gestrichen.

9. § 37 wird wie folgt geändert:

a) Absatz 1 erhält folgende Fassung:

„(1) Die vorstehende Fassung dieses Gesetzes findet auf Erwerbe Anwendung, für die die Steuer nach dem 31. Dezember 1995 entstanden ist oder entsteht."

b) Der vorherige Absatz 1 wird Absatz 2.

c) Die übrigen Absätze werden aufgehoben.

10. In § 37a werden die Absätze 1 und 3 aufgehoben.

Artikel 4
Inkrafttreten

Dieses Gesetz tritt am Tage nach der Verkündung in Kraft.

Bonn, den 11. Juni 1996

Begründung

I. Allgemeiner Teil

Vermögensbestände und -verteilung in Deutschland

Es gibt keine umfassenden Datensammlungen, die eindeutig Auskunft geben würden über die tatsächliche Vermögensituation und -verteilung in der Bundesrepublik Deutschland.

Daten des Statistischen Bundesamtes, Veröffentlichungen der Deutschen Bundesbank, Unterlagen der Finanzverwaltung über Grunderwerbsvorgänge und Erbschaftsfälle sowie stichprobenartige Erfassung von Grundstückswerten über die Kommunen erlauben folgende Schätzungen:

Das Gesamtvermögen in Deutschland beläuft sich derzeit auf rd. 22 Billionen DM. Davon sind rd. 19% privates Geldvermögen, ca. 10% Nettogeldvermögen der Unternehmen sowie 6% sonstige Vermögenswerte (Hierunter versteht man eine Vielzahl von Gegenständen: von der Gemäldesammlung bis zu den Möbeln und anderen langlebigen Haushaltsgegenständen). Privater und gewerblicher Grundbesitz incl. der Wohnungswirtschaft machen über 50% des Volkswirtschaftlichen Gesamtvermögens in Deutschland aus.

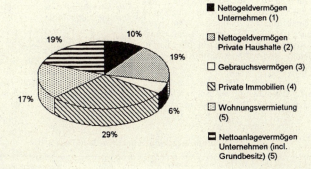

Geschätztes Gesamtvermögen in Deutschland:[1)]
⇨ **22 Billionen DM**

- Nettogeldvermögen Unternehmen (1)
- Nettogeldvermögen Private Haushalte (2)
- Gebrauchsvermögen (3)
- Private Immobilien (4)
- Wohnungsvermietung (5)
- Nettoanlagevermögen Unternehmen (incl. Grundbesitz) (5)

Nettogeldvermögen Unternehmen	rd. 2,2 Billionen DM
Nettogeldvermögen Private Haushalte	rd. 4,0 Billionen DM
Gebrauchsvermögen	rd. 1,2 Billionen DM
Private Immobilien	rd. 6,2 Billionen DM
Wohnungsvermietung	rd. 3,6 Billionen DM
Nettoanlagevermögen Unternehmen (incl. Grundbesitz)	rd. 4,0 Billionen DM

[1)] Quellen: (1) Claus Schäfer in WSI-Mitteilungen 10/1995
 (2) BReg in Drs. 13/3885
 (3) BReg in Drs. 13/3885
 (4) BReg in Drs. 13/3885
 (5) DIW Wochenbericht 4/96 und iw Köln Zahlen 1995, Tafel 27 sowie eigene Berechnungen.

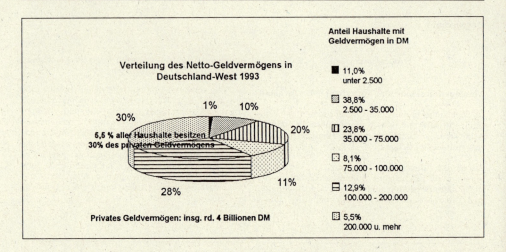

Dieses Vermögen ist jedoch ungleich verteilt: Die „Einkommens- und Verbrauchstichprobe" (EVS) des Statistischen Bundesamtes gibt an, daß 11% aller Haushalte in Westdeutschland über gar keine Vermögenswerte verfügen bzw. verschuldet sind. In Ostdeutschland sind es sogar 16%.

Insgesamt teilen sich rd. 50% aller Haushalte nur 10 v. H. des Netto-Geldvermögens. In der Regel sind dies kleinere Sparguthaben, Lebensversicherungen u. ä. im Wert bis zu 35 000 DM. Aber 5,5% der Haushalte in Westdeutschland teilen sich ein gutes Drittel des Geldvermögens und verfügen über Kapitalanlagen u. ä. von 200 000 DM und mehr.

Wahrscheinlich sieht die Realität noch ganz anders aus, denn die EVS beruht nur auf Stichproben bei Haushalten bis zu 35 000 DM Nettoeinkommen im Monat. Deshalb weist sie in der Summe lediglich knapp 2 Billionen Netto-Geldvermögen in Deutschland aus, während die „Gesamtwirtschaftliche Finanzierungsrechnung der Deutschen Bundesbank" den Bestand privater Geldvermögen in Deutschland doppelt so hoch einschätzt.

Die Verteilung des Immobilienvemögens zeigt ein vergleichbares Bild:

49% der westdeutschen und 72% der ostdeutschen Haushalte wohnen zur Miete und besitzen kein Immobilienvermögen. Ein Immobilienreinvermögen, das den Marktpreis eines durchschnittlichen Einfamilienhauses (ca. DM 500 000) übersteigt, besitzen nur rd. 9% aller westdeutschen bzw. 1% aller ostdeutschen Haushalte.

Immobilienvermögen nach Größenklassen[2])

Immobilienwerte in 1 000 DM	Haushalte mit Haus- und Grundbesitz			Vermögensbestand zum Verkehrswert		
	in 1 000	in v. H.	kumuliert	Mrd. DM	in v. H.	kumuliert
bis 100	3 679	31,4	31,4	739	17,4	17,4
100 bis 200	3 445	29,4	60,9	1 036	24,4	41,8
200 bis 300	1 757	15,0	75,9	641	15,1	56,9
300 bis 400	945	8,1	84,0	385	9,1	65,9
400 bis 500	549	4,7	88,7	254	6,0	71,9
500 bis 600	316	2,7	91,4	163	3,8	75,7
600 bis 700	215	1,8	93,2	122	2,9	78,6
700 bis 800	136	1,2	94,4	84	2,0	80,6
800 bis 900	102	0,9	95,2	72	1,7	82,3
900 bis 1 000	65	0,6	95,8	49	1,2	83,5
über 1 000	492	4,2	100,0	703	16,5	100,0
Insgesamt	11 701	100		4 248	100	

[2]) Quelle: WSI-Mitteilungen 10/1995.

Gesetzentwurf der Fraktion BÜNDNIS 90/DIE GRÜNEN

Besteuerung von Vermögenswerten in der Bundesrepublik Deutschland

Kapital- und Sachvermögen sind unabhängig vom Einkommen des Steuerpflichtigen ein Indiz für die wirtschaftliche und damit steuerliche Leistungsfähigkeit des Vermögensbesitzes. Sie werden durch die Vermögensbesteuerung zusätzlich erfaßt. Zusätzlich deswegen, weil tatsächliche Erträge von Vermögenswerten mit einigen Ausnahmen grundsätzlich bereits im Rahmen der Ertragsbesteuerung (Einkommensteuer, Körperschaftsteuer, Gewerbeertragsteuer) erfaßt (z. B. Zinserträge oder Veräußerungsgewinne) werden.

Die potentiellen Erträge (Sollerträge) von Vermögenswerten werden durch die Vermögensteuer, die Gewerbekapitalsteuer und die Grundsteuer besteuert und zur Finanzierung gesamtstaatlicher Aufgaben herangezogen. Bei Vermögensübertragung infolge Schenkung oder Vererbung wird Erbschaft- bzw. Schenkungsteuer erhoben.

Das Aufkommen aus diesen Steuern fließt den Ländern bzw. den Kommunen zu.

Gemessen an den oben skizzierten Vermögensmassen sind die bisherigen Erträge der Vermögensbesteuerung ausgesprochen gering. Insgesamt 29,6 Mrd. DM floß über die genannten Steuern in die Staatskasse. Die 22 Billionen Gesamtvermögenswert in der Bundesrepublik Deutschland werden demnach jährlich mit durchschnittlich 0,2 v. H. besteuert.

Hinzu kommt noch, daß das Vermögensbesteuerungssystem die falschen Anreize für volkswirtschaftlich nutzbringende Investitionen setzt. Besteuert wird in erster Linie das Betriebsvermögen. Obwohl das Betriebsvermögen nur rd. 16% des geschätzten Gesamtvermögens umfaßt, stammen 60% des Steueraufkommens aus der Besteuerung des produktiven Betriebsvermögens. Dieses ist durch Gewerbekapitalsteuer, Grundsteuer und Vermögensteuer häufig mehrfach belastet. Demgegenüber wird das Vermögen privater Haushalte deutlich geringer besteuert. Nur 40% des Vermögensteueraufkommens stammt aus dieser Quelle.

Vermögensbesteuerung in Deutschland

Besteuerungsgrundlage für die **Vermögensteuer** ist das zu Beginn eines Jahres festgestellte Kapital- und Sachvermögen von Privatpersonen, Körperschaften und Unternehmungen, vermindert um persönliche Freibeträge in Höhe von 120 000 DM pro Person. Weitere Freibeträge gibt es wegen Alter oder Behinderung sowie auf verschiedene Vermögensgegenstände. Das Aufkommen betrug 1994 6,7 Mrd. DM und fließt an die Länder.

Die **Gewerbekapitalsteuer** ist ein Bestandteil der Gewerbesteuer, der Gewerbebetriebe in Deutschland unterliegen. Hier wird als Besteuerungsgrundlage der Gesamtbetriebswert nach den Vorschriften zur Einheitsbewertung ermittelt (Anlagevermögen, Grundvermögen, Kapitaleinlagen etc.). Das Aufkommen betrug 1994 6,8 Mrd. DM und steht den Kommunen zu.

Die **Grundsteuer** wird ebenfalls von den Kommunen auf privaten, gewerblichen sowie land- und forstwirtschaftlichen Grundbesitz erhoben. Auch hier wird als Besteuerungsgrundlage ein Einheitswert festgestellt. Das Aufkommen betrug 1994 rd. 12,7 Mrd. DM und fließt den Kommunen zu.

Die **Erbschaftsteuer** wird als Erbanfallsteuer erhoben. Steuerpflichtig ist das Vermögen, das den einzelnen Erben zufließt, vermindert um den Freibetrag, den die Erben – in Abhängigkeit ihres Verwandtschaftsgrads zum Erblasser – geltend machen können (heute: zwischen 250 000 und 300 000 DM). Die Schenkungsteuer ergänzt die Erbschaftsteuer. Sie gilt für Vermögensübertragungen zu Lebzeiten. Das Aufkommen für die Länder betrug 1994 3,5 Mrd. DM.

Selbst unter Berücksichtigung, daß Grundvermögen in seiner Ertragsfähigkeit gegenüber Kapitalvermögen benachteiligt ist, zeigt folgende Berechnung, daß die Besteuerung privaten Vermögens keinesfalls als substanzgefährdend angesehen werden kann:

Vermögensteueraufkommen	29,6 Mrd. DM	Gesamtvermögen BRD	22 000 Mrd. DM
		Steuerbelastung insgesamt	0,13 %
nur Privatvermögen	11,8 Mrd. DM	Privatvermögen insgesamt	11 200 Mrd. DM
Steueraufkommen unter der Annahme, daß diese VSt zu 100 % von den privaten Besitzern hoher Vermögenswerte getragen würde	11,8 Mrd. DM	5,5 % aller Haushalte halten 30 % des gesamten Privatvermögens	3 360 Mrd. DM
Steueranteil aus Privatvermögen in % vom Gesamtsteueraufkommen	40 %	Steuerbelastung im Verhältnis zum Vermögenstand	0,35 %

Wenn also die gesamte Steuerbelastung auf Privatvermögen nur von den rd. 5% Haushalten getragen würde, die gut ein Drittel des gesamten Vermögensbestandes (= 3,3 Billionen DM) halten, so würde diese Belastung durchschnittlich 0,35% betragen.

Wenn nur die Hälfte dieser 3,3 Billionen DM in Form von Kapitalanlagen mit 5% Verzinsung angelegt sind, so erbringt dieses Vermögen jährlich Zinserträge von mehr als 100 Mrd. DM. Das wiegt die Steuerbelastung zehnfach auf.

Die Beschlüsse des Bundesverfassungsgerichtes

In seinen Beschlüssen vom 22. Juni 1995 (2 BvL 37/91 und 2 BvR 552/91) hat das Bundesverfassungsgericht festgestellt, daß die unterschiedliche Bewertung von Vermögensteilen zum Zwecke der Besteuerung verfassungswidrig ist.

Kapital- und sonstige Vermögenswerte werden mit aktuellen Werten erfaßt, während Grundbesitz bislang auf der Grundlage einer Einheitsbewertung erfaßt wird. Diese beruhen auf der Wertfeststellung aus dem Jahre 1964 und sind seitdem zwar mit generellen Zuschlägen (heute 140%) fortgeschrieben worden, entsprechen aber in keinem Fall den heutigen Gegenwartswerten. Dies führt bei der Besteuerung zu einer verfassungswidrigen Benachteiligung von Kapitalvermögen im Verhältnis zu Grundvermögen.

Die bis heute gültigen Regelungen zur Einheitsbewertung des Grundbesitzes muß durch eine zeitnahe Bewertung abgelöst werden, nur so ist die verfassungsrechtlich gebotene Gleichstellung der Vermögensarten bei der Erhebung von Vermögensteuer und Erbschaft-/Schenkungsteuer zu erreichen.

Das Bundesverfassungsgericht hat dem Gesetzgeber aufgegeben, bis zum 31. Dezember 1996 eine Neuregelung für die Vermögensteuer mit Wirkung ab 1. Januar 1997 und für die Erbschaftsteuer mit Wirkung ab 1. Januar 1996 zu schaffen.

Darüber hinaus hat das Bundesverfassungsgericht die Vermögensteuer in ihren Grundsätzen überprüft und festgestellt, daß die Konzeption der Vermögensteuer als Sollertragsteuer verfassungskonform ist.

Grundsätzlich muß der Gesetzgeber aber beachten, daß die steuerliche Gesamtbelastung durch Ertrags- und Vermögensbesteuerung bei rd. 50% bleibt. Die wirtschaftliche Grundlage der persönlichen Lebensführung darf nicht besteuert werden.

Durch die Neubewertung des Grundvermögens wird eine Annäherung an die Verkehrswerte von rd. 80% erreicht. Dies bedeutet gegenüber der heutigen Wertfeststellung durch die Einheitswerte eine Steigerung, die das zehnfache der heutigen Werte erreichen kann.

Die Vorgaben des Bundesverfassungsgerichts für eine Neuregelung der Erbschaft- und Schenkungsteuer beziehen sich neben der gegenwartsnahen Bewertung des Grundbesitzes ebenfalls auf die Freistellung sogenannten Gebrauchsvermögens beim Erbgang innerhalb der Familie sowie auf die Garantie des Erbrechts in seinem Kern. Das heißt die Testierfreiheit des Erblassers zu bestimmen, wer wieviel von seinem Nachlaß erhält, darf nicht durch eine Besteuerung ausgehöhlt werden.

Für kleine und mittlere Unternehmen hat das Bundesverfassungsgericht ausdrücklich festgestellt, daß der Unternehmensübergang beim Generationswechsel nicht gefährdet werden darf.

Diese Vorgaben implizieren neben einer angemessenen Erhöhung der Freibeträge, daß die heutigen Steuerklassen in der Erbschaft- und Schenkungsteuer, die Vermächtnisnehmer, die außerhalb der Verwandtschaft vom Erblasser bedacht werden, mit einem Steuersatz bis zu 70 % des Erbes belasten, nicht beibehalten werden können.

Reformkonzept für die Vermögensbesteuerung

Eine Gesamtreform der Vermögensbesteuerung in der Bundesrepublik Deutschland ist notwendig. Diese soll in Stufen vollzogen werden:

1. Der vorliegende Gesetzentwurf novelliert das Verfahren zur **Grundbesitzbewertung** im Rahmen des Bewertungsgesetzes (Artikel 1 BewG). Die heutige Einheitsbewertung wird zum Zwecke der steuerlichen Gleichstellung der Vermögen-, Erbschaft- und Schenkungsteuer sowie Grunderwerbsteuer durch eine gegenwartsnahe Bewertung abgelöst. Da für die Grundsteuer die Grundstücke nicht in Konkurrenz mit anderen Vermögenswerten stehen, wird hier vorerst die Einheitsbewertung beibehalten. Dies geschieht nicht zuletzt zum Schutz der Mieter, die ansonsten durch unmäßige Erhöhungen im Rahmen der Mietnebenkosten bedroht wären.

2. Ebenfalls in der Gesetzesvorlage werden die Vermögensteuer (Artikel 2 BewG) und die Erbschaftsteuer (Artikel 3 BewG) unter Berücksichtigung der neuen Grundbesitzbewertung und der Vorgaben des Bundesverfassungsgerichtes novelliert. Eine steuerliche Mehrbelastung entsteht insbesondere für Besitzer mit hohen Immobilienwerten, da diese bislang privilegiert waren. Gleichzeitig wird aber das Gebrauchsvermögen „im Wert eines durchschnittlichen Einfamilienhauses" vor der Besteuerung geschützt. Kleine und mittlere Vermögensinhaber werden nicht besteuert.

3. Die Gewerbekapitalsteuer soll ab dem 1. Januar 1997 entfallen. Hierfür wird es ein eigenes Gesetzgebungsverfahren zur Reform der Gewerbesteuer und der Gemeindefinanzen insgesamt geben. Damit wird die Substanz betrieblichen Vermögens zukünftig von der Doppelbelastung durch Vermögen- und Gewerbekapitalsteuer befreit. Dies ist auch vor dem Hintergrund notwendig, daß die Betriebe in der Regel über größeren Grundbesitz verfügen als private Haushalte und durch die notwendige Neubewertung von Grundvermögen unbotmäßig mehr belastet würden.

4. Mittelfristig soll auch die Einheitsbewertung im Rahmen der Grundsteuer zugunsten einer an ökologischen und sozialen Kriterien ausgerichteten Bodensteuer reformiert werden.

Artikel 1 – Novellierung des Bewertungsgesetzes (BewG)

Der vorliegende Gesetzentwurf übernimmt im wesentlichen die neuen Vorschriften für die Grundbesitzbewertung, die ebenfalls Gegenstand des Gesetzentwurfes der Fraktionen von CDU, CSU und F.D.P. auf Drucksache 13/4839 sowie in Übereinstimmung mit der Bundesregierung und den Bundesländern entwickelt wurden.

Die Einheitsbewertung des Grundbesitzes erfolgt nach den Vorschriften des Bewertungsgesetzes und beruht auf der Wertbasis von 1964 (in den neuen Bundesländern 1935). Sie wurden bislang zum Zweck der Besteuerung im Rahmen der Grundsteuer, Vermögensteuer, Erbschaft- und Schenkungsteuer sowie für die Gewerbesteuer (Gewerbekapitalsteuer) und Grunderwerbsteuer festgestellt.

Für die Grundsteuer hat das Bundesverfassungsgericht keinen vordringlichen Handlungsbedarf festgestellt, da hier die Grundbesitzwerte nicht in Konkurrenz mit anders ermittelten Werten anderer Vermögensgegenstände stehen.

Die Gewerbekapitalsteuer soll noch im Laufe des Jahres 1996 zum 1. Januar 1997 aufgehoben werden. Damit wird eine Feststellung des Einheitswertes von Grundbesitz für die Zwecke der Gewerbesteuer ebenfalls hinfällig.

Der vorliegende Gesetzentwurf sieht eine Neubewertung in den Fällen vor, wo Grundbesitzwerte für die Vermögensteuer, Erbschaftsteuer und Grunderwerbsteuer benötigt werden (Bedarfsbewertung). Diese Verfahrensweise reduziert den Verwaltungsaufwand für eine neue Hauptfeststellung der Grundbesitzwerte erheblich und läßt die Möglichkeit offen, bei einer späteren Neuregelung der Grundsteuer zu einer auch ökologischen Kriterien genügenden Bodensteuer die Erhebung dieser Steuer ganz in die Hände der Gemeinden zu legen.

Der Gesetzentwurf geht für die Land- und Forstwirtschaft von einem hektarbezogenen Bewertungsverfahren mit 24 festen Ertragswerten (Festwertverfahren) aus. Diese Festwerte wurden nach Aussage der Bundesregierung auf Bund-Länder-Ebene durch die zuständigen Sachverständigengremien ermittelt und gebilligt.

Für das übrige Grundvermögen, mit Ausnahme der Mietwohngrundstücke geht der Gesetzentwurf von einer Bewertung nach der Wohn-/Nutzfläche (Wohn-/Nutzflächenverfahren) bzw. bei Gewerbegrundstücken und sonstigen bebauten Grundstücken nach dem umbauten Raum (Kubikmeterverfahren) aus. Bei ihm werden der Bodenwert und der Gebäudewert getrennt ermittelt und an den gemeinen Wert angeglichen.

Der Bodenwert wird nach den vorhandenen gemeindlichen Bodenrichtwerten festgelegt und der Gebäudewert als Flächenwert entsprechend der Nutzung typisierend aus den Raummeterpreisen des Kubikmeterverfahrens abgeleitet, bei den Wohngrundstücken gestaffelt nach drei Ausstattungsmerkmalen (einfach/gut/sehr gut). Bauart und Alter der Gebäude werden durch eine Alterswertminderung berücksichtigt.

Alle übrigen Wertnachteile, die für Grundbesitz im Verhältnis zu anderen Vermögenswerten (z. B. Immobilität) geltend gemacht werden können, werden durch einen generellen Abschlag von 20% abgegolten. Zum Ausgleich weiterer Nachteile im Mietwohnungsbestand mit Mietpreisbindung wird der Abschlag um 10% erhöht. Weitere 10% gewährt der Gesetzentwurf für Grundstücke, die mit energiesparender Heiztechnik ausgestattet sind.

Bewertungsziel dieses Verfahrens ist, den Gegenwartswert zu ermitteln, der von Gehalt und der Höhe her vergleichbar mit dem Wert anderer Vermögensteile (zum Beispiel Kapitalvermögen) ist.

Um eine steuerliche Mehrbelastung durch die Neubewertung des Grundbesitzes von Betrieben sowie land- und forstwirtschaftlichen Betrieben zu vermeiden, wird der bisher schon geltende Freibetrag für Betriebsvermögen auf land- und forstwirtschaftliches Vermögen ausgedehnt und verdoppelt (§ 117 a BewG). Damit wird gleichzeitig der Forderung des Bundesverfassungsgerichtes Genüge getan, daß der Generationswechsel bei kleinen und mittleren Betrieben nicht durch steuerliche Belastungsmerkmale gefährdet werden darf.

Artikel 2 – Reform der Vermögensteuer

Das Bundesverfassungsgericht hat ausdrücklich festgestellt, daß die Erhebung einer Vermögensteuer verfassungsgemäß ist.

Wie bereits ausgeführt, erweist sich die Behauptung, die Vermögensbesteuerung stelle eine unzumutbare Belastung für Vermögensinhaber dar, als unhaltbar. Die jetzige durchschnittliche Belastung des Gesamtvermögens in Höhe von 22 Billionen DM in der Bundesrepublik Deutschland liegt bei typisierender Betrachtung und Berücksichtigung aller Steuern auf Vermögenswerte bei 0,13%.

Eine Analyse der Entwicklung gesamtsteuerlicher Belastungsgrößen in der Bundesrepublik Deutschland macht deutlich, daß steuerliche Entlastungen im vergangenen Jahrzehnt vorwiegend im Bereich Einkommen aus Vermögen und Unternehmensgewinnen vorgenommen wurden, während die Belastung der Löhne und Gehälter sukzessive angestiegen ist.

Betrachtet man die Entwicklung der steuerlichen Belastung von Unternehmensgewinnen und Vermögenswerten im Verhältnis zur Lohn- und Einkommensteuer, so zeigt sich folgendes Bild:

Zwischen 1985 und 1994 stiegen die Nettoeinnahmen aus Unternehmertätigkeit und Privatvermögen um rd. 50%. Gleichzeitig wurde die steuerliche Belastung von rd. 18% auf 12% gesenkt. Im gleichen Zeitraum stiegen die Nettoeinkünfte aus Löhnen und Gehältern lediglich um rd. 41%. Aber im Gegensatz zur steuerlichen Belastung von Gewinnen und Einkommen aus Unternehmertätigkeit und Privatvermögen stieg die Steuerbelastung der abhängig Beschäftigten um 3% und erreichte 1994 in der Bundesrepublik Deutschland 34%.

Die weiteren Vorgaben des Bundesverfassungsgerichtes, daß die steuerliche Gesamtbelastung annähernd 50% nicht übersteigen dürfe, lassen beim gegenwärtigen System der Besteuerung der Bundesrepublik Deutschland für eine ergänzende Vermögensteuer nur einen engen Spielraum.

Hierzu ist folgendes festzustellen: Die Ertragsbesteuerung in der Bundesrepublik Deutschland wurde in den vergangenen Jahren von ihrer Spitzenbelastung, zum Teil aber auch von ihrer Durchschnittsbelastung her nicht angehoben, sondern sogar abgesenkt (z. B. Absenkung der Einkommensteuerspitzenbelastung auf gewerbliche Einkünfte auf 47% und der Körperschaftsteuer auf 45%).

Darüber hinaus weisen einschlägige Studien finanz- und wirtschaftswissenschaftlicher Institute nach, daß die durchschnittliche Steuerbelastung insbesondere in der Einkommensteuer in der Regel 35% nicht übersteigt.

Zahlreiche Ausnahmetatbestände und Steuervergünstigungen haben die Bemessungsgrundlage der Einkommensteuer, insbesondere für Spitzenverdiener soweit reduziert, daß die nominalen Steuersätze nicht mehr die Realität der Steuerbelastung wiedergeben.

Eine Reform der Einkommensteuer ist daher schnellstmöglich geboten. Der Abbau von Steuervergünstigungen und legalen Ausweichmomenten bei der Einkommensbesteuerung muß dabei das vorrangige Ziel sein. Damit können die nominalen Steuersätze gesenkt werden.

Diese Reform wird den verfassungsrechtlichen Spielraum für eine ergänzende Vermögensteuer erhöhen.

Der vorliegende Gesetzentwurf geht von der durchschnittlich anzunehmenden Ertragsbesteuerung derzeit aus und verzichtet daher auf eine Erhöhung der Steuersätze in der Vermögensteuer. Bei einer Gesamtreform der direkten Steuern und bei Einführung einer Energiesteuer im Rahmen einer ökologischen Steuerreform müssen die Steuersätze erneut überprüft werden.

Den verfassungsrechtlichen Vorgaben, daß das Gebrauchsvermögen im Wert eines durchschnittlichen Einfamilienhauses sowie Vorsorgeleistungen für das Alter und der besondere Schutz von Ehe und Familie durch die Besteuerung nicht ausgehöhlt werden dürfen, entspricht der Gesetzentwurf durch angemessene Erhöhung des persönliches Freibetrages für Ledige und Ehepaare.

Darüber hinaus wird das Familiengut auch im Todesfall eines Ehegatten weiterhin geschützt. Weitere Freibeträge berücksichtigen die Familiensituation mit Kindern, für Schwerbehinderte und für alte Menschen. Die steuerliche Mehrbelastung, die sich aufgrund der Neubewertung der Betriebsgrundstücke ergeben würde, wurde bereits im Rahmen des Bewertungsgesetzes ausreichend berücksichtigt.

Die allgemeine Finanzsituation der öffentlichen Haushalte, die öffentliche Verschuldung und die Anforderungen an den Sozialstaat angesichts dramatisch hoher Arbeitslosigkeit und anhaltender konjunktureller Stagnation, ist es keinesfalls zu verantworten, daß der Staat ein Steuergeschenk in Höhe von 7,9 Mrd. zugunsten der ohnehin Wohlhabenden verteilt.

Im Gegenteil, der Beitrag der Vermögenden zur Finanzierung gesamtstaatlicher Aufgaben muß erhöht werden. Der vorliegende Gesetzentwurf sieht daher Mehreinnahmen bei der Vermögensteuer in Höhe von rd. 5 Mrd. DM vor.

Artikel 3 – Reform der Erbschaft- und Schenkungsteuer

Im kommenden Jahrzehnt werden in der Bundesrepublik Deutschland rd. 3 Billionen DM Vermögenswerte durch Vererbung in die nächste Generation übergehen.

Dies ist Ausdruck wirtschaftlicher Prosperität der vergangenen Jahrzehnte. Staatliche Maßnahmen und wirtschaftlicher Erfolg haben den Aufbau hoher Vermögenswerte in der Bundesrepublik Deutschland ermöglicht.

Aber diese Vermögenswerte sind, wie eingangs dargestellt, nicht gleichmäßig verteilt. Gut ein Drittel des Gesamtvermögensbestandes in der Bundesrepublik Deutschland liegen in den Händen von nur 5% der Haushalte. Eine Anzahl dieser hohen Vermögensbestände kommen aufgrund der demographischen Entwicklung jetzt in den Erbgang. Schätzungsweise bis zu 300 Mrd. DM jährlich werden in den nächsten zehn Jahren vererbt.

Das Bundesverfassungsgericht hat zu Recht festgestellt, daß das kleine und mittlere Familiengut unbesteuert im Kreis der Familie an die nächste Generation übergehen können muß. Aber verteilungspolitisch ist es angesichts der gegenwärtigen Krise der öffentlichen Haushalte und der dramatischen Einschnitte in das soziale Netz der Bundesrepublik Deutschland dringend geboten, hohe Privatvermögen beim Übergang in die nächste Generation zur Finanzierung sozialstaatlicher Notwendigkeiten stärker heranzuziehen als bisher.

Diesen Zielsetzungen trägt der vorliegende Gesetzentwurf Rechnung.

Das Gebrauchsvermögen einer durchschnittlichen Familie in der Bundesrepublik Deutschland wird mit einem neuen Nachlaßfreibetrag für Ehegatten/Lebenspartner, Kinder und deren Abkömmlinge sowie Eltern und Voreltern in Höhe von 400 000 DM von der Erbschaftsteuer freigestellt. Die bisher bereits vorhandenen Freibeträge für Hausrat und andere Gegenstände des persönlichen Gebrauchs werden angemessen erhöht. Der Versorgungssituation von Ehegatten, Lebenspartnern, Kindern, alten Menschen und Behinderten nach dem Tod eines Erblassers wird ebenfalls durch einen Versorgungsfreibetrag von 100 000 DM je zu versorgende Person Rechnung getragen.

Trotz dieser hohen Freibeträge wird die Bemessungsgrundlage für die Erbschaftsteuer aufgrund der Neubewertung des Grundvermögens drastisch erhöht. Diese Tatsache und die Vorgaben des Bundesverfassungsgerichtes, daß die Testierfreiheit eines Erblassers nicht steuerlich ausgehöhlt werden dürfe, berücksichtigt der vorliegende Gesetzentwurf durch eine Absenkung der Steuersätze. So wird in Zukunft für Familienangehörige eine maximale Steuerbelastung von 35% erreicht und für alle übrigen Erwerber von 45%.

Dies ist vor allem vor dem Hintergrund der Situation kleiner und mittlerer Unternehmen (insbesondere Handwerksbetrieben) notwendig, in denen immer öfter die Situation eintritt, daß der elterliche Betrieb nicht von den Kindern übernommen wird. Deshalb müssen die Steuersätze auch eine akzeptable Situation für Vermächtnisnehmer oder andere Formen der Betriebsübernahme schaffen. Ansonsten sind hier Millionen von Arbeitsplätze zusätzlich bedroht, da die steuerliche Belastung eine Fortführung des Betriebes unmöglich machen würde.

Die Kontinuität von Unternehmen beim Generationswechsel wird ebenfalls durch eine Verdopplung des Grundfreibetrages bei Beibehaltung des bisher gültigen Bewertungsabschlages gewährleistet. Land- und forstwirtschaftliche Betriebe werden in diese Regelung einbezogen.

Das Aufkommen aus der Erbschaft- und Schenkungsteuer wird vor allem durch private Erbgänge um jährlich mindestens 6 Mrd. DM erhöht.

II. Besonderer Teil

Ziel des vorliegenden Gesetzentwurfs ist die Schaffung der verfassungsgemäßen rechtlichen Voraussetzungen für die weitere Erhebung der Vermögensteuer und Erbschaft- und Schenkungsteuer.

Zu Artikel 1 (Bewertungsgesetz)

Vorbemerkung

In Artikel 1 wird die Bewertung des Grundbesitzes für Vermögensteuer-, Erbschaftsteuer- und Grunderwerbsteuerzwecke neu geregelt. Die neue Grundbesitzbewertung ist als neuer vierter Abschnitt in den zweiten Teil des Bewertungsgesetzes, der die besonderen Bewertungsvorschriften enthält, aufgenommen worden. Die bisherige Einheitsbewertung des Grundbesitzes gilt für die Grundsteuer fort.

Zur besseren Gliederung des Bewertungsgesetzes sind die künftig nur noch für die Grundsteuer geltenden Bewertungsvorschriften für die neuen Länder, die an das Gesetz angehangen waren, ebenfalls in den zweiten Teil des Gesetzes als dritter Abschnitt eingefügt worden.

Damit konnten die Anwendungs- und Schlußvorschriften wieder in einen dritten Teil an das Ende des Bewertungsgesetzes gesetzt werden.

Neue Grundbesitzwerte sollen ab dem 1. Januar 1996 festgestellt werden. Die neuen Grundbesitzwerte werden nur in den Fällen ermittelt, in denen sie für die Vermögen-, Erbschaft- und Schenkungsteuer sowie die Grunderwerbsteuer benötigt werden. Dabei werden die tatsächlichen Verhältnisse vom Besteuerungszeitpunkt und die Wertverhältnisse vom 1. Januar 1996 zugrunde gelegt. Die Wertverhältnisse werden aus Gründen der Praktikabilität und Verwaltungsvereinfachung für sechs Jahre festgeschrieben.

Für land- und forstwirtschaftliche Betriebe werden im Rahmen der Bedarfsbewertung für Zwecke der Vermögen-, Erbschaft- und Schenkungsteuer sowie Grunderwerbsteuer aktualisierte Ertragswerte herangezogen. Als Alternative ist auf Antrag die Bewertung nach dem Einzelertragswertverfahren vorgesehen.

Zur Abmilderung der steuerlichen Mehrbelastung durch die Neubewertung des Grundbesitzes werden für gewerbliche Betriebe sowie land- und forstwirtschaftliche Betriebe ein Freibetrag von 1 Mio. DM und ein Bewertungsabschlag von 25% eingeräumt. Damit ist sichergestellt, daß Kleinbetriebe und bäuerliche Familienbetriebe weder durch die Vermögensteuer noch durch die Erbschaft- und Schenkungsteuer übermäßig belastet werden.

Für die Ermittlung der neuen Grundstückswerte des Grundvermögens soll künftig folgendes gelten:

Unbebaute Grundstücke werden nach dem Vergleichswertverfahren auf der Grundlage von Bodenrichtwerten bewertet, die von den Gutachterausschüssen ermittelt und bei der Bewertung des einzelnen Grundstücks nur noch an eine abweichende bauliche Nutzung angepaßt werden sollen. Weitere wertbeeinflussende Merkmale bleiben außer Ansatz bzw. werden durch einen generellen Abschlag von 20% abgegolten.

Die bebauten Grundstücke werden überwiegend im Wohn-/Nutzflächenverfahren, Industriegrundstücke allerdings weiter nach dem bisherigen Kubikmeterverfahren bewertet. Für Mietwohngrundstücke wird die Wertermittlung nach einem Ertragsverfahren vorgenommen. Auf die Einbeziehung des Bodenwertes wird dabei verzichtet.

Beim Wohn-/Nutzflächenverfahren setzt sich der Grundstückswert aus dem Bodenwert und dem Gebäudewert zusammen. Der Bodenwert bemißt sich nach der Grundstücksgröße und dem für das Grundstück anzusetzenden Flächenpreis pro Quadratmeter. Der Gebäudewert ergibt sich aus der Wohn-/Nutzfläche des Gebäudes und dem Flächenpreis pro Quadratmeter Wohn-/Nutzfläche. Die Höhe des Flächenpreises ist von der Grundstücksart, der Nutzung und der Ausstattungsgüte abhängig. Der so ermittelte Gebäudenormalherstellungswert wird um eine Alterswertminderung gekürzt. Die Summe aus Boden- und Gebäudewert ist um einen generellen Abschlag von 20% zu kürzen. Durch diesen Abschlag soll insbesondere der geringeren Ertragsfähigkeit von Grundstücken im Vergleich zu anderen Vermögensgegenständen angemessene Rechnung getragen werden. Zusätzlich wird der Abschlag um 10% für diejenigen Grundstücke erhöht, die mit einer energiesparenden Heizungstechnik ausgestattet sind oder werden.

Bei Miet-/Wohngrundstücken kann der Gebäudewert in einem vereinfachten Ertragswertverfahren unter Ansatz der aus den letzten drei Jahren vor dem Besteuerungszeitpunkt abgeleiteten Jahresrohmiete ermittelt und im Feststellungsverfahren angesetzt werden. Der Grundstückseigentümer hat die Möglichkeit, einen gegebenenfalls niedrigeren tatsächlichen Grundstückswert nachzuweisen; dieser wird dann der Besteuerung zugrundegelegt.

Das neue Wohn-/Nutzflächenverfahren ersetzt grundsätzlich das bisherige Ertragswertverfahren. Die so ermittelten Grundstückswerte erreichen rund 80% des Verkehrswertes, bei Industriegrundstücken werden ca. 84% des Verkehrswertes erreicht.

Der Grundstückswert typischer Gewerbegrundstücke wird in einem Sachwertverfahren bewertet. Der Grundstückswert setzt sich hier aus dem getrennt ermittelten Boden- und Gebäudewert zusammen. Dabei wird der Gebäudewert unter Ansatz des umbauten Raums und aktualisierter Raummeterpreise berechnet. Das Alter des Gebäudes zum Bewertungsstichtag wird durch eine Alterswertminderung berücksichtigt. Auch beim Sachwertverfahren wird der Ausgangswert aus Boden- und Gebäudewert um einen generellen Abschlag von 20% zur Berücksichtigung möglicher Wertminderungen gemäßigt.

Zu den einzelnen Vorschriften:

Zu Nummer 1 (§ 17 BewG)

Der Geltungsbereich der einzelnen Vorschriften des Bewertungsgesetzes muß neu geregelt werden, da die Einheitswerte nur noch für die Grundsteuer und die neuen Grundbesitzwerte für die Vermögensteuer, Erbschaftsteuer und Grunderwerbsteuer Anwendung finden.

Zu Nummer 2 (§ 18 BewG)

Die Angabe der Vorschriften des Zweiten Teils des Bewertungsgesetzes, nach denen die einzelnen Vermögensarten zu bewerten sind, wird durch die vorgenommenen Ergänzungen aktualisiert.

Zu Nummer 3 (§ 19 BewG)

Redaktionelle Anpassung an die Neuregelungen des Bewertungsgesetzes.

Zu den Nummern 4 und 5 (§§ 23 und 24 BewG)

Bei den Änderungen bzw. Streichungen handelt es sich um eine Anpassung an die zukünftig nur noch eingeschränkte Bedeutung der Einheitswerte des Grundbesitzes für die Grundsteuer.

Zu Nummer 6 (§ 28 BewG)

Die Erklärungspflicht zur Feststellung des Grundbesitzwertes werden den neuen Vorschriften angepaßt.

Zu Nummer 7 (§ 30 BewG)

Die Abrundung der Einheitswerte für Grundbesitz auf volle Hundert Deutsche Mark nach unten wird beibehalten. Die Vorschrift zur Abrundung des Grundbesitzwertes nach Abschnitt 4 des Bewertungsgesetzes wird in Abschnitt 4 vorgenommen.

Zu Nummer 8 (§ 91 BewG)

Redaktionelle Anpassung an die Neuregelung der Grundbesitzbewertung.

Zu den Nummern 9 bis 12 (§§ 95, 98 a, 109, 109 a BewG)

Es handelt sich um eine redaktionelle Änderung nach Wegfall der Einheitsbewertung für das Betriebsvermögen.

Zu Nummer 13 (§ 111 BewG)

Es handelt sich um eine Ergänzung der Freistellungsvorschriften. Leistungen und Entschädigungen nach dem Rehabilitierungsgesetz für Opfer des SED-Regimes bleiben bei der Bewertung des Gesamtvermögens außer Ansatz.

Zu den Nummern 14 und 15 (§§ 114, 116 BewG)

Es handelt sich um eine redaktionelle Änderung nach Wegfall der Einheitsbewertung.

Zu Nummer 16 (§ 117 a BewG)

Der Freibetrag für die Ermittlung des Gesamtvermögens für Betriebe wird gegenüber heute verdoppelt. Land- und forstwirtschaftliches Vermögen, soweit es zu einem aktiven Betrieb und ertragsteuerlich nicht zum Privatvermögen gehört, wird in die Freibetrag- und geltende Abschlagregelung einbezogen. Damit wird der Neubewertung von Betriebsgrundstücken nach Abschnitt 4 des Bewertungsgesetzes, die bis zu einer Verzehnfachung des Grundbesitzwertes von Betriebsvermögen gegenüber der heutigen Einheitsbewertung führen kann, angemessen entgegengewirkt. Damit kann die Steuerbelastung für Betriebsvermögen und Betriebe der Land- und Forstwirtschaft annähernd auf dem heutigen Niveau gehalten werden.

Zu Nummer 17 (§ 118 BewG)

Es handelt sich um eine redaktionelle Änderung nach Wegfall der Einheitsbewertung für das Betriebsvermögen.

Zu Nummer 18 (Überschrift vor § 121 a BewG)

Es handelt sich um eine Folgeänderung der systematischen Neuordnung des Bewertungsgesetzes.

Zu Nummer 19 (§ 121 a BewG)

Der Anwendungsbereich des § 121 a wird auf die Grundsteuer reduziert. Für die übrigen Steuern hat die Vorschrift ihre Bedeutung verloren.

Zu Nummer 20 (§ 121 b BewG)

Die Bedeutung dieser Vorschrift ist zum 31. Dezember 1992 ausgelaufen. Sie kann daher gestrichen werden.

Zu Nummer 21 (§ 122 BewG)

Die bisherigen Absätze 2 bis 5 des § 122 BewG sind infolge Zeitablaufs überholt. Die jetzige Regelung enthält nur die geltenden Bestimmungen sowie eine redaktionelle Anpassung an die Zitierweise des Bodenschätzungsgesetzes in den §§ 50 und 60 BewG.

Zu Nummer 22 (§ 123 BewG)

Die Ermächtigung zum Erlaß von Rechtsverordnungen zu verschiedenen Vorschriften des Bewertungsgesetzes, die bisher in § 123 Abs. 1 enthalten war, bildet nunmehr den einzigen Inhalt des § 123. Die bisher in Absatz 2 enthaltene Ermächtigung zur Neufassung des Bewertungsgesetzes wird als § 158 in die Schlußbestimmungen übernommen.

Zu Nummer 23 (§ 124 BewG)

Der Anwendungszeitpunkt wird nun in § 159 geregelt.

Zu Nummer 24 (Überschrift vor § 125 BewG)

Der bisherige vierte Teil des Bewertungsgesetzes mit den Sondervorschriften für die Bewertung von Vermögen in den neuen Bundesländern ist künftig dritter Abschnitt der besonderen Bewertungsvorschriften.

Zu Nummer 25 (§ 133 BewG)

Die Sondervorschrift für die Anwendung der Einheitswerte von 1935 in den neuen Bundesländern wird für die Grunderwerbsteuer bis zum 31. Dezember 1998 verlängert. Dies geschieht, um die Wohneigentumsförderung in den neuen Bundesländern zu fördern.

Zu Nummer 26 (§ 135 BewG)

Die Aufhebung erfolgt infolge Zeitablaufs.

Zu Nummer 27 (§ 136 BewG)

Die neuen Bundesländer sollen ab 1997 den alten Bundesländern vermögensteuerlich und bewertungsrechtlich gleichgestellt werden. Die bisherige Sondervorschrift wird aufgehoben.

Zu Nummer 28 (Vierter Abschnitt des Bewertungsgesetzes)

Vorbemerkung

Der neue Vierte Abschnitt regelt die Neubewertung des Grundbesitzes für die Erhebung der Erbschaftsteuer ab 1996, der Vermögensteuer und Grunderwerbsteuer ab 1997. Das vorgesehene Konzept entspricht im wesentlichen dem der Bundesregierung, unterscheidet sich jedoch in einzelnen Details. So wird der generelle Bewertungsabschlag in § 155 gegenüber dem Ansatz der Bundesregierung um 10% reduziert. Dadurch erreichen die Grundstückswerte durchschnittlich 80% der Verkehrswerte (Industriegrundstücke rd. 84%)

Zu den Vorschriften im einzelnen

§ 138

Anstelle der Einheitswerte 1935 und Ersatzwirtschaftswerte für die Land- und Forstwirtschaft in den neuen Ländern sowie der Einheitswerte 1964 in den alten Ländern sind bei der Erbschaft- und Schenkungsteuer ab dem 1. Januar 1996 sowie bei der Vermögensteuer und der Grunderwerbsteuer ab dem 1. Januar 1997 neue Grundbesitzwerte zu ermitteln und entweder als land- und forstwirtschaftlicher Grundbesitzwert für Betriebe der Land- und Forstwirtschaft und für Betriebsgrundstücke im Sinne des § 99 Abs. 1 Nr. 2 BewG oder als Grundstückswert für die wirtschaftlichen Einheiten des Grundvermögens und für Betriebsgrundstücke im Sinne des § 99 Abs. 1 Nr. 1 BewG anzusetzen. Bei der Feststellung der neuen Grundbesitzwerte sind stets die Verhältnisse vom Besteuerungszeitpunkt – bei der Erbschaftsteuer ist dies der Erwerbszeitpunkt im Sinne von § 9 ErbStG – und die Wertverhältnisse vom 1. Januar 1996 zugrunde zu legen. Die Wertverhältnisse vom 1. Januar 1996 werden für einen Zeitraum von sechs Jahren festgeschrieben. Nach Ablauf des Festschreibungszeitraums müssen aus Gründen der Gleichmäßigkeit der Besteuerung die Bemessungsgrundlagen – bei unbebauten Grundstücken sind dies die Bodenrichtwerte, bei bebauten Grundstücken zusätzlich die Flächen- und Raummeterpreise – zumindest überprüft und gegebenenfalls den veränderten Verhältnissen auf dem Grundstücksmarkt angepaßt werden. Ebenso sind auch die standardisierten Ertragswerte für die Nutzungsteile der land- und forstwirtschaftlichen Betriebe zu überprüfen und gegebenenfalls an die veränderten Ertragsverhältnisse in der Land- und Forstwirtschaft anzupassen. In die Überprüfung sind auch die Freibeträge und Steuersätze für die Vermögensteuer sowie bei der Erbschaft- und Schenkungsteuer einzubeziehen.

Grundbesitzwerte sollen nur in den Fällen festgestellt werden, in denen sie für die Vermögensteuer, Erbschaftsteuer oder Grunderwerbsteuer benötigt werden.

Zu § 139

Sowohl die land- und forstwirtschaftlichen Grundbesitzwerte als auch die Grundstückswerte sollten nach unten auf volle tausend Deutsche Mark abgerundet werden. Damit wird den höheren Grundbesitzwerten auch bei der Abrundung im Interesse der Verwaltungsvereinfachung Rechnung getragen. Die Abrundung bewirkt bei Stückländereien im Bereich der Land- und Forstwirtschaft, daß für kleinere Flächen ein Grundbesitzwert unter tausend Deutsche Mark künftig nicht festgestellt wird.

Zu § 140

Die Vorschrift stellt die Übernahme der Definition des land- und forstwirtschaftlichen Vermögens gemäß § 33 BewG sicher.

Zu § 141

Diese Regelung enthält eine Beschreibung des Bewertungsobjekts „Betrieb der Land- und Forstwirtschaft" analog zu § 33 BewG. Aus Gründen der Gleichbehandlung mit dem gewerblichen Betriebsvermögen und entsprechend den ertragsteuerrechtlichen Regelungen sollen die Betriebswohnungen der Land- und Forstwirtschaft zukünftig zwar innerhalb des land- und forstwirtschaftlichen Vermögens verbleiben, jedoch dort gesondert bewertet werden.

Zu § 142

Die Vorschrift regelt die Bewertung des eigentlichen Betriebes (Betriebsteil) der Land- und Forstwirtschaft. In Absatz 2 wird das stark vereinfachte Ertragswertverfahren mit standardisierten Werten für die wichtigste Nutzung und die wichtigsten Nutzungsteile, die nach den maßgeblichen Kriterien für die Bildung des Ertragswerts differenziert sind, festgestellt. Sie entsprechen den Ertragswerten, die auch im Vorschlag der Bundesregierung enthalten sind. Diese sind aufgrund statistischer Unterlagen der Finanzverwaltung und weiteren statistischen Materials wie zum Beispiel die Ergebnisse der Agrarberichte der Bundesregierung ermittelt worden. Zur Vermeidung von Überbewertungen wurden von den errechneten mittleren Ertragswerten Sicherheitsabschläge vorgenommen.

In Absatz 3 ist vorgesehen, daß die Betriebe der Land- und Forstwirtschaft, die nach § 13 Abs. 2 ErbStG begünstigt werden, beantragen können, den Betriebswert insgesamt als Einzelertragswert zu ermitteln. Falls im Einzelfall von den durchschnittlichen Verhältnissen erheblich abweichende Ertragsbedingungen vorliegen, können durch diese Vorschrift Benachteiligungen vermieden werden.

Zu § 143

Absatz 1 stellt sicher, daß grundsätzlich der Wert für Betriebswohnungen und der Wert des Wohnteils nach denselben Verfahren wie beim Grundvermögen und damit wie für andere vergleichbare Wohnungen ermittelt werden. Da der Wohnteil eines Betriebes der Land- und Forstwirtschaft in der Regel eng verzahnt mit den Wirtschaftsgebäuden des Betriebes ist, wird zur Vereinfachung der Ermittlung des Bodenwertes für den Wohnteil eine Beschränkung der zu bewertenden Fläche auf das Fünffache der durch den Wohnteil bebauten Fläche vorgesehen. In Absatz 3 wird zur Berücksichtigung von Besonderheiten eine Ermäßigung des Ausgangswertes um 15% vorgesehen. Damit sollen Nachteile, die sich zum Beispiel aus der eingeschränkten Verkehrsfähigkeit für die auf dem Hof oder in deren unmittelbarer Nähe liegenden Wohnungen ergeben, abgegolten werden.

Zu § 144

Die Vorschrift entspricht der für die Einheitsbewertung geltenden Regelung in § 48 BewG.

Zu § 145

Die Vorschrift bestimmt den Begriff „unbebautes Grundstück".

Zu § 146

Die Vorschrift regelt die Bewertung unbebauter Grundstücke. Ausgangsgröße für die Ermittlung der Bodenwerte sind die Bodenrichtwerte, die von den Gutachterausschüssen der Gemeinden aus den von ihnen zu führenden Kaufpreissammlungen abgeleitet werden.

Zu § 147

Die Vorschrift regelt die Begriffsbestimmung von „bebauten Grundstücken". Sie entspricht weitgehend § 74 BewG.

Zu § 148

Die Vorschrift entspricht § 71 BewG.

Zu § 149

Die Vorschrift regelt die Unterscheidung von Grundstücksarten. Grundsätzlich wird zwischen Wohngrundstücken und Nichtwohngrundstücken unterschieden.

Bei den Wohngrundstücken wird neben den bisherigen Grundstücksarten 1- und 2-Familien-Häuser sowie Mietwohngrundstücke eine neue Grundstücksart „Wohnungseigentumsgrundstück" eingeführt. Dies ist erforderlich, weil der Gebäudewert von Wohnungseigentumsgrundstücken abweichend von den übrigen Wohngrundstücken ermittelt wird. Dies ist erforderlich, da die Flächenpreise von Wohnungseigentumsgrundstücken bereits die Alterswertminderung enthalten, die bei anderen Wohngrundstücken nicht enthalten ist. Im übrigen wurde die bisherige Unterteilung in 1-Familien-Häuser, 2-Familien-Häuser und Mietwohngrundstücke beibehalten. Für jede Grundstücksart sind gesonderte Flächenteile vorgesehen (vgl. Anlage 15 zu § 152 BewG).

Die Nichtwohngrundstücke werden unterschieden in Wohn-/Geschäftsgrundstücke, Gewerbegrundstücke und sonstige bebaute Grundstücke, die jeweils nach dem Kubikmeterverfahren (vgl. § 152 BewG) bewertet werden.

Zu § 150

Absatz 1 beschreibt den Grundstückswert. Zunächst ist der Ausgangswert zu ermitteln. Er wird als Summe von Bodenwert und Gebäudewert definiert. In Satz 2 wird auf den Abschlag zur Berücksichtigung der geringeren Ertragsfähigkeit von Grundvermögen im Vergleich zu anderem Vermögen, insbesondere zum Kapitalvermögen, hingewiesen. Durch den Abschlag (§ 155 BewG) sollen auch andere wertmindernde Umstände abgegolten sein.

Absatz 2 beschreibt die Ausnahmeregelung für Mietwohngrundstücke. Bei diesen soll abweichend vom üblichen Verfahren der Bodenwert nicht berücksichtigt werden. Dies geschieht insbesondere, um den Mietwohnungsbestand in Ballungsräumen zu schützen und zu vermeiden, daß künstlich hochgetriebenen Bodenrichtwerten den Mietwohnungsbestand gefährden.

Zu § 151

Der Bodenwert eines bebauten Grundstücks richtet sich wie bei einem unbebauten Grundstück nach den Bodenrichtwerten der Gutachterausschüsse.

Zu § 152

Bei der Ermittlung des Gebäudewertes wird von den durchschnittlichen Herstellungskosten nach den Baupreisverhältnissen zum 1. Januar 1996 ausgegangen. Die Herstellungskosten sind entweder auf einen Quadratmeter Wohn-/Nutzfläche oder auf einen Kubikmeter umbauten Raumes zu beziehen. Bei Wohnungseigentumsgrundstücken sollen die Flächenpreise aus stichtagsnahen Kauffällen abgeleitet werden, wobei ebenfalls eine Umrechnung auf einen Quadratmeter Wohn-/Nutzfläche vorgenommen wird.

Zu § 153

Die Vorschrift entspricht weitgehend § 86 BewG.

Zu § 154

Die Vorschrift besagt, daß bei Mietwohngrundstücken der Grundstückswert abweichend von den §§ 152 und 153 in einem Ertragswertverfahren zu ermitteln ist. Der Steuerpflichtige hat die zur Berechnung des Reinertrages des Gebäudes notwendigen Bewertungsgrundlagen, insbesondere die durchschnittliche Jahresrohmiete, nachzuweisen.

Die steuerliche Belastung von Mietwohngrundstücken durch die Vermögensteuer soll dabei nicht umlagefähig sein, damit eine Mehrbelastung der Mieter vermieden werden kann.

Zu § 155

Mit einem Abschlag von 20% sollen alle wertmindernden Umstände beim Grundbesitz abgegolten werden. Zu den wertmindernden Umständen gehören allgemein die geringere Ertragsfähigkeit von Grundvermögen im Vergleich zu Kapitalvermögen und anderen im Wirtschaftsverkehr leichter umsetzbaren Wirtschaftsgütern. Auch alle sonstigen Ermäßigungen, insbesondere wegen Baumängeln und Bauschäden, Lärm-, Geruchs- und Staubbelästigungen, Unterschutzstellungen nach dem Denkmalschutzgesetz, Altlasten und Bergschadensgefahren, sollen abgegolten sein. Im Gegensatz zur Bundesregierung, die einen Abschlag von 30% vorsieht und damit ungefähr 70% des Verkehrswertes vom Grundvermögen erreicht, sieht der vorliegende Gesetzentwurf eine Annäherung an die Verkehrswerte von ca. 80% vor. Sollten im Einzelfall mit dem hier vorgesehenen Wohn-/Nutzflächenverfahren Grundstückswerte auftreten, die über den Kaufpreisen liegen, so kann im Einzelnachweis der tatsächliche Grundstückswert zugrunde gelegt werden. Alle Untersuchungen deuten darauf hin, daß durch diese Regelung die Finanzverwaltung nur in einer sehr geringen Zahl von Fällen den vom Steuerpflichtigen nachgewiesenen Grundstückswert überprüfen muß.

Der öffentlich geförderte Wohnungsbau unterliegt bestimmten Mietpreis- bzw. Belegungsbindungen. Der Grundstückseigentümer darf keine höhere Miete als die Kostenmiete erheben; er ist bei der Überlassung der Wohnung an einen bestimmten Mieterkreis gebunden. Diesen Nachteilen stehen Vorteile aus den Fördermaßnahmen gegenüber, z. B. eine günstige Fremdfinanzierung durch unverzinsliche oder niedrigverzinsliche Darlehen der öffentlichen Hand oder Aufwendungsbeihilfen zur Deckung der laufenden Aufwendungen. Um Nachteile dieser Grundstückseigentümer gegenüber vergleichbaren Grundstücken der Umgebung, die sich aus Entwicklungen auf dem Wohnungs- und Kapitalmarkt ergeben können, auszugleichen, wird vorgeschlagen, daß bei Grundstücken, die den Mietpreis- bzw. Belegungsbindungen im öffentlichen Wohnungsbau unterliegen, ein um 5% höherer Abschlag zu gewähren ist.

Bei 1-Familien-Häusern, 2-Familien-Häusern sowie Mietwohngrundstücken, die mit einer ökologisch sinnvoll und aufwendigeren Heizungsanlage versehen sind, wird ein zusätzlicher Abschlag von 10% gewährt. Dies entspricht der Zusatzförderung nach § 9 Abs. 3 des Eigenheimzulagengesetzes für energiesparendes Heizen.

Zu § 156

In Anlehnung an § 91 Abs. 2 BewG sollen Gebäudeteile, die bis zum Bewertungsstichtag noch nicht fertiggestellt sind, zusätzlich zu dem Bodenwert nach dem Grad ihrer Fertigstellung und der zukünftigen Nutzung berücksichtigt werden.

Zu § 157

Damit sich die vereinfachte Grundstücksbewertung für den Steuerpflichtigen nicht zu seinem Nachteil auswirkt, kann der Steuerpflichtige gegenüber dem Finanzamt nachweisen, daß der tatsächliche Grundstückswert am 1. Januar 1996 niedriger als der nach den Bewertungsvorschriften ermittelte Grundstückswert ist. In diesem Fall ist der tatsächliche Grundstückswert als steuerlicher Grundstückswert anzusetzen.

Zu Nummer 29 (§§ 158 und 159 BewG)

Die Vorschriften enthalten die bisher in den §§ 123 und 124 BewG enthaltenen Schlußbestimmungen des Bewertungsgesetzes.

Zu Nummer 30 (Anlagen 14 bis 17)

In der Anlage 14 sind die Grundstücke genannt, deren Gebäude in der Nutzung für einen bestimmten Gewerbebetrieb besonders gestaltet sind. Die Anlagen 15 und 16 zu § 152 BewG enthalten die Flächen-, Raummeter- und Festpreise zur Ermittlung der Grundstückswerte.

Anlage 17 enthält die für ein Ertragswertverfahren erforderlichen Vervielfältiger unter Berücksichtigung eines Zinssatzes von 5%, gestaffelt nach der Restnutzungsdauer.

Zu Artikel 2 (Vermögensteuer)

Vorbemerkung

Wie im allgemeinen Teil der Begründung bereits dargelegt, läßt der Unterschied zwischen nomineller und faktischer Steuerbelastung bei der Ertragsteuer ausreichenden verfassungsrechtlichen Spielraum für die Beibehaltung der Vermögensteuer. Der vorliegende Gesetzentwurf setzt die Vorgaben des Bundesverfassungsgerichtes zur Freistellung des Gebrauchsvermögens durch eine ausreichende Anhebung der Freibeträge um.

Mit der Beibehaltung und Neuregelung der Vermögensteuer zum 1. Januar 1997 wird auch eine neue Vermögensteuerhauptveranlagung zu diesem Zeitpunkt durchgeführt. Dabei soll die Vermögensteuer ab diesem Zeitpunkt auch in den neuen Bundesländern erhoben werden. Eine weitere Aussetzung der Vermögensteuer in den neuen Ländern über den 31. Dezember 1996 hinaus ist EG-rechtlich nicht mehr zulässig und könnte unter dem Gesichtspunkt der Gleichbehandlung zu verfassungsrechtlichen Bedenken führen. Auch die verwaltungstechnischen Defizite, die unter anderem für die bisherige Aussetzung der Vermögensteuer angeführt wurden, sind inzwischen weitgehend ausgeglichen worden.

Zu Nummer 1 (§ 6 VStG)

Die Freibeträge für natürliche Personen stellen durch die Schonung kleinerer bis mittlerer Vermögen sicher, daß das sogenannte Gebrauchsvermögen nicht der Vermögensteuer unterliegt. Zum Wert eines solchen Gebrauchsvermögens hat das Bundesverfassungsgericht ausgeführt, daß er sich an dem Wert „durchschnittlicher Einfamilienhäuser" orientieren könne.

Zur Ermittlung der Wertgröße eines „durchschnittlichen Einfamilienhauses" wurden neuere Untersuchungen auf der Grundlage von Daten des Statistischen Bundesamtes herangezogen. Danach besitzen in der Bundesrepublik Deutschland 14,5 Millionen Haushalte Immobilienvermögen. Im Durchschnitt besitzt jeder Haushalt Immobilienvermögen in Höhe von 426 300 DM (Bruttoverkehrswert). Die durchschnittlichen Immobilienschulden je Haushalt liegen bei 121 200 DM. Somit ergibt sich ein durchschnittlicher Nettoverkehrswert von 305 100 DM.

Damit würde ein Freibetrag von rd. 300 000 DM das „durchschnittliche Einfamilienhaus" von der Besteuerung freistellen. Allerdings besitzt ein knappes Viertel aller Haushalte mit Immobilienvermögen Grundbesitz in Großstädten. Der Immobilienwert in Ballungsräumen liegt dort in der Regel über 426 000 DM (brutto) bzw. 305 000 DM (netto). Um auch das durchschnittliche, in Ballungsräumen gelegene Immobilienvermögen durch einen Freibetrag zu entlasten, scheint ein Zuschlag von 50 000 DM angemessen und ausreichend.

Aus den Zahlen des Statistischen Bundesamtes ergibt sich somit, daß ein Freibetrag von 350 000 DM (= Nettoverkehrswert) ausreicht, um das sogenannte „durchschnittliche Einfamilienhaus" bzw. das Gebrauchsvermögen von der Besteuerung freizustellen.

Entsprechend verfassungsrechtlicher Vorgaben bleiben bei der Veranlagung von Ehegatten 700 000 DM vermögensteuerfrei. Zur Wahrung der Kontinuität des Ehe- und Familiengutes, auf welches sich die Ehegatten eingestellt und ihre individuelle Lebensgestaltung ausgerichtet haben, sieht der Gesetzentwurf eine Fortführung des Ehegattenfreibetrages durch den überlebenden Ehegatten vor. Dies ist notwendig, weil der überlebende Ehegatte für den Tod des Partners wegen der Veranlagung zur Erbschaftsteuer nicht noch durch eine zusätzliche Vermögensteuerpflicht schlechter gestellt werden soll, wie vor dem Tod des Partners.

Der Gesetzentwurf bleibt an dieser Stelle unbefriedigend, weil die heutige Vielfalt der Lebensgemeinschaften und -partnerschaften in der Bundesrepublik Deutschland grundsätzlich eine Gleichstellung unehelicher und anderer Lebensgemeinschaften mit Verheirateten notwendig macht. Die Gleichstellung aller Lebenspartnerschaften mit der ehelichen Gemeinschaft muß durch eine Reform des Ehe- und Familienrechtes erreicht werden. Letztendlich muß das Grundgesetz dahin gehend geändert werden, daß der besondere Schutz des Staates auf das Zusammenleben mit Kindern beschränkt wird, und die individuelle Entscheidung zur ehelichen Gemeinschaft als Form des Zusammenlebens nicht länger zu unverhältnismäßigen Steuervorteilen führt.

Durch die vorgesehene Erhöhung des Freibetrages für Grundvermögen erscheint es angemessen, den zusätzlichen Freibetrag für jedes Kind, das mit einem Steuerpflichtigen zusammen veranlagt wird, auf 100 000 DM zu beschränken.

Damit bleibt zum Beispiel bei einer Familie mit zwei Kindern ein Familienvermögen bis zu 900 000 DM von der Vermögensteuer befreit. Der Gesetzentwurf sieht eine Gleichstellung aller Kindschaftsverhältnisse zu ehelichen Kindern vor. Das geltende Recht sah eine Vermögensteuerbefreiung bis zu 480 000 DM für die gleiche Familie vor. Mit den neuen Freibeträgen wird nahezu eine Verdopplung für die Familie gegenüber dem geltenden Recht erreicht. Damit werden auch die neuen Grundbesitzwerte ausreichend aufgefangen.

Darüber hinaus wird der Freibetrag wegen Alters oder Behinderung unter Berücksichtigung der Geldentwertung und der gestiegenen Bedeutung der Alters- und Existenzsicherung auf 100 000 DM angehoben. Das bedeutet eine Verdopplung gegenüber dem bisherigen Recht.

Zu Nummer 2 (§ 7 VStG)

Land- und forstwirtschaftliche Betriebe werden nunmehr in die Freibetrags- und Abschlagregelung des § 117 a BewG einbezogen. Daher ist eine zusätzliche Freibetragsregelung, wie sie § 7 VStG vorsah, nicht mehr notwendig. Die Regelung wird gestrichen.

Zu Nummer 3 (§ 14 VStG)

Grundsätzlich wird an der bisherigen Regelung der Zwangszusammenveranlagung familienrechtlich verbundener, in Haushaltsgemeinschaft lebender Personen festgehalten. Allerdings werden Wahlmöglichkeiten eröffnet, nach denen jeder Beteiligte an der Veranlagungsgemeinschaft die getrennte Veranlagung beantragen kann. Bei Kindern eröffnet diese

Option die Möglichkeit, bei vorhandenem eigenen Vermögen wie eine unbeschränkte steuerpflichtige natürliche Person behandelt und mit einer solchen gleichgestellt zu werden (§ 6 Abs. 1).

Ehegatten eröffnet die Option die Möglichkeit, ihre Vermögensverhältnisse nicht gegenseitig offenbaren zu müssen. Auch sie können eine getrennte Veranlagung beantragen. Diese Regelung ist insbesondere dazu gedacht, die eigenständige Position von Kindern und Ehefrauen in einer ehelichen Gemeinschaft zu stärken.

Zu Nummer 4 (§ 19 VStG)

Die Regelungen zur Abgabe von Vermögensteuererklärungen werden redaktionell an die neuen Freibeträge angepaßt.

Zu Nummer 5 (§ 24 b VStG)

Die befristete Aussetzung der Vermögensteuer für ehemalige Betriebe der Treuhandgesellschaft in den neuen Bundesländern ist zeitlich überholt und wird daher aufgehoben.

Zu Nummer 6 (§ 24 c VStG)

Wie in der Vorbemerkung dargelegt, soll die Vermögensteuer 1997 auch in den neuen Bundesländern erhoben werden. Die Befreiung ist daher aufzuheben.

Zu Nummer 7 (§ 25 VStG)

Regelung der Anwendung des neuen Vermögensteuergesetzes ab dem Kalenderjahr 1997.

Zu Artikel 3 (Änderung des Erbschaftsteuer- und Schenkungsteuergesetzes)

Vorbemerkung

Wie bereits im allgemeinen Begründungsteil ausgeführt, ist es angesichts der allgemeinen finanziellen Situation der öffentlichen Haushalte und der sozialstaatlichen Notwendigkeiten unverzichtbar, das Erbschaftsteueraufkommen stärker zu verteilungspolitischen Zwecken heranzuziehen. Demzufolge sieht der vorliegende Gesetzentwurf eine Erhöhung des Erbschaftsteueraufkommens, also eine stärkere Belastung der Erbengemeinschaft vor.

Dies betrifft aber nicht die kleinen und mittleren Familienvermögen, die entsprechend den Vorgaben des Bundesverfassungsgerichts erbschaftsteuerfrei im Kreis der Familie übergehen sollen.

Ein neu eingeführter Nachlaßfreibetrag in Höhe des wie bereits bei der Vermögensteuer ausgeführten Wertes eines „durchschnittlichen Einfamilienhauses" gewährleistet, daß das Familiengebrauchsvermögen zukünftig nicht belastet wird. Der ebenfalls vom Bundesverfassungsgericht geforderten Berücksichtigung der Unternehmensituation und -kontinuität beim Generationswechsel von Gewerbebetrieben und land- wie forstwirtschaftlichen Betrieben wird durch eine Verdopplung des bisherigen Freibetrages Rechnung getragen.

Obwohl mit dem Nachlaßfreibetrag der überwiegende Teil der kleineren und mittleren Erbschaftsfälle zukünftig aus der Besteuerung herausfallen, wird durch die neue Grundbesitzbewertung eine Ausweitung der Bemessungsgrundlage auch bei der Erbschaftsteuer erreicht. Die neue Grundbesitzbewertung erreicht den Verkehrswert zu rd. 80 %. Dies bedeutet je nach Grundstückslage und -qualität eine Verzehnfachung des heute zugrunde gelegten Einheitswertes.

Das Bundesverfassungsgericht hat ebenfalls verfügt, daß der größte Teil des Familienvermögens belastungsfrei übergehen können müsse und der Kern des Erbrechts garantiert werden muß, das heißt der größte Teil des Erbes dem Erben belassen bleiben muß. Diesen Vorgaben trägt der vorliegende Gesetzentwurf durch eine Absenkung der Steuersätze unter 50% Rechnung. Dem gleichen Ziel sowie der Verwaltungsvereinfachung dient die vorgesehene Reduktion der bisherigen vier Steuerklassen auf zwei Steuerklassen, die nur noch zwischen Familienangehörigen und übrigen Erwerbern unterscheiden.

Zu Nummer 1 (§ 12 ErbStG)

Die Vorschrift wird den neuen Bewertungsvorschriften für Grundbesitz im vierten Abschnitt des zweiten Teils des Bewertungsgesetzes angepaßt.

Zu Nummer 2 (§ 13 ErbStG)

Die bisher bereits gültigen Steuerbefreiungen für Hausrat und andere bewegliche körperliche Gegenstände werden entsprechend der Preisentwicklung der vergangenen Jahrzehnte angemessen angehoben.

In Buchstabe b wird die durch die Neubewertung von Grundbesitz notwendig gewordene Anhebung der Freibeträge für inländisches Betriebsvermögen vorgenommen. Analog den Neuregelungen in § 117a BewG wird ebenfalls das land- und forstwirtschaftliche Vermögen in die Regelungen für Betriebsvermögen einbezogen.

Im Gegensatz zu den Vorschlägen der Bundesregierung wird der Ausgleich für die Neubewertung des Grundbesitzes über eine Verdopplung des Freibetrages vorgenommen. Eine darüber hinausgehende Anhebung des Abschlags von 25% für den verbleibenden Wert des Betriebsvermögens oder des land- und forstwirtschaftlichen Vermögens wird nicht für notwendig erachtet.

Damit schützt der vorliegende Gesetzentwurf insbesondere kleine und mittlere Unternehmen beim Unternehmensübergang aufgrund von Generationswechsel. Große Betriebsvermögen können durchaus eine Anhebung der Steuerbelastung entsprechend ihrer Leistungsfähigkeit verkraften.

Die bereits im Jahressteuergesetz 1996 vorgenommene Verlängerung der Stundungsmöglichkeiten für die Erbschaftsteuer auf zehn Jahre sichert zusätzlich die Finanzierbarkeit der Erbschaftsteuerbelastung aus den Erträgen des Gewerbebetriebes oder des land- und forstwirtschaftlichen Betriebes. Darüber hinausgehende unbillige Härten können im Wege der Verwaltungsregelung vermieden werden.

Zu Nummer 3 (§ 14 ErbStG)

Der Vom-Hundert-Satz bei der Berücksichtigung früherer Erwerbe für die Berechnung der Erbschaftsteuer wird an den neuen Spitzensteuersatz in der Steuerklasse II angepaßt.

Zu Nummer 4 (§ 15 ErbStG)

Der § 15 sieht nur noch zwei Steuerklassen vor, wobei die bisherigen Steuerklassen I bis III in der jetzigen Steuerklasse I zusammengefaßt und die bisherige Steuerklasse IV zu Steuerklasse II wird.

Dies geschieht zum einen aus Gründen der Verwaltungsvereinfachung zur Erhebung und Berechnung der Erbschaftsteuer zum anderen zur Befolgung der Vorgaben des Bundesverfassungsgerichtes zum besonderen Schutz des Familiengutes beim Erbgang, aber auch zum besonderen Schutz der Testierfreiheit des Erblassers.

Mit der neuen Steuerklassen II wird gewährleistet, daß auch Erben, die aufgrund einer testamentarischen Verfügung eingesetzt werden und nicht zu den Familienangehörigen in der Steuerklasse I gehören und daher nicht in den Genuß des Nachlaßfreibetrages für die engsten Familienangehörigen kommen, das ihnen zugedachte Erbe antreten können, ohne daß der überwiegende Teil des Erbes durch steuerliche Regelungen verlorengeht. Dies ist insbesondere auch für den Generationswechsel bei kleinen und mittleren Unternehmen unerläßlich.

Die Steuerklasse I stellt den Ehegatten/die Ehegattin dem Lebenspartner/der Lebenspartnerin bei der Anwendung der Steuersätze für Familienangehörige gleich. Ebenfalls wird in Nummer 2 der Steuerklasse I eine Gleichstellung aller Kindschaftsverhältnisse vorgenommen.

Zu Nummer 5 (§ 16 ErbStG)

In § 16 wird anstelle des bisherigen persönlichen Freibetrages ein Nachlaßfreibetrag für das Gebrauchsvermögen einer Familie eingeführt. Danach bleiben bei der Bemessung der Erbschaftsteuer für den Ehegatten/die Ehegattin, den Lebenspartner/die Lebenspartnerin sowie für alle Kindschaftsverhältnisse und die Eltern und Voreltern ein Erwerb von insgesamt 400 000 DM steuerfrei. Der Betrag entspricht den Grundsätzen zur Ermittlung des Wertes eines „durchschnittlichen Einfamilienhauses" wie sie bereits bei den Erläuterungen zur Vermögensteuer begründet wurden. Der Nachlaßfreibetrag wird beim Erwerb durch mehrere Erben aufgeteilt. Dies verhindert, daß durch geschickte Vermögensverteilung der Gesamtnachlaß der Besteuerung entzogen wird.

Zu Nummer 6 (§ 17 ErbStG)

Zusätzlich zum Nachlaßfreibetrag nach § 16 wird dem überlebenden Ehegatten oder dem Lebenspartner bzw. den Kindern ein besonderer Versorgungsfreibetrag von 100 000 DM gewährt. Dieser Versorgungsfreibetrag wird auch für Kinder gewährt, die mit dem überlebenden Ehegatten oder Lebenspartner in häuslicher Gemeinschaft verbleiben, aber selber keinen Anteil am Erbe haben. Damit soll insbesondere der Situation von Familien Rechnung getragen werden, wo der Ernährer durch einen plötzlichen Todesfall wegfällt, die Kinder aber noch nicht zur Bestreitung des eigenen Lebensunterhaltes in der Lage sind. Zur Berücksichtigung der zunehmenden Bedeutung von privaten Vorsorgemaßnahmen wird zukünftig auf die Einbeziehung von Versorgungsbezügen, die aus Anlaß des Todes des Erblassers nicht der Erbschaftsteuer unterliegen, verzichtet. Auf die Abschmelzung des besonderen Versorgungsfreibetrages für Kinder je nach Alter soll in Zukunft verzichtet werden.

Zu Nummer 7 (§ 19 ErbStG)

Es wird ein erheblich vereinfachter (nur noch acht Stufen) und in den Steuersätzen deutlich reduzierter Stufentarif eingeführt. Dies ist aufgrund der neuen Nachlaßregelung zwingend geboten. Trotz der Senkung der Steuersätze wird aufgrund der veränderten Bemessungsgrundlage in der Regel im Vergleich zur heutigen Situation eine höhere Steuerbelastung bewirkt. Diese ist aber auf jeden Fall vertretbar, wie die folgenden Fallbeispiele zeigen

Gesetzentwurf der Fraktion BÜNDNIS 90/DIE GRÜNEN

1. Familienerbe im Umfang von 1,3 Mio. DM geht an einen Ehegatten über

Vermögen	Bemessungsgrundlage Erbschaftsteuer	
	a) geltendes Recht	b) Gesetzentwurf
Einfamilienhaus – Verkehrswert: 800 000 DM	120 000 DM	640 000 DM
Hausrat: 100 000 DM	60 000 DM	20 000 DM
Schmuck, Auto: 85 000 DM	80 000 DM	65 000 DM
Bankguthaben: 65 000 DM	65 000 DM	65 000 DM
Witwenrente von 2 000 DM/mtl., Kapitalwert: 195 360 DM	195 360 DM	0 DM
Rohvermögen: rd. 1 300 000 DM	520 360 DM	790 000 DM
abzüglich: Beerdigungskosten .... Hypothekenschulden .... persönlicher Freibetrag .... Nachlaßfreibetrag .... Versorgungsfreibetrag	– 10 000 DM – 100 000 DM – 250 000 DM ⁄. – 250 000 DM	– 10 000 DM – 100 000 DM ⁄. – 400 000 DM – 100 000 DM
zu versteuerndes Erbe	– 89 640 DM	180 000 DM
Steuersatz	0,0 %	2 % 100 000 DM 5 % 80 000 DM
Erbschaftsteuer .... Verhältnis zum Erwerb	0 DM 0,0 %	6 000 DM 0,46 %

2. Das Familienerbe geht an die Ehefrau und zwei Kinder im Alter von 18/22 Jahren über
(50 : 25 : 25)

Vermögen	Bemessungsgrundlage Erbschaftsteuer	
	a) geltendes Recht	b) Gesetzentwurf
Einfamilienhaus – Verkehrswert: 800 000 DM	120 000 DM	640 000 DM
Hausrat: 100 000 DM	80 000 DM	20 000 DM
Auto, Klavier, Briefmarken, Schmuck: 100 000 DM .	95 000 DM	80 000 DM
Bankguthaben: 200 000 DM	200 000 DM	200 000 DM
abzüglich: Beerdigungskosten .... Hypothekenschulden	– 10 000 DM – 100 000 DM	– 10 000 DM – 100 000 DM
Rohvermögen: rd. 1 500 000 DM	385 000 DM	830 000 DM

Erbe	Bemessungsgrundlage Erbschaftsteuer		
	a) geltendes Recht	b) Gesetzentwurf	
Mutter: 750 000 DM	192 500 DM	415 000 DM	
persönlicher Freibetrag	− 250 000 DM		
Nachlaßfreibetrag	./.	− 200 000 DM	
Versorgungsfreibetrag	− 250 000 DM	− 100 000 DM	
Witwenrente von 2 000 DM/mtl., Kapitalwert: 195 360 DM	195 360 DM	0 DM	
zu versteuerndes Erbe:	− 112 140 DM	115 000 DM	
Steuersatz	0,0 %	2 %	100 000 DM
		5 %	15 000 DM
Erbschaftsteuer	0 DM	2 750 DM	
Verhältnis zum Erwerb	0,0 %	0,21 %	
Kind 18 Jahre: 375 000 DM	96 250 DM	207 500 DM	
persönlicher Freibetrag	− 90 000 DM	./.	
Nachlaßfreibetrag	./.	− 100 000 DM	
Versorgungsfreibetrag	− 20 000 DM	− 100 000 DM	
zu versteuerndes Erbe	− 13 750 DM	7 500 DM	
Steuersatz	0,0 %	2 %	7 500
Erbschaftsteuer	0 DM	150 DM	
Verhältnis zum Erwerb	0,0 %	0,01 %	
Kind 22 Jahre: 375 000 DM	96 250 DM	207 500 DM	
persönlicher Freibetrag	− 90 000 DM	./.	
Nachlaßfreibetrag	./.	− 100 000 DM	
Versorgungsfreibetrag	− 10 000 DM	− 100 000 DM	
zu versteuerndes Erbe:	− 3 750 DM	7 500 DM	
Steuersatz	0,0 %	2 %	7 500
Erbschaftsteuer	0 DM	150 DM	
Verhältnis zum Erwerb	0,0 %	0,01 %	

3. Handwerksbetrieb geht an Vermächtnisnehmer außerhalb der Familie

Vermögen	Bemessungsgrundlage Erbschaftsteuer	
	a) geltendes Recht	b) Gesetzentwurf
Grundbesitz: 5 Mio. DM	750 000 DM	4 250 000 DM
Anlagevermögen: 3 Mio. DM	3 000 000 DM	3 000 000 DM
Kapital: 2 Mio. DM	2 000 000 DM	2 000 000 DM
Betriebswert: 10 Mio. DM	5 750 000 DM	9 250 000 DM
Freibetrag Betriebsvermögen	−500 000 DM	−1 000 000 DM
mit Bewertungsabschlag	25 %	25 %
Steuerwert	3 937 500 DM	6 187 500 DM
persönlicher Freibetrag	−3 000 DM	/
zu versteuerndes Erbe	3 934 500 DM	6 187 500 DM
Steuersatz	54 %	35 %
Erbschaftsteuer	2 124 630 DM	2 165 625 DM
Verhältnis zum Erwerb	21,25 %	21,66 %

4. Vererbung an Geschwister

Vermögen	Bemessungsgrundlage Erbschaftsteuer	
	a) geltendes Recht	b) Gesetzentwurf
Einfamilienhaus: Verkehrswert 350 000 DM	52 500 DM	280 000 DM
Hausrat: 100 000 DM	80 000 DM	20 000 DM
Bankguthaben	80 000 DM	80 000 DM
persönlicher Freibetrag	−10 000 DM	0 DM
zu versteuerndes Erbe	202 500 DM	380 000 DM
Steuersatz	20 %	15 %
Erbschaftsteuer	40 500 DM	57 000 DM
Verhältnis zum Erwerb	0,41 %	0,57 %

Zu Nummer 8 (§ 27 ErbStG)

Absatz 1 ist nach Zusammenlegung der bisherigen Steuerklassen I bis III redaktionell anzupassen. In Absatz 2 wird die Berechnung der Steuerermäßigung bei mehrfachem Erwerb desselben Vermögens grundlegend vereinfacht, indem auf die bisherige Berücksichtigung des Erwerberfreibetrages bei der Ermittlung des begünstigten Vermögens verzichtet wird.

Zu Nummer 9 (§ 37 ErbStG)

In Absatz 1 wird die Anwendung der neuen Vorschriften entsprechend dem Beschluß des Bundesverfassungsgerichtes auf Erwerber nach dem 31. Dezember 1995 festgeschrieben.

Zu Nummer 10 (§ 37 a ErbStG)

Die Sondervorschrift aus Anlaß der Wiedervereinigung ist überholt und wird daher aufgehoben.

Anlage 6

Antrag der Gruppe der PDS
„Den Reichtum umverteilen – Für eine gerechte Ausgestaltung der Erbschaftsbesteuerung"
– BT-Drucks. 13/4845 –

Der Bundestag wolle beschließen:

I. Der Deutsche Bundestag stellt fest:

1. Die Entwicklung in der Bundesrepublik Deutschland ist durch einen gewaltigen Zuwachs der privaten Vermögen geprägt. So hat sich das Geldvermögen der privaten Haushalte gegenüber 1980 verdreifacht. Ende 1994 betrug es unter Abzug der Konsumentenkredite fast 4 Billionen DM. Das Grundvermögen der privaten Haushalte wird auf mehr als 5 Billionen DM geschätzt. In der Bundesrepublik Deutschland gibt es heute rund eine Million Vermögensmillionäre, d. h. Privathaushalte mit einem Nettovermögen ab 1 Mio. DM.

Die übergroße Masse der Vermögen konzentriert sich auf einen sehr geringen Teil der Bevölkerung. Schätzungen vorliegender Einkommens- und Verbrauchsstichproben zufolge besaßen beispielsweise 1993 10 Prozent der privaten Haushalte mehr als die Hälfte des gesamten Geldvermögens. 50 Prozent der Haushalte gehörten lediglich 1,2 Prozent des Geldvermögens. Eine ähnliche Situation besteht hinsichtlich des Immobilienvermögens. Fast 50 Prozent der westdeutschen und mehr als 70 Prozent der ostdeutschen Haushalte besaßen 1993 überhaupt kein Immobilienvermögen. Demgegenüber entfiel etwa ein Drittel des gesamten Immobilien-Reinvermögens auf 5,8 Prozent der Haushalte in den alten bzw. 2 Prozent der Haushalte in den neuen Bundesländern. Unter Berücksichtigung der Tatsache, daß bei der Datenaufbereitung von Einkommens- und Verbrauchsstichproben Haushalte mit einem monatlichen Nettoeinkommen von 35 000 und mehr DM außer Betracht bleiben, ist davon auszugehen, daß die Vermögensverteilung in der Bundesrepublik Deutschland noch weitaus ungleichmäßiger ist, als in diesen Angaben zum Ausdruck kommt.

Spiegelbildlich zur Vermögenspolarisierung wachsen die Einkommensunterschiede. 1980 wurden 354 000 Haushalte mit einem monatlichen Einkommen von mehr als 10 000 DM gezählt. 1988 waren es bereits 932 000 Haushalte, also eine Steigerung um das 2,7fache. Im gleichen Zeitraum hat sich die Zahl der Sozialhilfeempfängerinnen und -empfänger in etwa verdoppelt.

Nach Definition der Europäischen Union gelten sieben Millionen Bürger als einkommensarm, da sie über weniger als 50 Prozent des Durchschnittseinkommens verfügen.

Die Bruttolohnquote ist seit 1982 um mehr als 10 Prozentpunkte gefallen. Entsprechend stiegen die Einkommen aus Unternehmertätigkeit und Vermögen. Der Anteil der Geldvermögenseinkommen am Gesamteinkommen stieg von 7,6 Prozent im Jahre 1980 auf 10,2 Prozent im Jahre 1994. Die Einkommen aus Wohneigentum vervierfachten sich gegenüber 1980.

2. Zu dieser besorgniserregenden Polarisierung von Einkommen und Vermögen hat die Bundesregierung mit ihrer Fiskal- und Steuerpolitik maßgeblich beigetragen. Aufgrund massiver Steuerentlastungen und der Passivität gegenüber der Ausschöpfung von steuerlichen Gestaltungsmöglichkeiten ist die Belastungsquote von Unternehmens- und

Vermögenseinkommen von 1980 bis 1993 um 15,3 Prozentpunkte gesunken. Die Belastungsquote von Unternehmen mit eigener Rechtspersönlichkeit sank sogar um 36,3 Prozentpunkte. Gleichzeitig stieg der Anteil der Lohnsteuer am Bruttoeinkommen aus nichtselbständiger Arbeit um 2,6 Prozentpunkte.

Die ungleiche Verteilung von Einkommen und Vermögen ist angesichts der andauernden Investitionsschwäche in der Realwirtschaft und dem stärkeren Wachstum von Anlagen in Geldvermögen gegenüber den realen Investitionen ein gravierendes Problem. Die daraus resultierende steigende Arbeitslosigkeit bewirkt sich potenzierende soziale Kosten und in Folge eine zunehmende Verschuldung der öffentlichen Hand. Andererseits bildet gerade diese Verschuldung eine Quelle der Umverteilung und privaten Bereicherung. Jährlich wandern mehr als 100 Mrd. DM, die in Form von direkten und indirekten Steuern aufgebracht werden, auf die Konten großer und kleiner Staatsgläubiger.

3. Vor dem Hintergrund zunehmender sozialer Armut, Arbeitslosigkeit und öffentlicher Verschuldung sind die Auflösung der Vermögenskonzentration und eine gleichmäßigere Vermögensverteilung dringend erforderlich. Mit der Erbschaftsteuer steht ein geeignetes – wenn auch ergänzungsbedürftiges – Instrument der Umverteilung zur Verfügung.

Aufgrund der gegenwärtigen Ausgestaltung ist die Erbschaftsteuer jedoch zur Bedeutungslosigkeit verurteilt. Trotz gewaltiger Vermögensübertragungen ist das Steueraufkommen minimal. Nach Schätzungen der Deutschen Bundesbank werden jährlich Sach- und Geldvermögen in Höhe von 100 bis 200 Mrd. DM im Erbgang übertragen. Demgegenüber betrug das Erbschaftsteueraufkommen zuletzt etwa 3,5 Mrd. DM.

Neben der Begünstigung verschiedener Vermögensarten, insbesondere von Grundbesitz und Betriebsvermögen, besteht eine wesentliche Ursache des geringen Steueraufkommens und der fehlenden umverteilenden Wirkung in der nach verwandtschaftlicher Nähe zum Erblasser und Ehe differenzierten Erbschaftsbesteuerung. Entsprechend dem Grad der verwandtschaftlichen Nähe und in Abhängigkeit davon, ob Mann und Frau verehelicht waren, werden die Steuerpflichtigen verschiedenen Steuerklassen zugeordnet und infolge unterschiedlich hoher Freibeträge und Steuersätze privilegiert. Diese Privilegierung erfolgt unabhängig von der Höhe des Erwerbs und verstößt somit gegen das der Erbschaftsteuer zugrundeliegende Leistungsfähigkeitsprinzip. Sie eröffnet darüber hinaus ein erhebliches steuerliches Gestaltungspotential. Beträgt beispielsweise der steuerpflichtige Erwerb des Ehegatten 1 Mio. DM, so unterliegt dieser Vermögensvorteil einem Steuersatz von 10 Prozent. Ein nichtverehelichter Erbe müßte für den gleichen Betrag 48 Prozent Erbschaftsteuer zahlen. Während der Ehegatte persönliche Freibeträge von 500 000 DM in Anspruch nehmen kann, wird dem nichtehelichen Erben lediglich ein persönlicher Freibetrag von 3000 DM gewährt.

Diese Konservierung sozioökonomischer Verhältnisse – privilegiert werden Reichtum und, damit verbunden, soziale und politische Machtpositionen qua Geburt – geht einher mit der Diskriminierung nichtehelicher Lebensweisen. Nach Schätzungen auf Basis der Ergebnisse des Mikrozensus ist die Zahl nichtehelicher Lebensgemeinschaften in der Vergangenheit ständig gestiegen. 1972 bestanden 137 000 nichteheliche Lebensgemeinschaften. 1993 waren es fast 1,6 Millionen. Wie im Einkommensteuerrecht wird somit auch bei der Erbschaftsbesteuerung die verstärkte Hinwendung zu verschiedenen Formen des Zusammenlebens ignoriert.

II. Der Bundestag fordert die Bundesregierung auf, einen Gesetzentwurf zur Reform des Erbschaft- und Schenkungsteuerrechts vorzulegen, der folgende Neuregelungen vorsieht:

1. Ergänzung der gegenwärtigen Erbschaftsbesteuerung durch eine Nachlaßsteuer

Bei der Besteuerung eines Nachlasses oder einer Schenkung wird zwischen Erbanfallsteuer und Nachlaßsteuer unterschieden. Die Erbanfallsteuer stellt auf die Bereicherung ab, die dem einzelnen Erben aufgrund des Erbanfalls oder der Schenkung anfällt. Als Nachlaßsteuer wird die Abgabe vom gesamten Nachlaß der bzw. des Verstorbenen erhoben, also unabhängig von den persönlichen Verhältnissen des Erben und der Höhe der aus der Erbschaft resultierenden individuellen Bereicherung.

Die gegenwärtige Ausgestaltung des Erbschaftsteuergesetzes in der Bundesrepublik Deutschland beruht auf dem System der Erbanfallsteuer. Um eine hohe redistributive Wirkung zu erreichen, ist diese Besteuerung durch eine Steuer auf den Nachlaß des Verstorbenen zu ergänzen.

Was als Nachlaß gilt und wie die Bewertung des Nachlasses vorzunehmen ist, bestimmt sich, soweit zutreffend, in analoger Anwendung der geltenden erbschaftsteuerlichen Grundsätze und unter Berücksichtigung nachstehender Regelungen.

Steuerpflichtig ist ein Nachlaß, soweit er den Betrag von 1 Mio. DM übersteigt. Weitere Freibeträge sind nicht zu gewähren.

Der Tarif verläuft in progressiver Teilmengenstaffelung wie folgt:

Steuerpflichtige Nachlaßteile (in DM)		Steuersätze (in %)
über	bis einschließlich	
–	100 000	2
100 000	200 000	3
200 000	300 000	4
300 000	400 000	5
400 000	500 000	6
500 000	750 000	8
750 000	1 000 000	10
1 000 000	1 500 000	15
1 500 000	2 000 000	20
ab 2 000 000	–	25

2. Entdiskriminierung des geltenden Erbschaftsteuerrechts

Das gegenwärtige Erbschaftsteuerrecht sieht vier Steuerklassen und entsprechende Tarifverläufe sowie eine Vielzahl unterschiedlicher Steuerbefreiungen vor, die in Abhängigkeit davon, ob Mann und Frau verehelicht waren, sowie in Abhängigkeit von der verwandtschaftlichen Nähe zur Erblasserin bzw. zum Erblasser zu einer in der Höhe unterschiedlichen Steuerbelastung führen. Diese Differenzierung erfolgt unabhängig von der Höhe der aus dem Erbanfall oder der Schenkung resultierenden Bereicherung und trägt somit entscheidend zur Konservierung einmal gegebener Vermögensstrukturen bei. Vor allem aber bewirkt diese Ausgestaltung des Erbschaftsteuerrechts eine Diskriminierung nichtehelicher Lebensweisen. Angesichts der zunehmenden Pluralisierung der Formen partnerschaftlichen Zusammenlebens ist ihre steuerliche Gleichstellung dringend erforderlich.

2.1 Nachlaßermittlung im Fall der Zugewinngemeinschaft und Gütergemeinschaft

Die entsprechenden Regelungen im Bürgerlichen Gesetzbuch sind derart zu ändern, daß unabhängig von der Form und der Anzahl der in der Lebensgemeinschaft lebenden Personen die Güterstände der Gütergemeinschaft und der Zugewinngemeinschaft durch Vertrag begründet werden können. Wird der Güterstand der Zugewinngemeinschaft gewählt, ist eine daraus resultierende Ausgleichsforderung ebenfalls vom Nachlaß auszunehmen. Im Fall der Gütergemeinschaft gilt die Hälfte des gemeinschaftlichen Vermögens als Nachlaß.

2.2 Freibeträge

Natürlichen Personen ist in Fällen des § 2 Abs. 1 Nr. 1 ErbStG für die Summe der Erwerbe von Todes wegen, Schenkungen unter Lebenden und Zweckzuwendungen unabhängig vom Verwandtschaftsgrad und Familienstand ein Freibetrag in Höhe von 250 000 DM zu gewähren. Für Erwerbe nach Vollendung des 55. Lebensjahres erhöht sich dieser Freibetrag um 150 000 DM. Unabhängig vom Alter kann der Freibetrag von 150 000 DM auch von Personen in Anspruch genommen werden, die infolge von Behinderungen als erwerbsunfähig anzusehen sind.

Soweit das bereits vorhandene Vermögen der Erwerberin oder des Erwerbers 750 000 DM übersteigt, ermäßigen sich Freibeträge um den übersteigenden Betrag.

Aufgrund dieser Regelungen sind insbesondere die Freibeträge nach § 16 Abs. 1 und § 17 ErbStG zu streichen. Zu streichen sind weiterhin die sachlichen Freibeträge gemäß § 13 Abs. 1 Nr. 1 und 6 ErbStG.

2.3 Tarifverlauf

Die vom geltenden Erbschaftsteuergesetz erfaßten Vermögensvorteile sind nach einem einheitlich geltenden Tarif mit Teilmengenstaffelung zu besteuern, wodurch die Notwendigkeit der Übergangsregelung gemäß § 19 Abs. 3 ErbStG nicht mehr besteht.

Für die einzelnen Erwerbsteile bemißt sich die Steuer nach folgenden Prozentsätzen:

Steuerpflichtige Erwerbsteile (in DM)		Steuersätze (in %)
über	bis einschließlich	
–	10 000	6
10 000	20 000	7
20 000	30 000	8
30 000	40 000	9
40 000	50 000	10
50 000	75 000	12
75 000	100 000	14
100 000	150 000	16
150 000	200 000	18
200 000	300 000	21
300 000	400 000	25
400 000	500 000	30
500 000	750 000	35
750 000	1 000 000	40
1 000 000	1 500 000	45
1 500 000	2 000 000	50
2 000 000	3 000 000	55
ab 3 000 000	–	60

Aufgrund der Vereinheitlichung des Tarifaufbaus und der Freibeträge bedarf es nicht mehr der Einordnung von Steuerpflichtigen in die verschiedenen Steuerklassen. § 15 ErbStG ist somit zu streichen.

3. Abbau von Steuervergünstigungen und steuerlichen Gestaltungsmöglichkeiten

3.1 Verfassungskonforme Bewertung von Grundbesitz

Entscheidend für eine gerechte Erbschaftsbesteuerung ist, daß die der Steuer zugrundeliegenden Vermögensvorteile nach einheitlichen Grundsätzen bewertet werden. Die Erbschaftsteuer privilegiert jedoch in unzulässiger Weise den Grundbesitz, da dessen Werte nach den Verhältnissen von 1964 ermittelt worden sind. Auch unter Berücksichtigung des Zuschlags von 40 Prozent werden nicht annähernd die tatsächlichen Werte erreicht. Demgegenüber bemißt sich die Erbschaftsteuer für andere Vermögensarten auf der Grundlage zeitnaher Verkehrswerte. Die daraus resultierenden Belastungsunterschiede sind nun auch vom Bundesverfassungsgericht als grundgesetzwidrig erkannt worden. Künftig haben sich demzufolge auch die Wertansätze für Grundbesitz an den Verkehrswerten auszurichten.

Die Neubewertung des Grundbesitzes ist im Bedarfsfall – d. h. für den Fall, daß Einheiten des Grundbesitzes für Erbschaftsteuerzwecke benötigt werden – vorzunehmen. Die Wertermittlung erfolgt auf Basis eines standardisierten Verfahrens.

3.2 Betriebsvermögen

Der Ansatz des Betriebsvermögens zu Steuerbilanzwerten bevorteilt vor allem die Übertragung größerer Unternehmen, da nur diese die verschiedenen steuerlichen Vergünstigungen wie beispielsweise degressive Abschreibungen voll ausschöpfen können. Im Sinne einer gleichmäßigeren Bewertung der verschiedenen Vermögensarten ist das übertragene Betriebsvermögen demzufolge mit den Handelsbilanzwerten der Erbschaftsteuer zu unterwerfen.

Auch die Begünstigung durch Freibetrag und Bewertungsabschlag ist aus der Sicht einer gezielten Förderung kleiner und mittelständischer Unternehmen nicht zu rechtfertigen. Statt dieser undifferenzierten Begünstigung ist die Fortführung des Unternehmens durch eine Regelung zu schützen, die besser den konkreten wirtschaftlichen Verhältnissen des Unternehmens und dem Ziel einer umverteilenden Ausgestaltung der Erbschaftsteuer entspricht.

Wird durch Erbfall oder im Weg der vorweggenommenen Erbfolge auch ein Unternehmen oder eine Beteiligung mit beherrschendem Einfluß übertragen und beträgt der gesamte Erwerb unter Einschluß früherer Erwerbe nicht mehr als 1 Mio. DM, ermäßigt sich die auf die gegenständlichen Wirtschaftsgüter des Anlagevermögens entfallende Erbschaftsteuer um 50 Prozent.

Bei Übertragungen von Beteiligungen ist die Ermäßigung im Verhältnis der Beteiligung zum gesamten Stammkapital des übertragenen Unternehmens zu gewähren.

Hinsichtlich der Ermittlung des Steuersatzes für die darüber hinausgehende Vermögensübertragung ist das ermäßigt besteuerte Betriebsvermögen der Bemessungsgrundlage hinzuzurechnen. Der dieser Bemessungsgrundlage entsprechende Steuersatz ist auf den nichtbegünstigten Teil des Erwerbs anzuwenden.

Die Steuerermäßigung fällt mit Wirkung für die Vergangenheit weg, sofern innerhalb von fünf Jahren nach dem Erwerb das Unternehmen bzw. die Anteile am Betriebsvermögen veräußert oder aufgegeben werden.

3.3 Zusammenrechnung mehrerer Erwerbe

Die Zusammenrechnung von mehreren Vermögensvorteilen (§ 14 ErbStG) ist auch für Erwerbe vorzunehmen, die von unterschiedlichen Personen zugewendet werden. Die

Frist für die Zusammenrechnung ist auf 15 Jahre zu erweitern. Die Besteuerungsgrenze in Höhe von 70 Prozent des Erwerbs ist zu streichen.

3.4 Mehrfacher Erwerb desselben Vermögens

Die Steuerermäßigung bei mehrfachem Erwerb desselben Vermögens durch Personen der bisherigen Steuerklassen I und II (§ 23 ErbStG) ist ersatzlos aufzuheben.

4. Zahlungserleichterungen

Zur Tilgung der Steuerschuld können Steuerpflichtige Anteile am Betriebsvermögen an eine von der obersten Landesfinanzbehörde benannte Einrichtung ganz oder teilweise abtreten. Durch entsprechende gesetzliche Regelungen ist zu verhindern, daß diese Einrichtung die Möglichkeit einer überwiegenden Einflußnahme auf Maßnahmen des Unternehmens erhält. Dem Steuerpflichtigen ist auf Verlangen ein Wiederkaufsrecht einzuräumen. Die Veräußerung der an die Einrichtung abgetretenen Anteile an Dritte bedarf der Einwilligung des Steuerpflichtigen.

Nach dem geltenden Erbschaftsteuerrecht ist die auf Betriebsvermögen oder land- und forstwirtschaftliches Vermögen entfallende Erbschaftsteuer auf Antrag bis zu zehn Jahre zu stunden. Diese Zahlungserleichterung ist auf einen Zeitraum von 15 Jahren und auf die Übertragung von Wohneigentum auszudehnen, sofern es durch den Steuerpflichtigen zu eigenen Wohnzwecken genutzt wird.

Begründung:

Grundrichtungen der Reform des Erbschaftsteuerrechts

Wachsende Konzentration von ökonomischer und politischer Macht, Investitionen in verstärkt spekulativ ausgerichtete Anlageformen, Ungleichheit in den sozialen Entwicklungsbedingungen – um nur einige Folgen der Vermögenspolarisierung zu nennen – erfordern dringend eine Korrektur der gegebenen Verteilungsverhältnisse. Unter den steuerlichen Maßnahmen kommt der Erbschaftsteuer dabei eine besondere Bedeutung zu. Erbschaften spielen für die Vermögensverteilung eine sehr wichtige Rolle. Durch sie werden nicht nur einmal gegebene Vermögensstrukturen konserviert, sondern sie bilden darüber hinaus einen wesentlichen Kristallisationskern für den Vermögenszuwachs. Andererseits ist in der Erbschaft oder Schenkung ein Vermögenszugang zu sehen, der nicht auf der persönlichen Leistung der Erwerberin oder des Erwerbers beruht. Somit ist selbst auf Grundlage bürgerlicher Gerechtigkeitsmaßstäbe, die eine Verteilung von Einkommen und Vermögen entsprechend der eigenen Leistung zum Inhalt haben, ein Eingriff an dieser Stelle des Vermögensübergangs zu rechtfertigen (vgl. K. P. Kisker: Die Erbschaftsteuer als Mittel der Vermögensredistribution. In: Volkswirtschaftliche Schriften, 1964, Heft 79, Seite 13 ff.).

Die Verwendung der Erbschaftsteuer als wirksames Instrument der Umverteilung erfordert jedoch ihre Reform. Der Antrag sieht diesbezüglich folgende Maßnahmen vor:

1. Ergänzung der gegenwärtigen – auf dem System der Erbanfallsteuer aufgebauten – Erbschaftsbesteuerung durch Einführung einer Nachlaßsteuer,
2. die konsequente Ausgestaltung der Erbanfallsteuer nach dem Grundsatz wirtschaftlicher Leistungsfähigkeit,
3. die Beseitigung bzw. Änderung von erbschaftsteuerlichen Vorschriften, die maßgeblich zur Diskriminierung nichtehelicher Lebensweisen beitragen.

Der Antrag berücksichtigt, daß sich sowohl Bundesregierung als auch Regierungskoalition der Einführung einer bedarfsorientierten sozialen Grundsicherung widersetzen und somit ein erheblicher Teil gesellschaftlicher Verantwortung von dem einzelnen Individuum zu tragen ist. Durch die Höhe der Freibeträge und Gestaltung der Progression wird demzufolge dem Wunsch der Erblasserin bzw. des Erblassers nach einer sozialen Absicherung nahestehender Personen in angemessenem Umfang entsprochen.

Die aus der Umsetzung des Antrags resultierenden Mehreinnahmen sind derzeit nicht exakt zu beziffern, da erbschaftsteuerliche Angaben erst seit 1995 wieder statistisch erfaßt und aufbereitet werden. Das Mehraufkommen sollte in Verfügung der Länder verbleiben und hier zur Finanzierung öffentlich geförderter Beschäftigung eingesetzt werden.

Zu Nummer II.1. (Ergänzung der gegenwärtigen Erbschaftsbesteuerung durch eine Nachlaßsteuer)

Die Erbschaftsteuer kann als Nachlaßsteuer oder als Erbanfallsteuer erhoben werden. Bei der Nachlaßsteuer erfolgt die Besteuerung nach der Höhe des nachgelassenen Vermögens, ohne Rücksicht auf Verteilung des Nachlasses. Mit der Nachlaßsteuer bietet sich damit die Möglichkeit, unerwünschten Vermögenskonzentrationen innerhalb der Gesellschaft entgegenzuwirken. Bei der Erbanfallsteuer wird die Steuer nach dem Wert des dem Erben zufließenden Vermögens ermittelt. Durch sie können die persönlichen Verhältnisse des Erben und soziale Prämissen berücksichtigt werden.

Der Gedanke einer Kombination der Erbanfall- und der Nachlaßsteuer ist in der Geschichte der Fiskalpolitik bereits mehrmals aufgegriffen worden. Erstmals wurde mit der Erzbergerschen Finanzreform im Jahre 1919 eine Nachlaßsteuer neben der Erbanfallsteuer erhoben. Der Steuersatz belief sich auf 1 bis 5 Prozent des Nachlasses. Im Jahre 1970 unterbreitete die SPD Hessen-Süd – im Vorfeld der Erbschaftsteuerreform von 1974 – den Vorschlag, die bestehende Erbschaftsbesteuerung durch eine Nachlaßsteuer in Höhe von 5 bis 20 Prozent ab 2 Mio. DM Erbmasse zu ergänzen. Erfahrungen mit der Erhebung einer Nachlaßsteuer wurden bereits in verschiedenen Ländern gemacht. In Italien bestand über mehrere Jahre hinweg die Nachlaßsteuer neben der Erbanfallsteuer. In den USA existiert seit Jahrzehnten eine stark progressiv gestaltete Nachlaßsteuer. Gemäß dem Charakter der Nachlaßsteuer sind verwandtschaftliche Beziehungen dabei nicht von Bedeutung.

Auch in der Literatur der Steuertheorie wird auf die Bedeutung einer Kombination von Erbanfall- und Nachlaßsteuer hingewiesen. So präferiert Kisker die Erhebung von Erbanfall- und Nachlaßsteuer in Kombination, um eine effektivere Umverteilung großer Vermögensmassen zu erreichen (vgl. K. P. Kisker: Die Erbschaftsteuer als Mittel zur Vermögensredistribution. In: Volkswirtschaftliche Schriften, 1964, Heft 79).

Durch die ergänzende Einführung einer Nachlaßsteuer werden vor allem Ersparnis- und Gestaltungsmöglichkeiten bei der Übertragung von sehr großen Vermögen beschränkt. Diese Möglichkeiten resultieren insbesondere aus der mit der Aufteilung des Nachlasses verbundenen Minderung der Steuerprogression bei der Erbanfallsteuer und der mehrfachen Ausnutzung von Freibeträgen.

Entsprechend dieser Zielstellung wurde im vorliegenden Antrag ein gemäßigt progressiver Tarif und ein Freibetrag von 1 Mio. DM gewählt.

Zu Nummer II.2.1 (Nachlaßermittlung im Fall der Zugewinngemeinschaft und Gütergemeinschaft)

Beim Güterstand der Zugewinngemeinschaft, der – sofern vertraglich nichts anderes vereinbart ist – stets mit der Eheschließung beginnt, bleiben das Vermögen des Mannes und der Frau getrennt. Es handelt sich im Grunde um eine echte Gütertrennung mit einem schuldrechtlichen Ausgleich des während der Ehe erlangten Zugewinns (Vermögenszuwachs) bei Beendigung der Ehe. Dieser Vermögensausgleich gilt nicht als Nachlaß oder Schenkung und wird demzufolge nicht der Erbschaftsteuer unterworfen. Im Resultat wird wie im Fall der Gütergemeinschaft unterstellt, daß das eheliche Vermögen durch Mann und Frau zu gleichen Teilen erworben wurde, also jeweils zur Hälfte auf Ehegattin und Ehegatten entfällt. Um eine Gleichbesteuerung aller Lebensformen zu erreichen, ist diese Regelung auch auf nichteheliche Gemeinschaften auszudehnen. Die Änderung zivilrechtlicher Regelungen dient dabei vor allem der Klarstellung. Die Zugewinngemeinschaft nichtehelicher Partner kann jederzeit vertraglich vereinbart werden, da es anerkanntermaßen soweit keine Begrenzung der Möglichkeiten schuldrechtlicher Vereinbarungen gibt, als diese nicht gesetzlichen Verboten unterliegen oder nicht sittenwidrig sind (vgl. § 305 BGB).

Zu Nummer II.2.2 (Freibeträge)

Gegenwärtig wird für Erbschaften, Schenkungen und andere Erwerbe, die der Ehegattin oder dem Ehegatten anfallen, ein Freibetrag von 250 000 DM gewährt. Weitere 250 000 DM werden durch den sog. Versorgungsfreibetrag von der Erbschaftsteuer freigestellt. Neben diesen persönlichen Freibeträgen kann die Ehegattin bzw. der Ehegatte sachliche Freibeträge bis zu einer Höhe von 45 000 DM in Anspruch nehmen.

Bei Vermögensübertragungen an Steuerpflichtige, die mit der Erblasserin bzw. dem Erblasser nicht verehelicht waren und in keinerlei verwandtschaftlicher Beziehung zur Erblasserin oder zum Erblasser standen, können dagegen diese Freibeträge nur in Höhe von insgesamt 15 000 DM geltend gemacht werden. Durch die Gewährung eines einheitlichen Freibetrags von 250 000 DM wird diese Ungerechtigkeit beseitigt. Zum anderen verbleibt auch weiterhin ein beträchtlicher Teil des der Ehegattin oder dem Ehegatten zugewendeten Vermögens völlig steuerfrei. Für Kinder und sonstige Verwandte sowie nichtverwandte Steuerpflichtige ist mit diesem Freibetrag eine deutliche Erhöhung des steuerfrei zugewendeten Vermögens verbunden.

In der Höhe orientiert sich der Freibetrag zunächst an dem durchschnittlichen Wert eines Einfamilienhauses, soweit er auf den Wohnbedarf einer einzelnen Person entfällt. Für erwachsene Personen ist diesbezüglich ein Betrag von 200 000 DM anzunehmen. Den geringeren Wohnbedarf von Kindern deckt im Durchschnitt ein Betrag von ungefähr 140 000 DM ab (vgl. Beitrag der Unterarbeitsgruppe 1 zum Bericht der FMK-Arbeitsgruppe unter der Beteiligung des Bundes „Konsequenzen aus den Beschlüssen des Bundesverfassungsgerichtes zur Vermögen- und Erbschaftsteuer"). Weiterhin sind in dem Freibetrag die Übertragung von sonstigen Gebrauchsvermögen und Aufwendungen zur Ausbildung minderjähriger Kinder berücksichtigt.

Mit dem Freibetrag wird demzufolge – obgleich diese durch den Vorlageantrag nicht veranlaßt und somit verfassungsrechtlich nicht bindend ist – auch der Forderung des Bundesverfassungsgerichts im Beschluß vom 22. Juni 1995 entsprochen, wonach die Übertragung des üblichen Gebrauchsvermögens steuerfrei zu belassen ist.

Allerdings würde die pauschale Umsetzung dieser Forderung die redistributive Funktion der Erbschaftsteuer ignorieren. Die Freibeträge sind deshalb in Abhängigkeit von der Höhe des bereits beim Steuerpflichtigen vorhandenen Vermögens abzuschmelzen.

Die Erhöhung des Freibetrags in Abhängigkeit vom Alter und von der Erwerbsfähigkeit des Steuerpflichtigen trägt weiteren sozialen Erfordernissen Rechnung.

Zu Nummer II.2.3 (Tarifverlauf)

Nichteheliche Gemeinschaften werden gegenwärtig weiterhin über den Tarifverlauf diskriminiert. Darüber hinaus ist es äußert fraglich, ob die verwandtschaftliche Differenzierung von Freibeträgen und Steuersätzen aus familienpolitischen Gründen zu rechtfertigen ist. Auf jeden Fall ist sie mit dem tragenden Grundsatz der Besteuerung nach der Leistungfähigkeit unvereinbar. Jeder Erbe erhält vielmehr durch die Vermögensübertragung einen Zuwachs an wirtschaftlicher Leistungsfähigkeit, der bei einem gleich hohen Erbanfall kaum deshalb als unterschiedlich angesehen werden kann, weil die verwandtschaftlichen Beziehungen zur Erblasserin oder zum Erblasser enger oder weiter gewesen sind. Der Antrag bestimmt deshalb die Anwendung eines einheitlichen, von Verwandtschaftsgrad und Verehelichung unabhängigen Tarifverlaufs.

Analog zur Nachlaßsteuer sieht der Antrag für die Besteuerung des Erbanfalls einen Staffeltarif vor. Der Staffeltarif wird derzeit in Europa mehrheitlich angewendet. Er gewährleistet im Vergleich zum gegenwärtigen Stufensatztarif über den gesamten Bereich einen weit gleichmäßigeren Übergang der Belastung. Um eine hohe redistributive Wirkung zu erzielen, steigt der Tarif im unteren Bereich stark progressiv an. Ab einem Erbanfall von ungefähr 1 Mio. DM wird die Progression schwächer. Unter Berücksichtigung der Nachlaßsteuer erreicht die Gesamtsteuerlast bei einem Erbe von beispielsweise 5 Mio. DM etwa 55 Prozent. Das entspricht gegenwärtig der Steuerbelastung in der Steuerklasse IV.

Die sich aus Nachlaßsteuer und Erbanfallsteuer ergebende Spitzenbelastung beträgt 85 Prozent. Allerdings hat dieser Spitzensteuersatz aufgrund des Staffeltarifs nur symbolische Wirkung. So beträgt die gesamte Steuerlast bei einem Erbe von 100 Mio. DM rund 70 Prozent und entspricht somit ebenfalls dem gegenwärtigen Steuersatz der Steuerklasse IV.

Die Vereinheitlichung des Tarifverlaufs und der Freibeträge trägt zur Steuervereinfachung bei und mindert den Verwaltungsaufwand zur Erhebung der Erbschaftsteuer, da die Ermittlung des Verwandtschaftsgrads der Steuerpflichtigen entfällt.

Zu Nummer II.3.1   (Verfassungskonforme Bewertung des Grundbesitzes)

Für Grundbesitz wird u. a. zum Zweck der Erbschaftsbesteuerung ein Einheitswert festgestellt. Dieser beruht in den alten Bundesländern auf Erhebungen nach den Wertverhältnissen von 1964, in den neuen Bundesländern auf Vorkriegszahlen. Gemäß einer flächendeckenden Kaufpreisuntersuchung durch das Bundesministerium der Finanzen betragen diese Einheitswerte im Durchschnitt bei einem Einfamilienhaus 12,5 Prozent, bei einem Geschäftsgrundstück 17,7 Prozent oder bei einem unbebauten Grundstück 8,9 Prozent des tatsächlichen Gegenwartswertes. Da sich die Bewertung anderer Vermögensarten viel stärker am Verkehrswert orientiert, wird beispielsweise der Erwerber von Geldvermögen bedeutend höher besteuert als der Erwerber von Immobilien.

Zur Beseitigung der steuerlichen Ungleichbehandlung ist eine Neubewertung des Grundbesitzes vorzunehmen. Da die Bewertung aller Einheiten des Grundbesitzes kurzfristig zu einem enormen Personalbedarf führen würde, hat die Bewertung im Bedarfsfall zu erfolgen. Aus Gründen der Rechtssicherheit und der Nutzung des bereits vorhandenen Potentials der Finanzverwaltung sollte dabei ein standardisiertes Verfahren zur Anwendung kommen.

Zu Nummer II.3.2   (Betriebsvermögen)

Hinsichtlich der Begünstigung der Übertragung von Betriebsvermögen vertritt das Bundesverfassungsgericht in seinem Beschluß vom 22. Juni 1995 die Auffassung, daß insbesondere mittelständische Unternehmen durch finanzielle Belastungen, wie sie durch die Erbschaftsteuer entstehen, in ihrer Existenz gefährdet werden können. Das Bundesverfassungsgericht verweist weiterhin auf die besondere Gemeinwohlbindung und Gemeinwohlverpflichtung, der mittelständische Unternehmen als Garant von Produktivität und Arbeitsplätzen unterliegen. Soziale Verpflichtungen gegenüber den Arbeitnehmern sowie rechtliche Bindungen im Rahmen des Betriebsverfassungsgesetzes, des Wirtschaftsverwaltungsrechtes und langfristige Investitionen haben – nach Ansicht des Bundesverfassungsgerichts – eine Wertminderung des vererbten Unternehmens zur Folge.

Dieser Argumentation des Bundesverfassungsgerichtes kann nicht uneingeschränkt gefolgt werden.

Primäres Ziel von Unternehmen ist die Gewinnmaximierung und die schnellstmögliche Verwertung des eingesetzten Kapitals. Insofern ist das Verhältnis zwischen Arbeitgeber und Arbeitnehmer kein von sozialer Verantwortung des Unternehmers gegenüber dem Arbeitnehmer geprägtes Verhältnis. Es ist vielmehr ein Verhältnis zwischen Arbeit und Kapital, das durch die in der Gesellschaft vorgegebene objektive Funktion des Kapitals – nämlich die seiner optimalen Verwertung – bestimmt ist.

Die rechtliche Bindung an Betriebsverfassungs- und Wirtschaftsverwaltungsrecht stellt keine Verminderung der wirtschaftlichen Leistungsfähigkeit von klein- und mittelständischen Unternehmen dar. Vielmehr sind beispielsweise betriebliche Einrichtungen der Mitbestimmung – wie sie durch das Betriebsverfassungsrecht definiert sind – Nebenbedingungen im Zielsystem von Unternehmern, die sich dem ausgewiesenen Unternehmensziel, der langfristigen Gewinnmaximierung, unterordnen. Indem Organe der Betriebsvertretung, wie der Betriebsrat, wesentliche Interessen der Arbeitnehmer wahrnehmen, tragen sie zur Wahrung des Betriebsfriedens und zur immateriellen Motivation von Arbeitnehmern bei. Sie sind demzufolge Instrument des wirtschaftlichen Einsatzes von Arbeitskräften im betrieblichen Leistungsprozeß. Der Betriebsrat ist ein wichtiger Garant der optimalen Verwertung des eingesetzten Kapitals im Unternehmen. Insofern mindert die Bindung an das Betriebsverfassungs- und Wirtschaftsverwaltungsrecht nicht die Leistungsfähigkeit des ererbten Betriebsvermögens, sondern trägt – im Gegenteil – erheblich zu deren Steigerung bei.

Wie bei der Übertragung anderer Vermögensarten bewirkt die Übertragung von Betriebsvermögen eine Bereicherung, der in der Regel keine eigene Leistung der Erwerberin bzw. des Erwerbers gegenübersteht. Die Besteuerung der Übertragung von Betriebsvermögen legitimiert sich weiterhin durch die Tatsache, daß der Erfolg von Unternehmen oftmals in nicht geringem Umfang auf die steuerliche und außersteuerliche Subventionierung sowie die Sicherung und Bereitstellung von äußeren Rahmenbedingungen durch die öffentliche Hand zurückzuführen ist.

Die aktuell existierenden steuerlichen Entlastungen – ein Freibetrag für Betriebsvermögen von 500 000 DM, der Bewertungsabschlag von 25 Prozent für das den Freibetrag übersteigende Betriebsvermögen und die Übernahme von Steuerbilanzwerten in die Vermögensaufstellung – werden auch nicht der Forderung nach einem gezielten Schutz bzw. einer Förderung klein- und mittelständischer Unternehmen gerecht.

1989 verfügten mehr als 66 Prozent der juristischen Personen über ein Vermögen von weniger als 500 000 DM und 10,5 Prozent über ein Vermögen von 500 000 DM bis zu 1 Mio. DM. Die Auswertung der Ergebnisse der letzten Hauptfeststellung der Einheitswerte des Betriebsvermögens auf den 1. Januar 1989 ergab, daß bei 68,8 Prozent der erfaßten gewerblichen Betriebe der Einheitswert des Betriebsvermögens 250 000 DM nicht übersteigt. Bleiben wegen der Erhöhung der Einheitswerte für Betriebsgrundstücke Gewerbebetriebe mit Grundbesitz außer Betracht, so beträgt ihr Anteil mindestens 55,3 Prozent. Auch unter Berücksichtigung der begrenzten Aussagefähigkeit dieser Angaben kann somit davon ausgegangen werden, daß ein beträchtlicher Teil der Übertragungen von Betriebsvermögen bereits durch den persönlichen Freibetrag von 250 000 DM von der Erbschaftsteuer befreit wäre.

Durch eine entsprechende Aufteilung des Nachlasses kann darüber hinaus der Wert des steuerfrei zu übertragenden Vermögens erhöht werden. Wird das Unternehmen beispielsweise an zwei Personen vererbt, können dadurch Freibeträge in einer Höhe von insgesamt 500 000 DM in Anspruch genommen werden.

Die pauschal und unabhängig von der Höhe des erworbenen Vermögens gewährten erbschaftsteuerlichen Entlastungen sind vor diesem Hintergrund nicht mehr zu rechtfertigen und durch die im Antrag vorgesehene Regelung zu ersetzen. Mit dieser Regelung wird die Übertragung der wesentlichen Betriebsgrundlagen begünstigt. Von der Begünstigung ausgenommen sind die zum Betriebsvermögen gehörenden Finanzanlagen, sonstige liquide Mittel sowie das Umlaufvermögen. Im Vergleich mit den gegenwärtigen Regelungen besteht ein weiterer Vorteil darin, daß eine Progressionsminderung für den das gegenständliche Anlagevermögen übersteigenden Erwerb nicht eintritt und somit die umverteilende Wirkung des progressiven Tarifs geringer abgeschwächt wird.

Zu Nummer II.3.3 (Zusammenrechnung mehrerer Erwerbe)

Mehrere Erwerbe, die dem Steuerpflichtigen innerhalb von zehn Jahren von derselben Person anfallen, werden gegenwärtig zum Zweck der Erbschaftsbesteuerung zusammengerechnet und unter Anrechnung der bereits gezahlten Steuer einem einheitlichen Steuersatz unterworfen. Diese Regelung beläßt nicht zu rechtfertigende Ersparnismöglichkeiten. Nicht zusammenzurechnen sind beispielsweise zwei Zuwendungen, wenn die eine Zuwendung vom Vater und die andere Zuwendung von der Mutter stammt. Eine konsequent nach dem Grundsatz wirtschaftlicher Leistungsfähigkeit ausgestaltete Erbanfallsteuer muß alle beim Erwerber anfallenden Vermögenstransaktionen erfassen.

Die Ausdehnung der Frist auf 15 Jahre dient ebenfalls der Einschränkung steuerlicher Gestaltungsmöglichkeiten.

Die Zusammenrechnung mehrerer Erwerbe bezweckt, steuerliche Vorteile, die durch nach und nach erfolgte Zuwendungen erzielt wurden, zu verhindern. Mehrere Zuwendungen innerhalb eines bestimmten Zeitraums sollen steuerlich wie eine einheitliche Zuwendung behandelt werden. Dadurch sollen die Erwerbe einem höheren Steuersatz unterworfen werden. Diese Wirkung würde – wenn auch nur in ganz wenigen Fällen – durch die Belastungsobergrenze von 70 Prozent wieder beseitigt werden. Für die Beibehaltung dieser Regelung besteht somit keine Veranlassung.

Zu Nummer II.3.4 (Mehrfacher Erwerb desselben Vermögens)

Die ohnehin nur auf Erwerbe von Personen der Steuerklasse I und II (also nur auf unmittelbare Abkömmlinge der Erblasserin oder des Erblassers) beschränkte Regelung soll die Belastung mindern, wenn dasselbe Vermögen innerhalb eines bestimmten Zeitraums mehrmals erworben wird. Die Vorschrift soll auf dabei auftretende Liquiditätsschwierigkeiten Rücksicht nehmen. Einerseits folgt beim Erbeserwerb zwischen Abkömmlingen und weiteren Abkömmlingen gewöhnlich eine sehr lange Periode bis zum nächsten Erwerb, andererseits werden Liquiditätsschwierigkeiten bereits durch die höheren Freibeträge hinreichend berücksichtigt.

Zu Nummer II.4. (Zahlungserleichterung)

Die Zahlungserleichterung für Betriebsvermögen folgt einem Vorschlag des hessischen Finanzministers aus dem Jahre 1970 (vgl. Entwurf für ein Gesetz zur Änderung des Erbschaftsteuergesetzes und anderer Vorschriften. Vorgelegt vom hessischen Minister der Finanzen, S. 17 und 57). Mit der Einführung dieser Regelung soll erreicht werden, daß Steuerpflichtige die volle Erbschaftsteuerschuld sofort entrichten, ohne dabei in Liquiditätsschwierigkeiten zu geraten. Die einzelgesetzliche Ausgestaltung dieser Regelung ist der Landesgesetzgebung zu überlassen.

Die Regelung, wonach die Übertragung von Beteiligungen an Dritte der Einwilligung des Steuerpflichtigen bedarf, beschränkt wie auch das Wiederkaufsrecht die Verwertungsmöglichkeiten der öffentlichen Hand. Eine solche Ergänzung erscheint angesichts der Erfahrungen bei der Veräußerung des Vermögens der DDR durch die Treuhandanstalt notwendig. Diese Veräußerung ist nicht nur gleichbedeutend mit der Verschleuderung ungeheurer Vermögenswerte, sondern hat entscheidend zur Zerstörung der ostdeutschen Wirtschaft beigetragen. Oft erfolgte der Erwerb eines Unternehmens nicht zum Zweck der Fortführung desselben, sondern um den potentiellen Konkurrenten auszuschalten. Im Resultat ist dadurch der Konzentrationsprozeß in der bundesdeutschen Wirtschaft erheblich befördert worden – eine Wirkung, die der Zielstellung des vorliegenden Antrags diametral entgegensteht.

Die Erweiterung der Stundungsregelung soll ebenfalls der geringeren Fungibilität von gegenständlichen Vermögen Rechnung tragen.

Anlage 7

Zweite Beschlußempfehlung des Finanzausschusses (7. Ausschuß) zu dem Gesetzentwurf der Fraktionen der CDU/CSU und F.D.P.

– Drucksache 13/4839 –

Beschlußempfehlung

des Finanzausschusses (7. Ausschuß)

a) ...

b) ...

c) zu dem Gesetzentwurf der Abgeordneten Christine Scheel, Franziska Eichstädt-Bohlig, Kristin Heyne, weiterer Abgeordneter und der Fraktion BÜNDNIS 90/DIE GRÜNEN
   – Drucksache 13/4838 –
   Entwurf eines Gesetzes zur Neuregelung der Vermögensteuer und der Erbschaftsteuer

d) zu dem Gesetzentwurf der Fraktion der SPD
   – Drucksache 13/5504 –
   Entwurf eines Gesetzes zur Neuregelung der Vermögensteuer und der Erbschaftsteuer

e) ...

f) zu dem Antrag der Gruppe der PDS
   – Drucksache 13/4845 –
   Den Reichtum umverteilen – Für eine gerechte Ausgestaltung der Erbschaftsbesteuerung

g) ...

h) ...

A. Problem

a) Entwurf eines Jahressteuergesetzes 1997 (Koalitionsfraktionen – Drucksache 13/4839)

Aus den Beschlüssen des Bundesverfassungsgerichts vom 22. Juni 1995 zur Vermögensteuer und zur Erbschaftsteuer sind Konsequenzen zu ziehen. Die steuerlichen Maßnahmen des Aktionsprogramms für Investitionen und Arbeitsplätze der Bundesregierung und des Programms für mehr Wachstum und Beschäftigung der Koalitionsfraktionen sind zu verwirklichen. Umsatzsteuerliche Vorgaben der EU sind in deutsches Recht umzusetzen. Steuervergünstigungen sind abzubauen, das Steuerrecht ist zu vereinfachen.

b) ...

c) ...

d) Entwurf eines Gesetzes zur Neuregelung der Vermögensteuer und der Erbschaftsteuer (Fraktion BÜNDNIS 90/DIE GRÜNEN – Drucksache 13/4838)

Auch dieser Gesetzentwurf zieht Schlußfolgerungen aus den Beschlüssen des Bundesverfassungsgerichts vom 22. Juni 1995.

e) Entwurf eines Gesetzes zur Neuregelung der Vermögensteuer und der Erbschaftsteuer (Fraktion der SPD – Drucksache 13/5504)

Dieser Gesetzentwurf zieht ebenfalls Schlußfolgerungen aus den Beschlüssen des Bundesverfassungsgerichts vom 22. Juni 1995.

f) ...

g) Antrag „Den Reichtum umverteilen – Für eine gerechte Ausgestaltung der Erbschaftsbesteuerung" (Gruppe der PDS – Drucksache 13/4845)

Der Antrag zielt darauf ab, das Erbschaftsteuerrecht insbesondere mit dem Ziel der Vermögensumverteilung neu zu gestalten.

h) ...

i) ...

B. Lösung

a) Entwurf eines Jahressteuergesetzes 1997 (Koalitionsfraktionen – Drucksache 13/4839)

Annahme des Gesetzentwurfs in der vom Ausschuß veränderten Fassung.

Der von den Koalitionsfraktionen eingebrachte Gesetzentwurf sieht zahlreiche Rechtsänderungen vor, von denen hervorzuheben sind:

- Neuregelung der Bewertung des Grundbesitzes durch Verzicht auf die Einheitsbewertung und Einführung einer Bedarfsbewertung für Zwecke der Erbschaft- und Schenkungsteuer sowie der Grunderwerbsteuer auf der Basis eines Wohn-/Nutzflächenverfahrens mit einer Option für ein Ertragswertverfahren bei den Mietwohngrundstücken.
- Neuordnung der Erbschaft- und Schenkungsteuer insbesondere durch
  - Erhöhung des Freibetrags für Ehegatten von 250 000 DM auf 1 000 000 DM und für Kinder von 90 000 DM auf 750 000 DM,
  - Verdoppelung des Versorgungsfreibetrags für Ehegatten von bis zu 250 000 DM auf bis zu 500 000 DM,
  - Zusammenfassung der bisherigen vier Steuerklassen zu drei Steuerklassen, Senkung des höchsten Steuersatzes von bisher 70 v. H. auf 50 v. H.,
  - Verdoppelung des Bewertungsabschlags für das über den Freibetrag von 500 000 DM hinausgehende Produktivvermögen (Betriebsvermögen und wesentliche Beteiligungen) von 25 v. H. auf 50 v. H. bei Einbeziehung der land- und forstwirtschaftlichen Betriebe in den Freibetrag und den Bewertungsabschlag,
- Aufhebung des Vermögensteuergesetzes bei Überführung des Aufkommens der Vermögensteuer auf das Privatvermögen in die Erbschaft- und Schenkungsteuer.
- Einbeziehung der Gutachterausschüsse in die Bedarfsbewertung für steuerliche Zwecke und Konzentration der Gutachterausschüsse bei den kreisfreien Städten und Landkreisen.
- ...
- ...
- ...

Geändert hat der Ausschuß den Gesetzentwurf der Koalitionsfraktionen in Drucksache 13/4839 im Kern durch folgende Maßnahmen:

- Im Bewertungsrecht Verzicht auf ein Wohn-/Nutzflächenverfahren zugunsten eines Ertragswertverfahrens.
- Bei der Erbschaft- und Schenkungsteuer
  - Verzicht auf den Bewertungszuschlag von 40 v. H. bei den Betriebsgrundstücken,
  - Übernahme der Steuerbilanzwerte bei den Betriebsgrundstücken in Sonderfällen,
  - Festsetzung der Freibeträge
    - bei Ehegatten auf 600 000 DM statt auf 1 000 000 DM,
    - bei Kindern auf 400 000 DM statt auf 750 000 DM,
    - bei den übrigen Personen der Steuerklasse I auf 100 000 DM statt auf 150 000 DM,
    - bei Personen der Steuerklasse II auf 20 000 DM statt auf 50 000 DM,
    - bei Personen der Steuerklasse III auf 10 000 DM statt auf 25 000 DM.
- Änderung des zunächst vorgesehenen Erbschaft- und Schenkungsteuertarifs in der Form, daß er im Zusammenwirken mit den geänderten Bemessungsgrundlagen und Steuerbefreiungen das angestrebte Steueraufkommen (5,3 Mrd. DM unter Zugrundelegung aktualisierter Schätzgrundlagen) ermöglicht. Dabei
  - Abflachung des mittleren Tarifbereichs durch Einfügung zweier weiterer Tarifstufen,
  - Anhebung des höchsten Steuersatzes in der Steuerklasse I von 25 v. H. auf 30 v. H. und
  - Sicherstellung, daß der Übergang von Betriebsvermögen, land- und forstwirtschaftlichem Vermögen und wesentlichen Beteiligungen an Kapitalgesellschaften unabhängig vom Verwandtschaftsgrad nach Steuerklasse I besteuert wird, sofern der Erwerber diese Vermögen selbst mindestens fünf Jahre fortführt.
- Herausnahme des die Aufhebung der Vermögensteuer regelnden Artikels 5 aus dem Gesetzentwurf mit der Folge, daß die Vermögensteuer zwar formal weiterbestehen bleibt, aber wegen des Beschlusses des Bundesverfassungsgerichts zur Vermögensteuer vom 22. Juni 1995 nicht erhoben werden kann.
- ...
- ...
- ...

Angenommen mit den Stimmen der Koalitionsfraktionen gegen die Stimmen der Fraktion der SPD, der Fraktion BÜNDNIS 90/DIE GRÜNEN und der Gruppe der PDS.

b) ...

c) ...

d) Entwurf eines Gesetzes zur Neuregelung der Vermögensteuer und der Erbschaftsteuer (Fraktion BÜNDNIS 90/DIE GRÜNEN – Drucksache 13/4838)

Ablehnung.

Abgelehnt mit den Stimmen der Koalitionsfraktionen und der Fraktion der SPD gegen die Fraktion BÜNDNIS 90/DIE GRÜNEN bei Stimmenthaltung der Gruppe der PDS.

e) Entwurf eines Gesetzes zur Neuregelung der Vermögensteuer und der Erbschaftsteuer (Fraktion der SPD – Drucksache 13/5504)

Ablehnung.

Abgelehnt mit den Stimmen der Koalitionsfraktionen und der Gruppe der PDS gegen die Fraktion der SPD bei Abwesenheit der Fraktion BÜNDNIS 90/DIE GRÜNEN.

f) ...

g) Antrag „Den Reichtum umverteilen – Für eine gerechte Ausgestaltung der Erbschaftsbesteuerung" (Gruppe der PDS – Drucksache 13/4845)

Ablehnung.

Abgelehnt mit den Stimmen der Koalitionsfraktionen und der Fraktion der SPD gegen die Gruppe der PDS bei Abwesenheit der Fraktion BÜNDNIS 90/DIE GRÜNEN.

h) ...

i) ...

C. Alternativen
...

D. Kosten
...

Beschlußempfehlung

Der Bundestag wolle beschließen:

1. a) Den vom Finanzausschuß verabschiedeten weiteren Teil des Entwurfs eines Jahressteuergesetzes (JStG) 1997 – Drucksache 13/4839 – in der aus der anliegenden Zusammenstellung ersichtlichen Fassung anzunehmen und den übrigen Teil des Gesetzentwurfs einer späteren Beschlußfassung vorzubehalten,
   b) ...
2. ...
3. ...
4. Den Entwurf eines Gesetzes zur Neuregelung der Vermögensteuer und der Erbschaftsteuer – Drucksache 13/4838 – abzulehnen.
5. Den Entwurf eines Gesetzes zur Neuregelung der Vermögensteuer und der Erbschaftsteuer – Drucksache 13/5504 – abzulehnen.
6. ...
7. Den Antrag „Den Reichtum umverteilen – Für eine gerechte Ausgestaltung der Erbschaftsbesteuerung" – Drucksache 13/4845 – abzulehnen.
8. ...
9. ...

Zusammenstellung
des Entwurfs eines Jahressteuergesetzes (JStG 1997)
– Drucksache 13/4839 –

mit den Beschlüssen des Finanzausschusses (7. Ausschuß)

Entwurf
Entwurf eines Jahressteuergesetzes (JStG 1997)

Der Bundestag hat mit Zustimmung des Bundesrates das folgende Gesetz beschlossen:

Inhaltsübersicht	Artikel
Änderung des Bewertungsgesetzes	1
Änderung des Erbschaftsteuer- und Schenkungsteuergesetzes	2
Änderung der Erbschaftsteuer-Durchführungsverordnung	3
Änderung des Erbschaftsteuer-Reformgesetzes	4
Aufhebung des Vermögensteuergesetzes	5
Änderung der Anteilsbewertungsverordnung	6
Aufhebung des Gesetzes zur Änderung des Hauptfeststellungszeitraums für die wirtschaftlichen Einheiten des Betriebsvermögens sowie des Hauptveranlagungszeitraums für die Vermögensteuer	7
Aufhebung der Durchführungsverordnung zum Bewertungsgesetz	8

– Artikel 9 ff. hier nicht abgedruckt –

Artikel 1
Änderung des Bewertungsgesetzes

Das Bewertungsgesetz in der Fassung der Bekanntmachung vom 1. Februar 1991 (BGBl. I S. 230), zuletzt geändert durch Artikel 6 des Gesetzes vom 15. Dezember 1995 (BGBl. I S. 1783), wird wie folgt geändert:

1. § 3 a wird aufgehoben.
2. In § 11 Abs. 2 werden die Sätze 3 bis 5 aufgehoben.
3. § 17 wird wie folgt gefaßt:

„§ 17
Geltungsbereich

(1) Die besonderen Bewertungsvorschriften sind nach Maßgabe der jeweiligen Einzelsteuergesetze anzuwenden.

(2) Die §§ 18 bis 94, 122, 125 bis 132 gelten für die Grundsteuer und die §§ 121 a und 133 zusätzlich für die Gewerbesteuer.

(3) Soweit sich nicht aus den §§ 19 bis 157 etwas anderes ergibt, finden neben diesen auch die Vorschriften des Ersten Teils des Gesetzes (§§ 1 bis 16) Anwendung. § 16 findet auf die Grunderwerbsteuer keine Anwendung."

4. § 18 wird wie folgt geändert:
   a) In Nummer 3 wird der Klammerhinweis wie folgt gefaßt: „(§§ 95 bis 109)."
   b) Nummer 4 wird gestrichen.

Entwurf eines Jahressteuergesetzes (JStG 1997)

Der Bundestag hat mit Zustimmung des Bundesrates das folgende Gesetz beschlossen:

Inhaltsübersicht	Artikel
Änderung des Bewertungsgesetzes	1
Änderung des Erbschaftsteuer- und Schenkungsteuergesetzes	2
Änderung der Erbschaftsteuer-Durchführungsverordnung	3
Änderung des Erbschaftsteuer-Reformgesetzes	4
Aufhebung des Vermögensteuergesetzes	5
Änderung der Anteilsbewertungsverordnung	6
Aufhebung des Gesetzes zur Änderung des Hauptfeststellungszeitraums für die wirtschaftlichen Einheiten des Betriebsvermögens sowie des Hauptveranlagungszeitraums für die Vermögensteuer	7
Aufhebung der Durchführungsverordnung zum Bewertungsgesetz	8

– Artikel 9 ff. hier nicht abgedruckt –

Artikel 1
Änderung des Bewertungsgesetzes

Das Bewertungsgesetz in der Fassung der Bekanntmachung vom 1. Februar 1991 (BGBl. I S. 230), zuletzt geändert durch Artikel 6 des Gesetzes vom 15. Dezember 1995 (BGBl. I S. 1783), wird wie folgt geändert:

1. unverändert

2. unverändert

3. § 17 wird wie folgt gefaßt:

„§ 17
Geltungsbereich

(1) unverändert

(2) unverändert

(3) Soweit sich nicht aus den §§ 19 bis 150 etwas anderes ergibt, finden neben diesen auch die Vorschriften des Ersten Teils des Gesetzes (§§ 1 bis 16) Anwendung. § 16 findet auf die Grunderwerbsteuer keine Anwendung."

4. unverändert

5. § 19 Abs. 1 wird wie folgt gefaßt:

„(1) Einheitswerte werden für inländischen Grundbesitz, und zwar

für Betriebe der Land- und Forstwirtschaft (§§ 33, 48 a und 51 a),

für Grundstücke (§§ 68, 70) und

für Betriebsgrundstücke (§ 99)

festgestellt (§ 180 Abs. 1 Nr. 1 der Abgabenordnung)."

6. § 21 wird wie folgt gefaßt:

„§ 21
Hauptfeststellung

(1) Die Einheitswerte werden in Zeitabständen von je sechs Jahren allgemein festgestellt (Hauptfeststellung).

(2) Der Hauptfeststellung werden die Verhältnisse zu Beginn des Kalenderjahrs (Hauptfeststellungszeitpunkt) zugrunde gelegt. Die Vorschriften in § 35 Abs. 2, §§ 54 und 59 über die Zugrundelegung eines anderen Zeitpunkts bleiben unberührt."

7. § 22 wird wie folgt geändert:

a) Absatz 1 wird wie folgt gefaßt:

„(1) Der Einheitswert wird neu festgestellt (Wertfortschreibung), wenn der nach § 30 abgerundete Wert, der sich für den Beginn eines Kalenderjahrs ergibt, vom Einheitswert des letzten Feststellungszeitpunkts nach oben um mehr als den zehnten Teil, mindestens aber um 5000 Deutsche Mark, oder um mehr als 100 000 Deutsche Mark, nach unten um mehr als den zehnten Teil, mindestens aber um 500 Deutsche Mark, oder um mehr als 5000 Deutsche Mark abweicht."

b) Absatz 4 wird wie folgt geändert:

aa) In Satz 3 Nr. 1 Satz 1 werden der Punkt durch ein Semikolon ersetzt und der Satz 2 aufgehoben.

bb) Satz 4 wird wie folgt gefaßt:

„Die Vorschriften in § 35 Abs. 2, §§ 54 und 59 über die Zugrundelegung eines anderen Zeitpunkts bleiben unberührt."

8. § 23 wird wie folgt geändert:

a) In Absatz 1 werden in Nummer 2 das Semikolon durch einen Punkt ersetzt und Nummer 3 aufgehoben.

b) Absatz 2 wird wie folgt geändert:

aa) Satz 2 wird wie folgt gefaßt:

„Nachfeststellungszeitpunkt ist in den Fällen des Absatzes 1 Nr. 1 der Beginn des Kalenderjahrs, das auf die Entstehung der wirtschaftlichen Einheit (Untereinheit) folgt, und in den Fällen des Absatzes 1 Nr. 2 der Beginn des Kalenderjahrs, in dem der Einheitswert erstmals der Besteuerung zugrunde gelegt wird."

bb) Satz 3 wird aufgehoben.

cc) Satz 3 wird wie folgt gefaßt:

„Die Vorschriften in § 35 Abs. 2, §§ 54 und 59 über die Zugrundelegung eines anderen Zeitpunkts bleiben unberührt."

9. § 24 wird wie folgt geändert:

a) In Absatz 1 werden in Nummer 2 das Semikolon durch einen Punkt ersetzt und Nummer 3 aufgehoben.

5. unverändert

6. unverändert

7. unverändert

8. unverändert

9. unverändert

b) Absatz 2 wird wie folgt gefaßt:

„(2) Aufhebungszeitpunkt ist in den Fällen des Absatzes 1 Nr. 1 der Beginn des Kalenderjahrs, das auf den Wegfall der wirtschaftlichen Einheit (Untereinheit) folgt, und in den Fällen des Absatzes 1 Nr. 2 der Beginn des Kalenderjahrs, in dem der Einheitswert erstmals der Besteuerung nicht mehr zugrunde gelegt wird."

10. Nach § 24 a wird folgender § 25 eingefügt:

„§ 25
Nachholung einer Feststellung

(1) Ist die Feststellungsfrist (§ 181 der Abgabenordnung) bereits abgelaufen, kann eine Fortschreibung (§ 22) oder Nachfeststellung (§ 23) unter Zugrundelegung der Verhältnisse vom Fortschreibungs- oder Nachfeststellungszeitpunkt mit Wirkung für einen späteren Feststellungszeitpunkt vorgenommen werden, für den diese Frist noch nicht abgelaufen ist. § 181 Abs. 5 der Abgabenordnung bleibt unberührt.

(2) Absatz 1 ist bei der Aufhebung des Einheitswerts (§ 24) entsprechend anzuwenden."

11. § 26 wird wie folgt gefaßt:

„§ 26
Umfang der wirtschaftlichen Einheit bei Ehegatten

Die Zurechnung mehrerer Wirtschaftsgüter zu einer wirtschaftlichen Einheit (§ 2) wird beim Grundbesitz im Sinne der §§ 33 bis 94 und 125 bis 133 nicht dadurch ausgeschlossen, daß die Wirtschaftsgüter zum Teil dem einen, zum Teil dem anderen Ehegatten gehören."

12. § 28 wird wie folgt geändert:

a) In Absatz 1 wird Satz 2 aufgehoben.

b) In Absatz 3 Satz 1 werden die Worte „oder Betriebsvermögen" gestrichen.

13. § 30 wird wie folgt gefaßt:

„§ 30
Abrundung

Die Einheitswerte werden beim Grundbesitz auf volle 100 Deutsche Mark nach unten abgerundet."

14. § 44 Abs. 1 wird wie folgt gefaßt:

„(1) Zum Geringstland gehören die Betriebsflächen geringster Ertragsfähigkeit, für die nach dem Bodenschätzungsgesetz keine Wertzahlen festzustellen sind."

15. § 91 Abs. 2 wird aufgehoben.

16. § 95 Abs. 3 wird wie folgt gefaßt:

„(3) Bei der Ermittlung des Werts des Betriebsvermögens sind Billigkeitsmaßnahmen, die bei der steuerlichen Gewinnermittlung getroffen worden sind, zu berücksichtigen; ausgenommen ist die Bildung von Rücklagen. Vorbehaltlich Satz 1 gilt § 20 Satz 3 entsprechend."

17. § 97 wird wie folgt geändert:

Nach Absatz 1 wird folgender Absatz 1 a eingefügt:

„(1 a) Der Wert des Betriebsvermögens von Gesellschaften im Sinne des Absatzes 1 Nr. 5 ist wie folgt auf die Gesellschafter aufzuteilen:

1. Wirtschaftsgüter im Sinne des Absatzes 1 Nr. 5 Satz 2 sowie Schulden des Gesellschafters im Sinne des Absatzes 1 Nr. 5 Satz 3 sind dem jeweiligen Gesellschafter

10. unverändert

11. unverändert

12. unverändert

13. unverändert

14. unverändert

15. unverändert
16. § 95 Abs. 3 wird wie folgt gefaßt:
    „(3) Bei der Ermittlung des Werts des Betriebsvermögens sind Billigkeitsmaßnahmen, die bei der steuerlichen Gewinnermittlung getroffen worden sind, zu berücksichtigen; ausgenommen ist die Bildung von Rücklagen. Vorbehaltlich Satz 1 gilt § 20 Satz 2 entsprechend."
17. unverändert

vorab mit dem Wert zuzurechnen, mit dem sie im Wert des Betriebsvermögens enthalten sind. Das Kapitalkonto des Gesellschafters aus der Steuerbilanz ist um das auf die ihm vorweg zuzurechnenden Wirtschaftsgüter im Sinne des Satzes 1 entfallende Kapital aus der Sonderbilanz zu bereinigen.

2. Das nach Nummer 1 Satz 2 bereinigte Kapitalkonto ist dem jeweiligen Gesellschafter vorweg zuzurechnen.

3. Der nach Berücksichtigung der Vorwegzurechnungen im Sinne der Nummer 1 Satz 1 und Nummer 2 verbleibende Wert des Betriebsvermögens ist nach dem für die Gesellschaft maßgebenden Gewinnverteilungsschlüssel auf die Gesellschafter aufzuteilen.

4. Für jeden Gesellschafter ergibt die Summe aus den Vorwegzurechnungen im Sinne der Nummer 1 Satz 1 und Nummer 2 und dem anteiligen Unterschiedsbetrag nach Nummer 3 den Anteil am Wert des Betriebsvermögens."

18. § 98 a Satz 1 wird wie folgt gefaßt:

„Der Wert des Betriebsvermögens wird in der Weise ermittelt, daß die Summe der Werte, die für die zu dem Gewerbebetrieb gehörenden Wirtschaftsgüter und sonstigen aktiven Ansätze (Rohbetriebsvermögen) ermittelt worden sind, um die Summe der Schulden und sonstigen Abzüge (§ 103) gekürzt wird."

19. § 101 wird aufgehoben.

20. § 102 wird wie folgt geändert:

a) Absatz 1 Satz 1 wird wie folgt gefaßt:

„Ist eine inländische Kapitalgesellschaft, eine inländische Kreditanstalt des öffentlichen Rechts, ein inländischer Gewerbebetrieb im Sinne des Gewerbesteuergesetzes von juristischen Personen des öffentlichen Rechts, eine inländische Erwerbs- und Wirtschaftsgenossenschaft, eine unter Staatsaufsicht stehende Sparkasse oder ein inländischer Versicherungsverein auf Gegenseitigkeit an dem Grund- oder Stammkapital einer anderen inländischen Kapitalgesellschaft, einer anderen inländischen Kreditanstalt des öffentlichen Rechts oder an den Geschäftsguthaben einer anderen inländischen Erwerbs- und Wirtschaftsgenossenschaft mindestens zu einem Zehntel unmittelbar beteiligt, gehört die Beteiligung insoweit nicht zum Gewerbebetrieb, als sie ununterbrochen seit mindestens zwölf Monaten vor dem maßgebenden Abschlußzeitpunkt des Wirtschaftsjahrs besteht."

b) Absatz 2 Satz 1 und 2 wird wie folgt gefaßt:

„Ist eine inländische Kapitalgesellschaft, eine inländische Kreditanstalt des öffentlichen Rechts, ein inländischer Gewerbebetrieb im Sinne des Gewerbesteuergesetzes von juristischen Personen des öffentlichen Rechts, eine inländische Erwerbs- und Wirtschaftsgenossenschaft, eine unter Staatsaufsicht stehende Sparkasse oder ein inländischer Versicherungsverein auf Gegenseitigkeit an dem Nennkapital einer Kapitalgesellschaft mit Geschäftsleitung und Sitz außerhalb des Geltungsbereichs dieses Gesetzes (Tochtergesellschaft), die in dem Wirtschaftsjahr, das mit dem maßgebenden Abschlußzeitpunkt des Wirtschaftsjahrs der Muttergesellschaft endet oder ihm vorangeht, ihre Bruttoerträge ausschließlich oder fast ausschließlich aus unter § 8 Abs. 1 Nr. 1 bis 6 des Außensteuergesetzes fallenden Tätigkeiten oder aus unter § 8 Abs. 2 des Außensteuergesetzes fallenden Beteiligungen bezieht, mindestens zu einem Zehntel unmittelbar beteiligt, gehört die Beteiligung auf Antrag insoweit nicht zum Gewerbebetrieb, als sie ununterbrochen seit mindestens zwölf Monaten vor dem maßgebenden Abschlußzeitpunkt des Wirtschaftsjahrs besteht. Das gleiche gilt auf Antrag der

18. unverändert

19. unverändert
20. unverändert

Muttergesellschaft für den Teil des Wertes ihrer Beteiligung an der Tochtergesellschaft, der dem Verhältnis des Wertes der Beteiligung an einer Enkelgesellschaft im Sinne des § 26 Abs. 5 des Körperschaftsteuergesetzes zum gesamten Wert des Betriebsvermögens der Tochtergesellschaft entspricht, wenn die Enkelgesellschaft in dem Wirtschaftsjahr, das mit dem maßgebenden Abschlußzeitpunkt der Muttergesellschaft endet oder ihm vorangeht, ihre Bruttoerträge ausschließlich oder fast ausschließlich aus unter § 8 Abs. 1 Nr. 1 bis 6 des Außensteuergesetzes fallenden Tätigkeiten oder aus unter § 8 Abs. 2 Nr. 1 des Außensteuergesetzes fallenden Beteiligungen bezieht; die Vorschriften des Bewertungsgesetzes sind für die Bewertung der Wirtschaftsgüter der Tochtergesellschaft entsprechend anzuwenden."

21. In § 104 Abs. 4 werden die Worte „zuletzt geändert durch Artikel 33 des Gesetzes vom 18. Dezember 1989, BGBl. I S. 2261" durch die Worte „zuletzt geändert durch Artikel 91 des Gesetzes vom 5. Oktober 1994, BGBl. I S. 2911" ersetzt.

22. § 106 wird aufgehoben.

23. § 107 wird aufgehoben.

24. In § 109 Abs. 3 wird Satz 2 aufgehoben.

25. § 109 a wird aufgehoben.

26. § 110 wird aufgehoben.

27. § 111 wird aufgehoben.

28. § 112 wird aufgehoben.

29. § 113 wird aufgehoben.

30. § 113 a wird aufgehoben.

31. § 114 wird aufgehoben.

32. § 115 wird aufgehoben.

33. § 116 wird aufgehoben.

34. § 117 wird aufgehoben.

35. § 117 a wird aufgehoben.

36. § 118 wird aufgehoben.

21. unverändert

22. unverändert
23. unverändert
24. unverändert
25. unverändert
25 a. a) Die Überschrift vor § 110

„Zweiter Abschnitt
Sonstiges Vermögen, Gesamtvermögen und Inlandsvermögen
A. Sonstiges Vermögen"

wird durch die Überschrift

„Zweiter Abschnitt
Sondervorschriften und Ermächtigungen"

ersetzt.
b) Die Überschrift vor § 114

„B. Gesamtvermögen"

wird gestrichen.
c) Die Überschrift vor § 121

„C. Inlandsvermögen"

wird gestrichen.

26. unverändert
27. unverändert
28. unverändert
29. unverändert
30. unverändert
31. unverändert
32. unverändert
33. unverändert
34. unverändert
35. unverändert
36. unverändert

37. § 119 wird aufgehoben.
38. § 120 wird aufgehoben.

39. Die Überschrift vor § 121 a

„Dritter Teil
Übergangs- und Schlußbestimmungen"

wird gestrichen.

40. § 121 a wird wie folgt gefaßt:

„§ 121 a
Sondervorschrift für die Anwendung der Einheitswerte 1964

Während der Geltungsdauer der auf den Wertverhältnissen am 1. Januar 1964 beruhenden Einheitswerte des Grundbesitzes sind Grundstücke (§ 70) und Betriebsgrundstücke im Sinne des § 99 Abs. 1 Nr. 1 für die Gewerbesteuer mit 140 vom Hundert des Einheitswerts anzusetzen."

41. § 121 b wird aufgehoben.

37. unverändert

38. unverändert

38 a. § 121 wird wie folgt gefaßt:

„§ 121
Inlandsvermögen

Zum Inlandsvermögen gehören:
1. das inländische land- und forstwirtschaftliche Vermögen;
2. das inländische Grundvermögen;
3. das inländische Betriebsvermögen. Als solches gilt das Vermögen, das einem im Inland betriebenen Gewerbe dient, wenn hierfür im Inland eine Betriebsstätte unterhalten wird oder ein ständiger Vertreter bestellt ist;
4. Anteile an einer Kapitalgesellschaft, wenn die Gesellschaft Sitz oder Geschäftsleitung im Inland hat und der Gesellschafter entweder allein oder zusammen mit anderen ihm nahestehenden Personen im Sinne des § 1 Abs. 2 des Außensteuergesetzes vom 8. September 1972 (BGBl. I S. 1713), zuletzt geändert durch Artikel 4 des Gesetzes vom 28. Oktober 1994 (BGBl. I S. 3267), am Grund- oder Stammkapital der Gesellschaft mindestens zu einem Zehntel unmittelbar oder mittelbar beteiligt ist;
5. nicht unter Nummer 3 fallende Erfindungen, Gebrauchsmuster und Topographien, die in ein inländisches Buch oder Register eingetragen sind;
6. Wirtschaftsgüter, die nicht unter die Nummern 1, 2 und 5 fallen und einem inländischen Gewerbebetrieb überlassen, insbesondere an diesen vermietet oder verpachtet sind;
7. Hypotheken, Grundschulden, Rentenschulden und andere Forderungen oder Rechte, wenn sie durch inländischen Grundbesitz, durch inländische grundstücksgleiche Rechte oder durch Schiffe, die in ein inländisches Schiffsregister eingetragen sind, unmittelbar oder mittelbar gesichert sind. Ausgenommen sind Anleihen und Forderungen, über die Teilschuldverschreibungen ausgegeben sind;
8. Forderungen aus der Beteiligung an einem Handelsgewerbe als stiller Gesellschafter und aus partiarischen Darlehen, wenn der Schuldner Wohnsitz oder gewöhnlichen Aufenthalt, Sitz oder Geschäftsleitung im Inland hat;
9. Nutzungsrechte an einem der in den Nummern 1 bis 8 genannten Vermögensgegenstände."

39. unverändert

40. unverändert

41. unverändert

42. § 122 wird wie folgt gefaßt:

„§ 122
Besondere Vorschriften für Berlin (West)

§ 50 Abs. 1, § 60 Abs. 1 und § 67 gelten nicht für den Grundbesitz in Berlin (West). Bei der Beurteilung der natürlichen Ertragsbedingungen und des Bodenartenverhältnisses ist das Bodenschätzungsgesetz sinngemäß anzuwenden."

43. § 123 wird wie folgt gefaßt:

„§ 123
Ermächtigungen

Die Bundesregierung wird ermächtigt, mit Zustimmung des Bundesrates die in § 12 Abs. 4, § 39 Abs. 1, § 51 Abs. 4, § 55 Abs. 3, 4 und 8, §§ 81 und 90 Abs. 2 vorgesehenen Rechtsverordnungen zu erlassen."

44. § 124 wird aufgehoben.

45. Die Überschrift vor § 125 wird wie folgt gefaßt:

„Dritter Abschnitt
Vorschriften für die Bewertung von Vermögen in dem in Artikel 3 des Einigungsvertrages genannten Gebiet"

46. § 133 wird wie folgt gefaßt:

„§ 133
Sondervorschrift für die Anwendung der Einheitswerte 1935

Die Einheitswerte 1935 der Betriebsgrundstücke sind für die Gewerbesteuer wie folgt anzusetzen:

1. Mietwohngrundstücke mit 100 vom Hundert des Einheitswerts 1935,
2. Geschäftsgrundstücke mit 400 vom Hundert des Einheitswerts 1935,
3. gemischtgenutzte Grundstücke, Einfamilienhäuser und sonstige bebaute Grundstücke mit 250 vom Hundert des Einheitswerts 1935,
4. unbebaute Grundstücke mit 600 vom Hundert des Einheitswerts 1935.

Bei Grundstücken im Zustand der Bebauung bestimmt sich die Grundstückshauptgruppe für den besonderen Einheitswert im Sinne des § 33 a Abs. 3 der weiter anzuwendenden Durchführungsverordnung zum Reichsbewertungsgesetz nach dem tatsächlichen Zustand, der nach Fertigstellung des Gebäudes besteht."

47. § 135 wird aufgehoben.

48. § 136 wird aufgehoben.

49. Nach § 137 wird der folgende Abschnitt angefügt:

„Vierter Abschnitt
Vorschriften für die Bewertung von Grundbesitz für die Erbschaftsteuer ab 1. Januar 1996 und für die Grunderwerbsteuer ab 1. Januar 1997

A. Allgemeines

§ 138
Feststellung von Grundbesitzwerten

(1) Einheitswerte, die für Grundbesitz nach den Wertverhältnissen vom 1. Januar 1935 oder 1. Januar 1964 festgestellt worden sind, sowie Ersatzwirtschaftswerte (§§ 125 und 126) werden bei der Erbschaftsteuer ab 1. Januar 1996 und bei der Grunderwerbsteuer ab dem 1. Januar 1997 nicht mehr angewendet. Anstelle dieser Einheitswerte und Ersatzwirtschaftswerte werden abweichend von § 19 Abs. 1 und § 126 Abs. 2 land- und forstwirtschaftliche Grundbesitzwerte für das in Absatz 2 und Grundstückswerte für das in Absatz 3 bezeichnete Vermögen unter Berücksichti-

42. unverändert

43. unverändert

44. unverändert
45. unverändert

46. unverändert

47. unverändert
48. unverändert
49. Nach § 137 wird der folgende Abschnitt angefügt:
„Vierter Abschnitt
Vorschriften für die Bewertung von Grundbesitz für die Erbschaftsteuer
ab 1. Januar 1996 und für die Grunderwerbsteuer ab 1. Januar 1997
A. Allgemeines
§ 138
Feststellung von Grundbesitzwerten
(1) unverändert

gung der tatsächlichen Verhältnisse zum Besteuerungszeitpunkt und der Wertverhältnisse zum 1. Januar 1996 festgestellt.

(2) Für die wirtschaftlichen Einheiten des land- und forstwirtschaftlichen Vermögens und für Betriebsgrundstücke im Sinne des § 99 Abs. 1 Nr. 2 sind die land- und forstwirschaftlichen Grundbesitzwerte unter Anwendung der §§ 139 bis 144 zu ermitteln.

(3) Für die wirtschaftlichen Einheiten des Grundvermögens und für Betriebsgrundstücke im Sinne des § 99 Abs. 1 Nr. 1 sind Grundstückswerte abweichend von § 9 mit einem typisierenden Wert unter Anwendung der §§ 68, 69, 99 Abs. 2, §§ 139 und 145 bis 157 zu ermitteln. § 70 gilt mit der Maßgabe, daß der Anteil des Eigentümers eines Grundstücks an anderem Grundvermögen (z. B. an gemeinschaftlichen Hofflächen oder Garagen) abweichend von Absatz 2 Satz 1 dieser Vorschrift in das Grundstück einzubeziehen ist, wenn der Anteil zusammen mit dem Grundstück genutzt wird. § 20 Satz 2 ist entsprechend anzuwenden. §§ 92 und 94 sind vorbehaltlich §§ 139 und 145 bis 157 sinngemäß anzuwenden.

(4) Die Wertverhältnisse zum 1. Januar 1996 gelten für Feststellungen von Grundbesitzwerten bis zum 31. Dezember 2001.

(5) Die Grundbesitzwerte sind gesondert festzustellen, wenn sie für die Erbschaftsteuer oder Grunderwerbsteuer erforderlich sind (Bedarfsbewertung). In dem Feststellungsbescheid sind auch Feststellungen zu treffen

1. über die Art der wirtschaftlichen Einheit, bei Betriebsgrundstücken, die zu einem Gewerbebetrieb gehören (wirtschaftliche Untereinheit), auch über den Gewerbebetrieb;

2. über die Zurechnung der wirtschaftlichen Einheit und bei mehreren Beteiligten über die Höhe des Anteils, für dessen Besteuerung ein Anteil am Grundbesitzwert erforderlich ist.

Für die Feststellung von Grundbesitzwerten gelten die Vorschriften der Abgabenordnung über die Feststellung von Einheitswerten des Grundbesitzes sinngemäß.

(6) Das für die Feststellung von Grundbesitzwerten zuständige Finanzamt kann von jedem, für dessen Besteuerung eine Bedarfsbewertung erforderlich ist, die Abgabe einer Feststellungserklärung innerhalb einer von ihm zu bestimmenden Frist verlangen. Die Frist muß mindestens einen Monat betragen.

§ 139
Abrundung

Die Grundbesitzwerte werden auf volle 1000 Deutsche Mark nach unten abgerundet.

B. Land- und forstwirtschaftliches Vermögen

§ 140
Wirtschaftliche Einheit und Umfang des land- und forstwirtschaftlichen Vermögens

Der Begriff der wirtschaftlichen Einheit und der Umfang des land- und forstwirtschaftlichen Vermögens richten sich nach § 33.

(2) unverändert

(3) Für die wirtschaftlichen Einheiten des Grundvermögens und für Betriebsgrundstücke im Sinne des § 99 Abs. 1 Nr. 1 sind Grundstückswerte abweichend von § 9 mit einem typisierenden Wert unter Anwendung der §§ 68, 69, 99 Abs. 2, §§ 139 und 145 bis 150 zu ermitteln. § 70 gilt mit der Maßgabe, daß der Anteil des Eigentümers eines Grundstücks an anderem Grundvermögen (z. B. an gemeinschaftlichen Hofflächen oder Garagen) abweichend von Absatz 2 Satz 1 dieser Vorschrift in das Grundstück einzubeziehen ist, wenn der Anteil zusanmmen mit dem Grundstück genutzt wird. § 20 Satz 2 ist entsprechend anzuwenden.

(4) unverändert

(5) unverändert

(6) unverändert

§ 139

unverändert

B. Land- und forstwirtschaftliches Vermögen

§ 140
Wirtschaftliche Einheit und Umfang des land- und forstwirtschaftlichen Vermögens

(1) Der Begriff der wirtschaftlichen Einheit und der Umfang des land- und forstwirtschaftlichen Vermögens richten sich nach § 33. Dazu gehören auch immaterielle Wirtschaftsgüter (z. B. Brennrechte, Milchlieferrechte, Jagdrechte und Zuckerrübenlieferrechte), soweit sie einem Betrieb der Land- und Forstwirtschaft dauernd zu dienen bestimmt sind.

(2) Zu den Geldschulden im Sinne des § 33 Abs. 3 Nr. 2 gehören auch Pensionsverpflichtungen.

§ 141
Umfang des Betriebs der Land- und Forstwirtschaft

(1) Der Betrieb der Land- und Forstwirtschaft umfaßt
1. den Betriebsteil,
2. die Betriebswohnungen,
3. den Wohnteil.

(2) Der Betriebsteil umfaßt den Wirtschaftsteil eines Betriebs der Land- und Forstwirtschaft (§ 34 Abs. 2), jedoch ohne die Betriebswohnungen (Absatz 3). § 34 Abs. 4 bis 7 ist bei der Ermittlung des Umfangs des Betriebsteils anzuwenden.

(3) Betriebswohnungen sind Wohnungen einschließlich des dazugehörigen Grund und Bodens, die einem Betrieb der Land- und Forstwirtschaft zu dienen bestimmt, aber nicht dem Wohnteil zuzurechnen sind.

(4) Begriff und Umfang des Wohnteils richten sich nach § 34 Abs. 3.

§ 142
Betriebswert

(1) Der Wert des Betriebsteils (Betriebswert) wird unter sinngemäßer Anwendung der §§ 35, 36 Abs. 1 und 2, §§ 42, 43, 44 Abs. 1, §§ 45, 48 a, 49, 51, 51 a, 53, 54, 56, 59 und 62 Abs. 1 ermittelt. Abweichend von § 36 Abs. 2 Satz 3 ist der Ertragswert das 18,6fache des Reinertrags.

(2) Der Betriebswert setzt sich zusammnen aus den Einzelertragswerten für die Nebenbetriebe (§ 42), das Abbauland (§ 43), die gemeinschaftliche Tierhaltung (§ 51 a) und die in Nummer 5 nicht genannten Nutzungsteile der sonstigen land- und forstwirtschaftlichen Nutzung sowie den folgenden Ertragswerten:

1. Landwirtschaftliche Nutzung
   a) Landwirtschaftliche Nutzung ohne Hopfen und Spargel
      Der Ertragswert ist auf der Grundlage der Ergebnisse der Bodenschätzung nach dem Bodenschätzungsgesetz zu ermitteln.
      Er beträgt   0,78 DM je Ertragsmeßzahl.
   b) Nutzungsteil Hopfen   112 DM je Ar
   c) Nutzungsteil Spargel   149 DM je Ar.
2. Forstwirtschaftliche Nutzung
   a) Nutzungsgrößen bis zu 10 Hektar,
      Nichtwirtschaftswald,
      Baumartengruppe Kiefer,
      Baumartengruppe Fichte bis zu 60 Jahren,
      Baumartengruppe Buche und sonstiges Laubholz
      bis zu 100 Jahren und Eiche bis zu 140 Jahren   1 DM je Ar
   b) Baumartengruppe Fichte über 60 bis zu 80 Jahren
      und Plenterwald   15 DM je Ar
   c) Baumartengruppe Fichte über 80 bis zu 100 Jahren   30 DM je Ar
   d) Baumartengruppe Fichte über 100 Jahre   40 DM je Ar
   e) Baumartengruppe Buche und sonstiges Laubholz über 100 Jahre 10 DM je Ar
   f) Eiche über 140 Jahre   20 DM je Ar.
3. Weinbauliche Nutzung
   a) Traubenerzeugung und Faßweinausbau
      aa) in den Weinbaugebieten Ahr, Franken und Württemberg   70 DM je Ar
      bb) in den übrigen Weinbaugebieten   35 DM je Ar

§ 141
Umfang des Betriebs der Land- und Forstwirtschaft

(1) unverändert

(2) unverändert

(3) unverändert

(4) Der Wohnteil umfaßt die Gebäude und Gebäudeteile im Sinne des § 34 Abs. 3 und den dazugehörigen Grund und Boden.

§ 142
Betriebswert

(1) unverändert

(2) Der Betriebswert setzt sich zusammen aus den Einzelertragswerten für die Nebenbetriebe (§ 42), das Abbauland (§ 43), die gemeinschaftliche Tierhaltung (§ 51 a) und die in Nummer 5 nicht genannten Nutzungsteile der sonstigen land- und forstwirtschaftlichen Nutzung sowie den folgenden Ertragswerten:

1. Landwirtschaftliche Nutzung
   a) Landwirtschaftliche Nutzung ohne Hopfen und Spargel
      Der Ertragswert ist auf der Grundlage der Ergebnisse der Bodenschätzung nach dem Bodenschätzungsgesetz zu ermitteln.
      Er beträgt   0,68 DM je Ertragsmeßzahl.
   b) Nutzungsteil Hopfen   112 DM je Ar
   c) Nutzungsteil Spargel   149 DM je Ar.
2. Forstwirtschaftliche Nutzung
   a) Nutzungsgrößen bis zu 10 Hektar,
      Nichtwirtschaftswald,
      Baumartengruppe Kiefer,
      Baumartengruppe Fichte bis zu 60 Jahren,
      Baumartengruppe Buche und sonstiges Laubholz
      bis zu 100 Jahren und Eiche bis zu 140 Jahren   0,50 DM je Ar
   b) Baumartengruppe Fichte über 60 bis zu 80 Jahren
      und Plenterwald   15 DM je Ar
   c) Baumartengruppe Fichte über 80 bis zu 100 Jahren 30 DM je Ar
   d) Baumartengruppe Fichte über 100 Jahre   40 DM je Ar
   e) Baumartengruppe Buche und sonstiges Laubholz über 100 Jahre 10 DM je Ar
   f) Eiche über 140 Jahre   20 DM je Ar.
3. Weinbauliche Nutzung
   a) Traubenerzeugung und Faßweinausbau
      aa) in den Weinbaugebieten Ahr, Franken und Württemberg 70 DM je Ar
      bb) in den übrigen Weinbaugebieten   35 DM je Ar

b) Flaschenweinausbau
   - aa) in den Weinbaugebieten Ahr, Baden, Franken, Rheingau und Württemberg — 160 DM je Ar
   - bb) in den übrigen Weinbaugebieten — 70 DM je Ar.

4. Gärtnerische Nutzung
   - a) Nutzungsteil Gemüse-, Blumen- und Zierpflanzenbau
     - aa) Gemüsebau
       - Freilandflächen — 110 DM je Ar
       - Flächen unter Glas und Kunststoffen — 1000 DM je Ar
     - bb) Blumen und Zierpflanzenbau
       - Freilandflächen — 360 DM je Ar
       - beheizbare Flächen unter Glas und Kunststoffen — 3600 DM je Ar
       - nichtbeheizbare Flächen unter Glas und Kunststoffen — 1800 DM je Ar
   - b) Nutzungsteil Obstbau — 40 DM je Ar
   - c) Nutzungsteil Baumschulen
     - Freilandflächen — 320 DM je Ar
     - Flächen unter Glas und Kunststoffen — 2600 DM je Ar.

5. Sonstige land- und forstwirtschaftliche Nutzung
   - a) Nutzungsteil Wanderschäferei — 20 DM je Mutterschaf
   - b) Nutzungsteil Weihnachtsbaumkultur — 260 DM je Ar.

6. Geringstland
   Der Ertragswert für Geringstland (§ 44) beträgt — 1 DM je Ar.

(3) Für die nach § 13 a des Erbschaftsteuergesetzes begünstigten Betriebe der Land- und Forstwirtschaft kann beantragt werden, den Betriebswert abweichend von Absatz 2 Nr. 1 bis 6 insgesamt als Einzelertragswert zu ermitteln. Der Antrag ist bei Abgabe der Feststellungserklärung schriftlich zu stellen. Die dafür notwendigen Bewertungsgrundlagen sind vom Steuerpflichtigen nachzuweisen.

§ 143
Wert der Betriebswohnungen und des Wohnteils

(1) Der Wert der Betriebswohnungen (§ 141 Abs. 3) und der Wert des Wohnteils (§ 141 Abs. 4) sind nach den Vorschriften zu ermitteln, die beim Grundvermögen für die Bewertung von Wohngrundstücken gelten (§§ 147 bis 157).

(2) Bei der Ermittlung des Bodenwerts (§ 151) für den Wohnteil ist bei Vorliegen der Voraussetzungen des Absatzes 3 höchstens das Fünffache der jeweiligen bebauten Fläche zugrunde zu legen.

(3) Zur Berücksichtigung von Besonderheiten, die sich im Falle einer engen räumlichen Verbindung der Betriebswohnungen und des Wohnteils mit dem Betrieb ergeben, sind deren Ausgangswerte (§ 150) unbeschadet der Regelungen, die in § 155 getroffen sind, jeweils um 15 vom Hundert zu ermäßigen.

§ 144
Zusammensetzung des land- und forstwirtschaftlichen Grundbesitzwerts

Der Betriebswert, der Wert der Betriebswohnungen und der Wert des Wohnteils bilden zusammen den land- und forstwirtschaftlichen Grundbesitzwert.

b) Flaschenweinausbau
  aa) in den Weinbaugebieten Ahr, Baden, Franken,
      Rheingau und Württemberg   160 DM je Ar
  bb) in den übrigen Weinbaugebieten   70 DM je Ar.
4. Gärtnerische Nutzung
  a) Nutzungsteil Gemüse-, Blumen- und Zierpflanzenbau
    aa) Gemüsebau
      Freilandflächen   110 DM je Ar
      Flächen unter Glas und Kunststoffen   1000 DM je Ar
    bb) Blumen und Zierpflanzenbau
      Freilandflächen   360 DM je Ar
      beheizbare Flächen unter Glas und Kunststoffen   3600 DM je Ar
      nichtbeheizbare Flächen unter Glas und Kunststoffen 1800 DM je Ar
  b) Nutzungsteil Obstbau   40 DM je Ar
  c) Nutzungsteil Baumschulen
    Freilandflächen   320 DM je Ar
    Flächen unter Glas und Kunststoffen   2600 DM je Ar.
5. Sonstige land- und forstwirtschaftliche Nutzung
  a) Nutzungsteil Wanderschäferei   20 DM je Mutterschaf
  b) Nutzungsteil Weihnachtsbaumkultur   260 DM je Ar.
6. Geringstland
   Der Ertragswert für Geringstland (§ 44) beträgt   0,50 DM je Ar.
(3) unverändert

§ 143
Wert der Betriebswohnungen und des Wohnteils

(1) Der Wert der Betriebswohnungen (§ 141 Abs. 3) und der Wert des Wohnteils (§ 141 Abs. 4) sind nach den Vorschriften zu ermitteln, die beim Grundvermögen für die Bewertung von Wohngrundstücken gelten (§§ 146 bis 150).

(2) In den Fällen des § 146 Abs. 6 ist für die Betriebswohnungen und für den Wohnteil bei Vorliegen der Voraussetzungen des Absatzes 3 jeweils höchstens das Fünffache der bebauten Fläche zugrunde zu legen.

(3) Zur Berücksichtigung von Besonderheiten, die sich im Falle einer räumlichen Verbindung der Betriebswohnungen und des Wohnteils mit der Hofstelle ergeben, sind deren Werte (§§ 146 bis 149) jeweils um 15 vom Hundert zu ermäßigen.

§ 144

unverändert

C. Grundvermögen

I. Unbebaute Grundstücke

§ 145
Begriff

(1) Unbebaute Grundstücke sind Grundstücke, auf denen sich keine benutzbaren Gebäude befinden. Die Benutzbarkeit beginnt im Zeitpunkt der Bezugsfertigkeit. Gebäude sind als bezugsfertig anzusehen, wenn den zukünftigen Bewohnern oder sonstigen Benutzern zugemutet werden kann, sie zu benutzen; die Abnahme durch die Bauaufsichtsbehörde ist nicht entscheidend.

(2) Befinden sich auf einem Grundstück Gebäude von insgesamt geringem Wert, so gilt das Grundstück als unbebaut. Der Wert der Gebäude bleibt außer Ansatz.

(3) Als unbebautes Grundstück gilt auch ein Grundstück, auf dem infolge der Zerstörung oder des Verfalls der Gebäude auf die Dauer benutzbarer Raum nicht mehr vorhanden ist.

§ 146
Bewertung

Der Wert unbebauter Grundstücke ist auf der Grundlage von Bodenrichtwerten (§ 196 des Baugesetzbuches in der Fassung der Bekanntmachung vom 8. Dezember 1986, BGBl. I S. 2253, zuletzt geändert durch Artikel 2 des Gesetzes vom 23. November 1994, BGBl. I S. 3486) unter Berücksichtigung der möglichen baulichen Nutzung zu schätzen. Die Bodenrichtwerte sind von den Gutachterausschüssen nach dem Baugesetzbuch auf den 1. Januar 1996 zu ermitteln und den Finanzämtern mitzuteilen. Zur Berücksichtigung wertmindernder Umstände ist der Wert nach Satz 1 um einen Abschlag (§ 155 Abs. 1) zu ermäßigen.

C. Grundvermögen

I. Unbebaute Grundstücke

§ 145
Unbebaute Grundstücke

(1) Unbebaute Grundstücke sind Grundstücke, auf denen sich keine benutzbaren Gebäude befinden oder zur Nutzung vorgesehene Gebäude im Bau befindlich sind. Die Benutzbarkeit beginnt im Zeitpunkt der Bezugsfertigkeit. Gebäude sind als bezugsfertig anzusehen, wenn den zukünftigen Bewohnern oder sonstigen Benutzern zugemutet werden kann, sie zu benutzen; die Abnahme durch die Bauaufsichtsbehörde ist nicht entscheidend. Im Bau befindlich ist ein Gabäude, wenn auf dem Grundstück Abgrabungen begonnen worden sind oder Baustoffe eingebracht worden sind, die zur planmäßigen Errichtung des Gebäudes führen.

(2) Befinden sich auf dem Grundstück Gebäude, die keiner oder nur einer unbedeutenden Nutzung zugeführt werden können, gilt das Grundstück als unbebaut; als unbedeutend gilt eine Nutzung, wenn die hierfür erzielte Jahresmiete (§ 146 Abs. 2) oder die übliche Miete (§ 146 Abs. 3) weniger als 1 vom Hundert des nach Absatz 3 anzusetzenden Werts beträgt. Als unbebautes Grundstück gilt auch ein Grundstück, auf dem infolge der Zerstörung oder des Verfalls der Gebäude auf Dauer benutzbarer Raum nicht mehr vorhanden ist.

(3) Der Wert unbebauter Grundstücke bestimmt sich nach ihrer Fläche und den um 30 vom Hundert ermäßigten Bodenrichtwerten (§ 196 des Baugesetzbuches in der Fassung der Bekanntmachung vom 8. Dezember 1986, BGBl. I S. 2253, zuletzt geändert durch Artikel 24 des Gesetzes vom 20. 12. 1996, (BGBl. I S. 2049). Die Bodenrichtwerte sind von den Gutachterausschüssen nach dem Baugesetzbuch auf den 1. Januar 1996 zu ermitteln und den Finanzämtern mitzuteilen. Weist der Steuerpflichtige nach, daß der gemeine Wert des unbebauten Grundstücks niedriger als der nach Satz 1 ermittelte Wert ist, ist der gemeine Wert festzustellen.

II. Bebaute Grundstücke

§ 146
Bebaute Grundstücke

(1) Grundstücke, auf die die in § 145 Abs. 1 genannten Merkmale nicht zutreffen, sind bebaute Grundstücke.

(2) Der Wert eines bebauten Grundstücks ist das Zwölffache der für dieses im Durchschnitt der letzten drei Jahre vor dem Besteuerungszeitpunkt erzielten Jahresmiete, vermindert um die Wertminderung wegen des Alters des Gebäudes (Absatz 4). Jahresmiete ist das Gesamtentgelt, das die Mieter (Pächter) für die Nutzung der bebauten Grundstücke aufgrund vertraglicher Vereinbarungen für den Zeitraum von zwölf Monaten zu zahlen haben. Betriebskosten (§ 27 Abs. 1 der Zweiten Berechnungsverordnung) sind nicht einzubeziehen; für Grundstücke, die nicht oder nur zum Teil Wohnzwecken dienen, ist diese Vorschrift entsprechend anzuwenden. Ist das Grundstück vor dem Besteuerungszeitpunkt weniger als drei Jahre vermietet worden, ist die Jahresmiete aus dem kürzeren Zeitraum zu ermitteln.

(3) Wurde ein bebautes Grundstück oder Teile hiervon nicht oder vom Eigentümer oder dessen Familie selbst genutzt, anderen unentgeltlich zur Nutzung überlassen oder an Angehörige (§ 15 der Abgabenordnung) oder Arbeitnehmer des Eigentümers vermietet, tritt an die Stelle der Jahresmiete die übliche Miete. Die übliche Miete ist die Miete, die für nach Art, Lage, Größe, Ausstattung und Alter

II. Bebaute Grundstücke

§ 147
Begriff

Bebaute Grundstücke sind Grundstücke, auf denen sich benutzbare Gebäude befinden, mit Ausnahme der in § 145 Abs. 2 und 3 bezeichneten Grundstücke. Wird ein Gebäude in Bauabschnitten errichtet oder verzögert sich die Benutzbarkeit eines Gebäudes nicht nur vorübergehend, so ist der bezugsfertige Teil als benutzbares Gebäude anzusehen.

§ 148
Gebäude und Gebäudeteile für den Zivilschutz

Gebäude, Teile von Gebäuden und Anlagen, die wegen der in § 1 des Zivilschutzgesetzes vom 9. 08. 1976 (BGBl. I S. 2109) bezeichneten Zwecke geschaffen worden sind und im Frieden nicht oder nur gelegentlich oder geringfügig für andere Zwecke benutzt werden, bleiben bei der Ermittlumg des Grundstückswerts außer Betracht.

§ 149
Grundstücksarten

(1) Bei der Bewertung bebauter Grundstücke sind folgende Grundstücksarten zu unterscheiden:

vergleichbare, nicht preisgebundene Grundstücke von fremden Mietern bezahlt wird; Betriebskosten (Absatz 2 Satz 2) sind hierbei nicht einzubeziehen. Ungewöhnliche oder persönliche Verhältnisse bleiben dabei außer Betracht.

(4) Die Wertminderung wegen Alters des Gebäudes beträgt für jedes Jahr, das seit Bezugsfertigkeit des Gebäudes bis zum Besteuerungszeitpunkt vollendet worden ist, 1 vom Hundert, höchstens jedoch 50 vom Hundert des Werts nach den Absätzen 2 und 3. Sind nach Bezugsfertigkeit des Gebäudes bauliche Maßnahmen durchgeführt worden, die die gewöhnliche Nutzungsdauer des Gebäudes um mindestens 25 Jahre verlängert haben, ist bei der Wertminderung wegen Alters von einer der Verlängerung der gewöhnlichen Nutzungsdauer entsprechenden Bezugsfertigkeit auszugehen.

(5) Enthält ein bebautes Grundstück, das ausschließlich Wohnzwecken dient, nicht mehr als zwei Wohnungen, ist der nach den Absätzen 1 bis 4 ermittelte Wert um 10 vom Hundert zu erhöhen.

(6) Der für ein bebautes Grundstück nach den Absätzen 2 bis 5 anzusetzende Wert darf nicht geringer sein als der Wert, mit dem der Grund und Boden allein als unbebautes Grundstück nach § 145 Abs. 3 unter Ansatz eines Abschlags von 50 vom Hundert anstelle des Abschlags von 30 vom Hundert zu bewerten wäre.

(7) Die Vorschriften gelten entsprechend für Wohnungseigentum und Teileigentum.

§ 147
Sonderfälle

(1) Läßt sich für bebaute Grundstücke die übliche Miete (§ 146 Abs. 3) nicht ermitteln, so bestimmt sich der Wert abweichend von § 146 nach der Summe des Werts des Grund und Bodens und des Werts der Gebäude. Dies gilt insbesondere, wenn die Gebäude zur Durchführung bestimmter Fertigungsverfahren, zu Spezialnutzungen oder zur Aufnahme bestimmter technischer Einrichtungen errichtet worden sind und nicht oder nur mit erheblichem Aufwand für andere Zwecke nutzbar gemacht werden können.

(2) Der Wert des Grund und Bodens ist gemäß § 145 mit der Maßgabe zu ermitteln, daß anstelle des in § 145 Abs. 3 vorgesehenen Abschlags von 30 vom Hundert ein solcher von 50 vom Hundert tritt. Der Wert der Gebäude bestimmt sich nach den ertragsteuerlichen Bewertungsvorschriften.

§ 148
Erbbaurecht und Gebäude auf fremdem Grund und Boden

(1) Ist ein Grundstück mit einem Erbbaurecht belastet, beträgt der Wert des belasteten Grundstücks das 18,6fache des nach den vertraglichen Bestimmungen im Besteuerungszeitpunkt zu zahlenden jährlichen Erbbauzinses. Der Wert des Erbbaurechts ist der nach den §§ 146 oder 147 ermittelte Wert des Grundstücks abzüglich des nach Satz 1 ermittelten Werts des belasteten Grundstücks.

(2) Absatz 1 ist für Gebäude auf fremdem Grund und Boden entsprechend anzuwenden.

§ 149
Grundstücke im Zustand der Bebauung

(1) Sind die Gebäude auf einem Grundstück noch nicht bezugsfertig, ist der Wert entsprechend § 146 unter Zugrundelegung der üblichen Miete zu ermitteln, die nach Bezugsfertigkeit des Gebäudes zu erzielen wäre. Von diesem Wert sind die Aufwen-

1. Einfamilienhäuser,
2. Zweifamilienhäuser,
3. Wohnungseigentumsgrundstücke,
4. Mietwohngrundstücke,
5. Wohn-/Geschäftsgrundstücke,
6. Gewerbegrundstücke,
7. sonstige bebaute Grundstücke.

(2) Einfamilienhäuser sind Wohngrundstücke, die nur eine Wohnung enthalten. Dies gilt auch, wenn sie zu weniger als 50 vom Hundert, berechnet nach der Wohn-/Nutzfläche, zu gewerblichen oder öffentlichen Zwecken mitbenutzt werden.
(3) Zweifamilienhäuser sind Wohngrundstücke, die nur zwei Wohnungen enthalten. Absatz 2 Satz 2 ist entsprechend anzuwenden.
(4) Wohnungseigentumsgrundstücke sind Grundstücke in Form des Wohnungseigentums nach dem Wohnungseigentumsgesetz. § 70 Abs. 2 und § 138 Abs. 3 Satz 2 bleiben unberührt.
(5) Mietwohngrundstücke sind Grundstücke, die zu mehr als 80 vom Hundert, berechnet nach der Wohn-/Nutzfläche, Wohnzwecken dienen mit Ausnahme der Einfamilienhäuser, Zweifamilienhäuser und Wohnungseigentumsgrundstücke (Absatz 2 bis 4).
(6) Wohn-/Geschäftsgrundstücke sind Grundstücke, die ganz oder teilweise gewerblichen Zwecken oder die teilweise Wohnzwecken dienen mit Ausnahme der Grundstücke im Sinne von Absatz 1 Nr. 1 bis 4 und 6. Die Nutzung zu öffentlichen Zwecken ist der Nutzung zu gewerblichen Zwecken gleichgestellt. Zu den Wohn-/Geschäftsgrundstücken gehören auch Grundstücke in Form des Teileigentums.
(7) Gewerbegrundstücke sind die in der Anlage 14 genannten Grundstücke und vergleichbare Grundstücke, die ganz oder teilweise gewerblichen Zwecken dienen mit Ausnahme der Grundstücke im Sinne von Absatz 1 Nr. 1 bis 4. Absatz 6 Satz 2 und 3 gilt entsprechend.
(8) Sonstige bebaute Grundstücke sind Grundstücke, die nicht unter Absatz 2 bis 7 fallen. Absatz 6 Satz 3 gilt entsprechend.

§ 150
Bewertung

Bei der Ermittlung des Grundstückswerts ist vom Bodenwert (§ 151) und vom Gebäudewert (§§ 152 bis 154) auszugehen (Ausgangswert). Zur Berücksichtigung der geringen Ertragsfähigkeit von Grundvermögen und anderer wertmindernder Umstände ist der Ausgangswert zu ermäßigen (§ 155).

§ 151
Bodenwert

Der Grund und Boden ist mit dem Wert anzusetzen, der sich nach § 146 Satz 1 ergeben würde, wenn das Grundstück unbebaut wäre.

§ 152
Gebäudewert

(1) Bei der Ermittlung des Gebäudewerts von Grundstücken im Sinne des § 149 Abs. 1 Nr. 1 und 2 sowie 4 bis 7 ist von den durchschnittlichen Herstellungskosten nach den Baupreisverhältnissen zum 1. Januar 1996 je Quadratmeter Wohn-/Nutzfläche oder je Kubikmeter umbauten Raumes und bei der Ermittlung des Gebäudewerts von Grundstücken im Sinne des § 149 Abs. 1 Nr. 3 ist von dem aus Kaufpreisen abgeleiteten Preis je Quadratmeter Wohn-/Nutzfläche auszugehen.

dungen abzuziehen, die zwischen dem Besteuerungszeitpunkt und der Bezugsfertigkeit des Gebäudes vom Erwerber zu erbringen sind; soweit die Aufwendungen für bereits im Besteuerungszeitpunkt entstandene Zahlungsverpflichtungen geleistet werden, sind diese nicht als Nachlaßschulden abziehbar.

(2) Ist die übliche Miete nicht zu ermitteln, ist der Wert entsprechend § 147 zu ermitteln.

(3) entfällt

(4) entfällt

(5) entfällt

(6) entfällt

(7) entfällt

(8) entfällt

§ 150
Gebäude und Gebäudeteile für den Zivilschutz

Gebäude, Teile von Gebäuden und Anlagen, die wegen der in § 1 des Zivilschutzgesetzes vom 9. 08. 1976 (BGBl. I S. 2109) bezeichneten Zwecke geschaffen worden sind und im Frieden nicht oder nur gelegentlich oder geringfügig für andere Zwecke benutzt werden, bleiben bei der Ermittlung des Grundstückswerts außer Betracht.

§ 151

entfällt

§ 152

entfällt

(2) Bei Grundstücken im Sinne des § 149 Abs. 1 Nr. 1, 2 und 4 ergibt sich der Gebäudenormalherstellungswert vorbehaltlich Absatz 6 durch Vervielfachung der Anzahl der Quadratmeter Wohn-/Nutzfläche mit einem aus Anlage 15 zu entnehmenden Preis für einen Quadratmeter Wohn-/Nutzfläche (Flächenpreis). Die Ausstattung ist wie folgt zu bestimmen:

1. einfache Ausstattung:
Außenfassade verputzt oder nicht höherwertig gestaltet, Bad oder Dusche mit WC sowie Beheizung durch Einzelöfen oder vergleichbare Heizquellen,
2. durchschnittliche Ausstattung:
alle Gebäude oder Gebäudeteile, die nicht einfach oder gut ausgestattet sind,
3. gute Ausstattung:
Außenfassade insgesamt oder zumindest überwiegend verklinkert oder zumindest gleichwertig gestaltet, mehrere Sanitärräume mit Bad oder Dusche – bezogen auf eine Wohnung – sowie zusätzlich zur Sammelheizung weitere Heizquellen, insbesondere ein Kachelofen oder ein offener Kamin, oder aufwendige Heiztechnik.

Bei Mietwohngrundstücken (§ 149 Abs. 1 Nr. 4) kann der Gebäudewert in einem Ertragswertverfahren nach Maßgabe von § 154 ermittelt werden.

(3) Bei Grundstücken im Sinne des § 149 Abs. 1 Nr. 3 ergibt sich der Gebäudewert vorbehaltlich Absatz 6 durch Vervielfachung der Anzahl der Quadratmeter Wohn-/Nutzfläche mit dem aus Anlage 15 für diese Grundstücksart zu entnehmenden Flächenpreis.

(4) Bei Grundstücken im Sinne des § 149 Abs. 1 Nr. 5 wird der Gebäudenormalherstellungswert vorbehaltlich Absatz 6 durch Vervielfachung der Anzahl der Quadratmeter Wohn-/Nutzfläche mit einem Flächenpreis ermittelt, der sich nach der Nutzung und Ausstattung bestimmt. Der Preisrahmen für die Flächenpreise ergibt sich aus Anlage 15.

(5) Bei Grundstücken im Sinne des § 149 Abs. 1 Nr. 6 und 7 wird der Gebäudenormalherstellungswert vorbehaltlich Absatz 6 regelmäßig durch Vervielfachung der Anzahl der Kubikmeter umbauten Raumes mit einem durchschnittlichen Preis für einen Kubikmeter umbauten Raumes (Raummeterpreis) ermittelt, der sich nach der Nutzung und der Ausstattung bestimmt. Der Preisrahmen für die Raummeterpreise ergibt sich aus Anlage 16.

(6) Bei einem unterschiedlich genutzten oder ausgestatteten Gebäude ist der Gebäudenormalherstellungswert für jeden Gebäudeteil unabhängig von der Grundstücksart gesondert zu ermitteln, wenn nach Art der Nutzung und Ausstattung unterschiedliche Preise anzusetzen sind. Bei Gebäudeteilen, deren Anteil am Gesamtgebäude nicht mehr als 10 vom Hundert, berechnet nach der Wohn-/Nutzfläche, beträgt, richtet sich der Flächenpreis oder der Raummeterpreis nach dem Wert für den Gebäudeteil, dessen Wohn-/Nutzfläche mehr als 50 vom Hundert der gesamten Wohn-/Nutzfläche des Gebäudes ausmacht. Ist ein Gebäudeteil mit einer überwiegenden Nutzung nicht vorhanden, ist der Gebäudenormalherstellungswert jedes Gebäudeteils unabhängig von seinem Umfang gesondert zu ermitteln. Bei Tennishallen, Reithallen oder vergleichbaren Hallen sind der Restaurationsteil und der Sozialteil gesondert zu bewerten.

(7) Der Gebäudenormalherstellungswert ist bei Grundstücken im Sinne des § 149 Abs. 1 Nr. 1 und 2 sowie 4 bis 7 wegen des Alters des Gebäudes am 1. Januar 1996 (§ 153) zu mindern (Gebäudewert). Bei Einzelgaragen, Doppelgaragen und Reihengaragen sind die aus Anlage 16 zu entnehmenden Festpreise je Stellplatz ohne Berücksichtigung einer Wertminderung wegen Alters anzusetzen.

§ 153
Wertminderung wegen Alters

(1) Die Wertminderung wegen Alters bestimmt sich nach dem Alter des Gebäudes am 1. Januar 1996 und der gewöhnlichen Lebensdauer von Gebäuden gleicher Art und Nutzung. Als Alter des Gebäudes gilt die Zeit zwischen dem Beginn des Jahres, in dem das Gebäude bezugsfertig geworden ist, und dem 1. Januar 1996. Dabei ist von einer gleichbleibenden jährlichen Wertminderung auszugehen.

(2) Ist im Feststellungszeitpunkt die restliche Lebensdauer eines Gebäudes infolge baulicher Maßnahmen wesentlich verlängert, ist bei der Berechnung der Wertminderung wegen Alters nach Absatz 1 von einem der Verlängerung der gewöhnlichen Lebensdauer entsprechenden späteren Baujahr (fiktives Baujahr) auszugehen.

(3) Die Wertminderung wegen Alters ist in einem Hundertsatz vom Gebäudenormalherstellungswert vorzunehmen. Als Wertminderung darf insgesamt kein höherer Betrag abgesetzt werden, als sich bei einem Alter von 70 vom Hundert der Lebensdauer ergibt.

§ 154
Gebäudewert bei Mietwohngrundstücken

(1) Bei Mietwohngrundstücken (§ 149 Abs. 1 Nr. 4) kann der Gebäudewert abweichend von §§ 152 und 153 in einem Ertragswertverfahren auf der Grundlage des Reinertrags des Gebäudes nach Absatz 2 ermittelt werden; §§ 146, 148 bis 151 und 155 bleiben unberührt. Der Steuerpflichtige hat bei Abgabe der Feststellungserklärung die dafür notwendigen Bewertungsgrundlagen nachzuweisen.

(2) Der Reinertrag des Gebäudes ergibt sich aus der durchschnittlichen Jahresrohmiete im Sinne des Absatzes 3, gemindert um die Bewirtschaftungskosten von 42 DM je Quadratmeter Wohn-/Nutzfläche und um 5 vom Hundert des Bodenwerts. Der Reinertrag ist unter Berücksichtigung der Restnutzungsdauer mit den Vervielfältigern nach Anlage 17 zu vervielfachen. Die Restnutzungsdauer bestimmt sich nach der gewöhnlichen Lebensdauer von Gebäuden gleicher Art und Nutzung abzüglich des Alters des Gebäudes am 1. Januar 1996; § 153 Abs. 1 Satz 2 und Abs. 2 gilt entsprechend. Als Restnutzungsdauer ist mindestens die Zeit in Jahren anzusetzen, die sich bei einem Alter von 30 vom Hundert der Lebensdauer ergibt. Bei einem negativen Reinertrag ist der Gebäudewert mit 0 Deutsche Mark anzusetzen.

(3) Die durchschnittliche Jahresrohmiete ist abweichend von § 138 Abs. 1 Satz 2 regelmäßig aus den Jahresrohmieten der letzten drei Jahre vor dem Besteuerungszeitpunkt herzuleiten. Jahresrohmiete ist das Gesamtentgelt, das der Mieter für die Überlassung des Grundstücks aufgrund vertraglicher Vereinbarungen für ein Jahr zu entrichten hat. Umlagen und alle sonstigen Leistungen des Mieters sind einzubeziehen. Zur Jahresrohmiete gehören auch Betriebskosten (z. B. Gebühren der Gemeinde), die durch die Gemeinde von den Mietern unmittelbar erhoben werden. Nicht einzubeziehen sind die Kosten der Schönheitsreparaturen und des Betriebs der zentralen Heizungs-, Warmwasserversorgungs- und Brennstoffversorgungsanlagen, alle Vergütungen für außergewöhnliche Nebenleistungen des Vermieters, die nicht die Raumnutzung betreffen, sowie Nebenleistungen des Vermieters, die nur einzelnen Mietern zugute kommen. Anstelle der durchschnittlichen Jahresrohmiete nach Satz 1 ist die übliche Miete für solche Grundstücke oder Grundstücksteile anzusetzen, die innerhalb des dreijährigen Zeitraums für die Ermittlung der durchschnittlichen Jahresrohmiete insgesamt oder zeitweise

1. eigengenutzt, ungenutzt, zu vorübergehendem Gebrauch oder unentgeltlich überlassen waren,
2. von dem Eigentümer dem Mieter zu einer um mehr als zwanzig vom Hundert von der üblichen Miete abweichenden tatsächlichen Miete überlassen worden sind.

§ 153

entfällt

§ 154

entfällt

Die übliche Miete ist in Anlehnung an die Jahresrohmiete für nicht preisgebundene Räume vergleichbarer Art, Lage, Größe, Ausstattung und Baujahre zu schätzen. Mieten, die durch ungewöhnliche oder persönliche Verhältnisse beeinflußt sind, sind dabei außer Betracht zu lassen.

§ 155
Abschlag

(1) Der Wert unbebauter Grundstücke (§ 146 Satz 1) und der Ausgangswert bebauter Grundstücke sind zur Berücksichtigung der geringeren Ertragsfähigkeit von Grundvermögen und aller anderen wertmindernden Umstände um 30 vom Hundert zu ermäßigen. Der Abschlag erhöht sich bei Grundstücken im öffentlich geförderten Wohnungsbau auf 35 vom Hundert, soweit sie im Besteuerungszeitpunkt Mietpreisbindungen oder Belegungsbindungen unterliegen.

(2) Bei Grundstücken im Sinne des § 149 Abs. 1 Nr. 1, 2 und 4 ist der Gebäudewert um einen zusätzlichen Abschlag von 10 vom Hundert zu ermäßigen, wenn es sich um ein Gebäude handelt,

1. das mit einer verbrennungsmotorisch oder thermisch angetriebenen Wärmepumpenanlage mit einer Leistungszahl von mindestens 1,3 oder einer Elektro-Wärmepumpenanlage mit einer Leistungszahl von mindestens 3,5 oder einer Solaranlage oder einer Anlage zur Wärmerückgewinnung beheizt wird,

2. das von Anlagen zur Gewinnung von Gas beheizt wird, welches aus pflanzlichen oder tierischen Abfallstoffen durch Gärung unter Sauerstoffabschluß entsteht (Bio-Gas-Anlage).

§ 156
Grundstücke im Zustand der Bebauung

Bei Grundstücken im Zustand der Bebauung sind die nicht bezugsfertigen Gebäude oder Gebäudeteile zusätzlich mit dem Betrag zu erfassen, der nach dem Grad ihrer Fertigstellung dem Gebäudewertanteil entspricht, mit dem sie im Grundstückswert (§ 150) nach Fertigstellung enthalten sein werden.

§ 157
Abweichender Grundstückswert

Ein niedrigerer Grundstückswert ist festzustellen, wenn der Steuerpflichtige nachweist, daß der tatsächliche Wert des Grundstücks niedriger als der nach §§ 146, 148 bis 156 ermittelte Wert ist."

50. Nach § 157 wird der folgende Teil angefügt:

„Dritter Teil
Schlußbestimmungen

§ 158
Bekanntmachung

Das Bundesministerium der Finanzen wird ermächtigt, den Wortlaut dieses Gesetzes und der zu diesem Gesetz erlassenen Durchführungsverordnungen in der jeweils geltenden Fassung mit neuem Datum, neuer Überschrift und neuer Paragraphenfolge bekanntzumachen und dabei Unstimmigkeiten des Wortlauts zu beseitigen.

§ 159
Anwendung des Gesetzes

Diese Fassung des Gesetzes ist erstmals zum 1. Januar 1997 und für die Erbschaftsteuer erstmals zum 1. Januar 1996 anzuwenden."

§ 155

entfällt

§ 156

entfällt

§ 157

entfällt"

50. Nach § 150 wird der folgende Teil angefügt:

„Dritter Teil
Schlußbestimmungen

§ 151
Bekanntmachung

Das Bundesministerium der Finanzen wird ermächtigt, den Wortlaut dieses Gesetzes und der zu diesem Gesetz erlassenen Durchführungsverordnungen in der jeweils geltenden Fassung satzweise numeriert mit neuem Datum und neuer Paragraphenfolge bekanntzumachen und dabei Unstimmigkeiten des Wortlauts zu beseitigen.

§ 152
Anwendung des Gesetzes

Diese Fassung des Gesetzes ist erstmals zum 1. Januar 1997 und für die Erbschaftsteuer erstmals zum 1. Januar 1996 anzuwenden."

51. Folgende Anlagen werden angefügt:[2]

Artikel 2
Änderung des Erbschaftsteuer- und Schenkungsteuergesetzes

Das Erbschaftsteuer- und Schenkungsteuergesetz in der Fassung der Bekanntmachung vom 19. Februar 1991 (BGBl. I S. 468), zuletzt geändert durch Artikel 24 des Gesetzes vom 11. Oktober 1995 (BGBl. I S. 1250), wird wie folgt geändert:

1. In § 10 Abs. 6 Satz 4 wird „§ 13 Abs. 2 a" durch „§ 13 a" ersetzt.

2. § 12 wird wie folgt gefaßt:

„§ 12
Bewertung
(1) Die Bewertung richtet sich, soweit nicht in den Absätzen 2 bis 6 etwas anderes bestimmt ist, nach den Vorschriften des Ersten Teils des Bewertungsgesetzes (Allgemeine Bewertungsvorschriften).

---

[2] Die Anlagen 14 (zu § 149), 15 (zu § 152), 16 (zu § 152) und 17 (zu § 154) sind der BT-Drucksache 13/4839 zu entnehmen.

51. entfällt

Artikel 2
Änderung des Erbschaftsteuer- und Schenkungsteuergesetzes

Das Erbschaft- und Schenkungsteuergesetz in der Fassung der Bekanntmachung vom 19. Februar 1991 (BGBl. I S. 468), zuletzt geändert durch Artikel 24 des Gesetzes vom 11. Oktober 1995 (BGBl. I. S. 1250), wird wie folgt geändert:

01. § 2 Abs. 1 Nr. 3 wird wie folgt gefaßt:

„3. in allen anderen Fällen für den Vermögensanfall, der in Inlandsvermögen im Sinne des § 121 des Bewertungsgesetzes besteht. Bei Inlandsvermögen im Sinne des § 121 Nr. 4 des Bewertungsgesetzes ist es ausreichend, wenn der Erblasser zur Zeit seines Todes oder der Schenker zur Zeit der Ausführung der Schenkung entsprechend der Vorschrift am Grund- oder Stammkapital der inländischen Kapitalgesellschaft beteiligt ist. Wird nur ein Teil einer solchen Beteiligung durch Schenkung zugewendet, so gelten die weiteren Erwerbe aus der Beteiligung, soweit die Voraussetzungen des § 14 erfüllt sind, auch dann als Erwerb von Inlandsvermögen, wenn im Zeitpunkt ihres Erwerbs die Beteiligung des Erblassers oder Schenkers weniger als ein Zehntel des Grund- oder Stammkapitals der Gesellschaft beträgt."

1. § 10 wird wie folgt geändert:
   a) Absatz 1 wird wie folgt geändert:
      aa) Satz 1 wird wie folgt gefaßt:
      „Als steuerpflichtiger Erwerb gilt die Bereicherung des Erwerbers, soweit sie nicht steuerfrei ist (§§ 5, 13, 13 a, 16, 17 und 18)."
      bb) Nach Satz 2 wird folgender Satz eingefügt:
      „Der unmittelbare oder mittelbare Erwerb einer Beteiligung an einer Personengesellschaft, die nicht nach § 12 Abs. 5 zu bewerten ist, gilt als Erwerb der anteiligen Wirtschaftsgüter."
   b) Absatz 6 wird wie folgt geändert:
      aa) Satz 4 wird wie folgt gefaßt:
      „Schulden und Lasten, die mit dem nach § 13 a befreiten Betriebsvermögen in wirtschaftlichem Zusammnenhang stehen, sind in vollem Umfang abzugsfähig."
      bb) Folgender Satz wird angefügt:
      „Schulden und Lasten, die mit dem nach § 13 a befreiten Vermögen eines Betriebs der Land- und Forstwirtschaft oder mit den nach § 13 a befreiten Anteilen an Kapitalgesellschaften in wirtschaftlichem Zusammenhang stehen, sind nur mit dem Betrag abzugsfähig, der dem Verhältnis des nach Anwendung des § 13 a anzusetzenden Werts dieses Vermögens zu dem Wert vor Anwendung des § 13 a entspricht."

2. § 12 wird wie folgt gefaßt:

„§ 12
Bewertung

(1) unverändert

(2) Ist der gemeine Wert von Anteilen an einer Kapitalgesellschaft unter Berücksichtigung des Vermögens und der Ertragsaussichten zu schätzen (§ 11 Abs. 2 Satz 2 des Bewertungsgesetzes), wird das Vermögen mit dem Wert im Zeitpunkt der Entstehung der Steuer angesetzt. Der Wert ist nach den Grundsätzen der Absätze 5 und 6 zu ermitteln. Dabei sind der Geschäfts- oder Firmenwert und die Werte von firmenwertähnlichen Wirtschaftsgütern nicht in die Ermittlung einzubeziehen.

(3) Grundbesitz (§ 19 des Bewertungsgesetzes) ist mit dem Grundbesitzwert anzusetzen, der nach dem Vierten Abschnitt des Zweiten Teils des Bewertungsgesetzes (Vorschriften für die Bewertung von Grundbesitz für die Erbschaftsteuer ab 1. Januar 1996 und für die Grunderwerbsteuer ab 1. Januar 1997) auf den Zeitpunkt der Entstehung der Steuer festgestellt wird.

(4) Bodenschätze, die nicht zum Betriebsvermögen gehören, werden angesetzt, wenn für sie Absetzungen für Substanzverringerung bei der Einkunftsermittlung vorzunehmen sind; sie werden mit ihren ertragsteuerlichen Werten angesetzt.

(5) Für den Bestand und die Bewertung von Betriebsvermögen mit Ausnahme der Bewertung der Betriebsgrundstücke (Absatz 3) sind die Verhältnisse zur Zeit der Entstehung der Steuer maßgebend. Die §§ 95 bis 99, 103 und 104 sowie 109 Abs. 1, 2 und 4 Satz 2 und § 137 des Bewertungsgesetzes sind entsprechend anzuwenden. Betriebsgrundstücke im Sinne des § 99 Abs. 1 Nr. 1 des Bewertungsgesetzes sind in den Fällen des § 13 a Abs. 2 mit 140 vom Hundert des Grundbesitzwerts anzusetzen. Zum Betriebsvermögen gehörende Wertpapiere, Anteile und Genußscheine von Kapitalgesellschaften sind vorbehaltlich des Absatzes 2 mit dem nach § 11 oder § 12 des Bewertungsgesetzes ermittelten Wert anzusetzen.

(6) Ausländischer Grundbesitz und ausländisches Betriebsvermögen werden nach § 31 des Bewertungsgesetzes bewertet.

3. § 13 wird wie folgt geändert:

a) Absatz 1 wird wie folgt geändert:

aa) Nummer 1 wird wie folgt gefaßt:

„1. a) Hausrat einschließlich Wäsche und Kleidungsstücke beim Erwerb durch Personen der Steuerklasse I

in vollem Umfang,

b) andere bewegliche körperliche Gegenstände, die nicht nach Nummer 2 befreit sind, beim Erwerb durch Personen der Steuerklasse I,

soweit der Wert insgesamt 20 000 Deutsche Mark nicht übersteigt,

c) Hausrat einschließlich Wäsche und Kleidungsstücke und andere bewegliche körperliche Gegenstände, die nicht nach Nummer 2 befreit sind, beim Erwerb durch Personen der Steuerklassen II und III,

soweit der Wert insgesamt 20 000 Deutsche Mark nicht übersteigt.

Die Befreiung gilt nicht für Gegenstände, die zum land- und forstwirtschaftlichen Vermögen, zum Grundvermögen oder zum Betriebsvermögen gehören; für Zahlungsmittel, Wertpapiere, Münzen, Edelmetalle, Edelsteine und Perlen;".

bb) Nummer 6 wird wie folgt gefaßt:

„6. ein Erwerb, der Eltern, Adoptiveltern, Stiefeltern oder Großeltern des Erblassers anfällt, sofern der Erwerb zusammen mit dem übrigen Vermögen des Erwerbers 80 000 Deutsche Mark nicht übersteigt und der Erwerber infolge körperlicher oder geistiger Gebrechen und unter Berücksichtigung seiner bisherigen Lebensstellung als erwerbsunfähig anzusehen ist

(2) unverändert

(3) unverändert

(4) unverändert

(5) Für den Bestand und die Bewertung von Betriebsvermögen mit Ausnahme der Bewertung der Betriebsgrundstücke (Absatz 3) sind die Verhältnisse zur Zeit der Entstehung der Steuer maßgebend. Die §§ 95 bis 99, 103 und 104 sowie 109 Abs. 1, 2 und 4 Satz 2 und § 137 des Bewertungsgesetzes sind entsprechend anzuwenden. Zum Betriebsvermögen gehörende Wertpapiere, Anteile und Genußscheine von Kapitalgesellschaften sind vorbehaltlich des Absatzes 2 mit dem nach § 11 oder § 12 des Bewertungsgesetzes ermittelten Wert anzusetzen.

(6) unverändert

3. § 13 wird wie folgt geändert:

a) Absatz 1 wird wie folgt geändert:

aa) Nummer 1 wird wie folgt gefaßt:

„1. a) Hausrat einschließlich Wäsche und Kleidungsstücke beim Erwerb durch Personen der Steuerklasse I,

soweit der Wert insgesamt 80 000 Deutsche Mark nicht übersteigt,

b) unverändert

c) unverändert

Die Befreiung gilt nicht für Gegenstände, die zum land- und forstwirtschaftlichen Vermögen, zum Grundvermögen oder zum Betriebsvermögen gehören, für Zahlungsmittel, Wertpapiere, Münzen, Edelmetalle, Edelsteine und Perlen;"

bb) unverändert

oder durch die Führung eines gemeinsamen Hausstands mit erwerbsunfähigen oder in der Ausbildung befindlichen Abkömmlingen an der Ausübung einer Erwerbstätigkeit gehindert ist. Übersteigt der Wert des Erwerbs zusammen mit dem übrigen Vermögen des Erwerbers den Betrag von 80 000 Deutsche Mark, wird die Steuer nur insoweit erhoben, als sie aus der Hälfte des die Wertgrenze übersteigenden Betrags gedeckt werden kann;"

cc) Nummer 9 wird wie folgt gefaßt:

„9. ein steuerpflichtiger Erwerb bis zu 10 000 Deutsche Mark, der Personen anfällt, die dem Erblasser unentgeltlich oder gegen unzureichendes Entgelt Pflege oder Unterhalt gewährt haben, soweit das Zugewendete als angemessenes Entgelt anzusehen ist;"

dd) Nummer 16 Buchstabe c wird wie folgt gefaßt:

„c) an ausländische Religionsgesellschaften, Körperschaften, Personenvereinigungen und Vermögensmassen der in den Buchstaben a und b bezeichneten Art unter der Voraussetzung, daß der ausländische Staat für Zuwendungen an deutsche Rechtsträger der in den Buchstaben a und b bezeichneten Art eine entsprechende Steuerbefreiung gewährt und das Bundesministerium der Finanzen dies durch förmlichen Austausch entsprechender Erklärungen mit dem ausländischen Staat feststellt;"

b) Absatz 2 a wird aufgehoben.

4. Nach § 13 wird folgender § 13 a eingefügt:

„§ 13 a
Ansatz von Betriebsvermögen, von Betrieben der Land- und Forstwirtschaft und von Anteilen an Kapitalgesellschaften

(1) Betriebsvermögen, land- und forstwirtschaftliches Vermögen und Anteile an Kapitalgesellschaften im Sinne des Absatzes 4 bleiben vorbehaltlich des Satzes 2 insgesamt bis zu einem Wert von 500 000 Deutsche Mark außer Ansatz

1. beim Erwerb von Todes wegen; beim Erwerb durch mehrere Erwerber ist für jeden Erwerber ein Teilbetrag von 500 000 Deutsche Mark entsprechend einer vom Erblasser schriftlich verfügten Aufteilung des Freibetrags maßgebend; hat der Erblasser keine Aufteilung verfügt, steht der Freibetrag, wenn nur Erben Vermögen im Sinne des Absatzes 4 erwerben, jedem Erben entsprechend seinem Erbteil und sonst den Erwerbern zu gleichen Teilen zu;

2. beim Erwerb im Weg der vorweggenommenen Erbfolge, wenn der Schenker dem Finanzamt unwiderruflich erklärt, daß der Freibetrag für diese Schenkung in Anspruch genommen wird; dabei hat der Schenker, wenn zum selben Zeitpunkt mehrere Erwerber bedacht werden, den für jeden Bedachten maßgebenden Teilbetrag von 500 000 Deutsche Mark zu bestimmen.

Wird ein Freibetrag nach Satz 1 Nr. 2 gewährt, kann für weiteres, innerhalb von zehn Jahren nach dem Erwerb von derselben Person anfallendes Vermögen im Sinne des Absatzes 4 ein Freibetrag weder vom Bedachten noch von anderen Erwerbern in Anspruch genommen werden.

cc) unverändert

cc01) Nummer 13 wird wie folgt gefaßt:

„13. Zuwendungen an Pensions- und Unterstützungskassen im Sinne des § 5 Abs. 1 Nr. 3 des Körperschaftsteuergesetzes, wenn sie die für eine Befreiung von der Körperschaftsteuer erforderlichen Voraussetzungen erfüllen. Ist eine Kasse nach § 6 des Körperschaftsteuergesetzes teilweise steuerpflichtig, ist auch die Zuwendung im gleichen Verhältnis steuerpflichtig. Die Befreiung fällt mit Wirkung für die Vergangenheit weg, wenn die Voraussetzungen des § 5 Abs. 1 Nr. 3 des Körperschaftsteuergesetzes innerhalb von zehn Jahren nach der Zuwendung entfallen;"

dd) unverändert

b) unverändert

4. Nach § 13 wird folgender § 13 a eingefügt:

„§ 13 a
Ansatz von Betriebsvermögen, von Betrieben der Land- und Forstwirtschaft und von Anteilen an Kapitalgesellschaften

(1) unverändert

(2) Der nach Anwendung des Absatzes 1 verbleibende Wert des Vermögens im Sinne des Absatzes 4 ist mit 50 vom Hundert anzusetzen.

(3) Ein Erwerber kann den Freibetrag oder Freibetragsanteil (Absatz 1) und den verminderten Wertansatz (Absatz 2) nicht in Anspruch nehmen, soweit er erworbenes Vermögen im Sinne des Absatzes 4 auf Grund einer letztwilligen Verfügung des Erblassers oder einer rechtsgeschäftlichen Verfügung des Erblassers oder Schenkers auf einen Dritten überträgt. Der bei ihm entfallende Freibetrag oder Freibetragsanteil geht auf den Dritten über, bei mehreren Dritten zu gleichen Teilen.

(4) Der Freibetrag und der verminderte Wertansatz gelten für

1. inländisches Betriebsvermögen (§ 12 Abs. 5) beim Erwerb eines ganzen Gewerbebetriebs, eines Teilbetriebs, eines Anteils an einer Gesellschaft im Sinne des § 15 Abs. 1 Nr. 2 und Abs. 3 oder § 18 Abs. 4 des Einkommensteuergesetzes, eines Anteils eines persönlich haftenden Gesellschafters einer Kommanditgesellschaft auf Aktien oder eines Anteils daran;

2. a) inländisches land- und forstwirtschaftliches Vermögen im Sinne des § 141 Abs. 1 Nr. 1 und 2 des Bewertungsgesetzes beim Erwerb eines ganzen Betriebs der Land- und Forstwirtschaft, eines Teilbetriebs, eines Anteils an einem Betrieb der Land- und Forstwirtschaft oder eines Anteils daran,

    b) vermietete Wohngrundstücke, Grundstücke im Sinne des § 69 des Bewertungsgesetzes und die in § 52 Abs. 15 Satz 12 des Einkommensteuergesetzes genannten Gebäude oder Gebäudeteile oder eines Anteils daran;

    unter der Voraussetzung, daß dieses Vermögen ertragsteuerlich zum Betriebsvermögen eines Betriebs der Land- und Forstwirtschaft gehört;

3. Anteile an einer Kapitalgesellschaft, wenn die Kapitalgesellschaft zur Zeit der Entstehung der Steuer Sitz oder Geschäftsleitung im Inland hat und der Erblasser oder Schenker am Nennkapital dieser Gesellschaft mindestens zu einem Viertel unmittelbar beteiligt war.

(5) Der Freibetrag oder Freibetragsanteil (Absatz 1) und der verminderte Wertansatz (Absatz 2) fallen mit Wirkung für die Vergangenheit weg, soweit der Erwerber innerhalb von fünf Jahren nach dem Erwerb

1. einen Gewerbebetrieb oder einen Teilbetrieb, einen Anteil an einer Gesellschaft im Sinne des § 15 Abs. 1 Nr. 2 und Abs. 3 oder § 18 Abs. 4 des Einkommensteuergesetzes, einen Anteil eines persönlich haftenden Gesellschafters einer Kommanditgesellschaft auf Aktien oder einen Anteil daran veräußert; als Veräußerung gilt auch die Aufgabe des Gewerbebetriebs. Gleiches gilt, wenn wesentliche Betriebsgrundlagen eines Gewerbebetriebs veräußert oder in das Privatvermögen übergeführt oder anderen betriebsfremden Zwecken zugeführt werden oder wenn Anteile an einer Kapitalgesellschaft veräußert werden, die der Veräußerer durch eine Sacheinlage (§ 20 Abs. 1 des Umwandlungssteuergesetzes) aus dem Betriebsvermögen im Sinne des Absatzes 4 erworben hat, oder ein Anteil an einer Gesellschaft im Sinne des § 15 Abs. 1 Nr. 2 und Abs. 3 oder § 18 Abs. 4 des Einkommensteuergesetzes oder ein Anteil daran veräußert wird, den der Veräußerer durch eine Einbringung Betriebsvermögens im Sinne des Absatzes 4 in eine Personengesellschaft (§ 24 Abs. 1 des Umwandlungssteuergesetzes) erworben hat;

2. einen Betrieb der Land- und Forstwirtschaft oder einen Teilbetrieb, einen Anteil an einem Betrieb der Land- und Forstwirtschaft oder einen Anteil daran veräußert; als Veräußerung gilt auch die Aufgabe des Betriebs. Nummer 1 Satz 2 gilt entsprechend. Gleiches gilt, wenn Grundstücke im Sinne des Absatzes 4 Nummer 2 Buchstabe b oder ein Anteil daran veräußert oder in das Privatvermögen übergeführt oder anderen betriebsfremden Zwecken zugeführt werden;

(2) unverändert

(3) unverändert

(4) Der Freibetrag und der verminderte Wertansatz gelten für
1. unverändert

2. inländisches land- und forstwirtschaftliches Vermögen im Sinne des § 141 Abs. 1 Nr. 1 und 2 des Bewertungsgesetzes, vermietete Grundstücke, Grundstücke im Sinne des § 69 des Bewertungsgesetzes und die in § 52 Abs. 15 Satz 12 des Einkommensteuergesetzes genannten Gebäude oder Gebäudeteile beim Erwerb eines ganzen Betriebs der Land- und Forstwirtschaft, eines Teilbetriebs, eines Anteils an einem Betrieb der Land- und Forstwirtschaft oder eines Anteils daran, unter der Voraussetzung, daß dieses Vermögen ertragsteuerlich zum Betriebsvermögen eines Betriebs der Land- und Forstwirtschaft gehört;

3. unverändert

(5) Der Freibetrag oder Freibetragsanteil (Absatz 1) und der verminderte Wertansatz (Absatz 2) fallen mit Wirkung für die Vergangenheit weg, soweit der Erwerber innerhalb von fünf Jahren nach dem Erwerb
1. unverändert

2. einen Betrieb der Land- und Forstwirtschaft oder einen Teilbetrieb, einen Anteil an einem Betrieb der Land- und Forstwirtschaft oder einen Anteil daran veräußert; als Veräußerung gilt auch die Aufgabe des Betriebs. Nummer 1 Satz 2 gilt entsprechend;

3. Anteile an Kapitalgesellschaften im Sinne des Absatzes 4 ganz oder teilweise veräußert; eine verdeckte Einlage der Anteile in eine Kapitalgesellschaft steht der Veräußerung der Anteile gleich. Gleiches gilt, wenn die Kapitalgesellschaft innerhalb der Frist aufgelöst oder ihr Nennkapital herabgesetzt wird, wenn diese wesentliche Betriebsgrundlagen veräußert und das Vermögen an die Gesellschafter verteilt wird oder wenn Vermögen der Kapitalgesellschaft auf eine Personengesellschaft, eine natürliche Person oder eine andere Körperschaft (§§ 3 bis 16 des Umwandlungssteuergesetzes) übertragen wird."

5. § 14 wird wie folgt gefaßt:

„§ 14
Berücksichtigung früherer Erwerbe

(1) Mehrere innerhalb von zehn Jahren von derselben Person anfallende Vermögensvorteile werden in der Weise zusammengerechnet, daß dem letzten Erwerb die früheren Erwerbe nach ihrem früheren Wert zugerechnet werden. Von der Steuer für den Gesamtbetrag wird die Steuer abgezogen, die für die früheren Erwerbe nach den persönlichen Verhältnissen des Erwerbers und auf der Grundlage der geltenden Vorschriften zur Zeit des letzten Erwerbs zu erheben gewesen wäre. Anstelle der Steuer nach Satz 2 ist die tatsächlich für die in die Zusammenrechnung einbezogenen früheren Erwerbe zu entrichtende Steuer abzuziehen, wenn diese höher ist. Erwerbe, für die sich nach den steuerlichen Bewertungsgrundsätzen kein positiver Wert ergeben hat, bleiben unberücksichtigt.

(2) Die durch jeden weiteren Erwerb veranlaßte Steuer darf nicht mehr betragen als 50 vom Hundert dieses Erwerbs."

6. § 15 wird wie folgt gefaßt:

„§ 15
Steuerklassen

(1) Nach dem persönlichen Verhältnis des Erwerbers zum Erblasser oder Schenker werden die folgenden drei Steuerklassen unterschieden:

Steuerklasse I

1. Der Ehegatte,
2. die Kinder und Stiefkinder,
3. die Abkömmlinge der in Nummer 2 genannten Kinder und Stiefkinder,
4. die Eltern und Voreltern bei Erwerben von Todes wegen.

Steuerklasse II

1. Die Eltern und Voreltern, soweit sie nicht zur Steuerklasse I gehören,
2. die Geschwister,
3. die Abkömmlinge ersten Grades von Geschwistern,
4. die Stiefeltern,
5. die Schwiegerkinder,
6. die Schwiegereltern,
7. der geschiedene Ehegatte.

Steuerklasse III

Alle übrigen Erwerber und die Zweckzuwendungen.

3. unverändert

(6) In den Fällen des Absatzes 4 Nr. 2 und 3 kann der Erwerber der Finanzbehörde bis zur Unanfechtbarkeit der Steuerfestsetzung erklären, daß er auf die Steuerbefreiung verzichtet.
(7) Die Absätze 1 bis 6 gelten in den Fällen des § 1 Abs. 1 Nr. 4 entsprechend."
5. unverändert

6. unverändert

(1 a) Die Steuerklassen I und II Nr. 1 bis 3 gelten auch dann, wenn die Verwandtschaft durch Annahme als Kind bürgerlich-rechtlich erloschen ist.

(2) In den Fällen des § 3 Abs. 2 Nr. 1 und des § 7 Abs. 1 Nr. 8 ist der Besteuerung das Verwandtschaftsverhältnis des nach der Stiftungsurkunde entferntest Berechtigten zu dem Erblasser oder Schenker zugrunde zu legen, sofern die Stiftung wesentlich im Interesse einer Familie oder bestimmter Familien im Inland errichtet ist. In den Fällen des § 7 Abs. 1 Nr. 9 gilt als Schenker der Stifter oder derjenige, der das Vermögen auf den Verein übertragen hat. In den Fällen des § 1 Abs. 1 Nr. 4 wird der doppelte Freibetrag nach § 16 Abs. 1 Nr. 2 gewährt; die Steuer ist nach dem Vomhundertsatz der Steuerklasse I zu berechnen, der für die Hälfte des steuerpflichtigen Vermögens gelten würde.

(3) Im Falle des § 2269 des Bürgerlichen Gesetzbuchs und soweit der überlebende Ehegatte an die Verfügung gebunden ist, sind die mit dem verstorbenen Ehegatten näher verwandten Erben und Vermächtnisnehmer als seine Erben anzusehen, soweit sein Vermögen beim Tode des überlebenden Ehegatten noch vorhanden ist. § 6 Abs. 2 Satz 3 bis 5 gilt entsprechend."

7. § 16 Abs. 1 wird wie folgt gefaßt:

„(1) Steuerfrei bleibt in den Fällen des § 2 Abs. 1 Nr. 1 der Erwerb
1. des Ehegatten in Höhe von 1 000 000 Deutsche Mark;
2. der Kinder im Sinne der Steuerklasse I Nr. 2 und der Kinder verstorbener Kinder im Sinne der Steuerklasse I Nr. 2 in Höhe von 750 000 Deutsche Mark;
3. der übrigen Personen der Steuerklasse I in Höhe von 150 000 Deutsche Mark;
4. der Personen der Steuerklasse II in Höhe von 50 000 Deutsche Mark;
5. der Personen der Steuerklasse III in Höhe von 25 000 Deutsche Mark."

8. § 17 wird wie folgt gefaßt:

„§ 17
Besonderer Versorgungsfreibetrag

(1) Neben dem Freibetrag nach § 16 Abs. 1 Nr. 1 wird dem überlebenden Ehegatten ein besonderer Versorgungsfreibetrag von 500 000 Deutsche Mark gewährt. Der Freibetrag wird bei Ehegatten, denen aus Anlaß des Todes des Erblassers nicht der Erbschaftsteuer unterliegende Versorgungsbezüge zustehen, um den nach § 14 des Bewertungsgesetzes zu ermittelnden Kapitalwert dieser Versorgungsbezüge gekürzt.

(2) Neben dem Freibetrag nach § 16 Abs. 1 Nr. 2 wird Kindern im Sinne der Steuerklasse I Nr. 2 (§ 15 Abs. 1) für Erwerbe von Todes wegen ein besonderer Versorgungsfreibetrag in folgender Höhe gewährt:

1. bei einem Alter bis zu 5 Jahren
in Höhe von 100 000 Deutsche Mark;
2. bei einem Alter von mehr als 5 bis 10 Jahren
in Höhe von 80 000 Deutsche Mark;
3. bei einem Alter von mehr als 10 bis 15 Jahren
in Höhe von 60 000 Deutsche Mark;
4. bei einem Alter von mehr als 15 bis 20 Jahren
in Höhe von 40 000 Deutsche Mark;
5. bei einem Alter von mehr als 20 Jahren bis zur Vollendung des 27. Lebensjahrs
in Höhe von 20 000 Deutsche Mark.

Stehen dem Kind aus Anlaß des Todes des Erblassers nicht der Erbschaftsteuer unterliegende Versorgungsbezüge zu, wird der Freibetrag um den nach § 13 Abs. 1

7. § 16 Abs. 1 wird wie folgt gefaßt:
   „(1)   Steuerfrei bleibt in den Fällen des § 2 Abs. 1 Nr. 1 der Erwerb
   1. des Ehegatten in Höhe von 600 000 Deutsche Mark;
   2. der Kinder im Sinne der Steuerklasse I Nr. 2 und der Kinder verstorbener Kinder im Sinne der Steuerklasse I Nr. 2 in Höhe von 400 000 Deutsche Mark;
   3. der übrigen Personen der Steuerklasse I in Höhe von 100 000 Deutsche Mark;
   4. der Personen der Steuerklasse II in Höhe von 20 000 Deutsche Mark;
   5. der Personen der Steuerklasse III in Höhe von 10 000 Deutsche Mark."
8. unverändert

des Bewertungsgesetzes zu ermittelnden Kapitalwert dieser Versorgungsbezüge gekürzt. Bei der Berechnung des Kapitalwerts ist von der nach den Verhältnissen am Stichtag (§ 11) voraussichtlichen Dauer der Bezüge auszugehen."

9. § 19 wird wie folgt gefaßt:

„§ 19
Steuersätze

(1) Die Erbschaftsteuer wird nach folgenden Vomhundertsätzen erhoben:

Wert des steuerpflichtigen Erwerbs (§ 10) bis einschließlich Deutsche Mark	Vomhundertsatz in der Steuerklasse		
	I	II	III
100 000	5	10	15
500 000	10	20	25
1 000 000	15	30	35
10 000 000	20	35	45
über 10 000 000	25	40	50

(2) Ist im Falle des § 2 Abs. 1 Nr. 1 ein Teil des Vermögens der inländischen Besteuerung auf Grund eines Abkommens zur Vermeidung der Doppelbesteuerung entzogen, so ist die Steuer nach dem Steuersatz zu erheben, der für den ganzen Erwerb gelten würde.

(3) Der Unterschied zwischen der Steuer, die sich bei Anwendung des Absatzes 1 ergibt, und der Steuer, die sich berechnen würde, wenn der Erwerb die letztvorhergehende Wertgrenze nicht überstiegen hätte, wird nur insoweit erhoben, als er

a) bei einem Steuersatz bis zu 30 vom Hundert aus der Hälfte,

b) bei einem Steuersatz über 30 vom Hundert aus drei Vierteln

des die Wertgrenze übersteigenden Betrages gedeckt werden kann."

9. § 19 wird wie folgt gefaßt:

„§ 19
Steuersätze

(1) Die Erbschaftsteuer wird nach folgenden Vomhundertsätzen erhoben:

Wert des steuerpflichtigen Erwerbs (§ 10) bis einschließlich Deutsche Mark	Vomhundertsatz in der Steuerklasse		
	I	II	III
100 000	5	10	15
500 000	9	15	21
1 000 000	13	20	27
10 000 000	17	25	33
25 000 000	21	30	39
50 000 000	26	35	45
über 50 000 000	30	40	50

(2) unverändert

(3) unverändert

9 a. Nach § 19 wird folgender § 19 a eingefügt:

„§ 19 a
Tarifbegrenzung beim Erwerb von Betriebsvermögen, von Betrieben der Land- und Forstwirtschaft und von Anteilen an Kapitalgesellschaften

(1) Sind in dem steuerpflichtigen Erwerb einer natürlichen Person der Steuerklasse II oder III Betriebsvermögen, land- und forstwirtschaftliches Vermögen oder Anteile an Kapitalgesellschaften im Sinne des Absatzes 2 enthalten, ist von der tariflichen Erbschaftsteuer ein Entlastungsbetrag nach Absatz 4 abzuziehen.

(2) Der Entlastungsbetrag gilt für

1. inländisches Betriebsvermögen (§ 12 Abs. 5) beim Erwerb eines ganzen Gewerbebetriebs, eines Teilbetriebs, eines Anteils an einer Gesellschaft im Sinne des § 15 Abs. 1 Nr. 2 und Abs. 3 oder § 18 Abs. 4 des Einkommensteuergesetzes, eines Anteils eines persönlich haftenden Gesellschafters einer Kommanditgesellschaft auf Aktien oder eines Anteils daran;

2. inländisches land- und forstwirtschaftliches Vermögen im Sinne des § 141 Abs. 1 Nr. 1 und 2 des Bewertungsgesetzes, vermietete Grundstücke, Grundstücke im Sinne des § 69 des Bewertungsgesetzes und die in § 52 Abs. 15 Satz 12 des Einkommensteuergesetzes genannten Gebäude oder Gebäudeteile beim Erwerb eines ganzen Betriebs der Land- und Forstwirtschaft, eines Teilbetriebs, eines Anteils an einem Betrieb der Land- und Forstwirtschaft oder eines Anteils daran, unter der Voraussetzung, daß dieses Vermögen ertragsteuerlich zum Betriebsvermögen eines Betriebs der Land- und Forstwirtschaft gehört;

3. Anteile an einer Kapitalgesellschaft, wenn die Kapitalgesellschaft zur Zeit der Entstehung der Steuer Sitz oder Geschäftsleitung im Inland hat und der Erblasser oder Schenker am Nennkapital dieser Gesellschaft mindestens zu einem Viertel unmittelbar beteiligt war.

10. § 27 wird wie folgt gefaßt:

„§ 27
Mehrfacher Erwerb desselben Vermögens

(1) Fällt Personen der Steuerklasse I von Todes wegen Vermögen an, das in den letzten zehn Jahren vor dem Erwerb bereits von Personen dieser Steuerklasse erworben worden ist und für das nach diesem Gesetz eine Steuer zu erheben war, so ermäßigt sich der auf dieses Vermögen entfallende Steuerbetrag vorbehaltlich des Absatzes 3 wie folgt:

Ein Erwerber kann den Entlastungsbetrag nicht in Anspruch nehmen, soweit er das Vermögen im Sinne des Satzes 1 auf Grund einer letztwilligen Verfügung des Erblassers oder einer rechtsgeschäftlichen Verfügung des Erblassers oder Schenkers auf einen Dritten überträgt.

(3) Der auf das Vermögen im Sinne des Absatzes 2 entfallende Anteil an der tariflichen Erbschaftsteuer bemißt sich nach dem Verhältnis dieses Vermögens zum gesamten Vermögensanfall.

(4) Zur Ermittlung des Entlastungsbetrags ist für den steuerpflichtigen Erwerb zunächst die Steuer nach der tatsächlichen Steuerklasse des Erwerbers zu berechnen und nach Maßgabe des Absatzes 3 aufzuteilen. Für den steuerpflichtigen Erwerb ist dann die Steuer nach Steuerklasse I zu berechnen und nach Maßgabe des Absatzes 3 aufzuteilen. Der Entlastungsbetrag ergibt sich als Unterschiedsbetrag zwischen der auf Vermögen im Sinne des Absatzes 2 entfallenden Steuer nach Satz 1 und 2.

(5) Der Entlastungsbetrag fällt mit Wirkung für die Vergangenheit weg, soweit der Erwerber innerhalb von fünf Jahren nach dem Erwerb

1. einen Gewerbebetrieb oder einen Teilbetrieb, einen Anteil an einer Gesellschaft im Sinne des § 15 Abs. 1 Nr. 2 und Abs. 3 oder § 18 Abs. 4 des Einkommensteuergesetzes, einen Anteil eines persönlich haftenden Gesellschafters einer Kommanditgesellschaft auf Aktien oder einen Anteil daran veräußert; als Veräußerung gilt auch die Aufgabe des Gewerbebetriebs. Gleiches gilt, wenn wesentliche Betriebsgrundlagen eines Gewerbebetriebs veräußert oder in das Privatvermögen übergeführt oder anderen betriebsfremden Zwecken zugeführt werden oder wenn Anteile an einer Kapitalgesellschaft veräußert werden, die der Veräußerer durch eine Sacheinlage (§ 20 Abs. 1 des Umwandlungssteuergesetzes) aus dem Betriebsvermögen im Sinne des Absatzes 2 erworben hat, oder ein Anteil an einer Gesellschaft im Sinne des § 15 Abs. 1 Nr. 2 und Abs. 3 oder § 18 Abs. 4 des Einkommensteuergesetzes oder ein Anteil daran veräußert wird, den der Veräußerer durch eine Einbringung des Betriebsvermögens im Sinne des Absatzes 2 in eine Personengesellschaft (§ 24 Abs. 1 des Umwandlungssteuergesetzes) erworben hat;

2. einen Betrieb der Land- und Forstwirtschaft oder einen Teilbetrieb, einen Anteil an einem Betrieb der Land- und Forstwirtschaft oder einen Anteil daran veräußert; als Veräußerung gilt auch die Aufgabe des Betriebs. Nummer 1 Satz 2 gilt entsprechend;

3. Anteile an Kapitalgesellschaften im Sinne des Absatzes 2 ganz oder teilweise veräußert; eine verdeckte Einlage der Anteile in eine Kapitalgesellschaft steht der Veräußerung der Anteile gleich. Gleiches gilt, wenn die Kapitalgesellschaft innerhalb der Frist aufgelöst oder ihr Nennkapital herabgesetzt wird, wenn diese wesentliche Betriebsgrundlagen veräußert und das Vermögen an die Gesellschafter verteilt wird oder wenn Vermögen der Kapitalgesellschaft auf eine Personengesellschaft, eine natürliche Person oder eine andere Körperschaft (§§ 3 bis 16 des Umwandlungssteuergesetzes) übertragen wird."

10. unverändert

um vom Hundert	wenn zwischen den beiden Zeitpunkten der Entstehung der Steuer liegen
50	nicht mehr als 1 Jahr
45	mehr als 1 Jahr, aber nicht mehr als 2 Jahre
40	mehr als 2 Jahre, aber nicht mehr als 3 Jahre
35	mehr als 3 Jahre, aber nicht mehr als 4 Jahre
30	mehr als 4 Jahre, aber nicht mehr als 5 Jahre
25	mehr als 5 Jahre, aber nicht mehr als 6 Jahre
20	mehr als 6 Jahre, aber nicht mehr als 8 Jahre
10	mehr als 8 Jahre, aber nicht mehr als 10 Jahre

(2) Zur Ermittlung des Steuerbetrags, der auf das begünstigte Vermögen entfällt, ist die Steuer für den Gesamterwerb in dem Verhältnis aufzuteilen, in dem der Wert des begünstigten Vermögens zu dem Wert des steuerpflichtigen Gesamterwerbs ohne Abzug des dem Erwerber zustehenden Freibetrags steht.

(3) Die Ermäßigung nach Absatz 1 darf den Betrag nicht überschreiten, der sich bei Anwendung der in Absatz 1 genannten Vomhundertsätze auf die Steuer ergibt, die der Vorerwerber für den Erwerb desselben Vermögens entrichtet hat."

11. § 37 wird wie folgt gefaßt:

„§ 37
Anwendung des Gesetzes

(1) Diese Fassung des Gesetzes findet auf Erwerbe Anwendung, für die die Steuer nach dem 31. Dezember 1995 entstanden ist oder entsteht.

(2) In Erbfällen, die vor dem 31. August 1980 eingetreten sind, und für Schenkungen, die vor diesem Zeitpunkt ausgeführt worden sind, ist weiterhin § 25 in der Fassung des Gesetzes vom 17. April 1974 anzuwenden, auch wenn die Steuer infolge Aussetzung der Versteuerung nach § 25 Abs. 1 Buchstabe a erst nach dem 31. Dezember 1995 entstanden ist oder entsteht."

12. In § 37 a werden die Absätze 1 und 3 aufgehoben.

13. § 39 wird aufgehoben.

Artikel 3
Änderung der Erbschaftsteuer-Durchführungsverordnung

Die Erbschaftsteuer-Durchführungsverordnung in der im Bundesgesetzblatt Teil III, Gliederungsnummer 611-8-1, veröffentlichten bereinigten Fassung, zuletzt geändert durch Anlage I Kapitel IV Sachgebiet B Abschnitt II Nr. 29 des Einigungsvertrages vom 31. August 1990 in Verbindung mit Artikel 1 des Gesetzes vom 23. September 1990 (BGBl. 1990 II S. 885, 986), wird wie folgt geändert:

1. § 5 wird wie folgt geändert:
   a) Absatz 1 wird wie folgt gefaßt:
   „(1) Wer zur Anzeige über die Verwahrung oder die Verwaltung von Vermögen eines Erblassers verpflichtet ist, hat die Anzeige nach § 33 Abs. 1 des Erbschaft-

10 a. § 36 Abs. 2 wird wie folgt gefaßt:
„(2) Das Bundesministerium der Finanzen wird ermächtigt, den Wortlaut dieses Gesetzes und der zu diesem Gesetz erlassenen Durchführungsverordnung in der jeweils geltenden Fassung satzweise numeriert mit neuem Datum und neuer Paragraphenfolge bekanntzumachen und dabei Unstimmigkeiten des Wortlauts zu beseitigen."
11. unverändert

12. unverändert
13. unverändert

Artikel 3

unverändert

steuer- und Schenkungsteuergesetzes dem nach dem Wohnsitz des Erblassers für die Verwaltung der Erbschaftsteuer zuständigen Finanzamt in der nach Muster 1 vorgesehenen Form zu erstatten."

    b) Absatz 4 Nr. 2 wird wie folgt gefaßt:

„2. wenn der Wert der anzuzeigenden Wirtschaftsgüter 2000 Deutsche Mark nicht übersteigt."

2. In § 6 wird der Einleitungssatz wie folgt gefaßt:

„Wer auf den Namen lautende Aktien oder Schuldverschreibungen ausgegeben hat, hat unverzüglich nach dem Eingang eines Antrags auf Umschreibung der Aktien oder Schuldverschreibungen eines Verstorbenen dem nach dem Wohnsitz des Erblassers für die Verwaltung der Erbschaftsteuer zuständigen Finanzamt unter Hinweis auf § 33 Abs. 2 des Erbschaftsteuer- und Schenkungsteuergesetzes anzuzeigen:"

3. § 7 wird wie folgt geändert:

    a) In Absatz 1 werden die Worte „§ 187 a Abs. 3 der Reichsabgabenordnung" durch die Worte „§ 33 Abs. 3 des Erbschaftsteuer- und Schenkungsteuergesetzes" ersetzt.

    b) Absatz 3 Satz 1 wird wie folgt gefaßt:

„Die Anzeige nach § 33 Abs. 3 des Erbschaftsteuer- und Schenkungsteuergesetzes ist dem nach dem Wohnsitz des Versicherungsnehmers für die Verwaltung der Erbschaftsteuer zuständigen Finanzamt in der nach Muster 2 vorgesehenen Form zu erstatten."

    c) Absatz 4 wird wie folgt gefaßt:

„(4) Die Anzeige darf bei Kapitalversicherungen unterbleiben, wenn der auszuzahlende Betrag 2000 Deutsche Mark nicht übersteigt."

4. § 12 wird wie folgt geändert:

    a) Absatz 1 Satz 1 wird wie folgt gefaßt:

„Die Gerichte haben dem nach dem Wohnsitz des Erblassers für die Verwaltung der Erbschaftsteuer zuständigen Finanzamt eine beglaubigte Abschrift der eröffneten Verfügungen von Todes wegen, der Erbscheine, Testamentsvollstreckerzeugnisse und Zeugnisse über die Fortsetzung von Gütergemeinschaften und der Beschlüsse über die Einleitung oder Aufhebung einer Nachlaßpflegschaft und Nachlaßverwaltung mit einem Vordruck nach Muster 5 zu übersenden und die Abwicklung von Erbauseinandersetzungen anzuzeigen."

    b) Absatz 4 Nr. 1 wird wie folgt gefaßt:

„1. wenn die Annahme berechtigt ist, daß außer Hausrat (einschließlich Wäsche und Kleidungsstücken) im Wert von nicht mehr als 10 000 Deutsche Mark nur noch anderes Vermögen im reinen Wert von nicht mehr als 10 000 Deutsche Mark vorhanden ist,"

5. § 13 wird wie folgt geändert:

    a) In Absatz 1 wird der Klammerzusatz „(§ 3 des Gesetzes)" durch den Klammerzusatz „(§ 7 des Gesetzes)" und der Klammerzusatz „(§ 4 Nr. 2 des Gesetzes)" durch den Klammerzusatz „(§ 8 des Gesetzes)" ersetzt.

    b) Absatz 2 Satz 1 wird wie folgt gefaßt:

„Die Gerichte haben dem nach dem Wohnsitz des Zuwendenden für die Verwaltung der Erbschaftsteuer zuständigen Finanzamt eine beglaubigte Abschrift der Urkunde über eine Schenkung oder Zweckzuwendung unter Lebenden alsbald nach der Beurkundung zu übersenden und dabei die besonderen Feststellungen (Absatz 1) mitzuteilen."

c) Absatz 4 wird wie folgt gefaßt:

„(4) Unterbleiben darf die Übersendung einer beglaubigten Abschrift von Schenkungs- und Übergabeverträgen in Fällen, in denen Gegenstand der Schenkung nur Hausrat (einschließlich Wäsche und Kleidungsstücken) im Wert von nicht mehr als 10 000 Deutsche Mark und anderes Vermögen im reinen Wert von nicht mehr als 10 000 Deutsche Mark bildet."

6. § 15 wird wie folgt gefaßt:

„§ 15

Die vorstehende Fassung der Verordnung findet auf Erwerbe Anwendung, für die die Steuer nach dem 31. Dezember 1995 entstanden ist oder entsteht."

Artikel 4
Änderung des Gesetzes zur Reform des Erbschaftsteuer- und Schenkungsteuerrechts

Die Artikel 2, 9 und 10 des Gesetzes zur Reform des Erbschaftsteuer- und Schenkungsteuerrechts vom 17. April 1974 (BGBl. I S. 933) werden aufgehoben.

Artikel 5
Aufhebung des Vermögensteuergesetzes

Das Vermögensteuergesetz in der Fassung der Bekanntmachung vom 14. November 1990 (BGBl. I S. 2467), zuletzt geändert durch Artikel 13 des Gesetzes vom 18. Dezember 1995 (BGBl. I S. 1959), wird mit Wirkung zum 1. Januar 1997 aufgehoben; eine Vermögensteuer (Artikel 106 Abs. 2 Nr. 1 des Grundgesetzes) wird nicht erhoben.

Artikel 6
Aufhebung der Anteilsbewertungsverordnung

Die Anteilsbewertungsverordnung vom 19. Januar 1977 (BGBl. I S. 171), geändert durch Artikel 16 des Gesetzes vom 21. Dezember 1993 (BGBl. I S. 2310), wird mit Wirkung zum 31. Dezember 1996 aufgehoben.

Artikel 7
Aufhebung des Gesetzes zur Änderung des Hauptfeststellungszeitraums für die wirtschaftlichen Einheiten des Betriebsvermögens sowie des Hauptveranlagungszeitraums für die Vermögensteuer

Das Gesetz zur Änderung des Hauptfeststellungszeitraums für die wirtschaftlichen Einheiten des Betriebsvermögens sowie des Hauptveranlagungszeitraums für die Vermögensteuer vom 23. Juni 1993 (BGBl. I S. 944, 973) wird aufgehoben.

Artikel 8
Aufhebung der Durchführungsverordnung zum Bewertungsgesetz

Die Durchführungsverordnung zum Bewertungsgesetz in der im Bundesgesetzblatt Teil III, Gliederungsnummer 610-7-1, veröffentlichten bereinigten Fassung, die zuletzt durch Artikel 14 des Gesetzes vom 25. Februar 1992 (BGBl. I S. 297) geändert worden ist, wird aufgehoben.

Artikel 4

unverändert

Artikel 5

unverändert

Artikel 6

unverändert

Artikel 7

unverändert

Artikel 8

unverändert

Anlage 8

Zweiter Bericht des Finanzausschusses (7. Ausschuß) und Bericht

des Finanzausschusses (7. Ausschuß) zu BT-Drucks. 13/5951
– BT-Drucks. 13/5952 –

a) ...

b) ...

c) zu dem Gesetzentwurf der Abgeordneten Christine Scheel, Franziska Eichstädt-Bohlig, Kristin Heyne, weiterer Abgeordneter und der Fraktion BÜNDNIS 90/DIE GRÜNEN
– Drucksache 13/4838 –

Entwurf eines Gesetzes zur Neuregelung der Vermögensteuer und der Erbschaftsteuer

d) zu dem Gesetzentwurf der Fraktion der SPD
– Drucksache 13/5504 –

Entwurf eines Gesetzes zur Neuregelung der Vermögensteuer und der Erbschaftsteuer

e) ...

f) zu dem Antrag der Gruppe der PDS
– Drucksache 13/4845 –

Den Reichtum umverteilen – für eine gerechte Ausgestaltung der Erbschaftsbesteuerung

g) ...

h) ...

Bericht der Abgeordneten
Gisela Frick, Gerda Hasselfeldt, Dr. Barbara Hendricks, Christine Scheel und Dr. Uwe-Jens Rössel

I. Allgemeines

1. Verfahrensablauf

a) Entwurf eines Jahressteuergesetzes (JStG) 1997

Der von den Koalitionsfraktionen eingebrachte Entwurf eines Jahressteuergesetzes 1997 in Drucksache 13/4839 wurde in der 111. Sitzung am 14. Juni 1996 zur federführenden Beratung an den Finanzausschuß und zur Mitberatung an den Sportausschuß, Rechtsausschuß, Ausschuß für Wirtschaft, Ausschuß für Ernährung, Landwirtschaft und Forsten, Ausschuß für Arbeit und Sozialordnung, Ausschuß für Familie, Senioren, Frauen und Jugend, Ausschuß für Verkehr, Ausschuß für Umwelt, Naturschutz und Reaktorsicherheit, Ausschuß für Raumordnung, Bauwesen und Städtebau, Ausschuß für Bildung, Wissenschaft, Forschung, Technologie und Technikfolgenabschätzung, Ausschuß für Fremdenverkehr und Tourismus und an den Haushaltsausschuß überwiesen, an letzteren auch zur Mitberatung gemäß § 96 der Geschäftsordnung. Die mitberatenden Ausschüsse haben an folgenden Daten zu dem Gesetzentwurf votiert:

– Am 10. September 1996 der Ausschuß für Verkehr,
– am 9. Oktober 1996 der Ausschuß für Arbeit und Sozialordnung und der Ausschuß für Umwelt, Naturschutz und Reaktorsicherheit,
– am 10. Oktober 1996 der Haushaltsausschuß,
– am 16. Oktober 1996 mit Ausnahme des Sportausschusses die übrigen Ausschüsse.

Der Sportausschuß hat am 9. Oktober 1996 auf eine Stellungnahme zu der Vorlage verzichtet.

Der Innenausschuß hat am 5. November 1996 gutachtlich zu dem Gesetzentwurf votiert.

Der Finanzausschuß hat den Gesetzentwurf am 19. Juni 1996, 18., 19., 25. und 26. September 1996, am 9., 10., 11., 16., 17. und 18. Oktober 1996 sowie am 5. November 1996 beraten. Am 26. und 27. Juni 1996 hat er eine öffentliche Anhörung zu dem Gesetzentwurf durchgeführt.

Der Entwurf eines Jahressteuergesetzes 1991 ist inhaltsgleich auch von der Bundesregierung eingebracht worden. Zu dieser Gesetzesvorlage hat der Finanzausschuß am 9. Oktober 1996 eine erste Beschlußempfehlung abgegeben (Drucksache 13/5758). Sie ist jetzt nicht Gegenstand einer weiteren Beschlußfassung, bleibt aber weiterhin im Finanzausschuß zur Beratung anhängig.

b) ...

c) ...

d) **Entwurf eines Gesetzes zur Neuregelung der Vermögensteuer und der Erbschaftsteuer – (Drucksache 13/4838)**

Der von der Fraktion BÜNDNIS 90/DIE GRÜNEN eingebrachte Entwurf eines Gesetzes zur Neuregelung der Vermögensteuer und der Erbschaftsteuer ist in der 111. Sitzung des Deutschen Bundestages am 14. Juni 1996 zur federführenden Beratung an den Finanzausschuß sowie zur Mitberatung an den Sportausschuß, Rechtsausschuß, Ausschuß für Wirtschaft, Ausschuß für Ernährung, Landwirtschaft und Forsten, Ausschuß für Arbeit und Sozialordnung, Ausschuß für Familie, Senioren, Frauen und Jugend, Ausschuß für Verkehr, Ausschuß für Umwelt, Naturschutz und Reaktorsicherheit, Ausschuß für Raumordnung, Bauwesen und Städtebau, Ausschuß für Bildung, Wissenschaft, Forschung, Technologie und Technikfolgenabschätzung, Ausschuß für Fremdenverkehr und Tourismus sowie an den Haushaltsausschuß überwiesen worden, an letzteren auch zur Beratung gemäß § 96 der Geschäftsordnung. Die mitberatenden Ausschüsse haben an folgenden Tagen zu dem Gesetzentwurf Stellung genommen:

– Am 9. Oktober 1996 der Ausschuß für Arbeit und Sozialordnung und der Ausschuß für Umwelt, Naturschutz und Reaktorsicherheit,
– am 10. Oktober 1996 der Haushaltsausschuß,
– am 16. Oktober 1996 der Ausschuß für Wirtschaft, der Ausschuß für Ernährung, Landwirtschaft und Forsten, der Ausschuß für Familie, Senioren, Frauen und Jugend, der Ausschuß für Raumordnung, Bauwesen und Städtebau, der Ausschuß für Bildung, Wissenschaft, Forschung, Technologie und Technikfolgenabschätzung und der Ausschuß für Fremdenverkehr und Tourismus.

Der Sportausschuß und der Ausschuß für Verkehr haben am 9. Oktober 1996 bzw. am 10. September 1996 auf eine Stellungnahme zu dem Gesetzentwurf verzichtet. Der Rechtsausschuß hat bis zur abschließenden Beratung der Gesetzesvorlage im Finanzausschuß am 18. Oktober 1996 kein Votum zu dem Gesetzentwurf abgegeben.

Der Finanzausschuß hat den Gesetzentwurf am 19. Juni 1996, am 18., 19., 25. und 26. September 1996 sowie am 9., 10., 11., 16., 17. und 18. Oktober 1996 beraten. In die am 26. und 27. Juni 1996 durchgeführte öffentliche Anhörung zum Entwurf eines Jahressteuergesetzes 1997 und den damit zusammenhängenden Vorlagen ist der Gesetzentwurf einbezogen worden.

e) **Entwurf eines Gesetzes zur Neuregelung der Vermögensteuer und der Erbschaftsteuer – (Drucksache 13/5504)**

Der von der Fraktion der SPD eingebrachte Entwurf eines Gesetzes zur Neuregelung der Vermögensteuer und der Erbschaftsteuer ist dem Finanzausschuß in der 121. Sitzung des Deutschen Bundestages am 11. September 1996 zur federführenden Beratung und dem Sportausschuß, Rechtsausschuß, Ausschuß für Wirtschaft, Ausschuß für Ernährung, Landwirtschaft und Forsten, Ausschuß für Arbeit und Sozialordnung, Ausschuß für Familie, Senioren, Frauen und Jugend, Ausschuß für Verkehr, Ausschuß für Umwelt, Naturschutz und Reaktorsicherheit, Ausschuß für Raumordnung, Bauwesen und Städtebau, Ausschuß für Bildung, Wissenschaft, Forschung, Technologie und Technikfolgenabschätzung, Ausschuß für Fremdenverkehr und Tourismus und dem Haushaltsausschuß zur Mitberatung überwiesen worden, an letzteren auch zur Beratung gemäß § 96 der Geschäftsordnung. Dieser Gesetzentwurf ist inhaltsgleich mit dem sog. A-Länder-Entwurf zur Neuregelung der Vermögensteuer und der Erbschaftsteuer (Bundesrats-Drucksache 423/96 und den Artikeln 1 bis 8 der Stellungnahme des Bundesrates zum Regierungsentwurf eines Jahressteuergesetzes 1996 – Drucksache 13/5359).

Die mitberatenden Ausschüsse haben an folgenden Tagen zu dem Gesetzentwurf Stellung genommen:

– Am 9. Oktober 1996 der Ausschuß für Arbeit und Sozialordnung und der Ausschuß für Umwelt, Naturschutz und Reaktorsicherheit,
– am 10. Oktober 1996 der Haushaltsausschuß,
– am 16. Oktober 1996 der Ausschuß für Wirtschaft, der Ausschuß für Ernährung, Landwirtschaft und Forsten, der Ausschuß für Familie, Senioren, Frauen und Jugend, der Ausschuß für Raumordnung, Bauwesen und Städtebau, der Ausschuß für Bildung, Wissenschaft, Forschung, Technologie und Technikfolgenabschätzung und der Ausschuß für Fremdenverkehr und Tourismus.

Der Sportausschuß und der Ausschuß für Verkehr haben am 9. Oktober 1996 bzw. am 2. Oktober 1996 auf eine Stellungnahme zu der Vorlage verzichtet.

Der Finanzausschuß hat den Gesetzentwurf am 25. und 26. September 1996 sowie am 9., 10., 11., 16., 17. und 18. Oktober 1996 beraten. Der A-Länder-Entwurf war auch Gegenstand der Anhörung, die der Finanzausschuß am 26. und 27. Juni 1996 zum Entwurf eines Jahressteuergesetzes 1996 und den damit im Zusammenhang stehenden Vorlagen durchgeführt hat.

f) ...

g) **Antrag „Den Reichtum umverteilen – Für eine gerechte Ausgestaltung der Erbschaftsbesteuerung" – (Drucksache 13/4845)**

Der von der Gruppe der PDS vorgelegte Antrag „Den Reichtum umverteilen – Für eine gerechte Ausgestaltung der Erbschaftsbesteuerung" ist in der 111. Sitzung des Deutschen

Bundestages am 14. Juni 1996 dem Finanzausschuß zur federführenden Beratung sowie dem Rechtsausschuß, dem Ausschuß für Wirtschaft, dem Ausschuß für Ernährung, Landwirtschaft und Forsten, dem Ausschuß für Arbeit und Sozialordnung, dem Ausschuß für Familie, Senioren, Frauen und Jugend und dem Haushaltsausschuß zur Mitberatung überwiesen worden. Die mitberatenden Ausschüsse haben an folgenden Tagen zu dem Antrag Stellung genommen:

- Am 9. Oktober 1996 der Ausschuß für Arbeit und Sozialordnung,
- am 10. Oktober 1996 der Haushaltsausschuß,
- am 16. Oktober 1996 der Ausschuß für Wirtschaft, der Ausschuß für Ernährung, Landwirtschaft und Forsten und der Ausschuß für Familie, Senioren, Frauen und Jugend.
- Der Rechtsausschuß hat bis zur abschließenden Beratung der Vorlage im Finanzausschuß kein Votum abgegeben.
- Der Finanzausschuß hat die Vorlage am 19. Juni 1996, 18., 19., 25. und 26. September 1996 sowie am 9., 11., 16., 17. und 18. Oktober 1996 beraten. In die am 16. und 17. Juni 1996 durchgeführte öffentliche Anhörung zum Entwurf eines Jahressteuergesetzes 1997 und den damit zusammenhängenden Vorlagen ist der Antrag einbezogen worden.

2. Inhalt der Vorlagen

a) Entwurf eines Jahressteuergesetzes 1997 – Drucksache 13/4839

Schwerpunkt dieses Gesetzentwurfs sind die von den Koalitionsfraktionen gezogenen Konsequenzen aus den Beschlüssen des Bundesverfassungsgerichts zur Vermögensteuer sowie zur Erbschaft- und Schenkungsteuer vom 22. Juni 1995. Das Bundesverfassungsgericht hat in diesen Beschlüssen entschieden, daß § 12 Abs. 1 und 2 des Erbschaft- und Schenkungsteuergesetzes sowie § 10 Nr. 1 des Vermögensteuergesetzes insofern nicht mit dem Gleichheitsgrundsatz des Artikels 3 Abs. 1 GG vereinbar sind, als der einheitswertgebundene Grundbesitz, dessen Bewertung der tatsächlichen Wertentwicklung seit 1964/1974 nicht mehr angepaßt worden ist, und das mit Gegenwartswerten erfaßte Vermögen (Kapitalvermögen) bei der Erbschaft- und Schenkungsteuer bzw. der Vermögensteuer mit jeweils denselben Steuersätzen belastet werden.

Aus dem Beschluß des Bundesverfassungsgerichts zur Vermögensteuer, aus der breiten volkswirtschaftlichen Kritik an dieser Steuer und aus der Notwendigkeit der Steuervereinfachung ziehen die Koalitionsfraktionen die Konsequenz, die Vermögensteuer abzuschaffen. Die Vermögensteuer auf das private, nicht betrieblich gebundene Vermögen soll jedoch mit einem Volumen von 1,6 Mrd. DM in die Erbschaft- und Schenkungsteuer überführt werden. Zur Begründung für die Aufhebung des Vermögensteuergesetzes vgl. Drucksache 13/4839 Seiten 72 und 73.

Die Erbschaft- und Schenkungsteuer soll nach dem Gesetzentwurf umfassend reformiert werden. Die Koalitionsfraktionen schlagen insbesondere vor,

- die bisherige Einheitsbewertung des Grundbesitzes in eine sog. Bedarfsbewertung für Zwecke der Erbschaft- und Schenkungsteuer sowie der Grunderwerbsteuer zu überführen und dabei grundsätzlich ein Wohn-/Nutzflächenverfahren vorzusehen,
- die Freibeträge für Ehegatten von 250 000 DM auf 1 000 000 DM und für Kinder von 90 000 DM auf 750 000 DM zu erhöhen,
- den Versorgungsfreibetrag für Ehegatten von 250 000 DM auf 500 000 DM zu verdoppeln,
- die bisherigen vier Steuerklassen zu drei Steuerklassen zusammenzufassen,
- den höchsten Steuersatz von bisher 70 v. H. auf 50 v. H. zu senken,

- den Bewertungsabschlag für das über den Freibetrag von 500 000 DM hinausgehende Betriebsvermögen von 25 v. H. auf 50 v. H. zu verdoppeln,
- die land- und forstwirtschaftlichen Betriebe in den Freibetrag für das Betriebsvermögen und den Bewertungsabschlag einzubeziehen.

b) ...

c) ...

d) Entwurf eines Gesetzes zur Neuregelung der Vermögensteuer und der Erbschaftsteuer – Drucksache 13/4838

Auch der von der Fraktion BÜNDNIS 90/DIE GRÜNEN eingebrachte Entwurf eines Gesetzes zur Neuregelung der Vermögensteuer und der Erbschaftsteuer zieht Konsequenzen aus den Beschlüssen des Bundesverfassungsgerichts vom 22. Juni 1996. Die Gesetzesvorlage sieht insbesondere folgende Maßnahmen vor:

- Neubewertung des Grundbesitzes für Zwecke der Vermögensteuer und der Erbschaftsteuer mit auf die Zugehörigkeit zum land- und forstwirtschaftlichen Vermögen, Privatvermögen oder Betriebsvermögen zugeschnittenen Bewertungsverfahren.
- Beibehaltung und Reform der Vermögensteuer bei
  - Erhöhung der persönlichen Freibeträge für natürliche Personen auf 350 000 DM und mitveranlagte Kinder auf 100 000 DM, Fortführung des Ehegattenfreibetrags im Todesfall durch den überlebenden Ehegatten,
  - Erhöhung des Freibetrags für das Betriebsvermögen auf 1 Mio. DM bei unveränderter Beibehaltung des derzeitigen Bewertungsabschlags von 25 v. H. für das übrige Betriebsvermögen.
- Reform der Erbschaft- und Schenkungsteuer durch
  - Einführung eines generellen Freibetrags auf den Nachlaß in Höhe von 400 000 DM für enge Familienangehörige,
  - Fortfall der persönlichen Freibeträge,
  - Festlegung des Versorgungsfreibetrags auf 100 000 DM einheitlich für Ehegatten und Kinder,
  - Einführung eines zusätzlichen Versorgungsfreibetrags in Höhe von 100 000 DM für den überlebenden Ehegatten ab dem 60. Lebensjahr und für Schwerbehinderte,
  - Anhebung des Freibetrags für das Betriebsvermögen auf 1 Mio. DM,
  - Reduzierung der Tarife auf zwei Steuerklassen, die zwischen Familienangehörigen und anderen Erben unterscheiden. Lebensgemeinschaften, uneheliche Kinder, Adoptivkinder und Pflegekinder sollen mit ehelichen Partnerschaften und Kindern gleichgestellt werden,
  - Reduktion der Staffelung im Stufentarif sowie erheblich abgesenkte Steuersätze.

e) Entwurf eines Gesetzes zur Neuregelung der Vermögensteuer und der Erbschaftsteuer – (Drucksache 13/5504)

Auch der von der Fraktion der SPD eingebrachte Entwurf eines Gesetzes zur Neuregelung der Vermögensteuer und der Erbschaftsteuer zieht Schlußfolgerungen aus den Beschlüssen des Bundesverfassungsgerichts zur Vermögensteuer sowie zur Erbschaft- und Schenkungsteuer vom 22. Juni 1995. Da das Konzept der Vermögensteuer vom Bundesverfassungsgericht im Grundsatz anerkannt worden ist, soll die Vermögensteuer beibehalten und nur in Teilbereichen reformiert werden. Auch die Erbschaft- und Schenkungsteuer soll neu geordnet werden. Im einzelnen wird in dem Gesetzentwurf folgendes vorgeschlagen:

Bewertung
- Nur noch **bei Bedarf** Neubewertung des Grundbesitzes für Vermögen- und Erbschaftsteuerzwecke.

Vermögensteuer
- Einführung eines einheitlichen Vermögensteuersatzes von 0,5 v. H. für natürliche und juristische Personen.
- Freistellung des persönlichen Gebrauchsvermögens durch Erhöhung der Freibeträge für natürliche Personen sowie Wahrung der Kontinuität des Ehe- und Familienguts durch Fortführung des Ehegattenfreibetrags durch den überlebenden Ehegatten.
- Einbeziehung des Wirtschaftsteils des land- und forstwirtschaftlichen Vermögens in die bereits bestehende Freibetrags- und Abschlagsregelung für Betriebsvermögen.

Erbschaftsteuer
- Reduzierung der Anzahl der Steuerklassen von vier auf drei und Ersatz des derzeitigen Stufentarifs durch einen Formeltarif mit linear-progressivem Belastungsanstieg und gegenüber dem bisherigen Recht stark abgesenkten Höchststeuersätzen.
- Im Todesfall Freistellung des Übergangs des persönlichen Gebrauchsvermögens des Erblassers auf Personen der Steuerklasse I in Höhe von 500 000 DM sowie (außer Steuerklasse I), soweit erforderlich, Anhebung der übrigen sachlichen und persönlichen Freibeträge.
- Einbeziehung der Land- und Forstwirtschaft in die Freibetrags- und Abschlagsregelung für bestimmtes Betriebsvermögen sowie Ausdehnung dieser Regelung auch auf Vermächtnisnehmer und andere Erwerber.

f) **Antrag „Arbeitsplätze schaffen, Arbeitskosten senken, die Wirtschaft ökoloisch modernisieren" – (Drucksache 13/3230)**

Der von der Fraktion der SPD eingebrachte Antrag „Arbeitsplätze schaffen, Arbeitskosten senken, die Wirtschaft ökologisch modernisieren" zielt darauf ab, die Bundesregierung zu folgenden Aktivitäten aufzufordern:
- Vorlage von Vorschlägen für
  - ein neues Umweltgesetzbuch, eine Flottenverbrauchsregelung für die Automobilindustrie und eine generelle Absenkung der Verbrauchswerte, ein einheitliches Stoffrecht und die Förderung der Kreislaufwirtschaft, für Mehrweg-, Leasing- und Fondsysteme, ein neues Energiegesetz, ein integriertes Gesamtverkehrskonzept und die Weiterentwicklung der Betreiber- und Produzentenhaftung im Umweltrecht,
  - die Verbesserung der Förderung der Umwelt- und Energieforschung, die Abschaffung bzw. Umgestaltung umweltschädlicher Steuervergünstigungen und Subventionen sowie für Anreize zur Investition privaten Kapitals in umweltgerechte Zukunftsinvestitionen,
  - Vorlage von Gesetzentwürfen, die das Ziel verfolgen, zunächst den Beitrag zur Arbeitslosenversicherung um ein Drittel zu senken, den Bundeszuschuß an die Bundesanstalt für Arbeit zur Finanzierung aktiver Arbeitsmarktpolitik entsprechend zu erhöhen und die dafür notwendige Finanzierung durch folgende Maßnahmen sicherzustellen:
  - Einführung einer Stromsparsteuer,
  - Erhöhung der Steuersätze auf Kraftstoffe (Benzin verbleit und unverbleit, Diesel) und
  - Erhöhung der Steuersätze auf Heizstoffe.

- Auflegung des in Drucksache 13/187 geforderten Klimaschutzprogramms und
- Einräumung eines zentralen Stellenwerts der Umweltpolitik in einer neuen Außen- und Europapolitik.

g) Antrag „Den Reichtum umverteilen – Für eine gerechte Ausgestaltung der Erbschaftsbesteuerung" – (Drucksache 13/4845)

Der von der Gruppe der PDS vorgelegte Antrag in Drucksache 13/4845 bezeichnet eine Auflösung der Vermögenskonzentration und eine gleichmäßigere Vermögensverteilung als dringend erforderlich. Hierzu stehe mit der Erbschaftsteuer ein geeignetes, aber ergänzungsbedürftiges Umverteilungsinstrument zur Verfügung. Im einzelnen werden folgende Neuregelungen des Erbschaftsteuerrechts gefordert:

- Ergänzung des derzeitigen Systems der Erbanfallsteuer durch eine Steuer auf den Nachlaß des Verstorbenen. Steuerpflichtig soll ein Nachlaß sein, soweit er den Betrag von 1 Mio. DM übersteigt. Der Erbschaftsteuertarif soll von 2 v. H. für steuerpflichtige Nachlaßteile über 100 000 DM progressiv auf bis zu 25 v. H. für steuerpflichtige Nachlaßteile über 2 Mio. DM steigen.
- Änderung des Bürgerlichen Gesetzbuches in der Weise, daß unabhängig von der Form einer Lebensgemeinschaft und der Anzahl der in ihr lebenden Personen die Güterstände der Gütergemeinschaft und der Zugewinngemeinschaft durch Vertrag begründet werden können.
  - Erbschaftsteuerfreibetrag für natürliche Personen in den Fällen des § 2 Abs. 1 Nr. 1 ErbStG in Höhe von 250 000 DM unabhängig vom Verwandtschaftsgrad und Familienstand, Erhöhung dieses Freibetrags um 150 000 DM für Erwerbe nach Vollendung des 55. Lebensjahres und bei Erwerbsunfähigkeit, Verringerung dieser Freibeträge dann, wenn das schon vorhandene Vermögen des Erwerbers 750 000 DM übersteigt, um den übersteigenden Betrag.
- Besteuerung der vom geltenden Erbschaftsteuergesetz erfaßten Vermögensteile nach einem einheitlichen progressiven Tarif, der mit 6 v. H. beginnt und auf bis zu 60 v. H. ansteigt.
- Abbau von Steuervergünstigungen und steuerlichen Gestaltungsmöglichkeiten.
- Ausbau der im Erbschaftsteuerrecht bestehenden Zahlungserleichterungen.

3. Anhörungen

...

4. Stellungnahmen der beteiligten Ausschüsse

...

5. Ausschußempfehlung

Zur Beratung des Entwurfs eines Jahressteuergesetzes 1997 und der damit im Zusammenhang stehenden Vorlagen im federführenden Finanzausschuß ist folgendes zu bemerken:

- Zum Entwurf eines Jahressteuergesetzes 1997 empfiehlt der Finanzausschuß, im Plenum des Deutschen Bundestages zum jetzigen Zeitpunkt lediglich den aus der anliegenden Zusammenstellung ersichtlichen Teil des Koalitionsentwurfs in Drucksache 13/4839 in zweiter und dritter Lesung zu beraten. Die vom Finanzausschuß noch nicht

beschlossenen Teile des Koalitionsentwurfs und des Regierungsentwurfs in Drucksache 13/5359 sollen im parlamentarischen Verfahren verbleiben, so daß über sie ggf. zu einem späteren Zeitpunkt abgestimmt werden kann.
– Vorgezogen worden sind die in den Artikeln 16 bis 18 des Entwurfs eines Jahressteuergesetzes 1997 enthaltenen umsatzsteuerlichen Maßnahmen, die sich insbesondere auf eine Neuregelung des Reihengeschäfts und die Zulassung des umsatzsteuerlichen Fiskalvertreters beziehen. Dieser Teil des Koalitionsentwurfs und des Regierungsentwurfs ist vom Deutschen Bundestag auf Empfehlung des Finanzausschusses am 10. Oktober 1996 als Entwurf eines Gesetzes zur Änderung des Umsatzsteuergesetzes und anderer Gesetze (Umsatzsteuer-Änderungsgesetz 1997) verabschiedet worden. Vgl. erste Beschlußempfehlung und erster Bericht des Finanzausschusses zum Entwurf eines Jahressteuergesetzes 1997 (Drucksachen 13/4839 und 13/5359), Drucksache 13/5758.
– Schwerpunkt der Ausschußberatungen waren die aus den Beschlüssen des Bundesverfassungsgerichts zur Vermögensteuer sowie zur Erbschaft- und Schenkungsteuer vom 22. Juni 1995 zu ziehenden Konsequenzen. Die Koalitionsfraktionen und die Oppositionsfraktionen sowie die Gruppe verfolgen hierbei z. T. stark divergierende Konzepte.
  – Die Koalitionsfraktionen sind der Auffassung, daß nach dem Beschluß des Bundesverfassungsgerichts zur Vermögensteuer vom 22. Juni 1995 nur noch ein sehr geringer Spielraum für den Fortbestand dieser Steuer vorhanden sei. Dieser lasse die Erhebung einer sachgerechten Vermögensteuer nicht mehr zu. Das Bundesverfassungsgericht habe in dem genannten Beschluß nicht nur entschieden, daß die Vermögensteuer in Teilbereichen – wegen der ungleichen Bewertung von Grundvermögen und anderen Vermögensarten – mit dem Grundgesetz unvereinbar sei, sondern darüber hinaus für die Erhebung einer künftigen Vermögensteuer Auflagen festgeschrieben, die vom Gesetzgeber zu beachten seien. Das Gericht habe gefordert, daß die Vermögensteuer die Substanz des Vermögens unberührt lassen müsse und so zu gestalten sei, daß sie aus den üblicherweise zu erwartenden Vermögenserträgen (Sollerträgen) gezahlt werden könne. Als Belastungsobergrenze habe das Gericht die Nähe einer hälftigen Teilung der Erträge zwischen privater und öffentlicher Hand bezeichnet. Dies bedeute, daß die Gesamtbelastung der Vermögenserträge mit Ertragsteuern und Vermögensteuer ca. 50 v. H. nicht übersteigen dürfe. Darüber hinaus habe das Bundesverfassungsgericht gefordert, daß Wirtschaftsgüter, die der persönlichen Lebensführung des Steuerpflichtigen und seiner Familie dienen (persönliches Gebrauchsvermögen), „gegen eine Sollertragsteuer abgeschirmt" werden müßten, d. h. von der Vermögensteuer freizustellen seien.
  Diese Vorgaben des Bundesverfassungsgerichts haben nach Auffassung der Koalitionsfraktionen zur Folge, daß eine Vermögensteuer künftig weder von Steuerpflichtigen mit kleineren Vermögen noch von Steuerpflichtigen erhoben werden könne, die zugleich mit ihren Vermögen über hohe Einkommen verfügen, die Steuersätzen von ca. 50 v. H. und mehr unterliegen. Vielmehr müsse die Erhebung einer Vermögensteuer nach den Auflagen des Gerichts auf mittelständisch geprägte Steuerpflichtige begrenzt werden („Sandwich-Steuer"). Eine solche Steuer halten die Koalitionsfraktionen für nicht vertretbar. Sie weisen darauf hin, daß im Hinblick auf die vom Bundesverfassungsgericht festgeschriebene Belastungsobergrenze nicht nur die Einkommensteuer oder Körperschaftsteuer, sondern auch die Gewerbesteuer zu berücksichtigen seien. Durch die Gewerbeertragsteuer werde die Hälftigkeitsgrenze in sehr vielen Fällen überschritten.
  Über die aus dem Beschluß des Bundesverfassungsgerichts zur Vermögensteuer vom 22. Juni 1995 abgeleiteten Gründe für einen Wegfall der Vermögensteuer hin-

aus halten die Koalitionsfraktionen die Aufrechterhaltung der Vermögensteuer aber auch aus ökonomischen, arbeitsmarktpolitischen und verwaltungsmäßigen Gründen für nicht länger gerechtfertigt:

- Die Vermögensteuer sei, da rd. 60 v. H. ihres Aufkommens auf betriebliches Vermögen und wesentliche Kapitalbeteiligungen entfielen, eine Steuer auf Investitionen und Arbeitsplätze. Zusammen mit der von den Koalitionsfraktionen angestrebten Abschaffung der Gewerbekapitalsteuer werde ein Wegfall der Vermögensteuer ein Investitionshindernis des deutschen Wirtschaftsstandorts beseitigen. Dies bringe Chancen für mehr Arbeitsplätze, zumal die Vermögensteuer die deutsche Wirtschaft im internationalen Wettbewerb benachteilige, da sie in einer Reihe von ausländischen Staaten nicht oder in geringerem Umfang als in Deutschland erhoben werde. Österreich z. B. habe die Vermögensteuer vor kurzem abgeschafft.

- Die Vermögensteuer sei aus versteuertem Einkommen zu tragen, in ertragsschwachen Jahren oder in Verlustjahren sogar aus der Substanz. Um 1 DM Vermögensteuer zahlen zu können, müsse ein Unternehmen ca. 2 DM verdienen. Die Vermögensteuer beeinträchtige somit die Eigenkapitalbildung, nicht zuletzt auch bei Existenzgründern.

- Die Vermögensteuer sei nicht rechtsformneutral, da sie bei Kapitalgesellschaften wegen der Vermögensteuerpflicht der Anteilseigner zu einer Doppelbelastung führe.

- Die Vermögensteuer treffe das Sparen.

- Ein Weiterbestehen der Vermögensteuer werde zu deutlichen Mietsteigerungen führen. In der Anhörung sei von der Wohnungswirtschaft dargelegt worden, daß mit Mieterhöhungen von 0,50 DM bis 0,60 DM/qm gerechnet werden müsse, sofern die auf der Basis der höheren Grundstückswerte zu zahlende Vermögensteuer auf die Mieten umgelegt werde. Sei eine Überwälzung nicht möglich, werde die Rendite der Mietwohnungen mit entsprechenden Auswirkungen auf die Wohnungsbauinvestitionen und die Beschäftigungssituation im Baugewerbe geschmälert werden.

- Die Vermögensteuer sei verwaltungsaufwendig. Ihr Verwaltungskostenanteil ohne Berücksichtigung der Einheitsbewertung liege bei 4 v. H. bis 4,5 v. H. ihres Aufkommens, während der Verwaltungskostenanteil bei der Einkommensteuer lediglich rd. 2 v. H. betrage. Mit der Verwaltung der Vermögensteuer seien im alten Bundesgebiet 1500 bis 1800 Bedienstete der Finanzverwaltung befaßt, ihre Erhebungskosten bei Finanzverwaltung und Steuerpflichtigen beliefen sich auf ca. 800 Mio. DM. Ein Wegfall der Vermögensteuer führe somit zu einer erheblichen Verwaltungsvereinfachung, zu der die gleichfalls fühlbare Verwaltungsvereinfachung aufgrund der von den Koalitionsfraktionen vorgesehenen Abschaffung der Gewerbekapitalsteuer hinzutreten werde. Die Koalitionsfraktionen verweisen darauf, daß der Wegfall der Vermögensteuer, der Gewerbekapitalsteuer und der dadurch ermöglichte Verzicht auf die Einheitsbewertung des Grundbesitzes unter verwaltungsmäßigen Aspekten als Einheit zu sehen seien. Allein eine umfassende Neubewertung des Grundbesitzes erfordere einen Personalbedarf von 4000 bis 5000 Bediensteten, der von den Finanzverwaltungen nicht erfüllt werden könne. Ein Verzicht auf diese beiden Steuern werde sowohl unter wirtschaftspolitischen als auch unter verwaltungsmäßigen Aspekten einen „Befreiungsschlag" bewirken.

- Ebenso wie die Gewerbekapitalsteuer müsse die Vermögensteuer, entfalle sie nicht, aus europarechtlichen Gründen in den neuen Bundesländern eingeführt werden. Die damit verbundenen Mehrbelastungen des dort belegenen Ver-

mögens, insbesondere des Betriebsvermögens, in Höhe von 400 bis 500 Mio. DM seien in Anbetracht der schwierigen Wirtschaftslage in den neuen Ländern nicht vertretbar. Zudem müsse dann in den Finanzverwaltungen der neuen Bundesländer Personal für die Erhebung der Vermögensteuer zur Verfügung gestellt werden, das von anderen Aufgaben abgezogen werden müsse.
- Untersuchungen in Rheinland-Pfalz, die durch entsprechende bayerische Untersuchungen bestätigt worden seien, hätten gezeigt, daß die Vermögensteuer breite Mittelschichten und nicht nur „reiche" Steuerpflichtige belaste. Danach verfügten 71 v. H. der Vermögensteuerpflichtigen über ein zu versteuerndes Einkommen bis 55 000 DM/110 000 DM (Alleinstehende/Verheiratete), während 18 v. H. der Vermögensteuerpflichtigen ein zu versteuerndes Einkommen zwischen 55 000 DM/110 000 DM und 120 000 DM/240 000 DM erzielten. Lediglich 11 v. H. der Vermögensteuerpflichtigen verfügten über ein steuerpflichtiges Einkommen von mehr als 120 000/240 000 DM.

Aus den genannten Gründen haben die Koalitionsfraktionen in dem von ihnen eingebrachten Gesetzentwurf in Drucksache 13/4839 die Aufhebung der Vermögensteuer vorgeschlagen. Dabei haben sie davon Abstand genommen, lediglich die Vermögensteuer auf das Betriebsvermögen aufzuheben und die Vermögensteuer auf das Privatvermögen eigenständig fortzuführen. Sie haben sich bei dieser Entscheidung zum einen von den Gestaltungsmöglichkeiten leiten lassen, die bei einer solchen Differenzierung eröffnet würden. Diese bestünden vor allem darin, daß Selbständige privates Kapitalvermögen und ggf. privates Grundvermögen in das Betriebsvermögen einlegen bzw. umgekehrt betriebliche Verbindlichkeiten in den privaten Bereich überführen könnten. Zum anderen begründen sie den Verzicht auf die Erhebung einer „privaten" Vermögensteuer mit den damit verbundenen hohen Verwaltungskosten, die vor allem daraus resultierten, daß das verwaltungsaufwendige Einheitswertverfahren dann aufrechterhalten werden müsse und die Besteuerungsbasis einer solchen Steuer wegen der Vorgaben des Bundesverfassungsgerichts schmal sein werde. Die Koalitionsfraktionen schlagen jedoch vor, das auf die Vermögensteuer auf das Privatvermögen entfallende Aufkommen von 1,6 Mrd. DM in die Erbschaft- und Schenkungsteuer einzubauen. Da das neue Erbschaft- und Schenkungsteuerrecht bereits ab 1996 in Kraft treten soll, erfolgt diese Aufkommensverlagerung rückwirkend ab 1996, obwohl die Vermögensteuer erst ab 1997 entfallen soll. Für die Länder entstehen dadurch entsprechende Steuermehreinnahmen.

Als sich im Verlauf der Ausschußberatungen und der parallel dazu geführten Gespräche zwischen Bundes- und Ländervertretern der CDU/CSU und F.D.P. einerseits sowie Bundes- und Ländervertretern der SPD andererseits abzeichnete, daß eine gesetzliche Abschaffung der Vermögensteuer nicht durchsetzbar sei, haben die Koalitionsfraktionen den die Aufhebung der Vermögensteuer vorsehenden Artikel 5 des Gesetzentwurfs im Finanzausschuß zurückgezogen. Dies bedeutet, daß die Vermögensteuer aufgrund des Beschlusses des Bundesverfassungsgerichts vom 22. Juni 1995 wegen ihrer teilweisen Verfassungswidrigkeit ab 1997 nicht mehr erhoben werden kann. Zugleich bedeutet dies, wie die Bundesregierung im Finanzausschuß dargelegt hat, eine Sperre für den Erlaß einzelner oder länderübergreifender landesrechtlicher Vermögensteuern, weil der Bundesgesetzgeber die konkurrierende Gesetzgebungszuständigkeit für die Vermögensteuer bereits in Anspruch genommen hat. Hierzu ist darauf hinzuweisen, daß das Bundesverfassungsgericht das Vermögensteuergesetz nicht für nichtig, sondern es lediglich für teilweise unvereinbar mit dem Grundgesetz erklärt hat.

Die Fraktion der SPD akzeptiert die Argumentation der Koalitionsfraktionen zur Vermögensteuer und den Verzicht von CDU/CSU und F.D.P. auf eine verfassungskonforme Neuregelung dieser Steuer nicht. Die Absicht der Koalitionsfraktionen, die Vermögensteuer aufzuheben oder wegfallen zu lassen und gleichzeitig die im Rahmen des Jahressteuergesetzes 1996 für 1997 bereits fest beschlossenen Verbesserungen des Familienleistungsausgleichs und des Grundfreibetrags um ein Jahr zu verschieben, wird von ihr unter dem Aspekt der Verteilungsgerechtigkeit und des Vertrauensschutzes für Familien mit Kindern und Beziehern niedriger Einkommen als Skandal bezeichnet. Sie verweist darauf, daß das Bundesverfassungsgericht ausdrücklich festgestellt habe, das Konzept der Vermögensteuer als solches sei verfassungskonform. Dementsprechend hätte nach ihrer Ansicht die Vermögensteuer verfassungsgerecht reformiert werden können, wenn der politische Wille der Koalitionsfraktionen und der Bundesregierung dazu vorhanden gewesen wäre.

Weiterhin hat die SPD-Fraktion angeführt, daß die Vermögenskonzentration in der Bundesrepublik Deutschland trotz der Existenz der Vermögensteuer vorangeschritten sei, und daß ein Wegfall dieser Steuer diesen Trend noch fördern werde. Mit Sorge müsse auch gesehen werden, daß sich die Besteuerungsbasis in der Bundesrepublik Deutschland immer stärker zu Lasten der Arbeitnehmer und zugunsten der Unternehmen und der Bezieher von Kapitaleinkünften verschiebe. Diese Entwicklung dürfe durch einen Wegfall der Vermögensteuer nicht noch verstärkt werden. Vielmehr müsse das Potential dieser Steuer ausgeschöpft werden. Schließlich hält die Fraktion der SPD einen Wegfall der Vermögensteuer wegen der damit verbundenen Steuermindereinnahmen von ca. 9 Mrd. DM mit Blick auf die Haushalte der Länder und auch im Hinblick auf das Erreichen der Verschuldungskriterien des Vertrags von Maastricht für nicht vertretbar.

Zu den von den Koalitionsfraktionen angeführten Argumenten zum Wegfall der Vermögensteuer nimmt die SPD-Fraktion folgende Positionen ein:

– Die vom Bundesverfassungsgericht im Rahmen seiner weiteren Ausführungen zu dem Vermögensteuerbeschluß entwickelten Maßgaben und Maßstäbe seien von namhaften Verfassungsrechtlern teilweise massiv kritisiert worden. So sei insbesondere dargelegt worden, daß die vom Bundesverfassungsgericht aufgestellte Definition der Vermögensteuer als einer Soll-Ertragsteuer und eine Obergrenze für die steuerliche Belastung („Halbteilungsthese") aus dem Grundgesetz gar nicht ableitbar seien. Insofern könnten diese Maßgaben für den Gesetzgeber auch nicht verbindlich sein. Es gebe deshalb keinen verfassungsrechtlichen Zwang für eine Abschaffung der Vermögensteuer. Selbst wenn man sich der „Halbteilungsthese" des Bundesverfassungsgerichts anschließe, bleibe ausreichend Raum für die Erhebung einer Vermögensteuer, da nicht die steuerliche Grenzbelastung, sondern die steuerliche Durchschnittsbelastung maßgebend sei. Dies habe auch die Bundesregierung in einer schriftlichen Stellungnahme an den Finanzausschuß (Ausschuß-Drucksache Nr. 259) bestätigt und festgestellt, daß auch ein Grenzsteuersatz von 53 v. H. bei der Einkommensteuer kein Hindernis für die Beibehaltung der Vermögensteuer sei. Werde der Spitzensteuersatz bei der Einkommensteuer – wie von allen politischen Parteien ins Auge gefaßt – im Rahmen einer grundlegenden Reform gesenkt, erweitere sich der Raum für die Beibehaltung einer Vermögensteuer. Die Behauptung, die Vermögensteuer könne nach den Maßgaben des Bundesverfassungsgerichts nur noch als eine „Sandwich-Steuer" erhoben werden, sei damit haltlos. Mit dem von der SPD-Fraktion in ihrem Gesetzentwurf zur Neuregelung der Vermögensteuer und der Erbschaftsteuer (Drucksache 13/5504) vorgesehenen Freibeträgen bei der Vermögensteuer von 300 000 DM/600 000 DM den Steuerpflichtigen/Ehegatten und von 200 000 DM für jedes Kind sowie bei einem Steuersatz von 0,5 v. H. werde den Anliegen des Bundesverfassungsgerichts in hinreichendem Maße Rechnung getragen.

Die vom Bundesverfassungsgericht aufgestellte Halbteilungsthese spreche auch darüber hinaus nicht gegen die Erhebung einer Vermögensteuer, da nur sehr wenige Steuerpflichtige einer Steuerbelastung in einer Größenordnung von 50 v. H. unterlägen. Zu verweisen sei auf die im Rahmen des Standortsicherungsgesetzes vorgenommenen Steuersatzsenkungen für gewerbliche Gewinne, aufgrund derer die Einkommensteuerbelastung gewerblicher Einkünfte auf 47 v. H. begrenzt und die Körperschaftsteuerbelastung für einbehaltene Gewinne auf 45 v. H. verringert worden sei. Darüber hinaus habe die Bundesregierung im Finanzausschuß auf Frage der SPD-Fraktion erklärt, daß nur 1,75 v. H. der Einkommensteuerpflichtigen einer einkommensteuerlichen Grenzbelastung von 51 v. H. oder mehr unterlägen und sich dieser Anteil bei Einbeziehung des Solidaritätszuschlags auf 2,35 v. H. erhöhe, während lediglich 0,12 v. H. der Einkommensteuerpflichtigen, dies seien rd. 40 000 Steuerzahler, einer Durchschnittsbelastung von 51 v. H. oder mehr des Einkommens unterworfen seien.

– Die Bedeutung der Vermögensteuer als Belastungsfaktor für die deutsche Wirtschaft werde, ebenso wie die der Gewerbekapitalsteuer, von den Koalitionsfraktionen überschätzt. Eine Wettbewerbsbenachteiligung der deutschen Wirtschaft durch die Vermögensteuer im Vergleich zu anderen Industriestaaten sei nicht existent. Die Bebauptung, in zahlreichen anderen Ländern werde die Vermögensteuer nicht oder nur in geringem Umfang erhoben, treffe nicht zu, wobei man nicht nur die Vermögensteuer im engeren Sinne betrachten dürfe, sondern auch die der Vermögensteuer vergleichbaren Steuern. Nach den Zahlen der OECD sei die Besteuerung des Vermögens insgesamt in Deutschland im Vergleich zu den anderen Industriestaaten am niedrigsten. In den anderen G 7-Staaten sei die Vermögensbesteuerung mehr als doppelt so hoch, in den USA und in Kanada sogar drei- bzw. viermal so hoch.

– Ebenfalls überbetont würden von den Koalitionsfraktionen die Verwaltungskosten der Vermögensteuer. Nach Berechnungen der Bundesregierung beliefen sich diese Kosten bei der Steuerverwaltung auf rd. 300 Mio. DM, denen jedoch ein Vermögensteueraufkommen von ca. 9 Mrd. DM gegenüberstehe.

Die Fraktion BÜNDNIS 90/DIE GRÜNEN hat zur Frage der Vermögensteuer im Grundsatz die gleichen Positionen vertreten wie die Fraktion der SPD. Sie ist insbesondere der Auffassung, daß es auf seiten der Bundesregierung und der Koalitionsfraktionen erforderlich gewesen wäre, einen an den Vorgaben des Bundesverfassungsgerichts orientierten Gesetzentwurf zur Neuordnung der Vermögensteuer vorzulegen, d. h. einen Gesetzentwurf, der den Erfordernissen der Steuerfreistellung des persönlichen Gebrauchsvermögens, der Vermeidung von Eingriffen in die Vermögenssubstanz und der Wahrung des Halbteilungsgrundsatzes gerecht werde. Zu letzterem hat sie auf die Untersuchung eines wissenschaftlichen Forschungsinstituts verwiesen, die zu dem Ergebnis gekommen sei, daß selbst bei Spitzenverdienern die effektive Grenzbelastung bei der Einkommensteuer lediglich bei 34 v. H. liege.

Die Gruppe der PDS hat in der Frage der Vermögensteuer ähnlich wie die beiden Oppositionsfraktionen argumentiert. Einen Wegfall der Vermögensteuer hat sie als falsches Signal in haushaltspolitisch schwieriger Zeit bezeichnet. Sie hat die Auffassung vertreten, daß es keinen Automatismus zwischen einem Wegfall der Vermögensteuer und mehr Investitionen gebe. Wissenschaftliche Untersuchungen hätten ergeben, daß die Vermögensteuer im internationalen Wettbewerb nicht als deutscher Standortnachteil zu bewerten sei. Die mit einer Einführung der Vermögensteuer in den neuen Bundesländern verbundenen Probleme könnten allerdings nicht übersehen werden.

Die Herausnahme des die Aufhebung der Vermögensteuer regelnden Artikels 5 aus dem Gesetzentwurf erfolgte mit Zustimmung der Koalitionsfraktionen, der SPD-Fraktion, der Fraktion BÜNDNIS 90/DIE GRÜNEN und der Gruppe der PDS. Die beiden Oppositionsfraktionen und die Gruppe betonten erneut, daß sie den Verzicht auf eine verfassungskonforme Neuregelung der Vermögensteuer und den sich daraus in Verbindung mit dem Vermögensteuerbeschluß des Bundesverfassungsgerichts ergebenden Wegfall dieser Steuer ablehnten.

- Neben dem Einbau der auf das Privatvermögen entfallenden Vermögensteuer in die Erbschaft- und Schenkungsteuer mit einem Volumen von 1,6 Mrd. DM schlägt der Ausschuß zur weiteren Teilkompensation der durch den Wegfall der Vermögensteuer bei den Ländern eintretenden Steuermindereinnahmen eine Erhöhung der Grunderwerbsteuer von 2 v. H. auf 3 v. H. vor. Diese Maßnahme führt zu Steuermehreinnahmen bei den Ländern von ca. 3,4 Mrd. DM im Entstehungsjahr 1997. Sie ist mit den Stimmen der Koalitionsfraktionen gegen die Stimmen der SPD-Fraktion und der Gruppe der PDS bei Abwesenheit der Fraktion BÜNDNIS 90/DIE GRÜNEN beschlossen worden.

Die Fraktion der SPD begründet ihre Ablehnung der Grunderwerbsteuererhöhung mit dem Argument, sie fordere eine verfassungskonforme Neuregelung der Vermögensteuer, deshalb sei eine Erhöhung der Grunderwerbsteuer verzichtbar. Im übrigen geht sie davon aus, daß auch die Ländermehrheit im weiteren Gesetzgebungsverfahren um ein Fortbestehen der Vermögensteuer bemüht bleiben werde. Solange keine Klarheit über die Zukunft dieser Steuer bestehe, stimme sie der vorgeschlagenen Anhebung der Grunderwerbsteuer nicht zu. Die Gruppe der PDS hat erklärt, sie lehne die Grunderwerbsteuererhöhung deshalb ab, weil diese Maßnahme Folge des von ihr abgelehnten Wegfalls der Vermögensteuer sei.

- Grundlegend geändert hat der Ausschuß das im Gesetzentwurf der Koalitionsfraktionen vorgeschlagene Verfahren zur Bewertung des Grundbesitzes. Dieser Gesetzentwurf sieht für die Bedarfsbewertung für Zwecke der Erbschaft- und Schenkungsteuer sowie der Grunderwerbsteuer ein Wohn-/Nutzflächenverfahren mit einer Option für ein Ertragswertverfahren bei Mietwohngrundstücken vor. Der Ausschuß empfiehlt mit den Stimmen der Koalitionsfraktionen, denen sich die Fraktion BÜNDNIS 90/DIE GRÜNEN angeschlossen hat, die Bedarfsbewertung des Grundbesitzes nicht auf der Grundlage eines Wohn-/Nutzflächenverfahrens, sondern auf der Basis eines Ertragswertverfahrens durchzuführen. Die Fraktion der SPD und die Gruppe der PDS lehnen dies ab.

Die Koalitionsfraktionen stützen sich bei ihrer Entscheidung für die Anwendung eines Ertragswertverfahrens auf die Ergebnisse der Sachverständigenanhörung. Dabei sei dargelegt worden, daß das Bundesverfassungsgericht bei seinen Beschlüssen vom 22. Juni 1995 auf die Ertragsfähigkeit des Grundvermögens abgestellt habe. Da die Bedarfsbewertung im wesentlichen für Zwecke der Erbschaft- und Schenkungsteuer durchgeführt werden solle, müsse das Bewertungsverfahren von dem Faktum ausgehen, daß das im Erbschafts- und Schenkungsfall übergehende Grundvermögen in aller Regel nicht zur Veräußerung bestimmt sei. Wenn aber das Grundvermögen in erster Linie langfristig für Zwecke der Vermietung und Verpachtung oder für eigene Zwecke des Grundstückseigentümers genutzt werde, bestimme sich sein Wert durch die aus ihm zu erzielenden Erträge.

Im einzelnen argumentieren die Koalitionsfraktionen wie folgt:

- Das Bundesverfassungsgericht habe in seinen Beschlüssen vom 22. Juni 1995 in Fortführung seiner bisherigen Rechtsprechung anerkannt, daß der Gesetzgeber bei der Herstellung einer gleichmäßigen Belastung der Steuerpflichtigen und bei der Berücksichtigung von Belastungen, die sich aus der Gemeinwohlbindung des

Eigentums ergeben, die Wahl habe, ob er die erforderlichen Entlastungen bereits bei der Festsetzung der Bemessungsgrundlage, durch deren anschließende Reduzierung oder durch die Anwendung eines niedrigeren Steuersatzes erreichen wolle. Die Notwendigkeit der Berücksichtigung der Gemeinwohlbindung sei vom Bundesverfassungsgericht für das land- und forstwirtschaftliche Vermögen und das Betriebsvermögen ausdrücklich angemahnt worden, wobei es für diese Vermögensarten die Berücksichtigung der Ertragsverhältnisse bei der Bemessung der Erbschaft- und Schenkungsteuer als verfassungsrechtliches Gebot angesehen habe. Für das Grundvermögen sei dies zwar nicht ausdrücklich hervorgehoben worden, da diese Vermögensart nach bisheriger Rechtslage sowohl durch Überwiegen des Ertragswertverfahrens als auch durch nicht mehr aktuelle Wertverhältnisse eine vergleichsweise niedrige Belastung erfahren habe. Indes sei es sachgerecht, bei der Besteuerung des Grundvermögens dessen Besonderheiten zu berücksichtigen, wie z. B. seine geringe Fungibilität und höhere Sozialbindung, Mieterschutzbestimmungen, öffentlich-rechtliche Auflagen, zusätzliche Belastung durch Grundsteuer und Auswirkungen des Bewertungsniveaus auf die Höhe der Mieten.

- Darüber hinaus habe das Bundesverfassungsgericht ausdrücklich die weitreichende Gestaltungsbefugnis des Gesetzgebers hervorgehoben, die ihn insbesondere berechtige, sich bei diesen Regelungen auch von finanzpolitischen, volkswirtschaftlichen oder sozialpolitischen Erwägungen leiten zu lassen. In diesem Zusammenhang sei neben den bereits erwähnten Besonderheiten des Grundvermögens z. B. auf besondere Beschäftigungseffekte in der Bauwirtschaft und auf die Belange der Wohnungswirtschaft hinzuweisen.

- Die Ausführungen des Bundesverfassungsgerichts ließen nicht den Schluß zu, eine verfassungsgemäße Neubewertung könne nur durch ein dem Verkehrswert angenähertes Verfahren erreicht werden. In der Entscheidung zur Erbschaftsteuer sei zwar eine „gegenwartsnahe" Bewertung gefordert worden. Damit sei aber die zeitliche Aktualität, nicht die Art der Bewertung angesprochen worden. Ausschlaggebend sei für das Gericht gewesen, daß der Gesetzgeber sein Konzept, die Bewertung an die fortlaufende tatsächliche Wertentwicklung anzupassen, einseitig bei Grundbesitz nicht verwirklicht habe.

Die Forderung nach einer Bewertung des Grundvermögens mit dem Verkehrswert lasse sich schon deshalb nicht aus den Ausführungen des Bundesverfassungsgerichts ableiten, weil dieses für eine mögliche Beibehaltung der Vermögensteuer eine Neuregelung der Einheitsbewertung für zulässig angesehen habe. Für die Vermögensteuer habe das Gericht jedoch gefordert, daß die Möglichkeit zur Erzielung eines (Soll-)Ertrags berücksichtigt werden müsse, also Ertragswerte anzusetzen seien. Dies gelte nach den Ausführungen des Gerichts für alle Vermögensarten, wobei nur in den Fällen, in denen die Verkehrswerte die Ertragsmöglichkeiten üblicherweise widerspiegeln, die Verkehrswerte typisierend angewandt werden könnten.

Das Bundesverfassungsgericht habe offenkundig angenommen, daß bei einer Neuregelung der Einheitswerte die ermittelten Werte wie bisher sowohl für die Vermögensteuer als auch für die Erbschaftsteuer gelten sollten. Sei aber die Vermögensteuer nach Ertragswerten zu erheben, hätte es einer ausdrücklichen Einschränkung bedurft, wenn dies für die Erbschaftsteuer nicht zulässig sein solle. Hieraus werde deutlich, daß auch hier der Ertragswert den verfassungsrechtlichen Anforderungen entspreche.

- Im Einklang mit den verfassungsrechtlichen Vorgaben des Gerichts sei es bei der Grundstücksbewertung durch die tatsächlichen Verhältnisse angeraten, die

Ertragsverhältnisse zu berücksichtigen. Diese stellten den wesentlichen Beweggrund für Investitionen dar, bei denen die steuerlichen Rahmenbedingungen vom Investor in die Kalkulation einbezogen würden. Die steuerlich günstige Behandlung, die das Grundvermögen in der Vergangenheit durch die Einheitswerte erfahren habe, sei ein beachtlicher Gesichtspunkt für viele Investitionsentscheidungen gewesen. Staatliche Anstrengungen zur Versorgung der Bevölkerung mit Wohnraum als einem existentiellen Grundbedürfnis seien dadurch erspart worden. Führe die Entscheidung, in Grundvermögen oder in Kapitalvermögen zu investieren, steuerlich zum selben Ergebnis, werde der praktisch keiner Sozialbindung unterliegende Erwerb von Kapitalvermögen dem Erwerb von vielfach Bindungen unterliegenden Grundvermögen vorgezogen. In diesem Fall müßten die fehlenden privaten Investitionen zur Sicherstellung der Grundversorgung der Bevölkerung mit Wohnraum mit öffentlichen Geldern finanziert werden.

– Das Grundvermögen werde auch bei Zugrundelegung eines Ertragswertverfahrens erheblich höher, in der Regel mit einem Mehrfachen, steuerlich belastet sein als bisher. Gerade bei langfristigen Vermögensdispositionen spielten aber steuerliche Aspekte erfahrungsgemäß eine erhebliche Rolle. Um schwerwiegende Verwerfungen auf dem Immobilienmarkt zu vermeiden, sei es daher notwendig, daß die Mehrbelastung des Grundvermögens nicht über das hinausgehe, was verfassungsrechtlich zur Anpassung erforderlich sei. Einbrüche auf dem Immobilienmarkt würden sich nicht nur auf die Baukonjunktur und die Volkswirtschaft schlechthin auswirken. Vielmehr müsse dann auch die Beleihung von Grundstücken auf eine neue Bewertungsbasis gestellt werden, was viele Kreditnehmer, die grundpfandrechtliche Sicherheiten eingeräumt haben, in finanzielle Bedrängnis bringen könne, und zwar auch solche, die als Eigenheimbesitzer von der Steuer selbst nicht erfaßt würden. Letztlich würden Preiseinbrüche auf dem Immobilienmarkt aber einen am Verkehrswert orientierten Steuerwert selbst in Frage stellen.

Die Koalitionsfraktionen haben das von ihnen vorgeschlagene Ertragswertverfahren daher daran ausgerichtet, daß im Durchschnitt ca. 50 v. H. des Kaufpreises erreicht werden. Sie halten dies aus den genannten Gründen für gerechtfertigt und notwendig.

Im Ausschuß bestand Einvernehmen darüber, daß Immobilienvermögen nicht genauso bewertet werden könne wie Kapitalvermögen, dessen Wert jederzeit feststellbar sei. Für Immobilien benötige man ein besonderes Bewertungsverfahren, welches zu einem niedrigeren Wert als dem Verkehrswert kommen solle.

Die SPD-Fraktion hält dagegen an dem im Gesetzentwurf grundsätzlich vorgeschlagenen Wohn-/Nutzflächenverfahren zur Ermittlung der Grundbesitzwerte fest. Das Bundesverfassungsgericht halte es verfassungsrechtlich für geboten, Grundvermögen zu mit anderen Vermögensarten vergleichbaren Werten in die Ermittlung der Besteuerungsgrundlagen eingehen zu lassen. Die Entscheidung darüber, welches Verfahren bei der anstehenden Änderung des Bewertungsgesetzes eingeführt werden soll, könne daher nicht danach getroffen werden, ob das eine oder das andere Verfahren zu günstigeren Werten führe. Trotz aller unterschiedlichen methodischen Ansätze müsse Ziel der Gesetzgebung sein, das verfassungsrechtliche Erfordernis realistischer Gegenwartswerte für Grundbesitz zu erfüllen: Sowohl ein Ertragswertverfahren als auch das bisher im Vordergrund stehende Sachwertverfahren (Wohn-/Nutzflächen-Verfahren) seien daher jeweils nur akzeptabel, wenn sie im Grundsatz zu gleich hohen, mit den Werten anderer Vermögensarten vergleichbaren Werten führen.

Im Vorfeld der erwarteten Entscheidung des Bundesverfassungsgerichts habe sich eine Expertengruppe (Bund-Länder-Arbeitsgruppe „Neubewertung Grundvermögen" unter Beteiligung von Industrie-, Verbands- und Kommunalvertretern) mit der Frage der Neubewertung des Grundvermögens befaßt. Diese Arbeitsgruppe habe sich nach eingehender Diskussion der fachlichen, organisatorischen und personellen Erfordernisse nahezu einhellig für das Sachwertverfahren (Wohn-/Nutzflächen-Verfahren) ausgesprochen, weil es sich als das in der Kürze der Zeit am schnellsten realisierbare und den geringsten Sach- und Personalaufwand bei Steuerpflichtigen und Finanzbehörden verursachende Verfahren erwiesen habe. Die Erprobung dieses Verfahrens anhand hinreichend zahlreicher Testfälle habe ergeben, daß es zu zuverlässigen Ergebnissen führe. Die Gesetzentwürfe zum Jahressteuergesetz 1997 hätten daher das Sachwertverfahren als grundlegendes Verfahren übernommen.

Demgegenüber sei das beschlossene vereinfachte Ertragswertverfahren völlig neu, in seinen Bestandteilen (z. B. Vervielfältiger) bisher kaum diskutiert und nicht erprobt. Sollte sich nach übereilter Einführung dieses Verfahrens ergeben, daß die ermittelten Werte weit unter dem jeweiligen Verkehrswert liegen, dürfe es insbesondere nicht den verfassungsrechtlichen Ansprüchen für erbschaftsteuerliche Werte genügen. Auf dieses Risiko dürfe sich ein verantwortungsbewußter Gesetzgeber nicht einlassen.

Dabei dürfte bei Mietwohngrundstücken die Ermittlung der als Basis dienenden Netto-Kaltmiete noch den geringeren Teil des Ermittlungsaufwands verursachen. Wie aber der Basisertrag bei eigengenutzten Gebäuden (Einfamilienhäusern, Eigentumswohnungen, selbstgenutzten Wohnungen) zuverlässig ermittelt werden soll, sei nicht zu erkennen. Hier ergebe sich zudem die Gefahr, daß bei höherwertigen Objekten, die kaum kostengerecht zu vermieten seien, ein zu niedriger Ertragswert angesetzt werde. Vor dem Hintergrund der vom Bundesverfassungsgericht geforderten „realitätsgerechten Relationen" der Vermögenswerte bestehe hier ein verfassungsrechtliches Risiko.

Insgesamt seien die von der Finanzverwaltung vorgebrachten Bedenken gegen das Ertragswertverfahren nicht ausgeräumt worden, so daß das Ertragswertverfahren nicht zustimmungsfähig sei.

Hinzu komme, daß das nunmehr beschlossene Ertragswertverfahren mit Blick auf eine Beibehaltung der Vermögensteuer und auf eine Reform der Bemessungsgrundlagen für die Grundsteuer als weniger geeignet erscheine als ein Wohn-/Nutzflächenverfahren. Zudem sei das von den Koalitionsfraktionen geschätzte Mehraufkommen bei der Erbschaftsteuer von 1,6 Mrd. DM angesichts der mangelhaften Datenlage über das Ertragswertverfahren mit großen Unsicherheiten behaftet.

– Deutlich reduziert gegenüber dem von ihnen eingebrachten Gesetzentwurf haben die Koalitionsfraktionen die erwerbsbezogenen persönlichen Freibeträge bei der Erbschaft- und Schenkungsteuer. Danach sollen diese Freibeträge
  – bei Ehegatten auf 600 000 DM statt auf 1 Mio. DM,
  – bei Kindern auf 400 000 DM statt auf 750 000 DM,
  – bei den übrigen Personen der Steuerklasse I auf 100 000 DM statt auf 150 000 DM,
  – bei Personen der Steuerklasse II auf 20 000 DM statt auf 50 000 DM und
  – bei Personen der Steuerklasse III auf 10 000 DM statt auf 25 000 DM
festgesetzt werden.

Die Koalitionsfraktionen begründen diese Maßnahme damit, daß das im Finanzausschuß beschlossene Ertragswertverfahren zu einem niedrigeren Wertansatz der

Grundstücke führe als das im Gesetzentwurf vorgesehene Wohn-/Nutzflächenverfahren. Während letzteres im Durchschnitt ca. 60 v. H. des Kaufpreises erreiche, führe das nunmehr vorgesehene Ertragswertverfahren zu einem Wertniveau von ca. 50 v. H. des Kaufpreises.

Die Herabsetzung der Freibeträge, die in den Steuerklassen I und II stärker ist als die im Durchschnitt eintretende Verringerung des Wertniveaus aufgrund der Anwendung des Ertragswertverfahrens anstelle des Wohn-/Nutzflächenverfahrens, ist nach Auffassung der Koalitionsfraktionen insofern vorteilhaft, als dadurch eine Verbreiterung der Bemessungsgrundlage erreicht werde. Diese bewirke, daß die Erbringung des angestrebten Erbschaft- und Schenkungsteueraufkommens von 5,3 Mrd. DM auf eine größere Zahl von Steuerpflichtigen verteilt werde, als dies nach dem Konzept des ursprünglichen Gesetzentwurfs der Fall gewesen sei. Nach dem Koalitionsentwurf habe sich die Zahl der Erbschaft- und Schenkungsteuerzahler auf ca. 100 000 jährlich belaufen, während nunmehr von ca. 160 000 Erbschaft- und Schenkungsteuerzahlern auszugehen sei (geltendes Recht: ca. 260 000 Erbschaft- und Schenkungsteuerzahler).

Die Koalitionsfraktionen halten den Ansatz eines Sicherheitsabschlags vom zu erwartenden Steuermehraufkommen, der in der Schätzung des Erbschaftsteueraufkommens im Koalitionsentwurf enthalten war, für nicht erforderlich, weil die Bewertung der verschiedenen Vermögensarten infolge der Neuregelung gleichmäßiger werde und ins Gewicht fallende Ausweichreaktionen der Steuerpflichtigen dadurch unwahrscheinlich würden.

Die Fraktion der SPD, die Fraktion BÜNDNIS 90/DIE GRÜNEN und die Gruppe der PDS lehnen die von der Ausschußmehrheit empfohlenen persönlichen Freibeträge ab. Sie verweisen auf die von ihnen vorgelegten eigenen Konzepte (Drucksachen 13/5504, 13/4838 und 13/4845), die andere Freibetragsregelungen vorsehen.

Die vom Ausschuß vorgeschlagene Regelung des Erbschaft- und Schenkungsteuertarifs orientiert sich an dem Ziel, im Zusammenwirken mit den vom Ausschuß geänderten Bemessungsgrundlagen und Steuerbefreiungen das angestrebte Steueraufkommen von 5,3 Mrd. DM zu erreichen. Gegenüber dem Tarifvorschlag des Koalitionsentwurfs sieht der neue Tarifvorschlag zum einen aus mittelstandspolitischen Erwägungen heraus eine Abflachung des mittleren Tarifbereichs vor, die insbesondere durch die Einfügung zweier weiterer Tarifstufen verwirklicht werden soll, und zum anderen eine Anhebung des höchsten Steuersatzes in der Steuerklasse I von 25 v. H. auf 30 v. H. § 19 ErbStG in der von der Ausschußmehrheit empfohlenen Fassung ist von den beiden Oppositionsfraktionen und der Gruppe abgelehnt worden. Sie verweisen auch insoweit auf ihre eigenen Konzepte in den Drucksachen 13/5504, 13/4838 und 13/4845.

Mit den Stimmen der Koalitionsfraktionen und der SPD-Fraktion gegen die Gruppe der PDS bei Abwesenheit der Fraktion BÜNDNIS 90/DIE GRÜNEN hat der Ausschuß den Vorschlag der Koalitionsfraktionen angenommen, den Übergang von Betriebsvermögen und wesentlichen Beteiligungen an Kapitalgesellschaften unabhängig vom Verwandtschaftsgrad nach Steuerklasse I zu besteuern. Mit dieser in einem neuen § 19 a ErbStG geregelten Maßnahme nimmt der Ausschuß die Vorgabe des Bundesverfassungsgerichts und Äußerungen in der Anhörung auf, den Übergang von Betriebsvermögen steuerlich weitgehend zu schonen. Unter Bezugnahme auf den Erbschaftsteuerbeschluß des Bundesverfassungsgerichts vom 22. Juni 1995 sieht der Gesetzentwurf der Koalitionsfraktionen bereits eine Verdoppelung des Bewertungsabschlags für das Betriebsvermögen von 25 v. H. auf 50 v. H., eine Ausdehnung der bisher auf den Erwerb durch Erbanfall beschränkten Entlastungen auf alle Erwerbe von Todes wegen sowie die Einbeziehung des land-

und forstwirtschaftlichen Vermögens in die Freibetrags- und Abschlagsregelung vor. Der Ausschuß empfiehlt, diese Maßnahmen durch den von ihm vorgeschlagenen § 19 a ErbStG noch zu verstärken. Er trägt damit der Forderung des Bundesverfassungsgerichts Rechnung, die Gemeinwohlgebundenheit und Gemeinwohlverpflichtung der Betriebe als Garant von Produktivität und Arbeitsplätzen unabhängig von der verwandtschaftlichen Nähe zwischen Erblasser und Erben zu berücksichtigen.

Die im Gesetzentwurf vorgesehene Verdoppelung des Bewertungsabschlags für Betriebsvermögen, land- und forstwirtschaftliches Vermögen und wesentliche Beteiligungen an Kapitalgesellschaften von 25 v. H. auf 50 v. H. ist von den Koalitionsfraktionen gegen die Stimmen der SPD-Fraktion, der Fraktion BÜNDNIS 90/DIE GRÜNEN und der Gruppe der PDS angenommen worden. Die übrigen Verbesserungen des § 13 a ErbStG – Ausdehnung der Steuerentlastungen beim Betriebsvermögen auf alle Erwerbe von Todes wegen und Einbeziehung des land- und forstwirtschaftlichen Vermögens in die Freibetrags- und Abschlagsregelung – wurde dagegen mit den Stimmen der Koalitionsfraktionen, der SPD-Fraktion und der Fraktion BÜNDNIS 90/DIE GRÜNEN gegen die Gruppe der PDS beschlossen.

- Die Oppositionsfraktionen und die Gruppe haben zu dem Gesamtkomplex Vermögensteuer/Erbschaft- und Schenkungsteuer/Bewertung eigene Konzepte vorgelegt:

  • Die Fraktion der SPD hat den Entwurf eines Gesetzes zur Neuregelung der Vermögensteuer und der Erbschaftsteuer eingebracht. Zum wesentlichen Inhalt dieser Gesetzesvorlage vgl. Seite 242. Details und Begründung dieses Gesetzentwurfs ergeben sich aus Drucksache 13/5504 sowie den o. a. Argumenten.

  Dieser Gesetzentwurf ist im Finanzausschuß mit den Stimmen der Koalitionsfraktionen und der Gruppe der PDS gegen die Stimmen der SPD-Fraktion bei Abwesenheit der Fraktion BÜNDNIS 90/DIE GRÜNEN abgelehnt worden. Die Koalitionsfraktionen begründen die Ablehnung dieser Gesetzesvorlage insbesondere mit ihren gegen eine Fortführung einer Vermögensteuer genannten Argumenten und damit, daß eine Realisierung dieses Gesetzesvorschlags zu Mehrbelastungen der Steuerpflichtigen gegenüber dem geltenden Recht von ca. 1,4 Mrd. DM bei der Vermögensteuer und von ca. 4 Mrd. DM bei der Erbschaft- und Schenkungsteuer führen werde. Eine Erhöhung von Substanzsteuern sei in der gegenwärtigen Wirtschaftslage nicht vertretbar. Insbesondere aber widerspreche dieser Gesetzentwurf den Vorgaben des Bundesverfassungsgerichts in bezug auf den Halbteilungsgrundsatz und die persönlichen Freibeträge. In der Sachverständigenanhörung des Finanzausschusses hätten nahmhafte Verfassungsrechtler den Grundsatz der hälftigen Teilung eingehend beleuchtet. Sie seien dabei zu dem Ergebnis gekommen, daß für die Vermögensteuer nur noch ein äußerst geringer Spielraum verbleibe, der in sich wieder verfassungsrechtliche Probleme aufwerfe. Andere Sachverständige hätten überhaupt keinen Spielraum mehr gesehen, die Vermögensteuer im Einklang mit dem Urteil des Bundesverfassungsgerichts weiter zu erheben. Angesichts dieser klaren Aussagen zur verfassungsrechtlichen Situation könne man nicht das Risiko eingehen, eine Neuregelung zur Beibehaltung der Vermögensteuer vorzulegen, die von Anfang an erheblichen verfassungsrechtlichen Zweifeln begegne. Der einzige verfassungsrechtlich abgesicherte Weg sei damit die Abschaffung der Vermögensteuer.

  Auch der Vorschlag der SPD zur Neuordnung der Erbschaftsteuer berge erhebliche verfassungsrechtliche Bedenken in sich. Das vorgesehene Verwertungsverfahren für Grundbesitz in Form eines Sachwertverfahrens mit einem auf 10 v. H. reduzierten Abschlag führe bei Grundvermögen fast zu Verkehrswerten. In

Kombination mit den persönlichen Freibeträgen von 250 000 DM für Ehegatten und 90 000 DM für Kinder sei die Freistellung eines Familieneigenheimes nicht möglich. Damit werde eindeutig gegen die Vorgaben des Bundesverfassungsgerichts zur Freistellung des Familiengebrauchsvermögens einschließlich des Familieneigenheims verstoßen. Darüber hinaus werde Betriebsvermögen nach den Vorschlägen der SPD weder beim Freibetrag noch beim Bewertungsabschlag oder bei der Stundung der Erbschaftsteuerschuld über das bisherige Maß hinaus begünstigt. Auch damit sei den klaren Vorgaben des Bundesverfassungsgerichts, den Erbübergang insbesondere für mittelständische Unternehmen sicherzustellen, nicht Rechnung getragen worden.

Die SPD-Fraktion sieht sich nach der Anhörung zum Jahressteuergesetz 1997 in der Position bestätigt, daß ihr Entwurf für eine Neuregelung der Vermögensteuer verfassungskonform sei. Die Verfassungsrechtler hätten klargestellt, daß insbesondere die Vorgabe des Bundesverfassungsgerichts zur „Halbteilungsthese" aus dem Grundgesetz nicht ableitbar und deshalb für den Gesetzgeber nicht verbindlich sei. Insofern stelle sich kein verfassungsrechtliches Risiko. Im übrigen habe die Bundesregierung in der Ausschuß-Drucksache Nr. 259 selbst dargelegt, daß die Erhebung einer Vermögensteuer auch nach den Maßgaben des Bundesverfassungsgerichts weiterhin möglich sei, auch bei einem Grenzsteuersatz der Einkommensteuer von 53 v. H.

Die Vorschläge der SPD zur Neuregelung der Erbschaftsteuer sähen die Einführung eines zusätzlichen Familienfreibetrages in Höhe von 500 000 DM vor. In Verbindung mit den weiterhin geltenden persönlichen Freibeträgen von 250 000 DM für den Ehegatten und von 90 000 DM für jedes Kind werde den Vorgaben des Bundesverfassungsgerichts in ausreichendem Maße Rechnung getragen.

- Die Fraktion BÜNDNIS 90/DIE GRÜNEN hat gleichfalls den Entwurf eines Gesetzes zur Neuregelung der Vermögensteuer und der Erbschaftsteuer eingebracht. Zum wesentlichen Inhalt dieser Gesetzesvorlage vgl. Seite 292. Details dieses Gesetzentwurfs und dessen Begründung ergeben sich aus Drucksache 13/4838.

Dieser Gesetzentwurf ist im Finanzausschuß mit den Stimmen der Koalitionsfraktionen und der SPD-Fraktion gegen die Fraktion BÜNDNIS 90/DIE GRÜNEN bei Stimmenthaltung der Gruppe der PDS abgelehnt worden. Die Koalitionsfraktionen begründen die Ablehnung dieser Gesetzesvorlage insbesondere mit ihren o. a. Argumenten sowie mit den mit ihr verbundenen Steuermehrbelastungen gegenüber dem geltenden Recht von ca. 5 Mrd. DM bei der Vermögensteuer und von ca. 6 Mrd. DM bei der Erbschaft- und Schenkungsteuer. Die SPD-Fraktion verweist auf ihren eigenen Gesetzentwurf in Drucksache 13/5504.

- Die Gruppe der PDS hat den Antrag „Den Reichtum umverteilen – Für eine gerechte Ausgestaltung der Erbschaftsbesteuerung" eingebracht. Zum wesentlichen Inhalt dieses Antrags vgl. Seite 326, zu seinen Details vgl. Drucksache 13/4845.

Der Antrag in Drucksache 13/4845 ist mit den Stimmen der Koalitionsfraktionen und der SPD-Fraktion gegen die Gruppe der PDS bei Abwesenheit der Fraktion BÜNDNIS 90/DIE GRÜNEN abgelehnt worden. Die Koalitionsfraktionen begründen ihre Ablehnung insbesondere mit den mit diesem Antrag verbundenen sehr hohen Mehrbelastungen der Steuerpflichtigen und mit erheblichen verfassungsrechtlichen Bedenken gegen einige der in dem Antrag geforderten Regelungen, z. B. Wegfall der verwandtschaftsbezogenen Besteuerung, zu geringe Höhe der persönlichen Freibeträge, konfiskatorische Besteuerung im Zusammenwirken von Erbanfallsteuer und Nachlaßsteuer.

- Der Entwurf eines Jahressteuergesetzes 1997 in der vom Ausschuß veränderten Fassung ist im Finanzausschuß mit den Stimmen der Koalitionsfraktionen gegen die Stimmen der Fraktion der SPD, der Fraktion BÜNDNIS 90/DIE GRÜNEN und der Gruppe der PDS angenommen worden.
- Die Fraktion der SPD hat ihre Gesamtposition zum Entwurf eines Jahressteuergesetzes 1997 in einem Entschließungsantrag zusammengefaßt, der aus Anlage 2[1] ersichtlich ist. Dieser Antrag ist von den Koalitionsfraktionen gegen die Stimmen der SPD-Fraktion, der Fraktion BÜNDNIS 90/DIE GRÜNEN und der Gruppe der PDS abgelehnt worden. Dabei haben die Koalitionsfraktionen betont, daß die in dem Entschließungsantrag enthaltene Aussage, nach den Zahlen der OECD sei die Besteuerung des Vermögens in Deutschland im Vergleich zu anderen vergleichbaren Industriestaaten am niedrigsten und in anderen Industriestaaten sei die Vermögensbesteuerung bis zu viermal so hoch wie in Deutschland, unzutreffend sei. Die betreffende OECD-Statistik beinhalte unter dem Begriff „taxes on property" alle Steuern auf den Vermögensbesitz und den Vermögensverkehr, z. B. auch die Grundsteuer, die Erbschaftsteuer, die Grunderwerbsteuer und die Kapitalverkehrsteuern. Ein korrekter Vergleich der deutschen Vermögensteuer mit den entsprechenden ausländischen Steuern ergebe ein ganz anderes Bild:

Staaten	Vermögensteuern in v. H. des Bruttoinlandsprodukts	Vermögensteuern in v. H. des Gesamtsteueraufkommens (einschl. Sozialversicherungsbeiträge)
Deutschland	0,2	0,5
Frankreich	0,1	0,2
Japan	–	–
USA	–	–
Großbritannien	–	–
Kanada	–	–

Die im internationalen Vergleich hohen Grundsteuern in angelsächsischen Staaten (property taxes in USA und Kanada, rates und council tax in Großbritannien) bildeten den Hauptteil der „taxes on property". Sie seien dort die Haupteinnahmequelle der Gemeinden, die damit die gemeindlichen Dienstleistungen finanzieren könnten, z. B. Müllabfuhr, Wasserversorgung, Straßenbau und Polizeiaufgaben. Diese Dienstleistungen würden in anderen Staaten z. T. durch Gebühren finanziert, in Deutschland z. B. durch Wassergeld, Müllabfuhrgebühren usw. Auf diese Gebühren erstrecke sich der Vergleich der OECD aber nicht.

Demgegenüber hat die Fraktion der SPD darauf verwiesen, daß sich ihre Aussage auf eine Untersuchung eines wirtschaftswissenschaftlichen Forschungsinstituts stütze. Darüber hinaus habe die SPD-Fraktion die Bundesregierung im Ausschuß um einen internationalen Vergleich der Vermögensbesteuerung gebeten, das entsprechende Informationsmaterial aber nicht erhalten.

- Für den Fall der Beibehaltung der Vermögensteuer
  - Gewährung des Behinderten-Pauschbetrags auch bei einem Grad der Behinderung von weniger als 100 v. H.
  - Ansatz des Kapitalwerts lebenslänglicher Renten bei geringer Lebenserwartung nicht mit dem Vervielfältiger der durchschnittlichen Lebenserwartung.
  - Keine Benachteiligung des Besitzes festverzinslicher Wertpapiere gegenüber Aktien.

---

1 hier: Anlage 9

– Bei der Erbschaft- und Schenkungsteuer bei Neffen und alleinstehenden Geschwistern Eingruppierung in die gleiche Tarifklasse wie Kinder und Gewährung der gleichen Freibeträge wie bei Kindern.

Diese Petitionen sind im Ausschuß vorgetragen worden. Dazu ist folgendes zu bemerken:

– Wegen der sich als Ergebnis der Ausschußberatungen ergebenden Nichterhebung der Vermögensteuer ab 1997 sind die Petitionen zur Vermögensteuer gegenstandslos.
– Die Petition zur Erbschaft- und Schenkungsteuer wurde nicht aufgegriffen.

II. Einzelbegründung

Zu Artikel 1 – Änderung des Bewertungsgesetzes

Zu Nummer 1 (§ 3 a)

Der Wegfall der Vorschrift ist Folge der Nichterhebung der Vermögensteuer.

Zu Nummer 2 (§ 11 Abs. 2)

Der Wegfall der Vorschrift ist Folge der Nichterhebung der Vermögensteuer.

Zu Nummer 3 (§ 17 Abs. 3)

Redaktionelle Folgeänderung.

Zu Nummer 4 (§ 18)

Der Wegfall der Vorschrift ist Folge der Nichterhebung der Vermögensteuer.

Zu Nummer 5 (§ 19)

Der Wegfall der Vorschrift ist Folge der Nichterhebung der Vermögensteuer.

Zu den Nummern 7 bis 9 (§§ 22 bis 24)

Der Wegfall der Vorschriften ist Folge der Nichterhebung der Vermögensteuer.

Zu den Nummern 11 bis 13 (§§ 26, 28 und 30)

Der Wegfall der Vorschrift ist Folge der Nichterhebung der Vermögensteuer.

Zu Nummer 15 (§ 91)

Der Wegfall der Vorschrift ist Folge der Nichterhebung der Vermögensteuer.

Zu Nummer 16 (§ 95 Abs. 3)

Redaktionelle Änderung

Zu Nummer 18 (§ 98 a)

Der Wegfall der Vorschrift ist Folge der Nichterhebung der Vermögensteuer.

Zu Nummer 19 (§ 101)

Der Wegfall der Vorschrift ist Folge der Nichterhebung der Vermögensteuer.

Zu Nummer 20 (§ 102)

Der Wegfall der Vorschrift ist Folge der Nichterhebung der Vermögensteuer.

Zu den Nummern 22 und 23 (§§ 106, 107)

Der Wegfall der Vorschriften ist Folge der Nichterhebung der Vermögensteuer.

Zu Nummer 24 (§ 109)

Der Wegfall der Vorschrift ist Folge der Nichterhebung der Vermögensteuer.

Zu Nummer 25 (§ 109 a)

Der Wegfall der Vorschrift ist Folge der Nichterhebung der Vermögensteuer.

Zu Nummer 25 a (Überschriften)

Es handelt sich um eine redaktionelle Folgeänderung aufgrund der Nichterhebung der Vermögensteuer.

Zu den Nummern 26 bis 38 (§§ 110, 111, 112, 113, 113 a, 114, 115, 116, 117, 117 a, 118, 119 und 120)

Der Wegfall der Vorschriften ist Folge der Nichterhebung der Vermögensteuer.

Zu Nummer 38 a (121)

Es handelt sich um eine redaktionelle Folgeänderung aufgrund der Nichterhebung der Vermögensteuer.

Zu Nummer 48 (§ 136)

Der Wegfall der Vorschrift ist Folge der Nichterhebung der Vermögensteuer.

Zu Nummer 49 (§§ 138 bis 150)

Zu § 138 Abs. 3

Es handelt sich um eine redaktionelle Folgeänderung wegen der Einführung eines Ertragswertverfahrens.

Zu § 140 (Satz 2)

Der besondere Hinweis auf die immateriellen Wirtschaftsgüter dient wegen derer zunehmenden Bedeutung der Rechtssicherheit. Durch Absatz 2 wird für Zwecke der Bedarfsbewertung die Gleichbehandlung der Pensionsverpflichtungen mit Geldschulden sichergestellt, die nicht zum land- und forstwirtschaftlichen Vermögen gehören.

Zu § 141 Abs. 4

Anpassung an den Wortlaut des Absatzes 3

Zu 142 Abs. 2

Die Reduzierung der Ertragswerte der landwirtschaftlichen Nutzung (Nummer 1 Buchstabe a) trägt den besonderen Ertragsunsicherheiten wegen zukünftiger staatlicher Transferleistungen Rechnung.

Die neuen Wertansätze der forstwirtschaftlichen Nutzung (Nummer 2 Buchstabe a) und des Geringstlandes (Nummer 6) sollen die Geringstertragsfähigkeit dieser Flächen besonders verdeutlichen.

Zu § 143

Redaktionelle Folgeänderung wegen Einführung eines Ertragswertverfahrens sowie Beschränkung der Wertansätze für Betriebswohnungen und Wohnteile bei Ansatz des Mindestwertes gem. § 146 Abs. 6.
Die Neuformulierung des Absatzes 3 dient der Klarstellung und der Rechtssicherheit.

zu § 145 Abs. 1:

Unbebaute Grundstücke erbringen, sieht man von Ausnahmefällen wie Parkplätzen, Lagerplätzen und ähnlichem ab, keinen Ertrag. Ohne Anknüpfung an einen Ertrag ist die Durchführung eines Ertragswertverfahrens nicht möglich. Das Bundesverfassungsgericht hat in seinen Ausführungen zur Besteuerung des Vermögens nach dem Ertrag allerdings nicht auf die Erzielung eines konkreten Ertrags abgestellt, sondern die Möglichkeit der Ertragserzielung, eines „Soll"-Ertrags für ausreichend angesehen. Da Grundstücke nach ihrer Bebauung regelmäßig einen Ertrag abwerfen und unbebaute Grundstücke in aller Regel früher oder später der Bebauung zugeführt werden und ihnen deshalb nach der Verkehrsanschauung ein Wert zugeordnet wird, ist dieser grundsätzlich bei der Erfassung des Vermögens zu berücksichtigen. Mangels anderer Ansatzpunkte ist hierbei von dem Wert, der für vergleichbare Grundstücke erzielt wird, auszugehen.

Für Grundstücke, die sich in Bebauung befinden und sich deshalb die künftigen Ertragsmöglichkeiten bereits abschätzen lassen, soll das Ertragswertverfahren angewandt werden. Sie sind daher entsprechend den bebauten Grundstücken zu behandeln (vgl. § 149 BewG).

zu § 145 Abs. 2:

Hier ist ausgeführt, wann ein Grundstück trotz vorhandener Gebäude als unbebaut gilt. In Satz 1 wurde eine an die Ertragsfähigkeit angelehnte Bestimmung unbedeutender Gebäude gewählt.

zu § 145 Abs. 3:

Die Bewertung unbebauter Grundstücke erfolgt nach Bodenrichtwerten einschließlich des hierauf vorzunehmenden Abschlags. Der Steuerpflichtige hat die Möglichkeit, einen hiervon abweichenden, niedrigeren gemeinen Wert nachzuweisen.

zu § 146:

Das hier vorgeschlagene Ertragswertverfahren gilt zwingend für alle bebauten Grundstücke einschließlich solcher mit im Bau befindlichen Gebäuden, soweit nicht Sonderfälle im Sinne des § 147 BewG vorliegen. Der Koalitionsentwurf sieht dagegen ein Ertragswertverfahren alternativ zum Wohn-/Nutzflächenverfahren nur für Mietwohngrundstücke vor. Die Beschränkung auf Mietwohngrundstücke ist sachlich nicht gerechtfertigt, da alle Grundstücke, für die eine Miete bezahlt wird oder die grundsätzlich vermietbar sind, nach dem Ertragswertverfahren bewertet werden können, also auch Einfamilienhäuser, Zweifamilienhäuser, Eigentumswohnungen, Gewerbeobjekte und gemischtgenutzte Objekte.

Das Ertragswertverfahren ist zudem anders als im Koalitionsentwurf zur einheitlichen Bewertung von Grund und Boden und Gebäuden konzipiert, wie es auch im Bewertungsgesetz 1964 vorgesehen war.

zu Absatz 1:

Die Ermittlung des Ertragswerts von bebauten Grundstücken macht grundsätzlich keine Unterscheidung der Grundstücksarten erforderlich, da die Unterschiede weitgehend bereits durch unterschiedliche Ist-Mieten erfaßt sind. Aus Vereinfachungsgründen wurden in diese Regelung alle bebauten Grundstücke einbezogen.

zu Absatz 2:

Statt der Jahresrohmiete, die für die Einheitsbewertung zum 1. Januar 1964 zugrunde gelegt wurde, wird die jährliche Nettokaltmiete als Grundlage für die Ertragsbewertung vorgesehen, die mietrechtlich allgemeine Bedeutung erlangt hat und etwa auch in den von den Gemeinden aufgestellten Mietspiegeln (§ 2 Abs. 5 des Gesetzes über die Miethöhe vom 18. Dezember 1974) Verwendung findet. Von der Jahresrohmiete unterscheidet sich diese dadurch, daß neben den Heizungskosten die anderen Betriebskosten (z. B. Grundsteuer, Wasserversorgung, Müllabfuhr, Lift, Hausmeister) bei der Ermittlung außer Ansatz bleiben.

Zur Ermittlung des Ertragswerts wird die rechnerisch ermittelte Jahresmiete mit dem Faktor 12 multipliziert.

Ausgangspunkt für die Bestimmung des Vervielfältigers war, welcher Betrag bei anderen Anlageformen angelegt werden müßte, um einen entsprechenden Ertrag zu erhalten. Kauft jemand festverzinsliche Anleihen mit einem Jahreszins von 5 v. H., muß er das 20fache des jährlichen Zinsertrags als Anlagekapital gleichstellen. Da aus der Nettokaltmiete noch die Verwaltungs- und Instandhaltungskosten getragen werden müssen (die Finanzierungskosten werden über den Schuldenabzug ausgeglichen), muß die entsprechend niedrigere Rendite durch einen Abschlag vom Kapitalisierungsfaktor berücksichtigt werden. Zudem werden die Gebäude durch die Nutzung verbraucht; ihre Renditefähigkeit ist im Gegensatz zu Geldvermögen endlich, was bei der Festlegung des Faktors und des Altersabschlags Berücksichtigung finden muß. Hinzu kommt der bei derartigen Annäherungsrechnungen notwendige Abschlag für Bewertungsspannen und -ungenauigkeiten (im Wohn-/Nutzflächenverfahren des Koalitionsentwurfs 30 v. H.) sowie ein Abschlag für die gegenüber dem Kapitalvermögen höhere Gemeinwohlbindung des Grundvermögens. Setzt man für Verwaltungs- und Instandhaltungsaufwand typisierend einen Betrag von 15 v. H. der Nettokaltmiete, für die begrenzte Nutzungsfähigkeit einen Abschlag von 10 v. H., für Bewertungsrisiken von ebenfalls 10 v. H. und für die Gemeinwohlbindung von 5 v. H. an, also insgesamt 40 v. H., gelangt man zu einem Faktor von 12.

zu Absatz 3:

In den Fällen, in denen keine Miete gezahlt wird oder aufgrund der tatsächlichen Umstände darauf geschlossen werden kann, daß die Miete nicht unter marktgerechten Bedingungen vereinbart wurde, ist die übliche Miete als Berechnungsgrundlage heranzuziehen. Die Ermittlung der üblichen Miete stellt für die Finanzämter keine Neuheit dar; vor allem für Einkommensteuerzwecke wurden und werden Vergleichsmieten ermittelt. Die individuelle Ermittlung ermöglicht ein wesentlich genaueres Eingehen auf die individuellen Gegebenheiten des Einzelfalls als die Heranziehung von Mietspiegeln, die für einen größeren Bezirk aufgestellt wurden. So können beispielsweise Vergleichsmieten aus demselben Haus oder derselben Wohnanlage herangezogen werden. Eine Wertermittlung durch „externen" Vergleich, also die Heranziehung objektiv vergleichbarer, jedoch nicht von marktfremden Überlegungen verfälschter Wertvereinbarungen ist ein Standardinstrument der Finanzverwaltung.

Akzeptabel ist das Fehlen der Transparenz in dem Sinne, daß der Bürger nicht von vornherein feststellen kann, welchen Mietwert das Finanzamt bei der Berechnung letztlich zugrunde legen wird. Da der Steuerpflichtige aber durch seine Angaben in der Steuererklärung und durch Anhörung im weiteren Verfahren an der Festlegung der üblichen Miete mitwirken kann und die Berücksichtigung der individuellen Gegebenheiten häufig als gerechter empfunden wird als notwendig gröber kategorisierende typisierende Verfahren, kann dies hingenommen werden.

Auch der Koalitionsentwurf bejaht die Eignung der üblichen Miete als Berechnungsgrundlage für ein Ertragswertverfahren. Anders als dort (Artikel 1 – § 154 Abs. 3 Satz 6 Nr. 2 BewG) wird jedoch nicht an eine prozentuale Abweichung von der üblichen Miete angeknüpft, da dies in jedem Fall Überlegungen zur Höhe der Vergleichsmiete auslösen müßte. Ansatzpunkte für die Ermittlung sollen vielmehr neben dem Fehlen einer Miete überhaupt objektiv feststellbare Verbindungen zwischen Vermieter und Mieter sein, die Einfluß auf die Miethöhe haben könnten.

zu Absatz 4:

Solange die Nutzbarkeit des Gebäudes durch die altersbedingten Abnutzungserscheinungen nicht wesentlich beeinträchtigt ist, sind bei der Miethöhe keine deutlichen Abschläge gegenüber Neubauten festzustellen. Nach dem Mikrozensus 1993 wurden für in der Ausstattung vergleichbare Wohnungen des Baujahrs 1948 und früher im Schnitt nur ca. 10 v. H. niedrigere Mieten bezahlt als für neuere Wohnungen. Im Rahmen des Ertragswertverfahrens muß jedoch Berücksichtigung finden, daß die Ertragsfähigkeit endet, wenn die Gebäude soweit abgenutzt sind, daß ihre Gebrauchsfähigkeit wesentlich beeinträchtigt ist. Dann können in der Regel nur Maßnahmen der Generalsanierung, die häufig ähnliche Kosten wie ein Neubau erfordern, einen nachhaltigen Ertrag sichern.

Im allgemeinen ging man in der Vergangenheit von einer Nutzungsdauer bei Gebäuden von 100 Jahren aus, da das Mauerwerk als aufwendigster und das Gebäude prägender Bestandteil eine längere Haltbarkeit aufweist. Inzwischen sind es jedoch vor allem auch die technischen Einrichtungen, die die Gebrauchsfähigkeit bestimmen, wie Heizung, Sanitäranlagen, Elektrotechnik und Einrichtungen der modernen Nachrichtentechnik. Diese sind nicht nur technisch im allgemeinen in einem kürzeren Zeitraum verbraucht, sie werden vor allem auch durch den fortschreitenden Stand der Technik überholt. Vor allem auch die Notwendigkeit der Anpassung an sparsamere und umweltfreundlichere Techniken verkürzt die Intervalle einer generellen Erneuerung der Gebäude. Aus diesem Grunde wird hier eine durchschnittliche Nutzungsdauer von 50 Jahren angenommen, wobei jedoch nicht der Grundstückswert aus Nettokaltmiete mal Vervielfältiger 12, sondern die Differenz zwischen diesem Grundstückswert und einem Restwert von 50 v. H. des Grundstückswerts auf die Nutzungsdauer von 50 Jahren gleichmäßig zu verteilen ist. Dies führt zu einer Alterswertminderung von 1 v. H. des Grundstückswerts pro Kalenderjahr. Der Restwert ist mit 50 v. H. des Grundstückswerts anzusetzen, da der zugehörige Grund und Boden nicht verbraucht werden kann und für das Gebäude ein angemessener Restwert (entsprechend Artikel 1 Nr. 49 Koalitionsentwurf – § 153 Abs. 3 BewG) zu berücksichtigen ist.

zu Absatz 5:

Einfamilienhäuser und Zweifamilienhäuser werden in der Regel nicht zu Renditezwecken, sondern zum Eigengebrauch errichtet. Werden sie vermietet, so liegt die Miete im Verhältnis zu den ursprünglichen Investitionen meist niedriger als bei von vornherein als Renditeobjekte vorgesehenen Gebäuden. Dies liegt daran, daß die Vermieter bei der Auswahl der Mieter höhere Anforderungen stellen und gegebenenfalls auch Mieteinbußen in Kauf nehmen, aber auch daran, daß die Stellung der Mieter wegen möglicher Eigenbedarfskündigungen weniger langfristig gesichert ist als in Renditeobjekten. Zudem ist der Grundstücksanteil bei Einfamilienhäusern und Zweifamilienhäusern naturgemäß in der Regel höher, ohne daß sich dieser auf die Miete auswirkt. Bei der Ermittlung des Restwerts (Absatz 4) muß dies jedoch berücksichtigt werden. In Annäherung an die 1964 festgestellten Unterschiede wurde hier für Ein- und Zweifamilienhäuser ein Zuschlag von 10 v. H. vorgesehen.

zu Absatz 6:

Für bebaute Grundstücke, die im Ertragswertverfahren bewertet werden, soll als Grundstückswert mindestens der Wert angesetzt werden, der für ein vergleichbares unbebautes Grundstück anzusetzen wäre, wobei anstelle des Abschlags von 30 v. H. ein Abschlag von 50 v. H. zu berücksichtigen ist. Damit sollen sachwidrige Ergebnisse vermieden werden, die sich im Einzelfall aufgrund der typisierenden Wertermittlung ergeben können.

zu Absatz 7:

Wohnungseigentum bzw. Teileigentum weisen keine grundsätzlich unterschiedliche Ausgangslage für die Bewertung nach dem Ertragswertverfahren aus und können deshalb entsprechend berücksichtigt werden.

zu § 147:

Fabrikgebäude und Gebäude mit anderer gewerblicher Nutzung entziehen sich wegen der völlig unterschiedlichen Bauweise und Verwendungszwecke jeder sachgerechten Pauschalierung. Jedenfalls für das Gebäude selbst stellt der Steuerbilanzwert einen zutreffenderen Wertansatz dar. Der Bodenwert, der in der Steuerbilanz gesondert erfaßt wird, wird durch den Wert eines unbebauten Grundstücks ersetzt; wegen der Beseitigungskosten der Gebäude wird der pauschale Abschlag nach § 145 BewG von 30 v. H. auf 50 v. H. erhöht.

zu § 148:

Der Erbbauzins ist die Rendite des zu Bebauungszwecken überlassenen Grund und Bodens. Aus der Kapitalisierung des Erbbauzinses kann daher umgekehrt auf den Wert des belasteten Grundstücks geschlossen werden. Da Verwaltungskosten und sonstige, durch Abschläge zu berücksichtigende Belastungen bei Erbbaurechten nicht in größerem Umfang vorliegen, wurde ein Kapitalisierungsfaktor von 18,6 gewählt. Durch den Abzug dieses Werts bei der Ermittlung des Werts des Erbbaurechts wird sichergestellt, daß die Werte des belasteten Grundstücks und des Erbbaurechts insgesamt den gleichen Wert erbringen wie ein unbelastetes Grundstück mit entsprechender Bebauung. Typisierend wird angenommen, daß beim Heimfall eine entsprechende Vergütung entrichtet wird (§ 32 ErbbauVO). Eine Berücksichtigung der Restlaufzeit des Erbbaurechts ist daher nicht erforderlich.

zu § 149:

Die Bewertung auch der Grundstücke mit im Bau befindlichen Gebäuden nach dem Ertragswertverfahren unter Berücksichtigung der nach dem Erbfall entstehenden Aufwendungen soll nicht nur die schwierige Ermittlung des Baufortschritts zum Zeitpunkt des Erbfalls vermeiden helfen, sondern es auch den Erben erleichtern, den begonnenen Bau zu Ende zu führen. Sofern der Bau bis zur Festsetzung der Erbschaftsteuer nicht ohnehin beendet ist, ermöglichen es Kostenvoranschläge und dgl., die entstehenden Aufwendungen abzuschätzen. Waren Beträge bereits im Besteuerungszeitpunkt fällig, dürfen sie nicht doppelt nach § 149 BewG und als Nachlaßverbindlichkeiten berücksichtigt werden.

zu § 150:

Entspricht Artikel 1 Nr. 49 Koalitionsentwurf – § 150 BewG.

Zu Nummer 50 (§§ 151 und 152)

Folgeänderung wegen Einführung eines Ertragswertverfahrens; Verzicht auf die Einführung neuer Überschriften und Ermöglichung einer amtlichen Satznumerierung in der Bekanntmachungsvorschrift.

Zu Nummer 51 (Anlagen)

Folgeänderung wegen Einführung eines Ertragwertverfahrens

Zu Artikel 2 – Änderung des Erbschaftsteuer- und Schenkungsteuergesetzes

Zu Nummer 01

Es handelt sich um eine redaktionelle Folgeänderung aus der Änderung des § 121 BewG.

Zu Nummer 1 (§ 10)

Zu Buchstabe a (§ 10 Abs. 1)

Zu Doppelbuchstabe aa (§ 10 Abs. 1 Satz 1)

Es handelt sich um eine redaktionelle Folgeänderung aufgrund des neuen § 13 a ErbStG.

Zu Doppelbuchstabe bb (§ 10 Abs. 1 Satz 3)

Die Gesetzesänderung betrifft die Zuwendung einer Beteiligung an einer vermögensverwaltenden (nicht gewerblichen) Personengesellschaft. Sie ist im Hinblick auf ein Urteil des Bundesfinanzhofs vom 14. Dezember 1995 – II R 79/94 – (BStBl II 1996 S. 546) notwendig geworden. Der Bundesfinanzhof hat entschieden, bei der Schenkung eines Anteils an einer vermögensverwaltenden BGB-Gesellschaft sei Erwerbsgegenstand der Gesellschaftsanteil als solcher. Dieser sei mit dem anteiligen Gesamtsteuerwert des Gesellschaftsvermögens als Saldo aus den Steuerwerten der Besitzposten und der Gesellschaftsschulden zu bewerten.

Nach bisheriger Verwaltungsauffassung war der Erwerb von Beteiligungen an vermögensverwaltenden BGB-Gesellschaften als Erwerb der anteiligen Wirtschaftsgüter zu beurteilen. Die Gesetzesänderung stellt die bisherige Behandlung sicher. Eine vergleichbare Regelung wurde im Rahmen des StMBG in § 23 Abs. 1 EStG getroffen.

Zu Buchstabe b (§ 10 Abs. 6)

Zu Doppelbuchstabe aa (§ 10 Abs. 6 Satz 4)

Entspricht dem Vorschlag des Bundesrates (vgl. BR-Drucksache 390/96 – Beschluß). Es handelt sich um eine redaktionelle Folgeänderung aus der Aufhebung des § 13 Abs. 2 a ErbStG, dessen bisheriger Inhalt in den neuen § 13 a ErbStG übernommen wurde.

Zu Doppelbuchstabe bb (§ 10 Abs. 6 Satz 5)

Der neue Satz 5 regelt, wie der abzugsfähige Teil von Schulden und Lasten zu ermitteln ist, die in wirtschaftlichem Zusammenhang mit befreitem land- und forstwirtschaftlichem Vermögen im Sinne des § 13 a Abs. 4 Nr. 2 ErbStG oder befreiten Anteilen an Kapitalgesellschaften im Sinne des § 13 a Abs. 4 Nr. 3 ErbStG stehen. Soweit nach Abzug des Freibetrags und Bewertungsabschlags gemäß § 13 a Abs. 1 und 2 ErbStG ein Wert für das land- und forstwirtschaftliche Vermögen oder die Anteile an Kapitalgesellschaften anzusetzen ist, sind die im wirtschaftlichen Zusammenhang stehenden Schulden nach Maßgabe des Gesetzes nur anteilig abzuziehen (vgl. Abs. 6 Satz 3). Verbleibt nach Anwendung des § 13 a ErbStG kein anzusetzender Wert mehr, können nach dem Grundsatz des Absatzes 6 Satz 1 Schulden und Lasten nicht abgezogen werden.

Schulden und Lasten, die nicht in wirtschaftlichem Zusammenhang mit steuerbefreitem land- und forstwirtschaftlichem Vermögen im Sinne des § 13 a Abs. 4 Nr. 2 ErbStG stehen, z. B. mit Vermögen, das nach § 140 i. V. m. § 33 Abs. 3 BewG bewertungsrechtlich nicht in die wirtschaftliche Einheit des land- und forstwirtschaftlichen Vermögens, für die ein Grundbesitzwert festgestellt wird, einbezogen ist, insbesondere Zahlungsmittel und Geldforderungen, oder mit dem Wohnteil des Betriebsinhabers, bleiben wie bisher in vollem Umfang abzugsfähig.

Zu Nummer 2 (§ 12 Abs. 5)

Der bisher um 40 v. H. erhöhte Wertansatz für Betriebsgrundstücke entfällt.

Zu Nummer 3 (§ 13 Abs. 1 Nummer 1 und 13)

In § 13 Abs. 1 Nr. 1 Buchstabe a wird die Befreiung für Hausrat bei Erwerbern der Steuerklasse I – in erster Linie der Ehegatte, die Kinder und weitere Abkömmlinge – nicht mehr unbeschränkt gewährt, sondern auf einen festen Betrag von 80 000 DM je Erwerber begrenzt.

Entspricht dem Vorschlag des Bundesrates.

Bei der Ergänzung der Nummer 13 handelt es sich um eine Folgeänderung aufgrund der Nichterhebung der Vermögensteuer. Der Verweis auf die Vorschriften des KStG ersetzt den bisherigen Verweis auf § 3 VStG.

Zu Nummer 4 (§ 13 a Abs. 4, 5 bis 7)

Zu Buchstabe a (Absatz 4 Nr. 2)

Vermietete Grundstücke, Grundstücke im Sinne des § 69 des BewG und Baudenkmäler im Sinne des § 52 Abs. 15 Satz 12 EStG sollen nur dann in die Freibetrags- und Abschlagsregelung einbezogen sein, wenn sie im Rahmen eines ganzen Betriebs der Land- und Forstwirtschaft, eines Anteils an einem solchen Betrieb oder eines Teilbetriebs übertragen werden. Die Übertragung einzelner Grundstücke soll dagegen nicht begünstigt sein. Damit soll eine mißbräuchliche Inanspruchnahme, die nicht mit der Zielsetzung der Regelung (Entlastung der Betriebsfortführung im Generationenwechsel, Erhaltung und Sicherung des Betriebs der Land- und Forstwirtschaft) im Einklang steht, ausgeschlossen werden.

Zu Buchstabe b (Absatz 5 Nr. 2)

Es handelt sich um eine redaktionelle Folgeänderung (vgl. Buchst. a).

Zu Absatz 6

Schulden und Lasten, die in wirtschaftlichem Zusammenhang mit steuerfreiem oder teilweise steuerfreiem Vermögen stehen, sind nach § 10 Abs. 6 ErbStG ganz oder teilweise vom Abzug ausgeschlossen. Das gilt auch, soweit land- und forstwirtschaftliches Vermögen und Anteile an Kapitalgesellschaften aufgrund § 13 a ErbStG steuerfrei bleiben. Wenn der Steuerwert der Schulden und Lasten höher ist als der Steuerwert des befreiten Vermögens, verkehrt sich der Vorteil der Steuerbefreiung durch den völligen oder teilweisen Ausschluß des Schuldabzugs in ihr Gegenteil. Da der Steuerpflichtige ohne Befreiung günstiger besteuert würde, soll er die Möglichkeit haben, auf die Befreiung zu verzichten und damit den uneingeschränkten Schuldenabzug zu erhalten.

Zu Absatz 7

Das Vermögen einer Familienstiftung unterliegt gemäß § 1 Abs. 1 Nr. 4 ErbStG in Zeitabständen von je 30 Jahren der Ersatzerbschaftsteuer. Das Gesetz fingiert dazu einen „Erbfall" in einer durchschnittlichen Generationenfolge. Die Änderung dient der Klarstellung, daß die Steuerentlastungen beim Erwerb von Betriebsvermögen, Betrieben der Land- und Forstwirtschaft und Anteilen an Kapitalgesellschaften auch bei der Bemessung der Ersatzerbschaftsteuer anwendbar sind.

Zu Nummer 7 (§ 16 Abs. 1)

Die erwerberbezogenen persönlichen Freibeträge werden wegen des verminderten Wertansatzes für den Grundbesitz auf ein den Anforderungen des Bundesverfassungsgerichts noch entsprechendes Maß herabgesetzt, um die Besteuerung zu verbreitern.

Zu Nummer 9 (§ 19)

Der Steuertarif des ErbStG wird so geändert, daß er im Zusammenwirken mit den geänderten Bemessungsgrundlagen und Steuerbefreiungen das angestrebte Steueraufkommen von rd. 5,3 Mrd. DM (Aufkommen geltendes Recht 3,7 Mrd. DM + 1,6 Mrd. DM zum Ausgleich für den Wegfall der privaten Vermögensteuer) ermöglicht. Durch Einfügung zweier weiterer Wertstufen wird der Progressionsverlauf abgeflacht und dadurch der mittlere Tarifbereich im Vergleich zum Koalitionsentwurf deutlich niedriger belastet.

Zu Nummer 9 a (§ 19 a)

Durch die Neuregelung soll erreicht werden, daß das genannte Betriebsvermögen, land- und forstwirtschaftliche Vermögen sowie die genannten Anteile an Kapitalgesellschaften bei allen Erwerbern nur nach dem Tarif der Steuerklasse I besteuert werden. Hierbei muß die Progressionswirkung des Steuertarifs grundsätzlich erhalten bleiben, damit Erwerber der Steuerklasse II und III nicht gegenüber Erwerbern der Steuerklasse I bevorteilt werden. Unerwünschte Kaskadeneffekte werden vermieden, weil nur das Betriebsvermögen, das land- und forstwirtschaftliche Vermögen sowie die Anteile an Kapitalgesellschaften Anteil an der Entlastung haben, wenn der Erwerber selbst dieses Vermögen mindestens 5 Jahre fortführt. Zwischenerwerber werden unverändert nach Steuerklasse II oder III besteuert.

Zu Nummer 10 a (§ 36 Abs. 2)

Es handelt sich um den Verzicht auf die Einführung neuer Überschriften in der Bekanntmachungsvorschrift und die Ermöglichung einer amtlichen Satznumerierung.

Zu Artikel 5 – Aufhebung des Vermögensteuergesetzes

Vgl. hierzu den allgemeinen Teil des Ausschußberichts.

Zu Artikel 6 – Aufhebung der Anteilsbewertungsverordnung

Der Wegfall der Anteilsbewertungsverordnung ist Folge der Nichterhebung der Vermögensteuer.

Zu Artikel 7 – Aufhebung des Gesetzes zur Änderung des Hauptfeststellungszeitraums für die wirtschaftlichen Einheiten des Betriebsvermögens sowie des Hauptveranlagungszeitraums für die Vermögensteuer

Der Wegfall des Gesetzes ist Folge der Nichterhebung der Vermögensteuer.

Anlage 9

Entschließungsantrag der Fraktion der SPD zum Entwurf eines Jahressteuergesetzes (JStG) 1997

– BT-Drucks. 13/5975 –

Der Bundestag wolle beschließen:

I. Der Deutsche Bundestag stellt fest:

Die von der Bundesregierung und von den Fraktionen der CDU/CSU und F.D.P. vorgelegten Entwürfe eines Jahressteuergesetzes werden den gegenwärtigen politischen Herausforderungen nicht gerecht.

Entgegen ihren Ankündigungen haben die Bundesregierung und die Fraktionen der CDU/CSU und F.D.P. erst im Mai Gesetzentwürfe für ein Jahressteuergesetz 1997 vorgelegt. Damit tragen ausschließlich sie die Verantwortung dafür, daß die Beratungen der Gesetzentwürfe unter massivem Zeitdruck erfolgen. Bundesregierung und Koalitionsfraktionen haben offenbar bewußt darauf gesetzt, durch Zeitdruck ihre politischen Vorstellungen durchzusetzen.

1. Kindergeld und Grundfreibetrag

...

2. Vermögensteuer

Die Weigerung von Bundesregierung und Koalitionsfraktionen, die Vermögensteuer verfassungskonform neu zu regeln, führt zum Wegfall der Vermögensteuer mit einem Aufkommen von etwa 9 Mrd. DM (1996). Dies wird abgelehnt; statt dessen soll die Vermögensteuer beibehalten und verfassungskonform neu geregelt werden. Die von der Bundesregierung und den Koalitionsfraktionen vorgebrachten Begründungen für eine Abschaffung der Vermögensteuer sind nicht überzeugend:

- In den Beratungen zum Jahressteuergesetz 1997 mußte die Bundesregierung selbst eingestehen, daß es keinen verfassungsrechtlichen Zwang zur Abschaffung der Vermögensteuer gibt. Die Bundesregierung hat bestätigt, daß der gegenwärtige Grenzsteuersatz bei der Einkommensteuer kein Hindernis für die Beibehaltung der Vermögensteuer ist. Im übrigen hatte das Bundesverfassungsgericht in seinem Beschluß vom 22. Juni 1995 zur Vermögensteuer bereits ausdrücklich festgestellt: Das Konzept der geltenden Vermögensteuer entspricht den vom Bundesverfassungsgericht entwickelten Vorgaben und Maßstäben.
- Die Vermögensbesteuerung ist – im internationalen Vergleich – keine Sonderbelastung in Deutschland. Nach den auch von der Bundesregierung anerkannten Zahlen der OECD ist die Besteuerung des Vermögens in Deutschland im Vergleich zu den anderen vergleichbaren Industriestaaten am niedrigsten. In den anderen Industriestaaten ist die Vermögensbesteuerung bis zu viermal so hoch wie in Deutschland.
- Entgegen den Behauptungen der Bundesregierung und der Koalitionsfraktionen wird das Aufkommen aus der Vermögensteuer nicht zum großen Teil durch Verwaltungskosten wieder aufgezehrt. Nach einer Berechnung des Bundesfinanzministers sind als

Kosten der Finanzverwaltung lediglich etwa 300 Mio. DM anzusetzen; diesen Kosten steht ein Aufkommen aus der Vermögensteuer von etwa 9 Mrd. DM (1996) gegenüber.

Die vollständige Abschaffung der Vermögensteuer ist deshalb eine rein politische Forderung der Bundesregierung und der Koalitionsfraktionen – sie ist weder nach dem Prinzip der Besteuerung nach der Leistungsfähigkeit noch unter finanziellen Gesichtspunkten verantwortbar. Angesichts der finanziellen Situation bei Bund, Ländern und Gemeinden und auch mit Blick auf die Erreichung der Maastrichter Finanzkriterien zur Teilnahme Deutschlands an der Europäischen Währungsunion sind Steuerausfälle im Umfang von rd. 9 Mrd. DM ansteigend bis über 10 Mrd. DM (2000) nicht verkraftbar.

Wird die Vermögensteuer beibehalten und verfassungskonform neu geregelt, erübrigt sich eine Kompensation der Steuerausfälle.

3. Erbschaftsteuer

Es wird im Grundsatz begrüßt, daß die Zahl der Steuerklassen reduziert, die Höchstsätze beim Steuertarif abgesenkt und daß insgesamt die Freibeträge für das erbschaftsteuerfreie Vermögen erhöht werden. Allerdings sind die im Gesetzentwurf jetzt vorgesehenen Freibeträge immer noch zu hoch. Die bisherigen Freibeträge für den überlebenden Ehegatten und für Kinder, ergänzt um einen – wie von der Fraktion der SPD in ihrem Gesetzentwurf zur Neuregelung der Vermögensteuer und Erbschaftsteuer (Drucksache 13/5504) vorgeschlagen – zusätzlichen Familienfreibetrag von 500 000 DM, sind nach den Vorgaben des Bundesverfassungsgerichts ausreichend bemessen.

Ob sich das von den Koalitionsfraktionen erwartete Mehraufkommen von 1,6 Mrd. DM bei der Erbschaftsteuer verwirklichen läßt, muß – angesichts der dürftigen Datengrundlage über das Ertragswertverfahren – stark bezweifelt werden.

Die von den Koalitionsfraktionen beschlossene Erhöhung des Bewertungsabschlags von 25 auf 50 v. H. wird abgelehnt. Der bisherige Abschlag von 25 v. H. ist ausreichend und angemessen, insbesondere wenn man berücksichtigt, daß die Erbschaftsteuerschuld bei Betriebsvermögen – im Falle der Existenzgefährdung eines Betriebes – bis zu zehn Jahre zinslos gestundet werden kann.

4. Bewertungsverfahren für Grundvermögen

An dem von der Fraktion der SPD, den Koalitionsfraktionen und auch der Bundesregierung in ihren jeweiligen Gesetzentwürfen zur Neuregelung des Bewertungsverfahrens für die Vermögensteuer bzw. Erbschaftsteuer vorgeschlagenen Sachwertverfahren zur Ermittlung der Werte des Grundvermögens ist festzuhalten. Das in den Gesetzentwurf kurzfristig aufgenommene Ertragswertverfahren ist nicht zustimmungsfähig.

Die insbesondere von den Finanzverwaltungen des Bundes und der Länder nahezu einhellig vorgetragenen Bedenken gegen das Ertragswertverfahren konnten in den Beratungen nicht ausgeräumt werden. Mit dem Ertragswertverfahren wird an der bisherigen Wertermittlung zur Feststellung der Einheitswerte festgehalten, obwohl dieses Verfahren in der Verwaltungspraxis – insbesondere wegen der notwendigen Ermittlung der Vergleichsmiete – sehr streitanfällig war und deshalb abgelehnt wurde. Gerade aus diesem Grund war von der Bundesregierung und den Ländern ein einfaches und pauschaliertes Sachwertverfahren ausgearbeitet, umfassend erprobt und vorgeschlagen worden. Vergleichbare und verläßliche Erfahrungen mit dem Ertragswertverfahren liegen nicht vor.

Hinzu kommt, daß dieses Ertragswertverfahren mit Blick auf eine Beibehaltung der Vermögensteuer und auf eine Reform der Bemessungsgrundlagen für die Grundsteuer weniger geeignet erscheint als ein Sachwertverfahren.

Nach den vorliegenden – aber sehr unsicheren – Daten sollen die Wertverhältnisse nach dem Ertragswertverfahren zu einem Wertniveau von etwa 50 v. H. der Verkehrswerte führen. Vor dem Hintergrund der vom Bundesverfassungsgericht geforderten „realitätsgerechten Relationen" der Vermögenswerte besteht hier ein verfassungsrechtliches Risiko.

Es wird begrüßt, daß Einvernehmen darüber erzielt werden konnte, bei den Gutachterausschüssen nach dem Baugesetzbuch zur Feststellung der Bodenrichtwerte die bisherigen gesetzlichen Regelungen beizubehalten.

5. ...

6. ...

II. Der Deutsche Bundestag fordert die Bundesregierung auf,
1. eine verfassungskonforme Ausgestaltung der Vermögensteuer nicht länger zu blockieren,
2. ...
3. ...
4. ...
5. künftig Gesetzentwürfe so rechtzeitig vorzulegen, daß ein ordentliches Gesetzgebungsverfahren mit angemessener Beratungszeit in den Ausschüssen und einer ausreichenden Vorbereitungszeit für Finanzverwaltung, Bürger und Wirtschaft gewährleistet ist.

Bonn, den 6. November 1996

Rudolf Scharping und Fraktion

Anlage 10

Gesetzesbeschluß des Deutschen Bundestages Jahressteuergesetz (JStG) 1997

– BR-Drucks. 804/96 –

Der Deutsche Bundestag hat in seiner 135. Sitzung am 7. November 1996 aufgrund der Zweiten Beschlußempfehlung und des zweiten Berichts des Finanzausschusses – Drucksachen 13/5951[1]), 13/5952[2]) – den aus der anliegenden Fassung ersichtlichen Teil des von den Fraktionen der CDU/CSU und F.D.P. eingebrachten

Entwurf eines Jahressteuergesetzes (JStG) 1997
– Drucksache 13/4839[3]) –

angenommen.

Der übrige Teil des Gesetzentwurfs wird einer späteren Beschlußfassung vorbehalten.

Jahressteuergesetzes (JStG) 1997

Der Bundestag hat mit Zustimmung des Bundesrates das folgende Gesetz beschlossen:

Inhaltsübersicht	Artikel
Änderung des Bewertungsgesetzes	1
Änderung des Erbschaftsteuer- und Schenkungsteuergesetzes	2
Änderung der Erbschaftsteuer-Durchführungsverordnung	3
Änderung des Erbschaftsteuer-Reformgesetzes	4
Aufhebung des Vermögensteuergesetzes	5
	entfällt
Änderung der Anteilsbewertungsverordnung	6
Aufhebung des Gesetzes zur Änderung des Hauptfeststellungszeitraums für die wirtschaftlichen Einheiten des Betriebsvermögens sowie des Hauptveranlagungszeitraums für die Vermögensteuer	7
Aufhebung der Durchführungsverordnung zum Bewertungsgesetz	8

– Artikel 9 ff. hier nicht abgedruckt –

Artikel 1
Änderung des Bewertungsgesetzes

Das Bewertungsgesetz in der Fassung der Bekanntmachung vom 1. Februar 1991 (BGBl. I S. 230), zuletzt geändert durch Artikel 6 des Gesetzes vom 15. Dezember 1995 (BGBl. I S. 1783), wird wie folgt geändert:

1. § 3 a wird aufgehoben.

2. In § 11 Abs. 2 werden die Sätze 3 bis 5 aufgehoben.

3. § 17 wird wie folgt gefaßt:

---

1 Anlage 7
2 Anlage 8
3 Anlage 3

„§ 17
Geltungsbereich

(1) Die besonderen Bewertungsvorschriften sind nach Maßgabe der jeweiligen Einzelsteuergesetze anzuwenden.

(2) Die §§ 18 bis 94, 122, 125 bis 132 gelten für die Grundsteuer und die §§ 121 a und 133 zusätzlich für die Gewerbesteuer.

(3) Soweit sich nicht aus den §§ 19 bis 150 etwas anderes ergibt, finden neben diesen auch die Vorschriften des Ersten Teils des Gesetzes (§§ 1 bis 16) Anwendung. § 16 findet auf die Grunderwerbsteuer keine Anwendung."

4. § 18 wird wie folgt geändert:
   a) In Nummer 3 wird der Klammerhinweis wie folgt gefaßt: „(§§ 95 bis 109)."
   b) Nummer 4 wird gestrichen.

5. § 19 Abs. 1 wird wie folgt gefaßt:
   „(1) Einheitswerte werden für inländischen Grundbesitz, und zwar
   für Betriebe der Land- und Forstwirtschaft (§§ 33, 48 a und 51 a),
   für Grundstücke (§§ 68, 70) und
   für Betriebsgrundstücke (§ 99)
   festgestellt (§ 180 Abs. 1 Nr. 1 der Abgabenordnung)."

6. § 21 wird wie folgt gefaßt:

„§ 21
Hauptfeststellung

(1) Die Einheitswerte werden in Zeitabständen von je sechs Jahren allgemein festgestellt (Hauptfeststellung).

(2) Der Hauptfeststellung werden die Verhältnisse zu Beginn des Kalenderjahrs (Hauptfeststellungszeitpunkt) zugrunde gelegt. Die Vorschriften in § 35 Abs. 2, §§ 54 und 59 über die Zugrundelegung eines anderen Zeitpunkts bleiben unberührt."

7. § 22 wird wie folgt geändert:
   a) Absatz 1 wird wie folgt gefaßt:
      „(1) Der Einheitswert wird neu festgestellt (Wertfortschreibung), wenn der nach § 30 abgerundete Wert, der sich für den Beginn eines Kalenderjahrs ergibt, vom Einheitswert des letzten Feststellungszeitpunkts nach oben um mehr als den zehnten Teil, mindestens aber um 5000 Deutsche Mark, oder um mehr als 100 000 Deutsche Mark, nach unten um mehr als den zehnten Teil, mindestens aber um 500 Deutsche Mark, oder um mehr als 5000 Deutsche Mark abweicht."
   b) Absatz 4 wird wie folgt geändert:
      aa) In Satz 3 Nr. 1 Satz 1 werden der Punkt durch ein Semikolon ersetzt und der Satz 2 aufgehoben.
      bb) Satz 4 wird wie folgt gefaßt:
          „Die Vorschriften in § 35 Abs. 2, §§ 54 und 59 über die Zugrundelegung eines anderen Zeitpunkts bleiben unberührt."

8. § 23 wird wie folgt geändert:
   a) In Absatz 1 werden in Nummer 2 das Semikolon durch einen Punkt ersetzt und Nummer 3 aufgehoben.
   b) Absatz 2 wird wie folgt geändert:
      aa) Satz 2 wird wie folgt gefaßt:

„Nachfeststellungszeitpunkt ist in den Fällen des Absatzes 1 Nr. 1 der Beginn des Kalenderjahrs, das auf die Entstehung der wirtschaftlichen Einheit (Untereinheit) folgt, und in den Fällen des Absatzes 1 Nr. 2 der Beginn des Kalenderjahrs, in dem der Einheitswert erstmals der Besteuerung zugrunde gelegt wird."

bb) Satz 3 wird aufgehoben.

cc) Satz 3 wird wie folgt gefaßt:

„Die Vorschriften in § 35 Abs. 2, §§ 54 und 59 über die Zugrundelegung eines anderen Zeitpunkts bleiben unberührt."

9. § 24 wird wie folgt geändert:

a) In Absatz 1 werden in Nummer 2 das Semikolon durch einen Punkt ersetzt und Nummer 3 aufgehoben.

b) Absatz 2 wird wie folgt gefaßt:

„(2) Aufhebungszeitpunkt ist in den Fällen des Absatzes 1 Nr. 1 der Beginn des Kalenderjahrs, das auf den Wegfall der wirtschaftlichen Einheit (Untereinheit) folgt, und in den Fällen des Absatzes 1 Nr. 2 der Beginn des Kalenderjahrs, in dem der Einheitswert erstmals der Besteuerung nicht mehr zugrunde gelegt wird."

10. Nach § 24 a wird folgender § 25 eingefügt:

„§ 25
Nachholung einer Feststellung

(1) Ist die Feststellungsfrist (§ 181 der Abgabenordnung) bereits abgelaufen, kann eine Fortschreibung (§ 22) oder Nachfeststellung (§ 23) unter Zugrundelegung der Verhältnisse vom Fortschreibungs- oder Nachfeststellungszeitpunkt mit Wirkung für einen späteren Feststellungszeitpunkt vorgenommen werden, für den diese Frist noch nicht abgelaufen ist. § 181 Abs. 5 der Abgabenordnung bleibt unberührt.

(2) Absatz 1 ist bei der Aufhebung des Einheitswerts (§ 24) entsprechend anzuwenden."

11. § 26 wird wie folgt gefaßt:

„§ 26
Umfang der wirtschaftlichen Einheit bei Ehegatten

Die Zurechnung mehrerer Wirtschaftsgüter zu einer wirtschaftlichen Einheit (§ 2) wird beim Grundbesitz im Sinne der §§ 33 bis 94 und 125 bis 133 nicht dadurch ausgeschlossen, daß die Wirtschaftsgüter zum Teil dem einen, zum Teil dem anderen Ehegatten gehören."

12. § 28 wird wie folgt geändert:

a) In Absatz 1 wird Satz 2 aufgehoben.

b) In Absatz 3 Satz 1 werden die Worte „oder Betriebsvermögen" gestrichen.

13. § 30 wird wie folgt gefaßt:

„§ 30
Abrundung

Die Einheitswerte werden beim Grundbesitz auf volle 100 Deutsche Mark nach unten abgerundet."

14. § 44 Abs. 1 wird wie folgt gefaßt:

„(1) Zum Geringstland gehören die Betriebsflächen geringster Ertragsfähigkeit, für die nach dem Bodenschätzungsgesetz keine Wertzahlen festzustellen sind."

Gesetzesbeschluß des Deutschen Bundestages

15. § 91 Abs. 2 wird aufgehoben.
16. § 95 Abs. 3 wird wie folgt gefaßt:
    „(3) Bei der Ermittlung des Werts des Betriebsvermögens sind Billigkeitsmaßnahmen, die bei der steuerlichen Gewinnermittlung getroffen worden sind, zu berücksichtigen; ausgenommen ist die Bildung von Rücklagen. Vorbehaltlich Satz 1 gilt § 20 Satz 2 entsprechend."
17. § 97 wird wie folgt geändert:
    Nach Absatz 1 wird folgender Absatz 1 a eingefügt:
    „(1 a) Der Wert des Betriebsvermögens von Gesellschaften im Sinne des Absatzes 1 Nr. 5 ist wie folgt auf die Gesellschafter aufzuteilen:
    1. Wirtschaftsgüter im Sinne des Absatzes 1 Nr. 5 Satz 2 sowie Schulden des Gesellschafters im Sinne des Absatzes 1 Nr. 5 Satz 3 sind dem jeweiligen Gesellschafter vorab mit dem Wert zuzurechnen, mit dem sie im Wert des Betriebsvermögens enthalten sind. Das Kapitalkonto des Gesellschafters aus der Steuerbilanz ist um das auf die ihm vorweg zuzurechnenden Wirtschaftsgüter im Sinne des Satzes 1 entfallende Kapital aus der Sonderbilanz zu bereinigen.
    2. Das nach Nummer 1 Satz 2 bereinigte Kapitalkonto ist dem jeweiligen Gesellschafter vorweg zuzurechnen.
    3. Der nach Berücksichtigung der Vorwegzurechnungen im Sinne der Nummer 1 Satz 1 und Nummer 2 verbleibende Wert des Betriebsvermögens ist nach dem für die Gesellschaft maßgebenden Gewinnverteilungsschlüssel auf die Gesellschafter aufzuteilen.
    4. Für jeden Gesellschafter ergibt die Summe aus den Vorwegzurechnungen im Sinne der Nummer 1 Satz 1 und Nummer 2 und dem anteiligen Unterschiedsbetrag nach Nummer 3 den Anteil am Wert des Betriebsvermögens."
18. § 98 a Satz 1 wird wie folgt gefaßt:
    „Der Wert des Betriebsvermögens wird in der Weise ermittelt, daß die Summe der Werte, die für die zu dem Gewerbebetrieb gehörenden Wirtschaftsgüter und sonstigen aktiven Ansätze (Rohbetriebsvermögen) ermittelt worden sind, um die Summe der Schulden und sonstigen Abzüge (§ 103) gekürzt wird."
19. § 101 wird aufgehoben.
20. § 102 wird wie folgt geändert:
    a) Absatz 1 Satz 1 wird wie folgt gefaßt:
    „Ist eine inländische Kapitalgesellschaft, eine inländische Kreditanstalt des öffentlichen Rechts, ein inländischer Gewerbebetrieb im Sinne des Gewerbesteuergesetzes von juristischen Personen des öffentlichen Rechts, eine inländische Erwerbs- und Wirtschaftsgenossenschaft, eine unter Staatsaufsicht stehende Sparkasse oder ein inländischer Versicherungsverein auf Gegenseitigkeit an dem Grund- oder Stammkapital einer anderen inländischen Kapitalgesellschaft, einer anderen inländischen Kreditanstalt des öffentlichen Rechts oder an den Geschäftsguthaben einer anderen inländischen Erwerbs- und Wirtschaftsgenossenschaft mindestens zu einem Zehntel unmittelbar beteiligt, gehört die Beteiligung insoweit nicht zum Gewerbebetrieb, als sie ununterbrochen seit mindestens zwölf Monaten vor dem maßgebenden Abschlußzeitpunkt des Wirtschaftsjahrs besteht."
    b) Absatz 2 Satz 1 und 2 wird wie folgt gefaßt:
    „Ist eine inländische Kapitalgesellschaft, eine inländische Kreditanstalt des öffentlichen Rechts, ein inländischer Gewerbebetrieb im Sinne des Gewerbe-

steuergesetzes von juristischen Personen des öffentlichen Rechts, eine inländische Erwerbs- und Wirtschaftsgenossenschaft, eine unter Staatsaufsicht stehende Sparkasse oder ein inländischer Versicherungsverein auf Gegenseitigkeit an dem Nennkapital einer Kapitalgesellschaft mit Geschäftsleitung und Sitz außerhalb des Geltungsbereichs dieses Gesetzes (Tochtergesellschaft), die in dem Wirtschaftsjahr, das mit dem maßgebenden Abschlußzeitpunkt des Wirtschaftsjahrs der Muttergesellschaft endet oder ihm vorangeht, ihre Bruttoerträge ausschließlich oder fast ausschließlich aus unter § 8 Abs. 1 Nr. 1 bis 6 des Außensteuergesetzes fallenden Tätigkeiten oder aus unter § 8 Abs. 2 des Außensteuergesetzes fallenden Beteiligungen bezieht, mindestens zu einem Zehntel unmittelbar beteiligt, gehört die Beteiligung auf Antrag insoweit nicht zum Gewerbebetrieb, als sie ununterbrochen seit mindestens zwölf Monaten vor dem maßgebenden Abschlußzeitpunkt des Wirtschaftsjahrs besteht. Das gleiche gilt auf Antrag der Muttergesellschaft für den Teil des Wertes ihrer Beteiligung an der Tochtergesellschaft, der dem Verhältnis des Wertes der Beteiligung an einer Enkelgesellschaft im Sinne des § 26 Abs. 5 des Körperschaftsteuergesetzes zum gesamten Wert des Betriebsvermögens der Tochtergesellschaft entspricht, wenn die Enkelgesellschaft in dem Wirtschaftsjahr, das mit dem maßgebenden Abschlußzeitpunkt der Muttergesellschaft endet oder ihm vorangeht, ihre Bruttoerträge ausschließlich oder fast ausschließlich aus unter § 8 Abs. 1 Nr. 1 bis 6 des Außensteuergesetzes fallenden Tätigkeiten oder aus unter § 8 Abs. 2 Nr. 1 des Außensteuergesetzes fallenden Beteiligungen bezieht; die Vorschriften des Bewertungsgesetzes sind für die Bewertung der Wirtschaftsgüter der Tochtergesellschaft entsprechend anzuwenden."

21. In § 104 Abs. 4 werden die Worte „zuletzt geändert durch Artikel 33 des Gesetzes vom 18. Dezember 1989, BGBl. I S. 2261" durch die Worte „zuletzt geändert durch Artikel 91 des Gesetzes vom 5. Oktober 1994, BGBl. I S. 2911" ersetzt.

22. § 106 wird aufgehoben.

23. § 107 wird aufgehoben.

24. In § 109 Abs. 3 wird Satz 2 aufgehoben.

25. § 109 a wird aufgehoben.

26. a) Die Überschrift vor § 110

„Zweiter Abschnitt
Sonstiges Vermögen, Gesamtvermögen und Inlandsvermögen
A. Sonstiges Vermögen"

wird durch die Überschrift

„Zweiter Abschnitt
Sondervorschriften und Ermächtigungen"

ersetzt.

b) Die Überschrift vor § 114

„B. Gesamtvermögen"

wird gestrichen.

c) Die Überschrift vor § 121

„C. Inlandsvermögen"

wird gestrichen.

27. § 110 wird aufgehoben.

28. § 111 wird aufgehoben.

29. § 112 wird aufgehoben.
30. § 113 wird aufgehoben.
31. § 113 a wird aufgehoben.
32. § 114 wird aufgehoben.
33. § 115 wird aufgehoben.
34. § 116 wird aufgehoben.
35. § 117 wird aufgehoben.
36. § 117 a wird aufgehoben.
37. § 118 wird aufgehoben.
38. § 119 wird aufgehoben.
39. § 120 wird aufgehoben.
40. § 121 wird wie folgt gefaßt:

„§ 121
Inlandsvermögen

Zum Inlandsvermögen gehören:
1. das inländische land- und forstwirtschaftliche Vermögen;
2. das inländische Grundvermögen;
3. das inländische Betriebsvermögen. Als solches gilt das Vermögen, das einem im Inland betriebenen Gewerbe dient, wenn hierfür im Inland eine Betriebsstätte unterhalten wird oder ein ständiger Vertreter bestellt ist;
4. Anteile an einer Kapitalgesellschaft, wenn die Gesellschaft Sitz oder Geschäftsleitung im Inland hat und der Gesellschafter entweder allein oder zusammen mit anderen ihm nahestehenden Personen im Sinne des § 1 Abs. 2 des Außensteuergesetzes vom 8. September 1972 (BGBl. I S. 1713), zuletzt geändert durch Artikel 4 des Gesetzes vom 28. Oktober 1994 (BGBl. I S. 3267), am Grund- oder Stammkapital der Gesellschaft mindestens zu einem Zehntel unmittelbar oder mittelbar beteiligt ist;
5. nicht unter Nummer 3 fallende Erfindungen, Gebrauchsmuster und Topographien, die in ein inländisches Buch oder Register eingetragen sind;
6. Wirtschaftsgüter, die nicht unter die Nummern 1, 2 und 5 fallen und einem inländischen Gewerbebetrieb überlassen, insbesondere an diesen vermietet oder verpachtet sind;
7. Hypotheken, Grundschulden, Rentenschulden und andere Forderungen oder Rechte, wenn sie durch inländischen Grundbesitz, durch inländische grundstücksgleiche Rechte oder durch Schiffe, die in ein inländisches Schiffsregister eingetragen sind, unmittelbar oder mittelbar gesichert sind. Ausgenommen sind Anleihen und Forderungen, über die Teilschuldverschreibungen ausgegeben sind;
8. Forderungen aus der Beteiligung an einem Handelsgewerbe als stiller Gesellschafter und aus partiarischen Darlehen, wenn der Schuldner Wohnsitz oder gewöhnlichen Aufenthalt, Sitz oder Geschäftsleitung im Inland hat;
9. Nutzungsrechte an einem der in den Nummern 1 bis 8 genannten Vermögensgegenstände."

41. Die Überschrift vor § 121 a

„Dritter Teil
Übergangs- und Schlußbestimmungen"

wird gestrichen.

42. § 121 a wird wie folgt gefaßt:

„§ 121 a
Sondervorschrift für die Anwendung der Einheitswerte 1964

Während der Geltungsdauer der auf den Wertverhältnissen am 1. Januar 1964 beruhenden Einheitswerte des Grundbesitzes sind Grundstücke (§ 70) und Betriebsgrundstücke im Sinne des § 99 Abs. 1 Nr. 1 für die Gewerbesteuer mit 140 vom Hundert des Einheitswerts anzusetzen."

43. § 121 b wird aufgehoben.

44. § 122 wird wie folgt gefaßt:

„§ 122
Besondere Vorschriften für Berlin (West)

§ 50 Abs. 1, § 60 Abs. 1 und § 67 gelten nicht für den Grundbesitz in Berlin (West). Bei der Beurteilung der natürlichen Ertragsbedingungen und des Bodenartenverhältnisses ist das Bodenschätzungsgesetz sinngemäß anzuwenden."

45. § 123 wird wie folgt gefaßt:

„§ 123
Ermächtigungen

Die Bundesregierung wird ermächtigt, mit Zustimmung des Bundesrates die in § 12 Abs. 4, § 39 Abs. 1, § 51 Abs. 4, § 55 Abs. 3, 4 und 8, §§ 81 und 90 Abs. 2 vorgesehenen Rechtsverordnungen zu erlassen."

46. § 124 wird aufgehoben.

47. Die Überschrift vor § 125 wird wie folgt gefaßt:

„Dritter Abschnitt
Vorschriften für die Bewertung von Vermögen in dem in Artikel 3 des
Einigungsvertrages genannten Gebiet".

48. § 133 wird wie folgt gefaßt:

„§ 133
Sondervorschrift für die Anwendung der Einheitswerte 1935

Die Einheitswerte 1935 der Betriebsgrundstücke sind für die Gewerbesteuer wie folgt anzusetzen:

1. Mietwohngrundstücke mit 100 vom Hundert des Einheitswerts 1935,
2. Geschäftsgrundstücke mit 400 vom Hundert des Einheitswerts 1935,
3. gemischtgenutzte Grundstücke, Einfamilienhäuser und sonstige bebaute Grundstücke mit 250 vom Hundert des Einheitswerts 1935,
4. unbebaute Grundstücke mit 600 vom Hundert des Einheitswerts 1935.

Bei Grundstücken im Zustand der Bebauung bestimmt sich die Grundstückshauptgruppe für den besonderen Einheitswert im Sinne des § 33 a Abs. 3 der weiter anzuwendenden Durchführungsverordnung zum Reichsbewertungsgesetz nach dem tatsächlichen Zustand, der nach Fertigstellung des Gebäudes besteht."

49. § 135 wird aufgehoben.

50. § 136 wird aufgehoben.

51. Nach § 137 wird der folgende Abschnitt angefügt:

„Vierter Abschnitt
Vorschriften für die Bewertung von Grundbesitz für die Erbschaftsteuer
ab 1. Januar 1996 und für die Grunderwerbsteuer ab 1. Januar 1997
A. Allgemeines

§ 138
Feststellung von Grundbesitzwerten

(1) Einheitswerte, die für Grundbesitz nach den Wertverhältnissen vom 1. Januar 1935 oder 1. Januar 1964 festgestellt worden sind, sowie Ersatzwirtschaftswerte (§§ 125 und 126) werden bei der Erbschaftsteuer ab 1. Januar 1996 und bei der Grunderwerbsteuer ab dem 1. Januar 1997 nicht mehr angewendet. Anstelle dieser Einheitswerte und Ersatzwirtschaftswerte werden abweichend von § 19 Abs. 1 und § 126 Abs. 2 land- und forstwirtschaftliche Grundbesitzwerte für das in Absatz 2 und Grundstückswerte für das in Absatz 3 bezeichnete Vermögen unter Berücksichtigung der tatsächlichen Verhältnisse zum Besteuerungszeitpunkt und der Wertverhältnisse zum 1. Januar 1996 festgestellt.

(2) Für die wirtschaftlichen Einheiten des land- und forstwirtschaftlichen Vermögens und für Betriebsgrundstücke im Sinne des § 99 Abs. 1 Nr. 2 sind die land- und forstwirschaftlichen Grundbesitzwerte unter Anwendung der §§ 139 bis 144 zu ermitteln.

(3) Für die wirtschaftlichen Einheiten des Grundvermögens und für Betriebsgrundstücke im Sinne des § 99 Abs. 1 Nr. 1 sind Grundstückswerte abweichend von § 9 mit einem typisierenden Wert unter Anwendung der §§ 68, 69, 99 Abs. 2, §§ 139 und 145 bis 150 zu ermitteln. § 70 gilt mit der Maßgabe, daß der Anteil des Eigentümers eines Grundstücks an anderem Grundvermögen (z. B. an gemeinschaftlichen Hofflächen oder Garagen) abweichend von Absatz 2 Satz 1 dieser Vorschrift in das Grundstück einzubeziehen ist, wenn der Anteil zusammen mit dem Grundstück genutzt wird. § 20 Satz 2 ist entsprechend anzuwenden.

(4) Die Wertverhältnisse zum 1. Januar 1996 gelten für Feststellungen von Grundbesitzwerten bis zum 31. Dezember 2001.

(5) Die Grundbesitzwerte sind gesondert festzustellen, wenn sie für die Erbschaftsteuer oder Grunderwerbsteuer erforderlich sind (Bedarfsbewertung). In dem Feststellungsbescheid sind auch Feststellungen zu treffen

1. über die Art der wirtschaftlichen Einheit, bei Betriebsgrundstücken, die zu einem Gewerbebetrieb gehören (wirtschaftliche Untereinheit), auch über den Gewerbebetrieb;
2. über die Zurechnung der wirtschaftlichen Einheit und bei mehreren Beteiligten über die Höhe des Anteils, für dessen Besteuerung ein Anteil am Grundbesitzwert erforderlich ist.

Für die Feststellung von Grundbesitzwerten gelten die Vorschriften der Abgabenordnung über die Feststellung von Einheitswerten des Grundbesitzes sinngemäß.

(6) Das für die Feststellung von Grundbesitzwerten zuständige Finanzamt kann von jedem, für dessen Besteuerung eine Bedarfsbewertung erforderlich ist, die Abgabe einer Feststellungserklärung innerhalb einer von ihm zu bestimmenden Frist verlangen. Die Frist muß mindestens einen Monat betragen.

§ 139
Abrundung

Die Grundbesitzwerte werden auf volle 1000 Deutsche Mark nach unten abgerundet.

B. Land- und forstwirtschaftliches Vermögen

§ 140
Wirtschaftliche Einheit und Umfang des land- und forstwirtschaftlichen Vermögens

(1) Der Begriff der wirtschaftlichen Einheit und der Umfang des land- und forstwirtschaftlichen Vermögens richten sich nach § 33. Dazu gehören auch immaterielle

Wirtschaftsgüter (z. B. Brennrechte, Milchlieferrechte, Jagdrechte und Zuckerrübenlieferrechte), soweit sie einem Betrieb der Land- und Forstwirtschaft dauernd zu dienen bestimmt sind.

(2) Zu den Geldschulden im Sinne des § 33 Abs. 3 Nr. 2 gehören auch Pensionsverpflichtungen.

§ 141
Umfang des Betriebs der Land- und Forstwirtschaft

(1) Der Betrieb der Land- und Forstwirtschaft umfaßt
1. den Betriebsteil,
2. die Betriebswohnungen,
3. den Wohnteil.

(2) Der Betriebsteil umfaßt den Wirtschaftsteil eines Betriebs der Land- und Forstwirtschaft (§ 34 Abs. 2), jedoch ohne die Betriebswohnungen (Absatz 3). § 34 Abs. 4 bis 7 ist bei der Ermittlung des Umfangs des Betriebsteils anzuwenden.

(3) Betriebswohnungen sind Wohnungen einschließlich des dazugehörigen Grund und Bodens, die einem Betrieb der Land- und Forstwirtschaft zu dienen bestimmt, aber nicht dem Wohnteil zuzurechnen sind.

(4) Der Wohnteil umfaßt die Gebäude und Gebäudeteile im Sinne des § 34 Abs. 3 und den dazugehörigen Grund und Boden.

§ 142
Betriebswert

(1) Der Wert des Betriebsteils (Betriebswert) wird unter sinngemäßer Anwendung der §§ 35, 36 Abs. 1 und 2, §§ 42, 43, 44 Abs. 1, §§ 45, 48 a, 49, 51, 51 a, 53, 54, 56, 59 und 62 Abs. 1 ermittelt. Abweichend von § 36 Abs. 2 Satz 3 ist der Ertragswert das 18,6fache des Reinertrags.

(2) Der Betriebswert setzt sich zusammnen aus den Einzelertragswerten für die Nebenbetriebe (§ 42), das Abbauland (§ 43), die gemeinschaftliche Tierhaltung (§ 51 a) und die in Nummer 5 nicht genannten Nutzungsteile der sonstigen land- und forstwirtschaftlichen Nutzung sowie den folgenden Ertragswerten:

1. Landwirtschaftliche Nutzung
   a) Landwirtschaftliche Nutzung ohne Hopfen und Spargel
      Der Ertragswert ist auf der Grundlage der Ergebnisse der Bodenschätzung nach dem Bodenschätzungsgesetz zu ermitteln.
      Er beträgt $\qquad$ 0,68 DM je Ertragsmeßzahl.
   b) Nutzungsteil Hopfen $\qquad$ 112 DM je Ar
   c) Nutzungsteil Spargel $\qquad$ 149 DM je Ar
2. Forstwirtschaftliche Nutzung
   a) Nutzungsgrößen bis zu 10 Hektar,
      Nichtwirtschaftswald,
      Baumartengruppe Kiefer,
      Baumartengruppe Fichte bis zu 60 Jahren,
      Baumartengruppe Buche und sonstiges Laubholz
      bis zu 100 Jahren und Eiche bis zu 140 Jahren $\qquad$ 0,50 DM je Ar
   b) Baumartengruppe Fichte über 60 bis zu 80 Jahren
      und Plenterwald $\qquad$ 15 DM je Ar
   c) Baumartengruppe Fichte über 80 bis zu 100 Jahren $\qquad$ 30 DM je Ar
   d) Baumartengruppe Fichte über 100 Jahre $\qquad$ 40 DM je Ar

e) Baumartengruppe Buche und sonstiges Laubholz über 100 Jahre 10 DM je Ar
f) Eiche über 140 Jahre   20 DM je Ar
3. Weinbauliche Nutzung
   a) Traubenerzeugung und Faßweinausbau
      aa) in den Weinbaugebieten Ahr, Franken und Württemberg 70 DM je Ar
      bb) in den übrigen Weinbaugebieten   35 DM je Ar
   b) Flaschenweinausbau
      aa) in den Weinbaugebieten Ahr, Baden, Franken,
          Rheingau und Württemberg   160 DM je Ar
      bb) in den übrigen Weinbaugebieten   70 DM je Ar
4. Gärtnerische Nutzung
   a) Nutzungsteil Gemüse-, Blumen- und Zierpflanzenbau
      aa) Gemüsebau
          Freilandflächen   110 DM je Ar
          Flächen unter Glas und Kunststoffen   1000 DM je Ar
      bb) Blumen und Zierpflanzenbau
          Freilandflächen   360 DM je Ar
          beheizbare Flächen unter Glas und Kunststoffen   3600 DM je Ar
          nichtbeheizbare Flächen unter Glas und Kunststoffen 1800 DM je Ar
   b) Nutzungsteil Obstbau   40 DM je Ar
   c) Nutzungsteil Baumschulen
      Freilandflächen   320 DM je Ar
      Flächen unter Glas und Kunststoffen   2600 DM je Ar
5. Sonstige land- und forstwirtschaftliche Nutzung
   a) Nutzungsteil Wanderschäferei   20 DM je Mutterschaf
   b) Nutzungsteil Weihnachtsbaumkultur   260 DM je Ar
6. Geringstland
   Der Ertragswert für Geringstland (§ 44) beträgt   0,50 DM je Ar

(3) Für die nach § 13 a des Erbschaftsteuergesetzes begünstigten Betriebe der Land- und Forstwirtschaft kann beantragt werden, den Betriebswert abweichend von Absatz 2 Nr. 1 bis 6 insgesamt als Einzelertragswert zu ermitteln. Der Antrag ist bei Abgabe der Feststellungserklärung schriftlich zu stellen. Die dafür notwendigen Bewertungsgrundlagen sind vom Steuerpflichtigen nachzuweisen.

§ 143
Wert der Betriebswohnungen und des Wohnteils

(1) Der Wert der Betriebswohnungen (§ 141 Abs. 3) und der Wert des Wohnteils (§ 141 Abs. 4) sind nach den Vorschriften zu ermitteln, die beim Grundvermögen für die Bewertung von Wohngrundstücken gelten (§§ 146 bis 150).

(2) In den Fällen des § 146 Abs. 6 ist für die Betriebswohnungen und für den Wohnteil bei Vorliegen der Voraussetzungen des Absatzes 3 jeweils höchstens das Fünffache der bebauten Fläche zugrunde zu legen.

(3) Zur Berücksichtigung von Besonderheiten, die sich im Falle einer räumlichen Verbindung der Betriebswohnungen und des Wohnteils mit der Hofstelle ergeben, sind deren Werte (§§ 146 bis 149) jeweils um 15 vom Hundert zu ermäßigen.

§ 144
Zusammensetzung des land- und forstwirtschaftlichen Grundbesitzwerts

Der Betriebswert, der Wert der Betriebswohnungen und der Wert des Wohnteils bilden zusammen den land- und forstwirtschaftlichen Grundbesitzwert.

C. Grundvermögen

I. Unbebaute Grundstücke

§ 145
Unbebaute Grundstücke

(1) Unbebaute Grundstücke sind Grundstücke, auf denen sich keine benutzbaren Gebäude befinden oder zur Nutzung vorgesehene Gebäude im Bau befindlich sind. Die Benutzbarkeit beginnt im Zeitpunkt der Bezugsfertigkeit. Gebäude sind als bezugsfertig anzusehen, wenn den zukünftigen Bewohnern oder sonstigen Benutzern zugemutet werden kann, sie zu benutzen; die Abnahme durch die Bauaufsichtsbehörde ist nicht entscheidend. Im Bau befindlich ist ein Gebäude, wenn auf dem Grundstück Abgrabungen begonnen worden sind oder Baustoffe eingebracht worden sind, die zur planmäßigen Errichtung des Gebäudes führen.

(2) Befinden sich auf dem Grundstück Gebäude, die keiner oder nur einer unbedeutenden Nutzung zugeführt werden können, gilt das Grundstück als unbebaut; als unbedeutend gilt eine Nutzung, wenn die hierfür erzielte Jahresmiete (§ 146 Abs. 2) oder die übliche Miete (§ 146 Abs. 3) weniger als 1 vom Hundert des nach Absatz 3 anzusetzenden Werts beträgt. Als unbebautes Grundstück gilt auch ein Grundstück, auf dem infolge der Zerstörung oder des Verfalls der Gebäude auf Dauer benutzbarer Raum nicht mehr vorhanden ist.

(3) Der Wert unbebauter Grundstücke bestimmt sich nach ihrer Fläche und den um 30 vom Hundert ermäßigten Bodenrichtwerten (§ 196 des Baugesetzbuches in der Fassung der Bekanntmachung vom 8. Dezember 1986, BGBl. I S. 2253, zuletzt geändert durch Artikel 24 des Gesetzes vom 20. 12. 1996 (BGBl. I S. 2049). Die Bodenrichtwerte sind von den Gutachterausschüssen nach dem Baugesetzbuch auf den 1. Januar 1996 zu ermitteln und den Finanzämtern mitzuteilen. Weist der Steuerpflichtige nach, daß der gemeine Wert des unbebauten Grundstücks niedriger als der nach Satz 1 ermittelte Wert ist, ist der gemeine Wert festzustellen.

II. Bebaute Grundstücke

§ 146
Bebaute Grundstücke

(1) Grundstücke, auf die die in § 145 Abs. 1 genannten Merkmale nicht zutreffen, sind bebaute Grundstücke.

(2) Der Wert eines bebauten Grundstücks ist das Zwölffache der für dieses im Durchschnitt der letzten drei Jahre vor dem Besteuerungszeitpunkt erzielten Jahresmiete, vermindert um die Wertminderung wegen des Alters des Gebäudes (Absatz 4). Jahresmiete ist das Gesamtentgelt, das die Mieter (Pächter) für die Nutzung der bebauten Grundstücke aufgrund vertraglicher Vereinbarungen für den Zeitraum von zwölf Monaten zu zahlen haben. Betriebskosten (§ 27 Abs. 1 der Zweiten Berechnungsverordnung) sind nicht einzubeziehen; für Grundstücke, die nicht oder nur zum Teil Wohnzwecken dienen, ist diese Vorschrift entsprechend anzuwenden. Ist das Grundstück vor dem Besteuerungszeitpunkt weniger als drei Jahre vermietet worden, ist die Jahresmiete aus dem kürzeren Zeitraum zu ermitteln.

(3) Wurde ein bebautes Grundstück oder Teile hiervon nicht oder vom Eigentümer oder dessen Familie selbst genutzt, anderen unentgeltlich zur Nutzung überlassen oder an Angehörige (§ 15 der Abgabenordnung) oder Arbeitnehmer des Eigentümers vermietet, tritt an die Stelle der Jahresmiete die übliche Miete. Die übliche Miete ist die Miete, die für nach Art, Lage, Größe, Ausstattung und Alter

vergleichbare, nicht preisgebundene Grundstücke von fremden Mietern bezahlt wird; Betriebskosten (Absatz 2 Satz 2) sind hierbei nicht einzubeziehen. Ungewöhnliche oder persönliche Verhältnisse bleiben dabei außer Betracht.

(4) Die Wertminderung wegen Alters des Gebäudes beträgt für jedes Jahr, das seit Bezugsfertigkeit des Gebäudes bis zum Besteuerungszeitpunkt vollendet worden ist, 1 vom Hundert, höchstens jedoch 50 vom Hundert des Werts nach den Absätzen 2 und 3. Sind nach Bezugsfertigkeit des Gebäudes bauliche Maßnahmen durchgeführt worden, die die gewöhnliche Nutzungsdauer des Gebäudes um mindestens 25 Jahre verlängert haben, ist bei der Wertminderung wegen Alters von einer der Verlängerung der gewöhnlichen Nutzungsdauer entsprechenden Bezugsfertigkeit auszugehen.

(5) Enthält ein bebautes Grundstück, das ausschließlich Wohnzwecken dient, nicht mehr als zwei Wohnungen, ist der nach den Absätzen 1 bis 4 ermittelte Wert um 10 vom Hundert zu erhöhen.

(6) Der für ein bebautes Grundstück nach den Absätzen 2 bis 5 anzusetzende Wert darf nicht geringer sein als der Wert, mit dem der Grund und Boden allein als unbebautes Grundstück nach § 145 Abs. 3 unter Ansatz eines Abschlags von 50 vom Hundert anstelle des Abschlags von 30 vom Hundert zu bewerten wäre.

(7) Die Vorschriften gelten entsprechend für Wohnungseigentum und Teileigentum.

§ 147
Sonderfälle

(1) Läßt sich für bebaute Grundstücke die übliche Miete (§ 146 Abs. 3) nicht ermitteln, so bestimmt sich der Wert abweichend von § 146 nach der Summe des Werts des Grund und Bodens und des Werts der Gebäude. Dies gilt insbesondere, wenn die Gebäude zur Durchführung bestimmter Fertigungsverfahren, zu Spezialnutzungen oder zur Aufnahme bestimmter technischer Einrichtungen errichtet worden sind und nicht oder nur mit erheblichem Aufwand für andere Zwecke nutzbar gemacht werden können.

(2) Der Wert des Grund und Bodens ist gemäß § 145 mit der Maßgabe zu ermitteln, daß an Stelle des in § 145 Abs. 3 vorgesehenen Abschlags von 30 vom Hundert ein solcher von 50 vom Hundert tritt. Der Wert der Gebäude bestimmt sich nach den ertragsteuerlichen Bewertungsvorschriften.

§ 148
Erbbaurecht und Gebäude auf fremdem Grund und Boden

(1) Ist ein Grundstück mit einem Erbbaurecht belastet, beträgt der Wert des belasteten Grundstücks das 18,6fache des nach den vertraglichen Bestimmungen im Besteuerungszeitpunkt zu zahlenden jährlichen Erbbauzinses. Der Wert des Erbbaurechts ist der nach den § 146 oder § 147 ermittelte Wert des Grundstücks, abzüglich des nach Satz 1 ermittelten Werts des belasteten Grundstücks.

(2) Absatz 1 ist für Gebäude auf fremdem Grund und Boden entsprechend anzuwenden.

§ 149
Grundstücke im Zustand der Bebauung

(1) Sind die Gebäude auf einem Grundstück noch nicht bezugsfertig, ist der Wert entsprechend § 146 unter Zugrundelegung der üblichen Miete zu ermitteln, die nach Bezugsfertigkeit des Gebäudes zu erzielen wäre. Von diesem Wert sind die Aufwen-

dungen abzuziehen, die zwischen dem Besteuerungszeitpunkt und der Bezugsfertigkeit des Gebäudes vom Erwerber zu erbringen sind; soweit die Aufwendungen für bereits im Besteuerungszeitpunkt entstandene Zahlungsverpflichtungen geleistet werden, sind diese nicht als Nachlaßschulden abziehbar.

(2) Ist die übliche Miete nicht zu ermitteln, ist der Wert entsprechend § 147 zu ermitteln.

§ 150
Gebäude und Gebäudeteile für den Zivilschutz

Gebäude, Teile von Gebäuden und Anlagen, die wegen der in § 1 des Zivilschutzgesetzes vom 9. 08. 1976 (BGBl. I S. 2109) bezeichneten Zwecke geschaffen worden sind und im Frieden nicht oder nur gelegentlich oder geringfügig für andere Zwecke benutzt werden, bleiben bei der Ermittlung des Grundstückswerts außer Betracht.

52. Nach § 150 wird der folgende Teil angefügt:

„Dritter Teil
Schlußbestimmungen

§ 151
Bekanntmachung

Das Bundesministerium der Finanzen wird ermächtigt, den Wortlaut dieses Gesetzes und der zu diesem Gesetz erlassenen Durchführungsverordnungen in der jeweils geltenden Fassung satzweise numeriert mit neuem Datum und neuer Paragraphenfolge bekanntzumachen und dabei Unstimmigkeiten des Wortlauts zu beseitigen.

§ 152
Anwendung des Gesetzes

Diese Fassung des Gesetzes ist erstmals zum 1. Januar 1997 und für die Erbschaftsteuer erstmals zum 1. Januar 1996 anzuwenden."

**Artikel 2
Änderung des Erbschaftsteuer- und Schenkungsteuergesetzes**

Das Erbschaft- und Schenkungsteuergesetz in der Fassung der Bekanntmachung vom 19. Februar 1991 (BGBl. I S. 468), zuletzt geändert durch Artikel 24 des Gesetzes vom 11. Oktober 1995 (BGBl. I. S. 1250), wird wie folgt geändert:

1. § 2 Abs. 1 Nr. 3 wird wie folgt gefaßt:
   „3. in allen anderen Fällen für den Vermögensanfall, der in Inlandsvermögen im Sinne des § 121 des Bewertungsgesetzes besteht. Bei Inlandsvermögen im Sinne des § 121 Nr. 4 des Bewertungsgesetzes ist es ausreichend, wenn der Erblasser zur Zeit seines Todes oder der Schenker zur Zeit der Ausführung der Schenkung entsprechend der Vorschrift am Grund- oder Stammkapital der inländischen Kapitalgesellschaft beteiligt ist. Wird nur ein Teil einer solchen Beteiligung durch Schenkung zugewendet, so gelten die weiteren Erwerbe aus der Beteiligung, soweit die Voraussetzungen des § 14 erfüllt sind, auch dann als Erwerb von Inlandsvermögen, wenn im Zeitpunkt ihres Erwerbs die Beteiligung des Erblassers oder Schenkers weniger als ein Zehntel des Grund- oder Stammkapitals der Gesellschaft beträgt."

2. § 10 wird wie folgt geändert:
   a) Absatz 1 wird wie folgt geändert:
      aa) Satz 1 wird wie folgt gefaßt:
         „Als steuerpflichtiger Erwerb gilt die Bereicherung des Erwerbers, soweit sie nicht steuerfrei ist (§§ 5, 13, 13 a, 16, 17 und 18)."

bb) Nach Satz 2 wird folgender Satz eingefügt:
„Der unmittelbare oder mittelbare Erwerb einer Beteiligung an einer Personengesellschaft, die nicht nach § 12 Abs. 5 zu bewerten ist, gilt als Erwerb der anteiligen Wirtschaftsgüter."
b) Absatz 6 wird wie folgt geändert:
aa) Satz 4 wird wie folgt gefaßt:
„Schulden und Lasten, die mit dem nach § 13 a befreiten Betriebsvermögen in wirtschaftlichem Zusammenhang stehen, sind in vollem Umfang abzugsfähig."
bb) Folgender Satz wird angefügt:
„Schulden und Lasten, die mit dem nach § 13 a befreiten Vermögen eines Betriebs der Land- und Forstwirtschaft oder mit den nach § 13 a befreiten Anteilen an Kapitalgesellschaften in wirtschaftlichem Zusammenhang stehen, sind nur mit dem Betrag abzugsfähig, der dem Verhältnis des nach Anwendung des § 13 a anzusetzenden Werts dieses Vermögens zu dem Wert vor Anwendung des § 13 a entspricht."
3. § 12 wird wie folgt gefaßt:

„§ 12
Bewertung

(1) Die Bewertung richtet sich, soweit nicht in den Absätzen 2 bis 6 etwas anderes bestimmt ist, nach den Vorschriften des Ersten Teils des Bewertungsgesetzes (Allgemeine Bewertungsvorschriften).

(2) Ist der gemeine Wert von Anteilen an einer Kapitalgesellschaft unter Berücksichtigung des Vermögens und der Ertragsaussichten zu schätzen (§ 11 Abs. 2 Satz 2 des Bewertungsgesetzes), wird das Vermögen mit dem Wert im Zeitpunkt der Entstehung der Steuer angesetzt. Der Wert ist nach den Grundsätzen der Absätze 5 und 6 zu ermitteln. Dabei sind der Geschäfts- oder Firmenwert und die Werte von firmenwertähnlichen Wirtschaftsgütern nicht in die Ermittlung einzubeziehen.

(3) Grundbesitz (§ 19 des Bewertungsgesetzes) ist mit dem Grundbesitzwert anzusetzen, der nach dem Vierten Abschnitt des Zweiten Teils des Bewertungsgesetzes (Vorschriften für die Bewertung von Grundbesitz für die Erbschaftsteuer ab 1. Januar 1996 und für die Grunderwerbsteuer ab 1. Januar 1997) auf den Zeitpunkt der Entstehung der Steuer festgestellt wird.

(4) Bodenschätze, die nicht zum Betriebsvermögen gehören, werden angesetzt, wenn für sie Absetzungen für Substanzverringerung bei der Einkunftsermittlung vorzunehmen sind; sie werden mit ihren ertragsteuerlichen Werten angesetzt.

(5) Für den Bestand und die Bewertung von Betriebsvermögen mit Ausnahme der Bewertung der Betriebsgrundstücke (Absatz 3) sind die Verhältnisse zur Zeit der Entstehung der Steuer maßgebend. Die §§ 95 bis 99, 103 und 104 sowie 109 Abs. 1, 2 und 4 Satz 2 und § 137 des Bewertungsgesetzes sind entsprechend anzuwenden. Zum Betriebsvermögen gehörende Wertpapiere, Anteile und Genußscheine von Kapitalgesellschaften sind vorbehaltlich des Absatzes 2 mit dem nach § 11 oder § 12 des Bewertungsgesetzes ermittelten Wert anzusetzen.

(6) Ausländischer Grundbesitz und ausländisches Betriebsvermögen werden nach § 31 des Bewertungsgesetzes bewertet.

4. § 13 wird wie folgt geändert:
a) Absatz 1 wird wie folgt geändert:
aa) Nummer 1 wird wie folgt gefaßt:
„1. a) Hausrat einschließlich Wäsche und Kleidungsstücke beim Erwerb durch Personen der Steuerklasse I,
soweit der Wert insgesamt 80 000 Deutsche Mark nicht übersteigt,

b) andere bewegliche körperliche Gegenstände, die nicht nach Nummer 2 befreit sind, beim Erwerb durch Personen der Steuerklasse I,

soweit der Wert insgesamt 20 000 Deutsche Mark nicht übersteigt,

c) Hausrat einschließlich Wäsche und Kleidungsstücke und andere bewegliche körperliche Gegenstände, die nicht nach Nummer 2 befreit sind, beim Erwerb durch Personen der Steuerklassen II und III,

soweit der Wert insgesamt 20 000 Deutsche Mark nicht übersteigt.

Die Befreiung gilt nicht für Gegenstände, die zum land- und forstwirtschaftlichen Vermögen, zum Grundvermögen oder zum Betriebsvermögen gehören, für Zahlungsmittel, Wertpapiere, Münzen, Edelmetalle, Edelsteine und Perlen;".

bb) Nummer 6 wird wie folgt gefaßt:

„6. ein Erwerb, der Eltern, Adoptiveltern, Stiefeltern oder Großeltern des Erblassers anfällt, sofern der Erwerb zusammen mit dem übrigen Vermögen des Erwerbers 80 000 Deutsche Mark nicht übersteigt und der Erwerber infolge körperlicher oder geistiger Gebrechen und unter Berücksichtigung seiner bisherigen Lebensstellung als erwerbsunfähig anzusehen ist oder durch die Führung eines gemeinsamen Hausstands mit erwerbsunfähigen oder in der Ausbildung befindlichen Abkömmlingen an der Ausübung einer Erwerbstätigkeit gehindert ist. Übersteigt der Wert des Erwerbs zusammen mit dem übrigen Vermögen des Erwerbers den Betrag von 80 000 Deutsche Mark, wird die Steuer nur insoweit erhoben, als sie aus der Hälfte des die Wertgrenze übersteigenden Betrags gedeckt werden kann;".

cc) Nummer 9 wird wie folgt gefaßt:

„9. ein steuerpflichtiger Erwerb bis zu 10 000 Deutsche Mark, der Personen anfällt, die dem Erblasser unentgeltlich oder gegen unzureichendes Entgelt Pflege oder Unterhalt gewährt haben, soweit das Zugewendete als angemessenes Entgelt anzusehen ist;".

dd) Nummer 13 wird wie folgt gefaßt:

„13. Zuwendungen an Pensions- und Unterstützungskassen im Sinne des § 5 Abs. 1 Nr. 3 des Körperschaftsteuergesetzes, wenn sie die für eine Befreiung von der Körperschaftsteuer erforderlichen Voraussetzungen erfüllen. Ist eine Kasse nach § 6 des Körperschaftsteuergesetzes teilweise steuerpflichtig, ist auch die Zuwendung im gleichen Verhältnis steuerpflichtig. Die Befreiung fällt mit Wirkung für die Vergangenheit weg, wenn die Voraussetzungen des § 5 Abs. 1 Nr. 3 des Körperschaftsteuergesetzes innerhalb von zehn Jahren nach der Zuwendung entfallen;".

ee) Nummer 16 Buchstabe c wird wie folgt gefaßt:

„c) an ausländische Religionsgesellschaften, Körperschaften, Personenvereinigungen und Vermögensmassen der in den Buchstaben a und b bezeichneten Art unter der Voraussetzung, daß der ausländische Staat für Zuwendungen an deutsche Rechtsträger der in den Buchstaben a und b bezeichneten Art eine entsprechende Steuerbefreiung gewährt und das Bundesministerium der Finanzen dies durch förmlichen Austausch entsprechender Erklärungen mit dem ausländischen Staat feststellt;".

b) Absatz 2 a wird aufgehoben.

5. Nach § 13 wird folgender § 13 a eingefügt:

„§ 13 a
Ansatz von Betriebsvermögen, von Betrieben der Land- und Forstwirtschaft
und von Anteilen an Kapitalgesellschaften

(1) Betriebsvermögen, land- und forstwirtschaftliches Vermögen und Anteile an Kapitalgesellschaften im Sinne des Absatzes 4 bleiben vorbehaltlich des Satzes 2 insgesamt bis zu einem Wert von 500 000 Deutsche Mark außer Ansatz

1. beim Erwerb von Todes wegen; beim Erwerb durch mehrere Erwerber ist für jeden Erwerber ein Teilbetrag von 500 000 Deutsche Mark entsprechend einer vom Erblasser schriftlich verfügten Aufteilung des Freibetrags maßgebend; hat der Erblasser keine Aufteilung verfügt, steht der Freibetrag, wenn nur Erben Vermögen im Sinne des Absatzes 4 erwerben, jedem Erben entsprechend seinem Erbteil und sonst den Erwerbern zu gleichen Teilen zu;

2. beim Erwerb im Weg der vorweggenommenen Erbfolge, wenn der Schenker dem Finanzamt unwiderruflich erklärt, daß der Freibetrag für diese Schenkung in Anspruch genommen wird; dabei hat der Schenker, wenn zum selben Zeitpunkt mehrere Erwerber bedacht werden, den für jeden Bedachten maßgebenden Teilbetrag von 500 000 Deutsche Mark zu bestimmen.

Wird ein Freibetrag nach Satz 1 Nr. 2 gewährt, kann für weiteres, innerhalb von zehn Jahren nach dem Erwerb von derselben Person anfallendes Vermögen im Sinne des Absatzes 4 ein Freibetrag weder vom Bedachten noch von anderen Erwerbern in Anspruch genommen werden.

(2) Der nach Anwendung des Absatzes 1 verbleibende Wert des Vermögens im Sinne des Absatzes 4 ist mit 50 vom Hundert anzusetzen.

(3) Ein Erwerber kann den Freibetrag oder Freibetragsanteil (Absatz 1) und den verminderten Wertansatz (Absatz 2) nicht in Anspruch nehmen, soweit er erworbenes Vermögen im Sinne des Absatzes 4 auf Grund einer letztwilligen Verfügung des Erblassers oder einer rechtsgeschäftlichen Verfügung des Erblassers oder Schenkers auf einen Dritten überträgt. Der bei ihm entfallende Freibetrag oder Freibetragsanteil geht auf den Dritten über, bei mehreren Dritten zu gleichen Teilen.

(4) Der Freibetrag und der verminderte Wertansatz gelten für

1. inländisches Betriebsvermögen (§ 12 Abs. 5) beim Erwerb eines ganzen Gewerbebetriebs, eines Teilbetriebs, eines Anteils an einer Gesellschaft im Sinne des § 15 Abs. 1 Nr. 2 und Abs. 3 oder § 18 Abs. 4 des Einkommensteuergesetzes, eines Anteils eines persönlich haftenden Gesellschafters einer Kommanditgesellschaft auf Aktien oder eines Anteils daran;

2. inländisches land- und forstwirtschaftliches Vermögen im Sinne des § 141 Abs. 1 Nr. 1 und 2 des Bewertungsgesetzes, vermietete Grundstücke, Grundstücke im Sinne des § 69 des Bewertungsgesetzes und die in § 52 Abs. 15 Satz 12 des Einkommensteuergesetzes genannten Gebäude oder Gebäudeteile beim Erwerb eines ganzen Betriebs der Land- und Forstwirtschaft, eines Teilbetriebs, eines Anteils an einem Betrieb der Land- und Forstwirtschaft oder eines Anteils daran, unter der Voraussetzung, daß dieses Vermögen ertragsteuerlich zum Betriebsvermögen eines Betriebs der Land- und Forstwirtschaft gehört;

3. Anteile an einer Kapitalgesellschaft, wenn die Kapitalgesellschaft zur Zeit der Entstehung der Steuer Sitz oder Geschäftsleitung im Inland hat und der Erblasser oder Schenker am Nennkapital dieser Gesellschaft mindestens zu einem Viertel unmittelbar beteiligt war.

(5) Der Freibetrag oder Freibetragsanteil (Absatz 1) und der verminderte Wertansatz (Absatz 2) fallen mit Wirkung für die Vergangenheit weg, soweit der Erwerber innerhalb von fünf Jahren nach dem Erwerb

1. einen Gewerbebetrieb oder einen Teilbetrieb, einen Anteil an einer Gesellschaft im Sinne des § 15 Abs. 1 Nr. 2 und Abs. 3 oder § 18 Abs. 4 des Einkommensteuergesetzes, einen Anteil eines persönlich haftenden Gesellschafters einer Kommanditgesellschaft auf Aktien oder einen Anteil daran veräußert; als Veräußerung gilt auch die Aufgabe des Gewerbebetriebs. Gleiches gilt, wenn wesentliche Betriebsgrundlagen eines Gewerbebetriebs veräußert oder in das Privatvermögen übergeführt oder anderen betriebsfremden Zwecken zugeführt werden oder, wenn Anteile an einer Kapitalgesellschaft veräußert werden, die der Veräußerer durch eine Sacheinlage (§ 20 Abs. 1 des Umwandlungssteuergesetzes) aus dem Betriebsvermögen im Sinne des Absatzes 4 erworben hat oder ein Anteil an einer Gesellschaft im Sinne des § 15 Abs. 1 Nr. 2 und Abs. 3 oder § 18 Abs. 4 des Einkommensteuergesetzes oder ein Anteil daran veräußert wird, den der Veräußerer durch eine Einbringung Betriebsvermögens im Sinne des Absatzes 4 in eine Personengesellschaft (§ 24 Abs. 1 des Umwandlungssteuergesetzes) erworben hat;
2. einen Betrieb der Land- und Forstwirtschaft oder einen Teilbetrieb, einen Anteil an einem Betrieb der Land- und Forstwirtschaft oder einen Anteil daran veräußert; als Veräußerung gilt auch die Aufgabe des Betriebs. Nummer 1 Satz 2 gilt entsprechend.
3. Anteile an Kapitalgesellschaften im Sinne des Absatzes 4 ganz oder teilweise veräußert; eine verdeckte Einlage der Anteile in eine Kapitalgesellschaft steht der Veräußerung der Anteile gleich. Gleiches gilt, wenn die Kapitalgesellschaft innerhalb der Frist aufgelöst oder ihr Nennkapital herabgesetzt wird, wenn diese wesentliche Betriebsgrundlagen veräußert und das Vermögen an die Gesellschafter verteilt wird oder wenn Vermögen der Kapitalgesellschaft auf eine Personengesellschaft, eine natürliche Person oder eine andere Körperschaft (§§ 3 bis 16 des Umwandlungssteuergesetzes) übertragen wird.

(6) In den Fällen des Absatzes 4 Nr. 2 und 3 kann der Erwerber der Finanzbehörde bis zur Unanfechtbarkeit der Steuerfestsetzung erklären, daß er auf die Steuerbefreiung verzichtet.

(7) Die Absätze 1 bis 6 gelten in den Fällen des § 1 Abs. 1 Nr. 4 entsprechend."

6. § 14 wird wie folgt gefaßt:

„§ 14
Berücksichtigung früherer Erwerbe

(1) Mehrere innerhalb von zehn Jahren von derselben Person anfallende Vermögensvorteile werden in der Weise zusammengerechnet, daß dem letzten Erwerb die früheren Erwerbe nach ihrem früheren Wert zugerechnet werden. Von der Steuer für den Gesamtbetrag wird die Steuer abgezogen, die für die früheren Erwerbe nach den persönlichen Verhältnissen des Erwerbers und auf der Grundlage der geltenden Vorschriften zur Zeit des letzten Erwerbs zu erheben gewesen wäre. Anstelle der Steuer nach Satz 2 ist die tatsächlich für die in die Zusammenrechnung einbezogenen früheren Erwerbe zu entrichtende Steuer abzuziehen, wenn diese höher ist. Erwerbe, für die sich nach den steuerlichen Bewertungsgrundsätzen kein positiver Wert ergeben hat, bleiben unberücksichtigt.

(2) Die durch jeden weiteren Erwerb veranlaßte Steuer darf nicht mehr betragen als 50 vom Hundert dieses Erwerbs."

7. § 15 wird wie folgt gefaßt:

„§ 15
Steuerklassen

(1) Nach dem persönlichen Verhältnis des Erwerbers zum Erblasser oder Schenker werden die folgenden drei Steuerklassen unterschieden:

Steuerklasse I

1. Der Ehegatte,
2. die Kinder und Stiefkinder,
3. die Abkömmlinge der in Nummer 2 genannten Kinder und Stiefkinder,
4. die Eltern und Voreltern bei Erwerben von Todes wegen.

Steuerklasse II

1. Die Eltern und Voreltern, soweit sie nicht zur Steuerklasse I gehören,
2. die Geschwister,
3. die Abkömmlinge ersten Grades von Geschwistern,
4. die Stiefeltern,
5. die Schwiegerkinder,
6. die Schwiegereltern,
7. der geschiedene Ehegatte.

Steuerklasse III

Alle übrigen Erwerber und die Zweckzuwendungen.

(1 a) Die Steuerklassen I und II Nr. 1 bis 3 gelten auch dann, wenn die Verwandtschaft durch Annahme als Kind bürgerlich-rechtlich erloschen ist.

(2) In den Fällen des § 3 Abs. 2 Nr. 1 und des § 7 Abs. 1 Nr. 8 ist der Besteuerung das Verwandtschaftsverhältnis des nach der Stiftungsurkunde entferntest Berechtigten zu dem Erblasser oder Schenker zugrunde zu legen, sofern die Stiftung wesentlich im Interesse einer Familie oder bestimmter Familien im Inland errichtet ist. In den Fällen des § 7 Abs. 1 Nr. 9 gilt als Schenker der Stifter oder derjenige, der das Vermögen auf den Verein übertragen hat. In den Fällen des § 1 Abs. 1 Nr. 4 wird der doppelte Freibetrag nach § 16 Abs. 1 Nr. 2 gewährt; die Steuer ist nach dem Vomhundertsatz der Steuerklasse I zu berechnen, der für die Hälfte des steuerpflichtigen Vermögens gelten würde.

(3) Im Falle des § 2269 des Bürgerlichen Gesetzbuchs und soweit der überlebende Ehegatte an die Verfügung gebunden ist, sind die mit dem verstorbenen Ehegatten näher verwandten Erben und Vermächtnisnehmer als seine Erben anzusehen, soweit sein Vermögen beim Tode des überlebenden Ehegatten noch vorhanden ist. § 6 Abs. 2 Satz 3 bis 5 gilt entsprechend."

8. § 16 Abs. 1 wird wie folgt gefaßt:

„(1) Steuerfrei bleibt in den Fällen des § 2 Abs. 1 Nr. 1 der Erwerb
1. des Ehegatten in Höhe von 600 000 Deutsche Mark;
2. der Kinder im Sinne der Steuerklasse I Nr. 2 und der Kinder verstorbener Kinder im Sinne der Steuerklasse I Nr. 2 in Höhe von 400 000 Deutsche Mark;
3. der übrigen Personen der Steuerklasse I in Höhe von 100 000 Deutsche Mark;
4. der Personen der Steuerklasse II in Höhe von 20 000 Deutsche Mark;
5. der Personen der Steuerklasse III in Höhe von 10 000 Deutsche Mark."

9. § 17 wird wie folgt gefaßt:

„§ 17
Besonderer Versorgungsfreibetrag

(1) Neben dem Freibetrag nach § 16 Abs. 1 Nr. 1 wird dem überlebenden Ehegatten ein besonderer Versorgungsfreibetrag von 500 000 Deutsche Mark gewährt. Der Freibetrag wird bei Ehegatten, denen aus Anlaß des Todes des Erblassers nicht der Erbschaftsteuer unterliegende Versorgungsbezüge zustehen, um den nach § 14 des Bewertungsgesetzes zu ermittelnden Kapitalwert dieser Versorgungsbezüge gekürzt.

(2) Neben dem Freibetrag nach § 16 Abs. 1 Nr. 2 wird Kindern im Sinne der Steuerklasse I Nr. 2 (§ 15 Abs. 1) für Erwerbe von Todes wegen ein besonderer Versorgungsfreibetrag in folgender Höhe gewährt:

1. bei einem Alter bis zu 5 Jahren
   in Höhe von 100 000 Deutsche Mark;

2. bei einem Alter von mehr als 5 bis 10 Jahren
   in Höhe von 80 000 Deutsche Mark;

3. bei einem Alter von mehr als 10 bis 15 Jahren
   in Höhe von 60 000 Deutsche Mark;

4. bei einem Alter von mehr als 15 bis 20 Jahren
   in Höhe von 40 000 Deutsche Mark;

5. bei einem Alter von mehr als 20 Jahren bis zur Vollendung des 27. Lebensjahrs
   in Höhe von 20 000 Deutsche Mark.

Stehen dem Kind aus Anlaß des Todes des Erblassers nicht der Erbschaftsteuer unterliegende Versorgungsbezüge zu, wird der Freibetrag um den nach § 13 Abs. 1 des Bewertungsgesetzes zu ermittelnden Kapitalwert dieser Versorgungsbezüge gekürzt. Bei der Berechnung des Kapitalwerts ist von der nach den Verhältnissen am Stichtag (§ 11) voraussichtlichen Dauer der Bezüge auszugehen."

10. § 19 wird wie folgt gefaßt:

„§ 19
Steuersätze

(1) Die Erbschaftsteuer wird nach folgenden Vomhundertsätzen erhoben:

Wert des steuerpflichtigen Erwerbs (§ 10) bis einschließlich Deutsche Mark	Vomhundertsatz in der Steuerklasse		
	I	II	III
100 000	5	10	15
500 000	9	15	21
1 000 000	13	20	27
10 000 000	17	25	33
25 000 000	21	30	39
50 000 000	26	35	45
über 50 000 000	30	40	50

(2) Ist im Falle des § 2 Abs. 1 Nr. 1 ein Teil des Vermögens der inländischen Besteuerung auf Grund eines Abkommens zur Vermeidung der Doppelbesteuerung entzogen, so ist die Steuer nach dem Steuersatz zu erheben, der für den ganzen Erwerb gelten würde.

(3) Der Unterschied zwischen der Steuer, die sich bei Anwendung des Absatzes 1 ergibt, und der Steuer, die sich berechnen würde, wenn der Erwerb die letztvorhergehende Wertgrenze nicht überstiegen hätte, wird nur insoweit erhoben, als er

a) bei einem Steuersatz bis zu 30 vom Hundert aus der Hälfte,

b) bei einem Steuersatz über 30 vom Hundert aus drei Vierteln

des die Wertgrenze übersteigenden Betrages gedeckt werden kann."

11. Nach § 19 wird folgender § 19 a eingefügt:

„§ 19 a
Tarifbegrenzung beim Erwerb von Betriebsvermögen, von Betrieben der Land- und Forstwirtschaft und von Anteilen an Kapitalgesellschaften

(1) Sind in dem steuerpflichtigen Erwerb einer natürlichen Person der Steuerklasse II oder III Betriebsvermögen, land- und forstwirtschaftliches Vermögen oder Anteile an Kapitalgesellschaften im Sinne des Absatzes 2 enthalten, ist von der tariflichen Erbschaftsteuer ein Entlastungsbetrag nach Absatz 4 abzuziehen.

(2) Der Entlastungsbetrag gilt für

1. inländisches Betriebsvermögen (§ 12 Abs. 5) beim Erwerb eines ganzen Gewerbebetriebs, eines Teilbetriebs, eines Anteils an einer Gesellschaft im Sinne des § 15 Abs. 1 Nr. 2 und Abs. 3 oder § 18 Abs. 4 des Einkommensteuergesetzes, eines Anteils eines persönlich haftenden Gesellschafters einer Kommanditgesellschaft auf Aktien oder eines Anteils daran;

2. inländisches land- und forstwirtschaftliches Vermögen im Sinne des § 141 Abs. 1 Nr. 1 und 2 des Bewertungsgesetzes, vermietete Grundstücke, Grundstücke im Sinne des § 69 des Bewertungsgesetzes und die in § 52 Abs. 15 Satz 12 des Einkommensteuergesetzes genannten Gebäude oder Gebäudeteile beim Erwerb eines ganzen Betriebs der Land- und Forstwirtschaft, eines Teilbetriebs, eines Anteils an einem Betrieb der Land- und Forstwirtschaft oder eines Anteils daran, unter der Voraussetzung, daß dieses Vermögen ertragsteuerlich zum Betriebsvermögen eines Betriebs der Land- und Forstwirtschaft gehört;

3. Anteile an einer Kapitalgesellschaft, wenn die Kapitalgesellschaft zur Zeit der Entstehung der Steuer Sitz oder Geschäftsleitung im Inland hat und der Erblasser oder Schenker am Nennkapital dieser Gesellschaft mindestens zu einem Viertel unmittelbar beteiligt war.

Ein Erwerber kann den Entlastungsbetrag nicht in Anspruch nehmen, soweit er das Vermögen im Sinne des Satzes 1 auf Grund einer letztwilligen Verfügung des Erblassers oder einer rechtsgeschäftlichen Verfügung des Erblassers oder Schenkers auf einen Dritten überträgt.

(3) Der auf das Vermögen im Sinne des Absatzes 2 entfallende Anteil an der tariflichen Erbschaftsteuer bemißt sich nach dem Verhältnis dieses Vermögens zum gesamten Vermögensanfall.

(4) Zur Ermittlung des Entlastungsbetrags ist für den steuerpflichtigen Erwerb zunächst die Steuer nach der tatsächlichen Steuerklasse des Erwerbers zu berechnen und nach Maßgabe des Absatzes 3 aufzuteilen. Für den steuerpflichtigen Erwerb ist dann die Steuer nach Steuerklasse I zu berechnen und nach Maßgabe des Absatzes 3 aufzuteilen. Der Entlastungsbetrag ergibt sich als Unterschiedsbetrag zwischen der auf Vermögen im Sinne des Absatzes 2 entfallenden Steuer nach Satz 1 und 2.

(5) Der Entlastungsbetrag fällt mit Wirkung für die Vergangenheit weg, soweit der Erwerber innerhalb von fünf Jahren nach dem Erwerb

1. einen Gewerbebetrieb oder einen Teilbetrieb, einen Anteil an einer Gesellschaft im Sinne des § 15 Abs. 1 Nr. 2 und Abs. 3 oder § 18 Abs. 4 des Einkommensteuergesetzes, einen Anteil eines persönlich haftenden Gesellschafters einer Kommanditgesellschaft auf Aktien oder einen Anteil daran veräußert; als Veräußerung gilt auch die Aufgabe des Gewerbebetriebs. Gleiches gilt, wenn wesentliche

Betriebsgrundlagen eines Gewerbebetriebs veräußert oder in das Privatvermögen übergeführt oder anderen betriebsfremden Zwecken zugeführt werden oder, wenn Anteile an einer Kapitalgesellschaft veräußert werden, die der Veräußerer durch eine Sacheinlage (§ 20 Abs. 1 des Umwandlungssteuergesetzes) aus dem Betriebsvermögen im Sinne des Absatzes 2 erworben hat oder ein Anteil an einer Gesellschaft im Sinne des § 15 Abs. 1 Nr. 2 und Abs. 3 oder § 18 Abs. 4 des Einkommensteuergesetzes oder ein Anteil daran veräußert wird, den der Veräußerer durch eine Einbringung des Betriebsvermögens im Sinne des Absatzes 2 in eine Personengesellschaft (§ 24 Abs. 1 des Umwandlungssteuergesetzes) erworben hat;

2. einen Betrieb der Land- und Forstwirtschaft oder einen Teilbetrieb, einen Anteil an einem Betrieb der Land- und Forstwirtschaft oder einen Anteil daran veräußert; als Veräußerung gilt auch die Aufgabe des Betriebs. Nummer 1 Satz 2 gilt entsprechend;

3. Anteile an Kapitalgesellschaften im Sinne des Absatzes 2 ganz oder teilweise veräußert; eine verdeckte Einlage der Anteile in eine Kapitalgesellschaft steht der Veräußerung der Anteile gleich. Gleiches gilt, wenn die Kapitalgesellschaft innerhalb der Frist aufgelöst oder ihr Nennkapital herabgesetzt wird, wenn diese wesentliche Betriebsgrundlagen veräußert und das Vermögen an die Gesellschafter verteilt wird oder wenn Vermögen der Kapitalgesellschaft auf eine Personengesellschaft, eine natürliche Person oder eine andere Körperschaft (§§ 3 bis 16 des Umwandlungssteuergesetzes) übertragen wird."

12. § 27 wird wie folgt gefaßt:

„§ 27
Mehrfacher Erwerb desselben Vermögens

(1) Fällt Personen der Steuerklasse I von Todes wegen Vermögen an, das in den letzten zehn Jahren vor dem Erwerb bereits von Personen dieser Steuerklasse erworben worden ist und für das nach diesem Gesetz eine Steuer zu erheben war, so ermäßigt sich der auf dieses Vermögen entfallende Steuerbetrag vorbehaltlich des Absatzes 3 wie folgt:

um vom Hundert	wenn zwischen den beiden Zeitpunkten der Entstehung der Steuer liegen
50	nicht mehr als 1 Jahr;
45	mehr als 1 Jahr, aber nicht mehr als 2 Jahre;
40	mehr als 2 Jahre, aber nicht mehr als 3 Jahre;
35	mehr als 3 Jahre, aber nicht mehr als 4 Jahre;
30	mehr als 4 Jahre, aber nicht mehr als 5 Jahre;
25	mehr als 5 Jahre, aber nicht mehr als 6 Jahre;
20	mehr als 6 Jahre, aber nicht mehr als 8 Jahre;
10	mehr als 8 Jahre, aber nicht mehr als 10 Jahre.

(2) Zur Ermittlung des Steuerbetrags, der auf das begünstigte Vermögen entfällt, ist die Steuer für den Gesamterwerb in dem Verhältnis aufzuteilen, in dem der Wert des begünstigten Vermögens zu dem Wert des steuerpflichtigen Gesamterwerbs ohne Abzug des dem Erwerber zustehenden Freibetrags steht.

(3) Die Ermäßigung nach Absatz 1 darf den Betrag nicht überschreiten, der sich bei Anwendung der in Absatz 1 genannten Vomhundertsätze auf die Steuer ergibt, die der Vorerwerber für den Erwerb desselben Vermögens entrichtet hat."

§ 36 Abs. 2 wird wie folgt gefaßt:

„(2) Das Bundesministerium der Finanzen wird ermächtigt, den Wortlaut dieses Gesetzes und der zu diesem Gesetz erlassenen Durchführungsverordnung in der jeweils geltenden Fassung satzweise numeriert mit neuem Datum und neuer Paragraphenfolge bekanntzumachen und dabei Unstimmigkeiten des Wortlauts zu beseitigen."

14. § 37 wird wie folgt gefaßt:

„§ 37
Anwendung des Gesetzes

(1) Diese Fassung des Gesetzes findet auf Erwerbe Anwendung, für die die Steuer nach dem 31. Dezember 1995 entstanden ist oder entsteht.

(2) In Erbfällen, die vor dem 31. August 1980 eingetreten sind, und für Schenkungen, die vor diesem Zeitpunkt ausgeführt worden sind, ist weiterhin § 25 in der Fassung des Gesetzes vom 17. April 1974 anzuwenden, auch wenn die Steuer infolge Aussetzung der Versteuerung nach § 25 Abs. 1 Buchstabe a) erst nach dem 31. Dezember 1995 entstanden ist oder entsteht."

15. In § 37 a werden die Absätze 1 und 3 aufgehoben.

16. § 39 wird aufgehoben.

Artikel 3
Änderung der Erbschaftsteuer-Durchführungsverordnung

Die Erbschaftsteuer-Durchführungsverordnung in der im Bundesgesetzblatt Teil III, Gliederungsnummer 611-8-1, veröffentlichten bereinigten Fassung, zuletzt geändert durch Anlage I Kapitel IV Sachgebiet B Abschnitt II Nr. 29 des Einigungsvertrages vom 31. August 1990 in Verbindung mit Artikel 1 des Gesetzes vom 23. September 1990 (BGBl. 1990 II S. 885, 986), wird wie folgt geändert:

1. § 5 wird wie folgt geändert:
   a) Absatz 1 wird wie folgt gefaßt:
   „(1) Wer zur Anzeige über die Verwahrung oder die Verwaltung von Vermögen eines Erblassers verpflichtet ist, hat die Anzeige nach § 33 Abs. 1 des Erbschaftsteuer- und Schenkungsteuergesetzes dem nach dem Wohnsitz des Erblassers für die Verwaltung der Erbschaftsteuer zuständigen Finanzamt in der nach Muster 1 vorgesehenen Form zu erstatten."
   b) Absatz 4 Nr. 2 wird wie folgt gefaßt:
   „2. wenn der Wert der anzuzeigenden Wirtschaftsgüter 2000 Deutsche Mark nicht übersteigt."

2. In § 6 wird der Einleitungssatz wie folgt gefaßt:
„Wer auf den Namen lautende Aktien oder Schuldverschreibungen ausgegeben hat, hat unverzüglich nach dem Eingang eines Antrags auf Umschreibung der Aktien oder Schuldverschreibungen eines Verstorbenen dem nach dem Wohnsitz des Erblassers für die Verwaltung der Erbschaftsteuer zuständigen Finanzamt unter Hinweis auf § 33 Abs. 2 des Erbschaftsteuer- und Schenkungsteuergesetzes anzuzeigen:"

3. § 7 wird wie folgt geändert:
   a) In Absatz 1 werden die Worte „§ 187 a Abs. 3 der Reichsabgabenordnung" durch die Worte „§ 33 Abs. 3 des Erbschaftsteuer- und Schenkungsteuergesetzes" ersetzt.

b) Absatz 3 Satz 1 wird wie folgt gefaßt:

„Die Anzeige nach § 33 Abs. 3 des Erbschaftsteuer- und Schenkungsteuergesetzes ist dem nach dem Wohnsitz des Versicherungsnehmers für die Verwaltung der Erbschaftsteuer zuständigen Finanzamt in der nach Muster 2 vorgesehenen Form zu erstatten."

c) Absatz 4 wird wie folgt gefaßt:

„(4) Die Anzeige darf bei Kapitalversicherungen unterbleiben, wenn der auszuzahlende Betrag 2000 Deutsche Mark nicht übersteigt."

4. § 12 wird wie folgt geändert:

a) Absatz 1 Satz 1 wird wie folgt gefaßt:

„Die Gerichte haben dem nach dem Wohnsitz des Erblassers für die Verwaltung der Erbschaftsteuer zuständigen Finanzamt eine beglaubigte Abschrift der eröffneten Verfügungen von Todes wegen, der Erbscheine, Testamentsvollstreckerzeugnisse und Zeugnisse über die Fortsetzung von Gütergemeinschaften und der Beschlüsse über die Einleitung oder Aufhebung einer Nachlaßpflegschaft und Nachlaßverwaltung mit einem Vordruck nach Muster 5 zu übersenden und die Abwicklung von Erbauseinandersetzungen anzuzeigen."

b) Absatz 4 Nr. 1 wird wie folgt gefaßt:

„1. wenn die Annahme berechtigt ist, daß außer Hausrat (einschließlich Wäsche und Kleidungsstücken) im Wert von nicht mehr als 10 000 Deutsche Mark nur noch anderes Vermögen im reinen Wert von nicht mehr als 10 000 Deutsche Mark vorhanden ist,".

5. § 13 wird wie folgt geändert:

a) In Absatz 1 wird der Klammerzusatz „(§ 3 des Gesetzes)" durch den Klammerzusatz „(§ 7 des Gesetzes)" und der Klammerzusatz „(§ 4 Nr. 2 des Gesetzes)" durch den Klammerzusatz „(§ 8 des Gesetzes)" ersetzt.

b) Absatz 2 Satz 1 wird wie folgt gefaßt:

„Die Gerichte haben dem nach dem Wohnsitz des Zuwendenden für die Verwaltung der Erbschaftsteuer zuständigen Finanzamt eine beglaubigte Abschrift der Urkunde über eine Schenkung oder Zweckzuwendung unter Lebenden alsbald nach der Beurkundung zu übersenden und dabei die besonderen Feststellungen (Absatz 1) mitzuteilen."

c) Absatz 4 wird wie folgt gefaßt:

„(4) Unterbleiben darf die Übersendung einer beglaubigten Abschrift von Schenkungs- und Übergabeverträgen in Fällen, in denen Gegenstand der Schenkung nur Hausrat (einschließlich Wäsche und Kleidungsstücke) im Wert von nicht mehr als 10 000 Deutsche Mark und anderes Vermögen im reinen Wert von nicht mehr als 10 000 Deutsche Mark bildet."

6. § 15 wird wie folgt gefaßt:

„§ 15

Die vorstehende Fassung der Verordnung findet auf Erwerbe Anwendung, für die die Steuer nach dem 31. Dezember 1995 entstanden ist oder entsteht."

Artikel 4
Änderung des Gesetzes zur Reform des Erbschaftsteuer- und Schenkungsteuerrechts

Die Artikel 2, 9 und 10 des Gesetzes zur Reform des Erbschaftsteuer- und Schenkungsteuerrechts vom 17. April 1974 (BGBl. I S. 933) werden aufgehoben.

Artikel 5
Aufhebung des Vermögensteuergesetzes

entfällt

Artikel 6
Aufhebung der Anteilsbewertungsverordnung

Die Anteilsbewertungsverordnung vom 19. Januar 1977 (BGBl. I S. 171), geändert durch Artikel 16 des Gesetzes vom 21. Dezember 1993 (BGBl. I S. 2310), wird mit Wirkung zum 31. Dezember 1996 aufgehoben.

Artikel 7
Aufhebung des Gesetzes zur Änderung des Hauptfeststellungszeitraums für die wirtschaftlichen Einheiten des Betriebsvermögens sowie des Hauptveranlagungszeitraums für die Vermögensteuer

Das Gesetz zur Änderung des Hauptfeststellungszeitraums für die wirtschaftlichen Einheiten des Betriebsvermögens sowie des Hauptveranlagungszeitraums für die Vermögensteuer vom 23. Juni 1993 (BGBl. I S. 944, 973) wird aufgehoben.

Artikel 8
Aufhebung der Durchführungsverordnung zum Bewertungsgesetz

Die Durchführungsverordnung zum Bewertungsgesetz in der im Bundesgesetzblatt Teil III, Gliederungsnummer 610-7-1, veröffentlichten bereinigten Fassung, die zuletzt durch Artikel 14 des Gesetzes vom 25. Februar 1992 (BGBl. I S. 297) geändert worden ist, wird aufgehoben.

Anlage 11

Anrufung des Vermittlungsausschusses durch den Bundesrat
– BR-Drucksache 804/96 –

Der Bundesrat hat in seiner 705. Sitzung am 15. November 1996 beschlossen, zu dem vom Deutschen Bundestag am 7. November 1996 verabschiedeten Gesetz zu verlangen, daß der Vermittlungsausschuß gemäß Artikel 77 Abs. 2 des Grundgesetzes aus den in der Anlage angegebenen Gründen einberufen wird.

Anlage
Gründe für die Einberufung des Vermittlungsausschusses zum Jahressteuergesetz (JStG) 1997

1. Zu Artikel 1 bis 8 und 9 Nr. 4

Die Artikel 1 bis 8 werden entsprechend dem Gesetzentwurf des Bundesrates zur Neuregelung der Vermögensteuer und Erbschaftsteuer – Drucksache 423/96[1] (Beschluß)*) – geändert.

Als **Folge**

wird Artikel 9 Nr. 4 gestrichen.

2.**) **Zu Artikel 1 Nr. 3 und 5 (§§ 17 Abs. 2, 19 Abs. 1 BewG)**

Artikel 1 wird wie folgt geändert:

a) In Nummer 3 wird § 17 Abs. 2 wie folgt gefaßt:

„(2) Die §§ 18 bis 94, 122, 125 bis 132 gelten für die Grundsteuer und die §§ 95 bis 109 a, 121 a, 133 und 137 zusätzlich für die Gewerbesteuer."

b) In Nummer 5 werden in § 19 Abs. 1 nach den Worten „für Betriebsgrundstücke (§ 99)" die Worte „sowie für inländische Gewerbebetriebe (§ 95)" eingefügt.

Als **Folge**

entfallen in Artikel 1 die Nr. 19, 20, 22, 23, 24, 25, 28, 33 und 34.

Begründung:

Die Ergänzung des Gesetzes um die Einheitswertfeststellung des Betriebes ist erforderlich, um ab 1997 weiterhin Gewerbekapitalsteuer erheben zu können. § 12 Gewerbesteuergesetz setzt die Existenz eines Feststellungsbescheids über den Einheitswert des Betriebes, für den Gewerbekapitalsteuer erhoben werden soll, voraus; anderenfalls wäre die Gewerbekapitalsteuer auf kaltem Wege abgeschafft.

Die übrigen Änderungen sind redaktionell notwendig.

---

1 Anlage 9
*) Auf die Änderung in Ziffer 7 wird hingewiesen.
) **Hilfsweise für den Fall, daß der Vermittlungsausschuß sich das Anliegen unter Ziffer 1 **nicht** zu eigen macht.

3.*) Zu Artikel 1 Nr. 51 (§§ 137 bis 152 BewG)

In Nummer 51 werden

a) in § 145 Absatz 3 die Zahl „30" durch die Zahl „10" ersetzt;

b) in § 146

    aa) in Absatz 4 die Zahl „1" durch die Zahl „0,5" und die Zahl „50" durch die Zahl „25" ersetzt;

    bb) in Absatz 5 die Zahl „10" durch die Zahl „20" ersetzt;

    cc) in Absatz 6 die Worte „unter Ansatz eines Abschlags von 50 vom Hundert anstelle des Abschlags von 30 vom Hundert" gestrichen;

c) in § 147 Absatz 2 die Zahl „30" durch die Zahl „10" und die Zahl „50" durch die Zahl „30" ersetzt.

d) in § 149

    aa) Absatz 1 Satz 2 wie folgt gefaßt:

      „Von diesem Wert sind die Aufwendungen abzuziehen, die zwischen dem Besteuerungszeitpunkt und der Bezugsfertigkeit des Gebäudes fällig werden und zu erbringen sind."

    bb) nach Absatz 2 folgender Absatz 3 angefügt:

      „(3) § 146 Abs. 6 ist entsprechend anzuwenden."

Begründung:

Die Maßnahmen sind unbedingt erforderlich, um das Mehraufkommen von 1,6 Mrd. DM im Bereich der Erbschaftsteuer sicherzustellen.

Sie sind ferner erforderlich, um das Gesamtniveau der Immobilienbewertung derart anzuheben, daß die Gefahr einer Ungleichbewertung im Vergleich zu anderen Vermögensgegenständen auf ein erträgliches Maß gesenkt wird.

Im einzelnen handelt es sich um die Verringerung der Abschläge vom Bodenrichtwert, der Alterswertminderung und des Anhaltewerts sowie um die Erhöhung des Zuschlags für Ein- und Zweifamilienhäuser.

Es ist nicht damit zu rechnen, daß es dadurch in einer nennenswerten Anzahl von Fällen zu Überbewertungen kommen wird. Bei Grundstücken im Zustand der Bebauung wird der Mindestansatz mit dem Bodenwert wie bei bebauten Grundstücken sichergestellt.

4.*) Zu Artikel 1 Nr. 51 (§ 146 Abs. 2 Satz 1 BewG)

In Nummer 51 wird in § 146 Abs. 2 Satz 1 das Wort „Zwölffache" durch das Wort „Fünfzehnfache" ersetzt.

Begründung:

Die Anhebung des Vervielfältigers dient der Herstellung eines verfassungsrechtlich unbedenklichen Bewertungsniveaus.

Zusammen mit den zur Beseitigung von Unstimmigkeiten im Ertragswertverfahren erforderlichen Maßnahmen (Mindestwert Grund und Boden generell 90 v. H. des Bodenrichtwertes, Grund und Boden bei bebauten Grundstücken im Betriebsvermögen

---

*) **Hilfsweise** für den Fall, daß der Vermittlungsausschuß sich das Anliegen unter Ziffer 1 **nicht** zu eigen macht.

70 v. H. des Bodenrichtwertes zzgl. Steuerbilanzwert für Gebäude, Altersabschlag 0,5 v. H. mit Anhaltewert 75 v. H., Aufschlag 20 v. H. bei Ein- und Zweifamilienhäusern) wird nach vorläufiger Einschätzung ein durchschnittliches Bewertungsniveau von 65 bis 70 v. H. der Verkehrswerte erreicht.

Finanzielle Auswirkungen

Mehraufkommen ca. 400 Mio. DM.

5.*) Zu Artikel 2 Nr. 5 (§ 13 a Abs. 2 ErbStG)

In Artikel 2 Nr. 5 wird § 13 a Abs. 2 wie folgt gefaßt:

„(2) Das nach Anwendung des Absatzes 1 verbleibende Vermögen im Sinne des Absatzes 4 ist bis zu einem Wert von 10 Millionen Deutsche Mark mit 50 vom Hundert anzusetzen."

Begründung

Die Vorschrift begrenzt den Bewertungsabschlag von 50 v. H. auf mittelständische Betriebe. Beträgt der Steuerwert nach Abzug des Freibetrages von 500 000 DM mehr als 10 Millionen DM, wird für den darüber hinausgehenden Wert des Vermögens im Sinne des Absatzes 4 kein weiterer Abschlag gewährt.

Das Gesetz trägt mit dem Ansatz der Steuerbilanzwerte und der weit hinter den Verkehrswerten zurückbleibenden Grundstückswerte sowie dem neuen § 19 a ErbStG der vom Bundesverfassungsgericht für Betriebsvermögen angenommenen Sozialbindung umfassend Rechnung. Das Bundesverfassungsgericht hat in seinem Beschluß vom 22. Juni 1995 ausdrücklich nur die betriebsangemessene Belastung mittelständischer Unternehmen gefordert; eine entsprechende Begünstigung von Großunternehmen und -konzernen ist demnach nicht gerechtfertigt.

6.*) Zu Artikel 2 Nr. 5 (§ 13 a Abs. 4 ErbStG)

In Artikel 2 Nr. 5 wird in § 13 a Abs. 4 Nr. 3 das Wort „mindestens" durch die Worte „zu mehr als" ersetzt.

Begründung:

Nach dem Gesetz ist die Begünstigung für Betriebsvermögen schon dann vorgesehen, wenn der Erblasser oder Schenker am Nennkapital dieser Gesellschaft genau zu einem Viertel unmittelbar beteiligt war.

Die Gleichstellung von Betriebsvermögen und Kapitalbeteiligung in privater Hand ist nur gerechtfertigt, wenn es sich um wesentliche Beteiligungen handelt, da nur in diesen Fällen das Kapitalanlageinteresse hinter das förderungswürdige Unternehmerinteresse zurücktritt. Der Gesetzgeber hat in vergleichbaren Fallkonstellationen der Gleichstellung von Kapitalbeteiligung und Unternehmerschaft stets eine Beteiligungsquote von mehr als einem Viertel zugrundegelegt (§ 17 Abs. 1 EStG, § 74 Abs. 2 AO). Es ist kein Grund ersichtlich, für den Bereich der Erbschaft- und Schenkungsteuer davon abzuweichen. Mit der Änderung wird eine Angleichung an die genannten Regelungen erreicht und durch die Schließung der Lücke zwischen Erbschaft- und Schenkungsteuerrecht und anderen Steuerrechtsbereichen die Einheitlichkeit der Qualifizierung einer wesent-

---

*) **Hilfsweise** für den Fall, daß der Vermittlungsausschuß sich das Anliegen unter Ziffer 1 **nicht** zu eigen macht.

lichen Beteiligung wiederhergestellt. Zugleich wird ausgeschlossen, daß zielwidrig Kapitalvermögen, das keiner besonderen Sozialbindung unterliegt, in die Steuerverschonung einbezogen wird.

Die Maßnahme dient allein der Sicherung des zu erwartenden Aufkommens.

7.*) Zu Artikel 2 Nr. 5 (§ 13 a Abs. 5 ErbStG)

In Artikel 2 Nr. 5 wird in § 13 a Abs. 5 nach der Nummer 2 folgende Nummer 2 a eingefügt:

„2 a. als Inhaber eines Gewerbebetriebes, Gesellschafter einer Gesellschaft im Sinne des § 15 Abs. 1 Nr. 2 und Abs. 3 oder § 18 Abs. 4 des Einkommensteuergesetzes oder persönlich haftender Gesellschafter einer Kommanditgesellschaft auf Aktien innerhalb der Frist Entnahmen tätigt, die die Summe seiner Einlagen und der ihm zuzurechnenden Gewinne oder Gewinnanteile seit dem Erwerb um mehr als 100 000 Deutsche Mark übersteigen. Gleiches gilt für Inhaber eines begünstigten Betriebes der Land- und Forstwirtschaft oder eines Teilbetriebes oder eines Anteils an einem Betrieb der Land- und Forstwirtschaft;"

Begründung

Die Änderung dient der Aufkommenssicherung durch Verhinderung von Mißbrauch im Rahmen der Verschonung des Betriebsvermögens. Das Gesetz bietet in der derzeitigen Fassung des § 13 a weitreichenden Spielraum für Gestaltungsmöglichkeiten, die angesichts des verdoppelten Bewertungsabschlages zusätzlichen Reiz gewinnen.

Nach dem Beschluß des Bundesverfassungsgerichts darf nur solches Betriebsvermögen begünstigt werden, das aufgrund seiner tatsächlichen betrieblichen Verwendung der besonderen Sozialbindung mittelständischer Unternehmen unterliegt. Dieses Erfordernis erfüllt grundsätzlich nur das Betriebsvermögen, das zur Erreichung unternehmerischer Ziele erforderlich ist (notwendiges Betriebsvermögen). Eine derartige Abgrenzung wäre jedoch kaum praktizierbar und würde zu zahlreichen Streitfällen mit den Steuerpflichtigen führen.

Nach der Zielsetzung des Bundesverfassungsgerichts muß aber zumindest verhindert werden, daß Wirtschaftsgüter allein deshalb vorübergehend als gewillkürtes Betriebsvermögen in den Betrieb eingelegt werden, um – insbesondere bei vorweggenommener Erbfolge – die Erbschaft- und Schenkungsteuer zu vermindern, ohne daß damit eine dauerhafte Stärkung des Betriebsvermögens bewirkt wird. Die Änderung trägt insoweit auch anläßlich der Sachverständigenanhörung zum Jahressteuergesetz 1997 am 26. Juni 1996 in Bonn vorgetragenen Bedenken Rechnung.

Die Vorschrift bedingt in Anbetracht des ohnehin durch § 13 a des Gesetzes verursachten Verwaltungsaufwandes keinen nennenswerten Mehraufwand. Sie verhindert im Gegenteil streitige Auseinandersetzungen über die Frage, ob es sich bei den entnommenen Wirtschaftsgütern um „wesentliche Betriebsgrundlagen" handelt. Denn dieser unbestimmte Rechtsbegriff ist bis heute durch die Rechtsprechung nicht abschließend geklärt. Für den Steuerpflichtigen gewährleistet die Vorschrift Planungssicherheit hinsichtlich des für Entnahmen zulässigen Rahmens.

---

*) Für den Fall, daß der Vermittlungsausschuß sich das Anliegen unter Ziffer 1 zu eigen macht, betrifft die Änderung in Ziffer 7 den Artikel 5 Nr. 4 in der Fassung des Gesetzentwurfs des Bundesrates – Drucksache 423/96 (Beschluß) –.

8.*) Zu Artikel 2 Nr. 10 (§ 19 ErbStG)

In Artikel 2 Nr. 10 wird § 19 Abs. 1 wie folgt gefaßt:

„(1) Die Erbschaftsteuer wird nach folgenden Vomhundertsätzen erhoben:

Wert des steuerpflichtigen Erwerbs (§ 10) bis einschließlich Deutsche Mark	Vomhundertsatz in der Steuerklasse		
	I	II	III
100 000	8	13	18
500 000	12	18	24
1000 000	16	23	31
10 000 000	20	28	37
25 000 000	24	33	42
50 000 000	28	38	48
über 50 000 000	30	40	50

Begründung:

Die Änderung sieht eine geringe Anhebung der Vomhundertsätze (überwiegend um 3 Prozentpunkte) vor, wobei die Spitzensteuersätze für Erwerbe über 50 000 000 DM unverändert bleiben.

Für den Fall des Wegfalls der Vermögensteuerbelastung von Erblasser/Schenker und Erben/Beschenkten ist der hierin liegende verstärkte erbschaftsteuerliche Zugriff gerechtfertigt. An die Stelle einer dauerhaft wirkenden Steuerbelastung tritt die Einmalbelastung im Erwerbsfall.

Im Interesse der sozialen Symmetrie ist die bisherige Tarifstruktur dahingehend zu ändern, daß der mit dem – nach Abzug der Freibeträge verbleibenden – steuerpflichtigen Erwerb verbundene Leistungsfähigkeitszuwachs einer angemessenen Besteuerung unterliegt. Die Intensivierung des steuerlichen Zugriffs ist moderat und bedeutet keine unzumutbare Mehrbelastung.

Die Anpassung der Tarifstruktur führt im Vergleich zum Gesetz je nach Ausgestaltung der Grundstücksbewertung zu einem Mehraufkommen von 600 bis 800 Millionen Deutsche Mark.

---

*) **Hilfsweise** für den Fall, daß der Vermittlungsausschuß sich das Anliegen unter Ziffer 1 **nicht** zu eigen macht.

Anlage 12

Beschlußempfehlung des Vermittlungsausschusses
– BT-Drucks. 13/6520 –

Beschlußempfehlung des Ausschusses nach Artikel 77 des Grundgesetzes (Vermittlungsausschuß)

zu dem

Jahressteuergesetz (JStG) 1997
– Drucksachen 13/4839, 13/5359, 13/5951, 13/5952, 13/6151 –

Berichterstatter im Bundestag: Abgeordneter Dr. Peter Struck
Berichterstatter im Bundesrat: Minister Heinz Schleußer

Der Bundestag wolle beschließen:

Das vom Deutschen Bundestag in seiner 135. Sitzung am 7. November 1996 beschlossene Jahressteuergesetz (JStG) 1997 wird nach Maßgabe der in der Anlage zusammengefaßten Beschlüsse geändert.

Gemäß § 10 Abs. 3 Satz 1 seiner Geschäftsordnung hat der Vermittlungsausschuß beschlossen, daß im Deutschen Bundestag über die Änderungen gemeinsam abzustimmen ist.

Bonn, den 12. Dezember 1996

Der Vermittlungsausschuß

Vorsitzender   Berichterstatter

Anlage
Jahressteuergesetz (JStG) 1997

Zu Artikel 1 (Änderung des Bewertungsgesetzes)

Artikel 1 wird wie folgt geändert:

1. Nummer 2 wird wie folgt gefaßt:
    „2. § 11 wird wie folgt geändert:
    a) In Absatz 2 werden die Sätze 3 bis 5 aufgehoben.
    b) Nach Absatz 2 wird folgender Absatz 2 a eingefügt:
    ,(2 a)   Für Zwecke der Gewerbesteuer gilt Absatz 2 Satz 2 mit der Maßgabe, daß bei unbeschränkt steuerpflichtigen Kapitalgesellschaften das Vermögen mit dem Einheitswert des Gewerbebetriebs angesetzt wird, der für den auf den Stichtag (§ 112) folgenden Feststellungszeitpunkt maßgebend ist. Dem Einheitswert sind die Beteiligungen im Sinne des § 102 und die nicht im Einheitswert erfaßten Wirtschaftsgüter des ausländischen Betriebsvermögens hinzuzurechnen; die mit diesen Beteiligungen und den Wirtschaftsgütern des ausländischen Betriebsvermögens in wirtschaftlichem Zusammenhang stehenden Schulden und Lasten sind abzuziehen, soweit sie bei der Ermittlung des Ein-

heitswerts nicht abgezogen worden sind. Der Einheitswert ist um den Geschäfts- oder Firmenwert und die Werte von firmenwertähnlichen Wirtschaftsgütern zu kürzen, soweit sie im Einheitswert enthalten sind. Dem Einheitswert sind 40 vom Hundert der Summe der Werte hinzuzurechnen, mit denen die Betriebsgrundstücke in dem Einheitswert des Gewerbebetriebs enthalten sind.'"

2. In Nummer 3 wird § 17 Abs. 2 wie folgt gefaßt:

 „(2) Die §§ 18 bis 94, 122, 125 bis 132 gelten für die Grundsteuer und die §§ 95 bis 109 a, 121 a, 133 und 137 zusätzlich für die Gewerbesteuer."

3. Nummer 4 wird wie folgt gefaßt:

 „4. In § 18 werden in Nummer 3 am Ende das Komma durch einen Punkt ersetzt und Nummer 4 aufgehoben."

4. Die Nummern 5 bis 7 werden gestrichen.

5. Nummer 8 wird wie folgt gefaßt:

 8. § 23 wird wie folgt geändert:

 a) In Absatz 1 werden in Nummer 2 am Ende das Semikolon durch einen Punkt ersetzt und Nummer 3 aufgehoben.

 b) Absatz 2 Satz 2 wird wie folgt gefaßt:

 „Nachfeststellungszeitpunkt ist in den Fällen des Absatzes 1 Nr. 1 der Beginn des Kalenderjahrs, das auf die Entstehung der wirtschaftlichen Einheit (Untereinheit) folgt, und in den Fällen des Absatzes 1 Nr. 2 der Beginn des Kalenderjahrs, in dem der Einheitswert erstmals der Besteuerung zugrunde gelegt wird."

6. Nummer 9 wird wie folgt gefaßt:

 9. § 24 wird wie folgt geändert:

 a) In Absatz 1 werden in Nummer 2 am Ende das Semikolon durch einen Punkt ersetzt und Nummer 3 aufgehoben.

 b) Absatz 2 wird wie folgt gefaßt:

 „(2) Aufhebungszeitpunkt ist in den Fällen des Absatzes 1 Nr. 1 der Beginn des Kalenderjahrs, das auf den Wegfall der wirtschaftlichen Einheit (Untereinheit) folgt, und in den Fällen des Absatzes 1 Nr. 2 der Beginn des Kalenderjahrs, in dem der Einheitswert erstmals der Besteuerung nicht mehr zugrunde gelegt wird. § 21 Abs. 3 ist entsprechend anzuwenden."

7. Nummer 10 wird gestrichen.

8. Nummer 12 wird wie folgt gefaßt:

 12. In § 28 Abs. 1 wird Satz 2 wie folgt gefaßt:

 „Für Erklärungen zur Feststellung des Einheitswerts des Betriebsvermögens gilt dies, wenn das Gewerbekapital im Sinne des § 12 des Gewerbesteuergesetzes den Freibetrag nach § 13 Abs. 1 des Gewerbesteuergesetzes übersteigt."

9. Die Nummern 13 und 16 werden gestrichen.

10. In Nummer 17 werden in § 97 Abs. 1 a jeweils die Worte „Wert des Betriebsvermögens" durch die Worte „Einheitswert des Betriebsvermögens" ersetzt.

11. Nummer 18 wird gestrichen.

12. Nummer 19 wird wie folgt gefaßt:

 19. § 101 wird wie folgt gefaßt:

„§ 101
Nicht zum Betriebsvermögen gehörende Wirtschaftsgüter

Zum Betriebsvermögen gehören nicht:

1. die Wirtschaftsgüter, die nach den Vorschriften anderer Gesetze von der Vermögensteuer befreit sind;
2. a) eigene Erfindungen,
   b) Ansprüche auf Vergütungen für eigene Diensterfindungen und
   c) eigene Urheberrechte sowie Originale urheberrechtlich geschützter Werke.

   Die genannten Wirtschaftsgüter gehören auch dann nicht zum Betriebsvermögen, wenn sie im Falle des Todes des Erfinders oder Urhebers auf seinen Ehegatten oder seine Kinder übergegangen sind und zu deren inländischem Gewerbebetrieb gehören;
3. Ansprüche der in § 111 Nr. 5 bezeichneten Art in der bis zum 31. Dezember 1996 geltenden Fassung des Bewertungsgesetzes;
4. Kunstgegenstände und Handschriften, die nicht zur Veräußerung bestimmt sind und deren Eigentümer gegenüber der von der Landesregierung bestimmten Stelle jeweils für mindestens fünf Jahre unwiderruflich seine Bereitschaft erklärt hat, sie für öffentliche Ausstellungen unentgeltlich zur Verfügung zu stellen, deren Träger eine inländische juristische Person des öffentlichen Rechts oder eine regelmäßig öffentlich geförderte juristische Person des privaten Rechts ist, an den in diesem Zeitraum fallenden Stichtagen. § 115 bleibt unberührt."

13. Die Nummern 20, 22 bis 25 und 29 bis 31 werden gestrichen.
14. Nummer 33 wird wie folgt gefaßt:
    33. In § 115 Abs. 1 werden die Worte „sonstigen Vermögen" durch die Worte „inländischen Betriebsvermögen" ersetzt.
15. Nummer 45 wird wie folgt gefaßt:
    45. § 123 wird wie folgt gefaßt:

„§ 123
Ermächtigungen

Die Bundesregierung wird ermächtigt, mit Zustimmung des Bundesrates die in § 12 Abs. 4, § 21 Abs. 1, § 39 Abs. 1, § 51 Abs. 4, § 55 Abs. 3, 4 und 8, §§ 81, 90 Abs. 2 und § 113 a vorgesehenen Rechtsverordnungen zu erlassen."

16. Nummer 51 wird wie folgt geändert:
    a) In § 145 Abs. 3 wird die Zahl „30" durch die Zahl „20" ersetzt;
    b) § 146 wird wie folgt geändert:
       aa) In Absatz 2 Satz 1 wird das Wort „Zwölffache" durch das Wort „12,5fache" ersetzt.
       bb) In Absatz 3 wird die Angabe „(Absatz 2 Satz 2)" durch die Angabe „(Absatz 2 Satz 3)" ersetzt.
       cc) In Absatz 4 Satz 1 werden die Zahl „1" durch die Zahl „0,5" und die Zahl „50" durch die Zahl „25" ersetzt.
       dd) In Absatz 5 wird die Zahl „10" durch die Zahl „20" ersetzt.
       ee) In Absatz 6 werden die Worte „unter Ansatz eines Abschlags von 50 vom Hundert anstelle des Abschlags von 30 vom Hundert" gestrichen.
       ff) Nach Absatz 6 wird folgender Absatz 7 eingefügt:

„(7) Ein niedrigerer Grundstückswert ist festzustellen, wenn der Steuerpflichtige nachweist, daß der gemeine Wert des Grundstücks niedriger als der nach den Absätzen 2 bis 6 ermittelte Wert ist."

gg) Der bisherige Absatz 7 wird Absatz 8.

c) In § 147 Abs. 2 wird wie folgt geändert:

aa) In Satz 1 werden die Zahl „30" durch die Zahl „20" und die Zahl „50" durch die Zahl „30" ersetzt.

bb) Satz 2 wird wie folgt gefaßt:

„Der Wert der Gebäude bestimmt sich nach den ertragsteuerlichen Bewertungsvorschriften; maßgebend ist der Wert im Besteuerungszeitpunkt."

d) Dem § 148 Abs. 1 wird folgender Satz angefügt:

„Das Recht auf den Erbbauzins ist weder als Bestandteil des Grundstücks noch als gesondertes Recht anzusetzen; dementsprechend ist die Verpflichtung zur Zahlung des Erbbauzinses weder bei der Bewertung des Erbbaurechts noch als gesonderte Verpflichtung abzuziehen."

e) § 149 Abs. 1 wird wie folgt geändert:

aa) Satz 2 wird wie folgt gefaßt:

„Von diesem Wert sind 80 vom Hundert als Gebäudewert anzusetzen."

bb) Folgende Sätze werden angefügt:

„Dem Grundstückswert ohne Berücksichtigung der nicht bezugsfertigen Gebäude oder Gebäudeteile, ermittelt bei unbebauten Grundstücken nach § 145 Abs. 3 und bei bereits bebauten Grundstücken nach § 146, sind die nicht bezugsfertigen Gebäude oder Gebäudeteile mit dem Betrag als Gebäudewert hinzuzurechnen, der dem Verhältnis der bis zum Besteuerungszeitpunkt entstandenen Herstellungskosten zu den gesamten Herstellungskosten entspricht. Dieser Wert darf den Wert des Grundstücks, der nach Bezugsfertigkeit des Gebäudes anzusetzen wäre, nicht übersteigen."

Zu Artikel 2 (Änderung des Erbschaftsteuer- und Schenkungsteuergesetzes)

Artikel 2 wird wie folgt geändert:

1. In Nummer 3 wird in § 12 Abs. 5 Satz 2 die Angabe „§ 109 Abs. 1, 2 und 4 Satz 2" durch die Angabe „§ 109 Abs. 1 und 2" ersetzt.

2. In Nummer 5 wird § 13 a wie folgt geändert:

a) In Absatz 2 wird die Zahl „50" durch die Zahl „60" ersetzt.

b) Absatz 4 Nr. 3 wird wie folgt gefaßt:

„3. Anteile an einer Kapitalgesellschaft, wenn die Kapitalgesellschaft zur Zeit der Entstehung der Steuer Sitz oder Geschäftsleitung im Inland hat und der Erblasser oder Schenker am Nennkapital dieser Gesellschaft zu mehr als einem Viertel unmittelbar beteiligt war."

c) Absatz 5 wird wie folgt geändert:

aa) Nummer 3 wird wie folgt gefaßt:

„3. als Inhaber eines Gewerbebetriebs, Gesellschafter einer Gesellschaft im Sinne des § 15 Abs. 1 Nr. 2 und Abs. 3 oder § 18 Abs. 4 des Einkommensteuergesetzes oder persönlich haftender Gesellschafter einer Kommanditgesellschaft auf Aktien bis zum Ende des letzten in die Fünfjahresfrist fallenden Wirtschaftsjahrs Entnahmen tätigt, die die Summe seiner Einlagen und der ihm zuzurechnenden Gewinne oder Gewinnanteile seit dem Erwerb um mehr als 100 000 Deutsche Mark übersteigen; Verluste bleiben unberücksichtigt. Gleiches gilt für Inhaber eines begünstigten Betriebs der Land- und Forstwirtschaft oder eines Teilbetriebs oder eines Anteils an einem Betrieb der Land- und Forstwirtschaft;"

bb) Die bisherige Nummer 3 wird Nummer 4.

3. In Nummer 10 wird § 19 Abs. 1 wie folgt gefaßt:

„(1) Die Erbschaftsteuer wird nach folgenden Vomhundertsätzen erhoben:

Wert des steuerpflichtigen Erwerbs (§ 10) bis einschließlich Deutsche Mark	Vomhundertsatz in der Steuerklasse		
	I	II	III
100 000	7	12	17
500 000	11	17	23
1 000 000	15	22	29
10 000 000	19	27	35
25 000 000	23	32	41
50 000 000	27	37	47
über 50 000 000	30	40	50"

4. In Nummer 11 wird § 19 a wie folgt geändert:

a) Absatz 2 Nr. 3 wird wie folgt gefaßt:

„3. Anteile an einer Kapitalgesellschaft, wenn die Kapitalgesellschaft zur Zeit der Entstehung der Steuer Sitz oder Geschäftsleitung im Inland hat und der Erblasser oder Schenker am Nennkapital dieser Gesellschaft zu mehr als einem Viertel unmittelbar beteiligt war."

b) Absatz 3 wird wie folgt gefaßt:

„(3) Der auf das Vermögen im Sinne des Absatzes 2 entfallende Anteil an der tariflichen Erbschaftsteuer bemißt sich nach dem Verhältnis des Werts dieses Vermögens nach Anwendung des § 13 a zum Wert des gesamten Vermögensanfalls."

c) Absatz 5 wird wie folgt geändert:

aa) Nummer 3 wird wie folgt gefaßt:

„3. als Inhaber eines Gewerbebetriebs, Gesellschafter einer Gesellschaft im Sinne des § 15 Abs. 1 Nr. 2 und Abs. 3 oder § 18 Abs. 4 des Einkommensteuergesetzes oder persönlich haftender Gesellschafter einer Kommanditgesellschaft auf Aktien bis zum Ende des letzten in die Fünfjahresfrist fallenden Wirtschaftsjahrs Einnahmen tätigt, die die Summe seiner Einlagen und der ihm zuzurechnenden Gewinne oder Gewinnanteile seit dem Erwerb um mehr als 100 000 Deutsche Mark übersteigen; Verluste bleiben unberücksichtigt. Gleiches gilt für Inhaber eines begünstigten Betriebs der Land- und Forstwirtschaft oder eines Teilbetriebs oder eines Anteils an einem Betrieb der Land- und Forstwirtschaft;"

bb) Die bisherige Nummer 3 wird Nummer 4.

5. In Nummer 14 wird § 37 wie folgt gefaßt:

„§ 37
Anwendung des Gesetzes

(1) Die vorstehende Fassung dieses Gesetzes findet auf Erwerbe Anwendung, für die die Steuer nach dem 31. Dezember 1995 entstanden ist oder entsteht.

(2) In Erbfällen, die vor dem 31. August 1980 eingetreten sind, und für Schenkungen, die vor diesem Zeitpunkt ausgeführt worden sind, ist weiterhin § 25 in der Fassung des Gesetzes vom 17. April 1974 anzuwenden, auch wenn die Steuer infolge Aussetzung der Versteuerung nach § 25 Abs. 1 Buchstabe a) erst nach dem 30. August 1980 entstanden ist oder entsteht.

(3) § 13 a Abs. 4 Nr. 3 und § 19 a Abs. 2 Nr. 3 sind auf Erwerbe, für die die Steuer nach dem 31. Dezember 1995 und vor dem 1. Januar 1997 entstanden ist oder entsteht, in folgender Fassung anzuwenden:

„3. Anteile an einer Kapitalgesellschaft, wenn die Kapitalgesellschaft zur Zeit der Entstehung der Steuer Sitz oder Geschäftsleitung im Inland hat und der Erblasser oder Schenker am Nennkapital dieser Gesellschaft mindestens zu einem Viertel unmittelbar beteiligt war."

Zu Artikel 6 (Aufhebung der Anteilsbewertungsverordnung)

Artikel 6 wird gestrichen.

Zu Artikel 7 (Aufhebung des Gesetzes zur Änderung des Hauptfeststellungszeitraums für die wirtschaftlichen Einheiten des Betriebsvermögens sowie des Hauptveranlagungszeitraums für die Vermögensteuer)

Artikel 7 wird Artikel 5 und wie folgt gefaßt:

Artikel 5
Änderung des Gesetzes zur Änderung des Hauptfeststellungszeitraums für die wirtschaftlichen Einheiten des Betriebsvermögens sowie des Hauptveranlagungszeitraums für die Vermögensteuer

Das Gesetz zur Änderung des Hauptfeststellungszeitraums für die wirtschaftlichen Einheiten des Betriebsvermögens sowie des Hauptveranlagungszeitraums für die Vermögensteuer vom 23. Juni 1993 (BGBl. I S. 944, 973) wird wie folgt gefaßt:

„Gesetz zur Änderung des Hauptfeststellungszeitraums für die wirtschaftlichen Einheiten des Betriebsvermögens

Abweichend von § 21 Abs. 1 des Bewertungsgesetzes findet für die wirtschaftlichen Einheiten des Betriebsvermögens die nächste Hauptfeststellung der Einheitswerte auf den 1. Januar 1999 statt."

Zu Artikel 25 – alt – (Neufassung der betroffenen Gesetze und Rechtsverordnungen, Rückkehr zum einheitlichen Verordnungsrang)

Der bisherige Artikel 25 wird Artikel 31 und wie folgt gefaßt:

„Artikel 31
Neufassung der betroffenen Gesetze und Rechtsverordnungen, Rückkehr zum einheitlichen Verordnungsrang

(1) Das Bundesministerium der Finanzen kann den Wortlaut der durch die Artikel 1 bis 18, 20 bis 23 und 29 dieses Gesetzes geänderten Gesetzen und Verordnungen in der vom Inkrafttreten der Rechtsvorschriften an geltenden Fassung im Bundesgesetzblatt bekanntmachen.

(2) Die auf Artikel 3 beruhenden Teile der Erbschaftsteuer-Durchführungsverordnung, auf Artikel 9 beruhenden Teile der Einkommensteuer-Durchführungsverordnung, auf Artikel 14 beruhenden Teile der Gewerbesteuer-Durchführungsverordnung, auf Artikel 16 beruhenden Teile der Mineralölsteuer-Durchführungsverordnung und

der auf Artikel 22 beruhenden Teile der Kleinbetragsverordnung können auf Grund der einschlägigen Ermächtigungsgrundlagen durch Rechtsverordnung geändert oder aufgehoben werden.

(3) Das Bundesministerium für Familie, Senioren, Frauen und Jugend kann den Wortlaut des durch Artikel 26 geänderten Bundeskindergeldgesetzes in der vom Inkrafttreten der Rechtsvorschriften an geltenden Fassung im Bundesgesetzblatt bekanntmachen."

Zu Artikel 26 – alt – (Inkrafttreten)

Der bisherige Artikel 26 wird Artikel 32 und wie folgt gefaßt:

„Artikel 32
Inkrafttreten

(1) Dieses Gesetz tritt vorbehaltlich der Absätze 2 bis 4 am Tage nach der Verkündung in Kraft.

(2) Artikel 26 Nr. 1 tritt mit Wirkung vom 1. Januar 1996 in Kraft.

(3) Artikel 7 Nr. 2, 3 und 4, die Artikel 11, 12, 15, 16, 23 und 25 mit Ausnahme der Nummern 6, 7, 10 Buchstabe b), 11 Buchstabe b) (hinsichtlich § 28 1 Abs. 4 Nr. 2 des Vierten Buches Sozialgesetzbuch) und 12 sowie Artikel 28 treten am 1. Januar 1997 in Kraft.

(4) Artikel 25 Nr. 10 Buchstabe b) tritt am 1. Januar 1998 in Kraft."

Anlage 13

Entschließungsantrag der Fraktionen von CDU/CSU und F.D.P. zur Vermögensteuer und Wegfall der Gewerbekapitalsteuer

– BT-Drucks. 13/6555 –

Der Deutsche Bundestag wolle beschließen:

1. Nach dem Beschluß des Bundesverfassungsgerichts vom 22. Juni 1995 kann die Vermögensteuer in der jetzigen Form nicht über den 31. Dezember 1996 hinaus erhoben werden. Der Deutsche Bundestag hält aber auch aus anderen Gründen eine zukünftige Erhebung der Vermögensteuer nicht für vertretbar: Die Arbeitsplätze in Deutschland stehen unter einem hohen Kostendruck. Die Zahl der Arbeitslosen steigt. Wir benötigen dringend mehr Investitionen und Arbeitsplätze in Deutschland. Von den mehr als 9 Mrd. DM Aufkommen an Vermögensteuer entfallen rd. 50 Prozent auf Betriebsvermögen. Die Vermögensteuer ist eine Substanzsteuer, sie ist also unabhängig davon zu entrichten, ob Gewinne erzielt werden. Das heißt, auch in Verlustjahren muß Vermögensteuer gezahlt werden. Sie behindert die notwendige Stärkung der Eigenkapitalbasis der Unternehmen.

   Die Vermögensteuer ist eine in wichtigen internationalen Mitbewerberländern unbekannte Substanzsteuer. In unserem Nachbarland Österreich ist sie vor kurzem von einer SPÖ-geführten Regierung abgeschafft worden.

   Es gibt neben der Vermögensteuer mit der Erbschaftsteuer eine zweite Steuer auf privates Vermögen. Ziel der Koalition war es, die auf Betriebsvermögen entfallende Vermögensteuer abzuschaffen und das Nettoaufkommen der privaten Vermögensteuer in einer einheitlichen, erhöhten Erbschaftsteuer aufgehen zu lassen. Das Aufkommen der Erbschaftsteuer wurde im Jahressteuergesetz um mehr als 2,1 Mrd. DM erhöht. Privatvermögen leistet damit auch weiterhin seinen Beitrag zum Steueraufkommen. Der Gedanke der Verteilungsgerechtigkeit ist gewahrt.

   Die Vermögensteuer ist nur durch hohen Aufwand zu erheben. Ihr Wegfall ist ein spürbarer Beitrag zur Steuervereinfachung. Nach der Rechtsprechung des Bundesverfassungsgerichts erfordert die Vermögensteuer ebenso wie die Gewerbekapitalsteuer die laufende Bewertung des Grundvermögens, um gegenwartsnahe Grundstückswerte zu erhalten. Das wäre sehr personal- und zeitintensiv. Vom Wegfall der Vermögensteuer wie auch der Gewerbekapitalsteuer profitieren daher Bürger, Unternehmen und Finanzverwaltung. Hinzu kommt: In den neuen Ländern würde die Einführung der Vermögensteuer Steuerpflichtige und Steuerverwaltung erheblich belasten und den wirtschaftlichen Aufholprozeß behindern.

   Eine Vermögensteuer, die nur Kapitalgesellschaften von der Vermögensteuerpflicht ausnimmt, würde die Mehrzahl der Arbeitsplätze in Deutschland weiterhin belasten. 90 Prozent der Unternehmen in Deutschland werden in der Rechtsform der Personengesellschaft bzw. als Einzelunternehmen geführt. Auch die Erhebung einer Vermögensteuer, die das Betriebsvermögen steuerfrei läßt und die anderen, sich im Privatbesitz befindlichen Vermögensarten steuerlich erfaßt, ist nicht sinnvoll. Ein solches Vorgehen hätte enorme Abgrenzungsprobleme zur Folge und würde erhebliche Anreize zur mißbräuchlichen Steuergestaltung bieten.

   Es ist daher richtig, die Vermögensteuer vollständig wegfallen zu lassen und die Belastung aus der jetzigen Vermögensteuer auf Privatvermögen in die Erbschafsteuer zu integrieren, die zweite Steuer auf privates Vermögen. Dies ermöglicht zugleich eine Teilkompensation der Einnahmeausfälle der Länder.

2. Ebenso wie die Vermögensteuer belastet die Gewerbekapitalsteuer in Verlustphasen die Substanz, behindert die Ansammlung von Eigenkapital, schmälert die Liquidität, gefährdet Investitionen und Produktivitätsverbesserungen und damit den Aufbau zukunftssicherer Arbeitsplätze.

Die Einführung einer Gewerbekapitalsteuer in den neuen Ländern wäre besonders problematisch. Dieses würde bedeuten, daß die Betriebe und Arbeitsplätze in den neuen Bundesländern eine zusätzliche Belastung von etwa 500 Mio. DM zu tragen hätten. Es wäre in sich widersprüchlich, in den neuen Ländern einerseits betriebliche Investitionen durch staatliche Hilfen zu fördern und die getätigten Investitionen anschließend wieder zu belasten. Der wirtschaftliche Aufholprozeß der neuen Länder wäre bedroht. Der Wegfall der Gewerbekapitalsteuer ist daher nicht nur ein weiterer Beitrag zur Steuervereinfachung, sondern auch ökonomisch notwendig.

Durch die von der Koalition beabsichtigte Unternehmensteuerreform soll der aus dem Wegfall der Gewerbekapitalsteuer resultierende Einnahmeausfall bei den Kommunen durch ihre Beteiligung am Umsatzsteueraufkommen kompensiert werden. Dadurch erhalten die Kommunen eine stetige und verläßliche Einnahmequelle. Durch den wirtschaftsbezogenen Verteilungsschlüssel bleibt das Interesse der Kommunen an ihrer wirtschaftlichen Leistungsfähigkeit und der Ansiedlung neuer Betriebe erhalten.

Es ist nicht sachgerecht, die Abschaffung der Gewerbekapitalsteuer gegen den Erhalt der privaten Vermögensteuer auszuspielen. Beide Steuern sind arbeitsplatzgefährdend. Beide Steuern müssen abgeschafft werden.

Auch ein Moratorium für die Erhebung der Gewerbekapitalsteuer in den neuen Bundesländern löst keines der wirtschaftlichen Probleme und verändert die finanzielle Lage der Gemeinden in den neuen Bundesländern nicht.

Die Gewerbekapitalsteuer ist nach alldem zum 1. Januar 1997 abzuschaffen. Die Gemeinden erhalten durch eine Beteiligung am Umsatzsteueraufkommen einen vollen Ausgleich, so daß sich die Einnahmesituation der Gemeinden in den neuen Bundesländern nachhaltig verbessert.

Anlage 14

Entschließungsantrag der Abgeordneten Schwanitz u. a. und der Fraktion der SPD zur vereinbarten Debatte zu Substanzsteuern

– BT-Drucks. 13/6521 –

Der Bundestag wolle beschließen:

Die Bundesregierung wird aufgefordert, die rechtlichen Voraussetzungen dafür zu schaffen, daß eine Erhebung der Gewerbekapitalsteuer in den neuen Bundesländern solange ausgesetzt wird, bis eine Entscheidung entsprechend dem Beschluß des Vermittlungsausschusses vom 5. Dezember 1996, einen Gesetzentwurf zur verfassungskonformen Neuregelung der privaten Vermögenssteuer vorzulegen, gefällt ist.

Bonn, den 11. Dezember 1996

Rolf Schwanitz, Dr. Eberhard Brecht, Iris Follak, Iris Gleicke, Hans-Joachim Hacker, Manfred Hampel, Christel Hanewinckel, Stephan Hilsberg, Jelena Hoffmann (Chemnitz), Renate Jäger, Sabine Kaspereit, Dr. Hans-Hinrich Knaape, Thomas Krüger, Dr. Uwe Küster, Christine Kurzhals, Werner Labsch, Markus Meckel, Herbert Meißner, Gerhard Neumann (Gotha), Albrecht Papenroth, Dr. Edelbert Richter, Gisela Schröter, Dr. Mathias Schubert, Ilse Schumann, Wieland Sorge, Dr. Peter Struck, Dr. Gerald Thalheim, Reinhard Weis (Stendal), Gunter Weißgerber

Rudolf Scharping und Fraktion

Anlage 15

Entschließungsantrag der Fraktion der SPD zur vereinbarten Debatte zu Substanzsteuern
– BT-Drucks. 13/6522 –

Der Bundestag wolle beschließen:

Der Bundestag schließt sich der nachfolgenden Entscheidung des Vermittlungsausschusses vom 5. Dezember 1996 an und fordert die Bundesregierung auf, entsprechend zu handeln:

„Der Vermittlungsausschuß erwartet, daß die Bundesregierung bis zum 30. Juni 1997 dem Deutschen Bundestag einen Gesetzentwurf vorlegt

- zur Abschaffung der Vermögensteuer auf Betriebsvermögen,
- zur Abschaffung der Gewerbekapitalsteuer mit der Maßgabe einer grundgesetzlichen Absicherung der Gewerbeertragsteuer bei gemeindegenauem Ersatz der wegfallenden Steuereinnahmen durch Beteiligung an der Umsatzsteuer sowie
- zur verfassungskonformen Neuregelung der Besteuerung privater Vermögen."

Bonn, den 11. Dezember 1996

Rudolf Scharping und Fraktion

Anlage 16

Entschließungsantrag der Fraktion BÜNDNIS 90/ DIE GRÜNEN zur vereinbarten Debatte zu Substanzsteuern
– BT-Drucks. 13/6523 –

Der Bundestag wolle beschließen:

Die Bundesregierung wird aufgefordert, bis zum 30. Juni 1997 dem deutschen Bundestag einen Gesetzentwurf vorzulegen, der

1. eine Neuregelung der Vermögensteuer mit folgenden Eckpunkten vorsieht:
   - das persönliche Gebrauchsvermögen wird durch eine Erhöhung der persönlichen Freibeträge auf 350 000 DM und für Kinder auf 100 000 DM freigestellt;
   - der Freibetrag für Betriebsvermögen wird auf 1 Million DM erhöht;
   - zusätzlich zu den bisherigen Steuersätzen wird für private Vermögen ab 2 Millionen DM für einen Zeitraum von 15 Jahren ein Steuersatz nach einem progressiven Tarif bis 2,5 Prozent jährlich eingeführt;
2. die Abschaffung der Gewerbekapitalsteuer unter folgenden Voraussetzungen beinhaltet:
   - Grundgesetzliche Absicherung der Gewerbeertragsteuer,
   - Ausweitung der Bemessungsgrundlage,
   - Beteiligung der Kommunen an der Umsatzsteuer mit einem gemeindegenauen Verteilungsschlüssel, der auch über das Jahr 2000 hinaus das bisherige Finanzaufkommen der Gemeinden sicherstellt.

Bonn, den 11. Dezember 1996

Joseph Fischer (Frankfurt), Kerstin Müller (Köln) und Fraktion

Anlage 17

Entschließungsantrag der Abgeordneten Dr. Höll u. a. und der Gruppe der PDS zur vereinbarten Debatte zu Substanzsteuern

– BT-Drucks. 13/6525 –

Der Bundestag wolle beschließen:

Die Bundesregierung wird aufgefordert:

dem Deutschen Bundestag bis zum 30. Juni 1997 einen Vorschlag für eine gesetzliche Neuregelung der Vermögensteuer vorzulegen, der sicherstellt, daß die Vermögensteuer stärker entsprechend der wirtschaftlichen Leistungsfähigkeit und unabhängig von der Lebensweise der Steuerpflichtigen erhoben wird.

Bonn, den 11. Dezember 1996

Dr. Barbara Höll
Dr. Christa Luft
Dr. Uwe-Jens Rössel
Rolf Kutzmutz
Dr. Gregor Gysi und Gruppe

Begründung:

Entgegen den Behauptungen der Koalition hat das Bundesverfassungsgericht die Vermögensteuer nicht als grundgesetzwidrig beurteilt. Indem die Vorgabe einer Obergrenze der steuerlichen Belastung unpräzise formuliert wurde, bleibt dem Bundestag, auch nach Ansicht namhafter Sachverständiger, ausreichend Spielraum für eine gesetzliche Gestaltung der Vermögensteuer. Zudem wird durch das Bundesverfassungsgericht der Tatsache nicht widersprochen, daß aus Vermögensbesitz eine eigenständige Leistungsfähigkeit des Steuerpflichtigen erwächst. Damit ist die Erhebung der Vermögensteuer als wesentlicher Bestandteil eines gerechten und ökonomisch rationalen Steuersystems gerechtfertigt.

Anlage 18

Stenographischer Bericht zur 148. Sitzung des Deutschen Bundestages am 12. Dezember 1996
– Plenarprotokoll 13/148 –

– Auszug –

Vizepräsidentin Dr. Antje Vollmer: Die unterbrochene Sitzung ist wieder eröffnet.

Ich rufe Zusatzpunkt 3 auf:

Vereinbarte Debatte zu **Substanzsteuern**

Dazu liegen fünf Entschließungsanträge vor; ein weiterer Entschließungsantrag der Koalitionsfraktionen ist angekündigt. Ich weise darauf hin, daß wir im Anschluß an die Aussprache über drei Entschließungsanträge namentlich abstimmen werden.

Nach einer interfraktionellen Vereinbarung sind für die Aussprache anderthalb Stunden vorgesehen. –

Kein Widerspruch. Dann ist so beschlossen.

Ich eröffne die Aussprache. Das Wort hat zunächst der Herr Kollege Repnik.

Hans-Peter Repnik (CDU/CSU): Frau Präsidentin! Meine sehr verehrten Kolleginnen und Kollegen! Wir sind am Ende eines außergewöhnlich schwierigen Vermittlungsverfahrens angelangt und haben heute die Möglichkeit, dem Jahressteuergesetz 1997 zuzustimmen.

(Beifall bei der CDU/CSU)

Die Tatsache, daß die SPD beantragt hat, eine verbundene Debatte zu führen, gibt mir Gelegenheit, auch zu anderen Gesetzesvorhaben Stellung zu nehmen, die im mittelbaren oder unmittelbaren Zusammenhang mit dem Jahressteuergesetz stehen und ebenfalls in den letzten Wochen Gegenstand von Vermittlungsverfahren waren, nämlich die Unternehmensteuerreform – konkret: die Abschaffung der Gewerbekapitalsteuer –, das Asylbewerberleistungsgesetz und das Arbeitsförderungs-Reformgesetz. Daß wir diese Themen in einen Zusammenhang stellen und auch gemeinsam beraten, macht allein schon deshalb Sinn, weil all diese Gesetzentwürfe dem Ziel dienen, im Rahmen des Programms für mehr Wachstum und Beschäftigung mehr Arbeitsplätze in Deutschland zu schaffen, die Rückführung der Lohnnebenkosten zu bewirken und die Staatsquote zu verringern.

(Detlev von Larcher [SPD]: Sie bewirken das Gegenteil!)

Meine sehr verehrten Damen und Herren, bei einem Teil dieser Beratungen waren wir erfolgreich; darauf komme ich gleich zu sprechen. Aber überall dort – auch dies muß in einer solchen Debatte gesagt werden –, wo wir auf die Zustimmung des Bundesrates und somit auf die Zustimmung der SPD angewiesen waren, hat sie einmal mehr ihr Instrument der Blockadepolitik einer sachlichen Abwägung vorgezogen.

(Beifall bei der CDU/CSU – Detlev von Larcher [SPD]: Das ist schlicht unwahr!)

– Ich werde Punkt für Punkt auf die Sachverhalte eingehen – haben Sie keine Sorge –, und ich werde auch die Öffentlichkeit darauf hinweisen, wo Sie mit Ihrem Verhalten ganz konkret dazu beitragen, daß Reformen blockiert werden, daß keine neuen Arbeitsplätze geschaffen werden und daß die Wirtschaft belastet wird.

(Beifall bei der CDU/CSU – Lachen und Widerspruch bei der SPD)

Ich habe gesagt, ich werde zuerst über die Erfolge, über die guten Nachrichten reden. Die **Vermögensteuer** fällt zum 1. Januar 1997 weg. Dies ist eine gute Nachricht.

(Beifall bei der CDU/CSU – Eckart Kuhlwein [SPD]: Das freut die Arbeitslosen so richtig!)

Die Vermögensteuer – wir haben wiederholt hierüber diskutiert; es hat sich herumgesprochen – ist eine Substanzsteuer. Sie ist eine investitionsfeindliche, eine arbeitsplatzfeindliche, eine technologiefeindliche, eine mittelstandsfeindliche Steuer.

(Lachen und Widerspruch bei der SPD)

Sie ist kompliziert und aufwendig in der Erhebung. Sie hätte zum 1. Januar 1997 auch in den neuen Ländern eingeführt werden müssen. Jetzt fällt sie weg, und darüber sind wir froh.

(Beifall bei der CDU/CSU – Ingrid Matthäus-Maier [SPD]: Das freut die Arbeitslosen in den neuen Ländern!)

Wir haben des öfteren über die Vermögensteuer diskutiert, und ich möchte auch in dieser – vorläufig – letzten Auseinandersetzung noch einmal in aller Ruhe einige wenige Argumente hier vortragen und mit der Opposition austauschen. Die SPD hat bis zum Schluß verbissen dafür gekämpft, daß die Vermögensteuer in ihrer Substanz auch in der Zukunft erhalten bleibt.

(Beifall bei der SPD – Eckart Kuhlwein [SPD]: Wir wollten Sie vor Blödsinn bewahren!)

Das Angebot, nur für Kapitalgesellschaften die Vermögensteuer abzuschaffen, ist jedoch ökonomisch widersinnig. Es ist untauglich;

(Beifall bei der CDU/CSU)

denn wir wissen alle, daß 90 Prozent der Betriebe in der Bundesrepublik Deutschland als Personen- oder Einzelgesellschaften organisiert sind. Der gesamte Mittelstand und das gesamte Handwerk sind als Personen- oder Einzelgesellschaften organisiert. Gerade der Bereich, der arbeitsplatzfreundlich und beschäftigungsintensiv ist, würde von dem Vorschlag der SPD, setzte man ihn in die Realität um, nicht profitieren. Von daher ist dieser Vorschlag eben auch arbeitsmarktfeindlich.

(Beifall bei der CDU/CSU)

Zweitens. Jeder kundige Thebaner weiß – darüber haben wir intensiv diskutiert –, daß eine **Abgrenzung zwischen betrieblicher Vermögensteuer und privater Vermögensteuer** so gut wie nicht möglich ist und, wenn man sie versuchen würde, von vornherein eine Vielzahl von Umgehungs- und Mißbrauchstatbeständen begründen würde. Auch deshalb macht es keinen Sinn, einen Rest beizubehalten.

(Beifall bei der CDU/CSU und der F.D.P.)

Meine sehr verehrten Damen und Herren, die SPD hat in den vergangenen Wochen und Monaten versucht, aus dieser Tatsache heraus in Deutschland eine Sozialneidkampagne zu führen – wider besseres Wissen. Warum? Wir haben uns sehr sorgfältig überlegt, was man mit dem Teil des Aufkommens, den man dem Bereich der privaten Vermögensteuer zurechnen kann, machen könnte. Wir haben uns entschieden, einen Betrag in der Größenordnung von über 2 Milliarden DM, der dem privaten Teil der Vermögensteuer zuzurechnen ist, der Erbschaftsteuer zuzuschlagen. Das heißt, diejenigen, die bisher private Vermögensteuer gezahlt haben, werden ein Aufkommen in dieser Höhe in Zukunft über die Erbschaftsteuer erbringen. Das ist eine Lösung, von der ich glaube, daß sie der sozialen Symmetrie, der sozialen Verantwortung in hohem Maße gerecht wird.

(Beifall bei der CDU/CSU und der F.D.P.)

Meine Damen und Herren von der Opposition, ich erinnere mich an die letzte Auseinandersetzung, die wir zu diesem Thema in diesem Haus geführt haben. Sie wissen genauso gut wie wir, daß wir in der Gestaltung einer Vermögensteuer, wenn wir sie denn wollten, nicht frei wären, weil wir vom **Bundesverfassungsgericht** einen engen Rahmen gesetzt bekommen haben. Genau das Beispiel, das Sie hier und in der Öffentlichkeit immer wieder gebracht haben, nämlich den sogenannten Millionär, den wir entlasten wollten, ist ein untaugliches, weil das Bundesverfassungsgericht gerade diesen Personenkreis von der Abschöpfung der Vermögensteuer freigestellt hat. Wir wären aus verfassungsrechtlichen Gründen also gar nicht in der Lage, ihn zu entlasten. Von daher streuen Sie den Bürgern hier Sand in die Augen.

(Beifall bei der CDU/CSU und der F.D.P. – Detlev von Larcher [SPD]: Nein, das machen Sie! Gerade eben haben Sie das gemacht!)

Die Beibehaltung der Vermögensteuer, wie die SPD und die Grünen sie fordern, ist wirtschaftsfeindlich, mittelstandsfeindlich und arbeitsplatzfeindlich. Deshalb lehnen wir Ihre Anträge in diesem Zusammenhang ab.

(Beifall bei der CDU/CSU und der F.D.P. – Kerstin Müller [Köln] [BÜNDNIS 90/DIE GRÜNEN]: Was ist mit der Grunderwerbsteuer?)

...

Das nächste Thema ist die **Erbschaftsteuer.** Erstens. Wir waren vom Bundesverfassungsgericht angehalten worden, die Erbschaftsteuer auf eine neue Grundlage zu stellen. Wir haben dies versucht. Ich glaube, es ist alles in allem ganz gut gelungen.

Wir hatten uns zweitens die Aufgabe gestellt, den Anteil aus der privaten Vermögensteuer, der nicht mehr erhoben wird, der Erbschaftsteuer zuzuschlagen. Auch dies ist, glaube ich, gelungen. Es war nicht leicht; ich räume dies ein. Es war ein schwieriges Verfahren, insbesondere deshalb, weil es uns auch die Länder nicht leichtgemacht haben. Die Länder haben bis zum Schluß auf eine volle Kompensation gedrungen. Wir haben jetzt eine Lösung gefunden, die den finanziellen Erwartungen der Länder mit 8,16 Milliarden DM nahezu gerecht wird und auf der anderen Seite den Bund nicht über Gebühr fordert.

Zur Ausgestaltung der Erbschaftsteuer einige wenige Anmerkungen. Erstens. Die neue Erbschaftsteuer ist familienfreundlich durch Freibeträge, die das **Familiengebrauchsvermögen** steuerfrei lassen. Das war eine wichtige Botschaft für uns.

Zweitens. Sie ist dadurch unternehmens- und arbeitsplatzfreundlich, daß die **Unternehmensfortführung** durch die zu zahlende Erbschaftsteuer nicht gefährdet ist. Das war für uns ebenfalls ein ganz wichtiger Auftrag, den wir als solchen empfunden haben, damit wir nicht in einer Zeit, von der wir wissen, daß in den nächsten vier, fünf Jahren zwischen 200 000 und 300 000 mittelständische Unternehmen durch Erbgang oder Schenkung an einen Betriebsnachfolger gelangen, durch eine Steuer, die zu sehr in die Substanz eingreift, den Fortbestand von Unternehmen und damit den Fortbestand von Arbeitsplätzen gefährden.

Meine sehr verehrten Damen und Herren, wie wenig die Opposition in diesem gesamten Verfahren an der Sache orientiert, sondern nach parteitaktischem Kalkül gearbeitet hat – zum Schaden des Arbeitsmarktes, wie ich meine –, zeigt ihre Haltung bei der Unternehmensteuerreform, Stichwort: **Abschaffung der Gewerbekapitalsteuer.**

(Beifall bei der CDU/CSU und der F.D.P.)

Bis zum heutigen Tag hat sich die Opposition zu diesem Thema im Grunde genommen einer inhaltlichen, zielführenden Diskussion verweigert.

(Detlev von Larcher [SPD]: Das ist nicht wahr!)

– Doch, sie hat sich einer inhaltlichen, zielführenden Diskussion verweigert! –

(Beifall bei der CDU/CSU und der F.D.P. – Detlev von Larcher [SPD]: Das ist nicht wahr!)

Darauf muß deshalb hingewiesen werden, weil es sich hier nicht nur um das Verhalten der SPD im Bundesrat handelt, sondern auch um das Verhalten der SPD in diesem Hause, im Deutschen Bundestag.

(Beifall bei der CDU/CSU und der F.D.P.)

Sie wissen alle, daß wir als Kompensation für die Abschaffung der Gewerbekapitalsteuer, für den Ausfall dieses Steueraufkommen den Kommunen die Beteiligung an der Umsatzsteuer angeboten haben. Um dies zu erreichen, müssen wir das Grundgesetz ändern. Dazu waren wir bereit,

(Ina Albowitz [F.D.P.]: Dazu sind wir immer noch bereit!)

dazu haben wir Vorschläge gemacht. Sie waren nicht bereit, über dieses Thema sorgfältig und bis zum Ende mit uns zu diskutieren.

(Detlev von Larcher [SPD]: Das ist nicht wahr! Das ist unerhört! Sie haben doch nichts fertig bekommen, Sie kriegen doch nichts fertig!)

Sie haben sich einer sinnvollen Beratung entzogen.

(Beifall bei der CDU/CSU und der F.D.P. – Widerspruch bei der SPD)

Sie haben ein sachfremdes Junktim hergestellt, ein Junktim mit der Beibehaltung der Vermögensteuer. Wenn es zwischen diesen beiden Steuern überhaupt Ähnlichkeiten oder Parallelen gibt, dann die, daß die Gewerbekapitalsteuer genauso wie die Vermögensteuer investitionsfeindlich, arbeitsplatzfeindlich, substanzverzehrend und technologiefeindlich ist. Deshalb müssen beide Steuern weg und nicht nur eine von diesen beiden.

(Beifall bei der CDU/CSU und der F.D.P.)

Wie widersprüchlich das Verhalten der SPD in diesem Zusammenhang ist, wird deutlich, wenn man den Antrag liest, den sie uns heute hier zur Abstimmung stellt. Auf der einen Seite hindert sie uns an der Abschaffung der Gewerbekapitalsteuer, von der sie behauptet, daß sie abgeschafft werden sollte, und auf der anderen Seite verlangt sie von uns ein Moratorium, wonach sie in den neuen Ländern ab 1. Januar 1997 nicht eingeführt werden sollte. Sie sind mit uns sehr schnell einig – heute mittag, morgen früh, nächste Woche, in der ersten Januarwoche. Wir stehen Ihnen zu jedem Zeitpunkt für die Abschaffung der Gewerbekapitalsteuer zur Verfügung. Dann haben wir sie nicht in den alten Ländern und brauchen sie in den neuen Ländern erst gar nicht einzuführen.

(Beifall bei der CDU/CSU und der F.D.P.)

Ich frage die Kollegen von der SPD, ob sie sich eigentlich darüber im klaren sind, was ihre Blockadepolitik für die neuen Länder in diesem Zusammenhang ganz konkret bedeutet.

(Detlev von Larcher [SPD]: Hören Sie doch mit dem Schreckgespenst auf! – Eckart Kuhlwein [SPD]: Wir wollen Sie vor Blödsinn bewahren! – Weitere Zurufe von der SPD)

Vielleicht schadet es gar nichts, wenn man Sie einmal mit anderen verantwortlichen Persönlichkeiten in der SPD konfrontiert.

Erstens. Die Ministerpräsidenten der neuen Bundesländer sind entschieden der Meinung – und haben entsprechend beschlossen –, daß diese Steuer in den neuen Ländern nicht eingeführt werden soll.

(Dr. Wolfgang Schäuble [CDU/CSU]: Hört! Hört!)

Zweitens. Dieses Thema ist in einer Debatte im Thüringer Landtag am 11. Oktober behandelt worden. Dort sagte der Fraktionsvorsitzende der SPD, an uns gewandt, unter anderem – ich darf nur eine Passage zitieren –:

> Herr Trautvetter, Sie haben von Auffassungsunterschieden zwischen SPD und CDU hinsichtlich Gewerbekapital- und Vermögensteuer gesprochen. Ich glaube, das können wir ad acta legen. Ich verstehe es nicht. Wir

– so der SPD-Fraktionsvorsitzende in Thüringen –

> lehnen die Gewerbekapitalsteuer für unsere Thüringer Unternehmen ab.

Wir sind exakt der Meinung des Thüringer SPD-Fraktionsvorsitzenden.

(Beifall bei der CDU/CSU und der F.D.P.)

Nur, Sie müssen sich die Frage stellen lassen – vielleicht geben Sie nachher auch eine Antwort darauf –,

(Ingrid Matthäus-Maier [SPD]: Ja, das tun wir!)

welche Konsequenz das hat: Wenn die Gewerbekapitalsteuer in den neuen Ländern nicht eingeführt wird – wir sind dagegen, daß sie dort eingeführt wird –, dann fehlt den Kommunen in den neuen Ländern ein Aufkommen in der Größenordnung von rund 500 Millionen DM.

(Dr. Wolfgang Schäuble [CDU/CSU]: Hört! Hört!)

Wenn Sie den Regierungsvorschlag weiter ablehnen, der neben der Abschaffung der Gewerbekapitalsteuer auch eine Kompensation für das ausgefallene Steueraufkommen beinhaltet, dann heißt dies, daß auch die neuen Bundesländer nicht an der Kompensation teilhaben können und daß ihnen – wie im letzten und in diesem Jahr – auch im nächsten Jahr rund 300 Millionen DM fehlen. Wer dies verantworten will, der soll an dieses Pult treten und dies sagen.

(Beifall bei der CDU/CSU und der F.D.P.)

Ihre Politik, Ihr Moratorium führt dazu, daß den Kommunen in den neuen Bundesländern 700 Millionen DM fehlen, die sie dringend benötigen würden für Investitionen, die Arbeitsplätze schaffen und vorhandene Arbeitsplätze erhalten. Auch deshalb ist die Politik, die Sie hier betreiben, arbeitsplatzfeindlich.

...

Vizepräsidentin Dr. Antje Vollmer: Das Wort hat jetzt der Abgeordnete Peter Struck.

(Eduard Oswald [CDU/CSU]: Das wird ein schwerer Gang! – Lachen bei der SPD)

Dr. Peter Struck (SPD): Frau Präsidentin! Meine Damen und Herren! Ich hätte nicht gedacht, Herr Kollege Repnik, daß man in einer halben Stunde so viele Unwahrheiten und Verdrehungen über eine Gesetzesberatung vortragen kann.

(Beifall bei der SPD und beim BÜNDNIS 90/DIE GRÜNEN sowie bei Abgeordneten der PDS)

Ich hätte es Ihnen, ehrlich gesagt, auch nicht zugetraut. Ich werde zu einzelnen Punkten Stellung nehmen. Ich sage Ihnen: Ich werde zum Beweis meiner Behauptungen aus der gerade beendeten Sitzung des Vermittlungsausschusses zitieren. Dann werden Sie ganz, ganz schlecht aussehen.

Ich sage jetzt etwas zu dem Thema, das uns vor allen Dingen beschäftigt hat. Ich muß sagen, die Ergebnisse des Vermittlungsausschusses, wenn ich alle zusammen nehme, sind für uns Sozialdemokraten, vom Jahressteuergesetz einmal abgesehen, sehr erfreulich. Wir haben uns in allen Punkten durchgesetzt

(Lachen bei der CDU/CSU)

oder uns geeinigt. Es ist Sache dieses Hauses, nachher darüber zu entscheiden.

Zur **Gewerbekapitalsteuer.** Nun berichte ich – das ist sicherlich verfassungswidrig; möglicherweise wird da noch irgendeine rechtliche Konsequenz eingeleitet; Herr Hintze ist einer, der so etwas sofort anregen würde –, was sich gerade eben im Vermittlungsausschuß abgespielt hat. Die SPD-Bundestagsfraktion hat in der letzten Woche dem Vermittlungsausschuß einen Vorschlag unterbreitet, sämtliche rechtlichen Möglichkeiten auszuschöpfen – –

(Zurufe von der CDU/CSU)

– Nun lassen Sie mich doch erst einmal ausreden! Alle die, die nicht da waren, sollten jetzt einmal ganz ruhig sein.

Wir haben einen Vorschlag unterbreitet, der es möglich macht, die Gewerbekapitalsteuer in den neuen Bundesländern nicht zu erheben. Ich sage das hier, weil das hinterher öffentlich bekanntgeworden ist.

(Siegfried Hornung [CDU/CSU]: Die einfachste Lösung haben Sie abgelehnt! – Weitere Zurufe von der CDU/CSU und der F.D.P.)

– Ich habe noch nicht von der heutigen Sitzung gesprochen. Immer ruhig bleiben! Es hat gar keinen Sinn, daß Sie sich aufregen. Ich habe von der letzten Sitzung gesprochen.

(Dr. Guido Westerwelle [F.D.P.]: Wann war die denn?)

– Die war in der letzten Woche, Herr Kollege Westerwelle.

(Detlev von Larcher [SPD]: Der hat keine Ahnung! Das habe ich doch gesagt!)

Hören Sie mal gut zu!

(Dr. Guido Westerwelle [F.D.P.]: In der letzten?)

– Sie verstehen das nicht. Kleben Sie lieber Ihre Plakate. Das ist vielleicht noch für Sie angemessen.

(Beifall bei der SPD sowie bei Abgeordneten der PDS)

Dieser Vorschlag ist im nachhinein auch öffentlich diskutiert worden, insbesondere vom Land Thüringen, vom Ministerpräsidenten des Landes Thüringen. Während einer Unterbrechung der heutigen Sitzung des Vermittlungsausschusses ist mir mitgeteilt worden, daß der Ministerpräsident des Landes Thüringen zu einem Termin bei dem Fraktionsvorsitzenden der CDU/CSU über die Frage der Nichterhebung der Gewerbekapitalsteuer gebeten wurde.

(Dr. Wolfgang Schäuble [CDU/CSU]: Alles falsch! Gelogen!)

Das Ergebnis ist jedenfalls – das stelle ich hier deutlich fest –: Der Vermittlungsausschuß hat heute – das steht hier zur Abstimmung – ein Jahressteuergesetz beschlossen, das die Einführung der Gewerbekapitalsteuer zum 1. Januar 1997 in den neuen Bundesländern erforderlich macht, und das gegen unseren Willen. Wir wollten das nicht. Sie tragen die Verantwortung.

(Beifall bei der SPD – Zurufe von der CDU/CSU und der F.D.P.: Oh!)

– Wenn Sie mich noch weiter reizen, dann zitiere ich den Ministerpräsidenten des Landes Thüringen. Ich sage Ihnen das. Seien Sie da ganz vorsichtig!

(Zurufe von der CDU/CSU: Ha! Ha! Ha!)

Die Gewerbekapitalsteuer wollen wir abschaffen.

(Ingrid Matthäus-Maier [SPD]: Die wollen wir gar nicht! – Widerspruch bei der CDU/CSU und der F.D.P. – Dr.-Ing. Paul Krüger [CDU/CSU]: Macht es doch!)

Wir wollen diese ertragsunabhängige Steuer abschaffen. Aber ich sage Ihnen genauso: Solange Sie darauf bestehen, daß Millionäre keine Vermögensteuer zahlen müssen, gibt es keine Abschaffung der Gewerbekapitalsteuer. Mit uns Sozialdemokraten nicht!

(Beifall bei der SPD, dem BÜNDNIS 90/DIE GRÜNEN und der PDS – Zurufe von der CDU/CSU und der F.D.P. – Abg. Dr. Guido Westerwelle [F.D.P.] meldet sich zu einer Zwischenfrage)

Es ist doch absurd – das will ich Ihnen sagen – wenn durch die Nichterhebung einer Steuer –

Vizepräsidentin Dr. Antje Vollmer: Herr Kollege Struck, gestatten Sie eine Zwischenfrage?

Dr. Peter Struck (SPD): – diesen Satz noch, Frau Präsidentin – auf private Vermögen jemand, der 10 Millionen DM Vermögen hat, jedes Jahr 100 000 DM vom Staat geschenkt bekommt. Das ist ein Skandal, und das bleibt ein Skandal.

(Beifall bei der SPD)

So, Herr Westerwelle, dann schießen Sie mal los.

Vizepräsidentin Dr. Antje Vollmer: Herr Kollege Struck, ich muß vorher noch zu einer anderen Sache kurz Stellung nehmen. Ich bin darauf hingewiesen worden – Sie wissen das selbstverständlich auch – daß die Protokolle und Beratungen des Vermittlungsausschusses vertraulich sind.

(Beifall bei Abgeordneten der CDU/CSU – Detlev von Larcher [SPD]: Was machen die denn?)

Dr. Peter Struck (SPD): Ich habe die Vertraulichkeit auch nicht gebrochen. Da regt sich ein Herr Schäuble oder sonstwer auf, der überhaupt nicht an der Sitzung teilgenommen hat. Das interessiert mich gar nicht.

(Peter Hintze [CDU/CSU]: Das ist eine Frechheit!)

Vizepräsidentin Dr. Antje Vollmer: Eine Zwischenfrage vom Kollegen Westerwelle: Bitte.

Dr. Guido Westerwelle (F.D.P.): Herr Kollege, Sie haben wiederholt gesagt – Sie variieren jedesmal –, daß es sich bei der Abschaffung der Vermögensteuer um eine Privilegierung von Millionären – neulich las ich sogar, Sie meinten die Milliardäre – handelt. Wie erklären Sie sich dann, daß der Bund der Steuerzahler noch im letzten Monat darauf hingewiesen hat, daß zum Beispiel für einen Alleinstehenden, dessen Vermögen aus einem Einfamilienhaus mit 50 000 DM Einheitswert und Ersparnissen von 70 000 DM besteht, bereits die Pflicht zur Zahlung der Vermögensteuer besteht, und wie erklären

Sie sich eigentlich, daß nach einer Untersuchung in Rheinland-Pfalz und Bayern lediglich 11 Prozent der Vermögensteuerpflichtigen über ein steuerpflichtiges Einkommen von mehr als 120 000 bzw. 240 000 DM verfügen? Wie erklären Sie sich also, daß es sich nur bei 11 Prozent der Vermögensteuerpflichtigen um Leute handelt, die man als Besserverdienende bezeichnen kann? Der Rest trifft den klassischen Mittelstand.

(Beifall bei Abgeordneten der F.D.P. und der CDU/CSU – Lachen bei der SPD)

Dr. Peter Struck (SPD): Herr Kollege Westerwelle, nun haben Sie da etwas vorgelesen. Ich kann auch verstehen, daß Sie das vorlesen müssen. Ich sage Ihnen dazu: Wir haben im Vermittlungsausschuß und in die Beratungen hier einen Gesetzentwurf einer verfassungskonformen Erhebung einer Vermögensteuer für natürliche Personen eingebracht.

(Dr. Wolfgang Weng [Gerlingen] [F.D.P.]: Das ist doch unwahr!)

– Nun reden Sie doch keinen Stuß! Das ist natürlich wahr. Waren Sie denn dabei, als wir diesen Gesetzentwurf eingebracht haben? Herr Weng, hören Sie doch auf!

(Ingrid Matthäus-Maier [SPD]: Herr Weng hat doch keine Ahnung!)

Ich nenne Ihnen den wesentlichen Bestandteil dieses Gesetzentwurfs. Der Gesetzentwurf, der von den Ländern Nordrhein-Westfalen und Hamburg und der SPD-Bundestagsfraktion erarbeitet worden ist, sieht folgendes vor, Herr Kollege Westerwelle. Wenn Sie ein Vermögen von 2 Millionen DM haben, verheiratet sind und zwei Kinder haben, haben Sie zunächst einmal einen Freibetrag von 1 Million DM: 300 000 DM pro Erwachsenen, 200 000 DM pro Kind. Für den überschießenden Betrag von 1 Million DM, Herr Kollege Westerwelle, sollen Sie 0,5 Prozent Vermögensteuer bezahlen. Das sind 5000 DM im Jahr.

(Detlev von Larcher [SPD]: Das bringt sie um!)

Daran geht keiner kaputt. Das ist nun wirklich eine gerechte Maßnahme und nicht eine Belastung des Mittelstands. Hören Sie doch damit auf!

(Beifall bei der SPD, dem BÜNDNIS 90/DIE GRÜNEN und der PDS)

...

Ich denke, jetzt habe ich einen Teil der Unwahrheiten, die Sie vorgetragen haben, beseitigt. Es bleibt aber ein großer Rest. Es bleibt das Thema Vermögensteuer, es bleibt die Frage: Wie wird es im nächsten halben Jahr aussehen?

Zurück zu Ihrer ersten Lüge. Es ist ein Ärgernis, daß alle von Ihnen diese Lüge immer wieder verbreiten. Die Lüge lautet, das **Bundesverfassungsgericht** habe entschieden: Die Vermögensteuer muß abgeschafft werden. Das ist die Unwahrheit.

(Beifall bei der SPD und dem BÜNDNIS 90/DIE GRÜNEN)

Ich lese Ihnen das vor. Das Bundesverfassungsgericht hat am 22. Juni 1995 folgendes entschieden:

§ 10 Nummer 1 des Vermögensteuergesetzes

– das betrifft den Steuersatz für natürliche Personen –

... ist ... mit Artikel 3 Absatz 1 des Grundgesetzes insofern unvereinbar, als er den einheitswertgebundenen Grundbesitz ... und das zu Gegenwartswerten erfaßte Vermögen mit demselben Steuersatz belastet.

(Zuruf von der SPD: Nichts anderes!)

Das ist der erste Satz; das ist ja wohl nicht strittig.

(Zuruf von der CDU/CSU: Weiterlesen!)

– Ja, dazu komme ich jetzt. – Zugleich verpflichtete das Bundesverfassungsgericht den Gesetzgeber – das sind wir und danach der Bundesrat –, bis Ende 1996 eine Neuregelung zu treffen. Der Satz lautet:

> Der Gesetzgeber ist verpflichtet, eine Neuregelung spätestens bis zum 31. Dezember 1996 zu treffen. Längstens bis zu diesem Zeitpunkt ist das bisherige Recht weiterhin anwendbar.

Das heißt, wenn Sie bereit gewesen wären, eine Neuregelung zu treffen, dann hätten wir ab 1. Januar 1997 eine Vermögensteuer.

(Beifall bei der SPD und dem BÜNDNIS 90/DIE GRÜNEN)

Nun sagen Sie doch endlich ehrlich, daß Sie dazu nicht bereit sind. Sie wollen keine Vermögensteuer für natürliche Personen, nicht weil das Verfassungsgericht das so entschieden hat, sondern weil Sie das nicht wollen. Übernehmen Sie dafür endlich die politische Verantwortung!

(Beifall bei der SPD und dem BÜNDNIS 90/DIE GRÜNEN sowie bei Abgeordneten der PDS)

Das heißt dann auch, daß Sie die politische Verantwortung für alle Maßnahmen übernehmen müssen, die zu treffen waren, um den Ausgleich bei den Ländern, der erforderlich ist, einigermaßen abzumildern. Sie haben die politische Verantwortung dafür, daß die Erbschaftsteuer erhöht werden muß. Sie haben die politische Verantwortung dafür, daß die Grunderwerbsteuer erhöht werden muß. Aus dieser Verantwortung entlassen wir Sie nicht; die tragen Sie nach wie vor.

(Beifall bei der SPD)

Ich verstehe auch nicht, wieso Sie sich in dieser Frage so verbissen haben. Das hat wahrscheinlich nur ideologische Gründe.

(Beifall bei der SPD)

Wirtschafts- und arbeitsmarktpolitische Gründe kann das überhaupt nicht haben.

Ich zitiere zum Thema Vermögensteuer eine wirklich prominente Stimme:

> Die fortlaufende Erhebung einer Vermögensteuer trägt dem Gedanken Rechnung, daß Vermögen als solches eine zusätzliche Besteuerung rechtfertigt, und zwar nicht nur wegen der laufenden Vermögenserträge, sondern weil bereits das Vorhandensein von Vermögen eine eigene zusätzliche Leistungsfähigkeit begründet ... Ohne Beibehaltung einer laufenden Vermögensteuer müßte die Erbschaftsteuer, der dann allein die Aufgabe der Vermögensbesteuerung zufallen würde, zur Vermeidung von Steuerausfällen zu einer erheblich stärkeren Belastung führen, als dies im Falle einer Vorausbelastung des Vermögens mit einer laufenden Vermögensteuer der Fall ist.

(Detlev von Larcher [SPD]: Hört! Hört!)

> Die Überlegungen zur Steuerreform 1974 haben die Auffassung bestärkt, daß die hergebrachte Form der Vermögensbesteuerung in der Bundesrepublik, insbesondere die getrennte, selbständige Erhebung einer laufenden Vermögensteuer und einer Erbanfall-(Schenkung-)steuer zweckmäßig ist.

Das Zitat stammt aus der Broschüre: „Unsere Steuern von A bis Z", Ausgabe 1995, Seite 146, herausgegeben vom Bundesminister der Finanzen, Theo Waigel.

(Heiterkeit und Beifall bei der SPD)

Die Diskussion über die Erhebung einer privaten Vermögensteuer wird auch nach der heutigen Entscheidung des Bundestages und nach der Entscheidung des Bundesrates in einer Woche nicht beendet sein.

Ich prophezeie Ihnen allen – ich weiß, bei Ihnen sitzen eine ganze Menge Leute, die nicht verstehen, daß die private Vermögensteuer abgeschafft wird, und die nur aus Koalitionsdisziplin oder welchen Gründen auch immer nicht dagegenstimmen –: Wir werden es Ihnen nicht ersparen, bis zum Jahre 1998 über dieses Thema zu diskutieren.

(Beifall bei der SPD sowie bei Abgeordneten des BÜNDNISSES 90/
DIE GRÜNEN)

Jeder einzelne von Ihnen wird sich dann von den Arbeitslosen in seinem Wahlkreis, denen die Arbeitslosenunterstützung gekürzt wird, und von vielen anderen Menschen, die von den sogenannten Sparmaßnahmen der Bundesregierung entscheidend, teilweise in ihrer Existenz, getroffen werden, fragen lassen müssen: Warum nehmt ihr mir das Geld und gebt es den Millionären? Warum besteuert ihr nicht die Millionäre mit der Vermögensteuer?

(Beifall bei der SPD sowie bei Abgeordneten der PDS)

Ich frage mich, wie der Herr Repnik oder auch der Herr Schäuble verantworten können, heute für den Wegfall der Vermögensteuer – ich müßte ja konkreter sagen: für die Untätigkeit als Gesetzgeber bei der Vermögensteuer – zu stimmen, obwohl in Offenburg und in Konstanz – nun nehme ich einmal zwei Orte aus den Wahlkreisen von Herrn Schäuble und Herrn Repnik – ebenso wie in ganz Baden-Württemberg die Eltern mehr für den Transport ihrer Kinder in die Schulen zahlen müssen. Familien mit drei Kindern auf dem Lande im Kreis Friedrichshafen – Herr Repnik, Sie wissen das besser als ich – müssen zukünftig 225 DM statt bisher 100 DM für den Schülertransport bezahlen. Wer das verantworten und gleichzeitig keine Vermögensteuer erheben will, muß sich schon fragen lassen, welchen Sinn er für soziale Gerechtigkeit in Deutschland hat.

(Beifall bei der SPD sowie bei Abgeordneten des BÜNDNISSES 90/DIE
GRÜNEN und der PDS)

Wie verantworten Sie es denn, daß Studenten in Baden-Württemberg zukünftig erstmalig eine Einschreibgebühr von 100 DM bezahlen müssen, nur weil das Land in finanziellen Schwierigkeiten ist?

(Zuruf von der CDU/CSU: Höchste Zeit!)

Wie verantworten Sie es denn, daß Eltern künftig in Baden-Württemberg, auch in Offenburg und Friedrichshafen, für Grundschulförderklassen Gebühren bezahlen müssen? Das bedeutet den Einstieg ins Schulgeld, nur weil Sie das Land arm machen und nicht bereit sind, eine Vermögensteuer zu erheben. Können Sie das überhaupt vor Ihrem Gewissen verantworten?

(Beifall bei der SPD sowie bei Abgeordneten des BÜNDNISSES 90/
DIE GRÜNEN)

Besonders schlimm finde ich, daß im Land Baden-Württemberg, aber auch in anderen Bundesländern das Blindengeld gekürzt werden muß, weil das Land am Ende seiner finanziellen Leistungsfähigkeit ist.

(Lachen und Widerspruch bei der F.D.P. – Ina Albowitz [F.D.P.]: Niedersachsen schon vor zwei Jahren!)

– Darüber lachen Sie! Das finde ich ja noch katastrophaler, daß Sie im Zusammenhang mit einer solchen Maßnahme auch noch lachen.

Ich sage Ihnen: Sie werden sich für Ihr heutiges Abstimmungsverhalten schämen müssen.

(Beifall bei der SPD – Ina Albowitz [F.D.P.]: Schämen Sie sich!)

Ich sage Ihnen noch eines: Dieses Thema wird uns und Sie beschäftigen; Sie wird es sehr beschäftigen.

Ich prophezeie Ihnen: Von den Mitgliedern des Deutschen Bundestages auf der rechten Seite des Hauses werden nach der nächsten Bundestagswahl 30 bis 40 weniger dasein, nicht weil sie von sich aus ausgeschieden sind, sondern weil Sie weniger Stimmen bekommen werden,

(Lachen bei der CDU/CSU und der F.D.P.)

auch deswegen, weil wir dieses Thema, die ungerechte und unsoziale Steuerpolitik, bis 1998 jeden Tag thematisieren werden.

(Anhaltender Beifall bei der SPD – Peter Hintze [CDU/CSU]: 12 Prozent in Stuttgart! – Dr. Wolfgang Schäuble [CDU/CSU]: Primitiver geht es wirklich nicht!)

Vizepräsidentin Dr. Antje Vollmer: Das Wort hat jetzt die Kollegin Kerstin Müller.

(Dr. Wolfgang Schäuble [CDU/CSU]: Die Höhepunkte überschlagen sich!)

Kerstin Müller (Köln) (BÜNDNIS 90/DIE GRÜNEN): Frau Präsidentin! Meine Damen und Herren! Ich kann daran nahtlos anknüpfen.

(Beifall beim BÜNDNIS 90/DIE GRÜNEN und bei der SPD – Dr. Wolfgang Schäuble [CDU/CSU]: Ja; das glaube ich!)

Das Vermittlungsergebnis zum Jahressteuergesetz 1997 ist in jeder Hinsicht ein schlechtes Ergebnis. Sie von der Koalition waren nämlich entschlossen, ein Steuergeschenk an die Reichen dieses Landes zu machen; denn die Abschaffung der **Vermögensteuer** ist nichts anderes als ein Steuergeschenk an die Reichen. Das haben Sie mit diesem Jahressteuergesetz durchgesetzt.

Wir haben einen Vorschlag vorgelegt, die Vermögensteuer nach den Vorgaben des Verfassungsgerichtes zu reformieren; Herr Kollege Struck hat schon darauf hingewiesen. Der Auftrag war, sie zu reformieren, aber nicht, sie abzuschaffen. Darüber gab es bei Ihnen keine Gesprächsbereitschaft.

(Siegfried Hornung [CDU/CSU]: Der Mittelstand hätte es zahlen müssen!)

Wir, Bündnis 90/Die Grünen und die SPD, haben Ihnen im Vermittlungsausschuß ein Kompromißangebot gemacht: Erhalten Sie doch wenigstens die Steuer auf die privaten Vermögen! Das ist nun wirklich eine Steuer, Herr Westerwelle, die keine Investitionen behindert; sie belastet vielmehr die Reichsten der Reichen. In diesem Punkt haben Sie aber keine Gesprächsbereitschaft gezeigt.

(Beifall beim BÜNDNIS 90/DIE GRÜNEN und bei der SPD sowie bei Abgeordneten der PDS)

Nach den stundenlangen Diskussionen und den nächtelangen Sitzungen in der letzten Woche muß ich Ihnen sagen: Werfen Sie uns nie wieder **Blockadepolitik** vor! Was Blockadepolitik in bezug auf die Vermögensteuer und andere Dinge bedeutet, haben wir in diesen Wochen im Vermittlungsausschuß erlebt.

(Beifall beim BÜNDNIS 90/DIE GRÜNEN und bei der SPD)

Sie und nicht wir blockieren jeden Versuch, zu vernünftigen Kompromissen zu kommen und konstruktive Ergebnisse zu finden. Der Preis für Ihre Blockadepolitik ist hoch, denn die Länder verlieren nach diesem Ergebnis jedes Jahr über 1 Milliarde DM. Die Städte und Gemeinden, die Schulen und Universitäten werden das zu spüren bekommen. In diesen Bereichen fehlt dann das Geld, das Sie mit vollen Händen verteilen.

(Beifall beim BÜNDNIS 90/DIE GRÜNEN sowie bei Abgeordneten der SPD
– Zuruf von der CDU/CSU: Absolut falsch!)

Meine Damen und Herren von der Koalition, Sie begehen mit diesem Ergebnis zum Jahressteuergesetz 1997 mehrfachen Wortbruch. Sie hatten nämlich im Rahmen des Jahressteuergesetzes 1996 zugesagt und beschlossen, das **Kindergeld** ab 1997 um 20 DM zu erhöhen und das steuerfreie Existenzminimum entsprechend den Vorgaben des Verfassungsgerichts anzuheben. Jetzt wollen Sie im Rahmen des Jahressteuergesetzes 1997 von beiden Zusagen nichts mehr wissen. Es ist nur dem zähen Widerstand der Opposition zu verdanken, daß wenigstens die Erhöhung des Kindergeldes stattfindet und daß diese Erhöhung nicht um ein weiteres Jahr verschoben wird.

(Beifall beim BÜNDNIS 90/DIE GRÜNEN sowie bei Abgeordneten der SPD
und des Abg. Rolf Kutzmutz [PDS])

Daß Menschen mit niedrigstem Einkommen, die gerade einmal über 1000 DM im Monat verdienen, wie versprochen von der Steuer freigestellt werden, war nicht durchsetzbar. Ich finde, das ist Diebstahl per Gesetz; denn die **Freistellung des Existenzminimums** ist eine Vorgabe des Bundesverfassungsgerichts. In diesem Punkt hat der Gesetzgeber, also das Parlament, keinen eigenen Entscheidungsspielraum mehr. Die Bürgerinnen und Bürger haben nämlich ein von der Verfassung garantiertes Recht auf diese Freistellung des Existenzminimums. Meines Erachtens ist die vorgesehene Höhe im jetzigen Jahressteuergesetz verfassungswidrig. Man kann den Bürgerinnen und Bürgern nur empfehlen, hiergegen zu klagen. Sie wären im Recht.

(Beifall beim BÜNDNIS 90/DIE GRÜNEN sowie bei Abgeordneten der SPD)

Sie brauchen dieses Geld für die Abschaffung der Vermögensteuer. Man muß sich das einmal auf der Zunge zergehen lassen: 22 Billionen DM an Vermögen bleiben in Deutschland künftig unangetastet. Aber die Erhöhung des Grundfreibetrages, das heißt eine Steuerentlastung für kleine Einkommen von zirka 1,6 Milliarden DM findet nicht statt. Darüber gab es im Vermittlungsausschuß nichts mehr zu verhandeln. Das war Ihre Blockadepolitik.

(Beifall beim BÜNDNIS 90/DIE GRÜNEN und bei der SPD – Detlev von Larcher [SPD]: Das ist die soziale Gerechtigkeit!)

Es handelt sich um einen ganz klaren Wortbruch: 1996 versprochen, 1997 gebrochen.

(Zuruf von der SPD: Wie wahr!)

Die Koalition hatte auch die **Abschaffung der Gewerbekapitalsteuer** versprochen. Wir waren in diesem Punkt gesprächsbereit. Wir haben gesagt: Abschaffung der Gewerbekapitalsteuer, wenn die Kommunen eine volle Kompensation erhalten, die Gewerbeertragsteuer zukünftig für alle gilt und im Grundgesetz verankert wird und wenn man diese Steuer zusammen mit der privaten Vermögensteuer verhandeln kann. Aber Sie und nicht wir wollten darüber nicht verhandeln.

(Beifall beim BÜNDNIS 90/DIE GRÜNEN und bei der SPD)

Das Ergebnis Ihrer Blockadehaltung ist: Die Gewerbekapitalsteuer bleibt, und – vor allem – sie tritt am 1. Januar 1997 auch in den neuen Ländern in Kraft. Dafür tragen Sie allein die Verantwortung.

(Beifall beim BÜNDNIS 90/DIE GRÜNEN und bei der SPD – Siegfried Hornung [CDU/CSU]: Das haben Sie zu verantworten!)

– Sie wollten nicht verhandeln. Das war Ihre Blockadepolitik.

Die F.D.P. hatte gleich zweierlei versprochen, nämlich zum einen den **Abbau des Solidaritätszuschlages** und zum anderen keine Steuererhöhungen. Beide Versprechen hat sie mit dem Jahressteuergesetz gebrochen: Der Solidaritätszuschlag wird bekanntlich nicht gesenkt, und es gibt nicht nur eine, nein, es gibt gleich zwei Steuererhöhungen in diesem Jahressteuergesetz.

Einmal gibt es eine **Erhöhung der Erbschaftsteuer** um gut 2 Milliarden DM. Das finden wir im Grundsatz richtig, denn die Erbschaftsteuer in Deutschland ist im internationalen Vergleich viel zu niedrig. Eine Reform mit einem deutlichen Mehraufkommen ist seit langem überfällig. Wir haben dazu einen entsprechenden Entwurf vorgelegt. Aber wir wollen das Mehraufkommen aus der Erbschaftsteuer für eine soziale Grundsicherung verwenden, für die Ärmsten dieser Gesellschaft, um das soziale Netz zukunftssicher zu machen. Sie dagegen finanzieren mit dem Mehraufkommen aus der Erbschaftsteuer den Wegfall der Vermögensteuer, also Ihr Geschenk an die Reichsten der Reichen. Das finde ich ziemlich absurd.

(Beifall beim BÜNDNIS 90/DIE GRÜNEN und bei der SPD)

Wir halten fest: Ihr eigenes Versprechen, keine Steuererhöhungen, liebe Kolleginnen und Kollegen von der F.D.P., ist schon bei der Erbschaftsteuer gebrochen. Aber der eigentliche Hammer des Jahressteuergesetzes, finde ich, ist die **Erhöhung der Grunderwerbsteuer.** Diese Steuer wird jetzt von 2 auf 3,5 Prozent erhöht. Das bringt Mehreinnahmen von zirka 5,25 Milliarden DM, und zwar auf Kosten vor allem der Leute, die sich ein Haus bauen oder kaufen wollen.

Dabei haben Sie erst im letzten Jahr die Eigenheimförderung reformiert, um – wie Sie sagten – gerade Haushalten mit kleinen und mittleren Einkommen den Eigentumserwerb und den Hausbau zu erleichtern. Da wurde eine für alle Einkommensgruppen gleiche Zulage zu den Baukosten eingeführt. Bei denselben Leuten, die diese Zulage bekommen, damit sie sich einen Hausbau leisten können, kassieren Sie jetzt durch Ihre Steuererhöhung wieder ab. Wo ist denn dabei die Logik? Ich finde das einfach nur chaotisch.

(Beifall beim BÜNDNIS 90/DIE GRÜNEN und bei der SPD)

Ich gebe noch einmal die Beispiele. Wer etwa für einen Altbau im Laufe von acht Jahren ganze 20 000 DM Eigenheimzulage bekommt, zahlt allein wegen Ihrer Erhöhung der Grunderwerbsteuer 7500 DM zusätzlich. Auch bei Neubauten geht bis zu einem Viertel der Bauzulage künftig allein für die zusätzliche Grunderwerbsteuer drauf. Ich frage mich: Lohnt sich dieser Preis, um Gloria von Thurn und Taxis noch ein bißchen reicher zu machen? Weil Sie die Vermögensteuer abschaffen wollen, wollen Sie die Grunderwerbsteuer erhöhen. Das ist doch absurd. Das ist doch keine konsequente Steuerpolitik mehr.

(Beifall beim BÜNDNIS 90/DIE GRÜNEN und bei der SPD)

Ich bin gespannt, ob die F.D.P. das anspricht. Völlig zu Recht protestiert der Bundesverband der Bauindustrie gegen diese absurde Steuererhöhung. Die Bauwirtschaft steht im Moment sowieso nicht besonders gut da, weil gerade die öffentlichen Investitionen zurückgehen, und dann kommt eben noch diese Steuererhöhung.

Ich sage, das ist ordnungspolitisch völlig verfehlt. Das ist wirtschaftspolitisch völlig kontraproduktiv. Das wissen Sie selbst ganz genau. Das haben die Verhandlungen im Vermittlungsausschuß gezeigt. Aber auch das ist Ihnen der Wegfall der Vermögensteuer wert. Mittlere Einkommen werden in diesem Fall herangezogen.

Nach diesen Erfahrungen frage ich Sie: Wie wollen Sie denn nach dieser Vorstellung zum Jahressteuergesetz allen Ernstes die von Ihnen grandios angekündigte **Steuer-**

reform durchführen? Sie haben doch erst bei der letzten Reform der Grunderwerbsteuer alle Ausnahmeregelungen abgeschafft, damit im Ausgleich die Steuersätze gesenkt werden konnten; eben nach dem Prinzip: Vertrauen gegen Vertrauen, gebt ihr eure Besitzstände ab, dann honorieren wir das mit einem niedrigen Steuersatz. – Nur auf dieser Grundlage, Vertrauen gegen Vertrauen, können wir doch Akzeptanz für die große Steuerreform schaffen. Das setzen Sie jetzt leichtfertig aufs Spiel.

(Beifall beim BÜNDNIS 90/DIE GRÜNEN)

Jetzt sind die Ausnahmen weg, der Steuersatz wird drastisch erhöht. Auf diese Weise zerstören Sie jede Vertrauensgrundlage für die große Steuerreform.

Sie reden in diesem Zusammenhang immer von der Abschaffung von **Steuerprivilegien,** bauen aber gleichzeitig ein Steuerprivileg mit dem Jahressteuergesetz aus, nämlich das sogenannte Dienstmädchenprivileg. Herr Repnik, ich nenne es noch einmal so. Ja, auch das ist wieder ein Geschenk an die Besserverdienenden. Wieder war mit Ihnen bei dieser Sache im Vermittlungsausschuß nicht zu reden.

(Widerspruch bei der CDU/CSU)

Sie wollen doch Steuerprivilegien abbauen. Hier bauen Sie sie aus. Das ist doch wohl Fakt.

(Beifall beim BÜNDNIS 90/DIE GRÜNEN sowie bei Abgeordneten der SPD)

Ich meine, diese Steuerreform, die Sie mit großem Mund aufbauen, reißen Sie zugleich mit Ihren Händen wieder ein. Herr Kollege Westerwelle, sorgen Sie doch einmal für Klarheit;

(Detlev von Larcher [SPD]: Das kann der doch nicht!)

denn man hört einiges aus der CDU/CSU-Steuerkommission. Da berichtet etwa der Herr Koch, hessischer Fraktionsvorsitzender der CDU, die CDU/CSU sei zur Erhöhung der Mehrwertsteuer fest entschlossen. Eine Erhöhung von 15 auf 17 Prozent sei ein politisches Eckdatum. Herr Westerwelle, jetzt sagen Sie doch einmal klipp und klar: Mit der F.D.P. gibt es keine Mehrwertsteuererhöhung, weder jetzt noch 1999. Ich finde, das wäre einmal ein klares Wort von einer Steuersenkungspartei.

(Beifall beim BÜNDNIS 90/DIE GRÜNEN und bei der SPD – Detlev von Larcher [SPD]: Das würde nur eine Stunde gelten!)

Ich möchte noch einmal – wie man lesen konnte – die Frage des Kollegen Koppelin aus der Präsidiumssitzung der F.D.P. aufgreifen. Sie versprechen durch die große Steuerreform eine Steuerentlastung in Höhe von netto 30 Milliarden DM. Woher wollen Sie denn dieses Geld nehmen? Legen Sie doch einmal Ihre Vorschläge hierzu auf den Tisch.

(Joseph Fischer [Frankfurt] [BÜNDNIS 90/DIE GRÜNEN]: Hosen runter!)

Ich gehe davon aus, daß Sie diese Fragen wie beim letztenmal einfach nicht beantworten werden. Ich glaube, es ist absehbar, was Sie weiter vorhaben: Sie werden allen Steuerpflichtigen Entlastung versprechen und wieder Ihr Wort brechen. Sie werden einige wenige besonders gut Verdienende wirklich entlasten. Alle anderen werden dafür zahlen.

(Beifall beim BÜNDNIS 90/DIE GRÜNEN und bei der SPD)

Angesichts dieser neuen Steuerlüge hoffen Sie, daß das Gedächtnis der Bürgerinnen und Bürger möglichst schlecht funktioniert. Ich sage Ihnen: Ihre Rechnung geht nicht mehr auf. Ich freue mich schon auf den nächsten Akt der Farce Steuervereinfachung à la CDU/CSU und Steuersenkung à la F.D.P. Erwarten Sie nur nicht, daß noch einmal jemand Beifall klatscht.

Ich hoffe, Sie werden bei der Bevölkerung für Ihre Vorhaben keine Zustimmung mehr finden – genausowenig wie Sie die Zustimmung meiner Fraktion zu diesem Ergebnis des Vermittlungsausschusses bekommen können.

(Beifall beim BÜNDNIS 90/DIE GRÜNEN und bei der SPD)

Vizepräsidentin Dr. Antje Vollmer: Das Wort hat jetzt der Herr Kollege Thiele.

Carl-Ludwig Thiele (F.D.P.): Frau Präsidentin! Meine sehr geehrten Kolleginnen und Kollegen! Frau Müller, ich glaube, auch den Grünen sollte es ein Anliegen sein, daß Wege gefunden werden, Arbeitsverhältnisse, die derzeit in Deutschland überwiegend schwarz ausgeführt werden, wie das in privaten Haushalten der Fall ist, zu reduzieren. Das haben wir in diesem Gesetz vor. Das haben wir beschlossen. Ich bin glücklich darüber, daß dies im Vermittlungsausschuß Bestand gehabt hat.

(Beifall bei der F.D.P. und der CDU/CSU)

Herr Struck, nach Ihrer Rede zum Ergebnis des Vermittlungsausschusses müßte man davon ausgehen, daß es scheitert. Das wäre die Konsequenz Ihrer Ausführungen, die Sie hier für die SPD-Fraktion vorgetragen haben. Deshalb bin ich auf das Abstimmungsergebnis Ihrer Fraktion und der SPD-geführten Mehrheit im Bundesrat ausgesprochen gespannt.

(Beifall bei der F.D.P. und der CDU/CSU)

Mit der Verabschiedung des Jahressteuergesetzes 1997 werden Wettbewerbsnachteile deutscher Unternehmen und deutscher Arbeitsplätze im Vergleich mit unseren wichtigsten Mitbewerberländern reduziert. Es ist unbestritten, daß etwa 60 Prozent des Aufkommens der Vermögensteuer aus der betrieblichen Vermögensteuer resultiert. Das heißt, die **Vermögensteuer** belastet als reine Substanzsteuer – Substanzsteuer bedeutet, sie muß unabhängig davon gezahlt werden, ob ein Betrieb Gewinne erwirtschaftet oder nicht – die Unternehmen und vor allem jeden Arbeitsplatz in Deutschland mit einer Sondersteuer.

(Beifall bei der F.D.P. und der CDU/CSU)

Über die Parteigrenzen hinweg sind wir uns doch einig, daß das Eigenkapital der Betriebe und das der Arbeitsplätze gestärkt werden muß. Gerade die Vermögensteuer ist doch aber die Steuer, die in die Substanz des Eigenkapitals eingreift und aus der Substanz des Betriebes gezahlt werden muß. Das ist absurd. Deshalb haben wir von Anfang an immer wieder erklärt, daß in Deutschland die betriebliche Vermögensteuer als Sonderbelastung des Faktors Arbeit abgeschafft werden muß.

(Beifall bei der F.D.P. und der CDU/CSU)

Das verbleibende Nettoaufkommen der Vermögensteuer auf Privatvermögen soll zukünftig über ein erhöhtes Aufkommen aus der **Erbschaftsteuer** erbracht werden, weil die Erbschaftsteuer eben auch eine Steuer auf Vermögen ist. Wir überführen die private Vermögensteuer in eine andere Steuer auf Vermögen, nämlich in die Erbschaftsteuer. Hierdurch wird der Wegfall der privaten Vermögensteuer kompensiert, so daß an dieser Stelle keine Gerechtigkeitslücke auftritt.

(Beifall bei der F.D.P. und der CDU/CSU)

Meine sehr verehrten Damen und Herren, damit werden private Vermögen weiter ihren Anteil an dem Steueraufkommen in Deutschland leisten. Deshalb ist die Behauptung der SPD, daß die private Vermögensteuer ersatzlos gestrichen wird, eine bewußte Irreführung der Öffentlichkeit.

(Beifall bei der F.D.P. und der CDU/CSU)

Die SPD hat im Deutschen Bundestag ein Gesetz zur Beibehaltung der Vermögensteuer eingebracht. In diesem Gesetz ist keinerlei Differenzierung zwischen privater und betrieblicher Vermögensteuer vorgenommen worden.

(Detlev von Larcher [SPD]: Das hat Herr Weng aber nicht gemerkt!)

Deshalb habe ich hier im Bundestag in der Debatte bei der Verabschiedung des Jahressteuergesetzes 1997 namhafte Sachverständige zitiert, die diesen Gesetzentwurf der SPD für verfassungswidrig halten.

Bis zum heutigen Tage ist seitens der SPD kein anderslautender Gesetzesentwurf im Deutschen Bundestag eingebracht worden, obwohl doch auch die SPD seit Mitte letzten Jahres dazu die Zeit und die Möglichkeit gehabt hätte.

(Beifall bei der F.D.P. sowie bei Abgeordneten der CDU/CSU)

Nunmehr wird von der SPD nämlich nur vorgetragen: Laßt uns die **Kapitalgesellschaften** von der Vermögensteuer ausnehmen. – Das ist die Linie. Hierdurch soll der Eindruck erweckt werden, als würden bei diesem Vorschlag der SPD nur noch Privatvermögen steuerlich erfaßt werden: Das ist falsch.

(Zuruf von der CDU/CSU: Eine Lüge ist das!)

Der Vorschlag der SPD würde bedeuten, daß die großen Aktiengesellschaften in unserem Lande keine Vermögensteuer mehr zu zahlen hätten; aber der **Mittelstand** in unserem Lande hätte die Vermögensteuer zu zahlen.

(Beifall bei der F.D.P. und der CDU/CSU)

Denn mehr als 90 Prozent der Betriebe in Deutschland sind Personengesellschaften und Einzelunternehmen, die Sie bewußt nicht von der Vermögensteuer ausnehmen wollen. Bei diesen Betrieben handelt es sich bei der Erhebung einer Vermögensteuer sehr wohl um eine betriebliche Vermögensteuer. Gerade in diesen Betrieben, in den Handwerksbetrieben, bei den Selbständigen und bei Dienstleistungsunternehmen, müssen doch die Arbeitsplätze entstehen, die wir alle wollen, um unseren Beitrag zur Beseitigung der Arbeitslosigkeit zu leisten.

(Beifall bei der F.D.P. sowie bei Abgeordneten der CDU/CSU)

In diesem Zusammenhang erklären Sie von der SPD-Bundestagsfraktion, daß genau bei diesen Betrieben weiter Vermögensteuer auf die Substanz der Betriebe und auf die Arbeitsplätze in Deutschland erhoben werden soll. Das ist absurd, und das machen wir auch nicht mit.

(Beifall bei der F.D.P. und der CDU/CSU)

Der Vorschlag der SPD ist die Befreiung der großen Kapitalgesellschaften von der Vermögensteuer. Ihr Vorschlag zur Vermögensteuer hat eine reine Mittelstandssteuer zum Inhalt, die genau auf die Arbeitsplätze und auf den Mittelstand zielt.

(Beifall bei der F.D.P. und der CDU/CSU – Detlev von Larcher [SPD]: Hören Sie doch auf, Herr Thiele! Die halbe Wahrheit ist eine ganze Lüge!)

Sie wissen genau, daß unabhängig von dem ordnungspolitisch total verfehlten Ansatz dieser Steuer für den Mittelstand eine solche Regelung Gefahr liefe, gegen Art. 3 des Grundgesetzes zu verstoßen, weil Sie hier eine willkürliche Ungleichbehandlung von Steuerpflichtigen schaffen, die sich ausschließlich an der Rechtsform orientiert. Das heißt, jeder Handwerker, jeder Friseurmeister und jeder andere muß seinen Betrieb zukünftig als Kapitalgesellschaft gründen, weil er nur dann nach dem Vorschlag der SPD keine Vermögensteuer zu zahlen hätte. Das kann überhaupt nicht richtig sein.

(Beifall bei Abgeordneten der F.D.P. und der CDU/CSU)

Ich unterstelle aber, daß die SPD diese Abgrenzungsprobleme kennt; denn anders läßt sich überhaupt nicht erklären, daß ein solcher Antrag seitens der SPD bis zum heutigen Tage hier im Deutschen Bundestag nicht einmal eingebracht worden ist.

Bei der Diskussion um die Vermögensteuer und die Erbschaftsteuer handelt es sich um zwei Steuern, deren Aufkommen ausschließlich den Ländern zusteht. Bei der Beschlußfassung im Vermittlungsausschuß handelt es sich hier um ein echtes Vermittlungsausschußergebnis, welches allerdings von der SPD-Bundestagsfraktion nicht akzeptiert wird.

(Ina Albowitz [F.D.P.]: Das sind die Heuchler!)

Meine sehr verehrten Kolleginnen und Kollegen von der SPD, wie weit sind Sie eigentlich von der Wirklichkeit entfernt?

(Lachen bei der SPD – Detlev von Larcher [SPD]: Das muß Herr Thiele fragen!)

Wie weit sind Sie von Ihren Ministerpräsidenten entfernt, wenn diese dem Vermittlungsausschußergebnis zustimmen wollen, Sie sich aber enthalten?

(Beifall bei der F.D.P.)

Wollen Sie denn mit Ihrem Verhalten Ihre eigenen Ministerpräsidenten vorführen? Wollen Sie deutlich machen, daß die Ministerpräsidenten Rau, Lafontaine und Schröder, um nur einige zu nennen, diesem Ergebnis zustimmen, Sie sich aber enthalten? Wollen Sie sagen, daß diese Ministerpräsidenten schlechte Sozialdemokraten sind? Wollen Sie diejenigen sein, die die einzigen Hüter der Sozialdemokratie in Deutschland sind?

(Detlev von Larcher [SPD]: So ein Schaumschläger! Herr Thiele, Sie sind ein Schaumschläger!)

Nein, meine Kolleginnen und Kollegen von der SPD, Ihr Verhalten hier im Bundestag ist schäbig, und es ist auch doppelzüngig.

(Beifall bei der F.D.P. und der CDU/CSU – Lachen bei der SPD)

Die Länder haben als Kompensation für die Vermögensteuer einen Ausgleich abgepreßt, den wir in dieser Form nicht angeboten haben und nicht angeboten hätten; denn auch die Erhöhung der Grunderwerbsteuer auf 3,5 Prozent halten wir für äußerst bedenklich. Aber wollen Sie den Ländern denn jetzt noch eine Zusatzeinnahme über die Kompensation hinaus verschaffen? Wer vertritt denn hier eigentlich die **Interessen der Länder?** Sind das die Länder selbst, oder ist das die SPD-Bundestagsfraktion? Nach der Verfassung ist es doch wohl der Bundesrat. Er hat die Interessen der Länder zu vertreten, und zwar im Zusammenwirken der Verfassungsorgane, auch der Bundestag wird mit seiner Mehrheit heute dem Vermittlungsergebnis zustimmen. Es ist aber wohl in keinem Fall die SPD-Bundestagsfraktion, die sogar noch eine neue und zusätzliche Bedingung formuliert, daß nämlich die Gewerbekapitalsteuer nur dann abgeschafft werden dürfe, wenn eine Vermögensteuer in Deutschland erhalten bliebe. Dies ist eine absolut sachfremde Erwägung.

(Lachen bei der SPD)

Wenn Sie inzwischen unserer Auffassung zustimmen, daß die **Gewerbekapitalsteuer** als reine Substanzsteuer auf die Arbeitsplätze erhoben wird und deshalb aus Gründen der Wettbewerbsgleichheit mit unseren internationalen Konkurrenten abgeschafft werden muß, dann knüpfen Sie die Abschaffung dieser Steuer doch nicht an ideologisch verbrämte Bedingungen, sondern helfen Sie mit, diese Steuer tatsächlich abzuschaffen!

Was nützt es denn den Arbeitsuchenden in unserem Lande, wenn Sie erklären, daß die Gewerbekapitalsteuer zwar verschwinden müsse, daß Sie dem aber nur dann zustimmen, wenn Bedingungen an anderer Stelle erfüllt werden? Was nützt denn die Verweigerungshaltung der SPD den Bürgern in den neuen Bundesländern, wenn auf Grund dieser Haltung die Arbeitsplätze in den neuen Bundesländern ab dem nächsten Jahr durch die erstmalige Erhebung der Gewerbekapitalsteuer möglicherweise mit 500 Millionen DM an Zusatzsteuer belastet werden müssen? Was nützt die Verweigerungshaltung der SPD eigentlich den Kommunen, die endlich eine originäre Beteiligung an der Umsatzsteuer einfordern?

Ich wende mich an dieser Stelle auch an die Ministerpräsidenten Stolpe und Höppner. Sie tragen persönlich die Verantwortung dafür, wenn in den neuen Bundesländern Arbeitsplätze belastet und vernichtet werden.

(Beifall bei der F.D.P. sowie bei Abgeordneten der CDU/CSU)

Wirken Sie doch wenigstens auf die SPD-Bundestagsfraktion ein, daß sie diesen Schwachsinn aufgibt!

Kennen Sie nicht den Appell des Präsidenten des Deutschen Städtetages, Oberbürgermeister Seiler, „an die Fraktionen des Deutschen Bundestages, die notwendigen Gesetzesänderungen nach Klärung der letzten noch offenen Fragen zügig zu verabschieden, auch damit die Gewerbekapitalsteuer in den neuen Bundesländern nicht eingeführt werden muß"? Zu den „noch offenen Fragen" gehört für den Deutschen Städtetag und für die anderen kommunalen Spitzenverbände nicht das von Ihnen aufgestellte Hindernis einer privaten Vermögensteuer.

(Detlev von Larcher [SPD]: Aber andere!)

Dem Städtetag geht es an dieser Stelle vor allem um die **Beteiligung an der Umsatzsteuer.** Diese Frage wollen wir lösen.

Wir können dieses Thema aber erst nach einer Grundgesetzänderung angehen. Diese Grundgesetzänderung bedarf einer Zweidrittelmehrheit im Deutschen Bundestag. Vorher können wir das einfache Gesetz gar nicht beschließen. Hier verweigert sich die SPD. Was nützt Ihre Verweigerungshaltung den ostdeutschen Kommunen, die rund 700 Millionen DM Umsatzsteuereinnahmen jährlich mehr hätten, wenn Sie nicht blockierten? Was könnte in den neuen Bundesländern seitens der Kommunen mit 300 Millionen DM an Arbeitsplätzen und Investitionen geschaffen werden?

Meine sehr verehrten Kolleginnen und Kollegen, die F.D.P. will die Bundesrepublik Deutschland modernisieren und sie im internationalen Wettbewerb wettbewerbsfähiger machen, damit im Interesse der Arbeitsuchenden mehr Investitionen in unserem Lande getätigt werden

(Beifall der Abg. Ina Albowitz [F.D.P.])

und mehr Arbeitsplätze entstehen. Dazu schlagen wir Ihnen folgende Punkte vor:

Erstens. Die **Staatsquote** muß gesenkt werden. Alles, was der Staat nicht ausgibt, muß er dem Bürger nicht wegnehmen. Es verbleibt also mehr Geld beim Bürger, wenn der Staat weniger ausgibt. Damit können mehr private Investitionen getätigt werden; der Bürger kann auch mehr konsumieren.

(Detlev von Larcher [SPD]: Schaffen wir doch die F.D.P. ab! – Gegenruf der Abg. Ina Albowitz [F.D.P.]: Das hättet ihr gern!)

Nicht die öffentliche Hand schafft die Arbeitsplätze in unserem Land, sondern die private Wirtschaft. Dieses Dauerziel der Absenkung der Staatsquote werden wir weiter beharrlich verfolgen.

(Beifall bei Abgeordneten der F.D.P.)

Das muß über einen längeren Zeitraum erfolgen, weil nur dann der Anteil des Staates am Bruttosozialprodukt langfristig gesenkt werden kann. Die Steigerungsraten der öffentlichen Haushalte müssen deshalb niedriger sein als die Steigerungsraten des Bruttosozialproduktes.

Der Bund hat in den Jahren 1995 und 1996 jeweils weniger ausgegeben als in den Vorjahren. Das hat es letztmalig 1953 gegeben. Wir werden das im Jahr 1997 ebenso tun. Das heißt: Wir haben ein Minuswachstum der Ausgaben des Bundes. Das ist der richtige Weg; ihn werden wir weiter beschreiten, weil nur so die Staatsausgaben reduziert werden können.

(Beifall bei der F.D.P. und der CDU/CSU)

Zweitens. Mit dem Jahressteuergesetz 1997 wird die Vermögensteuer als Substanzsteuer entfallen. Die F.D.P. will ferner im Interesse von mehr Arbeit in Deutschland, daß die unsinnige Gewerbekapitalsteuer, die eine Sondersteuer auf den Faktor Arbeit darstellt, endlich abgeschafft wird. Langfristig verfolgen wir das Ziel einer **gänzlichen Abschaffung der Gewerbesteuer** mit einem entsprechenden Ausgleich für die Kommunen, da eine Zusatzsteuer auf den Faktor Arbeit in Deutschland keinen Sinn gibt, weil sie die Arbeit nur zusätzlich verteuert.

(Beifall bei der F.D.P. sowie bei Abgeordneten der CDU/CSU)

Drittens. Die F.D.P. will die **große Steuerreform.** Unser Steuerrecht muß klarer und überschaubarer werden; die Steuersätze müssen gesenkt, die steuerlichen Ausnahmetatbestände müssen durchforstet und drastisch reduziert werden. Zudem brauchen wir aber auch eine Nettoentlastung der Steuerzahler. Deshalb ist es nötig, daß Subventionen weiter überprüft und Staatsausgaben weiter reduziert werden.

Wir halten ferner einen **Stufentarif** mit einem möglichst niedrigen Eingangssteuersatz für richtig, den Stufentarif deshalb, weil unser derzeitiges Steuersystem mit einem linear-progressiven Tarif für die meisten Bürger unseres Landes überhaupt nicht verständlich ist. Ein Steuersystem, das nicht verständlich ist, hat Probleme, vom Bürger akzeptiert zu werden. Ein Stufentarif ist für die Bürger verständlich. Zudem arbeiten alle unsere Mitbewerberländer mit Stufentarifen, und unser linear-progressiver Tarif ist die Ausnahme. Ein Stufentarif in Deutschland wäre ein Stück Steuerharmonisierung in Europa.

(Beifall bei der F.D.P. sowie bei Abgeordneten der CDU/CSU)

Vizepräsidentin Dr. Antje Vollmer: Herr Kollege Thiele, gestatten Sie eine Zwischenfrage des Kollegen Metzger?

Carl-Ludwig Thiele (F.D.P.): Ich bin gleich fertig, Frau Präsidentin. Ich kläre das danach mit dem Kollegen Metzger unter vier Augen.

(Joseph Fischer [Frankfurt] [BÜNDNIS 90/DIE GRÜNEN]: Er kneift!)

– Keine Sorge, Herr Fischer.

Wir setzen uns ferner dafür ein, daß der **Eingangssteuersatz** von derzeit 25,9 Prozent auf deutlich unter 20 Prozent gesenkt wird.

(Beifall bei der F.D.P.)

Die F.D.P. hat auf ihrem Bundesparteitag beschlossen, daß der Eingangssteuersatz bei 15 Prozent liegen sollte.

(Detlev von Larcher [SPD]: Zu hoch! Zu hoch!)

Ich habe aber auch viele Sympathien für Vorschläge, die noch weiter gehen.

Liebe Kolleginnen und Kollegen, es kann doch nicht richtig sein, daß bei der ersten zu versteuernden Mark nach dem Überschreiten des Existenzminimums dem Arbeitnehmer hiervon nur noch 74 Pfennig verbleiben. Der Übergang muß doch erheblich gleitender gestaltet werden, damit wir Anreize für Arbeit und Leistung in unserem Land erhalten. Die F.D.P. will die maximale Steuerbelastung auf 35 Prozent begrenzen.

Die derzeitige Struktur eines linear-progressiven Tarifes mit einer Spitzensteuerbelastung von 60 Prozent einschließlich Solidarzuschlag und Kirchensteuer führt doch dazu, daß derjenige, der ein sehr hohes Einkommen hat, von steuerbegünstigenden Tatbeständen viel stärker Gebrauch machen kann und vom Staat eine viel stärkere Entlastung erfährt als ein normaler Arbeitnehmer, der diesen Spitzensteuersatz eben nicht zu zahlen hat. Auch das ist eine Wirkung eines sehr steilen progressiven Tarifes an der Spitze.

(Detlev von Larcher [SPD]: Jetzt auf einmal!)

Meine sehr verehrten Damen und Herren, wer notwendige Strukturveränderungen in unserem Lande will, muß sie auch angehen und dazu die Initiative ergreifen. Ich bin froh, daß die F.D.P. dieses tut, und freue mich darüber, daß diese Koalition und diese Regierung die Reformkraft unseres Landes im Interesse der Arbeitsplätze und der Arbeitsuchenden sind.

(Joseph Fischer [Frankfurt] [BÜNDNIS 90/DIE GRÜNEN]: Jubel, Jubel, Jubel! Halleluja!)

Ich appelliere an die SPD, ihre parteipolitisch geprägte Blockadehaltung aufzugeben und sich konstruktiv und ernsthaft an den nötigen Diskussionen zu beteiligen.

Herzlichen Dank.

(Beifall bei der F.D.P. und der CDU/CSU)

Vizepräsidentin Dr. Antje Vollmer: Das Wort hat jetzt der Abgeordnete Gregor Gysi.

Dr. Gregor Gysi (PDS): Frau Präsidentin! Meine Damen und Herren! Ich möchte gern zunächst eine Bemerkung zum Parlaments- und Demokratieverständnis machen und Sie auf folgendes hinweisen: Dieser Bundestag hat ja mit Mehrheit beschlossen – wie ich finde, willkürlich –, das **Zählverfahren für die Wahl der Mitglieder des Vermittlungsausschusses** zu verändern. Im Ergebnis dieser Änderung des Zählverfahrens für die Wahl der Mitglieder des Vermittlungsausschusses ist die PDS dort nicht vertreten. Die Geschäftsordnung des Vermittlungsausschusses regelt, daß es normalerweise eine Debatte über die vom Vermittlungsausschuß erzielten Ergebnisse im Bundestag nicht gibt. Es gibt auch keine Beratung in den Ausschüssen. Wie wir heute zusätzlich erfahren konnten, sind die Beratungen im Vermittlungsausschuß und die Protokolle darüber vertraulich.

(Joseph Fischer [Frankfurt] [BÜNDNIS 90/DIE GRÜNEN]: Geheim! Geheim!)

– Geheim sogar.

Das heißt mit anderen Worten, daß es immerhin eine Gruppe von Abgeordneten im Bundestag gibt, die in aller Regel über das vom Vermittlungsausschuß erzielte Ergebnis mit entscheiden soll, ohne daß sie wenigstens weiß, was dort überhaupt beraten worden ist.

(Joseph Fischer [Frankfurt] [BÜNDNIS 90/DIE GRÜNEN]: Wir begehen immer Geheimnisverrat!)

Sie kennt höchstens ein formales Ergebnis. Das alles ist noch Gegenstand eines Organstreitverfahrens.

(Joseph Fischer [Frankfurt] [BÜNDNIS 90/DIE GRÜNEN]: Wir plaudern es aus!)

...s Hohe Haus, einmal zu überlegen, ob Sie dieser Abgeordneten-
...gstens einen Zugang zu den Informationen verschaffen wollen, die
... zu verstehen, wie es zu irgendeinem Ergebnis im Vermittlungsaus-
...en ist. Das müßten Sie tun, wenn Sie nicht wollen, daß diese Abgeordne-
...mmvieh ist, sondern daß inhaltlich auch von ihr mit entschieden werden

(Beifall bei der PDS)

...te Bemerkung: Der Wirrwarr um das **Jahressteuergesetz** und andere Gesetze ist
...schen komplett. Ich glaube kaum, daß eine Bürgerin oder ein Bürger noch so richtig
...folgen kann, was hier im einzelnen zur Abstimmung steht und entschieden werden
...oll. Aber bestimmte Grundsatzfragen sind wohl auch anhand der Beiträge deutlich
geworden.

Ich gehe zunächst auf die **Vermögensteuer** ein und stelle dabei folgendes fest: Abgesehen davon, daß eine Vermögensteuer durchaus auch hinsichtlich betrieblicher Substanz vertretbar wäre und die Bundesrepublik Deutschland über viele Jahre damit gelebt hat, stellt sich die Frage, wenn es denn so ist, Herr Thiele, daß Sie nur das Betriebsvermögen schützen wollen, wer Sie eigentlich daran hindert, einen Vermögensteuergesetzentwurf vorzulegen, aus dem sich ergibt, daß das Betriebsvermögen nicht angerechnet wird. Dann wären alle Ihre Sorgen beseitigt, und man könnte auf das private Vermögen eine Vermögensteuer erheben.

(Beifall bei der PDS)

Indem Sie das nicht machen, bringen Sie ganz klar zum Ausdruck, daß Sie nicht nur das betriebliche, sondern auch das private Vermögen gleichermaßen schützen wollen, und das in einer Zeit, in der Sie permanent erklären, daß die Einnahmen immer niedriger werden und deshalb Sozialleistungen an allen Ecken und Kanten gekürzt werden müssen. In einer Zeit, in der Sie das Krankengeld kürzen wollen, in einer Zeit, in der Sie Blindengeld kürzen, in einer Zeit, in der Sie Sozialhilfe, Arbeitslosenhilfe und Arbeitslosenunterstützung reduzieren wollen, in einer Zeit, in der Sie Arbeitsbeschaffungsmaßnahmen zurückfahren wollen, in dieser Zeit wagen Sie es, hier zu sagen, wir könnten künftig keine Vermögensteuer mehr von den Reichsten dieser Gesellschaft nehmen. Das wird in der Bevölkerung übel aufstoßen, und diese Art von Klientelpolitik, die Sie hier betreiben, wird niemand verstehen und akzeptieren.

(Beifall bei der PDS sowie bei Abgeordneten der SPD)

Dann sagen Sie, Sie wollten ja nur umverlagern. Das kann doch nicht Ihr Ernst sein. Sie und auch Herr Repnik erklären hier, Sie erhöhten ja die **Erbschaftsteuer.** Für wie dämlich halten Sie eigentlich die Leute? Glauben Sie wirklich, daß die nicht wissen, daß der Todesfall nur einmal im Leben eintritt, während die Vermögensteuer jährlich fällig wird? Diesen Unterschied kann ja nun wirklich jeder begreifen.

(Beifall bei der PDS sowie bei Abgeordneten der SPD)

Es kommt hinzu, daß das ja gar nicht der Vermögende zahlen muß, sondern sein Erbe. Vermögensteuer und Erbschaftsteuer gegeneinander aufrechnen zu wollen ist ein übles Spiel und hat mit den Realitäten in unserer Gesellschaft überhaupt nichts zu tun.

Nun erklären Sie in diesem Zusammenhang ständig, daß es ja um Standortvorteile und ähnliches gehe. Sie wehren sich immer gegen, wie Sie es nennen, **Substanzsteuern.** Darüber kann man ja bei Unternehmen reden. Aber wann akzeptieren Sie endlich, daß Sie dann, wenn Sie bei Unternehmen eine Substanzsteuer abschaffen wollen, statt dessen eine Ergebnissteuer einführen müssen?

(Beifall bei der PDS)

Genau das lehnen Sie ab. Wo sind denn Ihre gewinnberechneten Steuern, die statt dessen eingeführt werden sollen?

Dasselbe Problem herrscht doch bei der **Gewerbekapitalsteuer.** Sie wollen sie abschaffen, aber Sie wollen nicht einen Ersatz dafür schaffen, nämlich eine ergebnisorientierte Steuer für Unternehmen. Genau das ist unser Vorschlag. Wir bestehen bei Unternehmen nicht auf Substanzsteuern; aber wir bestehen darauf, daß dann gewinnorientierte Steuern vereinnahmt werden, die auch viel flexibler sind und letztlich natürlich Arbeitsplätze fördern.

(Beifall bei der PDS)

Wenn Sie sich nun im Vermittlungsausschuß gegenseitig nötigen – ich bin ja nicht dabei und weiß nicht, wie es da läuft, ob es friedlich läuft oder ob es sich erpresserisch vollzieht; keine Ahnung –, dann müssen Sie mir eines einmal erklären: Wieso nehmen Sie jetzt die Ostdeutschen als Geiseln? Weil Sie einen bestimmten Punkt nicht durchsetzen können, drücken Sie uns die Gewerbekapitalsteuer im Osten im Wissen darum auf, daß dadurch Tausende von Arbeitsplätzen beseitigt werden, anstatt, was natürlich möglich wäre, sie bis Ende 1997 auszusetzen, bis die anderen Fragen geklärt sind. Das ist einfach ungeheuerlich.

(Beifall bei der PDS – Zuruf von der CDU/CSU: So ein Blödsinn!)

– Wissen Sie, wenn Sie das als Blödsinn bezeichnen, dann müssen Sie einmal die Unternehmen fragen, die davon in den neuen Bundesländern betroffen sein werden und die deshalb Menschen werden entlassen müssen. Das ist die eigentliche Katastrophe. Warum setzen Sie die Steuer nicht wenigstens aus?

(Zurufe von der CDU/CSU)

Dann komme ich zu Ihrem **Dienstmädchenprivileg.** Ich muß Ihnen sagen: Was Sie hier als Heuchelei bieten, ist der Gipfel. Sie sagen im Ernst, es gehe Ihnen darum, daß diese Dienstmädchen endlich sozialrentenversicherungsrechtlich etc. abgesichert sind.

Erstens. Wer ist es denn, der in dieser Gesellschaft ständig für 590-DM-Jobs plädiert und damit dafür sorgt, daß der Anteil von versicherungsrechtlich nicht geschützten Personen, insbesondere Frauen, ständig wächst? Das ist diese Koalition und niemand anders.

(Beifall bei der PDS sowie bei Abgeordneten der SPD)

Zweitens geht es Ihnen um etwas ganz anderes. Es geht Ihnen doch darum, daß die Kosten für ein sogenanntes Dienstmädchen bei den Vermögenden wiederum von der Steuer abgesetzt werden können. Nur das ist Ihr Ziel. Wie begründen Sie das? Das ist wirklich spannend. Sie begründen das damit, daß, wenn Sie das nicht täten, diese Vermögenden die entsprechenden Frauen illegal beschäftigen würden, um sich ihrer Steuerpflicht zu entziehen. Das müssen Sie mir einmal erklären. Das ist so, als ob Sie die Abschaffung einer Zollgebühr mit der Begründung fordern, daß die Leute anderenfalls schmuggeln. Das heißt, Sie nutzen kriminelles Verhalten als Untermauerung und Begründung für Steuererleichterungen für Besserverdienende und Vermögende dieser Gesellschaft.

(Beifall bei der PDS)

Anstatt die Steuerkontrolle zu verschärfen, lehnen Sie die Steuer ab. Das ist Ihre Argumentation. Wenn wir im Strafrecht so argumentieren würden, hätten wir in unserem Strafgesetzbuch bald keinen einzigen Straftatbestand mehr.

Vizepräsidentin Dr. Antje Vollmer: Ich schließe damit die Aussprache.

Wir kommen zu den Abstimmungen. Wir führen zunächst drei einfache Abstimmungen und anschließend drei namentliche Abstimmungen durch.

...ur Abstimmung über den Entschließungsantrag der Fraktion der ... 13/6521. Hierzu liegen zwei schriftliche Erklärungen zur Abstim... von den Abgeordneten Ulrich Petzold und Reiner Krziskewitz. Wer ... Entschließungsantrag? – Gegenprobe! – Enthaltungen? – Der Ent... ...ag ist mit den Stimmen der Koalitionsfraktionen gegen die Stimmen von ... bei Enthaltung von BÜNDNIS 90/DIE GRÜNEN abgelehnt worden.

...men nun zur Abstimmung über den Entschließungsantrag der Gruppe der ... Drucksache 13/6524. Wer stimmt für diesen Entschließungsantrag? – Gegen- ... – Enthaltungen? – Der Entschließungsantrag ist mit den Stimmen der Koalitions... ...onen und der SPD gegen die Stimmen der PDS bei Enthaltung von BÜNDNIS 90/ ... GRÜNEN abgelehnt worden.

Abstimmung über den Entschließungsantrag der PDS auf Drucksache 13/6525. Wer stimmt für diesen Entschließungsantrag? – Gegenprobe! – Enthaltungen? – Dieser Entschließungsantrag ist mit dem gleichen Stimmenverhältnis wie eben festgestellt abgelehnt worden.

Abstimmung über den Entschließungsantrag der Fraktionen der CDU und der F.D.P. auf Drucksache 13/6555. Hier ist namentliche Abstimmung verlangt. Ich bitte die Schriftführerinnen und Schriftführer, die vorgesehenen Plätze einzunehmen. – Sind alle Urnen besetzt? – Das ist der Fall. Dann eröffne ich hiermit die Abstimmung. –

Ist noch ein Mitglied des Hauses anwesend, das seine Stimme nicht abgegeben hat? – Das ist nicht der Fall. Dann schließe ich diese Abstimmung.

Ich bitte die Schriftführer, mit der Auszählung zu beginnen. Das Ergebnis der Abstimmung wird Ihnen später bekanntgegeben.

Wir setzen die Abstimmungen fort. Jetzt kommen wir zur Abstimmung über den Entschließungsantrag der Fraktion der SPD auf Drucksache 13/6522. Das ist – damit dies klar ist – die zweite Abstimmung. Auch die Fraktion der SPD verlangt namentliche Abstimmung. Ich bitte, die Urnen zu besetzen. – Sind alle Urnen besetzt? – Das ist der Fall. Dann eröffne ich diese Abstimmung. –

Ist noch ein Mitglied des Hauses anwesend, das seine Stimme in dieser zweiten Abstimmung nicht abgegeben hat? – Das scheint nicht der Fall zu sein. Ich schließe jetzt diese Abstimmung.

Ich bitte die Schriftführer, mit der Auszählung zu beginnen Das Ergebnis wird Ihnen später bekanntgegeben.

Wir setzen die Abstimmungen mit der dritten namentlichen Abstimmung fort. Es ist die Abstimmung über den Entschließungsantrag der Fraktion BÜNDNIS 90/DIE GRÜNEN auf Drucksache 13/6523. Die Fraktion BÜNDNIS 90/DIE GRÜNEN verlangt namentliche Abstimmung. Ich bitte die Schriftführer, an die vorgesehenen Plätze zu gehen. – Sind alle Urnen besetzt? – Das ist der Fall. Ich eröffne die Abstimmung. –

Ist noch ein Mitglied des Hauses anwesend, das seine Stimme nicht abgegeben hat? – Das ist nicht der Fall.

Ich schließe die Abstimmung und bitte die Schriftführer, mit der Auszählung zu beginnen. Das Ergebnis wird Ihnen später bekanntgegeben.

Ich möchte alle darauf hinweisen, daß wir noch eine ganze Reihe einfacher Abstimmungen haben. Ich bitte Sie deswegen, die Plätze einzunehmen, damit ich diese einfachen Abstimmungen durchführen kann.

Ich komme jetzt zum Zusatzpunkt 3 zurück und gebe das von den Schriftführern ermittelte **Ergebnis der namentlichen Abstimmung** über den Entschließungsantrag der

Fraktionen der CDU/CSU und F.D.P. auf Drucksache 13/6555 bekannt. Abgegebene Stimmen: 629. Mit Ja haben 326 Abgeordnete gestimmt, mit Nein 303. Es gab keine Enthaltungen. Der Entschließungsantrag ist damit angenommen.

(Vorsitz: Dr. Burkhard Hirsch)

Vizepräsident Dr. Burkhard Hirsch: Ich gebe das von den Schriftführerinnen und Schriftführern ermittelte Ergebnis der namentlichen Abstimmung über den Entschließungsantrag der Fraktion der SPD zur vereinbarten Debatte zu Substanzsteuern, Drucksache 13/6522, bekannt. Abgegebene Stimmen: 610. Mit Ja haben gestimmt: 234. Mit Nein haben gestimmt: 348. Enthaltungen: 28. Damit ist der Entschließungsantrag abgelehnt.

(Dr. Wolfgang Schäuble [CDU/CSU]: Die sind bald unter 5 Prozent!)

Darf ich Sie bitten, Platz zu nehmen. Es folgen Abstimmungen, aber keine namentlichen Abstimmungen.

Ich rufe nun den Zusatzpunkt 4 auf:

Beratung der Beschlußempfehlung des Ausschusses nach Artikel 77 des Grundgesetzes (Vermittlungsausschuß) zu dem **Jahressteuergesetz (JStG) 1997**

– Drucksachen 13/4839, 13/5951, 13/5952, 13/6151, 13/6530 –

Berichterstattung:
Abgeordneter Dr. Peter Struck

Wir kommen zur Abstimmung. Der Vermittlungsausschuß hat gemäß § 10 Abs. 3 Satz 1 seiner Geschäftsordnung beschlossen, daß im Deutschen Bundestag über die Änderungen gemeinsam abzustimmen ist.

Wer für die Beschlußempfehlung des Vermittlungsausschusses auf Drucksache 13/6530 stimmt, den bitte ich um das Handzeichen. – Gegenprobe! – Stimmenthaltungen?

(Lachen bei der CDU/CSU und der F.D.P.)

Dann stelle ich fest, daß die Beschlußempfehlung mit den Stimmen der Koalition bei Stimmenthaltung der Fraktion der SPD gegen die Stimmen der Fraktion BÜNDNIS 90/DIE GRÜNEN und der Gruppe der PDS angenommen worden ist.

Dann gebe ich das von den Schriftführerinnen und Schriftführern ermittelte Ergebnis der namentlichen Abstimmung über den Entschließungsantrag der Fraktion BÜNDNIS 90/DIE GRÜNEN zur vereinbarten Debatte zu Substanzsteuern, Drucksache 13/6523, bekannt. Abgegebene Stimmen: 631; mit Ja haben gestimmt: 61; mit Nein haben gestimmt: 559, elf Enthaltungen. Der Entschließungsantrag ist abgelehnt.

Ich gebe nun das **berichtigte Stimmenergebnis zur namentlichen Abstimmung** zum Entschließungsantrag der Fraktion der SPD zur vereinbarten Debatte zu Substanzsteuern bekannt, Drucksache 13/6522. Abgegebene Stimmen: 630. Mit Ja haben gestimmt: 234. Mit Nein haben gestimmt: 348. Enthaltungen: 48. Es bleibt also bei dem Ergebnis, daß der Entschließungsantrag abgelehnt ist.

...rtes
...t beständig!

Die in fünfter Auflage erschienene erfolgreiche Sammlung amtlicher Texte zur Wertermittlung präsentiert sich in einem neuen, handlichen Format. Mit dem Rechtsstand von Juli 1996 liegt jetzt eine grundlegend aktualisierte und erweiterte Fassung vor.

Neu aufgenommen wurden

- **die Entschädigungsrichtlinien Landwirtschaft,**
- **die Baunutzungsverordnung,**
- **die vollständige,** durch die 5. Verordnung zur Änderung wohnungsrechtlicher Vorschriften geänderte **II. Berechnungsverordnung** (bisher nur auszugsweise aufgenommen) sowie
- verschiedene **zusätzliche Berechnungshilfen und Indexreihen.**

Berücksichtigt sind ferner **der neueste Ergänzungserlaß zu den WertR** vom Juli 1996, die Änderungen des Gesetzes über die Entschädigung von Zeugen und Sachverständigen und die einschlägigen Änderungen der am 1. Januar 1996 in Kraft getretenen neuen HOAI.

Kleiber

WertR 76/96

Sammlung amtlicher Texte zur Wertermittlung von Grundstücken

Herausgegeben von
Dipl.-Ing. Wolfgang Kleiber,
Ministerialrat im Bundesministerium
für Raumordnung, Bauwesen
und Städtebau

Rechtsstand: Juli 1996

ISBN 3-88784-702-4
1996, 354 Seiten, 16,5 x 24,4 cm, kartoniert,
DM 58,– zzgl. Versandkosten

 Bundesanzeiger Verlag
Postfach 10 05 34 · 50445 Köln

m² statt m

Neuer Trend in der Kostenschätzung für Gebäude:
Weg von der Kubatur – **hin zur Fläche**

Metzmacher · Krikler

Gebäudeschätzung über die Bruttogeschoßfläche

Arbeitshandbuch zur Ermittlung von Gebäudeschätzwerten im Hochbau
Mit mehr als 200 Musterberechnungen und Farbabbildungen

Mit Hilfe von Ausgangsdaten, die im Versicherungswesen durch mehrjährige Beobachtungen geprüft sind, lassen sich erste Grobabschätzungen des Gebäudewerts durchführen. Als Bezugseinheit wurde die Bruttogeschoßfläche der einzelnen Geschoßebenen (äußere Abmessungen) gewählt. **Dies hat den Vorteil, daß komplizierte Kubaturberechnungen entfallen.**

Soweit nachvollziehbare und sachlich fundierte Ausgangswerte vorliegen, führen grundsätzlich beide Verfahren – sowohl über die Kubatur als auch über die Flächeneinheit – zu brauchbaren Schätzergebnissen.

Mit dieser Methode wird dem Sachverständigen ein neues, einfach zu handhabendes Instrumentarium für die Kostenschätzung von allen Hochbauobjekten zur Verfügung gestellt: **Wohnhäuser, Nebengebäude, Landwirtschaftliche Bauten, Öffentliche Bauten und Gewerbliche Bauten** in allen Varianten.

ISBN 3-88784-677-X
1996, 320 Seiten, 16,5 x 24,4 cm,
kartoniert, DM 320,–
zzgl. Versandkosten

 Bundesanzeiger Verlag
Postfach 10 05 34 · 50445 Köln

Steuergesetze 1997

Die zum 1. Januar 1997 geltenden steuerrechtlichen Vorschriften

Bearbeitet von Dietmar Pauka, Oberregierungsrat im Bundesministerium der Finanzen
ISBN 3-88784-730-X, 708 Seiten, A5, kartoniert, DM 38,–

Die Ausgabe 1997 der bewährten Textausgabe „Steuergesetze" berücksichtigt vor allem die vielfältigen und weitreichenden Auswirkungen des Jahressteuergesetzes 1997. Zwanzig bestehende Rechtsvorschriften sind geändert, vier Gesetze, darunter auch das viel diskutierte Vermögensteuergesetz, werden gänzlich abgeschafft bzw. ausgesetzt.
Schwerpunkte der Änderungen sind:
- die Neubewertung des Grundvermögens im Erb- und Schenkungsfall;
- eine weitgehende Umgestaltung des Erbschaftsteuergesetzes in bezug auf Steuerklassen, Steuertarif und Freibeträge;
- steuerliche Erleichterungen für Existenzgründer und Erhöhung des Sonderausgabenabzugsbetrages für Arbeitsplätze in Privathaushalten von DM 12.000,– auf DM 18.000,–

Die bewährte Textausgabe wird gänzlich überarbeitet und enthält die wichtigsten Gesetze in aktualisierter Form. Alle Änderungen sind drucktechnisch besonders hervorgehoben. Zur Erleichterung im Umgang mit dem Inhalt sind alle Gesetzestexte mit einer fortlaufenden Satznumerierung versehen, die der amtlichen Zitierweise entspricht. In einer Einführung werden die steuerlichen Neuerungen kurz erläutert. Das ausführliche Sachregister macht die Ausgabe noch benutzerfreundlicher.

 Bundesanzeiger Verlag
Postfach 10 05 34 · 50445 Köln